Recursos no Novo C.P.C.

TEORIA GERAL
De acordo com a Lei 13.256/2016

Recursos no Novo C.P.C.

TEORIA GERAL
De acordo com a Lei 13.256/2016

2017

Artur César de Souza

RECURSOS NO NOVO C.P.C.
Teoria Geral de Acordo com a Lei 13.256/2016
© ALMEDINA, 2017

AUTOR: Artur César de Souza
DIAGRAMAÇÃO: Almedina
DESIGN DE CAPA: FBA.

ISBN: 978-858-49-3205-4

Dados Internacionais de Catalogação na Publicação (CIP)
(Câmara Brasileira do Livro, SP, Brasil)

Souza, Artur César de
Recursos no Novo C.P.C. : Teoria Geral de acordo
com a Lei 13.256/2016 / Artur César de Souza. –
São Paulo : Almedina, 2017.
Bibliografia
ISBN: 978-85-8493-205-4
1. Processo civil – Brasil 2. Processo civil –
Leis e legislação – Brasil I. Título.

17-02593   CDU-347.9(81)(094.4)

Índices para catálogo sistemático:

1. Brasil : Código de processo civil 347.9(81)(094.4)
Este livro segue as regras do novo Acordo Ortográfico da Língua Portuguesa (1990).

Este livro segue as regras do novo Acordo Ortográfico da Língua Portuguesa (1990).

Todos os direitos reservados. Nenhuma parte deste livro, protegido por copyright, pode ser reproduzida, armazenada ou transmitida de alguma forma ou por algum meio, seja eletrônico ou mecânico, inclusive fotocópia, gravação ou qualquer sistema de armazenagem de informações, sem a permissão expressa e por escrito da editora.

Março, 2017

EDITORA: Almedina Brasil
Rua José Maria Lisboa, 860, Conj.131 e 132, Jardim Paulista | 01423-001 São Paulo | Brasil
editora@almedina.com.br
www.almedina.com.br

Em memória do meu pai, Artur de Souza.

À minha mãe, Maria Ap. de Souza.

À minha amada esposa Geovania e aos meus queridos filhos, Isis, João Henrique e Rafael pelo apoio e compreensão.

À minha linda e amada neta, Maria Alice de Souza Guazzi.

Agradeço ao Engenheiro Carlos Pinto, à Sofia Barraca e Carolina Santiago pelo apoio, confiança e pela oportunidade de divulgação deste trabalho na Editora Almedina, bem como a Alexandre Grigoletto, Karen Abuin, Carolina Trupel e Carlos Ferreira pela inestimável colaboração na elaboração e divulgação da obra.

APRESENTAÇÃO

Certamente a comunidade jurídica receberá com interesse e satisfação a obra *Recursos no novo CPC: teoria geral* de autoria do magistrado e professor Artur César de Souza.

A iniciativa do autor é extremamente oportuna pois se lança na desafiadora tarefa de tratar do sistema recursal brasileiro, objeto de completa reforma pelo legislador nacional. Como se sabe, ao largo das naturais inquietações e elevadas expectativas que sempre acompanham o surgimento de um novo código de processo civil, há sempre a necessidade de dedicados estudiosos que se lancem na árdua tarefa de explorar o trabalho do legislador, apontando as inovações, retrocessos e as inevitáveis falhas.

O Dr. Artur César de Souza aceitou o desafio e nos brinda com um livro completo, que vem sendo desenvolvido com esmero desde que foram publicadas as proposições iniciais pela Comissão de Juristas indicada pelo Senado Federal em 2009.

A ideologia que inspirou os trabalhos da Comissão que elaborou o projeto do novo Código de Processo Civil foi a de conferir maior celeridade à prestação jurisdicional, reduzindo os poderes dos juízes, incentivando a conciliação, privilegiando a nobre classe dos advogados com suspensões de prazos, contagem somente em dias úteis e exaustivo tratamento da verba honorária.

O novo CPC buscou, ainda, prestigiar a jurisprudência de todos os graus de jurisdição, prevendo a criação de filtros e autorizando o juiz a julgar a causa de plano, consoante a jurisprudência sumulada, além de tornar obrigatória a adoção pelos tribunais estaduais e federais das teses firmadas pelos tribunais superiores.

A ampla aceitação da obra pelos meios jurídicos é previsível tendo em vista os predicados intelectuais do autor, a sólida carreira acadêmica e a profundidade de sua pesquisa científica, sempre balizada por sua vasta experiência como magistrado.

A completude da obra se observa no cuidadoso exame dos institutos jurídicos e na exposição pormenorizada das categorias basilares da teoria geral dos recursos, sempre tratadas pelo autor de forma clara e objetiva. O texto é profundo sem deixar de ser didático. O autor traz a posição da doutrina nacional e estrangeira, e o leitor tem acesso à uma importante análise dos sistemas recursais espanhol, italiano, alemão e português. No momento de aplicação de um novo código, que se pretende inovador e democratizante, nada mais indicado do que analisar os ordenamentos onde a doutrina nacional costumeiramente vai se abeberar.

Antes de ingressar nos meios de impugnação das decisões judiciais, o autor revisita a teoria geral dos recursos tratando de diversos temas de grande atualidade como a natureza jurídica dos "pedidos de reconsideração" e a preocupação com as 'decisões surpresa'.

A obra trata exaustivamente dos temas atuais relativos aos recursos com especial ênfase nas modificações trazidas à lume pelo novo CPC, em especial a nova técnica de julgamento não unânime pelos colegiados e os incidentes de resolução de demandas repetitivas e de assunção de competência. Faz também uma profunda análise dos vícios das decisões judiciais, da natureza jurídica dos recursos, do duplo grau de jurisdição e da estabilização da tutela provisória frente ao fenômeno da remessa necessária.

O autor dá a devida atenção aos princípios, tratando de maneira pormenorizada e sistematizada aqueles inerentes à teoria geral dos recursos: os princípios da taxatividade, da unicidade ou unirrecorribilidade, da fungibilidade recursal, da motivação ou da dialeticidade, da disponibilidade ou voluntariedade, da recorribilidade e da irrecorribilidade em separado das decisões interlocutórias e da proibição de 'reformatio in pejus'. Após a bem fundamentada análise da teoria geral, passa ao exame dos recursos em espécie: apelação, agravo de instrumento, agravo interno, embargos de declaração, recurso ordinário, embargos de divergência, recurso extraordinário, recurso especial e gravo em recurso especial e em recurso extraordinário.

A par da profundidade da obra, o autor traz uma cuidadosa pesquisa de jurisprudência que permite ao leitor cotejar a melhor doutrina com o trato dado pelos tribunais aos temas jurídicos examinados.

A edição de um novo Código de Processo Civil sempre vem acompanhada de uma renovação de esperanças na prestação jurisidicional mais célere e mais acertada. A presente obra também é uma profissão de fé na jurisdição e no seu papel harmonizador de uma sociedade que busca a justiça e confia nela.

FERNANDO QUADROS DA SILVA
Desembargador Federal do Tribunal Regional Federal da 4ª Região e Doutor em Direito pela Universidade Federal do Rio Grande do Sul

ABREVIATURAS

AC TC – Acórdão Tribunal Constitucional
Ac. – Acórdão
ACO – Ação Civil Ordinária
ACP – Ação Civil Pública
ADI-MC – Medida Cautelar em Ação Direta de Inconstitucionalidade
ADI – Ação Direta de Inconstitucionalidade
ADPF – Arguição de Descumprimento de Preceito Fundamental
AG – Agravo
Ag.Int. no REsp – Agravo Interno no Recurso Especial
AGRPET – Agravo em Petição
AResp – Agravo em Recurso Especial
AgR – Agravo Regimental
AGRCR – Agravo Regimental em Carta Rogatória
AgREsp – Agravo em Recurso Especial
AgRg na APn – Agravo Regimental na Ação Penal
AgRg no Ag – Agravo Regimental no Agravo
AgRg no Ag – Agravo Regimental no Agravo
AgRg no AgRg na SLS – Agravo Regimental no Agravo Regimental na Suspensão Liminar de Sentença
AgRg no AREsp – Agravo Regimental no Agravo em Recurso Especial
AgRg no CC – Agravo no Conflito de Competência
AgR-ED-EI – Agravo Regimental nos Embargos de Declaração na Exceção de Incompetência

RECURSOS NO NOVO C.P.C.

AgR-ED-EDV- – Agravo Regimental em Embargos de Declaração em Embar-
-AGR   gos de Divergência em Agravo Regimental
AgRg no RMS – Agravo Regimental no Recurso em Mandado de Segurança
AgRg nos EREsp – Agravo Regimental nos Embargos em Recurso Especial
AAGU – Advocacia Geral da União
AI – Agravo de Instrumento
AI-QO – Questão de Ordem no Agravo de Instrumento
AL – Alínea
ALI – American Law Institute.
AP – Ação Penal
AR – Ação Rescisória
ARE – Recurso Extraordinário com Agravo
Art. – Artigo
BACENJUD – Banco Central do Brasil Judiciário
BGB – Código Civil Alemão
C. Pr. Civil – Código de Processo Civil
C.C. – Código Civil
C.C.B. – Código Civil Brasileiro
C.c.b. – Código Civil Brasileiro
CEDH – Convenção Européia sobre Direitos Humanos
C.D.C. – Código de Defesa do Consumidor
C.E. – Constituição Europeia
C.E.F. – Caixa Econômica Federal
C.F. – Constituição Federal
C.J.F. – Conselho da Justiça Federal
C.L.T. – Consolidação das Leis do Trabalho
C.N.J. – Conselho Nacional de Justiça
C.P. – Código Penal
C.P.C. – Código de Processo Civil
C.P.F. – Cadastro de Pessoa Física
C.P.M. – Código Penal Militar
C.P.P. – Código de Processo Penal
Cass. – Cassação
CC – Código Civil
CC – Conflito de Competência
CDA – Certidão de Dívida Ativa
CDC – Código de Defesa do Consumidor

ABREVIATURAS

CE – Constituição Europeia
CEF – Caixa Econômica Federal
CEJ – Centro de Estudos Judiciários
Com. – Comentários
CONFEA – Conselho Federal de Engenharia e Agronomia
Conv. Eur. Dir. – Convênio Europeu dos Direitos dos Homens Uomo
Coord. – Coordenação
CPC – Código de Processo Civil
CPCC – Código de Processo Civil Comentado
CPMF – Contribuição Provisória sobre Movimentação Financeira
CRC – Conselho Regional de Contabilidade
CREAA – Conselho Regional de Engenharia e Agronomia e Arquitetura
CRM – Conselho Regional de Medicina
CRP – Constituição da República Portuguesa
C. Rep – Constituição da República
CSLL – Contribuição Social sobre Lucro Líquido
CTN – Código Tributário Nacional
D – Digesto
D.E. – Diário Eletrônico
DARF – Documento de Arrecadação Fiscal
Dec. – Decreto
Desis – Desistência
DF – Distrito Federal
DI – Direito Internacional
Disp. Trans. – Disposições Transitórias
DIVULG – Divulgação
DJ – Diário da Justiça
DJe – Diário da Justiça Eletrônico
DJU – Diário da Justiça da União
DNA – ácido desoxirribonucléico
DOU – Diário da Justiça da União
DR – Diário da República
EAD – Ensino à Distância
EC – Emenda Constitucional
ECA – Estatuto da Criança e do adolescente

ECT – Empresa de Correios e Telégrafos

ED – Embargos de Declaração

EDcl – Embargos de Declaração

EDcl no AgRg no REsp – Embargos de Declaração no Agravo Regimental no Recurso Especial

EDcl nos EDcl no AgRg na MC. – Embargos de Declaração nos Embargos de Declaração no Agravo Regimental na Medida Cautelar

EDcl nos EDcl no RHC – Embargos de Declaração nos Embargos de Declaração no Recurso em Habeas Corpus

EDcl nos EDcl nos EDcl no AgRg na ExSusp – Embargos de Declaração nos Embargos de Declaração nos Embargos de Declaração no Agravo Regimental na Exceção de Suspeição.

EDcl nos EDcl nos EDcl nos EDcl no AgRg no REsp – Embargos de declaração nos Embargos de Declaração nos Embargos de Declaração nos Embargos de Declaração no Agravo Regimental no Recurso Especial

EDeclCComp – Embargos de Declaração em Conflito de Competência.

EDcl no CC – Embargos de Declaração no Conflito de Competência

ED-ED-AgR – Embargos de Declaração em Embargos de Declaração em Agravo Regimental

EDV – Embargos de Divergência

EMENT – Ementário

ENFAM – Escola Nacional de Formação e Aperfeiçoamento da Magistratura

EOA – Estatuto da Ordem dos Advogados

e-Proc – Processo Eletrônico

e-STJ – Processo Eletrônico do Superior Tribunal de Justiça

FGTS – Fundo de Garantia por Tempo de Serviço

FUNAI – Fundação Nacional do Índio

GRU – Guia de Recolhimento da União

HC – Habeas Corpus

INC. – Inciso

INCRA – Instituto Nacional de Colonização e Reforma Agrária

INFOJUD – Sistemas de Informação ao Judiciário

INSS – Instituto Nacional de Seguridade Social

IRDR – Incidente de Resolução de Demandas Repetitivas

IRPJ – Imposto de Renda Pessoa Jurídica

J. – julgamento
L. – Lei
LACP – Lei da Ação Civil Pública
LEC – Ley Enjuiciamiento Civil
LEF – Lei de Execuções Fiscais
LC – Lei Complementar
LDi – Lei de Divórcio
LICC – Lei de Introdução ao Código Civil brasileiro
LJEF – Lei dos Juizados Especiais Federais
LMS – Lei de Mandado de Segurança
LOMAN – Lei Orgânica da Magistratura Nacional
LOPJ – Lei Orgânica do Poder Judiciária
MC – Medida Cautelar
MC-REF – Referendo Medida Cautelar
MI – Mandado de Injunção
MIN. – Ministro
M.P. – Ministério Público
MP – Medida Provisória
MPF – Ministério Público Federal
MRE/MF – Ministério das Relações Exteriores/Ministério da Fazenda
MS – Mandado de Segurança
N. – número
NCPC – Novo Código de Processo Civil
OAB – Ordem dos Advogados do Brasil
ONG – Organização não Governamental
ONU – Organização das Nações Unidas
ORTN – Obrigações Reajustáveis do Tesouro Nacional
PET – Petição
PJe – Processo Eletrônico
PIS/PASEP – Programa de Integração Social/Programa de Formação do Patrimônio do Servidor Público
PIDCP – Pacto Internacional sobre Direitos Civis e Políticos
PROJUDI – Processo Judicial
P.U. – Parágrafo Único
PUBLIC – Publicação
QO – Questão de Ordem
R0 – Recurso Ordinário

Rcl – Reclamação

RCD nos EREsp – Reconsideração nos Embargos de Divergência em Recurso Especial

RCDESP – Reconsideração de Despacho

RE – Recurso Extraordinário

RHC – Recurso em Habeas Corpus

Rel. – Relação

Rel. – Relator

RENAJUD – Sistema de Restrições Judiciais sobre Veículos Automotores

REsp – Recurso Especial

Rev. – Revista

RHC – Recurso em Habeas Corpus

RISTF – Regimento Interno do Supremo Tribunal Federal

RISTJ – Regimento Interno do Superior Tribunal de Justiça

RMS – Recurso em Mandado de Segurança

RO – Recurso Originário

RPV – Requisição de Pequeno Valor

RSTJ – Revista do Superior Tribunal de Justiça

RT – Revista dos Tribunais

RTJ – Revista Trimestral de Jurisprudência

S.T.F. – Supremo Tribunal Federal

S.T.J. – Superior Tribunal de Justiça

SE – Sentença Estrangeira

SEC – Sentença Estrangeira Contestada

SEDEX – Serviço de Encomenda Expressa

SENT. – Sentença

SIMP – Simpósio

SISTCON – Sistema de Conciliação

SRIP – Secretaria de Registro e Informação Processual

SSTC – Sala do Supremo Tribunal Constitucional

STC – Supremo Tribunal Constitucional

STM – Superior Tribunal Militar

STEDH – Sentença do Tribunal Europeu de Direitos Humanos

SUP – Sistema Unificado de Protocolo

T.R.Fs. – Tribunais Regionais Federais

T.R.F.1 – Tribunal Regional Federal da 1ª Região

T.R.F.3 – Tribunal Regional Federal da 3ª Região

ABREVIATURAS

T.R.F.4 – Tribunal Regional Federal da 4ª Região
T.R.F.5 – Tribunal Regional Federal da 5ª Região
T.R.T. – Tribunal Regional do Trabalho
T.S.E. – Tribunal Superior Eleitoral
T.S.M. – Tribunal Superior Militar
T.S.T. – Tribunal Superior do Trabalho
TEDH – Tribunal Europeu de Direitos Humanos
TFR – Tribunal Federal de Recurso
TJ/CE – Tribunal de Justiça do Ceará
TJ/MG – Tribunal de Justiça de Minas Gerais
TJ/PR – Tribunal de Justiça do Paraná
TJ/RS – Tribunal de Justiça do Rio Grande do Sul
TJ/SC – Tribunal de Justiça de Santa Catarina
TJ/SP – Tribunal de Justiça de São Paulo
TRF 1ª – Tribunal Regional Federal da 1ª Região
TRF4 – Tribunal Regional Federal da 4ª Região
TRT – Tribunal Regional do Trabalho
TSE – Tribunal Superior Eleitoral
TST – Tribunal Superior do Trabalho
UERJ – Universidade Estadual do Rio de Janeiro
UNCITRAL –United Nations Commission on International Trade Law
UNIDROIT – International Institute for the Unification
UTI – Unidade de Terapia Intensiva
VOL – Volume
ZPO – Código de Processo Civil Alemão

SUMÁRIO

INTRODUÇÃO	29
1. MEIOS DE IMPUGNAÇÃO DE DECISÕES – IMPUGNAÇÕES EM GERAL	35
2. O PEDIDO DE RECONSIDERAÇÃO COMO MEIO DE IMPUGNAÇÃO	43
3. VÍCIOS DA DECISÃO JUDICIAL	51
4. DEFINIÇÃO DE 'RECURSO'	55
4.1. Efeitos jurídicos de uma decisão submetida a recurso	57
5. NATUREZA JURÍDICA DO RECURSO	61
6. A ESSÊNCIA DO RECURSO	65
7. JUSTIFICATIVAS E FINALIDADES PARA A EVOLUÇÃO DO SISTEMA IMPUGNATIVO JURÍDICO PROCESSUAL	67
8. DIREITO COMPARADO	73
8.1. Direito espanhol	73
8.2. Direito italiano	84
8.3. Direito alemão	95
8.4. Direito português	101

RECURSOS NO NOVO C.P.C.

9. DUPLO GRAU DE JURISDIÇÃO – NATUREZA JURÍDICA ... 121
   9.1. Hipóteses que denotam a obrigatoriedade do *duplo grau de jurisdição* – remessa necessária ... 131
      9.1.1. Entidades favorecidas pelo *duplo grau de jurisdição* ... 141
      9.1.2. Ineficácia da decisão que não foi submetida ao duplo grau de jurisdição ... 144
      9.1.3. Remessa obrigatória dos autos ao tribunal superior – avocatória ... 147
      9.1.4. Hipóteses normativas que dispensam a *remessa necessária* ... 147
      9.1.5. Estabilização dos efeitos da tutela provisória antecipada e a remessa necessária ... 153
      9.1.6. Decisão parcial de mérito e remessa necessária ... 154
      9.1.7. Direito intertemporal e remessa necessária ... 156
   9.2. O negócio jurídico processual e o duplo grau de jurisdição ... 156

10. PRINCÍPIOS GERAIS DOS RECURSOS ... 165
   10.1. Princípio da taxatividade dos recursos ... 165
      10.1.1. Técnica de prosseguimento de julgamento não unânime pelo colegiado – colegiado qualificado ... 173
   10.2. Princípio da unicidade ou unirrecorribilidade das decisões ... 182
   10.3. Princípio da fungibilidade recursal ... 198
   10.4. Princípio da motivação ou da dialeticidade dos recursos ... 212
   10.5. Princípio da disponibilidade ou voluntariedade dos recursos ... 215
   10.6. Princípio da recorribilidade e da irrecorribilidade em separado das interlocutórias ... 217
   10.7. Princípio da proibição de 'reformatio in peius' ... 218

11. CRITÉRIOS SOBRE OS MEIOS DE IMPUGNAÇÃO ... 231

12. ADMISSIBILIDADE DOS RECURSOS ... 235
   12.1. Decisão surpresa ... 244
   12.2. Requisitos ou pressupostos de admissibilidade do recurso ... 256
      12.2.1. Cabimento de recurso ... 257
      12.2.2. Legitimidade para recorrer ... 259
      12.2.3. Interesse para recorrer ... 279
      12.2.4. Tempestividade ... 287
         12.2.4.1. Prazo peremptório do recurso – redução ... 295

	12.2.4.2. Feriado local e prazo recursal	300
	12.2.4.3. Réu não citado – prazo para interpor ou responder ao recurso de apelação	303
	12.2.4.4. Prazo para interposição do recurso – falecimento da parte ou de seu advogado ou ocorrência de força maior	304
	12.2.4.5. Contagem do prazo para recorrer	313
12.2.5.	Regularidade formal	333
	12.2.5.1. Competência recursal	338
12.2.6.	Inexistência de fato extintivo ou impeditivo para interposição do recurso	340
	12.2.6.1. Renúncia	341
	12.2.6.2. Desistência	353
12.2.7.	Preparo	360

13. COMPETÊNCIA PARA ANÁLISE DOS REQUISITOS DE ADMISSIBILIDADE DOS RECURSOS 393

14. FORMAS DE INTERPOSIÇÃO DE RECURSO 397

15. CRITÉRIOS JURÍDICOS PARA DESESTIMULAR A INTERPOSIÇÃO DE RECURSO – DEPÓSITO PRÉVIO E SANÇÕES PROCESSUAIS 405

15.1.	Depósito prévio	405
15.2.	Honorários sucumbenciais recursais	415

16. DIREITO INTERTEMPORAL 427

16.1.	Da remessa necessária	443

17. EFEITOS DO RECURSO 455

17.1.	Efeito suspensivo	456
17.2.	Efeito devolutivo	461

18. EFEITO SUBSTITUTIVO DOS RECURSOS 475

19. RECURSO INDEPENDENTE E RECURSO ADESIVO 479

20. DO DESPACHO NÃO CABE RECURSO 489

RECURSOS NO NOVO C.P.C.

21. IMPUGNAÇÃO TOTAL OU PARCIAL DA DECISÃO	493
22. EFEITOS DO RECURSO INTERPOSTO PELO LITISCONSORTE	499
23. PROCESSAMENTO E JULGAMENTO DO RECURSO NO TRIBUNAL	505
24. JULGAMENTO ELETRÔNICO DOS RECURSOS	533
25. CERTIFICAÇÃO DO TRÂNSITO EM JULGADO	543
26. RECURSOS EM ESPÉCIES NO NOVO C.P.C.	545
27. DA APELAÇÃO	551
27.1. Generalidades	551
27.2. Da sentença cabe apelação	556
27.3. Definição de sentença	558
27.4. Objeto da apelação	564
27.5. Forma e requisitos para interposição da apelação	573
27.6. Prazo para interposição do recurso de apelação e da contrarrazão ao recurso	583
27.7. Competência para realização do juízo de admissibilidade da apelação	588
27.8. Prerrogativas do relator no recurso de apelação	589
27.9. Efeitos em que é recebido o recurso de apelação	598
27.9.1. Efeito devolutivo	598
27.9.2. Efeitos da apelação no novo C.P.C.	605
27.10. Apelação e cumprimento provisório de sentença	607
27.11. Efeito translativo da apelação	611
27.11.1. Limitação por capítulos autônomos da sentença	615
27.11.2. Limitação pela *reformatio in peius*	615
27.11.3. Limitação em relação às questões já decididas e não impugnadas	617
27.11.4. Limitação em face dos recursos excepcionais	618
27.11.5. Efeito translativo e o acolhimento de somente um fundamento	622
27.12. Supressão de instância e julgamento imediato do mérito pelo Tribunal de Apelação – *Teoria da causa madura*	624

SUMÁRIO

27.13. Alegações na apelação de novas questões de fato – força maior 626

27.14. Questão sobre o recurso de apelação contra o indeferimento
da petição inicial 631

27.15. Questão sobre o recurso de apelação contra a sentença que julga
a demanda sem resolução de mérito 633

27.16. Questão sobre a apelação contra o julgamento de improcedência
liminar do pedido 634

28. DO AGRAVO DE INSTRUMENTO 641

28.1. Considerações gerais 641

28.2. Agravo de instrumento – decisões interlocutórias 643

    28.2.1. Tutela provisória 647

    28.2.2. Mérito do processo 651

    28.2.3. Rejeição da alegação de convenção de arbitragem 656

    28.2.4. Incidente de desconsideração de personalidade jurídica 657

    28.2.5. Rejeição do pedido de gratuidade da justiça
ou acolhimento do pedido de sua revogação 657

    28.2.6. Exibição ou posse de documento ou coisa 658

    28.2.7. Exclusão de litisconsorte 659

    28.2.8. Rejeição do pedido de limitação de litisconsórcio 660

    28.2.9. Admissão ou inadmissão de intervenção de terceiros 660

    28.2.10. Concessão, modificação ou revogação do efeito
suspensivo aos embargos à execução 661

    28.2.11. Redistribuição do ônus da prova nos termos
do art. 373, §1º 661

    28.2.12. Outros casos expressamente referidos em lei 663

    28.2.13. Liquidação de sentença, cumprimento de sentença,
processo de execução e processo de inventário 663

28.3. Prazo para interposição do agravo de instrumento 665

28.4. Metodologia e requisitos para interposição do Agravo
de Instrumento 666

28.5. Documentos que deverão acompanhar a petição de agravo
de instrumento 668

28.6. Falta ou inexistência de documentação 678

28.7. Comprovação do recolhimento das custas e do porte de retorno 678

28.8. Complementação dos requisitos e documentos do agravo
de instrumento 684

RECURSOS NO NOVO C.P.C.

28.9. Forma de interposição do recurso de agravo de instrumento ... 688
    28.9.1. Protocolo diretamente no tribunal competente ... 688
    28.9.2. Protocolo integrado ... 690
    28.9.3. Postagem pelo correio ... 693
    28.9.4. Remessa via *fac-símile* ... 695
    28.9.5. Outra forma prevista em lei ... 696
28.10. Processo eletrônico ... 697
28.11. Juntada de cópia da petição do agravo e dos documentos que o instruem nos autos do processo principal ... 698
28.12 – Prerrogativas do relator no agravo de instrumento ... 701
    28.12.1. Aplicação do art. 932, incs. III e IV, do atual C.P.C. ... 701
    28.12.2. Perda de objeto do agravo em face da prolação da sentença ... 703
    28.12.3. Conversão em agravo retido ... 705
    28.12.4. Extinção do processo originário via agravo de instrumento ... 705
    28.12.5. Atribuição de efeito suspensivo ao agravo ou concessão de antecipação de tutela recursal ... 706
    28.12.6. Determinação de intimação do agravado – resposta 15 (quinze) dias ... 709
    28.12.7. Determinação de intimação do Ministério Público ... 709
28.13. Solicitação de dia para julgamento do agravo ... 710

29. AGRAVO INTERNO ... 711
29.1. Hipóteses de interposição de agravo interno ... 713
29.2. Prazo para interposição de agravo interno ... 718
29.3. Processamento do agravo interno ... 723
29.4. Forma de interposição do agravo e resposta do agravo ... 725
29.5. Reprodução dos fundamentos da decisão agravada ... 725
29.6. Agravo manifestamente inadmissível ou improcedente – multa ... 727
29.7. Condicionamento do depósito da multa aplicada ... 729

30. EMBARGOS DE DECLARAÇÃO ... 733
30.1. Objeto dos embargos de declaração ... 735
30.2. Motivos que ensejam a interposição dos embargos de declaração ... 739
    30.2.1. Dúvida ... 740
    30.2.2. Obscuridade ... 741

30.2.3.	Contradição	741
30.2.4.	Omissão	743
30.2.5.	Erro material	748
30.2.6.	Prazo para interposição dos embargos de declaração	750
30.2.7.	Competência e forma de interposição dos embargos de declaração	752
30.2.8.	Embargos de declaração com efeitos infringentes	754
30.2.9.	Procedimento para julgamento dos embargos de declaração	759
30.2.10.	Conversão dos embargos de declaração em agravo interno	761
30.2.11.	Complementação de recurso anteriormente interposto	763
30.2.12.	Embargos de declaração para efeito de prequestionamento – prequestionamento ficto	763
30.2.13.	Efeito dos embargos de declaração sobre a eficácia da decisão recorrida	769
30.2.14.	Suspensão da eficácia da decisão monocrática ou colegiada	770
30.2.15.	Efeito interruptivo dos embargos de declaração	771
30.2.16.	Embargos de declaração manifestamente protelatórios	776
30.2.17.	Ratificação do recurso interposto conjuntamente com os embargos de declaração – desnecessidade	782

31. **RECURSO ORDINÁRIO** 787

31.1.	Previsão Constitucional para interposição de recurso ordinário	791
31.2.	Prazo para interposição de recurso ordinário	792
31.3.	Hipóteses de cabimento de recurso ordinário	793
31.4.	Cabimento de agravo de instrumento	798
31.5.	Efeito devolutivo ou suspensivo do recurso ordinário – teoria da *causa madura*	800
31.6.	Processamento do recurso ordinário	808

32. **EMBARGOS DE DIVERGÊNCIA** 811

32.1.	Considerações gerais	811
32.2.	Objeto dos embargos de divergência	814
32.3.	Requisitos para interposição dos embargos de divergência	825
32.4.	Cotejo entre decisões	829

32.5.	Acórdão paradigma e decisão embargada provenientes da mesma turma	836
32.6.	Forma de comprovação da divergência	838
32.7.	Fundamento genérico	840
32.8.	Prazo para interposição dos embargos de divergência	840
32.9.	Procedimento dos embargos de divergência	841
32.10.	Interrupção de prazo de recurso	844

33. RECURSO EXTRAORDINÁRIO, RECURSO ESPECIAL E AGRAVO EM RECURSO ESPECIAL E EM RECURSO EXTRAORDINÁRIO 847

ANEXO – EMENDA REGIMENTAL N. 22, DE 16 DE MARÇO DE 2016 849

REFERÊNCIAS 869

Introdução

O art. 5º, inc. XXXVI, da Constituição Federal brasileira, reafirmado pelo art. 3º, *caput,* do novo Código de Processo Civil brasileiro, preconiza que *"a lei não excluirá da apreciação do Poder Judiciário lesão ou ameaça a direito".*[1]

O direito/garantia do *acesso à jurisdição* também se encontra expressamente previsto no art. 20º da Constituição da República portuguesa: *"A todos é assegurado o acesso ao direito e aos tribunais para defesa dos seus direitos e interesses legalmente protegidos, não podendo a justiça ser negada por insuficiência de meios econômicos".*

O art. 24 da Constituição italiana apresenta a mesma garantia/direito fundamental constitucional: *"Tutti possono agire in giudizio per la tutela dei propri diritti e interessi legittimi".* (Todos podem agir em juízo para a tutela dos próprios direitos e interesses legítimos).

O direito/garantia de *acesso à jurisdição* corresponde a um dos pilares estruturantes do Estado Democrático de Direito.

Em termos sintéticos, a garantia de acesso aos tribunais significa, fundamentalmente, *"direito à protecção jurídica através dos tribunais".*

Portanto, o direito/garantia do acesso à jurisdição tem por fundamento, pelo menos no Brasil, Portugal e Itália, a Constituição Federal.

Por sua vez, a prerrogativa de indicação do tribunal competente para o exercício do direito à proteção jurídica, bem como da forma e do pro-

---

[1] Alguns autores falam em *garantia constitucional* (Alessandro Pace). Alguns utilizam a expressão *tutela de direitos fundamentais* (Cardoso da Costa).

cesso, pertence ao legislador ordinário ('margem de livre regulação do legislador).[2]

Porém, essa margem de conformação do processo jurisdicional concedida ao legislador ordinário não poderá por em risco o princípio do *devido processo legal*, também denominado de *processo público com todas as suas garantias*, uma vez que num Estado Democrático de Direito a existência concreta da possibilidade do efetivo exercício do contraditório, essência do processo jurisdicional moderno, bem como a construção de técnicas de impugnação de decisão que possam permitir que as partes envolvidas na relação jurídica processual tenham uma segunda ou terceira avaliação da questão posta e decidida em juízo, representa a legitimação democrática da participação (democracia participativa) no exercício da atividade jurisdicional.

Com o brilhantismo que lhe é peculiar, o Ministro Celso de Mello, no voto que proferiu na Ação Penal n. 470/MG (Mensalão) sobre a admissibilidade dos embargos infringentes, assim se manifestou quanto a alguns aspectos materiais do *due process of law*:

> *O magistério da doutrina, por sua vez, ao examinar a garantia constitucional do "due process of law", nela identifica, no que se refere ao seu conteúdo material, alguns elementos essenciais à sua própria configuração, dentre os quais avultam, por sua inquestionável importância, as seguintes prerrogativas: (a) direito ao processo (garantia de acesso ao Poder Judiciário); (b) direito à citação e ao conhecimento prévio do teor da acusação; (c) direito a um julgamento público e célere, sem dilações indevidas; (d) direito ao contraditório e à plenitude de defesa (direito à autodefesa e à defesa técnica); (e) direito de não ser processado e julgado com base em leis "ex post facto"; (f) direito à igualdade entre as partes; (g) direito de não ser processado com fundamento em provas revestidas de ilicitude; (h) direito ao benefício da gratuidade; (i) direito à observância do princípio do juiz natural; (j) direito ao silêncio (privilégio contra a autoincriminação); (l) direito à prova; e (m) direito ao recurso. Vê-se, daí, na abordagem tradicional do tema, que o direito ao recurso qualifica-se como prerrogativa jurídica intimamente vinculada ao direito do interessado à observância e ao respeito, pelo Poder Público, da fórmula inerente ao "due process of law", consoante adverte expressivo magistério doutrinário (ROGÉRIO SCHIETTI MACHADO CRUZ, "Garantias Processuais nos Recursos Criminais", p. 48/50, item n. 1.5, 2002, Atlas; VICENTE GRECO FILHO, "Tutela Constitucional das Liberdades", p. 110, 1989, Saraiva; GUILHERME DE SOUZA*

---

[2] CANOTILHO, José Gomes. *Direito constitucional.* Coimbra: Almedina, 1996. p. 652.

INTRODUÇÃO

NUCCI, "Princípios Constitucionais Penais e Processuais Penais", p. 364/366, item n. 2.1.1, 2010, RT; ROGÉRIO LAURIA TUCCI, "Direito e Garantias Individuais no Processo Penal Brasileiro", p. 71/74, 2ª ed., 2004, RT, v.g.), valendo observar, ainda, que alguns autores situam o direito de recorrer na perspectiva da Convenção Americana de Direitos Humanos, como o faz GERALDO PRADO ("Duplo Grau de Jurisdição no Processo Penal Brasileiro: Visão a partir da Convenção Americana de Direitos Humanos em homenagem às ideias de Julio B. J. Maier" "in" "Direito Processual Penal: Uma visão garantista", p. 105/119, 2001, Lumen Juris), ou, até mesmo, invocam, como suporte dessa prerrogativa fundamental, o Pacto Internacional sobre Direitos Civis e Políticos, a que o Brasil aderiu em 1992 (ANDRÉ NICOLITT, "Manual de Processo Penal", p. 42/44, item n. 3.7.5, 2ª ed., 2010, Campus Jurídico).

A garantia de acesso à jurisdição apresenta um amplo espectro, pois além de seu aspecto 'defensivo' ou garantístico: *defesa dos direitos através dos tribunais,* a garantia do acesso aos tribunais pressupõe igualmente *dimensão de natureza prestacional,* na medida em que o Estado deve criar órgãos judiciários e tutelas jurisdicionais adequados (direitos fundamentais dependentes da organização e procedimento), assim como assegurar prestações ('apoio judiciário', 'patrocínio judiciário', dispensa total ou parcial de pagamento de custas e preparos), tendentes a evitar a denegação da justiça por insuficiência de meios econômicos. O acesso à justiça é um acesso materialmente informado pelo princípio da igualdade de oportunidades.[3]

No enquadramento constitucional do direito fundamental ao *acesso à justiça,* encontra-se a garantia conferida aos litigantes de que em processo judicial ou administrativo lhes são assegurados o contraditório e a ampla defesa com os meios e recursos a ela inerentes (art. 5º, inc. LV, da C.F.).

O contraditório e a ampla defesa correspondem a dois pilares de sustentação do acesso à jurisdição.

É certo que ao lado do princípio do acesso à justiça, previsto no art. 5º, inc. LV, da C.F., há também o princípio constitucional da *razoável duração do processo,* incorporado no art. 5º, inc. LXXVIII, da C.F., incluído pela Emenda Constitucional n. 45, de 2004, que assim dispõe: *"a todos, no âmbito judicial e administrativo, são assegurados a razoável duração do processo e os meios que garantam a celeridade de sua tramitação".*

---

[3] CANOTILHO, J. J. G., idem, p. 654.

Diante da previsão Constitucional desses dois princípios estruturantes do processo jurisdicional moderno, *efetivo acesso à justiça* e *celeridade processual*, o legislador haverá de compatibilizar a duração razoável do processo com a asseguração efetiva do contraditório e da ampla defesa, com os meios e recursos a ela inerentes.

Conforme afirma Barbosa Moreira, à conveniência da rápida composição dos litígios, para o pronto restabelecimento da ordem jurídica, contrapõe-se o anseio de garantir, na medida do possível, a conformidade da solução do direito.[4]

Por isso, ao mesmo tempo em que se devem construir procedimentos que possibilitem a agilização do processo, necessita-se igualmente resguardar o contraditório e a ampla defesa, *com os meios e recursos a ela inerentes*.

Postular-se a não impugnação de toda e qualquer decisão, atenderia à celeridade processual, mas macularia o contraditório e a ampla defesa. Multiplicar as possibilidades de interposição de recursos atenderia ao contraditório e à ampla defesa, mas poria em risco a celeridade do processo.

Daí a necessidade de se chegar a um critério que tangenciando um real conflito entre os princípios, possa harmonizá-los.

Naturalmente, conforme a política legislativa adotada em cada época de reforma processual, tais remédios veem-se prodigalizados ou, ao contrário, comprimidos em doses parcimoniosas. A oscilação entre uma ou outra opção legislativa, marca a evolução histórica de todos os grandes sistemas jurídicos do chamado mundo ocidental.[5]

Observou-se essa oscilação legislativa especialmente em relação à tratativa normativa dada ao recurso de *agravo de instrumento*.

Quando da entrada em vigor do C.P.C. de 1973, a redação original do art. 522 admitia o recurso de agravo de instrumento contra *toda e qualquer decisão proferida no processo*, salvo as hipóteses dos artigos 504 e 513. Com a redação dada pela Lei 9.139/95, o art. 522 do C.P.C. de 1973 passou a permitir a interposição de agravo *por instrumento* ou *retido* nos autos. Por fim, com a entrada em vigor da Lei 11.187/05, o art. 522 do C.P.C. de 1973 passou a textualizar que das decisões interlocutórias caberia agravo, no prazo de dez dias, *na forma retida*, salvo quando se tratasse de decisão suscetível

---

[4] Barbosa Moreira, José Carlos. *Comentários ao código de processo civil.* V. Vol. (arts. 476 a 565). Rio de Janeiro: Forense, 1976. p. 213.

[5] Barbosa Moreira, J. C., idem, ibidem.

INTRODUÇÃO

de causar à parte lesão grave e de difícil reparação, bem como nos casos de inadmissão da apelação e nos relativos aos efeitos em que a apelação é recebida, quando seria admitida a sua interposição por instrumento.

O novo C.P.C., em seu art. 1.015, indicou *as decisões interlocutórias* que podem ser objeto de agravo de instrumento, a saber: I –tutelas provisórias; II –mérito do processo; III – rejeição da alegação de convenção de arbitragem; IV – incidente de desconsideração da personalidade jurídica; V – rejeição do pedido de gratuidade da justiça ou acolhimento do pedido de sua revogação; VI – exibição ou posse de documento ou coisa; VII – exclusão de litisconsorte; VIII – rejeição do pedido de limitação do litisconsórcio; IX – admissão ou inadmissão de intervenção de terceiros; X – concessão, modificação ou revogação do efeito suspensivo aos embargos à execução; XI – redistribuição do ônus da prova nos termos do art. 373, §1º; XII – *conversão da ação individual em ação coletiva* – VETADO; XIII – outros casos expressamente referidos em lei. Também caberá agravo de instrumento contra decisões interlocutórias proferidas na fase de liquidação de sentença ou de cumprimento de sentença, no processo de execução e no processo de inventário.

Pode-se perceber que a política externada nas diversas mudanças legislativas sobre o agravo de instrumento demonstra cada vez mais uma opção de restrição de sua interposição.

Porém, por mais que se queira assegurar a razoável duração do processo mediante redução de possibilidade de impugnação de decisões, isso não pode causar risco ao contraditório e à ampla defesa, muito menos impedir que a parte se valha dos recursos permitidos em lei para impugnar a decisão que lhe for desfavorável.

O nosso ordenamento jurídico, assim como grande parte dos ordenamentos contemporâneos, pretende resolver o problema do controle da justiça da decisão e de possíveis equívocos que possam ser cometidos, reconhecendo, de um modo geral, às partes, e por vezes a terceiros, o poder de impugnar a decisão proferida, sendo em regra essa impugnação dirigida a outro órgão jurisdicional para que ele faça um sucessivo controle da correção e justiça da decisão.

A determinação constitucional de que toda pessoa (nacional e estrangeira) tenha ao seu dispor, no âmbito da relação jurídica processual, os meios e recursos inerentes à ampla defesa, corresponde à compreensão de que ao se formular preceitos normativos de regulamentação do processo civil brasileiro, não é suficiente idealizar-se o livre acesso à jurisdição ou proclamar que todos têm o direito à ampla defesa; é necessário também conferir instrumentos procedimentais concretos que possam resguardar e dar efetividade à referida ampla defesa, dentre os quais, a possibilidade de impugnação de decisões interlocutórias ou finais que são proferidas no transcurso da relação jurídica processual.

A inserção num código procedimental civil de previsão normativa para se interpor recursos contra decisões interlocutórias ou finais representa a concretização na relação jurídica processual do princípio do acesso à jurisdição e de um processo público com todas as suas garantias.

A temática dessa obra tem por objetivo tratar especificamente de um dos pilares do princípio do processo público com todas as garantias, no caso, a possibilidade de impugnação processual de decisões judiciais, instrumental jurídico processual de garantia de acesso à jurisdição, assim como de suas circunstâncias procedimentais que foram incorporadas ou realinhadas pelo novo Código de Processo Civil brasileiro, Lei n. 13.105/2015.

Volta-se a atenção para a teoria geral do recurso e especialmente para as seguintes espécies recursais: a) apelação; b) agravo de instrumento; c) agravo interno; d) embargos de declaração; e) recurso ordinário no S.T.F. e no S.T.J.; f) agravo em recurso especial e em recurso extraordinário; g) embargos infringentes.[6]

---

[6] Esclarece-se que a análise do Recurso Especial e do Recurso Extraordinário, assim como dos recursos especial e extraordinário repetitivos, não será objeto desta obra em particular, pois essa temática foi tratada em trabalho específico dessa coleção.

1.
Meios de Impugnação de Decisões – Impugnações em Geral

Salvatore Satta preconiza que o conceito de impugnação não é um conceito exclusivo do processo, pois, segundo a linguagem comum, acolhida muitas vezes nas normatizações, impugnado pode ser um contrato como um testamento, um ato administrativo como uma deliberação de assembléia.

No âmbito do direito civil, o conceito de impugnação reclama a distinção fundamental entre nulidade e anulabilidade dos atos jurídicos, razão pela qual, a impugnação é a expressão de um interesse particular tutelado pela lei com a introdução do motivo de anulabilidade do ato: somente se o interessado desejar, o ato poderá ser removido. Se não desejar, o ato continuará a produzir os seus efeitos.[7]

O conceito de impugnação formulado por Salvatore Satta para o direito civil de certa forma tem alguma aplicação no direito processual civil, especialmente para as impugnações de decisões judiciais.

---

[7] SATTA, Salvatore. *Diritto processuale civile*. Sesta edizione riveduta e correta. Padova: CEDAM, 1959, p. 327 e 328.

É certo, porém, que no âmbito do processo civil brasileiro encontra-se a possibilidade de se impugnar decisões judiciais por meio de ação autônoma, conforme se verifica nos casos de homologação de sentença e na hipótese em que há estabilização da tutela provisória de urgência antecipada antecedente.

Todavia, para se compreender exatamente o sistema legal, é conveniente recordar que entre as impugnações de decisões judiciais e aquelas dos atos jurídicos, em particular dos contratos, há uma profunda diferença: é que nas impugnações dos atos jurídicos há um fundamento de direito substancial, e se resolvem por meio de demandas autônomas, distintas uma da outra com base no fato constitutivo admitido pela lei (nulidade por dolo, por violência, por erro, por *impotentia coeunid* ou *generandi* etc); já as impugnações da decisão judicial são indissoluvelmente ligadas a um processo no qual a própria decisão se forma, são preordenadas à melhor justiça dessa decisão, e, então, em um sentido amplo, são elementos da formação da própria decisão judicial.[8]

Não obstante as decisões judiciais sejam proferidas com vocação à estabilidade, proporcionando um marco adequado ao princípio básico da segurança jurídica, a norma jurídica processual deve oferecer meios para que as partes possam solicitar, dentro dos limites necessários, a revogação ou modificação das referidas decisões quando concorram as causas que a lei processual estabelece.[9]

Não há dúvida de que um sistema que se assenta no princípio da irrecorribilidade das decisões judiciais gera, ainda que pareça o contrário, maior insegurança que outro que autoriza os recursos com a amplitude suficiente e prudente.[10]

Dentre os problemas fundamentais para a construção de um *justo processo*, encontra-se justamente a necessidade de se levar em consideração e de se satisfazer, dentro de e em determinados limites, duas exigências que são, de certa forma, contrastantes: de um lado está a exigência de não se permitir que a questão se resolva apenas através de um primeiro julgamento, na possibilidade de que este juízo possa estar viciado por algum erro, ou simplesmente pelo fato de que este julgamento não seria justo. Isso dá lugar à oportunidade de encaminhar a questão a outro juízo, em relação ao qual, por sua vez, poderão surgir as mesmas dúvidas e as mesmas exigências, com a consequente ulterior oportunidade de outros juízos, em uma série infinita de julgamento; por outro lado, temos uma exigência contrária que é imposta pela necessidade de se conseguir aquilo que é

---

[8] SATTA, S., idem, p. 328.

[9] MELLADO, José Mª Asencio. *Derecho procesal civil*. Valencia: Tirant lo Blanch, 2008. p. 197.

[10] MELLADO, J. Mª. A. idem, ibidem.

o escopo fundamental principalmente do processo de conhecimento, ou seja, a certeza; a exigência, em suma, de se considerar o julgamento como não repetível e o seu resultado como definitivo.[11]

Todos os ordenamentos jurídicos modernos procuram resolver esse dilema por meio de uma solução de compromisso, ou seja, mediante a estabilidade da decisão, não sendo mais possível a repetição do julgamento após a oportunização de apenas uma possibilidade de sua renovação (duplo grau de jurisdição).

Há também a possibilidade de se renovar a decisão proferida por meio de demandas autônomas ou, ainda, mediante a rescisão do julgamento através da demanda rescisória.[12]

Portanto, a impugnação de uma decisão poderá ser feita por meio de recuso ou de demanda autônoma.

Por impugnação entende-se o *"o instrumento colocado à disposição de uma parte interessada a solicitar a remoção de um provimento a essa prejudicial. Os 'meios de impugnação' são instrumentos processuais oferecidos às partes para levar a questão ao exame de um diverso juízo, e, em alguns casos, ao mesmo juiz: pode considerar-se como um remédio concedido pela lei à parte para solicitar a reforma de um provimento que essa entende como injusto ou ilegítimo".*[13]

Na concepção de José Mª Asencio Mellado, *"por meio de impugnação entende-se aquele conjunto de instrumentos que, considerados em sentido amplo, são oferecidos às partes pela lei com o fim de que possam combater e, se for o caso, obter a modificação de uma determinada decisão judicial ou do Secretário judicial que con-*

---

[11] MANDRIOLI, Crisanto. *Corso di diritto processuale civile – il di cognizione.* Quinta edizione. Torino: G. Giappichelli Editore, 2006. p. 235 e 236.

[12] *"A 'ação rescisória', posto seja um 'remédio processual' – porque se insere entre os meios capazes de produzir a cassação de um ato judicial – não integra o conceito de 'recurso' porque não se destina a evitar a preclusão, mas a atacar a sentença de mérito já atingida por esta. Seja lembrado, como Pontes de Miranda, que 'há mais meios de impugnação do que recursos, posto que todo recurso seja meio de impugnação. Não é como o similar italiano, a 'revocazione straordinaria', que desempenha a função da ação rescisória brasileira, mas recebe da lei a configuração de recurso; a noção de recurso não coincide por inteiro, em razão disso, no processo civil brasileiro e no italiano".* (DINAMARCO, Cândido Rangel. Os efeitos dos recursos. *In: Aspectos polêmicos e atuais dos recursos.* Coord.: Nelson Nery Jr. e Teresa Arruda Alvim Wambier. São Paulo: Editora Revistas dos Tribunais, 2002. p. 28).

[13] ARIOLA, Luca; CAIRO, Antonio; CIAFARDINI, Luciano; CRESCENZO, Matteo de; GIORDANO, Luigi; PELLECCHIA, Roberto; PELUSO, Roberto; SCOGNAMIGLIO, Paolo; TARASCHI, Cesare. *Codice di procedura civile operativo.* Napoli: Edizioni Giuridiche Simone, 2015. p. 323.

sideram não ajustada ao direito e que, por tal razão, estimam que lhes produziu um prejuízo ou não lhes outorgou o benefício solicitado (art. 448, 1)".[14]

A expressão *impugnação*, segundo Crisanto Mandrioli, apresenta, na realidade, uma dimensão muito ampla e uma gama de significados que devem ser analisados: *"Sob um aspecto generalíssimo, a impugnação é uma contestação que poderá ter objeto não apenas um provimento (de um juiz ou de outro órgão jurisdicional) mas, também, mais genericamente, um ato. Quando tem por objeto um ato, a impugnação tende a por em evidência um defeito ou, como se pode dizer, um vício de tal ato. Quando tem por objeto um provimento, e em particular o provimento de um juiz, pode, de um lado, tender à pura e simples eliminação daquele provimento e, por outro lado, tende a substituir tal provimento com um outro provimento, o que advém com um conjunto de renovação do juízo que deu lugar ao provimento anterior. Limita-se o discurso a esta hipótese (contestação de um provimento de juiz), dando ensejo às seguintes sucintas observações: a) a impugnação pressupõe a existência de um provimento em relação ao qual a parte impugnante possa lamentar um prejuízo; b) com a expressão 'impugnação' ou 'meio de impugnação' entende-se ulterior fase de julgamento na qual retorna em discussão o objeto do provimento impugnado ou o próprio provimento...c) em ambos significados, a impugnação pode ser referida, num primeiro sentido amplo, genericamente, a todo tipo de provimento não somente decisórios mas também ordinatórios, definitivo ou não definitivo e, em sentido mais estrito, especificamente ao provimento que tipicamente encerra uma fase do juízo de cognição, ou seja, a sentença".*[15]

Segundo Mandrioli, a impugnação específica de decisões judiciais, tendo em vista que apresenta caráter de ato introdutivo de um novo julgamento, não constitui exercício de uma ação diversa daquela já exercitada na fase que deu lugar ao provimento impugnado. O poder de impugnação seria, de fato, um dos poderes pertencentes à série, que no seu complexo, compõe o exercício da ação e da defesa. Encontra-se na faculdade de a parte exercitar ou não exercitar este poder: se o exercita, introduz a nova fase de julgamento, a qual, por sua vez, pode ser seguida por outra ulterior fase até o exaurimento da série das possibilidades de impugnações.[16]

Tudo isso faz com que se defina que a série de impugnações previstas em determinado direito positivo (que de fato se trata de uma *série limitada*),

---

[14] MELLADO, J. Mª A., op. cit., p. 197.
[15] MANDRIOLI, C., op. cit., p. 237.
[16] MANDRIOLI, C., idem, ibidem.

é o instrumento técnico pelo qual o ordenamento se serve para alcançar a *incontroversa* da decisão judicial, seja por meio do exercício efetivo da integralidade da série das impugnações, seja por meio implícito da aceitação da decisão, em razão da falta do exercício da impugnação.[17]

A maneira de se classificar concretamente as impugnações das decisões apresenta-se de modo distinto para cada direito positivo, pois, de todos os tipos de teorias sobre impugnação que se pode apresentar, cada ordenamento jurídico elege aquelas que lhe parece de inserção necessária em relação à administração da justiça.[18]

Conforme já teve oportunidade de afirmar Andrea Proto Pisani, os meios de impugnação constituem o remédio típico e frequentemente único por meio do qual se provoca o controle sobre a validade e sobre a justiça das decisões.[19]

A possibilidade de se impugnar a decisão (interlocutória ou sentença) proferida por um determinado órgão jurisdicional, a fim de que seja reavaliada a questão por outro órgão jurisdicional cuja competência é estabelecida na Constituição Federal ou em lei, é garantir no processo o efetivo contraditório e a ampla defesa, resguardar, portanto, o direito de ação e o direito de defesa.

Disso resulta a notável diferença das *espécies* 'meios de impugnação' em relação ao *genus* 'impugnação', que compreende genericamente quaisquer meios de ataque direto à eliminação de um ato jurídico.[20]

Observam-se duas formas específicas de impugnação da decisão; uma que se dá por meio do sistema recursal; outra que ocorre através de ações (demandas) autônomas de impugnação. As raízes históricas dessa dicotomia de impugnação provêm da Roma antiga, que ao lado da *appellatio*, protótipo dos recursos, permitia também a *restitutio in integrum*, na qual se

---

[17] MANDRIOLI, C., idem, p. 238.

[18] "Todas as legislações se movem sobre a base de que a impugnação processual é uma figura admissível, porém que tem que ser limitada, porque a instauração de uma cadeia ilimitada de recursos traria consigo a impossibilidade de assegurar definitivamente os resultados processuais, o que se oporia à ideia da coisa julgada, especialmente a coisa julgada formal, que atribui a condição de irrecorribilidade de uma decisão judicial". (PISANI, Andrea Proto. *Lezioni di diritto processuale civile*. Napoli: Casa Editrice Dott. Eugenio Jovene, 1999. p. 437).

[19] PISANI, A. P. idem. p. 482.

[20] PISANI, A. P., idem, ibidem.

poderiam identificar traços assimiláveis aos das modernas demandas de impugnação.

Há vozes que tentam diferenciar a demanda de impugnação dos recursos com base na existência ou não de coisa julgada. Se já houve coisa julgada, caberá a demanda de impugnação; porém, se ainda não houve, é cabível o recurso.

No direito italiano, a doutrina distingue os meios de impugnação em ordinários, quando são propostos somente contra a sentença não transitada em julgado, e extraordinários, quando proponíveis também contra a coisa julgada.[21]

Em relação ao nosso sistema jurídico brasileiro, a distinção não se apresenta tão nítida assim. Muito embora o recurso seja interposto anteriormente à formação da coisa julgada, o inverso não é verdadeiro. Existem demandas autônomas de impugnação oponíveis contra decisões não transitadas em julgado. É o que ocorre, por exemplo, com o mandado de segurança contra ato jurisdicional, bem como com o instituto da *reclamação*.

Na concepção de Andrea Proto Pisani, analisando o art. 323 do C.P.C. italiano, os recursos de apelação, recurso de cassação, revogação, oposição de terceiro, caracterizam-se pelos seguintes requisitos: a) diferentemente da demanda judicial, dirigem-se contra um provimento do juiz; b) o provimento do juiz contra o qual se dirigem é a sentença, não a 'ordinanza'; c) legitimados a impugnar normalmente são somente aqueles que assumiram a qualidade de parte no grau do juízo em que se concluiu com a sentença que se pretende impugnar; excepcionais são as hipóteses em que o legitimado a impugnar é um terceiro ou o Ministério Público que não tenha participado da demanda; d) a legitimação ou interesse para impugnar deriva da sucumbência.[22]

Em termos genéricos, numa prospectiva geral, *impugnação* designa qualquer meio de contestação de um ato jurídico, direto a eliminar-lhe os efeitos. Se a impugnação tem por objeto um provimento judicial decisório, ela passa a assumir, todavia, uma qualificação mais precisa, configurando-se como um remédio ou instrumento que tem por função assegurar o controle da legitimidade e da justiça da decisão. Nessa hipótese, o 'meio de

---

[21] ARIOLA, L.; CAIRO, A.; CIAFARDINI, L.; CRESCENZO, M.; GIORDANO, L.; PELLECCHIA, R.; PELUSO, R.; SCOGNAMIGLIO, P.; TARASCHI, C., op. cit., p. 323.

[22] PISANI, A. P., op. cit., p. 482.

impugnação' pode ser direto apenas para eliminar o provimento inválido, injusto ou não conforme a lei ou ser direto também para substituí-lo por meio de outro provimento, seguido do reexame integral da matéria substancial controvertida. Num e noutro caso, permanece evidente a função de controle da decisão contestada, aspirando-se a um provimento mais justo, correto e não mais contestável.[23]

O nosso ordenamento jurídico apresenta uma série de meios processuais para a impugnação de decisões judiciais, sendo que os mais utilizados são, sem dúvida, o agravo de instrumento e a apelação interpostos, respectivamente, contra decisão interlocutória e sentença.

O mesmo ocorre no direito italiano, cujo objeto de impugnação *"são as sentenças e todos os provimentos de conteúdo decisórios ainda que, por determinação legal, tenham uma forma diversa daquela das sentenças (v. art. 111 da Constituição italiana). Não são admitidos os meios de impugnação indicados pela norma contra as 'ordinanze'"*. (Cass. 28.8.97, n. 8158).

Os atos praticados pelo juiz, nos termos do art. 203 do atual C.P.C. brasileiro, são *as sentenças, as decisões interlocutórias e o despacho.*

Ressalvadas as disposições expressas dos procedimentos especiais, *sentença* é o pronunciamento por meio do qual o juiz, com fundamento nos arts. 485 e 487 do novo C.P.C., põe fim à fase cognitiva do procedimento comum, bem como extingue a execução. Inclui-se também nessa definição os acórdãos que decorrem do julgamento proferido pelos tribunais.

Decisão *interlocutória*, por sua vez, é todo pronunciamento judicial de natureza decisória que não se enquadre na definição de sentença.

Já os *despachos* são todos os demais pronunciamentos do juiz praticados no processo, de ofício ou a requerimento da parte.

Por sua vez, os *atos meramente ordinatório*s, como a juntada e a vista obrigatória, independem de despacho, devendo ser praticados de ofício pelo servidor e revistos pelo juiz quando necessário.

De imediato pode-se afirmar que todos os despachos, assim como os atos ordinatórios de mero expediente, não estão sujeitos a impugnação recursal.

Algumas decisões interlocutórias, como as descritas no art. 1.015 do atual C.P.C., estão sujeitas ao agravo de instrumento.

---

[23] COMOGLIO, Luigi Paolo; FERRI, Corrado; TARUFFO, Michele. *Lezioni sul processo civile.* Il processo ordinario di cognizione. Bologna: Il Mulino, 2006. p. 589.

É bem verdade que o conceito de *decisão* é um conceito genérico no qual pode inserir-se o conceito de sentença, de acórdão e também de decisão interlocutória.

As sentenças proferidas pelos juízes de primeiro grau podem ser objeto de impugnação por meio da apelação.

Há, ainda, no âmbito das impugnações, a denominada *correição parcial* ou *reclamação*.

Segundo Nery Júnior, a correição parcial é uma medida administrativa ou disciplinar destinada a levar ao conhecimento do tribunal superior a prática de ato processual pelo juiz, consistente em *error in procedendo* que conduz à inversão tumultuária do processo, quando para o caso não existir um recurso previsto em lei processual. A correição parcial tem por finalidade fazer com que o tribunal corrija o ato que subverteu a ordem procedimental.[24]

É certo que se a decisão for de tal forma ilegal ou que possa configurar abuso de poder, existe a via extrema do mandado de segurança, medida constitucional e legal que substitui, com vantagem, a correição parcial, desde que a decisão não tenha transitado em julgado.[25]

Portanto, são diversos os meios de impugnação de decisões judiciais proferidas no âmbito do processo jurisdicional brasileiro, sendo ainda o mais comum desses meios a interposição de recursos previstos em normas processuais.

---

[24] NERY JUNIOR, Nelson. *Teoria geral dos recursos.* 7ª ed. rev. e atual. São Paulo: Revista dos Tribunais, 2014. p. 99.

[25] NERY JUNIOR, N., idem, p. 101.

2.

O Pedido de Reconsideração como Meio de Impugnação

Alguns operadores do direito sustentam que a decisão judicial interlocutória proferida em processo jurisdicional pode ser objeto de pedido de *reconsideração*, que, segundo Nelson Nery Júnior, tem previsão legal no art. 220 do Código de Divisão de Organização Judiciária do Rio de Janeiro, com a redação dada pela Lei 2.727/79, quando estabelece que o prazo para apresentar reclamação conta-se a partir da publicação do despacho que indefere o pedido de reconsideração. Prevê essa possibilidade também no art. 527, p.u., com a redação dada pela Lei 11.187/05, do C.P.C. de 1973.[26]

O *pedido de reconsideração* é formulado pela parte a fim de que o juiz modifique decisão interlocutória proferida no âmbito da relação jurídica processual.

Os operadores do direito, de uma maneira geral, têm se utilizado desse instrumental pragmático, muito embora seja discutível a eficácia de alguns

---

[26] *"O pedido de reconsideração existiu na vigência das Ordenações Filipinas (Livro III, título 65, §2º), tendo sido mantido pela Consolidação Ribas (arts. 504 e 505) e por alguns Códigos estaduais (Rio Grande do Sul, art. 508; Paraná, art. 240, 'caput'; Ceará, art. 336, 'caput'; Minas Gerais, art. 160; Rio Grande do Norte, art. 90, III, b). Convivia lado a lado com o recurso de agravo, podendo a parte optar entre um e outro remédio. Sua finalidade era a revogação de decisão interlocutória, sendo cabível desde que preenchidas algumas condições. Não poderia ser revogada mais de uma vez. A lei não lhe dava, ainda, o nome de 'pedido de reconsideração', mas o exame das disposições reguladoras da revogação das interlocutórias pelo juiz nos dá a certeza de que se tratava, mesmo, do instituto ora analisado".* (NERY JUNIOR, N., idem, p. 102).

eventuais efeitos jurídicos desejados pela interposição do pedido de *reconsideração*.

É certo que o magistrado poderá rever sua decisão em face dos argumentos formulados no pedido de reconsideração, desde que haja fundamento importante para reconsiderar a decisão interlocutória anteriormente proferida.

Porém, os tribunais não admitem o pedido de *reconsideração* como sucedâneo de *recurso*. Quando muito, o Superior Tribunal de Justiça, mediante a aplicação do princípio da fungibilidade, tem convertido o pedido de reconsideração em *agravo interno*. Nesse sentido, eis os seguintes precedentes:

> *1. Consoante os princípios da instrumentalidade das formas e da fungibilidade recursal, é possível o recebimento do pedido de reconsideração como agravo regimental, desde que a irresignação tenha sido apresentada no prazo do recurso cabível. Precedentes.*
>
> 2. *De acordo com a jurisprudência do STJ, são descabidos os embargos de divergência para o enfrentamento de temática que sequer foi suscitada no julgamento do recurso especial, tratando-se de inovação atingida pela preclusão consumativa.*
>
> 3. *Pedido de reconsideração recebido como agravo regimental a que se nega provimento.*
>
> (RCD nos EREsp 1302516/DF, Rel. Ministro OG FERNANDES, PRIMEIRA SEÇÃO, julgado em 22/04/2015, DJe 29/04/2015)

> *1. "Muito embora não previsto no ordenamento jurídico pátrio, o pedido de reconsideração para impugnar decisão monocrática proferida em recurso no âmbito do Superior Tribunal de Justiça vem sendo admitido pela jurisprudência desta Casa, em homenagem aos princípios da fungibilidade e economia processual, como agravo regimental, desde que não decorra de erro grosseiro ou de má-fé e seja apresentado tempestivamente. Precedentes." (RCD no AREsp 603.807/AP, Rel. Ministro LUIS FELIPE SALOMÃO, QUARTA TURMA, julgado em 05/02/2015, DJe 13/02/2015)*
>
> *2. A apresentação do pedido de reconsideração após o prazo recursal de 5 (cinco) dias (art. 258 do RISTJ) atrai o não conhecimento do recurso, por intempestividade.*
>
> *Pedido de reconsideração não conhecido.*
>
> (RCD no AREsp 656.465/SP, Rel. Ministro HUMBERTO MARTINS, SEGUNDA TURMA, julgado em 14/04/2015, DJe 20/04/2015)

Contudo, fora dessa hipótese, o S.T.J. não tem admitido o pedido de reconsideração, justamente por lhe faltar previsão legal. Nesse sentido eis o teor dos seguintes precedentes:

1. Os embargos de declaração não indicam a ocorrência de nenhuma das hipóteses do art. 619 do Código de Processo Penal, cuidam, na verdade, de expresso pedido de reconsideração, o que não é cabível, ante a ausência de previsão legal ou regimental, mormente em se tratando de julgados colegiados.

2. De acordo com a pacífica jurisprudência desta Corte, a publicação do acórdão que nega provimento à apelação do Ministério Público, no caso, interposta contra a sentença condenatória, não constitui novo marco interruptivo da prescrição.

3. Embargos de declaração rejeitados.

(EDcl no AgRg no REsp 1382632/SP, Rel. Ministro SEBASTIÃO REIS JÚNIOR, SEXTA TURMA, julgado em 28/04/2015, DJe 06/05/2015).

1. Nos termos da jurisprudência do Superior Tribunal de Justiça, é incabível a interposição de pedido de reconsideração contra decisão colegiada em virtude da ausência de previsão legal e regimental.

2. Pedido não conhecido.

(RCD no AREsp 104.474/SP, Rel. Ministra MARIA ISABEL GALLOTTI, QUARTA TURMA, julgado em 16/04/2015, DJe 27/04/2015).

É importante salientar que mesmo sendo juridicamente admitida a interposição do pedido de *reconsideração*, essa maneira informal de se requerer a revisão de decisão judicial monocrática *não suspende o prazo* para a interposição do respectivo recurso cabível, geralmente a interposição do recurso de *agravo de instrumento* ou de *agravo interno*. Nesse sentido, eis os seguintes precedentes:

1. Embora tenha a defesa protocolizado pedido de reconsideração, cumpre observar que o pleito não tem o condão de interromper ou suspender o prazo para interposição do recurso cabível.

2. Agravo regimental improvido.

(AgRg no AREsp 544.115/MG, Rel. Ministro SEBASTIÃO REIS JÚNIOR, SEXTA TURMA, julgado em 09/12/2014, DJe 03/02/2015).

1. O pedido de reconsideração, por não ser qualificado como recurso, não interrompe nem suspende o prazo para interposição do recurso cabível.

2. É pacífico o entendimento desta Corte no sentido de que o único recurso cabível contra a decisão que inadmite recurso especial é o previsto no art. 544 do CPC, sendo, portanto, intempestivo o agravo nos próprios autos.

3. Agravo regimental a que se nega provimento.

(AgRg no AREsp 402.076/RJ, Rel. Ministro ANTONIO CARLOS FERREIRA, QUARTA TURMA, julgado em 10/12/2013, DJe 18/12/2013).

É bem verdade que estabelecendo o novo C.P.C. hipóteses bem reduzidas para a interposição do agravo de instrumento contra decisão interlocutória proferida pelo juízo de primeiro grau, conforme previsão estabelecida no art. 1.015 do novo C.P.C., o pedido de reconsideração de decisões interlocutórias que não permitem a interposição do agravo de instrumento (podendo ser alegadas como preliminar de apelação) poderá ser muito mais utilizado, especialmente nas questões de deferimento ou indeferimento de meios probatórios.

O S.T.J. pacificou entendimento sobre a impossibilidade de recebimento de embargos de declaração, quando possuírem nítida pretensão infringentes, como mero pedido de reconsideração e, por consequência, sem interrupção de prazo para futuros recursos. Sobre o tema, eis o seguinte precedente:

RECURSO ESPECIAL. PROCESSUAL CIVIL. RECEBIMENTO DE EMBARGOS DE DECLARAÇÃO COM PEDIDO DE EFEITO MODIFICATIVO COMO MERO PEDIDO DE RECONSIDERAÇÃO. IMPOSSIBILIDADE. VIOLAÇÃO AO ART. 538 DO CPC. RECURSO PROVIDO.

1. Configura violação ao art. 538 do CPC o recebimento de embargos de declaração como mero "pedido de reconsideração", ainda que contenham nítido pedido de efeitos infringentes. 2. Tal descabida mutação: a) não atende a nenhuma previsão legal, tampouco aos requisitos de aplicação do princípio da fungibilidade recursal; b) traz surpresa e insegurança jurídica ao jurisdicionado, pois, apesar de interposto tempestivamente o recurso cabível, ficará à mercê da subjetividade do magistrado; c) acarreta ao embargante grave sanção sem respaldo legal, qual seja a não interrupção de prazo para posteriores recursos, aniquilando o direito da parte embargante, o que supera a penalidade objetiva positivada no art. 538, parágrafo único, do CPC. 3. A única hipótese de os embargos de declaração, mesmo contendo pedido de efeitos modificativos, não interromperem o prazo para posteriores recursos é a de intempestividade, que conduz ao não conhecimento do recurso. 4. Assim como inexiste respaldo legal para se acolher pedido de reconsideração

como embargos de declaração, tampouco há arrimo legal para se receber os aclaratórios como pedido de reconsideração. Não se pode transformar um recurso taxativamente previsto no art. 535 do CPC em uma figura atípica, "pedido de reconsideração", que não possui previsão legal ou regimental. 5. Recurso especial provido.
(REsp 1.522.347-ES, Rel. Min. Raul Araújo, julgado em 16/9/2015, DJe 16/12/2015).

No voto do Relator, Min. Raul Araújo, encontra-se a seguinte fundamentação:

> Com a devida vênia dos de entendimento contrário, a melhor interpretação é a que segue o comando na regra processual do art. 538 do CPC, por afastar a insegurança jurídica causada pela aplicação de interpretação, de construção meramente jurisprudencial, sem efetivo apoio legal. Os embargos de declaração são um recurso taxativamente previsto na Lei Processual Civil e, ainda que contenham indevido pedido de efeitos infringentes, não se confundem com mero pedido de reconsideração, este sim, figura processual atípica, de duvidosa existência. Não se trata, frise-se, de aplicação do princípio da fungibilidade recursal, que levaria a que os aclaratórios fossem recebidos como outro recurso mas não como mero "pedido de reconsideração", que não é recurso. Vale destacar, na doutrina, as lições de Araken de Assis, acerca do princípio da fungibilidade recursal: "Conforme se realçou anteriormente, o princípio da fungibilidade se aplicará nos casos em que haja dúvida objetiva acerca da admissibilidade de certo recurso. Essa espécie de dúvida há de ser atual, pois o direito evolui e problemas que já se mostraram agudos acabam resolvidos pela jurisprudência dominante, e fundada em argumentos respeitáveis. O erro inexplicável revela-se insuficiente para subtrair do recorrido o legítimo direito a um juízo de inadmissibilidade do recurso impróprio. Na incidência do princípio da fungibilidade, todavia, a reminiscência algo longínqua do art. 810 do CPC de 1939 exerce, paradoxalmente, flagrante atração. A regra subordinava o conhecimento do recurso impróprio à inexistência de má-fé ou de erro grosseiro. Transparece nos julgados, principalmente, a influência decisiva do erro grosseiro. É irrelevante, ao invés, a má-fé. A parte pode interpor o recurso próprio e, nada obstante, recorrer de má-fé – praticando o ato com intuito protelatório (art. 17, VII). A sanção para tais recursos se encontra no art. 18. Na linha preconizada no direito derrogado, proclamou a 1ª Turma do STJ: "A adoção do princípio da fungibilidade exige sejam presentes: a) dúvida

objetiva sobre qual o recurso a ser interposto; b) inexistência de erro grosseiro, que se dá quando se interpõe recurso errado quando o correto encontra-se expressamente indicado na lei e sobre o qual não se opõe nenhuma dúvida; c) que o recurso erroneamente interposto tenha sido agitado no prazo do que se pretende transformá –lo." (in Manual dos Recursos, 6ª ed. revista, atualizada e ampliada, Ed. Revista dos Tribunais: São Paulo, 2014, p. 106). Assim, com arrimo na doutrina transcrita, deve-se reconhecer que os embargos de declaração, com pedido de efeitos infringentes, tempestivamente apresentados não devem ser recebidos como "pedido de reconsideração" , porque tal mutação não atende a nenhuma previsão legal, tampouco a requisito de aplicação de princípio da fungibilidade, pois este último (pedido de reconsideração) não é recurso, não havendo dúvida objetiva sobre qual o recurso cabível, sendo inviável falar-se em "erro grosseiro" ou em apresentação no mesmo prazo recursal. Ademais, no sentido oposto, a jurisprudência desta eg. Corte é firme pela impossibilidade de recebimento de mero pedido de reconsideração como embargos de declaração, por ausência de previsão legal e porque tal constitui um erro grosseiro. Nesse sentido, confira-se: "PETIÇÃO EM AGRAVO REGIMENTAL NO AGRAVO EM RECURSO ESPECIAL. PEDIDO DE RECONSIDERAÇÃO INTERPOSTO CONTRA ACÓRDÃO. DESCABIMENTO. ERRO GROSSEIRO. IMPOSSIBILIDADE DE APLI-CAÇÃO DO PRINCÍPIO DA FUNGIBILIDADE RECURSAL. 1. Nos termos da consolidada jurisprudência do Superior Tribunal de Justiça, revela-se manifestamente incabível a interposição de pedido de reconsideração contra decisão colegiada, ante a ausência de previsão legal e regimental. 2. O recebimento do pedido como embargos de declaração também revela-se inviável, uma vez que, tratando-se de erro grosseiro, fica afastada a aplicação do princípio da fungibilidade recursal. 3. Pedidos de reconsideração não conhecidos." (Pet no AREsp 6.655/RN, Rel. Ministro LUIS FELIPE SALOMÃO, QUARTA TURMA, julgado em 1º/10/2013, DJe de 15/10/2013 – grifou-se). Ora, se inexiste respaldo legal para receber-se o pedido de reconsideração como embargos de declaração, é evidente que não há arrimo legal para receber-se os embargos de declaração como pedido de reconsideração. Não se pode transformar um recurso taxativamente previsto em lei (CPC, art. 535) numa figura atípica, "pedido de reconsideração", que não possui previsão legal ou regimental. Ademais, a possibilidade de o julgador receber os embargos de declaração, com pedido de efeito modificativo, como pedido de reconsideração traz enorme insegurança jurídica ao jurisdicionado, pois, apesar de interposto tempestivamente o recurso cabível, ficará à mercê da subjetividade do magistrado. Nesse sentido, destaca-se o seguinte excerto do judicioso voto condutor do já invocado REsp 1.213.153/SC, de relatoria do eminente Ministro Napoleão Nunes Maia Filho, julgado pela Primeira Turma, em 15/9/2011, DJ de 10/10/2011: "12. Outrossim, condicionar o recebimento dos Embargos de Declaração ao convencimento do Magistrado acerca da possibilidade ou não de produção dos efeitos infringentes cria insegurança jurídica para o recorrente, que poderá ser surpreendido com a não interrupção do prazo para os demais recursos, como aconteceu no presente caso. Incide aqui a proteção da confiança como corolário da segurança jurídica. 13. Por fim, a modificação do julgado por meio dos Embargos de Declaração somente acontecerá caso ele seja omisso, obscuro ou contraditório, de sorte que, a partir de sua integração, o fundamento desta acarrete, necessariamente, a alteração da decisão. Se não houver vício a ser sanado, mas, apenas, a pretensão do recorrente em rediscutir a decisão, a única penalidade cabível será, conforme o caso, a multa prevista no art. 538, parág. único, e, mesmo nessa hipótese, a interrupção do prazo para os demais recursos é impositiva. 14. Assim, a razoabilidade impõe ao Magistrado que, caso necessário, aplique referida penalidade, ao invés de transmudar um recurso expressamente previsto em lei para um sucedâneo recursal e, como conseqüência, prejudicar o recorrente com a não interrupção do prazo para os demais recursos." Realmente, o surpreendente recebimento dos aclaratórios como pedido de reconsideração acarreta para o embargante uma gravíssima sanção sem previsão legal, qual seja a não interrupção de prazo para posteriores recursos, fazendo emergir preclusão, o que supera, em muito, a penalidade prevista no parágrafo único do art. 538 do CPC. A inesperada perda do prazo recursal é uma penalidade por demais severa, contra a qual nada se poderá fazer, porque encerra o processo. Nessa linha de intelecção, o recebimento dos aclaratórios como pedido de reconsideração aniquila o direito constitucional da parte ao devido processo legal e viola, ainda, o princípio da proibição da reformatio in peius. Inexiste maior prejuízo para a parte do que a perda da possibilidade de recorrer, assegurada na lei processual, apresentando seus argumentos às instâncias superiores, no fito legítimo de buscar a reforma de julgado que entende equivocado. Por sua vez, o Código de Processo Civil já estabelece no parágrafo único do art. 538 a penalidade cabível quando o jurisdicionado desvirtua a função dos embargos de declaração, qual seja, as multas. Assim, o recebimento dos aclaratórios como pedido de reconsideração padece de, ao menos, duas manifestas ilegalidades, sendo a primeira a ausência de previsão legal para tal sanção subjetiva, e a segunda, a "não interrupção do prazo recursal", aniquilando o direito da parte embargante e ignorando a penalidade objetiva, estabelecida pelo legislador no parágrafo único do art. 538 do CPC.

Portanto, é discutível juridicamente a existência em nosso ordenamento jurídico do denominado *pedido de reconsideração* como sucedâneo de recurso.

Admitida a possibilidade de formulação de pedido de reconsideração, algumas considerações jurídicas devem ser feita: a) não poderá ser objeto de pedido de reconsideração decisão *preclusa pro iudicato*, ou seja, que não foi objeto do competente recurso cabível, sob pena de se ferir o princípio da segurança jurídica; b) sendo cabível o pedido de reconsideração contra decisão sem preclusão *pro iudicato*, deverá o magistrado, antes de avaliar a decisão impugnada, ofertar o contraditório à parte contrária para que se manifeste sobre o pedido de reconsideração.

3.
Vícios da Decisão Judicial

Segundo uma divisão tradicional, os vícios que podem afetar determinada decisão judicial, e, consequentemente, justificar a sua impugnação, distinguem-se em *error in procedendo* e em *error in iudicando*. O primeiro diz respeito à violação de norma processual ou procedimental, enquanto que o segundo está vinculado à violação de normas substanciais ou a determinado critério de julgamento.

O *error in procedendo* ou vício de atividade determina a invalidade da decisão. Esse vício pode consistir-se: a) na falta de requisito formal não sanado ou não sanável: defeito de jurisdição, de competência, de legitimação para agir, de litisconsórcio necessário, de interesse de agir etc; b) nas nulidades formais não sanadas que por força do princípio da extensão das nulidades aos atos dependentes (art. 281 do atual C.P.C. brasileiro) atinjam a decisão impugnada; c) em vícios atinentes à própria decisão, isto é, em defeito de condições extraformais ou de requisitos formais próprios da decisão.[27]

O *error in iudicando* ou vício de juízo promove a violação de norma substancial e a injustiça da decisão. Esse vício atinge diretamente, para adotar a expressão de Calamandrei, a operação lógica destinada a determinar qual é a vontade concreta do Direito que irá regular o caso controvertido. Pode consistir: a) em erros na individuação e/ou na interpretação da norma jurídica: em erros relativos à questão jurídica; b) em erros cometidos no

[27] PISANI, A. P., op. cit., p. 485.

acertamento dos fatos controvertidos (ou a acertar); em erros relativos à questão de fato.[28]

Em relação ao *error in iudicando*, anota Crisanto Mandrioli: *"(...) ou o provimento pode ser (ou ser) afirmado 'simplesmente injusto', ou seja, não afetado por um determinado erro de direito, e por isso imune a vícios, mas, todavia, injusto no seu conteúdo, na medida em que se assuma que isso decorre de uma injusta valoração da prova, dos fatos ou da referência dos fatos ao direito, ou, em geral, de tudo isso que, no âmbito do mérito do julgamento, é deixado à valoração mais ou menos discricionária do juiz".*[29]

Historicamente, os instrumentos por meio dos quais se faz valer a invalidade da decisão, evoluíram da seguinte forma: inicialmente, o remédio utilizado era a ação de nulidade: imprescritível, suscetível de ser proposta por qualquer um que tivesse interesse e com conteúdo exclusivamente rescindente; b) sucessivamente, o sistema evoluiu prevendo o instituto da *querela nullitatis*, remédio específico utilizável contra as sentenças inválidas, sujeito a prazo, utilizável unicamente pela parte cujo dano era decorrente do vício (diremos hoje, somente pelo sucumbente prático), mas ainda com conteúdo exclusivamente rescindente; c) a última fase dessa evolução consistiu no prever qual o único remédio por meio do qual se faz valer o meio de impugnação à invalidade da decisão: remédio sujeito a prazo determinado, utilizável unicamente pela parte praticamente sucumbente, não apenas à eliminação, mas também à substituição da decisão.[30]

Para efeito de interposição do recurso não importa a qualidade do erro que foi acometida a decisão. Portanto, tanto o *erro in procedendo*, que enseja a anulação da decisão, quanto o *erro iudicando*, que enseja a correção e reforma da decisão, pode ser corrigível por meio do recurso.[31]

No âmbito do direito espanhol, José Mª Asencio Mellado faz uma importante distinção entre *'medio de impugnación'* e *'medios de gravamen*, a saber: *"Constitui uma distinção já clássica aquela que diferencia entre meios de impugnação e meios de avaliação. Os meios de impugnação são aqueles recursos que têm por finalidade a correção de meras 'ilegalidades' e que são autorizados somente sobre a base da concorrência de determinados motivos expressamente taxados em lei. Por*

---

[28] PISANI, A. P., idem, ibidem.
[29] MANDRIOLI, C., op. cit., p. 243.
[30] PISANI, A. P., op. cit., p. 486.
[31] NERY JUNIOR, N., op. cit., p. 205.

VÍCIOS DA DECISÃO JUDICIAL

sua vez, meios de avaliação são os que tendem a reparar 'injustiças' ou, em outras palavras, remediar o gravame sofrido pela parte em face de uma sentença; por tal razão, não são limitados os motivos que justificam sua interposição e tendem a capacitar o tribunal a uma revisão ampla ou integral da matéria que tenha sido objeto do recurso. Porém, apesar da diferença existente entre ambos os tipos recursais, sua diferenciação geralmente é mais teórica que real, pois a regulamentação legal não corresponde nitidamente à sua conceituação...".[32]

---

[32] MELLADO, J. Mª A., op. cit., p. 198.

4.
Definição de 'Recurso'

Proferida e notificada a decisão, surge uma nova etapa do procedimento, na qual a decisão estará à mercê de impugnação de qualquer das partes.

Essa prerrogativa de impugnação consiste na possibilidade de as partes interporem contra a decisão judicial os recursos correspondentes previstos na normatização processual.

A palavra *recurso* advém do latim *recursus*, e significa a repetição de um caminho já percorrido. Esse significado já se encontrava previsto no direito romano, conforme se pode verificar pelo texto dos imperadores Diocleciano e Maximiano, compilado no Código de Justiniano.[33]

O atual C.P.C., seguindo metodologia então existente no C.P.C. de 1973, não define o que seja recurso, pois apenas indica expressamente, em seu art. 994, quais seriam os recursos cabíveis.

A definição de recurso tornou-se uma incumbência da doutrina.

Segundo anota Adolf Schönke, *"recurso é um meio de submeter uma resolução judicial, antes que adquira o caráter de coisa julgada, a um novo exame por uma instância superior, sustando, assim, a formação da coisa julgada. Esta suspensão da entrada na coisa julgada (efeito suspensivo) e a aquisição da com-*

---

[33] NERY JUNIOR, N., op. cit. p. 198.

petência por um Tribunal superior (efeito devolutivo) é o que caracterizam os recursos".[34]

O recurso tem por finalidade justamente evitar que a decisão se torne preclusa ou que esteja submetida à autoridade da coisa julgada.

Para Leo Rosenberg, *"todo recurso é uma petição, de outorga de tutela jurídica contra uma 'resolução' que não há outorgado em todo ou em parte ao sucumbente".*[35]

Para Pontes de Miranda, *"recurso é a impugnativa dentro da mesma relação jurídica processual".*[36] Por isso o recurso prolonga a *litispendência.*[37]

A essa prorrogação da litispendência, a doutrina denomina de efeito *obstativo* do recurso.

Segundo Eduardo J. Couture: *"Los recursos son, genéricamente, hablando, medios de impugnación de los actos procesales. Realizado el acto, la parte agraviada por él tiene, dentro de los límites que la ley le confiera, poderes de impugnación destinados a promover la revisión del acto y su eventual modificación. Tal como se decá en el pasaje de Ulpiano, 'appellandi ussus... necessarius est quum iniquitatem judicatium, vel imperitiat corrigat. Esta proposición referente a la apelación es válida para todos los recursos procesales.*

Recurso quiere decir, literalmente, regreso al punto de partida. Es um re-correr, correr de nuevo, el camino ya hecho".[38]

Nelson Nery Junior define o recurso como *"o remédio processual que a lei coloca à disposição das partes, do Ministério Público ou de um terceiro, a fim de que a decisão judicial possa ser submetida a novo julgamento, por órgão de jurisdição hierarquicamente superior, em regra, àquele que a proferiu".*[39]

---

[34] Schönke, Adolf. *Direito processual civil.* Campinas: Editora Romana, 2003. p. 395. Evidentemente que no nosso ordenamento jurídico haverá recurso que não será julgado por uma instância superior, como ocorre com os embargos de declaração e os embargos infringentes nos embargos à execução fiscal.

[35] Rosenberg, Leo. *Tratado de derecho procesal civil.* Trad. Angela Romera Vera. Tomo II. Buenos Aires, 1955. p. 349.

[36] Pontes de Miranda. *Comentário ao C.P.C. de 1973.* Tomo VIII. Rio de Janeiro: Forense, s/d., p. 277.

[37] Tal constatação chocava-se com a definição de sentença prevista no art. 162, §1º, do C.P.C. de 1972, segundo a qual, sentença seria o ato do juiz que punha fim ao processo.

[38] Couture, Eduardo J. *Fundamentos del derecho procesal civil.* 4ª edición. Buenos Aires: Editorial IBdeF, 2009. p. 277.

[39] Nery Junior, N., op. cit., p. 202.

Assim, não será recurso, remédio algum cujo uso produza a instauração de processo distinto daquele em que se proferiu a decisão impugnada.[40]

Segundo Barbosa Moreira, pode-se definir *recurso* no direito processual civil brasileiro: *"como o remédio voluntário idôneo a ensejar, dentro do mesmo processo, a reforma, a invalidação, o esclarecimento ou a integração de decisão judicial que se impugna"*.[41]

Diante dessa definição de recurso, percebe-se que não é qualquer decisão que pode ser objeto de recurso, mas sim aquela que ainda não transitou em julgado. Se já transitou em julgado, poderá ser objeto ou de demanda rescisória ou de nulidade. Por isso, a demanda rescisória não apresenta natureza recursal.

4.1. Efeitos jurídicos de uma decisão submetida a recurso

Conforme já teve oportunidade de afirmar Cândido Rangel Dinamarco, o que confere a um acontecimento da vida a conotação de juridicidade, fazendo dele um ato ou fato jurídico, é a capacidade que tenha de atuar sobre a esfera de direito das pessoas, seja para dar vida a uma relação jurídica ou para extingui-la ou modificá-la, ampliando-lhe ou reduzindo-lhe o objeto, dando-lhe novas feições. Daí por que os atos jurídicos *processuais*, como condutas humanas voluntárias realizadas no processo, destinam-se a produzir efeitos sobre uma especial relação entre sujeitos, que é a relação jurídica processual.[42]

E a decisão judicial, como ato jurídico processual, tem por finalidade justamente produzir efeitos sobre a esfera jurídica de outrem.

Porém, decisão judicial desprovida de *auctoritas rei iudicatae* é uma decisão que de certa forma apresenta instabilidade jurídica, pois a prolação de um novo pronunciamento em grau recursal poderá retirar toda a aptidão da decisão anterior, evitando-se a coisa julgada. Segundo Eduardo J. Couture e Barbosa Moreira, várias e interessantes teorias têm sido propostas para explicar essa figura, a saber: *"a) A sentença sujeita a recurso seria ato submetido a 'condição resolutiva': nasceria desde logo provida dos requisitos necessários para viver de maneira estável, mas exposta a perder a eficácia originária no caso de sobrevier novo pronunciamento... (concepção de Mortara, Kohler);*

---

[40] Barbosa Moreira, J. C., op. cit., p. 217.
[41] Barbosa Moreira, J. C., idem, ibidem.
[42] Dinamarco, C. R. , op. cit., p. 23.

b) utilizou-se também, para caracterizar a natureza da sentença passível de recurso, o conceito de 'situação jurídica', entendido como circunstância que, com o concurso de outras, pode gerar determinado efeito, mas permanece ineficaz se essas outras não se verificaram. A decisão do órgão inferior seria, então, menos uma sentença propriamente dita que mera 'possibilidade de sentença', à espera, para aperfeiçoar-se, de que fique em definitivo excluída a hipótese de novo pronunciamento (concepção de Chiovenda); c) de acordo com outra opinião, a sentença recorrível seria ato em si perfeito, mas 'sujeito a revogação', ocorrendo esta apenas quando o órgão 'ad quem' a reformasse, não quando a confirmasse... (concepção de Hugo Rocco); d) é um ato imperativo, ainda que não imutável (Carnellutti); e) uma quarta explicação, que nos parece a preferível, com ressalva dos casos em que a lei, por exceção, antecipa ao trânsito em julgado a produção de efeitos – vê também, na sentença sujeita a recurso, um ato condicionado, porém esclarece que se trata, na verdade, de 'condição suspensiva': a decisão nasce com todos os requisitos essenciais de existência, mas tolhida em sua eficácia; a não-superveniência de outro pronunciamento, na instância recursal, é a condição legal negativa cujo implemento lhe permite irradiar normalmente os efeitos próprios...(Calamandrei)".[43]*

Na concepção de Eduardo J. Couture, deve-se ter em mente que a situação jurídica da decisão, especialmente da sentença, durante o prazo dentro do qual as partes podem interpor os recurso (quinze dias em regra no ordenamento jurídico brasileiro), é de caráter suspensivo (salvo se a lei não outorga tal efeito), pois dentro deste prazo a decisão é um ato jurídico submetido à condição suspensiva. Se o recurso não for interposto, a condição não se cumpre e o ato se considera puro e simples desde o dia de sua outorga. Assim, para Eduardo J. Couture, *"se um imóvel for adquirido por um dos cônjuges imediatamente depois da sentença de divórcio, dentro do prazo de apelação, tal imóvel pertence à sociedade conjugal se houver a interposição do recurso de apelação, e ao cônjuge que o adquiriu se não for interposto recurso contra a decisão.*[44]

Ainda, segundo Eduardo J. Couture, a situação jurídica de uma decisão quando se tenha interposto recurso de apelação, não é a de um ato jurídico perfeito, tendo em vista que constitui somente uma das etapas das duas ou mais etapas que constituem a obra da jurisdição. Assim, a unidade somente se logra mediante o acordo duplo de vontade originária e

---

[43] Barbosa Moreira, J. C., idem, p. 220; Couture, E. J., op. cit., p. 279.
[44] Couture, E. J., idem, p. 279.

da vontade confirmatória. A vontade originária, por si só, não completa o ato; a vontade confirmatória, por si só, sem o antecedente da vontade originária, tampouco constitui o ato. Somente a vontade originária e a confirmatória o completam.[45]

[45] COUTURE, E. J., idem, p. 279 e 280.

5.

Natureza Jurídica do Recurso

Quanto à natureza jurídica do recurso, há aqueles que entendem que a interposição do recurso provoca a instauração de uma demanda distinta e autônoma em relação àquela que se vinha exercitando no processo (Betti,[46] Gilles,[47] Provinciali, Del Pozzo, Leone, Guasp, Mortara etc).[48]

Na concepção de Jaime Guasp e Pedro Aragoneses, o recurso pode ser caracterizado como um *proceso de impugnación*, ou seja, um processo espe-

---

[46] *"Nada obstante defender a posição de que o recurso é também uma ação, Betti não faz a ressalva de que tal ação não seria autônoma. Seu posicionamento é omisso quanto a este ponto, de onde é lícito concluir que adota a tese da autonomia da ação recursal em relação à ação da qual o recurso se originou... Quanto à lide recursal (Streitgegenstand eines Rechtsmittels), já que Betti qualifica o recurso como ação autônoma, defende o ilustre processualista italiano ser ela coincidente com a lide da ação principal, se sucumbente o autor, e o contrário, se perdedor o réu. Evidentemente, esta se examinando o recurso contra a sentença injusta, isto é, aquela onde se aponta um 'error in iudicando' do juiz. Quando, no entanto, o recurso tem por finalidade imputar defeito de ordem processual contido na decisão impugnada, a lide recursal não coincide com a lide principal. Nesta linha de raciocínio, observamos que podem ser o objeto do recurso não somente questões de direito material, mas também aquelas de índole eminentemente processual, onde a falha na decisão se constitui como um 'error in procedendo'"* (NERY JUNIOR, N., op. cit., p. 209).

[47] *"Chega ao requinte de conferir-lhe natureza constitutiva, já que, normalmente, tem a finalidade de desconstituir a decisão impugnada...Gilles não admite o recurso como uma sequência do procedimento, pois tem o seu próprio objetivo, diferente da finalidade da ação dita principal. O objeto litigioso (Streitgegenstand) na ação principal não coincide com o objeto litigioso do recurso (Streitgegenstand des Rechtsmittels)"* (NERY JUNIOR, N., idem, p. 211).

[48] BARBOSA MOREIRA, J. C., op. cit., p. 221.

cial que tem por finalidade depurar o resultado de um processo distinto. A impugnação processual não seria uma continuação do processo principal por outros meios, posto que o processo de impugnação apresenta caráter autônomo; é um processo independente com seu regime jurídico peculiar, isto é, com seus requisitos, procedimento e efeitos distintos das correspondentes categorias do processo a que se refere, o que não significa dizer que, ainda que seja um processo autônomo, não guarde conexão com o principal, pelo contrário. O processo de impugnação recebe, em geral, o nome de recurso. Entendida com essa amplitude, a categoria da impugnação processual tem, certamente, caráter doutrinário e não de direito positivo estrito.[49]

Os autores que compreendem o recurso como tendo natureza jurídica de uma ação autônoma fazem um paralelo entre o direito de ação e o de recorrer, identificando este último como sendo o exercício, após a decisão judicial, do próprio direito de ação. Para tanto, exigem a presença das condições da ação recursal, bem como dos pressupostos processuais.[50]

Porém, a maior parte da doutrina prefere caracterizar o direito de recorrer como simples aspecto do direito de ação exercido no processo (Ugo Rocco,[51] Zanzucchi, Carnelutti, Mandrioli etc). Não obsta esse entendimento a interposição do recurso pelo réu, tendo em vista o caráter bilateral da ação.[52]

Como bem leciona Crisanto Mandrioli, *"Qualquer dessas impugnações, tendo em vista a característica de ato introdutivo de um novo julgamento, não constitui exercício de uma ação diversa daquela já exercitada na fase que deu origem à decisão impugnada. O poder de impugnação é, de fato, um dos poderes pertencentes à série que, no seu complexo, constitui o exercício da ação"*.[53]

Os recursos, de certa forma, apresentam as seguintes características: a) somente podem ser exercidos antes da preclusão ou do trânsito em jul-

---

[49] GUASP, Jaime; ARAGONESES, Pedro. *Derecho procesal civil*. Tomo II, Parte Especial. Séptima edición. Navarra: Thomson Civitas, 2006. p. 436.

[50] NERY JUNIOR, N., op. cit. p. 209

[51] *"Doutrina Rocco que o direito de impugnar está compreendido no direito de ação. Nega, no entanto, autonomia a esta ação de impugnação, salientando que ela 'pressupõe' sempre o exercício de outras faculdades que as normas processuais consideram cronologicamente precedentes ao recurso"*. (NERY Junior, N., idem, p. 213).

[52] BARBOSA MOREIRA, J. C., op. cit., p. 221.

[53] MANDRIOLI, C., op. cit., p. 237.

gado da decisão ; b) não promovem a instauração de uma nova demanda; c) caráter voluntário.

É bem verdade que existe ainda no nosso ordenamento jurídico a remessa necessária prevista no art. 496 do atual C.P.C. Para alguns, o instituto jurídico previsto no art. 496 do novo C.P.C. não guarda natureza de recurso.

Diante dessas características, Ada Pellegrini Grinover, Antonio Magalhães Gomes Filho e Antonio Scarance Fernandes conceituam o recurso *"como o meio voluntário de impugnação de decisões, utilizado antes da preclusão e na mesma relação jurídica processual, apto a propiciar a reforma, a invalidação, o esclarecimento ou a integração da decisão".*[54]

Apesar de o recurso ser uma atividade voluntária do recorrente, o certo é que ele também pode ser configurado como um ônus processual, pois se não recorrer, a decisão que lhe foi desfavorável transitará em julgado ou tornar-se-á preclusa e não poderá mais ser objeto de nova análise na mesma relação jurídica processual, gerando aquilo que se denomina de coisa julgada formal.[55]

Segundo Dinamarco, se o recurso não for interposto no prazo, ocorre a preclusão temporal e a decisão torna-se firme no processo. O grau máximo de imunização de decisões judiciárias a impugnações pelas partes é a coisa julgada formal, tradicionalmente referida pela doutrina como 'praeclusio maxima' e capaz de impedir, desde quando consumada, a admissibilidade de qualquer recurso.[56]

Porém, o ônus de recorrer sofre atenuações diante do reexame necessário, também conhecido como *recurso de ofício*, uma vez que nessa hipótese a sentença proferida somente transitará em julgado após ser reavaliada pelo tribunal de segundo grau.

---

[54] GRINOVER, Ada Pellegrini; GOMES FILHO, Antônio Magalhães; FERNANDES, Antonio Scarance. *Recursos no processo penal.* 5ª ed. São Paulo: Editora Revista dos Tribunais, 2005, p. 30.

[55] *"Se as partes promovem voluntariamente execução à sentença de primeiro grau ou renunciam ao exercício do poder de impugnação, ou, ainda, se as impugnações forem exercitadas e foram exauridas no sentido de que o processo foi concluído, em todas estas hipóteses, a própria sentença adquirirá uma qualidade que consiste na sua normal inatacabilidade ou, segundo outros termos, torna-se incontroversa. Nenhuma outra fase de impugnação poderá substituir, modificar ou corrigir o ato sentença, do que deriva como consequência a inexistência de controvérsia sobre os efeitos de acertamento nesta contida..."* (COMOGLIO, L. P.; FERRI, C.; TARUFFO, M., op. cit., p. 592).

[56] DINAMARCO, C. R., op. cit., p. 26.

RECURSOS NO NOVO C.P.C.

Há também outra atenuação ao ônus de recorrer quando se está diante de litisconsórcio necessário unitário, pois, nesse caso, mesmo que um dos litisconsortes não ingresse com o recurso, a decisão do tribunal, em razão do recurso interposto pelo outro litisconsorte, a todos vinculará.

6.
A Essência do Recurso

Segundo anota Rosenberg,[57] a essência do recurso está configurada por três aspectos:

a) O primeiro, chamado *efeito suspensivo*, impede que se produza a autoridade de coisa julgada e serve para dar seguimento à controvérsia que foi instaurada. Por isso, não seriam recursos as demandas que visam a anular a sentença transitada em julgado, como ocorre com a demanda rescisória.

Impedir-se-á a autoridade de coisa julgada sempre que o recurso tenha sido interposto e motivado dentro do prazo e na forma legal.

É certo que pelo fato de que alguns meios de impugnação impedem o trânsito em julgado da sentença, surge o problema do valor jurídico da própria sentença no período em que está sujeita a recurso.

Segundo Salvatore Satta, *"porque a passagem em julgado é o pressuposto do valor da sentença como ato jurídico, não se pode duvidar que até aquele momento a própria sentença não possa ser normalmente invocada 'fuori del processo', isto é, como regra vinculante da situação substancial, nem das partes nem dos terceiros ou nos confrontos entre eles. Deseja-se dessa afirmação estabelecer que a sentença, 'como acertamento do direito' frequentemente não existe: essa seria um elemento de acertamento, que com o concurso de um outro elemento (o decurso do prazo), poderá promover o acertamento do direito* (concepção de Chiovenda). *Esta concepção*

---

[57] ROSENBERG, L., op. cit., p. 549.

parece impugnável em razão de vários argumentos, que se fundam sobre dados positivos que não podem ser descurados. Antes de tudo, existem casos em que a lei atribui à sentença pleno valor de ato jurídico no momento em que é publicada, como ocorre no tema de interdição ou da pronúncia de falência... A nós parece que não se pode desconhecer a perfeição da sentença, e então a sua existência como acertamento do direito, não obstante a sua mutabilidade por efeito de determinadas impugnações. É verdade que a mutabilidade (em função das regras processuais às quais a sentença está sujeita) é um dado relevante ou irrelevante no que concerne aos fins que a lei positiva leva em consideração, sem que isso influa sobre a natureza da sentença, tornando-a menos sentença num caso do que no outro."[58]

b) O segundo, chamado *efeito devolutivo*, indica que sobre o conteúdo do recurso debruça-se a instância superior (em regra). Por isso, não seriam recursos a impugnação apresentada no cumprimento de sentença, assim como os embargos à execução de título executivo extrajudicial;

c) O terceiro, chamado *objetivo de exame sobre a justiça da decisão impugnada*, preconiza que o inconformismo da parte recorrente se dá sobre a justiça da decisão, pois o fim último da atividade jurisdicional, segundo o Código Ibero-Americano de Ética Judicial, é justamente a realização da justiça por meio do direito.

---

[58] SATTA, Salvatore. *Diritto processuale civile*. Seta edizione riveduta e corretta. Padova: CEDAM, 1959, p. 332 e 333.

7.

Justificativas e Finalidades para a Evolução do Sistema Impugnativo Jurídico Processual

Tem-se observado, seja numa avaliação histórica,[59] seja com base no direito comparado, que o legislador brasileiro, nos últimos tempos, vem realizando uma contínua evolução nos sistemas de impugnação, visando a melhorar os instrumentos processuais recursais, tentando conciliar a ampla defesa com a celeridade processual.

Contudo, não se pode deixar de registrar as diversas dúvidas e incertezas que constantemente se apresentam diante das inovações e contradições que surgem com as modificações propostas nos sistemas de impugnação.

Não obstante essas incertezas, que sem dúvida advirão com as reformas propostas, o certo é que há necessidade de se preservar e aprimorar os sistemas recursais, especialmente pelo fato de que há algumas ponderações que justificam a existência do duplo grau de jurisdição, a saber: a) numa primeira perspectiva, a falibilidade *do conhecimento humano*, em

---

[59] Sobre a evolução histórica do recurso, anota Eduardo J. Couture: *"É curioso comprovar como esta luta entre a justiça e a certeza da sentença é quase uma luta histórica. Num primeiro momento, numa concepção muito rudimentar de justiça, como a do processo germânico primitivo, com uma acentuada tonalidade religiosa, o fenômeno dos recursos não se concebe, porque o julgamento é uma expressão da divindade e apresenta caráter infalível dessa. Porém, quando o processo se faz laico, vão surgindo os recursos como meio de revisão da sentença, que não tem mais porque considerar-se infalível"*(COUTURE, E. J., op. cit., p. 284).

especial a possibilidade de erro que possa ser cometido pelo juiz ao decidir. É bem verdade, porém, que não se pode garantir que a decisão a ser proferida num segundo momento de julgamento possa conduzir a uma decisão mais justa e correta. Muito embora o juiz de segundo grau, em regra, seja mais velho, mais sagaz, apresenta, por vezes, mais títulos meritórios e esteja numa composição colegial e não unipessoal, como o juiz de primeiro grau, o que poderia significar maior garantia de correção do julgado, pode-se objetar que se assim for, o certo seria, para se conseguir de imediato a decisão mais justa e correta, que o julgamento fosse proferido unicamente e diretamente pelo órgão colegiado; b) numa segunda perspectiva, afirma-se que o exercício do meio de impugnação corresponderia à exigência da parte sucumbente, ou melhor, a um direito de defesa tendente a substituir a decisão desfavorável; contudo, também se pode objetar a essa afirmação, sob o argumento de que a consequência seria uma serie de impugnações sem limites, maculando o não menos importante princípio da celeridade processual.[60]

Conforme anotam Paulo Ramos de Faria e Ana Luísa Loureiro, *"o duplo grau de jurisdição é uma exigência que decorre da natureza falível dos julgamentos humanos. É, pois, possível ocorrência de um erro judiciário que justifica a consagração da garantia do reexame da causa por um diferente tribunal, lançando sobre ela um novo olhar. E é a maior experiência do coletivo de juízes do tribunal superior que garante a maior probabilidade de acerto da decisão obtida nesta nova instância.*

Quando o tribunal 'ad quem' não deteta qualquer erro de julgamento, confirmando a decisão da 1ª instância, sem voto vencido, não existe fundamento racional bastante para se admitir novo recurso, abrindo-se um terceiro grau de jurisdição. É certo que o último tribunal desta série de dois também pode cometer um erro; mas essa possibilidade existe relativamente ao último julgamento feito, qualquer que seja o número de tribunais a integrar a série. Mesmo a jurisprudência fixada pelo Supremo Tribunal de Justiça já foi objeto de reponderação.

A mera possibilidade de erro, imanente à condição humana, não pode servir de fundamento para se abrir a porta a um terceiro, a um quarto ou a um quinto graus de jurisdição, quando não existe qualquer indício 'objetivo' de poder ter sido cometido um erro, isto é, quando não há um conflito jurisprudencial (hoc sensu) entre as decisões das instâncias (art. 671º, n.s. 1 e 3), ou entre a decisão da Relação e outra decisão de uma das Relações ou do Supremo. O conflito jurisprudencial (lato sensu),

---

[60] COMOGLIO, L. P.; FERRI, C.; TARUFFO, M., op. cit., p. 590.

JUSTIFICATIVAS E FINALIDADES PARA A EVOLUÇÃO DO SISTEMA IMPUGNATIVO

criador da 'dúvida razoável' sobre a ocorrência de um erro de julgamento do último tribunal a pronunciar-se, é, pois, o único fundamento 'geral' aceitável para abertura de um terceiro grau de jurisdição".[61]

Na realidade, *as decisões do juiz proferidas no âmbito da atividade de gestão processual assentam, em boa medida, em 'critérios de conveniência e de oportunidade. Consciente de que o juiz só poderá desenvolver esta atividade se lhes for reconhecida uma confortável margem de discricionariedade de apreciação – que não se confunde com a discricionariedade de decisão –, o legislador sujeitou a recorribilidade desta decisão a um 'fundamento específico'. Apenas a violação da lei – mais, apenas a agressão a princípios matriciais do processo –, e já não o mérito – no sentido administrativista do termo –, pode servir de solução legal reflete a referida contaminação por elementos de carácter 'administrativo' e a peculiar natureza da decisão de gestão processual.*

A violação da lei deve resultar, pois, da agressão aos princípios descritos na norma decorrente do 'conteúdo' da decisão tomada. A ofensa ao princípio do contraditório (art. 3º, n. 3) ocorre quando a decisão obsta à normal participação das partes no desenvolvimento da instância – por exemplo, quando não admite um requerimento de respotas (admissível)".[62]

Há aqueles, ainda, que saem em defesa do recurso como forma de obrigar o juiz de primeiro grau a ter maior cuidado e responsabilidade na tarefa de julgar.[63]

Para Ada Pellegrini Grinover *et al, "o principal fundamento para a manutenção do princípio do duplo grau é de natureza política: nenhum ato estatal pode ficar imune aos necessários controles. O Poder Judiciário, principalmente onde seus membros não são sufragados pelo povo, é, dentre todos, o de menor representatividade. Não o legitimaram as urnas, sendo o controle popular sobre o exercício da função jurisdicional ainda incipiente em muitos ordenamentos, como o nosso. É preciso, portanto, que se exerça ao menos o controle interno sobre a legalidade e a justiça das decisões judiciais. Eis a conotação política do princípio do duplo grau de jurisdição".*[64]

---

[61] FARIA, Paulo Ramos; LOUREIRO, Ana Luísa. *Primeiras notas ao novo código de processo civil – os artigos da reforma.* Coimbra: Editora Almedina, 2014. p. 149 e 150.

[62] FARIA, P. R.; LOUREIRA, A. L., idem. p. 30.

[63] MARQUES, José Frederico. *Instituições de direito processual.* Vol. IV. Rio de Janeiro: Forense, 1963. p.5.

[64] GRINOVER, Ada Pellegrini; DINAMARCO, Cândido Rangel; CINTRA, Antônio Carlos de Araújo. *Teoria geral do processo.* São Paulo: Malheiros, 2009. p. 81.

Conforme anota Leo Rosenberg, *"todo recurso tem por base a falibilidade do conhecimento humano. Toda resolução pode ser injusta, e quase sempre a parte vencida a terá como tal. Por isso, os recursos estão a serviço dos legítimos desejos das partes em substituir a resolução que lhes é desfavorável por outra mais favorável. O Estado apoia essa tendência, pois o exame por parte de um outro tribunal superior outorga 'maior segurança à justiça da resolução' e aumenta a 'confiança do povo' na jurisdição estatal.*[65]

José Mª Asencio Mellado entende que o fundamento dos meios de impugnação no processo civil decorre justamente pelo fato de que o legislador pretende com isso facilitar a correção por uma estância superior dos possíveis erros processuais ou materiais que possa ter incorrido a decisão recorrida. Tal finalidade pode-se obter pela via dos meios de impugnação, especialmente os devolutivos, tendo em vista que um novo exame da questão controvertida supõe em si mesmo uma maior experiência e, especialmente, tem um caráter colegiado. Outro importante fundamento diz respeito ao fato de que os meios de impugnação servirão para que a parte que há sofrido um gravame ou prejuízo, isto é, uma decisão desfavorável, possa pugnar pela modificação da mesma no sentido que se estime mais adequado ao recorrente, o que parece absolutamente justificado sempre e quando o sistema de recursos que se estabeleça não gere insegurança jurídica se as possibilidades de recursos forem ilimitadas.[66]

O nosso ordenamento jurídico, assim como a maioria dos ordenamentos jurídicos contemporâneos, reconhece a necessidade do sistema recursal, como garantia de um princípio constitucional, assim como critério de controle sobre a justiça e sobre a possibilidade de erros que possam ser cometidos nas decisões judiciais, reconhecendo de modo generalizado às partes e aos terceiros o poder de impugnação. Não se pode esquecer que o controle exercido pelo juízo *ad quem* apresenta certa vantagem sobre o exercício da jurisdição realizado pelo juízo *a quo*, especialmente pela existência no processo de material já trabalhado, já submetido à análise de outro órgão jurisdicional. Além do mais, como anota Barbosa Moreira, se no plano da lógica pura talvez se tornasse difícil demonstrar *more geométrico* a superioridade do sistema do duplo grau de jurisdição, é certo que na prática, até por motivos de ordem psicológica – pois mais facilmente

---

[65] ROSENBERG, L., op. cit., p. 353.
[66] MELLADO, J. Mª. A., op. cit., p. 198.

se conforma a parte com a solução desfavorável ao seu interesse se lhe foi dado, ao menos, provocar segundo pronunciamento, têm-se considerados positivos os resultados de sua adoção, como revela a consagração geral dos princípios nos ordenamentos dos povos cultos, principalmente depois que a Revolução Francesa, apesar de forte resistência, o encampou.[67]

Além dessas justificativas e finalidades, pode-se dizer que no âmbito do novo C.P.C. brasileiro, o recurso também terá um importante papel na conservação da jurisprudência e na uniformização de entendimentos dos órgãos colegiados do Poder Judiciário, respaldando a legitimidade dos precedentes, primando pela segurança jurídica e pela isonomia do trato na prestação da tutela jurisdicional.

---

[67] Barbosa Moreira, J. C., op. cit., p. 222.

8.
Direito Comparado

8.1. Direito espanhol

O direito espanhol diferencia os recursos de acordo com a mobilidade do processo, ou seja, se o processo se move *no mesmo grau de hierarquia judicial* em que se produziu a decisão recorrida, ou *em grau superior*, ou, finalmente, no *grau do supremo*. Poder-se-ia falar a tal respeito de recurso horizontal e recurso vertical.

Dentre as impugnações que se ventilam na mesma instância há a denominada *'la reposición'*, generalizando o nome de sua espécie mais importante dentro do direito processual civil espanhol.

O recurso de reposição ou substituição encontra-se regulado nos arts. 451 a 454 da *Ley de Enjuiciamiento Civil.*

A reposição pode e deve desdobrar-se em quatro tipos fundamentais: *a 'reposición' que procede de quem é parte no processo principal; a 'reposición' que procede de quem é parte de direito, porém, não de fato,* como no caso do revel; *a 'reposición' que procede de quem não é parte, nem de direito nem de fato* e a *'reposición' excepcional por falta de defesa ou incongruência.*

O recurso de reposição ou substituição configura-se como um recurso ordinário, não devolutivo, visando à obtenção de revogação de determinadas decisões, que não sejam de mero trâmite, com o fim de que o mesmo órgão que ditou a providência, auto, diligência de 'ordenación' ou decreto, modifique sua decisão e renove a decisão.[68]

---

[68] MELLADO, J. Mª. A., op. cit., p. 209.

A *reposición* da parte consiste na impugnação de uma resolução judicial, por quaisquer dos sujeitos que figuram no processo principal em que a resolução se dita, conhecendo do recurso o mesmo Juiz ou Tribunal que lhe tenha pronunciado.

Nem todas as decisões proferidas pelas Cortes espanholas estão sujeitas ao recurso de *'reposición'*, mas somente as ditas decisões *interlocutórias*, isto é, aquelas que não possuem caráter definitivo. Nesse sentido é o teor do art. 451 da Ley n. 1/2000 (Enjuiciamiento Civil):

> *1. Contra las diligencias de ordenación y decretos no definitivos cabrá recurso de reposición ante el Secretario judicial que dictó la resolución recurrida, excepto en los casos en que la ley prevea recurso directo de revisión.*
>
> *2. Contra todas las providencias y autos no definitivos cabrá recurso de reposición ante el mismo Tribunal que dictó la resolución recurrida.*
>
> *3. La interposición del recurso de reposición no tendrá efectos suspensivos respecto de la resolución recurrida.*

Não se distingue, para efeito desses recursos, entre decisões ditadas por órgãos unipessoais ou colegiados.

Diante da decisão que resolve o recurso de reposição ou substituição não previu o Código de Processo Civil espanhol qualquer outro recurso. Porém, quando a parte interpuser o recurso de apelação, poderá renovar a questão decidida no recurso de reposição.

Contra o decreto que resolve a reposição interposta contra ato do secretário judicial, poderá ele ser reavaliado pelo tribunal competente na forma preconizada pelo art. 454-bis do C.P.C. espanhol.

O recurso de *reposición* é interposto por escrito perante quem ditou a decisão recorrida, no prazo de cinco dias, a contar do dia seguinte ao da notificação da decisão (art. 452, I). Tratando-se de uma decisão judicial, a reposição será interposta perante o juiz ou tribunal que a pronunciou. Tratando-se de uma diligência mandamental ou decreto não definitivo, a interposição ocorrerá perante o Secretário judicial que a emitiu.

O recurso de reposição não tem efeito suspensivo (art. 451).

A impugnação ao recurso de reposição deverá ser realizada no prazo de cinco dias (art. 453).

O tribunal ou Secretário resolverá o recurso de reposição, por meio de 'auto' ou 'decreto', no prazo de cinco dias.

DIREITO COMPARADO

A *Ley 13/2009*, ao ampliar as funções dos Secretários judiciais, outorgando-lhes muitas que antes eram exercidas pelos órgãos judiciais, além de permitir a interposição do recurso de reposição ou substituição, também previu uma nova espécie de recurso, denominada de *revisión*, de caráter devolutivo e não suspensivo, frente aos decretos emanados dos Secretários judiciais e que se atribui aos órgãos judiciais competentes. Visa-se por meio desta espécie de recurso, outorgar-se aos órgãos judiciais o controle das decisões dos Secretários judiciais, pois, definitivamente, são os órgãos judiciais que possuem a última palavra.[69]

Cabe recurso direto de *revisão* perante todos os decretos que ponham fim ao procedimento ou impeçam sua continuação, assim como contra todos aqueles em que a lei o autorize expressamente (art. 454, bis 1).

O recurso de revisão deverá ser interposto no prazo de cinco dias, por escrito.

A admissão do recurso, cumpridos todos os requisitos, se dá perante o Secretário judicial mediante diligências ordinatórias. A inadmissão do recurso de revisão compete ao tribunal mediante providência. Não cabe recurso contra ambas as decisões.

Admitido o recurso, as partes disporão de um prazo comum de cinco dias para sua impugnação.

O órgão judicial decidirá no prazo de cinco dias.

Contra a decisão que resolve a revisão somente se poderá interpor a apelação quando ponha fim ao procedimento ou se impeça sua continuação.

Outro recurso previsto na *Ley de Enjuiciamiento* é o de apelação.

O recurso de apelação está regulado nos arts. 455 e ss. da *Ley de Enjuiciamiento Civil* de maneira unificada para todos os procedimentos ordinários e especiais.

A apelação *"é um recurso ordinário e devolutivo, que se pode deduzir frente a todo tipo de sentenças definitivas e autos dessa mesma natureza pronunciados em primeira instância a fim de que sejam revisados por órgão superior"*.[70]

Ao contrário do recurso de *reposición*, que é interposto no mesmo grau de hierarquia judicial que proferiu a decisão, a apelação é dirigida a um órgão jurisdicional superior ao daquele que proferiu a decisão.

---

[69] MELLADO, J. Mª. A., idem. p. 211.

[70] MELLADO, J. Mª. A. idem, p. 218.

RECURSOS NO NOVO C.P.C.

A apelação, geralmente, é dirigida ao superior hierárquico imediato, porém, referido recurso pode ser atribuído a um órgão superior não imediato, como, no sistema anterior, era o caso de algumas apelações contra resoluções dos Juizados de Distrito que eram dirigidas, não aos Juizados de Primeira Instância, mas à Audiência Provincial correspondente.

É competente para conhecer dos recursos de apelação interpostos em relação a decisões proferidas pelos juizados de primeira instância audiência provincial à qual aqueles pertençam.

Em se tratando de apelações interpotas em relação a sentenças proferidas em juízos verbais por razão da quantia, a audiência constituir-se-á com um só magistrado, prescindindo-se da colegialidade da Seção.

Tem legitimidade para interpor o recurso de apelação as partes na primeira instância, nos termos do art. 448 da LEC, e que sejam caracterizadas juridicamente como sucumbentes na decisão recorrida.

As decisões que podem ser objeto de apelação estão inseridas no art. 455 da *Ley de Enjuiciamiento*, a saber:

> *Artículo 455 Resoluciones recurribles en apelación. Competencia y tramitación preferente*
>
> ***1.*** *Las sentencias dictadas en toda clase de juicio, los autos definitivos y aquéllos otros que la ley expresamente señale, serán apelables, con excepción de las sentencias dictadas en los juicios verbales por razón de la cuantía cuando ésta no supere los 3.000 euros.*
>
> ***2.*** *Conocerán de los recursos de apelación:*
>
> ***1.º*** *Los Juzgados de Primera Instancia, cuando las resoluciones apelables hayan sido dictadas por los Juzgados de Paz de su partido.*
>
> ***2.º*** *Las Audiencias Provinciales, cuando las resoluciones apelables hayan sido dictadas por los Juzgados de Primera Instancia de su circunscripción.*
>
> ***3.*** *Se tramitarán preferentemente los recursos de apelación legalmente previstos contra autos que inadmitan demandas por falta de requisitos que la ley exija para casos especiales.*

Assim, observa-se pelo disposto do art. 455 da *Ley de Enjuiciamiento Civil* que o recurso de apelação pode ser interposto em relação: a) a todo tipo de sentença definitiva pronunciada em primeira instância pelos juizados de paz ou pelos de primeira instância; b) autos definitivos que ponham fim à instância impedindo sua continuação; c) a outros autos não definitivos quando a lei disponha expressamente.

DIREITO COMPARADO

Percebe-se, portanto, que a apelação é um recurso muito amplo e que resulta utilizado frente a um grande número de decisões judiciais; é certo, todavia, que não existe um direito fundamental que como tal obrigue ao estabelecimento de uma segunda instância e à revisão das sentenças pronunciadas por um juízo de primeiro grau; porém, isso não é óbice para que o legislador se mostre partidário de um controle que, com as devidas reservas e limitações, é sempre necessário e conveniente.[71]

Os efeitos do recurso de apelação variam sensivelmente segundo se trate do exame de infrações processuais ou materiais. Diante de sentenças definitivas e por motivo de fundo abrir-se-á a segunda instância dando-se lugar a um novo julgamento do assunto, mais ou menos amplo, qualquer que seja o material fático e probatório do que se disponha. Ao contrário, se se trata de decisão com conteúdo processual, qualquer que seja o tipo de resolução que a contenha, o âmbito de competência do tribunal restringir-se-á ao concreto motivo processual, sem que se imponha um novo julgamento da questão debatida.[72]

A interposição do recurso de apelação contra sentença de improcedência ou de autos não definitivos não tem efeito suspensivo algum.

Já em relação às sentenças definitivas estimatórias da demanda, a interposição do recurso de apelação terá efeito suspensivo.

A interposição do recurso de apelação, sempre por escrito, dar-se-á perante o juízo 'a quo'.

O recurso de apelação deverá ser interposto no prazo de 5 (cinco) dias contado da data da notificação da decisão a ser impugnada.

É importante salientar que muito embora o recorrente deva indicar no preparo do recurso de apelação sua vontade em recorrer, assim como indicar qual pronunciamento deseja ver revisto, não é necessário que fundamente seu recurso ou, o que é o mesmo, que exponha as alegações que o sustentam.

O Secretário judicial, sem ouvir a parte contrária, admitirá o recurso sempre que: a) a decisão for apelável; b) houver sido formulado o recurso no prazo legal; c) a parte tenha legitimidade para tanto.

---

[71] MELLADO, J. Mª. A., idem, ibidem.
[72] MELLADO, J. Mª. A., idem, p. 217.

Se não presentes os requisitos recursais, o Secretário judicial não admitirá a preparação do recurso mediante auto, diante do qual será possível a interposição do recurso de queixa (art. 457, 4, da LEC).

Dentro do prazo de 20 (vinte) dias desde que se teve por preparado, a parte recorrente há de proceder à interposição de seu recurso. Trata-se de deduzir por escrito, perante o mesmo órgão 'a quo', por meio do qual se fundamenta a apelação, isto é, apresentam-se as alegações fáticas e jurídicas, nas quais a parte baseia seu recurso.

A parte recorrida poderá impugnar o recurso no prazo de 10 (dez) dias.

Segundo anota José Mª. Asencio Mellado, *"no direito comparado coexistem dois sistemas diferenciados de apelação no âmbito do processo civil: o denominado de apelação plena e o conhecido como de apelação limitada. As diferenças entre ambos os modelos, geralmente, reconduzem-se à maior ou menor amplitude da segunda instância em relação ao debate desenvolvido na primeira e aos fatos suscetíveis de ser introduzidos nessa instância em relação àqueles que constituíram a base da decisão ditada pelo órgão 'a quo'. O modelo de apelação plena configura-se como um novo julgamento (novum iudicium). Por meio dele, não se procede somente à revisão da sentença ditada pela primeira instância, senão, ao contrário, a um novo julgamento da questão debatida. Por essa razão, e por se traduzir o recurso em uma nova fase plena, admite-se a incorporação na apelação de novos elementos de fato e novas provas dirigidas à sua fundamentação sem, em princípio, limite algum. Em consonância com a nova análise do objeto litigioso, o órgão 'ad quem' resolve o recurso interposto entrando profundamente no assunto, isto é, sem reenviá-lo ao tribunal de instância para que este modifique sua decisão prévia.*

O modelo de apelação limitada, pelo contrário, somente permite a revisão da sentença ditada em primeira instância, não se erigindo em um novo julgamento e limitando-se a ser uma forma de controle daquele que já foi realizado. A característica desse modelo é a chamada proibição do 'ius novorum' ou, o que significa o mesmo, a impossibilidade de introduzir novos fatos ou novas provas. Consequência lógica dessa naturalização do recurso é o caráter meramente revisor da sentença de apelação a qual, ao invés de se pronunciar sobre o fundo da questão debatida, resolvendo-a, limita-se a confirmar ou anular a decisão impugnada e, neste último caso, a reenviar o assunto ao órgão 'a quo' para que proceda a ditar uma nova sentença acolhendo ou tendo em conta as decisões adotadas.

Estes modelos teóricos, não obstante e como se verá em continuação, não se apresentam na prática perfeitamente definidos e revestidos de sua total pureza senão que, e como consequência do passar do tempo e da acumulação de experiências, se têm apro-

DIREITO COMPARADO

ximado no sentido de se produzir uma combinação das notas específicas de ambos, dando-se um lugar a um sistema misto, mais rico e mais complexo que os derivados das rígidas construções teóricas".[73]

O sistema espanhol, conforme estabelece o art. 456 da LEC, responderá, em boa parte, ao modelo de apelação limitada. Porém, se se acrescentar a este preceito as disposições previstas nos arts. 460 e 465 da LEC, poder-se-á concluir que concorrem no mesmo e diversos elementos as características do sistema de apelação plena. Na realidade, a apelação espanhola não pode ser considerada como um novo julgamento da questão já resolvida pela primeira instância, já que sua finalidade não é outra que a de instar uma revisão da decisão judicial impugnada; assim, parece depreender-se do fato de que o controle na apelação atende, ordinariamente, aos fundamentos de fato e de direito argumentados na primeira instância. Contudo, o próprio art. 456 da LEC e o restante dos dispositivos já mencionados põem de manifesto a relativização dessa regra, quando se ampliam consideravelmente as faculdades cognitivas do recurso de apelação e os próprios poderes do tribunal 'ad quem'. Assim, de um lado, a proibição do 'ius novorum' (entrada de novos fatos e provas) encontra contrapeso na prevista admissibilidade de incorporação de tais elementos nos casos estabelecidos no art. 460 da LEC. De outro lado, a sentença proferida em apelação, e salvo alguns casos em que se denunciam meras infrações processuais insanáveis, longe de se limitar a uma mera função negativa de anulação da sentença recorrida, pronuncia-se sobre o fundo como norma (arts. 456 e 463 da LEC), o que é mais próprio, como se disse, do sistema de apelação plena.[74]

Uma vez interposto o recurso de apelação, com ou sem impugnação, remeter-se-ão os autos ao juízo 'ad quem'.

Na Audiência Provincial, *"no momento de se decidir o recurso de apelação, não se limita a um mero julgamento negativo da questão e ao reenvio ao órgão da primeira instância do assunto, senão que, ainda que se trate de revisão de decisões que tenham incorrido em infrações meramente processuais, a sentença de apelação deve entrar no fundo do assunto e pronunciar uma nova decisão que o determine. Essa opção coloca o problema da perda de uma instância quando o órgão de primeira instância se tenha limitado a pronunciar uma sentença processual, absolutó-*

---

[73] MELLADO, J. Mª. A., idem, p. 223 e 224.
[74] MELLADO, J. Mª. A., idem, p. 224.

ria de instância, sem entrar sequer no fundo da questão. Porém, por sua vez, impede as dilações que derivam de reenvios aos quais pode suceder, de novo, outro recurso de apelação. Contudo, nem sempre a norma obriga a entrar na questão de fundo, sendo obrigado ao reenvio ao órgão 'a quo'".[75]

O processo civil espanhol também prevê o recurso de *'cassação'.*

O recurso de cassação é o 'processo de impugnação' de uma decisão judicial perante o grau superior, em geral, de hierarquia judicial, por razões 'imanentes' ao processo em que referida decisão foi proferida.

A *cassação* é uma espécie de recurso extraordinário.

Os dois motivos que inserem a cassação como recurso extraordinário estão bem definidos, ou seja, as partes não podem interpor o recurso com base em seu simples interesse, mas devem demonstrar a existência de *causa legalmente determinada*, isto é, um motivo específico da cassação; por sua vez, o órgão jurisdicional não pode conhecer dos problemas litigiosos com os mesmos aspectos e amplitudes que foram realizados pelos tribunais inferiores.

A cassação é um recurso supremo.

A cassação não pode ser conhecida pelo próprio juiz ou pelo superior hierárquico, mas deve ser confiada a um órgão jurisdicional único e último.

O tribunal competente para conhecer da *cassação* é o Tribunal Supremo, não obstante ainda permaneça válida a disposição do art. 73.1 da LOPJ que dispõe que o recurso de cassação será conhecido pelos Tribunais Superiores de Justiça das Comunidades Autônomas, sempre que o seu objeto tenha por fundamento Direito Civil.

É certo que o ordenamento jurídico espanhol também prevê outro recurso de competência do Tribunal Supremo, denominado de *revisão.*

Porém, cassação e revisão não se confundem.

A cassação é um recurso interposto contra uma decisão judicial por motivos 'imanentes' ao processo em que a decisão foi proferida, enquanto que a revisão é aquela impugnação interposta perante o tribunal supremo, e tem por fundamento *motivos transcendentes*, ou seja, exterior ao processo em que a decisão foi proferida.

Conforme ensinam Jaime Guasp e Pedro Aragoneses: *"Se uma sentença é cassada porque o juiz ao decidir violou o direito aplicável às pretensões das partes, o motivo da rescisão se encontra em um elemento situado dentro do processo, em que*

---

[75] MELLADO, J. Mª. A., idem, p. 227.

o erro judicial se produziu. Ao contrário, se uma sentença é revisada porque, após sua prolação, o documento em que ela se concretizou foi declarado falso, o motivo da revisão está em uma circunstância, a falsidade do documento, que não era evidenciada dentro do processo correspondente, senão fora dele, de um modo transcendente, que diferencia esta hipótese da anterior".[76]

É importante salientar que a cassação é um recurso que tem por objeto questões de direito e não questões de fato.

Outro aspecto importante é que a cassação historicamente é um recurso destinado simplesmente a romper ou quebrantar a decisão e não substituí-la por outra. Uma vez acolhida a cassação, devolve-se o processo a um tribunal inferior, seja o mesmo que antes o conheceu ou outro.

Porém, a cassação espanhola não se inspira no critério restritivo, ou seja, na mera eliminação da sentença de instância, com devolução do conhecimento do assunto, já que na cassação de fundo, ao contrário da processual, o Tribunal Supremo não se limita a cassar a decisão, senão que dita outra sobre a substância do litígio.

Em relação à cassação, estabelece o art. 477 da *Ley de Enjuiciamiento Civil*:

> *Artículo 477 Motivo del recurso de casación y resoluciones recurribles en casación*
>
> **1.** *El recurso de casación habrá de fundarse, como motivo único, en la infracción de normas aplicables para resolver las cuestiones objeto del proceso.*
>
> **2.** *Serán recurribles en casación las sentencias dictadas en segunda instancia por las Audiencias Provinciales, en los siguientes casos:*
>
> **1.º** *Cuando se dictaran para la tutela judicial civil de derechos fundamentales, excepto los que reconoce el artículo 24 de la Constitución.*
>
> **2.º** *Siempre que la cuantía del proceso excediere de 600.000 euros.*
>
> **3.º** *Cuando la cuantía del proceso no excediere de 600.000 euros o este se haya tramitado por razón de la materia, siempre que, en ambos casos, la resolución del recurso presente interés casacional.*
>
> **3.** *Se considerará que un recurso presenta interés casacional cuando la sentencia recurrida se oponga a doctrina jurisprudencial del Tribunal Supremo o resuelva puntos y cuestiones sobre los que exista jurisprudencia contradictoria de las Audiencias Provinciales o aplique normas que no lleven más de cinco años en vigor, siempre que, en este último caso, no existiese doctrina jurisprudencial del Tribunal Supremo relativa a normas anteriores de igual o similar contenido.*

---

[76] GUASP, J.; ARAGONESES, P., op. cit., p. 500.

> *Cuando se trate de recursos de casación de los que deba conocer un Tribunal Superior de Justicia, se entenderá que también existe interés casacional cuando la sentencia recurrida se oponga a doctrina jurisprudencial o no exista dicha doctrina del Tribunal Superior sobre normas de Derecho especial de la Comunidad Autónoma correspondiente.*

Outra espécie de recurso prevista no ordenamento jurídico espanhol diz respeito ao denominado *recurso extraordinário por infração processual*.

A *Ley de Enjuiciamiento Civil* de 1881, na sua redação original, estabelecia que o recurso de *cassação* apresentava duas perspectivas bem definidas: a) o recurso por infração da lei ou de fundo; b) o recurso por não observância de forma. Ambos os tipos de recursos eram de competência do Tribunal Supremo.

A nova *Ley de Enjuiciamiento Civil* subtraiu, em princípio, do recurso de cassação, o conhecimento das infrações de caráter processual contra as sentenças e 'autos' da Audiência Provincial, atribuindo sua competência à Sala Civil e Penal dos Tribunais Superiores de Justiça. Nesse sentido é o que estabelece o art. 468 da *Ley de Enjuiciamiento Civil*:

> *Artículo 468. Órgano competente y resoluciones recurribles*
> *Las Salas de lo Civil y Penal de los Tribunales Superiores de Justicia conocerán, como Salas de lo Civil, de los recursos por infracción procesal contra sentencias y autos dictados por las Audiencias Provinciales que pongan fin a la segunda instancia.*

Assim, a LEC criou um novo recurso extraordinário extraindo da anterior competência do recurso de cassação e por tabela do Tribunal Supremo determinadas matérias e remetendo-as à competência dos Tribunais Superiores de Justiça.

O denominado *recurso extraordinário por infração processual* é, da mesma forma que o recurso de cassação, um procedimento extraordinário de impugnação de uma resolução judicial.

É importante salientar que o Tribunal Supremo também apresenta competência para o processamento do aludido recurso, até que se confira aos Tribunais Superiores competência exclusiva para tal finalidade.

Da mesma forma que o recurso de cassação, o recurso extraordinário funda-se em *motivos imanentes* ao processo.

O artigo 469 da *Ley de Enjuiciamiento Civil* estabelece as hipóteses que justificam a interposição do recurso extraordinário por infração processual.

DIREITO COMPARADO

Artículo 469 Motivos. Denuncia previa en la instancia

__1.__ El recurso extraordinario por infracción procesal sólo podrá fundarse en los siguientes motivos:

__1.º__ Infracción de las normas sobre jurisdicción y competencia objetiva o funcional.

__2.º__ Infracción de las normas procesales reguladoras de la sentencia.

__3.º__ Infracción de las normas legales que rigen los actos y garantías del proceso cuando la infracción determinare la nulidad conforme a la ley o hubiere podido producir indefensión.

__4.º__ Vulneración, en el proceso civil, de derechos fundamentales reconocidos en el artículo 24 de la Constitución.

__2.__ Sólo procederá el recurso extraordinario por infracción procesal cuando, de ser posible, ésta o la vulneración del artículo 24 de la Constitución se hayan denunciado en la instancia y cuando, de haberse producido en la primera, la denuncia se haya reproducido en la segunda instancia. Además, si la violación de derecho fundamental hubiere producido falta o defecto subsanable, deberá haberse pedido la subsanación en la instancia o instancias oportunas.

Portanto, o recurso extraordinário por infração processual é interposto contra sentenças ditadas em segunda instância que incorram nos motivos preconizados no art. 469 da LEC, ou seja, sentenças e autos definitivos ditados pelas Audiências Provinciais, que ponham fim à segunda instância.

A motivação do recurso deverá ter por fundamento as hipóteses descritas no art. 469 da LEC.

Prepara-se o recurso perante o órgão 'a quo', ou seja, perante a Audiência Provincial, por escrito, devendo ser deduzido no prazo de 5 (cinco) dias a contar da data da notificação da decisão recorrida.

O Secretário judicial examinará a concorrência dos requisitos. Estando presentes os requisitos, o Secretário admitirá o recurso, tendo por preparado. Se não concorrerem os requisitos, o Secretário judicial não admitirá o recurso, cabendo contra essa resolução o recurso de queixa (art. 470, 3 da LEC).

Admitido o recurso, a parte recorrente deverá interpor seu recurso perante o mesmo órgão 'a quo' no prazo de 20 (vinte) dias a contar da notificação do auto que o considerou preparado. Este escrito terá o conteúdo previsto no art. 471 da LEC.

Pode-se solicitar a prática de provas, as quais, diferentemente do que sucede com a apelação, não se limitam expressamente a situações concretas, senão que podem ser admitidas todas aquelas que sejam imprescindíveis para justificar a impugnação.

Uma vez estando os autos no Tribunal Superior, este irá proceder à admissão do recurso com base nos requisitos e condições estabelecidos no art. 473 da LEC.

Admitido o recurso, será intimada a parte contrária recorrida para se manifestar.

Julgado o recurso, e não sendo acolhido, a sentença torna-se firme e alcança a coisa julgada.

Segundo José Mª Asencio Mellado, *"este recurso motivou grandes discussões por entender parte da doutrina que, dado que existem dezessete Tribunais Superiores de Justiça, uma dispersão ou falta de uniformidade entre as decisões de uns e de outros poderia afetar a necessidade de homogeneidade que é consubstancial a este tipo de recursos extraordinários cujo fim essencial é a igualdade entre os cidadãos e a segurança jurídica"*.[77]

Há ainda no sistema processual espanhol o denominado *recurso de revisão*.

O *recurso de revisão* diz respeito a um processo especial que tem por objeto impugnar a sentença, *geralmente perante um grau supremo de hierarquia judicial*, em razão de motivações que não pertencem ao próprio processo, mas em decorrência de fatores externos.

Preceitua o 509 da Ley de Enjuiciamiento Civil.

> *Artículo 509 Órgano competente y resoluciones recurribles*
> *La revisión de sentencias firmes se solicitará a la Sala de lo Civil del Tribunal Supremo o a las Salas de lo Civil y Penal de los Tribunales Superiores de Justicia, conforme a lo dispuesto en la Ley Orgánica del Poder Judicial.*

O objeto do recurso de revisão decorre de uma pretensão processual, isto é, de uma reclamação que se dirige ao órgão jurisdicional e que tem por finalidade a eliminação de uma sentença transitada em julgado.

Assemelha-se com a demanda rescisória do sistema jurídico brasileiro.

8.2. Direito italiano

O Livro II, Título III, do *Codice de Procedura Civile*, trata das diversas hipóteses de impugnação existentes no direito processual civil italiano.

---

[77] MELLADO, J. Mª. A., op. cit., p. 234.

DIREITO COMPARADO

Os meios para impugnar uma sentença, além do regulamento de competência nos casos previstos em lei, são: o apelo; o recurso por cassação, a revogação e a oposição de terceiro.

O primeiro recurso previsto no processo civil italiano é justamente o *apelo*.

Anteriormente à lei de 1950, as sentenças não definitivas, também denominadas de 'parciais', não eram imediatamente impugnáveis. Era necessário fazer-se 'reserva de apelo' para se poder impugná-las, com a sentença definitiva. A lei de 1950 alterou a ordem do sistema, ao admitir a possibilidade de diferir o apelo contra as sentenças não definitivas, fazendo reserva.

Segundo Salvatore Satta: *"o conceito legal é de que pode ao interessado não ser conveniente impugnar de imediato a sentença não definitiva – como, p.e., obstar o aumento de custas ou então aguardar o desfecho da causa cuja sentença definitiva lhe pode ser favorável – sendo-lhe lícito pedir o adiamento do apelo sob reserva, pena de decadência, dentro do prazo para apelar, e no caso nunca além da audiência principal após a comunicação da própria sentença. Várias, porém, são as suposições que se podem apresentar, e em parte a lei as prevê para o fim de preservar o princípio da unicidade da apelação, seriamente comprometido pela admitida impugnabilidade das sentenças não definitivas..."*.[78]

Sobre a apelabilidade das sentenças no direito italiano, estabelece o art. 339 do C.P.C. italiano:

> *Art. 339. (Apelabilidade das sentenças)*
>
> *Podem ser impugnadas com apelo as sentenças pronunciadas em primeiro grau, desde que o apelo não seja excluído pela lei ou por acordo das partes com base na norma do art. 360, inc. II.*
>
> *É inapelável a sentença que o juiz pronunciou segundo equidade com base na norma do art. 114.*
>
> *As sentenças do juiz de paz pronunciadas de acordo com a equidade, nos termos do art. 113, inc. II, são apeláveis exclusivamente por violação das normas sobre procedimento, por violação de normas constitucionais ou comunitárias ou dos princípios reguladores da matéria.*

---

[78] SATTA, Salvatore. *Direito processual civil.* 7ª ed. 2º vol. Rio-Guanabara: Editor Borsoi, 1973. p. 429.

RECURSOS NO NOVO C.P.C.

Comentando o art. 339 do C.P.C. italiano, anotam Francesco P. Luiso e Bruno Sassani: *"O art. 339 inovou somente no seu último inciso. O velho texto do dispositivo sancionava a inapelabilidade das sentenças dos juízes de paz pronunciadas de acordo com a equidade, as quais pertenciam também (e sobretudo) aquelas pronunciadas nos termos do art. 113, inc. II (denominada de equidade necessária). Com a modificação realizada, a originária inapelabilidade é substituída por uma apelabilidade (por violação das normas sobre procedimento, por violação das normas constitucionais ou comunitárias ou dos princípios reguladores da matéria)...*

A segunda importante contribuição decorrente do novel art. 339, último inciso, encontra-se em haver sido circunscrito o âmbito do juízo de apelo à 'violação das normas sobre procedimento, pela violação de normas constitucionais ou comunitárias ou dos princípios reguladores da matéria. Introduzindo-se um apelo 'à crítica vinculada', delimitam-se também os confins do juízo de equidade e, reflexamente, do controle da Corte de cassação feita sobre a sentença de apelo".[79]

Atualmente, com base no contemporâneo C.P.C. italiano, a 'reserva de apelo' encontra-se regulada no art. 340 que assim dispõe:

> *Art. 340. (Riserva facoltativa d'appello contro sentenze non definitive)*
>
> *Contro le sentenze previste dall'articolo 278 e dal n. 4 del secondo comma dell'articolo 279, l'appello può essere differito, qualora la parte soccombente ne faccia riserva, a pena di decadenza, entro il termine per appellare e, in ogni caso, non oltre la prima udienza dinanzi al giudice istruttore successiva alla comunicazione della sentenza stessa.*
>
> *Quando sia stata fatta la riserva di cui al precedente comma, l'appello deve essere proposto unitamente a quello contro la sentenza che definisce il giudizio o con quello che venga proposto, dalla stessa o da altra parte, contro altra sentenza successiva che non definisca il giudizio.*
>
> *La riserva non può più farsi, e se già fatta rimane priva di effetto, quando contro la stessa sentenza da alcuna delle parti sia proposto immediatamente appello.*

Segundo anotam Luca Ariola *et al* : *"a disposição em exame tende a garantir a concentração no juízo de segundo grau de todas as impugnações propostas contra várias decisões emanadas no mesmo processo, respondendo à mesma finalidade que inspirou os arts. 331 e 335, que estabelecem uma tratativa unitária das diversas impugnações, por meio da 'reserva facultativa de impugnações'. Tal reserva é pre-*

---

[79] LUISO, Francesco P.; Sassani, Bruno. *La riforma del processo civile – commentaro breve agli articoli riformati del codice di procedura civile*. Milano: Dott. A. Giuffrè Editore, 2006. p. 60 e 61.

DIREITO COMPARADO

vista também no art. 361, relativo ao recurso por Cassação e não pode ser estendida a outros meios de impugnações. Em particular, entende-se que não é admitida a reserva de impugnação diferida em face de sentenças que decidem sobre competência...".[80]

A reserva é vinculante para a parte e implica uma escolha irreversível, significando que uma vez feita a escolha não poderá ser revogada, ou seja, não será mais possível o apelo imediato contra a sentença não definitiva (Cass. 27-6-88, n. 4325).

Uma das hipóteses decisionais que permite a interposição da 'reserva de apelo' encontra-se prevista no art. 278 do atual C.P.C. italiano, a saber: *'quando se definiu a subsistência de um direito, mas ainda é controvertida a quantidade da prestação devida, o colégio, a pedido da parte, pode limitar-se a pronunciar por meio de sentença condenatória genérica a prestação, dispondo com 'ordinanza' que o processo prossiga por liquidação. Em tal caso, o colégio, com a mesma sentença e sempre mediante pedido da parte, pode também condenar o devedor ao pagamento de uma provisional, nos limites da quantidade, em razão da qual entende já produzida a prova".*

As hipóteses em que não se admite o apelo encontram-se assim delineadas: a) quando houver acordo entre as partes; assim são inapeláveis as sentenças do Tribunal em relação às quais as partes tenham acordado propor somente e diretamente recurso de cassação; em tal caso o recurso somente pode ser proposto por violação ou falsa aplicação das normas de lei; b) a sentença não poderá ser objeto de apelação quando as partes requeiram ao juiz uma decisão segundo a equidade, conforme preconiza o art. 114 do C.P.C. italiano, ainda que o juiz, quando do julgamento da causa, tenha também aplicado normas de direito.

Outras hipóteses em que não se admite o recurso de apelo: a) sentença que tenha decidido uma controvérsia individual de trabalho ou matéria de assistência e previdência de valor não superior a vinte e cinco euros e oitenta e dois centavos (art. 440-442); b) sentença que tenha pronunciado sobre oposições aos atos executivos (art. 618, último inciso; c) sentença proferida pelo juiz sobre oposição por meio 'l'ordinanza –ingiuzione' com conteúdo de sanções administrativas.

O apelo apresenta as seguintes características: a) a determinação dos vícios da sentença não é prefixada em lei, mas é confiada à própria parte, a qual pode, por meio do juízo de impugnação, contrariar a injustiça da

---

[80] ARIOLA, L., et al., op. cit., p. 979.

sentença; b) não existe para o apelo a distinção entre o momento rescindente e rescisório – ou melhor, o novo juízo não está sujeito à estabilidade de certos taxativos vícios que admitem a reabertura; c) o apelo tem sempre caráter rescisório.[81]

O prazo para se interpor o recurso de apelo é de 30 (trinta) dias, contado da notificação da sentença.

É certo que, nos termos do art. 327 do C.P.C. italiano, independentemente da notificação do apelo, o recurso de Cassação e a revogação por motivos indicados nos números 4 e 5 do art. 395 do C.P.C. italiano, não podem ser propostos depois de decorridos seis meses da publicação da sentença. (Esta disposição não se aplica à parte contumaz que demonstra não ter tido conhecimento do processo por nulidade de citação ou da notificação da decisão, e por nulidade da notificação dos atos previstos no art. 292 do C.P.C. italiano).[82]

Podem ser impugnadas com apelo as sentenças pronunciadas em primeiro grau, tendo em vista que o apelo não é excluído pela lei ou pelo acordo das partes.

Não é apelável a sentença que o juiz pronunciou segundo a equidade, nos termos do art. 114 do C.P.C. italiano.

As sentenças do juiz de paz pronunciadas segundo equidade, nos termos do art. 113 do C.P.C. italiano, segundo inciso, são apeláveis exclusivamente por violação das normas sobre procedimento, por violação de normas constitucionais ou comunitárias ou dos princípios reguladores da matéria.

O apelo contra as sentenças dos juízes de paz e do tribunal propõe-se respectivamente ao tribunal e à corte de apelo em cuja circunscrição tem sede o juiz que pronunciou a sentença. Consequentemente, as sentenças do Tribunal são impugnadas diante da *Corte d'Appello* do distrito a que pertence o primeiro, e aqueles do Juiz de paz.

O apelo deve ser motivado, sendo que essa motivação deve conter, sob pena de inadmissibilidade do apelo: a) a indicação da parte do provimento do qual se pretende apelar e das modificações que se pretende ver recons-

---

[81] SATTA, S., op. cit., loc. cit.

[82] *"Essa é uma norma de contraste com o princípio da notificação da parte, acolhido pelo código, porque se resolve do ponto de vista dos efeitos práticos em uma notificação 'ex ofício', isto é, numa coação para que a impugnação seja proposta"* (SATTA, Salvatore. *Diritto processuale civile.* Sesta Edizione riveduta e corretta. Padova: CEDAM, 1959. p. 337).

DIREITO COMPARADO

truídas quanto à matéria de fato analisada pelo juízo de primeiro grau; b) a indicação das circunstâncias em relação às quais derivam a violação da lei e da sua relevância para os fins da decisão impugnada.

No juízo de apelo não podem ser propostas demandas novas e, se propostas, devem ser declaradas inadmissíveis de ofício. Podem, todavia, ser demandados os interesses, os frutos e os acessórios constituídos depois da sentença impugnada, igualmente o ressarcimento dos danos sofridos depois da própria sentença.

As demandas e exceções não acolhidas na sentença de primeiro grau, que não são expressamente indicadas no apelo, entendem-se renunciadas (art. 346 do C.P.C. italiano). A doutrina entende que a expressão *demanda não acolhida* não se refere à *demanda autônoma* que tenha sido considerada no exame pelo juiz de primeiro grau e tenha sido rejeitada ou que não tenha sido examinada, esperando-se que em tal hipótese, seja em face da pronuncia de rejeição, seja em face de omissão de pronuncia devem ser denunciadas no juízo de gravame com o apelo principal ou com aquele incidental. A expressão *demanda não acolhida* indica as questões que concernem à demanda, e as demandas alternativas ou dependentes ou subordinadas, que tenham sido rejeitadas ou tenham sido declaradas absorvidas..., considerando-se sua incompatibilidade com as razões acolhidas ou com o acolhimento da demanda principal. A norma disciplina as hipóteses de uma pluralidade de demandas ou de exceções propostas não em via cumulativa, mas em via alternativa ou subordinada.[83]

No juízo de apelo é admitida somente a intervenção de terceiros que poderiam propor oposição com base no art. 404 do C.P.C. italiano.

O apelo é declarado improcedente, inclusive de ofício, se o apelante não o constitui, em termos, bem como se não comparece à primeira audiência.

Diante da corte de apelo, a análise do recurso é colegiada, mas o presidente do colégio pode delegar para a produção dos meios de prova um dos seus componentes.

Outro recurso previsto no C.P.C. italiano é o *recurso de cassação*.[84]

---

[83] ARIOLA, L.; et al, op. cit., p. 1018 e 1019.

[84] *"A administração da justiça italiana insere-se já há muitos anos numa crise gravíssima, em todos os seus setores.*

No que concerne à Corte de cassação, o estado atual das coisas denuncia sintomas em comum com aqueles de que sofrem as jurisdições de mérito...

Os primeiros dizem respeito à enorme dilatação dos tempos processuais...

Segundo estabelece o art. 360 do C.P.C. italiano, as sentenças proferidas em grau de apelação ou em único grau podem ser impugnadas por meio de recurso de cassação, *in verbis*:

> *Art. 360. (Sentenças impugnáveis e motivos de recurso)*
> *As sentenças pronunciadas em grau de apelo ou em único grau podem ser impugnadas com recurso de Cassação:*
> *1) por motivos atinentes à jurisdição;*
> *2) por violação das normas sobre competência, quando não está prescrito o regulamento de competência;*
> *3) por violação ou falsa aplicação de normas de direito e dos contratos e acordo coletivos nacional de trabalho;*
> *4) por nulidade da sentença ou do procedimento;*
> *5) por omissão de exame acerca de um fato decisivo para o julgamento que foi objeto de discussão entre as partes.*
> *Pode também ser impugnada com recurso de cassação uma sentença apelável do tribunal, se as partes estão de acordo em omitir o apelo; mas em tal caso a impugnação pode propor-se somente com base no disposto no inciso primeiro, n. 3.*
> *Não são imediatamente impugnáveis com recurso de cassação as sentenças que decidem questões surgidas sem definir, nem mesmo parcialmente, o julgamento. O recurso de cassação sobre tais decisões pode ser proposto, ainda que parcialmente, sem necessidade de reserva, quando seja impugnada a sentença que define, ainda que parcialmente, a lide.*
> *As disposições de que trata o inciso primeiro e terceiro aplicam-se às sentença e aos provimentos diversos de sentença contra os quais for admitido o recurso de cassação por violação de lei.*

Note-se que o recurso de cassação pode ter por objeto sentença pronunciada em grau de apelo ou em *único grau*.

São exemplos de sentenças proferidas em único grau : a) as sentenças pronunciadas segundo a equidade; b) as pronunciadas pelo juiz de paz, segundo a equidade, tendo em vista que essas decisões são declaradas ina-

---

Ao invés dos poucos meses que seriam razoáveis esperar-se, a duração média de um julgamento perante a Corte suprema vem computada em anos, com uma constante tendência de alongamento, devido ao crescente saldo negativo entre processos iniciados e processos encerrados..." (CHIARLONI, Sergio. La cassazione e le norme. *In: Rivista di Diritto Processuale.* Vol. XLV, II Serie, Anno 1990, Padova, CEDAm – Casa Editrice Dott. Antonio Milani, pág. 982 e 983).

DIREITO COMPARADO

peláveis; c) sentenças em matéria de oposição aos atos executivos; d) as sentenças de homologação de sentenças estrangeiras.

Os motivos, taxativos, que podem levar ao recurso de cassação são: a) motivos atinentes à jurisdição; b) por violações das normas sobre competência, quando não está prescrito o regulamento de competência; c) por violação ou falsa aplicação de normas jurídicas e dos contratos e acordos coletivos nacionais de trabalho; d) por nulidade da sentença ou do procedimento; e) por se ter omitido exame acerca de um fato decisivo para o juízo que foi objeto de discussão entre as partes.

Pode ainda ser impugnada, *per saltum*, com recurso de cassação uma sentença apelável do tribunal, se as partes estão de acordo em omitir o apelo; porém, em tal caso, a impugnação pode ser proposta somente com base no disposto no inciso I, n. 3, do art. 360 do C.P.C. italiano.

O recurso de cassação em decorrência do acordo firmado entre as partes com intenção de omitir o recurso de apelação (acordo que não pode estar sujeito a reserva ou condição) pode propor-se somente por violação ou não aplicação de normas de direito e dos contratos coletivos. O acordo deve ser firmado pessoalmente entre as partes ou mediante procurador com poderes especiais, devendo ser realizado antes de expirado o prazo para a interposição do apelo.[85]

A jurisprudência tem afirmado que o recurso *per saltum* não se refere somente à hipótese do n. 3 do art. 360, mas também àquelas dos números 1, 2 e 4, que correspondem igualmente à violação ou à falsa aplicação de normas de direito, tendo em vista que há uma diversa e específica objetividade também referida no art. 111 da Constituição italiana, quando fala de violação de lei.[86]

Estão sujeitas ainda ao recurso de cassação as decisões em grau de apelo ou em único grau de jurisdição proferida por um juiz especial, em decorrência de motivos atinentes à própria jurisdição do juízo.

Podem ser denunciados a todo tempo com recursos de cassação os conflitos positivos ou negativos de jurisdição entre juízes especiais e entre estes e os juízos ordinários, assim como os conflitos negativos de atribuição entre a administração pública e o juiz ordinário.

---

[85] ARIOLA, Luca, et al. *Codice procedura civile operativo – annotato con dottrina e giurisprudenza.* Napoli: Simone, 2015. p. 360.

[86] ARIOLA, L., et. al, idem, ibidem.

Não são impugnáveis com recurso de cassação as sentenças que decidem questões sem definir, nem mesmo parcialmente, o litígio. O recurso de cassação diante de tais sentenças pode ser proposto, sem necessidade de reserva, quando seja impugnada a sentença que define, ainda que parcialmente, o litígio.

Contra as sentenças previstas no art. 278 do C.P.C. italiano e contra aquelas que decidem uma ou algumas das demandas sem definir por inteiro o litígio, o recurso de cassação pode ser 'diferido', quando a parte sucumbente proteste pela sua reserva, sob pena de decadência, dentro do prazo para proposição do recurso, e, de toda maneira, não além da primeira audiência sucessiva à comunicação da própria sentença.

Quando as partes não tenham proposto o recurso no prazo legal ou tenham renunciado à sua proposição, ou, ainda, quando o provimento não é recorrível em cassação e não é de outra maneira impugnável, o Procurador geral que atua na Corte de cassação pode requerer que a Corte enuncie no interesse da lei o princípio de direito que o juízo de mérito deveria ter observado. Essa previsão normativa supera a regra geral de que somente as partes estariam legitimadas a propor recurso de cassação. Exemplos de hipóteses de intervenção: provimento de natureza cautelar; antecipatória e de jurisdição voluntária, ou, que foram subtraídas à recorribilidade do recurso de cassação. Essa previsão normativa faz com que a Corte de cassação deva assegurar a exata interpretação da lei ainda que não esteja em jogo direitos subjetivos.

A decisão proferida pela Corte de cassação poderá ser com base em juízo de 'reenvio'.

É possível a existência de um 'reenvio' *impróprio*, que se segue à cassação da sentença (ex. art. 360, n. 4., do C.P.C. italiano), por razões que comportam a remessa da causa ao juízo de primeiro grau. Nessa hipótese, o reenvio tem uma função de *restituição*: trata-se de restituir a causa ao juiz de primeiro grau, tendo em vista que o processo deve prosseguir a partir do momento em que se verificou a nulidade que foi indicada no recurso. A exigência fundamental é de fazer com que o processo se desenvolva validamente, respeitando-se o princípio do duplo grau de jurisdição. [87]

---

[87] COMOGLIO, Luigi Paolo; FERRI, Corrado; TARUFFO, Michele. *Lezioni sul processo civile. – il processo ordinario di cognizione.* Bologna: Il Mulino, 2006. p. 672 e 673.

DIREITO COMPARADO

É também possível a existência de um 'reenvio' *próprio*, que se segue à cassação (ex. art. 360, n. 3., do C.P.C. italiano), nas hipóteses em que a corte não decida essa questão no mérito. Exemplo de reenvio próprio é aquele em que se dá a cassação da sentença por vício de motivação (art. 360, n. 5, do C.P.C. italiano). Nessa hipótese, o juízo de reenvio tem natureza 'rescisória' e função *prosecutória*. Isso constitui uma fase nova e autônoma do processo, tida por necessária pela sentença da Corte de Cassação que anulou a precedente sentença de mérito: o escopo essencial do juízo de reenvio é a emanação de uma nova sentença de mérito que, aplicando o princípio do direito enunciado da cassação, seja juridicamente válida e idônea a assumir o posto da sentença cassada.[88]

O art. 360-bis do C.P.C. italiano estabelece as hipóteses em que o recurso de cassação não pode ser admitido, *in verbis*:

> *Art. 360-bis (inadmissibilidade do recurso)*
> *O recurso é inadmissível:*
> *1) quando o provimento impugnado decidiu as questões de direito de acordo com a jurisprudência da Corte e o exame dos motivos não oferece elementos para confirmar ou alterar a sua própria orientação;*
> *2) quando for manifestamente infundada a censura relativa à violação dos princípios reguladores do justo processo.*

É importante salientar, segundo dispõe o art. 363 do C.P.C. italiano, que quando as partes não tenham proposto recurso de cassação nos termos da lei ou tenham a ele renunciado, ou quando o provimento não for objeto de cassação e não é de outro modo impugnável, o Procurador geral que atua perante a Corte de cassação pode pedir que a Corte enuncie no interesse da lei o princípio de direito ao qual o juiz de mérito estará vinculado.

Segundo anotam Francesco P. Luiso e Bruno Sassani: *"O objetivo de revalorizar a função nomofilática da corte de cassação (ainda que diante dos casos de não recorribilidade do provimento nos termos do art. 111 da Constituição italiana) (assim como da lei delegada), encontra máxima expressão no renomeado 'recurso no interesse da lei' de que trata o art. 363 (atualmente inovativamente rubricado 'princípio de direito no interesse da lei'). A modificação tem por objetivo permitir à Corte exercitar a própria função nomofilática penetrando igualmente nos meandros*

---

[88] COMOGLIO, L. P.; FERRI, C.; TAFURRO, M., idem, ibidem.

do ordenamento nos quais são proferidos provimentos de per si não recorríveis por cassação (por exemplo, na matéria cautelar, em relação à qual é negado o acesso, ou mesmo o trâmite do recurso extraordinário)".[89]

O requerimento do procurador geral conterá uma síntese expositiva do fato e das razões de direito postas como fundamento da instância, e é dirigido primeiramente ao presidente, o qual pode dispor que a Corte se pronuncie em sessão única se entende que a questão é de particular importância.

O princípio de direito pode ser pronunciado pela Corte igualmente de ofício, quando o recurso proposto pelas partes é declarado inadmissível, se a Corte entende que a questão a ser decidida é de particular importância.

A pronúncia da Corte não tem efeito sobre o provimento do juiz de mérito.

O prazo para interposição do recurso de cassação é de 60 (sessenta) dias, segundo o art. 325 do C.P.C. italiano.

O recurso de cassação será interposto diretamente na Corte e subscrito, sob pena de inadmissibilidade, por um advogado inscrito nos registros competentes, munido de procuração com poderes especiais.

A petição do recurso de cassação deverá conter, nos termos do art. 366 do C.P.C. italiano, sob pena de não ser admitido: a) indicação das partes; b) indicação da sentença ou decisão impugnada; c) a exposição sumária dos fatos da causa; d) os motivos pelos quais se pede a cassação, com a indicação das normas de direitos em que se fundam, segundo previsto no art. 366-bis; e) a indicação da procuração, se conferida em separado e, no caso de admissão ao patrocínio gratuito, do respectivo decreto; f) a específica indicação dos atos processuais, dos documentos e dos contratos ou acordos coletivos sobre os quais o recurso se funda.

Uma cópia do recurso de cassação proposto, nos termos do art. 41, inc. I, do C.P.C. italiano, será depositada, depois de devidamente notificada a outra parte, na chancelaria do juízo em que a causa se encontra pendente, o qual suspenderá o processo se não considerar a instância manifestamente inadmissível ou a contestação da jurisdição manifestamente infundada. O juiz instrutor ou o colegiado provê com 'ordinanza'.

Nos termos do art. 369 do novo C.P.C. italiano, o recurso de cassação deve ser depositado na chancelaria da Corte, sob pena de ser declarado

---

[89] LUISO, F. P.; SASSANI, B., op. cit., p. 72.

DIREITO COMPARADO

improcedente, no prazo de vinte dias contado da última notificação às partes contra as quais for ele proposto.

A parte contra quem o recurso for interposto, se desejar defender-se, deve fazê-lo mediante contra-recurso, no prazo de vinte dias contado do término do prazo estabelecido para o depósito do recurso. Aplicam-se os arts. 365 e 366 ao contra-recurso, naquilo que for possível.

A parte recorrida, nos termos do art. 371 do C.P.C. italiano, poderá interpor recurso incidental contra a mesma sentença. O recurso adesivo deverá ser interposto no prazo de 40 (quarenta) dias contado da notificação. Ao recurso incidental serão aplicados os arts. 365, 366 e 369.

Conforme estabelece o art. 373 do C.P.C. italiano, o recurso de cassação não suspende a execução da sentença. Todavia, o juiz que pronunciou a sentença impugnada pode, a pedido da parte e quando a execução possa ensejar grave e irreparável dano, dispor por meio de decisão irrecorrível que a execução seja suspensa ou que seja prestada integral caução.

8.3. Direito alemão

O Livro 3 (*Buch 3*) do Código de Processo Civil alemão (*Zivilprozessordnung*) trata dos meios de impugnação (*rechtsmittel*).

O §511 do C.P.C. alemão prevê o recurso de 'apelação' (*berufung*) nos seguintes termos: A apelação é proposta contra as sentenças definitivas proferidas em primeiro grau.

A apelação é admitida somente se: a) o valor da sucumbência for superior a 600 euros ou se o tribunal de primeiro grau autorizou o apelo na sentença.

O apelante deve comprovar o valor de sucumbência superior a 600 euros, não sendo admitida declaração juramentada (*Der Berfungskläger hat den Wert nach Absatz 2 Nr. 1 glabhaft zu machen; zur Versicherung an Eides statt darf er nicht zugelassen werden*).

O Tribunal de primeiro grau autoriza a apelação se: a) a causa apresenta uma importância fundamental ou a decisão do tribunal de impugnação é necessária para os fins de evolução do direito ou para a garantia da uniformidade da jurisprudência; b) a sucumbência da parte segundo a sentença não é superior a 600 Euros. (*Das Gericht des ersten Rechtszuges lässt die Berufung zu, wenn: 1. die Rechtsssache grundsätzliche Bedeutung hat oder die Fortbildung des Rechts oder die Sicherung einer einheitlichen Rechtsprechung eine*

Entscheidung des Berufungsgerichts erfordert und. 2. die Partei durch das Urteil mit cinht mehr as 60 Euro bschewert ist.

O Tribunal de apelação encontra-se vinculado à autorização concedida.

São objeto de reexame do tribunal de impugnação também as decisões que precedem à sentença definitiva (decisões interlocutórias de primeiro grau), salvo se forem declaradas não impugnáveis pela lei processual ou sejam impugnáveis pela *reclamação imediata*. (*Der Beurteilung des Berufungsgerichts unterliegen auch diejenigen Entscheidungen, die dem Endurteil vorausgegangen sind, sofern sie nicht nach den Vorschriften dieses Gesetzes unanfechtbar oder mit der sofortigen Beschwerde anfechtbar sind*).

A apelação pode ser proposta somente quando houver violação do direito ou se os fatos, que devem ser levados em consideração nos termos do §529 do C.P.C. alemão, justificam uma decisão diversa (*Die Berufung Kann nur darauf gestützt werden, dass die Entscheidung auf einer Rechtsverletzung (§546) beruht oder nach §529 zugrunde zu legende Tatasachen eine andere Entscheidung rechtfertigen*).

Por sua vez, nos termos do §546 do C.P.C. alemão, o direito considera-se violado quando uma norma jurídica não for aplicada ou não for aplicada corretamente (*Das Recht ist verletzt, wenn eine Rechtsnorm nicht oder nicht richtig angewendet worden ist*).

Em relação aos fatos, preconiza o §529 do C.P.C. alemão que o tribunal de impugnação deve inserir como fundamento da decisão: a) os fatos verificados pelo tribunal de primeiro grau, salvo se elementos concretos inseriam dúvidas sobre a correção ou completude da verificação dos fatos relevantes para a decisão e, haja, por isso, necessidade de uma nova verificação; b) eventuais fatos novos, na medida em que se deva levá-los em consideração (*Das Berufungsgericht hat seiner Verhandlung und Entscheidung zugrunde zu legen: 1. die vom Gericht des ersten Rechtszuges festgestellten Tatsachen, sowit nicht konkrete Anhltspunkte Zweifel an der Richtigkeit oder Vollständigkeit der entscheidungserheblichen Feststellungen begründen und deshalb eine erneute Feststellung gebieten*).

A sentença contumacial não pode ser objeto de apelo, nem em via incidental, pela parte contra quem foi ela proferida (*Ein Versäumnisurteil kann von der Partei, gegen die eserlassen ist, mit der Berufung oder Anschlussberufung nicht angefochten werden*).

A sentença contumacial, por sua vez, pode ser objeto de apelação, em via principal ou incidental, na hipótese em que não subsista a contumácia

DIREITO COMPARADO

culposa (*Ein Versäumnisurteil, gegen das der Einspruch an sich nicht stattahaft ist, unterliegt der Berufung oder Anschlussberufung insoweit, als sie darauf gestützt wird, dass der Fall der Schuldhaften Versäumung nicht vorgelegen habe*).

O prazo para a interposição de apelação é de *um mês;* esse prazo é peremptório e decorre da notificação da sentença na íntegra, todavia, o mais tardar transcorrido cinco meses da data em que foi pronunciada a sentença (*Die Berufungsfrist beträgt einen Monat; sie ist eine Notfrist und beginnt mit der Zustellung des in vollständiger Form abgefassten Urteils, spätestens aber mit dem Ablauf von fünf Monaten nach der Verkündung*).

A apelação propõe-se mediante o depósito de um ato de apelo perante o tribunal de apelação (*Die Berufung wird durch Einreichung der Berufungsschrift bei dem Berufungsgericht eingelegt*).

O apelante deve motivar o apelo. O prazo para a proposição da motivação é de dois meses e corre da notificação da íntegra da sentença, todavia, o mais tardar transcorrido cinco meses da data em que a sentença foi pronunciada. O prazo pode ser prorrogado pelo Presidente mediante requerimento da parte, se a contraparte consentir. Em falta de consentimento, o prazo pode ser prorrogado por não mais que um mês, se, segundo o livre convencimento do Presidente, a prorrogação não provoca atraso na resolução da controvérsia ou se o apelante aduz uma justificação suficiente para o retardo (*Der Berufungskläger muss die Berufung begründen. Die Frist für die Berufungsbegründung beträgt zwei Monate und beginnt mit der Zustellung des in vollständiger Form abgefassten Urteils, spätestens aber mit Ablauf von fünf Monaten nach der Verkündung. Die Frist kann auf Antrag von dem Vorsitzenden verlängert werden, wenn der Gegner einwilligt. Ohne Einwilligung kann die Frist bis zu einen Monat verlängert werden, wenn nach freier Überzeugung des Vorsitzenden der Rechtsstreit durch die Verlängerung nicht verzögert wird oder wenn der Berufungskläger erhebliche Gründe darlegt*).

Se a apelação não for rejeitada por inadmissibilidade ou rejeitada por despacho nos termos do disposto no §522 do C.P.C. [90] alemão, o tribunal

[90] "§522 Verificação de admissibilidade; despacho de rejeição.

(1) O tribunal de impugnação deve verificar de ofício se o apelo é por si só admissível e se foi proposto e motivado segundo as formas e os termos previstos pela lei. Em falta de um dos referidos requisitos, o apelo deve ser rejeitado por inadmissível. A decisão pode ser emanada por meio de despacho. Contra o despacho é admitido reclamação por motivos de direito.

(2) O tribunal de impugnação rejeita de imediato a apelação mediante decisão proferida por unanimidade se está convencido que: 1. o apelo não apresenta qualquer perspectiva de

RECURSOS NO NOVO C.P.C.

de impugnação decide sobre a atribuição da causa ao juiz monocrático. Sucessivamente deve ser fixada sem retardo a audiência para a tratação oral (*Wird die Berufung nicht nach §522 durch Beschluss verworfen oder zurück-gewiesen, so entscheidet das Berufungsgericht über die Übertragung des Rechtsstreits auf den Einzelrichter. Sodann ist unverzüglich Termin zur mündlichen Verhandlung zu bestimmen*).

Em seguida, aplicam-se os dispositivos sobre o procedimento de primeiro grau, perante os Tribunais, onde não tenham sido derrogados pelos dispositivos do C.P.C. alemão referente à seção de apelação (*Auf das weitere Verfahren sind die im ersten Rechtszuge für das Verfahren vor den Landgerichten geltenden Vorschriften entsprechend anzuwenden, soweit sich nicht*).

Na apelação, não será necessária audiência de conciliação (*Einer Güteverhandlung bedarf es nicht*).

A apelação poderá ser decidida por um juiz monocrático indicado pelo tribunal de impugnação dentre os seus membros, nas hipóteses do §526 do C.P.C. alemão, ou, não sendo caso, o tribunal de impugnação poderá outorgar a instrução da causa a um de seus membros como juiz relator.

O C.P.C. alemão também prevê como meio de impugnação de decisões a *queixa ou reclamação imediata*, prevista no §567.

Os recursos de apelação e cassação são empregados, basicamente, para impugnar sentenças (acórdãos) finais; para se recorrer contra as demais resoluções, de menor importância, especialmente 'autos', a lei preconiza a interposição do denominado recurso de 'queixa ou reclamação' (*Beschwerde*). Este recurso tem por finalidade provocar um novo exame da resolução impugnada, seja no seu aspecto fático ou no seu aspecto jurídico.[91]

O recurso de queixa ou reclamação equivale ao agravo de instrumento previsto no ordenamento jurídico brasileiro.

---

sucesso; 2. a causa não tem importância fundamental e 3. a decisão do tribunal de impugnação não é necessária para os fins de evolução do direito ou da garantia da uniformidade da jurisprudência.

O tribunal de impugnação ou o Presidente deve preventivamente comunicar às partes a intenção de rejeitar o apelo e os motivos da rejeição, assinado ao apelante um prazo para se manifestar. A decisão nos termos do primeiro período deve ser motivada se os motivos de rejeição não sejam já conhecidos na comunicação de que trata o segundo período.

(3) O despacho emanado no sentido do inciso 2, período 1, não é impugnável.

[91] SCHÖNKE, A., op. cit., p. 425.

DIREITO COMPARADO

A reclamação imediata é proponível contra as decisões de juízos de primeiro grau e dos Tribunais, se: a) isso está previsto expressamente pela lei, ou; b) trata-se de decisões, para as quais não tem previsão a tratativa oral, e que tenha sido rejeitado uma instância relativa ao procedimento (*Die sofortige Beschwerde findet statt gegen die im ersten Rechtszug ergangenen Entscheidungen der Amtsgerichte unde Landgerichte, wenn: a) dies im Gesetz ausdrücklich bestimmt ist oder; b) es sich solche eine mündliche Verhandlung nicht erfordernde Entscheidungen handelt, durch die ein das Verfahren betreffendes Gesuch zurückgewiesen worden ist*).

Contra as decisões sobre despesas, a reclamação é admissível somente se o valor da sucumbência supera 200 euros (*Gegen Entscheidungen über Kosten ist die Beschwerde nur zulässig, wenn der Wert des Beschwerdegegenstands 200 Euro übersteit*).

A reclamação é decidida por um dos membros do tribunal de reclamação em qualidade de juiz monocrático, se a decisão impugnada for proferida por um juiz monocrático ou por um funcionário judicial. O juiz monocrático remete a decisão ao tribunal de reclamação na composição prevista pela lei mediante despacho judiciário se: a) a causa apresenta particular dificuldade de fato ou de direito, ou; b) a causa tem uma importância fundamental. (*Das Beschwerdegericht entscheidet durch eines seiner Mitglieder als Einzelrichter, wenn die angefochtene Entscheidung von einem Einzelrichter oder einem Rechtaspfleger erlassn wurde. Der Einzelricchter überträgt das Verfahren dem Beschwerdegericht zur Entscheidung in der im Gerichtsverfassungsgsgesetz vorgeschriebenen Besetzung, wenn: a) die Sache besondere Schwierigkeiten tatasächlicher oder rechtlicher Art aufweist oder; b) die Rechtssache grundsätzliche Bedeutung hat*).

A impugnação não pode estar fundada sobre a remissão de sucesso ou fracasso (*Auf eine erfolgte oder unterlassene Übertragung kann ein Rechtsmittel nicht gestützt werden*).

Não havendo previsão diversa, a reclamação imediata deve ser interposta dentro do prazo peremptório de duas semanas diante do tribunal que tenha emitido a decisão impugnada ou diante do tribunal de reclamação. Se não for previsto diversamente, o prazo decorre da notificação da decisão, ou, no mais tardar, transcorrido cinco meses da data em que foi pronunciada a decisão (*Die sofortige Beschwerde ist, soweit keine andere Frist bestimmt ist, binnen einer Notfrist von zwei Wochen bei dem Gericht, dessen Entscheidung angefochten wird, oder bei dem Beschwerdegericht einzulegen Die Notfrist beginnt, soweit nichts anderes bestimmt ist, mit der Zustellung der Entscheidung, spätestens mit dem Ablauf von fünf Monaten nach der Verkündung des Beschlusses).*

Se o tribunal ou Presidente, em relação ao qual a decisão foi impugnada, entender que a reclamação seja fundada, deve pronunciar o seu acolhimento; caso contrário, a reclamação deve ser imediatamente encaminhada ao tribunal de reclamação (*Erachtet das Gericht oder der Vorsitzende, dessen Entscheindung angefochten wird, die Beschwerde für bergündet, so haben sie ihr abzuhelfen; andernfalls ist die Beschwerde unverzüglich dem Beschwerdegericht vorzulegen).*

O tribunal de reclamação deve verificar de ofício se a reclamação é admissível e foi interposta na forma e no prazo previsto em lei. Na falta de algum requisito, a reclamação deve ser rejeitada em razão de sua inadmissibilidade (*Das Beschwerdegericht hat von Amts wegen zu prüfen, ob die Beschwerde an sich statthaft und ob sie in der gesetzlichen Form unde Frist eingelegt ist. Mangelt es an einem dieser Erfordernisse, so ist die Beschwerde als unzulässig zu erwerfen).*

Se o tribunal de reclamação entender que a reclamação tem fundamento, pode remeter o procedimento ao tribunal ou ao Presidente em relação ao qual a decisão foi reclamada, para emanação dos necessários provimentos (*Erachtet das Beschwerdegericht die Beschwerde für begründet, so kann es dem Gericht oder Vorsitzenden, von dem die beschwerende Entscheidung erlassen war, die erforderliche Anordnung übertragen).*

Há, por fim, o reconhecido *recurso de amparo* que pode ser interposto perante o Tribunal Constitucional alemão.

Segundo Jürgen Schwabe: *"toda pessoa que sinta que seus direitos fundamentais hajam sido violados pelo poder público, pode promover um recurso de amparo. Esse pode ser dirigido contra uma medida de autoridade, assim como contra uma sentença de um tribunal, ou, ainda, contra a lei"*.[92]

A função do Tribunal Constitucional alemão não é apenas de exercer uma intervenção restritiva e reguladora, mas, também, de vincular os direitos fundamentais ao permanente processo de transformação social. Trata-se de uma função de defensor da Constituição, mediante a prolação da última palavra no que concerne à interpretação da lei fundamental alemã.[93]

---

[92] SCHWABE, Jürgen. *Cincuenta anõs de jurisprudencia del tribunal constitucional federal alemán.* Trad. Marcela Anzola Gil. Medelin: Ediciones Juridicas Gustavo Ibáñez, 2003. p. XVIII.
[93] SCHWABE, J., idem, p. XIX.

Portanto, a função do Tribunal Constitucional é dar concretude à Constituição mediante sua interpretação. Desse modo, seu trabalho desenvolve-se não somente no campo do conhecimento do direito, mas, também, no de criação. Disso resulta que no centro de sua jurisprudência encontra-se a proteção dos direitos fundamentais.[94]

Os motivos que justificam a interposição do recurso de amparo diz respeito a uma solicitação que tenha significado de natureza constitucional fundamental, seja pela violação de direito fundamental que se invoca, demonstrando que tal direito fundamental tenha um peso significativo, seja porque o recorrente se vê ameaçado com prejuízo significativo.[95]

8.4. Direito português

Segundo o Código de Processo Civil português, Título V, Capítulo I, as decisões judiciais podem ser impugnadas por meio de recursos.

Os recursos, segundo o art. 627º, n. 2, podem ser ordinários ou extraordinários, sendo ordinários os recursos de apelação e de revista e extraordinários o recurso para uniformização de jurisprudência e o de revisão.

Interessam-nos, neste estudo, os recursos ordinários, ou seja, aqueles que são utilizados antes do trânsito em julgado da decisão.

O recurso ordinário somente será admitido quando a causa tenha valor superior à alçada do tribunal de que se recorre e a decisão impugnada seja desfavorável ao recorrente em valor superior à metade da alçada deste tribunal, atendendo-se, em caso de fundada dúvida acerca do valor da sucumbência, somente ao valor da causa, conforme preconiza o art. 629º do C.P.C. português, a saber:

Artigo 629.º

Decisões que admitem recurso

1 – O recurso ordinário só é admissível quando a causa tenha valor superior à alçada do tribunal de que se recorre e a decisão impugnada seja desfavorável ao recorrente em valor superior a metade da alçada desse tribunal, atendendo-se, em caso de fundada dúvida acerca do valor da sucumbência,somente ao valor da causa.

2 – Independentemente do valor da causa e da sucumbência, é sempre admissível recurso:

[94] SCHWABE, J., idem, ibidem.

[95] SCHWABE, J., idem, ibidem.

RECURSOS NO NOVO C.P.C.

a) Com fundamento na violação das regras de competência internacional, das regras de competência em razão da matéria ou da hierarquia, ou na ofensa de caso julgado;

b) Das decisões respeitantes ao valor da causa ou dos incidentes, com o fundamento de que o seu valor excede a alçada do tribunal de que se recorre;

c) Das decisões proferidas, no domínio da mesma legislação e sobre a mesma questão fundamental de direito, contra jurisprudência uniformizada do Supremo Tribunal de Justiça;

d) Do acórdão da Relação que esteja em contradição com outro, dessa ou de diferente Relação, no domínio da mesma legislação e sobre a mesma questão fundamental de direito, e do qual não caiba recurso ordinário por motivo estranho à alçada do tribunal, salvo se tiver sido proferido acórdão de uniformização de jurisprudência com ele conforme.

3 – Independentemente do valor da causa e da sucumbência, é sempre admissível recurso para a Relação:

a) Nas ações em que se aprecie a validade, a subsistência ou a cessação de contratos de arrendamento, com exceção dos arrendamentos para habitação não permanente ou para fins especiais transitórios;

b) Das decisões respeitantes ao valor da causa nos procedimentos cautelares, com o fundamento de que o seu valor excede a alçada do tribunal de que se recorre;

c) Das decisões de indeferimento liminar da petição de ação ou do requerimento inicial de procedimento cautelar.

Portanto, independentemente do valor da causa e da sucumbência, será sempre admitido recurso: a) com fundamento na violação das regras de competência internacional, das regras de competência em razão da matéria ou da hierarquia, ou em razão de ofensa à coisa julgada; b) em relação às decisões que digam respeito ao valor da causa ou dos incidentes, com o fundamento de que o seu valor excede ao de alçada do tribunal de que se recorre; c) das decisões proferidas, no domínio da mesma legislação e sobre a mesma questão fundamental de direito, contra jurisprudência uniformizada do Supremo Tribunal de Justiça; d) do acórdão da Relação que esteja em contradição com outro, dessa ou de diferente Relação, no domínio da mesma legislação e sobre a mesma questão fundamental de direito, e do qual não caiba recurso ordinário por motivo estranho à alçada do tribunal, salvo se tiver sido proferido acórdão de uniformização de jurisprudência com ele conforme (art. 629º).[96]

---

[96] *"Sobre o tema, cfr. Abrantes Geraldes. Recursos..., cit., p. 45 nota 70. A comissão propôs o seguinte enunciado: 'Do acórdão da Relação que esteja em contradição com outro, dessa ou de diferente Relação,*

DIREITO COMPARADO

Independentemente do valor da causa e da sucumbência, será sempre admitido recurso para a Relação: *a*) Nas ações em que se aprecie a validade, a subsistência ou a cessação de contratos de arrendamento, com exceção dos arrendamentos para habitação não permanente ou para fins especiais transitórios; b) das decisões respeitantes ao valor da causa nos procedimentos cautelares, com o fundamento de que o seu valor excede a alçada do tribunal de que se recorre; *c*) das decisões de indeferimento liminar da petição de ação ou do requerimento inicial de procedimento cautelar.

Comentando o art. 629º do C.P.C. português, anotam Paulo Ramos Faria e Ana Luísa Loureiro: *"Da letra da lei e da inserção sistemática destas normas – surgindo como contraponto à norma contida no n. 1 – parece resultar que não estamos perante fundamentos absolutos de admissibilidade do recurso. Os elementos gramatical e sistemático sugerem que apenas as limitações à recorribilidade previstas no n. 1 são impedidas pelas normas contidas nos n.s. 2 e 3. Nem mesmo o advérbio 'sempre' permite contrariar este resultado interpretativo, embora se deva admitir que os enfraquece – pois não terá outra função útil na frase. Os elementos histórico e teleológico apontam para diferente resultado interpretativo. Não decorre dos trabalhos preparatórios e dos estudos contemporâneos da reforma dos recursos de 2007 que o legislador tenha pretendido, neste ponto, alterar o regime então vigente. Ora, na versão do CPC-95/96 anterior no início de vigência do DL n. 303/2007, de 24 de agosto, a letra da lei permitia sustentar, sem dificuldades de maior, a recorribilidade 'absoluta' como fundamento numa das circunstâncias descritas nos n.s. 4 (conflito de jurisprudência das Relações; atual AL.d)) e 6 (conflito com jurisprudência obrigatória; atual AL. c)), pois estes enunciados não estavam subordinados ao atual proêmio do n.2. No que concerne à 'ratio' da norma presente na atual AL c), não se vê razão bastante para não se considerar que o preceito descreve um fundamento 'absoluto' de admissibilidade do recurso. Os interesses tutelados – uniformização da aplicação do direito (art. 8º, n.3., do CC e 13º da CRP) e respeito pela autoridade da jurisprudência do Supremo Tribunal de Justiça (art. 210º da CRP), justificam esta conclusão. Do exposto se extrai que a questão que nos ocupa exige uma resposta individualizada para cada um dos fundamentos previstos nestes dois*

sobre a mesma questão fundamental de direito e do qual não caiba recurso ordinário por motivo estranho à alçada do tribunal, salvo se a orientação nele adoptada já tiver sido seguida pelo Supremo Tribunal de Justiça'. Esta norma, na sua ressalva final, reconhece a possível existência de jurisprudência 'concordante' do Supremo – embora na sua fatispécie de base não preveja o caso de jurisprudência 'conflitante'. (FARIA, Paulo Ramos; LOUREIRO, Ana Luísa. *Primeiras notas ao novo código de processo civil – os artigos da reforma.* Coimbra: Editora Almedina, 2014. p. 22).

números. Sobre a norma contida na AL c) do n. 2, a resposta deverá ser no sentido de estarmos perante um fundamento 'absoluto' de admissibilidade do recurso, prevalecendo os elementos teleológico e histórico sobre os elementos gramatical e sistemático, por força da presunção contida no n. 3 do art. 9º do CC".[97]

Não admitem recurso os despachos de mero expediente nem os proferidos no uso legal de um poder discricionário.[98] Também não é admissível recurso das decisões de simplificação ou de agilização processual, proferidas nos termos previstos no n.º 1 do artigo 6.º, das decisões proferidas sobre as nulidades previstas no n.º 1 do artigo 195.º e das decisões de adequação formal, proferidas nos termos previstos no artigo 547.º, salvo se contenderem com os princípios da igualdade ou do contraditório, com a aquisição processual de fatos ou com a admissibilidade de meios probatórios (art. 630º, n. 1 e 2).

---

[97] FARIA, P. R.; LOUREIRO, A. L. idem, p. 18 e 19.

[98] *"O poder discricionário do juiz é o que resulta da concessão pelo legislador de uma certa margem de liberdade, traduzida num 'poder de escolha' insindicável. Ele está presente quando é outorgado ao juiz o poder de decidir, dentro de uma série de soluções admitidas pela lei, aquela que o julgador entenda ser mais idónea à satisfação do interesse tutelado pela norma. Esta série de soluções tanto pode ser integrada por apenas duas – uma certa decisão ou a abstenção de intervir, de que é exemplo a norma contida no art. 594º, n. 1 (convocação de uma tentativa de conciliação 'ad hoc') –, como chegar a ser uma série extensa, veja-se a norma prevista no 597º, na opção sobre o caminho a seguir, isto é, o ato a praticar, e já não sobre o conteúdo deste. Refere-se esta norma à discricionariedade da decisão. É a decisão (o seu sentido) proferida no uso legal de um poder discricionário que é irrecorrível (art. 152º, n. 4, segunda parte) – isto é, no sentido presente na norma, 'inimpugnável'. Quando a parte discricionária da pronúncia se situe noutro ponto – por exemplo, na afirmação dos seus pressupostos –, a decisão é recorrível – melhor, 'impugnável' –, embora 'neste ponto' seja insindicável – é o caso quando a lei estabelece como pressuposto a ocorrência de um estado ou de uma convicção subjetiva do julgador (v.g., o juiz 'não se julgar' suficientemente esclarecido ou 'entender' existir um inconveniente). Decisões integradas por este momento discricionário podem compreender um momento de 'apreciação' discricionária. No entanto, ao consagrá-las, o legislador vai mais longe e confia, ainda, ao juiz a 'decisão' de agir, ou não, podendo mesmo confiar-lhe a conformação do conteúdo da pronúncia. É indiciador desta intenção o emprego do verbo 'poder' – cfr, por exemplo, os arts. 490º, n. 1, e 494º. A lei considera proferidos no uso legal de um poder discricionário os despachos que decidam matérias confiadas ao prudente arbítrio do julgador (art. 152º, n. 4). Note-se que a mera vinculação a um fim – por exemplo, a um dos presentes nos arts. 6º ou 411º – não retira à decisão a sua natureza discricionária, antes a sublinha. O conteúdo da decisão jurisdicional é sempre condicionado pelo seu fim, ou seja, pela satisfação do interesse que serve. Na decisão dita vinculada, a relação entre o meio e o fim foi resolvida pelo legislador; isto é, a adequação do (preestabelecido) conteúdo da decisão à satisfação deste fim é afirmada pelo legislador. Na decisão proferida no uso legal de um poder discricionário, continuando o fim da pronúncia jurisdicional a estar presente, a relação entre o meio e o fim é resolvida pelo juiz".* (FARIA, P. R.; LOUREIRO. Al. L., idem, p. 24).

Conforme anotam Paulo Ramos Faria e Ana Luísa Loureiro, *"Despacho de mero expediente. Os despachos podem ser decisórios ou jurisdicionais, e não decisórios ou de mero expediente (art. 152º, n. 4, primeira parte). Os primeiros são os que decidem qualquer questão suscitada no processo, com repercussões sobre os direitos das partes; os segundos destinam-se a ordenar os termos do processo, deixando inalterados aqueles direitos".*[99]

Na realidade, não se admite recurso das decisões de composição do procedimento.

Segundo anota Rui Pinto: *"a opção legislativa do n. 2 é 'radical', não somente quanto aos novos despachos abrigados no artigo 6º e no artigo 547º, mas também quanto à tradicional decisão de julgamento de arguição de nulidade. Sacrifica-se a justiça perante a celeridade processual. O legislador procurou, ainda assim, pela ressalva da segunda parte do preceito, garantir o respeito pelos 'princípios da igualdade' (cf. art. 4º), 'do contraditório' (cf. art. 3º), da 'aquisição processual' de factos (cf. artigo 413) e as regras de 'admissibilidade de meios probatórios'.*

No entanto, esta enumeração é 'insuficiente' à luz do princípio da interpretação das normas em conformidade com a Constituição da República, nomeadamente o 'acesso à tutela jurisdicional e de processo equitativo' do art. 20º CRP: é bom de ver que é sempre recorrível o despacho que viole as demais garantias constitucionais de 'imparcialidade, fundamentação das decisões (cf. artigo 205), publicidade do processo, proibição de decisões-surpresa, ou prazo razoável' entre outras subgarantias".[100]

Sobre o tema, eis a seguinte decisão do tribunal português: *"É admissível recurso do despacho do juiz que ordene a requisição de documentos nos termos do art. 535º do CPC, por não se tratar de um acto proferido no uso legal de um poder discricionário (RL 14-12-2004/9255/2004-7).*

Segundo estabelece o art. 631º do C.P.C. português, os recursos somente podem ser interpostos por quem, sendo parte na causa, tenha ficado vencido. As pessoas direta e efetivamente prejudicadas pela decisão podem recorrer dela, ainda que não sejam partes na causa ou sejam apenas partes acessórias.

Os recursos interpõem-se por meio de requerimento escrito[101] dirigido ao tribunal que proferiu a decisão recorrida, no qual se indica a espécie, o

---

[99] FARIA, P. R.; LOUREIRO, A. L. idem, p. 23.

[100] PINTO, Rui. *Notas ao código de processo civil.* Coimbra: Coimbra Editora, 2014. p. 407.

[101] *"Inadmissibilidade da apresentação oral do requerimento de interposição de recurso. Não estamos perante uma mera repercussão do novo regime da gravação das audiências (art. 155º) – o qual retira grande*

efeito e o modo de subida do recurso interposto. O requerimento de interposição do recurso contém obrigatoriamente a alegação do recorrente, em cujas conclusões deve ser indicado o fundamento específico da recorribilidade; quando este se traduza na invocação de um conflito jurisprudencial que se pretende ver resolvido, o recorrente junta obrigatoriamente, sob pena de imediata rejeição, cópia, ainda que não certificada, do acórdão fundamento (art. 637º do C.P.C. português).

A espécie de recurso a ser indicado no requerimento encontra-se entre as seguintes possibilidades: a) recurso de apelação; b) recurso de revista; c) recurso para uniformização de jurisprudência; d) recurso de revisão.

A falta de indicação dos requisitos previstos no n. 1 do art. 637º do C.P.C. português não importa no indeferimento do requerimento (art. 641, n. 2, interpretado 'a contrário') sendo oficiosamente suprida pelo tribunal. É evidente que na hipótese de atribuição de efeito suspensivo isso depende de requerimento (art. 647º, n. 4), sendo que a sua omissão levará a que o efeito seja meramente devolutivo.

O prazo para a interposição do recurso é de 30 (trinta) dias e conta-se a partir da notificação da decisão, reduzindo-se para 15 (quinze) dias nos processos urgentes e nos casos previstos no n. 2 do art. 644º e no art. 677º.

Sendo a parte revel, e não devendo ser notificada nos termos do art. 249º, o prazo de interposição corre desde a publicação da decisão, exceto se a revelia da parte cessar antes de decorrido esse prazo, caso em que a sentença ou despacho tem de ser notificado e o prazo começa a correr da data da notificação.

Tratando-se de despachos ou sentenças orais, reproduzidos no processo, o prazo corre do dia em que foram proferidos, se a parte esteve presente ou foi notificada para assistir ao ato.

Se o recurso tiver por objeto a reapreciação de prova gravada, ao prazo de interposição e de resposta acrescem-se 10 (dez) dias.

---

campo de aplicação à figura do 'ditado' para a ata – , mantendo-se a possibilidade da parte recorrer de imediato, também oralmente. É que, por um lado, se fosse intenção do legislador preservar a faculdade de imediata interposição do recurso, bastar-lhe-ia eliminar a referência ao ditado, mantendo o restante sentido útil da norma. Por outro lado, continuam a existir audiências não gravadas, relativamente às quais subsiste o ditado para ata (art. 595, n. 2), podendo o ato decisório impugnado ser produzido no seu decurso, pelo que a norma desaparecida continuaria a fazer sentido. Por último, o legislador não pode ignorar o significado histórico do surgimento da norma abandonada, sendo forçoso concluir, à luz de tal contexto histórico, que não deseja consagrar atualmente qualquer modo especial de interpor o recurso oralmente" (FARIA, P. R.; LOUREIRO, A. L. op. cit., p. 40.

DIREITO COMPARADO

Findos os prazos concedidos às partes, o juiz aprecia os requerimentos apresentados, pronunciando-se sobre as nulidades arguidas e os pedidos de reforma, ordenando a subida do recurso, se a tal nada obstar.

O requerimento é indeferido quando: *a*) entenda-se que a decisão não admite recurso, que este foi interposto fora do prazo ou que o requerente não tem as condições necessárias para recorrer; *b*) não contenha ou junte a alegação do recorrente ou quando esta não tenha conclusões.

No despacho em que admite o recurso, deve o juiz solicitar ao conselho distrital da Ordem dos Advogados a nomeação de advogado aos ausentes, incapazes e incertos, quando estes não possam ser representados pelo Ministério Público.

A decisão que admita o recurso, fixa a sua espécie e determina o efeito que lhe compete, não vincula o tribunal superior nem pode ser impugnada pelas partes, salvo na situação prevista no n.º 3 do artigo 306.º.

A decisão que não admita o recurso ou retenha a sua subida apenas pode ser impugnada através da reclamação prevista no artigo 643.º. Do despacho que não admita o recurso pode o recorrente reclamar para o tribunal que seria competente para dele conhecer no prazo de 10 (dez) dias contados da notificação da decisão.

Dentre os recursos estabelecidos pelo Código de Processo Civil português, encontra-se o recurso de *apelação* previsto no art. 644º do C.P.C. português.

Cabe recurso de apelação: *a*) da decisão proferida em 1.ª instância, que ponha termo à causa ou a procedimento cautelar ou incidente processado autonomamente; *b*) do despacho saneador que, sem pôr termo ao processo, decida do mérito da causa ou absolva da instância o réu ou algum dos réus quanto a algum ou alguns dos pedidos.

Cabe ainda recurso de apelação das seguintes decisões do tribunal de 1.ª instância: *a*) da decisão que aprecie o impedimento do juiz; *b*) da decisão que aprecie a competência absoluta do tribunal; *c*) da decisão que decrete a suspensão da instância; *d*) do despacho de admissão ou rejeição de algum articulado ou meio de prova; *e*) da decisão que condene em multa ou comine outra sanção processual; *f*) da decisão que ordene o cancelamento de qualquer registro; *g*) de decisão proferida depois da decisão final; *h*) das decisões cuja impugnação com o recurso da decisão final seria absolutamente inútil; *i*) nos demais casos especialmente previstos na lei.

As restantes decisões proferidas pelo tribunal de primeira instância podem ser impugnadas no recurso que venha a ser interposto das decisões previstas no n.º 1.

Se não houver recurso da decisão final, as decisões interlocutórias que tenham interesse para o apelante, independentemente daquela decisão, podem ser impugnadas num recurso único, a interpor-se após o trânsito da referida decisão.

Segundo a jurisprudência, *'o novo recurso de apelação resultante da reforma dos recursos (D.L. n. 303/2007, de 24/08) abrange os recursos interpostos quer de decisões finais de procedência ou de improcedência, quer de despachos de indeferimento liminar, quer de decisões de absolvição da instância, quer, ainda, de decisões interlocutórias, isto é, de decisões que não ponham termo ao processo. São susceptíveis de recurso autónomo imediato as decisões que ponham termo ao processo – arts. 691º, n. 1 – e as referidas no art. 691º, n. 2. Todas as outras decisões só são impugnáveis no recurso da decisão que tenha posto termo ao processo – art. 691º, n. 3, 4, e 5"* (RC de 17/10/2009/2288/08.0tjcbr-a.c1 (Regina Rosa).

Nos termos do art. 645º do C.P.C. português, sobem, nos próprios autos, as apelações interpostas: a) das decisões que ponham termo ao processo; b) das decisões que suspendam a instância; c) das decisões que indefiram o incidente processado por apenso; d) das decisões que indefiram liminarmente ou não ordenem a providência cautelar.

Por outro lado, sobem em separado as apelações não compreendidas no n. 1 do art. 645º do C.P.C. português.

A apelação tem efeito meramente devolutivo, salvo exceções.

A apelação tem efeito suspensivo do processo nos casos previstos na lei. Tem efeito suspensivo a apelação: *a)* da decisão que ponha termo ao processo em ações sobre o estado das pessoas; *b)* da decisão que ponha termo ao processo nas ações referidas nas alíneas *a)* e *b)* do n.º 3 do artigo 629.º e nas que respeitem à posse ou à propriedade de casa de habitação; *c)* do despacho de indeferimento do incidente processado por apenso; *d)* do despacho que indefira liminarmente ou não ordene a providência cautelar; *e)* das decisões previstas nas alíneas *e)* e *f)* do n.º 2 do artigo 644.º; *f)* nos demais casos previstos por lei.

Fora dos casos previstos no número 3, letras a) a f), do art. 647º do C.P.C. português, o recorrente pode requerer, ao interpor o recurso, que a apelação tenha efeito suspensivo quando a execução da decisão lhe cause prejuízo considerável e se ofereça para prestar caução, ficando a atribuição desse efeito condicionada à efetiva prestação da caução no prazo fixado pelo tribunal. Nessa hipótese, a atribuição do efeito suspensivo extingue--se se o recurso estiver parado durante mais de 30 dias por negligência do apelante.

O recurso de apelação será distribuído a um relator, incumbindo-lhe deferir todos os termos do recurso até final julgamento.

A função do relator é regulamentada no art. 652º do C.P.C. português, a saber:

Artigo 652.º Função do relator

1 – O juiz a quem o processo for distribuído fica a ser o relator, incumbindo –lhe deferir todos os termos do recurso até final, designadamente:

a) Corrigir o efeito atribuído ao recurso e o respetivo modo de subida, ou convidar as partes a aperfeiçoar as conclusões das respetivas alegações, nos termos do n.º 3 do artigo 639.º;

b) Verificar se alguma circunstância obsta ao conhecimento do recurso;

c) Julgar sumariamente o objeto do recurso, nos termos previstos no artigo 656.º;

d) Ordenar as diligências que considere necessárias;

e) Autorizar ou recusar a junção de documentos e pareceres;

f) Julgar os incidentes suscitados;

g) Declarar a suspensão da instância;

h) Julgar extinta a instância por causa diversa do julgamento ou julgar findo o recurso, por não haver que conhecer do seu objeto.

2 – Na decisão do objeto do recurso e das questões a apreciar em conferência intervêm, pela ordem de antiguidade no tribunal, os juízes seguintes ao relator.

3 – Salvo o disposto no n.º 6 do artigo 641.º, quando a parte se considere prejudicada por qualquer despacho do relator, que não seja de mero expediente, pode requerer que sobre a matéria do despacho recaia um acórdão; o relator deve submeter o caso à conferência, depois de ouvida a parte contrária.

4 – A reclamação deduzida é decidida no acórdão que julga o recurso, salvo quando a natureza das questões suscitadas impuser decisão imediata, sendo, neste caso, aplicável, com as necessárias adaptações, o disposto nos n.os 2 a 4 do artigo 657.º.

5 – Do acórdão da conferência pode a parte que se considere prejudicada:

a) Reclamar, com efeito suspensivo, da decisão proferida sobre a competência relativa da Relação para o Presidente do Supremo Tribunal de Justiça, o qual decide definitivamente a questão;

b) Recorrer nos termos gerais.

Se o relator entender que deve alterar-se o efeito do recurso, deve ouvir a parte, antes de decidir, no prazo de cinco dias, evitando 'decisões surpresas'. Se a questão tiver sido suscitada por alguma das partes na sua alegação, o relator apenas ouve a parte contrária que não tenha tido oportunidade de responder.

Se o relator entender que não pode conhecer do objeto do recurso, antes de proferir decisão, ouvirá cada uma das partes, pelo prazo de 10 dias, evitando-se assim a prolação de 'decisão surpresa'.

Por sua vez, nos termos do art. 656º do C.P.C. português, quando o relator entender que a questão a decidir é simples, designadamente por ter sido jurisdicionalmente apreciada, de modo uniforme e reiterado, ou que o recurso é manifestamente infundado, profere decisão sumária, que pode consistir em simples remissão para as precedentes decisões, de que se juntará cópia.

Decidida as questões pelo relator antes do julgamento do objeto do recurso, se não se verificar o caso de prolação de decisão sumária,[102] o relator elaborará o projeto de acórdão no prazo de 30 dias.

Na sessão anterior ao julgamento do recurso, o processo, acompanhado com o projeto de acórdão, vai com vista simultânea, por meios eletrônicos, aos dois juízes-adjuntos, pelo prazo de cinco dias, ou, quando tal não for tecnicamente possível, o relator ordenará a extração de cópias do projeto de acórdão e das peças processuais, relevantes para apreciação do objeto da apelação, ou, se for o caso, o próprio processo irá com vista aos dois juízes-adjuntos, pelo prazo de cinco dias a cada um.

Quando a natureza das questões a decidir ou a necessidade de celeridade no julgamento do recurso aconselhar, pode o relator, com a concordância dos adjuntos, dispensar os vistos.[103]

---

[102] Decisão liminar do objeto do recurso: Art. 656º. *Quando o relator entender que a questão a decidir é simples, designadamente por ter já sido jurisdicionalmente apreciada, de modo uniforme e reiterado, ou que o recurso é manifestamente infundado, profere decisão sumária, que pode consistir em simples remissão para as precedentes decisões, de que se juntará cópia.*

[103] *"A dispensa de vistos com fundamento na necessidade de celeridade no julgamento do recurso perdeu boa parte da sua razão de ser com a reforma de 2007, dado que o prazo de vista foi drasticamente reduzido 'de 15 dias a cada um' dos adjuntos, para cinco dias, em vista 'simultânea'. Com o aumento dos deveres da Relação no julgamento da apelação (art. 662º) e com a crescente complexidade dos litígios submetidos à sua apreciação, torna-se ainda mais evidente o desacerto desta redução".* (FARIA, P. R.; LOUREIRO, A. L. op. cit., p. 85).

O processo será inscrito em tabela logo que se mostre decorrido o prazo para o relator elaborar o projeto de acórdão.

No dia do julgamento, o relator fará sucinta apresentação do projeto de acórdão e, em seguida, proferem seus votos os juízes-adjuntos, pela ordem de intervenção no processo. A decisão será tomada por maioria, sendo a discussão dirigida pelo presidente, que desempata quando não possa formar-se maioria.

O tribunal só dará provimento à impugnação das decisões interlocutórias, impugnadas conjuntamente com a decisão final nos termos do art. 3º do artigo 644º, quando a infração cometida possa modificar aquela decisão ou quando, independentemente dela, o provimento tenha interesse para o recorrente.

O art 662º trata da modificação da decisão de fato pela Relação, nos seguintes termos:

> *Artigo 662.º Modificabilidade da decisão de facto*
>
> *1 – A Relação deve alterar a decisão proferida sobre a matéria de facto, se os factos tidos como assentes, a prova produzida ou um documento superveniente impuserem decisão diversa.[104]*
>
> *2 – A Relação deve ainda, mesmo oficiosamente:*
>
> *a) Ordenar a renovação da produção da prova quando houver dúvidas sérias sobre a credibilidade do depoente ou sobre o sentido do seu depoimento;*
>
> *b) Ordenar, em caso de dúvida fundada sobre a prova realizada, a produção de novos meios de prova;*
>
> *c) Anular a decisão proferida na 1.ª instância, quando, não constando do processo todos os elementos que, nos termos do número anterior, permitam a alteração da decisão proferida sobre a matéria de facto, repute deficiente, obscura ou contraditória a decisão sobre pontos determinados da matéria de facto, ou quando considere indispensável a ampliação desta;*
>
> *d) Determinar que, não estando devidamente fundamentada a decisão proferida sobre algum facto essencial para o julgamento da causa, o tribunal de 1.ª instância a fundamente, tendo em conta os depoimentos gravados ou registados.*

---

[104] *"A relação não confronta a decisão impugnada com a prova para a validar; o seu escopo não é topar o erro judiciário. Este tribunal deve, sim, apreciar a prova para poder formar a sua convicção sobre a realidade histórica. A existência do erro judiciário deve ser uma mera conclusão, onde o julgamento de facto feito pelo tribunal 'ad quem' é a premissa inicial, com esta se confrontando a decisão do tribunal 'a quo', de modo a se poder concluir se existe, ou não, divergência, isto é, erro".* (FARIA, P. R.; LOUREIRO, A. L. op. cit., p. 90 e 91).

3 – Nas situações previstas no número anterior, procede-se da seguinte forma:

a) Se for ordenada a renovação ou a produção de nova prova, observa –se, com as necessárias adaptações, o preceituado quanto à instrução, discussão e julgamento na 1.ª instância;

b) Se a decisão for anulada e for inviável obter a sua fundamentação pelo mesmo juiz, procede –se à repetição da prova na parte que esteja viciada, sem prejuízo da apreciação de outros pontos da matéria de facto, com o fim de evitar contradições;

c) Se for determinada a ampliação da matéria de facto, a repetição do julgamento não abrange a parte da decisão que não esteja viciada, sem prejuízo da apreciação de outros pontos da matéria de facto, com o fim de evitar contradições;

d) Se não for possível obter a fundamentação pelo mesmo juiz ou repetir a produção de prova, o juiz da causa limitar –se –á a justificar a razão da impossibilidade.

4 – Das decisões da Relação previstas nos n.os 1 e 2 não cabe recurso para o Supremo Tribunal de Justiça.

Observa-se pelo teor do art. 662º do C.P.C. português, que o recurso de apelação, pela sua natureza, tem a eficácia e o alcance de 'submeter à consideração do tribunal superior toda a matéria da causa'. Na falta de especificação restritiva, a apelação tem, pois, a potencialidade de abranger tudo o que foi decidido na sentença em desfavor do recorrente (art. 635º, n. 3, do C.P.C. português). Neste sentido, a Relação tem o poder jurisdicional de alterar a decisão proferida sobre a matéria de fato, mesmo que esta não tenha sido expressa e autonomamente impugnada, pela sua própria índole de tribunal de instância. Verifica-se, portanto, que a instância de recurso não se estrutura como uma repetição da causa. A Relação não funciona como uma nova 1ª instância, embora, dentro dos limites do objeto da sua cognição, tenha agora poderes instrutórios idênticos aos que são conferidos ao juiz do tribunal 'a quo'.[105]

Assim, o recorrente tem o ônus de delimitar o objeto do recurso, em homenagem ao princípio dispositivo. Diante dessa manifestação de vontade do recorrente, a Relação ve seus poderes de cognição limitados. Assim, tendo sido impugnada a decisão de fato, esta questão integra imediata e autonomamente o objeto do recurso, devendo o recorrente satisfazer o ônus previsto no art. 640ª do C.P.C. português.[106]

[105] FARIA, P. R.; LOUREIRO, A. L. idem., p. 91.
[106] FARIA, P. R.; LOUREIRO, A. L. idem., p. 92.

DIREITO COMPARADO

Há, ainda, no C.P.C. português, a previsão do *recurso de revista*.

Cabe *recurso de revista* ao Supremo Tribunal de Justiça do acórdão da Relação, proferido em face de decisão de 1º instância, que conheça do mérito da causa ou que ponha termo ao processo, absolvendo da instância o réu ou algum dos réus quanto ao pedido ou à reconvenção deduzidos (art. 671º do C.P.C. português).

Segundo anotam Paulo Ramos de Faria e Ana Luísa Loureiro: *"No domínio da lei anterior (art. 721º, n. 1º, do CPC-95/96) cabia recurso de revista para o Supremo Tribunal de Justiça do acórdão da Relação conhecendo da apelação da decisão do tribunal de 1ª instância que tivesse posto termo ao processo, ou de despacho saneador que, sem pôr termo ao processo, tivesse decidido do mérito da causa. Era, pois, por referência à decisão da 1ª instância que a lei identificava os acórdãos da Relação dos quais cabia recurso de revista. Na lei atual, o objeto da revista no processo de declaração – isto é, as decisões que a admitem – é fixado por referência ao 'objeto do acórdão da Relação', sendo recorríveis as decisões sobre o mérito da causa ou que ponham termo ao processo, absolvendo da instância o réu ou algum dos réus quanto a pedido ou reconvenção deduzidos. Confrontando os dois regimes, resulta claramente da lei atual que o acórdão da Relação que, conhecendo da apelação da decisão do tribunal de 1ª instância que ponha termo ao processo – cuja recorribilidade tinha sustentação na letra da lei no domínio do Código anterior –, anule ou revogue esta decisão, ordenando o prosseguimento dos autos, não admite revista. O mesmo se diga, por exemplo, do acórdão da Relação que 'anule' o despacho saneador, objeto da apelação, que, sem pôr termo ao processo, decida do mérito da causa, ordenando o prosseguimento dos autos também nessa parte".*[107]

Por sua vez, o acórdão da Relação que aprecie decisões interlocutórias que recaiam unicamente sobre a relação processual, só pode ser objeto de revista: a) nos casos em que o recurso é sempre admissível; b) quando estejam em contradição com outro, já transitado em julgado, proferido pelo Supremo Tribunal de Justiça, no domínio da mesma legislação e sobre a mesma questão fundamental de direito, salvo se tiver sido proferido acórdão de uniformização de jurisprudência com ele conforme.

Segundo a doutrina do Supremo Tribunal de Justiça português, inserida no ac. n. 17-06-2010/1195/08. OTBBRR.L1.S1 (Sebastião Póvoas), o recurso de revista pode assim ser classificado: a) *revista norma* (n. 1. do art.

---

[107] FARIA, P. R.; LOUREIRO, A. L. idem, p. 146.

671º do C.P.C. português); b) *revista extraordinária* (n. 2. do art. 671º, com referência ao n. 2º do art. 629º); c) *revista excepcional* (art. 672º).

Sem prejuízo dos casos em que o recurso é sempre admissível, não é admitida revista do acórdão da Relação que confirme, sem voto vencido e sem fundamentação essencialmente diferente, a decisão proferida na 1º instância, salvo as seguintes hipóteses: a) em que esteja em causa uma questão cuja apreciação, pela sua relevância jurídica, seja claramente necessária para uma melhor aplicação do direito; b) em que esteja em causa interesses de particular relevância social; c) o acórdão da Relação esteja em contradição com outro, já transitado em julgado, proferido por qualquer Relação ou pelo Supremo Tribunal de Justiça, no domínio da mesma legislação e sobre a mesma questão fundamental de direito, salvo se tiver sido proferido acórdão de uniformização de jurisprudência com ele conforme.

Segundo anota Rui Pinto: *"o objeto do recurso de revista pode ser entendido fazendo a divisão em três grupos das decisões que importa considerar: 'decisões finais', decisões 'interlocutórias velhas' (i.e., proferida na pendência do processo na 1ª instância) e 'decisões interlocutórias novas' (i.e., proferidas na pendência do processo na Relação)...*

Final há de ser, não a sentença de primeira instância, mas, sim, o acórdão da Relação...".[108]

Há no sistema processual português a regra *da dupla conforme*, que tem por finalidade evitar o recurso para o Supremo Tribunal de Justiça pela parte que carece de interesse processual para tal finalidade. Nesse sentido, não tem mais interesse na tutela jurisdicional a parte que viu a sua pretensão ser declarada improcedente por dois tribunais, ou seja, pela primeira instância e pelo de Relação. Tal regra não se aplica se houver voto vencido na Relação em prol da parte recorrente ou na hipótese em que a decisão de primeira instância foi confirmada por fundamentação essencial diferente.[109]

Em relação à questão de *fundamentação essencial*, o Código de Processo Civil português anterior não se preocupou com a identidade de fundamentação inserida na decisão de primeiro grau e na Relação, uma vez que a variação de fundamentação não teria eficácia processual. Já no atual Código de Processo Civil português, não é admitida revista do acórdão da Relação que confirme, sem fundamentação essencial diferente, a decisão

---

[108] PINTO, Rui. *Notas ao código de processo civil.* Coimbra: Coimbra Editora: 2014. p. 440.
[109] PINTO, R., idem, p. 441.

DIREITO COMPARADO

proferida na primeira instância. Assim, a variação essencial da fundamentação passa a ter eficácia processual.[110]

Conforme anotam Paulo Ramos de Faria e Ana Luísa Loureiro, *"a novidade comentada está na consagração deste entendimento: existe conflito (que torna razoável a dúvida sobre a existência de um eventual erro do último julgamento efetuado), não só quando as decisões não são conformes, mas também quando, sendo elas coincidentes, as fundamentações são essencialmente diferentes. Quando a Relação confirma a decisão do tribunal 'a quo', resultando do acórdão que este 'não errou no seu julgamento', por, efetivamente, a decisão proferida decorrer suficientemente de toda ou de parte da fundamentação expendida pelo tribunal de 1ª instância, inexiste conflito de posições indiciador do erro judiciário justificador da admissibilidade da revista – ainda que qualquer das instâncias tenha aceitado também diferentes argumentos desconsiderados pelo outro tribunal".* Não basta que a fundamentação da decisão da Relação seja diferente. Para que a revista seja normalmente admissível, é necessário que a fundamentação apresentada pelas instâncias seja 'essencialmente' diferente. Poder-se-ia dizer, numa primeira delimitação deste conceito indeterminado, que não existe 'dupla conforme' quando, sendo a ação procedente, as decisões concordantes das instâncias assentaram no reconhecimento de diferentes direitos subjetivos ou no reconhecimento da relevância de diferentes fundamentos para o surgimento de um mesmo tipo de direito subjetivo; naufragando a demanda, as decisões assentaram na procedência de diferentes exceções legalmente tipificadas ou no reconhecimento da relevância de diferentes fundamentos para uma mesma exceção típica. Todavia esta concretização da essencialidade referida na lei peca por excesso".*[111]

Assim, *"Se a Relação não confirmou, tal qual, o julgado pela primeira instância, antes o alterando/revogando, inexiste a dupla conformidade"* (STJ 9-4-2014/433682/09. 2YIPRT.L1.S1 (Sebastião Póvoas).

Sobre a 'dupla conforme', assim anotam Paulo Ramos de Faria e Ana Luísa Loureiro: *"Quando o tribunal 'ad quem' acolhe subsidiariamente os fundamentos apresentados pelo tribunal 'a quo', não se pode considerar justificada a admissão excepcionalmente diferente, pelo que ocorrer uma 'dupla conforme'.*

Por exemplo: a Relação entende que a obrigação de restituição resulta de fonte diferente do enriquecimento sem causa, este considerado pelo tribunal 'a quo', mas também entende que, se assim não fosse, sempre valeria esta fonte daquela obrigação. Ou, ainda: a Relação absolve o réu da instância, julgando procedente exceção

---

[110] PINTO, R., idem, p. 442.
[111] FARIA, P. R.; LOUREIRO, A. L., op. cit., p. 150 e 151.

dilatória diferente da acolhida pela 1ª instância, por haver precedência lógica no seu conhecimento (art. 577º), mas, subsidiariamente, reconhece que também se verifica a exceção afirmada pelo tribunal 'a quo'.

Do mesmo modo, quando o tribunal 'ad quem', não recusando o silogismo judicial exposto na decisão impugnada, se limita a reforçá-lo ou a aclará-lo, ou a oferecer uma fundamentação subsidiária, não está com isto a apresentar uma fundamentação essencialmente diferente, existindo aqui uma 'dupla conforme'. Esta não deixará também de se verificar se a Relação se afastar da fundamentação com maior desenvolvimento no ato decisório recorrido, mas acompanhar e estruturar o acórdão sobre a fundamentação subsidiária apresentada pelo tribunal 'a quo' também para sustentar suficientemente o decidido".[112]

Em determinadas hipóteses, a conformidade pode ser restrita a uma conformidade qualitativa *por inclusão quantitativa*. O resultado seria uma sintonia decisória parcial. Sobre o tema, eis o ac. STJ 11-7-2013 / 105/ 08.0TBRSD.P1- A.S1 (LOPES DO REGO): *"Ocorrendo, num litígio caracterizado pela existência de um único objecto processual, uma relação de inclusão quantitativa entre o montante arbitrado na 2ª. instância e o que foi decretado na sentença proferida em 1ª instância, de tal modo que o 'valor pecuniário arbitrado pela Relação já estava, de um ponto de vista de um incontornável critério de coerência lógico-jurídica, compreendido no que vem a ser decretado pelo acórdão de que se pretende obter revista, tem-se por verificado o requisito da dupla conformidade das decisões, no que respeita ao montante pecuniário arbitrado pela Relação, não sendo consequentemente admissível o acesso ao STJ no quadro de uma revista normal".* Por *outras palavras, se B for condenado a pagar 1 000 a A, deduzir apelação pedindo a absolvição do pedido na totalidade, e a Relação reduzir a condenação para 500 haveria, ainda assim, dupla conforme".[113]*

Em complementação, se *"o apelante é beneficiado pelo Tribunal da Relação – isto é, '(...) o réu é condenado em 'menos' do que o imposto pela 1ª instância ou quando o autor 'obtém' mais do que havia ali conseguido' não pode ser admitido a recorrer visto que 'também não poderia ter recorrido se o acórdão do Tribunal da Relação tivesse mantido a decisão da 1ª instância, para ele menos favorável (STJ 19-9-2012/13/09.7GTPNF.P2.S1 (Souza Fonte).[114]*

---

[112] FARIA, P. R.; LOUREIRO, A. L., idem, p. 151 e 152.

[113] PINTO, R., op. cit. p. 443.

[114] PINTO, R., idem, ibidem.

DIREITO COMPARADO

Por sua vez, ocorre a alteração de fundamentação pelo Tribunal de Relação, quando a modificação apresenta *consequências necessárias no conteúdo qualitativo ou quantitativo da decisão*. Isso ocorre quanto à *fundamentação de direito*. Assim, se a Relação altera a qualificação da dívida em que o réu é condenado, por exemplo, de *parciária* para *solidária*, essa fundamentação é essencialmente diferente. Dá-se também quando a Relação qualifica o contrato firmado como de compra e venda e não como de locação. Também será o caso em que o réu é literalmente condenado a pagar 1.000 ao autor na primeira e na segunda instância, mas a decisão é diversa se for por indenização ou se for por enriquecimento ilícito sem causa. Portanto, no campo das consequências substantivas ser devedor por um ou por outro título é diverso, apesar da parte decisória da sentença ser literalmente a mesma.[115]

No que concerne à *fundamentação de fato*, entende-se que ela não poderia ser considerada para efeitos de dupla conforme, uma vez que o Supremo Tribunal de Justiça não pode conhecer de questões de fato, conforme estabelece a primeira parte do n. 3 do art. 674º do C.P.C. português. Porém, é importante salientar que a segunda parte do referido n. 3 preconiza que o Supremo pode conhecer de ofensa de uma disposição expressa de lei que exija certa espécie de prova para a existência do fato ou que fixe a força de determinado meio de prova. Assim, constitui fundamentação essencialmente diferente, por exemplo, a modificação pelo Tribunal de Relação das *conclusões probatórias*, isto é, quanto aos fatos dados como comprovados, realizada sem observância das normas de direito probatório e que apresente reflexos diretos e imediatos na decisão, como, por exemplo, na fixação de uma indenização. Tal alteração *'não se reduz em mero 'diferente fundamento' da decisão sobre a indenização, mas antes em modificação dos próprios pressupostos da obrigação de indenizar quando referida aos danos não patrimoniais'* (STJ 19-9-2012/13/09.7GTPNF.P2.S1 (Souza Fonte). Por exemplo, a alteração do grau de culpa ou dos danos, danos dados como comprovados, pode alterar o montante da condenação.[116]

É importante salientar que quando ocorre a *garantia necessária e vinculada de revista*, constante da ressalva do n. 3 do art. 671º do C.P.C. português (hipóteses em que o recurso de revista é sempre admissível), ou seja, quando diante das hipóteses inseridas no n. 2 do art. 629º do C.P.C, tais

---

[115] PINTO, R., idem, p. 444.
[116] PINTO, R., idem, ibidem.

RECURSOS NO NOVO C.P.C.

como, violação das regras de competência internacional, há necessidade de se afastar o impedimento decorrente da *duplo conforme*. Portanto, *"nas situações previstas no n. 2 do art. 629º, é sempre admissível recurso para o STJ, mesmo que exista dupla conforme e mesmo que não ocorra qualquer dos pressupostos específicos de admissibilidade de revista excepcional (neste sentido, STJ 16-2-2012/17/09.7TBHRT.L1.S1 (Silva Salazar).*[117]

O art. 672º do C.P.C. português trata das hipóteses de *revista excepcional*.

Assim, *excepcionalmente*, cabe recurso de revista do acórdão do Tribunal de Relação referido no n. 3 do art. 671º do C.P.C. português quando: a) esteja em causa uma questão cuja apreciação, pela sua relevância jurídica, seja claramente necessária para uma melhor apreciação do direito. Pretende-se envolver as questões juridicamente complexas, sem que haja decisão de caráter paradigmático ou exemplar (STJ 19-10-2009/1449/08.6TBVCT.G1.S1 (Santos Bernardino); b) estejam em causa interesses de particular relevância social. Tal ocorre quando a questão atende ao impacto ou repercussão, que, por invulgares ou controversos, possam afetar a tranquilidade sócio-cultural, pondo em causa a eficácia e a credibilidade do direito (STJ 4-5-2010/2825/08. OTJLSB.L1.S1 (Sebastião Póvoas); c) o acórdão da Relação esteja em contradição com outro, já transitado em julgado, proferido por qualquer Relação ou pelo Supremo Tribunal de Justiça, no domínio da mesma legislação e sobre a mesma questão fundamental de direito, salvo se tiver sido proferido acórdão de uniformização de jurisprudência com ele conforme. Havendo indicação desses requisitos para a interposição da revista excepcional, cumpre ao recorrente apresentar certidão integral do Acórdão fundamento, com a respectiva nota de trânsito em julgado, para se poder verificar dos aspectos de identidade e de contradição com o aresto recorrido (STJ 4-5-2010/2825/08. OTJLSB.L1.S1 (Sebastião Póvoas).

A *revista excepcional* apenas será conhecida quando for inadmissível por força da dupla conforme. Diz respeito a uma garantia eventual e discricionária de revista. Por isso, para ser admitida a *revista excepcional*, necessita-se, antes de tudo, verificar a existência dos pressupostos gerais da admissibilidade da própria revista (cf. art. 629º, n. 1). Assim, como de uma decisão em sede cautelar não cabe recurso para o STJ, com exceção dos casos em que o recurso é sempre admissível nos termos do art. 678º, n. 2 e 3, está

---

[117] PINTO, R., idem, p. 445.

DIREITO COMPARADO

excluída a admissibilidade de recurso de revista e, assim, prejudicada a análise do fundamento da revista *excepcional* (STJ 8-10-2009/737/09.9TJPRT. P1.S1 (Silva Salazar), STJ 29-10-2009/1449/08.6TBVCT.G1.S1 (Santos Bernardino).[118]

O recurso de revista pode ter por fundamento, nos termos do art. 674º do C.P.C. português: a) a violação de lei substantiva, que pode consistir tanto no erro de interpretação ou de aplicação, como no erro de determinação da norma aplicável; b) a violação ou errada aplicação da lei de processo; c) as nulidades previstas nos artigos 615º e 666º.

Considera-se como *lei substantiva* as normas e os princípios de direito internacional geral ou comum e as disposições genéricas, de caráter substantivo, emanadas dos órgãos de soberania, nacionais ou estrangeiros, ou constantes de convenções ou tratados internacionais.

O erro na apreciação das provas e na fixação dos fatos materiais da causa não pode ser objeto do recurso de revista, salvo havendo ofensa de uma disposição expressa de lei que exija certa espécie de prova para a existência do fato ou que fixe a força de determinado meio de prova.

O recurso de revista somente terá efeito suspensivo em questões sobre o estado de pessoa.

Nos casos previstos no art. 673º e nos processos urgentes, o prazo para a interposição do recurso de revista será de 15 dias.

É possível a interposição do recurso de revista *per saltum* para o Supremo Tribunal de Justiça (art. 678º do C.P.C. português). Para tanto, basta que as partes requeiram, na conclusão da alegação, que o recurso interposto das decisões referidas no n. 1 do art. 644º suba diretamente ao Supremo Tribunal de Justiça, desde que, cumulativamente: a) o valor da causa seja superior à alçada de Relação; b) o valor da sucumbência seja superior a metade da alçada da Relação; c) as partes, nas suas alegações, suscitem apenas questões de direito; d) as partes não impugnem no recurso da decisão prevista no n.1 do artigo 644º, quaisquer decisões interlocutórias.

São aplicáveis ao recurso de revista as disposições relativas ao julgamento da apelação, com exceção do que estabelece nos artigos 622º e 665º.

Em relação aos fatos materiais fixados pelo tribunal recorrido, o Supremo Tribunal de Justiça aplica definitivamente o regime jurídico que julgue adequado, porém, a decisão proferida pelo tribunal recorrido

[118] PINTO, R., idem, p. 448.

quanto à matéria de fato não pode ser alterada, salvo o caso excepcional previsto no n. 3 do art. 674º.

O processo somente retornará ao tribunal recorrido quando o Supremo Tribunal de Justiça entender que a decisão de fato pode e deve ser ampliada, em ordem a constituir base suficiente para a decisão de direito, ou que ocorreram contradições na decisão sobre a matéria de fato que inviabilizam a decisão jurídica do pleito. Nessa hipótese, o Supremo Tribunal de Justiça, depois de definir o direito aplicável, manda julgar novamente a causa, em harmonia com a decisão de direito, pelos mesmos juízes que intervieram no primeiro julgamento, sempre que possível.

Quando for julgada procedente alguma das nulidades previstas nas alíneas *c)* e *e)* e na segunda parte da alínea *d)* do n. 1. do art. 615º ou quando o acórdão se mostre lavrado contra o vencido, o Supremo Tribunal de Justiça supre a nulidade, declara em que sentido a decisão deve considerar-se modificada e conhece dos outros fundamentos do recurso.

Sendo procedente alguma das nulidades do acórdão, manda-se baixar o processo, a fim de se fazer a reforma da decisão anulada, pelos mesmos juízes quando possível.

Existe ainda no âmbito do processo civil português o denominado *recurso para uniformização de jurisprudência.*

Nos termos do art. 688º do C.P.C. português, as partes podem interpor recurso para o pleno das seções cíveis quando o Supremo Tribunal de Justiça proferir acórdão que esteja em contradição com outro anteriormente proferido pelo mesmo tribunal, no domínio da mesma legislação e sobre a mesma questão fundamental de direito.

O recurso de *uniformização de jurisprudência* deve ser interposto no prazo de 30 dias, contados do trânsito em julgado do acórdão recorrido.

O requerimento de interposição, que é autuado em apenso, deve conter a alegação do recorrente, na qual se identificam os elementos que determinam a contradição alegada e a violação imputada ao acórdão recorrido. Juntamente com este requerimento, o recorrente junta cópia do acórdão anteriormente proferido pelo Supremo Tribunal de Justiça, com o qual o acórdão recorrido se encontra em oposição.

O recurso de uniformização de jurisprudência tem efeito meramente devolutivo.

Ao julgamento do recurso de uniformização de jurisprudência é aplicável o disposto no art. 687º do C.P.C. português.

9.
Duplo Grau de Jurisdição – Natureza Jurídica

Sendo corolário do princípio do acesso à jurisdição a existência de instrumental que garanta os recursos inerentes à ampla defesa exercida no âmbito da relação jurídica processual, poder-se-ia afirmar que diante dessa insofismável constatação, seria imprescindível a existência 'obrigatória', para todas as causas, de recursos contra decisão interlocutória ou definitiva em todo e qualquer grau de jurisdição, exaltando o *duplo grau de jurisdição* como princípio de *natureza Constitucional*.[119]

---

[119] *"Quando se estabelece nova ordem jurídica em determinada sociedade, a preocupação dos que assumem o poder é extirpar todo e qualquer resquício restante da ordem jurídica anterior. Foi nesse clima que, imediatamente após a revolução francesa, os então novos detentores do poder viam no recurso forma de elitismo, onde os juízes dos tribunais superiores seriam uma espécie de casta com poderes de mando sobre os magistrados de primeiro grau.*

Os opositores do duplo grau já assim se manifestavam quando da Assembleia Nacional Constituinte instalada logo em seguida à Revolução Francesa. No entanto, o Decreto de 1.5.1790 assegurou-o, prevendo recursos contra as sentenças dos juízes de primeiro grau, o que ficou definitivamente estabelecido na grande lei sobre a organização judiciária, de 16-24 de agosto de 1790. No calor dos debates revolucionários, foi dado a lume o ato constitucional de 24.6.1793, que, atendendo à ideia então tida como liberal, estabeleceu em seu art. 87 que as decisões da justiça civil eram definitivas, sem o cabimento de qualquer tipo de recurso ou reclamação.

Nada obstante, esse mesmo ato constitucional de 1793 previa apenas a cassação que, na verdade, não tinha o poder de reformar as decisões judiciais, mas tão somente de revogá-las (art. 99), a fim de que cassada a decisão, os autos fossem devolvidos para que o juiz de primeiro grau outra pronunciasse em seu lugar.

Na dicção de Nery Jr., valendo-se de Perrot, o duplo grau de jurisdição seria uma *garantia fundamental de boa justiça*, razão pela qual deveria ter lugar de destaque em toda a ordem jurídica.[120]

Sobre o direito aos recursos no ordenamento jurídico espanhol, aduz José Mª Asencio Mellado: *"Ponto não inteiramente livre de complexidade é a indagação acerca da existência na Espanha de um direito aos recursos com fundamento constitucional, tendo em vista que a nossa Constituição não contem uma norma que expressamente consagre o direito das partes a recorrer das decisões proferidas no processo. Por essa razão e por falta de norma expressa, o Tribunal Constitucional elaborou uma construção sobre o direito aos recursos com base no art. 24,1 da CE, que consagra, como é sabido, o direito de todos os cidadãos à obtenção de uma tutela judicial efetiva. O direito aos recursos foi enquadrado pelo Tribunal Constitucional no marco desse amplíssimo direito, porém impondo decisivas correções no âmbito do processo civil. Somente no processo penal se pode reclamar a existência em todo caso de um recurso que revise a decisão condenatória; ao contrário, em relação às demais ordens judiciais, o direito aos recursos é somente de configuração legal ou, em outras palavras, unicamente nos casos em que o legislador expressamente regule a recorribilidade de determinadas decisões. Não existe, pois, um direito fundamental a recorrer em qualquer hipótese. Porém, uma vez legalmente estabelecido o recurso, uma vez decidida pelo legislador a criação de qualquer deles, alcançará o fundamento constitucional sendo constitucionalmente protegido o seu uso, não se podendo limitar ou restringir seu exercício ou condicioná-lo a requisitos desproporcionais. Em definitivo, no âmbito civil, a criação ou estabelecimento de recursos é matéria cuja competência corresponde ao legislador ordinário o qual pode, se assim entende por razões de política processual e sem ser obrigado a isso por norma constitucional, criar ou instaurar determinados recursos; inclusive, e isso não parece discutível, poderia suprimir os existentes ou introduzir outros de âmbito mais restrito ou superior. Como sustenta o Tribunal Constitucional (STC 138/1995), em abstrato, já que isso é difícil*

Felizmente a rebeldia dos revolucionários, neste particular, ficou vencida pelo bom senso e pela constituição francesa de 22.8.1795 (Constitution du 5 Fructidor an III) (arts. 211, 218, 219), que restabeleceu o duplo grau de jurisdição vigente até os dias de hoje, tanto em França quanto na maioria dos países ocidentais. Evidentemente foram os próprios romanos que, sentindo a necessidade de haver novo julgamento sobre a causa já decidida, instituíram o duplo grau no principado, após o período inicial do procedimento no direito romano clássico, onde era negado o exercício do direito de recorrer. Sobre a existência ou não do duplo grau no direito romano, como hoje o concebemos, há controvérsia". (NERY JUNIOR, Nelson. *Teoria geral dos recursos.* 7ª ed. rev. e atual. São Paulo: Revista dos Tribunais, 2014. p. 58 e 59).

[120] NERY JUNIOR, N., idem, p. 60.

ou impossível que suceda, caberia imaginar como possível a inexistência de recursos no âmbito civil. Contudo, uma vez instaurados, o legislador e por causa da incidência do art. 24, 1 CE, não pode arbitrariamente fixar os requisitos para o acesso ao recurso, pois está compelido e vinculado pela natureza do processo em que conforma o recurso e o fim que justifica ou se alega como fundamento do requisito estabelecido (STC 32/1991). No mesmo sentido, uma vez fixados os referidos requisitos, tampouco os órgãos jurisdicionais podem interpretá-los de forma arbitrária ou irrazoável e fazendo abstrações do fim que justificou seu estabelecimento".[121]

A garantia do duplo grau de jurisdição visa a evitar aquilo que a doutrina passou a denominar da *ditadura dos juízes*, assim como resguardar o aspecto psicológico das partes sucumbentes que tendem a avaliar a decisão proferida pelo juízo 'singular' como equivocada ou viciada (decorrente da *falibilidade humana*), necessitando de uma segunda ou terceira opinião, especialmente por parte dos Tribunais de apelação ou dos Tribunais Superiores, compostos, geralmente, por juízes mais velhos e, em tese, mais experientes.

Não há dúvida de que a permissão normativa para se impugnar decisões interlocutórias ou definitivas em diversos graus de jurisdição decorre efetivamente da concretização no processo jurisdicional do princípio/garantia do acesso à jurisdição e do processo público com todas as suas garantias, sem, contudo, elevar ao grau de princípio Constitucional absoluto o *duplo grau de jurisdição*, tendo em vista que diante de determinadas causas, valoradas em face da *máxima da razoabilidade ou da proporcionalidade*, dá-se preferência ao princípio da celeridade processual ou da máxima efetividade da tutela jurisdicional.

Observa-se que a Constituição Federal brasileira apresenta dois princípios estruturantes do processo jurisdicional moderno.

O primeiro está previsto no art. 5º, inc. LXXVIII, da C.F., incluído pela Emenda Constitucional n. 45, de 2004, que assim dispõe: *"a todos, no âmbito judicial e administrativo, são assegurados a razoável duração do processo e os meios que garantam a celeridade de sua tramitação".*

O segundo está contido também no art. 5º, inc. LV, da C.F., que determina que *"aos litigantes, em processo judicial ou administrativo, e aos acusados em geral são assegurados o contraditório e ampla defesa, com os meios e recursos a ela inerentes"*

---

[121] MELLADO. J. Mª. A., op. cit., p. 199.

Diante desses dois princípios estruturantes do processo jurisdicional moderno, o legislador haverá de compatibilizar a duração razoável do processo com a asseguração do contraditório e da ampla defesa, com os meios e recursos a ela inerentes.

Assim, conforme afirma Barbosa Moreira, à conveniência da rápida composição dos litígios, para o pronto restabelecimento da ordem jurídica, contrapõe-se o anseio de garantir, na medida do possível, a conformidade da solução do direito.[122]

Por isso, ao mesmo tempo em que se deve promover procedimentos que possibilitem a agilização e celeridade do processo, necessita-se também resguardar o contraditório e a ampla defesa, com os meios e recursos a ela inerentes.

Postular-se a não impugnação de toda e qualquer decisão, atenderia à celeridade processual, mas macularia ao contraditório e à ampla defesa, pois não se conformaria com a máxima da razoabilidade e da proporcionalidade exigida na confrontação de princípios que podem ser considerados, em determinado fenômeno específico, como antagônicos.

Multiplicar as possibilidades de interposição de recursos atenderia ao contraditório e à ampla defesa, mas poria em risco a celeridade do processo.

Daí a necessidade de se chegar a um critério que tangenciando um real conflito entre os princípios possa harmonizá-los.

Naturalmente, conforme a política legislativa adotada em cada época de reforma processual, tais remédios veem-se prodigalizados ou, ao contrário, comprimidos em doses parcimoniosas. A oscilação entre uma ou outra opção legislativa marca a evolução histórica de todos os grandes sistemas jurídicos do chamado mundo ocidental.[123]

Por isso, ao mesmo tempo em que se deve promover procedimentos que possibilitem a agilização e celeridade do processo, necessita-se também resguardar o contraditório e a ampla defesa, com os meios e recursos a ela inerentes.

Teve-se a oportunidade de observar essa oscilação legislativa especialmente em relação à tratativa normativa dada ao recurso de *agravo de instrumento*.

---

[122] BARBOSA MOREIRA, José Carlos. *Comentários ao código de processo civil*. V. Vol. (arts. 476 a 565). Rio de Janeiro: Forense, 1976. p. 213.

[123] BARBOSA MOREIRA, J. C., idem, ibidem.

DUPLO GRAU DE JURISDIÇÃO – NATUREZA JURÍDICA

Quando da entrada em vigor do C.P.C. de 1973, a redação original do art. 522 admitia o recurso de agravo de instrumento contra *toda e qualquer decisão proferida no processo*, salvo as hipóteses dos artigos 504 e 513. Com a redação dada pela Lei 9.139/95, o art. 522 do C.P.C. de 1973 passou a permitir a interposição de agravo *por instrumento* ou *retido* nos autos. Por fim, com a entrada em vigor da Lei 11.187/05, o art. 522 do C.P.C. de 1973 passou a proclamar que das decisões interlocutórias caberia agravo, no prazo de dez dias, *na forma retida*, salvo quando se tratasse de decisão suscetível de causar à parte lesão grave e de difícil reparação, bem como nos casos de inadmissão da apelação e nos relativos aos efeitos em que a apelação é recebida, quando seria admitida a sua interposição por instrumento.

O novo C.P.C., em seu art. 1.015, *discriminou as decisões interlocutórias* que podem ser objeto de agravo de instrumento, a saber: I –tutelas provisórias; II –mérito do processo; III – rejeição da alegação de convenção de arbitragem; IV –incidente de desconsideração da personalidade jurídica; V – rejeição do pedido de gratuidade da justiça ou acolhimento do pedido de sua revogação; VI – exibição ou posse de documento ou coisa; VII – exclusão de litisconsorte; VIII – rejeição do pedido de limitação do litisconsórcio; IX – admissão ou inadmissão de intervenção de terceiros; X – concessão, modificação ou revogação do efeito suspensivo aos embargos à execução; XI – redistribuição do ônus da prova nos termos do art. 373, §1º; XII – conversão da ação individual em ação coletiva; XIII – outros casos expressamente referidos em lei. Também caberá agravo de instrumento contra decisões interlocutórias proferidas na fase de liquidação de sentença ou de cumprimento de sentença, no processo de execução e no processo de inventário.

Pode-se perceber que a política externada nas diversas mudanças legislativas sobre o agravo de instrumento demonstra cada vez mais uma opção de restrição de sua interposição.

Porém, por mais que se queira assegurar a razoável duração do processo, isso não pode significar risco ao contraditório e à ampla defesa, muito menos impedir que a parte valha-se dos recursos permitidos em lei para impugnar a decisão que lhe for desfavorável.

O nosso ordenamento jurídico, como grande parte dos ordenamentos contemporâneos, pretende resolver o problema do controle da justiça da decisão e de possíveis equívocos que possam ser cometidos, reconhecendo, em modo geral, às partes, e por vezes a terceiros, o poder de impugnar a decisão do juízo 'a quo', sendo em regra essa impugnação dirigida a outro órgão jurisdicional para que ele faça um sucessivo controle mediante um segundo procedimento e grau de jurisdição.

Teria, então, o *princípio do duplo grau de jurisdição* natureza Constitucional?

A Constituição do Império de 1824 previa, em seu art. 158, que o princípio do duplo grau de jurisdição deveria sempre ser aplicado, pois a parte teria o direito de que sua questão fosse reapreciada pelo então denominado Tribunal da Relação. Havia, portanto, uma garantia absoluta do princípio do *duplo grau de jurisdição*. As Constituições posteriores não outorgaram a mesma garantia de caráter absoluto ao princípio em referência, limitando-se apenas a mencionar a existência de tribunais, conferindo-lhes competência recursal.[124] Poder-se-ia alegar que implicitamente havia previsão constitucional do princípio do *duplo grau de jurisdição*, mas essa previsão implícita não garantia a observância do referido princípio. Por isso, não havendo garantia Constitucional do duplo grau de jurisdição, mas simples previsão, o legislador infraconstitucional poderia limitar o direito ao recurso, como se observa no âmbito das execuções fiscais de valor igual ou inferior a 50 ORTN (art. 34, da Lei 6.830/80), quando prevê apenas a possibilidade de interposição de embargos infringentes que serão de competência do próprio juiz que julgou os embargos à execução fiscal.[125]

Para Luiz Guilherme Marinoni, o inciso LV do art. 5º da C.F. garante os recursos inerentes ao contraditório, segundo os recursos previstos na legislação ordinária para um determinado caso concreto.[126]

---

[124] "Questão que divide a doutrina é a que se refere à natureza constitucional do princípio do duplo grau de jurisdição. A Constituição Federal de 1988, no inciso LV do art. 5º, assegurou a todos os litigantes em processo administrativo ou judicial o direito ao contraditório e à ampla defesa, com todos os meios e recursos a ele inerentes; todavia, expressamente, não aludiu ao duplo grau de jurisdição, mas sim aos instrumentos inerentes ao exercício da ampla defesa. Por esses motivos, autorizada doutrina pátria repele que o duplo grau de jurisdição esteja alçado à categoria de princípio constitucional". (DIDIER JR. Fredie; CUNHA, Leonardo José Carneiro. *Curso de direito processual civil* – meios de impugnação às decisões judiciais e processo nos tribunais. Vol. 3. Salvador: Edições PODIVM, 2007. p. 20).

[125] NERY Junior. Nelson. *Princípio do processo civil na constituição federal.* 5ª ed. São Paulo: Editora Revista dos Tribunais, 1999. p. 167 e 168.

[126] MARINONI. Luiz Guilherme. *Tutela antecipatória, julgamento antecipado e execução imediata da sentença.* 2ª ed. São Paulo: Editora Revista dos Tribunais, 1998. p. 217.

DUPLO GRAU DE JURISDIÇÃO - NATUREZA JURÍDICA

Teresa Arruda Alvim e Luiz Rodrigues Wambier sustentam a natureza Constitucional do princípio do duplo grau de jurisdição, justamente por estar vinculado à moderna noção de Estado de Direito, que exige controle em sentido duplo das atividades do Estado pela sociedade. Assim, a sociedade, representada pelas partes no processo, exerce o controle da decisão por meio de sua impugnação recursal; no plano interno, o Poder Judiciário também exerce o controle das decisões do juízo *a quo* por meio dos órgãos *ad quem*.[127]

Calmon de Passos também defende a natureza constitucional do princípio do duplo grau de jurisdição, apresentando como fundamento o controle da decisão, possibilitando-se, sempre, a correção da ilegalidade praticada pelo decisor. Esse princípio é um dos componentes do *devido processo legal*. Por isso, dispensar esse princípio é favorecer o arbítrio em benefício do desafogo de juízos e tribunais. Favorece o poder e não o cidadão.[128]

É certo que atualmente o princípio do duplo grau de jurisdição vem sofrendo severas críticas, especialmente por aqueles que entendem que este princípio causa desprestígio à primeira instância, permitindo o prolongamento do processo, maculando o princípio da celeridade processual. Como afirma Luiz Guilherme Marinoni, o duplo grau, em resumo, é uma boa desculpa para o réu que não tem razão em retardar ainda mais o processo.[129]

Porém, não obstante as críticas que possam ser formuladas ao princípio do duplo grau de jurisdição, o certo é que não poderá existir limitação desarrazoada à interposição de recursos especiais e extraordinários, justamente pelo fato de que a possibilidade de interposição desses recursos encontra-se expressamente prevista na Constituição Federal brasileira. Nelson Nery inclusive sustenta ser inconstitucional o art. 38 da Lei 8.038/90, que restringiu o acesso ao STF e STJ, impondo barreiras ao cabimento do recurso extraordinário e especial.[130]

É importante salientar que o art. 1.072, inc. IV, do atual C.P.C., revogou expressamente o art. 38 da Lei 8.038/90.

---

[127] WAMBIER, Luiz Rodrigues; WAMBIER, Teresa Arruda Alvim. *Breves comentários à 2ª fase da reforma do código de processo civil*. 2ª ed. São Paulo: Editora Revistas dos Tribunais, 2002, p. 131.

[128] CALMON DE PASSOS. *Direito, poder, justiça e processo*. Rio de Janeiro: Forense, 2000. p. 69.

[129] MARINONI, L. G., op. cit., p. 213.

[130] NERY JÚNIOR, N., op. cit., p. 169.

O Tribunal Constitucional português tem entendido que o direito de acesso aos tribunais não garante, necessariamente, e em todos os casos, o direito a um *duplo grau de jurisdição* (AC. 38/87, *in DR I, n.63 de 17.3.87)*; Ac. 65/88, *in DR II, n. 192, de 20.8.88;* Ac 359/86, *in DRII, n. 85 de 11.4.87.*

Na realidade, o direito ao duplo grau de jurisdição não é, *prima facie*, um direito fundamental absoluto, salvo em se tratando de recurso extraordinário e especial, os quais estão previstos na própria C.F. brasileira.

No Brasil, tem-se um exemplo claro da não existência de recurso de apelação. Nos embargos infringentes, que são interpostos perante o próprio juiz que prolatou a sentença de embargos à execução fiscal, quando o valor de alçada é inferior ao estabelecido na lei de execução fiscal, não haverá duplo grau de jurisdição, pois a decisão será analisada pelo próprio juízo em que ela foi prolatada. Sobre o tema, eis a seguinte decisão do S.T.F.:

> *(...)*.
> *Por outro lado, este Supremo Tribunal Federal, no julgamento do ARE 637.975, com repercussão geral reconhecida, de relatoria do Ministro Cezar Peluzo, entendeu que a norma que afirma incabível apelação em casos de execução fiscal cujo valor seja inferior a 50 ORTN não afronta os princípios constitucionais da legalidade, do devido processo legal, da ampla defesa, do contraditório, da inafastabilidade da prestação jurisdicional e do duplo grau de jurisdição.*
> *(...)*.
> (ARE 639448, Relator(a): Min. DIAS TOFFOLI, julgado em 09/11/2011, publicado em DJe-222 DIVULG 22/11/2011 PUBLIC 23/11/2011)

O valor da causa ainda hoje é também fator de concretização do duplo grau de jurisdição, conforme estabelece o art. 34 da Lei 6.830/80:

> *Art. 34 – Das sentenças de primeira instância proferidas em execuções de valor igual ou inferior a 50 (cinquenta) Obrigações Reajustáveis do Tesouro Nacional – ORTN, só se admitirão embargos infringentes e de declaração.*
> *§ 1º – Para os efeitos deste artigo considerar-se-á o valor da dívida monetariamente atualizado e acrescido de multa e juros de mora e demais encargos legais, na data da distribuição.*
> *§ 2º – Os embargos infringentes, instruídos, ou não, com documentos novos, serão deduzidos, no prazo de 10 (dez) dias perante o mesmo Juízo, em petição fundamentada.*

§ 3º – Ouvido o embargado, no prazo de 10 (dez) dias, serão os autos conclusos ao Juiz, que, dentro de 20 (vinte) dias, os rejeitará ou reformará a sentença.

Sobre os embargos infringentes em execução fiscal, em face do valor da execução, eis os seguintes precedentes do S.T.J.:

1. Dessume-se dos autos que a parte ora recorrente interpôs embargos infringentes, previstos no art. 34 da Lei n. 6.830/80, contra sentença proferida em execução fiscal de pequeno valor, sendo tal recurso julgado por decisão de juiz singular.
(...).
(AgRg no REsp 1409970/SP, Rel. Ministro MAURO CAMPBELL MARQUES, SEGUNDA TURMA, julgado em 03/12/2013, DJe 10/12/2013)

1. Das sentenças prolatadas em execuções de pequeno valor cabem, apenas, os embargos infringentes (art. 34 da LEF) e, subsistindo controvérsia de índole constitucional, o recurso extraordinário, sendo inviável a impetração do mandado de segurança ao tribunal de apelação, sob pena de subverter esse sistema recursal. Precedentes: AgRg no RMS 43.205/SP, Rel. Ministro Sérgio Kukina, DJe 5/9/2013; AgRg no RMS 38.040/SP, Rel. Ministro Ari Pargendler, Primeira Turma, DJe 19/02/2013; RMS 35.615/SP, Rel. Ministro Arnaldo Esteves Lima, Primeira Turma, DJe 15/02/2013.
2. Agravo regimental não provido.
(AgRg no AgRg no RMS 43.562/SP, Rel. Ministro BENEDITO GONÇALVES, PRIMEIRA TURMA, julgado em 17/10/2013, DJe 24/10/2013)

(...).
2. Verifica-se que não houve decadência para impetração do Mandamus, tendo em vista que o agravado tomou ciência da decisão dos Embargos de Declaração opostos contra a decisão que indeferiu os Embargos Infringentes, em 08.06.2011, e a impetração da Ação Constitucional se deu em 17.06.2011, antes do término do prazo decadencial de 120 dias prescrito no art. 5o., inciso III da Lei 12.016/09.
(...).
(AgRg no RMS 39.025/MG, Rel. Ministro NAPOLEÃO NUNES MAIA FILHO, PRIMEIRA TURMA, julgado em 05/09/2013, DJe 27/09/2013)

1. "Nas execuções fiscais de que trata o art. 34 da Lei nº 6.830, de 1980, a sentença está sujeita aos embargos infringentes do julgado, cujo julgamento constitui a palavra final do processo; trata-se de opção do legislador, que só excepciona desse regime o recurso extraordinário, quando se tratar de matéria constitucional" (RMS 38.513/SP, Rel. Min. ARI PARGENDLER, DJe 13/12/12).

2. Recurso ordinário não provido.

(RMS 42.738/MG, Rel. Ministro ARNALDO ESTEVES LIMA, PRIMEIRA TURMA, julgado em 13/08/2013, DJe 21/08/2013)

É importante salientar que o princípio do duplo grau de jurisdição, conforme entendimento do S.T.F., não foi erigido como princípio e garantia constitucional, salvo naquelas hipóteses expressamente previstas na Constituição Federal. Sobre as características do princípio do *duplo grau de jurisdição*, assim se manifestou o Supremo Tribunal Federal:

"Duplo grau de jurisdição no Direito brasileiro, à luz da Constituição e da Convenção Americana de Direitos Humanos. Para corresponder à eficácia instrumental que lhe costuma ser atribuída, o duplo grau de jurisdição há de ser concebido, à moda clássica, com seus dois caracteres específicos: a possibilidade de um reexame integral da sentença de primeiro grau e que esse reexame seja confiado a órgão diverso do que a proferiu e de hierarquia superior na ordem judiciária. Com esse sentido próprio – sem concessões que o desnaturem – não é possível, sob as sucessivas Constituições da República, erigir o duplo grau em princípio e garantia constitucional, tantas são as previsões, na própria Lei Fundamental, do julgamento de única instância ordinária, já na área cível, já, particularmente, na área penal. A situação não se alterou, com a incorporação ao Direito brasileiro da Convenção Americana de Direitos Humanos (Pacto de São José), na qual, efetivamente, o art. 8º, 2, h, consagrou, como garantia, ao menos na esfera processual penal, o duplo grau de jurisdição, em sua acepção mais própria: o direito de 'toda pessoa acusada de delito', durante o processo, 'de recorrer da sentença para juiz ou tribunal superior'. Prevalência da Constituição, no Direito brasileiro, sobre quaisquer convenções internacionais, incluídas as de proteção aos direitos humanos, que impede, no caso, a pretendida aplicação da norma do Pacto de São José: motivação. (...) Competência originária dos Tribunais e duplo grau de jurisdição. Toda vez que a Constituição prescreveu para determinada causa a competência originária de um Tribunal, de duas uma: ou também previu recurso ordinário de sua decisão (CF, arts. 102, II, a; 105, II, a e b; 121, § 4º, III, IV e V) ou, não o tendo estabelecido, é que o proibiu. Em tais hipóteses, o recurso ordinário contra decisões de Tribunal, que ela mesma não criou, a Constituição não admite que o institua o direito infraconstitucional, seja lei ordinária seja convenção internacional: é que, afora os casos da Justiça do Trabalho – que não estão em causa – e da Justiça Militar – na qual o STM não se superpõe a outros Tribunais –, assim como as do Supremo Tribunal, com relação a todos os demais Tribunais e Juízos do País, também as competências recursais dos outros Tribunais Superiores – o STJ e o TSE – estão enumeradas taxativamente na Constituição, e só a emenda constitucional poderia ampliar. À falta de órgãos jurisdicionais ad quo, no sistema constitucional, indispensáveis a viabilizar a aplicação do princípio do duplo grau de jurisdição aos processos de competência originária dos Tribunais, segue-se a incompatibilidade com a Constituição da aplicação no caso da norma internacional de outorga da garantia invocada."

(***RHC 79.785***, Rel. Min. Sepúlveda Pertence, julgamento em 29-03-2000, Plenário, DJ de 22-11-2002.) ***No mesmo sentido:*** AI 601.832-AgR, Rel. Min. Joaquim Barbosa, julgamento em 17-3-2009, Segunda Turma, DJE de 3-4-2009".

Também, nesse sentido, eis a seguinte decisão do S.T.F.:

"No ordenamento jurídico-brasileiro não existe a garantia do duplo grau de jurisdição. A Constituição concede aos Prefeitos foro especial por prerrogativa de função. Determina que sejam julgados originariamente pelo Tribunal de Justiça."

(**RHC 80.919**, Rel. Min. Nelson Jobim, julgamento em 12-6-2001, Segunda Turma, DJ de 14-9-2001.)

9.1. Hipóteses que denotam a obrigatoriedade do *duplo grau de jurisdição* – remessa necessária

O art. 496 do novo C.P.C. (que trata da remessa necessária) preconiza a existência, em determinadas situações, do *duplo grau de jurisdição*, desde que haja sucumbência de determinada parte que compõe a relação jurídica processual.

Sempre houve certa indagação sobre a natureza jurídica da remessa necessária.

É certo que para alguns autores não mais persiste a dúvida quanto à natureza jurídica da remessa necessária, entre eles, Flávio Cheim Jorge e Fredie Didier Jr.[131]

---

[131] CHEIM, Flávio Jorge; DIDIER JR, Fredie; RODRIGUES, Marcelo Abelha. *A nova reforma processual*. 2.ed. São Paulo: Saraiva, 2003, p. 121.

Para alguns poucos, como Sérgio Bermudes, a remessa necessária teria natureza recursal.[132]

Muito embora a corrente doutrinária majoritária critique a natureza recursal da remessa necessária, justamente por não ter essa remessa caráter voluntário, o certo é que para Araken de Assis o elemento comum da apelação voluntária e da apelação ex ofício é a devolução do julgamento de primeira instância, seja ela voluntária (iniciativa do vencido) ou necessária (impulso oficial). E arremata dizendo que *"o art. 475, caput, consagra a vetusta apelação ex officio, encobrindo-lhe o corpo rijo os enganosos rótulos de 'reexame obrigatório', 'remessa' e congêneres."*[133]

Para outra parte da doutrina, a remessa necessária seria um *quase-recurso*, uma vez que esse instituto jurídico processual apresenta quase todos os traços e características dos recursos, salvo no que concerne à forma de sua interposição, uma vez que na remessa necessária o processo seria remetido ao tribunal 'ad quem' obrigatoriamente pelo juiz.[134]

Conforme anota Gisele Mazzoni Welsch: *esse instituto processual, apesar de não ser considerado pela doutrina majoritária como recurso, é decorrente do princípio do duplo grau de jurisdição, mas de caráter obrigatório, por não haver necessidade de que a parte vencida tenha que recorrer da decisão para um órgão hierarquicamente superior, objetivando o reexame da matéria recorrida. Em outras palavras, proferida a sentença, o próprio juiz remete os autos ao Tribunal competente, haja ou não apelação voluntária da parte vencida.*

Sendo assim, o universo dos institutos jurídicos semelhantes ao reexame necessário é aquele no qual se encontram os recursos. Aliás, a primeira ideia que se tem acerca do reexame necessário é a de que se trata de uma espécie recursal. E isto é inevitável, haja vista o tradicional tratamento dado ao referido instituto pelo ordenamento jurídico brasileiro, bem assim pelo seu próprio objeto, consistente na reanálise do julgado pelo órgão revisor, objeto este muito peculiar aos dos recursos.

---

[132] BERMUDES, Sérgio. *Introdução ao processo civil.* 3.ed. rev. e atual. Rio de Janeiro: Forense, 2002. p. 159.

[133] Apud WELSCH, Gisele Mazzoni. *O reexame necessário como meio de (in) efetividade da tutela jurisdicional.* Porto Alegre, 2010 (Dissertação de Mestrado), *in:* http://www.giselewelsch. com.br/static/arquivos-publicacoes/Site%20-%20Dissertacao%20de%20Mestrado%20-%20 Reexame%20Necessario%20e%20a%20Efetividade%20da%20Tutela%20Jurisdicional%20 (livro).pdf. p. 35.

[134] FREDERICO MARQUES, José. *Manual de direito processual civil.* Campinas: Millennium, 2000. v.3. p. 177

Portanto, a classificação do instituto do reexame necessário como recurso se calca, primeiramente, no fato de ter sido, em sua origem, denominado de "apelação ex officio".[135]

Porém, no pensamento de Alfredo Buzaid, a apelação necessária não era nem recurso nem providência, sendo que o que a definia era: a ordem de devolução à instância superior, que não se consubstanciava uma manifestação de vontade do juiz, mas da vontade da lei, sendo seu dever funcional o fazer; o fato de que a instância superior conhece da causa integralmente, pois é devolvido o conhecimento de todas as questões suscitadas e discutidas no processo. Assim, a ordem de devolução prescrita em lei transferindo à instância superior o conhecimento integral da causa seria o característico da apelação de ofício.[136]

Na visão de Nery Jr., o art. 496 do novo C.P.C., correspondente ao art. 475 do C.P.C. de 1973, *"não aluda ao direito de impugnação, não se caracterizando como recurso, na verdade, é exteriorização importante do corolário do duplo grau, porque condiciona a eficácia da sentença ao reexame pelo órgão hierarquicamente superior. Ainda que não seja um recurso, como se verá quando tratarmos do princípio da taxatividade, se processa no tribunal como tal e, em certa medida, faz as vezes de, pois toda a matéria decidida na sentença é translada ao conhecimento daquele, que pode anulá-la ou reformá-la. Somente após a confirmação da sentença pelo órgão 'ad quem' é que esta terá aptidão para produzir efeitos".*[137]

Para Pontes de Miranda, a remessa necessária seria um *impulso oficial* por determinação legal, sem caráter recursal.

Portanto, para a corrente majoritária, a remessa necessária não tem natureza jurídica recursal, pois configura uma condição jurídica processual para eficácia da sentença.

Adotando a posição de Pontes de Miranda de que a *remessa necessária* não possui natureza jurídica de recurso, eis o seguinte precedente do S.T.J.:

> *(...).*
>
> *3. A remessa necessária, expressão do poder inquisitivo que ainda ecoa no ordenamento jurídico brasileiro, porque de recurso não se trata objetivamente, mas de condição de eficácia da sentença, como se dessume da Súmula 423 do STF e ficou claro a partir*

---

[135] WELSCH, G. M. op. cit., p. 32.
[136] Apud WELSCH, G. M., idem, p. 33 e 34.
[137] NERY JÚNIOR. N., op. cit., p. 66.

da alteração do art. 475 do CPC pela Lei 10.352/2001, é instituto que visa a proteger o interesse público; dentro desse contexto, é possível alargar as hipóteses de seu conhecimento, atribuindo-lhe mais do que o efeito devolutivo em sua concepção clássica (delimitado pela impugnação do recorrente), mas também o chamado efeito translativo, quando se permite ao órgão judicial revisor pronunciar-se de ofício, independentemente de pedido ou requerimento da parte ou interessado, em determinadas situações, como, por exemplo, para dirimir questões de ordem pública.

(...).

(REsp 959.338/SP, Rel. Ministro NAPOLEÃO NUNES MAIA FILHO, PRIMEIRA SEÇÃO, julgado em 29/02/2012, DJe 08/03/2012).

O princípio do duplo grau de jurisdição, que não é considerado um privilégio, mas, sim, uma prerrogativa conferida a determinado ente público, é colocado à disposição da parte vencida, no sentido de que o juiz é obrigado a remeter o processo ao tribunal para o reexame da questão julgada em primeiro grau.

O pressuposto para a aplicação do princípio do duplo grau de jurisdição é justamente o prejuízo ou gravame que a parte indicada na norma processual sofreu em razão da sentença de primeiro grau. Desta feita, o prejuízo resulta da sucumbência.

O Supremo Tribunal Federal já se manifestou sobre a constitucionalidade do impropriamente denominado *recurso ex officio* ou *remessa oficial*, conforme preconiza o seguinte precedente:

"O impropriamente denominado 'recurso ex officio' não foi revogado pelo art. 129, I, da CF, que atribui ao Ministério Público a função de promover, privativamente, a ação penal, e, por extensão, a de recorrer nas mesmas ações. A pesquisa da natureza jurídica do que se contém sob a expressão 'recurso ex officio' revela que se trata, na verdade, de decisão que o legislador submete a duplo grau de jurisdição, e não de recurso no sentido próprio e técnico."

(**HC 74.714**, Rel. Min. Maurício Corrêa, julgamento em 24-6-1997, Segunda Turma, DJ de 22-8-1997.)

Na realidade, visando ao resguardo de certos interesses de ordem pública, a lei prescreve a exigibilidade do cumprimento do princípio do duplo grau de jurisdição, sempre que aqueles interesses não tenham prevalecido na sentença.

A obrigatoriedade do duplo grau de jurisdição, na hipótese do art. 496 do novo C.P.C., não decorre de critério objetivo, mas, sim, subjetivo, com base na natureza jurídica da parte que compõe o pólo ativo ou passivo da relação jurídica processual.

A *administração pública*, quando ingressa em juízo por qualquer de suas entidades estatais (União, Estados, Distrito Federal e Municípios), por suas autarquias, por suas fundações públicas ou por órgãos que tenham capacidade processual, recebe a designação tradicional de *Fazenda Pública*, tendo em vista que compete a ela suportar os encargos patrimoniais da demanda.

As hipóteses que ensejam a remessa necessária, e, portanto, a concretização do princípio do duplo grau de jurisdição, estão expressamente consignadas nos incisos I e II do art. 496 do novo C.P.C., a saber:

> *Art. 496. Está sujeita ao duplo grau de jurisdição, não produzindo efeito senão depois de confirmada pelo tribunal, a sentença:*
> *I – proferida contra a União, os Estados, o Distrito Federal, os Municípios e suas respectivas autarquias e fundações de direito público;*
> *II – que julgar procedentes, no todo ou em parte, os embargos à execução fiscal.*
> *(...).*

O inciso I do art. 496 do atual C.P.C. dispõe apenas sobre as sentenças proferidas em processo em geral, enquanto que o inciso II do art. 496 limita seu cabimento aos embargos opostos em execução fiscal.

Porém, nem todas as sentenças proferidas contra ente público estão sujeitas à remessa necessária.

O S.T.J. já entendeu que a sentença que concluir pela carência ou pela improcedência da ação de improbidade administrativa não está sujeita à remessa necessária, *in verbis:*

> *DIREITO PROCESSUAL CIVIL. AÇÃO DE IMPROBIDADE ADMINIS-*
> *TRATIVA E REEXAME NECESSÁRIO.*
> *A sentença que concluir pela carência ou pela improcedência de ação de improbidade administrativa não está sujeita ao reexame necessário previsto no art. 19 da Lei de Ação Popular (Lei 4.717/1965). Isso porque essa espécie de ação segue um rito próprio e tem objeto específico, disciplinado na Lei 8.429/1992, não cabendo, neste caso, analogia, paralelismo ou outra forma de interpretação, para importar instituto criado em lei diversa. A ausência de previsão da remessa de ofício, na hipótese em análise, não pode*

RECURSOS NO NOVO C.P.C.

ser vista como uma lacuna da Lei de Improbidade que precisa ser preenchida, mormente por ser o reexame necessário instrumento de exceção no sistema processual, devendo, portanto, ser interpretado restritivamente.
(REsp 1.220.667-MG, Rel. Min. Napoleão Nunes Maia Filho, julgado em 4/9/2014).

Na hipótese em que for julgado procedente o pedido formulado em embargos à execução fiscal de dívida ativa da Fazenda Pública, haverá necessidade do duplo grau de jurisdição. Essa hipótese somente terá aplicação quando for analisado o *mérito* dos embargos à execução fiscal, e desde que a Fazenda Pública seja sucumbente na relação jurídica processual.

Não sendo analisado o mérito dos embargos à execução fiscal, ou seja, se os embargos forem extintos sem resolução do mérito, não caberá a incidência do duplo grau de jurisdição.

Note-se que o inc. II do art. 496 do novo C.P.C. restringe o duplo grau de jurisdição (remessa necessária) à sentença que julgar *procedentes*, no todo ou em parte, *os embargos à execução fiscal*. Portanto, essa disposição normativa não se aplica à sentença que julgar *improcedente* o pedido formulado em embargos à execução opostos pela Fazenda Pública. Nesse sentido são os seguintes precedentes do S.T.J.:

> *PROCESSUAL CIVIL. AGRAVO REGIMENTAL NO AGRAVO EM RECURSO ESPECIAL.*
>
> *VIOLAÇÃO DO ART. 535 DO CPC. NÃO OCORRÊNCIA. EMBARGOS À EXECUÇÃO DE TÍTULO JUDICIAL OPOSTOS PELA FAZENDA NACIONAL. REMESSA NECESSÁRIA. ART. 475, II, DO CPC. DESCABIMENTO. ACÓRDÃO RECORRIDO EM SINTONIA COM A JURISPRUDÊNCIA DESTA CORTE SUPERIOR.*
>
> *1. Cinge-se a controvérsia acerca do cabimento do Reexame Necessário (art. 475 do CPC) na hipótese em que se rejeita os embargos à execução opostos pela Fazenda Pública.*
>
> *2. Não se vislumbra a ocorrência de nenhum dos vícios elencados no artigo 535 do CPC a reclamar a anulação do julgado, mormente quando o aresto recorrido está devidamente fundamentado. Não há que se confundir decisão contrária ao interesse da parte com ausência de fundamentação ou negativa de prestação jurisdicional.*
>
> **3. O inciso II do art. 475 do CPC é cristalino ao estabelecer que está sujeita ao reexame necessário a sentença de procedência, no todo ou em parte, dos**

embargos à execução de dívida ativa da Fazenda Pública. No caso, julgaram-se improcedentes os embargos à execução movida pela Ré. Obediência à exigência do inciso I do referido diploma legal (duplo grau de jurisdição), reverificado no processo de conhecimento.

4. A teor da jurisprudência desta Corte Superior, a sentença que rejeita ou julga improcedentes os embargos à execução opostos pela Fazenda Pública não está sujeita ao reexame necessário (v.g.: AgRg no AREsp n. 89.520/DF, Rel. Ministro Sérgio Kukina, Primeira Turma, DJe 15/8/2014; REsp n. 1.064.371/ SP, Rel. Ministro Benedito Gonçalves, Primeira Turma, DJe 4/5/2009).

5. Agravo regimental não provido.

(AgRg no AREsp 766.072/PR, Rel. Ministro BENEDITO GONÇALVES, PRIMEIRA TURMA, julgado em 17/12/2015, DJe 05/02/2016)

PROCESSO CIVIL. EMBARGOS À EXECUÇÃO. TÍTULO JUDICIAL. FAZENDA PÚBLICA. REEXAME NECESSÁRIO. DESCABIMENTO. VIO-LAÇÃO AO ART. 535 DO CPC. OMISSÃO. INEXISTÊNCIA.

1. Verifica-se não ter ocorrido ofensa ao art. 535 do CPC, na medida em que o Tribunal de origem dirimiu, fundamentadamente, as questões que lhe foram submetidas.

2. Conforme precedentes do Superior Tribunal de Justiça, "não cabe recurso de ofício contra a sentença proferida em embargos à execução de título judicial" (REsp 1.467.426/SP, Rel. Ministro Og Fernandes, Segunda Turma, julgado em 10/03/2015, DJe 18/03/2015).

3. Agravo regimental a que se nega provimento.

(AgRg no REsp 1229088/PE, Rel. Ministro SÉRGIO KUKINA, PRIMEIRA TURMA, julgado em 27/10/2015, DJe 09/11/2015)

PROCESSUAL CIVIL. EMBARGOS À EXECUÇÃO DE TÍTULO JUDI-CIAL. NÃO CABIMENTO DE REEXAME NECESSÁRIO.

1. Nos termos do art. 475, II, do CPC, é cabível reexame necessário quando se tratar de embargos propostos em execução de dívida ativa.

2. Não cabe recurso de ofício contra a sentença proferida em embargos à exe-cução de título judicial. Precedentes.

3. Recurso especial a que se nega provimento.

(REsp 1467426/SP, Rel. Ministro OG FERNANDES, SEGUNDA TURMA, julgado em 10/03/2015, DJe 18/03/2015)

PROCESSUAL CIVIL. ART. 475, II, DO CPC. CABIMENTO. AÇÃO DE CONHECIMENTO. DÍVIDA ATIVA DA FAZENDA PÚBLICA. HIPÓTESE DOS AUTOS. EXECUÇÃO DE SENTENÇA CONTRA A UNIÃO. RECONSI-DERAÇÃO DA DECISÃO. JULGAMENTO EXTRA PETITA. RETORNO DOS AUTOS À INSTÂNCIA DE ORIGEM PARA NOVO JULGAMENTO.

1. O disposto no art. 475, II, do CPC expressamente preconiza o cabimento de ree-xame necessário no caso de julgamento procedente de embargos à execução de dívida ativa da Fazenda Pública, hipótese diversa dos autos, que trata de execução de sentença contra a União.

2. Conforme jurisprudência desta Corte Superior de Justiça, a remessa necessária é imperativa na fase de conhecimento e incabível na fase de execução.

3. Configurado o julgamento extra petita, impõe-se o retorno dos autos à instância de origem para que seja proferido novo julgamento.

Agravo regimental improvido.

(AgRg nos EDcl nos EDcl no REsp 1338659/PR, Rel. Ministro HUMBERTO MARTINS, SEGUNDA TURMA, julgado em 17/03/2016, DJe 22/03/2016)

Em relação ao acolhimento de exceção de pré-executividade, assim se manifestou o Superior Tribunal de Justiça:

1. O reexame necessário, previsto no artigo 475, do Código de Processo Civil, somente se aplica às sentenças de mérito (Precedentes do STJ: REsp 781.345/MG, Rel. Ministro Francisco Falcão, Primeira Turma, julgado em 29.06.2006, DJ 26.10.2006; REsp 815360/RS, Rel. Ministro Teori Albino Zavascki, Primeira Turma, julgado em 04.04.2006, DJ 17.04.2006; REsp 640.651/RJ, Rel. Ministro Castro Meira, Segunda Turma, julgado em 18.10.2005, DJ 07.11.2005; REsp 688.931/PB, Rel. Ministro Franciulli Netto, Segunda Turma, julgado em 14.12.2004, DJ 25.04.2005; e AgRg no REsp 510.811/MG, Rel. Ministro Francisco Falcão, Primeira Turma, julgado em 19.08.2004, DJ 27.09.2004).

2. In casu, a extinção do executivo fiscal se deu em virtude do acolhimento de exce-ção de pré-executividade, uma vez configurada carência da ação por ausência de interesse de agir.

3. Recurso especial provido.

(REsp 927.624/SP, Rel. Ministro LUIZ FUX, Rel. p/ Acórdão MIN., PRIMEIRA TURMA, julgado em 02/10/2008, DJe 20/10/2008).

Não se sujeita ao reexame necessário, ainda que a Fazenda Pública tenha sido condenada a pagar honorários advocatícios, a sentença que extinguiu execução fiscal em razão do acolhimento de exceção de pré-executividade pela qual se demonstrara o cancelamento, pelo Fisco, da inscrição em dívida ativa que lastreava a execução. Em relação à dívida ativa da Fazenda Pública, a lei somente prevê a remessa oficial em caso de sentença de procedência nos respectivos embargos do devedor (art. 475, II, do CPC). O CPC nada dispôs sobre o instituto do reexame necessário na hipótese do decisum que acolhe exceção de pré-executividade, tendo em vista tratar-se esse meio impugnativo de criação jurisprudencial. Se a matéria suscitada em exceção de pré-executividade fosse ventilada em embargos do devedor, o acolhimento do pedido, contra a argumentação fazendária, acarretaria a incidência do art. 475 do CPC. Por coerência, se a extinção da execução fiscal decorrer de acolhimento de exceção de pré-executividade, o reexame necessário somente deverá ser afastado na hipótese em que a Fazenda Pública, intimada para se manifestar sobre a referida objeção processual, a ela expressamente anuiu. Já a condenação ao pagamento dos encargos de sucumbência, por si só, não enseja a aplicação do art. 475 do CPC. A imposição do dever de pagamento dos honorários advocatícios possui natureza condenatória, mas reflete mera decorrência da derrota da parte, de modo que, se se entender que representa, por si, hipótese sujeita ao disposto no art. 475 do CPC, o procedimento da submissão ao duplo grau de jurisdição constituirá regra aplicável em qualquer hipótese, isto é, nos casos de julgamento com ou sem resolução do mérito, conclusão inadmissível. Dessa forma, somente a condenação ao pagamento dos honorários que tenha por fonte causadora a derrota da Fazenda Pública em relação ao conteúdo da exceção de pré--Executividade é que estará sujeita ao reexame necessário (aplicação, por analogia, da Súmula 325 do STJ). Caso a execução fiscal seja encerrada por força do cancelamento da CDA (art. 26 da Lei 6.830/1980), seja este motivado por reconhecimento expresso da Fazenda Pública quanto à procedência das alegações lançadas na objeção pré-executiva, seja por iniciativa de ofício do Fisco, o cabimento em si da condenação ao pagamento de verba honorária, ou a discussão quanto ao seu montante, somente poderá ser debatido por meio de recurso voluntário, não incidindo o art. 475, I, do CPC.

(REsp 1.415.603-CE, Rel. Min. Herman Benjamin, julgado em 22/5/2014).

É importante salientar que o Tribunal, quando da análise do duplo grau de jurisdição obrigatório, não poderá agravar a situação da Fazenda Nacional. Nesse sentido é o teor da Súmula n. 45 do S.T.J.: *"No reexame necessário, é defeso ao Tribunal, agravar a condenação imposta à Fazenda Pública".*

RECURSOS NO NOVO C.P.C.

Já a Súmula 325 do S.T.J. estabelece que: *"A remessa oficial devolve ao tribunal o reexame de todas as parcelas da condenação suportadas pela Fazenda Pública, inclusive dos honorários de advogado"*.

Portanto, a remessa necessária permite que o tribunal, em favor da Fazenda Pública, a) reduza a verba honorária a que ela foi condenada (STJ – 2ª T., Resp 373.834-RS, rel. Min. Eliana Calmon; b) determine a compensação dos honorários (quando ainda permitida) (STJ – 1ª T., Resp 113.365-PR., rel. Min. Garcia Vieira).

Importante ressaltar, ainda, o teor da Súmula n. 253 do S.T.J. que assim dispõe: *O art. 557 do CPC, que autoriza o relator a decidir o recurso, alcança o reexame necessário.*

O art. 557 do C.P.C. de 1973 equivale ao art. 932 do novo C.P.C., *in verbis*:

> *Art. 932. Incumbe ao relator:*
>
> *I – dirigir e ordenar o processo no tribunal, inclusive em relação à produção de prova, bem como, quando for o caso, homologar autocomposição das partes;*
>
> *II – apreciar o pedido de tutela provisória nos recursos e nos processos de competência originária do tribunal;*
>
> *III – não conhecer de recurso inadmissível, prejudicado ou que não tenha impugnado especificamente os fundamentos da decisão recorrida;*
>
> *IV – negar provimento a recurso que for contrário a:*
>
> *a) súmula do Supremo Tribunal Federal, do Superior Tribunal de Justiça ou do próprio tribunal;*
>
> *b) acórdão proferido pelo Supremo Tribunal Federal ou pelo Superior Tribunal de Justiça em julgamento de recursos repetitivos;*
>
> *c) entendimento firmado em incidente de resolução de demandas repetitivas ou de assunção de competência;*
>
> *V – depois de facultada a apresentação de contrarrazões, dar provimento ao recurso se a decisão recorrida for contrária a:*
>
> *a) súmula do Supremo Tribunal Federal, do Superior Tribunal de Justiça ou do próprio tribunal;*
>
> *b) acórdão proferido pelo Supremo Tribunal Federal ou pelo Superior Tribunal de Justiça em julgamento de recursos repetitivos;*
>
> *c) entendimento firmado em incidente de resolução de demandas repetitivas ou de assunção de competência;*
>
> *VI – decidir o incidente de desconsideração da personalidade jurídica, quando este for instaurado originariamente perante o tribunal;*

VII – determinar a intimação do Ministério Público, quando for o caso;
VIII – exercer outras atribuições estabelecidas no regimento interno do tribunal.
Parágrafo único. Antes de considerar inadmissível o recurso, o relator concederá o prazo de 5 (cinco) dias ao recorrente para que seja sanado vício ou complementada a documentação exigível.

Portanto, o relator, mediante decisão unipessoal, está autorizado a negar seguimento a recurso com base nas hipóteses normativas previstas no art. 932 do novo C.P.C. Tal prerrogativa alcança a remessa necessária.

A remessa necessária, expressão do poder inquisitivo que ainda ecoa no ordenamento jurídico brasileiro, porque de recurso não se trata objetivamente, mas de condição de eficácia da sentença, como se dessume da Súmula 423 do STF e ficou claro a partir do que dispõe o art. 496 do novo C.P.C. é instituto que visa a proteger o interesse público. Dentro desse contexto, é possível alargar as hipóteses de seu conhecimento, atribuindo-lhe mais do que o efeito devolutivo em sua concepção clássica (delimitado pela impugnação do recorrente), mas também o chamado efeito translativo, quando se permite ao órgão judicial revisor pronunciar-se de ofício, independentemente de pedido ou requerimento da parte ou interessado, em determinadas situações, como, por exemplo, para dirimir questões de ordem pública. Esse efeito translativo amplo admitido pela doutrina e pela jurisprudência não autoriza a conclusão de que toda e qualquer questão passível de ofender, em tese, o interesse público deva ou possa ser examinada, de ofício, pelo Tribunal ad quem. O reexame necessário nada mais é do que a permissão para um duplo exame da decisão proferida pelo Juiz Singular em detrimento do ente público, a partir das teses efetivamente objeto de contraditório ou de pronunciamento judicial anterior, sendo que o Tribunal somente pode conhecer de ofício daquelas matérias que também poderiam sê-lo pelo Julgador solitário.[138]

9.1.1. Entidades favorecidas pelo *duplo grau de jurisdição*
O art. 496 do atual C.P.C. estabelece que está sujeita ao duplo grau de jurisdição, não produzindo efeito senão depois de confirmada pelo tribu-

---

[138] STJ – Tema 333 (Recurso Repetitivo) – Resp 959338, Rel. Min. Napoleão Nunes Maia Filho.

nal, a sentença proferida contra a União, os Estados, o Distrito Federal, os Municípios e as respectivas autarquias e fundações de direito público.

Sobre a composição do *Estado Federal* brasileiro, anota o saudoso Hely Lopes Meirelles: *"No Estado Federal, que é o que nos interessa, a organização política era dual, abrangendo unicamente a União (detentora da Soberania) e os Estados-membros ou Províncias (com autonomia política, além da administrativa e financeira). Agora, a nossa Federação compreende a União, os Estados-membros, o Distrito Federal e os Municípios, que também são entidades estatais, com autonomia política reconhecida pela Constituição da República (art. 18), embora em menor grau que a dos Estados-membros (art. 25). Essa outorga constitucional de autonomia política aos Municípios é uma 'peculiaridade da Federação brasileira' ...Assim, integra a organização política da nossa Federação um Estado-membro anômalo, que é o Distrito Federal, onde se localiza a Capital da União: Brasília (art. 18 e §1º). Na nossa Federação, portanto, as 'entidades estatais', ou seja, 'entidades com autonomia política' (além da administrativa e financeira), são unicamente a União, os Estados-membros, os Municípios e o Distrito Federal..."*.[139]

Em relação às autarquias e às fundações, leciona Hely Lopes Meirelles:

> *"Entidades autárquicas – São pessoas jurídicas de Direito Público, de natureza meramente administrativa, criadas por lei específica, para a realização de atividades, obras ou serviços descentralizados da entidade estatal que as criou. Funcionam e operam na forma estabelecida na lei instituidora e nos termos de seu regulamento. As autarquias podem desempenhar atividades educacionais, previdenciárias e quaisquer outras outorgadas pela entidade estatal-matriz, mas sem subordinação hierárquica, sujeitas apenas ao controle finalístico de sua administração e da conduta de seus dirigentes.*
>
> *Entidades fundacionais – São pessoas jurídicas de Direito Público ou pessoas jurídicas de Direito Privado, devendo a lei definir as respectivas áreas de atuação, conforme o inc. XIX do art.37 da CF, na redação dada pela EC 19/98. No primeiro caso elas são criadas por lei à semelhança das autarquias, e no segundo a lei apenas autoriza sua criação, devendo o Poder Executivo tomar as providências necessárias para sua instituição".*[140]

Note-se que a exigência do duplo grau de jurisdição somente diz respeito às fundações de direito público e não de direito privado.

---

[139] MEIRELLES, Hely Lopes. *Direito administrativo brasileiro*. 29ª ed. São Paulo: Malheiros, 2004. p. 62.

[140] MEIRELLES, H. L., idem, p. 66.

Também não estará sujeita ao duplo grau de jurisdição a sentença proferida contra as empresas públicas e as sociedades de economia mista.

Embora despersonalizados, há órgãos estatais que mantêm relações funcionais entre si e com terceiros, das quais resultam efeitos jurídicos internos e externos, na forma legal ou regulamentar. E, a despeito de não terem personalidade jurídica, os órgãos podem ter prerrogativas funcionais próprias, que ainda que infringidas por outro órgão, admitem defesa até mesmo por *mandado de segurança*.[141] Assim, por exemplo, a Câmara Municipal é dotada de capacidade processual para estar em juízo na defesa de seus interesses e prerrogativas institucionais, sendo que, na hipótese de a sentença lhe ser desfavorável e por ser um órgão de uma entidade estatal, haverá a aplicação obrigatória do duplo grau de jurisdição. Sobre tema, eis a seguinte decisão do S.T.J.:

> *PROCESSUAL CIVIL. ADMINISTRATIVO. RECURSO ESPECIAL. AÇÃO PARA ANULAR REJEIÇÃO DE CONTAS APRESENTADAS POR PREFEITO À CÂMARA MUNICIPAL. INTERPRETAÇÃO DO ARTIGO 475, § 2º, DO CPC (REDAÇÃO DADA PELA LEI 10.352/01). DISPENSA DO REEXAME NECESSÁRIO. VALOR ECONÔMICO A SER AFERIDO NA SENTENÇA. INEXISTÊNCIA DE PARÂMETRO NO CASO DOS AUTOS. IMPRESCINDÍVEL O RECEBIMENTO DA REMESSA EX OFFICIO.*
>
> *1. Recurso especial que trata da violação do artigo 475, § 2º, do CPC. Isso porque o órgão julgador a quo se recusou a receber remessa necessária advinda de sentença que julgou parcialmente procedente ação para desconstituir decisão da Câmara Municipal, a qual havia rejeitado as contas apresentadas pelo ora recorrido (prefeito que exerceu o mandato entre 1993 e 1996).*
>
> *2. O reexame necessário é condição imposta a sentenças proferidas em desfavor da União, Estados, Distrito Federal, Municípios, respectivas autarquias, bem como no julgamento de embargos à execução de dívida ativa da Fazenda Pública, tendo por escopo garantir a eficácia do provimento jurisdicional após novo exame pelo órgão colegiado, o que, de certa forma, traduz maior segurança jurídica às relações que envolvam a coisa pública.*
>
> *3. Não há que se aplicar o § 2º do artigo 475 do CPC quando tratar-se de sentenças ilíquidas ou que decidam pretensão que não contenha natureza econômica certa, tampouco àquelas demandas declaratórias, constitutivas ou desconstitutivas cujo provi-*

---

[141] MEIRELLES, H. L., idem, p. 69.

RECURSOS NO NOVO C.P.C.

mento, ou não, deixe de albergar parâmetro objetivo a fim de se definir um valor certo a ser estipulado para a condenação. Interpretação do § 2º do artigo 475 do CPC firmada pela Corte Especial deste Tribunal Superior no julgamento do EREsp 600.596/RS, da relatoria do Ministro Teori Albino Zavascki, DJe de 23.11.2009.

4. Recurso especial provido.

(REsp 1172903/PR, Rel. Ministro BENEDITO GONÇALVES, PRIMEIRA TURMA, julgado em 20/04/2010, DJe 03/05/2010)

9.1.2. Ineficácia da decisão que não foi submetida ao duplo grau de jurisdição

O art. 496 do atual C.P.C. preconiza que *não produz efeito* a sentença que não for submetida ao duplo grau de jurisdição.

Assim, no atual Código de Processo Civil de 2015, assim como já ocorrerá com o C.P.C. de 1973, art. 475, algumas sentenças estão "sujeitas ao duplo grau de jurisdição, não produzindo efeitos antes da confirmação pelo tribunal".

Conforme anota Gisele Mazzoni Welsch: *Tratando-se de sentença sujeita obrigatoriamente ao duplo grau, nos termos estabelecidos no Código de Processo Civil, seus efeitos ficam suspensos e não trazem consequência alguma para a finalidade para a qual tenha sido proferida antes que sobre a questão haja manifestação da instância superior. Ou seja, até que, em razão da devolução necessária da causa ao tribunal, haja pronunciamento no sentido de mantê-la ou modificá-la, independentemente de eventual recurso interposto pela partes interessadas.*[142]

Para Marinoni e Arenhart, a remessa necessária seria uma condição para eficácia da sentença, pois a lei processual deixa evidenciado que, em certos casos, a sentença, apesar de válida, não produz efeito senão depois de confirmada pelo tribunal.[143]

Segundo estabelece a Súmula 423 do S.T.F.: *"Não transita em julgado a sentença por haver omitido o recurso 'ex officio', que se considera interposto 'ex lege'".*

---

[142] WELSCH, G. M. op. cit., p. 32.

[143] MARINONI, Luiz Guilherme; ARENHART, Sergio Cruz. *Manual do processo de conhecimento: A tutela jurisdicional através do processo de conhecimento.* São Paulo: Revista dos Tribunais, 2003. p. 652.

A interpretação doutrinária de que não produz efeito a decisão antes de apreciada pelo tribunal 'ad quem' em remessa oficial, foi sustentada por Odilon de Andrade em comentários ao código de 1939.[144]

Contudo, o art. 496 do novo C.P.C. deve ser analisado com certo cuidado, pois determinados capítulos da sentença proferida contra a Fazenda Pública poderão sim produzir efeitos, embora, enquanto não analisada pelo tribunal, não transitará em julgado.

Assim, na eventual concessão de tutela provisória antecipada na sentença final, tal tutela terá eficácia, ainda que o juiz de primeiro grau não tenha observado o reexame necessário.

Além do mais, é possível a execução provisória contra a Fazenda Pública, especialmente em relação à obrigação de fazer ou não fazer. Nesse sentido, eis os seguintes precedentes do S.T.J.:

AGRAVO REGIMENTAL NO AGRAVO EM RECURSO ESPECIAL. MILITAR. REFORMA. EXECUÇÃO PROVISÓRIA CONTRA A FAZENDA PÚBLICA. POSSIBILIDADE. PRECEDENTES DO STJ. OMISSÃO DO ARESTO REGIONAL AFASTADA.

1. Afasta-se a alegada ofensa ao art. 535 do CPC, na medida em que o Tribunal de origem dirimiu, fundamentadamente, as questões que lhe foram submetidas, apreciando integralmente a controvérsia posta nos presentes autos, não se podendo, ademais, confundir julgamento desfavorável ao interesse da parte com negativa ou ausência de prestação jurisdicional.

2. "As vedações previstas no art. 2º-B Lei 9.494/97 devem ser interpretadas restritivamente. Dessa forma, preenchidos os requisitos autorizadores de sua concessão, é admissível a antecipação dos efeitos da tutela em desfavor da Fazenda Pública, desde que a situação não esteja inserida nas vedações da supramencionada norma." (AgRg no Ag 1364594/SP, Rel. Ministro Arnaldo Esteves Lima, Primeira Turma, DJe 27/5/2011)

3. Na hipótese dos autos, que versa sobre concessão de reforma a militar, não incide a regra que veda a execução provisória de sentença contra a Fazenda Publica.

Agravo regimental a que se nega provimento.

Agravo regimental improvido.

(AgRg no AREsp 422.856/PI, Rel. Ministro HUMBERTO MARTINS, SEGUNDA TURMA, julgado em 11/03/2014, DJe 18/03/2014).

---

[144] DE ANDRADE, Odilon. *Comentários ao Código de Processo Civil*. Vol. 9. Rio de Janeiro: Forense, 1946, pags. 162 e 163.

RECURSOS NO NOVO C.P.C.

Há, ainda, a seguinte advertência de Cássio Scarpinella Bueno: *"Se, onto-logicamente, pode até ser considerada legítima a afirmação de que o reexame neces-sário é avesso à idéia de eficácia da decisão a ele sujeita, do ponto de vista do direito positivo não podemos concordar com esse entendimento, por falta de previsão legal. O art. 475 e o art. 520, caput, do CPC, dessa forma, não apresentam qualquer relação entre si. Nesse sentido, o parágrafo único do art. 12 da Lei do Mandado de Segurança, referido por Alcides Mendonça Lima, é, muito mais, uma ênfase quanto à plena eficácia das decisões proferidas no mandado de segurança (hoje, como já tive-mos a oportunidade de analisar, com supedâneo constitucional revitalizado) do que uma exceção ao art. 475 do CPC, vale dizer: proibição de execução provisória contra a Fazenda naqueles casos em que o sistema a admite, em última ratio".*[145]

É certo, contudo, que a expedição de precatório, com base na nova reda-ção do §1º do art. 100 da Constituição de 1988, somente ocorrerá depois do trânsito em julgado da sentença. Nesse sentido é a seguinte decisão do Supremo Tribunal Federal:

> *Desde a promulgação da Emenda Constitucional 30, de 13.09.2000, que deu nova redação ao § 1o do art. 100 da Constituição federal de 1988, tornou-se obrigatória a inclusão, no orçamento das entidades de direito público, de verba necessária ao paga-mento dos débitos oriundos apenas de sentenças transitadas em julgado, constantes de precatórios judiciais. Não se admite, assim, execução provisória de débitos da Fazenda Pública. Agravo regimental a que se nega provimento".*
>
> (RE 463936 ED, Relator(a): Min. JOAQUIM BARBOSA, Segunda Turma, julgado em 23/05/2006, DJ 16-06-2006 PP-00027 EMENT VOL-02237-05 PP-00829)

Na verdade, o duplo grau de jurisdição condiciona o trânsito em jul-gado da decisão e não outros efeitos que possam ela gerar. Nesse sentido é a Súmula 423 do S.T.F.: *"Não transita em julgado a sentença por haver omi-tido o recurso 'ex officio', que se considera interposto 'ex lege'".*

É certo, porém, que se no recurso voluntário o efeito decorrente da apelação seria o suspensivo, também esse efeito ocorrerá com ou sem a omissão da remessa necessária.

---

[145] SCARPINELLA BUENO, Cássio. *Execução provisória e antecipação da tutela.* São Paulo: Saraiva, 1999. pp. 210/211.

9.1.3. Remessa obrigatória dos autos ao tribunal superior – avocatória

Preceitua o §1º do art. 496 do atual C.P.C. que nos casos previstos no *caput* do art. 496, não interposta a apelação no prazo legal, o juiz ordenará a remessa dos autos ao tribunal, e, se não o fizer, o presidente do respectivo tribunal avocá-los-á.

Sendo o duplo grau de jurisdição obrigatório por força de lei, o juiz, após expirado o prazo para eventual recurso voluntário, deverá remeter os autos ao Tribunal competente. Se não o fizer, o presidente do respectivo tribunal poderá avocar os autos para a concretização do princípio aludido.

A competência do presidente do tribunal, no âmbito da avocatória, exaure-se na avocação do processo e na sua distribuição ao órgão jurisdicional competente para conhecer do mérito da questão.

Tenho para mim que a avocatória realizada pelo presidente do tribunal não vincula o órgão julgador que poderá entender que não seria caso de remessa necessária.

Enquanto não analisada a questão pelo tribunal "ad quem", a decisão não transita em julgado.

Uma vez avocados os autos, o tribunal deverá prosseguir no julgamento da remessa necessária.

9.1.4. Hipóteses normativas que dispensam a *remessa necessária*

Segundo estabelece o §3º do art. 496 do atual C.P.C., não se aplica a *remessa necessária* quando a condenação ou o proveito econômico obtido na causa for de valor certo e líquido inferior a: I – 1.000 (mil) salários-mínimos para União e as respectivas autarquias e fundações de direito público; II – 500 (quinhentos) salários mínimos para os Estados, o Distrito Federal, as respectivas autarquias e fundações de direito público, e os Municípios que constituam capitais dos Estados; III – 100 (cem) salários-mínimos para todos os demais municípios e respectivas autarquias e fundações de direito público.

O §2º do art. 475 do C.P.C. de 1973 excluía o duplo grau de jurisdição obrigatório sempre que a condenação, ou o direito controvertido, fosse de valor certo não excedente a 60 (sessenta) salários mínimos, bem como no caso de procedência dos embargos do devedor na execução de dívida ativa do mesmo valor.

O §3º do art. 496 do atual C.P.C. exclui o duplo grau de jurisdição obrigatório quando o valor da condenação ou o proveito econômico obtido na causa for de valor certo e líquido inferior a: a) a *mil salários mínimos* para a União, respectivas autarquias e fundações de direito público; b) *quinhentos salários mínimos* para o Estados, o Distrito Federal e as respectivas autarquias e fundações de direito público, bem assim para os Municípios que constituam capitais dos Estados. O legislador determinou que o valor mínimo para os municípios situados nas capitais dos Estados será de quinhentos salários mínimos e não cem salários mínimos conforme estabelece de forma genérica para os municípios a letra c) deste dispositivo; c) *cem salários mínimos* para todos os demais municípios e respectivas autarquias e fundações de direito público. Salvo para os municípios situados nas capitais dos Estados quando o valor mínimo será de quinhentos salários mínimos.

A limitação do valor para efeito de observância da remessa necessária abrange as demandas inseridas no processo de conhecimento como no aquelas inseridas no âmbito dos embargos à execução fiscal.

O novo C.P.C., portanto, ao invés de estabelecer um valor uniforme, optou por diferenciar o valor dependendo do ente público em questão.

É importante salientar que o valor base para a observância da remessa necessária não é o valor da causa, mas, sim, o valor imposto na condenação ou o proveito econômico obtido na causa. Portanto, o momento para se avaliar a necessidade ou não do reexame necessário é a data da publicação da decisão. Nesse sentido é a decisão proferida pelo S.T.J. no Resp n. 625.219, rel. Min. Teoria Zavascki. Em sentido contrário, S.T.J., Resp N. 572.681, Rel. Min. Laurita Vaz.

No voto proferido pelo Min. Benedito Gonçalves, no REsp. n. 1.172.903/PR, constou a seguinte advertência:

> *(...).*
>
> *Com efeito, o dispositivo não tem por discrímen o valor dado à causa. Os parâmetros a ensejar o não conhecimento do reexame necessário estão adstritos à condenação ou ao direito controvertido, que deverão conter valor certo, não podendo exceder a 60 (sessenta) salários mínimos. O valor econômico dessas exceções é que determina a regra para a inexigibilidade do reexame necessário e deve ser aferido na sentença. Desse modo, não há que se aplicar o § 2º do artigo 475 do CPC quando tratar-se de sentenças ilíquidas ou que decidam pretensão que não contenha natureza econômica certa, tampouco àquelas demandas declaratórias, constitutivas ou desconstitutivas cujo provimento ou não, deixe de albergar parâmetro objetivo a fim de se definir um valor certo a ser estipulado para a condenação.*

Aliás, a quaestio juris foi submetida à Corte Especial deste Tribunal no julgamento do EREsp 600.596/RS, da relatoria do Ministro Teori Albino Zavascki, DJe de 23.11.2009, no qual sedimentou-se o entendimento alhures delineado. Confira-se:

PROCESSUAL CIVIL. EMBARGOS DE DIVERGÊNCIA. REEXAME NECESSÁRIO. INTELIGÊNCIA DO § 2º DO ART. 475 DO CPC, COM A REDAÇÃO DA LEI 10.352/01. 1. Nos termos do art. 475, § 2º, do CPC, a sentença não está sujeita a reexame necessário quando "a condenação, ou o direito o direito controvertido, for de valor certo não excedente a 60 (sessenta) salários mínimos". Considera-se "valor certo", para esse efeito, o que decorre de uma sentença líquida, tal como prevê o art. 459 e seu parágrafo, combinado com o art. 286 do CPC. 2. Os pressupostos normativos para a dispensa do reexame têm natureza estritamente econômica e são aferidos, não pelos elementos da demanda (petição inicial ou valor da causa), e sim pelos que decorrem da sentença que a julga. 3. A norma do art. 475, § 2º, é incompatível com sentenças sobre relações litigiosas sem natureza econômica, com sentenças declaratórias e com sentenças constitutivas ou desconstitutivas insuscetíveis de produzir condenação de valor certo ou de definir o valor certo do objeto litigioso. 4. No caso, a ação tem por objeto a averbação de tempo de serviço de atividade rural para fins de aposentadoria, sendo que a sentença não contém "condenação" e nem define o valor do objeto litigioso. 5. Embargos de divergência providos.

Sobre o tema, ressalta-se o voto proferido pelo eminente relator neste julgamento:

2. Ao tratar das hipóteses em que é obrigatório o reexame necessário das sentenças de primeiro grau, o § 2º do art. 475 do CPC, com a redação dada pela Lei 10.352/01, estabeleceu, entre outras, a seguinte exceção: "Não se aplica o disposto neste artigo sempre que a condenação, ou o direito controvertido, for de valor certo não excedente a 60 (sessenta) salários mínimos (...)". Como se vê, o parâmetro adotado não foi o valor da causa, mas o valor da condenação ou do direito controvertido . É irrelevante, para esse efeito, o valor que tenha sido atribuído à causa. A exceção ao cabimento do reexame somente se configura pela concorrência de pressupostos que dizem respeito a elementos econômicos do direito litigioso, a saber: (a) que o valor da condenação ou do direito controvertido seja um valor certo; e (b) que não exceda a sessenta salários mínimos. A aferição desses pressupostos é feita, não pelos elementos da demanda e sim pelos que decorrem da sentença que a julga. Em outras palavras, a definição do cabimento ou não do reexame necessário leva em conta, não a petição inicial (ou o valor da causa nela constante), e sim a sentença. 3. O significado da expressão legal "valor certo" é obtido por interpretação sistemática. O art. 286 do CPC determina que o pedido deve ser certo ou determi-

RECURSOS NO NOVO C.P.C.

nado, admitindo, porém, nas hipóteses listadas em seus incisos, a formulação de pedido genérico. Eis seu texto:

Art. 286. O pedido deve ser certo ou determinado. É lícito, porém, formular pedido genérico: I – nas ações universais, se não puder o autor individuar na petição os bens demandados;

II – quando não for possível determinar, de modo definitivo, as conseqüências do ato ou do fato ilícito;

III – quando a determinação do valor da condenação depender de ato que deva ser praticado pelo réu.

Sobre a correspondente sentença, por sua vez, dispõe o art. 459 do mesmo Código que, acolhendo pedido certo, deverá ser líquida:

Art. 459. O juiz proferirá a sentença, acolhendo ou rejeitando, no todo ou em parte, o pedido formulado pelo autor. Nos casos de extinção do processo sem julgamento do mérito, o juiz decidirá em forma concisa. Parágrafo único. Quando o autor tiver formulado pedido certo, é vedado ao juiz proferir sentença ilíquida.

Assim, a sentença imporá condenação em "valor certo" (= líquido, determinado, cuja verificação não dependa de qualquer procedimento de cálculo, atualização, etc.) sempre que julgar procedente ou parcialmente procedente pedido certo. E a remessa de ofício contra essa espécie de sentença será incabível sempre que o montante nela indicado for inferior a 60 (sessenta) salários-mínimos. 4. Não é viável a aplicação da norma do art. 475, § 2º, primeira parte, aos recursos dirigidos contra sentenças ilíquidas – assim entendidas aquelas que contenham condenação genérica (CPC, art. 586, § 1º). Isso porque, para dar cumprimento ao comando legal segundo o qual o valor que baliza o cabimento ou não do reexame necessário é o da condenação (expresso na sentença), e não o da causa (constante na inicial), seria indispensável proceder a uma espécie de "liquidação antecipada da sentença", o que desatenderia completamente aos objetivos de economia e celeridade processuais inspiradores da inovação legislativa, ou mesmo aguardar a fase de liquidação para somente então verificar o cabimento da remessa, o que atentaria contra a lógica da marcha processual. O alvitrado mecanismo de atualização monetária do valor da causa, por sua vez, não atende à determinação legal segundo a qual o parâmetro para definição do cabimento da remessa é a sentença, e não a inicial, revelando-se especialmente inadequado em casos como o dos autos, em que a sentença julgou parcialmente procedentes os vários pedidos formulados – cuja participação proporcional no valor da causa demandaria a realização de complexos cálculos. 5. Por outro lado, não há como adotar a norma do art. 475, § 2º em relação a sentenças sobre relações litigiosas sem natureza econômica, bem assim a sentenças declaratórias e a sentenças constitutivas ou desconstitutivas insuscetíveis de produzir condenação certa ou de definir objeto litigioso

DUPLO GRAU DE JURISDIÇÃO – NATUREZA JURÍDICA

de valor certo. Ora, no caso, a ação tem por objeto a revisão de parcelamento de dívida tributária, com o fito de ver reconhecida a ilegitimidade parcial da dívida e de vários de seus acréscimos, sendo que a sentença foi de procedência parcial e, além de não conter "condenação", não definiu o valor do objeto litigioso.

(...).

Deve-se ressaltar que quando o valor não puder ser apurado de plano, por ser genérica a sentença ou ilíquida a decisão, haverá necessidade de aplicação do princípio do duplo grau de jurisdição. Sobre o tema, estabelece a Súmula 490 do S.T.J.: *A dispensa de reexame necessário, quando o valor da condenação ou do direito controvertido for inferior a sessenta salários mínimos, não se aplica a sentenças ilíquidas.* Sobre o tema, eis o seguinte precedente do S.T.J.:

PROCESSUAL CIVIL. RECURSO ESPECIAL. SENTENÇA CONDENATÓRIA DESFAVORÁVEL À FAZENDA PÚBLICA. ARTIGO 475, § 2º, DO CPC. ALTERAÇÃO DADA PELA LEI 10.352/01. CONDENAÇÃO INFERIOR A 60 SALÁRIOS MÍNIMOS. ALCANCE DA EXPRESSÃO VALOR CERTO. CRITÉRIO DEFINIDOR. SENTENÇA ILÍQUIDA. REMESSA NECESSÁRIA. CABIMENTO.

1. Controvérsia acerca do alcance da expressão "valor certo" contida no artigo 475, § 2º, do CPC.

2. A Lei 10.352, de 26.12.2001, ao regular o reexame necessário, dispôs: "Art. 475. Está sujeita ao duplo grau de jurisdição, não produzindo efeito senão depois de confirmada pelo tribunal, a sentença:(...)§ 2º Não se aplica o disposto neste artigo sempre que a condenação, ou o direito controvertido, for de valor certo não excedente a 60 (sessenta) salários mínimos, bem como no caso de procedência dos embargos do devedor na execução de dívida ativa do mesmo valor."

3. Neste contexto, impõe-se considerar o espírito do legislador quando da nova reforma processual, que, com o escopo de tornar efetiva a tutela jurisdicional e agilizar a prestação da justiça, excluiu da submissão ao duplo grau obrigatório as causas não excedentes a sessenta salários mínimos, numa coerente correlação com o sistema dos juizados especiais federais (Lei nº 10.259/01), competente para o julgamento das causas de pequeno valor.

4. In casu, a remessa necessária teve negado o seu seguimento no Tribunal de origem, por entender a ilustre Relatora que a causa em questão, a qual fora atribuído o valor de R$ 8.900,00 (oito mil e novecentos reais), portanto, inferior a sessenta salários mínimos, não estava sujeita ao duplo grau obrigatório de jurisdição, nos termos do art. 475, § 2º, com a nova redação trazida pela Lei nº 10.352/01.

RECURSOS NO NOVO C.P.C.

5. *A condenação baliza-se pelo valor do pedido, que só pode ser genérico nas hipóteses do art. 286, do CPC, tanto mais que diante do pedido líquido é defeso ao juiz proferir decisão ilíquida. Destarte, não havendo pedido condenatório faz-lhe as vezes para fins do art. 475, § 2º, do CPC o "valor" do direito controvertido, encartado na inicial através do valor da causa.*

6. *Entretanto, somente nas hipóteses de pedido genérico e ilíquido autorizadas na lei é lícito submeter a sentença ao duplo grau, posto que a exegese deve ser levada a efeito em prol do interesse público, inexistindo nos autos prova antecipada do "quantum debeatur", como no caso sub judice.*

7. *Destarte, o pedido teve o valor fixado por estimativa, sendo certo que, nestas hipóteses, não há impugnação e vigora o princípio in dubio pro fiscum, maxime, porque a sentença é ilíquida, conspirando em prol da ratio essendi do art. 475, § 2º, do CPC.*

8. *Recurso especial provido.*

(REsp 651.929/RS, Rel. Ministro LUIZ FUX, PRIMEIRA TURMA, julgado em 15/03/2005, DJ 25/04/2005, p. 241)

Segundo estabelece o §4º do art. 496 do atual C.P.C., também não se exige o duplo grau de jurisdição quando a sentença estiver fundada em:

I – súmula de tribunal superior;

II – acórdão proferido pelo Supremo Tribunal Federal ou pelo Superior Tribunal de Justiça em julgamento de recursos repetitivos;

III – entendimento firmado em incidente de resolução de demandas repetitivas ou de assunção de competência;

IV – entendimento coincidente com orientação vinculante firmada no âmbito administrativo do próprio ente público, consolidada em manifestação, parecer ou súmula administrativa.

A sentença, mesmo que proferida contra os entes elencados no inc. I do art. 496 do atual C.P.C., não estará sujeita ao duplo grau de jurisdição se ela estiver fundada em súmula (ainda que não vinculante) dos tribunais superiores (S.T.F., S.T.J., T.S.T.; S.T.M.; T.S.E), ou, ainda, em acórdão proferido pelo Supremo Tribunal Federal ou pelo Superior Tribunal de Justiça em julgamento de casos repetitivos, ou quando o entendimento estiver consubstanciado em decisão proferida em incidente de resolução de demandas repetitivas ou de assunção de competência, ou, por fim, quando o entendimento da sentença coincidir com a orientação administrativa consolidada em manifestação, parecer ou súmula do órgão administrativo competente.

Nessas hipóteses, pouco importando o valor da condenação, não haverá a *remessa necessária*.

É importante salientar que o art. 19 da Lei 10.522, de 19.7.02, com a redação dada pela Lei 11.033, de 21.12.04, estabelece que: *"Fica a Procuradoria--Geral da Fazenda Nacional autorizada a não contestar, a não interpor recurso ou a desistir do que tenha sido interposto, desde que inexista outro fundamento relevante, na hipótese de a decisão versar sobre: I – matérias de que trata o art. 18; II – matérias que, em virtude de jurisprudência pacífica do Supremo Tribunal Federal, ou do Superior Tribunal de Justiça, sejam objeto de ato declaratório do Procurador-Geral da Fazenda Nacional, aprovado pelo Ministro de Estado da Fazenda".*

A sentença, ocorrendo as hipóteses do art. 19 da Lei 10.522, de 19.7.02, não se subordinará ao duplo grau de jurisdição obrigatório (§2º do art. 19 da Lei 10.522/02).

Por outro lado, estabelece o art. 12 da Medida Provisória n. 2.180-35, de 24.08.01: *"Não estão sujeitas ao duplo grau de jurisdição obrigatório as sentenças proferidas contra a União, suas autarquias e fundações públicas, quando a respeito da controvérsia o Advogado-Geral da União ou outro órgão administrativo competente houver editado súmula ou instrução normativa determinando a não-interposição de recurso voluntário".*

Também não haverá o duplo grau de jurisdição obrigatório nas sentenças proferidas nos Juizados Especiais, nos termos do art. 13 da LJEF.

9.1.5. Estabilização dos efeitos da tutela provisória antecipada e a remessa necessária

Questão interessante diz respeito ao disposto no art. 304, §1º, do novo C.P.C., que determinada a extinção do processo, quando a Fazenda Pública não interpuser o recurso respectivo em face da decisão interlocutória que concede tutela provisória antecipada antecedente. Não interposto o recurso respectivo, no caso, o recurso de agravo de instrumento (art. 1.015, inc. I, do novo C.P.C.), haverá a estabilização dos efeitos da tutela antecipada concedida em desfavor da Fazenda Pública, nos termos do art. 304, 'caput', do novo C.P.C.

Diante dessa ultratividade ou estabilização dos efeitos da tutela, é de se indagar da necessidade de reexame necessário, nos termos do art. 496, inc. I, do novo C.P.C.

Segundo estabelece o art. 496, inc. I, do novo C.P.C., estará sujeita ao duplo grau de jurisdição, não produzindo efeito, senão depois de confirmada pelo tribunal, a sentença proferida contra a União, os Estados, o Distrito Federal, os Municípios e suas respectivas autarquias e fundações.

No caso, a decisão que extingue o processo pela falta de interposição de recurso de agravo de instrumento contra decisão interlocutória que concede tutela antecipada antecedente apresenta natureza de sentença sem resolução de mérito.

Portanto, muito embora se trate de uma sentença, ela não resolve o mérito da questão, não podendo ser considerada como uma decisão contrária aos interesses da União, dos Estados, do Distrito Federal, dos Municípios e suas respectivas autarquias e fundações.

A decisão contrária aos referidos entes públicos não é a sentença de extinção, mas, sim, a decisão interlocutória que concedeu a tutela antecipada. E contra decisão interlocutória não há remessa oficial.

9.1.6. Decisão parcial de mérito e remessa necessária

Sob a égide do C.P.C. de 1973, o S.T.J. não admitia a prolação de sentença parcial de mérito, conforme estabelece o seguinte precedente:

> *Mesmo após as alterações promovidas pela Lei 11.232/2005 no conceito de sentença (arts. 162, § 1º, 269 e 463 do CPC), não se admite a resolução definitiva fracionada da causa mediante prolação de sentenças parciais de mérito. A reforma processual oriunda da Lei 11.232/2005 teve por objetivo dar maior efetividade à entrega da prestação jurisdicional, sobretudo quanto à função executiva, pois o processo passou a ser sincrético, tendo em vista que os processos de liquidação e de execução de título judicial deixaram de ser autônomos para constituírem etapas finais do processo de conhecimento; isto é, o processo passou a ser um só, com fases cognitiva e de execução (cumprimento de sentença). Daí porque houve a necessidade de alteração, entre outros dispositivos, dos arts. 162, 269 e 463 do CPC, visto que a sentença não mais "põe fim" ao processo, mas apenas a uma de suas fases. Alguns processualistas, a partir do novo conceito, em uma interpretação literal do art. 162, § 1º, do CPC, passaram a enxergar a sentença exclusivamente quanto ao seu conteúdo, de modo a admitirem que o juiz julgue apenas parcela da demanda, remetendo para outro momento processual o julgamento do restante da controvérsia. Entretanto, a exegese que melhor se coaduna com o sistema lógico-processual brasileiro é a sistemática e teleológica, devendo, portanto, ser levados em consideração, para a definição de sentença, não só o art. 162, § 1º, do CPC, mas também os arts.*

162, §§ 2º e 3º, 267, 269, 459, 475-H, 475-M, § 3º, 504, 513 e 522 do CPC. Logo, pelo atual conceito, sentença é o pronunciamento do juiz de primeiro grau de jurisdição (i) que contém uma das matérias previstas nos arts. 267 e 269 do CPC e (ii) que extingue uma fase processual ou o próprio processo. A nova Lei apenas acrescentou mais um parâmetro (conteúdo do ato) para a identificação da decisão como sentença, já que não foi abandonado o critério da finalidade do ato (extinção do processo ou da fase processual). Permaneceu, assim, no CPC/1973, a teoria da unidade estrutural da sentença, a obstar a ocorrência de pluralidade de sentenças em uma mesma fase processual. Isso não impede, todavia, a prolação de certas decisões interlocutórias que contenham matérias de mérito (art. 269 do CPC), tais quais as que apreciam a liquidação, mas, por não encerrarem o processo ou a fase processual, não podem ser consideradas sentença. Ademais, apesar de o novo CPC (Lei 13.105/2015), que entrará em vigor no dia 17 de março de 2016, ter disciplinado o tema com maior amplitude no art. 356, este diploma não pode incidir antes da referida data nem de forma retroativa, haja vista os princípios do devido processo legal, da legalidade e do tempus regit actum.

(REsp 1.281.978-RS, Rel. Min. Ricardo Villas Bôas Cueva, julgado em 5/5/2015, DJe 20/5/2015).

O art. 356 do novo C.P.C., trouxe uma importante inovação para o processo civil brasileiro com a instituição da *decisão parcial de mérito*.[146]

O juiz decidirá parcialmente o mérito quando um ou mais dos pedidos formulados ou parcela deles: a) mostrar-se incontroverso; b) estiver em condições de imediato julgamento, nos termos do art. 355 do novo C.P.C., ou seja, não houver necessidade de produção de outras provas ou sendo o réu revel, ocorrer o efeito previsto no art. 344 do novo C.P.C. e não houver requerimento de prova, na forma do art. 349 do novo C.P.C.

A decisão que julgar parcialmente o mérito é impugnável por meio de agravo de instrumento (§5º do art. 356 do novo C.P.C.).

---

[146] No âmbito do procedimento arbitral, a possibilidade de sentença parcial há muito vem sendo admitida, nos termos da Lei 9.307/1996, antes, inclusive, da modificação introduzida pela Lei 13.129/2015.

No direito comparado, a permissão de prolação de sentença arbitral parcial é expressamente indicada nos principais regulamentos de arbitragem internacional, como, por exemplo, UNCITRAL – *United Nations Commission on International Trade Law*, art. 32.1; ICC – *International Court of Arbitration*, art. 2 (iii); AAA – *International Centre for Dispute Resolution*, art. 27.7; e LCIA – *London Court of International Arbitration*, art. 26.7.

Diante de uma decisão que julga parcialmente o mérito, haveria espaço para a remessa necessária?

Penso que a resposta deve ser *negativa*, em face de dois fundamentos.

Em primeiro lugar, a decisão que julga parcialmente o mérito não tem natureza de sentença, pois não se enquadra na definição contida no art. 203, §1º, do novo C.P.C., que assim dispõe: *Ressalvadas as disposições expressas dos procedimentos especiais, sentença é o pronunciamento por meio do qual o juiz, com fundamento nos arts. 485 e 487, põe fim à fase cognitiva do procedimento comum, bem como extingue a execução.*

A decisão proferida nos termos do art. 356 do novo C.P.C., embora julgue um ou mais pedidos, não põe fim à fase cognitiva do procedimento comum, pois o referido procedimento prossegue para análise dos demais pedidos.

Por sua vez, o art. 496 do novo C.P.C. somente exige o duplo grau de jurisdição em relação à sentença e não em relação à decisão interlocutória.

Em segundo lugar, o §1º do art. 496 do novo C.P.C. estabelece que *"nos casos previstos neste artigo, não interposta a apelação no prazo legal, o juiz ordenará a remessa dos autos ao tribunal, e, se não o fizer, o presidente do respectivo tribunal avocá-lo-á".*

Portanto, a remessa necessária somente tem aplicação em consonância com o recurso de *apelação* e não com o recurso de *agravo de instrumento.*

Consequentemente, não há remessa necessária em agravo de instrumento.

9.1.7. Direito intertemporal e remessa necessária

Questão importante a ser avaliada no âmbito da remessa necessária, diz respeito à norma a ser aplicada na passagem entre o velho e o novo código de processo civil brasileiro.

Tendo em vista que se trata de questão referente ao direito intertemporal, remete-se o leitor para o item 16.1. deste trabalho.

9.2. O negócio jurídico processual e o duplo grau de jurisdição

Nos termos do art. 190 do novo C.P.C., versando o processo sobre direitos que admitam autocomposição, é lícito às partes plenamente capazes estipular mudanças no procedimento para ajustá-lo às especificidades da

DUPLO GRAU DE JURISDIÇÃO – NATUREZA JURÍDICA

causa e convencionar sobre os seus ônus, poderes, faculdades e deveres processuais, antes ou durante o processo.[147]

O art. 190 do novo C.P.C. trata do negócio jurídico processual atípico, permitindo que as partes possam estabelecer de forma consensual diretrizes específicas sobre o andamento do procedimento.[148]

Entende-se por negócio jurídico processual, *"a declaração de vontade expressa, tácita ou implícita, a que são reconhecidos efeitos jurídicos, conferindo-se ao sujeito o poder de escolher a categoria jurídica ou estabelecer certas situações jurídicas processuais. Sua característica marcante está na soma da vontade do ato com a vontade do resultado prático pretendido"*.[149]

---

[147] *"A ideia de realização de negócios tendo por objeto normas processuais – ou o comportamento das partes no processo – causa forte estranheza ao jurista brasileiro. Nunca antes a legislação processual civil concebera a possibilidade tão ampla de celebração, até mesmo de negócios atípicos, que desafiam a criatividade humana. Apenas a título de exemplo, é possível imaginar a negociação sobre a escolha de peritos, atos de comunicação por meios atípicos (SMS, WhatsApp, Telegram etc.), limitação a número de testemunhas e possibilidade de depoimento colhido por escrito, renúncia a recursos, supressão de instâncias por convenção, repartição atípica de custas, supressão de execução provisória, condicionamentos à execução etc. Essa mesma estranheza não ocorre na literatura estrangeira, destacando-se as contribuições de Josef Kohler, na Alemanha, ainda no Século XIX. Também na França e na Itália, o tema já é debatido há algum tempo. Nos Estados Unidos, a produção acadêmica dos últimos anos é gigantesca a respeito da prática do 'contract procedure', que, paralelamente aos meios privados de resolução de conflito (Alternative Dispute Resolution – ADR), tem invadido as Cortes estatais, como evidenciam autores como Kevin E. Devis, Helen Hershkoff, David Horton, Michael E. Solimine, Michael L. Moffitt, Jaime Dodge, dentre muitos outros. No ano de 2002, há mais de uma década, em artigo intitulado 'Civil Procedure by Contract: A Convoluted Confluence of Private Contract and Public Procedure in Need of Congressional Control', David H. Taylor e Sara M. Cliffe já abordavam, à luz do direito americano, a validade de cláusulas contratuais ex ante limitando determinados meios de prova (What evidence may or may not be presented of proof). Nos tempos atuais, 'private resolution' e 'public adjudication' deixaram de ser concebidas como expressões contrapostas"*. (TAVARES, João Paulo Lordelo Guimarães. Da admissibilidade dos negócios jurídicos processuais no novo código de processo civil: aspectos teóricos e práticos. In: *Revista de Processo*, Ano 41, Vol. 254, abr/2016, São Paulo, R.T., pág. 93).

[148] *"A defesa da suposta irrelevância da vontade para o processo, se já era artificial sob a égide do CPC/1973, se torna insustentável com a aprovação do Novo Código de Processo Civil. Com efeito, o art. 190 do referido diploma legal estabelece uma cláusula de atipicização de negócios processuais, permitindo expressamente que os sujeitos processuais convencionem sobre seus ônus, deveres, direitos e faculdades e também sobre o procedimento, realizando a necessária adequação material do processo. Além disso, determina-se que os atos processuais sejam interpretados de acordo com a boa-fé e a vontade neles manifesta"*. (CAMPOS, Eduardo Luiz Cavalcanti. Ato-fato processual: reconhecimento e consequências. In: *Revista de Processo*, São Paulo, R.T., Ano 41, Vol. 254, Abr/2016. p. 79).

[149] TAVARES, J. P. L. G., op. cit., p. 100.

A consagração do princípio da *liberdade das formas* encontra-se no conteúdo normativo previsto no art. 190 do novo C.P.C.

Diante dessa permissão de dirigismo do negócio jurídico processual, é possível, inclusive, que as partes procurem influir no âmbito do procedimento do recurso assim como no próprio duplo grau de jurisdição quando previsto em lei.[150]

Por isso, é de se indagar se as partes, antes ou durante o transcurso da relação jurídica processual, podem modificar os prazos recursais ou mesmo estabelecer que contra a decisão proferida pelo juízo de primeiro grau não será possível a interposição de qualquer recurso, como, por exemplo, agravo de instrumento ou apelação.

A melhor solução para o alcance jurídico do art. 190 do novo C.P.C. está no meio termo entre os dois extremos – *rigor formal* e *liberdade das formas*.

Na realidade, eventuais exageros de formalismos não se adéquam à função social do processo civil contemporâneo; outrossim, o excesso de liberdade formal por parte do juiz ou das partes pode por em risco a imparcialidade ou a segurança jurídica dos atos processuais a serem realizados no processo.

Em razão do *princípio da adaptabilidade* ou *elasticidade*, permite-se ao magistrado ou às próprias partes temperar, quando necessário, o rigor das formas, por meio de escolhas instrumentais capazes de adaptar o desenvolvimento do procedimento às circunstâncias concretas, em nome da equidade processual

E o *princípio da adaptabilidade ou elasticidade* previsto no art. 190 do novo C.P.C. é permitido desde que observados os requisitos exigidos pelo próprio art. 190 do novo C.P.C. para que as partes possam estipular mudanças no procedimento, convencionando sobre ônus, poderes, faculdades e deveres processuais.

O primeiro requisito diz respeito à *capacidade das partes*.

Somente as partes plenamente capazes poderão estipular mudanças ao procedimento. Estão excluídas as partes incapazes.

O segundo requisito diz respeito ao *objeto do processo*.

---

[150] *"Daí podem ser extraídos inúmeros exemplos de negociações atípicas, a exemplo de acordos probatórios, acordos de impenhorabilidade, modificação de prazos, vedação de execução provisória, acordo sobre o efeito em que será recebido o recurso etc".* (TAVARES, J. P. L. G., idem, p. 101.

DUPLO GRAU DE JURISDIÇÃO - NATUREZA JURÍDICA

O negócio jurídico processual somente terá legitimidade em relação a processo que tenha por conteúdo direitos que admitam autocomposição. Assim, se o processo tiver por objeto direitos indisponíveis ou que não admitam autocomposição, as partes não poderão promover o negócio jurídico processual.

O terceiro requisito está vinculado à *especificidade da causa*.

Não será qualquer causa que legitimará a modificação consensual do procedimento de um determinado processo jurisdicional.

Somente quando a *especificidade da causa* justificar, é que as partes poderão realizar o 'dirigismo' procedimental, antes ou durante o processo, convencionando sobre ônus, poderes, faculdades e deveres processuais.

Além desses requisitos, aduz João Paulo L. G. Tavares os seguintes requisitos de validade do negócio jurídico processual: *"a) manifestação livre e de boa-fé; b) agente capaz e legitimado; c) objeto lícito, possível, determinado ou determinável; d) forma livre ou prevista em lei"*.[151]

Assim, estando diante de um processo desenvolvido entre partes capazes, no qual seja possível a autocomposição, e justificando a especificidade da causa, poderão as partes promover mudança no procedimento, inclusive no que concerne ao sistema recursal.

No âmbito desse negócio jurídico processual encontra-se a possibilidade de se reduzir ou aumentar o prazo para a interposição de determinado recurso. Aliás, a possibilidade de modificação dos prazos peremptórios, inclusive, quando houver concordância das partes, para reduzi-los, encontra-se previsto no art. 222, §1º, do novo C.P.C., a saber: *ao juiz é vedado reduzir prazos peremptórios sem anuência das partes*.

Tendo em vista que as partes podem firmar compromisso arbitral para que sua causa seja resolvida por um árbitro de forma definitiva, abrindo mão do exercício da atividade jurisdicional por um juiz togado e, inclusive, de possível duplo grau de jurisdição, não haveria impedimento que também pudessem se conformar com uma decisão judicial irrecorrível, mediante mútuo consentimento.

Em que pese o negócio jurídico processual possa estabelecer que as partes não vão recorrer de determinada decisão, o certo é que, em razão do princípio da reserva legal, tal negociação não poderá criar ou alterar regras de cabimento de recursos.

---

[151] TAVARES, J. P. L. G., idem, p. 103.

Porém, e isso é importante ressaltar, o processo jurisdicional não se confunde com o juízo arbitral, razão pela qual existem alguns fundamentos ou princípios que devem ser observados no exercício da atividade jurisdicional.

O art. 190 do novo C.P.C. traz uma sutil diferenciação entre *processo* e *procedimento*.

Note-se que o legislador do novo C.P.C., como não poderia deixar de ser, apenas permitiu que as partes promovessem mudanças no *procedimento* e não no *processo jurisdicional*, tendo em vista que esses dois institutos jurídicos não se confundem na essência.

Concebido o direito como uma ordem jurídica concreta, instituída pela pessoa humana para a realização de valores coletivos, a sua efetivação se dá por meio da concretização do ordenamento jurídico.

E quando se fala em concretização do ordenamento jurídico, fala-se no 'exercício do poder'.

A concretização do ordenamento jurídico necessita de instrumentos hábeis e democráticos que possam realizar os valores coletivos, inclusive o valor 'justiça'. Tais meios são os *processos*, concebidos como instrumentos do poder estatal ou particular, exercido num Estado de direito a fim de construir e aplicar o ordenamento jurídico.

Processo, na perspectiva de Cândido Rangel Dinamarco, *"é conceito que transcende ao direito processual. Sendo instrumento para o legítimo exercício do poder, ele está presente em todas as atividades estatais (processo administrativo, legislativo) e mesmo não-estatais (processos disciplinares dos partidos políticos ou associações, processos das sociedades mercantis para aumento do capital etc"*.[152]

A essência do processo jurisdicional democrático moderno é retirada da própria Constituição Federal brasileira, que, em seu art. 5º, inc. LV, assim estabelece: *aos litigantes, em processo judicial ou administrativo, e aos acusados em geral são assegurados o contraditório e ampla defesa, com os meios e recursos a ela inerentes.*

Temos, ainda, a concepção de processo como caminho, como uma pluralidade de atos que se subordinam e se encadeiam a um determinado fim, vinculado à ideia de procedimento. Nesse sentido é a definição de processo na concepção de Liebman: *"(...).l'attività con cui si svolge in concreto la*

---

[152] CINTRA, Antonio Carlos de; GRINOVER, Ada Pellegrini; DINAMARCO, Cândido Rangel. *Teoria geral do processo*. 15ª Ed. São Paulo: Malheiros, 1999. p. 276.

funzione giurisdizionale...Detta funzione non si compie infatti in um solo tempo o con un solo atto, ma con una serie coordinata di atti che si svolgono nel tempo e che tendono alla formazione di un atto finale (...)".[153]

Na realidade, a essência do processo jurisdicional decorre da Constituição, enquanto que sua legitimação se dá por meio do procedimento. É aquilo que Niklas Luhmann denomina de *legitimação pelo procedimento*.

Portanto, a essência do processo jurisdicional moderno é justamente o contraditório e a ampla defesa, razão pela qual, não se pode afirmar que para validade do processo jurisdicional democrático moderno seria suficiente a existência de uma relação jurídica e de um procedimento preestabelecido que o legitime.

Diante dessas considerações, chega-se à seguinte definição do processo jurisdicional moderno: *"instrumento do poder legitimado através de um procedimento realizado mediante o desenvolvimento de relação jurídica entre seus sujeitos, presente o contraditório".*[154]

Muito embora o procedimento legitime o processo, isso não significa dizer que a forma procedimental possa por em risco a essência do próprio processo jurisdicional democrático moderno, no caso, a efetiva e concreta observância do contraditório e da ampla defesa.

A *legitimação* do processo *pelo procedimento* somente terá eficácia se a metodologia traçada respeitar a essência do processo, isto é, o contraditório e a ampla defesa.

Procedimento que macule a essência do processo não é capaz de *legitimá-lo*.

Na hipótese do art. 190 do novo C.P.C., o procedimento traçado mediante acordo das partes somente poderá legitimar o processo jurisdicional se não causar dano ao contraditório e à ampla defesa.

A redução do prazo para recurso deverá ser observada sob a ótica da essência do prazo, no sentido de que não cause às partes mácula ao exercício do contraditório e da ampla defesa.

Da mesma forma, o impedimento procedimental ao segundo grau de jurisdição, seja em face de decisões interlocutórias ou em face de decisão

---

[153] Liebman, Enrico Tullio. *Manuale di diritto processuale civile.* 4º Ed. Milano: Giuffrè, 1980, vol. I. p. 29.

[154] Souza, Artur César. *Contraditório e revelia – perspectiva crítica dos efeitos da revelia em face da natureza dialética do processo.* São Paulo: Editora R.T., 2003. p. 133.

final, somente legitimará o processo se não houver mácula ao contraditório e à ampla defesa.

Assim, se as partes realizarem um acordo procedimental no sentido de que contra a sentença proferida no processo não haverá possibilidade de recurso de apelação, tal procedimento somente poderá legitimar o processo se não houver mácula à essência do processo jurisdicional, caso contrário esse tipo de procedimento não poderá legitimar o processo

Pense-se na hipótese em que uma das partes (parte autora) teve indeferida a realização da prova pericial, de extrema importância para comprovação dos fatos. Quando da sentença, o juiz julga improcedente o pedido, fundamentando sua decisão na falta de prova. Nessa hipótese, não poderá prevalecer o acordo procedimental das partes, tendo em vista que o procedimento por elas delineado fere de morte o princípio da ampla defesa e da igualdade de armas.

Mas não somente em relação à essência do processo que o acordo procedimental das partes poderá ser revisto pelo juiz.

Também não poderá prevalecer a prerrogativa estabelecida no art. 190 do novo C.P.C., caso o acordo possa por em risco os direitos fundamentais resguardados pela Constituição ou o *devido processo legal formal ou material.*

Pense-se na hipótese em que as partes estabelecem um procedimento em que não haverá espaço para a interposição de recurso de apelação contra a sentença proferida pelo juízo de primeiro grau.

Porém, o juiz que proferiu a decisão de primeiro grau é um juiz suspeito ou impedido, ou, ainda, age com parcialidade negativa. Impedir a parte de se valer do recurso de apelação diante dessa circunstância é macular o direito fundamental da parte de ser julgada por um juiz imparcial, assim como causar dano ao devido processo legal.

Além da observância da essência do processo jurisdicional moderno, dos direitos fundamentais e dos princípios concernentes ao devido processo legal formal e material, o controle da validade das convenções formuladas pelas partes em relação ao procedimento também ocorrerá, de ofício pelo juiz ou mediante requerimento da parte, nos casos de nulidade ou de inserção abusiva em contrato de adesão ou em que alguma parte se encontre em manifesta situação de vulnerabilidade (p.u. do art. 190 do novo C.P.C.).

Portanto, o juiz deverá estar atento à validade das convenções, quando essa convenção constar de contrato de adesão, e suas diretrizes puderem ser consideradas nulas ou abusivas, assim como quando alguma das partes se encontrar em manifesta situação de vulnerabilidade. Note-se que a situação de vulnerabilidade não precisa ser exclusivamente econômica, podendo, ainda, ser considerada na perspectiva social, cultural ou mesmo racial.

Um exemplo de cláusula abusiva de negócio jurídico em contrato de adesão pode ser citado quando a empresa, que elaborou o contrato de adesão, insere como diretriz do procedimento, o impedimento de que apenas a parte contrária esteja proibida de ingressar com recurso de agravo de instrumento ou de apelação contra decisão proferida pelo juízo de primeiro grau.

Comentando a questão da vulnerabilidade indicada no parágrafo único do art. 190 do novo C.P.C., anota João Paulo L. G. Tavares: *"Ainda a respeito da vulnerabilidade, merecem destaque pontos: a) regra geral, a vulnerabilidade é fato a ser constatado de forma concreta, daí porque o parágrafo único do art. 190 alude à 'manifesta situação de vulnerabilidade'. Assim, o fato de alguém ser trabalhador ou consumidor não presume, por si só a vulnerabilidade. Rememore-se que, pelo art. 4º, I, do CDC, o 'reconhecimento da vulnerabilidade do consumidor no mercado de consumo' consiste em um princípio, e não uma regra, a depender, portanto, das circunstâncias fáticas e jurídicas do caso concreto. Tal situação pode ser aferida de ofício pelo juiz; b) é possível, no entanto, estabelecer parâmetros de presunções ou indícios de vulnerabilidade, atividade a cargo, sobretudo, da jurisprudência. Nesse sentido, um indício de vulnerabilidade decorre do acordo de procedimento celebrado por uma das partes sem assistência técnico-jurídica (Enunciado 18 do Fórum Permanente de Processualistas Civis)"*.[155]

---

[155] TAVARES, J. P. L. G., op. cit., p. 106.

10.
Princípios Gerais dos Recursos

10.1. Princípio da taxatividade dos recursos

A previsão recursal, salvo no que concerne ao recurso especial e ao recurso extraordinário, é estabelecida em lei federal (art. 22, inc. I, da C.F.),[156] ou seja, a parte somente poderá valer-se dos recursos expressamente constantes na norma positivada.

Trata-se, portanto, de um elenco taxativo (normatizado) de previsão recursal.

O novo C.P.C., em seu art. 994, estabelece, em *numerus clausus*, os seguintes recursos que podem ser interpostos na esfera jurídica processual: I – apelação; II – agravo de instrumento; III – agravo interno;[157]

---

[156] Somente a União poderá legislar sobre o processo, não tendo tal prerrogativa os Estados e os Municípios.

[157] *"Pelo regime jurídico dado pelo CPC (1973) ao 'agravo interno', nos casos 'a', 'c' e 'd' acima enumerados, restou superada a questão sobre a utilidade do antigo e inconstitucional 'agravo regimental'. Estes agravos regimentais vêm previstos na grande maioria dos regimentos internos dos tribunais brasileiros. Essa previsão é inconstitucional por ferir, frontalmente, o CF 22 I. Com efeito, somente ao Poder legislativo da União (Congresso Nacional) é dado o poder de legislar sobre direito processual. E criação de recurso é matéria de direito processual estrito. Assim, não é admissível ao tribunal, qualquer seja a natureza (STF, STJ, Tribunal Superior, TRF ou TJ), criar institutos processuais em seus regimentos internos. O regimento interno é norma administrativa, que regula o funcionamento 'interna corporis' do tribunal, órgão do Poder Judiciário. Não pode criar nem regulamentar recurso. Sempre foi inconstitucional a previsão, em regimento interno de tribunal, de agravo regimental.* (NERY JUNIOR, N., op. cit., p. 69).

IV – embargos de declaração; V – recurso ordinário; VI – recurso especial; VII – recurso extraordinário; VIII – agravo em recurso especial ou extraordinário; IX – embargos de divergência.

Não há mais previsão em nosso ordenamento jurídico de interposição dos denominados *agravo retido* e *embargos infringentes.*

Assim, se o recurso não estiver entre aqueles taxativamente estipulados no art. 994 do novo C.P.C., na forma autônoma ou adesiva, somente por lei federal poderá ser previsto.[158]

O Regimento Interno do Supremo Tribunal Federal, em seu art. 333, prevê a existência de embargos infringentes contra decisão não unânime do Plenário ou da turma que: I – julgar procedente a demanda penal; II- julgar improcedente a revisão criminal; III – julgar a demanda rescisória; IV – julgar a representação de inconstitucionalidade; V – que, em recurso criminal ordinário, for desfavorável ao acusado.

O Regimento Interno do S.T.F. foi elaborado e publicado no DOU de 27.10.1980, sob a égide da CF de 1967, com a Emenda Constitucional n. 1, de 1969, a qual autorizava o S.T.F. a regular, por meio de regimento interno, o procedimento dos feitos de sua competência originária e recursal, incluído o regulamento da arguição de relevância da questão federal (CF/1967, art. 120 par. un. *c;* CF/1969 119 §3º, *c*).[159] Segundo Nelson Nery Jr., *"Não havia, contudo, autorização constitucional para que o STF 'criasse' outros feitos, atribuindo-se competência que somente a CF poderia atribuir-lhe. Regular procedimento dos feitos que a CF outorgava era a competência regimental do STF. Nunca houve, pois, competência do STF, autorizada pela CF, para legislar sobre direito processual, no que se inclui a criação e o regulamento do recurso. A afirmação de que, segundo a legislação de 1980, poderia o STF instituir novos recursos para serem julgados na Suprema Corte carece de fundamento. Nunca houve essa autorização constitucional".*[160]

Porém, não obstante o pensamento de Nery Junior, não foi essa a compreensão estabelecida pelo S.T.F.

---

[158] São exemplos de legislação federal em que se encontra a previsão recursal: Lei dos Juizados Especiais Estaduais (Lei 9.099/95, art. 41), Lei de Mandado de Segurança (Lei n. 12.016/09, arts. 14, 15 e 18); Lei de Execução Fiscal (Lei 6.830/80, art. 34).

[159] NERY JUNIOR, N., op. cit., p. 74.

[160] NERY JUNIOR, N., idem, p. 75.

PRINCÍPIOS GERAIS DOS RECURSOS

Em relação aos *embargos infringentes* previstos no art. 333 do Regimento Interno do S.T.F., não se poderia deixar de citar as considerações feitas pelo Ministro Celso de Mello na Ação Penal n. 470/MG,[161] sobre a *admissibilidade dos embargos infringentes* na questão do 'mensalão':

> *"Cabe registrar, no ponto, que a norma inscrita no art. 333, n. I, do RISTF, embora formalmente regimental, qualifica-se como prescrição de caráter materialmente legislativo, eis que editada pelo Supremo Tribunal Federal com base em poder normativo primário que lhe foi expressamente conferido pela Carta Política de 1969 (art. 119, § 3º, "c").*
>
> *É preciso ter presente que a norma regimental em questão, institutiva de espécie recursal nominada, embora veiculasse matéria de natureza processual, revelava-se legítima em face do que dispunha, então, o art. 119, § 3º, "c", da Carta Federal de 1969 (correspondente, na Carta Política de 1967, ao art. 115, parágrafo único, alínea "c"), que outorgava ao Supremo Tribunal Federal, como já anteriormente mencionado, poder normativo primário, conferindo-lhe atribuição para, em sede meramente regimental, dispor sobre "o processo e o julgamento dos feitos de sua competência originária ou recursal (...)"*
>
> *Vê-se, portanto, que o Supremo Tribunal Federal, no regime constitucional anterior, dispunha, excepcionalmente, de competência para estabelecer, ele próprio, normas de direito processual em seu regimento interno, não obstante fosse vedado aos demais Tribunais judiciários o exercício dessa mesma prerrogativa, cuja prática – considerado o sistema institucional de divisão de poderes – incumbia, exclusivamente, ao Poder Legislativo da União (RTJ 54/183 – RTJ 69/138, v.g.).*
>
> *Essa excepcional competência normativa primária permitiu ao Supremo Tribunal Federal prescrever, em sede formalmente regimental, normas de caráter materialmente legislativo (RTJ 190/1084, v.g.), legitimando-se, em consequência, a edição de regras como aquela consubstanciada no art. 333, inciso I, do RISTF".*

É certo que com a superveniência da Constituição de 1988, o S.T.F. deixou de ter essa prerrogativa de 'legislar' sobre matéria processual, uma vez que essa competência passou a ser exclusiva da União.

Porém, Celso de Mello, no voto de minerva no 'mensalão', preconizou que não se tratava de discutir se a prescrição regimental reveste-se de maior eficácia, ou não, que há regra legal no plano hierárquico-normativo, por-

---

[161] Plenário do STF. Rel. Min. Joaquim Barbosa, j. 18.9.2013. Votaram com o relator os Ministros Luiz Fux, Cármem Lúcia, Gilmar Mendes e Marco Aurélio. Divergiram Luís Roberto Barroso, Teoria Albino Zavascki, Rosa Weber, Dias Toffoli, Ricardo Lewandowski e Celso de Mello.

que essa matéria há de ser analisada em função do que estabelece a Constituição, que claramente separa e distingue dois domínios: o da lei e o do regimento interno dos Tribunais. Vale dizer, há que se examinar o tema à luz de dois critérios: o da reserva constitucional de lei, de um lado, e o da reserva constitucional de regimento, de outro.

Diante dessa consideração, o que deverá prevalecer, a lei processual ou o regimento interno?

O Ministro Celso de Mello, citando o então Ministro Paulo Brossard, em voto proferido na ADI n. 1.105-MC/DF, bem equacionou o problema:

"Em verdade, não se trata de saber se a lei prevalece sobre o regimento ou o regimento sobre a lei. Dependendo da matéria regulada, a prevalência será do regimento ou da lei (JOSÉ CELSO DE MELLO FILHO, Constituição Federal Anotada, 1986, p. 368; RMS 14.287, ac. 14.VI.66, relator Ministro PEDRO CHAVES, RDA 87/193; RE 67.328, ac. 15.X.69, relator Ministro AMARAL SANTOS, RTJ 54/183; RE 72.094, ac. 6.XII.73, relator ANTONIO NEDER, RTJ 69/138). A dificuldade surge no momento de fixar as divisas entre o que compete ao legislador disciplinar e o que incumbe ao tribunal dispor. O deslinde não se faz por uma linha reta, nítida e firme de alto a baixo; há zonas cinzentas e entrâncias e reentrâncias a revelar que, em matéria de competência, se verificam situações que lembram os pontos divisórios do mundo animal e vegetal. (...).O certo é que cada Poder tem a posse privativa de determinadas áreas. (...). Alega-se que a matéria é processual e por lei há de ser regulada. A assertiva envolve um círculo vicioso: dá-se como certo o que devia ser demonstrado. A recíproca é verdadeira. Também não basta afirmar que o assunto é regimental para que seja regulado pelos tribunais, com exclusão do legislador. No caso vertente, cuida-se de saber se estava na competência do legislador interferir no ato do julgamento ou se a Constituição o reservou ao Poder Judiciário, mediante norma regimental. Esta a questão. A propósito, vale reproduzir esta passagem de JOSÉ FREDERICO MARQUES, 'A votação dos regimentos internos é um dos elementos da independência do Poder Judiciário, diz PONTES DE MIRANDA, 'porque, se assim não acontecesse, poderiam os legisladores, com a aparência de reorganizar a justiça, alterar a ordem dos julgamentos e atingir a vida interna dos tribunais'. (...) O Supremo Tribunal Federal, em julgamento memorável, firmou essa diretriz, fulminando de inconstitucional a Lei nº 2.790, de 24 de novembro de 1956, que reformava o art. 875 do Código de Proc. Civil, para admitir que as partes interviessem no julgamento depois de proferido o voto do relator. Como disse, na ocasião, o ministro EDGAR COSTA, a citada lei contrariava

PRINCÍPIOS GERAIS DOS RECURSOS

frontalmente 'a própria autonomia interna dos tribunais, no que diz respeito à sua competência privativa para estabelecer as 14 normas a seguir na marcha dos seus trabalhos, através dos seus regimentos, que, por preceito constitucional (art. 97, nº II), lhes cabe, livre da interferência de outros poderes'. (...).' ....
... Insisto no que me parece fundamental. A questão não está em saber se o regimento contraria a lei ou se esta prevalece sobre aquele; a questão está em saber se, dispondo como dispôs, o legislador podia fazê-lo, isto é, se exercitava competência legítima ou se, ao contrário, invadia competência constitucionalmente reservada aos tribunais; da mesma forma, o cerne da questão está em saber se o Judiciário, no exercício de sua competência legislativa, se houve nos seus limites ou se os excedeu."

Diante dessas considerações, conclui o Ministro Celso de Mello:

a) é a própria Constituição que delimita o campo de incidência da atividade legislativa, vedando ao Congresso Nacional a edição de normas que visem a disciplinar matéria que a Constituição reservou, com exclusividade, à competência normativa dos Tribunais. Foi por tal razão que o Supremo Tribunal Federal, em face dessa precisa delimitação material de competências normativas resultante da discriminação constitucional de atribuições, julgou inconstitucionais regras legais que transgrediram a cláusula de reserva constitucional de regimento, por permitirem, p. ex., a sustentação oral, nos Tribunais, após o voto do Relator (ADI 1.105/DF), em julgamento que se apoiou em antigo precedente desta Corte, que declarara a inconstitucionalidade, em 30/11/56, da Lei federal nº 2.970, de 24/11/56 ("Lei Castilho Cabral");

b) a reserva constitucional de regimento transforma o texto regimental em verdadeiro *"sedes materiae"* no que concerne aos temas sujeitos ao exclusivo poder de regulação normativa dos Tribunais;

c) a norma inscrita no art. 333, inciso I, do RISTF, contudo, embora impregnada de natureza formalmente regimental, ostenta, desde a sua edição caráter de prescrição materialmente legislativa, considerada a regra constante do art. 119, § 3º, "c", da Carta Federal de 1969;

d) com a superveniência da Constituição de 1988, o art. 333, do RISTF, foi recebido, pela nova ordem constitucional, com força, valor, eficácia e autoridade de lei, o que permite conformá-lo à exigência fundada no postulado da reserva de lei;

e) o fenômeno da recepção assegura a preservação do ordenamento infraconstitucional existente antes da vigência do novo texto fundamental, desde que com este guarde relação de estrita fidelidade no plano jurídico-material, em ordem a garantir a prevalência da continuidade do direito, pois, conforme decidiu o Supremo Tribunal Federal, "a Constituição, por si só, não prejudica a vigência das leis anteriores (...), desde que não conflitantes com o texto constitucional (...)" (RTJ 71/289/293);

f) falece, agora, ao Supremo Tribunal Federal o poder de derrogar normas regimentais veiculadoras de conteúdo processual, pois estas – porque consubstanciadoras de prescrições materialmente legislativas – somente poderão ser alteradas mediante lei em sentido formal, observado, em sua elaboração, o devido processo legislativo, tal como disciplinado no texto da vigente Constituição da República;

g) a questão pertinente aos embargos infringentes no âmbito do Supremo Tribunal Federal constitui, agora, sob a égide da vigente Constituição, matéria que se submete, por inteiro, à cláusula de reserva constitucional de lei formal, cabendo ao Poder Legislativo, por se tratar de típica questão de política legislativa, a adoção de medidas que eventualmente possam resultar, até mesmo, na supressão definitiva dos embargos infringentes no âmbito interno do Supremo Tribunal Federal. Matéria "de lege ferenda", portanto!

A questão que ficará em aberto é se a extinção do recurso de embargos infringentes pelo novo C.P.C. (agora com nova roupagem de prosseguimento do julgamento), será considerada pelo S.T.F. como revogação *tácita* dos embargos infringentes previstos no art. 333 do RISTF, no âmbito restrito do processo civil.

É certo que o Ministro Celso de Mello entendeu que a entrada em vigor da Lei 8.038/90 (que não previa a existência de embargos infringentes no S.T.F.) não revogou o art. 333 do RISTF, pois, segundo o Ministro, *"não se presume a revogação tácita das leis, especialmente se se considerar que não incide, no caso ora em exame, qualquer das hipóteses configuradoras de revogação das espécies normativas, na forma descrita no § 1º do art. 2º da Lei de Introdução às Normas do Direito Brasileiro.(...). Esse silêncio do texto legal, tal como a ele me referi em passagem anterior deste voto, não é de ser equiparado a uma lacuna normativa involuntária (ou inconsciente), assim entendida aquela que decorre "de um descuido do legislador" (NORBERTO BOBBIO, "Teoria do Ordenamento Jurídico", p. 144, 1989, Polis/Ed.UnB). Ao contrário, trata-se de típica lacuna intencional (ou voluntária) do legislador ordinário, que, embora tendo presente a realidade normativa emergente do novo modelo constitucional, quis, conscientemente, deixar de regular a questão pertinente aos embargos infringentes, por entender desnecessário desarticular o sistema integrado de recursos fundado, validamente, no próprio Regimento Interno do Supremo Tribunal Federal. Ao assim proceder, deixando de disciplinar, inteiramente, a matéria tratada no Regimento Interno desta Corte, o legislador não deu causa a uma situação de revogação tácita, implícita ou indireta do inciso I do art. 333 do diploma regimental, eis que – insista-se – essa modalidade de revogação somente ocorre em 02 (duas) hipóteses: (a) quando a lei posterior for totalmente incompatível com a espécie normativa anterior e (b) quando a nova lei regular, inteiramente, a matéria de que tratava a legislação anterior. Esse entendimento foi exposto, de maneira clara, pelo eminente Ministro HAMILTON CARVALHIDO, que integrou o E. Superior Tribunal de Justiça, e que, ao discorrer sobre o tema, acentuou que a Lei nº 8.038/90 não extinguiu os embargos infringentes previstos no art. 333, inciso I, do Regimento Interno do Supremo Tribunal Federal.*

Com base no princípio da *taxatividade* recursal, eis as seguintes decisões do S.T.J.:

> *PROCESSUAL CIVIL E TRIBUTÁRIO. RECURSO ESPECIAL REPRESENTATIVO DA CONTROVÉRSIA (ART. 543-C, DO CPC). BENEFÍCIO PREVIDENCIÁRIO INDEVIDAMENTE PAGO QUALIFICADO COMO ENRIQUECIMENTO ILÍCITO. ART.154, §2º, DO DECRETO N. 3.048/99 QUE EXTRAPOLA O ART. 115, II, DA LEI N. 8.213/91. IMPOSSIBILIDADE DE INSCRIÇÃO EM DÍVIDA ATIVA POR AUSÊNCIA DE LEI EXPRESSA. NÃO INCLUSÃO NO CONCEITO DE DÍVIDA ATIVA NÃO TRIBUTÁRIA. EXECUÇÃO FISCAL. IMPOSSIBILIDADE. NECESSIDADE DE AJUIZAMENTO DE AÇÃO PRÓPRIA.*
>
> **1. Não cabe agravo regimental de decisão que afeta o recurso como representativo da controvérsia em razão de falta de previsão legal.**
>
> *Caso em que aplicável o princípio da taxatividade recursal, ausência do interesse em recorrer, e prejuízo do julgamento do agravo regimental em razão da inexorável apreciação do mérito do recurso especial do agravante pelo órgão colegiado.*

(...).
(REsp 1350804/PR, Rel. Ministro MAURO CAMPBELL MARQUES, PRIMEIRA SEÇÃO, julgado em 12/06/2013, DJe 28/06/2013)

PROCESSUAL CIVIL. AGRAVO REGIMENTAL NO AGRAVO REGIMENTAL NO AGRAVO EM RECURSO ESPECIAL. NOVO RECURSO CONTRA MANIFESTAÇÃO DO ÓRGÃO COLEGIADO. NÃO CABIMENTO. AUSÊNCIA DE COMPROVAÇÃO DO PAGAMENTO DA MULTA PROCESSUAL. PRESSUPOSTO RECURSAL OBJETIVO DE ADMISSIBILIDADE.
1. À luz do princípio da taxatividade, não é cabível agravo regimental contra manifestação do órgão colegiado, pois ausente a previsão legal a amparar o meio de impugnação ora utilizado. A propósito: "O agravo regimental apenas é cabível contra decisões singulares, e não colegiadas, conforme disposição de lei e da jurisprudência desta Corte (AgRg no REsp 934.046/SP, Rel. Min. Denise Arruda, Primeira Turma, DJe 05/11/2008).
2. *O prévio recolhimento da multa prevista no art. 557, § 2º, do CPC, é pressuposto objetivo de admissibilidade de qualquer impugnação recursal, não se conhecendo do recurso manejado sem esse pagamento.*
3. *Agravo regimental não conhecido.*
(AgRg no AgRg no AREsp 427.348/SP, Rel. Ministro LUIS FELIPE SALOMÃO, QUARTA TURMA, julgado em 18/02/2014, DJe 06/03/2014).

PROCESSUAL CIVIL. AGRAVO REGIMENTAL. EMBARGOS DE DIVERGÊNCIA.
RECLAMAÇÃO CONSTITUCIONAL. DESCABIMENTO.
1. Os embargos de divergência apenas são oponíveis contra acórdão proferido pelo Superior Tribunal de Justiça no âmbito do recurso especial, não se admitindo, assim, em face de acórdão exarado em reclamação constitucional.
2. *Agravo regimental a que se nega provimento.*
(AgRg na Pet 9.986/DF, Rel. Ministro RAUL ARAÚJO, SEGUNDA SEÇÃO, julgado em 13/11/2013, DJe 11/12/2013).

PROCESSUAL CIVIL. PRINCÍPIO DA TAXATIVIDADE. ERRO GROSSEIRO.
INAPLICABILIDADE DO PRINCÍPIO DA FUNGIBILIDADE. PEÇA APRESENTADA FORA DO PRAZO LEGAL.
1. O sistema recursal brasileiro é regido pelo princípio da taxatividade, ou seja, apenas os recursos previstos no Código de Processo Civil serão admitidos.

PRINCÍPIOS GERAIS DOS RECURSOS

2. Constitui erro grosseiro a interposição do recurso de apelação previsto no art. 513 do Código de Processo Civil com vistas a reformar a decisão monocrática que deu provimento a recurso especial da autarquia.

3. Além do erro inescusável, a petição foi apresentada fora do prazo previsto no art. 557, § 1º, do Código de Processo Civil, a afastar a aplicação do princípio da fungibilidade.

4. Petição não conhecida.

(PET no REsp 1311185/RN, Rel. Ministro CASTRO MEIRA, SEGUNDA TURMA, julgado em 23/04/2013, DJe 02/05/2013)

10.1.1. Técnica de prosseguimento de julgamento não unânime pelo colegiado – colegiado qualificado

Sob a égide do C.P.C. de 1973, o recurso de embargos infringentes era cabível contra decisão proferida pelo tribunal em apelação ou demanda rescisória não unânime. Por meio da Lei 10.352/01, a interposição dos embargos infringentes ficou restrita às hipóteses em que o acórdão não unânime desse provimento ao recurso para reformar a decisão do juízo de primeiro grau.

O novo C.P.C. não extinguiu totalmente a técnica de julgamento até então existente nos embargos infringentes.

Na verdade, o que o novo estatuto processual fez foi dar uma nova roupagem a essa forma de impugnação a determinada decisão proferida pelos tribunais.

Deixaram os embargos infringentes de ter natureza recursal para serem considerados uma continuidade do julgamento a ser proferido pelos tribunais, conforme preceitua o art. 942 do novo C.P.C.

Art. 942. Quando o resultado da apelação for não unânime, o julgamento terá prosseguimento em sessão a ser designada com a presença de outros julgadores, que serão convocados nos termos previamente definidos no regimento interno, em número suficiente para garantir a possibilidade de inversão do resultado inicial, assegurado às partes e a eventuais terceiros o direito de sustentar oralmente suas razões perante os novos julgadores.

§ 1º Sendo possível, o prosseguimento do julgamento dar-se-á na mesma sessão, colhendo-se os votos de outros julgadores que porventura componham o órgão colegiado.

§ 2º Os julgadores que já tiverem votado poderão rever seus votos por ocasião do prosseguimento do julgamento.

§ 3º A técnica de julgamento prevista neste artigo aplica-se, igualmente, ao julgamento não unânime proferido em:

I – ação rescisória, quando o resultado for a rescisão da sentença, devendo, nesse caso, seu prosseguimento ocorrer em órgão de maior composição previsto no regimento interno;

II – agravo de instrumento, quando houver reforma da decisão que julgar parcialmente o mérito.

§ 4º Não se aplica o disposto neste artigo ao julgamento:

I – do incidente de assunção de competência e ao de resolução de demandas repetitivas;

II – da remessa necessária;

III – não unânime proferido, nos tribunais, pelo plenário ou pela corte especial.

O sistema de julgamento previsto no art. 942 do novo C.P.C. dar-se-á de ofício, sem necessidade de qualquer requerimento das partes, pois se trata de um sistema de continuação de julgamento ainda não concluído em razão da falta de unanimidade dos votos proferidos.

Diante do resultado não unânime do julgamento, não haverá proclamação do resultado, devendo o julgamento ter prosseguimento.

O art. 942, *caput*, no que concerne ao recurso de apelação, não determina que a decisão recorrida seja de mérito ou de análise meramente procedimental.

O art. 942 também não exige que o resultado inicial do julgamento esteja reformando, em apelação, a decisão de primeiro grau.

Em relação à demanda rescisória, o §3º do art. 942 exige que o julgamento não unânime incline-se pela rescisão da sentença.

No que concerne ao agravo de instrumento, exige-se a reforma da decisão que julgar parcialmente o mérito.

Assim, entendo que o legislador do novo C.P.C. somente exigiu a dupla sucumbência em relação à demanda rescisória e ao agravo de instrumento, não trazendo tal condicionamento ao recurso de apelação. Note-se, quando o legislador trata do recurso de apelação, no 'caput' do art. 942, não delimita a natureza da decisão para efeitos da técnica de julgamento colegiado, restringindo a dupla sucumbência somente e tão-somente ao agravo de instrumento e à demanda rescisória. Estender essa limitação também ao recurso de apelação, além de macular o direito ao duplo grau de jurisdição, decorrente do princípio Constitucional do devido processual legal processual, força-se demasiadamente uma exigência de congruência não sinalizada pelo legislador.[162]

O prosseguimento do julgamento dar-se-á, sendo possível, na mesma sessão de julgamento ou em sessão a ser designada com a presença de outros julgadores, que serão convocados nos termos previamente definidos no regimento interno.

Penso que é possível aproveitar-se, para efeito de prosseguimento de julgamento não unânime, a estrutura dos tribunais que tenham previsão de turmas reunidas, câmaras reunidas ou seção da seção, convocando-se os julgadores que compõem as respectivas turmas ou câmaras reunidas ou da seção da seção. No Tribunal Regional Federal da 4ª Região há previsão em seu Regimento Interno da reunião de turmas de matérias especializadas, denominada de seção da seção.

Há uma proposta de reforma do Regimento Interno do Tribunal Regional Federal da 4ª Região para a regulamentação do julgamento não unânime, nos seguintes termos:

> "*Art. 180-A. Quando o julgamento da Turma resultar não unânime, em apelação cível ou em agravo de instrumento em que houver reforma da decisão que tenha julgado parcialmente o mérito, será suspenso e prosseguirá com o 'quorum' acrescido de dois julgadores.*
>
> *§1º O processo será pautado em data coincidente com a aprazada para a próxima sessão da Seção correspondente, considerado o tempo hábil para as intimações legais.*
>
> *§2º O julgamento terá continuidade com a participação de 02 (dois) Desembargadores Federais da outra Turma que compõe a mesma Seção, salvo nos casos de impedimento, hipótese em que será observado o §1º do art. 62 deste Regimento Interno. A convocação observará a ordem de atinguidade, excluídos os já convocados.*
>
> *§3º Havendo impossibilidade de formar o 'quorum' qualificado, o processo será novamente pautado.*
>
> *§4º Os Desembargadores Federais e os Juízes Federais convocados, em substituição ou em função de auxílio, que participaram do julgamento não unânime na Turma, também participarão da sessão em que terá prosseguimento.*
>
> *§5º Fica assegurado o direito de sustentação oral das partes e de terceiros perante os novos julgadores, na forma das disposições contidas neste Regimento Interno.*

---

[162] Em sentido contrário, Dierle Nunes, Victor Barbosa Dutra e Délio Mota de Oliveira Júnior, in: *Honorários advocatícios.* Coleção grandes temas do Novo CPC. Salvador: Jus Podivm, 2015 (No prelo).

Penso que a forma proposta para mudança do Regimento Interno do TRF4ª Região poderá ensejar algumas preocupações.

Na realidade, o julgamento não unânime deveria seguir a sistemática anterior dos embargos infringentes, ou seja, com a convocação dos demais julgadores que compõem a Seção da Seção, ou seja, mais 4 (quatro) julgadores, incluindo o vice-presidente do Tribunal que poderia manter o voto de minerva ou de desempate.

Assim, havendo necessidade do prosseguimento do julgamento não unânime, e não sendo possível convocarem-se outros julgadores para a sua continuidade, o presidente da Seção da Seção deverá publicar pauta para continuidade do julgamento em data coincidente com a reunião da respectiva sessão de julgamento.

É razoável compreender que a composição do órgão julgador para possibilitar a modificação do julgamento não se restringe ao número de votos divergentes, mas, sim, ao número de julgadores que compunha o órgão colegiado quando da suspensão do julgamento, especialmente pelo fato de que o voto divergente do julgador que participou do julgamento anterior poderá ser reformulado, acompanhando os votos majoritários, ensejando um resultado de 3 (três) a zero. Portanto, somente com mais 4 (quatro) julgadores que não participaram do julgamento anterior é que se poderá efetivamente e razoavelmente inverter-se o resultado do julgamento anterior.

Na realidade, quando o art. 942 novo C.P.C. preconiza o direito da parte de sustentar oralmente suas razões perante os novos julgadores, isso significa dizer que o número de julgadores deverá ser superior a dos julgadores que compuseram o julgamento anterior, especialmente pelo fato de que o voto vencido poderá ser alterado pelo julgador que participou do início do julgamento. Assim, a sistemática de se utilizar a estrutura da Seção da Seção ou das Turmas reunidas está mais de acordo com o espírito do novo C.P.C.

Porém, não obstante essa minha isolada maneira de interpretar o art. 942, há uma tendência de se resolver o problema com a convocação de mais 2 (dois) julgadores, num total de 5 (cinco) julgadores no órgão colegiado, conforme se observa pela proposta apresenta pela Comissão de Regimento Interno do TRF 4ª Região.

A sistemática proposta pela comissão de revisão do Regimento Interno do TRF 4ª Região poderá ensejar grande volatilidade na sedimentação de jurisprudência do Tribunal, pois em cada prosseguimento de julgamento a composição do órgão julgador poderá ser diversa, ensejando decisões díspares e conflitantes, o que vai de encontro com os valores preconizados pelo novo C.P.C. no que concerne à sedimentação e uniformização dos precedentes.

Além do mais, com esse sistema de rodízio poderá ocorrer grande problema quando um dos julgadores, na continuidade do julgamento, pedir vista do processo. Nesse caso, quando ele trouxer o processo para novo julgamento, a composição do órgão julgador poderá ser diversa, correndo-se o risco de não ser possível a modificação do julgamento conforme determina o art. 942 do novo C.P.C.

Em se tratando de demanda rescisória, o seu prosseguimento ocorrerá perante órgão de maior composição previsto no regimento interno, que normalmente é o Plenário ou Órgão Especial.

A Comissão de Regimento Interno do Tribunal Regional Federal da 4ª Região, em relação ao julgamento não unânime em ação (demanda) rescisória, apresentou a seguinte proposta de alteração do Regimento:

"Art. 180-B. Quando o resultado do julgamento não unânime em ação rescisória, no qual se rescinda a decisão de mérito, for proferido pela Seção Especializada, o prosseguimento do julgamento dar-se-á perante a Corte Especial.

§1º Os Desembargadores Federais e os Juízes Federais convocados em substituição que participaram do julgamento não unânime na Seção, também participarão da sessão em que terá prosseguimento, com a exclusão do mesmo número de Desembargadores mais novos.

§2º O processo será incluído em pauta de julgamentos.

§3º Não se aplica o disposto no art. 178 deste Regimento.

§4º Fica assegurado o direito de sustentação oral das partes e de terceiros perante os novos julgadores, aplicando-se a previsão do art. 191 deste Regimento.

Portanto, caberá ao regimento interno de cada tribunal definir a sistemática e a forma de convocação de novos julgadores para o prosseguimento do julgamento não unânime.

A convocação de novos julgadores dar-se-á em número suficiente para garantir a possibilidade de inversão do resultado inicial. Assim, se a turma é composta por três julgadores, deverão ser convocados, no mínimo, mais dois julgadores para possibilitar a inversão do julgamento. No caso, com cinco julgadores, haveria a possibilidade de inversão do julgamento para um placar de três a dois.

Questão que pode gerar dúvida, é se a convocação de novos julgadores poderia ser em número ímpar, ou seja, ao invés de se convocar dois julgadores, convoca-se mais três. Nessa hipótese, é possível que um dos convocados alie-se aos votos vencedores, perfazendo três votos, e os outros dois convocados aliem-se ao voto vencido, também perfazendo três votos.

Tenho para mim que o legislador não impede a convocação de julgadores em número ímpar, pois a única exigência é de que o número seja suficiente para garantir a possibilidade de inversão do resultado inicial. E não há dúvida que a convocação de mais três julgadores garante a inversão do resultado inicial. Note-se, o legislador não exige que haja efetiva inversão do resultado, mas que seja possível essa inversão.

Havendo empate entre os julgadores, o regimento interno do Tribunal poderá prever o voto de minerva do julgador que preside a seção da seção, no caso do Tribunal Regional Federal da 4ª Região, o Vice-Presidente do Tribunal.

Na sequência do julgamento, será assegurado às partes e a eventuais terceiros o direito de sustentar oralmente suas razões perante os novos julgadores.

É importante salientar que os novos julgadores convocados poderão proferir votos com total liberdade, analisando a questão para além da divergência configurada nos votos já externados. Assim, os novos julgadores poderão avaliar todas as questões postas para julgamento, ainda que algumas delas tenham sido previamente resolvidas por unanimidade de votos.

Aliás, o §2º do art. 942 do novo C.P.C. expressamente consigna que os próprios julgadores que já tiverem votado poderão rever seus votos por ocasião do prosseguimento do julgamento. Aliás, essa previsão também é contida no §2º do art. 941 do novo C.P.C. que assim estabelece: *Os julgadores que já tiverem votado poderão rever seus votos por ocasião do prosseguimento do julgamento.*

É importante salientar que o §2º do art. 942 do novo C.P.C. deverá ser interpretado conjuntamente com o que dispõe o art 941, §1º, do novo C.P.C. que assim dispõe:

> Art. 941. Proferidos os votos, o presidente anunciará o resultado do julgamento, designando para redigir o acórdão o relator ou, se vencido este, o autor do primeiro voto vencedor.

§ 1º O voto poderá ser alterado até o momento da proclamação do resultado pelo presidente, salvo aquele já proferido por juiz afastado ou substituído.

Assim, se na sessão de continuidade de julgamento já tiver sido proferido voto por juiz afastado ou substituído, não será possível a revisão do voto já proferido.

Por fim, estabelece o §4º do art. 942 do novo C.P.C. que não se aplica a técnica de prosseguimento de julgamento não unânime em relação ao *incidente de assunção de competência, à resolução de demandas repetitivas, à remessa necessária e àqueles proferidos pelo plenário ou pela corte especial.*

Na Revista Consultor Jurídico de 26 de março de 2016 (http://www.conjur.com.br/2016-mar-26/trf-inicia-uso-colegiado-qualificado-previsto--cpc) foi publicada a seguinte notícia:

Previsto no novo CPC, "colegiado qualificado" é usado pela primeira vez no TRF-4

A 5ª Turma do Tribunal Regional Federal da 4ª Região usou na última terça-feira (22/03), pela primeira vez na Corte, a nova sistemática do "colegiado qualificado", prevista no artigo 942, parágrafo 2º, do novo Código de Processo Civil. As novas regras aboliram os embargos infringentes, recurso interposto naqueles processos em que não havia unanimidade de entendimento.

Conforme este artigo, nos julgamentos em que não for alcançada a unanimidade, devem ser convocados dois magistrados, a fim de possibilitar a inversão do julgamento após a votação proferida pelos membros efetivos da turma julgadora.

A 5ª Turma, especializada em Direito Previdenciário e composta pelos desembargadores federais Paulo Afonso Brum Vaz (presidente), Rogério Favreto e o juiz federal Luiz Antônio Bonat (convocado no TRF-4), concluiu no mesmo dia o julgamento de 10 processos. Também participaram os juízes convocados Taís Schilling Ferraz, Marcelo De Nardi e Hermes Siedler da Conceição Junior, sem a necessidade de nova sessão de julgamento.

O novo CPC aboliu o recurso de embargos infringentes, que era julgado pelas seções do TRF-4, formadas pela união de duas turmas especializadas na mesma matéria. O objetivo é acelerar a conclusão dos recursos nos tribunais.

Na 4ª Turma do Tribunal Regional Federal 4ª Região, apresentou-se a seguinte questão: Um determinado julgamento de recurso de apelação começou antes da vigência do novo CPC, quando eram cabíveis os embargos infringentes. Porém, o julgamento não foi concluído, porque houve pedido vista por determinado Desembargador Federal. Quando o voto vista foi apresentado, já se encontrava em vigor o novo C.P.C. O resultado do julgamento foi proclamado na vigência do novo CPC, e foi por maioria.

A problematização que se coloca é se o Presidente da Turma poderia ter concluído o julgamento ou deveria prosseguir com base no art. 942 do novo C.P.C., que assim dispõe:

> *Art. 942. Quando o resultado da apelação for não unânime, o julgamento terá prosse-guimento em sessão a ser designada com a presença de outros julgadores, que serão convo-cados nos termos previamente definidos no regimento interno, em número suficiente para garantir a possibilidade de inversão do resultado inicial, assegurado às partes e a even-tuais terceiros o direito de sustentar oralmente suas razões perante os novos julgadores.*
>
> *§ 1º Sendo possível, o prosseguimento do julgamento dar-se-á na mesma sessão, colhendo-se os votos de outros julgadores que porventura componham o órgão colegiado.*
>
> *§ 2o Os julgadores que já tiverem votado poderão rever seus votos por ocasião do prosseguimento do julgamento.*
>
> *§ 3º A técnica de julgamento prevista neste artigo aplica-se, igualmente, ao julga-mento não unânime proferido em:*
>
> *I – ação rescisória, quando o resultado for a rescisão da sentença, devendo, nesse caso, seu prosseguimento ocorrer em órgão de maior composição previsto no regimento interno;*
>
> *II – agravo de instrumento, quando houver reforma da decisão que julgar parcial-mente o mérito.*
>
> *§ 4º Não se aplica o disposto neste artigo ao julgamento:*
>
> *I – do incidente de assunção de competência e ao de resolução de demandas repetitivas;*
>
> *II – da remessa necessária;*
>
> *III – não unânime proferido, nos tribunais, pelo plenário ou pela corte especial.*

Diante dessa questão levantada na 4ª Turma do TRF4ª Região, o Desembargador Federal, Cândido Leal Junior, apresentou a seguinte questão de ordem:

> *Para verificar qual é o regime recursal aplicado, precisamos verificar a data em que foi proferida a sentença ou a decisão recorrida.*
>
> *É a data da publicação da sentença que define o regime aplicável (art. 463 do CPC). É a lei vigente nessa data que rege o recurso interposto. Não é o momento em que o juiz iniciou o exame do processo nem o momento em que redigiu a sentença, mas a data em que esta foi publicada.*

PRINCÍPIOS GERAIS DOS RECURSOS

Pois bem, o mesmo tem que valer também para os julgamentos coletivos. É a data da proclamação do resultado que torna definitivo o julgamento, e que deve ser considerado como marco temporal para identificar o regime recursal aplicável, se o novo ou o velho código.

No caso de julgamento colegiado em que houve pedido de vista, não se deve considerar a data de início do julgamento ou a data da sessão em que foram apresentados os votos. O que define o início do prazo recursal é a data em que o julgamento se dá por concluído, quando não pode mais ser modificado.

Isso acontece quando o presidente da turma proclama o resultado do julgamento, conforme previa o artigo 556 do antigo CPC (que corresponde ao artigo 941 do nCPC).

Ora, até esse momento (proclamação do resultado pelo presidente), qualquer dos votantes pode retificar ou mudar seu voto. Logo, o julgamento não estava concluído e não se tem situação processual consolidada. Então se aplica o disposto no artigo 14 do novo CPC: "a norma processual não retroagirá e será aplicável imediatamente aos processos em curso, respeitados os atos processsuais praticados e as situações jurídicas consolidadas sob a vigência da norma revogada".

Ora, a regra que extraímos daí (e do artigo 5o da CF) é que a lei tem eficácia imediata. A lei processual se aplica imediatamente, salvo nos casos de direito adquirido, ato jurídico perfeito e coisa julgada.

Ora, o artigo 14 do novo CPC excepciona as situações jurídicas consolidadas sob a vigência da norma revogada, o que se aplica aos julgamentos concluídos na vigência do anterior CPC, mas não se aplica aos julgamentos apenas iniciados no antigo CPC, e concluídos (resultado proclamado pelo presidente) na vigência do novo CPC.

Portanto, parece-me que o regime que se aplica a casos como o presente, em que o resultado do julgamento é proclamado na vigência do novo CPC, é o novo regime do novo CPC (que não prevê embargos infringentes, mas que submete o julgamento com divergência a especial confirmação por outros julgadores).

Aliás, do contrário, acabaríamos cerceando o direito de recurso da parte vencida, porque quando fosse interpor os embargos infringentes pelo antigo CPC, provavelmente esse recurso não seria conhecido porque se diria que vale a data da proclamação do resultado, e não do inicio do julgamento.

Portanto, peço vênia para divergir quanto ao encaminhamento, suscitando questão de ordem no sentido de que não seja agora concluído o julgamento mas que, em razão da ocorrência de divergência, a apelação seja submetida ao regime do artigo 942 do novo CPC".

Tenho para mim que o Desembargador Cândido Leal Junior analisou com correção a questão, nos termos do que entende a doutrina e a jurisprudência.

No caso, está-se diante de uma questão procedimental de conclusão de julgamento e não de admissibilidade recursal.

Assim, deve-se aplicar a lei nova ao julgamento que ainda não se concluiu em razão de pedido de vista.

10.2. Princípio da unicidade ou unirrecorribilidade das decisões

A regra geral é que para cada decisão corresponda um único recurso.

O princípio da *unicidade ou unirrecorribilidade* significa a impossibilidade de se interpor mais de um recurso, ao mesmo tempo, contra a mesma decisão.

O princípio da unicidade ou unirrecorribilidade foi reconhecido expressamente pelo S.T.F., conforme se constata pelos seguintes precedentes:

> *O princípio da unirrecorribilidade, ressalvadas as hipóteses legais, impede a cumulativa interposição, contra o mesmo ato decisório, de mais de um recurso. O desrespeito ao postulado da singularidade dos recursos torna insuscetível de conhecimento o segundo recurso, quando interposto contra a mesma decisão. Doutrina. – Impõe-se, à parte recorrente, quando da interposição do agravo de instrumento, a obrigação processual de impugnar todas as razões em que se assentou a decisão veiculadora do juízo negativo de admissibilidade do recurso extraordinário. Precedentes.*
>
> (AI 688291 AgR, Relator(a): Min. CELSO DE MELLO, Segunda Turma, julgado em 18/12/2007, DJe-041 DIVULG 06-03-2008 PUBLIC 07-03-2008

> *1. O acórdão do STJ que julgou o recurso especial e rejeitou os embargos de declaração foi impugnado mediante a interposição de recurso extraordinário e de embargos de divergência. Todavia, apresentados os embargos de divergência, a interposição do recurso extraordinário só seria cabível, em tese, contra o acórdão que julgou aquele apelo. Assim, o ataque do mesmo acórdão (o que apreciou o especial), por mais de um recurso (extraordinário e embargos de divergência), viola o princípio da unirrecorribilidade. Precedentes: ARE 850.960-AgR, de minha relatoria, Segunda Turma, DJe de 13/4/2015; RE 839.163-QO-segunda, Rel. Min. DIAS TOFFOLI, Tribunal Pleno, DJe de 10/2/2015; AI 771.806-AgR-segundo, Rel. Min. LUIZ FUX, Primeira Turma, DJe de 2/4/2012; AI 563.505-AgR, Rel. Min. EROS GRAU, Primeira Turma, DJ de 4/11/2005; RE 355.497-AgR, Rel. Min. MAURÍCIO CORRÊA, Segunda Turma, DJ de 25/4/2003.*

PRINCÍPIOS GERAIS DOS RECURSOS

(RE 861239 AgR, Relator(a): Min. TEORI ZAVASCKI, Segunda Turma, julgado em 05/05/2015, PROCESSO ELETRÔNICO DJe-091 DIVULG 15-05-2015 PUBLIC 18-05-2015).

1. O incidente de uniformização de jurisprudência no âmbito dos Juizados Especiais Federais, cabível quando "houver divergência entre decisões sobre questões de direito material proferidas por Turmas Recursais na interpretação da lei" (art. 14, caput, da Lei 10.259/01), possui natureza recursal, já que propicia a reforma do acórdão impugnado. Trata-se de recurso de interposição facultativa, com perfil semelhante ao dos embargos de divergência previstos no art. 546 do CPC e dos embargos previstos no art. 894, II, da CLT. 2. Embora se admita, em tese – a exemplo do que ocorre em relação a aqueles embargos (CPC, art. 546 e CLT, art. 894, II) –, a interposição alternativa de incidente de uniformização de jurisprudência ou de recurso extraordinário, não é admissível, à luz do princípio da unirrecorribilidade, a interposição simultânea desses recursos, ambos com o objetivo de reformar o mesmo capítulo do acórdão recorrido. 3. Apresentado incidente de uniformização de jurisprudência de decisão de Turma Recursal, o recurso extraordinário somente será cabível, em tese, contra o futuro acórdão que julgar esse incidente, pois somente então, nas circunstâncias, estará exaurida a instância ordinária, para os fins previstos no art. 102, III, da CF/88. 4. Agravo regimental a que se nega provimento.

(ARE 850960 AgR, Relator(a): Min. TEORI ZAVASCKI, Segunda Turma, julgado em 24/03/2015, PROCESSO ELETRÔNICO DJe-068 DIVULG 10-04-2015 PUBLIC 13-04-2015).

Ementa: PROCESSUAL CIVIL. EMBARGOS DE DECLARAÇÃO RECEBIDOS COMO AGRAVO REGIMENTAL. RECURSO EXTRAORDINÁRIO INTERPOSTO CUMULATIVAMENTE COM EMBARGOS DE DIVERGÊNCIA. OFENSA AO PRINCÍPIO DA UNIRRECORRIBILIDADE. PRECEDENTES DO SUPREMO TRIBUNAL FEDERAL. AGRAVO REGIMENTAL A QUE SE NEGA PROVIMENTO.

(RE 904026 ED, Relator(a): Min. TEORI ZAVASCKI, Segunda Turma, julgado em 13/10/2015, PROCESSO ELETRÔNICO DJe-217 DIVULG 28-10-2015 PUBLIC 29-10-2015)

Não poderia deixar de citar a seguinte passagem do voto proferido pelo Min. Teori Zavascki no RE 904026, acima citado, pela importância da lição processual nele contida:

Segundo Barbosa Moreira, no plano da política legislativa, é concebível "a) que contra determinada decisão seja interponível um único recurso; b) que sejam interponíveis dois ou mais recursos, cumulativamente; c) que sejam interponíveis dois ou mais recursos, alternativamente" (Comentários ao Código de Processo Civil. Vol. 5. Rio de Janeiro: Forense, 2008. p. 248). É o que também registra Araken de Assis, invocando o direito comparado: Exemplo de interposição alternativa de dois recursos localiza-se no art. 360, segunda parte, do CPC italiano, segundo o qual, pondo-se as partes de acordo, nada obstante apelável a sentença, admite-se a interposição do recurso de cassação, desde logo, mas em certos casos, chamando-se tal possibilidade de ricorso per saltum ou omisso medio. Idêntico sistema preside a Sprungrevision germânica ($566 da ZPO). E exemplifica a interposição cumulativa o concurso entre o recours em révision, de regra inadmissível quando cabível outro recurso, e, por isso, "subsidiário", e o pouvoir em cassation, porque neste a Cour de Cassation não reexamina questões de fato, situadas no âmago do primeiro, a teor do art. 595 do Nouveau Code de Procédure Civile. (Manual dos Recursos. São Paulo: RT, 2013. p. 97-98)

No direito processual civil brasileiro, o art. 809 do Código de Processo Civil de 1939 consagrou o princípio da unirrecorribilidade (unicidade ou singularidade), dispondo que "a parte poderá variar de recurso dentro do prazo legal, não podendo, todavia, usar, ao mesmo tempo, de mais de um recurso". Embora não positivado atualmente, segundo entendimento pacífico na jurisprudência e na doutrina, o postulado da unirrecorribilidade foi implicitamente adotado pela sistemática recursal do Código de Processo Civil atual. Assim, "tanto no direito anterior como no vigente (...), a regra geral era e continua a ser a de que, para cada caso, há um recurso adequado, e somente um" (MOREIRA, José Carlos Barbosa. Comentários ao Código de Processo Civil. Vol. 5. Rio de Janeiro: Forense, 2008. p. 249). O princípio, é certo, comporta algumas exceções, mas fundamentalmente para hipóteses em que se admite a interposição cumulativa de recursos. É o caso de interposição simultânea dos recursos especial e extraordinário contra acórdão que, ao mesmo tempo, incorrer nas previsões dos arts. 102, III, e 105, III, da CF/88. O Superior Tribunal de Justiça, inclusive, possui entendimento sumulado no sentido de que "é incabível recurso especial, quando o acórdão recorrido assenta em fundamentos constitucional e infraconstitucional, qualquer deles suficiente, por si só, para mantê-lo, e a parte vencida não manifesta recurso extraordinário" (Súmula 126/STJ). Este Supremo Tribunal Federal possui orientação análoga (ARE 802.391-AgR, Rel. Min. ROBERTO BARROSO, Primeira Turma, DJe de 3/9/2014; AI 831.740-ED, Rel. Min. CELSO DE MELLO, Segunda Turma, DJe de 24/4/2012). Não há, entretanto, previsão legal ou constitucional que permita concluir pelo cabimento da interposição simultânea de recurso extraordinário e incidente de uniformização de jurisprudência...

PRINCÍPIOS GERAIS DOS RECURSOS

Também o S.T.J. reconhece o princípio da unirrecorribilidade das decisões, conforme os seguintes precedentes:

AGRAVO REGIMENTAL NO AGRAVO EM RECURSO ESPECIAL. PRINCÍPIO DA UNIRRECORRIBILIDADE. PRECLUSÃO CONSUMATIVA. RECURSO APRESENTADO FORA DO PRAZO LEGAL. INTEMPESTIVIDADE. ART. 258 DO RISTJ. AGRAVO REGIMENTAL NÃO CONHECIDO.
1. O processo sempre segue uma marcha tendente a um fim. Por isso, nele não cabem dois recursos de mesma natureza contra uma mesma decisão, conforme o princípio da unirrecorribilidade, porque "electa una via non datum regressus ad alteram".
2. A interposição de agravo regimental após o prazo legal, implica o não conhecimento do recurso, por intempestividade, nos termos do art. 258, do RISTJ.
3. Agravo regimental não conhecido.
(AgRg no AREsp 436.954/SP, Rel. Ministro MOURA RIBEIRO, QUINTA TURMA, julgado em 19/08/2014, DJe 26/08/2014)

EMBARGOS DE DECLARAÇÃO NO AGRAVO REGIMENTAL NO RECUSO ESPECIAL. PREVIDENCIÁRIO. APOSENTADORIA POR TEMPO DE SERVIÇO. RECONHECIMENTO DO EXERCÍCIO DE ATIVIDADE RURAL. ART. 535 DO CPC. VÍCIOS INEXISTENTES. 1. Conforme a jurisprudência consolidada no âmbito desta Corte, a interposição de dois recursos pela mesma parte contra a mesma decisão impede o exame do que tenha sido protocolizado por último, haja vista a preclusão consumativa e a observância ao princípio da unirrecorribilidade das decisões. (...) 3. Embargos de declaração de fls. 588/589 não conhecidos, e rejeitados os de fls. 590/591.
(EDcl no AgRg no REsp 1105409/SP, Rel. Ministro MARCO AURÉLIO BELLIZZE, Quinta Turma, julgado em 15/08/2013, DJe 22/08/2013)

Algumas legislações permitem que a parte opte entre dois recursos diversos em relação a uma mesma decisão. É, por exemplo, o que ocorre com o art. 360 do Código de Processo Civil italiano, que estabelece que uma sentença apelável poderá ser impugnada com recurso de cassação, se as partes estiverem de acordo em omitir a apelação.

Comentando o art. 360 do Código de Processo Civil italiano, anota Luca Ariola e outros: *"Recurso 'per saltum'. O inc. II da norma em exame prevê que pode ser impugnada mediante recurso de cassação uma sentença apelável do tribunal, se as partes estiverem de acordo em omitir o apelo. Em tal hipótese, o apelo pode ser pro-*

posto somente com base na disposição do inc. I, n. 3. (violação ou falsa aplicação de normas de direito e dos contratos e acordos coletivos nacionais de trabalho). A disposição não diverge da velha formulação do último inciso do art. 360. O recurso de cassação em decorrência da concordância das partes em omitir a apelação (acordo não sustentável diante de reserva ou condição) pode propor-se apenas por violação ou não aplicação de norma jurídica ou contratos coletivos. Esse acordo não pode ser admitido com base em pacto estipulado antes da demanda, ou seja, enquanto não seja aparente, após a decisão de primeiro grau, uma manifestação de vontade das partes em recuperar e atualizar a operatividade do precedente pacto (Cass 7-3-97, n. 2021). No acordo devem intervir pessoalmente as partes, podendo ser realizado através de procurador especial, não sendo suficiente que esse venha concluído pelos respectivos procuradores 'ad litem', e deve também preceder ao término do prazo para a interposição da apelação (Cass. 12-2-08), pois se trata de um negócio jurídico processual (Cass. S.U. 26-7-06, n. 16993)".[163]

No mesmo sentido é a revisão 'por salto' do direito alemão (ZPO §566).

Havia previsão expressa do princípio da *unicidade ou unirrecorribilidade* das decisões no art. 809, 2ª parte, do C.P.C. de 1939.

Não obstante o C.P.C. de 1973 e o atual C.P.C. não tenham feito referência expressa ao princípio da singularidade ou unirrecorribilidade, o certo é que pela técnica de sistematização adotada pelo legislador, disciplinando recursos específicos para determinadas decisões, denota-se efetivamente a adoção do aludido princípio.

É bem verdade que o nosso ordenamento jurídico permite a interposição, ao mesmo tempo, do Recurso Extraordinário e do Recurso Especial contra a mesma decisão. Porém, além de que cada recurso deverá dirigir-se contra determinado fundamento da decisão, o recurso extraordinário ficará suspenso até que seja julgado o recurso especial, conforme estabelece o art. 1.031, §1º, do atual C.P.C.

É certo também que o C.P.C. de 1973, na redação originária do art. 498, estabelecia que *quando o dispositivo do acórdão contiver julgamento unânime e julgamento por maioria de votos e forem interpostos simultaneamente embargos infringentes e recurso extraordinário, ficará este sobrestado até o julgamento daquele.*

Havia, portanto, em nosso ordenamento jurídico a possibilidade de interposição simultânea do recurso de embargos infringentes e do recurso

---

[163] ARIOLA, L.; CAIRO, A.; CIAFARDINI, L.; CRESCENZO, M.; GIORDANO, L.; PELLECCHIA, R.; PELUSO, R.; SCOGNAMIGLIO, P.; TARASCHI, C., op. cit., p 1068.

PRINCÍPIOS GERAIS DOS RECURSOS

extraordinário, não obstante cada recurso teria por objeto capítulo específico da decisão recorrida.

Porém, a Lei 10.352/01, dando nova redação ao art. 498 do C.P.C. de 1973, preconizou que somente após o julgamento dos embargos infringentes é que a parte unânime poderia ser impugnada por meio de recurso especial ou extraordinário.

Para Nelson Nery Junior, comentando o art. 498 do C.P.C. de 1973: *"o acórdão impugnado por embargos infringentes, recurso especial e extraordinário é o mesmo; é um só. Depois da decisão dos embargos infringentes – opostos contra a parte não unânime – a parte ou interessado pode interpor o especial e o extraordinário, não do novo acórdão, que julga os embargos infringentes, mas do anterior, que continha partes por maioria de unânime. Logo, ocorre, sim, exceção ao princípio da singularidade, pois o 'mesmo acórdão' pode dar origem à impugnação por mais de um tipo diferente de recurso".*[164]

Porém, os denominados embargos infringentes não mais existem como figura ou natureza recursal no novo C.P.C., mas, sim, como continuidade do julgamento, conforme preconiza o art. 942 do novo C.P.C., a saber: *quando o resultado da apelação for não unânime, o julgamento terá prosseguimento em sessão a ser designada com a presença de outros julgadores, que serão convocados nos termos previamente definidos no regimento interno, em número suficiente para garantir a possibilidade de inversão do resultado inicial, assegurado às partes e a eventuais terceiros o direito de sustentar oralmente suas razões perante os novos julgadores.*

Dizia Barbosa Moreira que na aplicação do princípio da *unicidade ou unirrecorribilidade* havia de ter-se em conta as decisões objetivamente complexas, as quais apresentavam capítulos de sentença distintos;[165] assim, por

---

[164] NERY JUNIOR. Nelson. *Teoria geral dos recurso.* 7ª ed. rev. e atual. São Paulo: Editora Revista dos Tribunais, 2014. p. 134.

[165] Sobre a importância dos capítulos da sentença no âmbito dos recursos, anota Cândido Rangel Dinamarco: *"(...a) sobre os limites do interesse recursal, cada uma das partes sendo amparada por esse requisito somente no tocante ao capítulo em que vencida...; b) sobre os limites da devolução operada, não sendo lícito ao tribunal cassar a sentença além deles; 'tantum devolutum quantum appellatum'...; c) sobre a formação da coisa julgada em relação ao capítulo de sentença que não tenha sido atingido pela devolução; d) sobre a consequente impossibilidade de anular a sentença em grau de recurso, além dos limites do recurso admissível e interposto; e) sobre a admissibilidade do recurso adesivo, limitada ao capítulo em que sucumbiu a parte...; f)sobre a identificação da 'reformatio in peius', ocorrente quando o tribunal interfere no capítulo de sentença que foi favorável ao recorrente e que, por isso, sequer podia ser objeto de recurso interposto por este; g) sobre o efeito suspensivo de certos recursos, como a apelação, o qual impede a eficácia da sentença em uma parte mas não necessariamente em todas; h) sobre a admissibilidade dos*

exemplo, se a turma no julgamento da apelação decidisse por unanimidade quanto a uma parte da matéria impugnada e por simples maioria quanto a outra parte, nesta caberiam embargos infringentes (art. 530 do C.P.C. de 1973), e, naquela, possivelmente recurso especial ou extraordinário. Porém, segundo Barbosa Moreira, tal hipótese, regulada expressamente no art. 498 do C.P.C. de 1973, não constituía verdadeira exceção ao princípio de que ora se trata, porque, para fins de recorribilidade, cada capítulo seria considerado como uma decisão *per se*.[166] Note-se, contudo, que essa hipótese não mais se verifica, pois o novo C.P.C. extinguiu os *embargos infringentes*, como recurso autônomo.

Outro aspecto importante a ser ressaltado é que numa mesma decisão poder-se-á encontrar motivação referente a conteúdo específico de sentença e a conteúdo específico de decisões interlocutórias.

Conforme anota Nelson Nery Jr: *"É evidente que o critério utilizado pelo Código para determinar a natureza do pronunciamento judicial foi o do conteúdo, o da essência desse mesmo pronunciamento. De modo que não importa a 'forma' que o juiz haja dado ao proferir o ato, nem tampouco o 'nome' que se lhe atribuiu".*[167]

Nesse sentido é a posição adota pela jurisprudência italiana: *"Afirma-se que para estabelecer se um provimento tenha natureza de sentença ou de 'ordinanza' necessita-se avaliar não a denominação dada pelo juiz que o tenha pronunciado, mas o conteúdo substancial do próprio provimento e ao efeito jurídico que este está destinado a produzir (Cass. 22-9-14, n. 19865; Cass. 19-12-06, n. 27143; Cass. 24-2-05, n. 3816; Cass. 25-11-02, n. 16578). Está-se diante de uma 'ordinanza' quando o provimento adotado disponha acerca de conteúdo formal da atividade autorizada às partes; de uma sentença quando, vice-versa, o juiz, no exercício de seu poder jurisdicional, tenha se pronunciado de forma definitiva ou não definitiva, em relação ao mérito da controvérsia e/ou sobre pressupostos e condições processuais desta (Cass. 23-5-03, n. 8190)".*[168]

---

embargos infringentes limitadamente ao capítulo em que tenha havido divergência de votos...; i) sobre a fluência dos prazos recursais, distintos em relação a cada um dos capítulos segundo o momento de intimação do patrono de cada uma das partes...". (DINAMARCO, Cândido Rangel. *Capítulos de sentença*. 4ª ed. São Paulo: Malheiros, 2009).

[166] BARBOSA MOREIRA, J. C., op. cit., p. 232.

[167] NERY JUNIOR. Nelson. *Teoria geral dos recursos*. 7ª ed. rev. e atual. São Paulo: Editora Revista dos Tribunais, 2014. p. 129.

[168] ARIOLA, L.; CAIRO, A.; CIAFARDINI, L.; CRESCENZO, M.; GIORDANO, L.; PELLECCHIA, R.; PELUSO, R.; SCOGNAMIGLIO, P.; TARASCHI, C., op. cit., p .891.

PRINCÍPIOS GERAIS DOS RECURSOS

O novo C.P.C. brasileiro entende por sentença, ressalvadas as disposições expressas dos procedimentos especiais, o pronunciamento por meio do qual o juiz, com fundamento nos arts. 485 e 487, põe fim à fase cognitiva do procedimento comum, bem como extingue a execução (art. 203, §1º, do novo C.P.C.).

Portanto, pelo novo C.P.C., a sentença não é mais aquele ato que tem por finalidade a extinção do processo com ou sem resolução de mérito, mas, sim (salvo disposições expressas dos procedimentos especiais), aquela decisão que extingue a fase cognitiva do procedimento comum, desde que tenha como conteúdo algumas das hipóteses dos arts. 485 e 487, sem que, necessariamente, haja a extinção do processo, especialmente pelo fato de que há um *sincretismo* entre cognição e execução.

Aliás, nem mesmo as decisões que possam versar sobre *o mérito* podem sempre ser consideradas como 'sentença', pois, segundo dispõe o art. 1.015, inc. II, do novo C.P.C., poderá existir decisão interlocutória que verse sobre o 'mérito' do processo, como, por exemplo, a decisão que julga parcialmente o mérito, nos termos do art. 356 do novo C.P.C., e não ponha fim à fase cognitiva do processo comum. O mesmo ocorre quando o juiz, diante de um litisconsorte facultativo ativo, decreta a prescrição ou decadência em relação a uma das partes, prosseguindo o processo em relação à outra. Trata-se de uma decisão de mérito, mas que não põe fim à fase cognitiva do processo. Nesse sentido, aliás, é o que dispõe o parágrafo único do art. 354 do novo C.P.C.[169]

Segundo anota Nelson Nery Júnior, com o qual concordo, *"parece haver elaborado em equívoco Grinover, ao dizer que 'quando, porém, a prescrição é decretada 'initio litis', como causa de indeferimento da inicial (art. 295, IV – CPC de 1973), o Código vigente configura a hipótese como de extinção do processo sem julgamento de mérito (art. 267, I – CPC de 1973)....O que determina ser a sentença de mérito ou não é o 'conteúdo' desse pronunciamento judicial e não o momento em que é prolatada. Como a prescrição e decadência são matérias consideradas 'ex lege' como de mérito, não perdem esta característica no processo, ainda que pronunciadas*

---

[169] Em relação à exclusão de um dos corréus do processo, sob a égide do C.P.C. de 1973, havia jurisprudência que entendia ser caso de decisão interlocutória, sujeita a recurso de agravo de instrumento (RT 650/78; 505/170), como também havia decisão entendendo que o recurso correto seria o de apelação (RTJ 98/1207; 92/1301).

'initio litis', como no exemplo dado por nós no texto acima. Aliás, em nosso exemplo houve 'decisão' de mérito, mas não 'sentença' de mérito...".[170]

É certo que o art. 330 do novo C.P.C., ao contrário do que estabelecia o art. 295, inc. IV, do C.P.C de 1973, não inseriu a prescrição ou a decadência como causa de indeferimento da petição inicial. Ao contrário, pelo novo C.P.C., nas causas que dispensem a fase instrutória, o juiz, independentemente da citação do réu, julgará liminarmente improcedente o pedido, se verificar, desde logo, a ocorrência de prescrição ou decadência (§1º do art. 332 do novo C.P.C.). Trata-se, portanto, de sentença resolutiva de mérito.

Por sua vez, entende-se por decisão interlocutória todo pronunciamento judicial de natureza decisional que não se enquadre como sentença (§2º do art. 203 do novo C.P.C.).

Um aspecto importante introduzido pelo novo C.P.C. é que uma decisão interlocutória poderá ter conteúdo de 'mérito', ensejando, inclusive, a interposição do recurso de agravo de instrumento (art. 1.015, inc. II).[171]

É certo que poderá existir determinada decisão que tenha no seu conteúdo matéria que seria objeto de uma sentença e matéria que seria objeto de uma decisão interlocutória, assim como conteúdo de direito material ou conteúdo de direito procedimental, como, por exemplo, a concessão de uma tutela provisória antecipada ou cautelar no contexto de uma sentença. Note-se que, em regra, a decisão que concede ou não tutela provisória de urgência antecipada ou cautelar é de natureza interlocutória.

A doutrina tem denominado esse tipo de sentença que também abrange matéria que poderia ser objeto de agravo e matéria que poderia ser objeto de recurso de apelação como *objetivamente complexa*, daí por que o único recurso adequado seria o recurso de apelação.[172]

---

[170] NERY JUNIOR, N., op. cit., p. 132.

[171] *"(...). Ao observador mais apressado poderia parecer, à primeira vista, estranho que uma questão de mérito possa ser resolvida em decisão interlocutória. Isso, contudo, é perfeitamente compatível com o sistema do Código vigente (1973) que, diferentemente do anterior, não tomou como principal consideração a 'matéria' decidida pelo juiz para a caracterização do pronunciamento judicial e consequente adequação recursal, mas, inversamente, somente se importou com a 'finalidade' da decisão: colocar ou não fim ao processo...".* (NERY JUNIOR, idem, p. 137).

[172] NERY JUNIOR, N., idem, p. 132; BARBOSA MOREIRA, José Carlos. Sentença objetivamente complexa trânsito em julgado e rescindibilidade. *In*: Nelson Nery Junior e Teresa Arruda Alvim Wambier (Coord.). *Aspectos polêmicos e atuais dos recursos cíveis*. 11º vol. São Paulo: Editora Revista dos Tribunais, 2007. p. 168.

PRINCÍPIOS GERAIS DOS RECURSOS

No caso, não haverá exceção ao princípio da unicorribilidade, pois a natureza jurídica da sentença abrangerá o conteúdo motivacional da decisão interlocutória. O recurso, nessa hipótese, será unificado, ou seja, o recurso cabível será o de apelação. Sobre o tema, eis as seguintes decisões:

> *Agravo de instrumento – Tutela antecipada – Concessão na sentença – Recurso cabível – Apelação – Princípio da singularidade dos recursos – De acordo com o principio das unirrecorribilidade ou singularidade dos recursos, o recurso –cabível contra concessão da tutela antecipada na sentença é a apelação .*
>
> (TJ-SP 8437025000 SP , Relator: Luis Ganzerla, Data de Julgamento: 29/10/2008, 11ª Câmara de Direito Público, Data de Publicação: 07/01/2009)

> *1. A jurisprudência pátria, inclusivamente do Colendo Superior Tribunal de Justiça, é pacífica no sentido de que, no caso de a tutela antecipada ser concedida na sentença, em observância ao princípio da unirrecorribilidade, o recurso cabível é a apelação.*
>
> *2. Atendidos os requisitos da verossimilhança das alegações do autor, bem como o perigo na demora para a concessão do direito, é de ser mantida a decisão que concede a antecipação da tutela.*
>
> *3."As razões do recurso são elemento indispensável a que o tribunal, para o qual se dirige, possa julgar o mérito do recurso, ponderando-as em confronto com os motivos da decisão recorrida. A sua falta acarreta o não conhecimento".*
>
> *4. A mera repetição dos argumentos das alegações finais, sem refutar ou contrapor as razões de decidir, e de modo a embasar os motivos pelos quais a sentença deveria ser modificada, fere o princípio da dialeticidade.*
>
> (TJ-PR – AC: 4673489 PR 0467348-9, Relator: José Mauricio Pinto de Almeida, Data de Julgamento: 10/06/2008, 7ª Câmara Cível, Data de Publicação: DJ: 7644).

Por outro lado, pode ocorrer que dependendo do conteúdo da decisão a impugnação poderá ser por meio de agravo de instrumento ou mediante recurso apelação. Pense-se no caso da decisão que rejeita a alegação de convenção de arbitragem, decisão essa que poderá ser objeto de agravo de instrumento, nos termos do art. 1.015, inc. III, do novo C.P.C. Porém, se for acolhida a alegação de convenção de arbitragem, o recurso será o de apelação.

Sob a égide do C.P.C. de 1973, Nelson Nery Junior fez a seguinte advertência; *"O raciocínio deve ser entendido de modo a não confundir a unidade e indi-*

visibilidade de um pronunciamento judicial, para efeitos de classificação desse mesmo ato e consequente atribuição do recurso cabível, com a prática de 'mais de um' pronunciamento judicial em uma mesma ocasião processual. É o que pode acontecer em uma audiência de instrução e julgamento, onde se verifique, v.g., a prática de atos da fase postulatória e decisória. Com efeito, se em audiência no procedimento sumário o juiz rejeitar a incompetência absoluta deduzida pelo réu na contestação (fase postulatória), e, logo após a tomada dos depoimentos pessoais e ouvida das testemunhas (fase instrutória), profere sentença (fase decisória), terão sido praticados vários e distintos atos processuais, com naturezas e consequências igualmente distintas, nada obstante isso haja acontecido na mesma audiência, no mesmo momento processual. A circunstância de esses atos haverem sido praticados quase que concomitantemente, na mesma audiência, é decorrente da sistemática do Código, que determinou que a contestação e os demais atos do procedimento, inclusive a sentença, fossem realizados em único momento processual (CPC 278 e 281). Isso, contudo, não tem o condão de equiparar atos distintos, reduzindo-os à mesma categoria para o fim de classificá-los e estabelecer-lhes a recorribilidade. A consequência a ser extraída desse raciocínio é a de que houve a prática, pelo juiz, de dois pronunciamentos diferentes em momentos diversos, embora à mesma época. Segue-se que o ato do juiz que rejeitou a incompetência absoluta, na fase postulatória, se caracteriza como sendo decisão interlocutória e, portanto, impugnável pelo recurso de agravo; e o ato do juiz que extinguiu o processo, na fase decisória daquela audiência, é sentença e, como tal, apelável...".[173]

A lição de Nelson Nery continua valendo, desde que feita as seguintes considerações: a) pelo novo C.P.C. não haverá mais o procedimento comum sumário, uma vez que foi extinto. É certo que, conforme estabelece o art. 1.046, §1º, do novo C.P.C., *as disposições da Lei n. 5.869, de 11 de janeiro de 1973, relativas ao procedimento sumário e aos procedimentos especiais que forem revogadas aplicar-se-ão às ações propostas e não sentenciadas até o início da vigência deste Código;* b) contra a decisão que rejeitou a incompetência absoluta na fase postulatória não cabe mais recurso de agravo de instrumento, uma vez que as hipóteses de cabimento do recurso de agravo de instrumento encontram-se taxativamente delineadas no art. 1.015 do novo C.P.C. Essa questão poderá ser rediscutida em preliminar de apelação.

É importante salientar, ainda, que não infringe o princípio da unirrecorribilidade a coexistência de dois ou três agravos contra a mesma decisão interlocutória, duas ou três apelações contra a mesma sentença, pois,

---

[173] NERY JUNIOR, N., idem, p. 13.

PRINCÍPIOS GERAIS DOS RECURSOS

o que importa é atribuir a recorribilidade por intermédio de um único *tipo* de recurso.[174]

Questão interessante em relação à unirrecorribilidade das decisões diz respeito à possibilidade de se promover novamente o recurso, dentro do prazo legal, quando a parte observa que o recurso por ela interposto anteriormente apresenta alguma irregularidade.

A Corte de Cassação Italiana preconizou que a proposição de uma impugnação que seja inadmissível ou improcedente, mas não ainda declarada tal circunstância, não impede a reproposição do recurso, desde que ainda não tenha transcorrido o prazo para uma válida renovação (Cass. 3-9-14, n. 18604; Cass. 29-5-90, n. 5022). A consumação do direito de impugnação pressupõe a existência – no momento da proposição da segunda impugnação – de uma declaração de inadmissibilidade ou de improcedência da precedente; diante da falta de tal (preexistente) declaratória, é permitida a proposição de uma (outra) impugnação (de conteúdo idêntico ou diverso) em substituição da precedente viciada, sempre que o prazo recursal não tenha decorrido (Cass. 8-10-10, n. 20898; Cass. 19-4-10, n. 9265; Cass. 15-4-10, n. 9058; Cass, sez. Lav. 23-1-98, n. 643).

No sistema brasileiro, em face do princípio da unirrecorribilidade das decisões, sinaliza-se pela impossibilidade de apresentação de dois recursos contra a mesma decisão, ainda que ambos sejam apresentados no transcurso do prazo recursal. Nesse sentido, eis os seguintes precedentes do S.T.J.:

> *AGRAVO REGIMENTAL NO AGRAVO EM RECURSO ESPECIAL. PRINCÍPIO DA UNIRRECORRIBILIDADE. PRECLUSÃO CONSUMATIVA. ALIENAÇÃO FIDUCIÁRIA. BUSCA E APREENSÃO. NOTIFICAÇÃO PRÉVIA DO DEVEDOR. NECESSIDADE.*
>
> *1. Não se conhece de agravo regimental interposto em duplicidade em razão do princípio da unirrecorribilidade das decisões e da preclusão consumativa.*
>
> *2. É firme a jurisprudência desta Corte no sentido de que, nos contratos de alienação fiduciária, para que ocorra a busca e apreensão do bem, a mora do devedor deve ser comprovada pelo protesto do título ou pela notificação extrajudicial, sendo necessária, nesse último caso, a efetiva entrega da notificação no endereço indicado pelo devedor.*

---

[174] NERY JUNIOR, N., idem, p. 143.

3. Agravo regimental não provido.

(AgRg no AREsp 564.262/PR, Rel. Ministro RICARDO VILLAS BÔAS CUEVA, TERCEIRA TURMA, julgado em 26/04/2016, DJe 09/05/2016)

PROCESSUAL CIVIL. EMBARGOS DE DECLARAÇÃO. ART. 535, I E II, DO CPC. OMISSÃO E CONTRADIÇÃO INEXISTENTES. INCONFOR-MISMO. APRESENTAÇÃO DE EMBARGOS DE DECLARAÇÃO APÓS A APRESENTAÇÃO DE ANTERIORES ACLARATÓRIOS. PRECLUSÃO CON-SUMATIVA E UNIRRECORRIBILIDADE RECURSAL. EMBARGOS DE DECLARAÇÃO REJEITADOS. SEGUNDOS EMBARGOS DE DECLARA-ÇÃO NÃO CONHECIDOS.

I. O voto condutor do acórdão apreciou, fundamentadamente, de modo coerente e completo, todas as questões necessárias à solução da controvérsia, dando-lhes, contudo, solução jurídica diversa da pretendida pelos embargantes.

II. Inexistindo, no acórdão embargado, a contradição e a omissão apontadas, nos termos do art. 535, I e II, do CPC, não merecem ser acolhidos os Embargos de Declara-ção, que, em verdade, revelam o inconformismo dos embargantes com as conclusões do decisum.

III. Consoante a jurisprudência, "os embargos de declaração consubstanciam ins-trumento processual apto a suprir omissão do julgado ou dele excluir qualquer obscu-ridade, contradição ou erro material. A concessão de efeitos infringentes aos embargos de declaração somente pode ocorrer em hipóteses excepcionais, em casos de erro evidente. Não se prestam, contudo, para revisar a lide. Hipótese em que a irresignação da embar-gante resume-se ao mero inconformismo com o resultado do julgado, desfavorável à sua pretensão, não existindo nenhum fundamento que justifique a interposição dos presentes embargos" (STJ, EDcl no REsp 850.022/PR, Rel. Ministro ARNALDO ESTEVES LIMA, QUINTA TURMA, DJU de 29/10/2007).

IV. Inviável o conhecimento de Embargos de Declaração apresentados após o protocolo de anteriores aclaratórios, pelo reconhecimento da preclu-são consumativa e pela aplicação do princípio da unirrecorribilidade recursal. *(grifado)*

V. Embargos de Declaração rejeitados.

VI. Segundos Embargos de Declaração não conhecidos.

(EDcl no AgRg no REsp 1114639/RS, Rel. Ministra ASSUSETE MAGA-LHÃES, SEXTA TURMA, DJe 13/09/2013).

PRINCÍPIOS GERAIS DOS RECURSOS

EMBARGOS DE DECLARAÇÃO NO AGRAVO REGIMENTAL NO RECURSO ESPECIAL. PREVIDENCIÁRIO. APOSENTADORIA POR TEMPO DE SERVIÇO. RECONHECIMENTO DO EXERCÍCIO DE ATIVIDADE RURAL. ART. 535 DO CPC. VÍCIOS INEXISTENTES.

1. Conforme a jurisprudência consolidada no âmbito desta Corte, a interposição de dois recursos pela mesma parte contra a mesma decisão impede o exame do que tenha sido protocolizado por último, haja vista a preclusão consumativa e a observância ao princípio da unirrecorribilidade das decisões.

2. Nos termos do art. 535 do Código de Processo Civil, a interposição de embargos declaratórios se faz apropriada e adequada quando o pronunciamento judicial padecer de obscuridade, de contradição ou de omissão, situações não ocorrentes neste caso.

3. Na verdade, a questão não foi decidida conforme objetivava o recorrente, que busca impugnar a tese adotada no acórdão recorrido que lhe foi desfavorável no sentido de que, documentos não contemporâneos à época dos fatos alegados, não são considerados como início de prova material para fins de comprovação e averbação de tempo de serviço rural ou urbano.

4. Embargos de declaração de fls. 588/589 não conhecidos, e rejeitados os de fls. 590/591.

(EDcl no AgRg no REsp 1105409/SP, Rel. Ministro MARCO AURÉLIO BELLIZZE, QUINTA TURMA, julgado em 15/08/2013, DJe 22/08/2013).

PROCESSUAL CIVIL. AGRAVOS REGIMENTAIS NO AGRAVO DE INSTRUMENTO. PRIMEIRO REGIMENTAL: RAZÕES RECURSAIS QUE SE REVELAM INÁBEIS PARA MODIFICAR OS FUNDAMENTOS ADOTADOS NA DECISÃO AGRAVADA. ARGUMENTAÇÃO INFUNDADA. SEGUNDO REGIMENTAL: ÓBICE DE CONHECIMENTO EM VIRTUDE DO PRINCÍPIO DA UNIRRECORRIBILIDADE RECURSAL. RECURSO MANIFESTAMENTE INADMISSÍVEL. MULTA. ART. 557, § 2º, DO CPC.

1. Primeiro regimental (registrado sob o n. de protocolo 419.360/2011): o agravante, em suas razões, não demonstra a plausibilidade de suas alegações, motivo pelo qual a decisão agravada, cujo fundamento foi a incidência da inteligência da Súmula 284/STF por falta de indicação dos dispositivos legais supostamente violados, há ser mantida.

2. Segundo regimental (registrado sob o nº de protocolo 419.890/2011): no sistema recursal brasileiro, vigora o cânone da unicidade ou unirrecorribilidade recursal. Desta forma, manejados dois recursos pela mesma parte contra uma única decisão, a preclusão consumativa impede o exame do que tenha sido protocolizado por último.

RECURSOS NO NOVO C.P.C.

3. *Primeiro agravo regimental não provido e segundo regimental não conhecido, com aplicação de multa.*

(AgRg no AREsp nº 75.126/SP, relator o Ministro Luis Felipe Salomão, DJe de 22/2/2012).

PROCESSUAL CIVIL. AGRAVO REGIMENTAL NO AGRAVO EM RECURSO ESPECIAL. DECISÃO RECORRIDA PUBLICADA NA VIGÊNCIA DO CPC/1973. INTERPOSIÇÃO DE DOIS AGRAVOS REGIMENTAIS. PRINCÍPIO DA UNIRRECORRIBILIDADE. PRECLUSÃO CONSUMATIVA. NÃO CONHECIMENTO DO SEGUNDO AGRAVO. PRIMEIRO AGRAVO INTERNO. INTEMPESTIVIDADE. NÃO CONHECIMENTO.

1. O prazo para interposição do agravo interno é de 5 (cinco) dias, a teor do que dispõe o art. 545 do CPC/1973, começando a fluir no dia seguinte ao da publicação.

2. No caso concreto, o regimental foi interposto após o transcurso do prazo legal, portanto, é intempestivo.

3. Diante do princípio da unirrecorribilidade recursal e da ocorrência da preclusão consumativa, não merece conhecimento o segundo regimental interposto.

4. Agravos regimentais não conhecidos.

(AgRg no AREsp 606.348/DF, Rel. Ministro ANTONIO CARLOS FERREIRA, QUARTA TURMA, julgado em 05/04/2016, DJe 08/04/2016)

Sobre o princípio da unirrecorribilidade, eis, ainda, os seguintes precedentes do S.T.J.:

PROCESSUAL CIVIL. EMBARGOS DE DECLARAÇÃO NO AGRAVO REGIMENTAL NO AGRAVO EM RECURSO ESPECIAL. CÓDIGO DE PROCESSO CIVIL DE 1973. APLICABILIDADE. EMBARGOS MANIFESTAMENTE INADMISSÍVEIS. PRECLUSÃO. PRINCÍPIO DA UNIRRECORRIBILIDADE.

I – Consoante o decidido pelo Plenário desta Corte na sessão realizada em 09.03.2016, o regime recursal será determinado pela data da publicação do provimento jurisdicional impugnado. Assim sendo, in casu, aplica-se o Código de Processo Civil de 1973.

II – Os Embargos de Declaração são manifestamente inadmissíveis, em razão da prévia interposição de outra peça idêntica pela mesma parte, e em atenção aos Princípios da Unirrecorribilidade e da Preclusão Consumativa.

III – Embargos de declaração não conhecidos.

(EDcl no AgRg no AREsp 800.316/SP, Rel. Ministra REGINA HELENA COSTA, PRIMEIRA TURMA, julgado em 26/04/2016, DJe 13/05/2016).

PROCESSUAL CIVIL. PEDIDO DE RECONSIDERAÇÃO NO AGRAVO REGIMENTAL NO RECURSO ESPECIAL. INTERPOSIÇÃO DE DOIS PEDIDOS, PELA MESMA PARTE, CONTRA O MESMO ACÓRDÃO. VIOLAÇÃO AO PRINCÍPIO DA UNIRRECORRIBILIDADE. PEDIDO DE RECONSIDERAÇÃO NÃO CONHECIDO.

I. É assente, na jurisprudência do STJ, o entendimento de que a interposição de dois recursos, pela mesma parte e contra a mesma decisão, impede o conhecimento do segundo, haja vista a preclusão consumativa e o princípio da unirrecorribilidade. Precedentes do STJ: RCD no HC 326.515/SC, Rel. Ministro NEFI CORDEIRO, SEXTA TURMA, DJe de 17/08/2015; AgRg no AREsp 676.774/TO, Rel. Ministro JOÃO OTÁVIO DE NORONHA, TERCEIRA TURMA, DJe 01/09/2015.

II. Pedido de Reconsideração não conhecido.

(RCD no AgRg no REsp 1507805/SP, Rel. Ministra ASSUSETE MAGALHÃES, SEGUNDA TURMA, julgado em 17/03/2016, DJe 29/03/2016).

PROCESSUAL CIVIL. AGRAVO REGIMENTAL. AGRAVO EM RECURSO ESPECIAL. DESERÇÃO. PAGAMENTO DAS CUSTAS FEDERAIS. NÃO OCORRÊNCIA DE PAGAMENTO DAS CUSTAS LOCAIS. COMPLEMENTAÇÃO. ART. 511, § 2º, DO CPC. POSSIBILIDADE. QUESTÃO DE ORDEM PÚBLICA. REEXAME. DECISÃO DE ADMISSIBILIDADE. EMBARGOS DECLARATÓRIOS. NÃO SUSPENSÃO NEM INTERRUPÇÃO DO PRAZO PARA A INTERPOSIÇÃO DO AGRAVO EM RECURSO ESPECIAL. INTERPOSIÇÃO DE AGRAVO AINDA NO PRAZO DECENAL. HIPÓTESE DE EXCEÇÃO AO PRINCÍPIO DA UNIRRECORRIBILIDADE.

1. É possível a abertura de prazo para complementação do preparo nos casos em que for recolhida apenas uma das guias exigidas, seja federal ou local, por tratar-se de insuficiência, e não de falta de recolhimento.

2. Os embargos de declaração opostos a decisão que inadmite recurso especial, quando deles não se conhece ou são rejeitados, não interrompem o prazo para a interposição do agravo em recurso especial.

3. Configura hipótese de exceção ao princípio da unirrecorribilidade o oferecimento de embargos de declaração contra decisão que inadmite recurso especial, não ficando obstada a interposição do agravo em recurso especial, desde que observado o prazo decenal.

4. Agravo regimental desprovido.

(AgRg no AREsp 512.720/SC, Rel. Ministro JOÃO OTÁVIO DE NORONHA, TERCEIRA TURMA, julgado em 17/03/2016, DJe 28/03/2016)

AGRAVO REGIMENTAL NOS EMBARGOS DE DECLARAÇÃO NO RECURSO ESPECIAL. ADVOGADO TITULAR DO CERTIFICADO DIGITAL UTILIZADO PARA ASSINAR A TRANSMISSÃO ELETRÔNICA DA PETIÇÃO DOS EMBARGOS DE DECLARAÇÃO SEM PROCURAÇÃO NOS AUTOS. RECURSO INEXISTENTE. SÚMULA N. 115 DO STJ. AGRAVO REGIMENTAL INTERPOSTO EM FACE DA MESMA DECISÃO. PRINCÍPIO DA UNIRRECORRIBILIDADE. PRECLUSÃO CONSUMATIVA.

1. O advogado titular do certificado digital utilizado para assinar a transmissão eletrônica da petição de interposição dos embargos de declaração (fls. 299/3301), Dr. Fernando Schiafino, não possui procuração nos autos (certidão fl. 302). Inafastável, pois, a incidência da Súmula n.º 115/STJ, a qual dispõe que "na instância especial é inexistente o recurso interposto por advogado sem procuração nos autos".

2. O agravo regimental interposto às fls. 305/319 não reúne condições de admissibilidade, porquanto foi o segundo recurso manejado em face da mesma decisão.

3. No sistema processual vigente é vedada a interposição de mais de um recurso contra uma mesma decisão. Na hipótese dos autos, ao opor os embargos de declaração (fls. 299/301), o recorrente exerceu sua faculdade de impugnar o decisório que deu provimento ao recurso especial do autor (fls. 290/296), não sendo admissível o agravo regimental interposto contra aquela mesma decisão (fls. 305/319) em face da ocorrência da preclusão consumativa e do princípio da unirrecorribilidade recursal.

4. Agravo regimental a que se nega provimento.

(AgRg nos EDcl no REsp 1529450/RS, Rel. Ministro SÉRGIO KUKINA, PRIMEIRA TURMA, julgado em 17/03/2016, DJe 01/04/2016)

10.3. Princípio da fungibilidade recursal

Uma manifestação importante do princípio da unirrecorribilidade das decisões consiste em tornar inadmissível um recurso interposto em lugar de outro previsto em lei. Por isso, quem tem a pretensão de recorrer deverá propor o recurso correto previsto em lei, não podendo substituí-lo por outro.

O C.P.C. de 1939, em seu art. 810, previa a possibilidade de aproveitamento do recurso *erroneamente* escolhido, mediante sua conversão no recurso correto. Essa possibilidade somente seria refutada na hipótese de má-fé ou de *erro grosseiro.*

PRINCÍPIOS GERAIS DOS RECURSOS

Tal possibilidade de conversão de um recurso por outro decorre do conteúdo normativo do *princípio da fungibilidade recursal*.

Contudo, em face da inexistência de norma expressa no C.P.C. de 1973, garantindo a aplicação do princípio da fungibilidade recursal, a doutrina, assim como a jurisprudência, inclinou-se num primeiro momento no sentido de negar a subsistência do referido princípio (RTJ 83/181). Contudo, essa posição foi posteriormente superada, conforme se pode verificar pela seguinte decisão:

1. Os embargos de declaração opostos objetivando reforma da decisão do relator, com caráter infringente, devem ser convertidos em agravo regimental, que é o recurso cabível, por força do princípio da fungibilidade. Precedentes: Pet 4.837-ED, rel. Min. CÁRMEN LÚCIA, Tribunal Pleno, DJ 14.3.2011; Rcl 11.022-ED, rel. Min. CÁRMEN LÚCIA, Tribunal Pleno, DJ 7.4.2011; AI 547.827-ED, rel. Min. DIAS TOFFOLI, 1ª Turma, DJ 9.3.2011; RE 546.525-ED, rel. Min. ELLEN GRACIE, 2ª Turma, DJ 5.4.2011)...."

(ARE 700077 ED, Relator(a): Min. LUIZ FUX, Primeira Turma, julgado em 19/02/2013, PROCESSO ELETRÔNICO DJe-052 DIVULG 18-03-2013 PUBLIC 19-03-2013)

Assim, o recurso erroneamente interposto poderá ser conhecido como outro recurso desde que: a) não haja má fé; b) não haja erro grosseiro e c) observância do mesmo prazo recursal. Nesse sentido é o seguinte precedente do S.T.J.:

1. "O princípio da fungibilidade incide quando preenchidos os seguintes requisitos: a) dúvida objetiva quanto ao recurso a ser interposto; b) inexistência de erro grosseiro; e c) que o recurso interposto erroneamente tenha sido apresentado no prazo daquele que seria o correto. A ausência de quaisquer desses pressupostos impossibilita a incidência do princípio em questão" (AgRg no AgRg no AREsp n. 616.226/RJ, Relator Ministro MARCO AURÉLIO BELLIZZE, TERCEIRA TURMA, julgado em 7/5/2015, DJe 21/5/2015).

2. Não incide o óbice da Súmula n. 7 do STJ quando a análise da tese recursal dispensar o reexame das provas contidas nos autos.

3. Embargos de declaração recebidos como agravo regimental, ao qual se nega provimento.

(EDcl no REsp 1408054/SC, Rel. Ministro ANTONIO CARLOS FERREIRA, QUARTA TURMA, julgado em 15/03/2016, DJe 21/03/2016)

O erro grosseiro pode ser constatado por circunstâncias objetivas, ou seja, se o recurso correto contra a decisão está perfeitamente delineado na norma jurídica e não há qualquer oscilação ou dúvida na doutrina e na jurisprudência sobre sua interposição.

O erro grosseiro, segundo Nelson Nery Junior, *"poderia se ver aferido por algumas circunstâncias objetivas, como, por exemplo, a disposição expressa e induvidosa de lei dizendo qual o recurso cabível, estar a hipótese consagrada pacificamente, sem divergências, na doutrina e jurisprudência como ensejando determinado recurso etc. Já a má-fé seria de difícil comprovação"*.[175]

Ao erro grosseiro se contrapõe a *dúvida objetiva*.

A jurisprudência tem exigido, para aplicação do princípio da fungibilidade, a *dúvida objetiva*, conforme os precedentes a seguir citados:

> *1. A jurisprudência desta Corte de Justiça é pacífica no sentido de que o recurso cabível contra decisão extintiva do cumprimento de sentença é a apelação, e não o agravo de instrumento, à luz do art. 475-M, § 3º, do Código de Processo Civil.*
>
> *2. No caso, a interposição de agravo de instrumento caracteriza erro grosseiro e não permite a aplicação do princípio da fungibilidade recursal, cabível apenas na hipótese de dúvida objetiva.*
>
> *3. Agravo regimental não provido.*
>
> (AgRg no AREsp 589.910/SC, Rel. Ministro RICARDO VILLAS BÔAS CUEVA, TERCEIRA TURMA, julgado em 16/02/2016, DJe 23/02/2016).

> *(...).*
>
> *2. Considerando que o regramento legal não gera dúvida objetiva, a interposição de recurso ordinário no caso dos autos configura erro grosseiro, sendo manifestamente incabível a sua utilização para impugnar decisão singular do Relator em agravo em recurso especial, mesmo porque inviável a aplicação do princípio da fungibilidade.*
>
> *3. Ademais, o recorrente, de fato, deixou de impugnar no momento oportuno os fundamentos da decisão agravada, atraindo a aplicação, por analogia, da Súmula n. 182 desta Corte.*
>
> *4. Recurso ordinário não conhecido.*
>
> (RO no AREsp 709.592/MG, Rel. Ministro REYNALDO SOARES DA FONSECA, QUINTA TURMA, julgado em 19/11/2015, DJe 25/11/2015).

---

[175] NERY JUNIOR, N., idem, p. 151.

PRINCÍPIOS GERAIS DOS RECURSOS

(...).

4. A Corte a quo decidiu a questão de acordo com o entendimento deste STJ, no sentido de que a adoção do princípio da fungibilidade recursal está autorizado quando não houver erro grosseiro, existindo dúvida objetiva do recurso cabível, observando-se, ademais, a tempestividade do inconformismo. E, no caso, foi reconhecido o erro da serventia que ensejou dúvida fundada quanto ao recurso cabível, causando erro escusável à parte, que, em prestígio aos princípios da ampla defesa, do devido processo legal e da efetividade, teve o prazo recursal devolvido ao ser republicada a decisão com a correção do erro cartorial. Precedentes. Incidência da Súmula 83/STJ.

5. Firmada a premissa pela Corte de origem no sentido de que houve erro escusável. Eventual modificação do entendimento firmado demandaria inafastável incursão na seara fático-probatório dos autos, o que também implicaria não conhecimento do recurso especial da agravante em razão da incidência do óbice da Súmula 7/STJ.

Agravo regimental improvido.

(AgRg no AREsp 769.304/SP, Rel. Ministro HUMBERTO MARTINS, SEGUNDA TURMA, julgado em 10/11/2015, DJe 20/11/2015)

A dúvida objetiva pode ser de três ordens: *"a) o próprio Código designa uma decisão interlocutória como sentença ou vice-versa, fazendo-a obscura ou impropriamente; b) a doutrina e/ou jurisprudência divergem quanto à classificação de determinados atos judiciais e, consequentemente, quanto à adequação do respectivo recurso para atacá-los; c) o juiz profere um pronunciamento em lugar de outro".*[176]

A má-fé pode decorrer do uso de recurso impróprio, com prazo maior, tendo em vista que o recorrente perdeu o prazo para a interposição do recurso correto.

A má-fé pode decorrer, também, pela opção de um recurso incorreto (mas com efeito suspensivo) ao invés do recurso correto (sem efeito suspensivo). Outros, *"definem a má-fé como erro intencional, consubstanciado no fato de o recorrente ter plena consciência de estar interpondo o recurso impróprio. Outros, ainda, com a convicção que tem o violador da lei da infringência que pratica, de tal sorte que a má-fé se confundiria com o procedimento doloso.*[177]

Em relação ao prazo, para aplicação do princípio da fungibilidade, há entendimento de que a interposição do recurso errôneo deve ocorrer dentro do prazo do recurso próprio, contornando-se a má-fé. Para essa cor-

---

[176] NERY JUNIOR, N., idem, p. 153 e 154.
[177] GRINOVER, A. P.; GOMES FILHO, A. M.; FERNANDES, A. S., op. cit., p. 39.

rente, se manifestado o recurso equivocado quando já expirado o prazo para a interposição do recurso próprio, tal fato caracterizaria a intempestividade do recurso, de maneira que isso consistiria óbice intransponível à aplicação do princípio da fungibilidade.[178]

A jurisprudência somente admite a aplicação do *princípio da fungibilidade* se o recurso equivocado for interposto no mesmo prazo estabelecido para o recurso próprio ou correto. Nesse sentido é a seguinte decisão do S.T.F, publicada na RTJ 92/123:

> *"Habeas Corpus. Erro de interposição. Recurso extraordinário (conversão). Código de Processo Penal, art. 579. Princípio da fungibilidade consagrado no art. 579 do Código de Processo Penal. A norma processual confere amplos poderes ao Juiz para fazer a conversão do recurso, independentemente de proposição da parte desde que dentro do prazo legal...".*

No mesmo sentido são os seguintes precedentes do S.T.J.:

> *PROCESSUAL CIVIL. EMBARGOS DE DECLARAÇÃO EM AGRAVO EM RECURSO ESPECIAL. CÓDIGO DE PROCESSO CIVIL DE 1973. APLICABILIDADE.*
>
> *PRETENSÃO DE EFEITOS INFRINGENTES. ACLARATÓRIOS RECEBIDOS COMO AGRAVO REGIMENTAL. PRINCÍPIO DA FUNGIBILIDADE. VIOLAÇÃO AO ART. 535 DO CPC. INOCORRÊNCIA AUSÊNCIA DE PREQUESTIONAMENTO DOS ARTS. 128, 130, 332, 333 E 535, II, DO CPC, 1º DA LEI N. 6.528/78, 11 E 21, DO DECRETO FEDERAL N. 82.587/78, 21 DA LEI N. 9.433/97 E 1º E 6º, IV E X, DO CDC . INCIDÊNCIA DA SÚMULA N. 211/ STJ. ACÓRDÃO EMBASADO EM NORMA DE DIREITO LOCAL. DECRETO ESTADUAL N. 41.446/96. INCIDÊNCIA, POR ANALOGIA, DA SÚMULA N. 280/STF.*
>
> *I – Consoante o decidido pelo Plenário desta Corte na sessão realizada em 09.03. 2016, o regime recursal será determinado pela data da publicação do provimento jurisdicional impugnado. Assim sendo, in casu, aplica-se o Código de Processo Civil de 1973.*
>
> *II – Embargos de declaração recebidos como agravo legal, tendo em vista o princípio da fungibilidade, o teor da impugnação, bem assim a observância do prazo previsto no art. 557, § 1º, do Código de Processo Civil.*

---

[178] NERY JUNIOR, N., op. cit., p. 173.

PRINCÍPIOS GERAIS DOS RECURSOS

III – A Corte de origem apreciou todas as questões relevantes apresentadas com fundamentos suficientes, mediante apreciação da disciplina normativa e cotejo ao posicionamento jurisprudencial aplicável à hipótese. Inexistência de omissão, contradição ou obscuridade.

IV – A ausência de enfrentamento da questão objeto da controvérsia pelo Tribunal a quo, não obstante oposição de Embargos de Declaração, impede o acesso à instância especial, porquanto não preenchido o requisito constitucional do prequestionamento, nos termos da Súmula n. 211/STJ.

V – Não cabe ao Superior Tribunal de Justiça, no Recurso Especial, rever acórdão que demanda interpretação de direito local, à luz do óbice contido na Súmula n. 280 do Supremo Tribunal Federal.

VI – Embargos de declaração recebidos como Agravo Regimental e improvido.
(EDcl nos EDcl no REsp 1517220/SP, Rel. Ministra REGINA HELENA COSTA, PRIMEIRA TURMA, julgado em 26/04/2016, DJe 12/05/2016)

1. Muito embora não previsto no ordenamento jurídico pátrio, o pedido de reconsideração para impugnar decisão monocrática proferida em recurso vem sendo admitido pela jurisprudência desta Casa, em homenagem aos princípios da fungibilidade e economia processual, como agravo regimental, desde que não decorra de erro grosseiro ou de má-fé e seja apresentado tempestivamente. Precedentes." (RCD no AREsp 603.807/ AP, Rel. Ministro LUIS FELIPE SALOMÃO, QUARTA TURMA, julgado em 05/02/2015, DJe 13/02/2015)

2. A apresentação do pedido de reconsideração após o prazo recursal de 5 (cinco) dias (art. 258 do RISTJ) atrai o não conhecimento do recurso, por intempestividade. Pedido de reconsideração não conhecido
(RCD no AREsp 656.465/SP, Rel. Ministro HUMBERTO MARTINS, SEGUNDA TURMA, DJe 20/04/2015).

1. Muito embora não previsto no ordenamento jurídico pátrio, o pedido de reconsideração para impugnar decisão monocrática proferida em recurso no âmbito do Superior Tribunal de Justiça vem sendo admitido pela jurisprudência desta Casa, em homenagem aos princípios da fungibilidade e economia processual, como agravo regimental, desde que não decorra de erro grosseiro ou de má-fé e seja apresentado tempestivamente. Precedentes.

2. No caso, a interposição do pedido de reconsideração após o prazo recursal de 5 (cinco) dias (art. 258 do RISTJ) atrai o não conhecimento do recurso, por intempestividade. 3. Pedido de reconsideração não conhecido

(RCD no AREsp 603.807/AP, Rel. Ministro LUIS FELIPE SALOMÃO, QUARTA TURMA, DJe 13/02/2015).

1. Consoante os princípios da instrumentalidade das formas e da fungibilidade recursal, é possível o recebimento do pedido de reconsideração como agravo regimental, desde que a irresignação tenha sido apresentada no prazo do recurso cabível. Precedentes. (...).
(RCD nos EREsp 1302516/DF, Rel. Ministro OG FERNANDES, PRIMEIRA SEÇÃO, DJe 29/04/2015)

Processo civil. Execução fiscal. Decisão homologatória de cálculos de verificação. Recurso cabível. Precedentes.

i – a aplicação do princípio da fungibilidade recursal reclama a observância do prazo previsto para o recurso próprio.

ii – decisão que aprecia meros cálculos atualizatórios no curso do processo de execução não tem a natureza de sentença e, portanto, não pode ser apelável. O recurso adequado e o agravo de instrumento.
(REsp 53645/SP, Rel. Ministro CESAR ASFOR ROCHA, PRIMEIRA TURMA, julgado em 28/09/1994, DJ 24/10/1994, p. 28716).

Com a entrada em vigor do novo C.P.C., o princípio da fungibilidade recursal em relação ao recurso de agravo de instrumento e o recurso de apelação terá menos aplicação do que à época do C.P.C. de 1973, pois as hipóteses de agravo de instrumento estão expressamente consignadas no art. 1.015, do C.P.C., sendo que as demais decisões interlocutórias que não forem objeto de agravo poderão ser alegadas como preliminar de apelação, uma vez que não haverá preclusão para a sua inserção no recurso de apelação.

Poderá, porém, ainda permanecer alguma dúvida quanto à decisão que decide sobre o *mérito da demanda.*

Haverá hipótese em que decisão sobre o mérito poderá ensejar a interposição do agravo de instrumento, nos termos do art. 1.015, inc. II, do novo C.P.C. Porém, se essa decisão que tiver por conteúdo matéria de mérito da demanda também encerrar a fase cognitiva do procedimento comum, ensejará o recurso de apelação. Assim, poderá ocorrer alguma 'dúvida objetiva' se a decisão de mérito encerrou ou não a fase cognitiva do procedimento comum.

PRINCÍPIOS GERAIS DOS RECURSOS

Sob a égide do C.P.C. de 1973, havia 'dúvida objetiva' sobre qual recurso a ser interposto contra decisão que indeferisse liminarmente a reconvenção ou a ação (demanda) declaratória incidental, ou seja, se o recurso seria o de apelação ou o de agravo de instrumento. Prevaleceu o posicionamento que o recurso cabível seria o de agravo de instrumento em face da cumulação objetiva de demandas.

O novo C.P.C. manteve a reconvenção (art. 343, §6º), devendo ser suscitada pelo réu, na própria contestação.

Parece-me que sendo a reconvenção alegada como preliminar de contestação, se houver alguma manifestação do juiz indeferindo liminarmente a reconvenção, tal questão poderá ser objeto de agravo de instrumento, nos termos do art. 1.015, inc. II, do novo C.P.C., c/c art. 487, inc. I, do mesmo estatuto processual.

A reconvenção deverá ser julgada na mesma decisão que decidir a demanda principal. Quando a reconvenção for analisada na decisão final, o recurso cabível será o de apelação.

A ação declaratória incidental não tem mais previsão no novo C.P.C., pois o art. 503, §1º, incs. I a III permitiu estender a coisa julgada à resolução de questão prejudicial, decidida expressa e incidentemente no processo, se: a) dessa resolução depender o julgamento do mérito; b) a seu respeito tiver havido contraditório prévio e efetivo, não se aplicando no caso de revelia; c) o juiz tiver competência em razão da matéria e da pessoa para resolvê-la como questão principal.

A resolução de questão prejudicial não se aplica se no processo houver restrições probatórias ou limitações à cognição que impeçam o aprofundamento da análise da referida questão.

A questão prejudicial, portanto, deverá ser decidida na decisão final.

Também havia 'dúvida objetiva' na égide do C.P.C. de 1973 sobre qual o recurso cabível contra a decisão proferida no incidente de falsidade.

Sob a égide do Código anterior, se o incidente fosse ajuizado 'antes' de encerrada a instrução da causa (CPC, art. 393), essa demanda teria a mesma sorte da ação (demanda) declaratória incidental. Isso significava dizer que haveria duas ações (demandas), a principal e a incidental, processadas em *simultaneus processus*, sem que houvesse necessidade de se instaurar um novo processo. Por sua vez, se o incidente fosse instaurado 'após' encerrada a instrução (CPC, art. 393), sua autuação se daria em separado, suspendendo-se o processo até o julgamento do incidente (art. 394).[179] Nessa hipótese, havia vozes na doutrina e na jurisprudência de que caberia agravo de instrumento quando o incidente fosse autuado em apartado, e caberia apelação se processado dentro dos autos principais. Outros afirmavam que caberia apenas o recurso de apelação.

O novo C.P.C., por sua vez, estabelece em seu art. 430 que o incidente de falsidade deve ser suscitado na contestação, na réplica ou no prazo de 15 (quinze) dias, contado a partir da juntada do documento nos autos.

Uma vez arguida, a falsidade será resolvida como questão incidental, salvo se a parte requerer que o juiz a decida como questão principal, nos termos do inc. II do art. 19.

A declaração sobre a falsidade do documento, quando suscitada como questão principal, constará da parte dispositiva da sentença e sobre ela incidirá também a autoridade da coisa julgada (art. 433).

Assim, se a falsidade documental for analisada como questão principal, ou seja, como capítulo autônomo da sentença, o recurso cabível será o de apelação.

Porém, se a falsidade documental for decidida como questão incidental, ou seja, sem apresentar conteúdo autônomo de parte dispositiva da sentença, não ensejara o recurso de apelação, pois a decisão proferida terá natureza de decisão interlocutória.

Por sua vez, o art. 1.015 do novo C.P.C. não apresenta a hipótese de decisão interlocutória sobre falsidade documental como objeto de recurso de agravo de instrumento. Nesse caso, a parte poderá renovar a questão no recurso de apelação da decisão final, pois não se pode alegar a preclusão da questão decidida.

Assim, seja o incidente de falsidade resolvido como questão incidental, seja como questão principal, o recurso cabível será o de apelação, pois tal decisão não se encontra no rol do recurso de agravo de instrumento previsto no art. 1.015 do novo C.P.C.

Outras decisões que poderiam ensejar alguma dúvida sobre qual recurso a ser interposto sob a égide do C.P.C. de 1973, como a de remoção de inventariante (art. 997 do C.P.C. de 1973 e art. 622 do novo C.P.C.), ou a decisão concernente à questão sobre liquidação de decisão, estão, pelo novo C.P.C., resolvidas, pois essas questões poderão ser objeto do recurso

---

[179] NERY JUNIOR, N., op. cit., p. 158.

de agravo de instrumento, conforme preconiza o parágrafo único do art. 1.015 do novo C.P.C.: " *Também caberá agravo de instrumento contra decisões interlocutórias proferidas na fase de liquidação de sentença ou de cumprimento de sentença, no processo de execução e no processo de inventário".

Em relação ao princípio da *fungibilidade*, eis alguns precedentes do S.T.J.:

> *PROCESSUAL CIVIL. AÇÃO POPULAR. ESTADO ESTRANGEIRO. APE-LAÇÃO.*
> *PRINCÍPIO DA FUNGIBILIDADE RECURSAL. INVIABILIDADE. ERRO GROSSEIRO.*
> *CONFIGURAÇÃO.*
> *1. Conforme a pacífica jurisprudência do STJ, "a interposição de apelação cível no lugar do cabível recurso ordinário objeto de expressa previsão constitucional configura erro grosseiro, afastando qualquer pretensão de aplicação ao caso do princípio da fungibilidade recursal" (AgRg no RO 75/RJ, Rel. Ministro Ricardo Villas Bôas Cueva, Terceira Turma, DJe 28/3/2014). Precedentes.*
> *2. Agravo Regimental não provido.*
> (AgRg no Ag 1433434/RS, Rel. Ministro HERMAN BENJAMIN, SEGUNDA TURMA, julgado em 18/02/2016, DJe 19/05/2016)

> *PEDIDO DE RECONSIDERAÇÃO NOS EMBARGOS DE DECLARAÇÃO NO AGRAVO REGIMENTAL NO AGRAVO EM RECURSO ESPECIAL. NÃO CABIMENTO. PRINCÍPIO DA FUNGIBILIDADE RECURSAL. NÃO APLI-CAÇÃO.*
> *1. O princípio da fungibilidade recursal não tem aplicação quando verificado erro grosseiro, como na hipótese de pedido de reconsideração formulado diante de decisão colegiada proferida em embargos de declaração.*
> *2. Pedido de reconsideração não conhecido.*
> (RCD nos EDcl no AgRg no AREsp 670.777/DF, Rel. Ministro RICARDO VILLAS BÔAS CUEVA, TERCEIRA TURMA, julgado em 17/05/2016, DJe 20/05/2016)

> *I – Embargos de declaração recebidos como agravo legal, tendo em vista o princípio da fungibilidade, o teor da impugnação, bem assim a observância do prazo previsto no art. 557, § 1º, do Código de Processo Civil.*
> *II – Consoante o decidido pelo Plenário desta Corte na sessão realizada em 09.03.2016, o regime recursal será determinado pela data da publicação do provi-*

mento jurisdicional impugnado. Assim sendo, in casu, aplica-se o Código de Processo Civil de 1973.

(...).

V – Embargos de declaração recebidos como Agravo Regimental e improvido.

(EDcl no AREsp 799.362/SP, Rel. Ministra REGINA HELENA COSTA, PRIMEIRA TURMA, julgado em 05/05/2016, DJe 17/05/2016)

1. Aos recursos interpostos com fundamento no CPC/73 (relativos a decisões publicadas até 17 de março de 2016) devem ser exigidos os requisitos de admissibilidade na forma nele prevista, com as interpretações dadas até então pela jurisprudência do Superior Tribunal de Justiça.

2. De acordo com a jurisprudência desta Corte, a omissão, contradição ou obscuridade remediáveis são aquelas internas ao julgado embargado, devido à desarmonia entre a fundamentação e as conclusões da própria decisão, o que não se verifica no presente caso.

3. Presentes os requisitos para aplicação do princípio da fungibilidade, devem ser recebidos como agravo regimental os embargos declaratórios opostos contra decisão monocrática e que tenham nítido intuito infringente.

(...).

7. Agravo regimental não provido.

(EDcl no AREsp 637.074/SP, Rel. Ministro MOURA RIBEIRO, TERCEIRA TURMA, julgado em 03/05/2016, DJe 09/05/2016)

PROCESSO CIVIL. AGRAVO REGIMENTAL. AGRAVO EM RECURSO ESPECIAL.

EXCEÇÃO DE PRÉ-EXECUTIVIDADE. EXCLUSÃO DE EXECUTADO DO POLO PASSIVO. RECURSO CABÍVEL. INDUÇÃO A ERRO PELO JUIZ. PRINCÍPIO DA FUNGIBILIDADE RECURSAL.

1. A decisão que exclui da execução um dos litisconsortes, prosseguindo-se o feito com relação aos demais co-executados, desafia agravo de instrumento, e não recurso de apelação, cabível, contudo, a aplicação do princípio da fungibilidade recursal na hipótese em que o jurisdicionado for induzido a erro pelo magistrado.

2. Agravo regimental provido.

(AgRg no AREsp 228.816/RN, Rel. Ministro JOÃO OTÁVIO DE NORONHA, TERCEIRA TURMA, julgado em 05/05/2016, DJe 10/05/2016)

PROCESSUAL PENAL. EMBARGOS DE DECLARAÇÃO. AGRAVO REGIMENTAL. AGRAVO EM RECURSO ESPECIAL. INTEMPESTIVIDADE.

PRINCÍPIOS GERAIS DOS RECURSOS

ALEGAÇÃO DE AUSÊNCIA DE SISTEMA E NOVO PROTOCOLO. PROVA INEQUÍVOCA. NECESSIDADE. ÔNUS DO RECORRENTE. DECISÃO QUE DEVE SER MANTIDA.

1. Verificada a ausência de qualquer dos pressupostos do art. 535 do CPC e a nítida pretensão de rejulgamento da causa, os embargos de declaração devem ser recebidos como agravo regimental, mediante aplicação do princípio da fungibilidade recursal.

2. É ônus do recorrente comprovar inequivocamente a tempestividade recursal, por meio de documentação idônea, sem a qual o recurso será considerado extemporâneo.

3. Embargos de declaração recebidos como agravo regimental ao qual se nega provimento.

(EDcl no AREsp 651.365/SP, Rel. Ministro ANTONIO SALDANHA PALHEIRO, SEXTA TURMA, julgado em 03/05/2016, DJe 13/05/2016)

PROCESSUAL CIVIL. PEDIDO DE RECONSIDERAÇÃO NO AGRAVO REGIMENTAL NO AGRAVO EM RECURSO ESPECIAL. AGRAVO REGIMENTAL. DECISÃO COLEGIADA. PEDIDO DE RECONSIDERAÇÃO INCABÍVEL. INAPLICABILIDADE DO PRINCÍPIO DA FUNGIBILIDADE RECURSAL. ERRO GROSSEIRO. PRECEDENTES DO STJ. PEDIDO DE RECONSIDERAÇÃO NÃO CONHECIDO.

I. Pedido de Reconsideração formulado em 13/04/2016, a acórdão prolatado pela Segunda Turma do Superior Tribunal de Justiça, em sede de Agravo Regimental, publicado em 29/03/2016.

II. No que tange ao Pedido de Reconsideração, apesar de não possuir previsão normativa – seja à luz do CPC/73 ou do CPC vigente –, tem sido admitida, pelo Superior Tribunal de Justiça, a sua conversão em Agravo Regimental, desde que não tenha sido utilizado com má-fé, não decorra de erro grosseiro e tenha sido apresentado dentro do prazo legal.

III. Entretanto, no caso dos autos, "não há falar, na hipótese, em aplicação do princípio da fungibilidade recursal, ante o erro grosseiro empregado ao se formular pedido de reconsideração em face de decisão colegiada proferida em sede de agravo regimental" (STJ, RCD no AgRg no AREsp 793.019/SC, Rel. Ministro MARCO AURÉLIO BELLIZZE, TERCEIRA TURMA, DJe de 05/04/2016). Em igual sentido: STJ, RCD no AgRg no AREsp 824.774/SC, Rel. Ministro MOURA RIBEIRO, TERCEIRA TURMA, DJe de 29/03/2016; RCDESP no AgRg no REsp 1.297.627/SP, Rel. Ministro HERMAN BENJAMIN, SEGUNDA TURMA, DJe de 24/08/2012.

IV. Descabe, ainda, aplicar o princípio da fungibilidade recursal, para conhecer do Pedido de Reconsideração como Embargos de Declaração, diante de sua manifesta intem-

RECURSOS NO NOVO C.P.C.

pestividade, haja vista que protocolado além do prazo legal de 05 (cinco dias), previsto no art. 1.023 do CPC/2015.

V. Pedido de Reconsideração não conhecido.

(RCD no AgRg no AREsp 723.062/SP, Rel. Ministra ASSUSETE MAGA-LHÃES, SEGUNDA TURMA, julgado em 05/05/2016, DJe 13/05/2016)

PROCESSUAL CIVIL. PEDIDO DE RECONSIDERAÇÃO RECEBIDO COMO AGRAVO INTERNO. QUESTÃO DE ORDEM QUE NÃO DEVE SER RECEBIDA COMO RECURSO DE EMBARGOS DE DIVERGÊNCIA. ERRO GROSSEIRO. AGRAVO REGIMENTAL NÃO PROVIDO.

1. Em preliminar, cumpre receber o pedido de reconsideração como agravo regimental.

2. Configura-se como erro grosseiro o manejo de questão de ordem ao invés de recurso de embargos de divergência, ato que impossibilita a observância do princípio da fungibilidade recursal.

3. Agravo regimental não provido.

(RCD no AREsp 596.104/SP, Rel. Ministro MAURO CAMPBELL MAR-QUES, SEGUNDA TURMA, julgado em 26/04/2016, DJe 03/05/2016)

1. O recurso especial é inadequado à impugnação de acórdão denegatório de habeas corpus. Consoante o art. 105, II, "a", da Constituição Federal, a decisão deveria ter sido atacada pela via do recurso ordinário, constituindo erro grosseiro a interposição do recurso especial.

(...).

(AgRg no AREsp 505.990/PR, Rel. Ministro REYNALDO SOARES DA FONSECA, QUINTA TURMA, julgado em 26/04/2016, DJe 02/05/2016)

1. Em homenagem aos princípios da economia processual, da celeridade processual e da fungibilidade recursal, os embargos de declaração foram recebidos como agravo regimental.

(...).

4. Embargos de declaração recebidos como agravo regimental a que se nega provimento.

(EDcl no AgRg no AREsp 288.685/MG, Rel. Ministro LUIS FELIPE SALOMÃO, QUARTA TURMA, julgado em 12/05/2015, DJe 18/05/2015).

1. Consoante os princípios da instrumentalidade das formas e da fungibilidade recursal, é possível o recebimento do pedido de reconsideração como agravo regimental,

PRINCÍPIOS GERAIS DOS RECURSOS

desde que a irresignação tenha sido apresentada no prazo do recurso cabível, o que não ocorreu no caso dos autos. Precedentes: RCD no AREsp 656.465/SP, Rel. Min. Humberto Martins, Segunda Turma, DJe 20/04/2015; RCDESP no REsp 1.331.792/RJ, Rel. Min. Regina Helena Costa, Primeira Turma, DJe 25/03/2015; RCD no AREsp 603.807/AP, Rel. Min. Luis Felipe Salomão, Quarta Turma, DJe 13/02/2015; RCD no AREsp 545.006/RS, Rel.

Min. Moura Ribeiro, Terceira Turma, DJe 25/11/2014) 2. Pedido de reconsideração não conhecido.

(RCD no AREsp 636.795/SP, Rel. Ministro BENEDITO GONÇALVES, PRIMEIRA TURMA, julgado em 12/05/2015, DJe 19/05/2015)

O S.T.J. também vem admitindo a aplicação do princípio da fungibilidade recursal em ação de improbidade administrativa, conforme o precedente abaixo:

DIREITO PROCESSUAL CIVIL. APLICAÇÃO DO PRINCÍPIO DA FUNGIBILIDADE A RECURSO EM AÇÃO DE IMPROBIDADE ADMINISTRATIVA.

Pode ser conhecida a apelação que, sem má-fé e em prazo compatível com o previsto para o agravo de instrumento, foi interposta contra decisão que, em juízo prévio de admissibilidade em ação de improbidade administrativa, reconheceu a ilegitimidade passiva ad causam de alguns dos réus. Na situação em análise, não há erro grosseiro, apto a afastar a aplicação do princípio da fungibilidade. Com efeito, não há, de modo específico e expresso, qualquer menção ao recurso cabível para a hipótese de rejeição da petição inicial da ação de improbidade administrativa em decorrência do exame das questões trazidas no contraditório preliminar (art. 17, §§ 8º e 9º, da Lei n. 8.429/1992); no entanto, quanto ao recebimento da inicial, a Lei é expressa ao afirmar que "caberá agravo de instrumento" (art. 17, § 10), o que reforça a inexistência de previsão expressa de recurso para o caso de rejeição inicial. Além disso, há na jurisprudência do STJ precedente no sentido de que, do ato que exclui determinado sujeito passivo da lide, prosseguindo o feito em relação aos demais, cabe apelação (REsp 678.645-PE, Segunda Turma, DJ 23/5/2005). Registre-se também que há na doutrina entendimento no sentido de que o recurso cabível para a hipótese seria a apelação. Considerando, ainda, a reforma processual implantada pela Lei n. 11.232/2005 – que introduziu alteração no conceito de decisão interlocutória- e que não se cuida de erro grosseiro e inescusável, é razoável a conclusão quanto à aplicação do princípio da fungibilidade. O STJ somente não admite "o princípio da fungibilidade recursal quando não houver dúvida objetiva sobre qual o recurso a ser interposto, quando o dispositivo legal não for ambíguo, quando não hou-

RECURSOS NO NOVO C.P.C.

ver divergência doutrinária ou jurisprudencial quanto à classificação do ato processual recorrido e à forma de atacá-lo" (EDcl no AgRg na Rcl 1.450-PR, Corte Especial, DJ 29/8/2005). De mais a mais, os institutos processuais devem ser interpretados do modo mais favorável ao acesso à justiça.

AgRg no REsp 1.305.905-DF, Rel. Min. Humberto Martins, julgado em 13/10/2015, DJe 18/12/2015.

10.4. Princípio da motivação ou da dialeticidade dos recursos

A parte que interpuser o recurso deverá informar os motivos ou os fundamentos de direito ou de fato que justificam as razões recursais. Essa dialeticidade permite que a parte contrária possa contrapor-se às razões quando da apresentação das contrarrazões de recurso.

Ao interpor o recurso, a parte deverá indicar em sua petição os fundamentos de fato e de direito que justificam a modificação da decisão recorrida, pois, a falta de motivação caracteriza a *inépcia* do recurso.

Na realidade, a falta de motivação recursal enseja um juízo de inadmissibilidade do recurso. Nesse sentido há muito lecionou Rosenberg: *"desde a 'novela' de 13 de fevereiro de 1923, devem motivar-se a apelação principal e por adesão (§§519, I; 522 'a', II); caso contrário, deve-se rechaçar como 'inadmissíveis'...".*[180]

A exigência de motivação do recurso de apelação encontra-se consignada nos inc.s. II e III do art. 1.010 do novo C.P.C., a saber:

> *Art. 1.010. A apelação, interposta por petição dirigida ao juízo de primeiro grau, conterá:*
>
> *(...).*
>
> *II – a exposição do fato e do direito;*
>
> *III – as razões do pedido de reforma ou de decretação de nulidade.*

A exigência de motivação do recurso de agravo de instrumento encontra-se nos inc.s. II e III do art. 1.016 do novo C.P.C., a saber:

> *Art. 1.016. O agravo de instrumento será dirigido diretamente ao tribunal competente, por meio de petição com os seguintes requisitos:*
>
> *(...).*

---

[180] ROSEMBERG, Leo. *Tratado de derecho procesal civil.* Traducción de Angela Romera Vera. Tomo II. Buenos Aires: Ediciones Juridicas Europa-America, 1955. p. 136.

II – a exposição do fato e do direito;
III – as razões do pedido de reforma ou de invalidação da decisão e o próprio pedido.

A exigência de motivação do agravo interno encontra-se no §1º do art. 1.021 do novo C.P.C., a saber:

Art. 1.021. Contra decisão proferida pelo relator caberá agravo interno para o respectivo órgão colegiado, observadas, quanto ao processamento, as regras do regimento interno do tribunal.

§ 1º Na petição de agravo interno, o recorrente impugnará especificamente os fundamentos da decisão agravada.

(...).

Nesse sentido, aliás, é o seguinte precedente do S.T.F.:

AG. REG. NA Rcl N. 21.649-SP
RELATOR: MIN. DIAS TOFFOLI
EMENTA: Agravo regimental na reclamação. Ausência de impugnação dos fundamentos da decisão agravada, o que acarreta o não conhecimento do recurso, na linha de precedentes. Não conhecimento do agravo regimental. Pretendida concessão de habeas corpus de ofício. Ilegalidade flagrante demonstrada nos autos. Tráfico de drogas (art. 33 da Lei nº 11343/06). Condenação com pena inferior a oito (8) anos de reclusão. Regime inicial fechado. Imposição com fundamento no art. 2º, § 1º, da Lei nº 8.072/90 – cuja inconstitucionalidade foi reconhecida pelo Plenário do Supremo Tribunal Federal – e na gravidade em abstrato do delito. Inadmissibilidade a teor das Súmulas 718 e 719 da Corte. Ordem concedida de ofício.

1. A jurisprudência do Supremo Tribunal é firme no sentido de que, na petição de agravo regimental, a parte, sob pena de não conhecimento do recurso, deve impugnar todos os fundamentos da decisão que pretende infirmar.

2. Agravo regimental do qual não se conhece.

(...).

A exigência de motivação dos embargos de declaração encontra-se no art. 1.023 do novo C.P.C., a saber:

Art. 1.023. Os embargos serão opostos, no prazo de 5 (cinco) dias, em petição dirigida ao juiz, com indicação do erro, obscuridade, contradição ou omissão, e não se sujeitam a preparo.

A exigência de motivação do recurso extraordinário e do recurso especial encontra-se no inc. I do art. 1.029 do novo C.P.C., a saber:

> *Art. 1.029. O recurso extraordinário e o recurso especial, nos casos previstos na Constituição Federal, serão interpostos perante o presidente ou o vice-presidente do tribunal recorrido, em petições distintas que conterão:*
> *I – a exposição do fato e do direito;*

A exigência de motivação do agravo em recurso especial ou em recurso extraordinário encontra-se nos inc.s. I e II, letras a) e b), do art. 1.042 do novo C.P.C., a saber:

> *Art. 1.042. Cabe agravo contra decisão de presidente ou de vice-presidente do tribunal que:*
> *(...).*
> *§ 1º Sob pena de não conhecimento do agravo, incumbirá ao agravante demonstrar, de forma expressa:*
> *I – a intempestividade do recurso especial ou extraordinário sobrestado, quando o recurso fundar-se na hipótese do inciso I do caput deste artigo;*
> *II – a existência de distinção entre o caso em análise e o precedente invocado, quando a inadmissão do recurso:*
> *a) especial ou extraordinário fundar-se em entendimento firmado em julgamento de recurso repetitivo por tribunal superior;*
> *b) extraordinário fundar-se em decisão anterior do Supremo Tribunal Federal de inexistência de repercussão geral da questão constitucional discutida.*

Por meio da motivação, o recorrente faz prevalecer no âmbito recursal o princípio do *tantum devolutum quantum appellatum*,[181] além de permitir que a parte recorrida possa exercer em plenitude o princípio do contraditório e da ampla defesa por meio da apresentação das contrarrazões recursais.

Além do mais, os motivos específicos da impugnação individuam as partes da decisão impugnada, em relação às quais a parte praticamente sucumbente deseja provocar o reexame. Para o restante das partes (ou capítulos) não impugnadas, ocorre a preclusão ou o trânsito em julgado, por força do fenômeno da denominada aquiescência tácita qualificada. As

---

[181] Art. 1.013 do novo C.P.C.: *A apelação devolverá ao tribunal o conhecimento da matéria impugnada.*

PRINCÍPIOS GERAIS DOS RECURSOS

partes da decisão impugnada circunscrevem a parte da relação jurídica substancial controvertida sobre a qual o juízo 'ad quem' poderá e deverá estender seu exame.[182]

No mesmo sentido é o teor do art. 635º, números 2, 3, 4 e 5, do C.P.C. português, a saber:

> *Artigo 635.º Delimitação subjetiva e objetiva do recurso*
>
> *1 – Sendo vários os vencedores, todos eles devem ser notificados do despacho que admite o recurso; mas é lícito ao recorrente, salvo no caso de litisconsórcio necessário, excluir do recurso, no requerimento de interposição, algum ou alguns dos vencedores.*
>
> *2 – Se a parte dispositiva da sentença contiver decisões distintas, é igualmente lícito ao recorrente restringir o recurso a qualquer delas, uma vez que especifique no requerimento a decisão de que recorre.*
>
> *3 – Na falta de especificação, o recurso abrange tudo o que na parte dispositiva da sentença for desfavorável ao recorrente.*
>
> *4 – Nas conclusões da alegação, pode o recorrente restringir, expressa ou tacitamente, o objeto inicial do recurso.*
>
> *5 – Os efeitos do julgado, na parte não recorrida, não podem ser prejudicados pela decisão do recurso nem pela anulação do processo.*

Portanto, compete ao recorrente, no momento da motivação do recurso, restringi-lo em relação aos capítulos da decisão, ou interpô-lo em relação à totalidade da decisão recorrida.

Se a parte não delimitar na motivação o seu recurso, entende-se que abrange todos os capítulos da sentença.

10.5. Princípio da disponibilidade ou voluntariedade dos recursos

Os recursos são meios de revisão de determinada decisão; porém, esses meios de revisão têm em nosso sistema jurídico, de caráter preponderantemente dispositivo, uma importante característica, ou seja, a de que são meios de fiscalização confiados à parte; o *error in procedendo* ou o *error in iudicando* somente podem ser corrigidos mediante requerimento da parte prejudicada. Se esta não impugnada o ato, o vício, em tese, considera-

---

[182] PISANI, Andrea Protto. *Lezioni di diritto processuale civile*. Terza Edizione. Napoli: Casa Editrice Dott. Eugenio Jovene, 1999. p. 516.

-se sanado.[183] Somente a impugnação oportuna do recorrente pode fazer movimentar a atividade jurisdicional para corrigir o erro constatado na decisão.

Tendo em vista que o recurso é um meio de impugnação à decisão proferida, a parte sucumbente tem a faculdade de recorrer ou não da decisão.

Não há obrigatoriedade de a parte sucumbente recorrer da decisão.

A única hipótese em que a decisão deve obrigatoriamente passar pelo crivo de um juízo *ad quem* ocorre quando se esteja diante das hipóteses da remessa necessária, previstas no art. 496 do atual C.P.C., a saber:

> *Art. 496. Está sujeita ao duplo grau de jurisdição, não produzindo efeito senão depois de confirmada pelo tribunal, a sentença:*
>
> *I – proferida contra a União, os Estados, o Distrito Federal, os Municípios e suas respectivas autarquias e fundações de direito público;*
>
> *II – que julgar procedentes, no todo ou em parte, os embargos à execução fiscal.*
>
> *§ 1º Nos casos previstos neste artigo, não interposta a apelação no prazo legal, o juiz ordenará a remessa dos autos ao tribunal, e, se não o fizer, o presidente do respectivo tribunal avocá-los-á.*
>
> *§ 2º Em qualquer dos casos referidos no § 1º, o tribunal julgará a remessa necessária.*
>
> *§ 3º Não se aplica o disposto neste artigo quando a condenação ou o proveito econômico obtido na causa for de valor certo e líquido inferior a:*
>
> *I – 1.000 (mil) salários-mínimos para a União e as respectivas autarquias e fundações de direito público;*
>
> *II – 500 (quinhentos) salários-mínimos para os Estados, o Distrito Federal, as respectivas autarquias e fundações de direito público e os Municípios que constituam capitais dos Estados;*
>
> *III – 100 (cem) salários-mínimos para todos os demais Municípios e respectivas autarquias e fundações de direito público.*
>
> *§ 4º Também não se aplica o disposto neste artigo quando a sentença estiver fundada em:*
>
> *I – súmula de tribunal superior;*
>
> *II – acórdão proferido pelo Supremo Tribunal Federal ou pelo Superior Tribunal de Justiça em julgamento de recursos repetitivos;*
>
> *III – entendimento firmado em incidente de resolução de demandas repetitivas ou de assunção de competência;*

---

[183] COUTURE, E. J., op. cit., p. 285 e 286.

PRINCÍPIOS GERAIS DOS RECURSOS

IV – entendimento coincidente com orientação vinculante firmada no âmbito administrativo do próprio ente público, consolidada em manifestação, parecer ou súmula administrativa.

Porém, sendo o recurso no ordenamento jurídico brasileiro um instituto processual voluntário, a remessa necessária, para alguns doutrinadores, deixa de ter natureza recursal.

Diante do princípio da disponibilidade do recurso, é possível ao recorrente renunciar à faculdade de recorrer ou desistir do recurso interposto.

A renúncia anterior à interposição do recurso antecipa o trânsito em julgado da decisão.

A desistência é sempre posterior à interposição do recurso.

10.6. Princípio da recorribilidade e da irrecorribilidade em separado das interlocutórias

Pelo princípio da *irrecorribilidade em separado das interlocutórias,* as decisões interlocutórias proferidas pelo juiz, e que não estejam relacionadas no rol taxativo previsto no art. 1.015 do novo C.P.C., não poderão ser objeto de recurso em separado do recurso de apelação, pois, nos termos do §1º do art. 1.009 do novo C.P.C., *as questões resolvidas na fase de conhecimento, se a decisão a seu respeito não comportar agravo de instrumento, não são cobertas pela preclusão e devem ser suscitadas em preliminar de apelação, eventualmente interposta contra a decisão final, ou nas contrarrazões.*

Por sua vez, o princípio da *recorribilidade em separado das decisões interlocutórias* significa dizer que as decisões interlocutórias indicadas no rol taxativo do art. 1.015 do novo C.P.C. deverão ser objeto de recurso de agravo de instrumento, sob pena de preclusão.

Estabelece o art. 1.015 do novo C.P.C.:

Art. 1.015. Cabe agravo de instrumento contra as decisões interlocutórias que versarem sobre:

I – tutelas provisórias;

II – mérito do processo;

III – rejeição da alegação de convenção de arbitragem;

IV – incidente de desconsideração da personalidade jurídica;

V – rejeição do pedido de gratuidade da justiça ou acolhimento do pedido de sua revogação;

VI – exibição ou posse de documento ou coisa;

VII – exclusão de litisconsorte;

VIII – rejeição do pedido de limitação do litisconsórcio;

IX – admissão ou inadmissão de intervenção de terceiros;

X – concessão, modificação ou revogação do efeito suspensivo aos embargos à execução;

XI – redistribuição do ônus da prova nos termos do art. 373, § 1º;

XII – (VETADO);

XIII – outros casos expressamente referidos em lei.

Parágrafo único. Também caberá agravo de instrumento contra decisões interlocutórias proferidas na fase de liquidação de sentença ou de cumprimento de sentença, no processo de execução e no processo de inventário.

10.7. Princípio da proibição de 'reformatio in peius'

Segundo anota Ernesto José Tonolo, a compreensão do conteúdo da expressão *reformatio in peius* em relação ao sistema recursal do processo civil apresenta certa dificuldade, tendo em vista o longo lapso temporal transcorrido desde o seu surgimento, que remonta à época do Império Romano, bem como pelo seu amplo emprego na linguagem jurídica, ultrapassando os limites do direito processual civil.[184]

Assevera Bernhard-Michael Kapsa que *"na prática, a expressão é empregada, sobretudo quando associada à palavra 'proibição', para designar o instituto de direito processual que, no âmbito do sistema recursal, representa uma indesejada inversão entre a finalidade do ato e o resultado obtido. A decisão do juízo 'ad quem' frustra totalmente a expectativa do recorrente, pois, além de não eliminar a sucumbência que motivou a interposição do recurso, agrava ainda mais a sua situação. O pedido de reforma ou anulação do ato impugnado expressa o desejo da parte em obter tutela jurisdicional mais favorável. Já 'reforma para pior' representa justamente o inverso pretendido".*[185]

Na perspectiva de Barbosa Moreira, haveria *reformatio in peius*, quando o órgão jurisdicional 'ad quem' profere decisão, em grau de recurso, sob o ponto de vista prático, desfavorável ao recorrente que o interpôs.[186]

---

[184] TONIOLO, Ernesto José. A evolução do conceito de reformatio in peius e a sua proibição no sistema recursal do processo civil. *In: Revista de Processo.* Ano 41, vol. 254, abr/2016, São Paulo, R.T., p. 258.

[185] Apud. TONIOLO, E. J., idem, p. 260.

[186] BARBOSA MOREIRA, José Carlos. *Reformatio in peius.* Direito processual civil: ensaios e pareceres, Rio de Janeiro: Borsoi, 1971. p. 147.

PRINCÍPIOS GERAIS DOS RECURSOS

Mas é importante observar que por vezes não haverá órgão 'ad quem', como ocorre com o recurso de embargos infringentes no âmbito da execução fiscal (art. 34 da Lei 6.830/80). Além do mais, a *reformatio in peius* poderá ocorrer no âmbito da *remessa necessária,* que não tem natureza recursal.

Constitui uma linha doutrinária importante do Tribunal Constitucional espanhol que a proibição da *reformatio in peius* constitui um princípio geral do Direito processual que compõem o princípio da *tutela jurisdicional efetiva* prevista no art. 24 da Constituição espanhola, por meio do regime de garantias legais dos recursos e, de todo modo, da proibição constitucional da falta de defesa (SSTC 100/1995, de 20 de junho (f.j. 2º); 344/1993, de 22 de novembro (f.j. 2º); 162/1986, de 17 de dezembro (f.j. 3º); 90/1986, de 2 de julho (f.j.2º).[187]

A Sentença n. 114/2001, de 7 de maio, do Tribunal Constitucional da Espanha, apresenta a seguinte fundamentação sobre a *reformatio in peius*:

(...).

"En cuanto modalidad expresiva de incongruencia procesal, la reforma peyorativa 'tiene lugar cuando el recurrente, en virtud de su propio recurso, ve empeorada o agravada la situación creada o declarada en la resolución impugnada, de modo que lo obtenido con la resolución que decide el recurso es un efecto contrario al perseguido por el recurrente, que era, precisamente, eliminar o aminorar el gravamen sufrido con la resolución objeto de impugnación' (STC 9/1998, FJ 2). Por ello, según establece esta Sentencia, 'la interdicción de la reformatio in peius es una garantía procesal del régimen de los recursos que encuentra encaje en el principio dispositivo y en la interdicción de la indefensión que consagra el art. 24.1 CE (AATC 304/1984, 701/1984), pues, de admitirse que los órganos judiciales pueden modificar de oficio, en perjuicio del recurrente, la resolución impugnada por éste, se introduciría un elemento disuasorio para el ejercicio del derecho constitucional a los recursos legalmente establecidos en la Ley, que es incompatible con la tutela judicial efectiva sin resultado de indefensión, que vienen obligados a prestar los órganos judiciales en cumplimiento de lo dispuesto en el art. 24.1 CE (SSTC 143/1988, 120/1995)'.

---

[187] Picó i Junoy, Joan. *Las garantías costitucionales del proceso.* Barcelona: Bosch Editor, 1997. p. 85.

Asimismo hemos dicho en la STC 17/2000, de 31 de enero, FJ 4, con cita de las SSTC 17/1989, de 30 de enero, y 8/1999, de 8 de febrero, que la reforma peyorativa 'es una manifestación de la interdicción de indefensión que establece el art. 24 CE y una proyección de la congruencia en el segundo o posterior grado jurisdiccional, en vía de recurso, lo cual incluye la prohibición de que el órgano judicial ad quem exceda los límites en que esté formulado el recurso, acordando una agravación de la sentencia impugnada que tenga origen exclusivo en la propia interposición de éste'.

Así pues, la reforma peyorativa sólo adquiere relevancia constitucional en tanto se manifiesta como forma de incongruencia determinante de una situación de indefensión (entre otras, SSTC 15/1987, de 11 de febrero, 120/1995, de 17 de julio, 9/1998, de 13 de enero,196/1999, de 25 de octubre, 17/2000, de 31 de enero, 238/2000, de 16 de octubre, y 241/2000, de 16 de octubre). Y, en todo caso, el empeoramiento de la situación del recurrente ha de resultar de su propio recurso, "sin mediación de pretensión impugnatoria de la otra parte, y con excepción del daño que derive 'de la aplicación de normas de orden público, cuya recta aplicación es siempre deber del juez, con independencia de que sea o no pedida por las partes' (SSTC 15/1987, FJ 3; 40/1990, de 12 de marzo, FJ 1; 153/1990, de 15 de octubre, FJ 4)" (STC 241/2000, FJ 2).

5. Pasando al examen del supuesto que nos ocupa –concretamente, si cabe imputar a la Sentencia recurrida en amparo la aducida vulneración del art. 24.1 CE- es obligado indicar que ya en la propia Sentencia de casación se hace el planteamiento de este problema, como surgido una vez que se estimó procedente acoger los motivos de casación sobre incongruencia de la Sentencia de apelación.

Dice la Sentencia ahora recurrida en amparo en su fundamento jurídico sexto que 'la estimación de la incongruencia alegada conlleva algún problema que no podemos eludir', siendo ello debido a que 'el art. 1715.1.3 LEC nos obliga a resolver 'lo que corresponda dentro de los términos en que aparezca planteado el debate', esto es, a dictar aquí una sentencia congruente'. Y añade que 'la congruente estimación plena de los pedimentos 1 y 2 de la demanda (entrega de 1250 acciones y de los dividendos satisfechos desde la constitución de la sociedad litigiosa) puede llevar aparejada una 'reformatio in peius', si se repara en la literalidad del fallo dictado por la Audiencia Provincial (valor nominal de 1250 acciones al 1-1-89 y dividendos satisfechos hasta esta última fecha)'. Concluye la Sentencia que 'no se da esa hipotética reforma peyorativa', basándose para ello, con cita de las SSTC 279/1994 y 120/1995, en que 'tal reforma no es censurable si se dio a la parte la posibilidad de defenderse', y que 'mal puede aventurarse aquí una indefensión cuando han sido las propias partes recurrentes las que han denunciado el vicio de

PRINCÍPIOS GERAIS DOS RECURSOS

la incongruencia y nos han solicitado una sentencia congruente con lo verdaderamente solicitado y debatido'.

A la vista de lo expuesto, hemos de señalar que no cabe apreciar en la Sentencia de casación la vulneración del derecho fundamental que, como reforma peyorativa causante de indefensión, se denuncia en las demandas de amparo, según se razona a continuación".

Deve-se pensar com muita propriedade, diante da 'mundialização do direito', na possibilidade de se adotar precedentes de Tribunais estrangeiros como forma de motivação das decisões nacionais judiciais, especialmente pelo fato de que o direito sempre representou um bem 'intercambiável'.

Há, sem dúvida, a necessidade de se realizar um efetivo intercâmbio entre juízes, nas próprias decisões judiciais. Sobre esse intercâmbio, anota Juilie Allard e Antoine Garapon: *"Os intercâmbios entre juízes encontram-se, antes de mais, nas próprias decisões judiciais. Neste contexto, em junho de 2003, o Supremo Tribunal dos Estados Unidos proferiu uma decisão que causou grande alarde. Os factos: 'agentes policiais de Houston, chamados a intervir num bairro residencial devido a um tiroteio, entram num apartamento onde surpreendem um indivíduo chamado Lawrence a ter relações sexuais com um outro homem, maior de idade e consentidor, contra os quais foi intentada uma acção judicial em virtude de uma lei texana que proíbe as relações íntimas entre pessoas do mesmo sexo. O Tribunal de Relação (Cour d'appel – N.T.) do Texas confirma a condenação, baseando-se num acórdão do Supremo Tribunal dos Estados Unidos de 1986 que nega toda e qualquer protecção constitucional às práticas homossexuais, inclusive na esfera privada. No entanto, este mesmo Supremo Tribunal profere no dia 26 de junho de 2003, no âmbito do processo que nos ocupa, uma decisão que retoma a jurisprudência anterior e declara a lei texana contrária à constituição (acórdão Lawrence v. Texas). Até aqui, nada fora do habitual: em última análise, as reviravoltas de jurisprudência não são assim tão raras. Salvo no que se refere ao facto de os juízes do Supremo Tribunal terem ido pesquisar muito longe as suas fontes de inspiração. Baseiam-se, entre outros, na jurisprudência do Tribunal Europeu dos Direitos do Homem de Estrasburgo (TEDH). Não é desinteressante analisar os próprios termos do acórdão: 'Na medida em que o acórdão Bowers se baseou em valores que partilhamos com uma civilização mais alargada, convém referir que tanto os fundamentos como a solução adoptados pelo acórdão Bowers foram rejeitados em outros países. O TEDH não seguiu a solução de Bowers mas sim uma outra via do processo Dudgeon v Reino Unido. Outras nações afirmaram igualmente que os homossexuais tinham o direito salvaguardado de ter relações com adultos consentidores"*.[188]

Ainda segundo Alard e Garapon, o comércio entre juízes deve ser intensificado, impelidos pelo sentimento ou a consciência crescente de um patrimônio democrático ou civilizacional comum, por determinados silêncios do direito positivo.[189]

Na realidade, *"os contactos entre juízes não são, aliás, de forma alguma totalmente novos nestes domínios: encontramos, por exemplo, vestígios dessa prática entre juízes ingleses e franceses no século XVIII, nomeadamente em matéria de comércio marítimo. A grande diferença diz respeito à extensão dessa mundialização judicial no domínio dos direitos fundamentais, que constitui a segunda dimensão importante do comércio entre os juízes. Não é, porém, o vocabulário dos direitos humanos que é novo, mas sim a vontade dos juízes de lhe dar corpo em decisões concretas, de criar um embrião de ordem pública global mínima"*.[190]

Por isso, o comércio entre juízes, quando essencialmente assente na *jurisdictio* e não no *imperium*, obedece, por conseguinte, à dupla exigência de eficácia concreta e de coerência argumentativa, reforçando ambas a legitimidade da decisão. Na realidade: *"o estabelecimento de relações entre os tribunais assemelha-se à famosa metáfora de Ronald Dowrkin sobre a elaboração de um romance por vários autores: o 'romance do direito', afirma este último, é uma obra colectiva, uma sucessão de decisões que, pela sua função narrativa e argumentativa, procura alcançar uma forma de coerência, enriquecida gradualmente pelos casos particulares que precisam a ser resolvidos. É exactamente este facto que parece ilustrar o acórdão Pretty: pronunciado pelo Tribunal Europeu dos Direitos do Homem (TEDH) de Estrasburgo relativamente à questão do 'direito' ao suicídio assistido, este acórdão refere-se à decisão inglesa que ele, por sua vez, terá de apreciar e que cita, ela própria, uma sentença canadiana'. Ora, esta decisão de onde foi retirada a opinião do juiz canadiano, citada anteriormente e retomada pelo TEDH, é uma interpretação de um instrumento jurídico completamente estrangeiro à Convenção Europeia dos Direitos e das Liberdades. Estas sentenças – canadiana, inglesa, europeia – encaixam-se umas nas outras, passando, em cada instância, pelo filtro crítico*

---

[188] ALARD, Julie; GARAPON, Antonine. *Os juízes na mundialização – a nova revolução do direito.* Lisboa: Instituto Piaget. p. 16 e 17.

[189] ALARD, J.; GARAPON, A., idem, p. 30.

[190] ALARD, J.; GARAPON, A., idem, p. 38

PRINCÍPIOS GERAIS DOS RECURSOS

dos juízes intérpretes. A decisão global poderá então definir-se como uma espécie de sentença de segundo grau, que articula de forma original diversas decisões de várias parte do mundo".[191]

Assim, os tribunais brasileiros poderiam também abeberar-se nos argumentos previstos em decisões estrangeiras para melhor interpretar o princípio da *reformatio in peius*.

A proibição de *reformatio in peius* encontra-se prevista expressamente no § 528 do C.P.C. alemão, *in verbis*:

> *§528. Vínculo à demanda de apelo (Bindung an die Berufungsanträge).*
> *O exame e a decisão do tribunal de impugnação são limitados às demandas de apelo. A decisão de primeiro grau pode ser modificada somente nos limites em que é formulado o pedido de sua modificação (Der Prüfung und Entscheidung des Berufungsgerichts unterliegen nur die Berufungsanträge. Das Urteil des ersten Rechtszuges darf nur insoweit abgeändert werden, als eine Abänderung beantragt ist).*

Tendo em vista que a *sucumbência* é um dos pressupostos de legitimação para a interposição do recurso, a decisão que deverá ser proferida na esfera recursal não poderá prejudicar ainda mais a parte que interpôs recurso isoladamente, maculando ainda mais os seus interesses na relação jurídica processual.

A reforma que o recorrente solicita em suas razões recursais é no sentido de que a decisão a ser proferida pelo tribunal 'ad quem' lhe seja mais favorável do que aquela que foi proferida pelo juízo 'a quo'.

Por isso, conforme anota Joan Picó i Junoy: *"a figura da 'reformatio in peius' consiste na situação que se produz quando a posição jurídica da parte processual que interpõe um recurso resulta piorada exclusivamente como consequência de seu recurso, isto é, sem que ocorra impugnação direta ou incidental da contraparte e sem que a piora seja devida em razão dos poderes de atuação de ofício do órgão jurisdicional"*.[192]

Isso significa dizer que os pronunciamentos da decisão proferida pelo juízo 'a quo' que não tenham sido impugnados por nenhum dos litigantes ficam excluídos de toda possibilidade de revisão por parte do órgão juris-

---

[191] ALARD, J.; GARAPON, A., idem, p. 81.
[192] PICÓ I JUNOY, J., op. cit., loc. cit.

dicional superior, restringindo-se a atividade decisória de referido órgão, tanto subjetiva como objetivamente.[193]

O princípio da *reformatio in peius* não é outra coisa que uma modalidade de *incongruência* processual, pois se fosse admitido ao tribunal que irá decidir o recurso a faculdade para modificar de ofício, em prejuízo e sem audiência e contraditório do recorrente, a decisão integralmente aceita pela parte recorrida, seria como autorizar que o recorrente pudesse ser penalizado pelo próprio fato de interpor o recurso, o que supõe introduzir um elemento dissuasório do exercício do direito aos recursos, legalmente previsto no ordenamento jurídico.[194]

A proibição de *reformatio in peius* não se aplica quando a outra parte também recorre, requerendo modificação da decisão em prejuízo do outro sucumbente.

Em relação à apreciação de ofício pelo tribunal de questões de ordem pública, anota Nelson Nery Júnior: *"Da mesma maneira, como as questões de ordem pública podem ser examinadas a qualquer tempo e em qualquer grau de jurisdição (CPC 267, §3º, CPC 1973), devendo, inclusive, ser pronunciadas 'ex officio' pelo juiz ou tribunal, seu exame independe de alegação da parte ou interessado. Esse exame das questões de ordem pública ocorre em nome do princípio inquisitório e nada tem a ver com o efeito devolutivo do recurso, que é decorrência do princípio dispositivo. Assim, não haverá reforma para pior 'proibida' se o tribunal, a despeito de só haver um recurso interposto, decidir contra o recorrente em razão do exame de uma dessas matérias de ordem pública".*[195]

Aliás, a afirmação de que o exame das questões de ordem pública pelo tribunal de apelação não caracteriza *reformatio in peius* foi expressamente consignada pelo autor espanhol Picó i Junoy acima citado: *"...isto é, sem que ocorra impugnação direta ou incidental da contraparte e **sem que a piora seja devida em razão dos poderes de atuação de ofício do órgão jurisdicional".***

Sobre o tema, eis os seguintes precedentes do S.T.J.:

(...).
3. Os juros de mora constituem matéria de ordem pública, razão pela qual a alteração do seu termo inicial de ofício não configura reformatio in peius.

---

[193] PICÓ I JUNOY, J., idem, ibidem.
[194] PICÓ I JUNOY, J., idem, p. 85 e 86.
[195] NERY JUNIOR, N., op. cit., p. 185.

PRINCÍPIOS GERAIS DOS RECURSOS

4. Agravo regimental desprovido.
(AgRg no REsp 1414001/SC, Rel. Ministro JOÃO OTÁVIO DE NORO-
NHA, TERCEIRA TURMA, julgado em 28/04/2015, DJe 04/05/2015).

1. A alegação de julgamento extra petita é matéria de ordem pública, passível de conhecimento a qualquer tempo nas instâncias ordinárias, não sujeitas, portanto, à preclusão ante a não alegação na primeira oportunidade de manifestação nos autos. Consequentemente, inexiste ofensa ao princípio da vedação a reformatio in peius.
(...).
(AgRg no AREsp 261.990/RS, Rel. Ministro HERMAN BENJAMIN,
SEGUNDA TURMA, julgado em 24/03/2015, DJe 31/03/2015).

1. Em relação ao termo inicial da correção monetária, "a jurisprudência desta Corte firmou-se no sentido de que a matéria é de ordem pública. Assim, a modificação de seu termo inicial de ofício no julgamento do recurso de apelação não configura reformatio in peius. Precedente." (AgRg no AREsp 537.694/RS, Rel. Ministro MARCO AURÉLIO BELLIZZE, TERCEIRA TURMA, julgado em 11/11/2014, DJe 20/11/2014)
2. Agravo regimental a que se nega provimento.
(AgRg no AREsp 424.043/PR, Rel. Ministro SÉRGIO KUKINA, PRI-
MEIRA TURMA, julgado em 24/03/2015, DJe 06/04/2015).

1. O julgamento fundado em matéria de ordem pública não se submete à preclusão e não constitui ofensa ao princípio da vedação à reformatio in peius. Súmula n. 83/STJ.
2. Aplica-se a Súmula n. 5 do STJ quando a tese versada no recurso especial reclama a interpretação de cláusulas contratuais.
3. Agravo regimental desprovido.
(AgRg no AREsp 440.138/SP, Rel. Ministro JOÃO OTÁVIO DE NORO-
NHA, TERCEIRA TURMA, julgado em 25/11/2014, DJe 12/12/2014)

RECURSO ESPECIAL. MEDIDA CAUTELAR. PRETENSÃO DE RETIRAR DO DOMÍNIO DO DEVEDOR BEM DADO EM GARANTIA DE DÍVIDA. VALOR DA CAUSA EQUIVALENTE AO VALOR DO BEM OBJETO DA LIDE.
1. O valor da causa em medida cautelar deve espelhar o benefício econômico, mediato ou imediato, a ser auferido pelo autor em caso de procedência.
2. Se a pretensão é de identificar e remover bens que foram dados pelo devedor em garantia de dívida, o valor de tais bens deve balizar a indicação do valor da causa.

3. *Caso concreto em que a adequação do valor, bem identificado na sentença, esbarra na proibição da reformatio in peius.*

(REsp 807.435/RJ, Rel. Ministro HUMBERTO GOMES DE BARROS, TERCEIRA TURMA, julgado em 16/11/2006, DJ 18/12/2006, p. 387)

Aduz Nelson Nery Junior que a desvantagem trazida pela reforma para piorar a situação do recorrente deverá situar-se no plano prático, o que não ocorre se o tribunal fizer apenas modificação da fundamentação da decisão recorrida. Evidentemente que poderá ensejar, em determinadas situações, a *reformatio in peius* pela simples modificação da fundamentação da decisão. Trata-se da hipótese prevista no art. 18 da Lei da Ação Popular; se a ação popular for julgada improcedente por deficiência de provas, poderá ser reproposta; nessa hipótese, o motivo da improcedência é relevante, razão pela qual, se o tribunal modificá-lo, havendo apelação somente do autor, estará incidindo em *reformatio in peius* proibida (nesse sentido é a lição de Barbosa Moreira).[196]

E a *reformatio in melius?* Seria admissível no âmbito do nosso processo civil? Sobre o tema, aduz Nelson Nery Junior: *"Da mesma forma, ofenderia o princípio dispositivo a reforma para melhor, valendo essa regra, inclusive, para o direito processual penal. Dizemos isso porque a questão vinha sendo agitada no âmbito do antigo TACrimSP, que, à vista de recurso exclusivo do Ministério Público pleiteando agravamento da pena do réu, não raras vezes, negava-lhe provimento e reduzia a pena imposta ao réu, ou, ainda, o absolvia. E o STJ tem entendido que, à vista de recurso exclusivo da acusação, a 'reformatio in melius' é perfeitamente possível (a 'reformatio in melius' não seria, segundo o STJ, vedada pelo sistema processual penal no recurso exclusivo da acusação, tendo em vista a interpretação dada por aquele Tribunal ao CPP 617 – 6º T., REsp 628971-PR, rel. Min. Og Fernandes, j. 16.3.2010, DJUE 12.4.2010...)...*

Voltemos ao processo civil. Há ofensa ao princípio dispositivo porque o tribunal deverá julgar de acordo com os limites fornecidos pelo recorrente. Somente a matéria impugnada é que fica devolvida ao conhecimento do tribunal. A literatura não é infensa à questão, pois se tem afirmado que a proibição atinge não só a 'reformatio in peius', como também a 'reformatio in melius.... Nesse sentido, entendendo ser vedado o aumento, de ofício, da verba honorária (RSTJ 29/502)'".[197]

---

[196] NERY JUNIOR, N., idem, p. 186.
[197] NERY JUNIOR, N., idem, p. 188.

É de se concordar com a lição de Nelson Nery sobre a proibição, no processo civil, da *reformatio in melius*, justamente em razão do *efeito* decorrente do princípio dispositivo que também gere os recursos.

Diante do efeito *translativo do recurso* interposto, o tribunal poderá analisar o recurso com plena liberdade, desde que permaneça nos limites da matéria impugnada (salvo em relação às questões de ordem pública e que possa conhecer de ofício), evitando ingressar em questões que não foram objeto do recurso e que não foram devolvidas ao tribunal em razão do efeito translativo do recurso interposto.

Outro problema muito bem posto por Nelson Nery diz respeito ao recurso decidido com base em questões novas, bem como no direito superveniente. Para o referido autor, isso não caracterizaria reforma para pior proibida, desde que autorizado o conhecimento daquelas matérias na instância recursal.[198]

Por fim, há de se analisar a questão da *reformatio in peius* nas hipóteses de remessa necessária prevista no art. 496 do novo C.P.C., que assim dispõe:

> *Art. 496. Está sujeita ao duplo grau de jurisdição, não produzindo efeito senão depois de confirmada pelo tribunal, a sentença:*
>
> *I – proferida contra a União, os Estados, o Distrito Federal, os Municípios e suas respectivas autarquias e fundações de direito público;*
>
> *II – que julgar procedentes, no todo ou em parte, os embargos à execução fiscal.*
>
> *§ 1º Nos casos previstos neste artigo, não interposta a apelação no prazo legal, o juiz ordenará a remessa dos autos ao tribunal, e, se não o fizer, o presidente do respectivo tribunal avocá-los-á.*
>
> *§ 2º Em qualquer dos casos referidos no § 1º, o tribunal julgará a remessa necessária.*
>
> *§ 3º Não se aplica o disposto neste artigo quando a condenação ou o proveito econômico obtido na causa for de valor certo e líquido inferior a:*
>
> *I – 1.000 (mil) salários-mínimos para a União e as respectivas autarquias e fundações de direito público;*
>
> *II – 500 (quinhentos) salários-mínimos para os Estados, o Distrito Federal, as respectivas autarquias e fundações de direito público e os Municípios que constituam capitais dos Estados;*
>
> *III – 100 (cem) salários-mínimos para todos os demais Municípios e respectivas autarquias e fundações de direito público.*

---

[198] Nery Junior, N., idem, ibidem.

§ 4º Também não se aplica o disposto neste artigo quando a sentença estiver fundada em:

I – súmula de tribunal superior;

II – acórdão proferido pelo Supremo Tribunal Federal ou pelo Superior Tribunal de Justiça em julgamento de recursos repetitivos;

III – entendimento firmado em incidente de resolução de demandas repetitivas ou de assunção de competência;

IV – entendimento coincidente com orientação vinculante firmada no âmbito administrativo do próprio ente público, consolidada em manifestação, parecer ou súmula administrativa.

Diante de uma remessa necessária em decorrência de sentença proferida contra União, Estados, Distrito Federal, Municípios e respectivas autarquias e fundações pública, poderia o tribunal piorar a situação do ente público?

A questão já se encontra devidamente solucionada pela Súmula 45 do S.T.J.: *"No reexame necessário, é defeso, ao Tribunal, agravar a condenação imposta à Fazenda Pública".*

Eis ainda, sobre o tema, os seguintes precedentes:

1. Não há como admitir que o particular, prejudicado com a sentença na parte em que a Fazenda Pública tenha sido vencedora, possa se beneficiar com o julgamento de recurso interposto pelo ente público ou da remessa necessária, porquanto representaria evidente reformatio in peius.

2. No reexame necessário, é defeso, ao Tribunal, agravar condenação imposta à Fazenda Pública (Súmula 45/STJ).

3. Tal compreensão também alcança o Superior Tribunal de Justiça, não sendo cabível ao particular, em litígio com a Fazenda Pública, que não tenha interposto recurso desafiando a sentença valer-se da instância extraordinária para atacar acórdão proferido em sede de reexame necessário e de apelação da entidade pública.

4. A despeito de o Tribunal de Justiça do Distrito Federal e dos Territórios ter mantido incólume a sentença, a vedação ao princípio do non reformatio in peius impede que a via do especial seja aberta para discutir questão posta na sentença, prejudicial aos servidores, quando o recurso por eles interposto na origem não tenha sido conhecido.

5. Ação rescisória procedente.

(AR 3.340/DF, Rel. Ministro SEBASTIÃO REIS JÚNIOR, TERCEIRA SEÇÃO, julgado em 12/11/2014, DJe 09/12/2014).

I – A correção monetária, assim como os juros de mora, incidem sobre o objeto da condenação judicial, porquanto decorrentes de imposição legal.

II – Trata-se de matérias de ordem pública, cognoscíveis de ofício em sede de reexame necessário, nos casos em que a sentença é omissa ou afirma a incidência mas não disciplina, expressamente, o termo a quo ou os percentuais a serem utilizados. Todavia, se a sentença determinou a aplicação dos juros de mora e estabeleceu expressamente o percentual a ser aplicado e o marco inicial da incidência, a modificação do termo a quo, em remessa necessária, em prejuízo da Administração, sem que tenha havido irresignação da parte contrária caracteriza a reformatio in peius, consoante o disposto no art. 515, do Código de Processo Civil.

III – In casu, o acórdão impugnado, em sede de remessa necessária, modificou a sentença para transferir o termo inicial dos juros de mora para a data da citação, sem que tenha havido irresignação da parte contrária contra o que ficou estabelecido na sentença.

IV – Nos termos da Súmula 45 desta Corte: No reexame necessário, é defeso ao tribunal agravar a condenação imposta à Fazenda pública.

V – Recurso especial provido.

(REsp 1203710/MG, Rel. Ministra REGINA HELENA COSTA, QUINTA TURMA, julgado em 22/10/2013, DJe 28/10/2013).

1. É pacífico nesta Corte Superior o entendimento de que, não havendo a interposição de apelação do particular, o Tribunal de origem não pode tornar mais grave a condenação imposta à Fazenda Pública, mesmo que em sede de reexame necessário, nos termos da Súmula 45/STJ (REsp 1252821/MG, Rel. Min. Mauro Campbell Marques, Segunda Turma, julgado em 07/06/2011, DJe 14/06/2011).

2. A conclusão do Tribunal a quo ultrapassa os limites da matéria devolvida para sua apreciação e agrava a situação fazendária sem que houvesse apelação da parte recorrida, que se conformou com a sentença que fixou a correção do vale-refeição a partir do Decreto n. 43.102/04 de 13/05/2004, em violação do art. 515 do CPC, ante a configuração da reformatio in peius.

Agravo regimental provido.

(AgRg no AREsp 57.416/RS, Rel. Ministro HUMBERTO MARTINS, SEGUNDA TURMA, julgado em 12/04/2012, DJe 19/04/2012).

1. É pacífico nesta Corte Superior o entendimento de que, não havendo a interposição de apelação do particular, o Tribunal de origem não pode tornar mais grave a condenação imposta à Fazenda Pública, mesmo que em sede de reexame necessário, nos termos da Súmula 45/STJ.

RECURSOS NO NOVO C.P.C.

2. Precedentes: REsp 1242130/PR, Rel. Min. Mauro Campbell Marques, Segunda Turma, DJe 11.5.2011; AgRg no REsp 1200278/RJ, Rel. Min. Benedito Gonçalves, Primeira Turma, DJe 7.10.2010; REsp 1187187/BA, Rel. Min. Castro Meira, Segunda Turma, DJe 2.6.2010; REsp 1149216/ES, Rel. Min. Eliana Calmon, Segunda Turma, DJe 18.3.2010; e REsp 1188198/BA, Rel. Min. Teori Albino Zavascki, Primeira Turma, DJe 4.6.2010.

3. No caso concreto, apesar de a contribuinte não haver recorrido da sentença, a situação da Fazenda Nacional foi agravada pela Corte de origem, ao afastar os limites da compensação do tributo, previstos no artigo 89, § 3º da Lei 8212/91, sob fundamento de revogação pela MP 449/2008, bem como ao incluir expurgo inflacionário não previsto na sentença no cálculo de liquidação.

4. Recurso especial provido.

(REsp 1252821/MG, Rel. Ministro MAURO CAMPBELL MARQUES, SEGUNDA TURMA, julgado em 07/06/2011, DJe 14/06/2011)

11.
Critérios sobre os Meios de Impugnação

Os meios de impugnação, segundo Barbosa Moreira, podem distinguir-se segundo diversos critérios que a lei não elenca, mas que são retirados da própria estrutura do sistema recursal.

Quanto à *classificação*, o recurso pode ser considerado:

a) *Crítica livre* e *crítica vinculada*. É possível que o recurso possa aceitar toda e qualquer crítica à decisão proferida pelo juízo 'a quo', seja em relação à matéria de direito ou de fato, seja em relação ao *error in judicando* ou ao *error in procedendo*; outras vezes, a crítica inserida no recurso deve estar vinculada a determinada matéria especificada em lei. No nosso ordenamento jurídico, o único tipo de recurso que permite a crítica livre é o recurso de apelação.

b) *Error in procedendo* e *error in judicando*. Pode o recurso ser distinguido em relação ao vício alegado. O juiz pode incorrer em erro em dois aspectos de seu trabalho. Um deles consiste no desvio dos meios assinados pelo direito processual para direção do julgamento. Por erro das partes ou por erro próprio, pode com esse distanciamento diminuir as garantias do contraditório e privar as partes de uma plena defesa de seu direito. Este erro compromete a forma dos atos, sua estrutura externa, seu modo natural de se realizar. O segundo erro não afeta os meios de se conduzir o processo, mas afeta o seu conteúdo. Não se trata já de forma, senão de fundo, de direito substancial que está nele envolvido. Este erro consiste normalmente em aplicar uma lei inaplicável, em aplicar mal a lei aplicável ou em não aplicar a lei aplicável. Pode consistir, igualmente, em uma imprópria utilização dos princípios lógicos ou empíricos da decisão. A consequência deste erro não afeta a validade formal da decisão, uma vez que desse ponto de vista ela pode ser perfeita, senão a sua própria justiça.[199]

Há recursos que dizem respeito ao *error in procedendo*, os quais visam à invalidade derivada da decisão, podendo consistir em nulidade formal, em invalidade extra formal (defeito de competência, de contraditório integrado, de legitimação para agir) ou em defeito próprio do ato decisório. Há recursos que dizem respeito ao *error in judicando*, os quais visam a equívocos de interpretação da norma na qualificação jurídica da *fattispécie* ou erro na valoração do juiz dos fatos controvertidos.

c) *Total* ou *parcial*. O recurso *total* é aquele em que o recurso abrange todo o conteúdo da decisão recorrida (não necessariamente o seu conteúdo integral). Será *parcial* o recurso que, em virtude de limitação voluntária, não compreende a totalidade do conteúdo impugnável da decisão, como, *v. g.*, quando o autor, que cumulara vários pedidos, observando que foram julgados todos improcedentes pelo juízo de primeiro grau, interpõe apelação exclusivamente quanto à parte da sentença referente a um ou a alguns dos pedidos.[200]

d) *Principal ou adesivo*. Na hipótese de a decisão ser favorável em parte para ambos os litigantes, cada qual poderá interpor recurso independente contra a parte da decisão em que foi sucumbente. Porém, pode ocorrer que um dos litigantes abstenha-se de recorrer, no prazo comum, para impugnar a parte da sentença em que fora sucumbente. Não obstante, a outra parte ingressa com um recurso, denominado *principal*, em relação à parte em que fora sucumbente. A interposição desse recurso, denominado *principal*, permite que a outra parte, que não interpôs também recurso denominado *principal*, possa ao ser intimada do recebimento do recurso interposto pela parte contrária ingressar, nas hipóteses permitidas, com o denominado *recurso adesivo*.

---

[199] COUTURE, E. J., op. cit., p. 281 e 282.
[200] BARBOSA MOREIRA, J. C., op. cit., p. 234.

O art. 633º do Código de Processo Civil português denomina o recurso principal e o adesivo como recurso independente e recurso subordinado, a saber:

Artigo 633.º
Recurso independente e recurso subordinado
1 – Se ambas as partes ficarem vencidas, cada uma delas pode recorrer na parte que lhe seja desfavorável, podendo o recurso, nesse caso, ser independente ou subordinado.
2 – O prazo de interposição do recurso subordinado conta –se a partir da notificação da interposição do recurso da parte contrária.
3 – Se o primeiro recorrente desistir do recurso ou este ficar sem efeito ou o tribunal não tomar conhecimento dele, caduca o recurso subordinado, sendo todas as custas da responsabilidade do recorrente principal.
4 – Salvo declaração expressa em contrário, a renúncia ao direito de recorrer ou a aceitação, expressa ou tácita, da decisão por parte de um dos litigantes não obsta à interposição do recurso subordinado, desde que a parte contrária recorra da decisão.
5 – Se o recurso independente for admissível, o recurso subordinado também o será, ainda que a decisão impugnada seja desfavorável para o respetivo recorrente em valor igual ou inferior a metade da alçada do tribunal de que se recorre.

É importante salientar que a permissão legal de existência do recurso adesivo não significa dizer que se está diante de uma possível aquiescência tácita do julgado por parte do recorrente. Porém, é evidente que não se poderá permitir a interposição do recurso adesivo àquele que tenha prestado aquiescência à sentença antes da interposição do recurso principal.

Para Mortara, a noção jurídica do recurso adesivo incidental não tem nada a ver com um prêmio dado ao *bom litigante*, conforme aduz Pescatore, nem mesmo é uma indenização concedida para aquele que perdeu o direito de recorrer na via principal, mas, sim, uma forma especial de recurso (que tem, pois, conteúdo e potencialidade igual ao do recurso principal.[201]

---

[201] MORTARA, L, op. cit., p. 275.

12.

Admissibilidade dos Recursos

A impugnação via instituto recursal, enquanto ato de ulterior exercício do direito de ação com função introdutiva de uma nova fase de julgamento, apresenta também seus pressupostos e requisitos de admissibilidade, assim como as condições para análise do mérito. Mais precisamente, as habituais 'condições da ação', por nós denominadas 'condições para análise do mérito', apresentam-se, em sede de impugnação, de um modo particular, como consequência do fato de que se é verificado ao menos o desenvolvimento de uma precedente fase de julgamento.[202]

Todo ato postulatório está sujeito à análise de sua admissibilidade para o efeito de prestação do exercício da tutela jurisdicional.

Chama-se 'juízo de admissibilidade' *"àquele em que se declara a presença ou a ausência de semelhantes requisitos.*[203]

O recurso, por ser um ato jurídico que tem por finalidade a prestação de tutela jurisdicional, especialmente direcionado ao reexame ou integração da decisão judicial, também requer um *juízo de admissibilidade* quanto aos requisitos legais para a sua interposição e processamento.

Portanto, conforme anota Flávio Cheim Jorge e Marcelo Abelha Rodrigues, sendo o recurso um prolongamento do direito de ação e de defesa, não há como deixar de reconhecer a co-relação existente entre as condi-

---

[202] MANDRIOLI, C., op. cit., p. 240.
[203] BARBOSA MOREIRA, J. C., op. cit. p. 241.

ções de análise do mérito (condições da ação) e os requisitos de admissibilidade dos recursos; no fundo, tudo se passa como se se transportasse para a fase recursal as condições exigidas para o ajuizamento da demanda. A analogia e o paralelismo existente são absolutamente verdadeiros, apesar de se saber que na ação os requisitos são verificados em relação a fatores exteriores e anteriores ao processo e nos recursos os requisitos de admissibilidade são aferidos tendo em vista o próprio processo já existente.[204]

Consequentemente, somente será analisado o recurso, quanto ao mérito, quando ultrapassada a fase do juízo de *admissibilidade*, ou seja, quando se reconhecer que estão presentes as condições de admissibilidade para que o tribunal possa ingressar no mérito da pretensão recursal. Assim, não se deve confundir o juízo de admissibilidade com o juízo de mérito dos recursos. Por isso, conforme leciona Barbosa Moreira, é absurdo declarar inadmissível a postulação por falta de fundamento; se se chegou a verificar essa falta, é porque já se transpôs o juízo de admissibilidade e já se ingressou no mérito: a postulação, na realidade, já foi admitida, embora, com má técnica. Daí por que a questão relativa à admissibilidade é sempre e necessariamente *preliminar* à questão de mérito do recurso, ou seja, antecedente lógico de sua análise.[205]

A *inadmissibilidade* corresponde, muitas vezes, à consequência de determinada conduta processual das partes, podendo ser evitada por uma conduta certa da parte; já a *procedência* de um recurso resulta da espécie e conteúdo da decisão, com independência da conduta das partes.[206]

Conforme leciona Nelson Nery Junior, *"a linguagem forense já detectou dois fenômenos, restando praticamente assentado que as expressões 'conhecer' ou 'não conhecer' do recurso, de um lado, e 'dar provimento' ou 'negar provimento', de outro, significam o juízo de admissibilidade e o juízo de mérito do recurso, respectivamente"*.[207]

---

[204] JORGE, Flávio Cheim; RODRIGUES, Marcelo Abelha. Juízo de admissibilidade e juízo de mérito dos recursos. *In: Aspectos Polêmicos e Atuais dos Recursos Cíveis*. Coord.: Nelson Nery Jr. e Teresa Arruda Alvim Wambier. Vol. 5. São Paulo: Ed. R.T. 2002. p. 223.

[205] BARBOSA MOREIRA, J. C., op. cit., loc. cit..

[206] ROSENBERG, L., op. cit., p. 360.

[207] NERY JUNIOR, N., op. cit., p. 239.

ADMISSIBILIDADE DOS RECURSOS

Quando a admissibilidade é negada, declara-se que não se conhece do recurso; caso contrário, o recurso é conhecido.[208]

A natureza jurídica da decisão que analisa a admissibilidade do recurso, de forma positiva ou negativa, é *declaratória*, pois o órgão competente para tanto somente reconhece se os requisitos e pressupostos de admissibilidade do recurso estão ou não presentes.

O problema quanto ao reconhecimento da natureza declaratória do juízo de admissibilidade recursal diz respeito ao reconhecimento de seus efeitos, que são *ex tunc*, decorrendo disso a constatação de que os efeitos da decisão impugnada já existem, mesmo durante o processamento do recurso interposto, caso não venha a ser conhecido. Tal perspectiva é defendida por Barbosa Moreira, quando afirma que transitada em julgado a decisão de inadmissibilidade, a situação da sentença contra a qual se interpusera o recurso, se este foi declarado inadmissível *ab initio*, é a que teria caso não houvesse ocorrido a interposição.[209]

Contudo, afirmam Flávio Cheim Jorge e Marcelo Abelha Rodrigues: *"apesar de não deixarmos de reconhecer a natureza declaratória do juízo de admissibilidade do recurso, não podemos simplesmente concordar que o mesmo possui sempre efeito 'ex tunc'. As consquências que podem ser geradas pelo fato de se admitir que o juízo de admissibilidade tem sempre efeito 'ex tunc', não nos permite chegar a essa conclusão de forma rígida. Uma decisão definitiva a respeito da admissibilidade do recurso pode durar anos, e, nessa hipótese, caso o recurso não venha a ser admitido pelo tribunal, a parte poderá ter perdido o prazo de dois anos para a interposição da ação rescisória...A realidade brasileira não permite a aplicação pura e simples do efeito 'ex tunc' ao juízo de admissibilidade dos recursos. Assim, mesmo que não venha*

---

[208] *"As preliminares são aquelas que devem lógica e necessariamente ser decididas antes, possibilitando ou não o exame dessa outra questão dependente da preliminar. A ideia central é, pois, de antecedência... As prejudiciais são aquelas decididas lógica e necessariamente antes de outra, influenciando o teor do julgamento dessa outra questão, denominada 'prejudicada'. Exemplo disso é a questão do parentesco na ação de alimentos. Além de o juiz ter de, lógica e necessariamente, examinar se as partes guardam relação de parentesco entre si, o que restar por ele decidido sobre essa questão irá inexoravelmente 'influir' no teor do julgamento do mérito...*
Pois bem. No mais das vezes, os requisitos de admissibilidade dos recursos se situam no plano das preliminares, isto é, vão possibilitar ou não o exame do mérito do recurso. Faltando um dos requisitos, não poderá o tribunal 'ad quem' julgá-lo...
Estes requisitos não têm o condão de influir no julgamento do mérito do recurso, razão pela qual não se classificam como questões prejudiciais. " (NERY JUNIOR, N., idem, p. 240).
[209] JORGE, F. C.; RODRIGUES, M. A., op. cit. p. 232.

a ser admitido, a simples interposição do recurso terá o condão de evitar o trânsito em julgado da sentença, em razão do efeito 'ex nunc' que deverá ser atribuído à decisão de inadmissibilidade. Foi o que salientou o ministro Sálvio Teixeira de Figueiredo, ao decidir justamente que o termo 'a quo' para o ajuizamento da ação rescisória deve ter início a partir da decisão de não conhecimento do recurso: 'Não comporta extremismos, devendo o aplicador da lei ficar atento às peculiaridades verificadas em cada caso, sob pena de se efetivarem situações que a consciência jurídica repudia".[210]

Sobre a questão do efeito *ex tunc* ou *ex nunc* em face de decisão negativa de admissibilidade recursal, interessante o seguinte voto proferido pelo Ministro Luiz Fux no Emb. Decl. no RECURSO EXTRAORDINÁRIO COM AGRAVO 776.690 (matéria criminal):

> *"(...)*
>
> *Ocorre que o Supremo Tribunal Federal sufraga o entendimento segundo o qual a interposição de recurso extraordinário que tenha sido inadmitido na origem – e tal inadmissibilidade mantida por decisão desta Corte – não obsta o trânsito em julgado da sentença condenatória. Nesse sentido, cito os seguintes precedentes: "Embargos de declaração em recurso extraordinário com agravo. Matéria criminal. Recurso oposto contra decisão monocrática. Não cabimento. Conversão em agravo regimental. Possibilidade. Preenchimento dos pressupostos necessários para a análise dos declaratórios como agravo regimental. Impugnação, nas razões dos embargos, dos fundamentos da decisão que se pretende infirmar. Precedente. Controvérsia decidida à luz de preceitos infraconstitucionais. Ofensa reflexa à Constituição Federal configurada. Agravo regimental não provido. Prescrição da pretensão punitiva. Matéria de ordem pública que pode ser reconhecida a qualquer tempo, inclusive de ofício (art. 133, CPM). Não ocorrência. Recurso extraordinário indeferido na origem, por ser inadmissível. Ausência de óbice à formação da coisa julgada. Condenação transitada em julgado em momento anterior à data limite para a consumação da prescrição, considerada a pena em concreto aplicada. Precedentes de ambas as Turmas. Agravo regimental não provido. 1. Os embargos de declaração opostos contra decisão monocrática, embora inadmissíveis, conforme uníssona jurisprudência da Suprema Corte, podem ser convertidos em agravo regimental, tendo em vista o princípio da fungibilidade recursal. 2. As razões dos embargos apresentados preenchem um dos pressupostos necessários à análise do agravo regimental, qual seja, a impugnação dos fundamentos da decisão que se pretende infirmar, de modo a possibilitar a sua conversão. 3. Controvérsia decidida à luz de preceitos infraconstitucionais configura ofensa*

---

[210] JORGE, F. C.; RODRIGUES, M. A., idem, p. 232 e 233.

reflexa ou indireta à Constituição Federal. 4. A prescrição em direito penal é matéria de ordem pública e, por isso, pode ser arguida e reconhecida a qualquer tempo (art. 133, CPM). 5. Na espécie, diante da jurisprudência do Supremo Tribunal Federal de que o indeferimento do recurso extraordinário na origem, porque inadmissível, e a manutenção dessa decisão pelo STF não têm o condão de obstar a formação da coisa julgada (HC nº 86.125/SP, Segunda Turma, Relatora a Ministra Ellen Gracie, DJ de 2/9/05), o trânsito em julgado da condenação se aperfeiçoou em momento anterior à data limite para a consumação da prescrição, considerada a pena em concreto aplicada. Não ocorrência da prescrição da pretensão punitiva. 6. Agravo regimental não provido." (ARE 722.047-ED, rel. Min. Dias Toffoli, Segunda Turma, DJe 08/06/2015) "Agravo regimental em recurso extraordinário com agravo. 2. Mero inconformismo do recorrente, que objetiva sua absolvição mediante o revolvimento fático-probatório. Incidência do Enunciado 279 da Súmula do STF. 3. Pedido da defesa de reconhecimento da prescrição da pretensão punitiva. 4. Interposição de recursos especial e extraordinário, que não foram admitidos na origem, ante a ausência dos pressupostos de admissibilidade. 5. Segundo precedente firmado com o julgamento do HC 86.125/SP, rel. Min. Ellen Gracie, DJ 2.9.2005, os recursos especial e extraordinário só obstam a formação da coisa julgada quando admissíveis. 6. Reconhecido que o recurso extraordinário não preenchia minimamente os pressupostos especiais de admissibilidade, os efeitos desse reconhecimento devem retroagir. Início da fase da prescrição executória. 7. Agravo regimental a que se nega provimento." (ARE 785.693-AgR, rel. Min. Gilmar Mendes, Segunda Turma, DJe 30/04/2014) "AGRAVO REGIMENTAL EM AGRAVO DE INSTRUMENTO. AUSÊNCIA DE PEÇA ESSENCIAL. INCIDÊNCIA DA SÚMULA 288/STF. AGRAVO REGIMENTAL QUE NÃO ATACA OS FUNDAMENTOS DA DECISÃO AGRAVADA. RECURSO EXTRAORDINÁRIO MANIFESTAMENTE INADMISSÍVEL. TRÂNSITO EM JULGADO DA CONDENAÇÃO. INOCORRÊNCIA DA PRESCRIÇAÕ DA PRETENSÃO PUNITIVA. AGRAVO REGIMENTAL DESPROVIDO. A falta de peça essencial à compreensão da controvérsia acarreta o não conhecimento do agravo de instrumento. A jurisprudência do Supremo Tribunal Federal impõe à parte agravante o ônus de fiscalizar a correta formação do instrumento. Incidência da Súmula 288/STF. A petição de agravo regimental não impugnou os fundamentos da decisão agravada, limitando-se a repetir as razões de mérito desenvolvidas no recurso extraordinário. Nesses casos, é inadmissível o agravo, conforme a orientação do Supremo Tribunal Federal. Precedentes. Inocorrência da prescrição da pretensão punitiva. É pacífica a jurisprudência do Supremo Tribunal Federal no sentido de que a interposição de recurso extraordinário manifestamente inadmissível (inadmitido na origem) não impede a formação da coisa julgada.

RECURSOS NO NOVO C.P.C.

Precedentes: HC 86.125, Rel. Min. Ellen Gracie; RHC 116.038, Rel. Min. Luiz Fux; AI 807.142-AgR, Rel. Min. Dias Toffoli; ARE 740.953-AgR, Rel. Min. Gilmar Mendes; ARE 723.590-AgR, Rel. Min. Ricardo Lewandowski. Agravo regimental a que se nega provimento." (AI 853.249- AgR, rel. Min. Roberto Barroso, Primeira Turma, DJe 27/05/2014).

Na mesma linha de raciocínio, segue a doutrina especializada, que, segundo o magistério de BARBOSA MOREIRA, aborda o tema conforme a transcrição que se segue: "Recurso inadmissível, ou tornado tal, não tem a virtude de empecer ao trânsito em julgado: nunca a teve, ali, ou cessou de tê-la, aqui. Destarte, se inexiste outro óbice (isto é, outro recurso ainda admissível, ou sujeição da matéria ex vi legis, ao duplo grau de jurisdição), a coisa julgada exsurge a partir da configuração da inadmissibilidade. Note-se bem: não a partir da decisão que a pronuncia, pois esta, como já se assinalou, é declaratória; limita-se a proclamar, a manifestar, a certificar algo que lhe preexiste."

(BARBOSA MOREIRA, José Carlos. Comentários ao Código de Processo Civil. Rio de Janeiro: Forense, 2011, 16ª Edição, p. 266")".

O S.T.F. tem igualmente combatido com veemência a interposição de recursos meramente procrastinatórios com o único objetivo de impedir a coisa julgada. Nesse sentido são os seguintes precedentes:

SEGUNDOS EMBARGOS DE DECLARAÇÃO. RECURSO ORDINÁRIO EM MANDADO DE SEGURANÇA. INOCORRÊNCIA DE CONTRADIÇÃO, OBSCURIDADE OU OMISSÃO. RECURSO QUE VISA A UM NOVO JULGAMENTO DA CAUSA. CARÁTER INFRINGENTE. INADMISSIBILIDADE. EXECUÇÃO IMEDIATA DA DECISÃO, INDEPENDENTEMENTE DA PUBLICAÇÃO DO RESPECTIVO ACÓRDÃO. POSSIBILIDADE. EMBARGOS DE DECLARAÇÃO REJEITADOS.

1. Os embargos de declaração – desde que ausentes os seus requisitos de admissibilidade – não podem ser utilizados com o objetivo de infringir o julgado, sob pena de inaceitável desvio da específica função jurídico-processual.

2. A reiteração de embargos de declaração, sem que se registre qualquer dos seus pressupostos [CPC, art. 535], evidencia o intuito meramente protelatório.

3. A interposição de embargos de declaração com finalidade meramente protelatória autoriza o imediato cumprimento da decisão emanada pelo Supremo Tribunal Federal, independentemente da publicação do acórdão. Precedente [ED-ED-AgRg-AI n. 438544, Relator o Ministro CELSO DE MELLO, DJ 01.10.2004].

ADMISSIBILIDADE DOS RECURSOS

4. Embargos de declaração rejeitados."
(RMS 23.841-AgR-ED-ED, rel. Min. Eros Grau, 1ª Turma, DJ 16.02.2007)

EMBARGOS DE DECLARAÇÃO. DECISÃO MONOCRÁTICA. IMPOSSI-BILIDADE. RECEBIMENTO COMO AGRAVO REGIMENTAL. RECURSO DE CARÁTER PROTELATÓRIO. CUMPRIMENTO DA DECISÃO DO STF INDEPENDENTEMENTE DE PUBLICAÇÃO DO ACÓRDÃO. PRESCRIÇÃO. AUSÊNCIA DE ELEMENTOS. AGRAVO REGIMENTAL DESPROVIDO.

1. Embargos de declaração recebidos como agravo regimental, consoante iterativa jurisprudência do Supremo Tribunal Federal.

2. Considero que a utilização indevida das espécies recursais, consubstanciada na interposição de inúmeros recursos contrários à jurisprudência como mero expediente protelatório, desvirtua o próprio postulado constitucional da ampla defesa. Nesse sentido: AO 1.046-ED/RR, rel. Min. Joaquim Barbosa, Plenário, unânime, DJe 22.02.2008.

3. Parece-me claro que, no presente feito, o ora embargante tenta, a todo custo, protelar a baixa dos autos, o que representará o início do dever de cumprimento da pena que lhe foi imposta.

4. A interposição de embargos de declaração com finalidade meramente protelatória autoriza o imediato cumprimento da decisão emanada pelo Supremo Tribunal Federal, independentemente da publicação do acórdão (RMS 23.841 AgR-EDED/DF, Rel. Min. Eros Grau, DJ 16.02.2007).

5. Impossível verificar a ocorrência da prescrição da pretensão punitiva estatal, porquanto não há elementos suficientes nestes autos que permitam, de plano, tal verificação.

6. Não há qualquer prejuízo ao embargante caso eventualmente tenha se operado a prescrição da pretensão punitiva, uma vez que não se opera a preclusão a respeito de tal matéria, podendo a autoridade judiciária competente reconhecê-la a qualquer tempo.

7. Agravo regimental a que se nega provimento."
(AI 766.427 AgR-ED-ED-AgR-ED, rel. Min. Ellen Gracie, 2ª Turma, DJe 22.06.2011)

EMBARGOS DE DECLARAÇÃO. REDISCUSSÃO DOS FUNDAMENTOS DO ACÓRDÃO. INADMISSIBILIDADE. RECURSO DE CARÁTER PROTELATÓRIO. CUMPRIMENTO DA DECISÃO DO STF INDEPENDENTEMENTE DE PUBLICAÇÃO DO ACÓRDÃO. EMBARGOS REJEITADOS.

1. Os embargos de declaração são cabíveis para devolver ao órgão jurisdicional a oportunidade de pronunciar-se no sentido de aclarar julgamento obscuro, completar decisão omissa ou dirimir contradição presente no julgado.

RECURSOS NO NOVO C.P.C.

2. Consoante já decidiu essa Suprema Corte, não se admite, na via estreita dos declaratórios, a rediscussão de pretensão já repelida. (HC 86.656-ED/PE, Rel. Min. Carlos Britto, DJ 13.03.2009).

3. Considero que a utilização indevida das espécies recursais, consubstanciada na interposição de inúmeros recursos contrários à jurisprudência como mero expediente protelatório, desvirtua o próprio postulado constitucional da ampla defesa. Nesse sentido: AO 1.046-ED/RR, rel. Min. Joaquim Barbosa, Plenário, unânime, DJe 22.02. 2008.

4. Parece-me claro que, no presente feito, o ora embargante tenta, a todo custo, protelar a baixa dos autos, o que representará o início do dever de cumprimento da pena que lhe foi imposta. 5. A interposição de embargos de declaração com finalidade meramente protelatória autoriza o imediato cumprimento da decisão emanada pelo Supremo Tribunal Federal, independentemente da publicação do acórdão. (RMS 23.841 AgR-ED- -ED/DF, Rel. Min. Eros Grau, DJ 16.02.2007). 6. Embargos rejeitados."

(AI 682.723 AgR-ED-ED-ED, rel. Min. Ellen Gracie, 2ª Turma, DJe 27.06.2011).

Assim, parece-me, portanto, que não se pode fechar questão sobre o efeito *ex tunc* ou *ex nunc* do juízo de inadmissibilidade do recurso, uma vez que dependerá das circunstâncias a serem analisadas para se chegar a uma conclusão.

Sendo negativo o juízo de admissibilidade realizado pelo juízo 'a quo' (nas hipóteses recursais em que o juízo de admissibilidade é realizado por ambas as instâncias, ou seja, pelo juízo 'a quo' e pelo juízo 'ad quem', exige-se do recorrente mais um ônus processual, qual seja, a interposição de recurso (normalmente agravo) com o fim de obter do juízo 'ad quem' a subida do recurso. Não há previsão recursal contra o juízo de admissibilidade realizado pelo juízo 'a quo', tendo em vista que esse juízo poderá ser revisto pelo órgão jurisdicional 'ad quem'.

O juízo negativo de admissibilidade feito pelo órgão jurisdicional 'ad quem' tem o efeito de encerrar o procedimento recursal, sem análise do mérito do recurso.

As questões preliminares de conhecimento do recurso são de ordem pública, razão pela qual podem ser conhecidas de ofício.

O *objeto* do juízo de admissibilidade está circunscrito aos requisitos necessários para que se possa conhecer do mérito do recurso, dando-lhe ou negando-lhe provimento.

O juízo positivo de admissibilidade do recurso não vincula ou interfere na análise do mérito do recurso.

É possível que determinada questão tenha sido conhecida no juízo de primeiro grau como preliminar, momento em que o juízo extinguiu o processo sem resolução de mérito. Isso ocorre quando o juízo 'a quo' reconhece, por exemplo, a ilegitimidade de parte, a falta de interesse de agir etc. Porém, em grau de recurso, essa matéria passa a ser o *mérito* do recurso. Observa-se, portanto, que o mérito do recurso não necessariamente corresponderá ao mérito da demanda. Também as preliminares do *recurso* não se identificam com as preliminares da *causa*.[211]

Sobre a diferenciação entre *questões prévias, questões prejudiciais e questões preliminares*, anotam Flávio Cheim Jorge e Marcelo Abelha Rodrigues: *"Essas questões prévias, que formam o juízo de admissibilidade dos recursos, são, na lição de Thereza Alvim, 'todas aquelas que logicamente devem ser decididas antes de outras, por manterem entre si uma vinculação de subordinação lógica'. Destas questões prévias, colocadas como gênero, fazem parte duas espécies: as prejudiciais e as preliminares. As questões prejudiciais são aquelas, no entendimento de Barbosa Moreira, 'de cuja solução dependa o teor ou o conteúdo da solução de outras', isto é, são questões cujo julgamento influenciará o próprio teor da questão vinculada, no caso específico, o mérito do recurso. As questões preliminares, ao contrário das prejudiciais, não têm condão de influenciar no próprio julgamento da questão prejudicada. A solução das questões preliminares limita-se a tornar admissível ou não o julgamento da questão seguinte"*.[212]

A competência para a realização do juízo de admissibilidade, em regra, ocorre em duas fases. A primeira é realizada pelo juízo 'a quo', enquanto a segunda é feita pelo juízo 'ad quem'. Isso teria sua razão de ser tendo em vista que os recursos são interpostos perante o juízo 'a quo', e somente posteriormente são remetidos ao juízo 'ad quem'.

Assim era de uma maneira geral na égide do C.P.C. de 1973 em relação ao recurso de apelação, recurso especial e recurso extraordinário.

O agravo de instrumento não apresentava e não apresenta essa metodologia, tendo em vista que será interposto diretamente no tribunal.

---

[211] BARBOSA MOREIRA, J. C., op. cit., p. 242 e 243.
[212] JORGE, F. C.; RODRIGUES, M. A., op. cit. p. 222.

RECURSOS NO NOVO C.P.C.

A razão mais evidente para que haja dupla análise do juízo de admissibilidade decorre do princípio da 'economia processual', pois se evita que um recurso suba ao juízo 'ad quem' quando não apresenta os requisitos necessários para sua admissibilidade.

A Lei 13.105 de 2015 (novo C.P.C.), ao ser sancionada, praticamente extinguia essa dupla análise de admissibilidade no recurso de apelação e nos recursos especiais e extraordinários. Nessa perspectiva, a competência para realização do juízo de admissibilidade seria única e exclusiva do tribunal de apelação (art. 1.010, §3º, do novo C.P.C.) ou do S.T.F. ou do S.T.J. (1.030, p.u., do novo C.P.C.).

Porém, quando da entrada em vigor da Lei 13.105 de 2015 (novo C.P.C.), a competência única para realização do juízo de admissibilidade recursal permaneceu somente em relação ao recurso de apelação (art. 1.010, §3º, do novo C.P.C.), uma vez que o art. 1.030, p.u., do mesmo diploma legal, que trata do recurso especial e do recurso extraordinário, foi alterado pela Lei 13.256 de 2016, restabelecendo a dupla competência do tribunal 'a quo' e dos tribunais superiores para a realização do juízo de admissibilidade do recurso especial e do recurso extraordinário.

É importante salientar que o juízo de admissibilidade realizado pelo juízo 'a quo' é provisório e não vincula o tribunal competente para conhecer do recurso interposto.

A emissão de juízo de admissibilidade negativo pelo tribunal que proferiu a decisão recorrida permite a interposição de agravo em recurso especial ou extraordinário, nos termos do art. 1.042 do novo C.P.C, com a redação dada pela Lei 13.256, de 2016): *Cabe agravo contra decisão do presidente ou do vice-presidente do tribunal recorrido que inadmitir recurso extraordinário ou recurso especial, salvo quando fundada na aplicação de entendimento firmado em regime de repercussão geral ou em julgamento de recursos repetitivos. (Redação dada pela Lei nº 13.256, de 2016)*

Contra a decisão de juízo admissibilidade positivo pelo juízo 'a quo' não cabe recurso.

12.1. Decisão surpresa

Questão importante a ser avaliada no âmbito do novo C.P.C. diz respeito à proibição de *decisão surpresa*, especialmente quando o juiz, de ofício, possa reconhecer a falta de determinado requisito ou pressuposto que possa acarretar a invalidade da relação jurídica processual.

ADMISSIBILIDADE DOS RECURSOS

A base da proibição de decisão surpresa é justamente a própria essência do processo jurisdicional contemporâneo e democrático, no sentido de que o seu método de discussão recomenda um meio de debate dialogal e argumentativo que se realiza entre os sujeitos naturalmente desiguais situados em posições antagônicas em relação a um mesmo bem de vida e que se igualam juridicamente para os fins da discussão a mercê da atuação do diretor do debate (juiz), que deverá ter as seguintes qualidades: *imparcialidade e independência*, assegurando às partes a permanente *bilateralidade da audiência*.[213]

O novo C.P.C. entende que a prolação de *decisão surpresa*, sem se oportunizar às partes o devido contraditório em relação a fundamento sobre o qual não tiveram oportunidade de se manifestar, não está em conformidade com o processo civil moderno e democrático.

O princípio do contraditório não se circunscreve ao confronto argumentativo existente entre partes, ou ao momento em que determinada parte formula alguma pretensão no processo.

Também quando o juiz, de ofício, promove o andamento do processo, por vezes o ato processual praticado ensejará a oportunidade de contraditório para ambas as partes. Nesse sentido é o teor do art. 9º, inc. I a III, do novo C.P.C. brasileiro:

> *Art. 9º Não se proferirá decisão contra uma das partes sem que esta seja previamente ouvida.*
> *Parágrafo único. O disposto no caput não se aplica:*
> *I – à tutela provisória de urgência;*
> *II – às hipóteses de tutela de evidência previstas no art. 311, incisos II e III;*
> *III – à decisão prevista no art. 701.*

Não foi por outro motivo que a reforma do C.P.C. italiano de 2009, por levar em conta a exigência do princípio do contraditório, acrescentou o inc. 2º ao art. 101 do Código de Processo Civil italiano, prevendo expressamente que o juiz, caso entenda por inserir um fundamento na decisão que tenha alcançado em razão de sua atividade de ofício, *sob pena de nuli-*

---

[213] "A *bilateralidade* significa *audiência recíproca*. De tal modo, e graças a ela, todo o que diz ou faz uma das partes deve ser comunicado a outra para que diga e faça o que quiser a respeito e vice-versa" (VELLOSOS. Adolfo Alvarado. Ed. Rubinzal-Culzoni,Santa Fé, 2010. p. 10).

dade, deverá conceder um prazo para o depósito de memoriais sobre a referida questão.[214]

A proibição da prolação de *decisão-surpresa* há muito já era prevista no direito português, estando consignada no preâmbulo do Decreto-lei n. 329-A/95, não sendo lícito aos tribunais decidir questões de fato ou de direito, mesmo que de conhecimento oficioso, sem que seja previamente oportunizada às partes a possibilidade de sobre elas se pronunciarem.[215]

O novo C.P.C. português, Lei 41/2013, manteve o princípio de proibição da prolação de *decisões-surpresa* em seu art. 3º, n. 3º: *O juiz deve observar e fazer cumprir, ao longo de todo o processo, o princípio do contraditório, não lhe sendo lícito, salvo caso de manifesta desnecessidade, decidir questões de direito ou de facto, mesmo que de conhecimento oficioso, sem que as partes tenham tido a possibilidade de sobre elas se pronunciarem.*

Conforme anota Rui Pinto, *"em consequência, são proibidas as 'decisões surpresas, i.e., sem participação ou audição das partes, não sendo o juiz lícito 'decidir questões de direito ou de facto, mesmo que de conhecimento oficioso, sem que as partes tenham tido a possibilidade de sobre elas se pronunciarem. Uma decisão-surpresa é, salvo manifesta necessidade, uma decisão nula, em princípio, nos termos do art. 195º, pois pôde influir no exame ou na decisão da causa"*.[216]

Em relação a este preceito normativo proibitivo, introduzido na reforma processual portuguesa de 1995/1996, anota Lebre de Freitas:

> *"Mas a proibição da chamada decisão-surpresa tem sobretudo interesse para as questões, de direito material ou de direito processual, de que o tribunal pode conhecer oficiosamente (...); se nenhuma das partes as tiver suscitado, com concessão à parte contrária do direito de resposta, o juiz – ou o relator do tribunal do recurso – que nelas entenda dever basear a decisão, seja mediante o conhecimento do mérito da causa seja no plano meramente processual, deve previamente convidar ambas as partes a sobre elas tomarem posição, só estando dispensado de o fazer em casos de manifesta desnecessidade (art. 3-3) (...). Não basta, pois, para que esta vertente do princípio do contraditório seja assegurada, que às partes, em igualdade (...) seja dada a possibilidade de, antes da decisão, alegarem de direito (arts. 657, 790-1 e 796-2, respetivamente para o processo ordinário e*

---

[214] BALENA, Giampiero. *Istituzioni di diritto processuale civile – i princìpi*. Primo Volume. Seconda Edizione. Bari: Cacucci Editore, 2012. p. 65.

[215] RODRIGUES, Fernando Pereira. *O novo processo civil – os princípios estruturantes*. Coimbra: Almedina, 2013. p. 47.

[216] PINTO, R., op. cit., p. 17.

ADMISSIBILIDADE DOS RECURSOS

sumário, em 1ª instância; (arts. 690, 705 e 743, em instância de recurso). É preciso que, mesmo depois desta alegação, possam fazê-lo ainda quanto a questões de direito novas, isto é, ainda não discutida no processo...".[217]

Conforme já teve oportunidade de decidir o tribunal português – STJ 27 – Ste. – 2011/61/11.7UFLSB (Maia Costa): *"O direito de audiência consubstancia no direito do interessado a conhecer, previamente à decisão, o sentido provável desta, e a poder expor sobre ele o seu ponto de vista, direito que tem apoio no art. 267º, n. 5, da Constituição da República portuguesa.. Para poder exercer o seu direito, o interessado deverá ser notificado dos 'elementos de facto e de direito relevantes da decisão', pois sem esses elementos seria impossível ao interessado apresentar os seus argumentos".* Eis, também a seguinte decisão do STJ 27 – Set-2011 2005/03.0TVLSB.L1. S1 (Gabriel Catarino): *"O juiz tem o dever de participar na decisão do litígio, participando na indagação do direito – 'iura novit curia' – , sem que esteja peado ou confinado à alegação de direito feita pelas partes. Porém, a indagação do direito sofre constrangimentos endoprocessuais que atinam com a configuração factológica que as partes pretendam conferir ao processo. Há surpresa se o juiz de forma absolutamente inopinada e apartado de qualquer aportamento factual ou jurídico envereda por uma solução que os sujeitos processuais não quiseram submeter ao seu juízo, ainda que possa ser a solução que mais se adeqúe a uma correta e afinidade decisão do litígio".*[218]

Na realidade, o princípio do contraditório determina que ambas as partes possam pronunciar-se sobre o ato ou os fatos introduzidos pelo juiz no processo, razão pela qual, antes que seja proferida qualquer decisão de admissibilidade ou não que possa afetar o interesse das partes, é importante e decorre do princípio do contraditório que o tribunal confira a elas a oportunidade de se pronunciarem.

Seja qual for o tipo de processo ou de procedimento, será vedada a prolação de decisão ou sentença sem a prévia oitiva da parte/interessado eventualmente prejudicada pela decisão. Ao contrário senso, se a decisão lhe for favorável, não será necessária a sua prévia oitiva.

O desenvolvimento ulterior dessa constatação, são múltiplos:

"a) para os fins do contraditório inicial, basta que ao réu seja assegurado, com uma tempestiva e válida forma de 'vacatio in jus', a mera possibilidade de constituir-se e de defender-se em juízo, para fazer valer, se assim desejar, suas próprias razões;

---

[217] Apud RODRIGUES, F. P., op. cit., p. 47 e 48.

[218] PINTO, R., op. cit., p. 17 e 18.

b) não obstante a plena legitimidade da contumácia, a garantia do artigo 101 da Constituição Italiana não implica jamais, como necessária, um efetivo comparecimento ou uma efetiva defesa do réu, mas, somente, de por aquele em grau de fazê-lo ou de não fazê-lo, por sua própria conta e risco, com uma adequada notícia ou comunicação da demanda ou do processo;

c) portanto, o contraditório, uniformizando-se aos cânones puros e abstratos do modelo processual 'dispositivo', parece delinear-se como pressuposto mínimo (e imprescindível) de uma ampla garantia, a qual compreende outra, e mais articulada, possibilidade de efetiva defesa do réu no curso do juízo.

d) a sua observância, em outras palavras, não está subordinada a alguma efetiva identificação da denominada 'justa parte', realmente dotada de 'legitimatio ad causam', segundo a natureza da relação jurídica litigiosa, cuja presença em juízo será apenas para permitir, em definitivo, uma pronuncia sobre o mérito da demanda proposta;

e) a inobservância de tal garantia mínima, repercutindo-se de modo direto sobre o momento da decisão, torna em todo caso inválida toda 'decisão' do juiz sobre a demanda, pois determina a nulidade absoluta da sentença (que é um vício dedutível e relevável, também de ofício, em todo estado e grau do processo, salvo eventual preclusão decorrente de uma eventual coisa julgada interna do processo formada sobre a questão;

f) a possibilidade de uma válida 'decisão' sobre a demanda, sem a preventiva 'citação' (e ou preventivo comparecimento) daquele cujo confronto há de formar-se, restringe-se apenas às hipóteses normativas, nas quais excepcionalmente a instauração do contraditório não seja inicial e preventiva, mas seja deferida a uma fase subsequente, ativada sob a iniciativa (quase sempre necessária, e imposta entre termos peremptórios) de quem age ou em seguida de oposição eventualmente proposta por aquele que entende de resistir e defender-se;

g) a adequação funcional da possibilidade de defesa técnica mediante a assistência de um defensor profissionalmente qualificado;

h) a adequação qualitativa da possibilidade de fazer-se ouvir em juízo, em condição de igualdade, com o exercício de idôneos poderes (de alegação, de dedução, de exceção e de prova), capaz de incidir sobre a formação do convencimento decisório do próprio juiz.

i) o direito a uma adequada e tempestiva notificação ou comunicação dos atos processuais de maior relevância, como condição essencial de legalidade e de correção do procedimento, para uma participação efetiva de todas as partes na dialética processual; [219]

---

[219] COMOGLIO, L.P.; FERRI, C.; TARUFFO, M., op. cit., p. 72, 73 e 76.

ADMISSIBILIDADE DOS RECURSOS

É importante salientar que o art. 10 do novo C.P.C. estabelece que o juiz não pode decidir, em grau algum de jurisdição, com base em fundamento a respeito do qual não se tenha dado às partes oportunidade para se manifestar, ainda que se trate de matéria sobre a qual deva decidir de ofício.

Novamente o princípio do contraditório é a base de sustentação da dialética que deve existir no processo civil brasileiro, agora em especial aos fundamentos para a concessão ou não da tutela jurisdicional requerida.

O art. 10 do novo C.P.C. brasileiro foi abeberar-se no preceito normativo previsto no artigo 3º, n. 3, do Código de Processo Civil português, que assim dispõe: *"O juiz deve observar e fazer cumprir, ao longo de todo o processo, o princípio do contraditório, não lhe sendo lícito, salvo caso de manifesta desnecessidade, decidir questões de direito ou de fato, mesmo que de conhecimento oficioso, sem que as partes tenham tido a possibilidade de sobre elas se pronunciarem".*

No artigo 9º do novo C.P.C. brasileiro, observou-se a exigência do contraditório no seu *aspecto estático*, ou seja, o juiz não poderá decidir qualquer conflito ou questão de fato ou de direito sem que a parte seja previamente ouvida.

Mas para que a garantia constitucional do contraditório seja efetiva, sua aplicação não se restringe apenas a determinada fase do processo jurisdicional, pois não é suficiência a aplicação do contraditório apenas no seu aspecto *estático*.

Há necessidade também de um contraditório 'dinâmico', mediante uma colaboração efetiva das partes durante o transcurso do processo, com possibilidade efetiva de influir, com suas próprias atividades de articulação e argumentação, na formação do convencimento do magistrado. Isso é o que significa dizer a garantia mínima de legalidade do 'justo processo', o contraditório entre as partes em condição de igualdade.

Segundo estabelece o art. 10 do novo C.P.C. brasileiro, não será lícito ao juiz decidir com base em fundamento, mesmo que proveniente de conhecimento *oficioso*, sem que as partes tenham tido a possibilidade de sobre ele se pronunciarem.

Essa determinação normativa deve ser observada por qualquer órgão jurisdicional e em qualquer grau de jurisdição.

O preceito normativo previsto no art. 10 do novo C.P.C. brasileiro teve por finalidade permitir que a contraditoriedade não seja considerada uma mera 'referência programática' e constitua, efetivamente, uma via tendente a melhor satisfazer os interesses que gravitam na órbita dos tribunais: *"a boa administração da justiça, a justa composição dos litígios, a eficácia do sistema, a satisfação dos interesses dos cidadãos*".[220]

Com a referida determinação normativa, na sua redação atual, objetivou-se igualmente impedir que, com base no princípio '*iura novit curia*' e do princípio da oficiosidade no conhecimento da generalidade das exceções dilatórias e das exceções peremptórias, as partes fossem confrontadas no saneamento do processo ou na decisão final com *soluções jurídicas inesperadas* com as quais não poderiam *razoavelmente* contar, por não terem sido objeto de discussão no processo.[221]

Como se tem ciência, a liberdade de aplicação de regras jurídicas adequadas ao caso e a oficiosidade no conhecimento de exceções conduzem, com alguma frequência, a decisões que, embora tecnicamente corretas, manifestam-se contra a corrente principal do processo, à revelia das posições jurídicas que cada uma das partes tomou nos articulados ou nas alegações de recurso.[222]

Por isso, além do princípio do contraditório, o art. 10 do novo C.P.C. brasileiro também propugna por uma postura por parte do magistrado que não gere *surpresa* às partes, especialmente ao levar em consideração fundamento não articulado por elas. Este dispositivo, portanto, visa a evitar a prolação de *decisões-surpresa*, legitimada pelo regime jurídico processual anterior, que nenhuma limitação inseria ao poder imediato de integração de matéria de fato nas normas aplicáveis. Tal sistema permitia: "*sem quaisquer reservas, que, à margem de uma efectiva discussão das questões, o juiz pudesse proferir uma decisão de 'absolvição da instância' no despacho saneador ou mesmo na sentença final, apesar de 'nenhuma das partes' interessadas na resolução do litígio ter configurado essa possibilidade de finalização da instância, em lugar da pretendida decisão de mérito*".

Constitui um exemplo paradigmático no direito português, a forma como foi resolvida a controvérsia subjacente ao Ac. do STJ, de 24.3.92, *in* R.O.A., ano 54º, de Dezembro de 1994, pág. 819 e segs., anotado por Oliveira Ascensão, cujo objeto estava relacionado com um contrato de cedência de uma loja inserida num Centro Comercial: "*A 1ª instância qualificou o acordo como 'contrato misto de arrendamento e de prestação de serviços', julgando*

---

[220] GERALDES, A. S. A. op. cit., p. 69.
[221] GERALDES, A. S. A., idem, p. 67.
[222] GERALDES, A. S. A., idem, ibidem.

'procedente a acção e improcedente a reconvenção'; 'a Relação de Lisboa', por seu lado, julgou a 'acção improcedente e parcialmente procedente o pedido reconvencional', qualificando aquele mesmo contrato como 'atípico'; por último, o 'Supremo Tribunal de Justiça', mantendo, embora, esta qualificação, considerou que não 'fora observada a forma legalmente prevista' (questão discutível face às normas jurídicas aplicáveis e que, de todo o modo, nunca fora colocada pelas partes declarou a 'nulidade do contrato' e, consequentemente, numa 'decisão salomónica', conclui pela 'improcedência, tanto da 'acção, como da reconvenção'".[223]

O novo C.P.C. brasileiro adotou com muita propriedade a proibição de *decisão surpresa*, inclusive no âmbito recursal, conforme preconiza o art. 933, a saber:

> *Art. 933. Se o relator constatar a ocorrência de fato superveniente à decisão recorrida ou a existência de questão apreciável de ofício ainda não examinada que devam ser considerados no julgamento do recurso, intimará as partes para que se manifestem no prazo de 5 (cinco) dias.*
>
> *§ 1º Se a constatação ocorrer durante a sessão de julgamento, esse será imediatamente suspenso a fim de que as partes se manifestem especificamente.*
>
> *§ 2º Se a constatação se der em vista dos autos, deverá o juiz que a solicitou encaminhá-los ao relator, que tomará as providências previstas no caput e, em seguida, solicitará a inclusão do feito em pauta para prosseguimento do julgamento, com submissão integral da nova questão aos julgadores.*

A proibição de decisão surpresa ocorre inclusive na hipótese em que o juízo 'ad quem' verifica a falta de preparo do recurso, devendo, antes de declarar a deserção do recurso, intimar a parte para que comprove a realização do preparo. Nesse sentido é o teor do art. 1.007 do novo C.P.C.:

> *Art. 1.007. No ato de interposição do recurso, o recorrente comprovará, quando exigido pela legislação pertinente, o respectivo preparo, inclusive porte de remessa e de retorno, sob pena de deserção.*
>
> *§ 1º São dispensados de preparo, inclusive porte de remessa e de retorno, os recursos interpostos pelo Ministério Público, pela União, pelo Distrito Federal, pelos Estados, pelos Municípios, e respectivas autarquias, e pelos que gozam de isenção legal.*

---

[223] GERALDES, A. S. A., idem, p. 69.

§ 2º A insuficiência no valor do preparo, inclusive porte de remessa e de retorno, implicará deserção se o recorrente, intimado na pessoa de seu advogado, não vier a supri-lo no prazo de 5 (cinco) dias.

§ 3º É dispensado o recolhimento do porte de remessa e de retorno no processo em autos eletrônicos.

§ 4º O recorrente que não comprovar, no ato de interposição do recurso, o recolhimento do preparo, inclusive porte de remessa e de retorno, será intimado, na pessoa de seu advogado, para realizar o recolhimento em dobro, sob pena de deserção.

§ 5º É vedada a complementação se houver insuficiência parcial do preparo, inclusive porte de remessa e de retorno, no recolhimento realizado na forma do § 4º.

§ 6º Provando o recorrente justo impedimento, o relator relevará a pena de deserção, por decisão irrecorrível, fixando-lhe prazo de 5 (cinco) dias para efetuar o preparo.

§ 7º O equívoco no preenchimento da guia de custas não implicará a aplicação da pena de deserção, cabendo ao relator, na hipótese de dúvida quanto ao recolhimento, intimar o recorrente para sanar o vício no prazo de 5 (cinco) dias.

O que se entende por insuficiência do valor do preparo? Sobre o tema eis a seguinte decisão do S.T.J.:

> O recolhimento, no ato da interposição do recurso, de apenas uma das verbas indispensáveis ao seu processamento (custas, porte de remessa e retorno, taxas ou outras) acarreta a intimação do recorrente para suprir o preparo no prazo de cinco dias, e não deserção. Isso porque a norma do § 2º do art. 511 do CPC, acrescentado pela Lei 9.756/1998, diz respeito à "insuficiência no valor do preparo", não das custas ou do porte de remessa e retorno ou de taxas separadamente. Nesse sentido, reafirmando o conceito adotado na pacífica e antiga jurisprudência – ainda aplicada até mesmo no STF –, invoca-se entendimento doutrinário segundo o qual "o valor do preparo é o da soma, quando for o caso, da taxa judiciária e das despesas postais (portes de remessa e de retorno dos autos)". Com isso, recolhido tempestivamente algum dos componentes do preparo, incide a norma do § 2º do art. 511 do CPC, que permite sua complementação mediante a quitação de outros valores, mesmo com natureza distinta. Ademais, possuindo a lei o claro propósito de mitigar o rigor no pagamento do preparo, admitindo sua complementação diante da boa-fé e da manifestação inequívoca de recorrer, descabe ao Poder Judiciário impor requisitos ou criar obstáculos não previstos e que, principalmente, possam toldar a razão da lei. Em suma, se a norma do § 2º do art. 511 do CPC foi editada com o propósito de viabilizar a prestação jurisdicional, permitindo a complementação do "preparo" em sua concepção ampla, tem-se que o recolhimento apenas das custas ou do porte de remessa e retorno, ou

de alguma outra taxa recursal, representa preparo insuficiente, sendo tal entendimento o que melhor se coaduna com a tradicional jurisprudência do STJ, com o objetivo da própria Lei 9.756/1998 e com o ideal de acesso à justiça.

(REsp 844.440-MS, Rel. Min. Antonio Carlos Ferreira, julgado em 6/5/2015, DJe 11/6/2015).

O impedimento de prolação de decisão surpresa há inclusive no recurso de agravo de instrumento, quando o relator constata a falta de algum documento essencial. Nesse sentido dispõe o art. 1.017, §3º, do novo C.P.C.:

> *Art. 1.017. A petição de agravo de instrumento será instruída:*
> *(...).*
> *§ 3º Na falta da cópia de qualquer peça ou no caso de algum outro vício que comprometa a admissibilidade do agravo de instrumento, deve o relator aplicar o disposto no art. 932, parágrafo único.*

A 1ª Turma do S.T.F. definiu os limites para a concessão do prazo previsto no art. 932, p.u., do novo C.P.C. conforme notícia inserida no sito http://www.stf.jus.br/portal/cms/verNoticiaDetalhe.asp?idConteudo=318235, *in verbis:*

> *1ª Turma define limites para concessão do prazo previsto no artigo 932 do novo CPC*
> *A Primeira Turma do Supremo Tribunal Federal decidiu, na sessão desta terça-feira, que o prazo de cinco dias previsto no parágrafo único do artigo 932 do novo Código de Processo Civil (CPC) só se aplica aos casos em que seja necessário sanar vícios formais, como ausência de procuração ou de assinatura, e não à complementação da fundamentação. A discussão foi suscitada pelo ministro Marco Aurélio no julgamento de agravos regimentais da lista de processos do ministro Luiz Fux, que não conheceu de recursos extraordinários com agravo (AREs 953221 e 956666) interpostos já na vigência da nova lei.*
> *O artigo 932 do novo CPC, que trata das atribuições do relator, estabelece, no parágrafo único, que, antes de considerar inadmissível o recurso, este concederá o prazo de cinco dias ao recorrente para que seja sanado vício ou complementada a documentação exigível. Segundo o ministro Luiz Fux, o dispositivo foi inserido no novo código como uma garantia ao cidadão. "Em alguns tribunais, os relatores, de forma monossilábica e sem fundamentação, consideravam os recursos inadmissíveis, e o cidadão tem o direito de saber por que seu recurso foi acolhido ou rejeitado", afirmou. "Por isso, antes de considerar inadmissível, o relator tem de dar oportunidade para que eventual defeito seja suprido".*

Ao levantar a discussão, o ministro Marco Aurélio manifestou seu entendimento de que o parágrafo único "foge à razoabilidade", porque admitiria a possibilidade de glosa quando não há, na minuta apresentada, a impugnação de todos os fundamentos da decisão atacada – um dos requisitos para a admissibilidade do recurso. "Teríamos de abrir vista no agravo para que a parte suplemente a minuta, praticamente assessorando o advogado", argumentou, sugerindo que a matéria fosse levada ao Plenário para que se declarasse a inconstitucionalidade do dispositivo.

No entanto, prevaleceu o entendimento de que os defeitos a serem sanados são aqueles relativos a vícios formais, e não de fundamentação. "Não se imaginaria que o juiz devesse mandar a parte suplementar a fundamentação", afirmou o ministro Luís Roberto Barroso. Ele lembrou que o Superior Tribunal de Justiça (STJ) disciplinou a matéria no Enunciado Administrativo nº 6, no sentido de que o prazo do parágrafo único do artigo 932 somente será concedido "para que a parte sane vício estritamente formal".

Eis a ementa do ARE 953.221:

*O prazo de cinco dias previsto no parágrafo único do art. 932 do CPC/2015 ["Art. 932. Incumbe ao relator: ... III – não conhecer de recurso inadmissível, prejudicado ou que não tenha impugnado especificamente. ... Parágrafo único. Antes de considerar inadmissível o recurso, o relator concederá o prazo de 5 (cinco) dias ao recorrente para que seja sanado vício ou complementada a documentação exigível"] só se aplica aos casos em que seja necessário sanar vícios formais, como ausência de procuração ou de assinatura, e não à complementação da fundamentação. Com base nessa orientação, a Primeira Turma, por maioria, negou provimento a agravo regimental e condenou a parte sucumbente ao pagamento de honorários advocatícios. Inicialmente, a Turma rejeitou proposta do Ministro Marco Aurélio de afetar a matéria ao Plenário para analisar a constitucionalidade do dispositivo, que, ao seu ver, padeceria de razoabilidade. Na sequência, o Colegiado destacou que, na situação dos autos, o agravante não atacara todos os fundamentos da decisão agravada. Além disso, estar-se-ia diante de juízo de mérito e não de admissibilidade. **O Ministro Roberto Barroso, em acréscimo, afirmou que a retificação somente seria cabível nas hipóteses de recurso inadmissível, mas não nas de prejudicialidade ou de ausência de impugnação específica de fundamentos.** Vencido o Ministro Marco Aurélio, que provia o recurso.*

ARE 953221 AgR/SP, rel. Min. Luiz Fux, 7.6.2016. (ARE-953221)

ADMISSIBILIDADE DOS RECURSOS

O juízo de admissibilidade é de ordem pública, razão pela qual poderá ser realizado a qualquer momento antes do julgamento do mérito do recurso.

Outrossim, o juízo de admissibilidade, seja ele positivo ou negativo, apresenta natureza declaratória, razão pela qual, se for reconhecida a intempestividade do recurso, a interposição do recurso não apresentará força para impedir o trânsito em julgado da decisão.[224]

Em relação ao prazo para interposição do recurso, tem entendido o S.T.J. que sendo ele intempestivo, não impede o trânsito em julgado. Sobre o tema, eis os seguintes precedentes:

> (...).
>
> *II – A interposição de recurso intempestivo não obsta a formação da coisa julgada, competindo às instâncias ordinárias a análise da ocorrência de causa extintiva da punibilidade ou da suspensão da ação penal, mormente quando não há nos autos elementos hábeis a demonstrar, com segurança, a alegada quitação integral do débito fiscal.*
>
> *III – Embargos de Declaração rejeitados.*
>
> (EDcl no AgRg no Ag 1411580/PB, Rel. Ministra REGINA HELENA COSTA, QUINTA TURMA, julgado em 22/04/2014, DJe 25/04/2014)

---

[224] *"Formulemos alguns exemplos para fixação da data do trânsito em julgado, quando o juízo de admissibilidade é negativo: a) intempestividade – se a apelação tiver sido interposto no 16º dia do prazo, ainda que o tribunal examine o recurso um ano depois de interposto, caso reconheça a intempestividade da apelação, o trânsito em julgado terá ocorrido no 16º dia do prazo, momento em que se verificou a causa de não conhecimento (intempestividade), em decorrrência da eficácia ex tunc do juízo de admissibilidade. Fosse essa eficácia ex nunc, o trânsito em julgado teria ocorrido no momento em que o tribunal examinou o recurso, isto é, um ano depois de interposto; b) desistência – o recorrente desiste do recurso três meses depois de interposto. O trânsito em julgado ocorre no momento da decistência que, por ser ato unilateral, não necessita de manifestação do recorrido nem de homologação judicial para produzir efeito; c) falta ou irregularidade no preparo – o recorrente interpôs o recurso mas não juntou a guia de recolhimento do preparo (o recorrente tem de comprovar a efetivação do preparo no momento da interposição do recurso). Caso o tribunal reconheça a inexistência, a irregularidade ou a intempestividade do preparo (preclusão consumativa – CPC 511 de 1973), o trânsito em julgado ocorreu quando da interposição do recurso, ainda que antes do término do prazo previsto pela lei para que seja interposto. Em outras palavras, para o recurso interposto no 5º dia do prazo de 15 sem julgada da guia de preparo, o trânsito em julgado ocorre no 5º dia do prazo de 15 sem juntada da guia do preparo, o trânsito em julgado ocorre no 5º dia do prazo, data da efetiva interposição do recurso sem condições de ser admitido"* (NERY JUNIOR, N., op. cit., p. 260).

RECURSOS NO NOVO C.P.C.

– Intempestivo o recurso interposto via fax, quando o original é protocolizado fora do prazo legal, a teor do disposto no art. 2º da Lei n. 9.800/99.

– Quando ajuizado a destempo, o recurso interposto não cria obstáculo ao trânsito em julgado da ação penal, não ocorrendo a prescrição da pretensão punitiva estatal, na modalidade superveniente, diante da formação da coisa julgada.

Agravo regimental desprovido.

(AgRg no Ag 1275762/SP, Rel. Ministro ERICSON MARANHO (DESEMBARGADOR CONVOCADO DO TJ/SP), SEXTA TURMA, julgado em 09/12/2014, DJe 19/12/2014).

Sobre o tema, o S.T.J. expediu os seguintes enunciados administrativos:

Enunciado administrativo número 5: *Nos recursos tempestivos interpostos com fundamento no CPC/1973 (relativos a decisões publicadas até 17 de março de 2016), não caberá a abertura de prazo prevista no art. 932, parágrafo único, c/c o art. 1.029, § 3º, do novo CPC.*

Enunciado administrativo número 6: *Nos recursos tempestivos interpostos com fundamento no CPC/2015 (relativos a decisões publicadas a partir de 18 de março de 2016), somente será concedido o prazo previsto no art. 932, parágrafo único, c/c o art. 1.029, § 3º, do novo CPC para que a parte sane vício estritamente formal.*

12.2. Requisitos ou pressupostos de admissibilidade do recurso

Os requisitos ou pressupostos de *admissibilidade do recurso*, segundo Barbosa Moreira, podem ser classificados em: *requisitos intrínsecos* e *requisitos extrínsecos*. Os primeiros correspondem: a) ao cabimento do recurso; b) à legitimação para recorrer; c) o interesse em recorrer; d) à inexistência de fato impeditivo ou extintivo do poder de recorrer. Os segundos dizem respeito: a) à tempestividade; b) à regularidade formal; c) ao preparo. Esses requisitos são genéricos, podendo em determinada situação a lei dispensar alguns deles. Assim, por exemplo, o recurso interposto pelo Ministério Público ou pela Fazenda Pública está isento de preparo.[225]

Nelson Nery Júnior adota a classificação de Barbosa Moreira, por achar a melhor; porém, prefere levar em conta a decisão judicial, que é o objeto do recurso, para nominar os pressupostos de *intrínsecos* e *extrínsecos*. Para

---

[225] Barbosa Moreira, J. C., op. cit., p. 243.

ADMISSIBILIDADE DOS RECURSOS

Barbosa Moreira, a divisão em intrínsecos se refere ao poder de recorrer, e em extrínsecos ao modo de exercer o recurso.[226]

Na concepção de Nelson Nery Junior: *"os pressupostos 'intrínsecos' são aqueles que dizem respeito à decisão recorrida em si mesma considerada. Para serem aferidos, levam-se em consideração o conteúdo e a forma da decisão impugnada. De tal modo que, para se proferir o juízo de admissibilidade, toma-se o ato judicial impugnado no momento e da maneira como for prolatado. São eles, o 'cabimento, a legitimação para recorrer e o interesse em recorrer....Os pressupostos 'extrínsecos' respeitam aos fatores externos à decisão judicial que se pretende impugnar, sendo normalmente posteriores a ela. Neste sentido, para serem aferidos não são relevantes os dados que compõem o conteúdo da decisão recorrida, mas sim fatos a ela supervenientes. Deles fazem parte a 'tempestividade, a regularidade formal, a inexistência de fato impeditivo ou extintivo do poder de recorrer e o preparo".*[227]

Vejamos a seguir os requisitos e pressupostos de admissibilidade dos recursos.

12.2.1. Cabimento de recurso

Em *relação ao cabimento* do recurso, é necessário que haja previsão legal para que o recurso possa ser interposto e conhecido, e que o recorrente observe as formalidades legais para sua interposição. Recorribilidade e adequação configuram os requisitos para que o recurso possa ser considerado cabível para efeito de admissibilidade.[228]

No caso de sentença, o recurso cabível, em regra, é a apelação, sendo que na hipótese de decisão interlocutória, quando cabível, o recurso será o de agravo de instrumento.[229]

O recurso de agravo interno será interposto contra decisão monocrática do Relator.

---

[226] NERY JUNIOR, N., op. cit., p. 266, n. 215.

[227] NERY JUNIOR, N., idem, p. 266.

[228] NERY JUNIOR, N., idem, p. 267.

[229] Ressalvadas as disposições expressas dos procedimentos especiais, sentença é o pronunciamento por meio do qual o juiz, com fundamento nos arts. 485 e 487, põe fim à fase cognitiva do procedimento comum, bem como extingue a execução.

Decisão interlocutória é todo pronunciamento judicial de natureza decisória que não se enquadre no § 1º do art. 203.

RECURSOS NO NOVO C.P.C.

O recurso especial ou extraordinário será interposto contra causas decididas em única ou última instância, nas hipóteses estabelecidas pela Constituição Federal.

Os despachos não podem ser objeto de recurso.

É importante salientar que a interposição do recurso leva em considerar a natureza jurídica do ato que se pretende impugnar, natureza essa que leva em consideração o conteúdo da decisão.

A interposição de um recurso sem previsão legal acarreta a não admissibilidade do suposto recurso interposto.

O art. 994 do novo C.P.C. indica, em *numerus clausus*, as espécies de recursos que podem ser interpostos: I – apelação; II – agravo de instrumento; III – agravo interno; IV – embargos de declaração; V – recurso ordinário; VI – recurso especial; VII – recurso extraordinário; VIII – agravo em recurso especial ou extraordinário; IX – embargos de divergência.

Não é considerado recurso autônomo o recurso adesivo.

Há, ainda, recursos previstos em leis extravagantes, como é o caso dos embargos infringentes interpostos contra sentença proferida em embargos do devedor em execução fiscal (art. 34 da Lei 6.830/80); o recurso inominado interposto contra sentença proferida nos juizados especiais cíveis (art. 41 da Lei dos Juizados Especiais). Há, ainda, o cabimento de agravo inominado da decisão que suspende a execução da medida liminar concedida em mandado de segurança, a pedido da entidade de direito público prejudicada (LMS 15 e LACP 12, §1º).[230]

Estabelece o art. 15 da LMS (Lei n. 12.016/09): *Quando, a requerimento de pessoa jurídica de direito público interessada ou do Ministério Público e para evitar grave lesão à ordem, à saúde, à segurança e à economia públicas, o presidente do tribunal ao qual couber o conhecimento do respectivo recurso suspender, em decisão fundamentada, a execução da liminar e da sentença, dessa decisão caberá agravo, sem efeito suspensivo, no prazo de 5 (cinco) dias, que será levado a julgamento na sessão seguinte à sua interposição.*

Muito embora o art. 15 da LMS somente faça referência à interposição do agravo na hipótese de suspensão da liminar e da sentença, tal recurso também caberá da decisão que denegar o pedido, tendo em vista que ambas as decisões apresentam natureza interlocutória. Por isso a Súmula 217 do S.T.J., que preconizava não caber agravo da decisão que indeferisse

---

[230] NERY JUNIOR, N., idem, p., 269.

ADMISSIBILIDADE DOS RECURSOS

o pedido de suspensão da execução da liminar ou da sentença em mandado de segurança, foi cancelada.

Também foi cancelada a Súmula 506 do S.T.F., que tinha a mesma concepção normativa.

Atualmente não há mais dúvida, pois a previsão de recurso de agravo quer da decisão do presidente que concede, quer da que denega a suspensão da liminar ou da segurança, encontra-se no art. 4º, §3º, da Lei das Medidas Cautelares (L. 8437/92).

12.2.2. Legitimidade para recorrer

Cada norma descreve um ato e o valor como lícito ou devido.

Mediante a *descrição normativa* do ato processual, antes de qualquer outro requisito formal, observa-se que em tal descrição contempla-se um sujeito ao qual aquele ato é imputado (e que terá o poder – ou a faculdade – ou o dever, de cumpri-lo ou exercê-lo, segundo a qualificação normativa da conduta seja lícita ou obrigatória).[231]

A legitimidade para recorrer, como um requisito intrínseco de admissibilidade do recurso, corresponde a esse poder, faculdade ou dever.

Para impugnar a decisão, o recorrente necessita ter assumido a qualidade de parte processual no grau do juízo em que se conclui o ato decisório, pois, assim como há necessidade de legitimidade para se promover toda e qualquer demanda, também haverá de ser legítima a parte que pretenda interpor o recurso.

O art. 996 do atual C.P.C. considera como legitimados a interpor recurso a *parte vencida, o terceiro prejudicado e o Ministério Público,*[232] *como parte ou como fiscal da ordem jurídica.*[233]

---

[231] FAZZALARI, Elio. *Instituições de direito processual.* Trad. De Elaine Nassif. Campinas: Bookseller, 2006. p. 361.

[232] Segundo estabelece a Súmula 99 do S.T.J.: O Ministério Público tem legitimidade para recorrer no processo em que oficiou como fiscal da lei, ainda que não haja recurso da parte.

[233] O dispositivo não indica como legitimados a recorrer o juiz, assim como os auxiliares do juízo, como, por exemplo, escrivão, oficial de justiça, perito, tradutor etc.

Para Nelson Nery Junior, se os auxiliares do juízo forem parte em incidente processual de seu interesse, esses auxiliares têm legitimidade recursal. Tal afirmação diz respeito, por exemplo, aos incidentes de impedimento e suspeição. Neles, o excepto (juiz, membro do MP, perito, intérprete e serventuário da justiça) é parte passiva. (NERY JUNIOR, N., op. cit., p. 298).

A parte legítima para recorrer, a princípio, é o autor e o réu originários do processo em que foi proferida a decisão recorrida.

O réu terá legitimidade para recorrer ainda que seja revel ou incapaz. Segundo anota Barbosa Moreira, *"se na fase antecedente do processo figurou incapaz representado ou assistido, e no instante da decisão, ou logo após, vem a cessar a incapacidade, o recurso pode, obviamente, ser interposto pelo ex-incapaz. Se a incapacidade sobreveio, será necessária, para a interposição do recurso, a representação ou a assistência. Num caso e noutro, parte é sempre, antes e depois do recurso, aquela cuja incapacidade cessou ou surgiu".* [234]

São partes com legitimidade para recorrer os intervenientes que ingressaram no processo como denunciados da lide ou chamados ao processo.

Na hipótese de litisconsórcio, seja qual for a sua espécie, qualquer litisconsórcio poderá interpor o recurso, desde que tenha sido sucumbente em face da decisão proferida.

A legitimidade para recorrer transmite-se aos sucessores a título universal ou singular, desde que assim o façam no prazo para a interposição do recurso. Havendo sucessão *causa mortis*, haverá necessidade da habilitação do sucessor, nos termos dos arts. 687 a 692 do atual C.P.C.

A legitimidade para recorrer abrange também o *assistente simples e litisconsorcial.*

Pode o assistente recorrer mesmo que não o faça a parte assistida. Nesse sentido é o seguinte precedente do S.T.J.:

> *ERESP. PROCESSUAL CIVIL. AÇÃO DE COBRANÇA. ASSISTENTE SIMPLES.*
>
> *LEGITIMIDADE PARA RECORRER. INEXISTÊNCIA DE PROPOSIÇÃO DO ASSISTIDO. POSSIBILIDADE. AUSÊNCIA DE MANIFESTA VONTADE CONTRÁRIA DO ASSISTIDO. RECURSO PROVIDO.*
>
> *Segundo o entendimento mais condizente com o instituto da assistência simples, a legitimidade para recorrer do assistente não esbarra na inexistência de proposição recursal da parte assistida, mas na vontade contrária e expressa dessa no tocante ao direito de permitir a continuidade da relação processual.*
>
> *Assim, in casu, em atendimento à melhor interpretação do dispositivo da norma processual, uma vez constatada a ausência da vontade contrária do assistido, afigura-*

---

[234] BARBOSA MOREIRA, J. C., op. cit., p. 270.

-se cabível o recurso da parte assistente, a qual detém legitimidade para a continuidade da relação processual.

Embargos de divergência providos para afastar o óbice de admissibilidade do recurso especial quanto à legitimidade do assistente simples.

(EREsp 1068391/PR, Rel. Ministro HUMBERTO MARTINS, Rel. p/ Acórdão Ministra MARIA THEREZA DE ASSIS MOURA, CORTE ESPECIAL, julgado em 29/08/2012, DJe 07/08/2013).

Porém, se a parte assistida expressamente não concordar com o recurso do assistido ou desistir do recurso interposto, impede que subsista o recurso do assistente (STJ – 5ªT., Resp 146.482-Pr., rel. Min. Felix Fischer).

É certo, porém, que o S.T.J., no Resp n. 1.217.004, apresentou entendimento de que o assistente não teria legitimidade recursal se o assistido não interpõe o recurso. Eis o teor da ementa:

PROCESSUAL CIVIL. AGRAVO REGIMENTAL NO RECURSO ESPECIAL. ASSISTÊNCIA SIMPLES. RECURSO DO ASSISTENTE DIANTE DA INÉRCIA DO ASSISTIDO. IMPOSSIBILIDADE. RECURSO NÃO PROVIDO.

1. O assistente simples não tem legitimidade recursal se o assistido não interpõe recurso. Incidência da Súmula n. 83/STJ. Precedentes.

2. Agravo regimental a que se nega provimento.

(AgRg no REsp 1217004/SC, Rel. Ministro ANTONIO CARLOS FERREIRA, QUARTA TURMA, julgado em 28/08/2012, DJe 04/09/2012)

Sobre o conteúdo da decisão do S.T.J. acima referida, assim se manifestou Eduardo Luiz Cavalcanti Campos: *"Ainda considerando que a não interposição do recurso ingressa no mundo jurídico como ato-fato (inação do sucumbente + decurso do prazo do recurso), incorreta é o entendimento do STJ segundo o qual o recurso interposto apenas pelo assistente simples não pode ser conhecido, sob o argumento de que o interveniente, no caso, estaria contrariando a vontade do assistido.*

Não há dúvida de que o assistente simples está condicionado à vontade do assistido. Porém, quando o assistido deixa de interpor o recurso, não há necessidade de inferência da razão pela qual ele não recorreu, isto é, sua vontade (de recorrer ou de não recorrer) é irrelevante, simplesmente ocorrendo a caducidade de seu direito de recorrer. Dessa maneira, a interposição do recurso pelo assistente serve para evitar justamente a caducidade do direito do assistido, cumprindo o seu papel, nos termos do art. 121 do CPC/2015. "[235]

Também não será conhecido o recurso do assistente se a parte assistida reconhecer a procedência do pedido ou transigir no processo.

A situação do assistente equivale à situação do *terceiro prejudicado.*

Sobre a possibilidade das Casas Legislativas interporem recurso, mesmo como assistente simples, eis a seguinte decisão do S.T.J.:

> *ASSEMBLEIA LEGISLATIVA DO RIO GRANDE DO NORTE. INGRESSO NA CAUSA NA CONDIÇÃO DE ASSISTENTE SIMPLES. AUSÊNCIA DE CAPACIDADE PROCESSUAL.*
>
> *1. Hipótese em que a Assembleia Legislativa do Estado do Rio Grande do Norte busca intervenção em ação civil pública que visa a exoneração de servidores públicos providos naquela Casa sem o necessário concurso público.*
>
> *2. "Doutrina e jurisprudência entendem que as Casas Legislativas – câmaras municipais e assembleias legislativas – têm apenas personalidade judiciária, e não jurídica. Assim, podem estar em juízo tão somente na defesa de suas prerrogativas institucionais.*
>
> *Não têm, por conseguinte, legitimidade para recorrer ou apresentar contrarrazões em ação envolvendo direitos estatutários de servidores" (AgRg no AREsp 44.971/GO, Rel. Ministro ARNALDO ESTEVES LIMA, PRIMEIRA TURMA, DJe 05/06/2012).*
>
> *3. Nesse sentido, "à luz do art. 12 do Código de Processo Civil – CPC e do pacífico entendimento jurisprudencial do STJ, as Assembleias Legislativas, por não possuírem personalidade jurídica, mas apenas personalidade judiciária, só podem participar do processo judicial na defesa de direitos institucionais próprios" (EDcl no RMS 34.029/RJ, Rel. Ministro BENEDITO GONÇALVES, PRIMEIRA TURMA, DJe 28/10/2011).*
>
> *4. Agravo regimental não provido.*
>
> (AgRg na PET no REsp 1394036/RN, Rel. Ministro MAURO CAMPBELL MARQUES, SEGUNDA TURMA, julgado em 15/03/2016, DJe 17/03/2016)

O *Ministério Público* poderá ingressar com recurso tenha ele participado do processo como parte ou como fiscal da ordem jurídica. Os recursos postos à disposição do Ministério Público são os mesmos outorgados às partes em geral.

---

[235] CAMPOS, E. L. C., op. cit., p. 87.

ADMISSIBILIDADE DOS RECURSOS

O Ministério Público, ao recorrer, assume no recurso a qualidade de parte recorrente, seja ele parte ou fiscal da ordem jurídica, com iguais poderes e ônus.

Segundo Nelson Nery Junior: *"O Ministério Público tem legitimidade recursal ampla no processo falencial, nos procedimentos de jurisdição voluntária, bem como nas ações de estado. O MP tem, igualmente, legitimidade para recorrer pela forma adesiva, quer seja parte ou fiscal da lei, porque o termo 'parte', constante do CPC 500 (1973), quer significar parte recorrente. Cessada a causa que determinou a intervenção do MP no processo civil, o parquet não mais está legitimado para interpor recurso".*[236]

O S.T.J. vem entendendo que o Ministério Público Estadual tem legitimidade para atuar no âmbito do S.T.J., valendo-se dos instrumentos recursais necessários para tanto. Nesse sentido é a seguinte decisão:

O Ministério Público Estadual tem legitimidade para atuar diretamente como parte em recurso submetido a julgamento perante o STJ. O texto do § 1º do art. 47 da LC 75/1993 é expresso no sentido de que as funções do Ministério Público Federal perante os Tribunais Superiores da União somente podem ser exercidas por titular do cargo de Subprocurador-Geral da República. A par disso, deve-se perquirir quais as funções que um Subprocurador-Geral da República exerce perante o STJ. É evidente que o Ministério Público, tanto aquele organizado pela União quanto aquele estruturado pelos Estados, pode ser parte e custos legis, seja no âmbito cível ou criminal. Nesse passo, tendo a ação (cível ou penal) sido proposta pelo Ministério Público Estadual perante o primeiro grau de jurisdição, e tendo o processo sido alçado ao STJ por meio de recurso, é possível que esse se valha dos instrumentos recursais necessários na defesa de seus interesses constitucionais. Nessas circunstâncias, o Ministério Público Federal exerce apenas uma de suas funções, qual seja: a decustos legis. Isto é, sendo o recurso do Ministério Público Estadual, o Ministério Público Federal, à vista do ordenamento jurídico, pode opinar pelo provimento ou pelo desprovimento da irresignação. Assim, cindido em um processo o exercício das funções do Ministério Público (o Ministério Público Estadual sendo o autor da ação, e o Ministério Público Federal opinando acerca do recurso interposto nos respectivos autos), não há razão legal, nem qualquer outra ditada pelo interesse público, que autorize restringir a atuação do Ministério Público Estadual enquanto parte recursal, realizando sustentações orais, interpondo agravos regimentais contra decisões, etc. Caso contrário, seria permitido a qualquer outro autor ter o referido direito e retirar-se-ia

---

[236] NERY JUNIOR, N., op. cit., p. 296.

do Ministério Público Estadual, por exemplo, o direito de perseguir a procedência de ações penais e de ações de improbidade administrativa imprescindíveis à ordem social. (EREsp 1.327.573-RJ, Rel. originário e voto vencedor Min. Ari Pargendler, Rel. para acórdão Min. Nancy Andrighi, julgado em 17/12/2014, DJe 27/2/2015).

O terceiro poderá impugnar quando for juridicamente prejudicado. O *conceito de terceiro* determina-se por *exclusão* em confronto com o de parte: *"é terceiro quem não seja parte, quer 'nunca' o tenha sido, quer haja 'deixado' de sê-lo em momento anterior àquele em que se proferida a decisão".*[237]

A situação 'legitimante' do terceiro para que ele possa participar da relação jurídica processual decorre pelo modo como ele se relaciona ao objeto do processo. Segundo Dinamarco: *"esse é o significado das asserções sobre terceiro titular de relação jurídica conexa, dependente, prejudicial, prejudicada, incompatível com aquelas sustentadas pelas partes ou por uma delas, ou mesmo – no ápice de uma possível escalada de intensidade – titular da mesma relação jurídica defendida em juízo por uma das partes (co-legitimado)".*[238]

A situação legitimante para o recurso de terceiro *"é o resultado do interesse oriundo do vínculo entre duas relações jurídicas. Todas as hipóteses de intervenção de terceiro têm por lastro um interesse jurídico. Nada há, aqui, de diferente, nem 'havia porque supor-se que a lei tivesse querido ser mais quanto à intervenção em fase recursal do que no grau inferior de jurisdição. Legitimado para recorrer será todo aquele que poderia ter intervindo no processo, mas não o fez. Acresce-se a este rol, conforme entendimento majoritário, o litisconsorte necessário, que até aquele momento não havia sido citado".*[239]

Na concepção de Pontes de Miranda, o terceiro que ingressa no processo torna-se parte e de acordo com essa natureza poderá recorrer, *in verbis: "O opoente, o nomeado à autoria, o litisdenunciado e o chamado ao processo tornaram-se partes e podem recorrer, salvo se, antes da sentença (ou do acórdão) ou da decisão interlocutória, houve desvinculação do processo. Legitimado também é o assistente equiparado a litisconsorte.... Pode recorrer mesmo se o assistido não recorreu. Quanto ao simples assistente, se o assistido reconhece a procedência do pedido,*

---

[237] BARBOSA MOREIRA, J. C., op. cit., p. 273.

[238] DINAMARCO, Cândido Rangel. *Intervenção de terceiros.* São Paulo: Malheiros, 1997. p. 23.

[239] DIDIER JR. Fredie. Analise da legitimidade recursal de terceiro. *In: Aspectos Polêmicos e Atuais dos Recursos Cíveis.* Coord.: Nelson Nery Jr. e Teresa Arruda Alvim. Vol. 5. São Paulo: Ed. R.T., 2002. p. 265.

ou desiste da ação, ou transige quanto aos direitos objeto da controvérsia, o processo termina e não mais há a intervenção do assistente.. A 'fortiori', se a parte assistida renuncia ao direito sobre que se funda a ação".[240]

Questão controvertida é a posição do 'opoente' em relação à interposição de recurso de terceiro prejudicado. Segundo anota Fredie Didier Jr: *"Entendemos ser inadmissível a possibilidade de o possível opoente recorrer como terceiro prejudicado. Dois os principais empeços a esta legitimação. Como o opoente demanda pretensão própria, incompatível com a dos litigantes, não poderia formulá-la em sede de recurso, pois suprimiria uma instância, a primeira, competente originária e funcionalmente para conhecer e julgar a causa. O termo final da admissibilidade da oposição é, inclusive de acordo com o art. 56 (CPC de 1973), o momento em que proferida a sentença, o que impõe a conclusão de que a oposição somente é aceita na pendência de demanda de conhecimento em primeiro grau. Em segundo lugar, não se pode inovar em sede recursal, pois o 'ius novorum' só é permitido em caso de força maior (art. 517 do CPC de 1973). 'Se o próprio litigante não pode alegar fato novo em segundo grau de jurisdição, salvo se demonstrar motivo de força maior, seria uma aberração permitir que terceiro alegasse fato nesta fase, sem que tivesse havido força maior'".*[241]

Não obstante as considerações de Didier Jr., entendo que o atual C.P.C., quando aduz em seu art. 996 que é legitimado para interpor recurso o *terceiro prejudicado*, não fez qualquer distinção quanto à natureza jurídica desse terceiro, nem mesmo quanto à natureza da relação jurídica de direito material que tenha esse terceiro em relação às partes do processo.

Sendo o opoente um terceiro prejudicado em relação à decisão proferida no processo, podendo ele comprovar essa qualidade, a norma processual lhe confere a legitimidade para ingressar como recurso, justamente como terceiro prejudicado.

O terceiro para ter legitimidade para recorrer deve demonstrar o seu interesse jurídico na questão, não interesse econômico ou de fato. Sobre o tema, eis os seguintes precedentes:

I – O alegado interesse econômico do município na cobrança de multas ou a sua competência para disciplinar o tráfego de automóveis em seu território não lhe autorizam

---

[240] PONTES DE MIRANDA. Francisco Cavalcanti. *Comentários ao código de processo civil*. T. VII. 3ª ed. Rio de Janeiro: Forense, 1999. p. 52.

[241] DIDIER JR., F. op. cit., p. 267 e 268.

intervir em feito no qual se discute sobre as regras pertinentes à expedição dos certificados de licenciamento dos veículos, por se tratar de atribuição conferida ao órgão estadual de trânsito. II – Não há, no caso, divergência embargável, pois tanto o acórdão embargado como os paradigmas invocados se amparam em entendimento jurisprudencial cristalizado em súmula desta Corte. III – Agravo regimental improvido

(STJ – AgRg nos EREsp: 765740 RJ 2008/0064357-0, Relator: Ministro FRANCISCO FALCÃO, Data de Julgamento: 11/03/2009, S1 – PRIMEIRA SEÇÃO, Data de Publicação: DJe 06/04/2009)

1. Medida cautelar ajuizada com a finalidade de atribuir efeito suspensivo ao REsp 1.472.135/SP, oriundo de ação rescisória, sob alegação de ser possível a intervenção da União para deslocar o processo de Tribunal de Justiça para Tribunal Regional, em razão de interesse que considera jurídico.

2. O Tribunal Regional Federal, no acórdão recorrido, considerou que não havia falar em interesse jurídico e, sim, apenas de cunho econômico, pois se trata de ação de indenização devida pela Companhia Brasileira de Trens Urbanos (CBTU) em razão da morte de usuário. Decidiu com base nesse fundamento, em atenção à Súmula 150/STJ e ao decidido no CC 123.276/SP, que apreciou o caso concreto.

3. A jurisprudência do STJ consigna que o mero interesse econômico da União – fundado no art. 5º, parágrafo único, da Lei n. 9.469/97 – não é suficiente para atrair a incidência do art. 109, I, da Constituição Federal. Há que ser demonstrado o evidente interesse jurídico. Precedentes: REsp 1.306.828/PI, Rel. Ministro Humberto Martins, Segunda Turma, DJe 13.10.2014; EDcl no AgRg no CC 89.783/RS, Rel. Min. Mauro Campbell Marques, Primeira Seção, DJe 18.6.2010; AgRg no REsp 1.045.692/DF, Rel. Min. Marco Buzzi, Quarta Turma, julgado em 21.6.2012, DJe 29.6.2012.

4. A baixa probabilidade de êxito no recurso especial deriva da aplicação da Súmula 83/STJ, quanto à alegada violação do art. 5º, parágrafo, da Lei n. 9.469/97, além da Súmula 211/STJ, em relação aos arts. 475-B, 600 e 601, todos do Código de Processo Civil.

5. A baixa plausibilidade de êxito do recurso especial interposto se consubstancia na ausência de fumus boni iuris, que é, por si só, suficiente para fulminar o presente pleito de medida cautelar. Precedente: AgRg na MC 22.471/SP, Rel. Ministro Paulo de Tarso Sanseverino, Terceira Turma, DJe 14.4.2014. Agravo regimental improvido.

(STJ – AgRg na MC: 23856 SP 2015/0018461-8, Relator: Ministro HUMBERTO MARTINS, Data de Julgamento: 10/03/2015, T2 – SEGUNDA TURMA, Data de Publicação: DJe 13/03/2015).

Ao decidir o Tema 236 (Recurso Repetitivo no REsp n. 1097170/PR, relator Min. Luiz Fux) o S.T.J. assim se pronunciou sobre a legitimidade de terceiro prejudicado, cessionário de crédito, para recorrer:

PROCESSO CIVIL E TRIBUTÁRIO. RECURSO ESPECIAL REPRESEN-TATIVO DE CONTROVÉRSIA. ART. 543-C, DO CPC. CESSÃO DE CRÉDI-TOS. DECISÃO DEFERITÓRIA DE PENHORA EM EXECUÇÃO FISCAL, QUE ALCANÇA OS CRÉDITOS CEDIDOS. TERCEIRO PREJUDICADO. LEGITIMIDADE RECURSAL. NÃO CONHECIMENTO PELA ALÍNEA "C": DECISÃO PROFERIDA POR MAIORIA DE JUÍZES FEDERAIS CONVOCA-DOS. VIOLAÇÃO AO PRINCÍPIO DO JUIZ NATURAL. USÊNCIA DE SIMI-LITUDE ENTRE OS JULGADOS CONFRONTADOS. DIVERGÊNCIA NÃO CONFIGURADA. VIOLAÇÃO AO ART. 535, II, DO CPC, NÃO CONFIGU-RADA.

1. O terceiro prejudicado, legitimado a recorrer por força do nexo de interdepen-dência com a relação sub judice (art. 499, § 1º, do CPC), é aquele que sofre um pre-juízo na sua relação jurídica em razão da decisão. (Precedentes: AgRg na MC 7.094/ PR, Rel. Ministro OG FERNANDES, SEXTA TURMA, julgado em 18/05/2010, DJe 07/06/2010; AgRg no REsp 782.360/RJ, Rel. Ministra MARIA THEREZA DE ASSIS MOURA, SEXTA TURMA, julgado em 17/11/2009, DJe 07/12/2009; REsp 927.334/RS, Rel. Ministro LUIZ FUX, PRIMEIRA TURMA, julgado em 20/10/2009, DJe 06/11/2009; REsp 695.792/PR, Rel. Ministro LUIS FELIPE SALOMÃO, QUARTA TURMA, julgado em 01/10/2009, DJe 19/10/2009; REsp 1056784/RJ, Rel. Ministro FRANCISCO FALCÃO, PRIMEIRA TURMA, jul-gado em 14/10/2008, DJe 29/10/2008; REsp 656.498/PR, Rel. Ministro CARLOS ALBERTO MENEZES DIREITO, TERCEIRA TURMA, julgado em 14/06/2007, DJ 03/09/2007; REsp 696.934/PB, Rel. Ministro HÉLIO QUAGLIA BARBOSA, QUARTA TURMA, julgado em 15/05/2007, DJ 04/06/2007; REsp 740.957/RJ, Rel. Ministro CASTRO FILHO, TERCEIRA TURMA, julgado em 06/10/2005, DJ 07/11/2005; REsp 329.513/SP, Rel. Ministra NANCY ANDRIGHI, TERCEIRA TURMA, julgado em 06/12/2001, DJ 11/03/2002) 2. "Em processo de execução, o terceiro afetado pela constrição judicial de seus bens poderá opor embargos de terceiro à execução ou interpor recurso contra a decisão constritiva, na condição de terceiro pre-judicado, exegese conforme a instrumentalidade do processo e o escopo de economia processual." (Precedente: REsp 329.513/SP, Rel. Ministra NANCY ANDRIGHI, TERCEIRA TURMA, julgado em 06/12/2001, DJ 11/03/2002) 3. In casu, as recor-rentes celebraram acordo de cessão de créditos (os quais são objeto de execução de sen-

tença ajuizada pela cedente contra a Fazenda Estadual), com observância aos requisitos legais (art. 567 do CPC), consoante assentado na Certidão Narratória, às fls. 36, in verbis: "A parte executada foi citada em 19/04/2002 e concordou com os valores executados, conforme petição de fl. 156, protocolada em 11/06/2002. Em 29/04/2004 a Cooperativa Agroindustrial Alegrete Ltda. peticionou, juntando documentos e informando a existência de cessão de crédito oriundo destes autos entre a parte exequente e a referida Cooperativa no valor de R$ 139.036,94." 4. A execução fiscal foi proposta em face da empresa cedente, sendo certo que a penhora alcançou os créditos cedidos, ensejando a interposição de agravo de instrumento por ambas contra a decisão constritiva, que teve seu seguimento obstado, ao fundamento de que ausente a procuração da empresa cedente (1ª agravante) à advogada signatária, contrariando o art. 525, I, do CPC.

5. O princípio da interdependência entre litisconsortes, ainda que unitário, não autoriza que os atos prejudiciais de um dos consortes prejudique os demais.

6. Sob esse enfoque, deve fazer-se incidir a regra do art. 48 do CPC, no sentido de que a ausência da cópia da procuração de um dos agravantes, na formação do instrumento, não implica, por si só, o não-conhecimento do recurso, porquanto os litisconsortes, em sua relação com a parte adversa, são considerados como litigantes distintos, admitindo-se o conhecimento do recurso em relação ao agravante cujo instrumento procuratório foi devidamente trasladado.

(Precedentes: AgRg no AgRg no Ag 1078344/MG, Rel. Ministro JORGE MUSSI, QUINTA TURMA, julgado em 20/08/2009, DJe 14/09/2009; EDcl no REsp 861.036/PR, Rel. Ministro FERNANDO GONÇALVES, QUARTA TURMA, julgado em 27/11/2007, DJ 10/12/2007; AgRg no Ag 616.925/SP, Rel. Ministro TEORI ALBINO ZAVASCKI, PRIMEIRA TURMA, julgado em 06/10/2005, DJ 17/10/2005; REsp 203.042/SC, Rel. Ministro FRANCISCO PEÇANHA MARTINS, SEGUNDA TURMA, julgado em 10/12/2002, DJ 05/05/2003) 7. A doutrina do tema assenta: "A formação do litisconsórcio no processo não retira a individualidade de cada uma das ações relativas dos litisconsortes.

Assim, se Caio e Tício litisconsorciam-se para litigar em juízo acerca de um prejuízo que lhes foi causado por Sérvio, este consórcio no processo, em princípio, não implica em que um só promova o andamento do feito e produza provas "comuns". Ao revés, cada um deve atuar em seu próprio benefício porque são considerados em face do réu como "litigantes distintos" (art. 49 do CPC).

Entretanto, há situações de direito material que implicam na "indivisibilidade do objeto litigioso" de tal sorte que o juiz, ao decidir a causa deve dar o mesmo destino a todos os litisconsortes.

ADMISSIBILIDADE DOS RECURSOS

A decisão, sob o prisma lógico-jurídico, não pode ser cindida; por isso, a procedência ou improcedência do pedido deve atingir a todos os litisconsortes. Assim, v.g., no exemplo acima, não poderia o juiz anular o ato jurídico para um autor e não fazê-lo para o outro. A decisão tem que ser materialmente igual para ambos. Encarta-se aqui a questão da homogeneidade da decisão que caracteriza o litisconsórcio unitário.

(...) Em geral, a unidade de processo, conforme assentamos alhures, não retira a individualidade de cada uma das causas; por isso, a lei considera os litisconsortes em face do adversário como litigantes distintos. Entretanto, há casos em que a res in iudicium deducta é indivisível de uma tal forma que a decisão tem que ser homogênea para todas as partes litisconsorciadas.

A homogeneidade da decisão implica a classificação do litisconsórcio unitário, cujo regime jurídico apresenta algumas nuances, exatamente por força dessa necessidade de decisão uniforme para os litisconsortes (art. 47, caput, do CPC). Observe-se que, não obstante são conceitos distintos os de "unitariedade e de indispensabilidade", o litisconsórcio necessário e o unitário vêm previstos no mesmo dispositivo pela sólida razão de que, na grande maioria dos casos, o litisconsórcio compulsório reclama decisão homogênea.

Diz-se "simples" o litisconsórcio em que a decisão pode ser diferente para os litisconsortes. Ao revés, no litisconsórcio unitário, os litisconsortes não são considerados como partes distintas em face do adversus porque a necessidade de dar decisão igual faz com que se estendam a todos os atos benéficos praticados por um dos litisconsortes e se tornem inaplicáveis os atos de disponibilidade processual bem como os atos que acarretam prejuízo à comunhão. Assim, a revelia de um dos litisconsortes na modalidade "unitário" não acarreta a incidência da presunção de veracidade para os demais se impugnado o pedido por um dos litisconsortes, outrossim, o recurso interposto por um a todos aproveita (artigos 320, I, e 509, do CPC).

Esse regime recebe a denominação de interdependência entre os litisconsortes em confronto com o regime da autonomia pura do art. 49 do Código de Processo Civil, aplicável ao litisconsórcio "simples" ou "não unitário"." (Luiz Fux, in Curso de Direito Processual Civil, Ed. Forense, 3ª ed., p. 264/266) "Mesmo litigando conjuntamente, cada um dos litisconsortes é considerado, em relação à parte contrária, como litigante distinto, de modo que as ações de um não prejudicarão nem beneficiarão as ações dos demais. Cada litisconsorte, para obter os resultados processuais que pretende, deve exercer suas atividades autonomamente, independentemente da atividade de seu companheiro de litígio. Em contrapartida, os interesses eventualmente opostos ou conflitantes do outro litisconsorte não contaminarão a sua atividade processual. Isto ocorre no plano jurídico; no plano fático, o prejuízo ou o benefício pode ocorrer. Por exemplo: se um litisconsorte confessa,

RECURSOS NO NOVO C.P.C.

tal confissão não se estende aos outros litisconsortes, os quais continuarão litigando sem que o juiz possa considerá-los também em situação de confissão. Todavia, por ocasião da sentença, e em virtude do princípio do livre convencimento do juiz, poderá ele levar em consideração, na análise da matéria, a confissão do litisconsorte como elemento de prova, podendo advir daí um prejuízo de fato.

O que o Código quer expressar, porém, no artigo apontado, é que não existe benefício ou prejuízo jurídico na atuação de um litisconsorte, significando que a atividade de um não produz efeitos jurídicos na posição do outro. Há hipóteses, porém, em que é inevitável a interferência de interesses. Isto ocorre quando os interesses no plano material forem inseparáveis ou indivisíveis (...)." (Vicente Greco Filho, in Direito Processual Civil Brasileiro, 1º vol., Ed. Saraiva, 17ª ed., p. 125) 8. A empresa cessionária (segunda agravante), sobre a qual incidiu a constrição, ostenta legitimação recursal como terceiro prejudicado, ante a demonstração da ocorrência de prejuízo na sua esfera jurídica, em razão de a decisão proferida em execução fiscal ter deferido penhora, alcançando parte dos créditos cedidos, integrantes do seu patrimônio.

9. É que, a teor do art. 499, § 1º, do CPC, a faculdade de recorrer de terceiro prejudicado é concedida ante a demonstração da ocorrência de prejuízo jurídico, vale dizer, o terceiro, titular de direito atingível, ainda que reflexamente, pela decisão e, por isso, pode impugná-la 10. A doutrina de Barbosa Moreira é escorreita nesse sentido, verbis: "O problema da legitimação, no que tange ao terceiro, postula o esclarecimento da natureza do prejuízo a que se refere o texto legal. A redação do § 1º do art. 499 está longe de ser um modelo de clareza e precisão: alude ao nexo de interdependência entre o interesse do terceiro em intervir "e a relação jurídica submetida à apreciação judicial", quando a rigor o interesse em intervir é que resulta do "nexo de interdependência" entre a relação jurídica de que seja titular o terceiro e a relação jurídica deduzida no processo, por força do qual, precisamente, a decisão se torna capaz de causar prejuízo àquele.

...

(...) observe-se que a possibilidade de intervir como assistente reclama do terceiro "interesse jurídico" (não simples interesse de fato!) na vitória de uma das partes (art. 50). Apesar, pois da obscuridade do dispositivo ora comentado, no particular, entendemos que a legitimação do terceiro para recorrer postula a titularidade de direito (rectius: de suposto direito) em cuja defesa ele acorra.

Não será necessário, entretanto, que tal direito haja de ser defendido de maneira direta pelo terceiro recorrente: basta que a sua esfera jurídica seja atingida pela decisão, embora por via reflexa." (in Comentários ao Código de Processo Civil, vol. V, 15ª ed., Ed. Forense, p. 295/296) 11. A interposição do recurso especial pela alínea "c" exige do recorrente a comprovação do dissídio jurisprudencial, sendo indispensável avaliar se as

ADMISSIBILIDADE DOS RECURSOS

soluções encontradas pelo decisum recorrido e paradigmas tiveram por base as mesmas premissas fáticas e jurídicas, existindo entre elas similitude de circunstâncias.

12. In casu, a violação do princípio do juiz natural, mercê de o thema judicandum ser de índole constitucional, veiculada pela alínea "c", não merece acolhida, porquanto inexistente a similaridade, indispensável à configuração do dissídio jurisprudencial, entre os acórdãos paradigmas – que versam sobre a nulidade de julgamento de recurso em sentido estrito, em sede de habeas corpus (jurisdição penal), em que a Câmara é composta majoritariamente por juízes de primeiro grau convocados – e o acórdão recorrido que, em sede de execução fiscal (jurisdição civil), decidiu pela validade do julgamento de agravo regimental proferido por juízes federais convocados, em consonância com a jurisprudência desta Corte Superior. (Precedentes: REsp 1003371/MS, Rel. Ministro ALDIR PASSARINHO JUNIOR, QUARTA TURMA, julgado em 19/08/2010, DJe 10/09/2010; AgRg no Ag 1178207/SC, Rel. Ministro PAULO FURTADO (DESEMBARGADOR CONVOCADO DO TJ/BA), TERCEIRA TURMA, julgado em 17/11/2009, DJe 24/11/2009; REsp 389.516/PR, Rel.Ministro JOSÉ ARNALDO DA FONSECA, QUINTA TURMA, julgado em 15/05/2003, DJ 09/06/2003) 10. O art. 535 do CPC resta incólume se o Tribunal de origem, embora sucintamente, pronuncia-se de forma clara e suficiente sobre a questão posta nos autos. Ademais, o magistrado não está obrigado a rebater, um a um, os argumentos trazidos pela parte, desde que os fundamentos utilizados tenham sido suficientes para embasar a decisão.

11. Recurso especial parcialmente conhecido e, nesta parte, provido, para admitir o recurso do terceiro prejudicado, retornando os autos para ser julgado pela instância a quo. Acórdão submetido ao regime do art. 543-C do CPC e da Resolução STJ 08/2008.

(REsp 1091710/PR, Rel. Ministro LUIZ FUX, CORTE ESPECIAL, julgado em 17/11/2010, DJe 25/03/2011)

O advogado também apresenta legitimidade para recorrer em relação aos honorários de advogado. Sobre o tema, eis a seguinte decisão do S.T.J.:

1. Não se desconhece que "o advogado, na condição de terceiro interessado, tem legitimidade para recorrer de parte da sentença onde fixados os honorários" (REsp nº 724867/MA, 4ª Turma, DJ de 11/04/2005). Entretanto, deve fazê-lo por meio de recurso próprio apartado, o advogado atuando em nome próprio, e não dentro do apelo do assistido.

2. Agravo regimental a que se nega provimento.

(AgRg nos EDcl no REsp 1502655/SC, Rel. Ministra MARIA THEREZA DE ASSIS MOURA, SEXTA TURMA, julgado em 10/03/2015, DJe 16/03/2015)

Terá legitimidade também para recorrer a viúva em caso de ação de investigação de paternidade, ainda que não seja herdeira legal. Nesse sentido eis o seguinte precedente do S.T.J.:

> *DIREITO CIVIL E PROCESSUAL CIVIL. LEGITIMIDADE DA VIÚVA PARA IMPUGNAR AÇÃO DE INVESTIGAÇÃO DE PATERNIDADE POST MORTEM.*
>
> *Mesmo nas hipóteses em que não ostente a condição de herdeira, a viúva poderá impugnar ação de investigação de paternidade post mortem, devendo receber o processo no estado em que este se encontra. Em princípio, a ação de investigação de paternidade será proposta em face do suposto pai ou suposta mãe, diante do seu caráter pessoal. Desse modo, falecido o suposto pai, a ação deverá ser proposta contra os herdeiros do investigado. Nesse contexto, na hipótese de a viúva não ser herdeira, ela não ostentará, em tese, a condição de parte ou litisconsorte necessária em ação de investigação de paternidade. Assim, a relação processual estará, em regra, completa com a citação do investigado ou de todos os seus herdeiros, não havendo nulidade pela não inclusão no polo passivo de viúva não herdeira. Ocorre que o art. 365 do CC/1916, em dispositivo reproduzido no art. 1.615 do Código em vigor, estabelece: "qualquer pessoa, que justo interesse tenha, pode contestar a ação de investigação da paternidade ou maternidade". Por conseguinte, o interesse em contestar não é privativo dos litisconsortes necessários. Esclareça-se, a propósito, que a doutrina – seja sob a égide do Código de 1916, seja do atual – orienta-se no sentido de que o "justo interesse" pode ser de ordem econômica ou moral. De igual modo já decidiu o STF, em julgado no qual foi reconhecida a legitimidade da viúva do alegado pai para contestar ação de investigação de paternidade em hipótese em que não havia petição de herança (RE 21.182-SE, Primeira Turma, julgado em 29/4/1954). Desta feita, o interesse puramente moral da viúva do suposto pai, tendo em conta os vínculos familiares e a defesa do casal que formou com o falecido, compreende-se no conceito de "justo interesse" para contestar a ação de investigação de paternidade, nos termos do art. 365 do CC/1916 e do art. 1.615 do CC/2002. Não sendo herdeira, deve ela, todavia, receber o processo no estado em que este se encontrar, uma vez que não ostenta a condição de litisconsorte passiva necessária.*
>
> (REsp 1.466.423-GO, Rel. Min. Maria Isabel Gallotti, julgado em 23/2/2016, DJe 2/3/2016).

No que concerne ao Mandado de Segurança, especificamente em relação ao recurso interposto por eventual autoridade coatora, a doutrina, assim como a jurisprudência, sob a égide da lei do mandado de segurança

ADMISSIBILIDADE DOS RECURSOS

revogada, (Lei n. 1.533 de 1951), tinham uma tendência de não conferir legitimidade para esse fim. Na realidade, a legitimidade recursal, à época da Lei 1.533/51, era da pessoa jurídica de direito público a que se achava vinculada a autoridade coatora, cuja função a ser exercida no processo de mandado de segurança seria somente a de prestar informações. Nesse sentido eis a seguinte decisão do S.T.J.:

> *DIREITO ADMINISTRATIVO. PROCESSUAL CIVIL. AGRAVO REGIMENTAL NO RECURSO ESPECIAL. MANDADO DE SEGURANÇA. LEGITIMIDADE RECURSAL.*
>
> *PESSOA JURÍDICA QUE SUPORTARÁ O ÔNUS DA SENTENÇA CONCESSIVA DA SEGURANÇA. PREFEITO MUNICIPAL. ILEGITIMIDADE. PRECEDENTES DO STJ.*
>
> *AGRAVO IMPROVIDO.*
>
> *1. O fato de o Município, quando em juízo, ser representado por seu Prefeito ou Procurador não importa dizer que poderá ser substituído por um destes, como ocorrido na espécie. Inteligência do art. 12, II, do CPC.*
>
> *2. A legitimidade para interpor recurso contra decisão proferida em sede de mandado de segurança não pertence à autoridade impetrada, mas à pessoa jurídica de direito público interessada, que suportará o ônus da sentença. Precedentes do STJ.*
>
> *3. Agravo regimental improvido.*
>
> (AgRg no REsp 901.794/PR, Rel. Ministro ARNALDO ESTEVES LIMA, QUINTA TURMA, julgado em 18/09/2008, DJe 03/11/2008)

Porém, com a entrada em vigor da nova lei do mandado de segurança, Lei n. 12.016 de 2009, a questão passou a apresentar uma nova perspectiva. É que o art. 14, §2º, do referido preceito normativo, assim estabelece:

> *Art. 14. Da sentença, denegando ou concedendo o mandado, cabe apelação.*
>
> *§ 1º Concedida a segurança, a sentença estará sujeita obrigatoriamente ao duplo grau de jurisdição.*
>
> *§ 2º Estende-se à autoridade coatora o direito de recorrer.*

Portanto, a legitimidade da autoridade coatora para recorrer da sentença proferida em mandado de segurança encontra previsão normativa no art. 14, §2º, da Lei 12.016 de 2009.

Em relação à possibilidade do próprio juiz ou dos auxiliares da justiça interpor recurso, há doutrina favorável a essa perspectiva.

Em relação ao juiz, anotam Nelson Nery Jr. e Rosa M. Nery, que o juiz *excepto* é parte passiva na arguição do incidente de suspeição ou impedimento, art. 146 do novo C.P.C., razão pela qual teria ele legitimidade para interpor recurso. Na realidade, quando o art. 966 do novo C.P.C. fala em legitimidade recursal da 'parte' deve-se entender como parte os litigantes no processo judicial, bem como os litigantes dos 'incidentes processuais'.[242] É de se considerar importante essa legitimidade, especialmente pela sanção imposta ao magistrado (condenação nas custas) pelo art. 146, §5º, do novo C.P.C.

Também defendem a legitimidade do magistrado para a interposição do recurso Fredie Didier[243] e Araken da Assis (que enquadra o juiz nessa hipótese como terceiro prejudicado)[244]

Em relação à arguição de suspeição de perito, o S.T.J. não lhe conferiu legitimidade para recorrer, sob o argumento de que a exceção de suspeição não transmuda o auxiliar do juízo em parte. Nesse sentido é a seguinte decisão do S.T.J.:

> *PROCESSUAL CIVIL. EXCEÇÃO DE SUSPEIÇÃO. PERITO. OFERECIMENTO DE DEFESA. PRAZO PARA OPOSIÇÃO. SÚMULA 07 DO STJ.*
>
> *1. O incidente de exceção de suspeição do perito suscitado internamente no processo, é matéria incidente que somente interessa à relação processual onde a prova contestada foi produzida, cabendo ao Juiz, à luz dos artigos 130 e 131 do CPC, acolher a exceptio ou rejeitá-la. A oitiva do expert impõe-se, apenas, como meio de obter informações necessárias ao desate do incidente, e se dirige ao Juiz.*
>
> *2. A exceptio suspicionis do perito não enseja ação nova introduzida no organismo do processo cognitivo dependente de prova e, a fortiori, não transmuda o auxiliar do juízo em parte.*
>
> *Consectariamente, não tem o mesmo o ônus de constituir advogado e sequer oferecer defesa, por isso que são de sua exclusiva responsabilidade essas iniciativas.*

---

[242] NERY JUNIOR, Nelson; NERY, Rosa Maria de Andrade. *Código de processo civil comentado e legislação processual civil extravagante em vigor.* 3ª Ed. São Paulo: R.T., 1997. p. 590.

[243] DIDIER JR., F., op. cit. p. 277 a 279;

[244] Apud. DIDIER JR., F. idem, p. 280.

3. Decorrência lógica é a de que o expert não tem legitimidade para recorrer da decisão que o considera suspeito, admitindo-se, ad eventum, ação própria, acaso a exceção formal fomente dano moral.

4. Deveras, o recurso especial não é servil ao exame de questões que demandam o revolvimento do contexto fático-probatório dos autos, em face do óbice contido na Súmula 07/STJ.

5. In casu, a aferição da data em que o excipiente efetivamente tomou ciência do fato que acarretou a suspeita de parcialidade do perito demanda indispensável a reapreciação do conjunto probatório existente no processo, o que é vedado em sede de recurso especial, em virtude do preceituado na Súmula n.º 07, desta Corte: "A pretensão de simples reexame de provas não enseja recurso especial."

6. Precedente da Corte: REsp 343.253/MG, 3ª T., Rel. Min. Carlos Alberto Menezes Direito, DJ 23/09/2002.

7. Recurso especial não conhecido.

(REsp 625.402/PR, Rel. Ministro LUIZ FUX, PRIMEIRA TURMA, julgado em 03/05/2005, DJ 30/05/2005, p. 225)

A doutrina também tem conferido legitimidade aos auxiliares da justiça quando forem parte em incidente processual, muito embora não sejam considerados parte na demanda.

Conforme adverte Didier Jr. *"O conceito de parte, assim como os conceitos jurídicos, é bom que se diga, são instrumentais; quando passam a não servir aos propósitos de uma tutela justa e adequada, hão de ser repensados, pois provavelmente estarão errados. Não se deve adequar o ordenamento aos conceitos formulados doutrinariamente; estes é que devem ser repensados, para que sirvam a uma interpretação mais correta daquele. A experiência jurídica parece comprovar a assertiva, conspirando contra a vetusta ideia de parte".*[245]

Na concepção de Teresa Arruda Alvim Wambier, o leiloeiro, o arrematante, o liquidante de sociedade e todas as figuras a respeito de cujos direitos o juiz disponha na sentença ou em decisão interlocutória, ainda que não exista lei expressa dispondo a respeito, são partes para interposição de recursos.[246]

---

[245] DIDIER, JR., idem, p. 280.
[246] WAMBIER, Teresa Arruda Alvim. *Os agravos no CPC brasileiro*. 3ª Ed. São Paulo: R.T., 2000. p. 368.

RECURSOS NO NOVO C.P.C.

Porém, há jurisprudência que não admite recurso interposto por leiloeiro, tendo em vista que não é parte na relação jurídica processual. Nesse sentido são as seguintes decisões:

RECURSO INTERPOSTO POR LEILOEIRO. Os profissionais que atuam no processo na qualidade de auxiliares da justiça não tem legitimidade para recorrer no processo, tendo em vista que não se configura o interesse do leiloeiro na relação jurídica levada à apreciação judicial pelas partes. Agravo de petição do leiloeiro que não é conhecido. VISTOS e relatados estes autos de AGRAVO DE PETIÇAO, interposto de decisão do Exmo. Juiz do Trabalho da MM. 2ª Junta de Conciliação e Julgamento de Santa Cruz do Sul, sendo agravante ROLF HENRIQUE SOHNLE (LEILOEIRO) e agravado C. GONZATTI & CIA LTDA – ME. O leiloeiro designado para proceder o leilão dos bens penhorados, pertencentes ao executado, inconformado com a decisão de primeiro grau, que indeferiu a cobrança da comissão do leiloeiro sobre o leilão marcado, mas que restou sustado, agrava de petição pretendendo seja determinado ao executado o pagamento da referida comissão, conforme as razões (...)
(TRT-4 – AP: 874199373204005 RS 00874-1993-732-04-00-5, Relator: VALDIR DE ANDRADE JOBIM, Data de Julgamento: 10/04/1996, 2ª Vara do Trabalho de Santa Cruz do Sul,)

AGRAVO DE INSTRUMENTO. DESISTÊNCIA DA ARREMATAÇÃO. HONORÁRIOS DO LEILOEIRO. LEGITIMIDADE PARA RECORRER DO LEILOEIRO. O leiloeiro não possui legitimidade para recorrer da decisão que determinou a restituição do valor da comissão de leiloeiro do leilão onde houve desistência justificada da arrematação. (Agravo de Instrumento Nº 70059532952, Vigésima Câmara Cível, Tribunal de Justiça do RS, Relator: Carlos Cini Marchionatti, Julgado em 07/05/2014)
(TJ-RS – AI: 70059532952 RS, Relator: Carlos Cini Marchionatti, Data de Julgamento: 07/05/2014, Vigésima Câmara Cível, Data de Publicação: Diário da Justiça do dia 12/05/2014)

AGRAVO DE INSTRUMENTO – LEILOEIRO QUE BUSCA A MAJORAÇÃO DE SEUS HONORÁRIOS EM SEDE RECURSAL – FALTA DE LEGITIMIDADE – LEILOEIRO QUE NÃO É PARTE NEM TERCEIRO INTERESSADO NOS TERMOS DO ARTIGO 499 DO CPC – RECURSO NÃO CONHECIDO. 1. O leiloeiro não é parte e nem terceiro interessado, é na verdade auxiliar do Juízo, sem qualquer tipo de relação com a causa sub judice. A sua atuação subor-

ADMISSIBILIDADE DOS RECURSOS

dina-se ao magistrado condutor do feito, não guardando qualquer relação com as partes, razão pela qual não pode ser considerado terceiro prejudicado. 2. Recurso não conhecido, por falta de legitimidade de parte.

(TJ-PR – Ação Civil de Improbidade Administrativa: 9255105 PR 925510-5 (Acórdão), Relator: Gilberto Ferreira, Data de Julgamento: 26/03/2013, 7ª Câmara Cível, Data de Publicação: DJ: 1099 14/05/2013)

PROCESSUAL CIVIL. AGRAVO REGIMENTAL NO AGRAVO DE INS-TRUMENTO. LEILOEIRO. INTERESSE ECONÔMICO. LEGITIMIDADE RECURSAL. AUSÊNCIA. SÚMULA 83/STJ. DISSÍDIO NÃO COMPROVADO. AGRAVO IMPROVIDO. I. "O terceiro que possua interesse eminentemente econômico não tem legitimidade para interpor recurso" (RMS n. 15.725/PR, Relatora Ministra Nancy Andrighi, 3ª Turma, unânime, DJ 05/09/2005). II. "Não se conhece do recurso especial pela divergência, quando a orientação do Tribunal se firmou no mesmo sentido da decisão recorrida" (Súmula n. 83-STJ). III. Agravo improvido.

(STJ – AgRg no Ag: 1327565 RJ 2010/0125956-9, Relator: Ministro ALDIR PASSARINHO JUNIOR, Data de Julgamento: 28/09/2010, T4 – QUARTA TURMA, Data de Publicação: DJe 11/10/2010).

PROCESSUAL CIVIL. RECURSO ORDINÁRIO EM MANDADO DE SEGURANÇA.

TERCEIRO QUE NÃO POSSUI INTERESSE JURÍDICO. CABIMENTO DO MANDADO DE SEGURANÇA. NOMEAÇÃO COMO LEILOEIRO PÚBLICO. HASTA PÚBLICA DE BEM IMÓVEL. DIREITO LÍQUIDO E CERTO. AUSÊN-CIA.

– O terceiro que não possui interesse jurídico, mas apenas econômico, não tem legi-timidade para interpor recurso.

– Não há direito líquido e certo à nomeação como leiloeiro público para promover a alienação judicial de bem penhorado em processo de execução.

– O art. 706 do CPC aponta para um direito de escolha pertencente ao credor, e não direito de terceiro ser nomeado leiloeiro público.

– É cabível a indicação de leiloeiro público somente quando se tratar de hasta pública de bem móvel.

– Negado provimento ao recurso ordinário em mandado de segurança.

(RMS 38.987/SP, Rel. Ministra NANCY ANDRIGHI, TERCEIRA TURMA, julgado em 13/08/2013, DJe 22/08/2013).

O novo C.P.C. instituiu uma nova figura de intervenção de terceiro em seu art. 138.

Trata-se do *amicus curiae*.

Segundo estabelece o art. 138 do novo C.P.C., o juiz ou o relator, considerando a relevância da matéria, a especificidade do tema objeto da demanda ou a repercussão social (da controvérsia), poderá, por decisão irrecorrível, de ofício ou a requerimento das partes ou de quem pretenda manifestar-se, solicitar ou admitir a participação de pessoa natural ou jurídica, órgão ou entidade especializada, com representatividade adequada.

Os poderes do *amicus curiae* serão definidos pelo juiz ou pelo relator, nos termos do art. 138, §2º, do novo C.P.C.

Tendo em vista a natureza jurídica do *amicus curiae*, bem como a forma em que se dá sua participação no processo, ou seja, como pessoa física ou jurídica, bem como órgão ou entidade especializada, que tem por finalidade contribuir com sugestões, dados ou análise técnica dos fatos, não terá ele legitimidade para interpor recurso, salvo aquele expressamente consignado no §3º do art. 138 do novo C.P., a saber: *O amicus curiae pode recorrer da decisão que julgar o incidente de resolução de demandas repetitivas.*

Portanto, se o próprio legislador estabeleceu a hipótese legal em que o *amicus curiae* apresenta legitimidade para recorrer, não poderá o interprete ampliar esse espaço para além do incidente de resolução de demandas repetitivas.

Nesse sentido é o seguinte precedente do S.T.F.:

> *Agravo regimental em embargos de declaração em recurso extraordinário. 1. Agravo regimental de amicus curiae. Ausência de legitimidade. Manifesta inadmissibilidade. Precedentes. 2. Agravo regimental não conhecido com determinação de baixa imediata dos autos.*
>
> (RE 592317 ED-AgR, Relator(a): Min. GILMAR MENDES, Tribunal Pleno, julgado em 07/05/2015, PROCESSO ELETRÔNICO DJe-100 DIVULG 27-05-2015 PUBLIC 28-05-2015)

No voto do relator, Ministro Gilmar Mendes, ficou assim consignado:

> *Verifico que o agravante atua no feito na qualidade de amicus curiae. A jurisprudência do STF fixou-se no sentido de que as entidades que participam dos processos na condição de amicus curiae, ainda que aportem aos autos informações relevantes ou dados técnicos,*

ADMISSIBILIDADE DOS RECURSOS

não têm legitimidade para interposição de recurso. Confiram-se, a propósito, os seguintes precedentes do Pleno do STF: ADI 3.934 ED-AgR, rel. min. Ricardo Lewandowski, Tribunal Pleno, DJe 31.3.2011; ADI 2.359 ED-AgR, rel. min. Eros Grau, Tribunal Pleno, DJe 28.8.2009; ADI 3.615 ED, rel. min Cármen Lúcia, Tribunal Pleno, DJe 25.4.2008; ADI 3.105 ED, rel. min. Cezar Peluso, Tribunal Pleno, DJ 23.2.2007; ADI 2.591 ED, rel. min. Eros Grau, Tribunal Pleno, DJ 13.4.2007. Do mesmo modo, cito o RE-ED 598.099, de minha relatoria, DJe 18.12.2012, assim ementado: "Embargos de declaração em recurso extraordinário. 1. Embargos de declaração opostos por amicus curiae. Ausência de legitimidade. Recurso não conhecido. 2. Embargos de declaração opostos pelo recorrente. Omissão, contradição ou obscuridade. Não ocorrência. Ausência dos pressupostos necessário à modulação de efeitos. Embargos de declaração rejeitados." Manifesto, assim, o intuito protelatório do recurso.

Ante o exposto, não conheço do agravo regimental interposto pela Associação dos Servidores do Poder Judiciário do Estado de Pernambuco e determino a imediata remessa dos autos à origem, independentemente de publicação do acórdão.

12.2.3. Interesse para recorrer

A injustiça ou ilegalidade da decisão, efetiva ou presumida, constitui, em regra, o fundamento ou causa constitutiva do recurso: porém, *"a sua relevância jurídica se dá somente em relação ao prejuízo que por essa se determina a cargo de uma das partes (eventualmente de ambas) ou de terceiro... A impugnação, de fato, não pode ser proposta por qualquer um, somente pelo fato de que a sentença é injusta, mas exclusivamente por quem tenha interesse, isto é, por aquele que assume o prejuízo da injustiça".*[247]

Tal interesse decorre do fato de que a decisão não é uma pronúncia acadêmica, feita com o gosto de acertar teoricamente o direito, mas contém um regulamento de relação jurídica entre as partes em causa. Uma vez proferida, essa constitui fonte de direito para as partes.

A regra processual geral prevista no art. 17 do novo C.P.C. brasileiro, no sentido de que para se postular em juízo é necessário ter interesse e legitimidade, estende-se igualmente à pretensão recursal.

Não se deve confundir a *legitimidade* para recorrer com o *interesse para recorrer*. Ambos integram os requisitos para a admissibilidade do recurso.

O *interesse para recorrer* decorre da *necessidade, utilidade e adequação* para se interpor o recurso. O recurso deve ser *necessário*, pois é a única forma

---

[247] SATTA, S., op. cit., p. 334.

para se conseguir a pretensão nele exteriorizada. O recurso deve ser *útil*, no sentido de que irá atender à pretensão nele formulada, ou seja, irá reverter ou esclarecer a *sucumbência da parte recorrente*. Trata-se do proveito que a decisão no recurso acarretará ao recorrente. O recurso deve ser *adequado*, ou seja, deve ser interposto de acordo com o procedimento adequado estabelecido em lei.

O critério que se tem dado mais ênfase como interesse de agir recursal é justamente a *sucumbência ou prejuízo* verificado pela decisão proferida.

Há sucumbência quando uma pretensão não for acolhida ou for acolhida a pretensão da parte contrária. Necessita-se, para análise da sucumbência, por-se em confronto aquilo que foi pedido e aquilo que foi concedido ou não.

É possível, excepcionalmente, que haja sucumbência sem formal rejeição da demanda, como nos raros casos em que o juiz deva dispor de ofício, ou seja, quando determina o pagamento das despesas processuais, nas hipóteses em que ocorre a perda de objeto da demanda.

A doutrina estrangeira também argumenta que poderá haver a denominada *sucumbência teórica*, que consiste numa noção mais ampla de sucumbência, a qual emerge do confronto entre a sentença impugnada e aquela, hipotética, que a substituiria se a impugnação fosse acolhida. Mas essa noção funda-se sobre valoração de mera hipótese e não pode ser acolhida. Às vezes a jurisprudência dá importância, para os fins de interesse à impugnação, também à sucumbência considerada *teórica* que se tem quando, malgrado a parte tenha saído do processo totalmente vitoriosa no mérito, tenha ficado sucumbente em relação a uma questão prejudicial, por exemplo, de jurisdição ou de competência ou de prescrição. Portanto, algumas vezes admite-se que possa subsistir também um interesse de agir, limitadamente ao capítulo da sentença que decidiu sobre questões prejudiciais em sentido desfavorável à parte, ainda que no mérito tenha sido ela vitoriosa.[248]

A sucumbência deve ser analisada com base na soma de vários critérios distintos, sendo que a tão só desconformidade da decisão não é suficiente. O recorrente deve demonstrar que com o seu recurso pretende alcançar algum proveito, do ponto de vista prático ou jurídico. É o caso, por exemplo, do interesse em recorrer de sentença ilíquida em demanda que tenha pedido certo e determinado. Nesse sentido é o teor da Súmula

---

[248] COMOGLIO, L. P., FERRI, C.; TARUFFO, M.; op. cit., p. 595.

ADMISSIBILIDADE DOS RECURSOS

328 do S.T.J.: *"Formulado pedido certo e determinado, somente o autor tem interesse recursal em argüir o vício da sentença ilíquida".*[249]

Segundo Nelson Nery Junior: *"a sucumbência há de ser aferida sob o ângulo estritamente objetivo, quer dizer, sob critérios objetivos de verificação do gravame ou prejuízo. Não basta, pois, a simples 'afirmação' do recorrente de que sofrera prejuízo com a decisão impugnada. É preciso que o gravame, a situação desvantajosa, relativamente exista, já que o interesse recursal é condição de admissibilidade do recurso. Não é suficiente que o recorrente assuma posição jurídica diversa da que sustentou no primeiro grau de jurisdição".*[250]

Aliás, conforme preconiza o art. 489, §1º, do novo C.P.C., a decisão judicial deve ser interpretada a partir da conjugação de todos os seus elementos e em conformidade com o princípio da boa-fé.

Nelson Nery Junior sustenta, ainda, que o réu teria legitimidade para interpor recurso contra decisão que extinguiu o processo sem resolução de mérito, objetivando obter uma sentença de improcedência, ainda que tenha ele requerido em contestação a carência de ação.[251]

A tese formulada por Nelson Nery Junior ganhou força a partir do momento em que o art. 488 do novo C.P.C. preconiza que desde que possível, o juiz resolverá o mérito sempre que a decisão for favorável à parte a quem aproveitaria eventual pronunciamento nos termos do art. 485 do mesmo diploma legal.

Entende ainda Nelson Nery Junior que o autor, vencedor, tem interesse em recorrer quando a sentença for *ultra ou extra petita*, pois haverá interesse em afastar a nulidade da sentença, uma vez que a referida nulidade poderá ensejar a interposição de demanda rescisória. Além do mais, ao autor não interessa a manutenção de uma sentença nula, passível de ser rescindida.[252]

É importante salientar que, conforme preconiza a doutrina brasileira, não legitima a interposição de recurso a simples discrepância entre as razões de decidir e os argumentos agitados pela parte; em outras palavras, só se admite recurso *contra dispositivos* e não *contra a motivação*.[253] Assim, se

---

[249] NERY JUNIOR, N., op. cit., p. 301.
[250] NERY JUNIOR, N., idem, p. 302.
[251] NERY JUNIOR, N., idem, p. 303.
[252] NERY JUNIOR, N., idem, p. 312.
[253] *"É preciso ressaltar que não estamos defendendo a possibilidade de haver recurso contra os motivos da decisão, já que isso se nos afigura inviável no sistema processual civil brasileiro, como regra. Apenas no caso de o fundamento da decisão causar gravame à parte terá ela sucumbido, existindo, portanto, o*

se trata de matéria em que houve amplo debate, é irrelevante, para o fim de utilidade, que o juiz se tenha apoiado, total ou parcialmente, em argumentos diversos daqueles sugeridos pelo litigante a cujo favor, no entanto, decidiu: *"ainda na hipótese de que ele explicitamente rejeitasse todos esses argumentos, a existência ou a inexistência do interesse em recorrer teria de verificar-se à luz da mera 'conclusão', e não do raciocínio armado para produzi-la"*.[254]

Por sua vez, prescreve a Súmula 283 do S.T.F. que *é inadmissível o recurso extraordinário, quando a decisão recorrida assenta em mais de um fundamento suficiente e o recurso não abrange todos eles.*

A corte de Cassação Italiana apresenta diversas decisões sobre o interesse recursal da parte sucumbente, conforme se pode observar pelas citações apresentadas pelo autor italiano Luca Ariola *et al:* "*o interesse recursal decorre da 'utilidade jurídica' que, no eventual acolhimento do recurso, possa derivar à parte que o propõe (Cass. 13.05.08, n. 11903; Cass. 4.6.07, n. 12952; CAss. 12.6.06, n. 13.593) e está portanto ligado a uma sucumbência, ainda que parcial, no precedente julgamento, em falta da qual a impugnação seria inadmissível (Cass. 5.5.10, n. 10909; Cass. Sez. Lav. 10.11.08, n. 26921; Cass. 15.2.07, n. 3508; Cass. 4.3.05, n. 4778; Cass. 11.2.05, n. 2841). A sucumbência se dá em seu aspecto substancial ou material, fazendo referência não somente à divergência entre as conclusões assinaladas pela parte e a pronúncia judicial, mas especialmente aos efeitos prejudiciais que da mesma deriva em relação às partes (Cass. 12.4.13, n. 8934; Cass. 4.5.12, n. 6770; Cass. 23.2.07, n. 4228). Não leva em consideração, todavia, o dado formal do comportamento assumido pela parte em juízo, que pode ser de indiferença, como no caso da contumácia, ou também de adesão à pretensão contrária (Cass. Sez. Lav. 28.9.98, n. 9684). Essa será avaliada não somente no âmbito do dispositivo da sentença, mas também levando em conta as enunciações contidas na motivação que sejam suscetíveis de transitar em julgado como pressupostos lógicos e necessários da decisão (Cass. 9.10.12, n. 17193; Cass. 1.10.99, n. 10869; Cass. 1.8.01, n. 10498).*

---

interesse em recorrer. É o caso, por exemplo, da ação popular julgada improcedente por falta de provas. O réu, a despeito de haver ganho a ação, terá interesse em ver a sentença reformada para que a improcedência seja proclamada, não por falta de provas, mas depois de apreciadas estas, ocasião em que o tribunal dirá que o ato impugnado é válido. Isto porque a ação popular julgada improcedente por deficiência de provas poderá ser renovada por qualquer legitimado, inclusive o mesmo que ingressara com a anterior, julgada improcedente (LAP 18)". (NERY JUNIOR, N., idem, p. 304).

[254] BARBOSA MOREIRA, J. C., op. cit. p. 280.

ADMISSIBILIDADE DOS RECURSOS

O interesse à impugnação, derivado da sucumbência, tem caráter estritamente processual (Cass. S.J. 5-7-75, n. 2619). Portanto, uma sentença não pode ser impugnada, por defeito de interesse, quando a impugnação tenda não à remoção de um dano efetivo, mas a satisfazer unicamente exigência teórica de caráter formal (Cass. 28-7-06, n. 17234) ou com o só fim de obter a correção ou a integração da motivação não fundamentada em razões não coincidentes com aquelas feitas valer pelo vencedor (Cass. 28-11-02, n. 16865) ou mero interesse abstrato a uma mais correta solução de uma questão jurídica, não havendo reflexos práticos em relação à decisão adotada (Cass. S.U. 30-10-13, n. 24469; Cass. 8-9-03, n. 13091; Cass. 12-4-03, n. 5858). É inadmissível, por defeito de interesse, o recurso incidental da parte vitoriosa em segundo grau por questões, demandas ou exceções previstas e inseridas na decisão, porém não decididas, nem mesmo implicitamente (Cass. 18-5-05, n. 10420)... A parte vitoriosa não tem interesse em propor impugnação contra sentença que lhe foi favorável (Cass. S.U. 10-2-69, n. 448). Todavia, subsiste o interesse para interpor recurso de cassação, não obstante o êxito favorável do julgamento de mérito, quando na motivação da decisão existam enunciações que sejam suscetíveis de transitar em julgado e das quais possa derivar prejuízo ao recorrente (Cass. S.U. 21-10-72, n. 3180; Cass. 15-7-02, n. 258). O réu, num juízo em que o magistrado, ao reconhecer, ainda que de ofício, um obstáculo ao exame da demanda autora, tenha declarado a inadmissibilidade da própria demanda, sem examiná-la no mérito, não pode de qualquer modo considerar-se sucumbente, faltando-lhe interesse para impugnar a respectiva sentença (Cass. 15-5-98, n. 4903; Cass. 23-10-01, n. 12960). Não subsiste interesse para impugnação quando tenha sido impugnada somente uma das autônomas razões de decidir, sendo que qualquer uma delas de forma independente é logicamente e juridicamente idônea para sustentar a decisão, em relação à qual se funda a sentença do juízo de mérito; isso igualmente determina a inadmissibilidade do recurso interposto contra as outras fundamentações, enquanto o eventual acolhimento do recurso não incidir também sobre a 'ratio decidendi' não impugnada, tendo em vista que a sentença impugnada restaria sempre fundamentada e legitimada pela razão não censurada (Cass. S.U. 2-4-07, n 8087; Cass. 4-2-05, n. 2273; Cass. 28-8-99, n. 9057). O recurso incidental, também qualificado como condicionado, deve ser justificado por um interesse que tenha por pressuposto uma situação desfavorável ao recorrente: portanto, não pode ser proposto pela parte que permaneceu completamente vitoriosa no juízo de apelação, em relação a questões que não foram decididas pelo juízo de mérito, tendo em vista que foram absorvidas pelo acolhimento de outras teses, em caráter preliminar, restando salva a faculdade de se propor, perante o juízo de reenvio, a anulação da sentença (Cass. 29-7-94, n. 7141; Cass 12-4-01, n. 5503). [255]

Estabelece o *parágrafo único do art. 996* do atual *C.P.C.* que *cumpre ao terceiro demonstrar a possibilidade de a decisão sobre a relação jurídica submetida à apreciação judicial atingir direito de que se afirme titular ou que possa discutir em juízo como substituto processual.*

Segundo lição de Barbosa Moreira, é necessário distinguir-se entre *legitimação para recorrer* e o *interesse em recorrer*, pois *"a legitimação do 'terceiro', na verdade, pressupõe o prejuízo que lhe tenha causado a decisão, e implica, pois, a existência de um 'interesse' na remoção desse 'prejuízo'. Tal circunstância não impede, porém, que se preserve a distinção conceitual entre os dois requisitos, ao contrário do que preconiza certa corrente doutrinária, que se recusa a enxergar entre ambos qualquer diferença, ou nega autonomia ao requisito do interesse em recorrer, visto sempre como simples fundamento ou razão de ser da legitimação"*.[256]

O novo C.P.C., no parágrafo único do art. 996, estabelece que o terceiro deve demonstrar a possibilidade de a decisão referente à relação jurídica submetida à apreciação judicial atingir direito de que se afirme titular ou que possa discutir em juízo como substituto processual.

O certo é que o terceiro deve demonstrar de plano, para que o seu recurso seja conhecido, a *possibilidade de a decisão sobre a relação jurídica submetida à apreciação judicial atinja eventual interesse jurídico seu, inclusive quando possa atuar como substituto processual.*

Se existe ou não direito efetivo do terceiro a ser resguardado, isso não é avaliado no juízo de admissibilidade do recurso do terceiro, mas no próprio mérito do seu recurso.

Note-se que o interesse que o terceiro deve demonstrar para efeito de juízo de admissibilidade do recurso é o *interesse jurídico* e não outro tipo de interesse, ainda que econômico.

O prejuízo que a decisão possa causar ao interesse do terceiro é efetivamente um prejuízo jurídico e não meramente um prejuízo de fato.

Aliás, a necessidade de se demonstrar interesse jurídico é exigida inclusive para que o terceiro possa intervir como assistente de umas das partes.

---

[255] ARIOLA, Luca; CAIRO, Antonio; CIAFARDINI, Luciano; CRESCENZO, Matteo de; GIORDANO, Luigi; PELLECCHIA, Roberto; PELUSO, Roberto; SCOGNAMIGLIO, Paolo; TARASCHI, Cesare. *Codice di procedura civile operativo.* Napoli: Edizioni Giuridiche Simone, 2015. p. 323.

[256] BARBOSA MOREIRA, J. C., op. cit., p. 269.

ADMISSIBILIDADE DOS RECURSOS

Sobre o tema, eis as seguintes decisões do S.T.J.:

ADMINISTRATIVO. RECURSO ESPECIAL. SERVIÇO DE TRANSPORTE PÚBLICO DE PASSAGEIROS. RECURSO DA TRANSBRASILIANA TRANS-PORTE E TURISMO LTDA.: TERCEIRO PREJUDICADO. INTERESSE JURÍ-DICO NÃO DEMONSTRADO.

ILEGITIMIDADE RECURSAL.

1. Por força do artigo 499, § 1º, do CPC, o recurso de terceiro prejudicado está condicionado à demonstração de prejuízo jurídico da decisão judicial, e não somente do prejuízo econômico, como ocorre no caso dos autos. Precedentes: REsp 362.112/MG, Rel. Ministro Paulo Gallotti, Sexta Turma, DJ 7.5.2007; REsp 740.957/RJ, Rel. Min.

Castro Filho, Terceira Turma, DJ de 7.11.2005; AgRg no REsp 782.360/RJ, Rel. Min. Maria Thereza de Assis Moura, Sexta Turma, DJe 07/12/2009; REsp 762.093/ RJ, Rel. Min. Luiz Fux, Primeira Turma, DJe 18/06/2008; EDcl na MC 16.286/MA, Rel. Min. João Otávio Noronha, Quarta Turma, DJe 19/10/2010; e REsp 661.122/ PR, Rel. Min. Herman Benjamin, Rel. p/ Acórdão Min. Eliana Calmon, Segunda Turma, DJe 11/11/2009.

2. Recurso especial não conhecido.

(...).

(REsp 1264953/PR, Rel. Ministro BENEDITO GONÇALVES, PRIMEIRA TURMA, julgado em 03/03/2015, DJe 12/03/2015)

1. Não é inusitado que um terceiro tenha interesse jurídico na solução de determinada demanda, mesmo que dela ele originariamente não participe. Para que surja esse interesse, basta que uma posição jurídica sua possa ser alterada em função do julgamento da causa. É justamente isso que foi levado em consideração pelo legislador ao introduzir o art. 499 do CPC, tendo ampliado o âmbito de legitimação para a propositura de recurso e possibilitado sua propositura também por terceiros juridicamente interessados, desde que demonstrado o nexo de interdependência entre o seu interesse de intervir e a relação jurídica submetida à apreciação judicial (art. 499, § 1º, do CPC).

(...).

(EDcl nos EAg 928.962/SP, Rel. Ministro LUIS FELIPE SALOMÃO, SEGUNDA SEÇÃO, julgado em 14/08/2014, DJe 19/08/2014)

1. Com a edição do enunciado n. 202 da Súmula do STJ, ficou sedimentado o entendimento de que "A impetração de segurança por terceiro, contra ato judicial, não se condiciona a interposição de recurso", mas, mitigando a sua aplicação, a jurisprudência desta Corte orienta que, nas hipóteses em que o terceiro interessado teve ciência do ato atacado, exige-se a apresentação de razões plausíveis que justifiquem a não-interposição do recurso próprio, no prazo estabelecido em lei. Precedentes.

2. Hipótese em que o ato judicial impugnado indeferiu requerimento da própria impetrante, à qual, com ciência do ato, caberia interpor o recurso próprio.

3. Agravo regimental a que se nega provimento.

(AgRg no RMS 45.011/SC, Rel. Ministra MARIA ISABEL GALLOTTI, QUARTA TURMA, julgado em 05/08/2014, DJe 14/08/2014)

I. É pacífico o entendimento jurisprudencial desta Corte, materializado na Súmula 418/STJ, segundo o qual "é inadmissível o recurso especial interposto antes da publicação do acórdão dos embargos de declaração, sem posterior ratificação". Precedentes.

II. A alegação de que os Embargos de Declaração foram opostos por terceiro interessado não afasta a necessidade de ratificação das razões do Recurso Especial, já que a procuradora do agravante foi devidamente intimada do julgamento dos declaratórios, o que lhe possibilitava a ratificação do Recurso Especial, prematuramente interposto.

III. Agravo Regimental improvido.

(AgRg no AREsp 408.099/PR, Rel. Ministra ASSUSETE MAGALHÃES, SEGUNDA TURMA, julgado em 27/03/2014, DJe 08/04/2014)

Existe exceção para que um terceiro intervenha numa determinada relação jurídica sem necessitar demonstrar interesse jurídico. Essa exceção encontra-se no art. 5º da Lei n. 9.469, de 10 de julho de 1997, que assim dispõe:

Art. 5º A União poderá intervir nas causas em que figurarem, como autoras ou rés, autarquias, fundações públicas, sociedades de economia mista e empresas públicas federais.

Parágrafo único. As pessoas jurídicas de direito público poderão, nas causas cuja decisão possa ter reflexos, ainda que indiretos, de natureza econômica, intervir, independentemente da demonstração de interesse jurídico, para esclarecer questões de fato e de direito, podendo juntar documentos e memoriais reputados úteis ao exame da matéria e, se for o caso, recorrer, hipótese em que, para fins de deslocamento de competência, serão consideradas partes.

Portanto, nas hipóteses do art. 5º da Lei n. 9.469/97, as pessoas jurídicas de direito público poderão recorrer como terceiro interessado sem necessidade de demonstrar qualquer interesse jurídico na causa em andamento.

12.2.4. Tempestividade

Para conciliar o princípio da autoridade jurisdicional de uma decisão sujeita a impugnação com a máxima do direito que espera de qualquer parte interessada obter o controle do julgamento por meio do reexame da controvérsia em outra sede processual, foi indispensável assegurar prazos especiais para o exercício de tal direito e estabelecer que os mesmos tivessem caracteres peremptórios. O cumprimento do prazo para a impugnação é delineado como um fato jurídico que se conclui, em regra, sem o concurso, negativo ou positivo, da vontade das partes.[257]

É a lei processual que confere, no momento determinado, a autoridade irrevogável da decisão, obrigando o juiz a declarar de ofício eventual preclusão temporal da parte que não impugnou a decisão no prazo estabelecido.

Portanto, a *tempestividade* do recurso é concebida como pressuposto de admissibilidade recursal, ou seja, o recurso, para ser admitido, deve ser interposto dentro do prazo estabelecido pela norma processual.

Não sendo interposto o recurso dentro do prazo legal, haverá a preclusão temporal para o exercício do direito de recorrer, acarretando a impossibilidade de modificação da decisão interlocutória ou o trânsito em julgado da sentença ou do acórdão.

Portanto, o prazo para a interposição de recurso contra decisão judicial é *peremptório* e, se não exercido, se enquadra no instituto jurídico geral da *decadência*, tendo em vista que é decorrente do simples fato material do transcurso do tempo, sem que haja, em tese, qualquer possibilidade de prorrogação, suspensão ou interrupção, a não ser nos casos taxativamente previstos em lei.

No C.P.C. de 1939, havia grande diversidade de prazos para interposição de recurso. O prazo da apelação seria de quinze dias (art. 823), o prazo dos embargos de nulidade e infringentes, recurso de revista etc seria de dez dias (art. 834).

O art. 508 do C.P.C. de 1973, com a redação dada pela Lei 8.950, de 13.12.1994, estabelecia o prazo de quinze dias para a apelação, embargos infringentes, recurso ordinário, recurso especial, recurso extraordinário e embargos de divergência. Por sua vez, o art. 522 do C.P.C. de 1973, com a redação dada pela lei 11.187, de 2005, estabelecia o prazo de 10 (dez) dias para a interposição do agravo retido ou de instrumento.

---

[257] MORTARA, L, op. cit., p. 292.

O novo C.P.C. unificou os prazos para a interposição e para a resposta de recurso, estabelecendo o *prazo uniforme de 15 (quinze) dias, salvo em se tratando de embargos de declaração, cujo prazo continua a ser de 5 (cinco) dias* nos termos do art. 1.023 do atual C.P.C.

Conforme estabelece o §5º do art. 1.003 do atual C.P.C., excetuados os embargos de declaração, o prazo para interpor e para responder os recursos é de 15 (quinze) dias.[258]

Assim, o novo C.P.C., salvo no que concerne aos embargos de declaração que devem ser interpostos no prazo de 5 (cinco) dias (art. 1.023 do novo C.P.C.), unificou o prazo para a interposição de todos os demais recursos, inclusive o agravo de instrumento e o agravo interno, cujo prazo passou a ser de 15 (quinze) dias.[259]

É importante salientar que o art. 1.070 do novo C.P.C. estabelece que é de 15 (quinze) dias o prazo para a interposição de qualquer agravo, previsto em lei ou em regimento interno de tribunal, contra decisão de relator ou outra decisão unipessoal proferida em tribunal.[260]

---

[258] Evidentemente, poderão existir prazos diversos para interposição de recurso previstos em legislações especiais.

Nos âmbito dos juizados especiais a interposição do recurso inominado é de 10 (dez) dias conforme preconiza o art. 42 da Lei 9.099/95.

[259] No direito italiano, segundo disposto no art. 325 do C.P.C. italiano, o prazo para propor o apelo, a revogação e a oposição de terceiro é de trinta dias. É também de trinta dias o prazo para propor a revogação e a oposição de terceiro contra a sentença das cortes de apelação.

[260] Decidindo questão de natureza processual penal, assim se manifestou o S.T.J.:

PROCESSUAL CIVIL E PROCESSUAL PENAL. AGRAVO REGIMENTAL EM RECLAMAÇÃO. RECURSO QUE IMPUGNA DECISÃO MONOCRÁTICA DE RELATOR PROFERIDA APÓS A ENTRADA EM VIGOR DO NOVO CPC. PRAZO AINDA REGIDO PELO ART. 39 DA LEI 8.038/90. INTEMPESTIVIDADE.

1. O agravo contra decisão monocrática de Relator, em controvérsias que versam sobre matéria penal ou processual penal, nos tribunais superiores, não obedece às regras no novo CPC, referentes à contagem dos prazos em dias úteis (art. 219, Lei 13.105/2015) e ao estabelecimento de prazo de 15 (quinze) dias para todos os recursos, com exceção dos embargos de declaração (art. 1.003, § 5º, Lei 13.105/2015).

2. Isso porque, no ponto, não foi revogada, expressamente, como ocorreu com outros de seus artigos, a norma especial da Lei 8.038/90 que estabelece o prazo de cinco dias para o agravo interno.

3. Além disso, a regra do art. 798 do Código de Processo Penal, segundo a qual "Todos os prazos correrão em cartório e serão contínuos e peremptórios, não se interrompendo por férias, domingo ou dia feriado" constitui norma especial em relação às alterações trazidas pela Lei 13.105/2015.

4. Precedente recente desta Corte: AgInt no CC 145.748/PR, Rel. Ministra MARIA THEREZA DE ASSIS MOURA, TERCEIRA SEÇÃO, julgado em 13/04/2016, DJe 18/04/2016.

ADMISSIBILIDADE DOS RECURSOS

Assim, é de 15 (quinze) dias e não mais de 5 (cinco) dias o prazo do agravo interposto contra a decisão do Presidente de Tribunal Regional Federal ou de Tribunais estaduais, que concede ou denega liminar no período de suspensão em Ação Civil Pública, art. 12, §1º.

Também será de 15 (quinze) e não mais de 5 (cinco) dias o prazo para interposição do agravo contra decisão de Presidente do S.T.F. e do S.T.J., concedendo ou denegando liminar no pedido de suspensão em Ação Civil Pública ou em Mandado de Segurança (art. 25, §2º da LR).

É certo, porém, que recentemente a 3ª Seção do S.T.J., na Reclamação 30.714, em questão de matéria penal, preconizou que o novo C.P.C. não revogou os prazos dos recursos perante o Supremo Tribunal Federal e o Superior Tribunal de Justiça, previstos na Lei 8.038/90, conforme notícia publica no sitio do Consultor Jurídico, http://www.conjur.com.br/2016- -abr-28/cpc-nao-revogou-prazos-recursos-junto-stf-stj, a saber:

O Novo Código de Processo Civil não revogou os prazos dos recursos perante o Supremo Tribunal Federal e o Superior Tribunal de Justiça, previstos na Lei 8.038/1990. Com esse entendimento, a 3ª Seção do STJ não conheceu de um agravo regimental interposto contra decisão monocrática do ministro Reynaldo Soares da Fonseca, em controvérsia de um processo de natureza penal.

No caso em debate, o agravo regimental foi protocolado no dia 11 de abril deste ano, referente a uma decisão monocrática publicada em 30 de março de 2016. Fonseca esclareceu que neste caso, o agravo teria de ser interposto até o dia 4 de abril, ou seja, cinco dias após a decisão, como prevê a Lei 8.038/1990 e também o Regimento Interno do STJ.

Além da intempestividade do recurso, o ministro destacou que originalmente o processo é uma reclamação, espécie processual não destinada ao fim que a parte pretendia.

"A reclamação não pode ser manejada como substituto processual do recurso cabível e tampouco se presta a reexaminar provas existentes no feito originário que nem mesmo chegaram a ser juntadas, em sua totalidade, com a petição inicial do presente incidente", resume o magistrado.

5. Assim sendo, interposto o agravo regimental em 11/04/2016 (segunda-feira) contra decisão monocrática de Relator publicada em 30/03/2016, é forçoso reconhecer a intempestividade do recurso, por não ter obedecido ao prazo de 5 (cinco) dias corridos, previsto no art. 39 da Lei 8.038/90.
6. Agravo regimental de que não se conhece, em razão da sua intempestividade.
(AgRg na Rcl 30.714/PB, Rel. Ministro REYNALDO SOARES DA FONSECA, TERCEIRA SEÇÃO, julgado em 27/04/2016, DJe 04/05/2016)

> *Os ministros destacaram que o processo serve de exemplo para todos os outros seme-lhantes, já que trata de uma especificidade do novo CPC. Com informações da Assesso-ria de Imprensa do STJ.*

Evidentemente, essa decisão somente poderá ter algum sentido lógico, jurídico e sistemático, se disser respeito única e exclusivamente ao agravo regimental interposto em matéria penal, pois em se tratando de agravo legal interno contra decisão monocrática do relator, o novo C.P.C. é de uma clareza inquestionável, no sentido de que o prazo para sua interposição será de 15 (quinze dias), especialmente pelo fato de que o art. 1.070 do novo C.P.C. estabelece que *é de 15 (quinze) dias o prazo para a interposição de qualquer agravo, previsto em lei ou em regimento interno de tribunal, contra decisão de relator ou outra decisão unipessoal proferida em tribunal.*

Portanto, no que concerne à matéria cível, houve expressa revogação dos dispositivos da Lei n. 8.038/90 e do Regimento Interno do S.T.J. e do S.T.F. quanto ao prazo para a interposição do agravo interno.

Quando, a requerimento de pessoa jurídica de direito público interes-sada ou do Ministério Público, e para evitar grave lesão à ordem, à saúde, à segurança e à economia pública, o presidente do tribunal ao qual cou-ber o conhecimento do respectivo recurso suspender, em decisão funda-mentada, a execução da liminar e da sentença proferida em mandado de segurança, dessa decisão caberá agravo, sem efeito suspensivo, no prazo de 15 (quinze) dias e não mais de 5 (cinco) dias, conforme estabelecia o art. 15 da Lei 12.016/09.

Também para a interposição de recurso ordinário constitucional inter-posto para o S.T.J ou S.T.F., o prazo será de 15 (quinze) dias, nos termos do novo C.P.C. e do art. 33 da L.R.

É importante salientar que o art. 1.072, inc. IV, do novo C.P.C., revo-gou expressamente os arts. 13 a 18, 26 a 29 e 38 da Lei no 8.038, de 28 de maio de 1990.

Sendo vencidos autor e réu, ao recurso interposto por qualquer deles poderá aderir (apelação, recurso extraordinário e recurso especial) o outro, sendo que o prazo para interposição do recurso adesivo é de 15 (quinze) dias, contado da data da intimação de que houve recurso da parte contrá-ria, ou seja, no prazo de que a parte dispõe para responder, que será tam-bém de 15 (quinze) dias.

Na contagem do prazo em dias para interposição dos recursos, uma vez que esses prazos são estabelecidos por lei, computar-se-ão somente os *dias úteis*, nos termos do art. 219 do novo C.P.C., ampliando substancialmente o prazo recursal.[261]

Por questão de isonomia processual, o prazo para responder ao recurso interposto também será de 15 (quinze) dias, nos termos do art. 1.003, §5º.

O prazo para o terceiro *prejudicado* recorrer é o mesmo estabelecido para as partes, sem que haja qualquer privilégio concedido ao terceiro em relação ao prazo de recurso. Sobre o tema, eis a seguinte decisão do S.T.J.:

> *1. "O terceiro prejudicado, embora investido de legitimidade recursal (CPC, art. 499), não dispõe, para recorrer, de prazo maior que o das partes. A igualdade processual entre as partes e o terceiro prejudicado, em matéria recursal, tem a finalidade relevante de impedir que, proferido o ato decisório, venha este, por tempo indeterminado – e com graves reflexos na estabilidade e segurança das relações jurídicas –, a permanecer indefinidamente sujeito a possibilidade de sofrer impugnação recursal" (AgRg-RE 167.787, Rel. Min. CELSO DE MELLO, Primeira Turma, DJ 30/6/95).*
>
> *2. Hipótese em que, publicado o acórdão concessivo do mandado de segurança em 21/6/12, os embargos declaratórios contra ele opostos pela parte agravante datam de 19/11/12, sendo, portanto, intempestivos.*
>
> *3. Agravo regimental não provido.*
>
> (AgRg no REsp 1373821/MA, Rel. Ministro ARNALDO ESTEVES LIMA, PRIMEIRA TURMA, julgado em 25/06/2013, DJe 02/08/2013)

---

[261] Entendo que o art. 219 do novo C.P.C. também se aplica ao prazo dos recursos interpostos no âmbito dos Juizados Especiais, conforme assim defendi na obra *Disposições Finais e Direito Transitório – Análise das Normas Complementares e do Direito Intertemporal no novo CPC,* publicada nesta Coleção.

Porém, há notícia de que a AJUFE – Associação dos Juízes Federais apresentou no dia 20 de junho de 2016, à Comissão de Legislação Participativa da Câmara dos Deputados, anteprojeto de lei que visa a alterar o art. 219, da Lei 13.105/2016 (Novo Código de Processo Civil), quanto à sua abrangência nas causas de competência dos Juizados Especiais Estaduais, Federais e da Fazenda Pública.

Para a Associação, o referido anteprojeto de lei tem o condão de tornar clara a lógica existente de não aplicação do artigo 219, do CPC/2015, para os juizados especiais, conforme enunciado n. 174 aprovado no XIII Fórum Nacional dos Juizados Especiais Federais (Fonajef), de modo a garantir a uniformidade de tratamento da questão em todos os juizados do país com a manutenção da celeridade desse instrumento de realização da cidadania.

No mesmo sentido é a seguinte decisão do S.T.F.:

O prazo de interposição do recurso extraordinário em matéria eleitoral é de três (3) dias (Lei n. 6.055/74, art. 12). Precedentes. – Os embargos de declaração, quando deduzidos tempestivamente – e desde que opostos antes da vigência da Lei n. 8.950/94 –, suspendiam o prazo para a interposição do recurso extraordinário. Não se computa, para efeito de contagem do prazo recursal, o dia em que foram opostos os embargos de declaração (RTJ 119/370). O prazo para interposição do recurso extraordinário – presente o contexto normativo existente antes da vigência da Lei n. 8.950/94 –, e computados os dias já transcorridos, recomeçava a fluir, pelo lapso temporal remanescente, a partir do primeiro dia útil, inclusive, que se seguisse a publicação oficial do acórdão proferido pelo Tribunal a quo nos embargos de declaração (RTJ 112/383). Leitura e publicação do acórdão do TSE em Sessão (LC n. 64/90, arts. 14 e 16). – O terceiro prejudicado, embora investido de legitimidade recursal (CPC, art. 499), não dispõe, para recorrer, de prazo maior que o das partes. A igualdade processual entre as partes e o terceiro prejudicado, em matéria recursal, tem a finalidade relevante de impedir que, proferido o ato decisório, venha este, por tempo indeterminado – e com graves reflexos na estabilidade e segurança das relações jurídicas –, a permanecer indefinidamente sujeito a possibilidade de sofrer impugnação recursal. – A prolação do juízo positivo de admissibilidade do recurso extraordinário, pela Presidência do Tribunal inferior, não tem – ante a provisoriedade de que se reveste esse ato decisório – o efeito jurídico-processual de constranger o Supremo Tribunal Federal a conhecer do apelo extremo. O controle da tempestividade do recurso extraordinário – precisamente por constituir pressuposto recursal de ordem pública – revela-se matéria suscetível até mesmo de conhecimento Documento: 29538823 – RELATÓRIO, EMENTA E VOTO – Site certificado Página 6 de 7 Superior Tribunal de Justiça ex officio pelo Supremo Tribunal Federal, independendo, em conseqüência, de qualquer formal provocação dos sujeitos da relação processual. Nada impede, desse modo, que o Ministro-Relator, ao indagar da tempestividade do recurso extraordinário, e agindo nos estritos limites de seus poderes processuais, verifique se os embargos de declaração anteriormente opostos foram, ou não, deduzidos opportuno tempore, pois, somente quando tempestivos, e que os embargos declaratórios – vigente o regime processual que precedeu a edição da Lei n. 8.950/94 – possuíam a eficácia suspensiva do prazo para a manifestação de outros recursos, inclusive do próprio apelo extremo."

(RE 167787 AgR, Relator(a): Min. Celso de Mello, Primeira Turma, julgado em 28.4.1995, DJ 30.6.1995 PP-20451 EMENT VOL-01793-12 PP-02343.)

Segundo lição de José Carlos Barbosa Moreira: *"(...) entre nós, as vias recursais que se abrem ao terceiro prejudicado são sempre e apenas as mesmas concedidas às partes; os pressupostos de cabimento da apelação, do agravo, dos embargos, do recurso extraordinário (ou especial), não são, para o terceiro prejudicado, diferentes dos pressupostos de cabimento da apelação, do agravo, dos embargos, do recurso extraordinário (ou especial) da parte. Não há recurso de que só o terceiro disponha, nem recurso de que disponham as partes e se negue em tese ao terceiro".*[262]

No voto proferido pela Ministra Maria Thereza de Assis Moura, no AgRg no Recurso Especial n. 1.532.759 – SC, ficou assim consignado:

> *(...).*
>
> *Consoante relatado, trata-se de agravo regimental interposto pelo Estado de Santa Catarina, na condição de terceiro prejudicado, em face de decisão da minha lavra que deu provimento ao recurso especial para que a Corte de origem arbitre os honorários advocatícios devidos ao defensor dativo em conformidade com a tabela de honorários da Seccional de Santa Catarina da Ordem dos Advogados do Brasil.*
>
> *De acordo com entendimento deste Superior Tribunal de Justiça, admite-se o recurso interposto por quem não é parte no processo desde que demonstrada a qualidade de terceiro interessado, vale dizer, desde que evidenciada a ligação entre o interesse de intervir e a relação jurídica posta nos autos, nos termos do que estabelece o artigo 499 do Código de Processo Civil.*
>
> *Além disso, também predomina nesta Corte Superior de Justiça a tese de que, em atenção ao princípio da igualdade processual, devem ser observados pelo terceiro prejudicado os mesmos prazos recursais a que se submetem as outras partes (AgRg no AREsp 193.740/MS, Rel. Ministro JOÃO OTÁVIO DE NORONHA, TERCEIRA TURMA, julgado em 25/11/2014, DJe 11/12/2014; e REsp 757516/GO, Rel. Ministro HUMBERTO GOMES DE BARROS, TERCEIRA TURMA, julgado em 09/08/2005, DJe 12/09/2005). No ponto, é de todo conveniente registrar que a jurisprudência do Supremo Tribunal Federal segue a mesma linha de raciocínio deste Sodalício no sentido de que "o terceiro prejudicado, embora investido de legitimidade recursal (CPC, art. 499), não dispõe, para recorrer, de prazo maior que o das partes. A igualdade processual entre as partes e o terceiro prejudicado, em matéria recursal, tem a finalidade relevante de impedir que, proferido o ato decisório, venha este, por tempo indeterminado – e com graves reflexos na estabilidade e segurança das relações jurídicas –, a permanecer indefi-*

---

[262] BARBOSA MOREIRA, José Carlos. *Comentários ao Código de Processo Civil*, 14ª ed. rev. atual., Editora Forense, 2008, RJ, p. 294).

nidamente sujeito a possibilidade de sofrer impugnação recursal" (AgRg-RE 167.787/ RR, Rel. Min. CELSO DE MELLO, Primeira Turma, DJ 30/6/95).

Na hipótese dos autos, portanto, verifica-se a intempestividade do presente agravo regimental, pois interposto fora do prazo de 5 dias previsto no artigo 258 do Regimento Interno deste Superior Tribunal de Justiça. Com efeito, verifica-se que a intimação da decisão ora agravada foi disponibilizada no Diário de Justiça Eletrônico do Superior Tribunal de Justiça em 11.06.2015 (quinta-feira), considerando-se publicada em 12.06.2015 (sexta-feira), nos moldes do que determina o artigo 4º, § 3º, da Lei nº 11.419/06. Dessa forma, a contagem do prazo recursal teve início no dia 15.06.2015 (segunda-feira) e terminou no dia 19.06.2015 (sexta-feira). No entanto, o presente recurso foi manejado por meio eletrônico tão somente em 06.08.2015, muito após o transcurso do prazo recursal, evidenciando-se a intempestividade deste agravo interno.

Ante o exposto, não conheço do agravo regimental.

É importante salientar que a interposição de embargos de declaração interrompe tanto o prazo para que as partes interponham eventual recurso quanto para que o terceiro valha-se dessa prerrogativa processual. Sobre o tema, eis a seguinte decisão do S.T.J.:

A oposição de embargos de declaração por qualquer das partes interrompe o prazo recursal tanto para as partes, como para eventuais terceiros, pois, com o julgamento dos embargos, a decisão anterior pode ser alterada e, com isso, poderá surgir interesse recursal diverso daquele que existia com a decisão anterior, na hipótese da decisão dos embargos vir a prejudicar terceiros. Recurso especial conhecido em parte e provido.

(REsp 712.319/MS, Rel. Min. NANCY ANDRIGHI, Terceira Turma, DJ 16/10/06)

Em se tratando de recurso previsto em lei especial (salvo o agravo interno contra decisão monocrática do relator ou unipessoal do tribunal), o prazo deverá ser regulado pela lei especial.

O prazo para interposição de recurso nos juizados especiais cíveis é de 10 (dez) dias (LJE 42).

Na execução fiscal, os embargos infringentes para o mesmo juiz da causa devem ser interpostos no prazo de 10 (dez) dias (LEF, art. 34).

12.2.4.1. Prazo peremptório do recurso – redução

Estabelece o § 5º do art. 1.003 do atual C.P.C. que excetuados os embargos de declaração, o prazo para interpor os recursos e para responder-lhes é de 15 (quinze) dias.

O exercício do direito de impugnação ou de recurso de uma decisão deve advir dentro de um prazo peremptório, previsto pela norma jurídica processual.

Este prazo é preclusivo.

Muito embora o prazo para a interposição do recurso seja peremptório, no sentido de que não poderá ser alterado, o certo é que o §1º do art. 222 do novo C.P.C. permite a redução dos prazos peremptórios quando houver anuência das partes. Preceitua o referido dispositivo:

> Art. 222. Na comarca, seção ou subseção judiciária onde for difícil o transporte, o juiz poderá prorrogar os prazos por até 2 (dois) meses.
>
> § 1º Ao juiz é vedado reduzir prazos peremptórios sem anuência das partes.

Assim, o juiz não poderá aumentar ou reduzir os prazos peremptórios, salvo na hipótese do art. 222, caput, do novo C.P.C.

Portanto, na comarca, seção ou subseção judiciária onde for difícil o transporte, o juiz poderá prorrogar os prazos por até 2 (dois) meses; já as partes poderão, de comum acordo, reduzir os prazos recursais, conforme estabelece o §1º do art 222 do novo C.P.C.

O prazo recursal também poderá ser objeto de suspensão, como no caso do recesso forense previsto entre os dias 20 de dezembro a 20 de janeiro (art. 220 do novo C.P.C.); por obstáculo criado em detrimento da parte (art. 221 do novo C.P.C.); durante a execução de programa instituído pelo Poder Judiciário para promover a autocomposição, incumbindo aos tribunais especificar, com antecedência a duração dos trabalhos (p.u. do art. 221 do novo C.P.C.; pela morte ou pela perda da capacidade processual de qualquer das partes, de seu representante legal ou de seu procurador, pela convenção das partes, pela arguição de impedimento ou de suspeição, pela admissão do incidente de resolução de demandas repetitivas, por motivo de força maior (art. 221, c/c art. 313 do novo C.P.C.).

Em relação à suspensão de prazos processuais em decorrência de força maior, assim já teve oportunidade de se manifestar o S.T.J.:

PROCESSUAL CIVIL. GREVE DOS PROCURADORES FEDERAIS. PEDIDO DE SUSPENSÃO OU DEVOLUÇÃO DOS PRAZOS PROCESSUAIS DENEGADO. FORÇA MAIOR NÃO CARACTERIZADA. RECURSO ESPECIAL DESPROVIDO.

1. Para o Tribunal Pleno do Supremo Tribunal Federal, "o tema atinente à suspensão ou devolução de prazos processuais em decorrência do movimento grevista deflagrado pelos membros das carreiras da AGU está circunscrito ao âmbito infraconstitucional" (AI 778.850-RG, Rel. Ministro Ayres Britto, julgado em 11/03/2010).

No Superior Tribunal de Justiça, encontra-se consolidado "o entendimento de que o movimento grevista não representa força maior capaz de ampliar ou devolver o prazo recursal da parte representada por membros das carreiras em greve" (AgRg no RE nos EDcl no AgRg no Ag 786.657/DF, Rel. Ministro Cesar Asfor Rocha, julgado em 30/06/2008; AgRg no Ag 1.212.565/MT, Rel. Ministro Og Fernandes, Sexta Turma, julgado em 18/02/2010; AgRg no Ag 1.272.410/DF, Rel. Ministro Napoleão Nunes Maia Filho, Quinta Turma, julgado em 20/05/2010; AgRg no Ag 1.418.663/DF, Rel. Ministro Herman Benjamin, Segunda Turma, julgado em 02/02/2012; AgRg no Ag 1.428.316/PI, Rel. Ministra Maria Isabel Gallotti, Quarta Turma, julgado em 17/04/2012; AgRg no Ag 1.201.366/MT, Rel. Ministro João Otávio de Noronha, Terceira Turma, julgado em 18/04/2013).

2. Recurso especial desprovido.

(REsp 1223366/MG, Rel. Ministro NEWTON TRISOTTO (DESEMBARGADOR CONVOCADO DO TJ/SC), QUINTA TURMA, julgado em 07/04/2015, DJe 20/04/2015).

PROCESSUAL CIVIL. AGRAVO REGIMENTAL. INTEMPESTIVIDADE. SUSPENSÃO DO PROCESSO. DEVOLUÇÃO DE PRAZO. FORÇA MAIOR. INVIABILIDADE.

1. Não se conhece do Agravo Regimental interposto fora do prazo estabelecido nos arts. 557, § 1º, do CPC e 258 do RI/STJ.

2. A ocorrência de incêndio nas instalações da Procuradoria-Geral do Município de Niterói não tem o condão de ensejar, nesta oportunidade, a suspensão do processo ou a devolução do prazo para interposição do recurso, tendo em vista que, além de o incidente ter ocorrido mais de um mês antes da publicação do decisum impugnado, não foi efetivamente demonstrada a impossibilidade de apresentação da peça em tempo hábil.

3. Agravo Regimental não conhecido.

(AgRg no AREsp 417.195/RJ, Rel. Ministro HERMAN BENJAMIN, SEGUNDA TURMA, julgado em 18/03/2014, DJe 27/03/2014).

PROCESSO CIVIL. AGRAVO REGIMENTAL. INTEMPESTIVIDADE. SUSPENSÃO DO FORNECIMENTO DE ENERGIA ELÉTRICA. FORÇA MAIOR. NÃO OCORRÊNCIA.

1 – A suspensão do fornecimento de energia elétrica em apenas alguns pontos da cidade não caracteriza justa causa para a não apresentação do recurso no prazo legal.

2 – Agravo regimental a que se nega provimento.

(AgRg no AgRg no REsp 1066996/DF, Rel. Ministro HAROLDO RODRI-GUES (DESEMBARGADOR CONVOCADO DO TJ/CE), SEXTA TURMA, julgado em 03/08/2010, DJe 23/08/2010).

AGRAVO REGIMENTAL. AGRAVO DE INSTRUMENTO. PROCESSO PENAL. RECURSO ESPECIAL INTEMPESTIVO. SUSPENSÃO DO PRAZO RECURSAL. ALEGAÇÃO. MOTIVO DE FORÇA MAIOR. INEXISTÊNCIA. DIFICULDADE DE ACESSO AOS AUTOS. NÃO COMPROVAÇÃO. CERTI-DÃO DE TEMPESTIVIDADE RECURSAL EMITIDA PELO TRIBUNAL A QUO. IRRELEVÂNCIA. AGRAVO REGIMENTAL DESPROVIDO.

1. A suspensão do prazo para interposição do recurso, segundo o art. 507 do Código de Processo Civil, somente pode ser declarada em situações absolutamente excepcionais.

2. In casu, a saída dos autos para ciência pessoal do Ministério Público, bem como a movimentação interna necessária ao julgamento do recurso oferecido pela própria parte, não constituem motivo excepcional apto a suspender o curso do prazo recursal.

3. Ademais, o fato de que o próprio recorrente opôs embargos de declaração demons-tra, a priori, que inexistiu dificuldade de acesso ao feito.

4. O controle do prazo recursal, conforme pacífica jurisprudência desta Corte, é feito através do carimbo de protocolo, sendo irrelevante a existência de certidão emitida pelo tribunal a quo afirmando a tempestividade do recurso.

5. Agravo regimental a que se nega provimento.

(AgRg no Ag 1135540/RJ, Rel. Ministro JORGE MUSSI, QUINTA TURMA, julgado em 17/06/2010, DJe 28/06/2010).

EMBARGOS DE DECLARAÇÃO. AGRAVO REGIMENTAL. RECURSO ESPECIAL.

ADICIONAL DE INSALUBRIDADE. SÚMULA 07/STJ. RECURSO ESPE-CIAL A QUE SE NEGA SEGUIMENTO. AGRAVO REGIMENTAL DECLA-RADO INTEMPESTIVO. SUSPENSÃO DOS PRAZOS PROCESSUAIS DOS FEITOS DO ESTADO DE SANTA CATARINA. MOTIVO DE FORÇA MAIOR. EMBARGOS DE DECLARAÇÃO ACOLHIDOS PARA AFASTAR A INTEM-

PESTIVIDADE DO AGRAVO REGIMENTAL. RETORNO DOS AUTOS PARA RENOVAÇÃO DO JULGAMENTO DO AGRAVO REGIMENTAL.

1. É fato público e notório que no final de 2008 o Estado de Santa Catarina foi atingido por severas enchentes, o que levou a Corte Especial do STJ a deferir a suspensão dos prazos processuais em relação aos processos oriundos daquela Unidade Federativa, no período de 24 de novembro a 1º de dezembro de 2008.

2. Na espécie, o agravo regimental fora declarado intempestivo.

Todavia, não merecia a pecha da intempestividade, pois o prazo recursal transcorreu, exatamente, no período de suspensão do prazo.

3. Embargos de declaração acolhidos com injunção no resultado, para afastar a intempestividade do recurso de agravo regimental, determinando-se o retorno dos autos a esta Relatoria, para apreciação do agravo regimental.

(EDcl no AgRg no REsp 843.758/SC, Rel. Ministro CELSO LIMONGI (DESEMBARGADOR CONVOCADO DO TJ/SP), SEXTA TURMA, julgado em 18/05/2010, DJe 07/06/2010)

Decorrido o prazo, extingue-se o direito de praticar ou de emendar o recurso, independentemente de declaração judicial, ficando asssegurado, porém, à parte provar que não o realizou por justa causa (art. 223 do novo C.P.C.). Considera-se justa causa o evento alheio à vontade da parte e que a impediu de praticar o ato por si ou por mandatário.

O encerramento prematuro do expediente forense é considerado justa causa para efeito de prorrogação do prazo recursal, desde que esse encerramento tenha ocorrido no termo final da interposição do recurso, e não no termo inicial. Nesse sentido é o seguinte precedente do S.T.J.:

DIREITO PROCESSUAL CIVIL. IMPOSSIBILIDADE DE PRORROGAÇÃO DO TERMO INICIAL DE PRAZO RECURSAL DIANTE DE ENCERRAMENTO PREMATURO DO EXPEDIENTE FORENSE.

O disposto no art. 184, § 1º, II, do CPC – que trata da possibilidade de prorrogação do prazo recursal em caso de encerramento prematuro do expediente forense – aplica-se quando o referido encerramento tiver ocorrido no termo final para interposição do recurso, e não no termo inicial. O § 1º do art. 184 do CPC trata das hipóteses em que haverá prorrogação do prazo quando seu vencimento cair em feriado ou em dia que for determinado o fechamento do fórum ou quando houver o encerramento do expediente forense antes da hora normal. Não há dúvida, portanto, de que a hipótese ora regulada trata exclusivamente do dies ad quem (dia do vencimento). Essa conclusão é reforçada pelo disposto no § 2º, o qual regula a única possibilidade em que haverá a prorrogação do dies a quo ("os prazos somente começam a correr do primeiro dia útil após a intimação"). Verifica-se, desse modo, que o legislador tratou de forma distinta as hipóteses de prorrogação do prazo referente ao dies a quo e ao dies ad quem nos parágrafos do art. 184 do CPC. Além da falta de previsão legal, a referida prorrogação não se aplica ao dies a quo em razão, também, da ratio da norma, que é justamente possibilitar àqueles que vierem a interpor o recurso no último dia do prazo não serem surpreendidos, indevidamente, com o encerramento prematuro do expediente forense, em obediência ao princípio da confiança, que deve proteger a atuação do jurisdicionado perante a Justiça, e assim conferir máxima eficácia à prestação jurisdicional. Ademais, não se vislumbra qualquer razão para se prorrogar o início da contagem do prazo processual em situação idêntica ocorrida no primeiro dia do prazo. É que, nessa hipótese, remanescerá para o recorrente a possibilidade de interpor o recurso nos dias subsequentes. Não há motivo lógico que justifique aplicar-se o regramento referente ao dies ad quem a esta hipótese. Desse modo, a prorrogação em razão do encerramento prematuro do expediente forense aplica-se tão somente em relação ao dies ad quemdo prazo recursal. Precedentes citados: AgRg no Ag 1.142.783-PE, Quinta Turma, DJe de 17/5/2010; e AgRg no REsp 614.496-RJ, Primeira Turma, DJ 1º/2/2006.

(EAREsp 185.695-PB, Rel. Min. Felix Fischer, julgado em 4/2/2015, DJe 5/3/2015).

Questão importante a ser definida é se as partes poderão de forma consensual aumentar o prazo para interposição dos recursos, com base no que dispõe o art. 190 do novo C.P.C., a saber:

Art. 190. Versando o processo sobre direitos que admitam autocomposição, é lícito às partes plenamente capazes estipular mudanças no procedimento para ajustá-lo às especificidades da causa e convencionar sobre os seus ônus, poderes, faculdades e deveres processuais, antes ou durante o processo.

Parágrafo único. De ofício ou a requerimento, o juiz controlará a validade das convenções previstas neste artigo, recusando-lhes aplicação somente nos casos de nulidade ou de inserção abusiva em contrato de adesão ou em que alguma parte se encontre em manifesta situação de vulnerabilidade.

O art. 190 do novo C.P.C. trata do negócio jurídico processual atípico, permitindo que as partes possam estabelecer de forma consensual diretrizes específicas sobre o andamento do procedimento.[263]

---

[263] *"A defesa da suposta irrelevância da vontade para o processo, se já era artificial sob a égide do CPC/1973, se torna insustentável com a aprovação do Novo Código de Processo Civil. Com efeito, o art. 190 do referido*

Conforme já verificamos no item. 9.2. deste trabalho, é permitido às partes reduzir o prazo recursal, desde que não haja mácula ao princípio do *devido processo legal*, do *contraditório* e da *ampla defesa*.

Se é possível às partes no âmbito do negócio jurídico processual reduzir prazos recursais, não vejo impedimento para que, mediante mútuo acordo, e desde que observados os requisitos indicados no item 9.2. deste trabalho, as partes possam aumentar o prazo para a interposição do recurso.

É certo que numa perspectiva *reacionária* do S.T.J. ou S.T.F., possa-se afirmar que não é possível o aumento dos prazos peremptórios, especialmente no âmbito do prazo de recurso especial ou extraordinário.

Porém, a filosofia e os valores incorporados pelo novo C.P.C. recomendam uma mudança de postura, permitindo-se um pensamento mais progressista com base no princípio da colaboração das partes para que seja alcançada um decisão équo e justa.

12.2.4.2. Feriado local e prazo recursal

O §6º do art. 1.003 do atual C.P.C. prescreve que o recorrente comprovará a ocorrência de feriado local no ato de interposição do recurso.

Os atos processuais serão realizados em dias úteis, das seis às vinte horas.

Quando o ato tiver que ser praticado em determinado prazo por meio de petição, esta deverá ser apresentada no protocolo dentro do seu horário de funcionamento, nos termos da lei de organização judiciária local.

Já os atos processuais eletrônicos serão praticados em qualquer horário.

Durante as férias forenses, onde as houver, e nos feriados não se praticarão atos processuais Além dos declarados em lei, são feriados, para efeito forense, os sábados e os domingos e os dias em que não haja expediente forense.

Na contagem de prazo em dias, estabelecido pela lei ou pelo juiz, computar-se-ão somente os dias úteis (art. 219 do novo C.P.C.).

Salvo disposição em contrário, os prazos serão contados excluindo o dia do começo e incluindo o do vencimento.

---

diploma legal estabelece uma cláusula de atipicização de negócios processuais, permitindo expressamente que os sujeitos processuais convencionem sobre seus ônus, deveres, direitos e faculdades e também sobre o procedimento, realizando a necessária adequação material do processo. Além disso, determina-se que os atos processuais sejam interpretados de acordo com a boa-fé e a vontade neles manifesta". (CAMPOS, Eduardo Luiz Cavalcanti. Ato-fato processual: reconhecimento e consequências. *In: Revista de Processo*, São Paulo, R.T., Ano 41, Vol. 254, Abr/2016. p.79).

Os prazos terão início no primeiro dia útil após a publicação.

Diante dessas considerações normativas, pode ocorrer que haja algum feriado local durante o início, transcurso ou término do prazo para a interposição de recurso.

Como os tribunais não têm condições de saber da ocorrência dos diversos feriados existentes em todo o território brasileiro, especialmente os feriados locais, caberá ao recorrente, com o intuito de demonstrar a tempestividade do seu recurso, comprovar a existência de feriado local.

Além da comprovação do feriado local, também caberá ao recorrente comprovar eventual existência de força maior que o impediu de interpor o recurso no prazo legal.

Não caracterizará perda do prazo recursal eventual situação jurídica decorrente de força maior, tendo em vista o que dispõe o art. 313, inc. VI, do novo C.P.C.:

> *Art. 313. Suspende-se o processo:*
> *(...).*
> *VI – por motivo de força maior.*

Sobre o tema da força maior e a tempestividade do recurso, eis as seguintes decisões do S.T.J.:

> *PROCESSUAL CIVIL. AGRAVO REGIMENTAL NO AGRAVO EM RECURSO ESPECIAL. SERVIDOR PÚBLICO FEDERAL. REAJUSTE DE 28,86%. INTERPOSIÇÃO POR FAC-SÍMILE. LEI 9.800/1999. ORIGINAL DA PETIÇÃO. JUNTADA EXTEMPORÂNEA. ART. 2º DA LEI 9.800/1999. AGRAVO REGIMENTAL NÃO CONHECIDO.*
>
> *1. Não se conhece do recurso interposto por fac-símile quando o original é apresentado fora do prazo previsto no art. 2º da Lei n. 9.800/1999.*
>
> *2. Conforme jurisprudência do Superior Tribunal de Justiça, a tempestividade do recurso é aferida segundo a data do protocolo na Secretaria do Tribunal, e não a da entrega na agência dos Correios (Súmula 216/STJ).*
>
> *3. Ademais, a ocorrência de greve ou a falha dos serviços da Empresa Brasileira de Correios e Telégrafos (ECT) não configura força maior ou justa causa apta a ensejar a apreciação do apelo interposto fora do prazo legal.*
>
> *4. Agravo regimental não conhecido.*
>
> (AgRg no AREsp 401.317/RJ, Rel. Ministro MAURO CAMPBELL MARQUES, *SEGUNDA TURMA, julgado em 12/11/2013, DJe 20/11/2013)*

RECURSOS NO NOVO C.P.C.

AGRAVO REGIMENTAL. AGRAVO DE INSTRUMENTO. PROCESSO PENAL. RECURSO ESPECIAL INTEMPESTIVO. SUSPENSÃO DO PRAZO RECURSAL. ALEGAÇÃO. MOTIVO DE FORÇA MAIOR. INEXISTÊNCIA. DIFICULDADE DE ACESSO AOS AUTOS. NÃO COMPROVAÇÃO. CERTI-DÃO DE TEMPESTIVIDADE RECURSAL EMITIDA PELO TRIBUNAL A QUO. IRRELEVÂNCIA. AGRAVO REGIMENTAL DESPROVIDO.

1. A suspensão do prazo para interposição do recurso, segundo o art. 507 do Código de Processo Civil, somente pode ser declarada em situações absolutamente excepcionais.

2. In casu, a saída dos autos para ciência pessoal do Ministério Público, bem como a movimentação interna necessária ao julgamento do recurso oferecido pela própria parte, não constituem motivo excepcional apto a suspender o curso do prazo recursal.

3. Ademais, o fato de que o próprio recorrente opôs embargos de declaração demons-tra, a priori, que inexistiu dificuldade de acesso ao feito.

4. O controle do prazo recursal, conforme pacífica jurisprudência desta Corte, é feito através do carimbo de protocolo, sendo irrelevante a existência de certidão emitida pelo tribunal a quo afirmando a tempestividade do recurso.

5. Agravo regimental a que se nega provimento.

(AgRg no Ag 1135540/RJ, Rel. Ministro JORGE MUSSI, QUINTA TURMA, julgado em 17/06/2010, DJe 28/06/2010)

RECURSO. TEMPESTIVIDADE. INTERPOSIÇÃO VIA FAX. ORIGINAL. GREVE DOS CORREIOS. JUSTA CAUSA. PROTOCOLO INTEGRADO. SUMULA N. 256/STJ.

1. "Suposta greve dos correios não constitui força maior ou justa causa capaz de relevar a inobservância do prazo legal, já que é obrigação do recorrente fazer chegar a esta Corte o original da petição transmitida via fac-símile. A opção por qualquer outro meio que não o protocolo direito na Secretaria do Tribunal acarreta a assunção pelo recorrente dos riscos por eventual deficiência na prestação desse serviço, como seu protocolo intempestivo ou eventual deficiência na formação da peça" (EDcl no EDcl no REsp n. 767.056/BA, Primeira Turma, relator Ministro Teori Albino Zavascki, DJ de 21.11.2005).

2. Embargos de declaração rejeitados.

(EDcl nos EDcl no AgRg no Ag 645.891/RJ, Rel. Ministro JOÃO OTÁ-VIO DE NORONHA, SEGUNDA TURMA, julgado em 07/02/2006, DJ 20/03/2006, p. 236)

ADMISSIBILIDADE DOS RECURSOS

12.2.4.3. Réu não citado – prazo para interpor ou responder ao recurso de apelação

Estabelece o §2º do art. 1.003 do novo C.P.C. que se aplica o disposto no art. 231, incisos I a VI, do mesmo diploma normativo, ao prazo de interposição de recurso pelo réu contra decisão proferida anteriormente à sua citação.

Conforme estabelece o art. 239 do atual C.P.C., para validade do processo é indispensável a citação do réu ou do executado, ressalvadas as hipóteses de indeferimento da petição inicial ou de improcedência liminar do pedido.

Portanto, é possível que o juiz, antes da citação do réu, profira decisão de extinção do processo com ou sem resolução do mérito, especialmente nas hipóteses de indeferimento da petição inicial ou de improcedência liminar do pedido.

Indeferida a petição inicial, o autor poderá apelar, facultado ao juiz, no prazo de 5 (cinco) dias, retratar-se (art. 331 do novo C.P.C.).

Se não houver retratação, o juiz mandará citar o réu para responder ao recurso (§1º do art. 331 do novo C.P.C.).

Se não for interposta apelação pela parte autora, o réu será intimado do trânsito em julgado da sentença (§3º do art. 331 do novo C.P.C.).

Por sua vez, nas causas que dispensem a fase instrutória, o juiz, independentemente da citação do réu, julgará liminarmente improcedente o pedido que contrariar: I – enunciado de súmula do Supremo Tribunal Federal ou do Superior Tribunal de Justiça; II – acórdão proferido pelo Supremo Tribunal Federal ou pelo Superior Tribunal de Justiça em julgamento de recursos repetitivos; III – entendimento firmado em incidente de resolução de demandas repetitivas ou de assunção de competência; IV – enunciado de súmula de tribunal de justiça sobre direito local (art. 332 do novo C.P.C.).

O juiz também poderá julgar liminarmente improcedente o pedido se verificar, desde logo, a ocorrência de decadência ou de prescrição (§1º do art. 332 do novo C.P.C.).

Interposta apelação pela parte autora, em face do julgamento liminar de improcedência do pedido, o juiz poderá retratar-se em 5 (cinco) dias (§3º do art. 332 do novo C.P.C.).

Se não houver retratação, o juiz determinará o prosseguimento do processo, com a citação do réu, e, se não houver retratação, determinará a citação do réu para apresentar contrarrazões, no prazo de 15 (quinze) dias (§4º do art. 332 do novo C.P.C.).

Não interposta a apelação, o réu será intimado do trânsito em julgado da sentença, nos termos do art. 241 do novo C.P.C. (§2º do art. 332 do novo C.P.C.).

Verifica-se, portanto, que o réu será citado para responder ao recurso de apelação interposto pela parte autora na hipótese de o juiz indeferir a petição inicial ou julgar liminarmente improcedente o pedido.

Porém, mesmo quando houver o indeferimento da petição inicial ou o julgamento liminar do pedido, poderá a parte ré entender que essa decisão lhe causou algum prejuízo ou lhe impôs alguma sucumbência. Nessa hipótese, a parte ré também terá legitimidade e interesse para apresentar eventual recurso, seja ele embargos de declaração ou apelação, ou, ainda, outro recurso previsto em norma especial.

Havendo interesse recursal da parte ré, a contagem do prazo do recurso dar-se-á de acordo com o disposto no art. 231, incs. I a VI, do atual C.P.C., a saber:

> Art. 231. Salvo disposição em sentido diverso, considera-se dia do começo do prazo:
> I – a data de juntada aos autos do aviso de recebimento, quando a citação ou a intimação for pelo correio;
> II – a data de juntada aos autos do mandado cumprido, quando a citação ou a intimação for por oficial de justiça;
> III – a data de ocorrência da citação ou da intimação, quando ela se der por ato do escrivão ou do chefe de secretaria;
> IV – o dia útil seguinte ao fim da dilação assinada pelo juiz, quando a citação ou a intimação for por edital;
> V – o dia útil seguinte à consulta ao teor da citação ou da intimação ou ao término do prazo para que a consulta se dê, quando a citação ou a intimação for eletrônica;
> VI – a data de juntada do comunicado de que trata o art. 232 ou, não havendo esse, a data de juntada da carta aos autos de origem devidamente cumprida, quando a citação ou a intimação se realizar em cumprimento de carta.

12.2.4.4. Prazo para interposição do recurso – falecimento da parte ou de seu advogado ou ocorrência de força maior

O art. 1.004 do novo C.P.C. aduz que se durante o prazo para a interposição do recurso sobrevier o falecimento da parte ou de seu advogado ou ocorrer motivo de força maior que suspenda o curso do processo, será tal prazo restituído em proveito da parte, do herdeiro ou do sucessor, contra quem começará a correr novamente depois da intimação.

O prazo para a interposição de recurso pode ser suspenso ou interrompido, dependendo do fato ensejador da suspensão ou interrupção.

Ocorrendo a suspensão, a fluência do prazo cessa temporariamente, recomeçando pelo prazo que faltar.

Já na interrupção, o prazo começa a fluir por inteiro.

As hipóteses de suspensão ou interrupção do prazo recursal são aquelas expressamente previstas na norma jurídica, justamente pelo fato de que esse prazo é peremptório.

As circunstâncias que determinam a suspensão do prazo recursal são as seguintes: a) superveniência de férias (art. 213 do atual C.P.C.); b) pelo recesso compreendido entre 20 de dezembro e 20 de janeiro (art. 220 do atual C.P.C.); c) quando for criado obstáculo ilegítimo pela parte (art. 221 do atual C.P.C.), pelo próprio juízo ou por terceiro (exemplo, greve no judiciário); d) pela arguição de impedimento ou suspeição (art. 313, inc. III, do atual C.P.C.); f) pela admissão de incidente de resolução de demandas repetitivas (art. 313, inc. IV, do atual C.P.C.); g) pela perda da capacidade processual de qualquer das partes; h) nas outras hipóteses previstas em lei.

No caso de falecimento do procurador da parte antes ou durante o transcurso do prazo processual, o juiz deverá suspender o processo (nos termos do art. 689 do novo C.P.C.) pelo prazo de 15 dias, conforme preconiza o art. 313, inc. I e §3º, do novo C.P.C., a fim de que a parte promova a regularização processual. Se a morte do procurador ocorrer antes da intimação da decisão, nova intimação será feita ao novo procurador. Se o falecimento ocorrer após a intimação do procurador, nova intimação será feita ao novo procurador, iniciando-se o prazo de forma integral para eventual recurso. Se a parte não nomear procurador no prazo fixado pelo juiz, haverá preclusão ou trânsito em julgado da decisão proferida.

Sobre o tema, eis os seguintes precedentes do S.T.J.:

PROCESSUAL CIVIL. RECURSO ESPECIAL. MORTE DO ADVOGADO. SUSPENSÃO DO PROCESSO. NULIDADE DOS ATOS POSTERIORMENTE PRATICADOS. INTIMAÇÃO DE SENTENÇA. NOME DE ADVOGADO FALECIDO. NULIDADE. DEVER DE COMUNICAÇÃO SOBRE O FALECIMENTO DO PATRONO. INTERPRETAÇÃO RAZOÁVEL. RECURSO PROVIDO.

RECURSOS NO NOVO C.P.C.

1. A morte do advogado da parte impõe a imediata suspensão do processo, desde a ocorrência do fato, sendo nulos os atos processuais posteriormente praticados, ressalvadas as medidas de urgência determinadas pelo juiz (CPC, art. 265, I, c.c. art. 266).

2. É nula a intimação da sentença realizada durante a suspensão do processo, sobretudo quando no ato processual consta apenas o nome de advogado falecido, sendo irrelevante o fato de que outros profissionais representavam a mesma parte, se os dados dos demais procuradores não constou da respectiva publicação. Precedentes.

3. O ônus da parte em comunicar o falecimento de seu patrono deve ser interpretado cum grano salis, só se mostrando razoável sua exigência na hipótese em que inequívoca a ciência do falecimento do procurador, do que não cabe presunção.

4. Recurso especial provido.

(REsp 769.935/SC, Rel. Ministro RAUL ARAÚJO, Rel. p/ Acórdão Ministro ANTONIO CARLOS FERREIRA, QUARTA TURMA, julgado em 02/10/2014, DJe 25/11/2014)

EMBARGOS DE DECLARAÇÃO. AGRAVO REGIMENTAL. AGRAVO EM RECURSO ESPECIAL. OMISSÃO. CONTRADIÇÃO. OBSCURIDADE. INEXISTÊNCIA. MORTE DE ADVOGADO. REGULARIZAÇÃO DA REPRESENTAÇÃO PROCESSUAL. ART. 265 DO CPC.

1. Rejeitam-se os embargos declaratórios quando, na decisão embargada, não há nenhum dos vícios previstos no art. 535 do CPC.

2. Cabe à parte ser diligente na regularização da sua representação processual em prazo razoável, comunicando ao juízo a morte de seu patrono a fim de suspender o curso do processo, segundo o disposto nos arts. 13 e 265, I, do CPC.

3. Não há prejuízo para a defesa da parte, que permaneceu silente quanto ao falecimento de seu único procurador, somente trazendo a notícia aos autos quando da oposição dos presentes aclaratórios.

4. Embargos de declaração rejeitados.

(EDcl no AgRg no AREsp 483.818/MG, Rel. Ministro JOÃO OTÁVIO DE NORONHA, TERCEIRA TURMA, julgado em 04/09/2014, DJe 11/09/2014)

PROCESSUAL CIVIL. FALECIMENTO DO ADVOGADO. SUSPENSÃO DO PROCESSO. ART. 265, I, § 1º, DO CPC. ACÓRDÃO REGIONAL QUE DECIDIU POR MAIORIA. AUSÊNCIA DE OPOSIÇÃO DE EMBARGOS INFRINGENTES. SÚMULA 207/STJ.

1. O falecimento do procurador caracteriza a justa causa prevista no art. 183, § 1º, do CPC de modo a autorizar a restituição do prazo recursal, visto que a intimação do acórdão não foi possível após a sua morte.

2. O art. 265, I, § 1º, do CPC prevê a suspensão do processo pela morte do representante legal da parte, para que regularize a representação processual.

3. A necessidade de esgotamento das instâncias ordinárias, como requisito para a interposição do recurso especial, visa coibir a supressão de instância e possibilitar o regular andamento do feito, atendendo às normas constitucionais estipuladas para este recurso excepcional.

4. Na hipótese, o voto que apreciou a apelação da empresa reformou, por maioria, o mérito da sentença, sendo cabível a oposição de embargos infringentes, o que não ocorreu. Assim, o conhecimento do recurso especial encontra óbice no enunciado 207 da Súmula deste Tribunal, verbis: É inadmissível recurso especial quando cabíveis embargos infringentes contra o acórdão proferido no tribunal de origem.

Embargos de declaração acolhidos, com efeitos infringentes, para não conhecer do recurso especial.

(EDcl nos EDcl no AgRg no REsp 1123022/SP, Rel. Ministro HUMBERTO MARTINS, SEGUNDA TURMA, julgado em 12/04/2011, DJe 26/04/2011)

Da mesma forma ocorre na hipótese de motivo de força maior. Muito embora o motivo de força maior leve à suspensão do processo, nos termos do art. 313, inc. VI, do atual C.P.C., para efeito de prazo recursal, essa hipótese levará à interrupção do prazo, nos termos do art. 1.004 do atual C.P.C.

Casos de interrupção do prazo recursal, nos termos do art. 1.004 do atual C.P.C.: a) falecimento da parte; b) falecimento do advogado da parte; h) por motivo de força maior (art. 313, inc. VI, do atual C.P.C.).

Nas hipóteses estabelecidas no art. 1.004 do atual C.P.C., o prazo será restituído em proveito da parte, do herdeiro ou do sucessor, contra quem começará a correr novamente depois da intimação.

Para Theotônio Negrão *et al*, a restituição do prazo é pelo restante, e não total, fazendo referência ao art. 219 do C.P.C. de 1973 que corresponde ao atual art. 221.[264]

Já para Barbosa Moreira, *"a redação do atual art. 507 (do C.P.C. de 1973) é ligeiramente diferente: em vez de 'restabelecido', diz-se agora 'restituído', como no art. 180 (do C.P.C. de 1973), que concerne à suspensão. Entretanto, no último dispositivo citado, ao contrário do que ocorre no art. 507 (do C.P.C. de 1973), há*

---

[264] NEGRÃO, Theotônio; GOVÊA, José Roberto F.; BONDIOLI, Luis Guilherme A.; FONSECA, Francisco N. *Processo civil e legislação processual em vigor.* 44ª ed. São Paulo: Editora Saraiva, 2012. p. 642.

a cláusula restritiva: 'por tempo igual ao que faltava para a sua complementação' – na qual, precisamente, está caracterizada 'suspensividade'. Por outro lado, subsiste no texto ora comentado a expressão 'começará a correr novamente', que sugere o desaproveitamento do lapso acaso decorrido antes. A oração 'que suspenda o curso do processo' não induz à conclusão oposta: inexiste incompatibilidade entre suspender-se o curso do processo e interromper-se o prazo para recorrer. Parece-nos, destarte, que se continua diante de hipótese de 'interrupção'".[265]

Razão assiste a Barbosa Moreira quando aduz que as hipóteses previstas no art. 1.004 do atual C.P.C. levam à interrupção do prazo recursal. Pense-se na situação de falecimento do advogado da parte no último dia do prazo para interpor recurso contra a decisão. Não teria sentido computar-se o prazo enquanto o advogado estivesse vivo, pois desapareceria todo o estudo por ele realizado para exercer com efetividade o contraditório e a ampla defesa de seu cliente. Assim, o prazo deverá ser restituído por interior ao novo advogado, a fim de que ele possa se inteirar do processo e defender o seu cliente com efetividade.

Muito embora o art. 1.004 tenha mencionado apenas o falecimento do advogado, deve-se aplicar por analogia esse dispositivo também às hipóteses de perda da capacidade do advogado ou em razão de suspensão do exercício da atividade de advocacia.

Já a doença do advogado não constitui motivo de força maior, a menos que ele, em razão da doença, não possa substabelecer a procuração (STF, RTJ 72/221; 96/634, 111;702 e RT 615/241. No mesmo sentido são os seguintes precedentes do S.T.J.:

PROCESSUAL CIVIL. AGRAVO REGIMENTAL NO AGRAVO EM RECURSO ESPECIAL. INTEMPESTIVIDADE DO RECURSO ESPECIAL. ALEGADA JUSTA CAUSA. ATESTADO MÉDICO. FORÇA MAIOR NÃO COMPROVADA. PEDIDO DE DEVOLUÇÃO DE PRAZO. IMPOSSIBILIDADE. AGRAVO REGIMENTAL IMPROVIDO.

I. É assente, nesta Corte, o entendimento de que "a alegação da agravante de que resta caracterizada a força maior, nos termos do art. 507 do CPC, apta a ensejar o afastamento da intempestividade de seu recurso, devido à doença grave de seu patrono, não se mostra suficiente para a devolução do prazo recursal. Isso porque, o fato de o advogado da parte se encontrar de atestado médico não constitui, por si só, hipótese de justa causa.

---

[265] Barbosa Moreira, J. C., op. cit., p. 347.

Ademais, não ficou comprovado que seu problema de saúde o impediu de praticar o ato ou de constituir mandatário para tanto. A jurisprudência do STJ é firme no sentido de que somente se configura força maior quando demonstrada a absoluta impossibilidade de o patrono da parte exercer a profissão ou substabelecer o mandato" (STJ, AgRg no AREsp 645.111/SP, Rel. Ministro MAURO CAMPBELL MARQUES, SEGUNDA TURMA, DJe de 12/08/2015). Em igual sentido: STJ, AgRg no AREsp 512.193/SP, Rel. Ministro ROGERIO SCHIETTI CRUZ, SEXTA TURMA, DJe de 03/06/2015; STJ, AgRg no AREsp 682.574/SP, Rel. Ministro REYNALDO SOARES DA FONSECA, QUINTA TURMA, DJe de 17/06/2015.

II. No caso concreto, o acórdão, que julgou a Apelação, foi disponibilizado no DJe em 16/01/2012, considerando-se publicado em 17/01/2012 (terça-feira). O prazo para interposição do Recurso Especial teve início em 18/01/2012 (quarta-feira), finalizando-se em 01/02/2012 (quarta-feira). Contudo, o Recurso Especial foi interposto em 14/02/2012, após, portanto, o transcurso do prazo recursal de quinze dias, previsto no art. 508 do Código de Processo Civil.

III. Agravo Regimental improvido.

(AgRg no AREsp 658.428/RJ, Rel. Ministra ASSUSETE MAGALHÃES, SEGUNDA TURMA, julgado em 01/03/2016, DJe 14/03/2016)

PROCESSUAL CIVIL. AÇÃO CIVIL PÚBLICA POR PRÁTICA DE ATO DE IMPROBIDADE ADMINISTRATIVA. APELAÇÃO PROTOCOLIZADA A DESTEMPO. ADVOGADO DOENTE. PEDIDO DE RESTITUIÇÃO DE PRAZO RECURSAL. IMPOSSIBILIDADE. JUSTA CAUSA OU FORÇA MAIOR NÃO COMPROVADA. ALTERAÇÃO DO JULGADO. SÚMULA 7/STJ. ART. 8º, 2, "H", DO PACTO DE SÃO JOSÉ DA COSTA RICA. AUSÊNCIA DE PREQUESTIONAMENTO. SÚMULA 282/STF.

1. O Superior Tribunal de Justiça firmou entendimento no sentido de que somente se admite a alegação de justa causa ou força maior para fins de dilação do prazo recursal, quando demonstrado que a doença que acometeu o advogado o impossibilita totalmente de exercer a profissão ou de substabelecer o mandato.

2. O Tribunal a quo registrou que não estão caracterizados a força maior ou o justo motivo que impossibilitariam completamente o mandatário de atuar, a justificar a restituição de prazo (CPC, arts. 189, § 1º, e 507), quando era possível a prática de atos processuais pela parte antes do término do prazo, ainda que por outro mandatário substabelecido.

3. A alteração das conclusões adotadas pela instância de origem, tal como colocada a questão nas razões recursais, demandaria, necessariamente, novo exame do acervo fático-

RECURSOS NO NOVO C.P.C.

-probatório constante dos autos, providência vedada em Recurso Especial, conforme o óbice previsto na Súmula 7/STJ.

4. Não se conhece de Recurso Especial quanto à matéria não especificamente enfrentada pelo Tribunal de origem, dada a ausência de prequestionamento. Incidência, por analogia, da Súmula 282/STF.

5. Agravo Regimental não provido.

(AgRg no AREsp 764.394/PR, Rel. Ministro HERMAN BENJAMIN, SEGUNDA TURMA, julgado em 05/11/2015, DJe 16/11/2015)

Também será caso de interrupção do prazo recursal a superveniência do falecimento da parte ou ocorrer motivo de força maior.

Ocorrendo a morte da parte, será o prazo recursal restituído ao herdeiro ou ao sucessor habilitado no processo.

Também na hipótese de força maior, como o incêndio causado nas dependências da Justiça em razão de raio ou fato imprevisível.

A greve de servidores não caracteriza força maior, mas caso fortuito, razão pela qual deve ser considerada como causa suspensiva do prazo recursal, devendo o prazo ser restituído pelo que faltar, salvo se for comprovado que em razão da greve o advogado não teve possibilidade de ter acesso ao processo durante o prazo do recurso.

Contudo, se o advogado já se encontrava na posse do processo durante o prazo recursal, advindo a greve, a contagem do prazo será pelo restante do prazo que faltava para expirar o prazo recursal. Nesse sentido é a seguinte decisão do S.T.J.:

> 1. O STJ possui o entendimento de que, em caso de greve, a publicação do ato administrativo que dá ciência do fim da suspensão dos prazos processuais implica intimação do novo início do prazo.
>
> 2. Nos termos do art. 184 do Código de Processo Civil, deve ser excluído da computação o dia do início do prazo recursal.
>
> 3. Hipótese em que a intimação da penhora ocorreu em 22 de julho de 2003, durante movimento paredista dos servidores do Poder Judiciário.
>
> 4. O Tribunal de origem consignou que a Portaria 3/2003, publicada em 13 de agosto de 2003, comunicou o restabelecimento do curso dos prazos processuais.
>
> 5. Em consequência, diante da publicação no dia 13 de agosto, o reinício do prazo para ajuizamento dos Embargos à Execução Fiscal deve ser computado a partir do primeiro dia útil imediato, no caso, 14 de agosto de 2003 (quinta-feira), encerrando-se em 12 de setembro de 2003.

ADMISSIBILIDADE DOS RECURSOS

6. *Correto, portanto, o acórdão que julgou intempestivos os Embargos ajuizados em 13 de setembro de 2003.*

7. *Agravo Regimental não provido.*

(AgRg no AREsp 109.199/BA, Rel. Ministro HERMAN BENJAMIN, SEGUNDA TURMA, julgado em 24/04/2012, DJe 25/05/2012)

O S.T.J. vem entendendo que a greve nos Correios não configura justificativa plausível para suspender o prazo recursal. Nesse sentido é a seguinte decisão:

1. *"É inexistente o recurso interposto via fax se a parte não providenciar a juntada dos originais em juízo, em razão da responsabilidade que lhe é atribuída pelo art. 4º, caput, parte final, da Lei 9.800/1999" (AgRg nos EREsp 1.049.863/SP, Rel. Min. João Otávio de Noronha, Corte Especial, DJe 22.5.2012).*

2. *In casu, a decisão do Relator foi publicada em 11.9.2012.*

Inconformado, o agravante interpôs Agravo Regimental via fax em 21.9.2012. O prazo para que apresentasse a peça original encerrou-se em 26.9.2012; o recurso, porém, só foi protocolizado em 27.9.2012, fora, portanto, do prazo de cinco dias previsto no art. 2º da Lei 9.800/1999.

3. *A Corte Especial do STJ firmou entendimento de que a greve dos Correios não configura justa causa hábil para excluir o requisito da tempestividade recursal.*

4. *Embargos de Declaração rejeitados.*

(EDcl no AgRg no AREsp 222.142/RJ, Rel. Ministro HERMAN BENJAMIN, SEGUNDA TURMA, julgado em 18/12/2012, DJe 15/02/2013).

Porém, essa interpretação dada pelo S.T.J. deverá ser reformulada tendo em vista o disposto no art. 1.003, §4º, do novo C.P.C., *in verbis:*

Art. 1.003. O prazo para interposição de recurso conta-se da data em que os advogados, a sociedade de advogados, a Advocacia Pública, a Defensoria Pública ou o Ministério Público são intimados da decisão.

§ 1º Os sujeitos previstos no caput considerar-se-ão intimados em audiência quando nesta for proferida a decisão.

§ 2º Aplica-se o disposto no art. 231, incisos I a VI, ao prazo de interposição de recurso pelo réu contra decisão proferida anteriormente à citação.

§ 3º No prazo para interposição de recurso, a petição será protocolada em cartório ou conforme as normas de organização judiciária, ressalvado o disposto em regra especial.

§ 4º Para aferição da tempestividade do recurso remetido pelo correio, será considerada como data de interposição a data de postagem.

Assim, se a greve nos Correios ocorrer após a postagem do recurso, tal circunstância não afetará a sua tempestividade, pois a aferição da tempestividade se dá única e exclusivamente pela data da postagem.

Porém, se a greve nos Correios ocorrer antes da postagem, tal circunstância poderá afetar a tempestividade do recurso, justamente pelo fato de que a parte recorrente dispõe de outros meios para a protocolização e interposição de sua impugnação recursal.

A interrupção do prazo recursal se dá no momento em que ocorre o evento que a ensejou. No caso de óbito da parte ou do advogado, a interrupção dar-se-á na data do óbito constante da respectiva certidão e devidamente comunicado ao juiz do processo.

Falecendo a parte, o juiz suspenderá o processo, nos termos do art. 313, inc. I, a fim de que seja realizada a habilitação dos herdeiros e sucessores. Preclusa a decisão de habilitação, inicia-se o prazo recursal da decisão proferida.

Falecendo o procurador, o juiz marcará prazo de quinze dias, a fim de que a parte constitua novo mandatário. Nomeado novo advogado, este será intimado do prazo para eventual recurso.

Sendo caso de suspensão do processo por motivo de força maior, cabe ao órgão judiciário proferir decisão suspendendo o processo. Afastada a força maior, deverá ser intimado o advogado sobre a restituição integral do prazo, salvo se o processo já se encontrava em mãos do advogado quando da ocorrência da força maior, fato esse que ensejará a restituição do prazo faltante.

Conforme anota Barbosa Moreira, sob a égide do C.P.C. de 1939, firmou-se na doutrina a tese de que o falecimento só operava a interrupção do prazo recursal, quando se tratasse da parte interessada em recorrer, ou do seu advogado (Pontes de Miranda e Sergio Bermudes). Sob a égide do C.P.C. de 1973, o processo suspendia-se pela morte de qualquer das partes ou de seus advogados, não fazendo qualquer distinção.

O art. 314 do atual C.P.C. é expresso ao estabelecer que durante a suspensão do processo é vedado praticar qualquer ato processual (exceto de urgência). Por isso, *"embora se negue, pois, o efeito previsto no art. 507 ao falecimento de parte que não tivesse interesse em recorrer, ou do respectivo pro-*

ADMISSIBILIDADE DOS RECURSOS

curador, a verdade é que a suspensão do processo, sempre ocorrente, bastará para obstar a fluência do prazo de interposição. A outra parte, realmente, ainda que o queira, não poderá, enquanto suspenso o feito, praticar ato processual algum – nem, portanto, recorrer. A diferença é que o prazo recursal ficará 'suspenso' e não 'interrompido'[266]

12.2.4.5. Contagem do prazo para recorrer

Segundo preceitua o art. 1.003 do novo C.P.C., o prazo para a interposição de recurso conta-se da data em que os advogados, a sociedade de advogados, a Advocacia Pública, a Defensoria Pública ou o Ministério Público são intimados da decisão.

A notificação da decisão aos procuradores das partes constitui um pressuposto formal indispensável para o transcurso do prazo recursal.[267]

Assim, o prazo para a interposição do recurso contar-se-á: a) da data em que os advogados, a sociedade de advogados, a advocacia Pública, a Defensoria Pública ou o Ministério Público são intimados da decisão; b) se a decisão for proferida em audiência, os sujeitos indicados no item a) serão considerados intimados a partir da data da audiência (§1º do art. 1.003 do atual C.P.C.).

Sendo a decisão proferida na audiência de instrução e julgamento ou de leitura de sentença, a partir desta data começa correr o prazo para a interposição do recurso. Sobre o tema, eis as seguintes decisões do S.T.J.:

---

[266] BARBOSA MOREIRA, J. C., idem, p. 350.

[267] A Corte de Cassação italiana assim se manifestou sobre a notificação da sentença como requisito para o transcurso do prazo processual recursal: *"A notificação da sentença deve ser realizada, de acordo com o disposto nos arts. 170 e 285 ao procurador constituído pela parte: a notificação constitui um pressuposto formal indispensável para a decorrência do prazo breve, não sendo admitido equivalência, sendo irrelevante o eventual conhecimento que o referido procurador tenha tido da sentença (Cass. S.U. 9-6-06, n. 13431; Cass. 1-4-09, n. 7962; Cass. 18-6-02, n. 8858). A notificação da sentença não pode ser substituída por forma equivalente de conhecimento legal, como no caso da proposição de instância de correção de erro material, pois se trata de uma atividade exercida para um fim específico, incompatível com a impugnação (Cass. 9-8-11, n. 17122).(In:* ARIOLA, L., *ET. AL.* , op. cit. p. 326).

RECURSOS NO NOVO C.P.C.

PROCESSUAL CIVIL. AGRAVO REGIMENTAL. AGRAVO DE INSTRU-MENTO. PRAZO PARA INTERPOSIÇÃO DE APELAÇÃO. SENTENÇA EM AUDIÊNCIA. INTIMAÇÃO PARA O ATO. AUSÊNCIA DE UMA DAS PAR-TES. IRRELEVANTE.

1. O prazo para recurso das sentenças proferidas em audiência começa a correr da leitura da decisão, mesmo que uma das partes não compareça, desde que devidamente intimada para este ato.

2. Agravo regimental a que se nega provimento.

(AgRg no Ag 1343275/SP, Rel. Ministra MARIA ISABEL GALLOTTI, QUARTA TURMA, julgado em 01/12/2015, DJe 07/12/2015).

PROCESSUAL CIVIL. AGRAVO REGIMENTAL NO AGRAVO EM RECURSO ESPECIAL. INTIMAÇÃO PESSOAL DO PROCURADOR DO INSS PARA O COMPARECIMENTO À AUDIÊNCIA EM QUE PROFERIDA A SENTENÇA. PRESUNÇÃO LEGAL DE CIÊNCIA DO ATO. INCIDÊNCIA DO ART. 242, § 1º, DO CPC.

1. A sentença proferida em audiência dispensa a intimação pessoal do procurador do INSS se este, regularmente intimado daquele ato, não compareceu. Aplica-se ao caso a presunção legal de ciência prevista no § 1º do artigo 242 do CPC. Nesse sentido, confi-ram-se: AgRg no AREsp 134962/MT, Rel. Min. Herman Benjamin, Segunda Turma, DJe 26/06/2012; REsp 981313/PR, Rel. Min. Napoleão Nunes Maia Filho, Quinta Turma, DJ 03/12/2007; AgRg no REsp 1184327/PR, Rel. Min. Og Fernandes, Sexta Turma, DJe 23/08/2010.

2. Não se trata de observar o modo pelo qual se dá ciência à parte, mas sim de evitar que aquele que não compareceu sem motivo justo à audiência em que proferida a sentença possa, com a sua falta, dilatar o prazo para eventual recurso. Entendimento diverso pri-vilegiaria o faltoso e puniria, por via reflexa, o representante da parte presente.

3. Agravo regimental não provido.

(AgRg no AREsp 227.450/MG, Rel. Ministro BENEDITO GONÇALVES, PRIMEIRA TURMA, julgado em 27/11/2012, DJe 30/11/2012)

Em se tratando de intimação do Ministério Público, da Advocacia Pública ou da Defensoria Pública, o prazo para interposição do recurso começa a correr a partir da data da intimação pessoal. [268]

---

[268] Interessante a seguinte do S.T.J., apesar de ter sido proferida na esfera penal:
PROCESSUAL PENAL. HABEAS CORPUS SUBSTITUTIVO DE RECURSO ORDINÁRIO. NÃO CABIMENTO. CRIME DE ROUBO MAJORADO TENTADO. PROLAÇÃO DE SEN-

ADMISSIBILIDADE DOS RECURSOS

Em todas essas hipóteses, em regra geral, o prazo conta-se da data da intimação da decisão, seja em audiência, seja por diário oficial físico ou eletrônico, seja pessoal.[269]

TENÇA EM AUDIÊNCIA. AUSÊNCIA DE INTIMAÇÃO PESSOAL DA DEFENSORIA MEDIANTE REMESSA DOS AUTOS. NULIDADE. CERCEAMENTO DE DEFESA. PRER-ROGATIVA DA DEFENSORIA PÚBLICA. RELAXAMENTO DA PRISÃO. EFEITO AUTO-MÁTICO DO RECONHECIMENTO DA NULIDADE. INOCORRÊNCIA. HABEAS CORPUS NÃO CONHECIDO. ORDEM CONCEDIDA DE OFÍCIO.

I – A Primeira Turma do col. Pretório Excelso firmou orientação no sentido de não admitir a impetração de habeas corpus substitutivo ante a previsão legal de cabimento de recurso ordinário (v.g.: HC n. 109.956/PR, Rel. Min. Marco Aurélio, DJe de 11/9/2012; RHC n. 121.399/SP, Rel. Min. Dias Toffoli, DJe de 1º/8/2014 e RHC n. 117.268/SP, Rel. Min. Rosa Weber, DJe de 13/5/2014). As Turmas que integram a Terceira Seção desta Corte alinharam-se a esta dicção, e, desse modo, também passaram a repudiar a utilização desmedida do writ substitutivo em detrimento do recurso adequado (v.g.: HC n. 284.176/RJ, Quinta Turma, Rel. Min. Laurita Vaz, DJe de 2/9/2014; HC n. 297.931/MG, Quinta Turma, Rel. Min. Marco Aurélio Bellizze, DJe de 28/8/2014; HC n. 293.528/SP, Sexta Turma, Rel. Min. Nefi Cordeiro, DJe de 4/9/2014 e HC n. 253.802/MG, Sexta Turma, Rel. Min. Maria Thereza de Assis Moura, DJe de 4/6/2014).

II – Portanto, não se admite mais, perfilhando esse entendimento, a utilização de habeas corpus substitutivo quando cabível o recurso próprio, situação que implica o não-conhecimento da impetração.

Contudo, no caso de se verificar configurada flagrante ilegalidade apta a gerar constrangimento ilegal, recomenda a jurisprudência a concessão da ordem de ofício.

III – A teor dos artigos 5º, § 5º, da Lei nº 1.060/50; art. 128, inciso I, da Lei Complementar 80/1994; e 370, § 4º, do CPP, a intimação do defensor público ou dativo deve ser pessoal, sob pena de nulidade absoluta por cerceamento de defesa. A falta dessa intimação enseja a realização de novo julgamento (precedentes).

IV – Na linha da jurisprudência desta Corte e do col. Pretório Excelso, "a intimação da Defensoria Pública, a despeito da presença do defensor na audiência de leitura da sentença condenatória, se perfaz com a intimação pessoal mediante remessa dos autos. 4. Ordem concedida" (HC n. 125.270/DF, Segunda Turma, Rel. Min. Teori Zavascki, julgado em 23/6/15, DJe de 3/8/2015). (Precedentes desta Corte).

V – A nulidade do trânsito em julgado, contudo, não tem o condão de garantir o relaxamento da prisão e a automática expedição de alvará de soltura em favor do paciente, por não restar configurado, na espécie, excesso de prazo.

Habeas corpus não conhecido. Ordem concedida de ofício tão somente para anular o trânsito em julgado da r. sentença condenatória para que se proceda à intimação pessoal da Defensoria Pública, mediante remessa dos autos, com a consequente devolução do prazo recursal.

(HC 350.405/SP, Rel. Ministro FELIX FISCHER, QUINTA TURMA, julgado em 05/05/2016, DJe 16/05/2016)

[269] *DIREITO PROCESSUAL CIVIL. PUBLICAÇÃO DE INTIMAÇÃO COM ERRO NA GRAFIA DO SOBRENOME DO ADVOGADO. Não há nulidade na publicação de ato processual em razão do acréscimo de uma letra ao sobrenome do advogado no caso em que o seu prenome, o nome das partes e o número do processo foram cadastrados corretamente, sobretudo se, mesmo com a existência de erro idêntico*

Porém, o art. 1.003 deve ser interpretado conjuntamente com o art. 224 e 231 do novo C.P.C.

Estabelece o art. 224 do novo C.P.C.:

> *Art. 224. Salvo disposição em contrário, os prazos serão contados excluindo o dia do começo e incluindo o dia do vencimento.*
>
> *§ 1º Os dias do começo e do vencimento do prazo serão protraídos para o primeiro dia útil seguinte, se coincidirem com dia em que o expediente forense for encerrado antes ou iniciado depois da hora normal ou houver indisponibilidade da comunicação eletrônica.*
>
> *§ 2º Considera-se como data de publicação o primeiro dia útil seguinte ao da disponibilização da informação no Diário da Justiça eletrônico.*
>
> *§ 3º A contagem do prazo terá início no primeiro dia útil que seguir ao da publicação.*

Assim, para efeitos de contagem de prazo para interposição do recurso, será excluído o dia do começo, no caso, o dia em que os advogados, a sociedade de advogados, a advocacia Pública, a Defensoria Pública ou o Ministério Público são intimados da decisão, incluindo-se, por sua vez, o dia do vencimento do prazo.

Desta feita, se a intimação dos sujeitos indicados no *caput* do art. 1.003 do novo C.P.C. ocorrer em audiência, o prazo para interposição do recurso conta-se da data da audiência, excluindo o primeiro dia do prazo e incluindo o dia final.

Porém, a intimação dos sujeitos elencados no art. 1.003, *caput*, do novo C.P.C. poderá ocorrer de outra forma que não em audiência.

---

nas intimações anteriores, houve observância aos prazos processuais passados, de modo a demonstrar que o erro gráfico não impediu a exata identificação do processo. À luz do § 1º do art. 236 do CPC, devem constar nas publicações de ato processual em órgão oficial "os nomes das partes e dos seus advogados, suficientes para sua identificação". Nesse contexto, a Corte Especial do STJ firmou entendimento no sentido de que o erro insignificante na grafia do nome do advogado, aliado à possibilidade de se identificar o processo por outros elementos, como o seu número e o nome da parte, não enseja a nulidade da publicação do ato processual (AgRg nos EDcl nos EAREsp 140.898-SP, DJe 10/10/2013). Além disso, diversas Turmas do STJ comungam do mesmo entendimento (AgRg no AREsp 109.463-SP, Primeira Turma, DJe 8/3/2013; RCD no REsp 1.294.546-RS, Segunda Turma, DJe 12/6/2013; AgRg no AREsp 375.744-PE, Terceira Turma, DJe 12/11/2013; AgRg no AREsp 27.988-PA, Quarta Turma, DJe 7/12/2012; e HC 206.686-SC, Quinta Turma, DJe 11/2/2014).

(EREsp 1.356.168-RS, Rel. originário Min. Sidnei Beneti, Rel. para acórdão Min. Jorge Mussi, julgado em 13/3/2014, DJe 12/12/2014).

ADMISSIBILIDADE DOS RECURSOS

Nessa hipótese, tenho para mim que se deve aplicar o disposto no art. 231 do novo C.P.C., que assim dispõe:

> *Art. 231. Salvo disposição em sentido diverso, considera-se dia do começo do prazo:*
>
> *I – a data de juntada aos autos do aviso de recebimento, quando a citação ou a intimação for pelo correio;*
>
> *II – a data de juntada aos autos do mandado cumprido, quando a citação ou a intimação for por oficial de justiça;*
>
> *III – a data de ocorrência da citação ou da intimação, quando ela se der por ato do escrivão ou do chefe de secretaria;*
>
> *IV – o dia útil seguinte ao fim da dilação assinada pelo juiz, quando a citação ou a intimação for por edital;*
>
> *V – o dia útil seguinte à consulta ao teor da citação ou da intimação ou ao término do prazo para que a consulta se dê, quando a citação ou a intimação for eletrônica;*
>
> *VI – a data de juntada do comunicado de que trata o art. 232 ou, não havendo esse, a data de juntada da carta aos autos de origem devidamente cumprida, quando a citação ou a intimação se realizar em cumprimento de carta;*
>
> *VII – a data de publicação, quando a intimação se der pelo Diário da Justiça impresso ou eletrônico;*
>
> *VIII – o dia da carga, quando a intimação se der por meio da retirada dos autos, em carga, do cartório ou da secretaria.*
>
> *§ 1º Quando houver mais de um réu, o dia do começo do prazo para contestar corresponderá à última das datas a que se referem os incisos I a VI do caput.*
>
> *§ 2º Havendo mais de um intimado, o prazo para cada um é contado individualmente.*
>
> *§ 3º Quando o ato tiver de ser praticado diretamente pela parte ou por quem, de qualquer forma, participe do processo, sem a intermediação de representante judicial, o dia do começo do prazo para cumprimento da determinação judicial corresponderá à data em que se der a comunicação.*
>
> *§ 4º Aplica-se o disposto no inciso II do caput à citação com hora certa.*

O art. 231 do novo C.P.C., salvo se a intimação da decisão for em audiência, traz de forma objetiva o dia do começo do prazo recursal, assim como as hipóteses em que ocorre a intimação dos sujeitos processuais.

Portanto, o art. 224 do novo C.P.C. diz respeito à contagem do prazo e o art. 231 do novo C.P.C. diz respeito à data de começo do prazo.

RECURSOS NO NOVO C.P.C.

Vejamos pragmaticamente a questão em que a parte foi intimada para recorrer no prazo de 15 (quinze) dias.

Obs: Para facilitar vou considerar a sequência do prazo como sendo somente de dias úteis:

a) se a intimação for pelo correio, o começo do prazo se dá pela juntada do aviso de recebimento nos autos. Assim, se o aviso de recebimento foi juntado no dia 1º (útil) esse dia é o começo do prazo. Porém, como o art. 224 preconiza que se exclui o dia do começo, o prazo final será o dia 16.

b) se a intimação for por mandado, o começo do prazo se dá pela juntada do mandado nos autos. Assim, se o mandado foi juntado no dia 1º (que não se computa), o prazo final será o dia 16.

c) se a intimação for por certidão do escrivão ou chefe de secretaria, o começo do prazo se dá na data da ocorrência da intimação. Assim, se a intimação ocorreu no dia 1º, o prazo final será o dia 16.

d) se a intimação for por edital, o começo do prazo se dá no dia útil seguinte ao fim da dilação assinada pelo juiz. Se o Edital foi publicado no dia 1º e o juiz assinou 20 (vinte) dias de dilação, o começo do prazo se dá no dia 21 (vinte e um). Suponhamos que o mês tenha 30 (trinta) dias. Excluindo o dia do começo, o prazo final será no dia 6 (dezesseis) do outro mês.

e) se a intimação for eletrônica, o começo do prazo será o dia útil seguinte à consulta ao teor da intimação ou ao término do prazo para que a consulta se dê. Suponhamos que a parte tenha consultado o processo eletrônico no dia 1º. O começo do prazo será o dia 2 (dois), ou seja, o dia útil seguinte à consulta. Como não se conta o dia do começo, ou seja, o dia 2 (dois), o prazo final será o dia 17 (dezessete).

f) se a intimação for pelo diário eletrônico ou físico, o começo do prazo ocorrerá na data de publicação, sendo que se considera como data de publicação, nos termos do §2º do art. 224, o primeiro dia útil seguinte ao da disponibilização da informação no Diário da Justiça Eletrônico ou impresso. Assim, se a disponibilização da intimação no Diário ocorreu no dia 1º, a publicação dar-se-á no dia 2 (dois). Por sua vez, o §3º do art. 224 preconiza que a contagem do prazo terá início no primeiro dia útil que seguir ao da publicação. Assim, o primeiro dia útil a seguir ao da publicação será o dia 3 (três). Como não se conta o dia do começo, o prazo final será o dia 18 (dezoito).

Portanto, a única hipótese de quebra de sistematização de contagem de prazo se dá com a questão da data de publicação em relação ao Diário da Justiça e não em relação à intimação por meio eletrônico.

Em se tratando de litisconsórcio, no qual haja diferentes procuradores, de escritórios de advocacia distintos, o prazo para recorrer será contado em dobro, nos termos do art. 229 do atual C.P.C.

O prazo em dobro será observado mesmo que um dos corréus seja considerado revel. Nesse sentido é a seguinte decisão do S.T.J.:

1. Em caso de litisconsórcio entre dois corréus, o prazo deverá ser contado em dobro, mesmo que um deles seja revel, deixando de apresentar contestação. Precedentes.

2. Agravo Regimental improvido.

(AgRg no REsp 1344103/SP, Rel. Ministro SIDNEI BENETI, TERCEIRA TURMA, julgado em 23/10/2012, DJe 07/11/2012)

Porém, conforme entendimento pacífico do Superior Tribunal de Justiça, se a decisão recorrida é prejudicial aos litisconsortes, mas apenas um recorre, o prazo em dobro existe apenas em relação ao prazo do primeiro recurso, mas passa a ser simples para os recursos posteriores. Nesse sentido são os seguintes precedentes:

EMBARGOS DE DECLARAÇÃO NOS EMBARGOS DE DECLARAÇÃO NO AGRAVO REGIMENTAL NO AGRAVO EM RECURSO ESPECIAL. OMISSÃO, CONTRADIÇÃO E OBSCURIDADE NÃO VERIFICADAS. LITIS-CONSÓRCIO. ART. 191 DO CPC. PRAZO EM DOBRO PARA RECORRER. INAPLICABILIDADE.

1. Ausentes quaisquer dos vícios ensejadores dos declaratórios, afigura-se patente o intuito infringente da irresignação, que objetiva não suprimir omissão, afastar obscuridade, eliminar contradição ou corrigir erro material, mas, sim, reformar o julgado por via inadequada.

2. O prazo em dobro previsto no art. 191 do CPC não se aplica na hipótese de apenas um dos litisconsortes ter recorrido, desfazendo-se o litisconsórcio na instância ordinária. Em outras palavras, se a decisão recorrida é prejudicial aos litisconsortes, mas apenas

RECURSOS NO NOVO C.P.C.

um interpõe recurso, a dobra do prazo existe até esse recurso, passando a ser simples para os posteriores. Precedentes.

3. Embargos de declaração rejeitados.

(EDcl nos EDcl no AgRg no AREsp 276.163/ES, Rel. Ministro RICARDO VILLAS BÔAS CUEVA, TERCEIRA TURMA, julgado em 15/12/2015, DJe 03/02/2016).

AGRAVO REGIMENTAL NO AGRAVO EM RECURSO ESPECIAL. PROCESSUAL CIVIL. RECURSO ESPECIAL. INTEMPESTIVIDADE. ART. 191 DO CPC. PRAZO EM DOBRO. INAPLICABILIDADE. ACÓRDÃO DESFAVORÁVEL A AMBOS OS LITISCONSORTES. OPOSIÇÃO DE ACLARATÓRIOS SOMENTE POR UM DELES. PRAZO SIMPLES PARA OS RECURSOS POSTERIORES. PRECEDENTES. AGRAVO REGIMENTAL DESPROVIDO, COM APLICAÇÃO DE MULTA.

(AgRg no AREsp 255.943/RN, Rel. Ministro PAULO DE TARSO SANSEVERINO, TERCEIRA TURMA, julgado em 23/09/2014, DJe 30/09/2014)

Agravo regimental no recurso especial – ação ordinária – contrato de compra e venda de gás natural – litisconsórcio – art. 191 do cpc – prazo em dobro para recorrer – inaplicabilidade, na espécie – apelação interposta apenas por um dos litisconsortes – desfazimento do litisconsórcio – prazo simples – precedentes – recurso especial intempestivo – negado provimento ao agravo regimental.

(AgRg no REsp 1288106/MS, Rel. Ministro MASSAMI UYEDA, TERCEIRA TURMA, julgado em 20/11/2012, DJe 29/11/2012).

Também não será considerado o prazo em dobro para os litisconsortes, quando algum dos litisconsortes não for sucumbente em face da decisão recorrida. Nesse sentido é o seguinte precedente do S.T.J.:

1. O prazo em dobro para recorrer se aplica quando os litisconsortes, com diferentes procuradores, sucumbirem diante da decisão recorrida. Não havendo interesse recursal por um dos litisconsortes, por não haver sucumbência, não incide a regra do art. 191 do Código de Processo Civil.

2. Agravo Regimental improvido.

(AgRg no AREsp 218.330/PR, Rel. Ministro SIDNEI BENETI, TERCEIRA TURMA, julgado em 23/10/2012, DJe 09/11/2012).

Referido entendimento, consolidado na Súmula nº 641/STF (*"Não se conta em dobro o prazo para recorrer, quando só um dos litisconsortes haja sucumbido"*), é reiteradamente aplicado pelo S.T.J., especialmente para a contagem do prazo de interposição de agravo de instrumento naqueles casos em que inadmitido o recurso especial interposto por apenas um dos litisconsortes.

Outrossim, ainda que presentes nos autos litisconsortes com procuradores distintos, o terceiro prejudicado, ao ingressar no processo para recorrer, não usufrui do prazo em dobro. Nesse sentido é a seguinte decisão do S.T.J.:

> *1. Ainda que presentes nos autos litisconsortes com procuradores distintos, o terceiro prejudicado, ao ingressar no processo para recorrer, não pode usufruir do favor dilatório previsto no art. 191 do CPC, máxime por não ostentar a qualidade de litisconsorte.*
>
> *2. Outrossim, como ensina Cândido Rangel Dinamarco, "se a partes tiverem o benefício do prazo em dobro, isso não é razão para que o tenha o terceiro" (in Instituições de direito processual civil. 6.ed. São Paulo: Malheiros, 2009, v. II, p. 404).*
>
> *3. Recurso especial a que se nega provimento.*
>
> (REsp 1330516/PR, Rel. Ministro SÉRGIO KUKINA, PRIMEIRA TURMA, julgado em 12/05/2015, DJe 18/05/2015).

O S.T.J. também não admite o prazo em dobro para recorrer em favor dos credores na recuperação judicial, conforme a seguinte decisão:

> *DIREITO EMPRESARIAL E PROCESSUAL CIVIL. INAPLICABILIDADE DO PRAZO EM DOBRO PARA RECORRER AOS CREDORES NA RECUPERAÇÃO JUDICIAL.*
>
> *No processo de recuperação judicial, é inaplicável aos credores da sociedade recuperanda o prazo em dobro para recorrer previsto no art. 191 do CPC. Inicialmente, consigne-se que pode ser aplicada ao processo de recuperação judicial, mas apenas em relação ao litisconsórcio ativo, a norma prevista no art. 191 do CPC que dispõe que "quando os litisconsortes tiverem diferentes procuradores, ser-lhes-ão contados em dobro os prazos para contestar, para recorrer e, de modo geral, para falar nos autos". Todavia, não se pode olvidar que a recuperação judicial configura processo sui generis, em que o empresário atua como requerente, não havendo polo passivo. Assim, não se mostra possível o reconhecimento de litisconsórcio passivo em favor dos credores da sociedade recuperanda, uma vez que não há réus na recuperação judicial, mas credores interessados, que, embora*

participando do processo e atuando diretamente na aprovação do plano, não figuram como parte adversa – já que não há nem mesmo litígio propriamente dito. Com efeito, a sociedade recuperanda e os credores buscam, todos, um objetivo comum: a preservação da atividade econômica da empresa em dificuldades financeiras a fim de que os interesses de todos sejam satisfeitos. Dessa forma, é inaplicável o prazo em dobro para recorrer aos credores da sociedade recuperanda. Ressalte-se, por oportuno, que, conforme jurisprudência do STJ, o prazo em dobro para recorrer, previsto no art. 191 do CPC, não se aplica a terceiros interessados.

(REsp 1.324.399-SP, Rel. Min. Paulo de Tarso Sanseverino, julgado em 3/3/2015, DJe 10/3/2015).

Em relação à denunciação da lide, entende Nelson Nery Junior, que *"há impropriedade da lei processual, quando o CPC (1973) fala que o litisdenunciado assume no processo a qualidade de 'litisconsorte' do denunciante. Na verdade, é ele 'assistente simples (CPC 50) do denunciante na ação principal, porque tem interesse jurídico em que este último vença a demanda da qual a denunciação se originou. Não é assistente litisconsorcial (CPC de 1973) porque não tem nenhuma relação de direito material com o adversário do litisdenunciante. Esta é a razão pela qual a jurisprudência, acertadamente, entende não se aplicar o CPC quando denunciante e denunciado têm procuradores diferentes. Aliás, adversários que são não podem ter o mesmo procurador".*[270]

Porém, não é esse o entendimento do S.T.J., que admite a contagem do prazo em dobro em se tratando de denunciação da lide. Nesse contexto, vale trazer à colação precedente do S.T.J. assentando que, "com a formação do litisconsórcio [decorrente da aceitação da denunciação e da contestação do pedido do autor] e havendo procuradores distintos, é de se aplicar o prazo em dobro para recorrer, merecendo incidência a regra do art. 191 do CPC" (REsp 181.907/RS, 4ª Turma, Rel. Min. Sálvio de Figueiredo Teixeira, DJ de 18.12.1998. No mesmo sentido: REsp 191.772/RS, 3ª Turma, Rel. Min. Waldemar Zveiter, DJ de 08.08.1999; e REsp 72.614/ SE, 4ª Turma, Rel. Min. Aldir Passarinho Junior, DJ de 18.02.2002). Esses precedentes, além de confirmarem que, ao admitir a denunciação e contestar o pedido do autor, o denunciado integra o pólo passivo da demanda, também denotam o entendimento do STJ quanto à possibilidade de, nessa situação, denunciante e denunciado terem o mesmo advogado, na

---

[270] NERY JUNIOR, N., op. cit., p. 347.

ADMISSIBILIDADE DOS RECURSOS

medida em que ressalvam, *contrario sensu*, a hipótese de terem patronos distintos.

Quando a parte for o Ministério Público, a Defensoria Pública, a União, os Estados, o Distrito Federal, os Municípios e suas respectivas autarquias e fundações de direito público, conforme estabelecem, respectivamente, os arts. 180, 186 e 183 do atual C.P.C., a contagem do prazo para recorrer será em dobro.

Em relação ao prazo em dobro concedido ao Ministério Público, eis os seguintes precedentes do S.T.J.:

> *I – A jurisprudência já assentou entendimento no sentido de reconhecer legitimidade para a propositura de pedido suspensivo também às empresas públicas, sociedades de economia mista, concessionárias e permissionárias de serviço público, quando na defesa do interesse público primário. Dessa forma, o Poder Público legitimado tem um sentido lato sensu.*
>
> *II – Aplicável, portanto, o disposto no art. 188 do CPC no tocante ao prazo em dobro para recorrer, quando a parte for a Fazenda Pública ou o Ministério Público, no que o presente agravo, interposto pelo Estado de Goiás, é tempestivo.*
>
> (...).
> (AgRg no AgRg na SLS 1.955/DF, Rel. Ministro FRANCISCO FALCÃO, CORTE ESPECIAL, julgado em 18/03/2015, DJe 29/04/2015).

> *1. Discute-se a incidência do art. 188 do CPC, que confere prazo em dobro para recorrer quando a parte for a Fazenda Pública ou o Ministério Público, na hipótese de o recurso interposto ser o previsto no art. 4º, § 3º, da Lei 8.437/1992.*
>
> *2. Em consonância com a jurisprudência pacífica do Pleno do STF, no incidente de Suspensão de Segurança ou de Liminar, não se reconhece a prerrogativa da contagem de prazo em dobro para recorrer (SS 3.740 AgR-segundo, Relator Min. Cezar Peluso, publicado em 2.5.2012; SS 4.119 AgR-ED-ED, Relator Min. Cezar Peluso, publicado em 5.8.2011; STA 172 AgR, Relator Min. Cezar Peluso, publicado em 2.12.2010).*
>
> *3. Em precedente julgado pela Segunda Turma do Superior Tribunal de Justiça (REsp. 1.331.730/RS), adotou-se o entendimento pacificado no STF.*
>
> *4. Agravo Regimental não provido.*
>
> (AgRg no REsp 1408864/PR, Rel. Ministro HERMAN BENJAMIN, SEGUNDA TURMA, julgado em 03/04/2014, DJe 22/04/2014).

EMBARGOS DE DECLARAÇÃO NO AGRAVO REGIMENTAL NO RECURSO

1. Os embargos de declaração destinam-se a suprir omissão, afastar obscuridade ou eliminar contradição, inexistentes no julgado que reconheceu a intempestividade do agravo regimental. A pretensão de rediscutir matéria devidamente analisada e decidida, consubstanciada na mera insatisfação com o resultado da demanda, é inviável na via dos aclaratórios.

2. O prazo em dobro para recorrer previsto no art. 188 do Código de Processo Civil, quando a parte for a Fazenda Pública ou o Ministério Público, não se aplica ao feitos de natureza penal, como o presente, onde a prerrogativa é assegurada exclusivamente à Defensoria Pública.

3. Embargos de declaração rejeitados.

(EDcl no AgRg no RMS 36.050/PI, Rel. Ministra LAURITA VAZ, QUINTA TURMA, julgado em 22/10/2013, DJe 05/11/2013).

1. Mesmo em se tratando de recurso interposto em face de suspensão de segurança, conta-se em dobro para os beneficiários do art. 188 do CPC. Precedentes.

2. Agravo regimental não provido.

(AgRg no AREsp 197.532/BA, Rel. Ministro CASTRO MEIRA, SEGUNDA TURMA, julgado em 18/12/2012, DJe 08/02/2013).

1. Interpretando literalmente o disposto no art. 188 do Código de Processo Civil, que dispõe: computar-se-á em quádruplo o prazo para contestar e em dobro para recorrer quando a parte for a Fazenda Pública ou o Ministério Público, a figura do assistente simples não está contida no termo parte. Contudo, a interpretação gramatical, por si só, é insuficiente para a compreensão do sentido jurídico da norma, cuja finalidade deve sempre ser buscada pelo intérprete e aplicador, devendo ser considerado, ainda, o sistema jurídico no qual a mesma está inserta. Desta forma, o termo parte deve ser entendido como parte recorrente, ou seja, sempre que o recorrente for a Fazenda Pública, o prazo para interpor o recurso é dobrado.

Esta é a finalidade da norma. In casu, o Estado de Pernambuco, na qualidade de assistente simples de empresa pública estadual, tem direito ao prazo em dobro para opor Embargos de Declaração, cuja natureza jurídica é de recurso, previsto no art. 496, IV, da Lei Processual Civil. (REsp. 663.267/PE, Rel. Min. JORGE SCARTEZZINI, DJ 13.06.2005).

2. Inexiste omissão relativa ao acolhimento dos Recursos Especiais da CEAL e da UNIÃO pela alínea c, tendo sido comprovada a divergência jurisprudencial nos mol-

ADMISSIBILIDADE DOS RECURSOS

des exigidos pela legislação processual, sendo certo que foi citado aresto desta Corte que afirmou a legalidade do aumento da tarifa de energia elétrica após o período de congelamento com base na Portaria 153/86, entendimento diametralmente oposto ao do acórdão proferido pelo TRF da 5a.

Região, aqui recorrido, de que a ilegalidade da majoração das tarifas durante o período de congelamento estendia-se para o período posterior.

3. Os Embargos de Declaração são modalidade recursal de integração e objetivam, tão-somente, sanar obscuridade, contradição ou omissão, de maneira a permitir o exato conhecimento do teor do julgado; não podem, por isso, ser utilizados com a finalidade de sustentar eventual incorreção do decisum hostilizado ou de propiciar novo exame da própria questão de fundo, em ordem a viabilizar, em sede processual inadequada, a desconstituição de ato judicial regularmente proferido; a aceitação de declaratórios fora do seu estrito padrão processual somente é cogitável quando a decisão embargada ofende julgado posterior, se ostentar as conspícuas qualidades de vinculação imperativa e eficácia erga omnes.

4. Embargos rejeitados.

(EDcl nos EDcl no REsp 1035925/AL, Rel. Ministro NAPOLEÃO NUNES MAIA FILHO, PRIMEIRA TURMA, julgado em 22/11/2011, DJe 23/02/2012).

1. O entendimento jurisprudencial sedimentado no STF e no STJ, na época em que protocolizado o agravo de instrumento, era no sentido que a intimação pessoal do Ministério Público se dava com o "ciente" lançado nos autos, quando efetivamente entregues ao órgão ministerial, e não da data da entrada dos autos na secretaria.

2. Em razão da natureza cível da ação, o Parquet tem prazo em dobro para recorrer na ação civil pública por improbidade administrativa (art. 188 do CPC).

(...).

(AgRg nos EDcl no Ag 587.748/PR, Rel. Ministro HUMBERTO MARTINS, SEGUNDA TURMA, julgado em 15/10/2009, DJe 23/10/2009).

Estatuto da Criança e do Adolescente. Sentença (internação).

Intimação pessoal (início do prazo). Ministério Público (prazo em dobro). Apelação (devolução). Intempestividade (reconhecimento) 1. Há no Superior Tribunal orientação segundo a qual (I) o Ministério Público terá sempre o prazo em dobro para recorrer nos procedimentos afetos ao Estatuto da Criança e do Adolescente e (II) o prazo para recorrer começa da data em que foi dada entrada do processo no protocolo administrativo do Ministério Público.

RECURSOS NO NOVO C.P.C.

2. Contudo, no caso dos autos, é lícito entender que, entre a ciência certificada por auxiliar permanente da Justiça e a ciência aposta ao pé da sentença, há de prevalecer a primeira, já que se presume serem verdadeiras, até prova em contrário, as certidões dos auxiliares.

3. Há de prevalecer, portanto, como termo inicial do prazo recursal, a data em que foi dada ciência da sentença ao Ministério Público pelo servidor do cartório judicial. Em tal contexto, ainda que se considere o prazo em dobro, trata-se de apelação intempestiva.

4. Habeas corpus deferido.

(HC 41.316/SP, Rel. Ministro NILSON NAVES, SEXTA TURMA, julgado em 09/12/2005, DJ 10/04/2006, p. 302).

Estabelece a Súmula n. 116 do S.T.J.: *A Fazenda Pública e o Ministério Público têm prazo em dobro para interpor agravo regimental no Superior Tribunal de Justiça.*

Em relação à Fazenda Pública, é importante ressaltar que abrange a Fazenda Pública Federal, Estadual e Municipal, e suas respectivas autarquias e fundações de direito público.

Essa prerrogativa não abrange as sociedades de economia mista, as empresas públicas. Nesse sentido, eis a seguinte decisão do S.T.J.:

1. Os embargos de declaração são cabíveis para a modificação do julgado que se apresenta omisso, contraditório ou obscuro, bem como para sanar possível erro material existente na decisão.

2. Nos termos da jurisprudência do STJ, as normas que criam privilégios ou prerrogativas especiais devem ser interpretadas restritivamente, não se encontrando as empresas públicas inseridas no conceito de Fazenda Pública previsto no art. 188 do CPC, o que não lhe garante prazo em quádruplo para contestar e em dobro para recorrer.

3. Ausência de omissão, contradição ou obscuridade a ensejar a integração do julgado. Embargos de declaração rejeitados.

(EDcl no AgRg no REsp 1416337/SC, Rel. Ministro HUMBERTO MARTINS, SEGUNDA TURMA, julgado em 05/03/2015, DJe 11/03/2015)

Porém, o S.T.J. já entendeu que é aplicável o prazo em dobro à empresa pública dos Correios e Telégrafos, conforme a seguinte decisão:

1. A jurisprudência desta Corte firmou entendimento no sentido de que é aplicável a regra constante do art. 188 do CPC à Empresa Brasileira de Correios e Telégrafos, empresa pública federal, entidade da Administração Indireta da União, criada pelo Decreto-Lei n. 509/69.

2. Precedente: AgRg no REsp 1.308.820/DF, Rel. Ministro MAURO CAMPBELL MARQUES, SEGUNDA TURMA, julgado em 04/06/2013, DJe 10/06/2013.

Embargos de declaração acolhidos, com efeitos infringentes, para afastar a intempestividade do agravo regimental interposto às fls. 2.357/2.370, e-STJ e tornar nulo o acórdão de fls. 2.407/2.410, e-STJ. Após a publicação, retornem os autos para a reapreciação do agravo regimental da ECT de fls. 2.357/2.370, e-STJ.

(EDcl nos EDcl no AgRg no REsp 1416337/SC, Rel. Ministro HUMBERTO MARTINS, SEGUNDA TURMA, julgado em 28/04/2015, DJe 06/05/2015)

Com efeito, segundo o Supremo Tribunal Federal, à exceção das demais empresas públicas, a Empresa Brasileira de Correios e Telégrafos, empresa pública federal, entidade da administração indireta da União, criada pelo Decreto-Lei n. 509/69, presta, com exclusividade, o serviço postal, que é um serviço público, não consubstanciando atividade econômica (ADPF 46, Relator(a): Min. MARCO AURÉLIO, Relator(a) p/ acórdão: Min. EROS GRAU, Tribunal Pleno, julgado em 05/08/2009, DJ 26/02/2010). Por essa razão, goza de algumas prerrogativas da Fazenda Pública, como prazos processuais, custas, impenhorabilidade de bens e imunidade recíproca.

Também a defensoria pública deverá gozar de prazo em dobro para recorrer, razão pela qual é importante que cada unidade da federação mantenha serviço organizado de defensoria pública para assistência jurídica aos necessitados, nos termos do art. 5º, inc. LXXIV e 134, §1º, da C.F.).

Conforme anota Nelson Nery Junior: *O termo 'assistência jurídica', da CF/88, abarca consultoria e atividade jurídica extrajudicial em geral. Se o Estado não tiver posto à disposição do público esse serviço, a OAB pode, em convênio com o Estado, estabelecer parâmetros para a prestação deste serviço. Como último recurso, pode o MP exercer esse mister, se se entender que a defesa dos necessitados é de interesse social (CF 127). Caso não haja, na comarca, serviço de defensoria pública ou de assistência judiciária estatal, pode o juiz nomear advogado privado para exercer esse múnus público, inclusive na função de curador especial do réu revel citado fictamente...".*[271]

---

[271] NERY JUNIOR, N., idem., p. 345.

A jurisprudência, seja do S.T.J., seja do S.T.F., entende que o defensor dativo somente gozará do prazo em dobro previsto no C.P.C., caso ele tenha algum vínculo estatal. Nesse sentido são os seguintes precedentes:

1. Ao interpretarem o artigo 5º, § 5º, da Lei 1.060/1950, os Tribunais Superiores consolidaram o entendimento de que os defensores dativos, por não integraram o quadro estatal de assistência judiciária, não dispõem da prerrogativa de prazo em dobro para recorrer.

2. No caso dos autos, a defesa do paciente está sendo realizada por causídico credenciado à Defensoria Pública, que atua no feito por sua indicação e em decorrência de convênio firmado com a Ordem dos Advogados do Brasil, o que revela que não pode ser equiparado aos advogados dativos em geral, devendo ser-lhe estendidos os direitos e garantias conferidos aos defensores públicos.

3. Ordem concedida para anular o julgamento do recurso em sentido estrito interposto pela defesa, determinando-se que outro seja proferido observando-se a prerrogativa da contagem dos prazos processuais em dobro do patrono responsável pela defesa do paciente.

(HC 307.999/SP, Rel. Ministro JORGE MUSSI, QUINTA TURMA, julgado em 05/05/2015, DJe 14/05/2015).

1. A interposição de agravo regimental após o prazo legal implica o não conhecimento do recurso, por intempestividade, nos termos do art. 258 do RISTJ.

2. A Corte Especial do Superior Tribunal já firmou o posicionamento de que o prazo em dobro para recorrer, previsto no art. 5º, § 5º, da Lei nº 1.060/50, não se estende aos defensores dativos, ainda que credenciados pelas Procuradorias-Gerais dos Estados via convênio com as Seccionais da Ordem dos Advogados do Brasil.

3. Agravo regimental não conhecido.

(AgRg no AREsp 620.323/SP, Rel. Ministro MOURA RIBEIRO, TERCEIRA TURMA, julgado em 28/04/2015, DJe 12/05/2015).

– É intempestivo o recurso especial interposto pela parte fora do prazo legal de 15 dias, a teor do art. 26 da Lei n. 8.038/1990.

– O defensor dativo, por não integrar o quadro estatal de assistência judiciária, não dispõe da prerrogativa de prazo em dobro para recorrer, como ocorre com os defensores públicos. Precedentes.

Agravo regimental desprovido.

(AgRg nos EDcl no AREsp 257.324/SP, Rel. Ministro ERICSON MARANHO (DESEMBARGADOR CONVOCADO DO TJ/SP), SEXTA TURMA, julgado em 03/02/2015, DJe 25/02/2015).

ADMISSIBILIDADE DOS RECURSOS

EMENTA Agravo regimental no recurso extraordinário com agravo. Matéria criminal. Defensor dativo. Prazo em dobro para recorrer. Não incidência. Precedentes. Regimental não provido.

1. É assente, na jurisprudência da Corte, o entendimento de que o defensor dativo possui a prerrogativa da intimação pessoal. Todavia, ele não faz jus ao prazo recursal em dobro.

2. Agravo a que se nega provimento.

(ARE 814800 AgR, Relator(a): Min. DIAS TOFFOLI, Primeira Turma, julgado em 30/09/2014, PROCESSO ELETRÔNICO DJe-225 DIVULG 14-11-2014 PUBLIC 17-11-2014).

1. Recurso de agravo de instrumento interposto quando já escoado o prazo legal para a sua apresentação.

2. Inaplicabilidade ao advogado dativo da prerrogativa do prazo em dobro disposta na Lei 1.060/50, com a redação dada pela Lei 7.871/89, conferida apenas aos assistidos por defensores públicos. Precedentes.

3. Agravo regimental improvido.

(AI 627334 AgR, Relator(a): Min. ELLEN GRACIE, Tribunal Pleno, julgado em 20/09/2007, DJe-131 DIVULG 25-10-2007 PUBLIC 26-10-2007 DJ 26-10-2007 PP-00031 EMENT VOL-02295-13 PP-02535)

Contudo, esse entendimento reducionista do S.T.J e do S.T.F. deverá ser adequado à nova determinação legal prevista no art. 186, §3º, do novo C.P.C. que assim estabelece:

Art. 186. A Defensoria Pública gozará de prazo em dobro para todas as suas manifestações processuais.

(...).

§ 3º O disposto no caput aplica-se aos escritórios de prática jurídica das faculdades de Direito reconhecidas na forma da lei e às entidades que prestam assistência jurídica gratuita em razão de convênios firmados com a Defensoria Pública.

Portanto, os advogados vinculados a escritórios de prática jurídica das faculdades de Direito reconhecidas na forma da lei e as entidades que prestam assistência jurídica gratuita em razão de convênios firmados com a Defensoria Pública também terão a prerrogativa do prazo em dobro para recorrer.

Os prazos contra o revel que não tenha patrono nos autos correrão a partir da publicação do ato decisório no órgão oficial (art. 346 do atual C.P.C.). Trata-se de inovação importante, pois mesmo que haja revelia, os prazos contra o revel fluirão a partir da publicação do ato decisório no órgão oficial e não da data da audiência de leitura da decisão, salvo se, quando da leitura da decisão em audiência, este já estava representado por meio de advogado, devidamente intimado para comparecer à audiência. Portanto, está superado o entendimento de que o prazo contra o revel não representado nos autos corre independentemente de intimação (CPC/1973, art. 322).

A intimação é o ato pelo qual se dá ciência a alguém dos atos e dos termos do processo (art. 269 do atual C.P.C.).

Em todas as hipóteses de contagem do prazo para a interposição de recurso, os prazos serão contados, excluindo o dia do começo e incluindo o do vencimento.

Considera-se prorrogado o prazo até o primeiro dia útil, se o vencimento cair em dia em que: a) for determinado o fechamento do fórum; b) o expediente forense for encerrado antes ou iniciado depois da hora normal ou houver indisponibilidade da comunicação eletrônica ($\S1^\circ$ do art. 224 do atual C.P.C.).

Considera-se como data da publicação o primeiro dia útil seguinte ao da disponibilização da informação no Diário da Justiça eletrônico ($\S2^\circ$ do art. 224 do atual C.P.C.). A contagem do prazo terá início no primeiro dia útil que se seguir ao da publicação ($\S3^\circ$ do art. 224 do atual C.P.C.).

Poderá ocorrer também que antes ou depois da prolação da decisão, a parte promova a revogação do mandato outorgado a seu advogado. Nessa hipótese, nos termos do art. 111 do novo C.P.C., a parte deverá, no mesmo ato, constituir outro procurador que assuma o patrocínio da causa. Se a revogação ocorrer antes da intimação, essa deverá ocorrer na pessoa do novo procurador. Se a revogação ocorrer depois, não haverá prejuízo para o prazo que se encontra em curso quando da intimação do procurador anterior. Sobre o tema, eis a seguinte decisão do S.T.J.:

PROCESSUAL CIVIL. AGRAVO REGIMENTAL NO AGRAVO EM RECURSO ESPECIAL. REVOGAÇÃO DA PROCURAÇÃO. NÃO REGULARIZAÇÃO DA REPRESENTAÇÃO PROCESSUAL NO PRAZO DE 10 DIAS. DESNECESSIDADE DE INTIMAÇÃO.

ADMISSIBILIDADE DOS RECURSOS

1. Por meio da petição de fls. 398/302, os advogados da sociedade Zilveti Advogados comunicaram que o agravante revogou os poderes a eles outorgados pelo mandato de fl. 43. Tendo o escritório notificado o agravado de que atuaria nos processos até a data de 30/08/2015.

2. O art. 44, do Código de Processo Civil, estabelece que "a parte, que revogar o mandato outorgado ao seu advogado, no mesmo ato constituirá outro que assuma o patrocínio da causa". Assim, o referido dispositivo dispensa a intimação da parte para que constitua novo advogado, pois, é ônus dela, que o faça no mesmo ato da revogação.

3. Registre-se que a revogação ocorreu após a interposição do agravo, tendo a parte regularizado a sua representação processual somente em sede do presente agravo regimental (após o prazo de 10 dias, da sua notificação da data final de atuação dos antigos causídicos). Ora, caberia à parte, após a revogação da procuração, regularizar a sua representação processual, independentemente de intimação.

4. Além disso, mesmo que se entendesse que fosse caso de renúncia ao mandato, a jurisprudência do STJ firmou-se no sentido de que "o artigo 45 do Código de Processo Civil constitui regra específica que afasta a incidência subsidiária do comando inserto no artigo 13 do mesmo diploma. Dessa maneira, tendo o advogado renunciado ao mandato e comunicado esse fato ao mandatário, cumpriria a este providenciar a constituição de novo patrono"(AgRg no AREsp 197.118/MS, Rel. Ministro SIDNEI BENETI, TERCEIRA TURMA, DJe de 9/10/2012).

5. Agravo regimental não provido.

(AgRg no AREsp 762.332/PE, Rel. Ministro MAURO CAMPBELL MARQUES, SEGUNDA TURMA, julgado em 03/12/2015, DJe 14/12/2015)

O S.T.J. já decidiu que o advogado constituído posteriormente deve respeitar o prazo já iniciado. Sobre o tema, eis os seguintes precedentes:

PENAL E PROCESSUAL PENAL. REVOGAÇÃO DE MANDATO DURANTE PRAZO RECURSAL. CONSTITUIÇÃO DE DEFENSOR PÚBLICO. NÃO DEVOLUÇÃO DO PRAZO. ADVOGADO INTIMADO. NÃO OBRIGATORIEDADE DE INTERPOSIÇÃO DE RECURSO. VOLUNTARIEDADE RECURSAL. PRECEDENTES. SÚMULA 83/STJ.

Agravo regimental improvido.

(AgRg no AREsp 502.973/MG, Rel. Ministro SEBASTIÃO REIS JÚNIOR, SEXTA TURMA, julgado em 18/11/2014, DJe 05/12/2014)

PENAL. PROCESSUAL PENAL. HABEAS CORPUS . 1. ACÓRDÃO QUE MODIFICA SUBSTANCIALMENTE A PENA FIXADA EM SENTENÇA.

DEFENSORIA PÚBLICA. PRAZO PARA A INTERPOSIÇÃO DE RECURSO. CONSTITUIÇÃO DE DEFENSOR PARTICULAR. PETIÇÃO PROTOCO-LADA DENTRO DO PRAZO. DEVOLUÇÃO DO PRAZO. PEDIDO. INDEFERI-MENTO. CONSTRANGIMENTO ILEGAL. INEXISTÊNCIA. NECESSIDADE DE ATENDIMENTO DO PRAZO LEGAL. 2. ORDEM DENEGADA.

1. Se o paciente desconstituiu defensor público quando já em curso prazo para a interposição de recurso especial ou extraordinário, o advogado que ingressa nos autos deve respeitar o prazo já iniciado, interpondo, se for o caso, o recurso, dentro do prazo que ainda resta.

2. Ordem denegada.

(HC n. 66.680/PR, Ministra Maria Thereza de Assis Moura, Sexta Turma, DJe 18/5/2009)

Também poderá ocorrer que antes ou depois de proferida a decisão, o procurador da parte renuncie ao mandato, provando que comunicou a renúncia ao mandante, a fim de que este nomeie sucessor. Se a renúncia ocorrer antes da intimação da decisão, o renunciante, durante os 10 (dez) dias seguintes, continuará a representar o mandante, desde que necessário para lhe evitar prejuízo (art. 112, §1º, do novo C.P.C.). Assim, se a intimação ao advogado renunciante ocorrer dentro do prazo de 10 (dez) dias, a renúncia não prejudicará o transcurso do prazo recursal, o qual transcorrerá sob a responsabilidade do renunciante, ou, sob a responsabilidade do novo advogado que não terá abertura de novo prazo recursal em seu favor.

Porém, se a intimação da decisão ocorrer após o prazo de 10 (dez) dias, a intimação da decisão deverá ocorrer em nome do novo procurador constituído.

Sobre o tema, eis as seguintes decisões do S.T.J.:

AGRAVO REGIMENTAL NO RECURSO ESPECIAL. PROCESSUAL CIVIL. RENÚNCIA DE MANDATO. ART. 45 DO CPC. AUSÊNCIA DE REGU-LARIZAÇÃO DE REPRESENTAÇÃO NO PRAZO DE 10 DIAS. RECURSO DE APELAÇÃO NÃO CONHECIDO. DESNECESSIDADE DE INTIMAÇÃO DA PARTE. AGRAVO NÃO PROVIDO.

1. "Na linha dos precedentes desta Corte, o artigo 45 do Código de Processo Civil constitui regra específica que afasta a incidência subsidiária do comando inserto no artigo 13 do mesmo diploma. Dessa maneira, tendo o advogado renunciado ao mandato e comunicado esse fato ao mandatário, cumpriria a este providenciar a constituição de

ADMISSIBILIDADE DOS RECURSOS

novo patrono, sem o que os prazos processuais correm independentemente de intimação" (AgRg no AREsp 197.118/MS, Rel. Ministro SIDNEI BENETI, TERCEIRA TURMA, DJe de 9/10/2012) 2. In casu, o Tribunal de origem negou seguimento ao recurso de apelação, porque inequívoca a ciência da parte acerca da renúncia de seus procuradores, realizada nos termos do art. 45 do Código de Processo Civil.

3. Agravo regimental a que se nega provimento.

(AgRg no REsp 1190688/RJ, Rel. Ministro RAUL ARAÚJO, QUARTA TURMA, julgado em 07/05/2015, DJe 01/06/2015).

MANDATO OUTORGADO A ADVOGADO. RENÚNCIA. NOTIFICAÇÃO INEQUÍVOCA DO MANDANTE. NECESSIDADE. RESPONSABILIDADE.

1. Conforme precedentes, a renúncia do mandato só se aperfeiçoa com a notificação inequívoca do mandante.

2. Incumbe ao advogado a responsabilidade de cientificar o seu mandante de sua renúncia.

3. Enquanto o mandante não for notificado e durante o prazo de dez dias após a sua notificação, incube ao advogado representá-lo em juízo, com todas as responsabilidades inerentes à profissão.

4. Recurso especial não conhecido.

(REsp 320.345/GO, Rel. Ministro FERNANDO GONÇALVES, QUARTA TURMA, julgado em 05/08/2003, DJ 18/08/2003, p. 209)

Por fim, se a procuração tiver sido outorgada a vários advogados, a parte continuará a ser representada por outro, apesar da renúncia (§2º do art. 112 do novo C.P.C.)

12.2.5. Regularidade formal

Também se caracteriza como pressuposto para a interposição do recurso sua regularidade formal, ou seja, que o recorrente observe as formalidades ditadas pela norma jurídica para a interposição do recurso cabível.

No âmbito do novo C.P.C. brasileiro, encontra-se dentro da regularidade formal do recurso a sua interposição *por escrito*, o que significa dizer que não há recurso oral.

O mesmo ocorre em relação ao processo civil português, tendo em vista que atualmente não se admite a interposição de recurso oral.

Porém, Paulo Ramos de Faria e Ana Luísa Loureiro trazem um interessante comentário ao art. 637º do C.P.C. português, no que concerne à *garantia de um processo equitativo: "Tal como já foi sustentado, a referência à garantia de um processo equitativo, contida no art. 547º, revela que a adequação formal está ao seu serviço, não constituindo a natureza equitativa do processo apenas um limite à adequação, mas também a sua causa, o seu 'Leitmotiv'. Constatando o juiz que a forma legal não se desenvolve num processo equitativo, deverá lançar mão desta ferramenta processual, de modo a que seja satisfeita a mencionada garantia constitucional. Ora, o processo não é equitativo –, se admitir apenas um modo de interposição do recurso, quando este modo for inidóneo a garantir o efetivo direito de impugnação da decisão judicial – por impor sempre ao recorrente a apresentação da alegação com o requerimento, por escrito, e relegando para o momento previsto no n. 1 do art. 641º a primeira pronúncia do tribunal sobre a constituição da instância recursiva. Por exemplo: o juiz, no início da audiência final, surpreende os mandatários, determinando a audição em simultâneo das testemunhas de ambas as partes (art. 604º, n. 8), comprometendo as legítimas estratégias de produção de prova e de interrogatório programadas pelos mandatários. Se a parte quiser evitar que duas testemunhas 'deponham em coro', de nada lhe servirá recorrer, por escrito, ulteriormente. Ainda que a produção de prova venha a ser anulada, as testemunhas conhecem agora os depoimentos das restantes, efeito que se pretendia evitar".*[272]

Dentre as exigências da regularidade formal encontram-se, por exemplo, no âmbito do recurso de apelação, os requisitos estabelecidos no art. 1.010 do novo C.P.C., quais sejam, a indicação dos nomes e a qualificação das partes, a exposição do fato e do direito, as razões do pedido de reforma ou de decretação de nulidade e o pedido de nova decisão.

Em relação ao agravo de instrumento, que será dirigido diretamente ao tribunal competente, por meio de petição, estabelece o art. 1.016 do novo C.P.C. que devem ser observados os seguintes requisitos: os nomes das partes; a exposição do fato e do direito; as razões do pedido de reforma ou de invalidação da decisão e o próprio pedido; o nome e o endereço completo dos advogados constantes do processo.

Uma importante regularidade formal do recurso é a *assinatura da peça recursal.*

Em relação ao processo físico ou em papel, não há problema quanto à assinatura da peça recursal.

Em se tratando de processo eletrônico, o nome do advogado constante da peça recursal deve corresponder ao titular da assinatura eletrônica.

---

[272] FARIA, P.R., LOUREIRO, A. L., op. cit., p. 41.

Porém, havendo divergência entre os nomes, prevalecerá aquele indicado na assinatura digital.

A Corte Especial do Superior Tribunal de Justiça já firmou entendimento de que a vinculação da peça recursal se dá com o advogado que assina de modo digital e que a transmite, independentemente de ter havido aposição mecânica da firma de outro causídico.

A propósito:

> *"(...) A opção pela utilização do meio eletrônico de peticionamento implica na vinculação do advogado titular do certificado digital ao documento chancelado, considerando-se-o, para todos os efeitos, o subscritor da peça. (...) Não tem valor eventual assinatura digitalizada, de outro advogado, que venha constar da peça encaminhada e assinada eletronicamente, mesmo que este possua procuração, dada a impossibilidade de aferição de sua autenticidade e também porque essa modalidade de assinatura – de fácil reprodução por qualquer pessoa no âmbito digital – não possui qualquer regulamentação legal. (...)".*
> (AgRg na APn 675/GO, Rel. Ministra Nancy Andrighi, Corte Especial, julgado em 3.12.2014, DJe 12.12.2014.).

Outro aspecto importante estabelecido pelo S.T.J., em relação ao recurso interposto eletronicamente, é que a *prática eletrônica de ato judicial, na forma da Lei n. 11.419/2006, reclama que o titular do certificado digital utilizado possua procuração nos autos, sendo irrelevante que na petição esteja ou não grafado o seu nome"* (AgRg no REsp 1.347.278/RS, Rel. Ministro LUIS FELIPE SALOMÃO, CORTE ESPECIAL, julgado em 19/6/2013, DJe 1º/8/2013.).

Sobre o tema, eis ainda os seguintes precedentes do S.T.J.:

> *"PROCESSUAL CIVIL. AGRAVO REGIMENTAL. SERVIDOR PÚBLICO FEDERAL. SERVIDORES DA FUNASA. INDENIZAÇÃO DE CAMPO. AUSÊNCIA DE INSTRUMENTO DE PROCURAÇÃO OU SUBSTABELECIMENTO DA ADVOGADA SUBSCRITORA DO RECURSO. RECURSO ASSINADO ELETRONICAMENTE. IRREGULARIDADE DE REPRESENTAÇÃO. INCIDÊNCIA DA SÚMULA 115/STJ.*
>
> *1. 'Não é possível o conhecimento do recurso na hipótese em que o advogado titular do certificado digital utilizado para assinar a transmissão eletrônica da petição não possui instrumento de procuração nos autos, pois o recurso é considerado inexistente (Súmula nº 115 do STJ). [...]'*
> (AgRg no REsp 1268481/RS, Rel. Ministro SIDNEI BENETI, TERCEIRA TURMA, julgado em 24/09/2013, DJe 08/10/2013)

RECURSOS NO NOVO C.P.C.

> *2. Agravo regimental não conhecido."*
> (AgRg no AREsp 470.406/PB, Rel. Ministro MAURO CAMPBELL MARQUES, SEGUNDA TURMA, julgado em 20/3/2014, DJe 26/3/2014.)

> *"PROCESSUAL CIVIL. EMBARGOS DE DECLARAÇÃO. PETIÇÃO ELETRÔNICA. IRREGULARIDADE NO USO DO CERTIFICADO DIGITAL. ADVOGADO COM PROCURAÇÃO NOS AUTOS CUJA ASSINATURA SOMENTE APARECE NA VISUALIZAÇÃO DO ARQUIVO ELETRÔNICO, NÃO SENDO O*
> *ADVOGADO CERTIFICADO DIGITALMENTE NA PETIÇÃO. PETIÇÃO INEXISTENTE.*
> *1. A identificação de quem peticiona nos autos é a proveniente do certificado digital, independentemente da assinatura que aparece na visualização do arquivo eletrônico. Isto porque, conforme o art. 2º da Resolução n. 1/2010, da Presidência do STJ: 'A prática dos atos processuais pelo e-STJ será acessível aos usuários credenciados'.*
> *2. A regularidade do peticionamento do advogado cuja assinatura aparece na visualização do arquivo eletrônico depende da apresentação posterior do documento original ou de fotocópia autenticada (interpretação do art. 18, §2º, da Resolução n. 1/2010, da Presidência do STJ). Precedente: AgRg no AREsp. n. 145.381 –BA, Segunda Turma, Rel. Min. Mauro Campbell Marques, julgado em 19.06.2012.*
> *3. Caso em que o advogado titular do certificado digital não possui procuração nos autos e o advogado cuja assinatura aparece na visualização do arquivo eletrônico não é o titular do certificado e não apresentou posteriormente o documento original ou fotocópia autenticada. Incidência da Súmula n. 115/STJ.*
> *4. Embargos de declaração não conhecidos."*
> (EDcl no REsp 1.408.370/AL, Rel. Ministro MAURO CAMPBELL MARQUES, SEGUNDA TURMA, julgado em 20/2/2014, DJe 28/2/2014.)

> *"PROCESSUAL CIVIL. SEGUNDOS EMBARGOS DE DECLARAÇÃO. ALEGAÇÃO DE OMISSÃO. PETIÇÃO ELETRÔNICA. AUSÊNCIA DE PROCURAÇÃO DO ADVOGADO DETENTOR DO CERTIFICADO DIGITAL. IRRELEVÂNCIA DA ASSINATURA NO DOCUMENTO FÍSICO. IRREGULARIDADE DA REPRESENTAÇÃO. SÚMULA N. 115/STJ. EMBARGOS NÃO CONHECIDOS.*
> *1. Quando a petição é apresentada por meio eletrônico, é irrelevante, para se conhecer do recurso, eventual assinatura no documento físico ou, até mesmo, a ausência dela. Nesses casos, a validade e existência do documento estão condicionadas à existência de*

procuração ou substabelecimento outorgado ao titular do certificado digital, ou seja, ao advogado que assinou digitalmente a petição.

2. Não se conhece de embargos de declaração enviados por meio eletrônico quando constatado que o advogado que encaminhou a petição, que é o detentor do certificado digital e do respectivo cadastramento, não tem procuração nos autos.

Incidência da Súmula n. 115/STJ.

3. Embargos de declaração não conhecidos."

(EDcl nos EDcl no AgRg no Ag 1.165.174/SP, Rel. Ministro JOÃO OTÁVIO DE NORONHA, TERCEIRA TURMA, julgado em 10/9/2013, DJe 16/9/2013.)

AGRAVO REGIMENTAL EM RECURSO ESPECIAL. ADVOGADO TITULAR DO CERTIFICADO DIGITAL SEM PROCURAÇÃO NOS AUTOS. DESCUMPRIMENTO DA LEI 11.419/2006 E DA RESOLUÇÃO N. 1/2010, DA PRESIDÊNCIA DO STJ. IRRELEVÂNCIA, NO ENTANTO, DA AUSÊNCIA DE MENÇÃO DO NOME DO SIGNATÁRIO DIGITAL NA PETIÇÃO REMETIDA ELETRONICAMENTE. RECURSO NÃO PROVIDO.

1. A prática eletrônica de ato judicial, na forma da Lei n. 11.419/2006, reclama que o titular do certificado digital utilizado possua procuração nos autos, sendo irrelevante que na petição esteja ou não grafado o seu nome.

2. A assinatura digital destina-se à identificação inequívoca do signatário do documento, o qual passa a ostentar o nome do detentor do certificado digital utilizado, o número de série do certificado, bem como a data e a hora do lançamento da firma digital. Dessa sorte, o atendimento da regra contida na alínea a do inciso III do parágrafo 2º do artigo 1º da Lei n. 11.419/2006 depende tão somente de o signatário digital possuir procuração nos autos. Precedente da 3ª Turma: EDcl no AgRg nos EDcl no AgRg no Ag 1.234.470/SP, Rel. Ministro Paulo de Tarso Sanseverino, Terceira Turma, julgado em 10/04/2012, DJe de 19/04/2012.

3. Ademais, o parágrafo 2º do art. 18 da Res. 1/2010, da Presidência do STJ preconiza que 'o envio da petição por meio eletrônico e com assinatura digital dispensa a apresentação posterior dos originais ou de fotocópias autenticadas'.

4. Na espécie, porém, o titular do certificado digital utilizado para a assinatura digital da petição do agravo regimental não possui procuração nos autos, conforme atestado pela Coordenadoria da Quarta Turma.

5. Agravo regimental não provido."

(AgRg no REsp 1.347.278/RS, Rel. Ministro LUIS FELIPE SALOMÃO, CORTE ESPECIAL, julgado em 19/6/2013, DJe 1º/8/2013.)

RECURSOS NO NOVO C.P.C.

12.2.5.1. Competência recursal

A competência para conhecer do recurso está inserida no âmbito da regularidade formal dos procedimentos recursais.

O recurso deve ser interposto perante o órgão 'ad quem' indicado na legislação processual ou nos regimentos internos dos tribunais.

A Constituição Federal também é uma importante fonte de indicação de competência de órgão do Poder Judiciário para conhecimento de recursos, a saber:

a) julgamento de recursos provenientes dos juizados especiais por turmas de juízes de primeiro grau (art. 98, inc. I, da C.F.);

b) julgamento pelo S.T.F., em recurso ordinário, de mandado de segurança, *habeas data* e mandado de injunção decididos em única instância pelos Tribunais Superiores, se denegatória a decisão (art. 102, inc. II, letra a), da C.F.);

c) julgamento pelo S.T.F., em recurso extraordinário, das causas decididas em única ou última instância, quando a decisão recorrida: a) contrariar dispositivo da Constituição; b) declarar a inconstitucionalidade de tratado ou lei federal; c) julgar válida lei ou ato de governo local contestado em face da Constituição; d) julgar válida lei local contestada em face de lei federal. (Incluída pela Emenda Constitucional nº 45, de 2004) (art. 102, inc. III, letras a) a d), da C.F.);

d) julgamento pelo S.T.J., em recurso ordinário: a) dos mandados de segurança decididos em única instância pelos Tribunais Regionais Federais ou pelos tribunais dos Estados, do Distrito Federal e Territórios, quando denegatória a decisão; b) das causas em que forem partes Estado estrangeiro ou organismo internacional, de um lado, e, do outro, Município ou pessoa residente ou domiciliada no País (art. 105, inc. II, letras b) e c), da C.F.);

e) julgamento pelo S.T.J., em recurso especial, das causas decididas, em única ou última instância, pelos Tribunais Regionais Federais ou pelos tribunais dos Estados, do Distrito Federal e Territórios, quando a decisão recorrida: a) contrariar tratado ou lei federal, ou negar-lhes vigência; b) julgar válido ato de governo local contestado em face de lei federal;(Redação dada pela Emenda Constitucional nº 45, de 2004) c) der a lei federal interpretação divergente da que lhe haja atribuído outro tribunal (art. 105, inc. III, letras a) a c), da C.F.);

f) julgamento pelos Tribunais Regionais Federais, em grau de recurso, das causas decididas pelos juízes federais e pelos juízes estaduais no exercício da competência federal da área de sua jurisdição (art. 108, inc. II, da C.F.);

Em relação à competência dos Tribunais estaduais, a Constituição Federal estabelece que a competência será definida na Constituição do Estado, sendo a lei de organização judiciária de iniciativa do Tribunal de Justiça (art. 125, §1º, da C.F.).

Questão interessante sobre a competência recursal, diz respeito ao fato de um recurso ser interposto perante um determinado tribunal, mas a competência para conhecer do recurso é de outro tribunal.

No âmbito do processo civil italiano, a doutrina assim tem se pronunciado: *"Discute-se se o apelo proposto perante um juiz incompetente seria inadmissível ou a se aplica a disciplina geral das questões de incompetência, isto é, a 'traslatio iudicii' do juiz incompetente àquele competente. A solução comumente aplicável ao caso é esta última; o apelo proposto ao juízo incompetente comporta não a inadmissibilidade do recurso, mas a declaração de incompetência do juízo adito e a possibilidade de prosseguimento do processo de apelo perante o juiz indicado como competente (aplicando-se na prática os arts. 44 e 45 c.p.c.). Se o processo vem tempestivamente reassumido, depois da declaração de incompetência, perante o juiz indicado como competente, esse prossegue perante aquele juiz, tornando-se, assim, salvos os efeitos do ato de proposição do recurso. Se, ao invés, o apelo não for tempestivamente reassumido perante o juiz indicado como competente, a nulidade sanável se consolida, e o apelo torna-se inadmissível".*[273]

No âmbito do nosso processo civil brasileiro, o Tribunal Regional Federal da 4ª Região apresenta o seguinte posicionamento:

AGRAVO LEGAL EM AGRAVO DE INSTRUMENTO. INTERPOSIÇÃO EM TRIBUNAL INCOMPETENTE. INTEMPESTIVIDADE.

1. Não se exime da intempestividade o fato de o recurso ter sido, no prazo, protocolado erroneamente em tribunal incompetente.

---

[273] LUISO, F. P., op. cit., p. 358 e 359.

RECURSOS NO NOVO C.P.C.

2. É direito da parte vencedora, para sua segurança, ter certeza de que, no prazo legal, perante o órgão judiciário competente, foi ou não impugnada a decisão. 3. Agravo legal desprovido.

(TRF-4 – AG: 22489620144040000 RS 0002248-96.2014.404.0000, Relator: OTÁVIO ROBERTO PAMPLONA, Data de Julgamento: 10/06/2014, SEGUNDA TURMA, Data de Publicação: D.E. 17/06/2014)

PROCESSUAL CIVIL. AGRAVO LEGAL. INTERPOSIÇÃO DO AGRAVO DE INSTRUMENTO PERANTE TRIBUNAL INCOMPETENTE. ERRO INESCUSÁVEL. PRAZO RECURSAL. NÃO INTERRUPÇÃO. PORTE DE RETORNO. AUSÊNCIA DE RECOLHIMENTO.

1. É hipótese é de erro inescusável, quando se tratar de competência estabelecida expressamente na Constituição Federal – art. 109, § 4º. A delegação da competência jurisdicional federal, nos casos estabelecidos na lei, opera-se exclusivamente no primeiro grau de jurisdição. Todos os recursos devem ser dirigidos ao TRF.

2. Não há prova nos autos do recolhimento do porte de retorno exigível para a interposição do recurso neste Tribunal.

(TRF-4 – AGVAG: 33331 RS 2007.04.00.033331-7, Relator: ROGER RAUPP RIOS, Data de Julgamento: 20/02/2008, PRIMEIRA TURMA, Data de Publicação: D.E. 26/02/2008)

Parece-me que diante da instrumentalidade das formas, o mais salutar seria encaminhar o processo ao tribunal competente.

12.2.6. Inexistência de fato extintivo ou impeditivo para interposição do recurso

Os fatos impeditivos ou extintivos do direito de recorrer são aqueles que impedem que o recurso possa ser conhecido pelo seu mérito.

Tais fatos são a renúncia ao recurso, a concordância com a decisão, a desistência do recurso ou da demanda, o reconhecimento do pedido, a renúncia ao direito em que se funda a demanda.

A existência de fatos impeditivos ou extintivos do direito de recorrer faz com que o recurso seja considerado prejudicado ou inadmissível. Por isso são denominados de pressupostos negativos de admissibilidade dos recursos.[274]

---

[274] NERY JUNIOR, N., op. cit., p. 367.

12.2.6.1. Renúncia

A renúncia ao direito de recorrer não se confunde com a renúncia ao direito em que se funda a demanda. A primeira atinge somente o direito ao recurso, enquanto que a segunda atinge o próprio objeto da demanda.[275]

A renúncia, ao contrário da desistência do recurso, deve ser realizada antes da interposição do recurso.

A renúncia ao direito de recorrer pode ser expressa ou tácita, devendo ser interpretada de forma restritiva, sendo que uma vez formulada torna-se irretratável. Por isso, *"o juiz não pode pronunciar ex officio a invalidade de um ato de renúncia praticado pela parte – somente se alegada pelo recorrente ou, fora do processo, em ação autônoma de anulação de negócio jurídico poderá fazê-lo. A conseqüência da renúncia é, portanto, causar a inadmissibilidade de eventual recurso do renunciante, fazendo transitar em julgado a decisão sobre qual se renunciou à impugnação"*.[276]

Segundo estabelece o art. 999 do atual C.P.C., a renúncia ao direito de recorrer independe da aceitação da parte.

Conforme se afirmou, a renúncia ocorre antes da interposição do recurso. Nessa hipótese, o sucumbente declara que aceita a decisão ou renuncia à sua impugnação, ou, ainda, pratica atos ou realiza comportamentos que possam ser interpretados como expressão de uma vontade de não propor qualquer recurso contra a decisão.

Esses diversos tipos de comportamento, que podem ser judiciais ou extrajudiciais, dão lugar ao fenômeno geral de aceitação da decisão ou, em outras palavras, da intenção do sucumbente de não interpor qualquer impugnação ou recurso contra a decisão.

---

[275] *"Falemos agora da renúncia ao direito sobre que se funda a ação (direito material) e do reconhecimento jurídico do pedido. Este é ato privativo do réu; aquele, do autor. Ambos acarretam, normalmente, o julgamento de mérito a favor da parte contrária (CPC 269, II e V/1973), desde que verificados os pressupostos para a validade e eficácia do ato de disposição do direito material. Havendo o autor renunciado ao direito material objeto do litígio, não poderá interpor recurso em virtude de existir 'preclusão lógica', pois a renúncia impede o poder de recorrer, por ser com este incompatível. Pode, todavia, o autor recorrer para discutir sobre a existência e/ou extensão da própria renúncia, caso em que há interesse evidente em recorrer".* (NERY JUNIOR, N., idem, p. 384.

[276] NERY JUNIOR, N., idem, p. 369.

Conforme já dissera Mortara: *"L'accettazione espressa o tacita della sentenza importa rinunzia ao diritto di impugnarla"*[277]

Pode-se dizer que o ato de aquiescência da sentença caracteriza-se como um negócio jurídico unilateral de direito público.[278]

Qualquer decisão pode ser objeto de aquiescência. Porém, há diferença bem evidente entre o trânsito em julgado da decisão em razão do transcurso do prazo para recorrer e a autoridade que essa adquire em virtude de sua aceitação. No primeiro caso, é a lei que opera e estatui, no segundo, a vontade da parte; e é notório que existem coisas em relação às quais a lei pode dispor e a vontade privada não pode. Conforme aduz Mortara: *"essa distinção tem lugar tanto no campo do direito material como no terreno do direito processual. Consente-se, geralmente, que, onde falta ao privado a disponibilidade da coisa ou do direito que forma objeto da controvérsia (ex. uma ação de estado, de nulidade do matrimônio, uma demanda de arresto pessoal), a declaração de aceitação da sentença não priva o sucumbente do direito de impugná-la. E isso acontece igualmente diante de uma decisão que decide sobre uma exceção de incompetência absoluta, tendo em vista que às partes é vedado prorrogar a jurisdição. Nesse segundo caso, sempre que a matéria do litígio seja de competência judiciária e não pertença à categoria de coisa ou direito indisponível, a parte que aceitou a sistematização dada pela sentença à relação de direito material não tem a faculdade de se insurgir sucessivamente mediante pretexto da ilegal prorrogação de jurisdição, já que a aquiescência não teve por objeto os poderes do juiz mas as disposições dada por ele sobre o mérito, enquanto parecia ao interessado bom e conforme a justiça."*[279]

A aquiescência da decisão pode ser prestada por quem tem o direito e a capacidade de impugnar a decisão. Assim, essa pode ser feita por quem tem a capacidade de agir e estar em juízo ao tempo de aceitação e sem limitação de poder para tanto.

Para Mortara, "já tratei deste argumento a propósito da faculdade do pai no interesse do filho não emancipado (vol. II, n. 518 in nota) e renovo aqui a advertência que é errôneo fazer depender a validade da aceitação à capacidade de dispor da coisa ou do direito; aqui não 'se aliena' nada, mais se reconhece justa a sentença e se renuncia à esperança de se obter sua anulação ou reforma. Naturalmente, isso

---

[277] MORTARA, Lodovico. *Commentario del codice e delle leggi di procedura civile*. Vol. IV (Il procedimento di dichiarazione in prima istanza (fine) – I mezzi per impugnare le sentenza. Quarta edizone riveduta. Bologna: Casa Editrice Dottor Francesco Vallardi Milano, 1923. p. 270.

[278] MORTARA, L., idem, p. 271.

[279] MORTARA, L., idem, p. 277.

somente se entende em relação à aquiescência própria e verdadeira, não às convenções pelas quais as partes transigem a lide, dispondo sobre o objeto litigioso".[280]

A aquiescência da decisão poderá ser prestada expressamente, mediante palavras ou escrito, ou tacitamente com fatos ou ações.

O fato mais idôneo para demonstrar a aceitação da decisão é a sua execução voluntária. Porém, nem sempre o cumprimento voluntário da sentença pode configurar renúncia ao direito de recorrer, especialmente quando a parte cumpre a sentença (no âmbito provisório) para evitar maiores danos ao seu patrimônio ou eventuais sanções processuais. Por isso, parece perigoso afidar-se às fórmulas abstratas sem se preocupar com o caso concreto.

Deve-se observar que em caso de dúvida de interpretação, deve-se favorecer àquela que prestou a aquiescência.

Na hipótese de sucumbência total, a aceitação da decisão pode ser parcial. Porém, conforme aduz Mortara, *"a dificuldade que se pode encontrar, seja na aceitação tácita ou expressa, surge quando há relação entre o capítulo da sentença aceito e aquele contra o qual se promoveu o recurso. Dado o vínculo de dependência ou de indivizibilidade lógica ou jurídica entre as disposições da decisão , a aceitação exclui a reserva parcial da impugnação; e, no que concerne o caso previsto no art. 486, acima visto, se dirá, ao contrário, que a impugnação excluiu a aceitação parcial, desde que haja indicação específica dos capítulos contra os quais se deseja recorrer".*[281]

A renúncia expressa de recorrer ocorre mediante a aquiescência pela aceitação expressa da decisão, e mediante ato unilateral expresso de que não pretende recorrer, renunciando ao prazo recursal.

Por sua vez, a renúncia tácita verifica-se diante de comportamentos incompatíveis com a vontade de impugnar a decisão. Trata-se de um comportamento unívoco que demonstra a exclusão da vontade de promover impugnação à decisão. É exemplo desse ato, o pagamento, sem ressalva, feito pela parte sucumbente do valor estipulado na decisão judicial.

Para aceitação tácita valem as regras gerais do direito civil em tema de consentimento tácito. O silêncio puro e simples, a inércia por si só, não são elementos idôneos para estabelecer a prova de uma vontade do agente e para determinar efeitos jurídicos.

Para Barbosa Moreira, configura-se como renúncia tácita ao direito de recorrer a prática, pela parte, de qualquer ato do qual diretamente resulte,

---

[280] MORTARA, L., idem, ibidem.
[281] MORTARA, L., idem, p. 286.

no processo, em verdadeira relação de causa e efeito à decisão a ela desfavorável, como, por exemplo, a desistência da demanda, a renúncia ao direito postulado, o reconhecimento do pedido. Em regra, nesses casos, será inadmissível o recurso porventura interposto por aquele que a provocou, pois seria logicamente contraditório admitir-se a impugnação da decisão por quem tenha agido com o fim de fazê-la surgir. No fundo, trata-se de aspecto particular do princípio que proíbe o *venire contra factum proprium*. Tal circunstância está inserida na denominada preclusão lógica.[282]

Conforme anota Mortara, *"Naturalmente, o campo permanece sempre aberto à procura das intenções, tendo em vista que o conhecimento extrínseco de um fato ou de uma ação não fornece aquela da vontade que move o autor. Por outro lado, assim como na matéria ora examinada como em geral nas outras formas de consenso tácito, é justo ter em conta que a pesquisa da intenção deve ser feita com critério mais formal do que real. A intenção como elemento psíquico destacado do fato exterior é, na verdade, muitas vezes impossível de se aferir; isso que nós denominamos de intenção do agente não é outra coisa que a presumível correspondência daquilo que nós conhecemos, isto é, do fato exterior, com aquele que nós ignoramos, isto é, a causa interior que o determinou. A realidade dessa correspondência com frequência é impossível de se verificar. Quando dizemos que quem cumpriu um certo ato teve a intenção de aceitar a sentença, exprimimos um juízo de simples probabilidade; porém, o efeito jurídico do ato permanece eficaz, ainda que o juízo seja errado no caso particular"*.[283]

Estabelece o art. 1.000 do novo C.P.C. que a parte que aceitar expressa ou tacitamente a decisão não poderá recorrer.

Preceito normativo semelhante encontra-se no art. 329 do C.P.C. italiano, *in verbis*:

> *"Art. 329 (aquiescência total ou parcial)*
> *Salvo os casos de que tratam os números 1,2,3 e 6 do art. 395, a aquiescência resultante da aceitação expressa ou de atos incompatíveis com a vontade de valer-se das impugnações admitidas pela lei, exclui a possibilidade propô-las.*
> *A impugnação parcial importa aquiescência às partes da sentença não impugnada".*

Comentando o art. 329 do C.P.C. italiano, lecionam Luca Ariola *ET. AL.: "A norma prevê a decadência da impugnação por efeito da aquiescência, con-*

---

[282] BARBOSA MOREIRA, J. C., op. cit. p. 925.
[283] MORTARA, L, op. cit., p. 279.

ADMISSIBILIDADE DOS RECURSOS

sistente em algum comportamento unívoco do sujeito incompatível com a vontade de impugnar a sentença (Cass. 7-2-08, n. 2827; Cass. 11-7-05, n. 14489). Configura-se quando a parte, antes da proposição da impugnação, realiza atos inequivocamente funcionais à incondicionada aceitação dos efeitos da sentença, e absolutamente incompatíveis com a vontade de se valer do direito à impugnação (Cass. 7-4-05, n. 7207; Cass. 26-1-04, n. 1266; Cass. 6-8-99, n. 8470). A aquiescência significa, portanto, a manifestação de vontade da parte sucumbente em não impugnar a decisão, concretizando-se de forma expressa ou tácita (Cass. 29-11-01, n. 15185). A aquiescência pode dizer respeito à integralidade da sentença (total) ou somente de alguns de seus capítulos (parcial)".[284]

É importante salientar que a parte poderá impugnar apenas parte da sentença, deixando de impugnar outros capítulos da decisão. Porém, *"a reforma ou a cassação parcial produz efeitos também sobre a parte da sentença, que não foram impugnadas, mas que são dependentes da parte reformada ou cassada.... Coordenando o efeito expansivo interno com a aquiescência tácita qualificada, podemos, alternativamente, concluir que a impugnação do capítulo prejudicial, ainda que sendo uma impugnação parcial, excepcionalmente não comporta o trânsito em julgado dos capítulos dependentes não impugnados...A consequência é que havendo reforma ou cassação da parte prejudicial, tal reforma domina a parte dependente. A Corte de cassação italiana utiliza, em relação a esse propósito, uma expressão eficaz: essa fala de 'julgado aparente'...Exemplo: a sentença de primeiro grau condena o réu a ressarcir os danos, liquidados em 1.000.000 de euros. O réu apela somente em relação ao 'an debeatur', sem contestar o 'quantum'. O juiz de apelação pode conhecer somente do 'an'; mas se considera o apelo fundado (se, por exemplo, considera que o réu não é responsável pelo dano, ou que a pretensão encontra-se prescrita), a sentença substitui totalmente aquela apelada, declarando inexistente o direito à indenização".*[285]

Segundo dispõe o *art. 1.000* do atual C.P.C., a parte pode aceitar expressa ou tacitamente a sentença ou a decisão. Esse tipo de comportamento pode ser judicial ou extrajudicial, dando lugar ao fenômeno geral de aceitação da sentença ou, em outras palavras, a intenção do sucumbente de não interpor qualquer impugnação ou recurso contra a decisão.

---

[284] ARIOLA, L., op. cit., p. 329.
[285] LUISO, Francesco P. *Diritto processuale civile*. Vol. II. Il processo di cognizione. 3ª edizione. Milano: Giuffrè Editore, 2000. p. 345 e 346.

RECURSOS NO NOVO C.P.C.

Não poderá recorrer a parte que mediante aquiescência expressa aceita os efeitos da decisão. A aquiescência expressa manifesta-se, geralmente, por escrito, mas pode ser realizada verbalmente, na própria audiência de instrução e julgamento, após a prolação da decisão.

A aquiescência, como comportamento idôneo para excluir a proposição de recursos, configura um *negócio jurídico processual* (Luiso), que pressupõe uma unívoca vontade abdicativa da parte, comportando-se de forma que seja visível a sua aceitação ao conteúdo da decisão proferida. Constitui ato de disposição do direito controvertido, (e, portanto, indiretamente, do direito posto em juízo). Como tal, deve prover da parte ou de seu procurador munido de mandato especial. Assim, não ocorre a aquiescência o comportamento do procurador processual da parte, munido de procuração simples.[286]

Portanto, não poderá recorrer a parte que realiza comportamentos incompatíveis com a vontade de impugnar a decisão. Trata-se de um comportamento unívoco que demonstra a exclusão da vontade de promover impugnação à decisão. É exemplo desse ato, o pagamento, sem ressalvas, feito pela parte sucumbente do valor estipulado na decisão judicial.

Assim, *"quando se verifica um fenômeno de aquiescência, a impugnação se entende 'exclusa' (pois uma impugnação é preclusa quando são decorridos os prazos para impugnar): a aquiescência consiste em uma declaração de aceitação expressa da sentença (aquiescência explícita), mas pode resultar também de comportamentos incompatíveis com a vontade de valer-se da impugnação (aquiescência tácita)".*[287]

Aquele que aquiesce a uma decisão simplesmente aceita o resultado dessa decisão sujeitando-se àquilo que foi nela determinado.

É preciso que o ato seja espontâneo, e que não haja nenhuma iniciativa de execução da sentença por parte da parte vencedora, pois aí não haverá aquiescência, mas execução forçada ou coercitiva.

Muito embora o dispositivo somente tenha dito que a aquiescência seria um ato da parte da relação jurídica processual, entende Barbosa Moreira que também o terceiro poderá aquiescer à sentença que prejudica interesse jurídico seu, inclusive tacitamente, praticando ato incompatível com a vontade de recorrer.[288]

---

[286] ARIOLA, L. op. cit., p. 926

[287] PISANI, Andrea Proto. *Lezioni di diritto processuale civile.* Napoli: Casa Editrice Dott. Eugênio Jovene, 1999. p. 493.

[288] BARBOSA MOREIRA, op. cit., p. 329.

ADMISSIBILIDADE DOS RECURSOS

A doutrina italiana também denomina de aquiescência imprópria ou presumida, aquela que diz respeito à parte da sentença não impugnada e tem lugar nos casos em que o sucumbente, pelo fato de impugnar alguns capítulos da sentença, tenha-se manifestado pela não impugnação de outros capítulos ou parte da sentença. O problema não é simples, pois no caso de aquiescência imprópria e, portanto, de impugnação parcial sobre capítulos da sentença não impugnados, se forma a coisa julgada formal, com a impossibilidade por parte do juiz de impugnação proceder a um reexame ou controle da decisão sobre o ponto objeto da aquiescência. Essa possibilidade não se aplica na hipótese de capítulos coligados ou dependentes por relação de prejudicialidade ou se entre eles houver conexão.

A aquiescência, assim como a renúncia, torna inadmissível o recurso que se pretenda interpor, assim como recomenda a extinção do recurso interposto, pois, por questão lógica, não se admite atos que possam ser caracterizados como contraditórios. Não havendo outro empecilho, a decisão transita em julgado ou torna-se preclusa.

A Corte de Cassação da Itália não considera aquiescência tácita os seguintes comportamentos: a) a produção ou apresentação em juízo diverso (em particular na oposição à execução) da sentença que contém conteúdo desfavorável ao apresentante, com o único fim de fazer valer os efeitos vantajosos derivados de parte distinta de capítulos da sentença (Cass. 29-3-93, n. 5052); b) o início de tratativas com a parte contrária visando a possível conciliação (CAss. 14-3-97, n. 2312); c) a apresentação de embargos de declaração para efeito de se corrigir erros materiais da decisão (Cass. 14-6-91, n. 6732); d) o pagamento das despesas processuais por parte do sucumbente (Cass. 7-3-95, n. 2618); e) o comportamento da parte sucumbente que, no momento da notificação da sentença de primeiro grau declara sua intenção em promover com a outra parte eventual compensação de créditos (Cass. 27-9-11, n. 19747); f) o adimplemento de um provimento executivo, motivado pela vontade do obrigado de se subtrair à execução forçada, sem, por isso, renunciar à proposição de impugnação ou oposição (Cass. S.U. 21-2-97, n. 1616).

Sobre o tema, eis as seguintes decisões do S.T.J.:

1. Se ocorre o pagamento espontâneo de débitos impugnados judicialmente, especialmente após a interposição de recurso contra a decisão que reconhece como legítimos tais débitos, configura-se a aceitação tácita da decisão recorrida. E consoante já pro-

clamou a Terceira Turma desta Corte, ao julgar o AgRg no REsp 746.092/RJ (Rel. Min. Paulo Furtado – Desembargador Convocado do TJ/BA, DJ de 4.6.2009), "a aceitação tácita pode se dar antes ou depois da interposição do recurso, implicando, nesta última hipótese, em extinção do procedimento recursal (preclusão lógica do direito de recorrer)".

(...).

(AgRg nos EDcl no REsp 1220327/MA, Rel. Ministro MAURO CAMPBELL MARQUES, SEGUNDA TURMA, julgado em 16/08/2011, DJe 23/08/2011).

(...).

2. No caso, ao concordar com a desistência desta ação anulatória de débito previdenciário em virtude da adesão da parte autora ao parcelamento de que trata a Lei n. 10.684/2003, o próprio INSS manifestou-se pela fixação da verba de sucumbência em 1% do valor consolidado do débito sob discussão judicial. Ainda que não tenha havido renúncia da autora ao alegado direito sobre que se funda a ação, por outro fundamento se mantém o acórdão desta Turma que, ao dar provimento ao recurso especial, fixou os honorários advocatícios mediante a aplicação do percentual e da base de cálculo acima. O fundamento que ora se adota consiste em que a aludida manifestação do INSS constitui ato incompatível com a oposição destes embargos e configura aceitação tácita do acórdão embargado, nos termos do art. 503 do CPC. Insta acentuar que "a aceitação tácita pode se dar antes ou depois da interposição do recurso", consoante já proclamou a Terceira Turma, ao julgar o AgRg no REsp 746.092/RJ (Rel. Min. Paulo Furtado – Desembargador Convocado do TJ/BA, DJ de 4.6.2009;grifou-se).

3. Embargos declaratórios rejeitados.

(EDcl no REsp 1249779/ES, Rel. Ministro MAURO CAMPBELL MARQUES, SEGUNDA TURMA, julgado em 04/08/2011, DJe 15/08/2011).

(...).

3. A adesão a parcelamento fiscal após a sentença afasta o interesse de recorrer, ainda que o recorrente não tenha feito a renúncia ao direito sobre o qual se funda a ação, em razão de inafastável preclusão lógica. (REsp 1149472/MG, Rel. Ministro MAURO CAMPBELL MARQUES, SEGUNDA TURMA, julgado em 05/08/2010, DJe 01/09/2010)

4. A adesão ao parcelamento fiscal é ato incompatível com a pretensão recursal. A afirmação é corroborada em razão das leis que tratam de parcelamento (Lei 10.684/2003; 9.964/2008 e 11.941/2009) exigirem tanto renúncia do direito que

ADMISSIBILIDADE DOS RECURSOS

se funda a ação, quanto a desistência da ação ou recurso em juízo. Precedentes: REsp 950.871/RS, Rel. Ministro HERMAN BENJAMIN, SEGUNDA TURMA, julgado em 25/08/2009, DJe 31/08/2009; REsp 1004987/RS, Rel. Ministra ELIANA CAL-MON, SEGUNDA TURMA, julgado em 12/08/2008, DJe 08/09/2008.
5. *Recurso especial ao qual se NEGA PROVIMENTO.*
(REsp 1226726/SP, Rel. Ministro MAURO CAMPBELL MARQUES, SEGUNDA TURMA, julgado em 17/05/2011, DJe 30/05/2011)

Estabelece o parágrafo único do art. 1.000 do atual C.P.C., que se considera aceitação tácita a prática, sem qualquer reserva, de ato incompatível com a vontade de recorrer.[289]

Também não poderá recorrer a parte que realiza comportamentos incompatíveis com a vontade de impugnar a decisão. Trata-se de um comportamento unívoco que demonstra a exclusão da vontade de promover impugnação à decisão.

Mas para que se possa falar em aquiescência tácita, é necessário que o ato incompatível com a vontade de recorrer se faça sem reserva alguma. Por isso, quem realiza ato incompatível com a vontade de recorrer, reservando-se o direito de impugnar a decisão, não pratica comportamento intitulado de aquiescência tácita.

A renúncia somente poderá ocorrer quando o recurso já poderia ser interposto concretamente, pois não há renúncia a direito que ainda não se concretizou ou se incorporou ao patrimônio daquele que poderá recorrer; não há renúncia a perspectiva de direito. Aliás, renunciar ao direito de

---

[289] *"A norma prevista no art. 329 do c.p.c. italiano, que trata da exclusão da proponibilidade da impugnação, não é tanto a aceitação quanto a aquiescência da qual a aceitação é a causa: um fato, isto é, como o decurso do prazo para recurso. E a distinção é oportuna, porque nem sempre a aquiescência deriva de uma aceitação (por exemplo aceitação expressa), mas antes, com mais frequência, de um comportamento do sucumbente que é incompatível com a vontade de se valer dos meios de impugnação admitidos pela lei. A linguagem comum fala, neste caso, de aceitação tácita: mas é isso uma linguagem figurada ou uma ficção, como se pode notar claramente nos casos em que o dito comportamento é acompanhado de expressa reserva de impugnação, que de todo modo não tem jurídica relevância (protestatio facto contraria nihil operatur). A aceitação tácita na realidade não é outra coisa que um comportamento da parte que tem como seu pressuposto lógico (corresponda ou não corresponde à intenção efetiva) a situação jurídica criada pela sentença e encontra então nesta o seu título. Quando o comportamento da parte é suscetível de tal valoração, a aquiescência prevista pela lei se verifica, e com essa todo e qualquer ataque contra a sentença torna-se precluso".* (SATTA, S., op. cit., p 336).

recorrer antes da decisão é renunciar a um direito que ainda não se tem e nem se sabe se efetivamente o terá.[290]

É certo que Nelson Nery Junior admite a possibilidade de *renúncia prévia*.[291]

O direito comparado admite a denominada renúncia antecipada ou prévia, conforme se pode observar pelo disposto no art. 632, 1ª alínea, do C.P.C. português: *"É lícito às partes renunciar aos recursos; mas a renúncia antecipada só produz efeito se provier de ambas as partes"*.[292]

Assim como na desistência do recurso, a renúncia não pode estar sujeita a condição ou a termo.[293]

A renúncia ao recurso independe da aceitação da parte contrária ou mesmo dos demais litisconsortes que sofreram sucumbência paralela.

A renúncia expressa ou tácita impede a interposição de recurso, permitindo que a decisão proferida transite em julgado ou se torne preclusa de imediato, desde que não exista outro óbice para tanto.

Questão interessante é a de saber se a renúncia ao recurso principal ou independente, manifestada dentro do prazo normal de sua interposição, impede o renunciante de recorrer 'adesivamente'.

O direito alemão tem afirmado a possibilidade do recurso adesivo, conforme estabelece o §524 do C.P.C. alemão: *"(1) O apelo incidental é admissível também se o apelado renunciou ao apelo ou é decorrido o prazo para o apelo"*.

---

[290] Ver neste trabalho nossa análise do instituto jurídico processual denominado *negócio jurídico processual* realizada no item 9.2.

[291] NERY JUNIOR, N., op. cit., p. 376 a 380.

[292] Essa possibilidade advém desde o direito romano: Código de Justiniano: *"Sin autem partes inter se scriptura interveniente paciscendum esse crediderint nemini parti licere ad provocationis auxilium pervenir vel ullum fatalem observare, eorum pactionem firma esse censemus. Legum etinem austeritatem in hoc casu volumuns pactis litigantium mitigari."*.

[293] Pode a aceitação da sentença ser condicionada? A essa pergunta responde Mortara: *"O caso que irei examinar é aquele da condição potestativa dependente da vontade do adversário (se ele não impugnará a sentença). Diversa é a hipótese de uma condição casual. Se esta é suspensiva, o adversário avaliará o seu próprio interesse e saberá se lhe convém atender a maturação do evento incerto e futuro, ou fazer notificar a sentença; ...Não haverá mais efeito a aquiescência, se a condição se verificar depois da sentença do juiz superior...*
A condição resolutiva casual aposta no ato de aceitação não tem efeito. Tal ato opera no momento em que ocorre a aceitação...
Em geral, sobre o tema das condições, creio que se possa opinar com bom fundamento não ser viciado o ato de aquiescência em razão de uma aposição de uma condição nula".

ADMISSIBILIDADE DOS RECURSOS

Para Barbosa Moreira, entre nós, no silêncio da lei, parece razoável lançar mão da analogia e aplicar à renúncia o que a lei estabelece para a aquiescência: *"ora, quanto a esta, o art. 503, caput, do C.P.C. de 1973, é categórico em recusar a possibilidade de recorrer a quem aceitou, expressa ou tacitamente, a decisão, e não faz distinção alguma ao propósito, entre recurso independente e recurso 'adesivo'. Todavia, não há obstáculo a que se reconheça como válida a ressalva porventura feita, 'expressis verbis', pelo renunciante; quem pode renunciar 'ilimitadamente' ao direito de recorrer pode também, é claro, renunciar tão-só ao direito de recorrer 'por via independente', reservando-se a possibilidade de fazê-lo em caráter 'adesivo', se a outra parte vier a impugnar a decisão. Não se tratará propriamente de renúncia 'condicional', mas de renúncia 'parcial'".*[294]

Sobre o tema, eis as seguintes decisões do S.T.J.:

(...).

5. A renúncia ao direito de recorrer configura ato processual que exige capacidade postulatória, devendo ser praticado por advogado.

6. Nulidade do negócio jurídico realizado pelo interdito após a sentença de interdição.

7. Preclusão da matéria relativa aos atos processuais realizados antes da negativa de seguimento ao recurso de apelação.

8. Doutrina e jurisprudência acerca do tema.

(REsp 1251728/PE, Rel. Ministro PAULO DE TARSO SANSEVERINO, TERCEIRA TURMA, julgado em 14/05/2013, DJe 23/05/2013).

1. A inadmissão do recurso especial ao qual se pretendia a concessão de efeito suspensivo, aliada à posterior renúncia ao direito de recorrer manifestada pelo insurgente, revela a perda superveniente de objeto do agravo regimental e da própria medida cautelar.

2. Agravo regimental e medida cautelar prejudicados por perda de objeto.

(AgRg na MC 3.118/TO, Rel. Ministro LUIS FELIPE SALOMÃO, QUARTA TURMA, julgado em 13/11/2012, DJe 20/11/2012).

1. Cumpre esclarecer que, após proferida (e publicada) a decisão de fls. 464/466, a qual negou seguimento ao recurso especial, a ora agravante apresentou pedido de desistência do recurso e dispensa do pagamento de honorários advocatícios. Considerando que o recurso especial já havia sido julgado, sendo que em face da respectiva decisão não foi apresentado nenhum recurso, homologou-se tão somente a renúncia ao direito de

---

[294] BARBOSA MOREIRA, J. C., op. cit., p. 326.

RECURSOS NO NOVO C.P.C.

recorrer, nos termos do art. 502 do CPC, e manteve-se os ônus sucumbenciais fixados pelas instâncias ordinárias. Por meio do presente agravo regimental, impugna-se a decisão relativa ao pedido de desistência (fl. 482), tão somente na parte relativa aos honorários advocatícios.

(AgRg no REsp 1299083/RS, Rel. Ministro MAURO CAMPBELL MARQUES, SEGUNDA TURMA, julgado em 08/05/2012, DJe 14/05/2012).

1. A desistência do recurso ou a renúncia ao direito de recorrer constituem negócios jurídicos unilaterais não receptícios, não dependendo, portanto, de aceitação/anuência da parte ex adversa, consoante a ratio essendi dos arts. 501 e 502, do CPC.

2. A doutrina assevera que "A desistência é ato pelo qual o recorrente abre mão do recurso interposto, demonstra o desinteresse em relação ao inconformismo manifestado em momento anterior. O art. 501 do Código revela que a desistência pressupõe a existência de recurso já interposto" (in Souza, Bernardo Pimentel. Introdução aos recursos cíveis e à ação rescisória. 6ª ed. – São Paulo: Saraiva, 2009, p.73).

3. In casu, a recorrente expressamente desistiu do recurso interposto, sendo que o subscritor do pedido de desistência possui poderes para desistir do recurso, em atendimento ao disposto no artigo 38, do CPC.

4. Pedido de desistência homologado em relação aos embargos de declaração opostos à fls. 574/579, na forma do art. 34, IX, do RISTJ, para que produza os efeitos legais.

(DESIS nos EDcl no AgRg no Ag 1134674/GO, Rel. Ministro LUIZ FUX, PRIMEIRA TURMA, julgado em 28/09/2010, DJe 20/10/2010)

Outro aspecto importante ocorre quando a renúncia ao direito de recorrer se dá por parte de um dos litisconsortes.

Segundo estabelece o art. 117 do novo C.P.C., os litisconsortes serão considerados, em suas relações com a parte adversa, como litigantes distintos, exceto no litisconsórcio unitário, caso em que os atos e as omissões de um não prejudicarão os outros, mas os poderão beneficiar.

Portanto, em se tratando de litisconsórcio simples facultativo ou necessário, a renúncia de um dos litisconsortes não atinge aos demais, justamente pelo fato de que os litisconsortes serão considerados litigantes distintos, cada qual com sua relação jurídica processual.

Por sua vez, em se tratando de litisconsorte unitário, facultativo ou necessário, os atos e as omissões de um não prejudicarão os outros, razão pela qual, a renúncia de um dos litisconsortes não prejudicará os demais, pois este ato não terá qualquer eficácia na relação jurídica processual se não vier acompanhado pela aceitação dos demais litisconsortes unitários.

Outrossim, havendo o provimento do recurso interposto por um dos litisconsortes unitário, a todos aproveitará.

12.2.6.2. Desistência

Estabelece o art. 998 do novo C.P.C. que o recorrente poderá, a qualquer tempo, sem anuência do recorrido ou dos litisconsortes, desistir do recurso.

É importante distinguir a desistência da renúncia expressa ou tácita do recurso.

A desistência do recurso ocorre quando o recorrente manifesta, perante o órgão judicial competente, a sua vontade de que não seja julgado o recurso por ele interposto.

A interposição do recurso é *conditio sine qua non* para a sua desistência.

Já o ato de renúncia ocorre antes da interposição do recurso. Nessa hipótese, o sucumbente declara que aceita o conteúdo da sentença ou que renuncia à sua impugnação, ou, ainda, pratica atos ou realiza comportamentos que possam ser interpretados como expressão de uma vontade de não propor qualquer recurso contra a decisão.

Esses diversos tipos de comportamentos, que podem ser judiciais ou extrajudiciais, dão lugar ao fenômeno geral de aceitação da sentença ou, numa outra perspectiva, da intenção do sucumbente de não interpor qualquer impugnação ou recurso contra a decisão.

A renúncia expressa de recorrer ocorre mediante a aquiescência pela aceitação expressa da sentença, mediante ato unilateral expresso de que não pretende recorrer, renunciando ao prazo recursal.

Por sua vez, a renúncia tácita ocorre diante de comportamentos incompatíveis com a vontade de impugnar a decisão. Trata-se de um comportamento unívoco que demonstra a exclusão da vontade de promover impugnação à decisão. É exemplo desse ato, o pagamento feito pela parte sucumbente, sem ressalvas, do valor estipulado na decisão judicial.

A doutrina italiana também denomina de aquiescência imprópria ou presumida, aquela que diz respeito à parte da sentença não impugnada e tem lugar nos casos em que o sucumbente, pelo fato de impugnar alguns capítulos da sentença, tenha se manifestado pela não impugnação de outros capítulos ou parte da sentença. O problema não é simples, pois no caso de aquiescência imprópria e, portanto, de impugnação parcial sobre capítulos da sentença não impugnados, se forma a coisa julgada formal, com a impossibilidade por parte do juiz de impugnação proceder a um reexame ou controle da decisão sobre o ponto objeto da aquiescência. Essa possibilidade não se aplica na hipótese de capítulos coligados ou dependentes por relação de prejudicialidade ou se entre eles houver conexão.[295]

Distingue-se, ainda, a desistência da deserção do recurso, pois esta ocorre quando o recorrente não comprova o recolhimento das custas processuais.

Diferentemente do que ocorre com a propositura da demanda, cuja desistência poderá, em determinadas situações, depender da concordância do réu, o recorrente, seja do recurso principal/independente ou do recurso adesivo poderá, a qualquer tempo, sem anuência do recorrido ou dos litisconsortes, desistir do recurso. Essa diferença é justificável, pois no procedimento instaurado em primeiro grau, o réu poderá ter interesse que o juiz se manifeste de uma vez por todas sobre a questão inserida no processo, a fim de que não fique sujeito a nova demanda, eliminando eventual estado de incerteza em decorrência de julgamento sem resolução de mérito. Já em relação ao recurso, esta incerteza não mais existe, pois já houve a prolação da decisão de primeiro grau.

A desistência é ato unilateral do recorrente, não comportando nem condição nem termo. Se for realizada por procurador, este deverá ter poderes especiais para requerer a desistência do recurso.

O pedido de desistência será regulado pelo art. 200 do atual C.P.C. que estabelece que os atos das partes consistentes em declarações unilaterais ou bilaterais de vontade produzem imediatamente a constituição, a modificação ou a extinção de direitos processuais. Portanto, o juiz ao acolher o pedido de desistência apenas declara aquilo que já produziu efeito pela simples manifestação escrita ou oral do pedido de desistência do recurso.

O parágrafo único do art. 200 do atual C.P.C. somente exige homologação por sentença do juiz, quando se tratar de pedido de desistência da demanda (ação).

Uma vez requerida a desistência, e independentemente de homologação pelo juiz, passa em julgado a decisão recorrida, salvo se houver outro recurso independente ou autônomo interposto.

---

[295] COMOGLIO, L.P.; FERRI, C.; TARUFFO, M., op. cit., p. 601.

ADMISSIBILIDADE DOS RECURSOS

Note-se que se a desistência for do recurso principal ou independente, automaticamente tal circunstância atingirá também o recurso adesivo.

A doutrina tem indagado: se a desistência do recurso ocorrer ainda durante o prazo do recurso, poderia o recorrente formular novo recurso? Segundo Barbosa Moreira, *"não nos parece que fique salva a este a possibilidade de recorrer novamente, ainda que o prazo não se haja esgotado. Isso não importa desconhecer a diferença conceptual entre desistência e renúncia ao direito de recorrer. Focalizamos o problema de outro ângulo: o da preclusão. O recorrente já tinha exercido, de maneira válida, o direito de impugnar a decisão; com o exercício, tal direito consumou-se, e não é a circunstância de vir a desistir-se do recurso que faz renascer".* Trata-se de uma preclusão consumativa (José Frederico Marques, Egas Moniz de Aragão, Arruda Alvim).[296]

Por outro lado, se a parte desiste do seu recurso principal ou independente, mas o recorrido ingressa com o seu recurso principal ou independente, nada impede que o desistente interponha o recurso adesivo.

A desistência não depende da anuência do recorrido ou dos outros litisconsortes, razão pela qual eles não precisam se manifestar sobre o pedido de desistência.

Quando a norma permite ao recorrente desistir do recurso independentemente da anuência dos outros litisconsortes, isso pressupõe aquilo que se denominada de sucumbência paralela, e que dois ou mais litisconsortes tenham interpostos recursos contra a decisão.

Estabelece o art. 117 do atual C.P.C. que os litisconsortes serão considerados, em suas relações com a parte adversa, como litigantes distintos, exceto no litisconsórcio unitário, caso em que os atos e as omissões de um não prejudicarão os outros, mas os poderão beneficiar.

Assim, para o desistente sobrevém o trânsito em julgado da decisão, sendo que para os demais litisconsortes que não desistiram de seus recursos subsiste a possibilidade de novo julgamento. Essa situação possibilita a quebra da uniformidade na solução da questão posta em juízo: *"em relação a A, que desistiu, a disciplina da situação litigiosa será a fixada pelo órgão 'a quo'; em relação a B e C, que não desistiram, será a que se vier a fixar no julgamento do recurso. Semelhante resultado não é concebível, todavia, em se tratando de litisconsórcio 'unitário', isto é, quando a situação litigiosa for tal que reclame necessariamente disciplina uniforme para todos os colitigantes. O exemplo clássico é o dos vários acio-*

---

[296] BARBOSA MOREIRA, J. C., op. cit., p. 315.

nistas que pedem juntos, pelo mesmo fundamento, a anulação de uma deliberação da assembleia social, v.g. sobre a reforma dos estatutos da sociedade. Suponhamos que, rejeitado o pedido no primeiro grau de jurisdição, os autores apelem, mas um deles posteriormente desista do recurso. Caso se venha a dar provimento às demais apelações, a deliberação será anulada; ora, é inadmissível que ela subsista só para o desistente, sob pena de consagrar-se absurdo não apenas 'lógico', mas 'prático': o ato de reforma dos estatutos não pode simultaneamente valer para um acionista e não valer para outros. A única solução consiste em negar à desistência, nessas hipóteses, o efeito normal de produzir o trânsito em julgado para o desistente...Analogamente ao que acima se expôs, a desistência do recurso interposto em face dos co-litigantes pelo adversário, na hipótese de este unicamente desistir quanto a uma parte dos recorridos, produzirá todos os efeitos normais se se tratar de matéria que comporte diversidade de soluções: para os litisconsortes perante os quais se desistiu, passa em julgado a decisão de grau inferior; para o(s) outro(s), a solução será a que se contiver no pronunciamento do órgão 'ad quem'. Se, porém, for indispensável a preservação da uniformidade, a desistência do recurso interposto pelo adversário não produzirá o trânsito em julgado da decisão recorrida, senão quando manifestada em relação à 'totalidade dos litisconsortes unitários'.".[297]*

Sobre o tema, eis a seguinte decisão do S.T.J.:

> *1. Não estando caracterizado o litisconsórcio passivo unitário, não incide o efeito expansivo subjetivo dos recursos, por conta da regra do caput, do art., 509, CPC, pelo que, no caso concreto, em se tratando de litisconsórcio facultativo simples, não se pode admitir o alcance do provimento da apelação aos que desistiram na origem do referido recurso, tendo em vista que não integravam mais o polo ativo da relação jurídico-processual.*
>
> *2. A propósito: "a possibilidade do recurso interposto por um litisconsorte aproveitar aos demais não decorre da necessariedade do litisconsórcio, e sim da sua unidade. É que a norma que prevê tal possibilidade, inserta no art. 509, caput, do CPC, incide apenas na hipótese de litisconsórcio unitário. Aos demais, aplica-se o princípio da autonomia dos litisconsortes, previsto no art. 48 do CPC". (REsp 827.935/DF, Rel. Min. Teori Albino Zavascki, DJ 27/08/2008).*
>
> *3. Agravo regimental não provido.*
>
> (AgRg nos EDcl no AgRg no REsp 1225106/CE, Rel. Ministro BENEDITO GONÇALVES, PRIMEIRA TURMA, julgado em 04/06/2013, DJe 11/06/2013)

---

[297] Barbosa Moreira, J. C., op. cit., p. 318 a 320.

ADMISSIBILIDADE DOS RECURSOS

A desistência pode ocorrer a qualquer tempo. É indiferente que o recurso já tenha sido ou não recebido, que se encontre ainda pendente no juízo 'a quo' ou que já tenha sido encaminhado ao tribunal superior.[298] Sobre o tema, eis os seguintes precedentes do S.T.J.:

1. Nos termos do artigo 501 do Código de Processo Civil, a desistência do recurso independe da concordância do recorrido e pode ser formulada até o julgamento do recurso.
(...).
(AgRg nos EDcl no AREsp 351.788/PR, Rel. Ministra NANCY ANDRIGHI, TERCEIRA TURMA, julgado em 20/02/2014, DJe 10/03/2014).

1. A jurisprudência desta Corte é no sentido de que, com a desistência do recurso, prevalecerá a decisão imediatamente anterior, inclusive no que diz respeito a custas e honorários advocatícios.
(...).
(AgRg nos EDcl na DESIS no Ag 1426446/BA, Rel. Ministro HUMBERTO MARTINS, SEGUNDA TURMA, julgado em 18/10/2012, DJe 25/10/2012).

Sobre o termo final para se requerer a desistência do recurso, eis as seguintes decisões do S.T.J. e do S.T.F.:

1. Nos termos da jurisprudência do Superior Tribunal de Justiça, à exceção dos casos em que despontam razões de interesse público na uniformização da jurisprudência (como ocorre com os recursos representativos de controvérsia, ou seja, aqueles submetidos à sistemática do art. 543-C do CPC) e dos casos em que se evidencia má-fé processual em não ver sedimentada a jurisprudência, é possível a desistência do recurso especial a qualquer tempo, inclusive quando o julgamento, já iniciado, estiver suspenso por pedido de vista.
(...).
(DESIS no AgRg na MC 22.582/RJ, Rel. Ministro SÉRGIO KUKINA, PRIMEIRA TURMA, julgado em 15/05/2014, DJe 22/05/2014).

EMENTA DIREITO TRIBUTÁRIO E PROCESSUAL CIVIL. EXECUÇÃO FISCAL. PEDIDOS DE DESISTÊNCIA DO RECURSO EXTRAORDINÁRIO E RENÚNCIA AO DIREITO SOBRE O QUAL SE FUNDA A AÇÃO. MOMENTO POSTERIOR AO JULGAMENTO DO RECURSO EXTRAORDINÁRIO. INVIABILIDADE. CONSONÂNCIA DA DECISÃO RECORRIDA COM A JURISPRU-

---

[298] Barbosa Moreira, J. C., idem, p. 311.

RECURSOS NO NOVO C.P.C.

DÊNCIA CRISTALIZADA NO SUPREMO TRIBUNAL FEDERAL. AGRAVO REGIMENTAL DESPROVIDO. ACÓRDÃO RECORRIDO PUBLICADO EM 14.8.2012. 1. O entendimento adotado pela Corte de origem, nos moldes do assinalado na decisão agravada, não diverge da jurisprudência firmada no âmbito deste Supremo Tribunal Federal, no sentido de que apenas é facultado à parte desistir do recurso manejado enquanto não ultimado seu julgamento. Precedentes. 2. Na espécie, o pedido de desistência (Petição nº 60.361/2014/STF, doc. 08) foi deduzido em 15.12.2014, quando em 03.12.2014 (doc. 05) fora negado seguimento ao recurso, consoante o art. 21, § 1º, do RISTF, publicada no DJe 10.12.2014, com certidão de trânsito em julgado (doc. 13). 3. As razões do agravo regimental não se mostram aptas a infirmar os fundamentos que lastrearam a decisão agravada. 4. Agravo regimental conhecido e não provido.

(ARE 855605 AgR, Relator(a): Min. ROSA WEBER, Primeira Turma, julgado em 01/03/2016, PROCESSO ELETRÔNICO DJe-050 DIVULG 16-03-2016 PUBLIC 17-03-2016).

Agravo regimental em recurso extraordinário. 2. Pedido de desistência da ação após apreciação do recurso extraordinário. Impossibilidade. Precedentes. 3. Agravo regimental a que se nega provimento.

(RE 567678 AgR, Relator(a): Min. GILMAR MENDES, Segunda Turma, julgado em 04/08/2015, ACÓRDÃO ELETRÔNICO DJe-168 DIVULG 26-08-2015 PUBLIC 27-08-2015).

EMENTA EMBARGOS DE DECLARAÇÃO. DIREITO TRIBUTÁRIO. JULGAMENTO. ERRO MATERIAL. PEDIDO DE TRANSAÇÃO E DESISTÊNCIA ANTERIORES AO JULGADO. DESISTÊNCIA HOMOLOGADA. RENÚNCIA. JUÍZO DE PISO. SEM EFEITO O JULGAMENTO DE RECURSO COM PEDIDO DE DESISTÊNCIA ANTERIOR. A embargante requereu a desistência de seu recurso, renunciando expressamente ao direito em que se funda a ação em momento anterior ao julgamento de seu agravo regimental. Assim, tendo em vista o erro material, acolho os presentes embargos declaratórios, com efeitos infringentes, para tornar sem efeito o julgamento do agravo regimental no recurso extraordinário com agravo, homologo a desistência do referido agravo regimental e determino a baixa dos autos à origem para apreciação dos pedidos de renúncia, eventuais questões relativas à sucumbência, levantamento de depósitos e custas finais, se o caso. Embargos de declaração acolhidos, com a concessão de efeitos infringentes.

(ARE 707918 AgR-ED, Relator(a): Min. ROSA WEBER, Primeira Turma, julgado em 26/11/2013, PROCESSO ELETRÔNICO DJe-059 DIVULG 25-03-2014 PUBLIC 26-03-2014).

ADMISSIBILIDADE DOS RECURSOS

EMENTA Agravo regimental em embargos de declaração em agravo regimental em agravo de instrumento. Homologação de pedido de desistência do recurso antes de ultimado seu julgamento. Possibilidade. 1. Na dicção da jurisprudência desta Suprema Corte, enquanto não ultimado o julgamento do apelo aqui em trâmite, pode a parte desistir do recurso. 2. Havendo embargos de declaração ainda pendentes de apreciação, a desistência alcança apenas esse último recurso, ainda não julgado. 3. Não tendo sido apresentado, nesta instância, expresso pedido de renúncia ao direito sobre o qual se funda a ação, não há como tê-lo por fictamente deduzido para fins de sua homologação. 4. Agravo regimental parcialmente provido.

(AI 773754 AgR-ED-AgR, Relator(a): Min. DIAS TOFFOLI, Primeira Turma, julgado em 10/04/2012, ACÓRDÃO ELETRÔNICO DJe-098 DIVULG 18-05-2012 PUBLIC 21-05-2012)

Estabelece o parágrafo único do art. 998 do C.P.C. que a desistência do recurso não impede a análise de questão cuja repercussão geral já tenha sido reconhecida e daquela objeto de julgamento de recursos extraordinários ou especiais repetitivos.

A normatização prevista no p.u. do art. 998 do novo C.P.C. estabelece um limite jurídico para o pedido de desistência. Nas hipóteses indicadas neste parágrafo único, o recorrente não mais poderá desistir do recurso extraordinário ou recurso especial, no que concerne à questão ou às questões jurídicas cuja repercussão geral já tenha sido reconhecida e daquela objeto de julgamento de recursos extraordinários ou especiais repetitivos.

A falta de eficácia da desistência dos recursos extraordinário ou especial nas hipóteses indicadas no p.u. do art. 998 do novo C.P.C. tem sua razão de ser. É que uma vez acolhida pelo S.T.F. a *repercussão geral* da questão posta no recurso extraordinário, ou uma vez acolhida a necessidade de resolver a questão pelo instituto de recursos repetitivos pelo S.T.F ou pelo S.T.J., deve-se prosseguir com o julgamento, pois a matéria ultrapassa a alçada individual do recurso, para abranger outros processos, razão pela qual há um interesse público evidenciado para que a solução das questões seja definitiva.

Isso vai ao encontro da concepção ideológica do novo C.P.C. que é justamente resolver o mais rápido possível as questões de massa ou que possam gerar demandas repetitivas. Portanto, uma vez acolhida a *repercussão geral* ou reconhecida a necessidade de julgamento de *recursos repetitivos*, a questão ali inserida sai da esfera de disponibilidade do recorrente.

RECURSOS NO NOVO C.P.C.

É importante salientar que tanto a renúncia ao direito de recorrer quanto a desistência do recurso exigem poderes especiais outorgados ao advogado. A cláusula *'ad judicia'* não é suficiente.

12.2.7. Preparo

Conforme preconiza o art. 1.007 do novo C.P.C., no ato de interposição do recurso, o recorrente comprovará, quando exigido pela legislação pertinente, o respectivo preparo, inclusive porte de remessa e retorno, sob pena de deserção.[299]

Dentre os documentos indispensáveis para interposição do recurso encontra-se a prova, quando exigida pela legislação pertinente, do respectivo preparo, inclusive porte de remessa e de retorno, sob pena de deserção. Essa prova deverá ser feita de plano, quando da interposição do recurso, prevalecendo em nosso sistema a regra do preparo imediato.

A prova do pagamento do preparo recursal pode ser feita por meio de recibo extraído da internet, conforme o seguinte precedente do S.T.J.:

> *O pagamento do preparo recursal pode ser comprovado por intermédio de recibo extraído da internet, desde que esse meio de constatação de quitação possibilite a aferição da regularidade do recolhimento. A despeito do entendimento de que o comprovante de pagamento emitido pela internet não possui fé pública, não podendo ser utilizado para comprovação de recolhimento de preparo recursal, em virtude da possibilidade de adulteração pelo próprio interessado, entende-se que o ordenamento jurídico não veda expressamente essa modalidade de demonstração de quitação. Ao contrário, é recomendado o seu uso, por ser mais consentâneo com a velocidade e a praticidade da vida moderna, proporcionadas pela utilização da rede mundial de computadores, desde que possível, por esse meio, aferir a regularidade do pagamento, inclusive permitindo-se ao interessado a impugnação fundamentada. Ademais, as relações sociais são constituídas com base na presunção de que há boa-fé entre seus co-partícipes, tendo o direito processual, de forma geral, adotado idêntico viés. Tanto é assim que a exceção é prevista expressamente nos artigos 14 e seguintes do CPC, outorgando-se poderes ao julgador para penalizar aquele que foge à regra geral, ou seja, aquele que age de má-fé. Além disso, parece ser um contrassenso permitir o uso do meio eletrônico na tramitação do processo judicial, avalizar a emissão das guias por meio da rede mundial de computadores e, ao mesmo tempo, coibir*

---

[299] Estabelece a Súmula 484 do S.T.J.: *Admite-se que o preparo seja efetuado no primeiro dia útil subsequente, quando a interposição do recurso ocorrer após o encerramento do expediente bancário.*

o seu pagamento pela mesma via, obrigando o jurisdicionado a se dirigir a uma agência bancária. Por fim, o próprio Tesouro Nacional autoriza o pagamento pela internet. Portanto, o fato dos comprovantes de pagamento das custas e do porte de remessa e retorno terem sido extraídos da internet, por si só, não é circunstância suficiente para conduzir à deserção do recurso (AgRg no REsp 1.232.385-MG, Quarta Turma, DJe 22/8/2013). Precedente citado: AgRg no AREsp 249.395-SC, Terceira Turma, DJe 25/2/2014. (EAREsp 423.679-SC, Rel. Min. Raul Araújo, julgado em 24/6/2015, DJe 3/8/2015).

Segundo anota Nelson Nery Junior: *"A matéria referente a esse instituto é de direito processual, portanto, de competência legislativa exclusiva da União (CF 22 I). Segue-se que, quanto à exigência, oportunidade de pagamento e efeitos do não pagamento, deve ser observado o regime do CPC. Aos Estados fica reservado o direito de estabelecer o valor das custas do recurso. Como esse valor decorre dos serviços judiciários prestados pela União ou pelos Estados, estes últimos podem dizer quando ocorre a hipótese de incidência da taxa judiciária, isto é, o fato gerador do tributo".*[300]

O *preparo* é requisito objetivo de admissibilidade do recurso, e corresponde ao pagamento das despesas relativas ao seu processamento.

A falta de *preparo* impede o conhecimento do recurso, justamente pela falta de pagamento da taxa judiciária. Efetivamente, o preparo do recurso tem natureza tributária. Sobre o tema, eis a seguinte decisão do S.T.F.:

EMENTA: Embargos de declaração conhecidos como agravo regimental. – Esta Corte já firmou o entendimento de que não cabem embargos de declaração contra decisão monocrática, devendo eles ser conhecidos como agravo regimental. – Como resulta do artigo 24, IV, da atual Constituição, os serviços forenses continuam custeados pelas custas, que nela é expressão empregada em sentido amplo, para alcançar tanto a taxa judiciária (que é o tributo a ser cobrado para cada processo, em conformidade, as mais das vezes, com a natureza da causa ou com o seu valor, conforme estabelecido pelo legislador) quanto às custas em sentido estrito (as despesas com os atos praticados no curso do procedimento), ao contrário do que sucedia com o artigo 8º, XVII, "c", da Constituição anterior na redação dada pela Emenda nº 7/77 que a empregava em sentido restrito, distinguindo-as da taxa judiciária. – Consequentemente, o preparo para a interposição de recurso que se enquadra no conceito de custas, inclusive em sentido estrito, é devido, como determina o artigo 511 do C.P.C., em conformidade com a legislação pertinente,

---

[300] Nery Junior, N., op. cit., p. 390.

sem qualquer afronta ao artigo 5º, XXXIV, "a", da Constituição. Embargos de declaração conhecidos como agravo regimental, a que se nega provimento.

(AI 309883 ED, Relator(a): Min. MOREIRA ALVES, Primeira Turma, julgado em 14/05/2002, DJ 14-06-2002 PP-00143 EMENT VOL-02073-07 PP-01403)

A parte deverá comprovar não somente o *preparo* do recurso, mas também o recolhimento do porte de remessa e retorno dos autos. Esse requisito somente pode ser exigido em relação aos processos físicos, justamente em razão do transporte de um para outro lugar do processo. Em se tratando de processo eletrônico, não tem razão de ser a exigência de porte de remessa e retorno dos autos, justamente pelo fato de que não há movimentação ou transporte físico do processo. O que há é apenas a transmissão virtual e eletrônica do processo no PJe.

A sanção pela falta de preparo ou de recolhimento do porte de remessa e retorno na hipótese de processo físico, que não se confunde nem com a desistência nem com a renúncia, é a *deserção do recurso* e o consequente *trânsito em julgado ou preclusão da decisão proferida.* Por isso, quando se reconhece a deserção do recurso por falta de preparo tempestivo, a eficácia da decisão recorrida remonta ao *dies ad quem* do prazo para o preparo. Assim, decorrido *in albis* esse prazo, nesse mesmo dia a decisão estará preclusa ou terá passado em julgado.

Não se indaga se a deserção ocorreu por culpa ou dolo do recorrente.

Tendo em vista que o preparo do recurso tem natureza tributária, especificamente de taxa judiciária, a lei poderá isentar do pagamento desta taxa determinadas pessoas, especialmente os entes públicos.

Estabelece o §1º do art. 1.007 do atual C.P.C. que são dispensados de preparo, inclusive porte de remessa e retorno, os recursos interpostos pelo Ministério Público, pela União, pelo Distrito Federal, pelos Estados, pelos Municípios, e respectivas autarquias, e pelos que gozam de isenção legal.

Tendo em vista que as fundações públicas apresentam características similares às autarquias, deve-se dar uma interpretação extensiva ao dispositivo, para também abranger as fundações públicas.

No âmbito da Justiça Federal, há expressa menção de isenção das fundações públicas em relação ao recolhimento das custas judiciais. Diz o art. 4ª, inc. I da Lei 9.289/96:

"Art. 4º São isentos de pagamento de custas:

I – a União, os Estados, os Municípios, os Territórios Federais, o Distrito Federal e as respectivas autarquias e fundações.

Sobre o tema, eis a seguinte decisão do S.T.J.:

RECURSO ESPECIAL – ALÍNEA "C" – FUNDAÇÃO DE CIÊNCIA E TEC-NOLOGIA (CIENTEC) – APELAÇÃO NÃO CONHECIDA POR AUSÊNCIA DE PREPARO – CONSIDERADO INCABÍVEL O REEXAME NECESSÁRIO PELO TRIBUNAL – NATUREZA DE DIREITO PÚBLICO DA ENTIDADE – REALIZAÇÃO DE ATIVIDADES DE INTERESSE PÚBLICO – APLICAÇÃO DAS REGRAS INSERTAS NOS ARTIGOS 475, I E 511 DO CPC – DIVERGÊN-CIA JURISPRUDENCIAL CONFIGURADA.

Do website da recorrente extrai-se a informação de que a CIENTEC "é órgão da Administração Indireta do Governo do Estado do RS, vinculada à Secretaria da Ciência e Tecnologia. Ao longo de seus 59 anos, colaborou efetivamente para o desenvolvimento sócio-econômico do RS, atuando em Tecnologia Industrial Básica e executando projetos de Pesquisa e Desenvolvimento. São mais de 8000 laudos/ano, e cerca de 5359 empresas entre públicas e privadas – no cadastro de clientes ativos da Fundação" (cf. http://www.cientec.rs.gov.br).

Embora a lei estadual que autorizou a criação da fundação recorrente a denomine como de direito privado, observa-se que a entidade exerce atividade tipicamente de interesse público, razão por que deve ser considerada de direito público, a exemplo de diversas outras fundações públicas existentes, que atuam, em regra, nas áreas de ensino, saúde, cultura, assistência, pesquisa, ciência, desenvolvimento administrativo e levantamento de dados (cf. Odete Medauar, in "Direito Administrativo Moderno", Revista dos Tribunais, São Paulo, 1998, p. 90).

"É absolutamente incorreta a afirmação normativa de que as fundações públicas são pessoas de direito privado. Na verdade, são pessoas de direito público, consoante, aliás, universal entendimento, que só no Brasil foi contendido. Saber-se se uma pessoa criada pelo Estado é de Direito Privado ou de Direito Público é meramente uma questão de examinar o regime jurídico estabelecido na lei que a criou. Se lhe atribuiu a titularidade de poderes públicos, e não meramente o exercício deles, e disciplinou-a de maneira a que suas relações sejam regidas pelo Direito Público, a pessoa será de Direito Público, ainda que se lhe atribua outra qualificação. Na situação inversa, a pessoa será de Direito Privado, mesmo inadequadamente denominada" (Celso Antônio Bandeira de Mello in "Curso de direito administrativo", Malheiros Editores, São Paulo, 2002, p. 161).

RECURSOS NO NOVO C.P.C.

Impõe-se reconhecer, dessarte, o direito da recorrente ao reexame necessário da sentença (nos termos do art. 475, inciso I, do CPC, na redação dada pela Lei n. 10.352, de 26.12.01) e a dispensa do preparo, na forma do art. 511, § 10º, do CPC (cf. Theotonio Negrão e José Roberto Ferreira Gouvêa, in "CPC e legislação...", 35ª ed., Ed. Saraiva, 2003, nota n. 9a ao artigo 511, p. 557).

Precedentes: AGREsp n. 337.475/RS, Rel. Min. Gilson Dipp, DJU 22.04.2002, REsp n. 92.406/RS, Rel. Min. Francisco Peçanha Martins, DJU 01.08.2000 e REsp n. 148.521/PE, Rel. Min. Adhemar Maciel, DJU 14.09.1998).

Recurso especial provido.

(REsp 480.632/RS, Rel. Ministro FRANCIULLI NETTO, SEGUNDA TURMA, julgado em 21/08/2003, DJ 28/10/2003, p. 268).

Eis, ainda, a seguinte decisão monocrática proferida pelo então Presidente do S.T.J., Ministro Francisco Falcão:

AgRg no AGRAVO EM RECURSO ESPECIAL Nº 721.516–SP (2015/0131326-2)
RELATOR : MINISTRO PRESIDENTE DO STJ
AGRAVANTE : FUNDAÇÃO CENTRO DE ATENDIMENTO SOCIOEDU-CATIVO AO ADOLESCENTE –
FUNDAÇÃO CASA DE SÃO PAULO
ADVOGADO : LUCIANA OLIVEIRA DA SILVA E OUTRO(S)
AGRAVADO : COMPANHIA ULTRAGAZ S/A
ADVOGADO : HAROLDO DEL REI ALMENDRO E OUTRO(S)
DECISÃO
Trata-se de agravo regimental interposto por FUNDAÇÃO CASA DE SÃO PAULO – FUNDAÇÃO CENTRO DE ATENDIMENTO SÓCIO-EDUCATIVO AO ADOLESCENTE em face da r. decisão de fl. 164, que negou seguimento ao agravo em recurso especial em razão da deserção do recurso especial.

Em suas razões, alega a agravante, em síntese, que a "Fundação CASA, fundação instituída e mantida pelo Poder Público, possui natureza pública, sendo aplicável à dispensa de preparo, previsto no Art. 511, § 1.º, do CPC" (fl. 169).

Relatados. Decido.

Verifico que assiste razão à agravante.

Segundo o parágrafo primeiro do art. 511 do CPC, são dispensados de preparo os recursos interpostos pelos que gozam de isenção legal.

Sendo a Fundação Casa entidade de Direito Público, a teor do art. 6.º, da Lei 11.608/2003, está isenta do pagamento de custas e despesas processuais.

ADMISSIBILIDADE DOS RECURSOS

Assim, com fundamento no art. 557, § 1º, do Código de Processo Civil, reconsidero a decisão agravada e determino a distribuição dos autos.

Publique-se. Intimem-se.

Brasília, 28 de setembro de 2015.

MINISTRO FRANCISCO FALCÃO

Presidente

Em relação aos conselhos de fiscalização de profissões regulamentadas, o parágrafo único do art. 4º da Lei 9.289/96, assim estabelece: *"A isenção prevista neste artigo não alcança as entidades fiscalizadoras do exercício profissional, nem exime as pessoas jurídicas referidas no inciso I da obrigação de reembolsar as despesas judiciais feitas pela parte vencedora.*

A questão do preparo por parte dos conselhos de fiscalização ficou assim decidida no julgamento proferido pelo S.T.J. em relação ao Tema 625 (Recursos Repetitivos):

PROCESSUAL CIVIL. RECURSO ESPECIAL. CONSELHO DE FISCALIZAÇÃO PROFISSIONAL. AUSÊNCIA DE PREPARO. DESERÇÃO. DIVERGÊNCIA JURISPRUDENCIAL. SÚMULA 83/STJ.

1. O benefício da isenção do preparo, conferido aos entes públicos previstos no art. 4º, caput, da Lei 9.289/1996, é inaplicável aos Conselhos de Fiscalização Profissional.

2. Inteligência do art. 4º, parágrafo único, da Lei 9.289/1996, e dos arts. 3º, 4º e 5º da Lei 11.636/2007, cujo caráter especial implica sua prevalência sobre os arts. 27 e 511 do CPC, e o art. 39 da Lei 6.830/1980.

3. Não se conhece de Recurso Especial quando a orientação do Tribunal se firmou no mesmo sentido da decisão recorrida (Súmula 83/STJ).

4. Recurso Especial não conhecido. Acórdão sujeito ao regime do art. 543-C do CPC e do art. 8º da Resolução STJ 8/2008.

(REsp 1338247/RS, Rel. Ministro HERMAN BENJAMIN, PRIMEIRA SEÇÃO, julgado em 10/10/2012, DJe 19/12/2012)

Já em relação à Ordem dos Advogados do Brasil, assim já se manifestou o S.T.J.:

I – PROCESSUAL – RECURSO ESPECIAL RETIDO – DECISÃO INTERLOCUTÓRIA – DECISÃO QUE OBRIGA AO PAGAMENTO DE CUSTAS – POSSIBILIDADE DE EXTINGUIR O PROCESSO (CPC, ART. 257) – NÃO INCIDÊNCIA DO CPC, ART. 542.

II – CUSTAS JUDICIAIS – LEI 9.289/96 (ART. 4º) – ISENÇÃO ORDEM DOS ADVOGADOS DO BRASIL.

I – Não deve permanecer retido o recurso interposto contra decisão que, negando a incidência de isenção, determina o pagamento imediato de custas judiciais. É que tal decisão tende a produzir a extinção do processo, pelo cancelamento da distribuição (CPC 257).

II – A Ordem dos Advogados do Brasil goza da isenção prevista no Art. 4º, § 1º da Lei 9.289/96.

(REsp 212.020/RJ, Rel. Ministro HUMBERTO GOMES DE BARROS, PRIMEIRA TURMA, julgado em 19/08/1999, DJ 27/09/1999, p. 57)

Porém, há decisão de Tribunais Regionais Federais que não acolhem o argumento de que a isenção de custas estende-se à OAB. Nesse sentido são os seguintes julgados:

MANDADO DE SEGURANÇA. EXAME DE ORDEM DA OAB. PARTI-CIPAÇÃO. ALUNO DO ÚLTIMO PERÍODO. PROVIMENTO Nº 109/2005 DO CONSELHO FEDERAL DA OAB. VEDAÇÃO. LIMINAR CONCESSIVA. SITUAÇÃO FÁTICA CONSOLIDADA. CUSTAS PROCESSUAIS A CARGO DA OAB. POSSIBILIDADE. 1. O Conselho Federal da OAB, responsável pela regulamentação do Exame de Ordem, definiu que a conclusão do curso de Direito é requisito obrigatório para que o aluno realize o referido exame. 2. Liminar deferida que permitiu aos alunos realizarem a inscrição para o Exame de Ordem. Situação fática consolidada. Precedentes. 3. Consoante dispõe o art. 4º, PARÁGRAFO único, da Lei nº 9.289/96, as entidades fiscalizadoras do exercício profissional não são alcançadas pela isenção do pagamento de custas processuais. Apelação e Remessa Oficial improvidas.

(TRF-5 – AMS: 98085 CE 2006.81.00.002514-6, Relator: Desembargador Federal Frederico Pinto de Azevedo, Data de Julgamento: 28/06/2007, Terceira Turma, Data de Publicação: Fonte: Diário da Justiça – Data: 08/08/2007 – Página: 660 – Nº: 152 – Ano: 2007)

PROCESSUAL CIVIL. AGRAVO EM AGRAVO DE INSTRUMENTO. ARTIGO 557 DO CPC. ORDEM DOS ADVOGADOS DO BRASIL – OAB. SUJEIÇÃO AO RECOLHIMENTO DE CUSTAS JUDICIAIS. EFEITO INFRIN-GENTE. IMPOSSIBILIDADE. – O decisum recorrido, com base no artigo 557 do Código de Processo Civil, negou seguimento ao agravo de instrumento ao fundamento de que a isenção das custas processuais para as autarquias e demais pessoas jurídicas de direito público mencionadas no artigo 4º, inciso I, da Lei nº 9.289/1996 não se aplica às entidades fiscalizadoras do exercício profissional, conforme o disposto no parágrafo único do mesmo dispositivo. Por sua vez, a Ordem dos Advogados do Brasil, a despeito de desempenhar serviço público (artigo 45, § 5º, da Lei nº 8.906/1994), é entidade fiscalizadora do exercício da profissão de advogado e não tem qualquer vínculo funcional ou hierárquico com a administração, a teor do artigo 44 da Lei nº 8.906/1994. Assim, é alcançada pela exceção do parágrafo único do artigo 4º da Lei nº 9.289/1996, razão pela qual está sujeita ao recolhimento de custas judiciais. Precedentes desta corte: AI 00899750420064030000 e AI 00809099720064030000. – Inalterada a situação fática e jurídica, a irresignação não merece provimento, o que justifica a manutenção do decisum agravado por seus próprios fundamentos. – Recurso desprovido.

(TRF-3 – AI: 544191 AI 00275981620144030000, Relator: Desembargador Federal Andre Nabarrete, Data de Publica: Fonte: Diário da Justiça – Data: 17.04.2015).

Além dos entes públicos indicados no §1º do art. 1.007 do atual C.P.C., há referência também àqueles que gozam de isenção legal do pagamento das custas processuais.

No âmbito da Justiça Federal, gozam de isenção legal, segundo dispõe o art. 4º, incs. II e IV, da Lei 9.289/96, os que provarem insuficiência de recursos e os beneficiários da gratuita de justiça, bem como os autores nas ações populares, nas ações civis públicas e nas ações coletivas de que trata o Código de Defesa do Consumidor, ressalvadas as hipóteses de litigância de má-fé.[301]

Estabelece a Súmula 481 do S.T.J.: *Faz jus ao benefício da justiça gratuita a pessoa jurídica com ou sem fins lucrativos que demonstrar sua impossibilidade de arcar com os encargos processuais.*

---

[301] *DIREITO PENAL. ATIPICIDADE DA FALSA DECLARAÇÃO DE HIPOSSUFICIÊNCIA PARA OBTENÇÃO DE JUSTIÇA GRATUITA.*
É atípica a mera declaração falsa de estado de pobreza realizada com o intuito de obter os benefícios da justiça gratuita. O art. 4º da Lei 1.060/1950 dispõe que a sanção aplicada àquele que apresenta falsa declaração de hipossuficiência é meramente econômica, sem previsão de sanção penal. Além disso, tanto a jurisprudência do STJ e do STF quanto a doutrina entendem que a mera declaração de hipossuficiência inidônea não pode ser considerada documento para fins penais. Precedentes citados do STJ: HC 218.570-SP, Sexta Turma, DJe 5/3/2012; HC 217.657-SP, Sexta Turma, DJe 22/2/2012; e HC 105.592-RJ, Quinta Turma, DJe 19/4/2010. Precedente citado do STF: HC 85.976-MT, Segunda Turma, DJ 24/2/2006. (HC 261.074-MS, Rel. Min. Marilza Maynard (Desembargadora convocada do TJ-SE), julgado em 5/8/2014).

RECURSOS NO NOVO C.P.C.

Em relação à gratuidade de justiça, estabelece o art. 99 do novo C.P.C. que o pedido de gratuidade de justiça pode ser formulado na petição inicial, na contestação, na petição para ingresso de terceiro no processo ou *em recurso*.

É importante salientar que quando a gratuidade de justiça for deferida, a eficácia da concessão do benefício prevalecerá, independentemente de renovação de seu pedido, em todas as instâncias e para todos os processos. Nesse sentido é a seguinte decisão do S.T.J.:

DIREITO PROCESSUAL CIVIL. EFICÁCIA DA CONCESSÃO DE ASSISTÊNCIA JUDICIÁRIA GRATUITA.

Quando a assistência judiciária gratuita for deferida, a eficácia da concessão do benefício prevalecerá, independentemente de renovação de seu pedido, em todas as instâncias e para todos os atos do processo – alcançando, inclusive, as ações incidentais ao processo de conhecimento, os recursos, as rescisórias, assim como o subsequente processo de execução e eventuais embargos à execução –, somente perdendo sua eficácia por expressa revogação pelo Juiz ou Tribunal. Isso porque não há previsão legal que autorize a exigência de renovação do pedido de assistência judiciária gratuita em cada instância e a cada interposição de recurso, mesmo na instância extraordinária. Ao contrário, o art. 9º da Lei 1.060/1950 estabelece expressamente a eficácia da decisão deferitória do benefício em todas as instâncias e graus de jurisdição. Com efeito, a concessão do benefício, por compor a integralidade da tutela jurídica pleiteada, comporta eficácia para todos os atos processuais, em todas as instâncias, alcançando, inclusive, as ações incidentais ao processo de conhecimento, os recursos, as rescisórias, assim como o subsequente processo de execução e eventuais embargos à execução, sendo despicienda a constante renovação do pedido a cada instância e para a prática de cada ato processual. Essa é a interpretação mais adequada da legislação, especialmente da Lei 1.060/1950 (arts. 4º, 6º e 9º), e consentânea com os princípios constitucionais da inafastabilidade da tutela jurisdicional e do processo justo, com garantia constitucional de concessão do benefício da assistência judiciária gratuita ao necessitado (art. 5º, XXXV, LIV e LXXIV, da CF). Assim, desde que adequadamente formulado o pedido e uma vez concedida, a assistência judiciária gratuita prevalecerá em todas as instâncias e para todos os atos do processo, nos expressos termos assegurados no art. 9º da Lei 1.060/1950 (reiterado no parágrafo único do art. 13 da Lei 11.636/2007). Contudo, perderá eficácia a concessão do benefício em caso de expressa revogação pelo Juiz ou Tribunal, quando comprovada a mudança da condição econômico-financeira do beneficiário. Isso porque a decisão que concede a gratuidade está condicionada à cláusula rebus sic standibus, primando pela precariedade e não

gerando preclusão pro judicato. Dessa maneira, a renovação do pedido de gratuidade da justiça somente se torna necessária quando houver anterior indeferimento do pleito ou revogação no curso do processo. Por fim, cabe ressaltar que não se faz necessário, para o processamento de eventual recurso, que o beneficiário faça expressa remissão na petição recursal acerca do anterior deferimento da assistência judiciária gratuita, embora seja evidente a utilidade dessa providência facilitadora. Basta, portanto, que constem dos autos os comprovantes de que já litiga na condição de beneficiário da justiça gratuita.
(AgRg nos EAREsp 86.915-SP, Rel. Min. Raul Araújo, julgado em 26/2/2015, DJe 4/3/2015).

Uma vez requerida a concessão de gratuidade da justiça em recurso, o recorrente estará dispensado de comprovar o recolhimento do preparo, incumbindo ao relator, neste caso, apreciar o requerimento e, se indeferi--lo, fixar prazo para realização do recolhimento ($\S 7^{\circ}$ do art. 99 do novo C.P.C.)

O S.T.J. já vinha admitindo a prescindibilidade de preparo para análise de gratuidade de justiça em sede recursal, conforme o seguinte precedente:

Não se aplica a pena de deserção a recurso interposto contra o indeferimento do pedido de justiça gratuita . Nessas circunstâncias, cabe ao magistrado, mesmo constatando a inocorrência de recolhimento do preparo, analisar, inicialmente, o mérito do recurso no tocante à possibilidade de concessão do benefício da assistência judiciária gratuita. Se entender que é caso de deferimento, prosseguirá no exame das demais questões trazidas ou determinará o retorno do processo à origem para que se prossiga no julgamento do recurso declarado deserto. Se confirmar o indeferimento da gratuidade da justiça, deve abrir prazo para o recorrente recolher o preparo recursal e dar sequência ao trâmite processual. Partindo-se de uma interpretação histórico-sistemática das normas vigentes aplicáveis ao caso (CF e Lei n. 1.060/1950) e levando-se em consideração a evolução normativo-processual trazida pelo CPC/2015, é oportuno repensar o entendimento até então adotado pelo STJ no sentido de considerar deserto o recurso interposto sem o comprovante de pagamento das custas processuais, mesmo quando o mérito diga respeito ao pedido de justiça gratuita, tendo em vista a completa falta de boa lógica a amparar a exigência de recolhimento do preparo nesses casos. Isso porque, se o jurisdicionado vem afirmando, requerendo e recorrendo no sentido de obter o benefício da assistência judiciária gratuita, porque diz não ter condição de arcar com as despesas do processo, não há sentido nem lógica em se exigir que ele primeiro pague o que afirma não poder pagar para só depois o Tribunal decidir se realmente ele precisa, ou não, do benefício. Além

RECURSOS NO NOVO C.P.C.

disso, não há sequer previsão dessa exigência na Lei n. 1.060/1950. Neste ponto, convém apontar que a CF consagra o princípio da legalidade (art. 5º, II), que dispensa o particular de quaisquer obrigações em face do silêncio da lei (campo da licitude). Assim, se a norma não faz exigência específica e expressa, parece inteiramente vedado ao intérprete impô-la, a fim de extrair dessa interpretação consequências absolutamente graves, a ponto de eliminar o direito de recorrer da parte e o próprio acesso ao Judiciário. Ademais, é princípio basilar de hermenêutica que não pode o intérprete restringir quando a lei não restringe, condicionar quando a lei não condiciona, ou exigir quando a lei não exige. Essa é a interpretação mais adequada da Lei n. 1.060/1950 e consentânea com os princípios constitucionais da inafastabilidade da tutela jurisdicional e do processo justo e com a garantia constitucional de concessão do benefício da assistência judiciária gratuita ao necessitado (art. 5º, XXXV, LIV e LXXIV, da CF).

AgRg nos EREsp 1.222.355-MG, Rel. Min. Raul Araújo, julgado em 4/11/2015, DJe 25/11/2015.

Porém, em sentido contrário, há a seguinte decisão do S.T.J.:

AGRAVO REGIMENTAL NO AGRAVO (ART. 544 DO CPC) – AÇÃO DE AUTOFALÊNCIA – DECISÃO MONOCRÁTICA DA LAVRA DESTE SIGNATÁRIO QUE NEGOU PROVIMENTO AO RECLAMO ESPECIAL ANTE A OCORRÊNCIA DA DESERÇÃO. IRRESIGNAÇÃO DOS CREDORES.

1. Embora o acesso à justiça consista em uma norma constitucional de eficácia plena, o legislador infraconstitucional não está tolhido de sistematizar as formas do seu exercício. Trata-se, em verdade, não da limitação dos direitos e garantias constitucionais, mas sim de verdadeira atribuição de racionalidade ao ordenamento jurídico, o qual deve sempre se pautar pela observância dos princípios da proporcionalidade, razoabilidade e segurança jurídica. Nesse contexto, levando-se em conta que a Lei 1.060/50 foi recepcionada pela Constituição Federal, mostra-se inviável o reconhecimento de que a mesma contém disposições excessivamente formalistas ao ponto de tornar impraticável o acesso à prestação jurisdicional.

Precedente do Supremo Tribunal Federal.

2. A despeito de o novo Código de Processo Civil (Lei nº 13.105, de 16 de março de 2015) tecer novas disposições acerca da gratuidade de justiça, no sentido da possibilidade do pedido ser formulado nos autos do próprio processo por petição simples (art. 99, § 1º), o referido diploma legal encontra-se em período de vacância (vacatio legis), não possuindo força normativa suficiente para afastar o consolidado entendimento desta Corte sobre a matéria.

ADMISSIBILIDADE DOS RECURSOS

3. Mesmo que o mérito recursal refira-se a pedido de gratuidade de justiça indeferido ou não analisado nas instâncias ordinárias, é deserto o recurso cujo processamento e julgamento é de competência do Superior Tribunal de Justiça, se não há comprovante de pagamento das custas processuais nem renovação do pedido de justiça gratuita.
Precedentes da Corte Especial deste Superior Tribunal de Justiça.
4. Esta Corte Superior possui o entendimento de que a eventual concessão dos benefícios da gratuidade de justiça opera efeitos ex nunc, não podendo, dessa forma, retroagir à data de interposição do recurso especial. A ausência de comprovação do recolhimento do preparo no ato da interposição do recurso especial implica sua deserção. Precedentes.
5. Agravo regimental desprovido.
(AgRg no AREsp 783.396/MG, Rel. Ministro MARCO BUZZI, QUARTA TURMA, julgado em 04/02/2016, DJe 17/02/2016)

O S.T.J. também vem admitindo a formulação de pedido de gratuidade de justiça em sede recursal na própria petição recursal, conforme o precedente abaixo:

DIREITO PROCESSUAL CIVIL. PEDIDO DE ASSISTÊNCIA JUDICIÁRIA GRATUITA EM SEDE RECURSAL.
É possível a formulação de pedido de assistência judiciária gratuita na própria petição recursal, dispensando-se a exigência de petição avulsa, quando não houver prejuízo ao trâmite normal do processo. De fato, a redação do art. 6º da Lei n. 1.060/1950 exige que, se a ação estiver em curso, o benefício deverá ser deduzido em petição avulsa. Contudo, não parece ser razoável a interpretação meramente gramatical da norma em apreço, devendo ser levado em consideração o sistema em que ela está atualmente inserida, no qual a própria a CF, no seu art. 5º, LXXIV, traz, como direito fundamental do cidadão, a prestação de assistência judiciária gratuita aos que não tiverem condições de custear as despesas do processo sem sacrifício de seu sustento e de sua família. Há, também, na esfera processual, os princípios da instrumentalidade das formas, do aproveitamento dos atos processuais, do pas de nullité sans grief, da economia processual, da prestação jurisdicional célere e justa, entre outros tantos. Desse arcabouço normativo e principiológico é viável extrair interpretação no sentido de ser possível o recebimento e a apreciação do pedido de assistência judiciária gratuita formulado na própria petição recursal. Nessa linha intelectiva, ao Relator ou ao Presidente do Tribunal bastará: (a) indeferi-lo se entender que há elementos nos autos que afastem a alegada hipossuficiência do requerente; (b) deferi-lo de plano, já que, nos termos da jurisprudência do STJ e do STF, o benefício da assistência judiciária gratuita pode ser pleiteado a qualquer

tempo, sendo suficiente para sua obtenção que a parte afirme não ter condição de arcar com as despesas do processo. Observe-se que o ato processual, em regra, não encontrará dificuldade, nem atrasará o curso da demanda principal, sendo, portanto, possível dispensar o excesso de formalismo para receber o requerimento de assistência judiciária gratuita formulado na petição recursal, sempre que possível. Em verdade, é possível que a parte contrária impugne o pleito. Aí sim, nesta situação, por demandar maiores digressões, é razoável que a impugnação seja processada em apenso, sem suspensão do curso do processo principal. Se esta não for a hipótese, é recomendável dispensar-se o excesso de formalismo, dando maior efetividade às normas e princípios constitucionais e processuais citados, recebendo-se, pois, o pedido de assistência judiciária gratuita formulado na própria petição recursal. Por fim, o CPC/2015, certamente por levar em consideração os princípios constitucionais e processuais supracitados, autoriza, em seu art. 99, § 1º, que o pedido de assistência judiciária gratuita seja formulado a qualquer tempo e em qualquer grau de jurisdição, na própria petição recursal, dispensado, com isso, a retrógrada exigência de petição avulsa, sem inclusive fazer distinção entre os pleitos formulados por pessoa física ou jurídica. AgRg nos EREsp 1.222.355-MG, Rel. Min. Raul Araújo, julgado em 4/11/2015, DJe 25/11/2015.

A isenção de custas judiciais em execução fiscal foi também reconhecida à Fazenda Pública federal quando esta litiga na Justiça Estadual com função delegada. Nesse sentido são os seguintes precedentes do S.T.J.:

Embargos de declaração no agravo regimental no recurso especial. Execução fiscal ajuizada pela união na justiça estadual. Exercício de jurisdição delegada. Custas judiciais. Isenção. Embargos acolhidos, com efeitos infringentes. Recurso especial da fazenda nacional provido.

(EDcl no AgRg no REsp 1223379/RS, Rel. Ministro CESAR ASFOR ROCHA, SEGUNDA TURMA, julgado em 07/08/2012, DJe 15/08/2012)

1. Quanto às custas efetivamente estatais, goza a Fazenda Pública Federal de isenção, devendo apenas, quando vencida, ressarcir as despesas que tiverem sido antecipadas pelo particular.

2. Ainda que se trate de execução fiscal promovida pela União perante a Justiça Estadual, subsiste a isenção referente às custas processuais e emolumentos.

3. A isenção do pagamento de custas e emolumentos e a postergação do custeio das despesas processuais (artigos 39 da Lei 6.830/80 e 27 do CPC), privilégios de que goza a Fazenda Pública, não dispensam o pagamento antecipado das despesas com o transporte dos oficiais de justiça ou peritos judiciais, ainda que para cumprimento de diligências em execução fiscal ajuizada perante a Justiça Federal.

4. Matérias julgadas sob o rito do art. 543-C do CPC e da Resolução STJ n.º 08/2008.

5. Recurso especial provido.

(REsp 1267201/PR, Rel. Ministro CASTRO MEIRA, SEGUNDA TURMA, julgado em 03/11/2011, DJe 10/11/2011).

É importante salientar que a função delegada prevista no art. 15, inc. I, da Lei 5.010 de 1966, referente aos executivos fiscais da União e de suas respectivas autarquias, foi revogada pela Lei 13.043 de 2014.

O artigo 511 e o artigo 525, §1º, ambos do Código de Processo Civil de 1973 estabeleciam que o preparo das custas recursais deveria ser comprovado no momento da interposição do recurso.

Sob a égide do C.P.C. de 1973, o recurso seria de plano declarado deserto se o recorrente, no momento em que apresentasse a petição do recurso, não comprovasse de imediato o recolhimento do preparo e do valor do porte de remessa e de retorno dos autos.

Nesse sentido é a seguinte decisão monocrática do S.T.J., da lavra da Ministra Maria Isabel Gallotti, inclusive avaliando a questão do direito intertemporal entre o velho e o novo C.P.C.:

RECURSO ESPECIAL Nº 1.283.946 – PR (2011/0235952-7)
RELATORA : MINISTRA MARIA ISABEL GALLOTTI
RECORRENTE : WILLYAN BOGIO
ADVOGADO : MOYSES GRINBERG
RECORRIDO : ARI BOGIO – ESPÓLIO
ADVOGADO : LUIZ FERNANDO DE OLIVEIRA VIANA E OUTRO(S)
INTERES. : MARIA MIOR BOGIO E OUTROS
DECISÃO
Trata-se de recurso especial interposto por WILLYAN BOGIO, com fundamento nas alíneas "a" e c do inciso III do artigo 105 da Constituição Federal, contra acórdão proferido pelo Tribunal de Justiça do Estado do Paraná, assim ementado (fl. 536 e-STJ):
AGRAVO DE INSTRUMENTO INVENTÁRIO AUSÊNCIA DE PRESSU-POSTO DE ADMISSIBILIDADE RECURSAL PREPARO INCOMPLETO NO ATO DA INTERPOSIÇÃO DO RECURSO NECESSIDADE DE RECO-

LHIMENTO DO PORTE DE RETORNO COMARCA DO INTERIOR COMPLEMENTAÇÃO INTEMPESTIVA DESERÇÃO EVIDENCIADA RECURSO NÃO CONHECIDO-

Opostos os embargos de declaração, esses foram rejeitados (fls. 554/559 e-STJ).

Em suas razões do recurso, a parte recorrente alegou negativa de vigência ao artigo 511, § 2º, do Código de Processo Civil de 1973, bem como a existência de dissídio jurisprudencial, em virtude da possibilidade de se complementar o valor do preparo caso seja feito de forma insuficiente.

Juízo positivo de admissibilidade proferido às fls. 594/597 e- STJ.

Inicialmente, cumpre destacar que a decisão recorrida foi publicada antes da entrada em vigor da Lei 13.105 de 2015, estando o recurso sujeito aos requisitos de admissibilidade do Código de Processo Civil de 1973, conforme Enunciado Administrativo 2/2016, desta Corte.

Da análise dos pressupostos de admissibilidade do presente recurso, verifico que esse não merece conhecimento.

Nos termos do disposto no artigo 932, III, do Novo Código de Processo Civil, incumbe ao relator, de forma singular, negar seguimento a recurso inadmissível.

Compulsando-se os autos, verifico que o Tribunal de origem assim decidiu (fls. 537/539 e-STJ):

O presente recurso não merece conhecimento, ante a ausência de um dos requisitos de admissibilidade, qual seja, o preparo tempestivo das custas recursais.

O artigo 511 e o artigo 525, §1º ambos do Código de Processo Civil estabelecem que o preparo das custas recursais deve ser comprovado no momento da interposição do recurso:

"Art. 511. No ato de interposição do recurso, o recorrente comprovará, quando exigido pela legislação pertinente, o respectivo preparo, inclusive porte de remessa e de retorno, sob pena de deserção."

"Art. 525. A petição de agravo de instrumento será instruída:

§1º Acompanhará a petição o comprovante de pagamento das respectivas custas e do porte de retorno, quando devidos, conforme tabela que será publicada pelos tribunais."

O texto legal não deixa dúvidas quanto à necessidade de comprovação do pagamento integral das custas recursais no ato da interposição, o que permite a conclusão de que o preparo das custas deve ser efetuado antes de interposto o Agravo de Instrumento, inclusive o porte de retorno quando exigível.

(...)

ADMISSIBILIDADE DOS RECURSOS

No caso dos autos, verifica-se que o Agravante interpôs o presente recurso em 30 de julho de 2010 (fl. 03 TJ) sem comprovar o pagamento das custas correspondentes, deixando de atender, assim, o disposto nos artigos 511 e 525 ambos do Código de Processo Civil, que exigem a comprovação do preparo integral das custas recursais concomitantemente ao ato de interposição.

Ocorre que o pagamento prévio das custas consiste num dos requisitos extrínsecos de admissibilidade recursal, sendo que a sua ausência enseja a aplicação da pena de deserção, com o conseqüente não conhecimento do recurso.

Observa-se que, no presente recurso, não se configura quaisquer das hipóteses de isenção da obrigação de recolhimento das custas processuais, nem cabe aplicação do disposto no artigo 511, §2º, do Código de Processo Civil, para intimar o recorrente a complementar o pagamento das custas.

Cumpre salientar, ademais, que a falta de comprovação do preparo no ato da interposição do recurso causa a preclusão consumativa.

Em que pese o Agravante ter protocolizado petição (fl. 438 TJ) na data de 10.08.2010 com a juntada do comprovante de pagamento do porte de retorno (fls. 439/440 TJ), após esgotado o prazo recursal para apresentação de Agravo de Instrumento, não apresentou justificativa aceitável de que estivesse impedido de realizar tempestivamente o preparo integral das custas do presente recurso.

Assim, resta evidenciada a ausência de requisito extrínseco de admissibilidade, que enseja o não conhecimento do recurso, já que o presente Agravo de Instrumento foi interposto sem a comprovação do pagamento tempestivo de todas as custas exigidas pela norma legal.

Destarte, impõe-se a aplicação da pena de deserção, de modo que o recurso interposto não deve ser conhecido.

Com efeito, à luz do disposto no diploma processual e do entendimento consolidado na jurisprudência pátria, o preparo do recurso é requisito essencial para admissibilidade do recurso e deve ser realizado no ato de sua interposição, sob pena de preclusão consumativa e, portanto, aplicação da pena de deserção.

Dessa forma, apesar de constar nas alegações do especial que não foi oportunizada a complementação do preparo, verifico que o recorrente não comprovou o preparo no momento de interposição do recurso, realizando-o somente depois e sem apresentar justificativa alguma para tanto.

Assim se manifesta esta Corte:

AGRAVO REGIMENTAL NOS EMBARGOS DE DIVERGÊNCIA EM RECURSO ESPECIAL. CPC/73. FALTA DE COMPROVAÇÃO DO PRE-

PARO RECURSAL. DESERÇÃO. INAPLICABILIDADE DO DISPOSTO NO ART. 511, § 2º, DO CPC. NOVO CPC. NÃO APLICÁVEL. AGRAVO IMPROVIDO.

1. Conforme orientação jurisprudencial pacífica do Superior Tribunal de Justiça, a regra é que a parte recorrente deve comprovar o preparo no momento da interposição do recurso, sob pena de deserção (art. 511 do CPC).

2. Na espécie, o recurso foi julgado deserto por decisão do Presidente desta Corte, porquanto a petição dos embargos de divergência veio desacompanhada da comprovação do respectivo preparo.

3. Aos recursos interpostos com fundamento no CPC/73 (relativos a decisões publicadas até 17 de março de 2016) devem ser exigidos os requisitos de admissibilidade na forma nele prevista, com as interpretações dadas até então pela jurisprudência do Superior Tribunal de Justiça, razão por que a eles não se aplicam as disposições do novo CPC.

4. Agravo regimental improvido.

(AgRg nos EREsp 988.915/SP, Rel. Ministro MARCO AURÉLIO BELLIZZE, SEGUNDA SEÇÃO, julgado em 27/04/2016, DJe 02/05/2016)

AGRAVO REGIMENTAL EM RECURSO ESPECIAL. FALTA DE DEMONSTRAÇÃO DO PREPARO QUANDO DA INTERPOSIÇÃO DO APELO ESPECIAL. AUSÊNCIA DA RESPECTIVA GUIA DE RECOLHIMENTO. AGRAVO REGIMENTAL A QUE SE NEGA PROVIMENTO.

1. É firme o entendimento desta Corte de que a comprovação do preparo do Recurso Especial deve ser feita mediante a juntada, no ato da interposição do recurso, das guias de recolhimento devidamente preenchidas, além dos respectivos comprovantes de pagamento, ambos de forma visível e legível, sob pena de deserção, de modo que, a juntada apenas do comprovante de pagamento das custas processuais, desacompanhado da respectiva guia de recolhimento, é insuficiente à comprovação do preparo. Precedente da Corte Especial:

AgRg nos EAREsp. 562.945/ SP, Rel. Min. JOÃO OTÁVIO DE NORONHA, DJe 15.6.2015.

(...)

4. Agravo Regimental desprovido.

(AgRg no REsp 1544705/PE, Rel. Ministro NAPOLEÃO NUNES MAIA FILHO.

ADMISSIBILIDADE DOS RECURSOS

PRIMEIRA TURMA, julgado em 07/04/2016, DJe 15/04/2016)
AGRAVO REGIMENTAL NOS EMBARGOS DE DIVERGÊNCIA EM
AGRAVO EM RECURSO ESPECIAL. DESERÇÃO. FALTA DE JUNTADA
DA RESPECTIVA GUIA DE RECOLHIMENTO. RECURSO A QUE SE NEGA
PROVIMENTO.

1. Para comprovação do preparo recursal não basta o pagamento das custas processuais, impõe-se a juntada dos respectivos comprovantes e guias de recolhimento, sob pena de deserção. Precedentes.

2. Agravo regimental a que se nega provimento.

(AgRg nos EAREsp 541.676/SP, Rel. Ministra MARIA THEREZA DE ASSIS

MOURA, CORTE ESPECIAL, julgado em 16/12/2015, DJe 02/02/2016)
A alteração das premissas estabelecidas no acórdão recorrido implicaria, portanto, o revolvimento fático-probatório, o que é vedado na via do recurso especial em virtude do óbice contido na súmula nº 7, deste Tribunal. Nesse sentido:
AGRAVO REGIMENTAL. AGRAVO EM RECURSO ESPECIAL. COMPROMISSO DE COMPRA E VENDA DE IMÓVEL. ATRASO NA CONCLUSÃO DA OBRA. DANO MORAL. SUCUMBÊNCIA. REEXAME DE MATÉRIA FÁTICA DA LIDE. SÚMULA 7/STJ. NÃO PROVIMENTO.

1. Inviável o recurso especial cuja análise impõe reexame do contexto fático-probatório da lide (Súmula 7 do STJ).

2. Demanda o reexame de matéria de fato alterar a conclusão da instância de origem de que há sucumbência em parte mínima.

Incidência da Súmula 7/STJ.

3. Agravo regimental a que se nega provimento.

(AgRg no AREsp 523.850/SP, Rel. Ministra MARIA ISABEL GALLOTTI, QUARTA TURMA, julgado em 02/10/2014, DJe 15/10/2014)

Em face do exposto, não conheço do recurso especial.

Intimem-se.

Brasília (DF), 18 de maio de 2016.

MINISTRA MARIA ISABEL GALLOTTI

Relatora

(Ministra MARIA ISABEL GALLOTTI, 23/05/2016)

Felizmente o novo C.P.C., com base no princípio da *instrumentalidade das formas* e da *boa-fé processual*, não mais prevê a possibilidade de se declarar de imediato a deserção do recurso por falta de comprovação, no ato de sua interposição, do recolhimento do preparo, inclusive do porte de remessa e retorno dos autos.

Estabelece o § 4º do art. 1.007 do atual C.P.C. que o recorrente que não comprovar, no ato de interposição do recurso, o recolhimento do preparo, inclusive porte de remessa e retorno, será intimado, na pessoa de seu advogado, para realizar o recolhimento em dobro, sob pena de deserção.

O referido dispositivo normativo processual vem reforçar o princípio da *instrumentalidade das formas*, pois não haveria sentido ser a deserção do recurso declarada de plano caso a comprovação do recolhimento das custas ou do porte de remessa ou de retorno não fosse apresentada juntamente com a petição de recurso.

Pela regra do novo C.P.C., a deserção do recurso somente será declarada se o recorrente, *intimado na pessoa de seu advogado*, não vier a suprir a irregularidade no prazo fixado pelo juiz, ou, se não for fixado, no prazo legal de 5 (cinco) dias.

Portanto, se não houver comprovação do preparo do recurso ou do porte de remessa e retorno juntamente com a petição do recurso, deve o magistrado determinar a intimação do recorrente, na pessoa de seu advogado, para comprovar o recolhimento desses valores. Somente após expirado o prazo fixado pelo juiz ou estabelecido em lei, sem supressão da irregularidade, é que será declarado deserto o recurso, nos termos da Súmula 187 do S.T.J.: *É deserto o recurso interposto para o Superior Tribunal de Justiça quando o recorrente não recolhe na origem, a importância das despesas de remessa e retorno dos autos.*

Muito embora a nova normatização processual conceda uma segunda 'chance' para que o recorrente comprove o recolhimento do preparo (a primeira se dá com a petição do recurso), inclusive porte de remessa e retorno, isso não significa que não haverá uma sanção processual pelo atraso na comprovação desse recolhimento.

Portanto, se o recorrente não comprovar, no ato de interposição do recurso, o recolhimento do preparo, inclusive porte de remessa e retorno, será intimado, na pessoa de seu advogado, para realizar o *recolhimento em dobro*, sob pena de deserção.

A sanção é justamente o pagamento em dobro do valor das custas processuais. Somente com o pagamento em dobro é que será suprida a irregularidade procedimental.

Aduz o § 2º do art. 1.007 do atual C.P.C. que a insuficiência no valor do preparo, inclusive porte de remessa e de retorno, implicará deserção se o recorrente, intimado na pessoa de seu advogado, não vier a supri-lo no prazo de 5 (cinco) dias.

Aqui a situação é um pouco diversa da do §4º do art. 1007 do novo C.P.C.

O §2º do art. 1.007 do novo C.P.C. não trata da falta de comprovação do recolhimento do preparo, inclusive do porte de remessa e retorno, mas, sim, da *insuficiência* desse recolhimento, ou seja, do recolhimento a menor.

Constatando-se o recolhimento a menor do preparo ou do porte de remessa e retorno, o juiz deverá intimar o recorrente, na pessoa de seu advogado, para realizar a complementação do valor no prazo de 5 (cinco) dias, sob pena de deserção.

Na realidade, a jurisprudência já vinha permitindo a possibilidade de se regularizar o recolhimento a menor do preparo ou do porte de remessa e retorno, conforme os precedentes abaixo:

> *AGRAVO REGIMENTAL. AGRAVO EM RECURSO ESPECIAL. DESER-ÇÃO. NÃO OCORRÊNCIA. APRESENTAÇÃO DA GUIA ESTADUAL NO DIA SUBSEQUENTE AO DA INTERPOSIÇÃO DO RECURSO ESPECIAL. TÉR-MINO DO EXPEDIENTE BANCÁRIO. SÚMULA N. 484/STJ. RECOLHI-MENTO A MENOR DA GUIA LOCAL. POSSIBILIDADE DE INTIMAÇÃO PARA COMPLEMENTAÇÃO. RECURSO PROVIDO.*
>
> *1. "Admite-se que o preparo seja efetuado no primeiro dia útil subsequente, quando a interposição do recurso ocorrer após o encerramento do expediente bancário" (Súmula n. 484/STJ).*
>
> *2. Nos casos em que o preparo for recolhido a menor, a parte recorrente deve ser intimada para efetuar a complementação, por tratar-se de caso de insuficiência de preparo, e não de falta.*
>
> *3. Agravo regimental provido.*
>
> (AgRg no AREsp 418.974/RJ, Rel. Ministro JOÃO OTÁVIO DE NORO-NHA, TERCEIRA TURMA, julgado em 17/03/2016, DJe 28/03/2016)

> *AGRAVO REGIMENTAL NO AGRAVO EM RECURSO ESPECIAL. PRO-CESSUAL CIVIL. RECURSO ESPECIAL. RECOLHIMENTO A MENOR DO PREPARO. POSSIBILIDADE DE COMPLEMENTAÇÃO. INTIMAÇÃO DO*

RECORRENTE. COMPROVANTE DE PAGAMENTO DESACOMPANHADO DA RESPECTIVA GUIA DE RECOLHIMENTO. DESERÇÃO.

1. A insuficiência no valor do preparo só implicará deserção se o recorrente, intimado, não vier a supri-lo no prazo de cinco dias.

2. É deserto o recurso especial quando a parte junta aos autos o comprovante de pagamento do preparo desacompanhado da respectiva guia de recolhimento.

3. Agravo regimental desprovido.

(AgRg no AREsp 766.615/MG, Rel. Ministro JOÃO OTÁVIO DE NORONHA, TERCEIRA TURMA, julgado em 17/03/2016, DJe 29/03/2016).

PROCESSUAL CIVIL. AGRAVO REGIMENTAL NO AGRAVO EM RECURSO ESPECIAL. VIOLAÇÃO AO ART. 535 DO CPC. NÃO OCORRÊNCIA. DESERÇÃO DA APELAÇÃO. PREPARO INSUFICIENTE. AUSÊNCIA DE COMPLEMENTAÇÃO. HONORÁRIOS ADVOCATÍCIOS. SÚMULA 7 DO STJ. INCIDÊNCIA.

1. As questões trazidas à discussão foram dirimidas, pelo Tribunal de origem, de forma suficientemente ampla, fundamentada e sem omissões, o que afasta a alegada violação ao art. 535 do Código de Processo Civil.

2. A jurisprudência desta Corte Superior somente afasta a deserção quando não tiver havido intimação para complementação nas instâncias de origem ou quando a extemporaneidade da complementação do recolhimento a menor em valor ínfimo vier acompanhado de justificativa plausível.

(...).

5. Agravo regimental a que se nega provimento.

(AgRg no AgRg no AREsp 757.699/SP, Rel. Ministra MARIA ISABEL GALLOTTI, QUARTA TURMA, julgado em 15/12/2015, DJe 01/02/2016)

PROCESSUAL CIVIL. GUIA DE RECOLHIMENTO DE CUSTAS. COMPROVANTE DE PAGAMENTO ILEGÍVEL. AUSÊNCIA DE COMPROVAÇÃO DO PREPARO. DESERÇÃO. DEFICIÊNCIA NA FUNDAMENTAÇÃO. SÚMULA 284/STF. REEXAME DO CONTEXTO FÁTICO-PROBATÓRIO. SÚMULA 7/STJ.

1. Hipótese em que o Tribunal local consignou que, "embora conste cópia da Guia de Recolhimento de Custas e Taxas Judiciárias, f. 436, sendo possível verificar o número da guia e o número do processo, o recibo que comprovaria o respectivo pagamento não está legível, não estando, pois, comprovado o preparo do recurso" (fl. 655, e-STJ).

ADMISSIBILIDADE DOS RECURSOS

2. *Inicialmente, a insurgente restringe-se a alegar genericamente ofensa às citadas normas sem, contudo, demonstrar de forma clara e fundamentada como o aresto recorrido teria violado a legislação federal apontada. Incide na espécie, por analogia, o princípio estabelecido na Súmula 284/STF.*

3. *A parte ora agravante defende que o comprovante de preparo acostado aos autos encontrava-se claro e legível. No entanto, é evidente que, para modificar o entendimento firmado no acórdão recorrido, verificando se a cópia do recibo é documento hábil à comprovação de pagamento do preparo (diante do fato de não ser legível), seria necessário exceder as razões colacionadas no acórdão vergastado, o que demanda incursão no contexto fático-probatório dos autos, vedada em Recurso Especial, conforme Súmula 7/STJ.*

4. *A jurisprudência do STJ está consolidada no sentido de que as cópias dos comprovantes de pagamento do preparo constituem peças essenciais à formação do recurso, sendo que somente com esses documentos torna-se possível verificar a sua regularidade. Os recursos interpostos devem estar acompanhados das guias de recolhimento devidamente preenchidas, além dos respectivos comprovantes de pagamento, ambos de forma visível e legível, sob pena de deserção. Nesse sentido: AgRg no AREsp 625.696/PE, Rel. Ministro Mauro Campbell Marques, Segunda Turma, DJe 27.8.2015; EDcl no AgRg no AREsp 559.442/MG, Rel. Ministro Humberto Martins, Segunda Turma, DJe 15.12.2014; AgRg no REsp 1.501.587/RN, Rel. Ministro Marco Aurélio Bellizze, Terceira Turma, DJe 28.8.2015; AgRg no AREsp 675.610/SP, Rel. Ministro João Otávio de Noronha, Terceira Turma, DJe 8.9.2015; AgRg no Ag 1.252.865/SP, Rel. Ministro Mauro Campbell Marques, Segunda Turma, DJe 29.11.2010.*

5. *Finalmente, não procede o pleito em favor da concessão de oportunidade de realizar a comprovação do preparo após a interposição do recurso, após intimação para que apresente a via original do citado comprovante, uma vez que o art. 511, § 1º, do CPC só admite a intimação da parte para complementar valor insuficiente, o que não é o caso dos presentes autos. Assim, "a juntada de cópias ilegíveis dos comprovantes de recolhimento impossibilitam a aferição da regularidade formal do recurso", e "o teor do art. 511, § 2º, do CPC, só se concede prazo para a regularização de preparo na hipótese de recolhimento a menor" (AgRg no REsp 1.111.355/RJ, Ministro Nefi Cordeiro, Sexta Turma, DJe de 25.3.2015). Ressalto ainda que "o STJ já pacificou que é dever do recorrente comprovar no instante da interposição do recurso que os pressupostos de admissibilidade foram atendidos, sob pena de preclusão consumativa" (AgRg no Ag 1.311.840/ MG, Rel. Ministro Mauro Campbell Marques, Segunda Turma, DJe 12.11.2010). A propósito: AgRg no AREsp 398.617/BA, Rel. Ministro João Otávio de Noronha, Terceira Turma, DJe 25.3.2014; AgRg no REsp 1.248.160/PB, Rel. Ministro Humberto Martins, Segunda Turma, DJe 24.6.2011; AgRg no Ag 1.372.849/RS, Rel. Ministro*

João Otávio de Noronha, Quarta Turma, DJe 19.5.2011; AgRg nos EREsp 1.017.981/ PE, Rel. Ministro Castro Meira, Primeira Seção, DJe 1º.3.2010.
    6. Agravo Regimental não provido.
    (AgRg no AREsp 746.851/MG, Rel. Ministro HERMAN BENJAMIN, SEGUNDA TURMA, julgado em 06/10/2015, DJe 03/02/2016)

O que se entende por insuficiência do valor do preparo? Sobre o tema eis a seguinte decisão do S.T.J.:

O recolhimento, no ato da interposição do recurso, de apenas uma das verbas indispensáveis ao seu processamento (custas, porte de remessa e retorno, taxas ou outras) acarreta a intimação do recorrente para suprir o preparo no prazo de cinco dias, e não deserção. Isso porque a norma do § 2º do art. 511 do CPC, acrescentado pela Lei 9.756/1998, diz respeito à "insuficiência no valor do preparo", não das custas ou do porte de remessa e retorno ou de taxas separadamente. Nesse sentido, reafirmando o conceito adotado na pacífica e antiga jurisprudência – ainda aplicada até mesmo no STF –, invoca-se entendimento doutrinário segundo o qual "o valor do preparo é o da soma, quando for o caso, da taxa judiciária e das despesas postais (portes de remessa e de retorno dos autos)". Com isso, recolhido tempestivamente algum dos componentes do preparo, incide a norma do § 2º do art. 511 do CPC, que permite sua complementação mediante a quitação de outros valores, mesmo com natureza distinta. Ademais, possuindo a lei o claro propósito de mitigar o rigor no pagamento do preparo, admitindo sua complementação diante da boa-fé e da manifestação inequívoca de recorrer, descabe ao Poder Judiciário impor requisitos ou criar obstáculos não previstos e que, principalmente, possam toldar a razão da lei. Em suma, se a norma do § 2º do art. 511 do CPC foi editada com o propósito de viabilizar a prestação jurisdicional, permitindo a complementação do "preparo" em sua concepção ampla, tem-se que o recolhimento apenas das custas ou do porte de remessa e retorno, ou de alguma outra taxa recursal, representa preparo insuficiente, sendo tal entendimento o que melhor se coaduna com a tradicional jurisprudência do STJ, com o objetivo da própria Lei 9.756/1998 e com o ideal de acesso à justiça.
    (REsp 844.440-MS, Rel. Min. Antonio Carlos Ferreira, julgado em 6/5/2015, DJe 11/6/2015).

Preconiza o § 3º do art. 1.007 do atual C.P.C. que é dispensado o recolhimento do porte de remessa e retorno no processo em autos eletrônicos.

Em se tratando de processo eletrônico, não tem razão de ser a exigência de pagamento do porte de remessa e retorno dos autos, justamente

ADMISSIBILIDADE DOS RECURSOS

pelo fato de que não há movimentação ou transporte físico do processo. O que há é apenas a transmissão virtual e eletrônica do processo no PJe.

Preceitua o § 5º do art. 1.007 do atual C.P.C. que é vedada a complementação se houver insuficiência parcial do preparo, inclusive porte de remessa e de retorno, no recolhimento realizado na forma do § 4º.

Nos termos do §4º do art. 1.007 do novo C.P.C., o recorrente será intimado para comprovar, no prazo fixado pelo juiz ou no prazo legal de cinco dias, que fez o recolhimento *em dobro* do preparo ou do porte de remessa e retorno.

Se ao comprovar o recolhimento em dobro, houver constatação de que o recolhimento foi parcial ou insuficiente, o recurso será declarado deserto, não havendo nova chance para complementação do valor.

Aduz o § 6º do art. 1.007 do atual C.P.C que provando o recorrente justo impedimento, o relator relevará a pena de deserção, por decisão irrecorrível, fixando-lhe prazo de 5 (cinco) dias para efetuar o preparo.

É possível que o recorrente não tenha realizado o preparo do recurso em face de *justo impedimento*, como, por exemplo, encerramento antecipado do expediente bancário ou greve dos funcionários de instituição financeira. Nesse caso, provando o recorrente tais impedimentos, o juiz relevará a pena de deserção que fora anteriormente decretada, fixando ao recorrente o prazo cinco dias para efetuar o preparo.

A Súmula 484 do S.T.J. preconiza: *"Admite-se que o preparo seja efetuado no primeiro dia útil subseqüente, quando a interposição do recurso ocorrer após o encerramento do expediente bancário".* Nesse sentido é a decisão proferida pelo S.T.J. no REsp. (repetitivo), Tema 413:

> *RECURSO ESPECIAL REPRESENTATIVO DE CONTROVÉRSIA. DIREITO PROCESSUAL CIVIL. PREPARO. RECURSO INTERPOSTO APÓS O ENCERRAMENTO DO EXPEDIENTE BANCÁRIO. PAGAMENTO NO PRIMEIRO DIA ÚTIL SUBSEQUENTE. CABIMENTO. DESERÇÃO AFASTADA.*
>
> *1. O encerramento do expediente bancário antes do encerramento do expediente forense constitui causa de justo impedimento, a afastar a deserção, nos termos do artigo 519 do Código de Processo Civil, desde que, comprovadamente, o recurso seja protocolizado durante o expediente forense, mas após cessado o expediente bancário, e que o preparo seja efetuado no primeiro dia útil subsequente de atividade bancária.*

2. *Recurso provido. Acórdão sujeito ao procedimento do artigo 543-C do Código de Processo Civil.*

(REsp 1122064/DF, Rel. Ministro HAMILTON CARVALHIDO, CORTE ESPECIAL, julgado em 01/09/2010, DJe 30/09/2010)

Sobre a questão do *justo impedimento* para a realização do preparo, eis, ainda, os seguintes precedentes do S.T.J.:

> *PROCESSUAL CIVIL. AGRAVO INTERNO NO RECURSO ESPECIAL. PREPARO.*
> *NECESSIDADE DE SUA COMPROVAÇÃO, NO ATO DA INTERPOSIÇÃO DO RECURSO. ART. 511 DO CPC/73. GREVE BANCÁRIA. NÃO COMPROVAÇÃO DO PREPARO, NO PRAZO DETERMINADO PELO TRIBUNAL DE ORIGEM. DESERÇÃO. IMPOSSIBILIDADE DE COMPROVAÇÃO, EM SEDE DE AGRAVO INTERNO. PRECLUSÃO. PRECEDENTES DO STJ. AGRAVO INTERNO IMPROVIDO.*
> *I. Agravo interno interposto contra decisão do Presidente do STJ – que negou seguimento ao Recurso Especial –, publicada em 14/03/2016, na vigência do CPC/73.*
> *II. A jurisprudência do Superior Tribunal de Justiça – firmada à luz do CPC/73 –, orienta-se no sentido de que, no ato de interposição do Recurso Especial, deve o recorrente comprovar o preparo, com o recolhimento das custas judiciais, bem como dos valores locais, estipulados pela legislação estadual, sob pena de deserção (art. 511 do CPC/73).*
> *III. Quanto à hipótese de impossibilidade de realização do preparo, por motivo de greve bancária, esta Corte possui jurisprudência consolidada no sentido de que "a greve dos bancários constitui justo impedimento ao recolhimento do preparo, desde que efetivamente impeça a parte de assim proceder, circunstância que deve ser manifestada e comprovada no ato da interposição do respectivo recurso, com o posterior pagamento das custas e a juntada da respectiva guia aos autos, no dia subsequente ao término do movimento grevista (ou no prazo eventualmente fixado pelo respectivo Tribunal via portaria), sob pena de preclusão" (STJ, AgRg nos EREsp 1.002.237/SP, Rel. Ministra NANCY ANDRIGHI, SEGUNDA SEÇÃO, DJe de 20/11/2012).*
> *IV. No caso, ainda que o pagamento do preparo (custas) tenha sido realizado durante o período de greve bancária, o agravante tinha a obrigação de comprovar sua realização, no prazo – previsto pela Portaria 1.070/2015, do Tribunal de origem –, de três dias após o encerramento do movimento grevista, sob pena de preclusão. Nesse sentido: STJ, AgRg no AREsp 627.504/RJ, Rel. Ministro MOURA RIBEIRO, TERCEIRA*

TURMA, DJe de 17/03/2015; AgRg no AREsp 626.986/PR, Rel. Ministro HUM-BERTO MARTINS, SEGUNDA TURMA, DJe de 25/02/2015; AgRg no REsp 1.465.557/PR, Rel. Ministro HERMAN BENJAMIN, SEGUNDA TURMA, DJe de 27/11/2014; AgRg no AREsp 409.847/RS, Rel. Ministro MAURO CAMPBELL MARQUES, SEGUNDA TURMA, DJe de 25/11/2013.

V. Assim, ainda que o pagamento tenha sido realizado durante o período de greve dos bancários, deixando o agravante de comprovar a realização do devido preparo, no prazo estipulado pelo Tribunal de origem – fazendo-o somente agora, nas razões do Agravo interno –, não há como ser afastada a deserção do Recurso Especial.

VI. Agravo interno improvido.

(AgInt no REsp 1576314/PR, Rel. Ministra ASSUSETE MAGALHÃES, SEGUNDA TURMA, julgado em 03/05/2016, DJe 11/05/2016)

AGRAVO REGIMENTAL NO AGRAVO EM RECURSO ESPECIAL. 1. PREPARO INCOMPLETO. INTIMAÇÃO PARA COMPLEMENTAÇÃO. NÃO CUMPRIMENTO. DESERÇÃO. SÚMULA 187 DO STJ. PRECEDENTES. 2. EVENTUAL FALHA.

SERVIÇO DE RECORTES. JUSTO IMPEDIMENTO. NÃO CARACTERI-ZADO.

PRECEDENTE. 3. AGRAVO IMPROVIDO.

1. A jurisprudência desta Corte Superior é firme no sentido de que, tendo sido o recorrente intimado para efetuar a complementação do preparo no prazo legal e não recolhido o valor devido tempestivamente, impõe-se o reconhecimento da deserção do recurso.

2. No que se refere ao justo impedimento ocasionado pela falha na prestação do serviço por empresa contratada para realizar recortes do Diário Oficial, não merece acolhida, conforme já assentado por esta Corte Superior. Precedente.

3. Agravo regimental a que se nega provimento.

(AgRg no AREsp 812.002/DF, Rel. Ministro MARCO AURÉLIO BELLI-ZZE, TERCEIRA TURMA, julgado em 04/02/2016, DJe 11/02/2016)

PROCESSUAL CIVIL. ESTATUTO DA CRIANÇA E DO ADOLESCENTE. APELAÇÃO. PREPARO. ISENÇÃO DE CUSTAS E EMOLUMENTOS A PESSOA JURÍDICA DE DIREITO PRIVADO. IMPOSSIBILIDADE.

1. Segundo a jurisprudência desta Corte, a regra de isenção de custas e emolumentos disposta nos arts. 141, § 2º, e 198, I, do ECA é de aplicação restrita às crianças e aos adolescentes quando partes, autoras ou rés em ações movidas perante a Justiça da Infância e da Juventude, não alcançando outras pessoas que eventualmente possam participar dessas demandas.

2. Ainda que se considere o prequestionamento implícito do art. 519 do CPC, não há falar em justo impedimento na hipótese, uma vez que a questão da indefinição a respeito da obrigatoriedade ou não do preparo já estava pacificada na época em que julgada a apelação.

3. Agravo regimental não provido.

(AgRg no AREsp 672.687/DF, Rel. Ministro MAURO CAMPBELL MARQUES, SEGUNDA TURMA, julgado em 21/05/2015, DJe 27/05/2015)

PROCESSO CIVIL E ADMINISTRATIVO. IMPROBIDADE ADMINISTRATIVA.

VIOLAÇÃO DO ART. 535 DO CPC. PREPARO. DESERÇÃO. COMPROVAÇÃO NO MOMENTO DA INTERPOSIÇÃO DO RECURSO. PRECEDENTES. SÚMULA 83/STJ.

INTIMAÇÃO PARA PAGAMENTO. DESNECESSIDADE. PRECEDENTES. SÚMULA 83/STJ. AUSÊNCIA DE LITISCONSÓRCIO. NÃO APROVEITAMENTO DO PREPARO PAGO POR OUTRO RECORRENTE. IMPOSSIBILIDADE JUSTO MOTIVO. LEI ESTADUAL N. 4.847/93. ANÁLISE DE LEI LOCAL. ART. 538 DO CPC. MULTA. CARÁTER PROTELATÓRIO. CABIMENTO. PRECEDENTES. RECURSO ESPECIAL CONHECIDO EM PARTE E IMPROVIDO.

1. Não há a alegada violação do art. 535 do CPC, pois a prestação jurisdicional foi dada na medida da pretensão deduzida, como se depreende da leitura do acórdão recorrido, que enfrentou, motivadamente, o tema abordado no recurso de apelação, ora tidos por omissos e contraditórios.

2. A jurisprudência do Superior Tribunal de Justiça é pacífica no sentido de que, nos termos do art. 511 do Código de Processo Civil, a comprovação do preparo deve ser feita antes da protocolização do recurso, ou concomitantemente com ela, sob pena de caracterizar-se a sua deserção, mesmo que ainda não escoado o prazo recursal.

3. Ressalte-se que o Tribunal de origem assentou que não se trata de preparo insuficiente, mas de não comprovação do recolhimento dos valores no ato da interposição do recurso. Por isso, desnecessária a intimação da recorrente para complementação, nos termos da jurisprudência desta Corte.

4. Quanto à aplicação da norma do art. 509 do CPC ("o recurso interposto por um dos litisconsortes a todos aproveita, salvo se distintos ou opostos os seus interesses. Parágrafo único. Havendo solidariedade passiva, o recurso interposto por um devedor aproveitará aos outros, quando as defesas opostas ao credor lhes forem comuns"), melhor sorte não recai sobre as recorrentes.

5. Com efeito, diante das peculiaridades do caso e do modo de agir de cada uma das recorrentes quanto aos atos de improbidade, observa-se que o Tribunal de origem decidiu com acerto ao concluir pela inexistência de litisconsórcio unitário, uma vez que, os atos de improbidade são distintos e, por conseguinte, as sanções aplicadas derivam de condutas distintas, não aproveitando, portanto, no presente caso, o pagamento do preparo, caracterizando a deserção.

6. Com relação à violação do art. 519 do Código de Processo Civil, justo impedimento, pretendem as agravantes a análise da questão com base na interpretação da Lei Estadual n. 4.847/93. Dessa forma, afasta-se a competência desta Corte Superior de Justiça para o deslinde do desiderato contido no recurso especial. O exame de normas de caráter local é inviável na via do recurso especial, em face da vedação prevista na Súmula 280 do STF, segundo a qual "Por ofensa a direito local não cabe recurso extraordinário".

7. Se os embargos de declaração opostos reiteradamente na origem não pretendiam o prequestionamento de questão federal, mas a rediscussão da matéria examinada, é de manter a multa aplicada com fundamento no parágrafo único do art. 538 do Código de Processo Civil.

Recurso especial conhecido em parte e improvido.

(REsp 1504780/ES, Rel. Ministro HUMBERTO MARTINS, SEGUNDA TURMA, julgado em 05/05/2015, DJe 11/05/2015)

Muito embora o §6º do art. 1.007 do novo C.P.C. faça menção somente ao preparo, deve-se realizar uma interpretação extensiva para também abranger o valor do porte de remessa e retorno dos autos físicos.

A jurisprudência exigia o correto preenchimento da guia de preparo de recurso por parte do recorrente, sob pena de deserção, sob o argumento de que a exigência desse correto preenchimento, longe de ser mero formalismo, prestava-se a evitar fraudes contra o Judiciário. Nesse sentido é a seguinte decisão:

AGRAVO REGIMENTAL. AGRAVO EM RECURSO ESPECIAL. NÃO RECOLHIMENTO DAS CUSTAS JUDICIAIS (ART. 7º DA RESOLUÇÃO STJ Nº 4/2013). INDICAÇÃO ERRÔNEA DOS DADOS NA GUIA DE RECOLHIMENTO. AUSÊNCIA DE PREPARO.

PRECEDENTES. DECISÃO PROFERIDA PELO MINISTRO PRESIDENTE DO STJ MANTIDA. AGRAVO REGIMENTAL NÃO PROVIDO.

1. É dever da recorrente apontar o correto preenchimento das guias de recolhimento que compõem as custas do preparo, sob pena de deserção do recurso. A exigência do correto

RECURSOS NO NOVO C.P.C.

preenchimento da guia, longe de ser mero formalismo, presta-se a evitar fraudes contra o Judiciário, impedindo que se use a mesma guia para interposição de diversos recursos (AgRg no AREsp 736.400/SP, Rel. Ministro RAUL ARAÚJO, Quarta Turma, julgado em 15/3/2016, DJe 6/4/2016) 2. Inaplicabilidade das disposições do NCPC, no que se refere aos requisitos de admissibilidade dos recursos, ao caso concreto, ante os termos do Enunciado nº 1 aprovado pelo Plenário do STJ na sessão de 9/3/2016: Aos recursos interpostos com fundamento do CPC/1973 (relativos a admissibilidade na forma nele prevista com as interpretações dadas até então pela jurisprudência do Superior Tribunal de Justiça.

3. Agravo regimental não provido.

(AgRg no AREsp 766.211/SP, Rel. Ministro MOURA RIBEIRO, TERCEIRA TURMA, julgado em 17/05/2016, DJe 23/05/2016)

Porém, estabelece o § 7º do art. 1.007 do atual C.P.C. que o equívoco no preenchimento da guia de custas não implicará a aplicação da pena de deserção, cabendo ao relator, na hipótese de dúvida quanto ao recolhimento, intimar o recorrente para sanar o vício no prazo de 5 (cinco) dias.

Encontra-se nesse dispositivo uma forte inclinação do legislador do atual C.P.C. em privilegiar o princípio da *instrumentalidade das formas*.

É muito comum, especialmente em razão de diversos códigos existentes nas redes bancárias e na própria Receita Federal, que o recorrente, sem qualquer má-fé, cometa erros de preenchimento da guia de recolhimento das custas recursais.

Tratando-se de simples equívoco no preenchimento de guia, seja em relação ao código, seja em relação ao número do processo ou de indicação do motivo do recolhimento, o relator não aplicará a pena de deserção do recurso. Nessa hipótese, havendo dúvida quanto ao recolhimento das custas, o relator intimará o recorrente para sanar o vício no prazo de cinco dias ou solicitará informações ao órgão arrecadador.

Nesse dispositivo também se deve realizar uma interpretação extensiva, para incluir na análise de eventual dúvida no recolhimento das custas, também o presidente ou vice-presidente do tribunal de apelação, quando da realização do juízo de admissibilidade do recurso especial ou extraordinário.

Sobre o recolhimento de custas judiciais e porte de remessa e retorno dos autos no âmbito do Superior Tribunal de Justiça, estabelece a Resolução STJ/GP n. 1, de 18 de fevereiro de 2016:

ADMISSIBILIDADE DOS RECURSOS

(...).

Art. 2º São devidas custas judiciais e porte de remessa e retorno dos autos nos processos de competência recursal do Superior Tribunal de Justiça, segundo os valores constantes das Tabelas "B" e "C", do Anexo.

§ 1º O recolhimento do preparo, composto de custas judiciais e porte de remessa e retorno, será feito perante o tribunal de origem.

§ 2º Os comprovantes e as guias do recolhimento das custas judiciais e do porte de remessa e retorno dos autos a que se refere o caput deste artigo deverão ser apresentados no ato da interposição do recurso.

§ 3º Quando o tribunal de origem arcar com as despesas de porte de remessa e retorno dos autos, o recorrente recolherá o valor exigido pela tabela local e na forma lá disciplinada.

Art. 3º Haverá isenção do preparo nos seguintes casos: I – nos habeas data, habeas corpus e recursos em habeas corpus; II – nos processos criminais, salvo na ação penal privada e sua revisão criminal; III – nos agravos de instrumento; IV – nas reclamações destinadas a dirimir divergência entre acórdão prolatado por turma recursal estadual e a jurisprudência desta Corte, nos termos da Resolução STJ n. 12 de 14 de dezembro de 2009; V – nos pedidos de uniformização previstos na Lei 12.153, de 22 de dezembro de 2009; VI – nos incidentes de uniformização da jurisprudência dos Juizados Especiais Federais de que trata a Resolução STJ n. 10 de 21 de novembro de 2007; VII – nos recursos interpostos pelo Ministério Público, pela União, pelos estados e municípios e respectivas autarquias e por outras entidades que também gozem de isenção legal.

Art. 4º É dispensado o recolhimento do porte de remessa e de retorno dos autos em processos eletrônicos. Parágrafo único. Na hipótese excepcional de remessa de autos físicos, o tribunal de origem deverá exigir do recorrente o recolhimento do porte de remessa e retorno antes do envio ao STJ, sob pena das sanções previstas na legislação processual.

Art. 5º O recolhimento das custas judiciais e do porte de remessa e retorno dos autos será realizado exclusivamente mediante o sistema de GRU Cobrança, emitida após o preenchimento do formulário eletrônico disponível no sítio do Tribunal: http://www.stj.jus.br.

Art. 6º No momento do preenchimento do formulário de emissão da GRU Cobrança, deverão ser indicados obrigatoriamente: I – nome do autor da ação ou do recorrente, acompanhado do respectivo CPF ou CNPJ; II – nome do réu ou do recorrido; III – tipo do pagamento, com especificação de quando se trata de custas ou de porte de remessa e retorno dos autos; IV – demais informações exigidas no formulário eletrônico, de acordo com o tipo de ação ou recurso escolhido. Parágrafo único. No caso de recolhimento para ajuizamento de Homologação de Sentença Estrangeira, não dispondo o autor de CPF *ou CNPJ, poderá ser indicado o CPF do advogado ou o CNPJ da respectiva sociedade de advogados.*

Art. 7º O sistema de GRU Cobrança do Superior Tribunal de Justiça estará disponível 24 horas por dia, ininterruptamente, ressalvados os períodos de manutenção.

§ 1º A indisponibilidade da GRU Cobrança será aferida por sistema de auditoria estabelecido pela unidade de tecnologia da informação e será registrada em relatório de interrupções de funcionamento a ser divulgado ao público no sítio eletrônico do Tribunal, com as informações de data, hora e minuto do início e do término.

§ 2º Considera-se indisponibilidade do sistema de GRU Cobrança a falta de oferta do serviço de emissão de guias de pagamento, disponível no sítio eletrônico do Tribunal.

§ 3º As falhas de transmissão de dados entre as estações de trabalho do público externo e a rede de comunicação pública, assim como a impossibilidade técnica decorrente de falha nos equipamentos ou programas dos usuários, não caracterizarão indisponibilidade.

Art. 8º Ficam prorrogados para o dia útil subsequente à retomada do funcionamento os prazos para recolhimento de custas judiciais e porte de remessa e retorno dos autos nas hipóteses de ocorrência de indisponibilidade do sistema de GRU Cobrança quando: I – a indisponibilidade for superior a 60 minutos, ininterrupta ou não, se ocorrida entre as 6 e as 23 horas; II – houver indisponibilidade das 23 às 24 horas. Parágrafo único. As indisponibilidades ocorridas entre 0 hora e as 6 horas dos dias de expediente forense e as ocorridas em feriados e finais de semana, a qualquer hora, não produzirão o efeito do caput deste artigo.

Art. 9º Os valores indevidamente recolhidos serão objeto de restituição mediante provocação do interessado, de acordo com regulamentação própria estabelecida pelo Tribunal. Parágrafo único. Os valores recolhidos a título de porte de remessa e retorno poderão ser restituídos quando se verificar, encerrada sua tramitação no STJ, que os autos foram encaminhados integralmente por via eletrônica e devolvidos do mesmo modo aos tribunais de origem.

Art. 10. O presidente do Tribunal promoverá a atualização do Anexo desta resolução.

Art. 11. Os casos omissos serão resolvidos pelo presidente do Tribunal.

Art. 12. Fica revogada a Resolução STJ/GP n. 3 de 5 de fevereiro de 2015.

Art. 13. Esta resolução entra em vigor na data de sua publicação.

Sobre o recolhimento do porto de remessa e de retorno por meio de GRU simples e não por meio de GRU Cobrança, assim decidiu o S.T.J.:

O recolhimento do valor correspondente ao porte de remessa e de retorno por meio de GRU Simples, enquanto resolução do STJ exigia que fosse realizado por meio de GRU

ADMISSIBILIDADE DOS RECURSOS

Cobrança, não implica a deserção do recurso se corretamente indicados na guia o STJ como unidade de destino, o nome e o CNPJ do recorrente e o número do processo. Como se sabe, a tendência do STJ é de não conhecer dos recursos especiais cujos preparos não tenham sido efetivados com estrita observância das suas formalidades extrínsecas. Contudo, deve-se flexibilizar essa postura na hipótese em análise, sobretudo à luz da conhecida prevalência do princípio da instrumentalidade das formas dos atos do processo. No tocante às nulidades, as atenções no âmbito processual devem ser voltadas à finalidade dos atos, conforme preceitua o art. 244 do CPC. De igual modo, nas hipóteses de preparo recursal, esse mesmo norte também deve ser enfatizado. Com efeito, se a Guia de Recolhimento indica, corretamente, o STJ como unidade de destino, além do nome e do CNPJ da recorrente e do número do processo, ocorre o efetivo ingresso do valor pago nos cofres do STJ, de modo que a finalidade do ato é alcançada. Desse modo, recolhido o valor correto aos cofres públicos e sendo possível relacioná-lo ao processo e ao recorrente, então a parte merece ter seu recurso processado e decidido como se entender de direito.

(REsp 1.498.623-RJ, Rel. Min. Napoleão Nunes Maia Filho, julgado em 26/2/2015, DJe 13/3/2015).

13.

Competência para Análise dos Requisitos de Admissibilidade dos Recursos

A *competência* para analisar os *requisitos de admissibilidade* do recurso é, em regra, do órgão perante o qual se interpôs o recurso.

Quando o legislador confere a competência para a análise do juízo de admissibilidade do recurso ao juízo *a quo*, não deve este juízo deixar de admitir o recurso por entendê-lo infundado quanto ao mérito da pretensão recursal. Note-se que a competência para análise do mérito não seria do juízo 'a quo', mas, sim, do juízo 'ad quem'.

Por sua vez, os requisitos de admissibilidade do recurso devem corresponder àqueles exigidos pela norma em vigência quando da publicação da decisão recorrida.

Não estão inseridas nessa competência as causas de inadmissibilidade supervenientes ao recebimento do recurso, exceto a deserção. Em qualquer outra circunstância, vindo a faltar algum requisito, após a admissibilidade do recurso pelo juízo 'a quo', ainda que antes da subida do recurso, somente ao juízo 'ad quem' competirá a declaração de inadmissibilidade.[302]

Ainda quando a legislação outorgue ao juízo 'a quo' a avaliação dos requisitos de admissibilidade do recurso (o que não mais ocorre em rela-

---

[302] BARBOSA MOREIRA, J. C., op. cit., p. 244.

ção ao recurso de apelação),[303] isso não impede que o juízo 'ad quem' faça novamente a análise dos mesmos requisitos de admissibilidade, podendo chegar a uma conclusão diversa daquela que chegou o juízo 'a quo'. Assim, conforme já afirmará Alfredo Buzaid, a matéria de admissibilidade fica sujeita ao *duplo grau de jurisdição*.[304]

Portanto, juízo positivo de admissibilidade realizado pelo juízo 'a quo' não garante que o mérito do recurso será analisado pelo juízo 'ad quem', seja pela circunstância de que pode ocorrer algum fato que torne inadmissível o recurso, seja porque a análise do juízo de admissibilidade pelo juízo 'a quo' não preclui a reavaliação desse requisito pelo juízo 'ad quem'.

A *natureza* da decisão proferida no juízo de admissibilidade, *implícita* ou *explícita*, é meramente *declaratória* positiva ou negativa. Ao proferir essa decisão, o órgão jurisdicional apenas reconhece se estão ou não presentes os requisitos de admissibilidade, intrínsecos ou extrínsecos do recurso. A existência ou não desses requisitos é algo que advém anteriormente ao juízo de admissibilidade, o qual somente irá reconhecer ou não a sua ocorrência.

Quando o juízo declaratório negativo de admissibilidade de recurso é realizado pelo juízo 'a quo', impedindo com isso a remessa do recurso ao juízo 'ad quem', abre-se a oportunidade ao recorrente de interpor recurso contra a decisão declaratória negativa, recurso esse que deve ser analisado pelo juízo competente para conhecer do mérito do recurso originário.

Uma vez presentes os requisitos de admissibilidade do recurso, o juízo competente para a análise do mérito deverá se pronunciar sobre o objeto do recurso propriamente dito.

O conteúdo presente na impugnação do recurso pode referir-se tanto ao *error in iudicando*, resultante da má apreciação da questão de direito ou de fato pelo juízo 'a quo', quanto ao *error in procedendo* que pode levar à invalidação da decisão.

O órgão *'ad quem'*, ao conhecer do recurso pelo seu mérito, pode negar provimento ao recurso, pode entender infundada a impugnação ou dar provimento ao recurso, acolhendo os argumentos expendidos pelo recorrente em suas razões recursais. Nessa hipótese, a decisão proferida no recurso

---

[303] Em relação à competência para realizar juízo de admissibilidade de recurso especial ou recurso extraordinário, ver Lei 13.256 de 2016.

[304] BUZAID, Alfredo. *Do agravo de petição no sistema do código de processo civil*. Segunda Edição. São Paulo: Saraiva, 1956. 157.

poderá reformar a decisão anterior ou simplesmente anulá-la, conforme se esteja diante de *error in iudicando* ou de *error in procedendo*. Na primeira hipótese, o julgamento do órgão 'ad quem', normalmente denominado de *acórdão*, substitui a decisão anterior; já na segunda hipótese, o julgamento proferido em grau recursal não coincide com o julgamento anterior, pois a decisão proferida pelo juízo 'ad quem' limita-se a invalidar a decisão anterior, determinando que outra seja proferida, salvo se a análise do mérito possa ser realizada pelo juízo 'ad quem'.

14.
Formas de Interposição de Recurso

O recurso deverá ser interposto por escrito, por petição, acompanhado das razões necessárias para a reforma da decisão recorrida.

Muito embora no C.P.C. de 1973 fosse possível a interposição de agravo retido via oral, em audiência, contra decisão nela proferida, atualmente isso não é mais possível, especialmente pelo fato de que foi extinto o agravo retido pelo novo C.P.C.

Estabelece o § 3º do art. 1.003 do atual C.P.C. que no prazo para interposição do recurso a petição será protocolizada em cartório ou em outro local conforme as normas de organização judiciária, ressalvado o disposto em regra especial.

Evidentemente, a regra processual prevista no §3º do art. 1.003 do novo C.P.C. é resquício da metodologia procedimental existente para o processo físico ou em papel, em que a petição do recurso deveria ser protocolizada em cartório.

Porém, tendo em vista a virtualização do processo eletrônico, o protocolo da petição do recurso também será virtual, devendo ser feito no próprio sistema do PJe.

A petição deverá ser protocolizada, seja em cartório, seja no PJe, no prazo para a interposição do recurso. Se for protocolizada além do prazo estipulado para a interposição do recurso, este será considerado intempestivo.

Note-se que em se tratando de processo físico, o protocolo deverá ser realizado no horário estabelecido pelo C.P.C. ou pela norma de organi-

RECURSOS NO NOVO C.P.C.

zação judiciária. Já em relação ao processo eletrônico, o protocolo poderá ser realizado até a meia noite do último dia do prazo.

Na hipótese de agravo de instrumento de processo físico, a petição de recurso deverá ser protocolizada na secretaria do tribunal, podendo ser realizada no protocolo descentralizado ou integralizado.

A Súmula n. 256 do S.T.J. assim estabelecia: *O sistema de "protocolo integrado" não se aplica aos recursos dirigidos ao Superior Tribunal de Justiça.*

Porém, a Súmula 256 do S.T.J. foi cancelada em razão do julgamento proferido no AgRg no Ag n. 792.846-SP, na sessão de 21.05.2008. No referido julgamento ficou assim consignado:

PROCESSUAL CIVIL. AGRAVO REGIMENTAL EM AGRAVO DE INSTRUMENTO. ART. 545 DO CPC. PROTOCOLO INTEGRADO. RECURSOS DIRIGIDOS AOS TRIBUNAIS SUPERIORES. POSSIBILIDADE. CANCELAMENTO DA SÚMULA 256 DO STJ.

1. A Lei 10.352, de 26 de dezembro de 2001, alterou o parágrafo único do artigo 547 do Código de Processo Civil visando a permitir que em todos os recursos, não só no agravo de instrumento (artigo 525, § 2.º, do CPC), pudesse a parte interpor a sua irresignação através do protocolo integrado.

2. Atenta contra a lógica jurídica conceder-se referido benefício aos recursos interpostos na instância local onde a comodidade oferecida às partes é mais tênue do que com relação aos recursos endereçados aos Tribunais Superiores.

3. Deveras, a tendência ao efetivo acesso à Justiça, demonstrada quando menos pela própria possibilidade de interposição do recurso via fax, revela a inequivocidade da ratio essendi do artigo 547, parágrafo único, do CPC, aplicável aos recursos em geral, e, a fortiori, aos Tribunais Superiores.

4. "Os serviços de protocolo poderão, a critério do tribunal, ser descentralizados, mediante delegação a ofícios de justiça de primeiro grau." (Art. 547 do CPC).

5. O Egrégio STF, no Agravo Regimental no Agravo de Instrumento n.º 476.260/ SP, em 23.02.2006, assentou que "a Lei nº 10.352, de 26.12.01, ao alterar os artigos 542 e 547 do CPC, afastou o obstáculo à adoção de protocolos descentralizados. Esta nova regra processual, de aplicação imediata, se orienta pelo critério da redução de custos, pela celeridade de tramitação e pelo mais facilitado acesso das partes às diversas jurisdições."

6. Agravo regimental provido, divergindo do E. Relator, com o conseqüente cancelamento da Súmula 256 do Egrégio STJ.

FORMAS DE INTERPOSIÇÃO DE RECURSO

(AgRg no Ag 792.846/SP, Rel. Ministro FRANCISCO FALCÃO, Rel. p/ Acórdão Ministro LUIZ FUX, CORTE ESPECIAL, julgado em 21/05/2008, DJe 03/11/2008)

Sobre o tema, eis, ainda, os seguintes precedentes:

EMBARGOS DE DECLARAÇÃO. EMBARGOS DE DECLARAÇÃO. AGRAVO REGIMENTAL. AGRAVO EM RECURSO ESPECIAL. PROTO-COLO INTEGRADO. CONVÊNIO TJ/MG E ECT. ACOLHIMENTO.

1. O parágrafo único do art. 547 do CPC permite a descentralização do serviço de protocolo, a critério do tribunal, o que, no âmbito da Justiça do Estado de Minas Gerais, foi feito pela Resolução 642/2010, instituidora do protocolo integrado, mediante convênio com a Empresa Brasileira de Correios e Telégrafos.

2. Possibilidade de utilização do protocolo integrado para a interposição de recurso especial perante a Presidência do Tribunal de origem. Precedente da Corte Especial no AgRg no Ag. 792.846/SP, relator para o acórdão o Ministro Luiz Fux, DJe 3.11.2008. Cancelamento da Súmula 256/STJ.

3. A Resolução 642/2010-TJMG, na sua redação original, não excluía a utilização do protocolo postal para a interposição de recursos dirigidos aos Tribunais Superiores, vedação que apenas foi inserida com a Resolução 747, de 28.11.13, do TJMG.

4. Embargos de declaração acolhidos, com efeitos modificativos.

(EDcl nos EDcl no AgRg no AREsp 108.357/MG, Rel. Ministra MARIA ISABEL GALLOTTI, QUARTA TURMA, julgado em 15/10/2015, DJe 23/10/2015)

AGRAVO REGIMENTAL NOS EMBARGOS DE DECLARAÇÃO NO AGRAVO EM RECURSO ESPECIAL. CORRUPÇÃO. TEMPESTIVIDADE DOS RECURSOS. CANCELAMENTO DA SÚMULA 256/STJ PELA CORTE ESPECIAL. PROCEDIMENTO ADEQUADO. NÃO PROVIMENTO.

1. Após o cancelamento da Súmula 256/STJ, pela Corte Especial, o STJ passou a admitir a utilização do protocolo integrado para a interposição de recursos que, não obstante devam ser julgados por este Tribunal, atacam decisões de instância inferior. (AgRg no Ag 792.846/SP, Rel. p/ Acórdão Ministro LUIZ FUX, Corte Especial, DJe 03/11/2008) 2. Admitidas pelo Relator as teses aduzidas no agravo, adequado é o procedimento de conversão do agravo em recurso especial.

3. Agravo regimental não provido.

(AgRg nos EDcl no AREsp 459.534/SP, Rel. Ministro MOURA RIBEIRO, QUINTA TURMA, julgado em 20/05/2014, DJe 23/05/2014)

RECURSOS NO NOVO C.P.C.

A forma de interposição de recurso também poderá ocorrer pelo correio.

Aduz o § 4º do art. 1.003 do atual C.P.C. que para aferição da tempestividade do recurso remetido pelo correio, será considerada como data da interposição a data da postagem.

Este dispositivo permite que o recurso possa ser remetido pelo correio, como, por exemplo, o recurso de agravo de instrumento.

Nesse caso, considera-se como data de sua interposição a data da postagem.

Diante dessa disposição legal, fica superada a Súmula n. 216 do S.T.J. que assim estabelecia: *A tempestividade de recurso interposto no Superior Tribunal de Justiça é aferida pelo registro no protocolo da secretaria e não pela data da entrega na agência do correio.*

O recurso também poderá ser interposto por fax, nos termos do que dispõe a Lei 9.800, de 25.5.99, a saber:

> *Art. 1º É permitida às partes a utilização de sistema de transmissão de dados e imagens tipo fac-símile ou outro similar, para a prática de atos processuais que dependam de petição escrita.*
>
> *Art. 2º A utilização de sistema de transmissão de dados e imagens não prejudica o cumprimento dos prazos, devendo os originais ser entregues em juízo, necessariamente, até cinco dias da data de seu término.*
>
> *Parágrafo único. Nos atos não sujeitos a prazo, os originais deverão ser entregues, necessariamente, até cinco dias da data da recepção do material.*
>
> *Art. 3º Os juízes poderão praticar atos de sua competência à vista de transmissões efetuadas na forma desta Lei, sem prejuízo do disposto no artigo anterior.*
>
> *Art. 4º Quem fizer uso de sistema de transmissão torna-se responsável pela qualidade e fidelidade do material transmitido, e por sua entrega ao órgão judiciário.*
>
> *Parágrafo único. Sem prejuízo de outras sanções, o usuário do sistema será considerado litigante de má-fé se não houver perfeita concordância entre o original remetido pelo fac-símile e o original entregue em juízo.*
>
> *Art. 5º O disposto nesta Lei não obriga a que os órgãos judiciários disponham de equipamentos para recepção.*
>
> *Art. 6º Esta Lei entra em vigor trinta dias após a data de sua publicação.*

A parte ou interessado que interpôs o recurso por fax deverá juntar os originais até cinco dias contados do término do prazo fixado para a prá-

FORMAS DE INTERPOSIÇÃO DE RECURSO

tica do ato. Este prazo conta-se excluindo o dia do início e incluindo o dia final.[305]

Em relação à interposição do recurso via fax, assim já se manifestou o S.T.J.:

1. Não deve ser conhecido o recurso interposto por meio de fax, quando o original não é protocolado nesta Corte no quinquídio previsto no art. 2º da Lei n. 9.800/1999.

2. Transmitido o recurso via fac-símile e esgotado o prazo recursal, inicia-se a contagem do período de cinco dias para a entrega da petição original, o qual não se interrompe aos sábados, domingos ou feriados. Precedentes.

3. Agravo regimental não conhecido.

(AgRg no AREsp 682.261/SP, Rel. Ministro MARCO BUZZI, QUARTA TURMA, julgado em 19/05/2015, DJe 27/05/2015)

1. Não se conhece de recurso interposto fora do prazo legal.

2. Os comprovantes de transmissão de fax não substituem a própria petição que a parte alega ter sido transmitida por fac-símile.

3. "A tempestividade de recurso interposto no Superior Tribunal de Justiça é aferida pelo registro no protocolo da secretaria e não pela data da entrega na agência do correio" (Súmula n. 216/STJ).

4. Agravo regimental desprovido.

(AgRg no AREsp 599.404/RS, Rel. Ministro JOÃO OTÁVIO DE NORONHA, TERCEIRA TURMA, julgado em 19/05/2015, DJe 05/06/2015)

– Intempestivo o recurso interposto via fax, quando o original é protocolizado fora do prazo legal, a teor do disposto no art. 2º da Lei n. 9.800/1999.

– É Firme nesta Corte que o prazo para apresentação dos originais é contínuo, não ocorrendo sua suspensão no sábado, domingo, feriados ou recessos forenses.

Agravo regimental não conhecido.

(AgRg no AREsp 594.149/DF, Rel. Ministro ERICSON MARANHO (DESEMBARGADOR CONVOCADO DO TJ/SP), SEXTA TURMA, julgado em 28/04/2015, DJe 11/05/2015).

1. É intempestivo o agravo regimental protocolado após o decurso do quinquídio legal previsto no art. 258 do RISTJ. Na contagem do prazo recursal, considera-se a data de

---

[305] NERY JUNIOR, N., op. cit., p. 356.

RECURSOS NO NOVO C.P.C.

protocolo da petição na secretaria da Corte, e não a data de envio do fax, ocorrido no último dia do prazo, quando já encerrado o expediente forense.

2. Inadmissível a interposição de embargos de divergência contra acórdão que negou provimento a recurso ordinário em habeas corpus.

3. Agravo regimental não conhecido.

(AgRg na Pet 10.800/PR, Rel. Ministro SEBASTIÃO REIS JÚNIOR, TERCEIRA SEÇÃO, julgado em 22/04/2015, DJe 29/04/2015)

1. De acordo com o artigo 2º da Lei n.º 9.800/1999, não se conhece do recurso interposto inicialmente via "fax" se os originais não são apresentados em juízo dentro do prazo legal.

2. A Resolução/STJ n. 14/2013, em seu art. 23, autoriza a Secretaria Judiciária a recusar as petições originais apresentadas de forma física após o transcurso do prazo de adaptação ao sistema processual eletrônico implantado no STJ e regulamentado pela mesma resolução.

3. Assim, como não houve a apresentação da via original do recurso por meio eletrônico, é de se concluir pela inexistência dos embargos em tela, já que interposto somente via fac-símile.

4. Embargos de declaração não conhecidos.

(EDcl no AgRg no AREsp 566.416/RJ, Rel. Ministro SÉRGIO KUKINA, PRIMEIRA TURMA, julgado em 16/04/2015, DJe 23/04/2015).

1. Nos termos dos §§ 3º e 4º do art. 4º da Lei 11.419/2006, considera-se como data da publicação o primeiro dia útil seguinte ao da disponibilização da informação no Diário da Justiça eletrônico, iniciando-se os prazos processuais no primeiro dia útil que se seguir ao considerado como data da publicação. Precedentes.

2. No caso dos autos, conforme certidão juntada aos autos, a decisão que negou provimento ao agravo em recurso especial foi disponibilizada em 11/3/2015 (quarta-feira) e publicada em 12/3/2015 (quinta-feira). Assim, o prazo para interposição do recurso teve início no primeiro dia útil subsequente à publicação, ou seja, 13/3/2015 (sexta-feira), encerrando-se em 17/3/2015 (terça- feira).

Como o fax do agravo regimental só foi protocolizado em 18/3/2015, não há dúvida de que o primeiro agravo regimental é intempestivo, razão pela qual deve ser mantida a decisão que lhe negou seguimento.

3. Agravo regimental improvido.

(AgRg no AgRg no AREsp 649.316/MG, Rel. Ministro SEBASTIÃO REIS JÚNIOR, SEXTA TURMA, julgado em 14/04/2015, DJe 23/04/2015)

FORMAS DE INTERPOSIÇÃO DE RECURSO

Deve-se salientar que na contagem do prazo de cinco dias deverão ser observados apenas os dias úteis.

Por sua vez, o S.T.J. não tem admitido a contagem do prazo em dobro para a apresentação dos originais do recurso interposto via fax. Nesse sentido é o seguinte precedente:

1. Da decisão do relator que não conhecer do agravo, negar-lhe provimento ou decidir, desde logo, o recurso não admitido na origem, caberá agravo, no prazo de 5 (cinco) dias, ao órgão competente, nos termos dos arts. 557, § 1º, do CPC e 258 do RISTJ.

2. No caso, a decisão do Presidente desta Corte Superior foi publicada em 7/10/2014 (terça-feira), expirando o prazo de interposição em 17/10/2014 (sexta-feira), quando nos foi remetido, via fax, o presente agravo regimental (fls. 258/318). Os originais, que deveriam ser apresentados no prazo quinquenal até 22/10/2014 (quarta-feira), somente o foram dia 24/10/2014 (sexta-feira), ou seja, de forma intempestiva.

3. Observe-se que a jurisprudência deste Superior Tribunal de Justiça se firmou no sentido de que o prazo em dobro para recorrer, previsto no art. 188 do CPC, não se aplica à norma específica contida no art. 2º da Lei 9.800/99, pois não constitui novo prazo recursal, mas apenas prorrogação do termo final desse. Precedentes.

4. Agravo regimental não conhecido.

(AgRg no AREsp 574.957/MA, Rel. Ministro SÉRGIO KUKINA, PRIMEIRA TURMA, julgado em 28/04/2015, DJe 14/05/2015)

Tendo em vista a informatização do Poder Judiciário, especialmente com a instituição do processo eletrônico, a interposição do recurso poderá ser feita diretamente pelo advogado, mediante protocolo via internet no sistema do PJe, sendo a distribuição e autuação automática pelo sistema eletrônico.

Na hipótese de interposição de recurso no PJe, não haverá limitação de horário para o seu protocolo, desde que o seu ingresso no sistema ocorra até as 24 horas do dia em que o prazo se encerra, conforme estabelece o art. 10 do lei do processo eletrônico (Lei 11.419/2006):

Art. 10. A distribuição da petição inicial e a juntada da contestação, dos recursos e das petições em geral, todos em formato digital, nos autos de processo eletrônico, podem ser feitas diretamente pelos advogados públicos e privados, sem necessidade da intervenção do cartório ou secretaria judicial, situação em que a autuação deverá se dar de forma automática, fornecendo-se recibo eletrônico de protocolo.

§ 1º Quando o ato processual tiver que ser praticado em determinado prazo, por meio de petição eletrônica, serão considerados tempestivos os efetivados até as 24 (vinte e quatro) horas do último dia.

§ 2º No caso do § 1o deste artigo, se o Sistema do Poder Judiciário se tornar indisponível por motivo técnico, o prazo fica automaticamente prorrogado para o primeiro dia útil seguinte à resolução do problema.

§ 3º Os órgãos do Poder Judiciário deverão manter equipamentos de digitalização e de acesso à rede mundial de computadores à disposição dos interessados para distribuição de peças processuais.

15.

Critérios Jurídicos para Desestimular a Interposição de Recurso – Depósito Prévio e Sanções Processuais

A Constituição Federal brasileira, em seu art. 5º, inc. LV, assegura aos litigantes, em processo judicial ou administrativo, e aos acusados em geral, o contraditório e a ampla defesa, com os meios e recursos a ela inerentes.

Muito embora a Constituição Federal reconheça a importância da previsão recursal como forma de concretização do devido processo legal, isso não significa dizer que o legislador infraconstitucional não possa estabelecer determinadas condições ou requisitos para o exercício da atividade processual recursal, ou mesmo prever determinadas sanções pelo abuso no exercício do direito de recorrer.

15.1. Depósito prévio

Na Espanha, por exemplo, a LO 1/2009, de 3 de novembro, que modificou a LOPJ, estabeleceu importantes modificações quanto ao exercício da atividade processual recursal, especialmente com a exigência de depósito prévio para interposição de recurso.[306]

---

[306] *(...).*

Decimoquinta Depósito para recurrir

1. La interposición de recursos ordinarios y extraordinarios, la revisión y la rescisión de sentencia firme a instancia del rebelde, en los órdenes jurisdiccionales civil, social y contencioso-administrativo, precisarán de la constitución de un depósito a tal efecto.

En el orden penal este depósito será exigible únicamente a la acusación popular.

En el orden social y para el ejercicio de acciones para la efectividad de los derechos laborales en los procedimientos concursales, el depósito será exigible únicamente a quienes no tengan la condición de trabajador o beneficiario del régimen público de la Seguridad Social.

2. El depósito únicamente deberá consignarse para la interposición de recursos que deban tramitarse por escrito.

3. Todo el que pretenda interponer recurso contra sentencias o autos que pongan fin al proceso o impidan su continuación, consignará como depósito:

a) 30 euros, si se trata de recurso de queja.

b) 50 euros, si se trata de recurso de apelación o de rescisión de sentencia firme a instancia del rebelde.

c) 50 euros, si se trata de recurso extraordinario por infracción procesal.

d) 50 euros, si el recurso fuera el de casación, incluido el de casación para la unificación de doctrina.

e) 50 euros, si fuera revisión.

4. Asimismo, para la interposición de recursos contra resoluciones dictadas por el Juez o Tribunal que no pongan fin al proceso ni impidan su continuación en cualquier instancia será precisa la consignación como depósito de 25 euros. El mismo importe deberá consignar quien recurra en revisión las resoluciones dictadas por el Secretario Judicial.

Se excluye de la consignación de depósito la formulación del recurso de reposición que la ley exija con carácter previo al recurso de queja.

5. El Ministerio Fiscal también quedará exento de constituir el depósito que para recurrir viene exigido en esta Ley.

El Estado, las Comunidades Autónomas, las entidades locales y los organismos autónomos dependientes de todos ellos quedarán exentos de constituir el depósito referido.

6. Al notificarse la resolución a las partes, se indicará la necesidad de constitución de depósito para recurrir, así como la forma de efectuarlo.

La admisión del recurso precisará que, al interponerse el mismo si se trata de resoluciones interlocutorias, a la presentación del recurso de queja, al presentar la demanda de rescisión de sentencia firme en la rebeldía y revisión, o al anunciarse o prepararse el mismo en los demás casos, se haya consignado en la oportuna entidad de crédito y en la «Cuenta de Depósitos y Consignaciones» abierta a nombre del Juzgado o del Tribunal, la cantidad objeto de depósito, lo que deberá ser acreditado. El Secretario verificará la constitución del depósito y dejará constancia de ello en los autos.

7. No se admitirá a trámite ningún recurso cuyo depósito no esté constituido.

Si el recurrente hubiera incurrido en defecto, omisión o error en la constitución del depósito, se concederá a la parte el plazo de dos días para la subsanación del defecto, con aportación en su caso de documentación acreditativa.

De no efectuarlo, se dictará auto que ponga fin al trámite del recurso, o que inadmita la demanda, quedando firme la resolución impugnada.

8. Si se estimare total o parcialmente el recurso, o la revisión o rescisión de sentencia, en la misma resolución se dispondrá la devolución de la totalidad del depósito.

9. Cuando el órgano jurisdiccional inadmita el recurso o la demanda, o confirme la resolución recurrida, el recurrente o demandante perderá el depósito, al que se dará el destino previsto en esta disposición.

CRITÉRIOS JURÍDICOS PARA DESESTIMULAR A INTERPOSIÇÃO DE RECURSO

Portanto, no direito espanhol estabeleceu-se a necessidade de que as partes que recorram de decisão judicial tenham de constituir previamente um depósito, sendo esse requisito imperativo para os efeitos de se exercitar o direito de recorrer contido no direito mais amplo da tutela jurisdicional efetiva.[307]

Segundo anota José Mª Asencio Mellado, *"a finalidade perseguida é dissuadir aqueles que pretendem recorrer das decisões processuais sem fundamento para tanto, já que, segundo o legislador, essa forma de atuar afeta o direito da contraparte, pois se sujeita a um processo mais demorado do que o devido. Porém, uma mera leitura da norma revela que o interesse ou o afã que moveu o legislador não foi o de proteger direito algum, senão o meramente arrecadador, já que dificilmente se pode falar de carência de fundamento de um recurso pelo mero fato de ser inadmitido ou não conhecido, máxime quando poderiam existir razões suficientes para considerar duvidosa a resolução impugnada, como ocorre com a condenação em custas. Sancionar objetivamente o recorrente que não vê acolhida sua pretensão, supõe tanto como presumir sua má-fé. Porém, tem mais, a finalidade real visada pelo legislador confirma-se pelo fato de que, poderia suceder que uma parte teve seu recurso de apelação não acolhido e com isso perdido o depósito, e, posteriormente, tornou-se vencedora no recurso de cassação. Nesses casos, a lei não determina a devolução da*

10. Los depósitos perdidos y los rendimientos de la cuenta quedan afectados a las necesidades derivadas de la actividad del Ministerio de Justicia, destinándose específicamente a sufragar los gastos correspondientes al derecho a la asistencia jurídica gratuita, y a la modernización e informatización integral de la Administración de Justicia. A estos efectos, los ingresos procedentes de los depósitos perdidos y los rendimientos de la cuenta generarán crédito en los estados de gastos de la sección 13 "Ministerio de Justicia".

11. El Ministerio de Justicia transferirá anualmente a cada Comunidad Autónoma con competencias asumidas en materia de Justicia, para los fines anteriormente indicados, el cuarenta por ciento de lo ingresado en su territorio por este concepto, y destinará un veinte por ciento de la cuantía global para la financiación del ente instrumental participado por el Ministerio de Justicia, las Comunidades Autónomas y el Consejo General del Poder Judicial, encargado de elaborar una plataforma informática que asegure la conectividad entre todos los Juzgados y Tribunales de España.

12. La cuantía del depósito para recurrir podrá ser actualizada y revisada anualmente mediante Real Decreto.

13. La exigencia de este depósito será compatible con el devengo de la tasa exigida por el ejercicio de la potestad jurisdiccional.

14. El depósito previsto en la presente disposición no será aplicable para la interposición de los recursos de suplicación o de casación en el orden jurisdiccional social, ni de revisión en el orden jurisdiccional civil, que continuarán regulándose por lo previsto, respectivamente, en la Ley de Procedimiento Laboral y en la Ley de Enjuiciamiento Civil.»

[307] MELLADO, J. Mª. A., op. cit., p. 203.

RECURSOS NO NOVO C.P.C.

quantidade depositada, ainda que devidamente demonstrada a boa-fé dos fundamentos do recorrente.

A meu juízo, pois, somente se explica este novo requisito no afã arrecadatório e em face das fissuras que vão aparecendo no modelo do estado social, do estado do bem-estar social, já que, pagos os correspondentes e elevados impostos, posteriormente o cidadão, e sem qualquer distinção de sua posição econômica, se vê submetido ao pagamento de taxas pelo uso dos serviços públicos ou o exercício dos direitos que a mesma Constituição lhe outorga".[308]

O art. 364 do C.P.C. italiano estabelecia que a interposição do recurso deveria ser precedida de depósito, para o caso de sucumbência, de quinhentas libras se a sentença impugnada fosse proferida pelo pretor, e de mil e quinhentas libras se a sentença impugnada fosse proferida pelo tribunal e de três mil libras em todos os demais casos.

O art. 364 do C.P.C. italiano foi revogado pela Lei 18 de outubro de 1977.

O Tribunal Constitucional português, por sua vez, considerou que o direito de acesso é inconstitucionalmente violado quando se condiciona o seguimento do recurso ao depósito prévio de certa quantia, não tendo o recorrente condição econômica para satisfazer esse pagamento (Acs TC, n.s. 318/85, 269/87, 345/87, 412/87, *in* DR II, n. 87, de 15.4.86; DR II, n. 202 de 3.9.87; DR II, n. 275 de 28.11.87; DR II, n. 1 de 2.1.88).

O Supremo Tribunal Federal brasileiro também assim entendeu na hipótese de exigibilidade de depósito prévio do valor correspondente à multa como condição de admissibilidade de recurso interposto junto à autoridade judiciária trabalhista. Nesse sentido são os seguintes precedentes:

1. Incompatibilidade da exigência de depósito prévio do valor correspondente à multa como condição de admissibilidade de recurso administrativo interposto junto à autoridade trabalhista (§ 1º do art. 636, da Consolidação das Leis do Trabalho) com a Constituição de 1988. Inobservância das garantias constitucionais do devido processo legal e da ampla defesa (art. 5º, incs. LIV e LV); do princípio da isonomia (art. 5º, caput); do direito de petição (art. 5º, inc. XXXIV, alínea a). Precedentes do Plenário do Supremo Tribunal Federal: Recursos Extraordinários 389.383/SP, 388.359/PE, 390.513/SP e Ação Direta de Inconstitucionalidade 1.976/DF. Súmula Vinculante n. 21.

---

[308] MELLADO, J. Mª. A., idem, p. 204.

CRITÉRIOS JURÍDICOS PARA DESESTIMULAR A INTERPOSIÇÃO DE RECURSO

2. *Ação julgada procedente para declarar a não recepção do § 1º do art. 636 da Consolidação das Leis do Trabalho pela Constituição da República de 1988.*
(ADPF 156, Relator(a): Min. CÁRMEN LÚCIA, Tribunal Pleno, julgado em 18/08/2011, DJe-208 DIVULG 27-10-2011 PUBLIC 28-10-2011 EMENT VOL-02617-01 PP-00001 RT v. 100, n. 914, 2011, p. 379-393).

e m e n t a: recurso extraordinário – medida cautelar – pressupostos necessários à concessão do provimento cautelar (rtj 174/437-438) – exigência legal de prévio depósito do valor da multa como condição de admissibilidade do recurso administrativo –transgressão ao art. 5º, lv, da constituição da república – nova orientação jurisprudencial firmada pelo plenário do supremo tribunal federal – cumulativa ocorrência, no caso, dos requisitos concernentes à plausibilidade jurídica e ao "periculum in mora" – precedentes – magistério da doutrina – decisão referendada pela turma.
(AC 2185 MC-REF, Relator(a): Min. CELSO DE MELLO, Segunda Turma, julgado em 11/11/2008, DJe-105 DIVULG 10-06-2010 PUBLIC 11-06-2010 EMENT VOL-02405-02 PP-00254 RTJ VOL-00219- PP-00159).

Nesse sentido também é o teor da Súmula Vinculante n. 21 do S.T.F.: *"É inconstitucional a exigência de depósito ou arrolamento prévio de dinheiro ou bens para admissibilidade de recurso administrativo.*
Na decisão abaixo, o S.T.F. conheceu dos embargos de declaração, sem necessidade de recolhimento de multa aplicada em agravo regimental manifestamente infundado:

EMB. DECL. NO AG. REG. NO RE N. 775.685-BA
RELATOR: MIN. DIAS TOFFOLI
EMENTA: Embargos de declaração no agravo regimental no recurso extraordinário. Agravo regimental anteriormente interposto manifestamente infundado. Imposição de multa. Recolhimento. Ausência. Conhecimento dos embargos de declaração. Possibilidade. Beneficiários da justiça gratuita. Manutenção da multa. Suspensão do recolhimento. Precedentes.
1. Conforme entendimento da Primeira Turma, assentado no julgamento do AI nº 550.244/MG-AgR-ED, o não recolhimento de multa anteriormente cominada no agravo regimental não impede o conhecimento dos embargos de declaração que se seguirem.
2. Sendo manifestamente infundado o agravo regimental anteriormente interposto, correta se mostrou a imposição da multa prevista no art. 557, § 2º, do Código de Processo Civil.

RECURSOS NO NOVO C.P.C.

3. A circunstância de as partes serem beneficiárias da justiça gratuita não as isenta do pagamento das sanções aplicadas na forma da lei processual, devendo, contudo, o recolhimento da multa ficar suspenso, nos termos do art. 12 da Lei nº 1.060/50.

4. Embargos de declaração parcialmente acolhidos, apenas para determinar a suspensão da execução da multa.

Porém, o S.T.F., ao analisar a exigência do pagamento da multa fixada de acordo com o revogado §2º do art. 557 do C.P.C. de 1973 para efeito de conhecimento de outros recursos, houve por bem afirmar a legitimidade dessa exigência, reconhecendo que não houve mácula ao princípio do *acesso à jurisdição*. Nesse sentido é o seguinte precedente:

> *A possibilidade de imposição de multa, quando manifestamente inadmissível ou infundado o agravo, encontra fundamento em razões de caráter ético-jurídico, pois, além de privilegiar o postulado da lealdade processual, busca imprimir maior celeridade ao processo de administração da justiça, atribuindo-lhe um coeficiente de maior racionalidade, em ordem a conferir efetividade à resposta jurisdicional do Estado. A multa a que se refere o art. 557, § 2º, do CPC, possui inquestionável função inibitória, eis que visa a impedir, nas hipóteses referidas nesse preceito legal, o exercício irresponsável do direito de recorrer, neutralizando, dessa maneira, a atuação processual do "improbus litigator".*
> *(...).*
> (AI 802783 ED-ED-AgR, Relator(a): Min. CELSO DE MELLO, Segunda Turma, julgado em 19/04/2011, DJe-112 DIVULG 10-06-2011 PUBLIC 13-06-2011 EMENT VOL-02542-02 PP-00285)

Como ensina Enrico Tullio Liebman, deve-se fazer uma distinção entre direito substancial e a *ação*. Enquanto o primeiro tem por objeto uma prestação da parte contrária, o direito fundamental de ação visa a provocar uma atividade dos órgãos jurisdicionais; justamente por isso, a pretensão de direito material em regra dirige-se à parte contrária e tem, conforme o caso, natureza privada ou pública e um conteúdo que varia de caso a caso, enquanto a ação se dirige ao Estado e por isso tem natureza sempre pública e um conteúdo uniforme, qual seja o pedido de tutela jurisdicional de um direito que se intitula próprio (embora varie o tipo de provimento que cada vez se pede ao juiz.[309]

---

[309] LIEBMAN. Enrico Tullio. *Manual de direito processual civil*. Trad. Cândido Rangel Dinamarco. 2º ed. Vol. I. Rio de Janeiro: Forense, 1985. p. 149 e 150.

CRITÉRIOS JURÍDICOS PARA DESESTIMULAR A INTERPOSIÇÃO DE RECURSO

O *agir em juízo* é um direito reconhecido a todos, pois é uma garantia constitucional instituída em decorrência da própria existência dos órgãos do Poder Judiciário; eles possuem a tarefa de realizar a *justiça* a quem dela necessitar, razão pela qual uma das garantias fundamentais do nosso sistema Constitucional é assegurar a todos a possibilidade de levar suas pretensões ao crivo do Poder Judiciário.[310]

Por isso, em razão desse direito e garantia fundamental de *agir em juízo*, conforme já preconizou a Corte Constitucional italiana ao analisar a amplitude do art. 24 da Constituição italiana, não pode sofrer qualquer impedimento ou condição que afastem o seu efetivo exercício (Sent. n. 47, de 18.3.57).

O direito de ação, conforme afirma Enrico Tullio Liebman, adquire, com isso, uma fisionomia suficiente precisa: *"é um direito subjetivo diferente daqueles do direito substancial, porque dirigido ao Estado, sem se destinar à obtenção de uma prestação deste. É, antes disso, um direito de iniciativa e de impulso, direito do particular de por em movimento o exercício de uma função pública, através da qual espera obter a tutela de suas pretensões, dispondo, para tanto, dos meios previstos pela lei para defendê-las (embora sabendo que o resultado poderá ser-lhe desfavorável); é, pois, um direito fundamental particular, a qualificar a sua posição no ordenamento jurídico e perante o Estado, conferido e regulado pela lei processual, mas reforçado por uma garantia constitucional em que encontramos esculpidos os seus traços essenciais".*[311]

Porém, ao comentar essa posição de Liebman sobre a natureza do direito de ação, especialmente essa concepção de 'poder' e 'abstração', não se poderia esquecer a seguinte afirmação de Luigi Paolo Comoglio: *"Nesta concepção, todavia, parece insuficiente a valoração dos efeitos que 'praticamente' se conectam 'ex positivo juri' à garantia. De fato, não se desconhece, por um lado, a consagração deste genérico 'poder' na Constituição '...uma função de fundamental importância...', tendo em vista que, de um ponto de vista garantístico, a mesma formulação da norma seria tal a tornar-se constitucionalmente inadmissível qualquer limitação por obra dos poderes estatais. Por outro lado, porém, não se deixa de sublinhar como são próprios a abstração e a generalidade que contradizem tal situação subjetiva de 'poder' na linguagem constitucional, a impedir de assumir '...relevância alguma na vida e no funcionamento prático do processo...'.*

---

[310] LIEBMAN, E. T., idem, p. 150.
[311] LIEBMAN, E. T., idem, p. 152.

Malgrado a sugestão das recordadas argumentações, parece que as conclusões pecam, ao mesmo tempo, por excesso e por defeito, sobretudo se avaliadas à luz da realidade jurídica que a experiência da jurisprudência constitucional tem colocado em relevo, no curso destes últimos anos. De fato, de um lado, a multiplicação de pronúncias sobre o denominado casos de 'abuso' do 'direito constitucional de ação' pressupondo a admissibilidade constitucional de determinadas 'limitações' à possibilidade de agir em juízo...; enquanto que, de outro lado, se colhe constante na atividade dos juízes constitucionais a intenção de considerar em concreto e atual o significado positivo das garantias processuais, para o fim de assegurar a elas uma efetiva capacidade de incidência sobre a estrutura do processo ordinário, no quadro de sua gradual adequação aos princípios constitucionais".[312]

O princípio do *acesso à jurisdição*, reforçado no art. 3ª do atual C.P.C., torna indiscutível a vinculação da jurisdição aos direitos fundamentais. Em razão dessa estreita vinculação, o Poder Judiciário não só tem o dever de guardar estrita obediência aos denominados direitos e garantias fundamentais de caráter judicial, mas também o de assegurar a efetiva aplicação do direito, especialmente dos direitos fundamentais, seja nas relações entre os particulares e o Poder Público, seja nas relações tecidas exclusivamente entre particulares.[313]

Sendo os direitos e garantias fundamentais princípios de ordem objetiva, tal perspectiva legitima a ideia de que o Estado se obriga não apenas a observar e proteger os direitos de qualquer indivíduo em face das investidas do Poder Público (direito fundamental enquanto direito de proteção ou de defesa – *Abwehrrecht*), mas também a garantir os direitos fundamentais contra agressão propiciada por terceiros (*Schutzpflicht des Staatsi*).[314]

Não é por outro motivo que o art. 1º, n. 3 da Lei Fundamental da República Federal da Alemanha expressamente consigna: *"Os direitos fundamentais a seguir enunciados vinculam, como direito diretamente aplicável, os poderes legislativo, executivo e judicial".*[315]

---

[312] COMOGLIO, Luigi Paolo. *La garanzia costituzionale dell'azione ed il processo civile.* Padova: CEDAM,1970. p. 41.

[313] MENDES, Gilmar Ferreira. *Direitos fundamentais e controle de constitucionalidade.* 4ª ed. São Paulo: Saraiva, 2012. p. 120.

[314] MENDES, G. F., idem, p. 121.

[315] Sobre a eficácia direta dos direitos fundamentais cf.: A. BLECKMANN, *Allgemeine Grundrechtslehre,* Munique, 1979; N. LUHMANN, *Grundrechte als Institution,* 1965; E. WIENHOLTZ, *Normative Verfassung und Gesetzgebung. Die Verwirklichung von Gesetzgebungsaufträgen des Bonner*

Diante dessa vinculação à efetiva aplicação dos direitos fundamentais, questões poderão surgir quanto à aplicação do art. 190 do novo C.P.C., que assim dispõe: *Versando o processo sobre direitos que admitam autocomposição, é lícito às partes plenamente capazes estipular mudanças no procedimento para ajustá--lo às especificidades da causa e convencionar sobre os seus ônus, poderes, faculdades e deveres processuais, antes ou durante o processo.*

Assim, diante do que dispõe o art. 190 do novo C.P.C., é de se questionar se as partes poderiam, por exemplo, condicionar antes ou durante o transcurso do processo, o depósito do bem ou do valor constante na sentença recorrível, como condição para a interposição do recurso de apelação, ou, ainda, estipular que não será possível a interposição de recurso contra a sentença de primeiro grau.

Alguns doutrinadores aduzem não ser possível a inserção desse tipo de condição para que a parte possa exercer os recursos inerentes ao procedimento.

Porém, penso que a inserção desse tipo de condição não fere os direitos fundamentais das partes que compõem a relação jurídica processual.

Na realidade, as partes poderão, desde que capazes, e desde que o processo verse sobre direitos que admitam a autocomposição, convencionar, por meio de contrato, ou mesmo por termo nos autos quando já instaurada a relação jurídica processual, mudanças no procedimento para ajustá-lo às especificidades da causa, podendo convencionar a necessidade de depósito da coisa ou do dinheiro previsto na sentença para a interposição do recurso de apelação ou mesmo a impossibilidade de se interpor recurso de apelação contra a decisão de primeiro grau.

Não visualizo mácula a eventuais direitos fundamentais pelos seguintes argumentos:

a) A exigência de depósito, além de já ter sido, em certa circunstância, concebida como constitucional pelo S.T.F., encontra-se dentro do âmbito de disponibilidade procedimental posta a favor das partes. Note-se que o acesso à jurisdição foi garantido, ao se exercer o direito de ação; o condicionamento visa justamente a garantir a efetividade da prestação da tutela jurisdicional. Além do mais, observa-se que

---

Grundgesetzes, 1968; K. WESP. *Die Dritwirkung der Freiheitsrechte*, 1968; F. MÜLLER, *Die Positivität der Grundrechste*, 1969.

há preceitos normativos legais, tido por constitucionais, que condicionam a propositura de determinada demanda ao depósito, como se observa na ação rescisória.

b) O impedimento de se interpor recurso de apelação também não denota mácula de inconstitucionalidade, desde que tal impedimento possa ser considerado, em decorrência das circunstâncias, como razoável em razão da natureza da causa. Note-se que, segundo entendimento do S.T.F., não há na Constituição o direito ao duplo grau de jurisdição, pelo menos no que concerne ao recurso de apelação. Além do mais, há hipótese em que a decisão de primeiro grau não está sujeita ao recurso de apelação, como é o caso do art. 34 da Lei de Execução Fiscal. É certo, porém, que não poderá prevalecer essa cláusula impeditiva quando a apelação disser respeito à própria legalidade ou lisura do procedimento, como, por exemplo, impedir a parte de apelar contra uma sentença proferida por juiz absolutamente incompetente em razão da matéria ou suspeito. A legitimidade da cláusula deve estar circunscrita apenas à questão de mérito e não procedimental.

c) Além do mais, de ofício ou a requerimento da parte, o juiz terá a obrigação de controlar a validade das convenções previstas no art. 190 do novo C.P.C., recusando-lhes aplicação somente nos casos de nulidade ou de inserção abusiva em contrato de adesão ou na hipótese em que alguma parte se encontre em manifesta situação de vulnerabilidade. Seria inconcebível, por exemplo, exigir o depósito em relação a uma das partes que esteja sendo beneficiada pela gratuidade de justiça ou que em razão circunstancial esteja, quando da prolação da sentença, em situação de vulnerabilidade.

d) Na realidade, essa disponibilidade do procedimento, como nome já diz, somente se aplica ao procedimento e não ao processo. Assim, muito embora o procedimento possa ser regulado pelas partes, o processo não seguirá o mesmo critério, especialmente pelo fato de que a essência do processo num Estado Democrático de Direito é justamente o *contraditório em todo o arco do procedimento*. Portanto, a disponibilidade do procedimento não poderá afetar o contraditório e ampla defesa como essência do processo jurisdicional.

15.2. Honorários sucumbenciais recursais

O novo C.P.C., em seu art. 85, §11, também traz critério importante de reflexão sobre a interposição do recurso, a saber: *O tribunal, ao julgar recurso, majorará os honorários fixados anteriormente levando em conta o trabalho adicional realizado em grau recursal, observando, conforme o caso, o disposto nos §§ 2º a 6º, sendo vedado ao tribunal, no cômputo geral da fixação de honorários devidos ao advogado do vencedor, ultrapassar os respectivos limites estabelecidos nos §§ 2º e 3º para a fase de conhecimento.*

O art. 85, §11, do novo C.P.C., apresenta certa medida pedagógica, com o intuito de se impedir que o vencido ingresse com recursos meramente protelatórios ou peremptoriamente improcedentes.

Diante dessa nova normatização processual, se o recurso interposto pela parte sucumbente não for acolhido, o tribunal, de ofício ou por provocação da parte, poderá majorar os honorários fixados anteriormente na decisão recorrida, levando-se em conta o trabalho adicional realizado em grau recursal.

O §11 do art. 85 do novo C.P.C. é claro ao estabelecer que o tribunal, ao julgar recurso, majorará os honorários fixados anteriormente, **levando em conta o trabalho adicional realizado em grau recursal.**

Assim, o tribunal deverá avaliar o trabalho adicional realizado pela parte recorrida, especialmente quanto aos argumentos expendidos em suas contrarrazões recursais, sustentação oral etc, para o efeito de majorar os honorários fixados anteriormente, observando, conforme o caso, o disposto nos §§2º a 6º do art. 85 do novo C.P.C., sendo vedado ao tribunal, no cômputo geral da fixação de honorários devidos ao advogado do vencedor, ultrapassar os respectivos limites estabelecidos nos §§2º e 3º para a fase de conhecimento.

O Ministro Dias Toffoli, no ARE 957864, entendeu não ser aplicável o art. 85, §11, do novo C.P.C., na hipótese do recorrido não ter apresentado contrarrazões recursais, *in verbis:*

> *EMENTA Agravo regimental no recurso extraordinário com agravo. Direito do Consumidor. Contrato de plano de saúde. Tratamento fora da rede conveniada. Reembolso. Violação do princípio da legalidade. Legislação infraconstitucional. Ofensa reflexa. Cláusulas contratuais. Fatos e provas. Reexame. Impossibilidade. Precedentes.*
>
> *1. Inadmissível, em recurso extraordinário, a análise da legislação infraconstitucional e o reexame de cláusulas contratuais e do conjunto fático-probatório da causa. Incidência das Súmulas nºs 636, 454 e 279/STF.*

2. Agravo regimental não provido.

3. Inaplicável o art. 85, § 11, do CPC, pois o agravado não apresentou contrarrazões.

(ARE 957864 AgR, Relator(a): Min. DIAS TOFFOLI, Segunda Turma, julgado em 21/06/2016, PROCESSO ELETRÔNICO DJe-164 DIVULG 04-08-2016 PUBLIC 05-08-2016)

Porém, o S.T.F., nos ARE 711.027 e ARE 964.330, aplicou a majoração de honorários recursais, ainda que o recorrido não tenha apresentado contrarrazões, conforme a seguinte notícia publicada no sitio http://www.migalhas.com.br/Quentes/17,MI244879,71043-STF+E+possivel+majoracao+de+honorarios+ainda+que+advogado+nao:

Em julgamento realizado nesta terça-feira, 30, a 1ª turma do STF entendeu que a majoração de honorários pode ocorrer mesmo que o advogado não apresente contrarrazões. A discussão ocorreu no julgamento de agravo regimental em recursos extraordinários com agravo.

Responsável por nortear o entendimento, o ministro Luís Roberto Barroso entendeu que "o fato de não ter apresentado contrarrazões não significa que não houve trabalho do advogado", observando que a defesa pode ter pedido audiência ou apresentado memoriais. Os ministros Fachin e Rosa Weber acompanharam Barroso.

"Em última análise, como eu considero que essa medida é procrastinatória e que a majoração de honorários se destina a desestimular essa litigância procrastinatória, eu fixo honorários recursais neste caso."

Vencido nesse ponto, o relator dos recursos, ministro Marco Aurélio, destacou que o acréscimo de honorários advocatícios pressupõe o trabalho dado ao advogado da parte contrária. Tomando como base o disposto no artigo 85, § 11, do CPC, afirmou: "quando a parte recorrida sequer tem o trabalho de apresentar contrarrazões, entendo que não é o caso de majorar honorários".

Pelo dispositivo do Código, a sentença condenará o vencido a pagar honorários ao advogado do vencedor e o tribunal, ao julgar recurso, majorará os honorários fixados anteriormente levando em conta o trabalho adicional realizado em grau recursal. "Como a parte contrária não teve nenhum trabalho, eu penso que não cabe a fixação dos honorários", concluiu o ministro.

No julgamento do A G .REG. NO RECURSO EXTRAORDINÁRIO COM AGRAVO 964.330, ficou assim consignado:

CRITÉRIOS JURÍDICOS PARA DESESTIMULAR A INTERPOSIÇÃO DE RECURSO

"O SENHOR MINISTRO LUÍS ROBERTO BARROSO (PRESIDENTE) – Se Vossa Excelência me permitir, eu fiz um brevíssimo arrazoado. Pelo que eu entendi, Vossa Excelência entende que, quando a parte recorrente sequer tem o trabalho de apresentar contrarrazões, não é o caso de majorar honorários. Sustento, penso que temos sustentado, que, independentemente de contrarrazões, o advogado pode ter o trabalho de trazer memoriais, há o retardamento no processo, que é o que nós queremos remediar em última análise, e, no fundo, não abrimos prazo para contrarrazões, porque, como vamos desprover, não seria o caso de abrir prazo para contrarrazões.

O SENHOR MINISTRO MARCO AURÉLIO (RELATOR) – Presidente, considerei o que está no § 11 do artigo 85 do Código Penal. A alusão a trabalho não é o do órgão investido da jurisdição. O Tribunal, ao julgar recurso, majorará – não potencializo esse vocábulo, porque podemos ter situação em que não houve a fixação na origem, mas cabe-a em nível recursal – os honorários estabelecidos anteriormente levando em conta o trabalho adicional realizado em grau recursal. Como a parte contrária não teve nenhum trabalho, deixando de apresentar contraminuta, não cabe a imposição dos honorários.

O SENHOR MINISTRO LUÍS ROBERTO BARROSO (PRESIDENTE) – Esse é o fundamento de Vossa Excelência, que eu bem entendo, porém penso que o fato de não ter apresentado contrarrazões não necessariamente significa que não houve trabalho do advogado: pode ter pedido audiência, ter apresentado memoriais. Em última análise, como eu considero que essa medida é procrastinatória e que a majoração de honorários se destina a desestimular também essa litigância procrastinatória. Peço todas as vênias a Vossa Excelência para fixar honorários recursais também neste caso, um pouco na linha do que tenho entendido ser a posição majoritária na Turma".

De qualquer sorte, na hipótese de majoração dos honorários recursais, não haverá *reformatio in peius*, pois a majoração dos honorários advém de previsão legal que tem por objetivo estabelecer um critério de maior cuidado quanto à interposição de recurso, incentivando maior reflexão dos advogados sobre a possibilidade ou não de êxito na interposição do respectivo recurso.

É certo que o art. 87, §2º, do Projeto de Lei do Senado, n 166/10, era mais preciso na sua redação ao estabelecer:

"Art. 87. (...).

*§7º. Quando o acórdão proferido pelo tribunal **não admitir** ou **negar, por unanimidade**, provimento a recurso interposto contra sentença ou acórdão, a instância recursal, de ofício ou a requerimento da parte, fixará nova verba honorária advocatícia,*

observando-se o disposto nos §§ 2º e 3º e o limite total de vinte e cinco por cento para a fase de conhecimento (g.n.).".

Observa-se, portanto, que o art. 85, §11, do novo C.P.C. não repetiu as expressões *'não admitir'* ou *'negar'*, *'por unanimidade'*, previstas no art. 87, §7º, do Projeto de Lei do Senado n. 166/10.

Diante dessa alteração de ordem normativa, Dierle Nunes, Victor Barbosa Dutra e Délio Mota de Oliveira Júnior sustentam que a fixação de honorários recursais deixou de ter caráter pedagógico ou punitivo, restabelecendo-se a razão 'originária' dos honorários recursais, mediante o resgate de sua essência quando da vigência do C.P.C. de 1973, ou seja, a verba honorária continua a existir para remunerar o advogado por seu trabalho e não para punição da parte vencida.[316]

Contudo, não obstante a respeitável opinião dos processualistas citados, o certo é que a exclusão expressa das expressões 'não admitir' ou 'negar', 'por unanimidade', o recurso do §11 do art. 85 do novo C.P.C. em nada modifica os fins pedagógicos ou sancionatórios do dispositivo legal, pois a não admissão ou o não provimento do recurso é condição 'sine qua non' para a majoração dos honorários, uma vez que, se o tribunal admitir e der provimento ao recurso, obrigatoriamente os honorários serão revertidos em favor do recorrente.[317] A única exclusão efetiva do dispositivo é o condicionamento à majoração dos honorários ao julgamento unânime do recurso.

---

[316] NUNES, Dierle et al, op. cit. P. 12.

[317] Não cabe a execução de honorários advocatícios com base na expressão "invertidos os ônus da sucumbência" empregada por acórdão que, anulando sentença de mérito que fixara a verba honorária em percentual sobre o valor da condenação, extinguiu o processo sem resolução de mérito. Consoante jurisprudência do STJ, se o Tribunal de origem, ao reformar a sentença, omite-se quanto à condenação da parte vencida em honorários advocatícios, deve a parte vencedora opor os necessários embargos declaratórios. Não o fazendo, não é possível depois voltar ao tema na fase de execução, buscando a condenação da parte vencida ao pagamento da referida verba, sob pena de ofensa à coisa julgada. A propósito, dispõe a Súmula 453 do STJ que "Os honorários sucumbenciais, quando omitidos em decisão transitada em julgado, não podem ser cobrados em execução ou em ação própria". Ademais, tendo o Tribunal de origem determinado a inversão dos ônus de sucumbência no processo de conhecimento, não se pode entender que os honorários advocatícios estão implicitamente incluídos, pois se estará constituindo direito até então inexistente e também se afastando o direito da parte adversa de se insurgir contra referida condenação no momento apropriado. REsp 1.285.074-SP, Rel. Min. João Otávio de Noronha, julgado em 23/6/2015, DJe 30/6/2015.

Além do mais, majorar em grau de recurso os honorários de advogados, sem que o recurso seja protelatório ou peremptoriamente improcedente, ensejaria mácula ao princípio da *reformatio in peius*, assim como, limitação ilegítima ao princípio do devido processo legal processual, pois uma vez prevista na norma processual a possibilidade do duplo grau jurisdição, concretizando-se procedimentalmente o princípio do devido processo legal, não pode o legislador, por vias oblíquas, impedir ao acesso ao segundo grau de jurisdição, quando este se dá de forma legítima e de boa-fé.

Por outro lado, interpretando-se o art. 85, §11, do novo C.P.C. como hipótese pedagógica e sancionatória, pode-se afirmar que a majoração ocorrerá a cada momento que o recorrente se utiliza de mecanismos impugnatórios da sentença, como, por exemplo, recurso de apelação, agravo de instrumento, recurso especial, recurso extraordinário, embargos de declaração etc.

É certo, porém, que essa majoração, seja única ou sucessiva, deverá respeitar o limite máximo previsto nos §§2º e 3º do art. 85 do novo C.P.C.

O S.T.F. já teve oportunidade de fixar os honorários sucumbenciais recursais no âmbito de recurso de embargos de declaração interpostos sob a égide do novo C.P.C., a saber:

Ementa: EMBARGOS DE DECLARAÇÃO NO AGRAVO REGIMENTAL NO RECURSO EXTRAORDINÁRIO COM AGRAVO. ADMINISTRATIVO. AÇÃO COLETIVA. EXECUÇÃO PROPORCIONAL DE HONORÁRIOS SUCUMBENCIAIS ORIUNDOS DE SENTENÇA PROFERIDA EM PROCESSO COLETIVO. POSSIBILIDADE. OMISSÃO, CONTRADIÇÃO OU OBSCURIDADE. INEXISTÊNCIA. ERRO MATERIAL. INOCORRÊNCIA. EFEITOS INFRINGENTES. IMPOSSIBILIDADE. RECURSO INTERPOSTO SOB A ÉGIDE DO NOVO CÓDIGO DE PROCESSO CIVIL. APLICAÇÃO DE NOVA SUCUMBÊNCIA. EMBARGOS DE DECLARAÇÃO DESPROVIDOS.

(ARE 867073 AgR-ED, Relator(a): Min. LUIZ FUX, Primeira Turma, julgado em 10/05/2016, PROCESSO ELETRÔNICO DJe-120 DIVULG 10-06-2016 PUBLIC 13-06-2016)

No voto do Ministro Luiz Fux assim ficou consignado:

"(...).

Ex positis, DESPROVEJO os embargos de declaração e CONDENO a parte sucumbente nesta instância recursal ao pagamento de honorários advocatícios majorados ao máximo legal, obedecidos os limites do artigo 85, §§ 2º, 3º e 11, do CPC/2015".

No mesmo sentido:

> *Após 18 de março de 2016, data do início da vigência do Novo Código de Processo Civil, é possível condenar a parte sucumbente em honorários advocatícios na hipótese de o recurso de embargos de declaração não atender os requisitos previstos no art. 1.022 do referido diploma e tampouco se enquadrar em situações excepcionais que autorizem a concessão de efeitos infringentes. Com base nessa orientação, a Primeira Turma desproveu os embargos de declaração e, por maioria, condenou a parte sucumbente ao pagamento de honorários. Afirmou que a razão de ser da sucumbência recursal seria dissuadir manobras protelatórias. Vencido o Ministro Marco Aurélio, que afastava a condenação no caso concreto. Pontuava que os embargos de declaração serviriam para esclarecer ou integrar o julgamento realizado anteriormente. No entanto, o recurso que motivara os embargos de declaração teria sido interposto sob a regência do Código pretérito. Portanto, não seria possível condenar a parte sucumbente com base no Novo Código de Processo Civil.*
> RE 929925 AgR-ED/RS, rel. Min. Luiz Fux, 7.6.2016. (RE-929925)

O S.T.J. deixou de fixar os honorários sucumbenciais recursais tendo em vista que a decisão recorrida dizia respeito a uma decisão interlocutória em que não haveria fixação de honorários, *in verbis*:

> *AGRAVO INTERNO NO RECURSO ESPECIAL. RECURSO INTERPOSTO SOB A ÉGIDE DO NOVO CPC. NÃO IMPUGNAÇÃO ESPECÍFICA DOS FUNDAMENTOS DA DECISÃO AGRAVADA. MAJORAÇÃO DOS HONORÁRIOS ADVOCATÍCIOS. ENUNCIADO ADMINISTRATIVO N. 7/STJ. NÃO APLICAÇÃO.*
> *1. Não se conhece do agravo do art. 1.021 do novo Código de Processo Civil que deixa de atacar especificamente os fundamentos da decisão agravada.*
> **2. Não cabe a majoração dos honorários advocatícios nos termos do § 11 do art. 85 do CPC de 2015 quando o recurso é oriundo de decisão interlocutória sem a prévia fixação de honorários.**
> *3. Agravo interno não conhecido.*
> (AgInt no REsp 1507973/RS, Rel. Ministro JOÃO OTÁVIO DE NORONHA, TERCEIRA TURMA, julgado em 19/05/2016, DJe 24/05/2016).

No voto do Ministro João Otávio de Noronha ficou assim consignado:

"*(...)*.

Tratando-se de recurso oferecido já sob a égide do novo Código de Processo Civil, impõe-se a majoração dos honorários advocatícios fixados na origem, a teor do § 11 do art. 85, conforme orienta o Enunciado Administrativo n. 7 do STJ. Ocorre, entretanto, que o recurso especial apresentado no STJ foi interposto nos autos de agravo de instrumento, decisão interlocutória na qual não houve prévia fixação de honorários, não sendo cabível, portanto, tal condenação.

É como voto".

Do mesmo modo a 1ª Turma do S.T.F. deixou de fixar honorários recursais em processo que não os prevejam na origem, conforme notícia publicada *in:* http://www.stf.jus.br/portal/cms/verNoticiaDetalhe. asp?idConteudo=319435&tip=UN, 21 de junho de 2016:

"1ª Turma afasta fixação de honorários recursais em processos que não os prevejam na origem

A Primeira Turma do Supremo Tribunal Federal adotou o entendimento de que não cabe a fixação de honorários recursais, previstos no artigo 85, parágrafo 11, do novo Código de Processo Civil, quando se tratar de recurso formalizado no curso de processo cujo rito os exclua. A posição foi fixada na sessão desta terça-feira (21), no julgamento de embargos de declaração e agravos pautados em listas do ministro Marco Aurélio.

Conforme o ministro Roberto Barroso "as listas, normalmente, são compostas de processos em relação aos quais existe jurisprudência já firmada, por isso é que são julgadas dessa forma mais célere e objetiva".

O parágrafo 11 do artigo 85 do CPC de 2015 estabelece que os tribunais, ao julgar recurso, majorará os honorários fixados anteriormente levando em conta o trabalho adicional realizado em grau recursal. Ao levar as listas a julgamento, o ministro Marco Aurélio assinalou que não é possível fixar honorários recursais quando o processo originário não tenha previsão neste sentido – como, por exemplo, os mandados de segurança".

No mesmo sentido é o seguinte precedente do S.T.F.:

EMENTA: AGRAVO REGIMENTAL NO RECURSO EXTRAORDINÁRIO COM AGRAVO. TRABALHISTA. CEF. HORAS EXTRAORDINÁRIAS. COMPENSAÇÃO COM GRATIFICAÇÃO DE FUNÇÃO. NECESSIDADE DE REEXAME DO CONJUNTO FÁTICO-PROBATÓRIO E ANÁLISE DA LEGISLAÇÃO INFRACONSTITUCIONAL. IMPOSSIBILIDADE. AGRAVO REGIMENTAL A QUE SE NEGA PROVIMENTO.

1. A discussão acerca da efetiva compensação de horas extraordinárias com gratificação de função demandaria a reanálise de fatos e provas, o que se revela incabível em sede de recurso extraordinário.

2. Para divergir da conclusão adotada pelo tribunal a quo também seria necessário analisar legislação infraconstitucional, incabível na instância extraordinária.

3. Agravo regimental, interposto em 17.06.2016, a que se nega provimento, com aplicação da multa prevista no art. 1.021, §4º, CPC/15. ***Quanto à majoração dos honorários, prevista no artigo 85, §11, do CPC/15, verifica-se que não se aplica ao caso dos autos uma vez que não houve o arbitramento de honorários sucumbenciais pela Corte de origem.***

(ARE 933513 AgR, Relator(a): Min. EDSON FACHIN, Primeira Turma, julgado em 28/10/2016, PROCESSO ELETRÔNICO DJe-243 DIVULG 16-11-2016 PUBLIC 17-11-2016)

O §12 do art. 85 do novo C.P.C. preconiza que os honorários referidos no §11 do mesmo diploma legal são cumuláveis com multas e outras sanções processuais, inclusive as previstas no art. 77 do novo C.P.C.

É importante salientar que o enunciado n. 16 da ENFAM preconiza que *"não é possível majorar os honorários na hipótese de interposição de recurso no mesmo grau de jurisdição (art.85, §11, do CPC/2015).*

Por sua vez, o enunciado n. 16 da ENFAM já foi aplicado pelo S.T.J., conforme decisão abaixo:

AGRAVO INTERNO NO AGRAVO REGIMENTAL NO RECURSO ESPE-CIAL – AÇÃO DE PRESTAÇÃO DE CONTAS – DECISÃO MONOCRÁTICA QUE RECONSIDEROU O ANTERIOR DECISUM SINGULAR PARA NEGAR PROVIMENTO AO APELO NOBRE. IRRESIGNAÇÃO DO AUTOR.

1. Afastado o fundamento jurídico do acórdão a quo, cumpre a esta Corte Superior julgar a causa, aplicando, se necessário, o direito à espécie, nos termos do art. 257 do RISTJ e da Súmula n. 456/STF.

Precedentes.

2. Enquanto não julgado o recurso interposto em face de sentença que condena o réu a prestar as contas no prazo de 48 horas (art. 915, § 2º, do CPC/1973), deverá o autor, se assim o quiser, por sua conta e responsabilidade, e apenas nos casos de reclamo não dotado de efeito suspensivo, pleitear a execução provisória do julgado, nos moldes do art. 475-O do CPC/1973. Requerida a execução provisória do julgado, não é necessária a intimação pessoal do réu, mas apenas a intimação de seu causídico, desde que devi-

damente representado no feito. A partir do primeiro dia útil subsequente à intimação, inicia-se o prazo de 48 horas. Precedentes.

2.1. Hipótese em que, a despeito de o autor ter pleiteado a execução provisória da sentença em 15/06/2009, a intimação não chegou a ser efetivada, haja vista ter o réu apresentado as contas espontaneamente em 19/06/2009. Reconhecimento da tempestividade que se impõe.

3. O simples fato de serem eventualmente consideradas intempestivas as contas apresentadas pelo réu não significa que o julgador deve acatar, de plano, as fornecidas pelo autor. Ao magistrado são facultados poderes de investigação, podendo, a despeito do desentranhamento da resposta, instaurar a fase instrutória do feito, com a realização de perícia e colheita de prova em audiência.

Inteligência do art. 915, parágrafos 1º e 3º, do CPC/1973.

Precedentes.

4. Deixa-se de aplicar honorários sucumbenciais recursais nos termos do enunciado 16 da ENFAM: "Não é possível majorar os honorários na hipótese de interposição de recurso no mesmo grau de jurisdição (art. 85, § 11, do CPC/2015)".

5. Agravo interno desprovido.

(AgInt no AgRg no REsp 1200271/RS, Rel. Ministro MARCO BUZZI, QUARTA TURMA, julgado em 10/05/2016, DJe 17/05/2016).

Porém, outro foi o entendimento do S.T.F. no ARE 867073 AgR – ED, Relator Min. Luiz Fux, o qual fixou os honorários sucumbenciais recursais no âmbito de embargos de declaração, ou seja, no âmbito de recurso interposto no mesmo grau de jurisdição. Eis a ementa do acórdão:

Ementa: EMBARGOS DE DECLARAÇÃO NO AGRAVO REGIMENTAL NO RECURSO EXTRAORDINÁRIO COM AGRAVO. ADMINISTRATIVO. AÇÃO COLETIVA. EXECUÇÃO PROPORCIONAL DE HONORÁRIOS SUCUMBENCIAIS ORIUNDOS DE SENTENÇA PROFERIDA EM PROCESSO COLETIVO. POSSIBILIDADE. OMISSÃO, CONTRADIÇÃO OU OBSCURIDADE. INEXISTÊNCIA. ERRO MATERIAL. INOCORRÊNCIA. EFEITOS INFRINGENTES. IMPOSSIBILIDADE. RECURSO INTERPOSTO SOB A ÉGIDE DO NOVO CÓDIGO DE PROCESSO CIVIL. APLICAÇÃO DE NOVA SUCUMBÊNCIA. EMBARGOS DE DECLARAÇÃO DESPROVIDOS.

(ARE 867073 AgR-ED, Relator(a): Min. LUIZ FUX, Primeira Turma, julgado em 10/05/2016, PROCESSO ELETRÔNICO DJe-120 DIVULG 10-06-2016 PUBLIC 13-06-2016)

O novo C.P.C., como mecanismo processual de desestímulo para interposição de todo e qualquer recurso, preconiza em seu art. 80, inc. VII:

> *Art. 80. Considera-se litigante de má-fé aquele que:*
> *(...).*
> *VII – interpuser recurso com intuito manifestamente protelatório.*

De ofício ou a requerimento, o juiz condenará o litigante de má-fé a pagar multa, que deverá ser superior a um por cento e inferior a dez por cento do valor corrigido da causa, a indenizar a parte contrária pelos prejuízos que esta sofreu e a arcar com os honorários advocatícios e com todas as despesas que efetuou.

Portanto, a norma processual sanciona com pena de multa a parte que interpuser recurso com intuito meramente protelatório.

Em relação ao direito intertemporal para aplicação dos honorários recursais como caráter pedagógico ou sancionatório, entendem Dierle Nunes, Victor Barboa Dutra e Délio Mota de Oliveira Júnior: *"Em razão das mudanças empreendidas pelo NCPC, certamente surgirão conflitos aparentes entre normas reguladoras de situações assemelhadas. Diante disso, qual lei deve regular determinada situação, a anterior ou a posterior? No caso específico dos honorários recursais, já se antevê o conflito: interposto recurso contra determinada decisão na vigência do CPC/73, poderá haver condenação em honorários recursais previstos no CPC/15? Importa rememorar que o sistema amplamente aceito pela doutrina processual para regular essa espécie de conflito é o do 'isolamento dos atos processuais', segundo o qual 'a lei nova não atinge os atos processuais já praticados, nem seus efeitos, mas se aplica aos atos processuais a praticar, sem limitações relativas às chamadas fases processuais'. Neste sentido, o CPC/2015 se posicionou no art. 14, em termos: A norma processual não retroagirá e será aplicável imediatamente aos processos em curso, respeitados os atos processuais praticados e as situações jurídicas consolidadas sob a vigência da norma revogada. No caso em exame, o ato processual em questão é a interposição de recurso (na vigência da lei anterior) e o efeito que se pretende analisar é a condenação em honorários recursais (na vigência do CPC/15). Em primeiro lugar, é relevante delimitar se esse efeito condenatório é decorrente estritamente daquele ato processual. Em outras palavras, se não houvesse interposição do recurso poderia haver a condenação em honorários recursais? Parece-nos que não; logo, o efeito condenatório decorre da interposição em si – e não de algum fato jurídico ao longo da tramitação do recurso ou mesmo do acórdão que o julgará.*

CRITÉRIOS JURÍDICOS PARA DESESTIMULAR A INTERPOSIÇÃO DE RECURSO

*Nessa perspectiva, sendo os honorários recursais um efeito do ato de interposição (e havendo uma nítida relação de causalidade que deflagra a condenação honorária) é de se concluir que **nos recursos interpostos na vigência do CPC/73 não poderá haver condenação em honorários recursais previstos no CPC/15, visto que o efeito do ato realizado sob a égide do CPC/73 deve, também, ser regulado por este estatuto**. Esse entendimento se mostra como o mais adequado, pois, além de harmonizar-se com a teoria do isolamento dos atos processuais, protege legítimas expectativas e a boa-fé objetiva (art. 5º) do jurisdicionado (de que o ato de interposição, no momento em que foi realizado, não deflagraria a condenação em honorários recursais). Além disso, em nosso sentir, se entendemos que o recurso é desdobramento do direito de ação e de defesa, e que o âmbito recursal é mais um espaço dialógico para construção da decisão que solucionará o litígio, devem ser evitadas restrições antes não previstas ao espaço normativo de discussão".*[318]

Acompanho a posição dos ilustres processualistas acima citados, especialmente no que concerne à teoria do *isolamento dos atos processuais*.[319]

Contudo, a não retroatividade da norma prevista no art. 85, §11, do novo C.P.C., em relação aos recursos interpostos sob a égide do C.P.C. de 1973, tem por fundamento alguns outros aspectos jurídicos.

Em primeiro lugar, não se aplica o art. 85, §11, do novo C.P.C. aos recursos interpostos sob a égide do C.P.C. de 1973, tendo em vista que a norma que prevê sanção processual (majoração de honorários) somente pode ser aplicado à conduta típica realizada quando da vigência da lei; *mutatis mutantis*, "não há crime sem lei anterior que o defina".

---

[318] NUNES, Dierle et al, op. cit., p. 14 e 15.

[319] *AGRAVO REGIMENTAL NO AGRAVO EM RECURSO ESPECIAL. RECURSO INTEMPESTIVO. INCIDÊNCIA DO ART. 14 DO NOVO CÓDIGO DE PROCESSO CIVIL. APLICAÇÃO DA TEORIA DO ISOLAMENTO DOS ATOS PROCESSUAIS. AGRAVO REGIMENTAL NÃO CONHECIDO.*

1. Revela-se intempestivo o agravo regimental interposto fora do prazo legal de 5 dias, previsto no art. 258 do RISTJ.

2. Aplica-se ao direito brasileiro a teoria do isolamento dos atos processuais, segundo a qual, sobrevindo lei processual nova, os atos ainda pendentes dos processos em curso sujeitar-se-ão aos seus comandos, respeitada, porém, a eficácia daqueles já praticados de acordo com a legislação revogada.

3. Agravo regimental não conhecido.

(AgRg no AREsp 819.216/SP, Rel. Ministro MARCO AURÉLIO BELLIZZE, TERCEIRA TURMA, julgado em 19/05/2016, DJe 02/06/2016)

No caso, o C.P.C. de 1973 não previa como conduta típica a interposição de recurso meramente protelatório ou manifestamente improcedente para efeito de majoração dos honorários de advogados do recorrido.

Em segundo lugar, é de ser aplicado o disposto no art. 85, §11, do novo C.P.C. aos recursos interpostos na vigência do novo C.P.C., ainda que a sentença tenha sido proferida na vigência do código revogado, uma vez que a conduta típica sancionatória é justamente a interposição do recurso.

Apresenta o conteúdo normativo previsto no art. 85, §11, do novo C.P.C., como já se afirmou, caráter sancionatório pela interposição de recurso (que na nossa opinião deveria ser caracterizado como protelatório ou manifestamente improcedente), com o fim último de se prolongar no tempo a efetiva prestação da tutela jurisdicional.

Sobre o tema, o S.T.J. expediu o seguinte enunciado administrativo:

Enunciado administrativo número 7: *Somente nos recursos interpostos contra decisão publicada a partir de 18 de março de 2016, será possível o arbitramento de honorários sucumbenciais recursais, na forma do art. 85, § 11, do novo CPC.*

16.
Direito Intertemporal

Uma das maiores problematizações jurídicas existentes na transição entre duas legislações processuais no tempo diz respeito à definição de qual norma deverá ser observada e aplicada em relação à interposição e ao procedimento a ser adotado para cada recurso previsto na legislação processual.[320]

Essas problematizações serão mais acentuadas no que concerne à transição entre o revogado C.P.C. de 1973 e o atual C.P.C. brasileiro, especialmente pelo fato de que houve diversas alterações pontuais em cada espécie de recurso existente na sistemática de impugnação processual.

Se durante a pendência do processo sobrevém lei nova modificando a sistemática dos recursos, quer para permitir algum recurso contra a decisão até então irrecorrível, quer para suprimir o recurso até então existente, quer para alterar os seus requisitos de admissibilidade, a orientação doutrinária é que deverá prevalecer a lei em vigor quando da publicação da decisão recorrida. Assim, a norma processual superveniente haverá de respeitar os atos já praticados e os seus respectivos efeitos antes de sua vigência. Nesse sentido é a lição de Seabra Fagundes, José Frederico Marques, Arruda Alvim.[321] Assim, à luz deste princípio, *"se a lei nova concedeu recurso que*

---

[320] Sobre o direito intertemporal e transitório, recomendamos a leitura de nossa obra, publicada nesta Coleção: *Direito Intertemporal e Livro Complementar do novo C.P.C.*

[321] BARBOSA MOREIRA, J. C., op. cit., p. 250.

não cabia, a decisão permanece irrecorrível, mesmo que, ao entrar aquela em vigor, ainda não tenha decorrido lapso de tempo equivalente ao prazo de interposição por ela fixado. Se a lei nova suprimiu recurso existente, subsiste a interponibilidade em relação às decisões que, pela lei anterior, podiam ser impugnadas pelo recurso suprimido, até o termo final do respectivo prazo, ou até que ocorra, eventualmente, outra causa de inadmissibilidade; 'a fortiori', têm de ser processados e julgados os recursos já interpostos na data em que a nova lei começou a viger. Se o recurso cabível era um, e passou a ser outro, continua interponível aquele que o era ao entrar em vigor a lei nova; e o recurso antigo porventura já interposto processa-se e julga-se como tal".[322]

Quando da entrada em vigor do C.P.C. de 1973, firmou o S.T.F. esse entendimento. No R.E. 78.057, publicado na R.T.J. vol. 68, págs. 879 e 880, o S.T.F. consagrou o entendimento de que o recurso previsto no C.P.C. de 1939, e extinto pelo novo C.P.C. de 1973, deveria continuar a ser cabível em relação às decisões que foram publicadas à época de sua vigência. Eis a ementa da decisão:

> *Agravo de petição. Recurso extinto pelo novo código de processo civil. Regula o cabimento do recurso a lei vigente ao tempo da decisão recorrida. Ação executiva, que o novo código substituiu pela execução com base em títulos, extrajudiciais (art.585). Esses títulos, porém, devem ser líquidos (art.586), o que não ocorre com a duplicata não aceita. Acresce que o agravo de petição já foi julgado improcedente. Seria inútil, assim, mandar julgar-lhe o mérito. Recurso extraordinário conhecido, mas não provido.*
>
> (RE 78057, Relator(a): Min. LUIZ GALLOTTI, PRIMEIRA TURMA, julgado em 05/03/1974, DJ 29-03-1974 PP-*****)

A jurisprudência, portanto, no que concerne à questão da aplicação da norma recursal no tempo, tem se inclinado por uma solução cujo marco delimitador é a publicação da decisão judicial recorrida.

Assim, para a jurisprudência, a lei que deverá reger o recurso e o seu procedimento será aquela em vigor quando da publicação da decisão judicial recorrida. Nesse sentido eis os seguintes precedentes:

> *1. A eficácia da lei processual no tempo obedece à regra geral no sentido de sua aplicação imediata (artigo 1.211 do CPC).*
>
> *2. O processo, como um conjunto de atos, suscita severas indagações, fazendo-se mister isolá-los para o fim de aplicação da lei nova.*

---

[322] BARBOSA MOREIRA, J. C., idem, p. 251.

DIREITO INTERTEMPORAL

3. A regra mater, sob essa ótica, é a de que "a lei nova, encontrando um processo em desenvolvimento, respeita a eficácia dos atos processuais já realizados e disciplina o processo a partir de sua vigência (Amaral Santos)." 4. A regra tempus regit actum produz inúmeras consequências jurídicas no processo como relação complexa de atos processuais, impondo-se a técnica de isolamento.

(...).

7. A lei vigente à época da prolação da decisão que se pretende reformar é que rege o cabimento e a admissibilidade do recurso.

Com o advento da Lei nº 11.232/2005, em vigor desde 24/06/2006, o recurso cabível para impugnar decisão proferida em liquidação é o agravo de instrumento (art. 475-H do CPC).

8. Recurso especial desprovido.

(REsp 1132774/ES, Rel. Ministro LUIZ FUX, PRIMEIRA TURMA, julgado em 09/02/2010, DJe 10/03/2010)

Segundo princípio do direito intertemporal, salvo alteração constitucional, o recurso próprio é o existente à data em que publicada a decisão"

(STJ – 2ª Seção, CC 1.133-RS, rel. Min. Sálvio de Figueiredo, j. 11.3.92, v.u., DJU 13.4.92, p. 4.971).

"Sendo constitucional o princípio de que a lei não pode prejudicar o ato jurídico perfeito, ela se aplica também às leis de ordem pública"

(RTJ 173/263);

"CABIMENTO DO RECURSO COM BASE NA LEI VIGENTE AO TEMPO DA INTIMAÇÃO DA DECISÃO RECORRIDA"

STF – RTJ 68/879, 79/569, 105/197"

Já sob a égide do novo C.P.C., eis as seguintes decisões do S.T.J.:

1. Decisão recorrida publicada antes da entrada em vigor da Lei 13.105 de 2015, estando o recurso sujeito aos requisitos de admissibilidade do Código de Processo Civil de 1973, conforme Enunciado Administrativo 1/2016.

2. O acórdão recorrido analisou todas as questões necessárias ao deslinde da controvérsia, não se configurando omissão alguma ou negativa de prestação jurisdicional.

3. Não cabe, em recurso especial, reexaminar conteúdo contratual (Súmula 5/STJ), bem como matéria fático-probatória (Súmula n. 7/STJ).

RECURSOS NO NOVO C.P.C.

4. Cabe ao magistrado a interpretação da produção probatória, necessária à formação do seu convencimento.

5. As razões elencadas pelo Tribunal de origem não foram devidamente impugnadas. Incidência do enunciado 283 da Súmula/STF.

6. O mero descumprimento contratual não acarreta dano moral indenizável.

7. O Tribunal de origem julgou nos moldes da jurisprudência pacífica desta Corte. Incidente, portanto, o enunciado 83 da Súmula do STJ.

8. "É inviável o agravo do art. 545 do CPC que deixa de atacar especificamente os fundamentos da decisão agravada" (Enunciado 182 da Súmula do STJ).

9. Agravo interno a que se nega provimento.

(AgRg no REsp 1117916/RS, Rel. Ministra MARIA ISABEL GALLOTTI, QUARTA TURMA, julgado em 07/04/2016, DJe 13/04/2016)

1. Decisão recorrida publicada antes da entrada em vigor da Lei 13.105 de 2015, estando o recurso sujeito aos requisitos de admissibilidade do Código de Processo Civil de 1973, conforme Enunciado Administrativo 1/2016.

2. A alegação de pagamento anterior à sentença se deu após o respectivo trânsito em julgado, estando preclusa a questão.

3. O Tribunal de origem concluiu pela impossibilidade de presunção de que os documentos apresentados pela executada são aptos para comprovar o pagamento.

4. Não cabe, em recurso especial, reexaminar matéria fático-probatória (Súmula n. 7/STJ).

5. Cabe ao magistrado a interpretação da produção probatória, necessária à formação do seu convencimento.

6. "É inviável o agravo do art. 545 do CPC que deixa de atacar especificamente os fundamentos da decisão agravada" (Enunciado 182 da Súmula do STJ).

7. Agravo interno a que se nega provimento.

(AgRg no AREsp 780.064/MS, Rel. Ministra MARIA ISABEL GALLOTTI, QUARTA TURMA, julgado em 07/04/2016, DJe 13/04/2016)

1. A decisão recorrida foi publicada antes da entrada em vigor da Lei 13.105 de 2015, estando o recurso sujeito aos requisitos de admissibilidade do Código de Processo Civil de 1973, conforme Enunciado Administrativo 2/2016 do Plenário do Superior Tribunal de Justiça (AgRg no AREsp 849.405/MG, Quarta Turma, Julgado em 5/4/2016).

2. A alegação genérica de violação à lei federal, sem indicar de forma precisa o artigo, parágrafo ou alínea, da legislação tida por violada, tampouco em que medida teria o acórdão recorrido vulnerado a lei federal, bem como em que consistiu a suposta negativa de vigência da lei e, ainda, qual seria sua correta interpretação, ensejam deficiência de fundamentação no recurso especial, inviabilizando a abertura da instância excepcional. Não se revela admissível o recurso excepcional, quando a deficiência na sua fundamentação não permitir a exata compreensão da controvérsia.

Incidência da Súmula 284-STF.

3. O acolhimento da pretensão recursal, por qualquer das alíneas do permissivo constitucional, demandaria a alteração das premissas fático-probatórias estabelecidas pelo acórdão recorrido, com o revolvimento das provas carreadas aos autos, o que é vedado em sede de recurso especial, nos termos do enunciado da Súmula 7 do STJ.

4. O acórdão recorrido julgou no mesmo sentido da jurisprudência desta Corte Superior. No caso concreto, as razões recursais encontram óbice na Súmula 83 do STJ, que determina a pronta rejeição dos recursos a ele dirigidos, quando o entendimento adotado pelo e.

Tribunal de origem estiver em conformidade com a jurisprudência aqui sedimentada, entendimento aplicável também aos recursos especiais fundados na alínea "a" do permissivo constitucional.

5. Agravo regimental não provido.

(AgRg no AREsp 828.593/RS, Rel. Ministro LUIS FELIPE SALOMÃO, QUARTA TURMA, julgado em 12/04/2016, DJe 18/04/2016)

PROCESSUAL CIVIL. AGRAVO REGIMENTAL EM EMBARGOS DE DIVERGÊNCIA. VIGÊNCIA DO NOVO CPC. 18/3/2016. LC 95/1998 E LEI N. 810/1949. DECISÃO IMPUGNADA PUBLICADA ANTES DA VIGÊNCIA DO NOVO CPC. APLICABILIDADE NA ESPÉCIE DO CPC DE 1973. PRINCÍPIO DO TEMPUS REGIT ACTUM.

1. Observando o disposto na Lei n. 810/1.949 c/c Lei Complementar 95/1.998, a vigência do novo Código de Processo Civil, instituído pela Lei n. 13.105, de 16 de março de 2015, iniciou-se em 18 de março de 2016 (Enunciado Administrativo n. 1, aprovado pelo Plenário do Superior Tribunal de Justiça em 2/3/2016).

2. É pacífico nesta Corte Superior o entendimento de que as normas de caráter processual têm aplicação imediata aos processos em curso, não podendo ser aplicadas retroativamente (princípio tempus regit actum), tendo sido essa regra positivada no art. 14 do novo CPC.

3. Assim, a lei a reger o recurso cabível e a forma de sua interposição é aquela vigente à data da publicação da decisão impugnada, ocasião em que o sucumbente tem a ciência da exata compreensão dos fundamentos do provimento jurisdicional que pretende combater. Precedentes.

RECURSOS NO NOVO C.P.C.

4. Esse posicionamento foi cristalizado pelo Plenário do Superior Tribunal de Justiça, na sessão realizada no dia 9/3/2016 (ata publicada em 11/3/2016), em que, por unanimidade, aprovou-se a edição de enunciado administrativo com a seguinte redação: "Aos recursos interpostos com fundamento no CPC/1973 (relativos a decisões publicadas até 17 de março de 2016) devem ser exigidos os requisitos de admissibilidade na forma nele prevista, com as interpretações dadas, até então, pela jurisprudência do Superior Tribunal de Justiça" (Enunciado Administrativo n. 1, aprovado pelo Plenário do Superior Tribunal de Justiça em 9/3/2016).

5. No caso, é de se aplicar o entendimento vigente à época da publicação da decisão recorrida, segundo o qual, a indicação de decisão monocrática como paradigma não se presta a demonstrar o alegado dissídio jurisprudencial para fins de interposição de embargos de divergência.

6. Agravo regimental não provido.

(AgRg nos EAREsp 467.865/RJ, Rel. Ministro LUIS FELIPE SALOMÃO, SEGUNDA SEÇÃO, julgado em 27/04/2016, DJe 27/05/2016).

Ainda sob a égide do novo C.P.C., eis a seguinte decisão do S.T.F.:

Ementa: EMBARGOS DE DECLARAÇÃO NO AGRAVO REGIMENTAL EM MANDADO DE SEGURANÇA. ADMINISTRATIVO. SERVIDOR PÚBLICO. POSSIBILIDADE DE A ADMINISTRAÇÃO ANULAR OU REVOGAR SEUS ATOS. SÚMULAS 346 E 473 DO STF. INOCORRÊNCIA DE OFENSA AO DEVIDO PROCESSO LEGAL. PREJUÍZO NÃO DEMONSTRADO. OMISSÃO. INEXISTÊNCIA. EFEITOS INFRINGENTES. IMPOSSIBILIDADE. EMBARGOS DE DECLARAÇÃO DESPROVIDOS.

1. O acórdão recorrido foi publicado em período anterior à vigência do Novo Código de Processo Civil, razão pela qual os presentes embargos seguirão a disciplina jurídica da Lei nº 5.869/1973, por força do princípio tempus regit actum.

(...).

(MS 32160 AgR-ED, Relator(a): Min. LUIZ FUX, Primeira Turma, julgado em 17/05/2016, PROCESSO ELETRÔNICO DJe-112 DIVULG 01-06-2016 PUBLIC 02-06-2016)

Da mesma forma a doutrina assim tem entendimento, fazendo coro com os precedentes acima citados.

Luiz Rodrigues Wambier apresenta alguns delineamentos sobre o direito intertemporal das normas processuais, a saber: a) no que tange aos requisitos da petição inicial, importa saber quais as regras que estão em vigor no momento da propositura da demanda; b) relativamente aos títulos executivos extrajudiciais, vale a regra do momento do ajuizamento da ação executiva; **c) no que tange ao cabimento do recurso, é aplicável a regra que está em vigor no momento em que é publicada a decisão;** d) quanto à natureza dos efeitos das decisões, vale também a regra em vigor no momento em que a decisão é publicada; e) no que tange às hipóteses de rescisão de sentença, importa saber as que estavam em vigor no momento do trânsito em julgado; f) quando a lei aumenta determinado prazo, tal aumento incidirá apenas nos casos em que o prazo anterior ainda não tenha decorrido integralmente (por exemplo, se a lei previa prazo de cinco dias para o agravo e passou a prever dez dias, e se o prazo estava no seu quarto dia quando a lei entrou em vigor, o prazo encerrou-se naquele quinto dia, operando, caso não tenha sido interposto o recurso, a preclusão temporal); g) por outro lado, quando a lei diminui o prazo, e tal prazo já estava em curso no caso concreto, cabe verificar quanto faltava fluir do prazo antigo. Se o remanescente, de acordo com a lei antiga, é menor do que o total do novo prazo, computa-se o remanescente. Caso contrário, computa-se o total do novo prazo. Isso aconteceu, por exemplo, quando o Código de Processo Civil de 1973 reduziu o prazo da ação rescisória de cinco para dois anos; h) quando a lei suprime determinado tipo de processo, a regra não se aplica aos processos que já estejam em curso.[323]

O S.T.J., sobre o tema, expediu os seguintes enunciados administrativos, a saber:

> Enunciado administrativo número 2: *Aos recursos interpostos com fundamento no CPC/1973 (relativos a decisões publicadas até 17 de março de 2016) devem ser exigidos os requisitos de admissibilidade na forma nele prevista, com as interpretações dadas, até então, pela jurisprudência do Superior Tribunal de Justiça.*
>
> Enunciado administrativo número 3: *Aos recursos interpostos com fundamento no CPC/2015 (relativos a decisões publicadas a partir de 18 de março de 2016) serão exigidos os requisitos de admissibilidade recursal na forma do novo CPC.*

---

[323] WAMBIER. Luiz Rodrigues. *Curso avançado de processo civil*. V. 1. Teoria Geral do Processo e Processo de Conhecimento, 10ª edição, revista, atualizada e ampliada. São Paulo: Ed. R.T., 2008. p. 67 e 68.

RECURSOS NO NOVO C.P.C.

Enunciado administrativo número 4: *Nos feitos de competência civil originária e recursal do STJ, os atos processuais que vierem a ser praticados por julgadores, partes, Ministério Público, procuradores, serventuários e auxiliares da Justiça a partir de 18 de março de 2016, deverão observar os novos procedimentos trazidos pelo CPC/2015, sem prejuízo do disposto em legislação processual especial.*

Enunciado administrativo número 5: *Nos recursos tempestivos interpostos com fundamento no CPC/1973 (relativos a decisões publicadas até 17 de março de 2016), não caberá a abertura de prazo prevista no art. 932, parágrafo único, c/c o art. 1.029, § 3º, do novo CPC.*

Enunciado administrativo número 6: *Nos recursos tempestivos interpostos com fundamento no CPC/2015 (relativos a decisões publicadas a partir de 18 de março de 2016), somente será concedido o prazo previsto no art. 932, parágrafo único, c/c o art. 1.029, § 3º, do novo CPC para que a parte sane vício estritamente formal.*

Enunciado administrativo número 7: *Somente nos recursos interpostos contra decisão publicada a partir de 18 de março de 2016, será possível o arbitramento de honorários sucumbenciais recursais, na forma do art. 85, § 11, do novo CPC.*

Não se pode esquecer da interpretação dada pelo S.T.F. quando da entrada em vigor da lei que condicionou a interposição do recurso extraordinário à demonstração da *repercussão geral*. O Supremo Tribunal Federal, no AI-QO n. 664.567, Relator Min. Gilmar Mendes, Dje de 6.9.2007, avaliando a questão do direito *intertemporal* em razão da introdução do instituto da *repercussão geral* em nosso ordenamento jurídico, firmou o entendimento de que a exigência de demonstração de repercussão geral nos recursos extraordinários teve início a partir de 3-5-2007, data da entrada em vigor da Emenda Regimental n. 21 do RISTF, cuja normatização preconizou as normas necessárias para a execução das disposições legais do novel instituto.

Porém, o S.T.F. também optou por estender a aplicação da sistemática do instituto da repercussão geral a recursos extraordinários e agravos de instrumento anteriores a 3-5-2007, conforme se observa do seguinte precedente:

> *O Plenário do Supremo Tribunal Federal já proclamou a existência de repercussão geral da questão relativa à obrigatoriedade de o Poder Público fornecer medicamento de alto custo. Incidência do art. 328 do RISTF e aplicação do art. 543-B do CPC. Responsabilidade solidária entre União, Estados-membros e Municípios quanto às presta-*

ções na área de saúde. Precedentes. Impossibilidade de exame, em recurso extraordinário, de alegada violação, acaso existente, situada no âmbito infraconstitucional. Acórdão do Tribunal de origem publicado antes de 03.5.2007, data da publicação da Emenda Regimental 21/2007, que alterou o RISTF para adequá-lo à sistemática da repercussão geral (Lei 11.418/2006). Possibilidade de aplicação do art. 543-B do CPC, conforme decidido pelo Plenário desta Corte no julgamento do AI 715.423-QO/RS. Agravo regimental conhecido e não provido.

(RE 627411 AgR, Relator(a): Min. ROSA WEBER, Primeira Turma, julgado em 18/09/2012, PROCESSO ELETRÔNICO DJe-193 DIVULG 01-10-2012 PUBLIC 02-10-2012).

Sem dúvida que a questão da repercussão geral diz respeito ao procedimento a ser adotado na interposição do recurso extraordinário; trata-se de questão referente ao juízo de admissibilidade do recurso extraordinário. E, no caso, o S.T.F. entendeu que a nova lei deveria ser aplicada retroativamente, inclusive em relação aos processos cujas decisões foram publicadas à época em que não se exigia a condicionante da repercussão geral.

Portanto, a decisão proferida pelo S.T.F. no RE 627411 afasta-se, de certa forma, do entendimento de que as questões sobre o juízo de admissibilidade do recurso devem ser analisadas de acordo com a lei vigente ao tempo da publicação da decisão recorrida.

Muito interessante foi questão de ordem suscitada na 4ª Turma do Tribunal Regional Federal da 4ª Região, a saber: Um determinado julgamento da apelação começou antes da vigência do novo CPC, quando eram cabíveis os embargos infringentes. Porém, o julgamento não foi concluído, porque houve pedido de vista por determinado Desembargador Federal que compunha a turma julgadora. Quando o voto vista foi apresentado para continuidade do julgamento, já se encontrava em vigor o novo C.P.C. O resultado do julgamento foi proclamado na vigência do novo CPC, e foi por maioria.

A questão que se coloca é se o Presidente da Turma poderia ter concluído o julgamento ou deveria prosseguir com base no art. 942 do novo C.P.C., que assim dispõe:

Art. 942. Quando o resultado da apelação for não unânime, o julgamento terá prosseguimento em sessão a ser designada com a presença de outros julgadores, que serão convocados nos termos previamente definidos no regimento interno, em número suficiente para garantir a possibilidade de inversão do resultado inicial, assegurado às partes e a eventuais terceiros o direito de sustentar oralmente suas razões perante os novos julgadores.

§ 1º Sendo possível, o prosseguimento do julgamento dar-se-á na mesma sessão, colhendo-se os votos de outros julgadores que porventura componham o órgão colegiado.

§ 2º Os julgadores que já tiverem votado poderão rever seus votos por ocasião do prosseguimento do julgamento.

§ 3º A técnica de julgamento prevista neste artigo aplica-se, igualmente, ao julgamento não unânime proferido em:

I – ação rescisória, quando o resultado for a rescisão da sentença, devendo, nesse caso, seu prosseguimento ocorrer em órgão de maior composição previsto no regimento interno;

II – agravo de instrumento, quando houver reforma da decisão que julgar parcialmente o mérito.

§ 4º Não se aplica o disposto neste artigo ao julgamento:

I – do incidente de assunção de competência e ao de resolução de demandas repetitivas;

II – da remessa necessária;

III – não unânime proferido, nos tribunais, pelo plenário ou pela corte especial.

Diante dessa questão de direito intertemporal levantada na 4ª Turma do TRF4ª Região, o Desembargador Federal Cândido Leal Junior apresentou a seguinte questão de ordem:

Para verificar qual é o regime recursal aplicado, precisamos verificar a data em que foi proferida a sentença ou a decisão recorrida.

É a data da publicação da sentença que define o regime aplicável (art. 463 do CPC). Era a lei vigente nessa data que rege o recurso interposto. Não é o momento em que o juiz iniciou o exame do processo nem o momento em que redigiu a sentença, mas a data em que esta foi publicada.

Pois bem, o mesmo tem que valer também para os julgamentos coletivos. É a data da proclamação do resultado que torna definitivo o julgamento, e que deve ser considerado como marco temporal para identificar o regime recursal aplicável, se o novo ou o velho código.

No caso de julgamento colegiado em que houve pedido de vista, não se deve considerar a data de início do julgamento ou a data da sessão em que foram apresentados os votos. O que define o início do prazo recursal é a data em que o julgamento se dá por concluído, quando não pode mais ser modificado.

Isso acontece quando o presidente da turma proclama o resultado do julgamento, conforme previa o artigo 556 do antigo CPC (que corresponde ao artigo 941 do nCPC).

DIREITO INTERTEMPORAL

Ora, até esse momento (proclamação do resultado pelo presidente), qualquer dos votantes pode retificar ou mudar seu voto. Logo, o julgamento não estava concluído e não se tem situação processual consolidada. Então se aplica o disposto no artigo 14 do novo CPC: "a norma processual não retroagirá e será aplicável imediatamente aos processos em curso, respeitados os atos processuais praticados e as situações jurídicas consolidadas sob a vigência da norma revogada".

Ora, a regra que extraímos daí (e do artigo 5o da CF) é que a lei tem eficácia imediata. A lei processual se aplica imediatamente, salvo nos casos de direito adquirido, ato jurídico perfeito e coisa julgada.

Ora, o artigo 14 do novo CPC excepciona as situações jurídicas consolidadas sob a vigência da norma revogada, o que se aplica aos julgamentos concluídos na vigência do anterior CPC, mas não se aplica aos julgamentos apenas iniciados no antigo CPC, e concluídos (resultado proclamado pelo presidente) na vigência do novo CPC.

Portanto, parece-me que o regime que se aplica a casos como o presente, em que o resultado do julgamento é proclamado na vigência do novo CPC, é o novo regime do novo CPC (que não prevê embargos infringentes, mas que submete o julgamento com divergência a especial confirmação por outros julgadores).

Aliás, do contrário, acabaríamos cerceando o direito de recurso da parte vencida, porque quando fosse interpor os embargos infringentes pelo antigo CPC, provavelmente esse recurso não seria conhecido porque se diria que vale a data da proclamação do resultado, e não do inicio do julgamento.

Portanto, peço vênia para divergir quanto ao encaminhamento, suscitando questão de ordem no sentido de que não seja agora concluído o julgamento mas que, em razão da ocorrência de divergência, a apelação seja submetida ao regime do artigo 942 do novo CPC".

Tenho para mim que o Desembargador Cândido Leal Junior analisou com correção a questão, nos termos do que entende a doutrina e a jurisprudência.

No caso, está-se diante de uma questão procedimental de conclusão de julgamento e não de admissibilidade recursal.

Assim, deve-se aplicar a lei nova ao julgamento que ainda não se concluiu em razão de pedido de vista.

A questão sobre qual lei aplicar em relação aos pressupostos de admissibilidade ou quanto ao procedimento recursal chegou a tal ponto, que recentemente o próprio Plenário do S.T.F. não soube esclarecer com a devida segurança essa problemática, conforme se pode observar pela seguinte notícia publicada *in: http://m.migalhas.com.br/pilulas/237230:*

Inacreditável o que se deu ontem no Supremo. Vejamos. Todos de pé, ministros entram, assessores puxam as cadeiras, ministros se sentam e abre-se a sessão. O ministro Lewandowski já avisa que é preciso resolver uma questão de ordem.

Havia na pauta um agravo regimental contra uma decisão num MS de relatoria do ministro Fachin. Até aí tudo bem, não fosse o fato de que impetrante e impetrado estavam inscritos para fazer sustentação oral, nos termos do art. 937, inciso VI e parágrafo 3º do novo CPC.

O ministro Fux foi o primeiro a falar e trouxe o espírito do legislador, melhor dizendo, do autor do código, no caso ele próprio. Disse que não caberia a sustentação porque o recurso teria sido impetrado na vigência do antigo compêndio adjetivo, que não prevê tal possibilidade. Segundo Fux, o que vale é o regime jurídico do recurso na data da interposição. Sem esconder que as sustentações orais, a seu ver, iriam atrapalhar os trabalhos na Corte – porque segundo ele abundam os agravos nos gabinetes –, o ministro Fux, no melhor estilo ad terrorem, falou que se se permitisse a sustentação oral seria preciso fazer uma reforma no tribunal.

O ministro Teori, então, pede a palavra para um esclarecimento. Concorda que a data da interposição é que rege o recurso. Todavia, assevera que, no caso, trata-se do procedimento do julgamento, coisa bem diversa. E ainda pondera que não se pode ter procedimentos diferentes. Ao final, Teori sacramenta que "não há dúvida que se deve aplicar o novo código".

Antevendo uma situação adversa, o ministro Fux pede para que não se crie um precedente porque – esquecendo-se talvez da vacatio legis que foi de um ano – diz que eles não tiveram tempo para especular sobre a questão.

O procurador-Geral da República resolve também dar sua opinião, e é contra a sustentação nos mesmos argumentos do ministro Fux.

O ministro Barroso foi também neste sentido, dizendo que o recurso deve ter sua regência pelo momento de sua interposição. Para ele, "não há um direito subjetivo". E, sendo assim, a norma de transição deveria ser decidida da maneira mais pragmática possível e que trouxesse mais proveito ao jurisdicionado. Ou seja, para que não atrapalhasse o andamento na Corte, neca de sustentação. E disse mais, disse que "o tribunal tem o compromisso consigo próprio de ser viável".

O ministro Fux volta a falar e ressalta que a ideologia mestra de seu compêndio é a duração razoável dos processos. Nesse sentido, se fosse permitida a sustentação nos agravos antigos estaríamos diante de uma conspiração contra o código.

Neste momento o ministro Fachin sugere que os advogados falem por 15 minutos, como se estivessem respondendo uma pergunta, sem que isso fosse uma sustentação oral. Ou melhor, seria uma sustentação oral, mas todo mundo fingiria que não foi. Entendeu ? Nós também não.

DIREITO INTERTEMPORAL

O ministro Barroso então deu outra sugestão, no sentido de que os patronos falassem, porque havia uma expectativa deles, independente do que se decidisse. Ou seja, seria uma decisão ad hoc.

O ministro Fux, novamente intervindo, sugeriu que fosse adiado o julgamento para que ele trouxesse esta e outras questões de ordem acerca do novel compêndio, e todos os pontos polêmicos se resolvessem, evitando-se assim que em cada caso se perdesse tempo. O ministro Marco Aurélio, de pronto, disse que isso só se daria de forma administrativa, uma vez que não havia processo para decidir.

Na sequência, o ministro Celso de Mello, citando um precedente dos anos 80, sugeriu que se pinçasse um feito com cada uma das questões de ordem e carimbasse o que se decidiu nele. Todavia, comungava o mesmo raciocínio do ministro Teori, de que uma coisa era o preenchimento dos requisitos no recurso, sob a égide de um código, outra coisa era o procedimento do julgamento, sob os auspícios de outro compêndio.

Sobre este ponto, o ministro Lewandowski observou que a publicação da ata do julgamento se deu nos termos do novo código. Ou seja, era ele, indubitavelmente, quem regia o ato.

Contrariando o que demonstrava, o ministro Fux novamente intervém, agora para dizer que não tem vaidade com relação ao texto. Diz que ajudou a fazer, mas que os colegas podem decidir como quiserem.

Até então só ouvindo, o ministro Gilmar Mendes também sugere o adiamento por uma ou duas semanas, ressaltando que se trata de matéria sobre o funcionamento e a funcionalidade dos tribunais.

Ministro Marco Aurélio cita José Carlos Barbosa Moreira para ressaltar a aplicação imediata das normas instrumentais. E, contrário ao adiamento, diz que está habilitado a exercer o ofício judicante.

O ministro Fux, então, pergunta ao patrono se este quer fazer jurisprudência sobre a sustentação oral ou se quer resolver o mérito do processo, claramente "sugerindo" que desistisse do direito de falar. E mais uma vez expressa temor pelo excesso de trabalho caso seja permitida a sustentação oral nos agravos do acervo. Chega a falar em atitude defensiva da Corte. Interrompendo-o, Marco Aurélio dispara: "às favas com a autodefesa, porque dela não precisamos".

O ministro Lewandowski começa então a colher os votos pelo adiamento, no que o patrono do impetrante vai à tribuna e, no Dia da Abdicação, abre mão de seu direito sagrado de falar. A outra parte concorda.

E, enfim, calou-se a advocacia.

Apenas como curiosidade, o debate sobre a sustentação oral, a qual seria de 15 minutos, demorou 70 intermináveis minutos. E, sobre isso, pasmem, nada se resolveu.

Afinal, o que era ?

O caso acima era um MS do Estado de SC contra decreto da presidência da República e tratava do índice de correção da dívida dos Estados, se pela Selic simples ou capitalizada. Por maioria, os ministros concederam a liminar para que SC possa realizar o pagamento da dívida repactuada com a União acumulada de forma linear, e não capitalizada. (MS 34.023)

Samba de uma nota só

Como o debate inicial tomou longo tempo, acabado o julgamento do MS o presidente Lewandowski encerrou a sessão. Julgou-se, portanto, apenas uma liminar num HC. E durma-se com uma produção dessas.

Pragmatismo...

Se o Supremo quer mesmo ser pragmático, que tal o relator entregar aos colegas a íntegra do voto, e na sessão fazer apenas um breve resumo da decisão ? As intermináveis leituras são nitidamente contraproducentes.

Comentário

Mais do que uma questão processual, a sustentação oral é uma garantia que está contida no balaio dos direitos da ampla defesa. De modo que, se houvesse dúvida – a nosso ver não há, pois o procedimento deve obedecer a regra do momento em que é praticado – se houvesse dúvida a saída deveria ser em prol da garantia da ampla defesa, princípio constitucional que, no cotejo de forças, nos parece mais vigoroso do que a razoável duração do processo. Ademais, aquele é palpável enquanto este varia de acordo com as circunstâncias. E, convenhamos, não são os 15 minutos nos processos da Corte que vão atrasar ou agilizar os processos.

Causa-me preocupação a manifestação feita acima pelo Ministro Luiz Fux.

É certo que o argumento expendido pelo eminente Ministro Luiz Fux quanto ao não cabimento da sustentação oral no agravo interno (antigo agravo regimental), no caso em concreto, focado no fato de que o recurso fora interposto na vigência do antigo compêndio adjetivo, apresenta plausibilidade jurídica.

Porém, a afirmação de que as sustentações orais no agravo interno perante o S.T.F., a seu ver, iriam atrapalhar os trabalhos da Corte, porque, segundo ele, abundam os agravos nos gabinetes, é incompreensível por parte daquele que capitaneou a construção do novo C.P.C. Se esse argumento meramente pragmático e não jurídico vale para o S.T.F., porque também não valeria para as Cortes de Apelação (Tribunais Regionais Federais e Tribunais de Justiça), as quais também se encontram abarrotadas de agravos regimentais (agravos internos).

É importante que o S.T.F. tenha o cuidado de não se colocar à margem dos preceitos normativos existentes no novo C.P.C. por questão meramente pragmática, pois se assim proceder, poderá introduzir em nosso ordenamento jurídico um tribunal de exceção, ou seja, um tribunal que não segue as normatizações jurídicas que ele próprio tem o dever Constitucional de resguardar.

A questão sobre o direito intertemporal também tem gerado divergência no âmbito do S.T.J., conforme se observa pela seguinte notícia publicada *in: http://jota.uol.com.br/stj-aplica-novo-cpc-processo-anterior-ao-codigo:*

A 1ª Turma do Superior Tribunal de Justiça (STJ) usou uma regra do Novo Código de Processo Civil (CPC) no julgamento de um processo proposto durante a vigência do Código de 73. A norma mais recente foi aplicada em uma questão processual. E dividiu o colegiado.

Ao fim, venceu a posição de que o procedimento presente no Código em vigor não traria prejuízo às partes e geraria maior celeridade no julgamento.

A aplicação do Novo CPC a casos em andamento é um tema indefinido no STJ. Debates sobre o assunto têm sido frequentes no tribunal, principalmente por conta de alterações em prazos, pedidos de vista e sustentações orais trazidas pelo Código de 2015.

Três dos cinco ministros da 1ª Turma do STJ votaram pela possibilidade de utilização do Novo CPC a um caso tributário – Napoleão Nunes Maia, Gurgel de Faria e o presidente do colegiado, Sergio Kukina.

Os magistrados debateram se o artigo 1.042 do código em vigor poderia ser aplicado ao Aresp 851.938, envolvendo a empresa Ctil Logística, que foi ajuizado e chegou ao STJ quando estava em vigor o CPC de 73.

"Subida" negada

O artigo 1.042 alterou o tratamento dado a situações nas quais a 2ª instância nega a "subida" de um recurso ao STJ, mas posteriormente a Corte superior entende que o processo pode ser analisado.

Nos casos em que os tribunais regionais entendem que um recurso não pode ser admitido no STJ as partes podem ajuizar um recurso denominado agravo. O tipo processual pode ser convertido em Recurso Especial (REsp) caso o relator decida que o STJ pode julgar a ação.

De acordo com o CPC antigo, era necessário o relator converter o agravo em REsp, para posteriormente analisar o mérito do processo. O artigo 1.042, porém, permitiu que os dois recursos sejam pautados simultaneamente, com possibilidade de sustentação oral das partes.

De acordo com o advogado da Ctil Logística, Fabio Luis de Luca, do Lippert Advogaos, era comum que os relatores convertessem agravos em recursos especiais de forma monocrática (individual). Posteriormente o REsp era colocado em pauta.

O procedimento do CPC vigente é facultativo, e permite que o relator, em uma mesma sessão, analise a admissibilidade do recurso e o mérito da questão. A sistemática foi usada pelo ministro Gurgel de Farias, relator do Aresp 851.938.

Durante o julgamento do assunto nessa quinta-feira (16/06), Farias salientou que o dispositivo do Novo CPC busca agilizar a tramitação dos processos. Além disso, para ele, a regra "não traz qualquer prejuízo às partes".

Entenderam da mesma forma os ministros Sérgio Kukina e Napoleão Nunes Maia Filho. O último considerou que as partes do processo não serão prejudicadas com o procedimento, e que não há risco de a aplicação do dispositivo ao caso gerar alguma nulidade da ação.

Na ponta oposta ficaram os ministros Benedito Gonçalves e Regina Helena Costa, que entenderam que aplica-se ao caso o CPC revogado, já que o caso foi ajuizado durante a vigência do Código de 73. Regina Helena salientou que as partes têm direito à "previsibilidade" ao procurarem o Judiciário, e que a decisão pode levar a tratamentos diferentes em processos idênticos.

A polêmica ficou restrita à questão processual. A decisão no mérito da ação foi unânime, e os ministros consideraram que o contribuinte poderia tomar créditos de ICMS proporcionais aos insumos aplicados nas atividades de transportes para fins de exportação.

O processo tem como parte a transportadora Ctil Logística, que, dentre outras atividades, realiza o transporte de contêineres que posteriormente serão exportados. Segundo De Luca, a companhia buscava a possibilidade de creditamento, por exemplo, pelo óleo diesel utilizado nessas operações.

Direito de defesa

A advogada Ariane Costa Guimarães, do Mattos Filho Advogados, diz que não tinha conhecimento de outras situações nas quais o STJ optou por aplicar pontos do Novo CPC a casos anteriores à vigência na norma. "Na maior parte das decisões o procedimento é sempre seguir a legislação vigente na data do ato processual", diz.

Ela questiona, porém, se a aplicação do artigo 1.042 pode levar à impossibilidade de realização de sustentação oral, por exemplo. Isso porque o advogado, esperando um trâmite processual maior, pode não estar preparado ou não poder ir à Brasília na data do julgamento de seu agravo.

"Nas regras [do Novo CPC] que suprimiram fases processuais, por mais que sejam louváveis, deve se observar o direito de defesa", afirma.

16.1. Da remessa necessária

O art. 496 do novo C.P.C. preconiza a existência, em determinadas situações, do *duplo grau de jurisdição*, desde que haja sucumbência de determinada parte que compõe a relação jurídica processual.

Na visão de Nery Jr., o art. 496 do novo C.P.C., correspondente ao art. 475 do C.P.C. de 1973, *"não aluda ao direito de impugnação, não se caracterizando como recurso, na verdade, é exteriorização importante do corolário do duplo grau, porque condiciona a eficácia da sentença ao reexame pelo órgão hierarquicamente superior. Ainda que não seja um recurso, como se verá quando tratarmos do princípio da taxatividade, se processa no tribunal como tal e, em certa medida, faz as vezes de, pois toda a matéria decidida na sentença é translada ao conhecimento daquele, que pode anulá-la ou reformá-la. Somente após a confirmação da sentença pelo órgão 'ad quem' é que esta terá aptidão para produzir efeitos"*.[324]

Adotando a posição de Nery Jr. de que a *remessa obrigatória* não caracteriza recurso, eis o seguinte precedente do S.T.J.:

> *(...).*
>
> *3. A remessa necessária, expressão do poder inquisitivo que ainda ecoa no ordenamento jurídico brasileiro, porque de recurso não se trata objetivamente, mas de condição de eficácia da sentença, como se dessume da Súmula 423 do STF e ficou claro a partir da alteração do art. 475 do CPC pela Lei 10.352/2001, é instituto que visa a proteger o interesse público; dentro desse contexto, é possível alargar as hipóteses de seu conhecimento, atribuindo-lhe mais do que o efeito devolutivo em sua concepção clássica (delimitado pela impugnação do recorrente), mas também o chamado efeito translativo, quando se permite ao órgão judicial revisor pronunciar-se de ofício, independentemente de pedido ou requerimento da parte ou interessado, em determinadas situações, como, por exemplo, para dirimir questões de ordem pública.*
>
> *(...).*
>
> (REsp 959.338/SP, Rel. Ministro NAPOLEÃO NUNES MAIA FILHO, PRIMEIRA SEÇÃO, julgado em 29/02/2012, DJe 08/03/2012

---

[324] NERY, Júnior. N., op. cit., p. 66.

Porém, não obstante a remessa necessária possa não ser um recurso no sentido próprio do termo, o certo é que ela significa a garantia legal de análise da questão posta em juízo por dois órgãos diversos do Poder Judiciário, como forma de se resguardar o duplo grau de jurisdição.

A problemática que surge diz respeito à questão do direito intertemporal em relação à remessa necessária.

Pelo art. 475, §2º, do C.P.C. de 1973, não estaria sujeita à remessa necessária causas em que a condenação, ou o direito controvertido, não tivessem valor certo excedente a 60 (sessenta) salários mínimos, bem como no caso de procedência dos embargos do devedor na execução de dívida do mesmo valor. Igualmente não se aplicava a remessa necessária quando a sentença estivesse fundada em jurisprudência do plenário do Supremo Tribunal Federal ou em súmula do referido Tribunal ou do tribunal superior competente.

Por sua vez, o art. 496, §3º, incs. I a III, e §4º, do novo C.P.C., preconiza que não haverá remessa necessária quando a condenação ou proveito econômico obtido na causa for de valor certo e líquido inferior a: I – 1.000 (mil) salários-mínimos para a União e as respectivas autarquias e fundações de direito público; II – 500 (quinhentos) salários-mínimos para os Estados, o Distrito Federal, as respectivas autarquias e fundações de direito público e os Municípios que constituam capitais dos Estados; III – 100 (cem) salários-mínimos para todos os demais Municípios e respectivas autarquias e fundações de direito público. Igualmente não será caso de aplicação da remessa necessária quando a sentença estiver fundada em: I – súmula de tribunal superior; II – acórdão proferido pelo Supremo Tribunal Federal ou pelo Superior Tribunal de Justiça em julgamento de recursos repetitivos; III – entendimento firmado em incidente de resolução de demandas repetitivas ou de assunção de competência; IV – entendimento coincidente com orientação vinculante firmada no âmbito administrativo do próprio ente público, consolidada em manifestações, parecer ou súmula administrativa.

Observa-se, portanto, uma nítida diferenciação em relação à regulação jurídica processual da remessa necessária prevista no art. 475, §2º, do C.P.C. de 1973 e art. 496, §3º, incs. I a III, e §4º, do novo C.P.C.

É importante definir-se qual dos preceitos normativos deverá ser aplicado a partir da vigência da Lei 13.105/15 (novo C.P.C. brasileiro), especialmente pelo fato de que existem milhares de processos em trâmite em

DIREITO INTERTEMPORAL

nossos tribunais que aguardam análise única e exclusivamente da remessa necessária.

Em que pese a remessa necessária não seja considerada como um recurso em sentido próprio, o certo é que ela apresenta a mesma essência desse instituto jurídico processual, razão qual deverá observar, para efeito de direito intertemporal, o critério adotado para os recursos em geral.

No caso, a circunstância fática e objetiva que irá determinar qual preceito normativo deverá ser aplicado será a data da publicação da sentença, critério esse utilizado para os recursos em geral.

Portanto, se a sentença foi publicada antes da entrada em vigor do novo C.P.C., dever-se-á observar o disposto no art. 475, §2º, do C.P.C. de 1973 para efeito de se conhecer da remessa necessária; caso contrário, se a sentença somente foi publicada após a vigência do novo C.P.C., a regra processual a ser aplicada será a do art. 496 do novo C.P.C.

Na realidade, a partir da publicação da sentença, a Fazenda Pública apresenta a legítima expectativa processual de que a causa posta no âmbito da relação jurídica processual seja submetida ao duplo grau de jurisdição, deixando, muitas vezes, de interpor recurso voluntário justamente pela previsão normativa processual da remessa necessária, segundo os critérios procedimentais previstos na norma processual quando da publicação da sentença.

Outrossim, quando o juiz de primeiro grau, ao analisar os pressupostos de encaminhamento do processo ao Tribunal, declara que a eficácia da decisão está sujeita à remessa necessária, tal comportamento processual denota a prática de ato processual, bem como situação jurídica consolidada em prol da Fazenda Pública, conforme preconiza o art. 16 do novo C.P.C., *in verbis: A norma processual não retroagirá e será aplicável imediatamente aos processos em curso, respeitados os atos processuais praticados e as situações jurídicas consolidadas sob a vigência da norma revogada.*

Nesse sentido é a manifestação do S.T.J., conforme os seguintes precedentes:

PROCESSUAL CIVIL. TRIBUTÁRIO. EXECUÇÃO FISCAL. EMBARGOS À EXECUÇÃO. MULTA PREVISTA NO § 2º DO ART. 557 DO CPC. INAPLICABILIDADE À HIPÓTESE DOS AUTOS. AGRAVO REGIMENTAL OU INTERNO. NECESSIDADE. MANIFESTAÇÃO DO COLEGIADO. ESGOTAMENTO DE INSTÂNCIA. REEXAME NECESSÁRIO. VALOR INFERIOR A 60

SALÁRIOS MÍNIMOS. INAPLICABILIDADE DO § 2º DO ART. 475 DO CPC (LEI 10.352/01), MAS SIM DA REDAÇÃO ORIGINAL DO ART. 475, II, DO CPC. SUPERVENIÊNCIA DE ALTERAÇÃO DA LEI PROCESSUAL. SITUAÇÃO JURÍDICA CONSTITUÍDA. IRRETROATIVIDADE DA NORMA PROCESSUAL SUPERVENIENTE. RECURSO PROVIDO.

1. Trata-se de recurso especial interposto pela Fazenda Nacional, no qual busca: a) afastar a aplicação da multa prevista no § 2º do art. 557 do CPC, ou o diferimento de seu recolhimento; b) a apreciação, pela Corte de origem, do reexame necessário, pois, embora o valor da execução possa ser inferior a 60 salários mínimos, conforme cálculos daquele Órgão julgador, o fato é que a sentença foi proferida em 1998, ou seja, muito antes da alteração legislativa feita pela Lei 10.352/01 no art. 475 do CPC.

2. Não deve ser aplicada à hipótese dos autos a multa, pois o agravo regimental foi interposto contra decisão monocrática do relator, em sede de remessa necessária, questionando-se justamente o valor atualizado da causa, ou seja, ser ele superior a 60 salários mínimos, o que levaria ao julgamento do recurso de ofício, sob a ótica do § 2º do art. 475 do CPC.

3. Concebida a sentença antes do acréscimo do § 2º ao art. 475 do CPC, feito pela Lei 10.342/01, sendo esta uma situação jurídica constituída dentro do processo que ainda se encontra em marcha, há que se aplicar a tese do chamado "isolamento dos atos processuais" (Amaral Santos), ou seja, sobrevindo a lei nova processual e encontrando processo em curso, deve-se respeitar a eficácia dos atos realizados com fundamento na lei anterior. *Nesta questão, confira-se: "PROCESSO CIVIL. DIREITO INTERTEMPORAL. LEI 10.352/01. EXTINÇÃO DE REEXAME NECESSÁRIO. APLICAÇÃO AOS PROCESSOS PENDENTES, RESSALVADOS OS DIREITOS PROCESSUAIS ADQUIRIDOS. Preenchidos os pressupostos do reexame obrigatório à luz da lei vigente (art. 475 do CPC), a superveniente modificação da norma, quando já ultrapassado o prazo do recurso voluntário, não compromete o direito processual da Fazenda de ver reapreciada a sentença pelo tribunal. Recurso Especial provido" (REsp 642.838/SP, Primeira Turma, Rel. Min. José Delgado, Rel. para o acórdão Min. Teori Albino Zavascki, DJ 8.11.2004).*

4. Recurso especial provido.

(REsp 1082653/SP, Rel. Ministro BENEDITO GONÇALVES, PRIMEIRA TURMA, julgado em 05/03/2009, DJe 18/03/2009).

PROCESSO CIVIL. DIREITO INTERTEMPORAL. LEI 10.352/01. EXTINÇÃO DE REEXAME NECESSÁRIO PARA CAUSAS CUJO VALOR CONTROVERTIDO SEJA INFERIOR A 60 SALÁRIOS MÍNIMOS. APLICAÇÃO AOS

PROCESSOS PENDENTES, RESSALVADOS OS DIREITOS PROCESSUAIS ADQUIRIDOS. RECURSO VOLUNTÁRIO INTERPOSTO. AUSÊNCIA DE PREJUÍZO. DECLARAÇÃO DO DÉBITO PELO CONTRIBUINTE (DCTF). FORMA DE CONSTITUIÇÃO DO CRÉDITO TRIBUTÁRIO, INDEPENDENTEMENTE DE QUALQUER OUTRA PROVIDÊNCIA DO FISCO. PRESCRIÇÃO. TERMO INICIAL. DATA DO VENCIMENTO. RECURSO ESPECIAL IMPROVIDO.

(REsp 938.820/SP, Rel. Ministro TEORI ALBINO ZAVASCKI, PRIMEIRA TURMA, julgado em 27/05/2008, DJe 04/06/2008)

Há, contudo, entendimento diverso, conforme os seguintes precedentes do S.T.J.:

PROCESSO CIVIL. REMESSA NECESSÁRIA. ART. 475 DO CPC. DISPENSA. 60 SALÁRIOS MÍNIMOS. LEI Nº 10.352/01. PROCESSO EM CURSO. INCIDÊNCIA.

TEMPUS REGIT ACTUM. AFERIÇÃO. MOMENTO DO JULGAMENTO.

Governa a aplicação de direito intertemporal o princípio de que a lei processual nova tem eficácia imediata, alcançando os atos processuais ainda não preclusos.

Este Superior Tribunal de Justiça tem perfilhado o entendimento de que a Lei nº 10.352/01, tendo natureza estritamente processual, incide sobre os processos já em curso.

O valor da condenação deve ser considerado aquele aferido no momento do julgamento, pois a intenção do legislador, ao inserir novas restrições à remessa necessária, com a edição da Lei nº 10.352/01, foi sujeitar a maior controle jurisdicional somente causas de maior monta ou que envolvam matéria que ainda não foi pacificada no âmbito dos Tribunais Superiores.

Precedentes.

Recurso desprovido.

(REsp 600.874/SP, Rel. Ministro JOSÉ ARNALDO DA FONSECA, QUINTA TURMA, julgado em 22/03/2005, DJ 18/04/2005, p. 371)

PROCESSUAL PENAL. HABEAS CORPUS. HOMICÍDIO QUALIFICADO TENTADO.

ABSOLVIÇÃO SUMÁRIA. RECURSO DE OFÍCIO PROVIDO. JULGAMENTO POSTERIOR À REFORMA DO PROCEDIMENTO DO TRIBUNAL DO JÚRI PELA LEI N. 11.689/08. IMPOSSIBILIDADE. INCIDÊNCIA DO PRINCÍPIO TEMPUS REGIT ACTUM. NATUREZA JURÍDICA DE CON-

DIÇÃO DE EFICÁCIA DA SENTENÇA DE ABSOLVIÇÃO SUMÁRIA, NÃO SE CONFUNDINDO COM UM RECURSO PROPRIAMENTE DITO. WRIT CONCEDIDO.

I – O impetrante afirma a existência de 2 (dois) acórdãos em recursos de ofício contra a mesma decisão. O primeiro reformou a sentença absolutória e pronunciou o réu. Em razão do foro por prerrogativa de função, uma vez que foi eleito Prefeito Municipal, o paciente foi julgado e condenado pelo eg. Tribunal a quo nas sanções do art. 121, § 2º, incisos II e IV c/c art. 14, inciso II, CP. Por fim, o segundo recurso de ofício manteve a sentença absolutória de 1º Grau em todos os seus termos.

II – O primeiro recurso de ofício, provido para reformar a sentença de absolvição sumária, foi remetido ao eg. Tribunal em 22 de maio de 2000, autuado apenas em 6 de março de 2007 e julgado em 29 de setembro de 2008, com publicação no Diário da Justiça no dia 16 de outubro de 2008.

III – Com o advento da Lei n. 11.689/08, ampliou-se o rol de hipóteses de absolvição sumária e dela se excluiu a obrigatoriedade do reexame necessário. Assim, tanto a doutrina majoritária quanto a jurisprudência entendem que a mencionada lei revogou tacitamente o art. 574, inciso II, do Código de Processo Penal (Precedente).

IV – O punctum saliens do presente mandamus é verificar se, com a entrada em vigor da Lei n. 11.689/08, seria ainda possível ao eg. Tribunal de Justiça do Estado do Estado do Piauí apreciar o reexame necessário da decisão que absolveu sumariamente o paciente.

V – Por força do que dispõe o art. 2º, do Código de Processo Penal, as normas processuais possuem aplicação imediata quando de sua entrada em vigor. Portanto, os recursos de ofício não remetidos aos Tribunais de 2ª instância ou não julgados por aquelas Cortes até 8 de agosto de 2008, data em que a Lei n. 11.689/08 passou a ser exigida, não mais poderão ser apreciados, uma vez que tal procedimento, necessário apenas para dar eficácia à sentença de absolvição sumária no procedimento do Tribunal do Júri, já não mais estaria em vigor, por força do princípio tempus regit actum.

VI – Aplica-se, para o caso, mutatis mutandis, o escólio de Nelson Nery Júnior e Rosa Maria de Andrade Nery, que afirmam que "a remessa necessária não é recurso, mas condição de eficácia da sentença.

Sendo figura processual distinta da do recurso, a ela não se aplicam as regras de direito intertemporal processual vigentes para eles: a) o cabimento do recurso rege-se pela lei vigente à época da prolação da decisão; b) o procedimento do recurso rege-se pela lei vigente à época da prolação da decisão. Assim, a Lei n. 10.352/01, que modificou as causas que devem ser obrigatoriamente submetidas ao reexame do tribunal, após sua entrada em vigor teve aplicação imediata aos processos em curso. Consequentemente, havendo processo pendente no tribunal enviado mediante a remessa necessária do regime

DIREITO INTERTEMPORAL

antigo, o tribunal não poderá conhecer da remessa se a causa do envio não mais existe no rol do CPC 475" (Código de Processo Civil Comentado e Legislação Extravagante. 13ª ed. São Paulo: Editora Revista dos Tribunais, 2013, p. 859).

VII – É imperiosa, pois, in casu, a anulação de todos os atos subsequentes ao julgamento do primeiro recurso de ofício.

Ordem concedida.

(HC 278.124/PI, Rel. Ministro LEOPOLDO DE ARRUDA RAPOSO (DESEMBARGADOR CONVOCADO DO TJ/PE), Rel. p/ Acórdão Ministro FELIX FISCHER, QUINTA TURMA, julgado em 09/06/2015, DJe 30/11/2015)

O Superior Tribunal de Justiça, ao resolver o Tema 316 (Recursos Repetitivos) no REsp 1144079/SP, Rel. Ministro LUIZ FUX, justamente sobre a aplicação da remessa necessária em face da modificação normativa introduzida no art. 475 do C.P.C. de 1973, pela Lei 10.352/01, assim se manifestou:

PROCESSUAL CIVIL. RECURSO ESPECIAL REPRESENTATIVO DE CONTROVÉRSIA. ART. 543-C, DO CPC. SENTENÇA DESFAVORÁVEL À FAZENDA PÚBLICA. REMESSA NECESSÁRIA. CABIMENTO. LEI 10.352/01 POSTERIOR À DECISÃO DO JUÍZO MONOCRÁTICO.

1. A incidência do duplo grau de jurisdição obrigatório é imperiosa quando a resolução do processo cognitivo for anterior à reforma engendrada pela Lei 10.352/2001, porquanto, à época, não havia a imposição do mencionado valor de alçada a limitar o cabimento da remessa oficial. (Precedentes: EREsp 600.874/SP, Rel. Ministro JOSÉ DELGADO, CORTE ESPECIAL, julgado em 01/08/2006, DJ 04/09/2006; REsp 714.665/CE, Rel. Ministro HUMBERTO MARTINS, SEGUNDA TURMA, julgado em 28/04/2009, DJe 11/05/2009; REsp 1092058/SP, Rel. Ministra ELIANA CALMON, SEGUNDA TURMA, julgado em 12/05/2009, DJe 01/06/2009; REsp 756.417/SP, Rel. Ministro ARNALDO ESTEVES LIMA, QUINTA TURMA, julgado em 27/09/2007, DJ 22/10/2007; AgRg no REsp 930.248/PR, Rel. Ministro HAMILTON CARVALHIDO, SEXTA TURMA, julgado em 21/06/2007, DJ 10/09/2007; REsp 625.224/SP, Rel. Ministra LAURITA VAZ, QUINTA TURMA, julgado em 29/11/2007, DJ 17/12/2007; REsp 703.726/MG, Rel. Ministra DENISE ARRUDA, PRIMEIRA TURMA, julgado em 21/08/2007, DJ 17/09/2007)

2. A adoção do princípio tempus regit actum, pelo art. 1.211 do CPC, impõe o respeito aos atos praticados sob o pálio da lei revogada, bem como aos efeitos desses atos, impossibilitando a retroação da lei nova. Sob esse enfoque, a lei em vigor à data da sen-

tença regula os recursos cabíveis contra o ato decisório e, a fortiori, a sua submissão ao duplo grau obrigatório de jurisdição.

3. In casu, a sentença foi proferida em 19/11/1990, anteriormente, portanto, à edição da Lei 10.352/2001.

4. Recurso especial provido, determinando-se o retorno dos autos ao Tribunal a quo, para apreciação da remessa oficial. Acórdão submetido ao regime do art. 543-C do CPC e da Resolução STJ 08/2008.

(REsp 1144079/SP, Rel. Ministro LUIZ FUX, CORTE ESPECIAL, julgado em 02/03/2011, DJe 06/05/2011)

Contra a decisão proferida no REsp 1144079/SP foram interpostos embargos de declaração, cuja decisão ficou assim ementada:

PROCESSUAL CIVIL E TRIBUTÁRIO. EMBARGOS DE DECLARAÇÃO NO RECURSO ESPECIAL REPRESENTATIVO DE CONTROVÉRSIA. ART. 543-C, DO CPC. SENTENÇA DESFAVORÁVEL À FAZENDA PÚBLICA. RESTRIÇÃO DAS HIPÓTESE DE CABIMENTO DA REMESSA OFICIAL A PARTIR DA LEI 10.352/01. ALTERAÇÃO APLICÁVEL SOMENTE ÀS SENTENÇAS PROFERIDAS APÓS A EFICÁCIA DA REFERIDA NORMA. SENTENÇA QUE SE CONSIDERA PUBLICADA COM A SUA LEITURA NA AUDIÊNCIA OU COM A SUA ENTREGA EM CARTÓRIO. EMBARGOS DE DECLARAÇÃO ACOLHIDOS, SEM EFEITO MODIFICATIVO, APENAS PARA ESCLARECER O MOMENTO EM QUE SE DEVE CONSIDERAR PROFERIDA A SENTENÇA DE PRIMEIRO GRAU.

1. Entende-se por dia do julgamento a data em que foi efetivamente publicada a sentença.

2. Proferida a sentença na própria audiência de instrução e julgamento, tem-se por publicada com a sua leitura, ainda que ausentes os representantes das partes, desde que os mesmos tenham sido previamente intimados para audiência (art. 242, § 1º. do CPC).

3. Não tendo a sentença sido proferida em audiência, a publicação dar-se-á com a sua entrega em Cartório, pelo Juiz, para fins de registro em livro próprio.

4. Embargos de Declaração acolhidos, mas sem efeito modificativo, apenas para esclarecer o momento em que se deve considerar proferida a sentença de primeiro grau.

(EDcl no REsp 1144079/SP, Rel. Ministro NAPOLEÃO NUNES MAIA FILHO, CORTE ESPECIAL, julgado em 25/04/2013, DJe 20/05/2013)

Além da questão do direito intertemporal, outra problematização importante sobre a remessa necessária surge em relação a dois institutos jurídicos processuais introduzidos pelo novo C.P.C.

O primeiro encontra-se previsto no art. 356 do novo C.P.C., que trata do *julgamento antecipado parcial de mérito*. Estabelece o referido preceito normativo processual:

> *Art. 356. O juiz decidirá parcialmente o mérito quando um ou mais dos pedidos formulados ou parcela deles:*
>
> *I – mostrar-se incontroverso;*
>
> *II – estiver em condições de imediato julgamento, nos termos do art. 355.*
>
> *§ 1º A decisão que julgar parcialmente o mérito poderá reconhecer a existência de obrigação líquida ou ilíquida.*
>
> *§ 2º A parte poderá liquidar ou executar, desde logo, a obrigação reconhecida na decisão que julgar parcialmente o mérito, independentemente de caução, ainda que haja recurso contra essa interposto.*
>
> *§ 3º Na hipótese do § 2º, se houver trânsito em julgado da decisão, a execução será definitiva.*
>
> *§ 4º A liquidação e o cumprimento da decisão que julgar parcialmente o mérito poderão ser processados em autos suplementares, a requerimento da parte ou a critério do juiz.*
>
> *§ 5º A decisão proferida com base neste artigo é impugnável por agravo de instrumento.*

Esse julgamento antecipado parcial de mérito poderá ser proferido contra a União, Estado, Distrito Federal, Município, ou suas respectivas autarquias e fundações públicas, e o valor poderá ser superior ao de alçada para efeito de remessa necessária.

Assim, é de se indagar se haverá necessidade de remessa necessária quando o juiz proferir julgamento antecipado parcial de mérito, na hipótese acima referida.

O art. 496 do novo C.P.C preceitua que está sujeita ao duplo grau de jurisdição, não produzindo efeito senão depois de confirmada pelo tribunal, *a sentença* proferida contra a União, os Estados, o Distrito Federal, os Municípios e suas respectivas autarquias e fundações públicas, ou, que julgar procedentes, no todo ou em parte, os embargos à execução fiscal.

Portanto, o art. 496 do novo C.P.C. indica de forma expressa a natureza jurídica da decisão que estará sujeita à remessa necessária, no caso, a *sentença*.

Por sua vez, a decisão que julga de forma antecipada e parcial o mérito tem natureza de *decisão interlocutória*, sujeita ao recurso de agravo de instrumento ($\S5^{\underline{o}}$ do art. 356 do novo C.P.C.).

Desta feita, a decisão antecipada parcial de mérito não estará sujeita à remessa necessária.

Aliás, seria ilógico exigir-se a remessa necessária, especialmente pela característica dos fundamentos que justificam a decisão a ser proferida nos termos do art. 356 do novo C.P.C. Note-se que nos termos do inc. I do art. 356, o juiz julgará de forma antecipada e parcial o mérito, quando o pedido mostrar-se incontroverso. Assim, se o próprio ente público não impugna o pedido formulado pelo autor, isso significa que está plenamente de acordo com a sua formulação, razão pela qual não haveria necessidade de remessa oficial para se prolongar ainda mais no tempo o estado de insatisfação do direito material.

O segundo diz respeito ao disposto no art. 304 do novo C.P.C., que trata da estabilização dos efeitos da tutela provisória antecipada antecedente concedida contra a União, Estado, Distrito Federal, Município, ou suas respectivas autarquias e fundações públicas. Estabelece o respectivo preceito normativo processual: *A tutela antecipada, concedida nos termos do art. 303, torna-se estável se da decisão que a conceder não for interposto o respectivo recurso*.

Uma vez concedida a tutela provisória antecipada antecedente contra algum ente público e este não interpor o respectivo recurso, o juiz deverá proferir decisão de extinção do processo (art. 304, $\S1^{\underline{o}}$, do novo C.P.C.), sem resolução de mérito.

Indaga-se se haverá remessa necessária contra a decisão proferida nos termos do art. 304, $\S1^{\underline{o}}$, do novo C.P.C.

Nesta situação, ao contrário da hipótese do art. 356 do novo C.P.C., está-se diante de uma decisão que apresenta natureza jurídica de *sentença*.

Porém, a sentença proferida nos termos do art. 304, $\S1^{\underline{o}}$, do novo C.P.C., não resolve o mérito e, portanto, não é proferida contra o ente público.

Se há alguma decisão proferida contra o ente público, essa diz respeito à decisão interlocutória que concedeu a tutela antecipada antecedente, nos termos do art. 303 do novo C.P.C. e não a sentença de extinção do processo.

Assim, como a sentença de extinção do processo, nos termos do art. 304, §1º, do novo C.P.C. não foi proferida contra o ente público, justamente pelo fato de que foi proferida sem resolução de mérito, não haveria espaço para a remessa necessária.

17.

Efeitos do Recurso

A interposição de todo e qualquer recurso apresenta um efeito comum que é o efeito *obstativo*,[325] isto é, o efeito de prolongamento do estado de litispendência da relação jurídica processual, evitando-se a concretização da coisa julgada formal e, se for o caso, da coisa julgada material.

Conforme estabelece o art. 499 do atual C.P.C.: *Denomina-se coisa julgada material a autoridade que torna imutável e indiscutível a decisão de mérito não mais sujeita a recurso.*

A interposição do recurso instaura no processo um novo procedimento, denominado de *procedimento recursal,* cuja finalidade é a produção de um novo julgamento sobre a matéria recursal. Novo recurso se instaura, *"ou*

---

[325] *"Por fim, resta considerar que o efeito obstativo é, certamente, um dos traços característicos do recurso, e que o diferencia das ações autônomas de impugnação. Como se sabe, uma decisão judicial, no sistema processual pátrio, pode ser impugnada 'endoprocessualmente', por meio dos recursos ou do atécnico (porém, por vezes, na prática forense, muito eficaz!) pedido de reconsideração, ou 'extraprocessualmente', por demandas novas, autônomas àquela na qual se proferiu a manifestação jurisdicional contra a qual se insurge, como ocorre, por exemplo, nas ações rescisórias (art. 485 a 495, CPC de 1973). É exatamente por esse motivo , aliás, que no próprio conceito de recurso se insere a característica de 'remédio voluntário idôneo a ensejar, 'dentro no mesmo processo', a reforma, a invalidação, o esclarecimento ou a integração da decisão judicial que se impugna".* (FARIA, Márcio Carvalho. O efeito regressivo, as modificações do sistema recursal e a nova redação do art. 463 do CPC: uma sugestão lege ferenda. In: *Aspectos polêmicos e atuais dos recursos cíveis e assuntos afins.* Vol. 12. São Paulo: R.T., 2011. p. 272).

RECURSOS NO NOVO C.P.C.

nova caminhada, em prolongamento à relação jurídica processual pendente, e daí falar-se em re-curso".[326]

O conjunto composto pela petição de interposição juntamente com as razões recursais acarretam a instauração do procedimento recursal.[327]

O procedimento dos recursos compõe-se de atos ordenados, sendo que cada qual desses atos poderá ensejar um determinado efeito jurídico processual. Porém, toda interposição recursal tem o efeito direto e imediato de *prevenir a preclusão temporal*, a qual fatalmente acontecerá se não for interposto o respectivo recurso. Esse efeito encontra-se presente em todo e qualquer recurso.[328]

Porém, para Nelson Nery Junior, a interposição do recurso tem somente o efeito de adiar, ou retardar a preclusão, mas não de impedi-la.[329] Talvez Nelson Nery Junior esteja certo no que concerne à preclusão consumativa, mas não em relação à preclusão temporal.

O certo é que a interposição dos recursos pode apresentar dois efeitos importantes quanto à amplitude de conhecimento e à eficácia da decisão. Um que é denominado efeito *devolutivo* e o outro chamado de efeito *suspensivo*.[330]

17.1. Efeito suspensivo

O efeito suspensivo é *"uma qualidade do recurso, que adia a produção dos efeitos da decisão impugnada assim que é interposto, qualidade essa que perdura até que venha a ser efetivamente julgado".*[331]

Dá-se o efeito suspensivo, em relação a alguns recursos, quando a interposição do recurso, além de prolongar a litispendência da causa posta em

---

[326] DINAMARCO, C. R. *Os efeitos dos recursos...* op. Cit., p. 24.

[327] *"No procedimento instaurado mediante a interposição recursal, prossegue a mesma relação processual que se desenvolvia na instância antecedente, sucedendo-se situações jurídicas, ativas e passivas das partes, ditas 'recorrente' e 'recorrido'.* (DINAMARCO, C. R., idem, p. 29).

[328] DINAMARCO, C. R., idem, p. 26.

[329] Apud. DINAMARCO, C. R., idem, p. 27.

[330] A doutrina espanhola define o efeito devolutivo do recurso como a possibilidade do recurso ser conhecido por um tribunal diverso e superior daquele que proferiu a decisão recorrida. (MELLADO. J. Mª. A., op. cit., p. 202).

[331] GIANNICO, Maricí; GIANNICO, Maurício. Efeito suspensivo dos recursos e capítulos das decisões. *In: Aspectos polêmicos e atuais dos recursos cíveis.* Coord. Nelson Nery e Teresa Arruda Alvim Wambier. Vol. 5., São Paulo, Ed. R.T., 2002. p. 404.

EFEITOS DO RECURSO

juízo, também suspende a eficácia ou a pronta consumação da decisão recorrida, seja ela uma decisão interlocutória, uma sentença ou um acórdão.

O recurso apresenta efeito *suspensivo* quando impede a eficácia imediata dos efeitos da decisão (que pode ser a eficácia executiva ou de outra espécie, como é o caso das decisões meramente declaratórias ou constitutivas que não estão sujeitas à execução).[332]

Na verdade, conforme anota Barbosa Moreira, a decisão, pelo simples fato de estar sujeita a recurso com efeito suspensivo, é ato *ainda* ineficaz, e a interposição apenas *prolonga* semelhante ineficácia, que *cessaria* se não se interpusesse o recurso.[333]

Sem dúvida, seria ilógico dizer que uma vez proferida a sentença ela se torna eficaz, cessando essa eficácia com a interposição do recurso com efeito suspensivo.

Na realidade, a decisão tem seus efeitos impedidos desde sua prolação, desde que o recurso a ser interposto contra ela tenha, por determinação legal, efeito suspensivo.

Conforme já teve oportunidade de afirmar Liebman, a eficácia executiva da sentença de primeira instância continua suspensa se for interposta a apelação e mesmo antes, enquanto pende o prazo desta.

---

[332] *"As regras de suspensividade e não-suspensividade dos recursos, particularmente no que diz respeito a sentenças e acórdãos portadores do julgamento do mérito, são dispostas com uma atenção especial às sentenças 'condenatórias' e com o pensamento voltado à admissibilidade da 'execução provisória'. Essa tendência é até mais perceptível no direito italiano, cujo Código de Processo Civil, em seu art. 282, proclama a regra de que 'a sentença de primeiro grau é provisoriamente executiva entre as partes'.*

Existe uma boa razão sistemática para tanto, uma vez que as outras sentenças, a saber, a constitutiva e a meramente declaratória, não são capazes de produzir os efeitos programados antes do trânsito em julgado; nem há a possibilidade de utilizá-las como título para qualquer execução, provisória ou mesmo definitiva, pela simples razão de que só a condenatória tem a eficácia de título executivo...A sentença 'constitutiva' só produz seu institucional efeito substancial de modificar uma situação jurídico-substancial das partes no momento em que passa em julgado – sendo absurdo pensar, p. ex., ao averbamento da sentença de separação judicial no registro civil enquanto pende o recurso especial, com o risco de voltarem as partes depois, em caso de provimento deste, ao estado de casadas. Quanto às meramente declaratórias, chega a ser intuitivo que elas não produzem a definitiva 'certeza jurídica' que são destinadas a produzir, enquanto o Poder Judiciário não houver dado sua última palavra sobre o caso, perdurando portanto a incerteza durante todo o tempo em que algum recurso estiver pendente. Nada há portanto a suspender por força de lei nesses casos, porque a eficácia natural da sentença constitutiva e da declaratória é menos intensa que a da condenatória, não tendo em si mesmas forças para se impor enquanto não sobrevier o trânsito em julgado". (DINAMARCO, C. R., op. cit., p. 53 e 54).

[333] BARBOSA MOREIRA, J. C., op. cit., p. 238.

Na realidade, proferida a decisão, deve ser analisado qual seria o efeito do recurso cabível, na hipótese de sua interposição. Se essa análise indicar que o efeito do recurso será suspensivo, a decisão, desde sua prolação, não gerará efeitos.

Essa perspectiva não se aplica para os recursos que não possuem efeito suspensivo.[334]

Portanto, antes da interposição do recurso (em que a lei lhe atribua efeito suspensivo) os efeitos da decisão permanecem suspensos, sob a ótica de que o vencido poderá interpor o recurso contra toda a decisão e não apenas contra alguns de seus capítulos.

É importante salientar que, *"as eficácias do efeito suspensivo são todas direcionadas para a não executoriedade da decisão impugnada. Tanto no caso de sentença que julga ações cumuladas para as quais a lei processual estipula regimes diversos de efeitos dos recursos (suspensivo e devolutivo para uma e apenas devolutivo para outra) quanto no caso de impugnação parcial da decisão, o efeito suspensivo limita-se à parte da decisão que sofreu impugnação, de sorte a permitir a execução da parte não impugnada, que transitou em julgado para o recorrente"*.[335]

Quando uma decisão apresenta capítulos e nem todos são objeto de recurso, os capítulos não impugnados precluem ou transitam em julgado, permitindo-se a execução definitiva do capítulo não impugnado.

Se numa única decisão há um capítulo da sentença que determina o recebimento do recurso no efeito suspensivo e outro que determina o recebimento somente no efeito devolutivo, a extensão da suspensividade é menor do que a extensão da devolutividade. Isso ocorre quando na decisão de mérito há capítulo de sentença concedendo a tutela provisória. Cada capítulo dessa decisão terá um tratamento diverso, segundo os ditames legais.

O efeito suspensivo do recurso somente ocorre quando previsto expressamente em lei, ou quando a lei autoriza ao juiz, diante de certas circunstâncias fáticas ou jurídicas, concedê-lo em casos excepcionais.

---

[334] *"Muito embora alguns doutrinadores entendam que o efeito suspensivo do recurso obsta a formação da coisa julgada, como já dito alhures, o posicionamento prevalente na doutrina pátria, do qual partilhamos, é o e que o adiamento da formação da 'res judicata' é decorrência natural e lógica do efeito devolutivo dos recursos e não do suspensivo".* (GIANNICO, M.; GIANNICO, M., op. cit., p. 405.

[335] GIANNICO, M.; GIANNICO, M., idem, ibidem.

EFEITOS DO RECURSO

Nem todos os recursos apresentam efeito suspensivo, ou seja, suspendem a eficácia normativa da decisão recorrida, como é o caso do agravo de instrumento e do recurso especial ou extraordinário.

O efeito suspensivo continua sendo a regra geral do recurso de apelação interposto contra a decisão que decide em definitivo o procedimento cognitivo (sentença). Nesse sentido dispõe o art. 1.012 do novo C.P.C.: *A apelação terá efeito suspensivo.*

Porém, não obstante a apelação, em regra geral, tenha efeito suspensivo, haverá hipóteses em que sua interposição não impedirá a eficácia da sentença recorrida. Essas hipóteses estão previstas no §1º, incs. I a VI, do art. 1.012 do novo C.P.C., a saber:

> *§ 1º Além de outras hipóteses previstas em lei, começa a produzir efeitos imediatamente após a sua publicação a sentença que:*
>
> *I – homologa divisão ou demarcação de terras;*
>
> *II – condena a pagar alimentos;*
>
> *III – extingue sem resolução do mérito ou julga improcedentes os embargos do executado;*
>
> *IV – julga procedente o pedido de instituição de arbitragem;*
>
> *V – confirma, concede ou revoga tutela provisória;*
>
> *VI – decreta a interdição.*

Observa-se que nesse dispositivo há a questão do efeito da apelação em relação aos pedidos conexos, como é o caso em que na mesma decisão há a análise do mérito e a concessão da tutela provisória. Evidentemente, nesse caso, os efeitos da apelação deverão ser indicados de acordo com o conteúdo de cada capítulo da decisão, ou seja, de acordo com a regra geral ou excepcional prevista no §1º do art. 1.012 do novo C.P.C.

Há também, em legislação especial, a questão dos efeitos da apelação em relação às demandas conexas. É o caso previsto no art. 58, inc. V, da Lei n. 8.245/91, a saber:

> *Art. 58. Ressalvados os casos previstos no parágrafo único do art. 1º, nas ações de despejo, consignação em pagamento de aluguel e acessório da locação, revisionais de aluguel e renovatórias de locação, observar – se – á o seguinte:*
>
> *(...).*
>
> *V – os recursos interpostos contra as sentenças terão efeito somente devolutivo.*

Diante de demandas conexas e os efeitos do recurso, assim já se pronunciou o S.T.J.:

> CAUSAS CONEXAS – JULGAMENTO SIMULTANEO – APELAÇÃO – EFEITOS.
> SE A APELAÇÃO RELATIVA A UMA DAS CAUSAS DEVE SER RECEBIDA APENAS NO EFEITO DEVOLUTIVO, NÃO SE HA DE EMPRESTAR-LHE DUPLO EFEITO, EM VIRTUDE DE SER ESSE O PROPRIO PARA A OUTRA CAUSA, JULGADA NA MESMA SENTENÇA.
> (REsp 61.609/MG, Rel. Ministro EDUARDO RIBEIRO, TERCEIRA TURMA, julgado em 23/04/1996, DJ 03/06/1996, p. 19249)

> PROCESSUAL CIVIL. CONEXÃO. JULGAMENTO SIMULTÂNEO. INTERPOSIÇÃO DE ACLARATÓRIO CONTRA CAPÍTULO DA SENTENÇA PELO ESTADO RECORRENTE.
> INTERPOSIÇÃO DE APELAÇÃO PELO RECORRIDO CONTRA CAPÍTULO REFERENTE À CAUSA DIVERSA. RATIFICAÇÃO DA APELAÇÃO. DESNECESSIDADE. CAUSAS QUE SEGUEM REGIME PROCESSUAL PRÓPRIO.
> 1. Não há violação ao princípio da unicidade, singularidade ou unirrecorribilidade recursal – que diz respeito à interposição de mais de um recurso para uma única decisão, quando interposto um único recurso contra decisão que decidiu dos feitos distintos.
> 2. Nos casos de conexão de ações, com julgamento simultâneo, se proferida sentença única, pode a parte interpor apenas um recurso abrangendo todas as ações: o que se ataca é a decisão que é uma.
> Precedentes.
> 3. Embora, em muito desses casos, a realidade processual favoreça a interposição de um só recurso – mormente para se afastar a possibilidade de indesejáveis contradições inconciliáveis, as causas seguem o regime processual próprio. Precedentes.
> 4. Na espécie, a interposição de um recurso contra o que foi decidido em relação a uma das causas não influi no regime processual do recurso interposto contra o que foi decidido em relação a outra causa decidida conjuntamente.
> 5. Agravo regimental não provido.
> (AgRg no REsp 1454018/AL, Rel. Ministro MAURO CAMPBELL MARQUES, SEGUNDA TURMA, julgado em 04/08/2015, DJe 12/08/2015)

É certo, porém, que mesmo nas hipóteses do art. 1.012, §1º, do novo C.P.C., o tribunal poderá conceder efeito suspensivo à apelação, conforme preconiza o disposto no §3º do mesmo preceito normativo, quando a parte

EFEITOS DO RECURSO

demonstrar a probabilidade de provimento do recurso ou se, sendo relevante a fundamentação, houver risco de dano grave ou de difícil reparação.

Salvo disposição em contrário prevista no C.P.C. ou em lei especial, a disciplina dos efeitos da apelação também se aplica ao recurso ordinário previsto, principalmente, no art. 1.027, inc. II, letra 'b' do novo C.P.C., especialmente pelo fato de que o art. 1.028 do novo C.P.C. assim preceitua: *Ao recurso mencionado no art. 1.027, inciso II, alínea "b", aplicam-se, quanto aos requisitos de admissibilidade e ao procedimento, as disposições relativas à apelação e o Regimento Interno do Superior Tribunal de Justiça.*

O efeito não suspensivo do recurso ocorre geralmente diante do recurso especial ou extraordinário, assim como na hipótese de agravo de instrumento contra decisão interlocutória ou na hipótese de agravo interno contra decisão proferida pelo relator.

É certo que em relação ao recurso especial ou extraordinário o S.T.J. ou o S.T.F. tem admitido a interposição de medida cautelar para se atribuir efeito suspensivo aos aludidos recursos especiais.

Já em relação ao agravo de instrumento, prescreve o art. 1.019, inc. I, do novo C.P.C. que recebido o agravo no tribunal e distribuído imediatamente, se não for o caso de aplicação do art. 932, incs. III e IV, o relator, no prazo de 5 (cinco) dias, poderá atribuir efeito suspensivo ao recurso.

Pelo atual C.P.C., os embargos de declaração, muito embora interrompam o prazo para a interposição de outros recursos, não apresentam efeito suspensivo em relação à eficácia da decisão embargada (art. 1026 do novo C.P.C.).

É certo que, nos termos do §1º do art. 1.026 do novo C.P.C., a eficácia da decisão monocrática ou colegiada embargada poderá ser suspensa pelo respectivo juiz ou relator se demonstrada a probabilidade de provimento do recurso ou, sendo relevante a fundamentação, se houver risco de dano grave ou de difícil reparação.

17.2. Efeito devolutivo

O recurso também terá efeito *devolutivo*.

Devolver significa *transferir* o julgamento da causa para uma outra oportunidade, não só para o juízo 'ad quem', mas, também, como nos embargos de declaração, ao próprio juízo de origem.[336]

---

[336] *"Constitui regra tradicional e ordinária a de que sempre será destinatário da devolução operada pelos recursos (imediata, gradual ou diferida, conforme o caso) um órgão superior da jurisdição, em composição*

O recurso terá efeito *devolutivo* quando a sua interposição transfere ao órgão *ad quem* o conhecimento da matéria apreciada pelo órgão *a quo*, ainda que essa transferência seja parcial em razão do princípio *tantum devolutum quantum apellatum*. O efeito devolutivo prolonga a análise das questões objeto do processo. A doutrina denomina esse fenômeno de *efeito expansivo, efeito translativo* e *efeito substitutivo* dos recursos.[337]

Segundo Dinamarco, há diversas dimensões sobre a devolução da matéria ao órgão que irá julgar o recurso. Na realidade, todo recurso é limitado por uma precisa dimensão *horizontal, vertical* e *subjetiva*.[338] Parte da doutrina também aduz que o efeito devolutivo pode ser compreendido a partir de dois ângulos, em relação à *extensão* e quanto à sua *profundidade*.[339]

A dimensão *horizontal* significa que nenhum recurso devolve ao tribunal uma pretensão maior que aquela posta em juízo, ou seja, o recurso deverá sempre apresentar uma decisão sobre o mesmo *meritum causae* já decidido, nos estritos limites do *objeto do processo*.[340]

---

colegial; *compete aos regimentos internos determinar quando o julgamento caberá ao tribunal em sua formação plena (ou pelo órgão especial) e quando, por um órgão fracionário (câmara, turmas, grupos de câmaras, seções). Mas a evolução relativamente recente do processo civil brasileiro aponta alguma tendência à 'singularização dos julgamentos', com a instituição de hipóteses em que, no tribunal, o julgamento será singular e não colegiado; há também casos em que um órgão monocrático tem o poder de 'interceptar' excepcionalmente o recurso em seu trâmite ordinário, julgando-o ele próprio. E também se incluem no leque dos possíveis destinatários recursais o próprio órgão prolator da sentença ou decisão sujeita a recurso"* (DINAMARCO, C. R., op. cit., p. 45.)

[337] NERY JUNIOR, N., op. cit., p. 401.

[338] DINAMARCO, C. R., op. cit. p. 34.

[339] *"A extensão do efeito devolutivo equivale à dimensão horizontal do recurso, e se relaciona com aquilo que foi alvo de impugnação pelo recorrente. Trata-se, na lição de Cassio Scarpinella Bueno, 'da quantidade da matéria questionada em sede recursal e que será, consequentemente, apreciada pelo órgão 'ad quem'. Nesse diapasão, quanto maior for o objeto da impugnação, mais extensa será a possibilidade de atuação da instância recursal. Assim, por exemplo, em uma demanda proposta por Beltrano contra Fulano, na qual aquele pleiteia deste indenizações por danos materiais e morais, e cuja sentença rejeita ambos os pedidos, eventual recurso de Beltrano interposto contra 'apenas' a improcedência dos danos materiais faz com que ao tribunal seja defesa a revisão da decisão acerca dos danos morais. Diz-se, desse modo, na expressão de Alcides Mendonça Lima, que o segundo pedido não foi 'transferido' ao órgão 'ad quem'...*
Quanto à 'profundidade' (ou dimensão vertical) do efeito devolutivo, pode-se dizer que ela se relaciona ao tipo de recurso utilizado e 'determina as questões que devem ser examinadas pelo órgão 'ad quem' para decidir o 'objeto litigioso' do recurso'..." (FARIA, M. C., op. cit., p. 274 e 275).

[340] DINAMARCO, C. R., op. cit., loc. cit.

O efeito devolutivo *horizontal* dos recursos decorre do princípio dispositivo, pois o órgão jurisdicional não poderá exercer sua atividade além daquilo que foi delimitado pelo recorrente, sob pena de julgamento *ultra, extra ou infra petita.*

Há situações, porém, em que o órgão recursal pode julgar fora do que consta nas razões ou contrarrazões recursais, sem que isso configure julgamento *extra, ultra ou infra petita.* Isso ocorre normalmente com as questões de *ordem pública*, que devem ser conhecidas de ofício pelo juiz e a cujo respeito não se opera a preclusão. Ficam também transferidas ao órgão recursal as questões dispositivas que deixaram de ser apreciadas pelo juízo de primeiro grau, nada obstante tenham sido suscitadas e discutidas no processo. Porém, entende Nelson Nery que *"caso não se interponha agravo, quando a matéria impugnável, anterior à sentença, não seja de ordem pública, ocorrerá a preclusão".* [341]

Diante de sentenças terminativas, é da tradição que o tribunal apenas julgue a questão da extinção da demanda sem resolução do mérito, sem que possa ingressar no *meritum causae*, uma vez que esse deve ser julgado pelo juízo 'ad quo'. Isso reforça o princípio do duplo grau de jurisdição e o de não supressão de instância. Porém, tanto o C.P.C. de 1973 (art. 515, §3º), quanto o novo C.P.C., art. 1.013 e parágrafos, permitem que o tribunal continue no julgamento do mérito da questão. Trata-se do denominado julgamento *per saltum*. Eis o teor dos §§ 3º e 4º do art. 1.013 do novo C.P.C.:

> *Art. 1.013 (...)*
>
> *(...).*
>
> *§ 3º Se o processo estiver em condições de imediato julgamento, o tribunal deve decidir desde logo o mérito quando:*
>
> *I – reformar sentença fundada no art. 485;*
>
> *II – decretar a nulidade da sentença por não ser ela congruente com os limites do pedido ou da causa de pedir;*
>
> *III – constatar a omissão no exame de um dos pedidos, hipótese em que poderá julgá-lo;*
>
> *IV – decretar a nulidade de sentença por falta de fundamentação.*
>
> *§ 4º Quando reformar sentença que reconheça a decadência ou a prescrição, o tribunal, se possível, julgará o mérito, examinando as demais questões, sem determinar o retorno do processo ao juízo de primeiro grau.*

---

[341] NERY JUNIOR, N., op. cit., p. 460 a 462.

RECURSOS NO NOVO C.P.C.

Muito embora o recurso devolva ao órgão superior toda a matéria, é certo que essa devolução terá um limite que é imposto pelo princípio *tantum devolutum quanto apellatum*. Assim, diante de um recurso parcial, a parte não impugnada pelo recorrente não poderá ser apreciada pelo órgão *ad quem*, salvo se se tratar de matéria de ordem pública em que o tribunal poderá conhecer de ofício e não houver preclusão *pro iudicato*. Sobre o tema, eis as seguintes decisões do S.T.J.:

(...).
6. É pacífica a compreensão jurisprudencial no âmbito da eg. Segunda Seção desta col. Corte Superior de Justiça, consolidada no julgamento do Recurso Especial nº 1.061.530/ RS, nos termos do procedimento dos recursos representativos da controvérsia (Código de Processo Civil, art. 543-C e Resolução nº 8/2008 do STJ), no sentido de que, embora aplicável o Código de Defesa do Consumidor nos contratos bancários, não é possível, de ofício, o reconhecimento da nulidade e, por conseguinte, a revisão de cláusulas contratuais consideradas abusivas, sob pena de ofensa ao princípio do tantum devolutum quantum apellatum.
(...).
8. Agravo regimental a que se nega provimento.
(AgRg no AREsp 130.256/SP, Rel. Ministro RAUL ARAÚJO, QUARTA TURMA, julgado em 19/03/2015, DJe 17/04/2015)

(...).
3. "[...] o recurso interposto devolve ao órgão ad quem o conhecimento da matéria impugnada. O juízo destinatário do recurso somente poderá julgar o que o recorrente tiver requerido nas razões de recurso, encerradas com o pedido de nova decisão. É esse pedido de nova decisão que fixa os limites e o âmbito de devolutividade de todo e qualquer recurso (tantum devolutum quantum appellatum) [...]" (NERY JUNIOR, Nelson. Teoria Geral dos Recursos. 6. ed. São Paulo: Revista dos Tribunais, 2004, ps. 428/429).
4. Embargos declaratórios recebidos como agravo regimental, a este sendo negado provimento".
(EDcl no REsp 975.151/RS, Rel. Ministro HÉLIO QUAGLIA BARBOSA, QUARTA TURMA, julgado em 23/10/2007, DJ 12/11/2007, p. 236).

Havendo a interposição de recurso parcial contra determinados capítulos da decisão recorrida, a outra parte, que não foi objeto do recurso, estará sujeita ao instituto da *preclusão*. Não haverá preclusão somente em relação aos capítulos que foram objeto, no âmbito da dimensão horizontal dos recursos, à devolução da matéria ao órgão 'ad quem'. Assim, em relação aos capítulos de uma sentença que não foram objeto de devolução ao órgão 'ad quem' poderá ocorrer a coisa julgada formal ou a coisa julgada material, dependendo do conteúdo da decisão. No caso, *"julgada procedente a demanda com pedidos cumulados de indenização por danos materiais e morais, e apelando o réu exclusivamente quanto ao segundo deles, seu apelo não tem a eficácia de impedir o trânsito em julgado no tocante ao primeiro; consequentemente, nessa parte reputa-se indiscutível o direito do autor e ele tem, inclusive, título para execução definitiva por título judicial".*[342]

Por outro lado, como não se pode formular pedido genérico, salvo nas exceções legais, também não se pode recorrer de forma genérica, sem indicar precisamente os pontos que fundamentam a interposição do recurso.

Segundo Nelson Nery Junior: *"O objeto da devolutividade constitui o mérito do recurso, ou seja, a matéria sobre a qual deve o órgão 'ad quem' se pronunciar, provendo-o ou improvendo-o. As preliminares alegadas normalmente em contrarrazões de recurso, como as de não conhecimento, por exemplo, não integram o efeito devolutivo do recurso, pois são matérias de ordem pública a cujo respeito o tribunal deve 'ex officio' se pronunciar."*[343]

No mesmo sentido é o teor do art. 635º, números 2, 3, 4 e 5, a saber:

Artigo 635.º Delimitação subjetiva e objetiva do recurso

1 – Sendo vários os vencedores, todos eles devem ser notificados do despacho que admite o recurso; mas é lícito ao recorrente, salvo no caso de litisconsórcio necessário, excluir do recurso, no requerimento de interposição, algum ou alguns dos vencedores.

2 – Se a parte dispositiva da sentença contiver decisões distintas, é igualmente lícito ao recorrente restringir o recurso a qualquer delas, uma vez que especifique no requerimento a decisão de que recorre.

3 – Na falta de especificação, o recurso abrange tudo o que na parte dispositiva da sentença for desfavorável ao recorrente.

4 – Nas conclusões da alegação, pode o recorrente restringir, expressa ou tacitamente, o objeto inicial do recurso.

5 – Os efeitos do julgado, na parte não recorrida, não podem ser prejudicados pela decisão do recurso nem pela anulação do processo.

---

[342] DINAMARCO, C. R., op. cit., p. 44.
[343] NERY JUNIOR, N., op. cit. p. 402.

RECURSOS NO NOVO C.P.C.

Portanto, compete ao recorrente no momento da motivação do recurso restringir o recurso em relação aos capítulos da decisão, ou mesmo estabelecer que o recurso abrange todos os capítulos em que ele foi sucumbente.

Se a parte não delimitar na motivação ou nas conclusões finais o seu recurso, entende-se que abrange todos os capítulos da sentença que foram impugnados implícita ou expressamente no recurso.

Na dimensão *vertical,* ou seja, em relação às questões (pontos controvertidos de fato ou de direito) que possam ser levadas ao conhecimento do tribunal. A extensão será maior ou menor, segundo a espécie de recurso. Assim, no âmbito do recurso especial ou extraordinário, somente poderão ser levadas aos tribunais superiores questão de direito de lei federal ou de natureza constitucional, excluindo-se, de plano, questões de fato e sua relação probatória.[344]

Por sua vez, a apelação e o recurso ordinário de competência do S.T.F e do S.T.J. são os que permitem o mais elevado grau de devolução vertical. Esses recursos devolvem ao tribunal não só as questões inerentes à causa, proposta pelas partes, mas também outras, não suscitadas, que sejam pertinentes e não hajam sido cobertas pela preclusão.[345]

Regra especialmente relevante no âmbito da dimensão *vertical* diz respeito ao estabelecido no art. 1.013, §1º, do novo C.P.C., *in verbis: Serão, porém, objeto de apreciação e julgamento pelo tribunal todas as questões suscitadas e discutidas no processo, ainda que não tenham sido solucionadas, desde que relativas ao capítulo impugnado.*Assim, a omissão do juiz 'a quo' quanto a determinadas questões, não impede a sua devolução ao tribunal 'ad quem', ainda quando a parte não tenha se utilizado dos embargos de declaração.

Por sua vez, o §2º do art. 1.013 do novo C.P.C preconiza, *quando o pedido ou a defesa tiver mais de um fundamento e o juiz acolher apenas um deles, a apelação devolverá ao tribunal o conhecimento dos demais.* Segundo Dinamarco, tal dispositivo *"considera incluídas na devolução não só as questões cuja solução houver sido favorável ou vencedor (e criticadas pelo vencido ao apelar), como também aquelas que hajam sido solucionadas contra ele (mas sem o poder de impedir a conclusão favorável). Esses dois dispositivos associam-se à regra segundo a qual a parte favorecida no dispositivo sentencial (em que é ditada a procedência ou improcedência....) não tem o poder de provocar novo julgamento da causa mediante a interposição de recurso,*

---

[344] DINAMARCO, C. R., op. cit., p. 40.
[345] DINAMARCO, C. R., idem, p. 41.

EFEITOS DO RECURSO

por falta de legítimo interesse processual; não sendo 'parte vencida', seu recurso não pode ser conhecido...Pode, todavia, repropor ao tribunal os fundamentos que invocara em primeiro grau, ainda quando algum deles não haja sido apreciado ou tenha rejeitado. Exemplo da primeira hipótese: propus demanda de anulação de contrato, alegando 'dolo' da parte contrária e 'coação "exercida sobre minha vontade, e o juiz julgou procedente minha demanda pelo fundamento do dolo, omitindo-se quanto ao segundo fundamento. Exemplo da segunda hipótese: o juiz julgou procedente a demanda por dolo, embora negasse ter ocorrido a violência. Em ambos os casos o reconhecimento do dolo foi suficiente para minha vitória na causa, não obstante o outro fundamento houvesse sido omitido ou repelido. Apelará somente meu adversário, pois só ele tem legítimo interesse na modificação do preceito imperativo contido no decisório sentencial; em contrarrazões poderei no entanto suscitar as questões a que aludem os §§ 1º e 2º do art. 515 do Código de Processo Civil (atuais §§1º e 2º, do art. 1.013 do novo C.P.C.).[346]

Em relação à dimensão *subjetiva*, sua aplicação ocorrerá especialmente diante do instituto jurídico do litisconsorte.

Em regra, a interposição de um determinado recurso devolve ao tribunal somente as questões de interesse da parte recorrente. Tal preceito caracteriza a autonomia dos litisconsortes. Sobre o tema, eis o teor do art. 117 do novo C.P.C.: *os litisconsortes serão considerados, em suas relações com a parte adversa, como litigantes distintos, exceto no litisconsórcio unitário, caso em que os atos e as omissões de um não prejudicarão os outros, mas os poderão beneficiar.*

Assim, quando o vencido promove apelação apenas contra um dos litisconsortes facultativo, sem apelar em relação aos demais, ocorre o trânsito em julgado da decisão em relação aos litisconsortes que não foram objeto da apelação.

Porém, quando se tratar de litisconsórcio unitário (necessário ou não), o julgamento do recurso deverá ser também unitário em relação a todos os litisconsortes, em razão da incindibilidade das situações jurídicas materiais. Para assegurar essa unitariedade, o art. 1.005 do novo C.P.C. preconiza que o recurso interposto por um dos litisconsortes a todos aproveita, salvo se distintos ou opostos seus interesses. Isso significa dizer: *"a consequência é que ou o tribunal mantém em relação a todos o que ficara decidido em primeiro grau, ou modifica o julgado inferior, sempre em relação a todos, de modo homogêneo"*.[347]

---

[346] DINAMARCO, C. R., idem, p. 41.
[347] DINAMARCO, C. R., idem, p. 44.

A regra geral, sob a égide do C.P.C. de 1973, era a de que os recursos teriam efeitos suspensivo e devolutivo, especialmente o recurso de apelação. Por isso o art. 497 do C.P.C. de 1973 trazia as exceções à regra, ao estabelecer que o recurso extraordinário e o recurso especial não impediriam a execução da sentença; a interposição do agravo de instrumento não obstaria o andamento do processo, ressalvado o disposto no art. 558 do C.P.C. de 1973. (Redação dada pela Lei nº 8.038, de 25.5.1990). Com base nessa regra geral, sempre que o texto silenciasse, dever-se-ia entender que o recurso era dotado de efeito suspensivo. Como se disse, o recurso de apelação, sob a égide do C.P.C. de 1973, seria recebido em seu efeito *devolutivo e suspensivo*, conforme estabelecia o art. 520 do código revogado. Seria, no entanto, somente recebido no efeito devolutivo, quando interposto de sentença que: a) homologasse a divisão ou a demarcação; b) condenasse à prestação de alimentos; c) decidisse o processo cautelar; d) julgasse procedente o pedido de instituição de arbitragem; e) confirmasse a antecipação dos efeitos da tutela.

Recebida a apelação em ambos os efeitos, o juiz não poderia mais inovar no processo; recebida somente no efeito devolutivo, o apelado poderia promover, desde logo, o cumprimento provisório da decisão, extraindo-se a respectiva carta.

Ocorre que o legislador do novo C.P.C., dando mais ênfase ao princípio da celeridade processual e da efetividade da prestação da tutela jurisdicional, optou por não mais conferir caráter geral ao efeito suspensivo dos recursos, ao contrário do que estabelecia o C.P.C. de 1973.

Conforme estabelece o art. 995 do atual C.P.C., os recursos, salvo disposição legal ou decisão judicial em sentido diverso, não impedem a eficácia da decisão.

A partir do novo C.P.C., a regra geral é a de que os recursos somente terão efeito devolutivo e não suspensivo, salvo disposição legal (apelação) ou judicial em sentido diverso, razão pela qual o cumprimento provisório de sentença poderá ocorrer de imediato.

Assim, os embargos de declaração (art. 1.022 do novo C.P.C.), pelo novo C.P.C., não possuem efeito suspensivo, não suspendendo a eficácia da decisão embargada, muito embora interrompam o prazo para a interposição de outros recursos (art. 1.026 do novo C.P.C.).

Porém, uma vez interpostos os embargos de declaração, a eficácia da decisão monocrática ou colegiada poderá ser suspensa pelo respectivo juiz ou relator se demonstrada a probabilidade de provimento do recurso ou, sendo relevante a fundamentação, se houver risco de dano grave ou de difícil reparação (§1º do art. 1.026 do novo C.P.C.).

O recurso de agravo de instrumento (art. 1.015 do novo C.P.C.) não possui efeito suspensivo. Porém, recebido o agravo de instrumento no tribunal e distribuído imediatamente, poderá o relator atribuir efeito suspensivo ao recurso (inc. I do art. 1.019 do novo C.P.C.).

Também o agravo interno (art. 1.021 do novo C.P.C.) não será recebido no efeito suspensivo, assim como os recursos especiais e extraordinários (art. 1.029 do novo C.P.C.) e o agravo em recurso especial e extraordinário (art. 1.042 do novo C.P.C.).

O recurso ordinário constitucional (CF 102 II e 105 II), segundo Nelson Nery Junior, Barbosa Moreira e Araken de Assis, segue a regra geral dos recursos.[348] Sob a égide do C.P.C. de 1973, seria recebido com efeito suspensivo. O mesmo deveria ocorrer em face do novo C.P.C., tendo em vista o que dispõe o art. 34 da Lei 8.038/90, *in verbis: "serão aplicadas, quanto aos requisitos de admissibilidade e ao procedimento no Tribunal recorrido, as regras do Código de Processo Civil relativas à apelação".*[349]

Porém, dúvida surgirá sobre o efeito suspensivo do recurso ordinário, em face do que dispõe o art. 1.027, §2º, do novo C.P.C., *in verbis:Aplica-se ao recurso ordinário o disposto nos arts. 1.013, §3º, e 1.029 §5º.*

Por sua vez, estabelece o §5º do art. 1.029 do novo C.P.C.

> *Art. 1.029. O recurso extraordinário e o recurso especial, nos casos previstos na Constituição Federal, serão interpostos perante o presidente ou o vice-presidente do tribunal recorrido, em petições distintas que conterão:*
>
> *§ 5º O pedido de concessão de efeito suspensivo a recurso extraordinário ou a recurso especial poderá ser formulado por requerimento dirigido:*
>
> *I – ao tribunal superior respectivo, no período compreendido entre a publicação da decisão de admissão do recurso e sua distribuição, ficando o relator designado para seu exame prevento para julgá-lo; (Redação dada pela Lei nº 13.256, de 2016) (Vigência)*
>
> *II – ao relator, se já distribuído o recurso;*

---

[348] NERY JUNIOR, N., op. cit., p. 430.

[349] É importante salientar que o art. 1.072 , inc. IV, do novo C.P.C. revogou expressamente os arts. 13 a 18, 26 a 29 e 38 da Lei nº 8.038, de 28 de maio de 1990, não fazendo qualquer referência ao art. 34 do mesmo preceito normativo.

III – ao presidente ou ao vice-presidente do tribunal recorrido, no período compreendido entre a interposição do recurso e a publicação da decisão de admissão do recurso, assim como no caso de o recurso ter sido sobrestado, nos termos do art. 1.037. (Redação dada pela Lei nº 13.256, de 2016) (Vigência)

Ora, se o art. 1.027, §2º, do novo C.P.C. determina expressamente a aplicação no recurso ordinário do art. 1.029, §5º, do mesmo diploma legal, isso significa dizer que o recurso ordinário, se for o caso, será recebido sem efeito suspensivo.

Por sua vez, *"o recurso ordinário constitucional, quando cabível do acórdão que 'denega' a impetração (CPC 269 de 1973) ou que julga o mandado de segurança ou 'habeas corpus' sem resolução do mérito (CPC 267 de 1973), não necessita de efeito suspensivo, já que a decisão impugnada tem caráter 'declaratória negativa', insuscetível de ter esses efeitos negativos suspensos. Denegado o 'writ', não subsiste a liminar, de sorte que nem poderia ser dado efeito suspensivo ao recurso ordinário para se manter eficaz a liminar, já que incide na espécie a Súmula 405 do STF, que diz ficar sem efeito a liminar, quando denegatória a ordem".*[350]

Sob a égide do C.P.C. de 1973, eis as seguintes decisões sobre o efeito suspensivo em recurso ordinário, especialmente em relação ao mandado de segurança:

PROCESSUAL CIVIL – MEDIDA CAUTELAR – RECURSO ORDINÁRIO EM MANDADO DE SEGURANÇA – EFEITO SUSPENSIVO – AUSÊNCIA DE PRESSUPOSTOS – SÚMULAS 634 E 635/STF.

1. A concessão de efeito suspensivo a recurso ordinário em mandado de segurança reclama a demonstração do periculum in mora, que se consubstancia na urgência da prestação jurisdicional no sentido de evitar ineficácia do provimento final do pleito deduzido em juízo, bem como a caracterização do fumus boni iuris, ou seja, que haja plausibilidade do direito invocado.

2. A eficácia suspensiva a recurso ordinário ainda pendente de análise pelo órgão de segundo grau não é de ser admitida genericamente, ressalvando-se situações excepcionais, de rígido controle pelo STJ. Assim, compete ao Tribunal de origem a apreciação do pedido de efeito suspensivo a recurso pendente de admissibilidade. Súmulas 634 e 635/ STF. Agravo regimental improvido.

(AgRg na MC 16.512/SC, Rel. Ministro HUMBERTO MARTINS, SEGUNDA TURMA, julgado em 27/04/2010, DJe 07/05/2010).

---

[350] NERY JUNIOR, N., op. cit., p. 430 e 431.

MEDIA CAUTELAR INOMINADA – EFEITO SUSPENSIVO A RECURSO ORDINÁRIO INTERPOSTO PERANTE O TRIBUNAL DE ORIGEM – DECISÃO IMPUGNADA NÃO JUNTADA AOS AUTOS – RECURSO PENDENTE DE ADMISSIBILIDADE – SITUAÇÃO EXCEPCIONAL NÃO DEMONSTRADA – SÚMULAS 634 E 635/STF – NÃO CONHECIMENTO.

Inviável conferir efeito suspensivo a recurso ordinário em mandado de segurança se nem mesmo cópia da decisão impugnada foi juntada aos autos. Falece a este Superior Tribunal a competência para conferir efeito suspensivo a recurso ainda pendente de admissibilidade perante o Tribunal de origem, notadamente quando não demonstrada situação excepcional. Inteligência das Súmulas 634 e 635/STF. Precedentes.

Medida cautelar não conhecida.

(MC 11.823/SP, Rel. Ministra JANE SILVA – DESEMBARGADORA CONVOCADA DO TJ/MG, QUINTA TURMA, julgado em 25/10/2007, DJ 19/11/2007, p. 244).

PROCESSUAL CIVIL. MEDIDA CAUTELAR. EFEITO SUSPENSIVO A RECURSO ORDINÁRIO.

1. Somente em situações excepcionais é possível a concessão de efeito suspensivo a recurso ordinário não admitido pelo Tribunal de origem e, mesmo assim, apenas quando demonstrada a probabilidade de êxito do recurso ordinário, a teratologia do acórdão impugnado, o risco de perecimento de direito e a relevância da fundamentação.

2. Hipótese em que não se vislumbra o perigo da demora. Se eventualmente o recorrente vier a ser atendido no seu pleito, terá de volta a delegação da serventia, situação que não evoluirá ao estado de irreversibilidade material.

3. A relevância da fundamentação não está cristalina. É compreensão do STJ que "o prazo para postular, por mandado de segurança, a tutela de direito líquido e certo é de 120 dias a partir da ciência do ato impugnado" (RMS 31.749/GO, Rel. Ministro TEORI ALBINO ZAVASCKI, PRIMEIRA TURMA, DJe 13/09/2011).

4. A ausência dos requisitos que autorizam a medida excepcional antes de inaugurada a competência desta Corte, impor-se-ia (como se impôs) o indeferimento da petição inicial.

5. Agravo regimental desprovido.

(AgRg na MC 24.612/RS, Rel. Ministro OLINDO MENEZES (DESEMBARGADOR CONVOCADO DO TRF 1ª REGIÃO), PRIMEIRA TURMA, julgado em 17/09/2015, DJe 01/10/2015)

É importante salientar que o novo C.P.C., em seu art.1.028, estabelece que ao recurso mencionado no art. 1.027, inciso II, alínea "b", aplicam-se, quanto aos requisitos de admissibilidade e ao procedimento, as disposições *relativas à apelação* e o Regimento Interno do Superior Tribunal de Justiça.

Portanto, somente em relação ao recurso ordinário previsto no art. 1.027, inc. II, alínea 'b', é que o legislador do novo C.P.C. determinou a observância, quanto aos requisitos de admissibilidade e ao procedimento, das disposições relativas à apelação.

Assim, tenho para mim que se o recurso ordinário disser respeito à hipótese do art. 1.027, inc. II, alínea 'b', deverá ser recebido no efeito suspensivo, justamente pelo fato de que o procedimento de recebimento do recurso de apelação se dá com efeito suspensivo.

O legislador do novo C.P.C., lamentavelmente, não teve a coragem suficiente para avançar, pois, como regra geral, concedeu efeito suspensivo ao recurso de apelação.

O efeito suspensivo geral do recurso de apelação encontra-se bem delineado no art. 1.012 do novo C.P.C., a saber:

Art. 1.012. A apelação terá efeito suspensivo.

É certo que o §1º do art. 1.012 do novo C.P.C. estabelece as hipóteses jurídicas excepcionais, em razão das quais o recurso de apelação somente será recebido no efeito evolutivo. Assim, além de outras hipóteses previstas em lei, começa a produzir efeitos imediatamente após a sua publicação a sentença que: *I – homologa divisão ou demarcação de terras; II – condena a pagar alimentos; III – extingue sem resolução do mérito ou julga improcedentes os embargos do executado; IV – julga procedente o pedido de instituição de arbitragem; V – confirma, concede ou revoga tutela provisória; VI – decreta a interdição.*

Nessas hipóteses, o apelado poderá promover o pedido de cumprimento provisório depois de publicada a sentença.

Se a intenção do legislador do novo C.P.C. foi justamente permitir maior celeridade na prestação da atividade jurisdicional, deveria ser mais audacioso, determinando que a apelação somente poderia ser recebida no efeito devolutivo.

Prescreve o parágrafo único do art. 995 do atual C.P.C. que a eficácia da decisão recorrida poderá ser suspensa por decisão do relator, se da imediata produção de seus efeitos houver risco de dano grave, de difícil ou impossível reparação, e ficar demonstrada a probabilidade de provimento do recurso.

Muito embora a nova tendência do atual C.P.C. esteja voltada à celeridade processual e à garantia da efetividade da tutela jurisdicional, o certo é que poderão surgir situações em que se justificará a suspensão da *eficácia* da decisão até que se julgue o recurso interposto.

Assim, mediante requerimento da parte recorrente, poderá o Relator, para o qual foi distribuído o recurso interposto, dar efeito suspensivo à eficácia da decisão, desde que a parte recorrente demonstre, com argumentos consistentes e objetivos, que há uma grande probabilidade de reforma ou modificação da decisão pelo órgão 'ad quem', bem como a possibilidade de risco de dano grave ou de difícil ou impossível reparação com o cumprimento provisório da decisão. Em outras palavras, caberá ao requerente demonstrar ao relator a existência de *fumus boni iuris* e *periculum in mora*.

O Projeto originário do novo C.P.C., n. 166/10, previa a possibilidade do recorrido, em determinadas situações, oferecer caução para efeito de resguardar eventuais danos que pudessem ser causados ao recorrente pelo cumprimento provisório da decisão.

Preceituava o *§2º do art. 949* do projeto originário que *o pedido de efeito suspensivo do recurso será dirigido ao tribunal, em petição autônoma, que terá prioridade na distribuição e tornará prevento o relator.*

Por sua vez, estabelecia o *§3º do art. 949* do projeto originário que *quando se tratar de pedido de efeito suspensivo a recurso de apelação, o protocolo da petição a que se refere o §2º impede a eficácia da sentença até que seja apreciado pelo relator.*

Aduzia, ainda, o *§4º do art. 949* do projeto originário que *é irrecorrível a decisão do relator que conceder o efeito suspensivo.*

18.
Efeito Substitutivo dos Recursos

O julgamento proferido pelo tribunal substituirá a decisão impugnada no que tiver sido objeto de recurso (art. 1.008 do novo C.P.C.).

Luca Ariola e outros, ao tratar do efeito substitutivo da apelação no ordenamento jurídico italiano, assim estabelecem: *"A apelação é o mais amplo meio de impugnação ordinário. Objeto do julgamento é a causa já decidida em primeiro grau e o acórdão constitui uma nova decisão que substituirá aquela de primeiro grau na regulamentação do fato deduzido em juízo. A Lei n. 353/1990, introduzindo a proibição de se propor nova demanda, nova exceção e novos meios de prova, excluir que o apelo possa ser considerado um prosseguimento do julgamento de primeiro grau, mas restituiu a característica de 'revisio prioris istantiae'"*[351]

Francesco P. Luiso, em relação à substituição da sentença de primeiro grau pelo acórdão proferido em apelação no processo civil italiano, traz a distinção entre o efeito substitutivo e o efeito expansivo interno da decisão proferida em recurso de apelação, nos seguintes termos: *"Um outro problema nasce da reforma 'parcial' do apelo. O apelo é um meio de impugnação substitutivo e, portanto, se pode afirmar que uma reforma parcial da decisão não é possível, tendo em vista que a pronúncia proferida na apelação substitui aquela de primeiro grau , seja na parte reformada, seja na parte confirmada. Uma reforma parcial seria uma contradição em termos, porque o juiz de apelo em todo caso emite uma nova pronuncia que não é de reforma parcial, mas é inteiramente substitutiva*

---

[351] ARIOLA, L., et al, op.cit., p. 339.

da decisão apelada. A sentença objeto de apelo encontra-se deformada na parte que foi modificada, e esta conforme na parte que não sofreu modificação, mas, em todo caso, é totalmente substituída pelo acórdão. Portanto, não seria concebível uma reforma parcial. A objeção é provavelmente justa: como veremos melhor quando falarmos da apelação em relação a uma sentença não definitiva, é necessário não confundir o âmbito da 'cognição' com o âmbito da 'decisão' do processo de apelo. Em outros termos, se ao juízo de apelo são devolvidas somente algumas das questões deduzidas no processo de primeiro grau (e, portanto, o juiz de apelo somente poderá conhecer dessas questões), a sentença de apelo substitui 'in toto' a sentença impugnada. Exemplo: a sentença de primeiro grau condena o réu a ressarcir os danos, liquidados em 1.000.000 euros. O réu apela somente do 'an debeatur', sem constar o 'quantum'. O juiz de apelo pode conhecer somente do 'an debeatur'; mas se considera a apelação fundada (se, por exemplo, considera que o réu não é responsável pelo dano), ou que a pretensão encontra-se prescrita), a acórdão substitui totalmente aquela apelada, declarando inexistente o direto à indenização.

Assim, quando o objeto do processo de apelo é único (isto é, deve ser decidido numa só demanda), opera sempre o 'efeito substitutivo', não o efeito expansivo interno. A reforma parcial incide sobre a sentença apelada em virtude do efeito substitutivo da sentença de apelação (a qual abrange todo o objeto do processo), e não do seu efeito expansivo (o qual pressupõe uma sentença sobre um certo objeto, e cujos efeitos se estendem a um objeto diverso).

Justamente por isso, o efeito expansivo interno da reforma parcial no apelo pode verificar-se em caso de processo cumulativo: quando, por exemplo, a sentença de primeiro grau foi objeto de apelo somente em relação ao objeto prejudicial (à situação prejudicial substancial), e não em relação ao objeto dependente (à situação substancial dependente). Em tal hipótese, a reforma do capítulo prejudicial tem efeito expansivo interno sobre o capítulo dependente. Exemplo: a sentença de primeiro grau declara ineficaz o licenciamento, e condena o empregador ao ressarcimento dos danos. É interposta a apelação somente em relação ao capítulo do licenciamento. O juiz de apelação declara eficaz o licenciamento: a sentença produz efeito expansivo interno em relação ao capítulo ressarcitório dependente, que é reformado sem que sobre isso o juiz de apelação tenha se manifestado (porque não foi impugnado).".[352]

Dentro de um critério lógico e razoável de hierarquia processual na análise de correção de *error in judicando* ou *error in procedendo* de decisões

---

[352] Luiso, Francesco P. *Diritto processual civile*. Vol. II. Il processo di cognizione. 3ª Edizione. Milano: Giuffrè Editore, 2000. p. 346 e 347.

proferidas nos processos jurisdicionais, não poderia ser diferente a redação do art. 1008 do novo C.P.C.

Submetida a decisão do juízo 'a quo' ao órgão 'ad quem', a decisão proferida pelo segundo órgão jurisdicional substituirá o conteúdo decisório da decisão proferida pelo primeiro órgão jurisdicional.

Assim, o acórdão do tribunal substituirá a sentença ou a decisão interlocutória proferida pelo juízo de primeiro grau.

Porém, poderá ocorrer que um acórdão substitua outro acórdão. É o caso do julgamento proferido pelos Tribunais Superiores contra acórdão proferido por tribunais de apelação.

O fundamento para tal substituição sequencial de decisões, segundo ensinamento de Barbosa Moreira, decorre do fato de que *"a decisão sujeita a recurso é ato que, reúna embora todos os requisitos de validade, não tem ainda eficácia, salvo nos limites em que a lei, por exceção, lhe permita surtir algum efeito desde logo (assim, v.g., a exequibilidade em caráter provisório). Ela virá a tornar-se eficaz se e quando transitar em julgado. Fica, pois subordinada à condição legal suspensiva de que 'não' advenha, sobre a matéria, decisão de grau superior. A condição verifica-se no momento de que seja proferida tal decisão".*[353]

Contudo, diante da nova sistemática dos recursos no processo civil, a condição que se verifica, em regra, não é suspensiva, mas, sim, resolutiva, pois os recursos, em regra geral, não terão efeito suspensivo. A condição resolutiva da decisão do juízo 'a quo' implementar-se-á se a decisão do juiz 'ad quem' for contrária ao que fora anteriormente decidido.

Na hipótese de não existir recurso, ou se não tiver sido admitido, ou houver renúncia ou desistência do recurso já interposto, a condição resolutiva não mais se perfectibilizará tendo em vista o trânsito em julgado ou preclusão da decisão proferida.

Havendo o segundo julgamento, o certo é que a primeira decisão jamais adquiriu a estabilidade necessária, pois enquanto pendente de recurso ela não transita em julgado, podendo ser substituída por outra advinda do órgão *ad quem*.

Por sua vez, quando o dispositivo afirma que o julgamento do tribunal substitui a sentença ou a decisão interlocutória, assim o faz naquilo que foi *objeto do recurso*, e desde que o tribunal tenha conhecido do recurso pelo seu mérito.

---

[353] BARBOSA MOREIRA, J. C., op. cit., p. 377.

Quando o tribunal não analisa o mérito ou quando determinado capítulo autônomo ou independente da decisão não fora objeto do recurso, evidentemente que não haverá substituição integral da sentença ou da decisão interlocutória proferida pelo juízo 'a quo'.

A substituição de decisão ocorre quando se dá ou se nega provimento ao recurso, ou seja, quando o tribunal confirma ou reforma a decisão anterior. Nada importa que o conteúdo da decisão do tribunal seja idêntico ao da sentença, haverá substituição de decisão, segundo a ótica de Barbosa Moreira.[354]

A substituição poderá ser total ou parcial. A substituição será total se, tendo o recurso atacado toda a decisão, o órgão 'ad quem' lhe dá ou lhe nega provimento por inteiro. Mas também será total a substituição se provido *parcialmente* o recurso. Nessa hipótese, a decisão se vê substituída em parte por outra de igual conteúdo e em parte por outra de conteúdo diferente.[355]

Um dos importantes efeitos da substituição da decisão, é que somente a segunda decisão transitará em julgado e não a primeira, mesmo que esta tenha sido simplesmente confirmada pelo juízo 'ad quem'. O trânsito em julgado, portanto, não ocorre da intimação da primeira decisão, mas, sim, da intimação da segunda decisão.

Por fim, deve-se salientar que quando o órgão 'ad quem' analisa recurso em que se alega o *error in procedendo* da decisão recorrida, não haverá substituição de decisões, pois, em regra, o órgão 'ad quem', ao analisar o *error in procedendo,* anula a decisão anterior, determinando que outra seja proferida. Nessa hipótese, se o órgão 'ad quem' acolhe o recurso interposto, limita-se a *cassar a sentença* ou *a decisão interlocutória* ou, ainda, *o acórdão anterior.*

---

[354] BARBOSA MOREIRA, J. C., idem, p. 380.
[355] BARBOSA MOREIRA, J. C., idem, p. 380.

19.
Recurso Independente e Recurso Adesivo

A lei estabeleceu o princípio da independência objetiva e subjetiva em relação à impugnação contra a mesma decisão, seja no caso de pluralidade de partes, seja na hipótese de apenas duas partes.

Assim, havendo sucumbência recíproca parcial entre autor e réu, cada parte, de forma independente, poderá ingressar com o seu recurso autônomo no respectivo prazo, observadas as exigências legais.

Aliás, no C.P.C. de 1939, a cada parte incumbia o ônus de interpor, no prazo comum, o seu recurso. Se a parte não recorresse no prazo comum, perderia em definitivo a possibilidade de fazê-lo, ocorrendo a preclusão. Vencido o prazo comum, a decisão transitava em julgado em relação à parte que não exerceu seu ônus de recorrer.

Estabelece o §1º do art. 997 do atual C.P.C. que sendo vencidos autor e réu, ao recurso interposto por qualquer deles poderá aderir o outro.[356]

---

[356] O recurso adesivo pode ser interposto diante de sucumbência parcial material ou formal. Nesse sentido é a seguinte decisão proferida pelo S.T.J. ao decidir o Tema 459 no sistema de recurso repetitivo:

DIREITO PROCESSUAL CIVIL. RECURSO ADESIVO PARA MAJORAR QUANTIA INDE-NIZATÓRIA DECORRENTE DE DANO MORAL. RECURSO REPETITIVO (ART. 543-C DO CPC E RES. 8/2008-STJ). TEMA 459.
O recurso adesivo pode ser interposto pelo autor da demanda indenizatória, julgada procedente, quando arbitrado, a título de danos morais, valor inferior ao que era almejado, uma vez configurado o interesse

recursal do demandante em ver majorada a condenação, hipótese caracterizadora de sucumbência material. O CPC trata do recurso adesivo em seu art. 500, do qual se depreende, pela interpretação teleológica, que o cabimento do recurso adesivo pressupõe a constatação da "sucumbência recíproca", expressão a ser compreendida sob o enfoque da existência de interesse recursal da parte. O interesse recursal exsurge em face da constatação da utilidade da prestação jurisdicional concretamente apta a propiciar um resultado prático mais vantajoso ao recorrente. Nessa ordem de ideias, considerar-se-á vencida a parte que tenha obtido prestação jurisdicional aquém do que pretendia, tanto quanto aquelas efetivamente prejudicadas ou colocadas em situação desfavorável pela decisão judicial. A propósito, importante destacar lição doutrinária acerca da existência de distinção entre "sucumbência formal" e "sucumbência material" para fins de aferição do interesse recursal das partes: (a) "Por sucumbência formal se entende a frustração da parte em termos processuais, ou seja, a não obtenção por meio da decisão judicial de tudo aquilo que poderia ter processualmente obtido em virtude do pedido formulado ao órgão jurisdicional. Nesse sentido, será sucumbente formal o autor se este não obtiver a procedência integral de seu pedido e o réu se não obtiver a improcedência integral do pedido do autor. Na parcial procedência do pedido haverá sucumbência formal recíproca"; e (b) "A sucumbência material, por sua vez, se refere ao aspecto material do processo, verificando-se sempre que a parte deixar de obter no mundo dos fatos tudo aquilo que poderia ter conseguido com o processo. A análise nesse caso nada tem de processual, fundando-se no bem ou bens da vida que a parte poderia obter em virtude do processo judicial e que não obteve em razão da decisão judicial. Essa discrepância entre o desejado no mundo prático e o praticamente obtido no processo gera a sucumbência material da parte". A doutrina ainda conclui que: "Verificando-se a sucumbência formal, em regra, também haverá sucumbência material, sendo presumível que, não obtendo processualmente tudo o que o processo poderia lhe entregar, a parte também não obterá tudo o que poderia obter no plano prático. É até possível estabelecer uma regra de que, sempre que exista sucumbência formal, haverá também a material, mas essa vinculação entre as duas espécies de sucumbência nem sempre ocorrerá, havendo casos excepcionais nos quais não haverá sucumbência formal, mas ocorrerá a material". Assim, a procedência integral da pretensão deduzida na inicial, conquanto configure a sucumbência formal apenas da parte ré, pode vir a consubstanciar a chamada sucumbência material inclusive do autor da demanda, quando obtido provimento jurisdicional em extensão inferior a tudo aquilo que se almejava obter do ponto de vista prático. É o que ocorre nos casos de pretensão indenizatória calcada em dano moral. Isto porque a procedência da demanda configura, sem sombra de dúvidas, sucumbência formal e material do réu. Contudo, o arbitramento judicial de quantum indenizatório tido por irrisório, porque inferior aos parâmetros jurisprudenciais ou ao pedido constante da inicial, caracteriza frustração da expectativa do autor, sobressaindo seu interesse em ver majorada a condenação, hipótese caracterizadora, portanto, da sucumbência material viabilizadora da irresignação recursal. Dada a premissa anteriormente lançada, cumpre afastar a aparente dissonância com a orientação jurisprudencial cristalizada na Súmula 326 do STJ, segundo a qual: "Na ação de indenização por dano moral, a condenação em montante inferior ao postulado na inicial não implica sucumbência recíproca". Deveras, o aludido verbete sumular funda-se em jurisprudência voltada à definição da responsabilidade pelo pagamento de despesas processuais e honorários advocatícios devidos em razão da procedência de ação de indenização por danos morais, quando fixada quantia inferior à desejada pelo autor, tendo em vista os critérios delineados notadamente nos arts. 20 e 21 do CPC. Desse modo, a exegese consolidada na Súmula

RECURSO INDEPENDENTE E RECURSO ADESIVO

Verifica-se com certa frequência na prática que a pretensão de uma parte pode não ser acolhida totalmente pelo juiz. E pode ocorrer que esta parte, por diversas razões, embora sucumbente parcial, tivesse a tendência de não recorrer da parte da decisão que lhe foi desfavorável. Porém, sob a égide do C.P.C. de 1939, se não recorresse no prazo comum, sujeitava-se ao prosseguimento do feito, pelo fato de a outra parte, também sucumbente parcial, ter interposto o seu recurso no prazo comum, por vezes, no último dia do prazo comum. Tomada de surpresa, a parte que não recorresse estava sujeita a dupla insatisfação: *"abstivera-se de recorrer por achar que o encerramento imediato do processo era compensação bastante para a renúncia à tentativa de alcançar integral satisfação, e no entanto a compensação lhe escapava; pior ainda, já não dispunha de meio idôneo para, retificando a posição primitiva, ir buscar no juízo recursal o que deixara de conseguir no grau inferior de jurisdição"*.[357]

Para evitar essa insatisfação, as partes interpunham ambos os recursos, mesmo que no íntimo não tivessem a vontade de recorrer. Por isso, o regime estabelecido pelo C.P.C. de 1939 favorecia apenas o prolongamento do processo, por vezes desnecessário, uma vez que no fundo as partes queriam de uma vez por todas encerrar a questão, mediante o trânsito em julgado da decisão.

Diante deste paradoxo, o legislador do atual C.P.C., assim como já o fizera o legislador do C.P.C. de 1973, possibilitou à parte que fora parcial-

---

326 do STJ não pode servir de amparo para a verificação da existência de interesse recursal do autor da demanda ressarcitória, porque adstrita ao exame da sucumbência recíproca sob as perspectivas formal e econômica, vale dizer, tão-somente tornando defesa a imputação do ônus sucumbencial à parte que obteve provimento jurisdicional de procedência da pretensão deduzida. Assim, constatado o interesse recursal do autor da ação de indenização por danos morais, quando arbitrada quantia inferior ao valor desejado, a decisão será apelável, embargável ou extraordinariamente recorrível. Consequentemente, uma vez cabida a interposição de recurso independente pelo autor materialmente sucumbente (a despeito da ausência de sucumbência formal), não se pode tolher seu direito ao manejo de recurso adesivo em caso de impugnação principal exclusiva da parte adversa. Outrossim, como reforço de argumento, cumpre assinalar a afirmação doutrinária de que "o interesse em recorrer adesivamente afere-se à luz da função processual do recurso adesivo, que é a de levar à cognição do órgão ad quem matéria ainda não abrangida pelo efeito devolutivo do recurso principal, e que, portanto, ficaria preclusa em não ocorrendo a adesão". Precedentes citados: AgRg no AREsp 189.692-MG, Terceira Turma, DJe 7/11/2012; AgRg no Ag 1.393.699-MS, Quarta Turma, DJe 28/3/2012; e REsp 944.218-PB, Quarta Turma, DJe 23/11/2009.
(REsp 1.102.479-RJ, Rel. Min. Marco Buzzi, Corte Especial, julgado em 4/3/2015, DJe 25/5/2015).
[357] BARBOSA MOREIRA, J. C., op. cit., p. 286.

mente sucumbente, e dentro da avaliação de seus interesses, deixar de interpor recurso contra a parte da decisão que lhe fora desfavorável, *desde que a outra parte, que também fora sucumbente, não ingresse com o respectivo recurso.* Se a outra parte optar por ingressar com o recurso contra o capítulo da sentença que lhe foi desfavorável, à outra parte permite-se também ingressar com o seu respectivo recurso, *aderindo ao recurso* daquela. Diante dessa possibilidade normativa, a parte que não deseja recorrer pode aguardar (condicionalmente), sem preocupação, a atitude processual que a outra parte irá adotar, somente recorrendo se a outra parte também recorrer. Sobrevindo o prazo final comum para ambas as partes, sem que qualquer delas recorra, a decisão passa em julgado. Se, ao contrário, a outra parte interpuser recurso, e o processo houver de ser remetido ao órgão 'ad quem', pode a parte, que até então se encontrava inerte, e não obstante já ter se esgotado o prazo comum para o recurso, interpor o seu recurso *adesivo.*

Para este fim, a doutrina italiana distingue entre a impugnação *principal*, que é a impugnação proposta por primeiro, daquela que é *incidental tardia,* que é proposta após a impugnação principal (incidental não significa secundário ou menos importante, posto que o único critério a que se ateve o legislador foi o cronológico).[358]

A razão da norma *"é aquela de consentir às partes reciprocamente sucumbente de permitir que seja a outra a impugnar por primeiro e, portanto, a ambas as partes avaliar a oportunidade de não propor impugnação. Permite-se, então, à parte parcialmente sucumbente, que está disposta a aceitar a sentença somente se também a parte contrária a aceitar, de dirigir-se pela escolha e pela iniciativa desta última, sem dever necessariamente propor a impugnação principal para evitar o decurso do prazo".*[359]

No direito italiano admite-se que a impugnação incidental, tardia ou não, possa ser condicionada ao acolhimento ou à rejeição da impugnação principal.[360]

Já o Código de Processo Civil português distingue entre o recurso independente e o recurso subordinado, conforme estabelece o seu art. 633º:

---

[358] COMOGLIO, L.P.; FERRI, C.; TARUFFO, M., op. cit., p. 603.
[359] COMOGLIO, L.P.; FERRI, C.; TARUFFO, M., idem, p. 605.
[360] COMOGLIO, L.P.; FERRI, C.; TARUFFO, M., idem, ibidem.

Artigo 633.º Recurso independente e recurso subordinado

1 – Se ambas as partes ficarem vencidas, cada uma delas pode recorrer na parte que lhe seja desfavorável, podendo o recurso, nesse caso, ser independente ou subordinado.

2 – O prazo de interposição do recurso subordinado conta –se a partir da notificação da interposição do recurso da parte contrária.

3 – Se o primeiro recorrente desistir do recurso ou este ficar sem efeito ou o tribunal não tomar conhecimento dele, caduca o recurso subordinado, sendo todas as custas da responsabilidade do recorrente principal.

4 – Salvo declaração expressa em contrário, a renúncia ao direito de recorrer ou a aceitação, expressa ou tácita, da decisão por parte de um dos litigantes não obsta à interposição do recurso subordinado, desde que a parte contrária recorra da decisão.

5 – Se o recurso independente for admissível, o recurso subordinado também o será, ainda que a decisão impugnada seja desfavorável para o respetivo recorrente em valor igual ou inferior a metade da alçada do tribunal de que se recorre.

O nosso ordenamento jurídico, para esse tipo de impugnação (principal e incidental) preferiu a denominação de *recurso independente e recurso adesivo*.

O *recurso adesivo* nada mais é do que o recurso contraposto ao da parte adversa, por aquela que tinha a intenção de não impugnar a decisão, e só o fez porque o fizera a parte adversa.[361]

Sobre a terminologia impugnação principal e impugnação adesiva, leciona Francesco Carnelutti: *"Na hipótese de vencimento paralelo (supra, n. 574), a impugnação secundária recebe o nome de impugnação 'adesiva'; com efeito, quem a propõe, 'adere-se' à impugnação principal"*.[362]

A denominação impugnação adesiva também foi utilizada para a hipótese de litisconsórcio, ou seja, um litisconsórcio poderia aderir ao recurso do outro litisconsórcio.

Em se tratando de *vencimento múltiplo oposto* e não paralelo, a denominação legal no direito italiano é de *impugnação 'incidental'*.[363]

O *recurso adesivo* tem *natureza jurídica recursal*, pois não obstante sua particularidade, a sua finalidade é impugnar dentro de uma mesma relação jurídica a decisão proferida pelo juízo 'a quo'.

---

[361] BARBOSA MOREIRA, J. C., op. cit., p. 288.

[362] CARNELUTTI, Francesco. *Sistema de direito processual civil*. Trad. Hiltomar Martins de Oliveira. Vol. III. São Paulo: Classic Book, 2000. p. 786.

[363] CARNELUTTI, F., idem, p. 787.

É certo que essa natureza jurídica é de certa forma relativizada na doutrina estrangeira.

Na Alemanha, por exemplo, a *Anschliessung* é permitida até mesmo por parte do litigante *totalmente vitorioso*. O autor, nesta hipótese, poderia inclusive ampliar o pedido, pedindo mais do que obtivera no juízo 'a quo'. Por isso, essa 'adesão' não teria natureza recursal mas de uma verdadeira demanda própria.

Estabelece o §2º do art. 997 do atual C.P.C. que o recurso adesivo fica subordinado ao recurso independente, sendo-lhe aplicáveis as mesmas regras deste quanto aos requisitos de admissibilidade e julgamento no tribunal, salvo disposição legal diversa, observado, ainda, o seguinte I – será dirigido ao órgão perante o qual o recurso independente fora interposto, no prazo de que a parte dispõe para responder; II – será admissível na apelação, no recurso extraordinário e no recurso especial; III – não será conhecido, se houver desistência do recurso principal ou se for ele declarado inadmissível.

Este parágrafo único estabelece os *requisitos de admissibilidade* do recurso adesivo.

Ao recurso adesivo são aplicadas as mesmas regras do recurso independente quanto aos requisitos de admissibilidade, preparo e julgamento no tribunal, salvo disposição legal diversa.

Assim, por exemplo, se o recurso adesivo for interposto em face de um recurso extraordinário, deverá a parte recorrente demonstrar a *repercussão geral*, assim como que houve o *préquestionamento* da matéria constitucional, sob pena de o recurso adesivo não ser conhecido.

Outro requisito de admissibilidade importante para a interposição do recurso adesivo, é o de que a parte contrária tenha efetivamente interposto o recurso independente. Sem que tenha sido interposto voluntariamente o recurso independente, não será conhecido o recurso adesivo. Por isso, não cabe recurso adesivo nas hipóteses de *remessa necessária*.

É necessário que no momento da interposição do recurso adesivo ainda subsista o recurso independente. Se quando da interposição do recurso adesivo já não mais existe o recurso independente, seja pelo fato de que não foi conhecido, seja pelo fato de sua desistência pela parte proponente, não será o recurso adesivo conhecido.

A *legitimação ativa* para interpor o recurso adesivo é da parte que, no grau inferior de jurisdição, se contrapunha ao primeiro recorrente. Havendo litisconsortes, qualquer um deles poderá interpor o recurso adesivo em face do adversário deles que interpôs o recurso independente. Ressalvada a hipótese de *litisconsórcio unitário*, *"caso o recurso principal, interposto pela parte adversa, se endereça a um único (ou a alguns) dos coautores ou corréus parcialmente vencidos, só esse (s) coautor (es) ou corréu (s) se legitima (m) à 'adesão', que poderá visar apenas matéria pertinente à situação do (s) recorrido (s) na impugnação principal"*.[364]

Não tem legitimidade para interpor recurso adesivo o *terceiro prejudicado* e o Ministério Público que não ocupava na época a posição de parte no processo. Nesse sentido é a lição de José Afonso da Silva, Paulo César Aragão, Cândido Rangel Dinamarco, Sérgio Bermudes, José Frederico Marques e José Carlos Barbosa Moreira.[365]

O *interesse* ao recurso adesivo é demonstrado pela sucumbência parcial da decisão recorrida.

Além do mais, o *interesse* também é demonstrado pela necessidade de se levar à cognição do órgão 'ad quem' matéria que não esteja abrangida pelo efeito *devolutivo* do recurso independente ou principal, e que ficaria preclusa em não ocorrendo a adesão.

Se o órgão 'ad quem' pode apreciar a matéria em face do efeito devolutivo do recurso independente ou principal, não terá o recorrente adesivo interesse em recorrer por falta de necessidade.[366]

O recurso adesivo, nos termos do inc. I do §2º do art. 997 do atual C.P.C., deverá ser interposto no mesmo prazo de que dispõe a parte para responder ao recurso principal ou independente.

No caso de litisconsórcio, o prazo para que se possa interpor o recurso adesivo será computado em dobro, havendo procuradores e escritórios de advogados diferentes.

Também se contará em dobro o prazo do recurso adesivo em se tratando do Ministério Público, da União, do Estado, do Distrito Federal, dos Municípios e respectivas autarquias e fundações públicas, assim como se a parte estiver representada pela Defensoria Pública. Nesse sentido são as seguintes decisões do S.T.J.:

---

[364] BARBOSA MOREIRA, J. C., op. cit., p. 297.
[365] BARBOSA MOREIRA, J. C., idem, ibidem.
[366] BARBOSA MOREIRA, J. C., idem, p. 298.

I – O prazo em dobro para interposição do recurso adesivo decorre da conjugação do art. 500, I c/c art. 188, ambos do Código de Processo Civil.

II – O recurso adesivo não está condicionado à apresentação de contrarrazões ao recurso principal, porque são independentes ambos os institutos de direito processual, restando assegurado, pela ampla defesa e contraditório constitucionais, tanto o direito de recorrer, como o de responder ao recurso.

III – Embargos rejeitados.

(EDcl no REsp 171.543/RS, Rel. Ministra NANCY ANDRIGHI, SEGUNDA TURMA, julgado em 16/06/2000, DJ 14/08/2000, p. 159)

O art. 188 do Código de Processo Civil é expresso na admissão do prazo recursal em dobro para as pessoas jurídicas de direito público, embora não o faça para apresentação de contrarrazões. Na verdade "adesivo" é a modalidade de interposição do recurso, e não uma outra espécie recursal. Por isso, que o recurso do autor Município é "recurso de apelação", na modalidade "adesiva", e para sua interposição, como de qualquer outro recurso, goza do privilégio de interposição no prazo dobrado.

(REsp 171.543/RS, Rel. Ministra NANCY ANDRIGHI, SEGUNDA TURMA, julgado em 18/04/2000, DJ 22/05/2000, p. 97, REPDJ 29/05/2000, p. 139)

Para nosso ordenamento jurídico, não se considera recurso adesivo aquele que é interposto no prazo comum para responder. Assim, se o recurso é interposto no prazo comum, será ele considerado um recurso autônomo e independente.

Entende Barbosa Moreira que é possível admitir que alguma das partes, no caso de 'sucumbência recíproca', recorrendo embora dentro do *prazo comum* (mas *depois* da interposição de recurso pelo adversário), possa dar à sua impugnação, se quiser, o caráter 'adesivo'. Nesse caso, o recorrente deverá declarar expressamente tal intenção nas razões recursais; no silêncio do recorrente, presume-se a *independência* do recurso interposto no prazo comum.[367]

O recurso adesivo será dirigido ao juízo da sentença ou do acórdão recorrido, conforme se trate respectivamente de apelação, recurso extraordinário ou recurso especial.

---

[367] Barbosa Moreira, J. C., idem, p. 300.

Devem-se observar os procedimentos legais e regimentais dos tribunais quanto à forma de interposição do recurso independente ou principal.

O órgão competente para a interposição do recurso adesivo terá as mesmas atribuições procedimentais conferidas em relação ao recurso independente ou principal.

Remetidos os autos ao tribunal 'ad quem', o procedimento para apreciação do recurso independente ou principal e do recurso adesivo será unificado, como se fossem dois recursos independentes.

O recurso adesivo, conforme estabelece o inc. II do §2º do art. 997 do atual C.P.C., somente será permitido em se tratando de recurso principal ou independente de apelação, recurso extraordinário e recurso especial.

Portanto, o recurso adesivo não tem espaço em se tratando de agravo de instrumento, agravo interno, embargos de declaração, recurso ordinário, agravo em recurso especial ou extraordinário e embargos de divergência.

O recurso adesivo, conforme estabelece o inc. III do §2º do art. 997 do atual C.P.C., não será conhecido, se houver desistência do recurso independente ou principal ou se for ele declarado inadmissível.

O forte vínculo existente entre o recurso adesivo e o recurso independente ou principal decorre do fato de que o recurso adesivo somente tem sua razão de ser em face da existência ou possibilidade de apreciação do recurso principal ou independente. Se este não houvesse sido interposto, o recurso adesivo também não teria existência.

Assim, em nosso ordenamento jurídico todo recurso adesivo subordina-se à sorte do recurso independente ou principal.

Portanto, se houver desistência do recurso independente ou principal, o recurso adesivo não será conhecido. Da mesma forma, se o recurso principal não for conhecido, em razão da falta de requisitos de sua admissibilidade, também não será conhecido o recurso adesivo.

Porém, se o recurso independente for conhecido, mas negado seu provimento, o recurso adesivo será julgado normalmente.

Também não será conhecido o recurso adesivo, se o recurso principal for considerado deserto, em face da não comprovação do depósito das custas recursais.

Porém, o S.T.J., em decisão paradigmática, preconiza que se for concedida tutela antecipada em sede de recurso adesivo, não será acolhida a desistência do recurso independente ou principal, em face do princípio da boa-fé processual. Nesse sentido eis a seguinte decisão:

DIREITO PROCESSUAL CIVIL. IMPOSSIBILIDADE DE DESISTÊNCIA DO RECURSO PRINCIPAL APÓS A CONCESSÃO DE ANTECIPAÇÃO DOS EFEITOS DA TUTELA EM SEDE DE RECURSO ADESIVO.

Concedida antecipação dos efeitos da tutela em recurso adesivo, não se admite a desistência do recurso principal de apelação, ainda que a petição de desistência tenha sido apresentada antes do julgamento dos recursos. De fato, a apresentação da petição de desistência na hipótese em análise demonstra pretensão incompatível com o princípio da boa-fé processual e com a própria regra que faculta ao recorrente não prosseguir com o recurso, a qual não deve ser utilizada como forma de obstaculizar a efetiva proteção ao direito lesionado. Isso porque, embora tecnicamente não se possa afirmar que a concessão da antecipação dos efeitos da tutela represente o início do julgamento da apelação, é evidente que a decisão proferida pelo relator, ao satisfazer o direito material reclamado, passa a produzir efeitos de imediato na esfera jurídica das partes, evidenciada a presença dos seus requisitos (prova inequívoca e verossimilhança da alegação). Além disso, deve-se considerar que os arts. 500, III, e 501 do CPC – que permitem a desistência do recurso sem a anuência da parte contrária – foram inseridos no Código de 1973, razão pela qual, em caso como o aqui analisado, a sua interpretação não pode prescindir de uma análise conjunta com o art. 273 do CPC – que introduziu a antecipação dos efeitos da tutela no ordenamento jurídico pátrio por meio da Lei 8.952, apenas no ano de 1994, como forma de propiciar uma prestação jurisdicional mais célere e justa –, bem como com o princípio da boa-fé processual, que deve nortear o comportamento das partes em juízo (de que são exemplos, entre outros, os arts. 14, II, e 600 do CPC, introduzidos, respectivamente, pelas Leis 10.358/2001 e 11.382/2006). Ante o exposto, a solução adequada para o caso em apreço desborda da aplicação literal dos arts. 500, III, e 501 do CPC, os quais têm função apenas instrumental, devendo ser adotada uma interpretação teleológica que, associada aos demais artigos mencionados, privilegie o escopo maior de efetividade do direito material buscado pelo sistema, que tem no processo um instrumento de realização da justiça.

(REsp 1.285.405-SP, Rel. Min. Marco Aurélio Bellizze, julgado em 16/12/2014, DJe 19/12/2014).

20.

Do Despacho não cabe Recurso

Recurso é uma manifestação de inconformismo contra determinada decisão interlocutória, sentença ou acórdão, ou seja, contra ato jurisdicional processual de natureza decisional.

Portanto, não podem ser objeto de recurso os *despachos*, tendo em vista que eles não têm conteúdo decisional, limitando-se a movimentar o procedimento ou à ordenação dos atos processuais.

Repetindo a regra já existente no C.P.C. de 1973, preconiza o art. 1.001 do novo C.P.C. que dos despachos não cabe recurso.

Regra similar encontra-se no art. 630º do C.P.C. português, *in verbis*:

> *Art. 630º. Despachos que não admitem recurso*
> *1 – Não admitem recurso os despachos de mero expediente nem os proferidos no uso legal de um poder discricionário.*[368]

---

[368] *"O poder discricionário do juiz é o que resulta da concessão pelo legislador de uma certa margem de liberdade, traduzida num 'poder de escolha' insindicável. Ele está presente quando é outorgado ao juiz o poder de decidir, dentro de uma série de soluções admitidas pela lei, aquela que o julgador entenda ser mais idónea à satisfação do interesse tutelado pela norma. Esta série de soluções tanto pode ser integrada por apenas duas – uma certa decisão ou a abstenção de intervir, de que é exemplo a norma contida no art. 594º, n. 1 (convocação de uma tentativa de conciliação 'ad hoc') –, como chegar a ser uma série extensa, veja-se a norma prevista no 597º, na opção sobre o caminho a seguir, isto é, o ato a praticar, e já não sobre o conteúdo deste. Refere-se esta norma à discricionariedade da decisão. É a decisão (o seu sentido) proferida no uso legal de um poder discricionário que é irrecorrível (art. 152º, n. 4, segunda parte) – isto é, no*

Conforme anotam Paulo Ramos Faria e Ana Luísa Loureiro, *"Despacho de mero expediente. Os despachos podem ser decisórios ou jurisdicionais, e não decisórios ou de mero expediente (art. 152º, n. 4, primeira parte). Os primeiros são os que decidem qualquer questão suscitada no processo, com repercussões sobre os direitos das partes; os segundos destinam-se a ordenar os termos do processo, deixando inalterados aqueles direitos"*.[369]

Na realidade, não se admite recurso das decisões de composição do procedimento.

Segundo anota Rui Pinto: *"a opção legislativa do n. 2 é 'radical', não somente quanto aos novos despachos abrigados no artigo 6º e no artigo 547º, mas também quanto à tradicional decisão de julgamento de arguição de nulidade. Sacrifica-se a justiça perante a celeridade processual. O legislador procurou, ainda assim, pela ressalva da segunda parte do preceito, garantir o respeito pelos 'princípios da igualdade' (cf. art. 4º), 'do contraditório' (cf. art. 3º), da 'aquisição processual' de factos (cf. artigo 413) e das regras de 'admissibilidade de meios probatórios'.*

No entanto, esta enumeração é 'insuficiente' à luz do princípio da interpretação das normas em conformidade com a Constituição da República, nomeadamente o 'acesso à tutela jurisdicional e de processo equitativo' do art. 20º CRP: é bom de ver que é sempre recorrível o despacho que viole as demais garantias constitucionais de

---

sentido presente na norma, 'inimpugnável'. Quando a parte discricionária da pronúncia se situe noutro ponto – por exemplo, na afirmação dos seus pressupostos –, a decisão é recorrível – melhor, 'impugnável' –, embora 'neste ponto' seja insindicável – é o caso quando a lei estabelece como pressuposto a ocorrência de um estado ou de uma convicção subjetivo do julgador (v.g., o juiz 'não se julgar' suficientemente esclarecido ou 'entender' existir um inconveniente). Decisões integradas por este momento discricionário podem compreender um momento de 'apreciação' discricionária. No entanto, ao consagrá-las, o legislador vai mais longe e confia, ainda, ao juiz a 'decisão' de agir, ou não, podendo mesmo confiar-lhe a conformação do conteúdo da pronúncia. É indiciador desta intenção o emprego do verbo 'poder' – cfr, por exemplo, os arts. 490º, n. 1, e 494º. A lei considera proferidos no uso legal de um poder discricionário os despachos que decidam matérias confiadas ao prudente arbítrio do julgador (art. 152º, n. 4).

Note-se que a mera vinculação a um fim – por exemplo, a um dos presentes nos arts. 6º ou 411º – não retira à decisão a sua natureza discricionária, antes a sublinha. O conteúdo da decisão jurisdicional é sempre condicionado pelo seu fim, ou seja, pela satisfação do interesse que serve. Na decisão dita vinculada, a relação entre o meio e o fim foi resolvida pelo legislador; isto é, a adequação do (preestabelecido) conteúdo da decisão à satisfação deste fim é afirmada pelo legislador. Na decisão proferida no uso legal de um poder discricionário, continuando o fim da pronúncia jurisdicional a estar presente, a relação entre o meio e o fim é resolvida pelo juiz". (FARIA, P. R.; LOUREIRO. Al. L., op. cit., p. 24).

[369] FARIA, P. R.; LOUREIRO, A. L. idem, p. 23.

'imparcialidade, fundamentação das decisões (cf. artigo 205), publicidade do processo, proibição de decisões-surpresa, ou prazo razoável' entre outras subgarantias".[370]

Sobre o tema, eis a seguinte decisão do tribunal português: *"É admissível recurso do despacho do juiz que ordene a requisição de documentos nos termos do art. 535º do CPC, por não se tratar de um acto proferido no uso legal de um poder discricionário (RL 14-12-2004/9255/2004-7)".*

Os atos praticados pelo juiz, nos termos do art. 203 do atual C.P.C., são *as sentenças, as decisões interlocutórias e os despachos.*

Ressalvadas as disposições expressas dos procedimentos especiais, *sentença* é o pronunciamento por meio do qual o juiz, com fundamento nos arts. 485 e 487, põe fim à fase cognitiva do procedimento comum, bem como extingue a execução. Inclui-se também nessa definição os acórdãos, que decorrem do julgamento proferidos pelos tribunais.

Decisão *interlocutória* é todo pronunciamento judicial de natureza decisional que não se enquadre na definição de sentença.

Já os *despachos* são todos os demais pronunciamentos do juiz praticados no processo, de ofício ou a requerimento da parte, sem caráter decisional.

Por sua vez, os *atos meramente ordinatórios*, como a juntada e a vista obrigatória, independem de despacho, devendo ser praticados de ofício pelo servidor e revistos pelo juiz quando necessário.

De imediato pode-se afirmar que todos os despachos, assim como os atos ordinatórios de mero expediente são *irrecorríveis.*

Porém, é possível que a prolação de um despacho possa ensejar questões a serem resolvidas, desta vez por meio de decisões interlocutórias.

A resolução das questões através de decisões interlocutórias poderá ensejar recurso de agravo de instrumento, desde que tal decisão esteja inserida numa das hipóteses do art. 1.015 do atual C.P.C.

---

[370] PINTO, Rui. *Notas ao código de processo civil.* Coimbra: Coimbra Editora, 2014. p. 407.

21.

Impugnação Total ou Parcial da Decisão

Os atos praticados pelo juiz, nos termos do art. 203 do atual C.P.C., são *as sentenças, as decisões interlocutórias e o despacho.*

Conforme já se afirmou, ressalvadas as previsões expressas nos procedimentos especiais, *sentença* é o pronunciamento por meio do qual o juiz, com fundamento nos arts. 485 ou 487, põe fim à fase cognitiva do procedimento comum, bem como extingue a execução. Inclui-se também nessa definição os acórdãos, que decorrem do julgamento proferidos pelos tribunais.

Decisão *interlocutória* é todo pronunciamento judicial de natureza decisional que não se enquadre na definição de sentença.

Tanto a sentença como as decisões interlocutórias estão sujeitas a recurso.

Dificilmente uma decisão, especialmente uma sentença, contém o julgamento de uma só pretensão, ou seja, constitui-se apenas num só capítulo decisional. Basta pensar na condenação ao pagamento das custas e honorários de advogado, decisão essa que não se confunde com o mérito da pretensão principal formulada em juízo.

São também comuns os casos de *cúmulo de pedidos*, em que a parte final da decisão (especialmente a sentença) cinde-se em duas ou mais disposições, cada uma distinta da outra e destinada ao julgamento de uma das pretensões cumuladas.[371]

---

[371] DINAMARCO, Cândido Rangel. *Capítulos de sentença.* 4ª ed. São Paulo: Malheiros, 2009. p. 9.

RECURSOS NO NOVO C.P.C.

Surge, assim, o interesse em *cindir ideologicamente a sentença*, isolando as partes mais ou menos autônomas de que ela se compõe e buscando-se por esse meio critérios válidos para a solução de variadíssima série de questões processuais.[372]

Essa *cindibilidade da* decisão é objeto do tema denominado *capítulos de decisões* (especialmente de sentença).

Remonta a Giuseppe Chiovenda a mais restritiva das teorias sobre os capítulos de sentença, os quais para ele seriam apenas as unidades do decisório, portadores de julgamento de mérito. Chiovenda associava capítulos de sentença aos *da demanda*, falando nos predicados da *autonomia e independência* como elementos essenciais ao conceito daqueles. Por isso, na concepção chiovendiana, a autonomia de cada um dos capítulos da sentença significava que as diversas parcelas do *petitum* bem poderiam ter sido objeto de demandas separadas, propostas em tempos diferentes e dando origem a dois ou mais processos distintos.[373]

À perspectiva chiovendiana extremamente restritiva objetou-se, com razão, a sua insuficiência para resolver problemas importantes relacionados com os próprios recursos, quando a sentença contém capítulos decisórios (de mérito e sobre a admissibilidade do julgamento deste). Não podem ser considerados *autônomos* os pronunciamentos do juiz sobre a admissibilidade do julgamento de mérito, como aquele mediante o qual, rejeitando uma preliminar destinada a por fim ao processo (coisa julgada, carência de demanda, etc) ele afirma que o autor tem direito a esse julgamento e passa a decidir a causa; pronunciamentos, como esses, exaurem-se na relação jurídica processual e dizem respeito exclusivamente a ela, sem interferir na vida exterior dos ligantes, não se concebendo, portanto, que pudessem ter sido provocados por uma iniciativa autônoma nem dar origem a um processo autônomo.[374]

Cada capítulo do ato decisório, quer todos de mérito, quer heterogêneos, é uma *unidade elementar autônoma,* no sentido de que cada um deles expressa uma deliberação específica.[375]

---

[372] DINAMARCO, C. R., idem, p. 11.
[373] DINAMARCO, C. R., idem, p. 19 e 20.
[374] DINAMARCO, C. R., idem, p. 21.
[375] DINAMARCO, C. R., idem, p. 34.

IMPUGNAÇÃO TOTAL OU PARCIAL DA DECISÃO

Assim, pode-se definir os *capítulos da sentença*, em face do direito positivo brasileiro, como *unidades autônomas do decisório da sentença*".[376]

Diante dessa autonomia de unidade autônoma do decisório, a parte pode recorrer de toda decisão desfavorável em relação a cada capítulo da decisão, ou de apenas algumas dessas unidades autônomas.

Fala-se então que o recurso pode ser total ou parcial.

Na hipótese de a parte impugnar apenas algumas unidades autônomas do ato decisório, pode-se afirmar que ela aceitou parte da decisão, concordando com o seu conteúdo, apesar de lhe ser desfavorável.

A doutrina italiana denomina isso de aquiescência imprópria ou presumida, ou seja, aquela que diz respeito à parte da sentença não impugnada e tem lugar nos casos em que o sucumbente, pelo fato de impugnar alguns capítulos da sentença, se tenha manifestado pela não impugnação de outros capítulos ou parte da sentença. O problema não é simples, pois no caso de aquiescência imprópria e, portanto, de impugnação parcial sobre capítulos da sentença não impugnados, se forma a coisa julgada formal, com a impossibilidade por parte do juiz de impugnação proceder a um reexame ou controle da decisão sobre o ponto objeto da aquiescência. Essa possibilidade não se aplica na hipótese de capítulos coligados ou dependentes por relação de prejudicialidade ou se entre eles houver conexão.[377]

O art. 881 do C.P.C. de 1939 presumia total a impugnação se o recorrente não indicasse a parte da decisão que pretendia recorrer. Evidentemente, essa interpretação ocorria apenas para as partes da decisão em que o recorrente fosse sucumbente, e não para aquelas em que ele saísse vencedor.

O art. 1.002 do atual C.P.C., assim como já o fizera o art. 505 do C.P.C. de 1973, não repetiu a parte final do art. 881 do C.P.C. de 1939. Por isso, se não existir delimitação do recurso, a impugnação presumir-se-á total ou parcial?

Se a parte não impugnar especificamente os capítulos da sentença que são independentes e autônomos entre si, considera-se que a parte aceitou a decisão, e sendo ela uma sentença, haverá o trânsito em julgado da parte não recorrida. O objeto da cognição recursal é o que delimita o âmbito do recurso, não podendo o órgão *ad quem* ir além do que fora delimitado no

---

[376] DINAMARCO, C. R., idem, p. 34.
[377] COMOGLIO, L.P.; FERRI, C.; TARUFFO, M., op. cit., p. 601.

RECURSOS NO NOVO C.P.C.

recurso, salvo se se tratar de questão de ordem pública, quando poderá haver o conhecimento de ofício.

Para Barbosa Moreira, a impugnação sucessiva, dentro do prazo para o recurso, de partes distintas da decisão, não vulnera o princípio da unicidade, tendo em vista que cada parte é havida, desse ponto-de-vista, como uma decisão per si.[378]

Se não houver independência entre os capítulos da decisão, mas relação de acessoriedade ou conexão, a impugnação do principal alcançará a do acessório, sendo que o inverso pode não ser verdadeiro.

Sobre o tema, eis os seguintes precedentes do S.T.J.:

> *1. Uma vez negado seguimento ao recurso especial ante a incidência das Súmulas 280, 283, 284, todas do Supremo Tribunal Federal, e da Súmula 211/STJ, a interposição de agravo regimental voltado apenas à configuração de prequestionamento implícito, sem impugnar a motivação autônoma remanescente, configura irregularidade formal decorrente da inobservância ao princípio da dialeticidade.*
>
> *2. Agravo regimental não conhecido. Multa de um por cento sobre o valor corrigido da causa (art. 557, § 2.º, do CPC).*
>
> (AgRg no REsp 1371023/SC, Rel. Ministro MAURO CAMPBELL MARQUES, SEGUNDA TURMA, julgado em 20/05/2014, DJe 26/05/2014).

> *1. Anulado o decreto expropriatório por dois fundamentos distintos, a saber, o desvio de finalidade, por haver benefício a um único particular, e o descumprimento ao art. 5.º, alínea "i" e §§ 1.º e 2.º, do Decreto-Lei 3.365/1941, a impugnação a apenas este último configura a falta de regularidade formal do recurso especial, porque na eventualidade do seu provimento ainda remanesceria o desvio a inquinar o ato e manter a eficácia do acórdão. Súmula 283/STF.*
>
> *(...).*
>
> (AgRg no REsp 1404738/SC, Rel. Ministro MAURO CAMPBELL MARQUES, SEGUNDA TURMA, julgado em 26/11/2013, DJe 04/12/2013).

> *(...).*
>
> *2. Inaplicabilidade da Súmula 182/STJ ao agravo regimental que impugna capítulos autônomos da decisão monocrática. Preclusão quanto aos capítulos não impugnados.*

---

[378] BARBOSA MOREIRA, J. C., op. cit., p. 337.

(...).
(EDcl no AgRg no REsp 895.227/RS, Rel. Ministro PAULO DE TARSO SANSEVERINO, TERCEIRA TURMA, julgado em 18/12/2012, DJe 01/04/2013).

Na hipótese de existir impugnação parcial da decisão, referente apenas a alguns capítulos da sentença, entende Nelson Nery Junior ser possível a *execução definitiva* da parte da sentença já transitada em julgado, em se tratando de recurso parcial, desde que observadas certas condições: a) cindibilidade dos capítulos da decisão; b) autonomia entre a parte da decisão que se pretende executar e a parte objeto da impugnação; c) existência de litisconsórcio não unitário ou diversidade de interesses entre os litisconsortes, quando se tratar de recurso interposto por apenas um deles.[379]

A doutrina também faz menção ao *efeito expansivo* do recurso, o qual pode assumir a figura de objetivo ou subjetivo, interno ou externo.

Conforme anota Nelson Nery Junior: *"Há efeito expansivo objetivo interno quando o tribunal, ao apreciar apelação interposta contra sentença de mérito, por exemplo, dá-lhe provimento e acolhe preliminar de litispendência. Essa decisão sobre questão preliminar estende-se por toda a sentença, invalidando-a, pois o resultado efetivo do julgamento da apelação é a extinção do processo sem resolução do mérito (CPC 267 V 1973). O reconhecimento da existência de litispendência faz com que a mesma sentença impugnada seja atingida pelo resultado do provimento do recurso*

---

[379] *"Com efeito, se a parte recorreu objetivando a improcedência do pedido de indenização a que fora condenada pela sentença, deixando de impugnar os honorários de advogado, não se pode dizer que o capítulo relativo à verba honorária transitou em julgado e, portanto, não foi alcançado pelo efeito suspensivo, podendo ser executado provisoriamente. Isso porque a parte da sentença relativa aos honorários não é autônoma em relação à condenação do principal: improcedente esta, 'ipso facto' a decisão sobre os honorários também se modificará.*

Há independência quando há dois pedidos distintos, cumulados no mesmo processo, referentes a dois contratos celebrados entre as partes. Havendo apelação da sentença apenas quanto à resolução do contrato 'x', por exemplo, a parte da sentença que resolveu o contrato 'y' é desde já provisoriamente executável, pois transitou em julgado pela inação da parte que dela não recorreu.

(...).

Tratando-se de litisconsórcio unitário, entretanto, a execução da sentença quanto ao litisconsorte que não recorreu é inadmissível, em face da tão só possibilidade de a decisão sobre o recurso poder produzir 'efeito expansivo subjetivo', atingindo-o (CPC 509 de 1973), nada obstante não haja interposto recurso". (NERY JUNIOR, N., op. cit., p. 434).

e 'inutiliter data' no que diz respeito ao julgamento de mérito... Quando, em suma, o efeito expansivo se dá relativamente ao mesmo ato impugnado, diz-se que é interno.

Verifica-se o 'efeito expansivo objetivo externo' quando é provido recurso de agravo de instrumento. Como o agravo de regra não tem efeito suspensivo, ainda que interposto não paralisa o curso do procedimento. Provido o agravo pelo tribunal 'ad quem', todos os atos processuais praticados depois de sua interposição, que com a nova decisão sejam incompatíveis, são, 'ipso facto', considerados sem efeito, devendo ser renovados. O mesmo pode se dizer quanto aos atos praticados no curso da 'execução provisória' da sentença, caso seja provido o recurso recebido apenas no efeito devolutivo (CPC 587 de 1973), atos esses que ficam sem efeito conforme expressa determinação do CPC 478-0 II de 1973). Quando o efeito expansivo se dá relativamente a outros atos praticados no processo, e não ao mesmo ato impugnado, diz-se que se trata de 'efeito expansivo externo'.

O objeto da extensão dos efeitos do julgamento do recurso pode ocorrer do ponto de vista subjetivo, razão pela qual aí impende falar em 'efeito expansivo subjetivo'. É o caso, por exemplo, do recurso interposto por apenas um dos litisconsortes sobre o regime da unitariedade.

Nada obstante ser a atividade do 'assistente litisconsorcial' (CPC 54 de 1973) absolutamente distinta e autônoma da do assistido, o recurso interposto pelo assistente litisconsorcial também aproveita ao assistido, pois a lide é comum aos dois em face do regimento da unitariedade litisconsorcial que os une, embora quanto à formação se tratasse de litisconsórcio facultativo...[380]

---

[380] NERY Junior, N., idem, p. 456 a 460.

22.
Efeitos do Recurso Interposto pelo Litisconsorte

Segundo estabelece o art. 113, incisos I a III, do atual C.P.C., duas ou mais pessoas podem litigar, no mesmo processo, em conjunto, ativa ou passivamente, quando: *a) entre elas houver comunhão de direitos ou de obrigações relativamente à lide; b) entre as causas houver conexão pelo pedido ou pela causa de pedir; c) ocorrer afinidade de questões por ponto comum de fato ou de direito.*

Os litisconsortes serão considerados, em suas relações com a parte adversa, como litigantes distintos, exceto no litisconsórcio unitário, caso em que os atos e as omissões de um não prejudicarão os outros, mas os poderão beneficiar (art. 117).

Por sua vez, segundo prescreve o art. 1005 do novo C.P.C., o recurso interposto por um dos litisconsortes a todos aproveita, salvo se distintos ou opostos os seus interesses.

Qual o motivo de se estender os efeitos de um recurso interposto por um dos litisconsortes aos outros que não recorreram? Um dos motivos é evitar decisões conflitantes sobre questões comuns de fato e de direito, impedindo-se a dualidade de regulamentação fática e jurídica de questões comuns. Por isso, se apenas A se sujeitasse à decisão de grau superior, poderia acontecer que a solução do litígio, em relação a ele, viesse a diferir afinal daquela que se consagra no pronunciamento do órgão 'a quo', e que prevaleceria quanto a B e a C, caso a interposição não lhes estendesse os seus efeitos.[381]

---

[381] Barbosa Moreira, J. C., op. cit., p. 362.

Em se tratando de litisconsórcio comum, tal quebra de homogeneidade não tem impedimento legal. Desta feita, em se tratando de litisconsórcio comum facultativo, os litisconsortes serão considerados, em suas relações com a parte adversa, como litigantes distintos. Assim, o recurso interposto por um dos litisconsortes facultativo não prejudica nem beneficia o outro litisconsorte que não recorreu da decisão.

Porém, se litigarem conjuntamente duas ou mais pessoas, como litisconsortes unitários, a sentença de mérito deverá ser uniforme, não podendo decidir de uma forma para alguns em detrimento de outros.

O art. 1.005 do atual C.P.C. não trata do litisconsorte facultativo ou necessário, mas, sim, do litisconsórcio *unitário*.

É possível a existência de um litisconsórcio necessário, sem ser unitário. Pense-se na demanda de usucapião em que se exigia a citação de todos os confinantes. Nesse caso, a decisão não haveria, necessariamente, de ser igual para todos os litisconsortes.

Nesse sentido, eis as seguintes decisões do S.T.J.:

> *(...).*
>
> *2. O art. 509 do Código de Processo Civil aplica-se tão somente às hipóteses de litisconsórcio unitário, não havendo espaço para incidência deste quando se trata de litisconsórcio simples, como no presente caso. Precedentes.*
>
> *3. Recurso especial improvido.*
>
> (REsp 209.336/SP, Rel. Ministra MARIA THEREZA DE ASSIS MOURA, SEXTA TURMA, julgado em 08/03/2007, DJ 26/03/2007, p. 291)

> *– O julgado que se pretende estender aos demais litisconsortes ativos se refere à fase de execução do julgado. Dessa forma, não há como se entender que se trata de litisconsórcio simples, pois, no caso dos autos, a relação jurídica que une as partes é marcada pela indivisibilidade, porquanto já definida a situação de cada servidor na ação de conhecimento. Apenas tentam os ora embargados, de forma unitária, se fazerem valer dos efeitos da decisão tomada na fase executiva.*
>
> *– A jurisprudência desta Corte está firmada no sentido de que a formação de litisconsórcio unitário conduz à aplicação da regra prevista no art. 509 do CPC.*
>
> *Embargos declaratórios recebidos como agravo regimental, ao qual se nega provimento.*
>
> (EDcl nos EDcl no REsp 519.340/SP, Rel. Ministra MARILZA MAYNARD (DESEMBARGADORA CONVOCADA DO TJ/SE), SEXTA TURMA, julgado em 10/06/2014, DJe 27/06/2014)

EFEITOS DO RECURSO INTERPOSTO PELO LITISCONSORTE

1. As questões de ordem pública, no caso a ilegitimidade das partes, podem ser alegadas em qualquer tempo e grau de jurisdição ordinária, podendo ser, até mesmo, conhecidas de ofício pelo juiz, o que afasta as teses de julgamento ultra petita e reformatio in peius, levantadas pelos recorrentes.

2. O entendimento que firmemente prevalece nesta Corte é o de que o recurso produz efeitos somente ao litisconsorte que recorre, ressalvados os casos de litisconsórcio unitário, que não é o caso dos autos.

3. Agravo regimental a que se nega provimento.

(AgRg no REsp 770.326/BA, Rel. Ministro CELSO LIMONGI (DESEM-BARGADOR CONVOCADO DO TJ/SP), SEXTA TURMA, julgado em 02/09/2010, DJe 27/09/2010)

Por isso, o recurso interposto por um ou alguns dos litisconsortes a todos aproveita, salvo se distintos ou opostos seus interesses. Exemplo: a) a impugnação versar sobre questão pertinente ao *mérito* da causa, como a questão de nulidade de assembleia social; b) a impugnação versar sobre matéria diversa do mérito, mas que é de interesse de todos os litisconsortes, como ocorre na hipótese em que a demanda proposta contra A, B e C para anular contrato em que são figurantes, rejeitando o juiz a preliminar de coisa julgada, para fazer prosseguir o feito, mediante saneamento do processo, em vez de extingui-lo desde logo; o agravo de instrumento, que A sozinho interponha, surte efeitos igualmente para B e C.[382]

Assim, *"a interposição tempestiva de recurso, por qualquer dos litisconsortes unitários, é eficaz para todos os outros, inclusive para aqueles que tenham desistido de recurso interposto, ou em relação aos quais haja ocorrido fato ordinariamente idôneo a tornar-lhes inadmissível a impugnação (escoamento inaproveitado do prazo recursal, renúncia ao direito de recorrer, aquiescência à decisão). Se não coincidem os prazos dos diversos colitigantes, porque as intimações não se fizeram na mesma data, a tempestiva interposição por um produz efeitos desde logo para os que já tenham deixado esgotar-se 'in albis' os seus próprios prazos, e passa a produzi-los para os restantes, a partir do termo final dos prazos respectivos, porventura não aproveitados...".*[383]

Em relação à extensão do recurso aos 'compartes' não recorrentes, preceitua o art. 634º do C.P.C. português:

---

[382] Barbosa Moreira, J. C., idem, p. 367.
[383] Barbosa Moreira, J. C., idem, p. 369.

Artigo 634.º Extensão do recurso aos compartes não recorrentes

1 – O recurso interposto por uma das partes aproveita aos seus compartes no caso de litisconsórcio necessário.

2 – Fora do caso de litisconsórcio necessário, o recurso interposto aproveita ainda aos outros:

a) Se estes, na parte em que o interesse seja comum, derem a sua adesão ao recurso;

b) Se tiverem um interesse que dependa essencialmente do interesse do recorrente;

c) Se tiverem sido condenados como devedores solidários, a não ser que o recurso, pelos seus fundamentos, respeite unicamente à pessoa do recorrente.

3 – A adesão ao recurso pode ter lugar, por meio de requerimento ou de subscrição das alegações do recorrente, até ao início do prazo referido no n.º 1 do artigo 657.º.

4 – Com o ato de adesão, o interessado faz sua a atividade já exercida pelo recorrente e a que este vier a exercer; mas é lícito ao aderente passar, em qualquer momento, à posição de recorrente principal, mediante o exercício de atividade própria; e se o recorrente desistir, deve ser notificado da desistência para que possa seguir com o recurso como recorrente principal.

5 – O litisconsorte necessário, bem como o comparte que se encontre na situação das alíneas b) ou c) do n.º 2, podem assumir em qualquer momento a posição de recorrente principal.

Estabelece o parágrafo único do art. 1.005 do atual C.P.C. que havendo solidariedade passiva, o recurso interposto por um devedor aproveitará aos outros quando as defesas opostas ao credor lhes forem comuns.

Inicialmente é importante ressaltar que o legislador fez questão de tratar num parágrafo separado da *solidariedade passiva* e o efeito de extensão subjetiva da eficácia recursal, justamente porque não significa que havendo solidariedade passiva haverá também litisconsórcio unitário. É possível que numa demanda de cobrança formulada contra A e B, o juiz julgue-a procedente contra A e improcedente contra B, não havendo qualquer conflito em tal decisão, justamente porque não se trata de litisconsórcio unitário.

Segundo estabelece o art. 264 do C.c.b., há solidariedade, quando na mesma obrigação concorre mais de um credor, ou mais de um devedor, cada um com direito, ou obrigado, à dívida toda.

Quando há solidariedade *passiva*, o credor tem direito a exigir e receber de um ou de alguns dos devedores, parcial ou totalmente, a dívida comum. Se o pagamento tiver sido parcial, todos os demais devedores continuam obrigados solidariamente pelo resto (art. 275 do C.c.b.).

EFEITOS DO RECURSO INTERPOSTO PELO LITISCONSORTE

Havendo solidariedade passiva, o recurso interposto por um devedor aproveitará aos outros, quando as defesas opostas ao credor lhes forem comuns. Essa extensão subjetiva dos efeitos do recurso decorre da necessidade de se promover tratamento uniforme no julgamento, evitando-se contradição lógica.

Por isso, os efeitos do recurso interposto por um dos codevedores solidários estender-se-ão aos outros codevedores que estão inseridos na relação jurídica processual, desde que haja identidade de defesa em relação ao credor. Assim, a extensão subjetiva dos efeitos do recurso justifica-se para o fim de evitar a ruptura da homogeneidade no trato da questão de fato e de direito constante dos autos.

Não sendo a defesa comum entre os devedores solidários, não haverá a extensão dos efeitos, pois nesse caso cada devedor solidário será tratado isoladamente. Assim, se o devedor solidário incapaz, em razão de idade, interpuser recurso para que seja reconhecida a prescrição da dívida em razão de prazo prescricional menor ao incapaz, o reconhecimento dessa prescrição não alcançará o litisconsorte capaz que não recorreu.

Por outro lado, se o recurso disser respeito à nulidade do contrato, o recurso de um dos devedores solidários surtirá efeito em relação ao devedor que não recorreu, especialmente se no recurso for acolhida a alegação de nulidade contratual.

23.
Processamento e Julgamento do Recurso no Tribunal

Interposto o recurso, nos termos do art. 929 do novo C.P.C., os autos serão registrados no protocolo do tribunal no dia de sua entrada, cabendo à secretaria ordená-los, com imediata distribuição.

O protocolo deverá seguir rigorosamente a ordem e o número de entrada.

A secretaria, quando da distribuição, não precisará mais verificar a numeração das folhas, como exigia o art. 547 do C.P.C. de 1973, especialmente pelo fato de que o processo passa a ser eletrônico, e, pelo sistema atual do processo eletrônico, ainda não há necessidade de se enumerar folhas.

Evidentemente, o modo de protocolização de petição de recurso regulado no art. 929 do novo C.P.C. diz respeito ao recurso interposto pelo modelo *físico* e não eletrônico, pois o protocolo e a distribuição de petição no processo eletrônico dar-se-ão pelo próprio sistema do processo eletrônico.

O tribunal poderá, a seu critério, descentralizar o serviço de protocolo, mediante delegação a ofícios de justiça de primeiro grau (p.u. do art. 929 do novo C.P.C.).

O Tribunal Regional Federal da 4ª Região descentralizou o serviço de protocolo, instituindo o SUP – Sistema Único de Protocolo no âmbito da Justiça Federal de 1º e 2º Graus da 4ª Região, através da Resolução n, 114, de 19 de outubro de 2005, *in verbis:*

O PRESIDENTE DO TRIBUNAL REGIONAL FEDERAL DA 4ª REGIÃO, no uso das atribuições que lhe confere o art. 20, inciso I, do Regimento Interno deste Tribunal e tendo em vista o deliberado na sessão do Conselho de Administração, realizada em 17/10/05, nos autos do Processo Administrativo nº 05.20.00183-4, resolve:

Art. 1º Implantar, no âmbito da Justiça Federal de 1º e 2º Graus da 4ª Região, o Sistema Único de Protocolo (SUP), onde serão cadastrados todos os documentos e petições destinados a qualquer órgão jurisdicional da Justiça Federal da 4ª Região, exceto as petições iniciais não incidentais de 1ª instância.

Art. 2º As petições serão recebidas, preferencialmente, nas Centrais de Atendimento, onde houver, no setor de protocolo ou distribuição, quando destinada ao Tribunal ou outra Subseção Judiciária, e nas Secretarias Processantes para os feitos a elas vinculados.

§ 1º As petições iniciais de 1ª instância, não incidentais, deverão ser protocolizadas apenas na Subseção onde tramitará o feito;

§ 2º Os recursos e demais petições interpostos perante o Presidente do Tribunal para apreciação pelos Tribunais Superiores, deverão ser protocolizados exclusivamente na sede do Tribunal; (Suprimido pela Resolução Nº 37/2006)

§ 3º Os recursos extraordinários endereçados às Turmas Recursais deverão ser protocolizados exclusivamente na respectiva sede. (Suprimido pela Resolução Nº 37/2006)

Art. 3º As petições e recursos encaminhados por sistema de transmissão de dados e imagens tipo fac-símile, e-mail ou outro similar serão recebidas e protocolizadas de acordo com a Lei 9.800/99.

Art. 4º As custas processuais eventualmente devidas, bem como as antecipações de depósitos ou honorários devidos no destino, poderão ser recolhidos na origem, observados os requisitos legais e a sistemática em vigor, na agência da Caixa Econômica Federal local, ou, não existindo agência desta instituição no local, em outro banco oficial, mediante pagamento em DARF ou crédito na conta bancária do Tribunal Regional Federal ou da Subseção Judiciária destinatária, anexando o comprovante à petição respectiva.

Art. 5º A petição deve conter, destacada e corretamente, o número do processo a que se destina e nome do interessado, sob pena de não ser cadastrada no sistema de protocolo.

§ 1º Ocorrendo divergência entre o número do processo indicado e o nome do interessado, prevalecerá este último.

§ 2º Na impossibilidade de cadastramento por ausência ou contradições das informações fornecidas, o signatário será comunicado para as providências que julgar convenientes e não o fazendo, em 30 dias, os documentos serão eliminados.

Art. 6º As petições iniciais dirigidas para o Tribunal Regional Federal deverão conter o número correto do processo originário, quando existir.

Art. 7º O setor de protocolo, ao receber a petição, deverá apor a chancela "Protocolo Único da Justiça Federal da 4ª Região" e data de recebimento.

§ 1º A petição será registrada e classificada conforme tabela a ser divulgada pela Presidência do Tribunal, associando-se ao número do processo.

§ 2º As petições iniciais dirigidas ao Tribunal Regional Federal serão registradas e classificadas em rotina própria, associando-se ao número do processo originário, quando existir.

§ 3º A data registrada será a mesma da postagem para as petições recebidas pelo Sistema Protocolo Postal (SPP) instituído pela Resolução 8/2005 da Presidência do Tribunal.

§ 4º As petições e documentos serão encaminhados, em guia de remessa própria, à unidade processante da 4ª Região, até o 1º dia útil que se seguir ao do recebimento.

Art. 8º O destino final da petição será o órgão julgador onde se encontra o processo, ou, se em trânsito, o destinatário da remessa.

Art. 9º As petições, recursos e demais documentos concernentes a feitos que se encontram no Supremo Tribunal Federal, no Superior Tribunal de Justiça, ou em qualquer órgão judicial diverso da Justiça Federal da 4ª Região, não serão recebidos.

Parágrafo único. A inobservância desta disposição implicará na anulação do protocolo e o signatário será comunicado para retirada do documento e não o fazendo, em 30 dias, os documentos serão eliminados.

Art. 10 Cabe ao Presidente do Tribunal Regional Federal e aos respectivos Juízes Federais Diretores de Foro a adoção das providências e procedimentos necessários à instalação e funcionamento do sistema de protocolo único, inclusive a criação de Centrais de Atendimento e serviços de auto-atendimento.

Art. 11 A administração não se responsabiliza pela demora ou atraso na entrega das petições ou recursos por motivos de força maior ou alheios à sua vontade, cabendo às partes as iniciativas de seu interesse.

Art. 12 Esta resolução entra em vigor a partir de 21/11/2005, ficando revogados os Provimentos de nºs 94 e 95, de 23/09/98, ambos da Presidência deste Tribunal.

É importante salientar que foram suprimidos os §§2º e 3º do art. 2º da Resolução 114/05 pela Resolução n. 37, de 18 de julho de 2006, *in verbis*:

A PRESIDENTE DO TRIBUNAL REGIONAL FEDERAL DA 4ª REGIÃO, no uso de suas atribuições legais e regimentais, tendo em vista o constante nos autos do Processo Administrativo nº 05.20.00183-4, ad referendum do Conselho de Administração, e considerando:

a) a redação do artigo 542, caput, do Código de Processo Civil, com as alterações introduzidas pela Lei nº 10.352/2001; e

b) a recente decisão proferida pelo Colendo Plenário do Excelso Supremo Tribunal Federal no julgamento do AgRg no AI nº 476260-2/SP (Re. Min. Carlos Britto, DJU, seção 1, de 16-06-2006), no sentido de admitir recurso extraordinário interposto via protocolo descentralizado; resolve:

Art. 1º Suprimir os parágrafos 2º e 3º do artigo 2º da Resolução nº 114, de 19-10-2005. Art. 2º Esta resolução altera em parte a Resolução nº 114, de 19-10-2005, publicada no DOU nº 203, de 21-10-2005, seção 1, pág. 114, e entra em vigor na data de sua publicação.

O Tribunal Regional Federal da 4ª Região, atualmente, apresenta os seguintes modos de protocolo e distribuição de petição:

Pelo modo eletrônico:

Através do e-Proc – O peticionamento no e-Proc é feito de forma eletrônica, devendo o advogado/procurador acessar o processo a ser movimentado e anexar o(s) arquivo(s) de sua petição (ver formatos e tamanho de arquivos aceitos na tela própria do sistema). A assinatura se dá pelo login do advogado no sistema, com o registro da respectiva senha, não sendo necessária assinatura digital nem a digitalização da petição assinada. Os documentos integrantes dos autos digitais deverão ser adequadamente classificados pelos usuários responsáveis por sua juntada.

Pelo modo físico:

a) DIRETAMENTE NO TRIBUNAL – petições iniciais: na Secretaria de Registros e Informações Processuais – SRIP, das 13 às 19 horas.Recursos e petições não iniciais: no balcão da respectiva Secretaria Processante, das 13 às 18 horas, e na Secretaria de Registros e Informações Processuais – SRIP, das 18 às 19 horas.

b) NOS PROTOCOLOS DE 1º GRAU – junto às Centrais de Atendimento de 1º grau das capitais ou setores de Protocolo de 1º grau da 4ª Região, das 13 às 19 horas, exceção feita à Central de Porto Alegre, com horário das 9 às 19 horas. Poderá ser protocolada qualquer petição ou recurso dirigido ao Tribunal, inclusive aqueles interpostos perante o Tribunal para apreciação dos Tribunais Superiores (Res. 114/2005 alterada pela Res. 37/2006).

c) NO PROTOCOLO EXPRESSO (drive-thru) – situa-se no estacionamento do prédio da Justiça Federal em Porto Alegre/RS: Rua Otávio Francisco

PROCESSAMENTO E JULGAMENTO DO RECURSO NO TRIBUNAL

Caruso da Rocha, nº 600 e funciona das 13h às 18h. No drive-thru é possível protocolar: petições de processos em tramitação no TRF4 e em toda a Justiça Federal da 4ª Região (RS, SC e PR); autos somente de processos em tramitação no TRF4 e na Subseção Judiciária de Porto Alegre, mesmo que sem petição. Todas as petições deverão estar pré-cadastradas no SUP (botão disponível na tela inicial do site do TRF4).

d) NOS CORREIOS – via SPP – Sistema de Protocolo Postal (Res. 08/2005), serviço solicitado nas agências do Correio, que garante a data da postagem como data de protocolo, exceto para as petições e recursos interpostos perante o Tribunal para apreciação dos Tribunais Superiores, caso em que valerá a data do efetivo recebimento no Tribunal.[384]

e) Via SEDEX 10 ou correio normal: valerá como protocolo a data do efetivo recebimento no Tribunal, exceto para os Agravos de Instrumento e respostas de agravo, quando o CPC, art. 525, § 2º, assegura a data da postagem como data de protocolo.[385]

f) POR FAX – o envio deve ser feito preferencialmente para a Central de Fax do Tribunal: (51) 3228.2070 (confirmação pelo fone: 3213.3790/1), ou para o fax da respectiva Secretaria Processante. Para protocolo no mesmo dia, o fax deve chegar antes das 19 horas. O documento enviado por fax deve corresponder exatamente ao original, contendo, no caso de recursos e iniciais, todos os documentos obrigatórios à sua interposição. Os originais poderão ser protocolados no Tribunal, nos órgãos de protocolo de 1º grau da Justiça Federal da 4ª Região ou via correio, necessariamente, até cinco dias da data de término do prazo. Nos atos não sujeitos a prazo, os originais deverão ser entregues, necessariamente, até cinco dias da data da recepção do material (Lei 9.800/1999).

g) POR E-MAIL – adota-se, por analogia, o mesmo procedimento do fax. A petição gerada em word pode ser enviada em arquivo.pdf, exceto a folha que contém a assinatura, e eventuais documentos acostados, os quais devem ser escaneados e enviados por imagem. Não se trata de documento eletrônico, sendo necessário, portanto, encaminhar os originais nos mesmos prazos

---

[384] Deve ser modificada a exceção dos efeitos do protocolo pelo correio de recursos aos Tribunais Superiores, uma vez que pelo novo C.P.C. a data da postagem corresponde à data do protocolo no próprio tribunal.

[385] Deve ser modificado esse entendimento, pois o novo C.P.C. não faz distinção em relação à forma de expedição do recurso pelo correio para efeito de o considerar devidamente protocolizado.

previsos para o fax. O e-mail para recebimento é srip@trf4.gov.br. ATEN-ÇÃO: Ressalta-se que apenas as petições iniciais e demais petições relativas a processos que estejam tramitando no Tribunal devem ser enviadas para o referido e-mail.

O art. 930 do novo C.P.C. estabelece que a distribuição deverá ser realizada de acordo com o regimento interno do tribunal, observando-se a alternatividade, o sorteio e a publicidade.[386]

---

[386] O atual Regimento Interno do Tribunal Regional Federal da 4ª Região assim estabelece em relação à distribuição de processos:

Da Distribuição

Art. 80. *A distribuição, de responsabilidade do Presidente ou de seu substituto legal, far-se-á diariamente, por sistema informatizado, sendo os dados acessíveis aos interessados, na forma estabelecida em Instrução Normativa.*

§ 1º Os processos da competência do Tribunal serão distribuídos segundo a ordem em que foram apresentados.

§ 2º Serão adotadas as regras de numeração instituídas pelo Conselho Nacional de Justiça, podendo ser a que tomou o feito na instância inferior.

§ 3º A listagem dos "Processos Distribuídos e/ou Redistribuídos" estará disponível no site do Tribunal.

Art. 81. *A distribuição será equitativa entre todos os gabinetes da mesma competência, fazendo-se as devidas compensações quando ocorrer hipótese de prevenção, impedimento ou suspeição.*

Art. 82. *A distribuição do mandado de segurança, habeas corpus, medida cautelar e recurso cível ou criminal torna preventa a competência do Relator e do órgão julgador para todos os recursos ou incidentes posteriores, tanto na ação quanto na execução, referentes ao mesmo processo e aos feitos reunidos no primeiro grau.*

§ 1º A distribuição realizada por equívoco não firma nem modifica prevenção.

§ 2º Firma prevenção, inclusive, a decisão que deixar de conhecer do feito, ou simplesmente declarar prejudicado o pedido.

§ 3º Ocorrendo a reunião de feitos no primeiro grau posteriormente à distribuição de recursos a diferentes Relatores, a prevenção para nova distribuição será do Relator que recebeu o primeiro recurso, sendo-lhe dada ciência da existência dos demais.

§ 4º Se o Relator deixar o Tribunal, transferir-se de Seção, for empossado Presidente, Vice-Presidente, ou Corregedor-Geral, a prevenção será do seu sucessor no respectivo órgão julgador, não sendo retomada pelo Relator em face de ulterior retorno ao mesmo colegiado, ressalvada a hipótese de reassumir seu antigo Gabinete.

§ 5º Quando da sucessão de Relator, para fins de prevenção, devem ser atribuídos ao novo Relator todos os feitos julgados pelo Gabinete e os pendentes de julgamento.

§ 6º Os processos que se encontram sobrestados em face de repercussão geral ou multiplicidade de recursos perante o STF/STJ, quando devolvidos ao órgão julgador para novo exame, serão mantidos com o Relator originário se ocupante do mesmo gabinete ou atribuídos ao seu sucessor.

A essência da distribuição de processos nos tribunais decorre dessas três circunstâncias específicas: a) alternatividade – no sentido de que os

§ 7º *Concluindo-se ser o julgamento da competência da Seção ou da Corte Especial, de processo que tramitou na Turma ou Seção, ressalvadas as hipóteses previstas neste Regimento Interno, não haverá prevenção de Relatoria, devendo o feito ser redistribuído livremente.*

§ 8º *O Juiz Federal convocado em função de auxílio ao Tribunal, que concorre à distribuição, está prevento em relação aos processos que lhe forem distribuídos ou atribuídos, tão somente enquanto perdurar a respectiva convocação.*

§ 9º *Havendo convocação de Juiz Federal, em função de auxílio ao Tribunal, que não concorre à distribuição, a prevenção será do Relator titular.*

§ 10. *A prevenção, se não for reconhecida de ofício, poderá ser arguida por qualquer das partes ou pelo Ministério Público Federal até o início do julgamento, após o que se terá como modificada a competência tão somente para o feito julgado.*

§ 11. *Ocorrendo a extinção do órgão julgador, os processos remanescentes serão redistribuídos livremente aos órgãos julgadores competentes para a matéria.*

§ 12. *A referência aos feitos reunidos no primeiro grau não abrange as execuções de sentença interpostas por beneficiados em ações coletivas movidas por substituto processual.*

§ 13. *A ausência de regra expressa sobre prevenção autoriza a livre distribuição.*

Art. 83. *Salvo determinação superior, não haverá redistribuição nos casos de afastamento temporário de Desembargador, exceto quanto aos processos considerados de natureza urgente, devendo os autos voltar ao gabinete de origem quando retornar o titular ou for convocado substituto.*

Parágrafo único. *O substituto receberá os processos que forem distribuídos ao gabinete bem como os do substituído; nesta última hipótese, ratifica-se, se for o caso, eventual pedido de dia para o julgamento e o relatório.*

Art. 84. *No caso de embargos infringentes, quando admitidos, será feito o sorteio de novo Relator.*

§ 1º *Se a decisão embargada for de uma Turma, far-se-á distribuição dos embargos dentre os Desembargadores da outra.*

§ 2º *Se todos os Desembargadores competentes para a apreciação dos Embargos Infringentes houverem participado do julgamento anterior, o Relator do acórdão embargado não concorrerá ao sorteio.*

§ 3º *O mesmo critério deverá ser observado na distribuição de ação rescisória e de revisão criminal.*

Art. 85. *A distribuição do mandado de segurança contra ato do próprio Tribunal, far-se-á de preferência a Desembargador que não haja participado da guerreada decisão.*

Art. 86. *O prolator da decisão impugnada será o Relator do agravo regimental, com direito a voto.*

Art. 87. *Na arguição de suspeição a Desembargador, observar-se-á o disposto no art. 316 e seu parágrafo único.*

Art. 88. *Os Desembargadores empossados Presidente, Vice-Presidente, Corregedor e os que mudarem de Seção, continuam vinculados aos processos de que são Relatores se já encaminhados à revisão ou remetidos à Secretaria com pedido de dia, bem como aos processos dos quais pediram vista.*

Art. 89. *Os processos administrativos seguem numeração de registro distinta da dos processos judiciais, sendo sua distribuição mediante sorteio pelo sistema eletrônico e seu processamento controlado pela Presidência do Tribunal.*

processos serão distribuídos de forma alternativa entre os órgãos do Poder Judiciário, evitando-se o direcionamento da distribuição assim como a sobrecarga de processos em relação a alguns órgãos do Poder Judiciário; b) sorteio eletrônico – a forma mais justa e equânime de distribuição é justamente o sorteio eletrônico dos processos, que tem for finalidade evitar a distribuição direcionada que muitas vezes pode ocorrer na distribuição manual, resguardando a lisura do procedimento e o juiz natural; c) publicidade – a distribuição deve ser pública e jamais reservada ou em segredo, pois as partes, assim como a sociedade em geral, saberão que não haverá tribunal excepcional ou de exceção, bem como que os órgãos do Poder Judiciário atuam de forma transparente, legítima, ética e sem reserva ou segredo no âmbito de sua atuação.

O p.u. do art. 930 do novo C.P.C. preconiza que o primeiro recurso protocolizado no tribunal tornará prevento o relator para eventual recurso subsequente interposto no mesmo processo ou em processo conexo.

Assim, se houver a interposição de um agravo de instrumento contra decisão referente a tutela provisória, o relator, para o qual foi distribuído o agravo, torna-se prevento para os demais recursos, especialmente o recurso de apelação.

Por sua vez, estabelece o art. 82 do Regimento Interno do TRF 4ª Região:

> *Art. 82. A distribuição do mandado de segurança, habeas corpus, medida cautelar e recurso cível ou criminal torna preventa a competência do Relator e do órgão julgador para todos os recursos ou incidentes posteriores, tanto na ação quanto na execução, referentes ao mesmo processo e aos feitos reunidos no primeiro grau.*

Distribuídos, os autos serão imediatamente conclusos ao relator, que, em 30 (trinta) dias, depois de elaborar o voto, restituí-lo-á, com relatório, à secretaria (art. 931 do novo C.P.C.).

No C.P.C. de 1973, art. 549, determinava-se a conclusão dos autos ao relator no prazo de 48 (quarenta e oito) horas.

O novo C.P.C. estabelece que a conclusão deverá ser *imediata*, ou seja, logo após a distribuição do recurso.

No C.P.C. de 1973, art. 549, não havia prazo para que o relator devolvesse os autos. Estabelecia-se somente que o relator, após estudar o processo, deveria restituí-lo à secretaria com o seu 'visto'. Apenas o art. 550

do Código revogado prescrevia que os recursos interpostos nas causas de procedimento sumário deveriam ser julgados no tribunal, dentro de 40 (quarenta) dias.

O novo C.P.C. fixa o prazo de 30 (trinta) dias para que o relator elabore o seu voto e restitua o processo, não mais com um simples 'visto', mas, sim, com o respectivo relatório.

O novo C.P.C. não prevê mais a remessa da apelação e da ação rescisória ao revisor.

Ao receber os autos conclusos, incumbe ao relator, nos termos do art. 932 do novo C.P.C.:

I – dirigir e ordenar o processo no tribunal, inclusive em relação à produção de prova, bem como, quando for o caso, homologar autocomposição das partes;

II – apreciar o pedido de tutela provisória nos recursos e nos processos de competência originária do tribunal;

III – não conhecer de recurso inadmissível, prejudicado ou que não tenha impugnado especificamente os fundamentos da decisão recorrida;

IV – negar provimento a recurso que for contrário a:

a) súmula do Supremo Tribunal Federal, do Superior Tribunal de Justiça ou do próprio tribunal;

b) acórdão proferido pelo Supremo Tribunal Federal ou pelo Superior Tribunal de Justiça em julgamento de recursos repetitivos;

c) entendimento firmado em incidente de resolução de demandas repetitivas ou de assunção de competência;

V – depois de facultada a apresentação de contrarrazões, dar provimento ao recurso se a decisão recorrida for contrária a:

a) súmula do Supremo Tribunal Federal, do Superior Tribunal de Justiça ou do próprio tribunal;

b) acórdão proferido pelo Supremo Tribunal Federal ou pelo Superior Tribunal de Justiça em julgamento de recursos repetitivos;

c) entendimento firmado em incidente de resolução de demandas repetitivas ou de assunção de competência;

VI – decidir o incidente de desconsideração da personalidade jurídica, quando este for instaurado originariamente perante o tribunal;

VII – determinar a intimação do Ministério Público, quando for o caso;

VIII – exercer outras atribuições estabelecidas no regimento interno do tribunal.

Antes de considerar inadmissível o recurso, o relator concederá o prazo de 5 (cinco) dias ao recorrente para que seja sanado vício ou complementada a documentação exigível.

A 1ª Turma do S.T.F. definiu os limites para a concessão do prazo previsto no art. 932, p.u., do novo C.P.C. conforme notícia inserida no sito http://www.stf.jus.br/portal/cms/verNoticiaDetalhe.asp?idConteudo= 318235, *in verbis*:

> *1ª Turma define limites para concessão do prazo previsto no artigo 932 do novo CPC*
>
> *A Primeira Turma do Supremo Tribunal Federal decidiu, na sessão desta terça-feira, que o prazo de cinco dias previsto no parágrafo único do artigo 932 do novo Código de Processo Civil (CPC) só se aplica aos casos em que seja necessário sanar vícios formais, como ausência de procuração ou de assinatura, e não à complementação da fundamentação. A discussão foi suscitada pelo ministro Marco Aurélio no julgamento de agravos regimentais da lista de processos do ministro Luiz Fux, que não conheceu de recursos extraordinários com agravo (AREs 953221 e 956666) interpostos já na vigência da nova lei.*
>
> *O artigo 932 do novo CPC, que trata das atribuições do relator, estabelece, no parágrafo único, que, antes de considerar inadmissível o recurso, este concederá o prazo de cinco dias ao recorrente para que seja sanado vício ou complementada a documentação exigível. Segundo o ministro Luiz Fux, o dispositivo foi inserido no novo código como uma garantia ao cidadão. "Em alguns tribunais, os relatores, de forma monossilábica e sem fundamentação, consideravam os recursos inadmissíveis, e o cidadão tem o direito de saber por que seu recurso foi acolhido ou rejeitado", afirmou. "Por isso, antes de considerar inadmissível, o relator tem de dar oportunidade para que eventual defeito seja suprido".*
>
> *Ao levantar a discussão, o ministro Marco Aurélio manifestou seu entendimento de que o parágrafo único "foge à razoabilidade", porque admitiria a possibilidade de glosa quando não há, na minuta apresentada, a impugnação de todos os fundamentos da decisão atacada – um dos requisitos para a admissibilidade do recurso. "Teríamos de abrir vista no agravo para que a parte supleme a minuta, praticamente assessorando o advogado", argumentou, sugerindo que a matéria fosse levada ao Plenário para que se declarasse a inconstitucionalidade do dispositivo.*
>
> *No entanto, prevaleceu o entendimento de que os defeitos a serem sanados são aqueles relativos a vícios formais, e não de fundamentação. "Não se imaginaria que o juiz devesse mandar a parte suplementar a fundamentação", afirmou o ministro Luís Roberto Barroso. Ele lembrou que o Superior Tribunal de Justiça (STJ) disciplinou a matéria no Enunciado Administrativo nº 6, no sentido de que o prazo do parágrafo único do artigo 932 somente será concedido "para que a parte sane vício estritamente formal".*

Se o relator constatar a ocorrência de fato superveniente à decisão recorrida ou a existência de questão apreciável de ofício ainda não examinada que devam ser considerados no julgamento do recurso, intimará as partes para que se manifestem no prazo de 5 (cinco) dias (art. 933 do novo C.P.C.).

A disposição normativa prevista no art. 933 do novo C.P.C. tem por objetivo resguardar ao máximo o princípio do contraditório, bem como evitar as 'decisões surpresas', ou seja, decisões que tenham por fundamento fatos ou normas jurídicas não submetidas ao crivo do contraditório no processo.

Essa proibição de 'decisões surpresas' também está prevista no art. 10 do novo C.P.C., que assim dispõe: *O juiz não pode decidir, em grau algum de jurisdição, com base em fundamento a respeito do qual não se tenha dado às partes oportunidade de se manifestar, ainda que se trate de matéria sobre a qual deva decidir de ofício.*

Suponha-se que o relator, ao receber os autos conclusos, verifique a possibilidade de reconhecer, de ofício, a prescrição da pretensão ou a decadência do direito material. Porém, as partes não tiveram oportunidade de se manifestar sobre a prescrição ou a decadência, uma vez que essa matéria não foi ventilada na demanda processual. Deverá o relator, antes de analisar a prescrição ou a decadência em seu voto, intimar as partes para que se manifestem no prazo de 5 (cinco) dias.

Se a constatação da existência de fato superveniente à decisão recorrida ou a existência de questão apreciável de ofício ocorrer durante a sessão de julgamento, esse será imediatamente suspenso a fim de que as partes se manifestem especificamente (§1º do art. 933 do novo C.P.C.).

Parece lógico que se a hipótese do 'caput' do art. 933 do novo C.P.C. ocorrer durante a sessão de julgamento, deverá o Presidente do órgão jurisdicional suspendê-lo, oportunizando às partes prazo suficiente para se manifestar sobre o fato superveniente ou a questão que poderá ser levantada de ofício.

É claro que se as partes puderem e quiserem se manifestar sobre essa questão durante o julgamento, não será caso de suspendê-lo, pois uma vez realizado o contraditório, o julgamento deverá ser concluído na mesma sessão.

Se a constatação dos fatos ou questões indicados no 'caput' do art. 933 do novo C.P.C. se der em vista dos autos, deverá o juiz (desembargador ou ministro) que a solicitou encaminhá-los ao relator, que tomará as providências previstas no 'caput' do art. 933 e, em seguida, solicitará a inclu-

RECURSOS NO NOVO C.P.C.

são do feito em pauta para prosseguimento do julgamento, com submissão integral da nova questão aos julgadores (§2º do art. 933 do novo C.P.C.).

É possível que durante o julgamento, um dos membros do tribunal peça vista dos autos para melhor analisar a questão. Se o juiz que pediu vista constatar a existência de fato superveniente à decisão recorrida ou a existência de questão apreciável de ofício ainda não examinada, deverá comunicar tais circunstâncias ao relator, o qual intimará as partes para que se manifestem no prazo de 5 (cinco) dias. Em seguida, solicitará a inclusão do feito em pauta para prosseguimento do julgamento.

Ultrapassadas as fases dos arts. 929 a 933 do novo C.P.C., os autos serão apresentados ao presidente do órgão julgador (turma, seção, câmara, órgão especial, plenário etc), que designará dia para julgamento, ordenando, em todas as hipóteses previstas no Livro III da Parte Especial do novo C.P.C. (processos nos tribunais e meios de impugnação das decisões judiciais), a publicação da pauta no órgão oficial (art. 934 do novo C.P.C.).

Entre a data de publicação da pauta e a sessão de julgamento decorrerá, pelo menos, o prazo de 5 (cinco) dias, incluindo-se em nova pauta os processos que não tenham sido julgados, salvo aqueles cujo julgamento tiver sido expressamente adiado para a primeira sessão seguinte (art. 935 do novo C.P.C.).

Portanto, somente serão incluídos em nova pauta de julgamento os processos que não puderam ser julgados na respectiva sessão, salvo se houver o adiamento do processo para a sessão seguinte, quando então não haverá necessidade de publicação de nova pauta.

Se porventura não ocorrer a nova sessão de julgamento por qualquer circunstância, entendo que haverá necessidade de publicação de nova pauta de julgamento.

É certo que o S.T.J. já vinha entendendo que haveria necessidade de nova publicação de pauta de julgamento na hipótese em que o julgamento do processo fosse adiado por mais de três sessões. Nesse sentido é o seguinte precedente:

DIREITO PROCESSUAL CIVIL. NECESSIDADE DE NOVA INTIMAÇÃO NA HIPÓTESE DE ADIAMENTO DE JULGAMENTO DE PROCESSO INCLUÍDO EM PAUTA.

No âmbito do STJ, na hipótese em que o julgamento do processo tenha sido adiado por mais de três sessões, faz-se necessária nova intimação das partes por meio de publi-

cação de pauta de julgamento. De fato, a sistemática anteriormente seguida no âmbito da Corte Especial do STJ era no sentido de que, uma vez incluído em pauta o processo, não se fazia necessária nova publicação e intimação das partes, independentemente do número de sessões pendentes do respectivo julgamento. No entanto, esse quadro deve ser revisto, uma vez que se trata de uma daquelas situações em que o STJ não se deve guiar pelo procedimento de outros tribunais. Ao contrário, deve dar o bom exemplo. Há que se fazer o certo. E o certo é assegurar a ampla defesa, o contraditório e a segurança jurídica. E mais, não se pode desconsiderar que este é um Tribunal nacional, um Tribunal de superposição, onde atuam advogados que vêm dos extremos mais remotos do nosso País. Nesse sentido, causa intensa preocupação a situação dos advogados que se deslocam a Brasília, com despesas custeadas por seus clientes, que, frequentemente, são pessoas humildes e somente podem arcar com a passagem de seus procuradores uma única vez, sem conseguir suportar com os custos da segunda, terceira e, muito menos, quarta e quinta viagens. Ademais, no processo civil brasileiro, a surpresa e o ônus financeiro excessivo são incompatíveis com o due processe com os pressupostos do Estado de Direito que é, antes de tudo, Social. Dessa forma, o estabelecimento de um limite de 3 (três) sessões para dispensa de nova publicação é um início, um limiar para a retificação da omissão até hoje verificada, sem prejuízo de a questão ser deliberada oportunamente mediante reforma do Regimento Interno.

(EDcl no REsp 1.340.444-RS, Rel. originário Min. Humberto Martins, Rel. para acórdão Min. Herman Benjamin, julgado em 29/5/2014, DJe 2/12/2014).

O §1º do art. 552 do C.P.C. de 1973 preconizava que entre a data da publicação da pauta e a sessão de julgamento mediaria, pelo menos, o espaço de 48 (quarenta e oito) horas. O novo C.P.C. ampliou este prazo para 5 (cinco) dias.

Se não for respeitado o prazo mínimo de 5 (cinco) dias entre a data da publicação da pauta e a sessão, haverá nulidade do julgamento. Nesse sentido é o teor da Súmula n. 117 do S.T.J.: *a inobservância do prazo de 48 horas, entre a publicação de pauta e o julgamento sem a presença das partes, acarreta nulidade.*

Em se tratando de processo físico, uma vez publicada a pauta, não será permitida a retirada dos autos do cartório. Porém, às partes será permitida vista dos autos em cartório após a publicação da pauta de julgamento (§1º do art. 935 do novo C.P.C.).

A pauta de julgamento, além de ser publicada no órgão oficial, deverá ser afixada na entrada da sala em que se realizar a sessão de julgamento (§2º do art. 935 do novo C.P.C.).

RECURSOS NO NOVO C.P.C.

Na sessão de julgamento, ressalvadas as preferências legais e regimentais, os recursos, a remessa necessária e os processos de competência originária serão julgados na seguinte ordem: I – aqueles nos quais houver sustentação oral, observada a ordem dos requerimentos; II – os requerimentos de preferência apresentados até o início da sessão de julgamento; III – aqueles cujo julgamento tenha iniciado em sessão anterior; e IV – os demais casos.

Pode-se indicar como preferências legais de julgamento as hipóteses previstas no art. 1.048 do novo C.P.C., a saber:

> *Art. 1.048. Terão prioridade de tramitação, em qualquer juízo ou tribunal, os procedimentos judiciais:*
>
> *I – em que figure como parte ou interessado pessoa com idade igual ou superior a 60 (sessenta) anos ou portadora de doença grave, assim compreendida qualquer das enumeradas no art. 6o, inciso XIV, da Lei no 7.713, de 22 de dezembro de 1988;*
>
> *II – regulados pela Lei no 8.069, de 13 de julho de 1990 (Estatuto da Criança e do Adolescente).*
>
> *§ 1o A pessoa interessada na obtenção do benefício, juntando prova de sua condição, deverá requerê-lo à autoridade judiciária competente para decidir o feito, que determinará ao cartório do juízo as providências a serem cumpridas.*
>
> *§ 2o Deferida a prioridade, os autos receberão identificação própria que evidencie o regime de tramitação prioritária.*
>
> *§ 3o Concedida a prioridade, essa não cessará com a morte do beneficiado, estendendo-se em favor do cônjuge supérstite ou do companheiro em união estável.*
>
> *§ 4o A tramitação prioritária independe de deferimento pelo órgão jurisdicional e deverá ser imediatamente concedida diante da prova da condição de beneficiário.*

Na sessão de julgamento, depois da exposição da causa pelo relator, o presidente dará a palavra, sucessivamente, ao recorrente, ao recorrido e, nos casos de sua intervenção, ao membro do Ministério Público, pelo prazo improrrogável de 15 (quinze) minutos para cada um, a fim de sustentarem suas razões, nas seguintes hipóteses, nos termos da parte final do caput do art. 1.021 do novo C.P.C.: I – no recurso de apelação; II – no recurso ordinário; III – no recurso especial; IV – no recurso extraordinário; V – nos embargos de divergência; VI – na ação rescisória, no mandado de segurança e na reclamação; VII – no agravo de instrumento interposto contra decisões interlocutórias que versem sobre tutelas provisórias de urgência ou da evidência; VII – em outras hipóteses previstas em lei ou no regimento interno do tribunal.

A sustentação oral no incidente de resolução de demandas repetitivas observará o disposto no art. 984 do novo C.P.C., no que couber.

Caberá ao regimento interno estabelecer a forma e os requisitos para a intervenção do recorrente e do recorrido nas hipóteses elencadas no art. 937 do novo C.P.C., podendo a lei ou o próprio regimento interno do tribunal permitir outras hipóteses em que haverá sustentação oral mediante a intervenção do recorrente e do recorrido, bem como do M.P. quando for o caso de sua intervenção na causa.

Portanto, não haverá sustentação oral em embargos de declaração, agravo de instrumento (exceto se for interposto contra decisões interlocutórias que versem sobre tutelas provisórias de urgência ou da evidência), salvo se tal previsão constar do regimento interno do tribunal.

Em relação aos embargos de declaração, eis a seguinte decisão do S.T.F, já sob a vigência do novo C.P.C.:

E M E N T A: EMBARGOS DE DECLARAÇÃO – PRETENDIDA SUSTENTAÇÃO ORAL EM SEU JULGAMENTO – INADMISSIBILIDADE – CONSTITUCIONALIDADE DA VEDAÇÃO REGIMENTAL (RISTF, ART. 131, § 2º) – PRERROGATIVA JURÍDICA QUE NÃO SE ACHA INCLUÍDA NO ROL TAXATIVO INSCRITO NO ART. 937 DO NOVO CÓDIGO DE PROCESSO CIVIL – INOCORRÊNCIA DE CONTRADIÇÃO, OBSCURIDADE, OMISSÃO OU ERRO MATERIAL (CPC/15, ART. 1.022) – PRETENDIDO REEXAME DA CAUSA – CARÁTER INFRINGENTE – INADMISSIBILIDADE NO CASO – CARÁTER PROCRASTINATÓRIO – ABUSO DO DIREITO DE RECORRER – IMPOSIÇÃO DE MULTA (1% SOBRE O VALOR CORRIGIDO DA CAUSA) – EMBARGOS DE DECLARAÇÃO REJEITADOS. OS EMBARGOS DE DECLARAÇÃO NÃO SE REVESTEM, ORDINARIAMENTE, DE CARÁTER INFRINGENTE – Não se revelam cabíveis os embargos de declaração quando a parte recorrente – a pretexto de esclarecer uma inexistente situação de obscuridade, omissão, contradição ou erro material (CPC/15, art. 1.022) – vem a utilizá-los com o objetivo de infringir o julgado e de, assim, viabilizar um indevido reexame da causa. Precedentes. MULTA E EXERCÍCIO ABUSIVO DO DIREITO DE RECORRER – O abuso do direito de recorrer – por qualificar-se como prática incompatível com o postulado ético-jurídico da lealdade processual – constitui ato de litigância maliciosa repelido pelo ordenamento positivo, especialmente nos casos em que a parte interpõe recurso com intuito

RECURSOS NO NOVO C.P.C.

evidentemente protelatório, hipótese em que se legitima a imposição de multa. A multa a que se refere o art. 1.026, § 2º, do CPC/15 possui função inibitória, pois visa a impedir o exercício abusivo do direito de recorrer e a obstar a indevida utilização do processo como instrumento de retardamento da solução jurisdicional do conflito de interesses.
(MS 33851 MC-AgR-ED, Relator(a): Min. CELSO DE MELLO, Segunda Turma, julgado em 17/05/2016, PROCESSO ELETRÔNICO DJe-112 DIVULG 01-06-2016 PUBLIC 02-06-2016)

No voto do eminente Ministro Celso de Mello, encontra-se a seguintes passagem:

O SENHOR MINISTRO CELSO DE MELLO – (Relator): Registro, desde logo, a inviabilidade da sustentação oral pretendida pela parte embargante, razão pela qual torna-se inacolhível o seu pedido de adiamento, por uma sessão, do julgamento dos presentes embargos de declaração. É que tanto o Regimento Interno do Supremo Tribunal Federal (art. 131, § 2º) quanto o novíssimo Código de Processo Civil (art. 937) não preveem a possibilidade de sustentação oral em sede de embargos de declaração, tal como adverte, em precisa lição, HUMBERTO THEODORO JÚNIOR ("Curso de Direito Processual Civil", vol. III/783-784, item n. 607, 47ª ed., revista, atualizada e ampliada, 2016, Forense): "(...) O NCPC (art. 937) enumera os seguintes casos de cabimento da sustentação oral : '(a) recurso de apelação (inciso I); (b) recurso ordinário (inciso II); (c) recurso especial (inciso III); (d) recurso extraordinário (inciso IV); (e) embargos de divergência (inciso V); (f) ação rescisória, mandado de segurança e reclamação (inciso VI); (g) agravo de instrumento contra decisões interlocutórias sobre tutelas provisórias de urgência ou da evidência (inciso VIII); (h) outras hipóteses previstas em lei ou no regimento interno do tribunal (inciso IX).'
Portanto, não haverá sustentação oral em embargos declaratórios (...), salvo autorização especial de regimento interno (...)." (grifei) Cabe assinalar, de outro lado, que inexiste, no Regimento Interno desta Suprema Corte, a "autorização especial" a que alude o eminente Professor HUMBERTO THEODORO JÚNIOR ("op. loc. cit ."). Com efeito, o Regimento Interno do Supremo Tribunal Federal, longe de prever a admissibilidade de sustentação oral em sede de embargos de declaração, estabelece , a esse respeito, expressa vedação, como claramente resulta de seu art. 131, § 2º, cuja constitucionalidade – é importante destacar – foi inteiramente confirmada por esta Corte Suprema, já sob a égide da vigente Constituição (RTJ 158/272-273 – HC 91.765-MC-AgR/RJ , Rel. Min. CELSO DE MELLO – HC 128.615-AgR/SP, Rel. Min. CELSO

DE MELLO, v.g.): "IMPOSSIBILIDADE DE SUSTENTAÇÃO ORAL EM SEDE DE 'AGRAVO REGIMENTAL'. – Não cabe sustentação oral em sede de 'agravo regimental', considerada a existência de expressa vedação regimental que a impede (RISTF, art. 131, § 2º), fundada em norma cuja constitucionalidade foi expressamente reconhecida pelo Supremo Tribunal Federal (RTJ 137/1053 – RTJ 152/782 – RTJ 158/272-273 – RTJ 159/991-992 – RTJ 184/740-741, v . g.)." (RTJ 190/894, Rel. Min. CELSO DE MELLO, Pleno) "1. Não há previsão no Regimento interno desta Corte para intimação do advogado da data de julgamento e para sustentação oral em recurso de embargos declaratórios . " (AI 776.295-AgR-ED/CE, Rel. Min. DIAS TOFFOLI – grifei) "Indeferimento do pedido de realização de sustentação oral no julgamento dos embargos de declaração. Aplicação da norma do art. 131, 2º, do RISTF.

Embargos de declaração rejeitados." (ARE 679.031-AgR-ED/PR, Rel. Min. JOAQUIM BARBOSA – grifei) "PROCESSUAL PENAL. EMBARGOS DE DECLARAÇÃO. INEXISTÊNCIA DE QUAISQUER DOS VÍCIOS DO ART. 619 DO CÓDIGO DE PROCESSO PENAL. INVIABILIDADE DE SUSTENTAÇÃO ORAL NOS JULGAMENTOS DE AGRAVO E DE EMBARGOS DECLARATÓRIOS. ART. 131, § 2 º, DO RISTF. EMBARGOS DE DECLARAÇÃO REJEITADOS. " (HC 123.612-ED-ED/TO, Rel. Min. TEORI ZAVASCKI – grifei)"DESNECESSIDADE DE INCLUSÃO EM PAUTA E INADMISSIBILIDADE DE SUSTENTAÇÃO ORAL EM DETERMINADAS CAUSAS – Revestem-se de plena legitimidade constitucional as regras constantes do Regimento Interno do Supremo Tribunal Federal que não permitem sustentação oral em determinados processos (RISTF, art. 131, § 2º) e que definem as hipóteses de desnecessidade de prévia inclusão em pauta de certos feitos (RISTF, art. 83, § 1º). Precedentes." (RE 463.624-ED-terceiros/RN, Rel. Min. CELSO DE MELLO)...".

O procurador que desejar realizar sustentação oral poderá requerer, até o início da sessão de julgamento, que o processo seja julgado em primeiro lugar, sem prejuízo das preferências legais.

Nos processos de competência originária em ação rescisória, em mandado de segurança e em reclamação, caberá sustentação oral no agravo interno interposto contra decisão de relator que o extinga.

Em relação às demais hipóteses de agravo interno previstas no art. 1.021 do novo C.P.C., somente caberá sustentação oral quando o recurso originário também assim a permitir.

Será permitido ao advogado com domicílio profissional em cidade diversa daquela onde está sediado o tribunal realizar sustentação oral por meio de videoconferência ou outro recurso tecnológico de transmissão de sons e imagens em tempo real, desde que o requeira até o dia anterior ao da sessão.

É importante que os regimentos internos dos tribunais regulem a hipótese em que o dia anterior ao da sessão possa cair em dia não útil, como, por exemplo, num domingo, e a sessão de julgamento seja realizada na segunda-feira pela manhã.

Assim, o ideal é que o pedido de sustentação oral seja feito em dia anterior, mas útil, a fim de que o órgão do Poder Judiciário possa organizar o recurso tecnológico de transmissão de sons e imagens em tempo oportuno para a realização da videoconferência

O pedido de sustentação oral, inclusive por videoconferência, foi assim regulado pelo Tribunal Regional Federal da 4ª Região por meio da Resolução n. 133, republicada no dia 04 de abril de 2016, *in verbis:*

> *RESOLUÇÃO Nº 133, DE 05 DE AGOSTO DE 2013.*
>
> *Dispõe sobre os pedidos de sustentação oral, presencial e por videoconferência, e os pedidos de preferência na ordem de julgamento no âmbito do Tribunal Regional Federal da 4ª Região.**
>
> *O PRESIDENTE DO TRIBUNAL REGIONAL FEDERAL DA 4ª REGIÃO, no uso de suas atribuições legais e regimentais, tendo em vista o que consta nos processos 12.1.000058366-4 e 0001238-10.2013.4.04.8000, resolve:*
>
> *Art. 1º Desejando proferir sustentação oral presencial ou requerer preferência na ordem de julgamento nas sessões judiciais das Turmas, Seções, Corte Especial e Plenário do Tribunal Regional Federal da 4ª Região, os advogados e procuradores deverão inscrever-se antes do início da sessão, facultada a utilização do formulário eletrônico disponibilizado no Portal da Justiça Federal da 4ª Região.*
>
> *§ 1º Para realizar a inscrição mediante a utilização do formulário eletrônico referido no caput, o advogado ou procurador deverá estar cadastrado no sistema "Sob Medida", disponível no Portal da Justiça Federal da 4ª Região.*
>
> *§ 2º A inscrição eletrônica a que se refere o § 1º poderá ser realizada até às 18 horas do dia anterior ao dia da sessão, e confirmada pelo advogado ou procurador na sala de sessões do órgão julgador respectivo até o início da sessão.*
>
> *Art. 2º Para proferir sustentação oral por videoconferência, mediante uso do sistema de videoconferência da Justiça Federal da 4ª Região, o advogado ou procurador*

com domicílio profissional em cidade diversa da sede do Tribunal deverá requerer até às 15h do dia útil anterior ao da sessão utilizando, exclusivamente, o formulário eletrônico disponibilizado no Portal da Justiça Federal da 4ª Região.

§ 1º Recebido o pedido, a área técnica verificará a disponibilidade do equipamento e, após, a secretaria processante confirmará os dados fornecidos, validando ou não a inscrição no sistema "Sob Medida".

§ 2º O sistema de videoconferência funcionará mediante a utilização de linha privada de comunicação de dados entre o Tribunal e as Subseções Judiciárias da Justiça Federal da 4ª Região.

§ 3º Na data do julgamento, o advogado ou procurador deverá comparecer à Subseção Judiciária antes do horário marcado para o início da sessão.

§ 4º É obrigatória a utilização da beca judiciária para proferir sustentação oral por videoconferência.

§ 5º As Subseções Judiciárias deverão disponibilizar locais adequados à realização de sustentação oral por videoconferência.

§ 6º A sustentação oral prefere à audiência marcada pelo primeiro grau, na hipótese de colisão de horários entre ambas, devendo a vara ser informada do adiamento do início da audiência.

Art. 3º Ocorrendo dificuldade de ordem técnica que impeça a realização da sustentação oral por videoconferência, e não sendo possível a solução do problema até o final da sessão, o julgamento poderá ser adiado ou retirado de pauta o processo, a critério do Relator.

Art. 4º Por razões de ordem técnica, será priorizado o julgamento dos processos com pedido de sustentação oral por videoconferência.

Art. 5º Compete à Diretoria de Tecnologia da Informação e à Divisão de Áudio/Vídeo e Apoio às Seções e Eventos, no Tribunal, e às Direções de Foro por meio dos Núcleos de Informática, nas Seções Judiciárias, o suporte e a instalação dos equipamentos utilizados no sistema de videoconferência.

Art. 6º Estão habilitados a realizar sustentação oral os advogados e procuradores regularmente constituídos nos processos em julgamento.

Art. 7º As hipóteses de cabimento e o tempo de duração da sustentação oral obedecerão às disposições da Lei Processual e do Regimento Interno do TRF4.

Art. 8º Os casos excepcionais serão resolvidos pelo presidente do órgão julgador.

Art. 9º Esta resolução revoga a Resolução nº 129, de 26/11/2012, a Resolução nº 75, de 10/05/2013, e entra em vigor na data de sua publicação.

A questão preliminar suscitada no julgamento será decidida antes do mérito, deste não se conhecendo caso seja incompatível com a decisão.

O conhecimento pelo órgão julgador da questão preliminar poderá ser prejudicial à análise do mérito do recurso. Assim, se for reconhecida no julgamento a ilegitimidade da parte recorrente, como questão preliminar, não será conhecido o mérito do recurso por ela interposto.

Se a preliminar for rejeitada ou se a apreciação do mérito for com ela compatível, seguir-se-ão a discussão e o julgamento da matéria principal, sobre a qual deverão se pronunciar os juízes vencidos na preliminar.

Constatada a ocorrência de vício sanável, inclusive aquele que possa ser conhecido de ofício, o relator determinará a realização ou a renovação do ato processual, no próprio tribunal ou em primeiro grau de jurisdição, intimadas as partes.

Pode ocorrer que durante a sessão de julgamento, constate-se algum vício sanável, como, por exemplo, falta de procuração de algum advogado representante da parte ou falta de intimação da parte para se manifestar sobre determinado documento juntado posteriormente. Nessa hipótese, como se trata de vício sanável, caberá ao relator determinar a realização do ato processual (intimação da parte para juntada da procuração ou para se manifestar sobre o documento).

Cumprida a diligência referente ao vício sanável, o relator, sempre que possível, prosseguirá no julgamento do recurso.

Portanto, se o vício for regularizado ainda durante a sessão de julgamento, o relator prosseguirá no julgamento, caso contrário o julgamento deverá ser adiado.

Nos termos do art. 938, §3º, do novo C.P.C., reconhecida a necessidade de produção de prova, o relator converterá o julgamento em diligência, que se realizará no tribunal ou em primeiro grau de jurisdição, decidindo-se o recurso após a conclusão da instrução.

É certo que a prova tem por finalidade demonstrar a existência de determinados fatos que possam contribuir para o julgamento da causa.

Também é correto afirmar que a produção da prova compete, em regra, às partes envolvidas na relação jurídica processual, especialmente perante o juízo de primeiro grau de jurisdição.

Porém, em relação à prova, não se deve confundir o princípio *dispositivo* com o princípio da *aportação da prova*.[387]

---

[387] Veja melhor essa distinção em nossa obra *A Parcialidade Positiva do Juiz*, Editora Revista dos Tribunais, 2008.

Conforme já teve oportunidade de afirmar Fredie Didier Júnior e Leonardo José Carneiro da Cunha, ainda sob a égide do C.P.C. de 1973: *"Aplica-se ao tribunal o art. 130 do CPC, que confere poderes instrutórios ao juiz – e em tribunal também há juízes; com competência funcional diversa, é claro, mas juízes. Nada justifica restringir a incidência do artigo à atuação do juízo de primeira instância. Não se pode restringir o exercício da função jurisdicional do tribunal, em competência recursal. Se a causa há de ser re-julgada no procedimento recursal, não se pode retirar do órgão ad quem a possibilidade de produzir provas que fundamentem o seu convencimento."*.[388]

Antes mesmo da positivação em nosso ordenamento jurídico da possibilidade de produção de prova na instância recursal, o S.T.J. já vinha assim decidindo, conforme os seguintes precedentes:

> *PROCESSUAL CIVIL. RECURSO ESPECIAL. AÇÃO DE INVESTIGAÇÃO DE PATERNIDADE. EXAME DE DNA POST MORTEM. PERÍCIA NOS RESTOS MORTAIS DO FALECIDO INCONCLUSIVA. CONVERSÃO DO JULGAMENTO EM DILIGÊNCIA. NECESSIDADE. COERÊNCIA COM A CONDUTA PROCESSUAL ADOTADA. PRECLUSÃO PRO JUDICATO.*
>
> *1. Inexiste violação do art. 535 do Código de Processo Civil se todas as questões jurídicas relevantes para a solução da controvérsia são apreciadas, de forma fundamentada, sobrevindo, porém, conclusão em sentido contrário ao almejado pela parte.*
>
> *2. A jurisprudência do STJ é sedimentada em reconhecer a possibilidade da conversão do julgamento em diligência para fins de produção de prova essencial, como o exame de DNA em questão, principalmente por se tratar de ação de estado. Precedentes.*
>
> *3. O processo civil moderno vem reconhecendo – dentro da cláusula geral do devido processo legal – diversos outros princípios que o regem, como a boa-fé processual, efetividade, o contraditório, cooperação e a confiança, normativos que devem alcançar não só as partes, mas também a atuação do magistrado, que deverá fazer parte do diálogo processual.*
>
> *4. Na hipótese, deveria o julgador ter se mantido coerente com a sua conduta processual até aquele momento, isto é, proporcionado às partes a possibilidade de demonstrar a viabilidade na feitura de outro exame de DNA (preenchimento dos requisitos exigíveis) e não sentenciar, de forma súbita, o feito.*

---

[388] DIDIER JR., Fredie; CUNHA, Leonardo José Carneiro da. *Curso de Direito Processual Civil.* 6. ed. Bahia: *Jus*Podivm, 2008. v. II, p. 504.

RECURSOS NO NOVO C.P.C.

4. Além disso, acabou por conferir aos demandantes um direito à produção daquela prova em específico, garantido constitucionalmente (CF, art. 5º, LV) e que não pode simplesmente ser desconsiderado pelo Juízo, podendo-se falar na ocorrência de uma preclusão para o julgador no presente caso.

5. Diante das circunstâncias do caso em questão e da vontade das partes, ainda sendo supostamente possível a realização do exame de DNA pela técnica da reconstrução, é de se admitir a baixa dos autos para a constatação da viabilidade e realização da perícia pleiteada.

6. Recurso especial provido.

(REsp 1229905/MS, Rel. Ministro LUIS FELIPE SALOMÃO, QUARTA TURMA, julgado em 05/08/2014, DJe 02/09/2014)

PROCESSUAL CIVIL. RECURSO ESPECIAL. AÇÃO DE INVESTIGAÇÃO DE PATERNIDADE. EXAME DE DNA. CONVERSÃO DO JULGAMENTO EM DILIGÊNCIA. POSSIBILIDADE.

Tratando-se de ação de estado, na qual o direito em debate é indisponível, o julgador não pode dispensar a ampla instrução, principalmente quando a feitura da prova foi devidamente requerida pelo autor.

Nada impede que o órgão julgador, para evitar decisão em estado de perplexidade, converta o julgamento em diligência para complementação de instrução probatória.

Recurso especial provido.

(REsp 208.582/PR, Rel. Ministro CASTRO FILHO, TERCEIRA TURMA, julgado em 03/05/2005, DJ 23/05/2005, p. 265)

É possível que durante o julgamento em segundo grau de jurisdição, verifique-se a necessidade de produção de prova (no âmbito do segundo grau de jurisdição), como, por exemplo, prova pericial ou complementação da prova pericial já realizada. Nessa hipótese, o novo C.P.C. não admite mais o *non liquet probatório* em segundo grau, pois havendo a necessidade de prova para a continuidade do julgamento em segundo grau, caberá ao relator converter o julgamento em diligência, para que a produção de prova seja realizada no tribunal ou em primeiro grau de jurisdição, decidindo-se o recurso após a conclusão da instrução.

O novo C.P.C. abre a oportunidade de instrução probatória em grau de recurso (na instância recursal).

Poderá ocorrer, ainda, que haja dúvida sobre alguma afirmação feita pela prova testemunhal durante a instrução probatória realizada em primeiro grau. Nessa hipótese, poderá o relator determinar a baixa do processo para que a testemunha seja novamente ouvida perante o juízo de primeiro grau, ou, ao contrário, determinar que a testemunha seja ouvida no próprio tribunal para sanar a dúvida existente.

Assim, não se justifica mais a anulação do processo e da sentença por falta de determinada prova tida por necessária pelo juízo de segundo grau de jurisdição.

Quando não determinadas pelo relator, as providências indicadas nos §§ 1o e 3º do art. 938 do novo C.P.C., poderão ser determinadas pelo órgão competente para julgamento do recurso.

Portanto, se o relator não determinar as diligências necessárias para a regularização de vício sanável ou para a realização de determinada prova necessária para o julgamento, essas diligências poderão ser determinadas pelo órgão competente para julgamento do recurso.

O relator ou outro juiz que não se considerar habilitado a proferir imediatamente seu voto poderá solicitar vista pelo prazo máximo de 10 (dez) dias, após o qual o recurso será reincluído em pauta para julgamento na sessão seguinte à data da devolução.

Se os autos não forem devolvidos tempestivamente ou se não for solicitada pelo juiz prorrogação de prazo de no máximo mais 10 (dez) dias, o presidente do órgão fracionário os requisitará para julgamento do recurso na sessão ordinária subsequente, com publicação da pauta em que for incluído.

Em relação ao pedido de vista pelo juiz ou pelo relator do processo, o Conselho Nacional de Justiça expediu a Resolução n. 202, de 27 de outubro de 2015, *in verbis*:

Resolução Nº 202 de 27/10/2015

Ementa: Regulamenta o prazo para a devolução dos pedidos de vista nos processos jurisdicionais e administrativos no âmbito do Poder Judiciário.

Origem: Presidência

O PRESIDENTE DO CONSELHO NACIONAL DE JUSTIÇA (CNJ), no uso de suas atribuições legais e regimentais,

CONSIDERANDO que compete ao CNJ, dentre outras atribuições, zelar pela autonomia do Poder Judiciário, pelo cumprimento do Estatuto da Magistratura e pela observância do art. 37 da Constituição Federal, podendo, para tanto, expedir atos regulamentares (art. 103-B, § 4º, da CF);

CONSIDERANDO que a atuação do Poder Judiciário tem como vetores os princípios da inafastabilidade da jurisdição, da razoável duração do processo e da eficiência da Administração Pública (arts. 5º, XXXV e LXXVIII, e art. 37, caput, da CF);

CONSIDERANDO que todas as decisões judiciais serão fundamentadas, bem assim motivadas as administrativas, sob pena de nulidade (art. 93, IX e X, da CF);

CONSIDERANDO que o art. 12 do Novo Código de Processo Civil (Lei 13.105, de 16 de março de 2015) determina que os processos devam ser julgados preferencialmente em ordem cronológica;

CONSIDERANDO que o art. 940 do Novo Código de Processo Civil passou a estabelecer prazos peremptórios para a devolução dos pedidos de vista nos julgamentos de recursos em processos judiciais;

CONSIDERANDO que a Meta Nacional 1 do CNJ prevê o julgamento de um número maior de processos do que aqueles distribuídos;

CONSIDERANDO que os dados do último Relatório Justiça em Números revelam altos índices de congestionamento na tramitação e no julgamento dos processos nas distintas instâncias judiciais do País;

CONSIDERANDO que constitui dever do magistrado não exceder injustificadamente os prazos para sentenciar ou despachar, respondendo por perdas e danos quando recusar, omitir ou retardar, sem justo motivo, providência que deva ordenar de ofício, ou a requerimento das partes (arts. 35, II e 49, II, da Lei Complementar 35, de 14 de março de 1979);

CONSIDERANDO que o Presidente do Conselho Federal da Ordem dos Advogados do Brasil encaminhou pedido ao CNJ, aprovado pelo Colégio de Presidentes dos Conselhos Seccionais da Ordem dos Advogados do Brasil, no sentido de que haja "deliberação em torno da universalização da previsão legal de prazo para o julgamento dos processos judiciais com pedido de vista em todos os tribunais brasileiros, mediante a regulamentação pertinente";

CONSIDERANDO que se afigura necessária a uniformização dos prazos relativos à devolução dos pedidos de vista, tanto nos processos judiciais, quanto nos administrativos, dadas as indesejáveis lacunas e disparidades existentes no tocante à matéria no Poder Judiciário, as quais podem ensejar o retardamento infundado ou imotivado das respectivas decisões;

CONSIDERANDO, finalmente, que se mostra de todo conveniente a alteração dos regimentos internos dos distintos órgãos do Poder Judiciário de maneira a que esses cumpram, oportuno tempore, as determinações do Novo Código de Processo Civil, cuja entrada em vigor se dará em 16 de março de 2016, nos termos do disposto em seu art. 1.045;

RESOLVE:

Art. 1º Nos processos judiciais e administrativos apregoados em sessões colegiadas, quando um dos julgadores não se considerar habilitado a proferir imediatamente seu voto, poderá solicitar vista pelo prazo máximo de 10 (dez) dias, prorrogável por igual período, mediante pedido devidamente justificado, após o qual o processo será reincluído em pauta para julgamento na sessão seguinte.

§ 1º Se o processo judicial ou administrativo não for devolvido tempestivamente, ou se o vistor deixar de solicitar prorrogação de prazo, o presidente do órgão correspondente fará a requisição para julgamento na sessão subsequente, com publicação na pauta em que houver a inclusão.

§ 2º Ocorrida a requisição na forma do § 1º, se aquele que fez o pedido de vista ainda não se sentir habilitado a votar, o presidente convocará substituto para proferir voto, na forma estabelecida no regimento interno do tribunal ou conselho.

Art. 2º Os órgãos do Poder Judiciário adaptarão os respectivos regimentos internos ao disposto neste Regulamento, no prazo de 120 (cento e vinte) dias, contados da data de publicação deste ato, em especial quanto à forma de substituição de que trata o § 2º do art. 1º.

Art. 3º Esta Resolução entrará em vigor na data de sua publicação.

Em cumprimento à Resolução n. 202/2015 do C.N.J., o Tribunal Regional Federal da 4ª Região aprovou o Assento Regimental n. 10, de 12 de Mario de 2016, nos seguintes termos

O Tribunal Regional Federal da 4ª Região, nos termos do deliberado pelo Plenário Administrativo, na sessão realizada em 05 de maio de 2016, no processo nº 0004011-23.2016.4.04.8000, decide emendar o seu Regimento Interno da seguinte forma:

Art. 1º Alterar o artigo 174, a fim de que passe a vigorar com a seguinte disposição:

Art. 174. Nos julgamentos, o pedido de vista não impede o voto dos demais Desembargadores que se tenham por habilitados a fazê-lo.

§ 1º O julgamento que tiver sido iniciado prosseguirá, computando-se os votos já proferidos pelos Desembargadores, mesmo que não compareçam ou hajam deixado o exercício do cargo, ainda que o Desembargador afastado seja o Relator.

§ 2º Não participará do julgamento o Desembargador que não tenha assistido ao relatório, salvo se declarar-se habilitado a votar.

§ 3º Se o Desembargador que houver comparecido ao início do julgamento, e que ainda não tiver votado, estiver ausente, sem substituto, o seu voto será dispensado, desde que obtidos suficientes votos concordantes sobre todas as questões (arts. 187, 192 e 195).

RECURSOS NO NOVO C.P.C.

§ 4º Ausente o Presidente que iniciou o julgamento, este prosseguirá sob a presidência de seu substituto.

Art. 2º Acrescer o artigo 174-A, com a seguinte redação:

Art. 174-A. Nos processos judiciais e administrativos apregoados em sessões colegiadas, quando um dos julgadores não se considerar habilitado a proferir imediatamente seu voto, poderá solicitar vista pelo prazo máximo de 10 (dez) dias, prorrogável por igual período, mediante pedido devidamente justificado, após o qual o processo será reincluído em pauta para julgamento na sessão seguinte.

§1º Se o processo judicial ou administrativo não foi devolvido tempestivamente, ou se o vistor deixar de solicitar prorrogação de prazo, o presidente do órgão correspondente fará a requisição para julgamento na sessão subsequente, com publicação na pauta em que houver a inclusão.

§2º Ocorrida a requisição na forma do §1º, se aquele que fez o pedido de vista ainda não se sentir habilitado a votar, o presidente convocará substituto para proferir voto, na forma estabelecida no regimento interno do tribunal ou conselho.

Art. 3º Este Assento Regimental entrará em vigor na data de sua publicação, revogadas as disposições em contrário.

O Superior Tribunal de Justiça (STJ), por meio da Emenda Regimental n. 22 de 2016, aprovou uma série de mudanças em seu regimento interno como forma de adequar-se ao novo Código de Processo Civil (CPC). Todos os pontos foram debatidos pelo Pleno, na tarde de quarta-feira, (16) de março de 2016.

O STJ foi o primeiro tribunal superior a realizar as adequações. As demais cortes ainda estão adaptando seus regimentos.

Para realizar este trabalho, o tribunal aplicou uma metodologia própria: selecionou os dispositivos mais urgentes, que mexem com o próprio funcionamento do tribunal, e os analisou com prioridade. As mudanças foram referendadas por todos os ministros do STJ.

Em relação ao pedido de vista, ficou mantido o prazo de 60 dias (prorrogáveis por mais 30) para a devolução de pedidos de vista. O novo CPC reduziu o prazo para 10 dias, com a possibilidade de convocação de outro magistrado caso o julgamento não seja finalizado.

O plenário concluiu que a regra própria utilizada pelo STJ agilizou a apresentação dos votos-vista dentro de um prazo razoável. Fundamentalmente, o Pleno entendeu que a nova regra do CPC é destinada aos tribunais locais, de apelação, e não ao STJ.

PROCESSAMENTO E JULGAMENTO DO RECURSO NO TRIBUNAL

O argumento é simples: como o STJ define tese jurídica e sua interpretação é aplicada por todos os demais tribunais, o prazo de 10 dias seria inviável para os julgadores se aprofundarem no estudo dos casos. Os pedidos de vista suspendem a discussão para dar mais tempo ao magistrado de analisar a questão e preparar o voto.

Não obstante o entendimento do STJ, penso que o legislador do novo C.P.C. não excepcionou a regra do pedido de vista para excluir o STJ.

Quando requisitar os autos na forma do §1º do art. 940 do novo C.P.C., se aquele que fez o pedido de vista ainda não se sentir habilitado a votar, o presidente convocará substituto para proferir voto, na forma estabelecida no regimento interno do tribunal.

Proferidos os votos, o presidente anunciará o resultado do julgamento, designando para redigir o acórdão o relator ou, se vencido este, o autor do primeiro voto vencedor.

O voto poderá ser alterado até o momento da proclamação do resultado pelo presidente, salvo aquele já proferido por juiz afastado ou substituído.

Entenda-se por juiz afastado, aquele que se encontra em licença legal ou que foi posto em disponibilidade.

Já por juiz substituído, entende-se aquele que após proferir o seu voto foi substituído por outro. Assim, por exemplo, se o Desembargador proferiu seu voto e saiu de férias, o juiz convocado não poderá modificar o seu voto. Da mesma forma, se o Desembargador retornar de férias após o juiz convocado para substituí-lo proferir seu voto, o Desembargador não poderá alterá-lo.

Considera-se igualmente como substituído aquele magistrado que mudou de turma ou câmara em razão de remoção.

No julgamento de apelação ou de agravo de instrumento, a decisão será tomada, no órgão colegiado, pelo voto de 3 (três) juízes, no mínimo, podendo a turma ou câmara ser composta por número maior de juízes.

O voto vencido será necessariamente declarado e considerado parte integrante do acórdão para todos os fins legais, inclusive de prequestionamento.

Os votos, os acórdãos e os demais atos processuais podem ser registrados em documento eletrônico inviolável e assinados eletronicamente, na forma da lei, devendo ser impressos para juntada aos autos do processo quando este não for eletrônico.

Todo acórdão conterá ementa. Porém, entendo que a falta de ementa não gera nulidade do julgamento. O que gera nulidade do julgamento é a falta de acórdão.

Lavrado o acórdão, sua ementa será publicada no órgão oficial no prazo de 10 (dez) dias.

Não publicado o acórdão no prazo de 30 (trinta) dias, contado da data da sessão de julgamento, as notas taquigráficas o substituirão, para todos os fins legais, independentemente de revisão. Nessa hipótese, o presidente do tribunal lavrará, de imediato, as conclusões e a ementa e mandará publicar o acórdão.

O agravo de instrumento será julgado antes da apelação interposta no mesmo processo. Se ambos os recursos houverem de ser julgados na mesma sessão, terá precedência o agravo de instrumento.

24.
Julgamento Eletrônico dos Recursos

O art. 945 do novo C.P.C. estabelecia a possibilidade, por *meio eletrô-nico*, de se realizar julgamento de recurso e julgamento de processos de competência originária, quando não houvesse autorização normativa para sustentação oral. Eis o teor do art. 945 do novo C.P.C., antes de sua revogação:

> *945. A critério do órgão julgador, o julgamento dos recursos e dos processos de competência originária que não admitem sustentação oral poderá realizar-se por meio eletrônico.*
>
> *§ 1º O relator cientificará as partes, pelo Diário da Justiça, de que o julgamento se fará por meio eletrônico.*
>
> *§ 2º Qualquer das partes poderá, no prazo de 5 (cinco) dias, apresentar memoriais ou discordância do julgamento por meio eletrônico.*
>
> *§ 3º A discordância não necessita de motivação, sendo apta a determinar o julgamento em sessão presencial.*
>
> *§ 4º Caso surja alguma divergência entre os integrantes do órgão julgador durante o julgamento eletrônico, este ficará imediatamente suspenso, devendo a causa ser apreciada em sessão presencial.*

Contudo, o art. 945 do novo C.P.C foi expressamente revogado pelo art. 3º, inc. I, da Lei 13.256 de 4 de fevereiro de 2016, *in verbis:*

Art. 3º Revogam-se os seguintes dispositivos da Lei nº 13.105, de 16 de março de 2015 (Código de Processo Civil): (Vigência)
I – art. 945;
II – § 2º do art. 1.029; inciso II do § 3º e § 10 do art. 1.035; §§ 2º e 5º do art. 1.037; incisos I, II e III do caput e § 1º, incisos I e II, alíneas "a" e "b",do art. 1.042; incisos II e IV do caput e § 5º do art. 1.043.

Porém, muito embora tenha sido expressamente revogado o art. 945 do novo C.P.C., tenho para mim que diante do princípio da celeridade processual, da facilidade do trâmite processual em face da nova sistemática do processo eletrônico, poderá o Regimento Interno dos Tribunais regulamentar o julgamento eletrônico dos processos, desde que, havendo concordância das partes, não haja espaço para a realização de sustentação oral.[389]

---

[389] É certo que há entendimento contrário, conforme a seguinte manifestação André Motoharu Yoshino, *in:* http://www.migalhas.com.br/dePeso/16,MI148722,81042-Plenario+virtual+confronto+com+a+efetividade+do+processo+analise:

Entretanto, apesar do crescente uso desta modalidade de julgamento, importante ter conhecimento de que o Estado deve prestar a tutela jurisdicional almejada pelas partes que formam a lide, ou seja, o Estado deve atribuir os direitos aos seus titulares, garantindo o sentimento de prestação da atividade jurisdicional.

Nestes termos, conforme ensina o Professor Cassio Scarpinella Bueno:

"Tendo presente que o processo é método de atuação do Estado-Juiz, é o mecanismo pelo qual o direito material controvertido tende a ser realizado e concretizado, a tutela jurisdicional só pode ser entendida como esta realização concreta do direito que foi lesado ou ameaçado. Seja para o autor, quando ele tem razão; seja para o réu quando ele, o réu, tem razão. É insuficiente a idéia de declaração judicial de uma situação substancial em prol do autor ou do réu. É fundamental, para bem realizar o modelo constitucional do processo civil, que, além da declaração jurisdicional efetivamente entregue, conserve e guarde este bem jurídico junto ao seu titular, a seu proprietário. Ao lado da declaração jurisdicional dos 'direitos', pois, deve ser levada em conta, também como fenômeno da jurisdição, ínsita à prestação jurisdicional, a atuação concreta desta declaração". 2

Claro que um julgamento virtual, no qual as partes estão impossibilitadas de ter contato direto com os julgadores – que representam o Estado na prestação da atividade jurisdicional – pode gerar um sentimento de ausência de prestação da justiça, suscitando a deterioração da imagem do Poder Judiciário.

Por mais que se fale em cumprimento ao princípio da publicidade, celeridade processual, ampla defesa e contraditório, dentre outros, de nada adianta se as partes não tiverem a segurança de que Magistrados plenamente competentes estão debatendo e julgando seus processos.

JULGAMENTO ELETRÔNICO DOS RECURSOS

A este respeito, José Roberto dos Santos Bedaque, Desembargador aposentado do mesmo Tribunal de Justiça do Estado de São Paulo, afirma que o processo precisa ser efetivo, não necessariamente célere. Transcreva-se seus ensinamentos:
"processo efetivo é aquele que, observado o equilíbrio entre os valores segurança e celeridade, proporciona às partes o resultado desejado pelo direito material. Pretende-se aprimorar o instrumento estatal destinado a fornecer a tutela jurisdicional. Mas constitui perigosa ilusão pensar que simplesmente conferir-lhe celeridade é suficiente para alcançar a tão almejada efetividade. Não se nega a necessidade de reduzir a demora, mas não se pode fazê-lo em detrimento do mínimo de segurança, valor também essencial ao processo justo. (...) a celeridade é apenas mais uma das garantias que compõem a idéia de devido processo legal, não a única".3
Ainda em relação a esta prestação da tutela jurisdicional, oportuno lembrar as sábias palavras de Frederico Marques:
"a tutela jurisdicional é dimensionada pelo pedido contido na ação, em que o autor formula a pretensão que se encontra insatisfeita, a fim de que, a final, consiga resultado favorável a seu interesse.
O Autor, portanto, pede que se componha o litígio, atendendo-se à pretensão que apresentou e se encontra insatisfeita.
Desde que caiba a prestação jurisdicional, o juiz, preso ao pedido do autor, examinará se a pretensão procede ou não.
Cabendo a tutela jurisdicional, o Estado se acha compelido a compor a lide. Procedente a pretensão do autor, obrigado se encontrará o Estado a lhe ser favorável ao solucionar o litígio. Todavia, desamparada juridicamente a pretensão, o Estado a repelirá, prestando, então, tutela jurisdicional". 4
O Estado exerce papel importante perante a sociedade, devendo resolver a lide existente entre as partes, prestando a tutela jurisdicional e transmitindo um sentimento de exercício de paridade de armas entre os litigantes, resultando em uma decisão que tenha nítida e competentemente analisado os dois pólos.
Todo este procedimento pode ser inútil caso a parte não tenha a certeza de que os magistrados, ou seja, aqueles em quem se confia o poder de solucionar os conflitos, tenham debatido e decidido o seu caso, chegando-se a uma decisão que seja considerada justa.
A ausência de prestação da tutela jurisdicional é ainda mais verificada quando notamos que ocorrem sim afrontas a princípios constitucionais do processo. Imediatamente, podemos citar o desrespeito ao princípio da publicidade.
Quando a resolução 549/2011, do TJSP menciona que "considerando que, por serem os votos publicados pela imprensa oficial, não haverá risco de quebra da publicidade e da transparência dos atos judiciais", não menciona que a publicidade, na verdade, é referente a todos os atos praticados. Certo que, no momento do voto do Magistrado não será praticado perante a sociedade, pois ao contrário dos julgamentos em "plenário real", não há possibilidade de os interessados acompanharem efetivamente o ato da prolação do voto, inclusive para suscitar alguma nulidade ou questão de ordem, por exemplo.

O princípio da publicidade está previsto na Constituição Federal, quando o artigo 93, inciso IX, estabelece que:

"Art. 93. inciso IX. Todos os julgamentos dos órgãos do Poder Judiciário serão públicos, e fundamentadas todas as decisões, sob pena de nulidade, podendo a lei limitar a presença, em determinados atos, às próprias partes e a seus advogados, ou somente a estes, em casos nos quais a preservação do direito à intimidade do interessado no sigilo não prejudique o interesse público à informação"

A partir desta norma constitucional, o doutrinador Milton Paulo de Carvalho afirma sobre a publicidade dos atos judiciais, inclusive nos julgamentos, explicando que a regra é a da publicidade dos julgamentos, sendo facultado aos interessados valerem-se do direito de estarem presentes. Vejamos:

"Faculta-se, portanto, quando da realização dos atos processuais, a presença dos interessados e de qualquer membro da comunidade, permitindo-se-lhes, outrossim, a consulta de autos, de forma a poderem conhecer e fiscalizar a atuação e imparcialidade dos seus juízes, bem como o labor dos membros do Ministério Público e dos advogados na aplicação da lei aos litígios emergentes". 5

José Roberto dos Santos Bedaque, mencionando referido princípio, ensina o que seria a publicidade de um ato judicial, pelo qual podemos concluir que, no mínimo, deve-se abrir possibilidade das partes participarem presencialmente. Transcreva-se:

"Com relação à garantia da publicidade dos atos processuais (CF, art. 93, IX), também não se pode excluir que determinado ato processual praticado sem observá-la atinja os objetivos desejados. Imagine-se audiência realizada a portas fechadas, versando o processo sobre interesses particulares. Dúvida não há quanto à violação à publicidade (CPC, art. 444). Mas, se as partes estavam presentes, se a prova oral foi produzida e se nenhum terceiro revelou interesse em dela participar, qual o prejuízo? Nenhum". 6

Para ser considerado público, não basta dar acesso ao conteúdo do que foi decidido, o ato de decidir deve ser igualmente público. Nestes termos, cite-se o Professor Nelson Nery Jr.:

"Segundo a CF 5º LX, 'a lei só poderá restringir a publicidade dos atos processuais quando a defesa da intimidade ou o interesse social o exigirem'. E a CF 93 IX dispõe que 'todos os julgamentos dos órgãos do Poder Judiciário serão públicos...'. O que, no sistema revogado, era garantia processual passou a ser constitucional, em face das novas disposições da Carta Magna a respeito da publicidade dos atos e das decisões dos órgãos do Poder Judiciário". 7

Cassio Scarpinella Bueno indica as duas visões sobre o princípio da publicidade, que pode ser interpretado de acordo com o previsto constitucionalmente, sendo mais correto dizer que todo o atuar do Estado-Juiz é público, tendo em vista que a Constituição Federal fala em "publicidade dos atos processuais":

"A publicidade, tal qual exigida constitucionalmente, tem sentido duplo. A primeira acepção é a de que o direito brasileiro não admite julgamentos 'secretos'. Neste sentido, todo o atuar do Estado-Juiz é público no sentido de ser possível o acesso imediato a ele". 8

Outra questão a ser apontada se refere ao cumprimento da Meta 2, estabelecida pelo Conselho Nacional de Justiça – CNJ, determinando, com base no princípio da celeridade processual, ser razoável o máximo de 4 anos para julgamento de um processo. Neste ponto, cite-se as palavras de Ives Gandra Martins Filho:

"O objetivo era o de identificar e julgar até o fim do ano, em todas as instâncias, todos os processos distribuídos até o fim de 2005, ou seja, estabeleceu-se como duração razoável do processo, prevista no art. 5º, LXXVIII, da Constituição, o limite de quatro anos. Seria algo factível? Por que se priorizou e se decantou essa meta mais do que as outras nove, ligadas ao planejamento estratégico dos tribunais (Meta 1), à informatização em seus vários aspectos (metas 3, 4, 5, 7, 8 e 10), à capacitação gerencial de magistrados (Meta 6) e à generalização do controle interno dos tribunais (Meta 9)?" 9

Em que pese o grande esforço dos Tribunais Estaduais de todo o país, bem como do CNJ, o objetivo do princípio da celeridade processual não significa unicamente uma decisão no menor tempo possível. Deve-se respeitar a duração razoável do processo. A efetividade não depende unicamente da celeridade processual, mas também, conforme já mencionado, da sua efetividade.

Ademais, o fato de existirem 550.000 recursos aguardando julgamento não é motivo suficiente para desrespeitar o devido processo legal, deixando de lado o procedimento previsto na lei e os princípios que regem a matéria.

Importante mencionar a possibilidade de a Resolução do TJSP chegar à análise de sua constitucionalidade, tanto pelo meio difuso, quanto pelo concentrado, cabendo ao Supremo Tribunal Federal apreciar a matéria.

Em uma breve previsão do resultado do julgamento, podemos concluir que a questão estaria dependente de uma questão: legislar sobre plenário virtual seria matéria de mero procedimento processual ou de efetivo direito processual?

A resposta para esta questão possui extrema importância. Isso porque a Constituição Federal Brasileira determina que compete privativamente à União legislar sobre direito processual (artigo 22, inciso I, CF). Por outro lado, menciona que compete concorrentemente à União, aos Estados e ao Distrito Federal legislar sobre procedimentos em matéria processual (artigo 24, inciso XI, CF).

Assim, se legislar sobre plenário virtual for considerado matéria de direito processual, será medida de rigor reconhecer a inconstitucionalidade da resolução 549/2011, pois o Estado não seria competente para legislar sobre o assunto. Por outro lado, sendo matéria de procedimentos, o Estado mostra-se concorrentemente competente, sendo constitucional a Resolução em referência.

Note-se que, recentemente, o STF julgou a Lei n.º 11.819/2005, do Estado de São Paulo, que regulamentava sobre a videoconferência, tendo a Corte Suprema julgado pela inconstitucionalidade da lei, tendo em vista que legislar sobre videoconferência é atuar sobre processo civil e não procedimento, conforme o voto do falecido Ministro Menezes Direito.

Por este precedente é que se entende que o Supremo Tribunal Federal manterá o posicionamento, considerando que legislar sobre plenário virtual – da mesma forma que legislar sobre videoconferência é matéria de direito processual prevista no inciso I, do artigo 22, da Constituição – é atividade privativa da União.

Para além desta discussão sobre a inconstitucionalidade deste ato normativo por ser matéria de direito processual ou de procedimento em matéria processual, deve ser dada relevância ao fato de se tratar de mera Resolução do Tribunal de Justiça. Ou seja, até que ponto este Tribunal teria competência para legislar, por meio de simples Resolução, sobre processo ou procedimento?

Note-se que a Constituição Federal estabeleceu a separação dos três poderes (Executivo, Legislativo e Judiciário), conferindo funções atípicas para cada um. Assim, o Poder Judiciário, em algumas situações, pode ter competência para fixar normas.

A Constituição do Estado de São Paulo, no seu artigo 69, inciso II, alínea "a", estabelece claramente que os Tribunais possuem competência para elaborar seus regimentos internos. Transcreva-se:

Artigo 69 – Compete privativamente aos Tribunais de Justiça e aos de Alçada:

I – pela totalidade de seus membros, eleger os órgãos diretivos, na forma dos respectivos regimentos internos;

II – pelos seus órgãos específicos:

a) elaborar seus regimentos internos, com observância das normas de processo e das garantias processuais das partes, dispondo sobre a competência e funcionamento dos respectivos órgãos jurisdicionais e administrativos.

Ora, evidente que a competência legislativa dos Tribunais se resume aos seus regimentos internos, quando mais, no que se refere à iniciativa de Leis Complementares e Ordinárias, nos termos do artigo 24 da Constituição Estadual.

Por tais motivos, é simples chegar à conclusão de que a Resolução que cria o Plenário Virtual está fortemente fadada ao reconhecimento da inconstitucionalidade. Ou assim, ao menos, deveria ser. O sobrecarregamento de processos nos Gabinetes e a chegada da "Era da Informação Tecnológica" não pode ser justificativa para violar a Constituição Federal.

---

1 CARDOSO, Antonio Pessoa. Julgamento Virtual. Revista do Instituto Brasileiro de Administração do Sistema Judiciário. Agosto de 2011. Disponível em: www.ibrajus.org.br/revista/artigo.asp?idArtigo=219>. Acesso em 5.11.2011; e TJ de Rondônia faz testes de julgamento virtual. Revista Consultor Jurídico. Junho de 2011. Disponível em: www.conjur.com.br/2009-jun-28/tj-rondonia-testa-julgamento-virtual-combater-morosidade>. Acesso em 5.11.2011.

2 SCARPINELLA BUENO, Cassio. Curso Sistematizado de Direito Processual Civil. Teoria Geral do Direito Processual Civil. 5ª Edição. Editora Saraiva. São Paulo: 2011. Fl. 309.

3 BEDAQUE, José Roberto dos Santos. Efetividade do Processo e Técnica Processual. 3ª Edição. Editora Malheiros. São Paulo: 2011. Fl. 49.

4 MARQUES, José Frederico. Manual de Direito Processual Civil. 1º Volume. Teoria Geral do Processo Civil. 2ª Edição. Edição Saraiva. Rio de Janeiro: 1974. Fls. 128 e 129.

5 CARVALHO, Milton Paulo de. Bases Científicas para um renovado direito processual. Organizadores: Athos Gusmão Carneiro e Petrônio Calmon. Editora Podium. 2ª Edição. Salvador: 2009. Fl. 205.

A concordância das partes para a realização da audiência eletrônica é respaldada inclusive pelo que dispõe o art. 190 do novo C.P.C. a saber:

> *Art. 190. Versando o processo sobre direitos que admitam autocomposição, é lícito às partes plenamente capazes estipular mudanças no procedimento para ajustá-lo às especificidades da causa e convencionar sobre os seus ônus, poderes, faculdades e deveres processuais, antes ou durante o processo.*
>
> *Parágrafo único. De ofício ou a requerimento, o juiz controlará a validade das convenções previstas neste artigo, recusando-lhes aplicação somente nos casos de nulidade ou de inserção abusiva em contrato de adesão ou em que alguma parte se encontre em manifesta situação de vulnerabilidade.*

Aliás, O Supremo Tribunal Federal instituiu, em 2007, o 'plenário eletrônico' para decisões referentes à existência ou não de repercussão geral. Por meio de emenda ao Regimento Interno do STF foi instituído o Plenário Virtual para possibilitar o cumprimento da exigência legal, sem sobrecarregar o Plenário físico.

O Tribunal de Justiça de São Paulo, por sua vez, regulamentou, por meio da Resolução n. 549/2011, o plenário virtual, a saber:

> *O TRIBUNAL DE JUSTIÇA DE SÃO PAULO, por seu Órgão Especial, no uso de suas atribuições legais,*
>
> *CONSIDERANDO existir, no acervo do Tribunal de Justiça, mais de 550.000 recursos a aguardar julgamento, número que não diminui, apesar da grande produtividade média de seus Magistrados, classificado, por isso, em primeiro lugar nas estatísticas do Conselho Nacional de Justiça;*
>
> *CONSIDERANDO ser necessário adotar providências de ordem prática para o julgamento mais rápido dos recursos, com economia de tempo para os julgadores, bem como para cumprimento da Meta 2 do CNJ e para o urgente atendimento do princípio constitucional da razoável duração do processo (art. 5º, LXXVIII, da CF);*

---

6 BEDAQUE, José Roberto dos Santos. Efetividade do Processo e Técnica Processual. 3ª Edição. Editora Malheiros. São Paulo: 2011. Fl. 505.

7 NERY JR., Nelson Nery. Princípios do Processo na Constituição Federal. 10ª Edição. Editora Revista dos Tribunais. São Paulo: 2010. Fl. 283 e 284.

8 SCARPINELLA BUENO, Cassio. Curso Sistematizado de Direito Processual Civil. Teoria Geral do Direito Processual Civil. 5ª Edição. Editora Saraiva. São Paulo: 2011. Fl. 167.

9 MARTINS FILHO, Ives Gandra. O CNJ e a Meta 2. Texto retirado do site: http://www.cnj.jus.br/imprensa/artigos/13353-o-cnj-e-a-meta-2. Acessado em 5.11.2011.

CONSIDERANDO o expressivo aumento do número de agravos de instrumento, agravos internos ou regimentais de decisões monocráticas dos relatores, de embargos de declaração, de mandados de segurança e habeas corpus originários, inclusive no âmbito do direito de família, os quais são preferenciais em relação aos demais, e que, por conseguinte, as pautas das sessões de julgamento ficam sobrecarregadas, consumindo tempo que poderia ser usado para o preparo de votos em apelações;

CONSIDERANDO a possibilidade de medidas alternativas voltadas à desburocratização e racionalização de atos para uma tutela jurisdicional efetiva, especialmente no sentido de aprimorar e agilizar os julgamentos dos recursos preferenciais, inclusive por meio eletrônico, como permitido pelo art. 154 e parágrafos do Código de Processo Civil;

CONSIDERANDO não haver sustentação oral no julgamento dos recursos de agravo de instrumento, agravos internos ou regimentais e embargos de declaração, bem como a possibilidade, nos casos de apelações e de mandados de segurança e habeas corpus originários, de se facultar às partes a prévia manifestação de interesse na sustentação oral, antes da realização dos julgamentos, a viabilizar a sessão virtual, sem prejuízo aos litigantes;

CONSIDERANDO que, por serem os votos publicados pela imprensa oficial, não haverá risco de quebra da publicidade e da transparência dos atos judiciais;

CONSIDERANDO, finalmente, que a dispensa da sessão de julgamento, nos casos dos recursos previstos nesta Resolução, auxiliará o adequado cumprimento da Resolução nº 542/2011, proporcionando mais tempo aos magistrados para o julgamento dos processos da Meta 2, sem a sobrecarga das pautas, R E S O L V E:

Art. 1º – Os agravos de instrumento, agravos internos ou regimentais e embargos de declaração poderão ser julgados virtualmente, a critério da turma julgadora, determinando o relator a prévia ciência das partes pela imprensa oficial, para fim de preparo de memoriais ou eventual oposição, em cinco dias, à forma de julgamento, bastando a de qualquer delas, sem necessidade de motivação, para impedi-la.

§ 1º No julgamento virtual, o relator encaminhará seu voto aos demais componentes da turma julgadora por mensagem eletrônica.

§ 2º O segundo e o terceiro Juízes, que poderão requisitar os autos para exame e visto, manifestarão sua adesão aos demais da turma julgadora, igualmente mediante mensagem eletrônica.

§ 3º Caso ocorra divergência, o discordante elaborará seu voto e o transmitirá ao relator e ao outro Juiz componente da turma. Confirmado o voto original pelo relator, dar-se-á sua publicação e o do Juiz discordante, prevalecendo, para acórdão, aquele que for acolhido pela maioria. Não manifestada divergência ou ocorrendo o consenso, o voto do relator ou do Juiz para tal designado servirá como acórdão para publicação na imprensa oficial.

JULGAMENTO ELETRÔNICO DOS RECURSOS

Art. 2º – O julgamento das apelações e dos mandados de segurança e habeas corpus originários também poderá ser virtual, desde que, ao relatar o processo e enviá-lo ao revisor, ou o voto ao segundo e terceiro Juízes, conforme o caso, seja concedido o prazo de dez dias para eventual oposição à forma de julgamento ou manifestação do propósito de realizar sustentação oral, seguindo-se, no mais, os trâmites estabelecidos no art. 1º e seus parágrafos.

Art. 3º – A adoção da forma de julgamento virtual não implica quebra da periodicidade das sessões, na conformidade do disposto no art. 113, parágrafo único, do Regimento Interno. Art. 4º – Esta resolução entrará em vigor trinta dias depois de sua publicação.

São Paulo, 10 de agosto de 2011.

(a) JOSÉ ROBERTO BEDRAN, Presidente do Tribunal de Justiça.

É certo que o Tribunal de Justiça de São Paulo não foi o primeiro a se utilizar do plenário eletrônico para proferir julgamento, tendo em vista que o Tribunal de Justiça do Rio de Janeiro instituíra o plenário virtual por meio da Resolução n. 13/2011, publicada no dia 9 de maio de 2011.

Também em Rondônia, as Turmas Recursais já utilizam o plenário virtual desde 2005.

Em relação ao julgamento eletrônico, o Tribunal Regional Federal da 4ª Região aprovou o Assento Regimental n. 11, de 23 de maio de 2016, *in verbis*:

O Tribunal Regional Federal da 4ª Região, nos termos do deliberado pelo Plenário Administrativo, na sessão realizada em 19 de maio de 2016, no processo nº 0004147-20.2016.4.04.8000, decide emendar o seu Regimento Interno da seguinte forma:

(...).

Art. 5º Acrescentar o artigo 180-C, no Capítulo I – Disposições Gerais – do Título III – Das Sessões -, com a seguinte redação:

Art. 180-C. A critério do órgão julgador, o julgamento dos recursos e dos processos de competência originária em que não houver pedido de sustentação oral poderá realizar-se por meio eletrônico.

§ 1º O relator cientificará as partes e o Ministério Público Federal, nas hipóteses de intervenção como fiscal, pelo Diário da Justiça Eletrônico, de que o julgamento se fará por meio eletrônico.

§ 2º Qualquer das partes poderá, no prazo de 5 (cinco) dias, apresentar memoriais ou discordância do julgamento por meio eletrônico.

§ 3º A discordância não necessita de motivação, sendo apta a determinar o julgamento em sessão presencial.

§ 4º *Não sendo apresentado voto por algum dos Desembargadores votantes dentro do prazo de votação, o julgamento ocorrerá em sessão presencial.*

§ 5º *Caso surja alguma divergência entre os integrantes do órgão julgador durante o julgamento eletrônico, este ficará imediatamente suspenso, devendo a causa ser apreciada em sessão presencial.*

(...)

É importante ainda salientar que já está em vigor a Resolução 587/2016, do Supremo Tribunal Federal, que determina que os agravos internos e embargos de declaração poderão, a critério do relator, ser submetidos a julgamento em ambiente eletrônico, observadas as respectivas competências das Turmas ou do Plenário. A norma que regulamenta o assunto, editada pelo presidente do STF, ministro Ricardo Lewandowski, foi publicada no Diário da Justiça Eletrônico (DJe) do STF de 3 de agosto.

A alteração é fruto da Emenda Regimental 51, aprovada em 22 de junho deste ano em sessão administrativa do STF. As sessões virtuais serão realizadas semanalmente, com início às sextas-feiras, respeitado o prazo de cinco dias úteis exigido pelo artigo 935 do Código de Processo Civil entre a data da publicação da pauta no DJe, com divulgação da lista no site da Corte, e o início do julgamento.

O relator inserirá ementa, relatório e voto no ambiente virtual e, com o início do julgamento, os demais ministros terão até sete dias corridos para manifestação. O ministro que não se pronunciar nesse prazo será considerado como voto que acompanhou o relator.

A norma prevê que o relator poderá retirar do sistema qualquer lista ou processo antes de iniciado o respectivo julgamento. Não serão julgados no sistema a lista ou o processo com pedido de destaque ou vista por um ou mais ministros ou destaque por qualquer das partes, desde que requerido em até 24 horas antes do início da sessão e deferido o pedido pelo relator. Não serão julgados por meio virtual os agravos em que houver pedido de sustentação oral.

Os ministros poderão votar nas listas como um todo ou em cada processo separadamente. As opções de voto serão as seguintes: "acompanho o relator"; "acompanho o relator com ressalva de entendimento"; "divirjo do relator"; e "acompanho a divergência". Aplicam-se a essa modalidade de julgamento as regras regimentais dos julgamentos eletrônicos da repercussão geral.

25.
Certificação do Trânsito em Julgado

Certificado o trânsito em julgado, com menção expressa da data de sua ocorrência, o escrivão ou o chefe de secretaria, independentemente de despacho, providenciará a baixa dos autos ao juízo de origem, no prazo de 5 (cinco) dias, conforme prescreve o art. 1.006 do novo C.P.C.

Esse preceito normativo é resquício metodológico do C.P.C. de 1973, pois durante a vigência do C.P.C. de 1939, caberia à parte que saiu vencedora no recurso promover a baixa dos autos, pagando para esse fim as despesas correspondentes.

Porém, após o C.P.C. de 1973 tal exigência deixou de existir, pois essa incumbência é interna do próprio órgão *ad quem*. Além do mais, em se tratando de processo físico, a parte recorrente, quando da interposição do recurso, já efetuou o pagamento do porte de retorno dos autos ao juízo 'a quo'.

Julgado o recurso interposto e transitado em julgado o acórdão, o escrivão ou chefe de secretaria, mediante ato ordinatório (do qual não cabe recurso) e, independentemente de despacho do presidente do órgão ou do relator, providenciará a baixa dos autos ao juízo de origem, no prazo de cinco dias. Trata-se de um dever funcional do escrivão ou do chefe de secretaria do tribunal. O não cumprimento do prazo poderá ensejar procedimento administrativo contra o servidor.

O processo físico será remetido via correio ou malote para o juiz de origem.

Em se tratando de processo eletrônico, bastará liberar os autos para o seu processamento eletrônico no juízo de origem; simples mudança de localizador.

26.
Recursos em Espécies no Novo C.P.C.

O sistema recursal brasileiro, assim como ocorre com o sistema recursal espanhol, pode ser considerado, sem dúvida, como um dos mais abrangentes em relação àqueles existentes na legislação alienígena, especialmente pela amplitude da recorribilidade das decisões.

O novo C.P.C., no meu sentir, dá maior amplitude à aplicação da máxima da 'recorribilidade das decisões', assim como reduz os obstáculos que possam ser estabelecidos para o exercício dos diferentes meios de impugnação.

A amplitude do modelo do sistema recursal brasileiro tem por fundamento os seguintes argumentos:[390] a) permite-se a recorribilidade de todo tipo de decisões, sejam estas interlocutórias ou definitivas, ainda que por meio de recursos distintos e com efeitos não coincidentes. A exceção no sistema brasileiro é o da não recorribilidade de uma decisão interlocutória, quando a própria lei proíbe a interposição do agravo de instrumento; b) O exercício dos recursos ordinários sujeita-se, em regra, a requisitos de natureza estritamente objetiva, no sentido de que sendo a decisão impugnável, o seja através do meio adequado e que se deduza dentro do prazo legal. Somente se permite ingressar na análise da questão impugnada, em relação aos requisitos de sua admissibilidade, em se tratando de recurso extraordinário ou recurso especial; c) somente na hipótese de recurso

---

[390] Esses argumentos sãos os mesmos utilizados por José Mª A. Mellado para fundamentar que o sistema recursal espanhol corresponde a um dos mais amplos dos existentes no direito europeu. (MELLADO, J. Mª. A., op. cit., p. 200).

extraordinário ou especial é que se estabelece limites em face da natureza da pretensão recursal para efeito de admissibilidade do recurso, não sendo exigido tal condicionamento em relação às demais espécies recursais;
d) geralmente, os recursos interpostos contra a decisão final do procedimento cognitivo produzem (lamentavelmente) efeito suspensivo, evitando-se, pois, que a mesma alcance de imediato sua plena eficácia.

Os meios de impugnação, segundo Barbosa Moreira, podem distinguir--se segundo diversos critérios que a lei não elenca, mas que são retirados da própria estrutura do sistema recursal.

Quanto à *classificação*, o recurso pode ser considerado:

a) *crítica livre* e *crítica vinculada*. É possível que o recurso possa aceitar toda e qualquer crítica à decisão proferida pelo juízo 'a quo', seja em relação à matéria de direito ou de fato, seja em relação ao *error in iudicando* ou ao *error in procedendo*; outras vezes, a crítica inserida no recurso deve estar vinculada a determinada matéria especificada em lei. No nosso ordenamento jurídico, o único tipo de recurso que permite a crítica livre é o recurso de apelação.

b) *error in procedendo* e *error in iudicando*. Pode o recurso ser distinguido em relação ao vício alegado. Há recursos que dizem respeito ao *error in procedendo*, os quais visam à invalidade derivada da decisão, podendo consistir em nulidade formal, em invalidade extra formal (defeito de competência, de contraditório integrado, de legitimação para agir) ou em defeito próprio do ato decisório. Há recursos que dizem respeito ao *error in iudicando*, os quais visam a equívocos de interpretação da norma na qualificação jurídica da fattispécie ou erro na valoração pelo juiz dos fatos controvertidos.

c) *total* ou *parcial*. O recurso *total* é aquele em que o recurso abrange todo o conteúdo da decisão recorrida (não necessariamente o seu conteúdo integral). Será *parcial* o recurso que, em virtude de limitação voluntária, não compreende a totalidade do conteúdo impugnável da decisão, como, *v. g.*, quando o autor, que cumulara vários pedidos, observando que foram julgados todos improcedentes pelo juízo de primeiro grau, interpõe apelação exclusivamente quanto à parte da sentença referente a um ou a alguns dos pedidos.[391]

---

[391] Barbosa Moreira, J. C., op. cit., p. 234.

d) *independente ou adesivo*. Na hipótese de a decisão ser favorável em parte para ambos os litigantes, cada qual poderá interpor recurso independente contra a parte da decisão em que foi sucumbente. Porém, pode ocorrer que um dos litigantes abstenha-se de recorrer, no prazo comum, para impugnar a parte da sentença em que fora sucumbente. Não obstante, a outra parte ingressa com um recurso, denominado *independente*, em relação à parte em que fora sucumbente. A interposição desse recurso denominado *independente ou principal*, permite que a outra parte, que não interpôs também recurso denominado *independente ou principal*, possa, ao ser intimada do recebimento do recurso interposto pela parte contrária, ingressar, nas hipóteses permitidas, com o denominado *recurso adesivo*.

e) *devolutivos ou não devolutivos*. São recursos devolutivos aqueles cujo conhecimento corresponde a um órgão distinto e superior ao que emitiu a decisão recorrida. São não devolutivos aqueles cujo conhecimento atribui-se ao mesmo órgão que pronunciou a decisão impugnada.

A doutrina espanhola classifica os recursos ainda em *ordinários ou extraordinários*: *"São ordinários aqueles cujos motivos de interposição e admissão não se encontram limitados pela lei, fato esse que dá lugar correlativamente a que os poderes do órgão judicial competente para admissão sejam igualmente restringidos. A não limitação dos motivos habilitantes para a impugnação não impede, nem se opõe ao estabelecimento de um requisito que exija a citação dos mesmos no ato de preparação do recurso ou que se peça uma concreta avaliação para sua admissão. São recursos ordinários os de revisão, reposição, queixa e apelação. São extraordinários aqueles recursos segundo os quais a lei taxa ou limita os motivos para sua interposição, restringindo-se seu uso a essas específicas razões. Por isso o poder dos órgãos competentes para sua admissão amplia-se consideravelmente, ao ponto de poderem avaliar, previamente, a procedência do motivo argumentado. São dessa natureza o recurso extraordinário por infração processual e o recurso de cassação".*[392]

É importante salientar que no ordenamento jurídico brasileiro somente os atos processuais (decisões) provenientes dos juízes investidos na jurisdição é que estão sujeitos à interposição de recurso indicado no novo C.P.C.

---

[392] MELLADO, J. Mª. A., op. cit., p. 202.

Os atos processuais das partes, do Ministério Público, dos sujeitos do processo de uma maneira geral são insuscetíveis de recurso.

Os atos processuais do juiz sujeitos a recurso são as sentenças (num sentido amplo, incluindo os acórdãos) e as decisões interlocutórias em sentido amplo (incluindo as decisões monocráticas proferidas pelos relatores dos processos nos tribunais).

Porém, conforme já se afirmou, diante das considerações de que a interposição do recurso não está vinculada à forma do provimento, mas, sim, ao conteúdo que deve ditar a forma da decisão judicial, o novo C.P.C., assim como já fazia o C.P.C. de 1973, indica, nominalmente, quais são as espécies de recursos que podem ser interpostos no ordenamento jurídico brasileiro.

Estabelece o *art. 994* do atual C.P.C. que *são cabíveis os seguintes recursos: I – apelação; II – agravo de instrumento; III – agravo interno; IV – embargos de declaração; V – recurso ordinário; VI – recurso especial; VII – recurso extraordinário; VIII – agravo em recurso especial ou extraordinário; IX – embargos de divergência.*

Assim como já o fizera o art. 496 do C.P.C. de 1973, o art. 994 do atual C.P.C. apresenta uma articulada série de meios de impugnação, espécies de recursos que são previstos pela norma e podem ser interpostos contra decisões proferidas pelos diversos órgãos do Poder Judiciário brasileiro.

O atual C.P.C. manteve os recursos de: a) apelação; b) agravo de instrumento; c) agravo interno; d) embargos de declaração; e) recurso ordinário; f) recurso especial; g) recurso extraordinário; h) embargos de divergência.

Os quatro primeiros seriam admitidos pelo Código; o recurso ordinário, o recurso especial e o recurso extraordinário são de ordem constitucional, apenas regulados por ele.

No direito italiano, a diferenciação entre impugnação ordinária e extraordinária decorre da existência ou não do trânsito em julgado da sentença. A impugnação ordinária ocorre na hipótese de sentença que ainda não transitou em julgado. Já a impugnação extraordinária ocorre quando já ocorreu o trânsito em julgado formal da sentença.

Foi extinto, pelo novo C.P.C., os *embargos infringentes* como recurso autônomo.

Foi renomeado, pelo novo C.P.C., o recurso de agravo de instrumento contra a decisão que não recebe o recurso extraordinário ou recurso especial, passando a se denominar de *agravo em recurso especial ou extraordinário.*

Para Comoglio, Ferri e Taruffo, não se considera meio de impugnação o procedimento de correção das sentenças previsto nos artigos 287 e 288 do C.P.C. italiano, que equivale aos nossos embargos *de declaração*, que pode ser utilizado somente para remediar os vícios meramente formais, resolvendo-se em um procedimento mediante pedido da parte, direto ao mesmo juiz que pronunciou o provimento que ainda está em curso, para correção de omissões e erros materiais ou de cálculo. Trata-se, portanto, de um procedimento que não constitui um novo julgamento ou uma nova fase processual em relação àquela em que a decisão fora emitida.[393]

Observa-se, portanto, que o novo C.P.C. conservou a maioria das espécies de recursos existentes no C.P.C. de 1973, mesmo aqueles que, em razão da experiência, já algum tempo vem sofrendo severas críticas, como é o caso do agravo de instrumento.

O atual legislador, de certa forma, houve por bem manter inalterado todo o sistema de impugnação, entendido como instrumento de garantia que visa a assegurar para grande parte dos provimentos, e em particular para toda sentença, a possibilidade de controle e de reexame.

O que determinará qual tipo de recurso deverá ser interposto é, em regra, o conteúdo do ato decisório, assim como a sua procedência. Mesmo que se denomine o ato decisório como uma sentença, mas o seu conteúdo seja de natureza de uma decisão interlocutória, o recurso cabível não será o de apelação, mas, sim, o de agravo de instrumento. Portanto, não se dá prevalência à forma, mas ao conteúdo do ato decisório, para fins de escolha da espécie de impugnação a ser exercida.

É bem verdade que algumas modificações pontuais foram inseridas no procedimento de cada recurso, as quais serão analisadas no momento oportuno.

---

[393] COMOGLIO, L. P., FERRI, C.; TARUFFO, M.; op. cit., pág. 591.

27.
Da Apelação

27.1. Generalidades

Mediante uma análise do processo civil moderno, não se pode esquecer que em toda sociedade contemporânea a tutela jurisdicional dos direitos decorre de uma prévia valoração do interesse da parte por intermédio do legislador, diretamente a fazer prevalecer a eficácia imediata das decisões no que concerne à estabilidade dos provimentos e à imutabilidade dos seus efeitos e, portanto, a executoriedade do objeto formado pela coisa julgada. Por isso, a dinâmica das relações jurídicas substanciais e a rapidez das transformações de elementos sociais e econômicos que a sustentam, parece exigir técnicas de tutelas jurisdicionais mais ágeis, fundadas na urgência e, portanto, diretas a obter provimento regulatório emanado em seguida a uma atividade de cognição e de procedimentos que de todo modo possam exaurir-se em tempo suficientemente breve e de tal modo a fazer conseguir a quem requer tutela vantagens reais, ou seja, resultados jurídicos e práticos imediatos. A estabilidade dos efeitos do provimento decisório é, sem dúvida, um 'valor', mas para as partes, parece inserir-se, pelo menos usualmente, a um grau de apetite menor em relação à realização da primeira das exigências acima indicadas e o objetivo primário resta aquele de conseguir um resultado juridicamente apreciável.[394]

---

[394] COMOGLIO, L. P.; FERRI, C.; TARUFFO, M., idem, p. 611.

RECURSOS NO NOVO C.P.C.

Por isso, em busca desse resultado juridicamente apreciável, é que a Constituição Federal brasileira, assim como as leis ordinárias, garantem à parte sucumbente uma nova apreciação da causa perante outro órgão julgador de segundo grau.[395]

Indubitavelmente, o apelo é uma impugnação de *crítica livre*, pertencente à categoria das impugnações ordinárias, sendo também um meio de gravame, pois serve para introduzir uma fase nova no processo, de segundo grau, na qual pode haver lugar um novo exame da causa.

Conforme anota Salvatore Satta, ao analisar o apelo no âmbito do processo civil italiano, *"o apelo é dirigido contra a sentença de primeiro grau, e constitui a forma mais geral e mais ampla de impugnação, podendo absorver todos os motivos de impugnações particulares além de outras formas. Não somente o erro do juiz pode e deve ser denunciado com o apelo, mas qualquer outro vício da sentença."*[396]

A parte sucumbente propõe novamente, perante o exame de um juiz de segundo grau, as questões já tratadas e discutidas na primeira fase do procedimento. A decisão de segundo grau, seja que confirme inteiramente ou que reforme a sentença objeto da impugnação, é destinada a substituir a decisão de primeiro grau, determinando um novo regramento sobre a relação substancial controvertida. Assim, o apelo é, portanto, uma impugnação com caráter substitutivo.[397]

---

[395] *"O problema do reexame da controvérsia apresenta-se, do ponto de vista político, sob dois aspectos: aquele da limitação do próprio reexame, e aquele do juiz mais adaptado a comprender-lo. Teoricamente, o reexame da controvérsia, no esforço sempre mais agudo para conseguir a justiça da decisão, poderia andar ao infinito: não existe, de fato, algum meio que conceda a prova absoluta da justiça. Mas a ordem jurídica é sobretudo uma ordem prática, que tem necessidade de certeza não menos que de justiça: e, portanto, deve, a um dado momento, contar com uma solução da controvérsia que não ofereça mais possibilidade de alteração. Quando este momento é chegado, quando isso tenha conseguido alcançar um grau de pesquisa e valoração, pode somente a própria ordem jurídica estabelecer, seja em relação à estrutura do processo de primeiro grau, seja ao valor da causa, assumindo como critério de conveniência ou como índice de dificuldade, seja o interesse político (tribunal especial, jurisdição especial etc), seja, enfim (e esta é a hipótese normal) com base em uma norma de experiência. O código de processo civil italiano, que regula o procedimento ordinário, entende que dois graus de exames plenos, do fato e do direito, são suficientes para assegurar ao máximo a probabilidade de justiça da decisão; um terceiro grau admite somente por meio da rescisão da sentença de segundo grau por motivos fixados taxativamente pela lei (cassação e consequente juízo de reenvio). O exame de segundo grau é aquele que tradicionalmente se denomina de apelo".* (SATTA, S., op. cit. p. 349.

[396] SATTA, S., idem., p. 330.

[397] COMOGLIO, L. P.; FERRI, C.; TARUFFO, M., op. cit., p. 612.

DA APELAÇÃO

Luca Ariola e outros, ao tratar do efeito substitutivo da apelação no ordenamento jurídico italiano, assim estabelecem: *"A apelação é o mais amplo meio de impugnação ordinário. Objeto do julgamento é a causa já decidida em primeiro grau e o acórdão constitui uma nova decisão que substituirá aquela de primeiro grau na regulamentação do fato deduzido em juízo. A Lei n. 353/1990, introduzindo a proibição de se propor nova demanda, nova exceção e novos meios de prova, exclui que o apelo possa ser considerado um prosseguimento do julgamento de primeiro grau, mas restituiu a característica de 'revisio prioris istantiae'. Tais proposições restituem ao juízo de apelo o valor de controle e de revisão da causa com base daquilo que fora deduzido em primeiro grau".*[398]

A apelação, ou alçada, é o recurso concedido a um litigante que tenha sofrido agravo pela sentença do juiz inferior, para que possa dela reclamar e obter do juiz superior sua revogação. Distinguem-se nesse conceito três elementos. De um lado, *o objeto* mesmo da apelação, ou seja, o agravo e sua necessidade de reparação por ato do tribunal superior.[399] O ato provocatório do apelante não supõe que a sentença seja verdadeiramente injusta: basta que ele a considere como tal, para que o recurso seja outorgado e surja a segunda instância. De outro lado, *os sujeitos* da apelação. Este ponto tem por objetivo estimar quem pode deduzir o recurso, e quem não o pode deduzir. O recurso interposto por quem carece de legitimidade não produz efeito. Por último, *os efeitos* da apelação. Interposto o recurso, produz-se de imediato a submissão da questão ao juiz superior (efeito devolutivo).[400]

No ordenamento jurídico brasileiro, o apelo decorre do princípio do *duplo grau de jurisdição*, pois não teria sentido a Constituição Federal criar tribunais de justiça, federais, de trabalho e eleitorais, sem que a lei ordinária permitisse o acesso de recursos a esses tribunais.

Poder-se-ia indagar se seria constitucional a eliminação de todo e qualquer recurso de apelo contra determinadas decisões (sentenças) de primeiro grau.

Evidentemente, tal medida seria inquestionavelmente inconstitucional, pois impediria a interposição de recurso de apelação perante os tri-

---

[398] ARIOLA, L., ET AL; op. Cit., p. 339.

[399] *"Aceitado que o objeto da apelação é a revisão da sentença de primeira instância, surge a dúvida em saber qual é o objeto exato dessa revisão; se é a instância anterior em sua integridade ou se é a própria sentença. Trata-se daquilo que tem sido estudado tradicionalmente pela doutrina sob o nome de 'teoria do duplo exame e juízo único'".* (COUTURE, E. J., op. cit., p. 289).

[400] COUTURE, E. J. idem., p. 286 e 287.

bunais próprios de apelação, ferindo dessa forma o princípio do *duplo grau de jurisdição*. É certo que o princípio do *duplo grau de jurisdição* não se aplica apenas aos recursos extraordinários ou especiais, pois a existência geral do recurso de apelação decorre desse princípio de natureza constitucional. Segundo anotam Comoglio, Ferri e Taruffo: *"o princípio do duplo grau de jurisdição constitui uma elaboração técnica consequente para a análise do apelo; de fato, se o apelo é meio de gravame não subordinado à existência de vícios taxativamente estabelecidos e é portanto um geral remédio contra a sentença injusta, se deve concluir que nisso atua o princípio do duplo grau de jurisdição. Por força desse princípio, toda controvérsia deve poder passar, salvo casos excepcionais, através de dois graus de exame dos fatos e do direito por parte do juiz.".*[401]

Porém, a doutrina, assim como a jurisprudência, colocaram em evidência que o princípio do duplo grau de jurisdição não exige que toda e qualquer singular questão venha a ser examinada e decidida duas vezes por órgãos jurisdicionais distintos, uma vez que é a complexidade da controvérsia que deve ditar a necessidade de que ela seja sujeitada ao duplo grau de jurisdição.

Comentando o recurso de apelação no processo civil italiano, anota Francesco P. Luiso: *"(...). O art. 339 c.p.c. insere a regra geral: 'são apeláveis as sentenças proferidas em primeiro grau'. Portanto, em regra, as sentenças de primeiro grau são impugnáveis por apelo.*

Todavia, existem sentenças inapeláveis e, portanto, denominadas 'em único grau'. A Corte constitucional tem repetidamente declarado legítimas as normas que excluem o apelo, porque essa considera não constitucionalmente garantido o denominado 'duplo grau de jurisdição'. Assim, compete ao legislador ordinário se prevê ou não o apelo, sem com isso estar vinculado a específica norma constitucional (excepcionado, obviamente, o art. 3º da Constituição: seria inconstitucional uma norma que previsse a apelabilidade da sentença, apenas nos casos de acolhimento da demanda, e não igualmente no caso de sua rejeição, ou vice-versa). As principais sentenças de único grau de jurisdição são: as sentenças que se pronunciam sobre competência do juízo...; as sentenças em tema de oposição aos atos executivos... Existem, ainda, duas outras hipóteses em que a inapelabilidade decorre da vontade das partes, as quais, diretamente ou indiretamente, excluem a apelabilidade da sentença. A primeira hipótese...ocorre quando as partes concordam de omitir o recurso de apelação para aderirem diretamente à Corte de cassação; a outra hipótese... há quando as partes

---

[401] COMOGLIO, L. P.; FERRI, C.; TARUFFO, M.; op. cit., p. 612.

tenham de forma consensual encarregado o juiz de primeiro grau de dirimir a controvérsia segundo a equidade...".[402]

Na realidade, o núcleo central do problema diz respeito ao quesito fundamental se o duplo grau de jurisdição possa efetivamente elevar-se a uma categoria de princípios de natureza constitucional do processo, ou constitui uma simples diretiva para o legislador ordinário.

Há vozes, inclusive, que entendem que o duplo grau de jurisdição não é elevado a um grau de princípio constitucional, salvo em se tratando de recurso extraordinário ou especial.

Pode-se observar, igualmente, com base no direito positivo, que em algumas hipóteses o apelo não atua segundo o princípio do duplo grau de jurisdição, mas se limita a assegurar um julgamento em apenas um único grau. Isso ocorre quando o tribunal de apelação atua como se fosse um tribunal de cassação, ou seja, quando se reconhece uma nulidade na sentença de primeiro grau ou no próprio procedimento realizado no juízo anterior, determinando-se no julgamento do apelo que a questão seja novamente apreciada pelo juízo 'a quo'.

A apelação é, sem dúvida, o principal recurso existente no sistema jurídico brasileiro, seja pelo fato de ser a primeira e direta impugnação contra a sentença, seja pelo fato de que permite a reavaliação em grau superior de questões de fato e de direito avaliadas na decisão de primeiro grau.

A jurisprudência brasileira não aceitou a alegação de que o recurso de apelação fosse decorrente do princípio do duplo grau de jurisdição, pois tem por constitucional o recurso de embargos infringentes interpostos contra decisão proferida em embargos à execução fiscal, quando o valor da causa for igual ou inferior a determinado número de OTNs.

Historicamente e com base numa análise de direito comparado do instituto, observa-se que o recurso de apelo há muitos séculos convive com regimes de todas as formas políticas e não pertence a uma concepção democrática, mas a uma concepção autoritária de organização hierárquica dos oficiais judiciários.[403]

Diversos países adotam a apelação como recurso, dentre eles Portugal, Espanha *(apelación)*, França *(appel)*, Itália *(appello)*, Alemanha *(Beru-*

---

[402] Luiso, Francesco P. *Diritto processuale civile*. Terza Edizione. Vol. II – Il processo di cognizione. Milano: Giuffrè Editore, 200. p. 356.

[403] Comoglio, L. P.; Ferri, C.; Taruffo, M.; op. cit., p. 613.

fung), Inglaterra e EUA (*appellation*).Todos esses têm como fonte remota a *appellatio* romana, cujos traços fundamentais permanecem, não obstante os influxos e as interferências provenientes das mudanças ocorridas ao longo do tempo. No direito romano, a *appellatio* surge no período da *cognitio extra ordinem*. Era interponível apenas contra *sententia*, não contra as *interlocutiones*. Visa a obter a revisão da decisão em face de *errores in iudicando*, embora tenha sido usada em certos casos para a denúncia de *invalidade*, e não da *injustiça* da sentença. Podiam utilizá-la as partes e os terceiros. Era interposta perante o *iudex a quo*, oralmente ou por meio de *libeli appellatorii*. O órgão inferior poderia ou não admiti-la. Do indeferimento poderia o prejudicado interpor a *appellatio* secundária para o juízo superior. Recebida que fosse, expediam-se as *litterae dimissoriae* ou *apostoli*, que o apelante se incumbia de fazer chegar ao órgão competente para o julgamento. O recurso era recebido no efeito suspensivo e devolutivo.[404]

27.2. Da sentença cabe apelação

Estabelece o art. 1.009 do atual C.P.C. que da sentença cabe apelação. O ato processual consiste em 'uma modificação da realidade' desejada pelo agente. Cada espécie de ato processual praticado pelo juiz apresenta um 'conteúdo', ou seja, a modificação material na qual o ato consiste, um 'objeto' consistente no *quid* da realidade sobre o qual aquela modificação recai, por exemplo, a admissão de uma prova objeto do pedido da parte e respectiva decisão do juiz, uma 'vontade' que é o elemento que liga o sujeito ao conteúdo do ato e uma forma, isto é, o seu modo de aparecer na realidade.[405]

Normalmente, a formatação dos atos processuais encontra-se expressa em normas legais, sendo, portanto, típicas.

Os atos do juiz, como atos processuais, são provimentos finais ou antecipatórios, isto é, manifestações imperativas de vontade (mandados, autorizações etc), ou meros atos processuais (interrogatório da parte, exame de laudo etc).

---

[404] BARBOSA MOREIRA, José Carlos. *Comentários ao código de processo civil*. Vol. V. (art. 476 a 565). Rio de Janeiro: Forense, 1976. p. 387 a 390.

[405] FAZZALARI, Elio. *Instituições de direito processual*. Trad. Elaine Nassif. Campinas: Bookseller, 2006. p. 415.

DA APELAÇÃO

Os provimentos 'finais', ou incidem sobre o 'mérito', isto é, subministram medidas jurisdicionais de condenação, declaração, constituição, mandamental, executiva 'lato sensu' etc e, portanto, desenvolvem eficácia também fora do processo, no patrimônio das partes, ou dizem respeito somente ao processo, ao 'rito', como, por exemplo, provimentos de rejeição ou mesmo relativos à jurisdição, à competência, à legitimação etc, desenvolvendo efeitos somente sobre o processo.[406]

Em nosso ordenamento jurídico, o juiz pode praticar três espécies de atos processuais: a) sentença; b) decisões interlocutórias; e c) despacho.

O legislador processual brasileiro sempre preconizou um critério distintivo dos atos processuais do juiz, não com base na sua forma, mas, sim, de acordo com o seu conteúdo/finalidade.

Conforme aduz Mortara, *"(...)deve-se verificar a substância dos provimentos, para deduzir dessa a definição da sua natureza, qualquer que seja o nome que lhe foi atribuído e a forma que vêm revestidos. Portanto, se foi dado nome de sentença a tal provimento que a lei deseja considerar como 'ordinanza' ou decreto, o juiz de apelo, retificando a definição, declarará não ser a matéria apelável; se, vice-versa, teve o nome e forma de 'ordinanza' ou decreto tal provimento que não é legítimo sem as garantias próprias da sentença, a retificação analogamente operada habilita o juiz superior a reconhecer bem proposta a apelação e a prover sobre a mesma"*.[407]

Não é a forma que distingue uma sentença de uma decisão interlocutória, uma vez que uma decisão interlocutória pode ser proferida utilizando-se de todos os requisitos de uma sentença, isto é, formatada através de um relatório, fundamento e decisão. Por sua vez, há sentenças que não possuem relatório, como aquelas proferidas nos juizados especiais.

Sobre o tema, no âmbito do ordenamento jurídico italiano, anotam Luca Ariola ET AL : *"A regra geral é de que são apeláveis todas as sentenças, qualquer que seja o seu conteúdo,com as exceções indicadas pela norma...Discute-se se para os fins de individualização do provimento impugnável por meio de apelação, deve-se fazer referência à forma ou à substancia do ato. A orientação que prevalece preconiza que a natureza do provimento apelável decorre não da sua forma exterior ou da denominação fornecida pelo juiz, mas do seu 'intrínseco conteúdo' (Cass 22.9.14,*

---

[406] FAZZALARI, E., idem, ibidem.
[407] MORTARA, L., op. cit., p. 326.

557

RECURSOS NO NOVO C.P.C.

n. 19865; Cass. 8.8.90, n. 8000). Consideram-se, portanto, impugnáveis os provimentos que tenham natureza 'substancial de sentença'".[408]

No mesmo sentido é a lição de Francesco P. Luiso: *"Como já dissemos, apeláveis, exceto os casos acima indicados, seriam os provimento que tenham a 'forma' de sentença. Devemos, por outro lado, recordar a regra já enunciada, segundo a qual a forma prescrita pelo legislador prevalece sobre a forma em concreto adotada pelo juiz. Portanto, são apeláveis também 'le ordinanze' quando o juiz, errando a forma, pronuncia 'ordinanza', quando..... deveria ter pronunciado uma sentença; e, inversamente, não são apeláveis os provimentos emitidos em forma de sentença, quando deveria ter a forma de 'ordinanza'. Ex: o procedimento especial de convalidação de licença e de despejo se conclui com uma 'ordinanza', se falta a oposição do réu, e com sentença quando o réu se opõe. Se o juiz, diante de oposição do réu, encerra o processo com uma 'ordinanza', esta é apelável".*[409]

27.3. Definição de sentença

O art. 162, §1º, do C.P.C. de 1973, dizia que a sentença seria o ato do juiz que implicava alguma das situações previstas nos arts. 267 e 269 daquela Lei. (Redação dada pelo Lei nº 11.232, de 2005).

Já o novo Código de Processo Civil de 2015 define sentença no §1º do art. 203, quando estabelece que ressalvadas as disposições expressas dos procedimentos especiais, sentença é o pronunciamento por meio do qual o juiz, com fundamento nos arts. 485 e 487, põe fim à fase cognitiva do procedimento comum, bem como extingue a execução.

A sentença, segundo o §1º do art. 203 do novo C.P.C., tem por fundamento os ditames normativos dos arts. 485 e 487 do novo C.P.C que assim dispõem:

> *Art. 485. O juiz não resolverá o mérito quando:*
>
> *I – indeferir a petição inicial;*
>
> *II – o processo ficar parado durante mais de 1 (um) ano por negligência das partes;*
>
> *III – por não promover os atos e as diligências que lhe incumbir, o autor abandonar a causa por mais de 30 (trinta) dias;*
>
> *IV – verificar a ausência de pressupostos de constituição e de desenvolvimento válido e regular do processo;*

---

[408] ARIOLA, L.; et al., op. cit. p. 973.
[409] LUISO, Francesco. P., op. cit., p. 357.

DA APELAÇÃO

V – reconhecer a existência de perempção, de litispendência ou de coisa julgada;

VI – verificar ausência de legitimidade ou de interesse processual;

VII – acolher a alegação de existência de convenção de arbitragem ou quando o juízo arbitral reconhecer sua competência;

VIII – homologar a desistência da ação;

IX – em caso de morte da parte, a ação for considerada intransmissível por disposição legal; e

X – nos demais casos prescritos neste Código.

Art. 487. Haverá resolução de mérito quando o juiz:

I – acolher ou rejeitar o pedido formulado na ação ou na reconvenção;

II – decidir, de ofício ou a requerimento, sobre a ocorrência de decadência ou prescrição;

III – homologar:

a) o reconhecimento da procedência do pedido formulado na ação ou na reconvenção;

b) a transação;

c) a renúncia à pretensão formulada na ação ou na reconvenção.

Parágrafo único. Ressalvada a hipótese do § 1º do art. 332, a prescrição e a decadência não serão reconhecidas sem que antes seja dada às partes oportunidade de manifestar-se.

Portanto, o fundamento da sentença é justamente o julgamento com ou sem resolução de mérito, pondo fim à fase cognitiva do procedimento comum ou extinguindo a execução.

Diante dessas considerações, pode-se dizer que a apelação é o recurso cabível contra toda e qualquer *sentença* proferida pelo juízo de primeiro grau que ponha fim à fase cognitiva do procedimento comum ou extinga a execução, tendo por fundamento as hipóteses dos arts. 485 ou 487 do atual C.P.C. Pouco importa a natureza do procedimento, ou seja, seja ele comum ou especial, executivo, contencioso ou não contencioso. Ressalva-se apenas, em relação ao procedimento especial, norma em sentido diverso.

Caberá a apelação, qualquer que seja o valor da causa, salvo em se tratando de embargos do devedor em execução fiscal. Nos termos do art. 34 da Lei 6.830/80, das sentenças de primeira instância proferidas em execuções de valor igual ou inferior a 50 (cinquenta) Obrigações Reajustáveis do Tesouro nacional – ORTN, só se admitirão embargos infringentes e de declaração.

É importante salientar que o S.T.J. não admite a aplicação do princípio da fungibilidade no caso de interposição de apelação ao invés de embargos infringentes. Nesse sentido é a seguinte decisão:

> 1. *Contra as sentenças proferidas nas execuções fiscais cujo valor é inferior ao quantum fixado pelo art. 34, caput, da LEF, são cabíveis, apenas, embargos infringentes e de declaração.*
> 2. *O princípio da fungibilidade recursal determina o recebimento de uma espécie pela outra, desde que não haja outros óbices, como, no caso, o decurso de prazo superior àquele de que dispunha o recorrente para o manejo dos embargos de devedor.*
> 3. *Recurso especial desprovido.*
> (REsp 413827/PR, Rel. Ministro TEORI ALBINO ZAVASCKI, PRIMEIRA TURMA, julgado em 06/05/2004, DJ 24/05/2004, p. 158)

O objeto de recurso de apelação deve ser, em regra, toda e *qualquer sentença* que esteja configurada com os requisitos estabelecidos no art. 203, §1º, do atual C.P.C., pouco importando a fidelidade semântica realizada pelo código em relação ao referido instituto.

Nas causas envolvendo Estado estrangeiro ou organismo internacional contra município ou pessoa jurídica residente ou domiciliado no Brasil, a sentença proferida pelo juiz federal de primeiro grau, nos termos do art. 109, inc. II da C.F., não será impugnada por meio de apelação, mas, sim, por meio de *recurso ordinário constitucional* que será endereçado ao Superior Tribunal de Justiça, nos termos do art. 105, inc. II, letra 'c' da C.F.

A Lei 8.038/90, no seu Capítulo IV da *Apelação Civil e do Agravo de Instrumento*, assim preconiza em seus arts. 36 e 37:

> *Art. 36 – Nas causas em que forem partes, de um lado, Estado estrangeiro ou organismo internacional e, de outro, município ou pessoa domiciliada ou residente no País, caberá:*
> *I – apelação da sentença;*
> *II – agravo de instrumento, das decisões interlocutórias.*
> *Art. 37 – Os recursos mencionados no artigo anterior serão interpostos para o Superior Tribunal de Justiça, aplicando-se-lhes, quanto aos requisitos de admissibilidade e ao procedimento, o disposto no Código de Processo Civil.*

DA APELAÇÃO

Muito embora a lei fale em apelação, na realidade ela está se referindo ao *recurso ordinário constitucional*. Assim, a lei ordinária denomina o recurso ordinário constitucional para o S.T.J. de apelação. Porém, há um aspecto peculiar desse recurso, que o diferencia do agravo ou da apelação propriamente dita. É o *quorum* para julgamento. No agravo e na apelação o julgamento deve ser proferido com o voto de três juízes. Já o recurso ordinário é julgado por uma turma do S.T.J. que é composta por cinco ministros.[410]

Não caberá o recurso de apelação contra decisão que tenha por finalidade por termo a *incidente* do processo, como é o caso do *incidente de desconsideração da personalidade jurídica* previsto no art. 133 do atual C.P.C. No caso, o incidente é resolvido por decisão interlocutória sujeita a agravo de instrumento, nos termos do art. 1.015, inc. IV, do atual C.P.C.

Também a decisão que conceder ou negar tutela provisória de urgência ou de evidência é impugnável por meio de agravo de instrumento e não por apelação, conforme estabelece o art. 1.015, inc. I, do atual C.P.C., justamente pelo fato de que não se trata de decisão que põe fim a um determinado procedimento.

Por sua vez, estabelece o §5º do art. 1.013 do atual C.P.C. que o capítulo da sentença que confirma, concede ou revoga a tutela provisória é impugnável na apelação.

Muito embora a decisão interlocutória que concede ou revoga antecipação com base na urgência esteja sujeita ao recurso de agravo de instrumento, se a concessão ou revogação da tutela antecipada for apreciada na sentença final, caberá contra este capítulo da sentença o recurso de apelação.

A decisão que julgar a admissão ou inadmissão de terceiros no processo também será objeto de agravo de instrumento, nos termos do art. 1.015, inc. IX, do atual C.P.C., justamente pelo fato de que não encerra um determinado procedimento.

O novo C.P.C. não fala mais em ato do juiz que põe fim a verdadeiro processo incidental, como nas hipóteses de *ação declaratória incidental* ou de *arguição de falsidade documental*. É que no novo C.P.C. não há mais ação declaratória incidental autônoma.

---

[410] DIDIER JR., Fredie; CUNHA, Leonardo José Carneiro da. *Curso de direito processual civil – meios de impugnação às decisões judiciais e processo nos tribunais*. Vol. 3. Salvador: Edições PODIVM, 2007. p. 93.

Também o novo C.P.C. não traz um procedimento autônomo para a arguição de falsidade documental, conforme preconiza o art. 430, p.u., do atual C.P.C.

Cabe apelação da decisão que julgar o pedido de habilitação de crédito no inventário, conforme o seguinte precedente do S.T.J.:

1. A ausência de decisão sobre os dispositivos legais supostamente violados, não obstante a interposição de embargos de declaração, impede o conhecimento do recurso especial. Incidência da Súmula 211/STJ.

2. Ocorre erro grosseiro na interposição de recurso quando (i) a lei é expressa ou suficientemente clara quanto ao cabimento de determinado recurso e (ii) inexistem dúvidas ou posições divergentes na doutrina e na jurisprudência sobre qual o recurso cabível para atacar determinada decisão.

3. Para que se admita o princípio da fungibilidade, portanto, deve haver uma dúvida fundada em divergência doutrinária e/ou jurisprudencial – uma dúvida objetiva, que também deve ser atual.

4. Os recorridos cometeram um erro grosseiro ao interpor recurso de agravo contra a decisão da habilitação de crédito porque não há dúvidas de que se trata de uma sentença e, portanto, sujeita à apelação.

5. Inaplicabilidade do princípio da fungibilidade recursal diante do erro grosseiro.

6. Recurso especial provido.

(REsp 1133447/SP, Rel. Ministra NANCY ANDRIGHI, TERCEIRA TURMA, julgado em 11/12/2012, DJe 19/12/2012)

Há hipótese em que, dependendo do conteúdo de determinada decisão, o recurso poderá ser de apelação ou de agravo de instrumento.

No caso de impugnação ao cumprimento de sentença previsto no art. 525 do atual C.P.C., o recurso será de apelação se o juiz acolher alguma das causas estabelecidas no §1º do referido artigo, pois nesse caso o juiz encerrará o procedimento executivo; por outro lado, a decisão na impugnação ao cumprimento de sentença poderá ensejar o recurso de agravo de instrumento se a referida decisão não acolher as causas de impugnação.

O art. 99 da Lei de falência (Lei 11.101 de 2005) diz expressamente que a decisão que decreta a falência é uma *sentença*. Por sua vez, o art. 100 da mesma legislação preconiza: *"Da decisão que decreta a falência cabe agravo, e da sentença que julga a improcedência do pedido cabe apelação".*

DA APELAÇÃO

Assim, não se pode afirmar que sempre a decisão que avalia o pedido de falência será uma *sentença*. Poderá ser como não ser. Acolhendo o pedido de falência, essa decisão é interlocutória, pois não encerrou o procedimento falimentar. Já se não acolhe o pedido de falência, encerrando o procedimento falimentar, aí sim a decisão terá natureza de sentença, cabendo contra ela o recurso de apelação.

Há entendimento da doutrina de que contra a sentença que julga o procedimento de habilitação, conforme art. 687 do atual C.P.C., o recurso cabível é o de apelação.

Efetivamente, o art. 692 do atual C.P.C. expressamente estabelece que a decisão proferida na habilitação é uma *sentença*, pois fala em trânsito em julgado da sentença de habilitação.

O problema é que a 'sentença' proferida no incidente de habilitação não *põe fim ao procedimento comum cognitivo*, conforme preconiza o art. 203, §1º do atual C.P.C.

Porém, o art. 203, §1º, do atual C.P.C. expressamente ressalva da definição contida no seu conteúdo normativo, as disposições expressas de 'sentença' contidas nos procedimentos especiais.

Portanto, a decisão que põe fim ao incidente de habilitação, ao ser denominada de sentença, sentença é. E se sentença é, o recurso cabível será o de apelação.

Já sob a égide do C.P.C. de 1973, a doutrina e a jurisprudência entendiam que o recurso seria o de apelação.

Em relação à *assistência judiciária gratuita*, estabelecia o art. 17 da Lei 1060 de 1950: *Caberá apelação das decisões proferidas em consequência da aplicação desta lei; a apelação será recebida somente no efeito devolutivo quando a sentença conceder o pedido. (Redação dada pela Lei nº 6.014, de 1973).*

Segundo anota Fredie Didier Jr., *"a despeito da literalidade do texto, contra a decisão de primeiro grau de jurisdição que denega a concessão da justiça gratuita ou que julga improcedente a impugnação manejada pela parte adversária, cabe agravo de instrumento, por se tratar de típica decisão interlocutória. A expressa previsão do recurso de apelação contra qualquer decisão que aplica a Lei de Assistência Judiciária (art. 17) tem causado sérias discussões doutrinárias e jurisprudenciais"*.[411]

---

[411] DIDIER JR., F.; CUNHA, L. J. C., idem, p. 94.

O S.T.J. vinha entendendo que o recurso contra sentença que julgasse o pedido de assistência judiciária gratuita em autos apartados seria o recurso de apelação, conforme o seguinte precedente:

> *(...).*
>
> *2 – Esta Corte de Uniformização Infraconstitucional firmou entendimento no sentido do cabimento do recurso de apelação contra sentença que acolhe impugnação ao deferimento de assistência judiciária gratuita, processada em autos apartados aos da ação principal, não se aplicando o princípio da fungibilidade recursal na hipótese de interposição de agravo de instrumento. Isso porque inadmissível referido princípio "quando não houver dúvida objetiva sobre qual o recurso a ser interposto, quando o dispositivo legal não for ambíguo, quando não houver divergência doutrinária ou jurisprudencial quanto à classificação do ato processual recorrido e a forma de atacá-lo" (Corte Especial, EDcl no AgRg na Rcl nº 1450/PR, Rel. Ministro EDSON VIDIGAL, DJ de 29.8.2005) (cf. AgRg no MS nº 9.232/DF e AgRg na SS nº 416/BA). Incidência do art. 17 da Lei nº 1.060/50. Precedentes (Ag nº 631.148/MG; REsp nºs 256.281/AM, 453.817/SP e 175.549/SP).*
>
> *3 – Recurso conhecido e provido para, anulando o v. acórdão recorrido, não conhecer do agravo de instrumento, restabelecendo a r. sentença de primeira instância.*
>
> (REsp 780.637/MG, Rel. Ministro JORGE SCARTEZZINI, QUARTA TURMA, julgado em 08/11/2005, DJ 28/11/2005, p. 317).

Porém, o art. 1.015, inc. V, do atual C.P.C., estabelece que somente caberá agravo de instrumento contra a decisão que *rejeitar o pedido de gratuidade de justiça ou acolher o pedido de sua revogação*. Porém, se a revogação se der na sentença, a questão deverá ser analisada no recurso de apelação.

No caso de se acolher o pedido de gratuidade de justiça, a questão do acolhimento deverá ser analisada no recurso de apelação.

27.4. Objeto da apelação

A apelação é um recurso que se mostra eficaz tanto para corrigir *error in iudicando*, ou seja, os vícios de *julgamento*, quanto para corrigir *error in procedendo*, ou seja, os vícios de *atividade do juiz*. Na primeira hipótese, ao mesmo tempo em que o juízo 'ad quem' julga o vício, acolhendo-o, também profere decisão substitutiva da primeira. Já na segunda hipótese, ao acolher o vício de atividade, o órgão 'ad quem' anula a decisão, determinando que outra seja proferida, salvo as exceções legais.

DA APELAÇÃO

Pode o apelante invocar na mesma apelação tanto o *error in iudicando* quanto o *error in procedendo*, inclusive mediante pedido sucessivo.

Quando o tribunal se manifesta sobre as razões do apelante, quaisquer que sejam, está ingressando no objeto do recurso, isto é, no seu mérito, para dar-lhe ou negar-lhe provimento. O mérito do recurso não se confunde, e nem sempre coincide, com o mérito da causa, ainda que se trate de apelação contra sentença *definitiva*.[412]

Sobre o objeto do apelo, anota Francesco P. Luiso: *"O ato de apelo propõe--se com a citação, com os termos de comparecimento indicados no art. 163 bis c.p.c.... Mais que a forma do ato, interessa o 'conteúdo' do ato de apelo (e da respectiva resposta) e em particular estabelecer como se determina 'o objeto' do processo de apelo, e qual é o âmbito da 'cognição' do juiz de apelo (isto é, quais questões ele pode tratar). É necessário ter atenção para não confundir os dois aspectos: porque o processo de apelo – como todas as impugnações ordinárias, é a prosseguimento do processo de primeiro grau no interior de uma só litispendência, o objeto de apelo determina-se com os mesmos critérios do objeto do processo de primeiro grau. Individualizado o objeto do processo de apelo, sabemos em relação a qual demanda o juiz de apelo poderá se pronunciar, e então qual será o objeto da sentença de apelo. Exemplo: em matéria de causas entre elas dependentes... o objeto do processo de apelo é constituído por ambas as demandas. Em matéria de causas cindíveis..., o objeto do processo de apelo é um só das demandas: aquele em relação à qual foi proposto o apelo.*

Ao contrário, o âmbito da cognição do juiz de apelo nos diz quais questões o juiz de apelo pode ocupar-se, para decidir o objeto do apelo. Exemplo: se foi pedido o pagamento de um crédito, o juiz de primeiro grau pode acolher a demanda; o sucumbente apela alegando somente a prescrição, o juiz de apelo decide sobre a existência do direito de crédito (objeto do apelo) unicamente ocupando-se da prescrição (âmbito da cognição)...

O aspecto peculiar e próprio do ato de apelo é justamente a individualização do objeto do apelo e das questões que o apelante propõe. Sob esse, é pacífico na doutrina e na jurisprudência que se necessita fazer referência à vontade do apelante...".[413]

Interessante é o seguinte exemplo apresentado pelo jurista italiano, Francesco P. Luiso: *Em primeiro grau, o réu se defende arguindo a nulidade do contrato, a prescrição, a compensação; o juiz examinou a exceção de nulidade do contrato e a rejeitou, entendendo que o contrato era válido; depois, examinou a exce-*

---

[412] Barbosa Moreira, J. C., op. cit., p. 396.
[413] Luiso, F. P., op. cit., p. 359 e 360.

ção de prescrição e a acolheu, entendendo que a pretensão encontrava-se prescrita; nessas alturas, evidentemente, foi absorvida pela decisão da prescrição a exceção de compensação. A cognição do juízo de apelação individua-se dessa maneira: o autor, sucumbente em relação à prescrição, impugnando a decisão, devolve ao juízo de apelo a questão da prescrição; as outras duas exceções propostas (a de nulidade do contrato e a de compensação) foram, respectivamente, uma examinada e rejeitada, a outra absorvida: nos dois casos, são exceções não acolhidas, que devem ser reexaminada em recurso de apelação. Se o apelado não interpõe o recurso de apelação, nos termos do art. 346 do c.p.c. (italiano), o juízo de apelo não poderá ocupar-se de tais questões. Em conclusão: o 'objeto' do processo de apelação é aquele próprio do processo de primeiro grau (como necessariamente acontece quando o processo de primeiro grau tem um só objeto, enquanto for proposta uma só demanda); em relação a tal objeto, a 'cognição' do juízo de apelo é determinada pelo apelante em relação à prescrição; e pelo apelado em relação à nulidade e à compensação.[414]

A apelação também poderá ter por objeto a sentença que põe fim ao processo *sem resolução de mérito* (art. 485 do atual C.P.C.). Nessa hipótese, o órgão 'ad quem', em regra, não poderá ingressar no mérito da causa, inclusive para evitar a *supressão de instância*, salvo nas situações especificadas no art. 1.013, §3º, do atual C.P.C. O mérito da apelação, nessa hipótese, é justamente o acerto do juízo 'a quo' em determinar a extinção do processo sem resolução do mérito, e nada mais, pois em grau de recurso o órgão 'ad quem' somente pode se pronunciar sobre a *matéria impugnada*.

Sobre a questão, especialmente em relação à *teoria da causa madura*, eis os seguintes precedentes do S.T.J.:

> *PROCESSUAL CIVIL. AÇÃO DE INDENIZAÇÃO POR ATO ILÍCITO. APELAÇÃO CÍVEL. FAZENDA PÚBLICA ESTADUAL. PRESCRIÇÃO QÜINQÜENAL. ART. 1º DO DECRETO N. 20.910/32. MENOR IMPÚBERE. INAPLICABILIDADE. RECURSO NÃO-PROVIDO. AUSÊNCIA DE FUNDA-MENTAÇÃO DA SENTENÇA. INOCORRÊNCIA. SUPRESSÃO DE INSTÂN-CIA. TEORIA DA CAUSA MADURA.*
>
> *(...).*
>
> *6. Deveras, o menor absolutamente incapaz, in casu, contava na época do fato (16.05.1986), com seis meses de idade, e a ação foi proposta em 24.03.1998, pelo menor representado por seus pais, a teor do que preceitua o art. 8º do Código de Pro-*

---

[414] LUISO, F. P., idem, p. 362.

DA APELAÇÃO

cesso Civil e 1.634, inc. V, do Código Civil. Inequívoco, desta forma, que não transcorreu o prazo prescricional. Precedentes: (REsp 281941/RS, DJ 16.12.2002, Rel. Min. Paulo Medina, REsp 993.249/AM, DJ 03.04.2008, Rel. Min. José Delgado, REsp 81.316/RJ, DJ 11.06.2001, Rel. para acórdão Carlos Alberto Menezes Direito) 7. **A prescrição, como fundamento para a extinção do processo com resolução de mérito, habilita o Tribunal ad quem, por ocasião do julgamento da apelação, a apreciá-la in totum quando a causa é exclusivamente de direito ou encontra-se devidamente instruída, permitindo o art. 515, § 1º do CPC que o Tribunal avance no julgamento de mérito, sem que isso importe em supressão de instância. Precedentes: RESP 274.736/DF, CORTE ESPECIAL, DJ 01.09.2003; REsp 722410 / SP, DJ de 15/08/2005; REsp 719462 / SP, Rel. Min. Jorge Scartezzini, DJ de 07/11/2005).**

(...).

(REsp 908.599/PE, Rel. Ministro LUIZ FUX, PRIMEIRA TURMA, julgado em 04/12/2008, DJe 17/12/2008)

PROCESSUAL CIVIL E TRIBUTÁRIO. RECURSO ESPECIAL. AUSÊNCIA DE FUNDAMENTAÇÃO DA SENTENÇA. INOCORRÊNCIA. SUPRESSÃO DE INSTÂNCIA. TEORIA DA CAUSA MADURA. PROVISORIEDADE E ACESSORIEDADE DA DECISÃO PROLATADA EM PROCESSO CAUTELAR. RECONVENÇÃO. POSSIBILIDADE JURÍDICA DO PEDIDO. ACESSO À JUSTIÇA. CORREÇÃO MONETÁRIA DAS OBRIGAÇÕES DO TESOURO DO ESTADO DO RIO DE JANEIRO. REPETIÇÃO DE MONTANTE PAGO A MAIOR PELO BANCO CENTRAL. LEGALIDADE. VIOLAÇÃO AO DIREITO ADQUIRIDO E AO ATO JURÍDICO PERFEITO NÃO CONFIGURADA. CORREÇÃO MONETÁRIA.

TERMO INICIAL. HONORÁRIOS ADVOCATÍCIOS. SÚMULA 07 DO STJ. VIOLAÇÃO DO ART. 535 DO CPC NÃO CONFIGURADA.

1. A apreciação pelo juízo a quo, ainda que calcada em sucintos fundamentos, acerca do mérito da demanda, afasta a alegação de ausência de fundamentação da sentença e de supressão de instância decorrente do julgamento do mérito da causa pelo Tribunal de origem.

2. A prescrição, como fundamento para a extinção do processo com resolução de mérito, habilita o Tribunal ad quem, por ocasião do julgamento da apelação, a apreciá-la in totum quando a causa é exclusivamente de direito ou encontra-se devidamente instruída, permitindo o art. 515, § 1º do CPC que o Tribunal avance no julgamento de mérito, sem que isso importe em supressão de instân-

cia. Precedentes: RESP 274.736/DF, CORTE ESPECIAL, DJ 01.09.2003; REsp 722410 / SP, DJ de 15/08/2005; REsp 719462 / SP , Rel. Min. Jorge Scartezzini, DJ de 07/11/2005).

(...).

(REsp 724.710/RJ, Rel. Ministro LUIZ FUX, PRIMEIRA TURMA, julgado em 20/11/2007, DJ 03/12/2007, p. 265).

PROCESSUAL CIVIL. PREVIDENCIÁRIO. AGRAVO REGIMENTAL NO AGRAVO EM RECURSO ESPECIAL. CÓDIGO DE PROCESSO CIVIL DE 1973. APLICABILIDADE. ARGUMENTOS INSUFICIENTES PARA DESCONSTITUIR A DECISÃO ATACADA. ACÓRDÃO RECORRIDO ASSENTADO EM FUNDAMENTOS CONSTITUCIONAL E INFRACONS-TITUCIONAL. AUSÊNCIA DE INTERPOSIÇÃO DE RECURSO EXTRA-ORDINÁRIO. INCIDÊNCIA DA SÚMULA N.126/STJ. TEORIA DA CAUSA MADURA. APLICAÇÃO. SÚMULA 83/STJ. ALEGAÇÃO GENÉRICA DE OFENSA A DISPOSITIVO DE LEI FEDERAL. DEFICIÊNCIA DE FUNDA-MENTAÇÃO. INCIDÊNCIA, POR ANALOGIA, DA SÚMULA N. 284/STF. DISSÍDIO JURISPRUDENCIAL. AUSÊNCIA DE COTEJO ANALÍTICO.

(...).

III – É pacífico o entendimento no Superior Tribunal de Justiça segundo o qual é lícito ao tribunal de origem, ao reformar ou anular sentença que extinguiu o processo com resolução de mérito, aplicar a teoria da causa madura.

(...).

(AgRg no AREsp 354.886/PI, Rel. Ministra REGINA HELENA COSTA, PRIMEIRA TURMA, julgado em 26/04/2016, DJe 11/05/2016)

PROCESSUAL CIVIL. AGRAVO REGIMENTAL NOS EMBARGOS DE DIVERGÊNCIA. TEORIA DA CAUSA MADURA. APLICABILIDADE DEPEN-DENTE DA DESNECESSIDADE DE PRODUÇÃO DE PROVA. ANÁLISE POR ESTA CORTE DA VIOLAÇÃO AO ART. 515, § 3º, DO CPC. POSSIBILIDADE VINCULADA À PROIBIÇÃO DO REEXAME FÁTICO-PROBATÓRIO. DIS-SÍDIO JURISPRUDENCIAL. NÃO CARACTERIZAÇÃO. ACÓRDÃOS CON-FRONTADOS QUE ADOTAM A MESMA SOLUÇÃO.

1. A análise da correta aplicação da teoria da causa madura por esta Corte não é vedada se não houver necessidade do reexame fático-probatório.

2. "A regra do art. 515, § 3º, do CPC deve ser interpretada em consonância com a preconizada pelo art. 330, I, do CPC, razão pela qual, ainda que a ques-

DA APELAÇÃO

tão seja de direito e de fato, não havendo necessidade de produzir prova (causa madura), poderá o Tribunal julgar desde logo a lide, no exame da apelação interposta contra a sentença que julgara extinto o processo sem resolução de mérito" (EREsp 874.507/SC, Rel. Ministro ARNALDO ESTEVES LIMA, CORTE ESPECIAL).

3. Não há, efetivamente, dissonância jurisprudencial, porque os arestos confrontados adotam a mesma solução, afirmando que a necessidade de instrução probatória afasta a aplicação da teoria da causa madura.

4. Agravo regimental desprovido.

(AgRg nos EREsp 1405110/MG, Rel. Ministro RAUL ARAÚJO, SEGUNDA SEÇÃO, julgado em 13/04/2016, DJe 27/04/2016)

TRIBUTÁRIO E PROCESSUAL CIVIL. AGRAVO REGIMENTAL NO AGRAVO EM RECURSO ESPECIAL. EMBARGOS À EXECUÇÃO. PROVIMENTO DA APELAÇÃO, COM A REFORMA DA SENTENÇA QUE EXTINGUIRA O FEITO, SEM JULGAMENTO DO MÉRITO. ACÓRDÃO DO TRIBUNAL DE ORIGEM QUE, COM BASE NO ACERVO PROBATÓRIO DOS AUTOS, ENTENDEU POSSÍVEL A APLICAÇÃO DA TEORIA DA CAUSA MADURA. ALEGADA AFRONTA AO ART. 515, § 3º, DO CPC. IMPOSSIBILIDADE DE REEXAME DE FATOS E PROVAS. SÚMULA 7 DO STJ. PRECEDENTES DA CORTE. AGRAVO REGIMENTAL IMPROVIDO.

I. Na esteira da jurisprudência desta Corte, "a convicção acerca de estar o feito em condições de imediato julgamento compete ao Juízo a quo, porquanto a completude das provas configura matéria cuja apreciação é defesa na instância extraordinária conforme o teor da Súmula 7 do STJ" (STJ, REsp 1.082.964/ SE, Rel. Ministro LUIS FELIPE SALOMÃO, QUARTA TURMA, DJe de 1º/4/2013). No mesmo sentido: STJ, AgRg no AREsp 472.098/RS, Rel. Ministro RAUL ARAÚJO, QUARTA TURMA, DJe de 03/08/2015; AgRg no AREsp 232.197/RJ, Rel. Ministro HERMAN BENJAMIN, SEGUNDA TURMA, DJe de 19/12/2012; AgRg no AREsp 527.494/PE, Rel. Ministro HUMBERTO MARTINS, SEGUNDA TURMA, DJe de 28/08/2014.

II. No caso, a Corte de origem, ao dar provimento à Apelação da contribuinte, reformou a sentença que extinguira o feito, sem julgamento do mérito, e, com fundamento na teoria da causa madura, julgou procedentes os Embargos à Execução, para julgar extinção a execução. Afirmou, ainda, que, sendo incontroversa a existência de depósito, nos autos da Ação Declaratória, não se evidenciaria afronta ao art. 515, § 3º, do CPC.

III. Nesse contexto, os argumentos utilizados pela parte recorrente – relativos à violação ao art. 515, § 3º, do CPC, pelo fato de o depósito realizado nos autos não permitir a suspensão da exigibilidade do crédito tributário e, por conseguinte, obstar o julgamento, de imediato, dos Embargos à Execução, depois da reforma da sentença que havia extinto o feito, sem julgamento do mérito – somente poderiam ter sua procedência verificada mediante o necessário reexame de matéria fática, não cabendo a esta Corte, a fim de alcançar conclusão diversa, reavaliar o conjunto probatório dos autos, em conformidade com a Súmula 7/STJ.

IV. Agravo Regimental improvido.

(AgRg no AREsp 624.224/RJ, Rel. Ministra ASSUSETE MAGALHÃES, SEGUNDA TURMA, julgado em 17/03/2016, DJe 30/03/2016)

Prescreve o §1º do art. 1.009 do atual C.P.C. que as questões resolvidas na fase de conhecimento, se a decisão a seu respeito não comportar agravo de instrumento, não são cobertas pela preclusão e devem ser suscitadas em preliminar de apelação, eventualmente interposta contra a decisão final, ou nas contrarrazões.

Há decisões que, ao resolverem questões durante o transcurso da relação jurídica processual, permitem que a parte ou o terceiro prejudicado interponha o recurso de agravo de instrumento.

E o agravo de instrumento, além de outras hipóteses previstas em lei, cabe contra as decisões indicadas no art. 1.015 do atual C.P.C. que assim dispõe:

I – tutelas provisórias;

II – mérito do processo;

III – rejeição da alegação de convenção de arbitragem;

IV – incidente de desconsideração da personalidade jurídica;

V – rejeição do pedido de gratuidade da justiça ou acolhimento do pedido de sua revogação;

VI – exibição ou posse de documento ou coisa;

VII – exclusão de litisconsorte;

VIII – rejeição do pedido de limitação do litisconsórcio;

IX – admissão ou inadmissão de intervenção de terceiros;

X – concessão, modificação ou revogação do efeito suspensivo aos embargos à execução;

XI – redistribuição do ônus da prova nos termos do art. 373, § 1º;

XII – (VETADO);

XIII – outros casos expressamente referidos em lei.

Parágrafo único. Também caberá agravo de instrumento contra decisões interlocutórias proferidas na fase de liquidação de sentença ou de cumprimento de sentença, no processo de execução e no processo de inventário.

Assim, salvo as hipóteses previstas no art. 1.015 do atual C.P.C., todas as demais questões que forem resolvidas por decisões interlocutórias no curso do processo não estarão mais sujeitas ao recurso de agravo de instrumento, muito menos ao extinto *agravo retido.* Isso significa dizer que no momento em que são elas proferidas, essas decisões interlocutórias são irrecorríveis. Pense-se, por exemplo, no indeferimento de determinada prova requerida.

Porém, em que pese essas decisões não estejam sujeitas ao recurso de agravo de instrumento, isso não significa que elas não poderão ser oportunamente impugnadas e levada ao crivo de um órgão jurisdicional 'ad quem'.

Muito embora não comporte o recurso de agravo de instrumento, a impugnação dessas decisões não fica coberta pela *preclusão.* Essa impugnação deverá ser feita ou suscitada em *preliminar de apelação,* eventualmente interposta contra a decisão final, ou nas *contrarrazões.*

Desta feita, a matéria que já fora resolvida anteriormente será objeto de nova análise pelo órgão 'ad quem' em preliminar de apelação ou em preliminar de contrarrazões.

Evidentemente, se não houver interposição de recurso, a matéria, aí sim, tornar-se-á preclusa.

Porém, pode ocorrer que a decisão interlocutória tenha sido proferida em desfavor do recorrido, o qual não tem interesse em interpor o recurso de apelação, tendo em vista que se saiu vitorioso na demanda.

Assim, temos a hipótese em que o autor, para comprovar sua pretensão, requereu a realização de prova pericial. O juiz indeferiu a realização da prova pericial, mas, ao final, julgou procedente o pedido do autor por entender que o fato já estava devidamente comprovado pela prova documental. A parte ré recorre, aduzindo que o fato não estava devidamente comprovado, e pede a improcedência do pedido. Nessa hipótese, poderá o autor, em contrarrazões de recurso, aduzir que, caso seja dado provimento ao recurso de apelação do réu, seja igualmente apreciada pelo tribunal o pedido de realização de prova pericial anteriormente indeferido.

Se as questões referidas no §2º do art. 1.009 do atual C.P.C. forem alegadas em *contrarrazões,* o recorrente será intimado, para no prazo de quinze dias, se manifestar sobre elas. Isso significa dizer que os gabinetes dos tribunais deverão ter uma atenção especial às contrarrazões de recurso, especialmente no que concerne às preliminares sobre decisões interlocutórias não impugnáveis.

Agora, se a decisão que resolver determinada questão no transcurso do processo for suscetível de recurso de agravo de instrumento, a sua não interposição acarretará a *preclusão* definitiva, razão pela qual não poderá ser renovada em *preliminar de apelação*.

É correto afirmar, também, que em razão do efeito translativo da apelação, o Tribunal poderá reapreciar o indeferimento da prova pericial, entendendo que os fatos articulados na demanda dependem da realização da prova técnica.

Estabelece o §2º do art. 1.013 do novo C.P.C que *quando o pedido ou a defesa tiver mais de um fundamento e o juiz acolher apenas um deles, a apelação devolverá ao tribunal o conhecimento dos demais.* Segundo Dinamarco, tal dispositivo *"considera incluídas na devolução não só as questões cuja solução houver sido favorável ou vencedor (e criticadas pelo vencido ao apelar), como também aquelas que hajam sido solucionadas contra ele (mas sem o poder de impedir a conclusão favorável). Esses dois dispositivos associam-se à regra segundo a qual a parte favorecida no dispositivo sentencial (em que é ditada a procedência ou improcedência....) não tem o poder de provocar novo julgamento da causa mediante a interposição de recurso, por falta de legítimo interesse processual; não sendo 'parte vencida', seu recurso não pode ser conhecido...Pode, todavia, repropor ao tribunal os fundamentos que invocara em primeiro grau, ainda quando algum deles haja sido apreciado ou tenha sido rejeitado. Exemplo da primeira hipótese: propus demanda de anulação de contrato, alegando 'dolo' da parte contrária e 'coação "exercida sobre minha vontade, e o juiz julgou procedente minha demanda pelo fundamento do dolo, omitindo-se quanto ao segundo fundamento. Exemplo da segunda hipótese: o juiz julgou procedente a demanda por dolo, embora negasse ter ocorrido a violência. Em ambos os casos o reconhecimento do dolo foi suficiente para minha vitória na causa, não obstante o outro fundamento houvesse sido omitido ou repelido. Apelará somente meu adversário, pois só ele tem legítimo interesse na modificação do preceito imperativo contido no decisório sentencial; em contrarrazões poderei no entanto suscitar as questões a que aludem os §§ 1º e 2º do art. 515 do Código de Processo Civil* (atuais §§1º e 2º do art. 1.013 do novo C.P.C.).[415]

---

[415] DINAMARCO, C. R., op. cit., p. 44.

DA APELAÇÃO

Preceitua o § 3º do art. 1.009 do atual C.P.C. que o disposto no 'caput' deste artigo aplica-se mesmo quando as questões mencionadas no art. 1.015 integrarem capítulo da sentença.

Assim, se as questões que poderiam ser objeto de agravo de instrumento, nos termos do art. 1015, forem analisadas em capítulos da decisão final, o recurso a ser interposto, em face do princípio da unirrecorribilidade, será somente o de apelação.

É importante salientar que no projeto originário do novo C.P.C., após emenda da Câmara dos Deputados, a impugnação prevista no § 1º do art. 1009 do novo C.P.C. pressupunha a prévia apresentação de *protesto* específico contra a decisão no primeiro momento que coubesse à parte falar nos autos, sob pena de preclusão; as razões do protesto teriam de ser apresentadas na apelação ou nas contrarrazões de apelação, nos termos do § 1º.

Esse protesto, porém, não foi exigido pelo atual C.P.C., razão pela qual a decisão interlocutória poderá ser objeto de preliminar de apelação, independentemente de qualquer condicional ou pressuposto.

27.5. Forma e requisitos para interposição da apelação

Muito embora o recurso de apelação seja julgado pelo tribunal respectivo, sua interposição dar-se-á perante o juízo de primeiro grau, ou seja, mediante o próprio órgão jurisdicional que proferiu a sentença recorrida.

Manteve o presente dispositivo a mesma regra do art. 518 do C.P.C. de 1973, no sentido de que a apelação será interposta e processada no juízo de primeiro grau.

O art. 518 do C.P.C. de 1973 assim estabelecia:

> Art. 518. Interposta a apelação, o juiz, declarando os efeitos em que a recebe, mandará dar vista ao apelado para responder. (Redação dada pela Lei nº 8.950, de 13.12.1994)
>
> § 1º O juiz não receberá o recurso de apelação quando a sentença estiver em conformidade com súmula do Superior Tribunal de Justiça ou do Supremo Tribunal Federal. (Renumerado pela Lei nº 11.276, de 2006)
>
> § 2º Apresentada a resposta, é facultado ao juiz, em cinco dias, o reexame dos pressupostos de admissibilidade do recurso. (Incluído pela Lei nº 11.276, de 2006)

Sob a égide do Código revogado, o juiz de primeiro grau não poderia analisar o mérito da apelação, mas tinha competência para realizar juízo de admissibilidade do aludido recurso. Se faltasse algum requisito, a apelação não seria admitida já no juízo de primeiro grau.

Da decisão do juízo de primeiro grau que não recebesse a apelação caberia agravo de instrumento.

Também sob a égide do Código revogado, o juiz de primeiro grau, ao receber a apelação, declarava os efeitos em que a recebia, ou seja, efeito devolutivo ou suspensivo.

O atual C.P.C., conforme a redação contida no art. 1.010, manteve o processamento da apelação perante o juízo de primeiro grau, mas não mais lhe permite analisar os requisitos de admissibilidade do recurso, pois essa matéria é de competência apenas do juízo 'ad quem'.

O juízo de primeiro grau também não mais se manifesta sobre os efeitos da apelação, pois essa análise compete ao juízo 'ad quem'.

Em princípio, o juízo de primeiro grau não poderá mais inovar no processo a partir da publicação da sentença, pois encontra-se exaurida sua prestação de tutela jurisdicional, somente podendo modificar a sentença em caso de erro material, contradição ou omissão.

Há, porém, duas hipóteses em que o juiz poderá alterar a sua própria decisão em razão da interposição do recurso de apelação.

A primeira ocorre quando o juiz prolatar decisão sem resolução de mérito, nos termos do art. 485, incs. I a X, do novo C.P.C. Uma vez prolatada a decisão sem resolução de mérito, a parte poderá ingressar com o recurso de apelação. Interposta a apelação em qualquer dos casos de que tratam os incisos do art. 485 do novo C.P.C., o juiz terá 5 (cinco) dias para se retratar (art. 485, §7º).

A segunda se verifica quando a petição inicial é indeferida nos termos do art. 330 do novo C.P.C. Indeferida a petição inicial, o autor poderá apelar, facultado ao juiz, no prazo de 5 (cinco) dias, retratar-se (art. 331 do novo C.P.C.).

Portanto, constituem hipóteses excepcionais as retratações da sentença com base nos arts. 485, §7º e 331, ambos do novo C.P.C.

Para Dinamarco, também as medidas de persuasão e sub-rogação autorizadas pelo C.P.C. quando diante de execução de obrigação de fazer ou de não fazer podem ser impostas pelo juiz após a publicação da sentença e antes que os autos subam ao tribunal por força de apelação eventualmente imposta.[416]

---

[416] DINAMARCO, C. R., idem, p. 33.

DA APELAÇÃO

Questão interessante é a problematização prevista no p.u. do art. 299 do novo C.P.C., a saber: *Ressalvada disposição especial, na ação de competência originária de tribunal e nos recursos a tutela provisória será requerida ao órgão jurisdicional competente para apreciar o mérito.*

Assim, se o processo já estiver sob o crivo do tribunal em razão da interposição do recurso, eventual pedido de tutela provisória será ofertado ao órgão jurisdicional competente para apreciar o mérito.

Porém, há um hiato que não foi solucionado pelo legislador. Trata-se da hipótese em que estão correndo o prazo para o recurso de apelação, mas a parte ainda não interpôs o respectivo recurso.

Tendo em vista que uma vez publicada a decisão, o juiz cumpre o seu ofício jurisdicional, caberia ao tribunal apreciar eventual pedido de tutela provisória, após a publicação da sentença e antes da interposição do recurso de apelação.

Porém, por questão pragmática e em razão da celeridade processual e a efetivação da tutela, os juízes de primeiro grau vêm conhecendo deste pedido de tutela de urgência.

Sobre o tema, eis as seguintes decisões:

PROCESSO CIVIL – ANTECIPAÇÃO DA TUTELA APÓS A PUBLICA-ÇÃO DA SENTENÇA – IMPOSSIBILIDADE – EXAURIMENTO DO OFÍCIO JURISDICIONAL – ART. 463 DO CPC.

1 – A tutela antecipada concedida pelo juiz singular após a decisão de mérito mostra--se incompatível com sua natureza precária e preventiva.

2 – Publicada a sentença, o juiz encerra seu ofício jurisdicional, sendo-lhe vedado deferir a antecipação dos efeitos da tutela (art. 463 do CPC), cuja apreciação caberá a esta Corte se interposta eventual apelação ou remessa oficial.

3 – Agravo de instrumento improvido.

(TRF-3 – AI: 68378 SP 2004.03.00.068378-7, Relator: DESEMBARGA-DOR FEDERAL NELSON BERNARDES, Data de Julgamento: 29/08/2005, NONA TURMA,)

PROCESSUAL CIVIL. AMBIENTAL. ANULAÇÃO DE DECRETO DE CRIAÇÃO DE UNIDADE DE CONSERVAÇÃO. PARQUE NACIONAL DAS NASCENTES DO RIO PARNAÍBA. SENTENÇA DE MÉRITO. DECISÃO PROFERIDA APÓS SENTENÇA. RECONHECENDO NULIDADE. ART. 463 DO CPC. EXAURIMENTO DO OFÍCIO JURISDICIONAL. SEGUNDA SEN-

TENÇA. NULA. AUSÊNCIA DE INTERVENÇÃO DO MINISTÉRIO PÚBLICO FEDERAL. NULIDADE DO PROCESSO. INTELIGÊNCIA DOS ARTIGOS 129, CAPUT E INCISO V E 232, AMBOS DA CONSTITUIÇÃO FEDERAL.

I – A intelecção do art. 463 do CPC revela que o julgamento publicado somente é passível de alteração pelo juízo do qual emanou em caráter excepcional, quando constatada a ocorrência de inexatidão material, erro de cálculo ou vício de omissão, obscuridade ou contradição, sanável mediante embargos declaratórios. Afora essas hipóteses, não há lugar para mudança de seu conteúdo pelo órgão judicial que a concebeu, nem mesmo não há espaço a decretação de nulidade da sentença pelo próprio juízo prolator, visto que já esgotado seu ofício jurisdicional.

II – De outra banda, versando a controvérsia instaurada nos autos acerca de matéria relativa à proteção do meio ambiente, incontestavelmente de interesse público, afigura-se indispensável a intervenção do Ministério Público Federal, sob pena de nulidade.

III – Processo anulado, de ofício, a partir da sentença de fls. 914/918. Apelação prejudicada.

(TRF-1 – AC: 20043400084576 DF 2004.34.00.008457-6, Relator: DESEMBARGADOR FEDERAL SOUZA PRUDENTE, Data de Julgamento: 10/07/2013, QUINTA TURMA, Data de Publicação: e-DJF1 p.1397 de 05/08/2013)

AGRAVO DE INSTRUMENTO. INVENTÁRIO JUDICIAL. EXAURIMENTO DA PRESTAÇÃO JURISDICIONAL. PEDIDO DE EXPEDIÇÃO DE OFÍCIO A INSTITUIÇÃO BANCÁRIA. IMPOSSIBILIDADE. INTELIGÊNCIA DO ART. 463 DO CPC. DILIGÊNCIA QUE PODE SER FEITA PELA PRÓPRIA PARTE ADMINISTRATIVAMENTE OU ATRAVÉS DA VIA JUDICIAL PRÓPRIA. RECURSO A QUE SE NEGA PROVIMENTO.

1. É inadmissível a determinação de diligência em processo após a entrega da prestação jurisdicional porque esgotada a função do juiz, com base no disposto no art. 463 do Código de Processo Civil.

2. Nega-se provimento ao recurso.

(TJ-MG 100240573755030011 MG 1.0024.05.737550-3/001(1), Relator: CÉLIO CÉSAR PADUANI, Data de Julgamento: 18/09/2008, Data de Publicação: 07/10/2008)

PROCESSUAL CIVIL. LOCAÇÃO. ART. 463 DO CPC. OFENSA. ACÓRDÃO DE EMBARGOS DECLARATÓRIOS JÁ PUBLICADO. ALTERAÇÃO DE OFÍCIO PELA CORTE COLEGIADA EM JUÍZO DE RECONSIDERA-

ÇÃO. DESCABIMENTO. INEXISTÊNCIA DE SIMPLES ERRO MATERIAL.
CARACTERIZAÇÃO. EXAURIMENTO DO OFÍCIO JURISDICIONAL.
1 – Regularmente publicado o acórdão em embargos de declaração, não pode a câmara julgadora em outra sessão, ainda que ao argumento de juízo de reconsideração nos ditos embargos de declaração, "ex officio", alterar a substância do mérito do primeiro julgado, eis que, ausente a evidência de simples correção de erro material, restava exaurido o ofício jurisdicional daquele colegiado, havendo que se ter como ofendido o art. 463 do CPC.
Na hipótese, ao entendimento de reparação de mero erro material, o colegiado "a quo", em sessão diversa, após publicado o acórdão de embargos de declaração, veio a proferir, de ofício, novo julgamento dos ditos embargos, alterando substancialmente o mérito do decisório primitivo.
2 – Recurso especial conhecido e provido
(STJ – REsp: 222570 BA 1999/0061519-0, Relator: Ministro GILSON DIPP, Data de Julgamento: 04/04/2000, T5 – QUINTA TURMA, Data de Publicação: DJ 02.05.2000 p. 162)

A petição de apelação será devidamente protocolizada em cartório ou perante o sistema eletrônico PJe, cuja data indicará a tempestividade ou não do recurso.

O recurso será interposto mediante petição escrita, ao contrário do que sucedia em algumas legislações antigas e em alguns ordenamentos estrangeiros, que admitiam ou admitem a interposição oral, conforme estabelece o art. 245 do Código de Processo Civil argentino: *"El recurso de apelación se interpondrá por escrito o verbalmente".*

Até mesmo nos juizados especiais, o recurso inominado, equivalente à apelação, deverá ser interposto por escrito, conforme preceitua o art. 42 da Lei 9.099/95, *in verbis: O recurso será interposto no prazo de dez dias, contados da ciência da sentença, por petição escrita, da qual constarão as razões e o pedido do recorrente.*

A petição será redigida no idioma nacional, na qual conterá os nomes e qualificação das partes, os fundamentos de fato e de direito do recurso, as razões do pedido de reforma ou de anulação da decisão, e o pedido de nova decisão a ser proferida pelo Tribunal na hipótese de *error in iudicando* ou pelo juízo de primeiro grau na hipótese de *error in procedendo*, salvo as exceções prevista no próprio código.

Partes no sentido do texto são apelante e apelado, os quais, em regra, são autor e réu do processo, salvo quando a apelação é interposta por terceiro interessado. Há necessidade de discriminação dos respectivos nomes, delimitando subjetivamente o recurso. Pode ocorrer que nem todos os litigantes sejam partes no recurso, como por vezes ocorre na hipótese de litisconsortes. Evidentemente, a simplificação da indicação das partes não constitui nulidade, razão pela qual será considerada como simples irregularidade que não prejudica a admissibilidade do recurso de apelação.

Havendo mais de um apelado no processo, e não indicando o apelante todos os nomes, entende-se que a impugnação da sentença se dá em face de todos.[417]

A petição deverá indicar pormenorizadamente as razões de fato e de direito do recurso, ou seja, as razões que justificam a modificação ou a necessidade de nova decisão de primeiro grau.

As razões de apelação geralmente devem ser indicadas em peça à parte da petição de interposição de recurso, sendo que, enquanto a petição de recurso é endereçada ao juízo de primeiro grau, as razões de apelação são endereçadas aos membros julgadores do tribunal 'ad quem'.

Nas razões de apelação, o apelante deverá indicar no que consiste o *error in iudicando* ou o *error in procedendo*. Em regra, essas razões serão as mesmas já deduzidas na petição inicial e na contestação formuladas no processo.

Se o apelante suscita questões de fato não articuladas no juízo inferior, conforme lhe permite o art. 1.014 do atual C.P.C., deverá demonstrar que essas novas questões de fato são razões suficientes para a modificação ou alteração da decisão de primeiro grau.

Deverá o recorrente, se for o caso, indicar nas razões de recurso as provas que pretende realizar para demonstrar os novos fatos, inclusive oitiva de testemunha.

É importante salientar que as questões de fato não propostas no juízo inferior somente poderão ser articuladas, se a parte provar que deixou de fazê-lo por motivo de força maior.

É importante não confundir *fatos supervenientes* com *fatos novos*. Essa distinção foi muito bem abordada pela seguinte decisão do S.T.J.:

> *RECURSO ESPECIAL – RESPONSABILIDADE CIVIL – ACIDENTE DE TRABALHO – FATOS SUPERVENIENTES – ALEGAÇÃO EM APELAÇÃO – POSSIBILIDADE – FATOS NOVOS – FORÇA MAIOR – COMPROVAÇÃO*

---

[417] Barbosa Moreira, J. C., op. cit., p. 400.

DA APELAÇÃO

– NECESSIDADE – CAUSA DE PEDIR – FUNDAMENTOS DE FATO E DE DIREITO – APRESENTAÇÃO NA PETIÇÃO INICIAL – EXIGÊNCIA – INOVAÇÃO INDEVIDA NA DEMANDA – NÃO-OCORRÊNCIA – RAZÕES DA APELAÇÃO COMPATÍVEIS COM A CAUSA DE PEDIR – PRESCRIÇÃO VINTENÁRIA – ESCÓLIO JURISPRUDENCIAL NESSE SENTIDO – RECURSO IMPROVIDO.

I – Fatos supervenientes são aqueles que aconteceram depois da sentença e que, por essa razão, podem ser alegados livremente na apelação.

II – Fatos novos são os que ocorreram antes da sentença e só podem ser arguidos na apelação se a parte provar que deixou de fazê-lo por motivo de força maior.

III – A causa de pedir consiste na dicção dos fundamentos de fato e de direito do pedido, exigindo-se, por consequência, que o autor, em sua petição inicial, descreva, com a precisão possível, quais são os fatos que dão suporte jurídico ao seu pedido.

IV – Não há falar em inovação de fatos na apelação se seus fundamentos estão compatíveis com a causa de pedir.

V – É vintenária a prescrição das parcelas referentes à pensão mensal a título de indenização, regendo-se pelo art. 177 do Código Civil de 1.916.

VI – Recurso especial improvido.

(REsp 1120302/RS, Rel. Ministro MASSAMI UYEDA, TERCEIRA TURMA, julgado em 01/06/2010, DJe 15/06/2010)

No voto do Ministro Massami Uyeda, encontra-se a seguinte lição:

"(...).

A primeira delas consiste em deixar assente que, para efeitos do art. 303, inciso I, do Código de Processo Civil, fatos supervenientes são aqueles que aconteceram depois da sentença e que, por essa razão, não são atingidos pela proibição porque não poderiam ter sido alegados no primeiro grau. Assim, a parte poderá alegá-los livremente na apelação. Por sua vez, fatos novos são os que já haviam acontecido antes da sentença, mas que a parte não quis ou não os pôde argüi-los. Não pôde porque não os conhecia ou porque houve motivo de força maior que a impediu de os alegar. Só podem ser argüidos na apelação se a parte provar que deixou de o fazer no juízo de primeiro grau, por motivo de força maior. A segunda premissa é que, tanto um – fatos supervenientes – quanto o outro – fatos novos – não se confundem, por coerência, ao que dispõe o art. 264 do Código de Processo Civil, no que se refere à vedação da modificação da causa de pedir. Porque esta, por sua vez, define-se como a dicção dos fundamentos de fato e de direito do pedido. É indispensável, portanto, dentro desse contexto, que o autor, em sua petição ini-

RECURSOS NO NOVO C.P.C.

cial, descreva, com a precisão possível, quais são os fatos que, segundo seu entendimento, dão suporte jurídico ao seu pedido. É a expressão da teoria da substanciação da causa de pedir, adotada por nós, onde não basta, ao autor, fazer referência à lesão ou à ameaça ao direito que afirma sofrer, mas também é indispensável demonstrar a origem desse direito. Dessa forma, após a delimitação de tais premissas, importa saber se os fatos, a partir dos quais se pretende incidir determinada consequência jurídica, estão suficientemente narrados já com a apresentação da petição inicial, por força do princípio da mihi factum, dabo tibi jus, onde a qualificação jurídica dos fatos é função do magistrado, no exame da controvérsia.

(...)".

Sobre o tema referente à alegação de *novos fatos*, eis as seguinte decisões:

PROCESSUAL CIVIL. SERVIDOR PÚBLICO. TERÇO DE FÉRIAS. JUNTADA DE DOCUMENTOS NOVOS APÓS O AGRAVO. INADMISSIBILIDADE. REEXAME DO CONTEXTO FÁTICO-PROBATÓRIO. SÚMULA 7/STJ.

1. A regra prevista no art. 396 do Código de Processo Civil, segundo a qual incumbe à parte instruir a inicial ou a contestação com os documentos que forem necessários para provar o direito alegado, somente pode ser excepcionada se, após o ajuizamento da ação, surgirem documentos novos, ou seja, decorrentes de fatos supervenientes ou que somente tenham sido conhecidos pela parte em momento posterior (CPC, art. 397), o que não ocorreu conforme relatado pelo Tribunal a quo. Precedentes.

2. O exame documental determinado pelo Superior Tribunal de Justiça foi realizado pela Corte de origem e, in casu, o acolhimento da pretensão recursal demanda o reexame do contexto fático-probatório, mormente para verificar se os multicitados documentos foram ou não submetidos à apreciação do Juízo originário, se decorrem de fatos supervenientes ou se foram conhecidos pela parte recorrente em momento posterior à interposição do Agravo, o que não se admite ante o óbice da Súmula 7/STJ.

3. Agravo Regimental não provido.

(AgRg no AREsp 796.005/RS, Rel. Ministro HERMAN BENJAMIN, SEGUNDA TURMA, julgado em 01/03/2016, DJe 19/05/2016)

AGRAVO REGIMENTAL NO AGRAVO DE INSTRUMENTO. PROCESSUAL CIVIL.

JUNTADA DE DOCUMENTOS COM A APELAÇÃO. DOCUMENTO NOVO. NÃO CARACTERIZAÇÃO. AGRAVO NÃO PROVIDO.

DA APELAÇÃO

1. A regra prevista no art. 396 do Código de Processo Civil, segundo a qual incumbe à parte instruir a inicial ou a contestação com os documentos que forem necessários para provar o direito alegado, somente pode ser excepcionada se, após o ajuizamento da ação, surgirem documentos novos, ou seja, decorrentes de fatos supervenientes ou que somente tenham sido conhecidos pela parte em momento posterior (CPC, art. 397).

2. Contudo, os documentos apresentados com a apelação não se caracterizam propriamente como novos, porquanto, conforme assentado perante as instâncias ordinárias, a alimentanda já tinha pleno conhecimento de sua existência no momento da propositura da ação revisional de alimentos, não lançando mão deles oportunamente.

3. Agravo regimental a que se nega provimento.

(AgRg no Ag 1247724/MS, Rel. Ministro RAUL ARAÚJO, QUARTA TURMA, julgado em 03/11/2015, DJe 25/11/2015)

PROCESSUAL CIVIL. ADMINISTRATIVO. SERVIDOR PÚBLICO. REAJUSTE DE 3,17%. LIMITAÇÃO TEMPORAL. MEDIDA PROVISÓRIA 2.225-45/2001.

REESTRUTURAÇÃO DE CARREIRA. AUSÊNCIA DE ALEGAÇÃO NA FASE DE CONHECIMENTO. FATO SUPERVENIENTE. PROVOCAÇÃO DA CORTE. INOCORRÊNCIA. MATÉRIA DE DEFESA EM EMBARGOS À EXECUÇÃO. INVIABILIDADE. COISA JULGADA. APLICAÇÃO DO ENTENDIMENTO FIRMADO NO RESP 1.235.513/AL, SUBMETIDO AO RITO DO ART. 543-C DO CPC. SÚMULA 83/STJ. HONORÁRIOS. SÚMULA 284/STF. INOVAÇÃO RECURSAL. VEDAÇÃO.

1. O acórdão proferido pelo Tribunal de origem ressalta que, embora a interposição da apelação tenha sido anterior à publicação da MP n. 2.225-45/2001, a prolação do acórdão da apelação no processo de conhecimento foi muito posterior, mantendo-se inerte a Fazenda Pública em requerer pronunciamento sobre a superveniente legislação.

2. O Superior Tribunal de Justiça entende que os fatos supervenientes (art. 462 do CPC) que influem diretamente na demanda devem ser abordados pelo Tribunal a quo quando da oposição de aclaratórios, sob pena de malferimento ao contraditório e a ampla defesa, visto sua inviabilidade de análise em sede extraordinária (lato sensu), em decorrência da ausência do requisito do prequestionamento.

3. A MP n. 2.225-45/2001 entrou em vigor quando ainda não exaurida a instância ordinária, ou seja, antes da última oportunidade de o réu arguir temas novos e supervenientes no processo cognitivo, o que atrai a incidência do entendimento firmado no REsp n. 1.235.513/AL, relatoria do Min. Castro Meira, onde a Primeira Seção assentou que a alegação de necessidade de observância de compensação ou limitação de valores já reco-

nhecidos, em sede de embargos à execução, viola a coisa julgada quando verificada que referida alegação poderia ter sido levantada na fase de conhecimento.

4. As razões do especial são genéricas quanto à exorbitância da verba honorária, não se conseguindo inferir demasia alegada pela recorrente a ponto de afastar o óbice da Súmula 7 do STJ, o que atrai a incidência da Súmula 284 do STF.

5. A apresentação de novos fundamentos para viabilizar o conhecimento do especial configura inovação recursal, vedada em sede de agravo regimental.

Agravo regimental improvido.

(AgRg no AREsp 275.268/AL, Rel. Ministro HUMBERTO MARTINS, SEGUNDA TURMA, julgado em 02/05/2013, DJe 16/05/2013)

PROCESSUAL CIVIL. EMBARGOS DE DECLARAÇÃO NOS EMBARGOS DE DECLARAÇÃO NA AÇÃO RESCISÓRIA. ALEGAÇÃO DE FATOS SUPER-VENIENTES E ERRO MATERIAL. PRETENSÃO DE REJULGAMENTO DA CAUSA. EMBARGOS REJEITADOS.

1. Os embargos declaratórios são cabíveis para expungir da decisão impugnada os vícios de omissão, contradição ou obscuridade, elencados no art. 535, incisos I e II, do CPC, bem como para sanar erro material.

2. Não é o que ocorre na espécie, em que o embargante, sob a alegação de superveni-ência de fatos novos e ocorrência de erro material, tem o nítido propósito de obter, à luz dos precedentes por ele indicados, nova apreciação da matéria já examinada e decidida por esta Corte quando do julgamento da ação rescisória, revelando apenas o inconfor-mismo com a decisão que lhe foi desfavorável.

3. Embargos de declaração rejeitados.

(EDcl nos EDcl na AR 4.309/SP, Rel. Ministra MARILZA MAYNARD (DESEMBARGADORA CONVOCADA DO TJ/SE), TERCEIRA SEÇÃO, julgado em 10/04/2013, DJe 16/04/2013)

O recorrente também deverá formular *pedido* em suas razões recursais, pedido esse que visa a prolação de *uma nova decisão*, que venha a substituir a sentença de primeiro grau.

O pedido formulado no recurso poderá ter por fundamento a nulidade da sentença, razão pela qual a nova decisão deverá, salvo exceções, ser pro-ferida pelo juízo 'a quo'. Nessa hipótese, o julgamento a ser proferido pelo tribunal terá apenas função *rescindente* da sentença de primeiro grau, pois a decisão no recurso suprime a decisão apelada, sem substituí-la. O processo deverá voltar para novo julgamento perante o juízo 'a quo'. Nada obsta,

DA APELAÇÃO

porém, a que o apelante, depois de pedir a *anulação* da sentença, peça, a título subsidiário, a *reforma* dela, para o caso de não se acolher o primeiro pedido (princípio da eventualidade).[418]

O pedido formulado no recurso, seja ele referente à anulação da sentença ou à sua reforma, poderá abarcar todo o conteúdo por ele impugnável ou apenas uma parte. Se o apelante não especificar a parte em que impugna a sentença, deve entender-se que a apelação abrange tudo aquilo que poderia ser objeto de recurso.[419]

Entende Pontes de Miranda e Sérgio Bermudes que eventuais irregularidades na petição e nas razões de recurso, o apelante poderá supri-la antes de expirado o prazo para a interposição da apelação. Para eles, o tribunal não deve indeferir a petição recursal por falta de algum dos requisitos legais antes do *dies ad quem*.[420]

Estabelece a Súmula 320 do S.T.F.: *A apelação despachada pelo juiz no prazo legal não fica prejudicada pela demora da juntada, por culpa do cartório.*

Por sua vez, preconiza a Súmula 428 do S.T.F.: *Não fica prejudicada a apelação entregue em cartório no prazo legal, embora despachada tardiamente.*

27.6. Prazo para interposição do recurso de apelação e da contrarrazão ao recurso

Preceitua o art. 1.003, §5º, do novo C.P.C. que excetuados os embargos de declaração, o prazo para interpor os recursos e para responder-lhes é de 15 (quinze) dias.

Reforçando o que já estabelece o art. 1.003, §5º, do novo C.P.C., o apelado será intimado para apresentar contrarrazões no prazo de 15 (quinze) dias.

O prazo para interposição do recurso de apelação conta-se da data em que os advogados, a sociedade de advogados, a Advocacia Pública, a Defensoria Pública ou o Ministério Público são intimados da decisão.

Tendo sido a sentença proferida em audiência, a intimação dos advogados, da Advocacia Pública, da Defensoria Pública ou do Ministério Público ocorrerá no ato da audiência.

---

[418] BARBOSA MOREIRA, J. C., idem. p. 400.

[419] BARBOSA MOREIRA, J. C., idem, p. 400 e 401.

[420] PONTES DE MIRANDA. *Comentário ao C.P.C. de 1973.* Tomo VII. Rio de Janeiro: Forense, s/d. p. 203.

Interposta a apelação, o juízo de primeiro grau proferirá despacho determinando a intimação do apelado para apresentar contrarrazões.

O Ministério Público, a Defensoria Pública e a Advocacia Pública deverão ser intimados pessoalmente da sentença para eventual interposição do recurso de apelação. A intimação pessoal far-se-á por carga, remessa ou meio eletrônico, conforme estabelecem os arts. 180, 'caput', 183, §1º e 186, §1º do novo C.P.C. Além do mais, em relação a essas instituições o prazo para a interposição da apelação conta-se em dobro, nos termos dos arts. 180, 183 e 186 do novo C.P.C.

Também haverá contagem em dobro do prazo na hipótese do art. 229 do novo C.P.C., ou seja, quando os litisconsortes tiverem diferentes procuradores, de escritórios de advocacia distintos.

Situação especial observa-se na hipótese de indeferimento da inicial.

Indeferida a inicial, o autor poderá apelar, facultado ao juiz, no prazo de cinco dias, retratar-se (art. 331, *caput*, do atual C.P.C.). Se o juiz não reconsiderar a sua decisão, mandará citar o réu para responder ao recurso (§1º do art. 331 do atual C.P.C.).

Assim, na hipótese de apelação contra sentença que indeferiu a inicial, o apelado não será intimado da decisão, mas, sim, citado para o fim de responder ao recurso. Provida a apelação, o réu será intimado para apresentar sua resposta, observado o disposto no art. 334 do atual C.P.C.

Porém, o réu poderá apelar da decisão que indeferiu a petição inicial, se tiver interesse para tanto. Nessa hipótese, o prazo para a interposição do recurso pelo réu, contra decisão proferida anteriormente à sua citação, contar-se-á nos termos do art. 231, incisos I a VI do novo C.P.C., ou seja, : I – da data de juntada aos autos do aviso de recebimento, quando a citação for pelo correio; II – da data de juntada aos autos do mandado cumprido, quando a citação for por oficial de justiça; III – da data de ocorrência da citação, quando ela se der por ato do escrivão ou do chefe de secretaria; IV – o dia útil seguinte ao fim da dilação assinada pelo juiz, quando a citação for por edital; V – o dia útil seguinte à consulta ao teor da citação ou ao término do prazo para que a consulta se dê, quando a citação for eletrônica; VI – a data de juntada do comunicado de que trata o art. 232 ou, não havendo esse, a data de juntada da carta aos autos de origem devidamente cumprida, quando a citação se realizar em cumprimento de carta.

DA APELAÇÃO

O prazo da apelação conta-se nos termos das determinações estabelecidas no art. 1.003 do atual C.P.C. Incidem as regras comuns de prorrogação e suspensão dos prazos.[421]

Para aferição da tempestividade do recurso remetido pelo correio, será considerada como interposta a apelação a data de postagem (§4º do art. 1003 do novo C.P.C.).

O recorrente comprovará a ocorrência de feriado local no ato de interposição do recurso (§6º do art. 1003 do novo C.P.C.).

Decorrido o prazo, extingue-se o direito de praticar ou de emendar o recurso de apelação, independentemente de declaração judicial, ficando asssegurado, porém, à parte provar que não o realizou por justa causa (art. 223 do novo C.P.C.). Considera-se justa causa o evento alheio à vontade da parte e que a impediu de praticar o ato por si ou por mandatário.

O encerramento prematuro do expediente forense é considerado justa causa para efeito de prorrogação do prazo recursal, desde que esse encerramento tenha ocorrido no termo final da interposição do recurso, e não no termo inicial. Nesse sentido é o seguinte precedente do S.T.J.:

DIREITO PROCESSUAL CIVIL. IMPOSSIBILIDADE DE PRORROGAÇÃO DO TERMO INICIAL DE PRAZO RECURSAL DIANTE DE ENCERRAMENTO PREMATURO DO EXPEDIENTE FORENSE.

O disposto no art. 184, § 1º, II, do CPC – que trata da possibilidade de prorrogação do prazo recursal em caso de encerramento prematuro do expediente forense – aplica-se quando o referido encerramento tiver ocorrido no termo final para interposição do recurso, e não no termo inicial. O § 1º do art. 184 do CPC trata das hipóteses em que haverá prorrogação do prazo quando seu vencimento cair em feriado ou em dia que for determinado o fechamento do fórum ou quando houver o encerramento do expediente

---

[421] Art. 220. Suspende-se o curso do prazo processual nos dias compreendidos entre 20 de dezembro e 20 de janeiro, inclusive.

Art. 221. Suspende-se o curso do prazo por obstáculo criado em detrimento da parte ou ocorrendo qualquer das hipóteses do art. 313, devendo o prazo ser restituído por tempo igual ao que faltava para sua complementação.

Parágrafo único. Suspendem-se os prazos durante a execução de programa instituído pelo Poder Judiciário para promover a autocomposição, incumbindo aos tribunais especificar, com antecedência, a duração dos trabalhos.

Art. 222. Na comarca, seção ou subseção judiciária onde for difícil o transporte, o juiz poderá prorrogar os prazos por até 2 (dois) meses.

forense antes da hora normal. Não há dúvida, portanto, de que a hipótese ora regulada trata exclusivamente do dies ad quem (dia do vencimento). Essa conclusão é reforçada pelo disposto no § 2º, o qual regula a única possibilidade em que haverá a prorrogação do dies a quo ("os prazos somente começam a correr do primeiro dia útil após a intimação"). Verifica-se, desse modo, que o legislador tratou de forma distinta as hipóteses de prorrogação do prazo referente ao dies a quo e ao dies ad quem nos parágrafos do art. 184 do CPC. Além da falta de previsão legal, a referida prorrogação não se aplica ao dies a quo em razão, também, da ratio da norma, que é justamente possibilitar àqueles que vierem a interpor o recurso no último dia do prazo não serem surpreendidos, indevidamente, com o encerramento prematuro do expediente forense, em obediência ao princípio da confiança, que deve proteger a atuação do jurisdicionado perante a Justiça, e assim conferir máxima eficácia à prestação jurisdicional. Ademais, não se vislumbra qualquer razão para se prorrogar o início da contagem do prazo processual em situação idêntica ocorrida no primeiro dia do prazo. É que, nessa hipótese, remanescerá para o recorrente a possibilidade de interpor o recurso nos dias subsequentes. Não há motivo lógico que justifique aplicar-se o regramento referente ao dies ad quem a esta hipótese. Desse modo, a prorrogação em razão do encerramento prematuro do expediente forense aplica-se tão somente em relação ao dies ad quem do prazo recursal. Precedentes citados: AgRg no Ag 1.142.783-PE, Quinta Turma, DJe de 17/5/2010; e AgRg no REsp 614.496-RJ, Primeira Turma, DJ 1º/2/2006.

(EAREsp 185.695-PB, Rel. Min. Felix Fischer, julgado em 4/2/2015, DJe 5/3/2015).

Entendia a doutrina que não se aplicava o prazo em dobro para a resposta do recurso de apelação, pois a duplicidade do prazo era conferida apenas para a interposição do recurso.

Porém, em face do conteúdo dos arts. 180, 183 e 186 do atual C.P.C., aplica-se também o prazo em dobro para apresentar a resposta, pois, em se tratando de Ministério Público, Defensoria Pública e Advocacia Pública, o prazo em dobro será observado para *todas as manifestações processuais*, sendo que a apresentação de contrarrazões recursais é uma forma de manifestação processual. Sobre o tema, eis a seguinte decisão do S.T.J.:

AGRAVO REGIMENTAL EM RECURSO ESPECIAL. CONTRARRAZÕES. AUSÊNCIA DE INTIMAÇÃO PESSOAL DA DEFENSORIA PÚBLICA. NULIDADE. PRECLUSÃO. INOCORRÊNCIA. RECURSO PROVIDO.

DA APELAÇÃO

1. Este Superior Tribunal de Justiça firmou o entendimento de que o Defensor Público, ou quem lhe faça as vezes, deve ser intimado pessoalmente de todos os atos do processo, sob pena de nulidade absoluta do ato, por violação ao princípio constitucional da ampla defesa.

2. A Defensoria Pública não foi pessoalmente intimada para apresentar contrarrazões ao recurso especial, tendo a intimação ocorrido por meio de publicação no Diário de Justiça Eletrônico.

Assim, está configurado o cerceamento de defesa, mormente em se considerando que houve o provimento do recurso especial interposto pelo Ministério Público do Estado da Bahia.

3. Em que pese a intimação para a apresentação de contrarrazões haja ocorrido por meio de publicação na Imprensa Oficial em 10/10/2011, portanto há mais de 3 anos e meio, não há falar em preclusão, haja vista que a Defensoria Pública da União alegou o mencionado vício na primeira oportunidade que teve para se manifestar nos autos, vale dizer, após sua intimação pessoal acerca da decisão monocrática que fora desfavorável à parte assistida.

4. Agravo regimental provido para anular a decisão ora agravada e determinar o retorno dos autos ao Tribunal de Justiça da Bahia, a fim de que a Defensoria Pública seja pessoalmente intimada, com a consequente reabertura do prazo processual para a apresentação de contrarrazões ao recurso especial.

(AgRg no REsp 1381416/BA, Rel. Ministro ROGERIO SCHIETTI CRUZ, SEXTA TURMA, julgado em 09/06/2015, DJe 22/06/2015)

Se houver interposição de recurso de apelação por ambas as partes, cada qual deverá ser intimada para responder ao recurso da outra. Os prazos de resposta são autônomos.

A intimação do apelado para apresentar contrarrazões é formalidade essencial, sendo que se subir os autos sem essa observância, deverá o relator suprir esta irregularidade processual, sob pena de nulidade do julgamento.

Conforme anota Barbosa Moreira: *"A resposta do apelado tem certa analogia com a contestação; não se lhe aplica, todavia, o ônus da impugnação especificada dos fatos (art. 302 do C.P.C. de 1973). Tampouco é indispensável que o apelado reitere de modo expresso os pedidos e as defesas que apresentou na primeira instância e já estão abrangidos pelo efeito devolutivo da apelação do adversário. Precisa ele, ao contrário, suscitar nas razões, se for o caso, as questões novas que pretender ver apreciadas pelo órgão 'ad quem', juntando a prova de que deixara de fazê-lo, até então, por motivo de força maior...Suscitando questões novas ao arrazoar, deve o apelado*

RECURSOS NO NOVO C.P.C.

juntar desde logo os documentos com que entende provar os fatos alegados, e indicar as outras provas cuja produção acaso lhe pareça necessária".[422]

Em se tratando de apelação adesiva, o juiz intimará o apelante para apresentar contrarrazões, nos termos do §2º do art. 1.007 do novo C.P.C.

27.7. Competência para realização do juízo de admissibilidade da apelação

Aduz o § 3º do art. 1010 do atual C.P.C. que após as formalidades previstas nos §§ 1º e 2º, os autos serão remetidos ao tribunal pelo juiz, independentemente de juízo de admissibilidade.

A apelação será interposta e processada no juízo de primeiro grau.

O art. 518 do C.P.C. de 1973 assim estabelecia:

> *Art. 518. Interposta a apelação, o juiz, declarando os efeitos em que a recebe, mandará dar vista ao apelado para responder. (Redação dada pela Lei nº 8.950, de 13.12.1994)*
>
> *§ 1º O juiz não receberá o recurso de apelação quando a sentença estiver em conformidade com súmula do Superior Tribunal de Justiça ou do Supremo Tribunal Federal. (Renumerado pela Lei nº 11.276, de 2006)*
>
> *§ 2º Apresentada a resposta, é facultado ao juiz, em cinco dias, o reexame dos pressupostos de admissibilidade do recurso. (Incluído pela Lei nº 11.276, de 2006)*

Sob a égide do Código revogado, o juízo de primeiro grau não poderia analisar o mérito da apelação, mas tinha competência para realizar juízo de admissibilidade do recurso de apelação. Se faltasse algum requisito, a apelação não seria admitida já no juízo de primeiro grau. Da decisão do juízo de primeiro grau, que não recebesse a apelação, caberia agravo de instrumento.

Na realidade, sob a égide do C.P.C. de 1973, havia uma perspectiva dual de admissibilidade, ou seja, uma realizada perante o juízo do primeiro grau e outro no âmbito do tribunal.

O atual C.P.C., conforme a redação do art. 1.010, manteve o processamento da apelação perante o juízo de primeiro grau, mas não mais lhe permite analisar os requisitos de admissibilidade do recurso, pois esta matéria é de competência apenas do juízo 'ad quem', encerrando o ciclo dual de admissibilidade no âmbito do recurso de apelação.

---

[422] BARBOSA MOREIRA, J. C., op. cit., p. 432.

DA APELAÇÃO

Pelo novo C.P.C., uma vez interposto o recurso de apelação pela parte sucumbente, o juízo de primeiro (podendo inclusive utilizar-se de ato ordinatório) deverá intimar o recorrido para apresentar contrarrazões recursais no prazo de 15 (quinze) dias. Apresentada ou não as contrarrazões, e independentemente de juízo de admissibilidade, os autos serão remetidos ao tribunal 'ad quem'.

No tribunal, as primeiras questões que o magistrado deve verificar são aquelas relativas à decidibilidade do recurso, ou seja, ao 'rito' próprio da impugnação. As questões que dizem respeito à correta interposição da apelação, à subsistência de todos os requisitos para a sua decidibilidade (fala-se, então, de inadmissibilidade, improcedibilidade ou extinção); são prejudiciais em relação ao mérito do próprio recurso de apelo e são prejudiciais também em relação às questões de rito 'geral'. Isso porque o legítimo exercício dos poderes do juiz de apelo pressupõe sempre a validade do recurso de apelação.

Uma vez verificado que o juízo de apelação encontra-se investido nos poderes para analisar a questão posta no recurso, abre-se a oportunidade para se ingressar no interior da controvérsia objeto do recurso de apelação.

27.8. Prerrogativas do relator no recurso de apelação

Há no Brasil uma tradição constitucional de que os julgamentos a serem proferidos nos tribunais sejam realizados mediante órgãos colegiados.

Essa tradição decorre justamente pela própria estrutura conferida pela C.F. aos nossos tribunais, os quais são compostos de órgãos com mais de um magistrado.

Essa perspectiva constitucional decorre de uma concepção sociológica e psicológica de que a avaliação de uma situação por diversas pessoas é mais confiável do que apenas por uma.

Contudo, não obstante a estrutura colegiada dos Tribunais, isso não impede que a lei outorgue/delegue, com base nos princípios da celeridade e economia processual, determinadas prerrogativas ao próprio relator do processo, para que, monocraticamente, possa proferir determinadas decisões.

Há no Brasil, nos últimos anos, uma nítida tendência de ampliação dos poderes do relator para que monocraticamente possa adotar algumas decisões. Isso se pode observar pelas reformas processuais ocorridas no C.P.C. de 1973, como é o caso das Leis 8.038/90, 9.139/95, 9.756/98, 10.352/2001 etc.

O STJ, ao publicar a Emenda Regimental n. 22, ampliou os poderes do relator para dar mais agilidade às decisões monocráticas. A partir de agora, o relator pode decidir monocraticamente sempre que houver jurisprudência dominante do Supremo Tribunal Federal (STF) ou do STJ.

Anteriormente, o relator só atuava individualmente em casos específicos, como em matérias sumuladas ou consolidadas pelo rito dos recursos repetitivos.

Com relação ao tema, o STJ publicou a súmula 568: *"O relator, monocraticamente e no Superior Tribunal de Justiça, poderá dar ou negar provimento ao recurso quando houver entendimento dominante acerca do tema"*.

Segundo prescreve o art. 1.011 do novo C.P.C., recebido o recurso de apelação no tribunal e distribuído imediatamente, o relator:

a) decidi-lo-á monocraticamente apenas nas hipóteses do art. 932, incisos III a V do atual C.P.C.

O art. 932 do atual C.P.C. pretende delinear o máximo possível as atribuições do Relator, seja no âmbito das demandas autônomas, seja no âmbito das atribuições recursais.

Recebido o recurso de apelação no tribunal e distribuído imediatamente ao relator, este poderá, apenas nas hipóteses do art. 932, incisos III a V, decidi-lo monocraticamente.

O art. 932, incs. III a V, assim prescreve:

Art. 932. Incumbe ao Relator:

(...).

III – não conhecer de recurso inadmissível, prejudicado ou que não tenha impugnado especificamente os fundamentos da decisão recorrida;

IV – negar provimento a recurso que for contrário a:

a) súmula do Supremo Tribunal Federal, do Superior Tribunal de Justiça ou do próprio tribunal;

b) acórdão proferido pelo Supremo Tribunal Federal ou pelo Superior Tribunal de Justiça em julgamento de recursos repetitivos;

c) entendimento firmado em incidente de resolução de demandas repetitivas ou de assunção de competência;

V – depois de facultada a apresentação de contrarrazões, dar provimento ao recurso se a decisão recorrida for contrária a:

a) súmula do Supremo Tribunal Federal, do Superior Tribunal de Justiça ou do próprio tribunal;

b) acórdão proferido pelo Supremo Tribunal Federal ou pelo Superior Tribunal de Justiça em julgamento de recursos repetitivos;
c) entendimento firmado em incidente de resolução de demandas repetitivas ou de assunção de competência.

Preceito normativo similar encontra-se no art. 656º do C.P.C. português, que assim dispõe:

> *Art. 656º. Decisão liminar do objeto do recurso.*
>
> *Quando o relator entender que a questão a decidir é simples, designadamente por ter já sido jurisdicionalmente apreciada, de modo uniforme e reiterado, ou que o recurso é manifestamente infundado, profere decisão sumária, que pode consistir em simples remissão para as precedentes decisões, de que se juntará cópia".*

No processo civil português, em caso uniformização de decisões sobre o tema, o relator simplesmente poderá juntar cópia das precedentes decisões. Contra a decisão proferida monocraticamente pelo relator caberá o recurso de agravo interno, nos termos do art. 1.021 do novo C.P.C.
Sobre a questão, eis as seguintes decisões do S.T.J.:

> *(...).*
>
> *2. O artigo 544, § 4º, inciso II, alínea "c", do CPC autoriza o relator a conhecer do agravo para, de pronto, dar provimento ao recurso especial, se o acórdão recorrido estiver em confronto com súmula ou jurisprudência dominante no tribunal. Na hipótese ora em foco, consoante destacado na decisão agravada, o provimento do apelo extremo fundou-se em orientação jurisprudencial firmada na Segunda Seção desta Corte. Ademais, a interposição de agravo regimental para o colegiado permite a apreciação de todas as questões suscitadas no reclamo, suprindo eventual violação da referida norma processual.*
>
> *3. Agravo regimental desprovido.*
>
> (AgRg no AREsp 702.906/RS, Rel. Ministro MARCO BUZZI, QUARTA TURMA, julgado em 09/06/2015, DJe 16/06/2015).

> *1. De acordo com o art. 557 do Código de Processo Civil, é possível ao Relator decidir o recurso, com amparo na jurisprudência dominante, de forma monocrática, não ofendendo, assim, o princípio da colegialidade. Ademais, consoante orientação do Superior Tribunal de Justiça, a confirmação de decisão monocrática do relator pelo órgão colegiado supre eventual violação do art. 557 do CPC.*

RECURSOS NO NOVO C.P.C.

(...).

(AgRg no REsp 1496162/AC, Rel. Ministro OG FERNANDES, SEGUNDA TURMA, julgado em 26/05/2015, DJe 12/06/2015).

1. As redações dos arts. 266 do Regimento Interno do Superior Tribunal de Justiça e 546, inciso I, do Código de Processo Civil são cristalinas em indicar o cabimento de embargos de divergência contra julgado proferido por órgão colegiado do Superior Tribunal de Justiça, em recurso especial. Assim, decisões monocráticas de Ministros Relatores não desafiam a interposição dessa espécie recursal.
2. Agravo regimental desprovido.
(AgRg nos EDcl nos EAREsp 243.034/PE, Rel. Ministra LAURITA VAZ, CORTE ESPECIAL, julgado em 20/05/2015, DJe 12/06/2015)

1. Mostrando-se manifestamente improcedente, pode o relator julgar o recurso de apelação em decisão monocrática, nos termos do art. 557 do CPC. Ademais, eventual nulidade da decisão monocrática decorrente da alegada ausência dos requisitos previstos na referida norma processual fica superada com a reapreciação do recurso pelo órgão colegiado, na via de agravo regimental, conforme precedentes desta Corte Superior.
(...).
(AgRg no REsp 1100514/BA, Rel. Ministro ANTONIO CARLOS FERREIRA, QUARTA TURMA, julgado em 21/05/2015, DJe 11/06/2015).

1. No que refere à alegada nulidade da decisão monocrática ante a necessidade de julgamento colegiado do recurso, tem-se que o Superior Tribunal de Justiça pacificou o entendimento no sentido de afastar a ofensa ao princípio da colegialidade, com supedâneo na regra disposta no art. 557 do Código de Processo Civil.
(...).
(AgRg no AREsp 648.136/ES, Rel. Ministro REYNALDO SOARES DA FONSECA, QUINTA TURMA, julgado em 02/06/2015, DJe 09/06/2015)

É importante salientar que o S.T.J. não tem admitido a retratação prevista no art. 1.030, inc. II, e art. 1.040, inc. II, do novo C.P.C. por decisão monocrática proferida pelo Relator, tendo em vista que o acórdão recorrido foi proferido pelo órgão colegiado. Nesse sentido é a seguinte decisão:

DA APELAÇÃO

RECURSO ESPECIAL Nº 1.440.395 – SC (2014/0048871-7)
RELATOR : MINISTRO SÉRGIO KUKINA
RECORRENTE : INSS INSTITUTO NACIONAL DO SEGURO SOCIAL
ADVOGADO : PROCURADORIA-GERAL FEDERAL – PGF
RECORRIDO : CARLOS ANDRADE DE ARRUDA
ADVOGADOS : ROQUE FRITZEN
REGINA HOWE
DECISÃO

Trata-se de recurso especial manejado com fundamento no art. 105, III, a, da CF, contra acórdão proferido pelo Tribunal Regional Federal da 4ª Região, no sentido de que são devidos os juros de mora no período compreendido entre a data da elaboração da conta e a da expedição do precatório ou da requisição de pequeno valor.

Os autos ascenderam a esta Corte, por força do que determina o art. 543-C, § 8º, do CPC (fl. 446).

É o relatório.

Do exame atento dos autos, verifica-se que, após o julgamento do REsp 1.143.677/ RS, submetido ao rito dos recursos repetitivos, a Vice-Presidência do Tribunal a quo determinou o retorno dos autos ao órgão julgador para novo exame, conforme dispõe o art. 543-C, § 7º,II, do CPC.

O relator, por decisão monocrática, entendeu descabida a retratação, em face de pendência de julgamento da matéria de fundo pelo STF, que reconheceu a repercussão geral do tema (fl. 442).

Desta forma, o juízo de admissibilidade de fl. 446 não poderia ocorrer sem que o reexame previsto no art. 543-C, § 7º, II, do CPC fosse realizado pelo órgão prolator do acórdão no Tribunal de origem, em atenção ao princípio da colegialidade.

A Corte Especial do STJ, na sessão do dia 10.12.2009, no julgamento da Questão de Ordem alusiva aos Recursos Especiais ns. 1.148.726-RS, 1.154.288-RS, 1.155.480-RS e 1.158.872-RS, assim deliberou sobre o tema:

a) A restituição, por decisão de órgão fracionário independentemente de acórdão, uni- pessoal de relator, ou da Presidência (NUPRE), dos recursos especiais à Corte de origem, para que sejam efetivamente apreciadas as apelações e/ou agravos como de direito, à luz do que determinam a Lei n. 11.672/2008 e a Resolução STJ n. 8/2008.

Ante o exposto, determino a devolução dos autos ao Tribunal de origem, para que o respectivo órgão colegiado se pronuncie conforme sistemática prevista no art. 543-C, §§ 7º e 8º, do CPC, a teor do art. 2º da Resolução STJ n. 15/2013.

Publique-se.

Brasília (DF), 1º de agosto de 2014.

MINISTRO SÉRGIO KUKINA
Relator
(Ministro SÉRGIO KUKINA, 06/08/2014)

A decisão proferida pelo Ministro Sérgio Kukina nos Recurso Especial n. 1.440.395-SC deu no dia 06.08.2014.

O aludido processo retornou ao Tribunal Regional Federal para que a análise da retratação fosse feita por órgão colegiado e não por decisão monocrática. Uma vez feita a análise de retratação, o processo volta ao S.T.J., quando então o Ministro Sérgio Kukina o julga por meio de decisão monocrática, assim formulada:

RECURSO ESPECIAL Nº 1.440.395 – SC (2014/0048871-7)
RELATOR : MINISTRO SÉRGIO KUKINA
RECORRENTE : INSTITUTO NACIONAL DO SEGURO SOCIAL – INSS
ADVOGADO : PROCURADORIA-GERAL FEDERAL – PGF
RECORRIDO : CARLOS ANDRADE DE ARRUDA
ADVOGADOS : ROQUE FRITZEN
REGINA HOWE
DECISÃO

O Instituto Nacional do Seguro Social – INSS interpôs recurso especial, com fundamento no art. 105, "a", da CF/88, contra acórdão proferido pelo Tribunal Regional Federal da 4ª Região, assim ementado (fl. 464):

PROCESSUAL CIVIL. PRECATÓRIO COMPLEMENTAR. JUROS DE MORA. JUÍZO DE RETRATAÇÃO.

1. Estando os fundamentos do voto-condutor do acórdão em desconformidade com o entendimento firmado pelo STJ em julgamento de recurso especial repetitivo, atribui-se ao órgão julgador a possibilidade de realizar juízo de retratação previsto no art. 543-C, § 7o, do CPC.

2. Enquanto estiver pendente de julgamento o RE nº 579.431-RS, mantém-se o entendimento, baseado em pronunciamento anterior do STF, no sentido de que os juros de mora são devidos até a apresentação da requisição de pagamento perante o Tribunal.

A parte recorrente aponta violação aos arts. 396 do CC; 535 e 730, do CPC; 955 e 956, da Lei 3.071/16; e 1º da Lei 4.414/64, alegando que não são devidos os juros de mora, no período compreendido entre a elaboração dos cálculos e a data da expedição do precatório/RPV.

DA APELAÇÃO

Os autos ascenderam a esta Corte, por força do que determina o art. 543-C, § 8º, do CPC.

É o relatório.

Verifica-se, inicialmente, não ter ocorrido ofensa ao art. 535 do CPC, na medida em que o Tribunal de origem dirimiu, fundamentadamente, as questões que lhe foram submetidas, apreciando integralmente a controvérsia posta nos presentes autos. Ressalte-se que não se pode confundir julgamento desfavorável ao interesse da parte com negativa ou ausência de prestação jurisdicional.

A Corte Especial deste STJ, no julgamento do REsp 1.143.677/RS, sob o rito do art. 543-C do CPC, sedimentou o entendimento de que os juros moratórios não incidem entre a data da elaboração da conta de liquidação e o efetivo pagamento do precatório. Nesse sentido, confira-se:

PROCESSO CIVIL. RECURSO ESPECIAL REPRESENTATIVO DE CONTROVÉRSIA.

ARTIGO 543-C, DO CPC. DIREITO FINANCEIRO. REQUISIÇÃO DE PEQUENO

VALOR. PERÍODO COMPREENDIDO ENTRE A DATA DA ELABORAÇÃO DA CONTA DE LIQUIDAÇÃO E O EFETIVO PAGAMENTO DA RPV. JUROS DE MORA. DESCABIMENTO. SÚMULA VINCULANTE 17/STF. APLICAÇÃO ANALÓGICA. CORREÇÃO MONETÁRIA. CABIMENTO. TAXA SELIC. INAPLICABILIDADE. IPCA-E. APLICAÇÃO.

1. A Requisição de pagamento de obrigações de Pequeno Valor (RPV) não se submete à ordem cronológica de apresentação dos precatórios (artigo 100, § 3º, da Constituição da República Federativa do Brasil de 1988), inexistindo diferenciação ontológica, contudo, no que concerne à incidência de juros de mora, por ostentarem a mesma natureza jurídica de modalidade de pagamento de condenações suportadas pela Fazenda Pública (Precedente do Supremo Tribunal Federal: AI 618.770 AgR, Rel. Ministro Gilmar Mendes, Segunda Turma, julgado em 12.02.2008, DJe-041 DIVULG 06.03.2008 PUBLIC 07.03.2008).

2. A Lei 10.259/2001 determina que, para os efeitos do § 3º, do artigo 100, da CRFB/88, as obrigações de pequeno valor, a serem pagas independentemente de precatório, compreendem aquelas que alcancem a quantia máxima de 60 (sessenta) salários mínimos (§ 1º, do artigo 17, c/c o caput, do artigo 3º, da Lei 10.259/2001).

RECURSOS NO NOVO C.P.C.

3. O prazo para pagamento de quantia certa encartada na sentença judicial transitada em julgado, mediante a Requisição de Pequeno Valor, é de 60 (sessenta) dias contados da entrega da requisição, por ordem do Juiz, à autoridade citada para a causa, sendo certo que, desatendida a requisição judicial, o Juiz determinará o seqüestro do numerário suficiente ao cumprimento da decisão (artigo 17, caput e § 2º, da Lei 10.259/2001).

4. A Excelsa Corte, em 29.10.2009, aprovou a Súmula Vinculante 17, que cristalizou o entendimento jurisprudencial retratado no seguinte verbete: "Durante o período previsto no parágrafo 1º do artigo 100 da Constituição, não incidem juros de mora sobre os precatórios que nele sejam pagos."

5. Conseqüentemente, os juros moratórios não incidem entre a data da elaboração da conta de liquidação e o efetivo pagamento do precatório, desde que satisfeito o débito no prazo constitucional para seu cumprimento (RE 298.616, Rel. Ministro Gilmar Mendes,

Tribunal Pleno, julgado em 31.10.2002, DJ 03.10.2003; AI 492.779

AgR, Rel. Ministro Gilmar Mendes, Segunda Turma, julgado em 13.12.2005, DJ 03.03.2006; e RE 496.703 ED, Rel. Ministro Ricardo Lewandowski, Primeira Turma, julgado em 02.09.2008, DJe-206 DIVULG 30.10.2008 PUBLIC 31.10.2008), exegese aplicável à Requisição de Pequeno Valor, por força da princípio hermenêutico ubi eadem ratio ibi eadem legis dispositio (RE 565.046 AgR, Rel. Ministro Gilmar Mendes, Segunda Turma, julgado em 18.03.2008, DJe-070 DIVULG 17.04.2008 PUBLIC 18.04.2008; e AI 618.770 AgR, Rel. Ministro Gilmar Mendes, Segunda Turma, julgado em 12.02.2008, DJe-041 DIVULG 06.03.2008 PUBLIC 07.03.2008).

6. A hodierna jurisprudência do Superior Tribunal de Justiça, na mesma linha de entendimento do Supremo Tribunal Federal, pugna pela não incidência de juros moratórios entre a elaboração dos cálculos e o efetivo pagamento da requisição de pequeno valor – RPV (AgRg no REsp 1.116229/RS, Rel. Ministro Felix Fischer, Quinta Turma, julgado em 06.10.2009, DJe 16.11.2009; AgRg no REsp 1.135.387/PR, Rel. Ministro Haroldo Rodrigues (Desembargador Convocado do TJ/CE), Sexta Turma, julgado em 29.09.2009, DJe 19.10.2009; REsp 771.624/PR, Rel. Ministro Teori Albino Zavascki, Primeira Turma, julgado em 16.06.2009, DJe 25.06.2009; EDcl nos EDcl no AgRg no REsp 941.933/SP, Rel. Ministro Jorge Mussi, Quinta Turma, julgado em 14.05.2009, DJe 03.08.2009; AgRg no Ag 750.465/RS, Rel. Ministra Maria Thereza de Assis Moura, Sexta Turma, julgado em 28.04.2009, DJe 18.05.2009; e REsp 955.177/RS, Rel. Ministra Eliana Calmon, Segunda Turma, julgado em 14.10.2008, DJe 07.11.2008). {...}

DA APELAÇÃO

16. Recurso especial parcialmente provido, para declarar a incidência de correção monetária, pelo IPCA-E, no período compreendido entre a elaboração dos cálculos e o efetivo pagamento da requisição de pequeno valor – RPV, julgando-se prejudicados os embargos de declaração opostos pela recorrente contra a decisão que submeteu o recurso ao rito do artigo 543-C, do CPC. Acórdão submetido ao regime do artigo 543-C, do CPC, e da Resolução STJ 08/2008. (REsp 1.143.677/RS, Rel. Ministro Luiz Fux, Corte Especial, DJe *04/2/2010)*

No caso dos autos, o Tribunal de origem deferiu a incidência dos juros de mora durante o período que permeia a apresentação do cálculo e a expedição do requisitório. Assim, por estar em dissonância do entendimento jurisprudencial acima demonstrado, merece reparos o acórdão recorrido.

Ante o exposto, dou provimento ao recurso especial para afastar a incidência de juros de mora no interstício compreendido entre a data da elaboração da conta e a inscrição do precatório.

Publique-se.

Brasília (DF), 25 de junho de 2015.

MINISTRO SÉRGIO KUKINA

Relator

(Ministro SÉRGIO KUKINA, 01/07/2015)

A segunda decisão proferida no REsp n. 1.440.395 – SC ocorreu no dia 25 de junho de 2015, ou seja, quase um ano após o retorno dos autos ao TRF da 4ª Região.

Sem dúvida, a exigência de que o juízo de retratação passe pelo órgão colegiado gerou mácula ao princípio da instrumentalidade das formas, assim como ao princípio da celeridade processual.

Problematização surge quando o presidente ou vice-presidente do tribunal de apelação, percebendo que o juízo de retratação foi feito apenas por decisão monocrática do relator, reenvia o processo novamente para a turma julgadora, a fim de que o juízo de retratação seja apreciado pelo órgão julgador colegiado; porém, o relator, ao invés pedir julgamento colegiado, novamente, por decisão monocrática, não atende à determinação e ainda alega que a parte não esgotou a instância, pois poderia ter se utilizado do agravo interno contra a decisão monocrática de retratação ou não retratação proferida monocraticamente pelo relator.

Nessa hipótese, tenho para mim que o presidente ou vice-presidente do tribunal não poderá fazer outra coisa a não ser encaminhar o processo ao S.T.J. ou ao S.T.F.

b) se não for o caso de apelação monocrática, elaborará seu voto para julgamento do recurso pelo órgão colegiado.

Não sendo o caso de se decidir monocraticamente a apelação nos termos das hipóteses indicadas nos incisos III a V do art. 932 do novo C.P.C., o relator elaborará seu voto para julgamento do recurso pelo órgão colegiado.

No âmbito do TRF 4ª da região, uma vez elaborado o voto, o relator disponibiliza o seu conteúdo nas bases do sistema eletrônico para que os demais desembargadores, que compõem a turma ou seção de julgamento, tenham acesso ao voto antes do início da sessão, facilitando e agilizando o resultado final do exercício da atividade jurisdicional.

27.9. Efeitos em que é recebido o recurso de apelação

A interposição de todo e qualquer recurso apresenta um efeito comum que é o prolongamento do estado de litispendência da relação jurídica processual, evitando-se a concretização da coisa julgada formal e se for o caso da coisa julgada material.

A interposição dos recursos também pode apresentar dois efeitos importantes quanto à eficácia e o aprofundamento cognitivo da decisão. Um que é denominado efeito *devolutivo* e o outro chamado de efeito *suspensivo*.

O recurso tem efeito *suspensivo* quando impede a eficácia imediata dos efeitos da decisão (que pode ser a eficácia executiva ou de outra espécie, como é o caso das decisões meramente declaratórias ou constitutivas que não estão sujeitas à execução).

Na verdade, conforme anota Barbosa Moreira, a decisão, pelo simples fato de estar sujeita a recurso com efeito suspensivo, é ato *ainda* ineficaz, e a interposição apenas *prolonga* semelhante ineficácia, que *cessaria* se não se interpusesse o recurso.[423]

27.9.1. Efeito devolutivo

Tendo ciência de que o recurso de apelação é um meio de impugnação de revisão quanto à matéria de fato e de direito, pode-se afirmar de antemão

---

[423] BARBOSA , J. C., idem, , p. 238.

DA APELAÇÃO

que se está diante de um recurso com efeito 'devolutivo', no sentido de que o juiz de apelação encontra-se reinvestido do poder de decidir isso que já foi decido pelo juiz de primeiro grau.

O recurso terá efeito *devolutivo* quando a sua interposição transfere ao órgão *ad quem* o conhecimento da matéria apreciada pelo órgão *a quo*.

Em relação ao efeito devolutivo no recurso de apelação no ordenamento jurídico italiano, anotam Luca Ariola *et al*: *"(...) tem efeito devolutivo na medida em que atribui ao tribunal a cognição da própria relação substancial conhecida em primeiro grau, mas limitadamente à demanda e às exceções expressamente indicadas no apelo, isto é, nos motivos de impugnação (Cass. 22.9.06, n. 20636; Cass. 18.12.95, n. 12911). O efeito devolutivo do apelo delimitado nos limites dos motivos de impugnação impede ao órgão 'ad quem' estender as suas resoluções a pontos que não estejam compreendidos, nem mesmo implicitamente, na temática exposta nos motivos de impugnação. Porém, não viola o princípio do 'tantum devolutum quantum appellatum' o julgamento de apelo que fundamenta a decisão com base em razões que, embora não tenham sido articuladas pelo apelante, todavia aparecem, no âmbito da censura proposta, em conexão direta com aquelas expressamente deduzidas nos próprios motivos de apelo, constituindo necessário antecedente lógico e jurídico. No julgamento do apelo o tribunal pode, de fato, reexaminar inteiramente a questão na complexidade de seus aspectos, desde que tais análises não extrapolem os limites do pedido, envolvendo pontos decisivos da decisão impugnada suscetíveis de adquirir força de julgado interno sem ausência de contestação, decidindo-se com pronunciamento que tem natureza e efeito substitutivo daquela recorrida (Cass. 24.2.04, n. 3655), ainda que com base em razões diversas daquelas desenvolvidas nos motivos da impugnação (Cass. 10.2.06, n. 2973)".*[424]

É importante salientar que : *"(...) o efeito devolutivo é somente potencial, e não automático; o objeto de apelo e as questões que o juiz de apelo deve enfrentar são determinadas pelas partes. Nesse sentido é que se fala em 'devolutividade' do apelo, segundo o brocardo: 'tantum devolutum, quantum appellatum"*[425].

Preceitua o art. 1.013 do novo C.P.C. que a apelação devolverá ao tribunal o conhecimento da matéria impugnada.

A extensão do efeito do apelo diz respeito à matéria que é devolvida para conhecimento do órgão 'ad quem', enquanto que a profundidade tem a ver com que material o órgão 'ad quem' irá trabalhar.

---

[424] ARIOLA, L.; et al, op. cit., p. 972.
[425] LUISO, F. P., op. cit., p. 360.

A extensão do efeito devolutivo do apelo é determinada pela matéria impugnada pelo recorrente. Aplica-se o princípio *tantum devolutum quantum appellatum*. Por isso o atual art. 1.013 do C.P.C. preconiza que a apelação devolverá ao tribunal o conhecimento da *matéria impugnada*.

Isso significa dizer que o tribunal somente poderá analisar o *capítulo da sentença* que fora impugnado no recurso. Em relação aos capítulos não objeto do recurso, o tribunal não poderá valer-se da prerrogativa do art. 1.013 do novo C.P.C.[426]

O efeito devolutivo do apelo recomenda a análise de duas questões importantes: a) a extensão do efeito; b) sua profundidade.

Se o recorrente limitou a matéria impugnada apenas a alguns capítulos da sentença, a matéria não contida na apelação não poderá ser objeto de análise pelo órgão 'ad quem'.

Também não será objeto de análise do tribunal, matéria que não foi decidida pelo órgão de origem, pois o apelante somente pode impugnar aquilo que fora decidido pela sentença de primeiro grau. Assim, diante de sentença que extingue o processo sem resolução de mérito, não poderá o apelante requerer que o órgão 'ad quem' passe *incontinenti* ao exame do mérito da causa, na hipótese de ser provida a apelação, salvo nas hipóteses previstas neste código (*teoria da causa madura*) . Deve o tribunal, nessa hipótese, evitar a *supressão de instância*. O provimento da apelação resultará no retorno dos autos ao juízo de origem, para que este prossiga no julgamento. Por isso, como não se permite que a extensão da matéria impugnada seja maior do que a da matéria decidida, o julgamento do tribunal nunca terá objeto *mais* extenso que o da sentença apelada. Isso não impede, contudo, que a extensão da matéria seja *menor* que a matéria decidida, especialmente quando há impugnação parcial.[427]

---

[426] *"Antes, vigorava no sistema legal a 'apellatio generalis', segundo a qual bastava a interposição do recurso para que toda a matéria objeto de discussão no primeiro grau de jurisdição ficasse submetida ao reexame no tribunal, o que ensejava inclusive a 'reformatio in peius'. Atualmente, como o princípio dispositivo, somente se devolve ao tribunal a matéria que o recorrente efetivamente impugnou e sobre a qual pede nova decisão, princípio esse intimamente relacionado com o efeito devolutivo dos recursos e que veda, por consequência, a 'reformatio in peius'"*. (GIANNICO, Maricí; GIANNICO, Maurício. Efeito suspensivo dos recursos e capítulos das decisões. *In; Aspectos Polêmicos e atuais dos Recursos Cíveis*. Coord: Nelson Nery Jr e Teresa Arruda Alvim Wambier. Vol. 5. São Paulo: Editora R.T., 2002. p. 403.

[427] BARBOSA MOREIRA, J. C., op. cit., p. 405.

DA APELAÇÃO

No mesmo sentido do art. 1.013 do novo C.P.C. brasileiro, é o teor do art. 635º, números 2, 3, 4 e 5, do C.P.C. português, a saber:

> *Artigo 635.º Delimitação subjetiva e objetiva do recurso*
>
> *1 – Sendo vários os vencedores, todos eles devem ser notificados do despacho que admite o recurso; mas é lícito ao recorrente, salvo no caso de litisconsórcio necessário, excluir do recurso, no requerimento de interposição, algum ou alguns dos vencedores.*
>
> *2 – Se a parte dispositiva da sentença contiver decisões distintas, é igualmente lícito ao recorrente restringir o recurso a qualquer delas, uma vez que especifique no requerimento a decisão de que recorre.*
>
> *3 – Na falta de especificação, o recurso abrange tudo o que na parte dispositiva da sentença for desfavorável ao recorrente.*
>
> *4 – Nas conclusões da alegação, pode o recorrente restringir, expressa ou tacitamente, o objeto inicial do recurso.*
>
> *5 – Os efeitos do julgado, na parte não recorrida, não podem ser prejudicados pela decisão do recurso nem pela anulação do processo.*

Portanto, compete ao recorrente no momento da motivação do recurso restringir o recurso em relação aos capítulos da decisão, ou mesmo estabelecer que o recurso abrange todos os capítulos em que ele foi sucumbente.

Se a parte não delimitar na motivação ou nas conclusões finais o seu recurso, entende-se que abrange todos os capítulos da sentença que foram impugnados implícita ou expressamente no recurso.

Paulo Ramos de Faria e Ana Luísa Loureiro, comentando o art. 662º do C.P.C. português, assim ensinam sobre os efeitos do recurso de apelação: *O recurso de apelação, pela sua natureza, tem a eficácia e o alcance de 'submeter à consideração do tribunal superior toda a matéria da causa'. Na falta de especificação restritiva, a apelação tem, pois, a potencialidade de abranger tudo o que foi decidido na sentença em desfavor do recorrente (art. 635º, n. 3, do C.P.C. português). Neste sentido, a Relação tem o poder jurisdicional de alterar a decisão proferida sobre a matéria de fato, mesmo que esta não tenha sido expressa e autonomamente impugnada, pela sua própria índole de tribunal de instância. Verifica-se, portanto, que a instância de recurso não se estrutura como uma repetição da causa. A Relação não funciona como uma nova 1ª instância, embora, dentro dos limites do objeto da sua cognição, tenha agora poderes instrutórios idênticos aos que são conferidos ao juiz do tribunal 'a quo'.*[428]

---

[428] FARIA, P. R.; LOUREIRO, A. L., op. Cit., p. 91.

O *princípio dispositivo* aplica-se tanto no juízo de primeiro grau como no de segundo grau.

Diante dessas considerações, o recorrente não poderá inovar quanto ao pedido e à causa de pedir que delimitaram a demanda de primeiro grau, ainda que haja concordância da parte recorrida. Aliás, essa determinação está bem configurada no art. 492 do atual C.P.C.: *"É vedado ao juiz proferir decisão de natureza diversa da pedida, bem como condenar a parte em quantidade superior ou em objeto diverso do que lhe foi demandado"*.

Quando o tribunal profere julgamento, extrapolando os limites delineados nas razões de apelação, especialmente para prejudicar o recorrente do ponto de vista prático, isso caracteriza a *reformatio in peius*. Essa reforma para pior pode ser de ordem *qualitativa* ou *quantitativa*. É qualitativa, quando se substitui a providência jurisdicional por outra. Exemplo: Tício, condenado ao pagamento de multa por suposta infração do contrato celebrado com Caio, recorre sozinho, sustentando a inexistência da infração, e o órgão 'ad quem' decreta a resolução do contrato. É quantitativa, quando se onera o recorrente com um *plus*. Exemplo: Tício recorre sozinho contra a decisão que decretara a resolução do contrato, e o órgão 'ad quem' condena-o a pagar a Caio perdas e danos. Não haverá *reformatio in peius* quando a decisão em grau de recurso não é *praticamente* mais desfavorável ao recorrente do que a decisão impugnada. Esses argumentos aplicam-se a todos os casos de modificação *quantitativa*, mas também se aplicam às hipóteses de modificação *qualitativa*. Assim, por exemplo, se Caio pedira a condenação de Tício em x, ou, subsidiariamente, em y, e Tício recorre sozinho contra a decisão que acolheu apenas o pedido subsidiário, esse seu recurso abre ao órgão *ad quem* a possibilidade de confirmar ou excluir a condenação *menos grave*, mas não a de impor a condenação *mais grave*. [429]

Não haverá possibilidade de o tribunal aplicar a *reformatio in peius*, justamente pelo fato de que este dispositivo estabelece que a impugnação recursal delimita o campo de conhecimento recursal do órgão 'ad quem'. Assim, o órgão 'ad quem' não poderá ingressar no âmbito de matéria não impugnada.

Sobre o tema, eis os seguintes precedentes do S.T.J.:

---

[429] BARBOSA MOREIRA, J. C., op. cit., p. 406 e 408.

DA APELAÇÃO

(...).

2. O dispositivo apontado como hostilizado (art. 515, do CPC e parágrafos) disciplina as normas acerca do efeito devolutivo do recurso de apelação. A hipótese dos autos, por sua vez, foi decida em sede de agravo de instrumento, o que revela que o dispositivo tido por violado não contêm comando capaz de infirmar das fundamentações do v. acórdão proferido pelo Tribunal a quo.

3. A título de argumentação obiter dictum, o efeito devolutivo coloca o Tribunal nas mesmas condições em que se encontrava o juiz no momento de decidir, adstrindo-se, todavia, sua atuação aos limites da impugnação, em atenção ao princípio tantum devolutum quantum appellatum. Inteligência do art. 515, § 1º, do CPC, verbis: Art. 515. A apelação devolverá ao tribunal o conhecimento da matéria impugnada.

§ 1º Serão, porém, objeto de apreciação e julgamento pelo tribunal todas as questões suscitadas e discutidas no processo, ainda que a sentença não as tenha julgado por inteiro.

4. In casu, o juízo de primeira instância entendeu ser incabível exceção de suspeição em face de perito oficial do juízo, e o recorrente interpôs agravo de instrumento, com as seguintes impugnações: a) a r. decisão agravada merece reforma, tendo em vista que é plenamente cabível a oposição de exceção de suspeição contra Oficiais de Justiça (fl.09);

b) os fatos já ocorridos demonstram, de forma inequívoca, que o Agravado é inimigo capital do Agravante, devendo, também, por este motivo ser julgada procedente a Exceção de Suspeição oposta. Assim, não há como se olvidar que está amplamente caracterizada a suspeição nos moldes do art. 138, inciso II, do Código de Processo Civil (fl. 12).

5. Inocorre julgamento extra petita quando o acórdão o resolve questão não decidida em primeira instância, mas que foi objeto de impugnação pela recorrente.

(...).

(REsp 1088037/SP, Rel. Ministro LUIZ FUX, PRIMEIRA TURMA, julgado em 07/05/2009, DJe 27/05/2009).

1. A legitimatio ad causam, condição subjetiva do direito de ação, por força dos artigos 515, §§ 1º e 2º, e 267, § 3º, é matéria cognoscível pelo Tribunal, ainda que omissa a decisão no que pertine a esse aspecto formal da lide.

2. É que dispõe os respectivos dispositivos legais, verbis: Art. 515 – A apelação devolverá ao tribunal o conhecimento da matéria impugnada.

§ 1º – Serão, porém, objeto de apreciação e julgamento pelo tribunal todas as questões suscitadas e discutidas no processo, ainda que a sentença não as tenha julgado por inteiro.

§ 2º – Quando o pedido ou a defesa tiver mais de um fundamento e o juiz acolher apenas um deles, a apelação devolverá ao tribunal o conhecimento dos demais.

RECURSOS NO NOVO C.P.C.

(...) Art. 267. Extingue-se o processo, sem resolução de mérito: (...) § 3º – O juiz conhecerá de ofício, em qualquer tempo e grau de jurisdição, enquanto não proferida a sentença de mérito, da matéria constante dos números IV, V e VI; todavia, o réu que a não alegar, na primeira oportunidade em que lhe caiba falar nos autos, responderá pelas custas de retardamento.

3. Interesses transindividuais não são identificáveis in persons, por isso que diferem--se dos interesses de adquirentes certos de lotes municipais. Sob esse ângulo, a lei conceitua os interesses individuais homogêneos como sendo "os decorrentes de origem comum" (artigo 81, § único, III, do Código de Defesa do Consumidor).

4. O Município não é parte legítima para pleitear em nome de adquirentes certos interesses juridicamente protegidos, que a própria inicial indica não pertencer à sua órbita jurídica.

5. É que o artigo 6º do Código de Processo Civil, ao versar a substituição processual, é cristalino ao assentar que "ninguém poderá pleitear, em nome próprio, direito alheio, salvo quando autorizado por lei".

6. Recurso especial desprovido.

(REsp 803.661/RS, Rel. Ministro JOSÉ DELGADO, Rel. p/ Acórdão Ministro LUIZ FUX, *PRIMEIRA TURMA, julgado em 17/06/2008, DJe 28/08/ 2008).*

1. Nos termos do art. 515 do CPC, a apelação devolve ao Tribunal o conhecimento da matéria impugnada pela parte. Em conformidade com o princípio da non reformatio in peius, o que é devolvido ao Tribunal pelo efeito devolutivo não pode ser modificado a ponto de prejudicar a parte apelante.

2. Hipótese em que o Tribunal de origem apenas manteve a sentença, explicitando de forma mais clara e fundamentada os termos da decisão. Não houve modificação da sentença, tampouco prejuízo para União. Reformatio in peius não caracterizada. Ausência de violação do art. 515 do CPC.

Agravo regimental improvido.

(AgRg no REsp 1384909/RS, Rel. Ministro HUMBERTO MARTINS, SEGUNDA TURMA, julgado em 03/09/2013, DJe 11/09/2013).

1. Em consonância com o artigo 515 do Código de Processo Civil, excetuando-se as matérias de ordem pública, o recurso de apelação devolve ao conhecimento do Órgão ad quem apenas a matéria devidamente impugnada, o que não se verifica, na hipótese, em relação aos honorários advocatícios. Julgamento extra petita.

2. Agravo regimental provido.

(AgRg no Ag 1197268/SP, Rel. Ministro VASCO DELLA GIUSTINA (DESEMBARGADOR CONVOCADO DO TJ/RS), TERCEIRA TURMA, julgado em 16/11/2010, DJe 03/12/2010).

1. A teor da jurisprudência desta Casa, não se configura julgamento extra ou ultra petita quando o julgador, nas ações de natureza acidentária, atento aos requisitos legais, deferir benefício diverso do pleiteado na exordial, haja vista a natureza da demanda e a relevância da questão social envolvida.

2. A compreensão de adequação ao pleito inicial encontra limite na prestação jurisdicional entregue pelo órgão de primeiro grau ao prolatar a sentença, diante das regras contidas nos artigos 475, I, e 515, ambos do CPC, que prevêem a sujeição da sentença proferida contra a Fazenda Pública à confirmação pelo Tribunal e o efeito devolutivo da matéria impugnada na apelação.

3. A jurisprudência pacífica desta Corte confirma ser defeso agravar a situação da Fazenda Pública em sede de remessa oficial.

Incidência do óbice da Súmula n. 45/STJ.

4. Recurso especial provido.

(REsp 1083643/MG, Rel. Ministro JORGE MUSSI, QUINTA TURMA, julgado em 26/05/2009, DJe 03/08/2009).

Muito embora o recurso devolva ao órgão superior toda a matéria, é certo que essa devolução terá um limite que é imposto pelo princípio *tantum devolutum quantum apellatum*. Assim, diante de um recurso parcial, a parte não impugnada pelo recorrente não poderá ser apreciada pelo órgão *ad quem*, salvo se se tratar de matéria de ordem pública em que o tribunal poderá conhecer de ofício, tendo em vista que não há preclusão *pro iudicato*.

27.9.2. Efeitos da apelação no novo C.P.C.

A regra geral sob a égide do C.P.C. de 1973 era de que os recursos teriam efeito suspensivo e devolutivo, especialmente o recurso de apelação. Por isso o art. 497 do C.P.C. de 1973 trazia as exceções à regra, ao estabelecer que o recurso extraordinário e o recurso especial não impediriam a execução da sentença; a interposição do agravo de instrumento não obstaria o andamento do processo, ressalvado o disposto no art. 558 do C.P.C. de 1973. (Redação dada pela Lei nº 8.038, de 25.5.1990). Com base nessa regra geral, sempre que o texto silenciasse deveria se entender que o recurso era dotado do efeito suspensivo. Já a interposição de recurso extraordinário e recurso especial não suspenderia o cumprimento provisória da decisão. A lei previa nessas hipóteses uma exceção à regra geral, permitindo-se o cumprimento provisório da decisão. Da mesma forma se dava em relação ao agravo de instrumento que não obstaria o andamento do processo, ressalvadas as hipóteses do art. 558 do Código revogado.

Como se disse, o recurso de apelação, sob a égide do C.P.C. de 1973, seria recebido em seu efeito *devolutivo* e *suspensivo*, conforme estabelecia o art. 520 do Código revogado. Seria, no entanto, somente recebido no efeito devolutivo, quando interposto de sentença que: a) homologasse a divisão ou a demarcação; b) condenasse à prestação de alimentos; c) decidisse o processo cautelar; d) julgasse procedente o pedido de instituição de arbitragem; e) confirmasse a antecipação dos efeitos da tutela.

Recebida a apelação em ambos os efeitos, o juiz não poderia mais inovar no processo; recebida somente no efeito devolutivo, o apelado poderia promover, desde logo, o cumprimento provisório da sentença, extraindo-se a respectiva carta.

Quando do encaminhamento do anteprojeto do novo C.P.C. ao Senado Federal, havia previsão de que o recurso de apelação seria recebido somente no efeito devolutivo, o que significava dizer que a sentença proferida poderia ser executada provisoriamente de imediato. Estabelecia o art. 928 do Projeto de Lei do Senado n. 166/2010:

> *Art. 928. Atribuído efeito suspensivo à apelação, o juiz não poderá inovar no processo; recebida sem efeito suspensivo, o apelado poderá promover, desde logo, a execução provisória da sentença.*

É certo que o novo C.P.C., dando ênfase ao princípio da celeridade processual e da efetividade da prestação da tutela jurisdicional, optou por não mais dar caráter geral ao efeito suspensivo aos recursos, conforme estabelece o art. 995 do atual C.P.C.: *Os recursos não impedem a eficácia da decisão, salvo disposição legal ou decisão judicial em sentido diverso.*

A partir do novo C.P.C., a regra geral é de que os recursos somente terão efeito devolutivo e não suspensivo, salvo disposição legal ou judicial em sentido diverso, razão pela qual o cumprimento provisório de sentença poderá ocorrer de imediato.

Lamentavelmente, o art. 1.012 do atual C.P.C. ainda estabelece como critério geral o efeito *suspensivo* a ser atribuído ao recurso de apelação, impedindo a celeridade e a rápida eficácia da decisão de primeiro grau.

Deveria o legislador ter seguido o disposto no art. 647º do atual C.P.C. português, o qual preconiza que a apelação tem efeito meramente devolutivo.

27.10. Apelação e cumprimento provisório de sentença

Nos termos do art. 1.012 do atual C.P.C., a apelação terá *efeito suspensivo*.[430]

Porém, segundo estabelece o §1º do art. 1.012 do atual C.P.C., além de outras hipóteses previstas em lei, começa a produzir efeitos imediatamente após a sua publicação a sentença que: I – homologa divisão ou demarcação de terras; II – condena a pagar alimentos; III – extingue sem resolução do mérito ou julga improcedentes os embargos do executado; IV – julga procedente o pedido de instituição de arbitragem; V – confirma, concede ou revoga tutela provisória; VI – decreta a interdição.

Portanto, nas hipóteses descritas no §1º do art. 1.012 do atual C.P.C., eventual recurso de apelação será recebido apenas no efeito devolutivo, uma vez que a decisão proferida pelo juízo de primeiro grau começará a produzir efeitos imediatamente após a sua publicação.

Questão polêmica em relação ao §1º do art. 1.012 do novo C.P.C. diz respeito à sentença que tem por conteúdo decisão condenatória para pagamento de alimentos. Indaga-se se a condenação abrange somente o pagamento de alimentos *stricto senso*, ou seja, demandas típicas de alimentos, ou também outras sentenças que contenham outras obrigações que abrangem também o pagamento de alimentos, como é o caso das sentenças condenatórias que determinam a implantação de benefício previdenciário. Pense-se na hipótese em que a sentença condena o INSS a implementar a aposentadoria por invalidez, com base em perícia incontroversa, na qual há informação de que a parte encontra-se definitivamente incapacitada para qualquer atividade.

É importante salientar que para efeito de pagamento devido pela Fazenda Pública, estabelece o art. 100, §1º, da C.F. :*Os débitos de natureza alimentícia compreendem aqueles decorrentes de salários, vencimentos, proventos,*

---

[430] Em se tratando de juizados especiais, permite-se o cumprimento imediato da sentença, tendo em vista que o recurso excepcionalmente terá efeito suspensivo (art. 43 da Lei 9.099/95).

RECURSOS NO NOVO C.P.C.

pensões e suas complementações, benefícios previdenciários e indenizações por morte ou por invalidez, fundadas em responsabilidade civil, em virtude de sentença judicial transitada em julgado, e serão pagos com preferência sobre todos os demais débitos, exceto sobre aqueles referidos no § 2º deste artigo. (Redação dada pela Emenda Constitucional nº 62, de 2009).

Portanto, o próprio texto da Constituição considera débito de natureza alimentar os proventos e pensões previdenciárias.

Nesse sentido, aliás, é o seguinte precedente do S.T.F.:

EMENTA DIREITO PREVIDENCIÁRIO. BENEFÍCIO RECEBIDO POR FORÇA DE DECISÃO JUDICIAL. DEVOLUÇÃO. ART. 115 DA LEI 8.213/91. IMPOSSIBILIDADE. BOA-FÉ E CARÁTER ALIMENTAR. ALEGAÇÃO DE VIOLAÇÃO DO ART. 97 DA CF. RESERVA DE PLENÁRIO: INOCORRÊN-CIA. ACÓRDÃO RECORRIDO PUBLICADO EM 22.9.2008.

A jurisprudência desta Corte firmou-se no sentido de que o benefício previdenciário recebido de boa-fé pelo segurado em virtude de decisão judicial não está sujeito à repetição de indébito, dado o seu caráter alimentar. Na hipótese, não importa declaração de inconstitucionalidade do art. 115 da Lei 8.213/91, o reconhecimento, pelo Tribunal de origem, da impossibilidade de desconto dos valores indevidamente percebidos. Agravo regimental conhecido e não provido.

(ARE 734199 AgR, Relator(a): Min. ROSA WEBER, Primeira Turma, julgado em 09/09/2014, PROCESSO ELETRÔNICO DJe-184 DIVULG 22-09-2014 PUBLIC 23-09-2014)

Assim, numa perspectiva hermenêutica constitucional da norma processual, é de se entender que o inc. II do §1º do art. 1.012 aplica-se também às sentenças concessivas de benefício previdenciário de caráter alimentar.

Porém, não se pode esquecer que uma interpretação ampliativa da referida norma poderá gerar muita inquietação. Refiro-me aos honorários de advogado, especialmente pelo que estabelece o art. 85, *§ 14 do novo C.P.C., in verbis: Os honorários constituem direito do advogado e têm natureza alimentar, com os mesmos privilégios dos créditos oriundos da legislação do trabalho, sendo vedada a compensação em caso de sucumbência parcial.*

Assim, a sentença que condenar a parte contrária em honorários de sucumbência também não estaria sujeita a efeito suspensivo em eventual recurso de apelação.

DA APELAÇÃO

Não se pode esquecer, ainda, que se a questão envolver algumas das hipóteses previstas no art. 496 do novo C.P.C., a sentença não produzirá qualquer efeito, a não ser depois de confirmada pelo Tribunal.

Conforme preconiza o § 2º do art. 1.012 do atual C.P.C., nos casos do § 1º, o apelado poderá promover o pedido de cumprimento provisório depois de publicada a sentença.

Tendo em vista que nas hipóteses do §1º do art. 1.012 do novo C.P.C. a apelação interposta contra as referidas decisões será recebida apenas no efeito devolutivo e não suspensivo, a parte poderá, de imediato, promover o cumprimento provisório da decisão, após a publicação da sentença.

Assim, deve-se aguardar a publicação da sentença para se promover o seu cumprimento provisório.

Muito embora o recurso de apelação seja, em regra geral, recebido apenas no efeito devolutivo nas hipóteses indicadas no §1º do art. 1.012 do novo C.P.C., é possível requerer-se a concessão de efeito suspensivo, mesmo que diante dessas hipóteses.

O pedido de concessão de efeito suspensivo nas hipóteses do § 1º do art. 1.012 do novo C.P.C. poderá ser formulado por requerimento dirigido ao: I – tribunal, no período compreendido entre a interposição da apelação e sua distribuição, ficando o relator designado para seu exame prevento para julgá-la; II – relator, se já distribuída a apelação.

Portanto, muito embora nas hipóteses indicadas no §1º do art. 1.012 do novo C.P.C. o recurso de apelação deva ser recebido apenas no efeito devolutivo e não suspensivo, o certo é que, nos termos do p.u. do art. 995 do atual C.P.C., a eficácia da decisão recorrida poderá ser suspensa por decisão do relator, se da imediata produção de seus efeitos houver risco de dano grave, de difícil ou impossível reparação, e ficar demonstrada a probabilidade de provimento do recurso.

Assim, em que pese a nova tendência do atual C.P.C. seja a da celeridade processual e da garantia da efetividade da tutela jurisdicional, o certo é que poderão surgir situações em que se justificará a suspensão da *eficácia* da decisão até que se julgue o recurso de apelação interposto.

Portanto, mediante requerimento da parte recorrente, poderá o relator para o qual foi distribuído o recurso interposto dar efeito suspensivo à eficácia da decisão, desde que a parte recorrente demonstre com argumentos consistentes e objetivos que há uma grande probabilidade de reforma ou modificação da decisão pelo órgão 'ad quem', bem como quando o recorrente demonstre por meio de fundamentação relevante a possibilidade de risco de dano grave ou de difícil ou impossível reparação com o cumprimento provisório da sentença. Em regra, caberá ao requerente demonstrar ao relator a existência de *fumus boni iuris* e *periculum in mora*.

É importante salientar que no período compreendido entre a interposição da apelação e sua distribuição, o pedido de efeito suspensivo a ser atribuído ao recurso deverá ser formulado diretamente ao tribunal competente, ficando o relator designado para seu exame prevento para o julgamento do recurso de apelação (inc. I do §3º do art. 1.012 do novo C.P.C.).

Questão que pode surgir diz respeito ao que se entende por 'interposição da apelação'.

Se se entender que 'interposição da apelação' diz respeito ao momento em que a parte entra com o recurso, até sua distribuição no tribunal, dúvida poderá surgir quanto à competência do órgão jurisdicional para dar efeito suspensivo nas hipóteses do §1º do art. 1.012, quando ainda está correndo o prazo para interposição do recurso. Numa interpretação restritiva, o juízo competente para a concessão desse efeito seria o juízo de primeiro grau. Porém, há a regra jurídica de que ao prolatar a sentença, o juízo de primeiro grau cumpre o seu ofício jurisdicional.

Prefiro dar uma interpretação extensiva ao disposto no inc. I do §3º do art. 1.012 do novo C.P.C. Assim, também será de competência do tribunal apreciar pedido de efeito suspensivo de possível recurso de apelação durante o prazo para a interposição do respectivo recurso, ficando o relator designado para seu exame prevento para julgar eventual recurso interposto. Não interposto o recurso, ficará sem efeito eventual decisão concessiva de efeito suspensivo.

Em complemento ao disposto no §3º, preconiza o §4º do art. 1.012 do atual C.P.C. que nas hipóteses do § 1º, a eficácia da sentença poderá ser suspensa pelo relator se o apelante demonstrar a probabilidade de provimento do recurso ou se, sendo relevante a fundamentação, houver risco de dano grave ou de difícil reparação.

O §4º do art. 1.012 do novo C.P.C. apresenta duas hipóteses em que o relator poderá suspender a eficácia da sentença.

Na primeira, deve o recorrente demonstrar a probabilidade do provimento do recurso, ou seja, que os fundamentos apresentados no recurso de apelação são suficientes e importantes para a reforma da decisão.

DA APELAÇÃO

Na segunda, deve o recorrente demonstrar que as questões inseridas na fundamentação são relevantes e que haverá risco de dano grave ou de difícil reparação caso a sentença seja executada.

27.11. Efeito translativo da apelação

Aduz o § 1º do art. 1.013 do atual C.P.C. que serão, porém, objeto de apreciação e julgamento pelo tribunal todas as questões suscitadas e discutidas no processo, ainda que não tenham sido solucionadas, desde que relativas ao capítulo impugnado.

Este dispositivo trata da profundidade do efeito devolutivo do recurso de apelação, ou seja, a profundidade de cognição que poderá exercer o tribunal na apelação.

A apelação interposta contra a sentença que julga procedente o pedido para extinguir o processo com resolução de mérito, devolve ao tribunal o conhecimento do mérito da causa. O Tribunal poderá dar ou negar provimento ao recurso de apelação, ainda que o juízo de primeiro grau não tenha examinado todas as questões. Portanto, a extensão do efeito devolutivo se dá de acordo com a extensão da impugnação.

É certo que os motivos inseridos no recurso de apelo indicam os limites do efeito translativo, isto é, os limites do efeito translativo estão intimamente interligados com a vontade da parte.

Se a matéria impugnada for a declaração de improcedência do pedido, sobre isso deverá se manifestar o tribunal, podendo, inclusive, ingressar em todas as questões suscitadas e discutidas no processo, resolvidas ou não pelo juízo 'a quo'.

Este dispositivo demonstra que não é necessário que a atividade cognitiva do juízo de primeiro grau tenha esgotado toda a matéria.

O princípio do duplo grau de jurisdição não determina que só passem ao exame do tribunal as questões *efetivamente* resolvidas pelo juízo 'a quo'. O que se exige é que o juízo 'a quo' já estivesse em condição de resolver as questões suscitadas e discutidas no processo, no momento em que proferiu a sentença.

Entende-se por *questões* os pontos que foram objeto de controvérsia no processo. Por isso, não basta que uma das partes tenha arguido o ponto, é necessário que sobre ele tenha havido controvérsia, ou seja, que a parte contrária tenha impugnado a arguição.

Se o réu permaneceu revel, isso significa dizer que não houve controvérsia sobre o ponto suscitado. Porém, isso não significa dizer que o tribunal seja obrigado a reconhecer como verdadeiros os fatos alegados pelo autor, em face da revelia. Poderá rejeitá-los como inverídicos.[431]

A sentença de primeiro grau, portanto, poderá ter apreciado todas as questões discutidas ou poderá ocorrer que tenha se omitido sobre algumas.

A cognição a ser realizada pelo tribunal, seja em relação a todas as questões decidas, seja em relação às questões não decididas, será profunda e sem restrição. Porém, essa profundidade estará circunscrita, sempre, dentro dos limites da matéria impugnada.

Dentre as questões que poderá o tribunal examinar encontram-se: a) as questões examináveis de *ofício*, a cujo respeito o juízo 'a quo' não se manifestou; b) as questões que não sendo examináveis de ofício deixaram de ser apreciadas, *a despeito* de haverem sido suscitadas e discutidas pelas partes e estejam no âmbito da extensão da impugnação.[432]

Sobre o tema, eis os seguintes precedentes do S.T.J.:

(...).

2. No caso dos autos, a sentença de piso afastou a ilegitimidade passiva da recorrida a partir do exame dos arts. 263 da CLT e 11, IV e V da Lei 8.630/93, os quais não foram objeto de análise do acórdão recorrido, o que revela a omissão de ponto essencial ao deslinde da causa. Com efeito, o art. 515, § 1o. do CPC dispõe que serão, porém, objeto de apreciação e julgamento pelo Tribunal todas as questões suscitadas e discutidas no processo, ainda que a sentença não as tenha julgado por inteiro. Logo, competia-lhe manifestar-se a respeito da disciplina normativa contida nesses dispositivos, até porque expressamente referidos na sentença e, empós, nos Aclaratórios opostos ao acórdão que julgou a Apelação. Tal omissão assume especial relevância para o escorreito deslinde da controvérsia, e, assim, impõe seja reconhecida a violação ao art. 535, II do CPC. Precedentes: REsp. 1.350.460/AC, Rel. Min. NAPOLEÃO NUNES MAIA FILHO, DJe 24.04.2013, e AgRg no AREsp 199.092/RS, Rel. Min. DIVA MALERBI, DJe 27.02.2013.

3. Agravo Regimental desprovido.

(AgRg no REsp 1125399/SP, Rel. Ministro NAPOLEÃO NUNES MAIA FILHO, PRIMEIRA TURMA, julgado em 12/08/2014, DJe 04/09/2014).

---

[431] BARBOSA MOREIRA, J. C., op. cit., p. 420.
[432] BARBOSA MOREIRA, J. C., idem, p. 418.

DA APELAÇÃO

(...).

4. "O fato de a apelação ser recurso de ampla devolutividade não significa que questões anteriormente discutidas e decididas em outra sede recursal possam ser novamente apresentadas quando de sua interposição" (REsp 1.048.193/MS, Rel. Ministro Fernando Gonçalves, Quarta Turma, DJe 23/3/2009).

5. Recurso especial a que se nega provimento.

(REsp 1407461/PB, Rel. Ministro OG FERNANDES, SEGUNDA TURMA, julgado em 01/04/2014, DJe 28/04/2014).

2. O reexame de matéria de prova é inviável em sede de recurso especial (Súmula 7/STJ).

3. É certo que o recurso devolve ao Tribunal o conhecimento da matéria impugnada art. 515 do CPC. No entanto, estabelece o § 1º do citado dispositivo que serão "objeto de apreciação e julgamento pelo tribunal todas as questões suscitadas e discutidas no processo, ainda que a sentença não as tenha julgado por inteiro". No caso concreto, a questão relativa à viabilidade do bem ofertado à penhora (precatório) foi expressamente tratada na decisão do juízo singular, razão pela qual o Tribunal de origem, ao manter a inviabilidade por outros fundamentos, evidentemente, não violou o disposto no art. 515 do CPC. Ademais, ao analisar o recurso, o Tribunal de segundo grau pode examinar, de ofício, matéria de ordem pública discutida nos autos, como é o caso da legalidade/regularidade da penhora (REsp 1.165.193/DF, 2ª Turma, Rel. Min. Humberto Martins, DJe de 14.2.2011; AgRg no REsp 1.168.195/DF, 2ª Turma, Rel. Min. Herman Benjamin, DJe de 4.2.2010; AgRg no REsp 1.242.741/SP, 1ª Turma, Rel. Min. Arnaldo Esteves Lima, DJe de 14.10.2011).

4. Agravo regimental não provido.

(AgRg no REsp 1146489/PR, Rel. Ministro MAURO CAMPBELL MARQUES, SEGUNDA TURMA, julgado em 26/06/2012, DJe 06/08/2012).

Nos precedentes abaixo, o S.T.J. entendeu que matéria de ordem pública, ainda que desprovida de prequestionamento, pode ser conhecida pelo tribunal à luz do efeito translativo dos recurso, *in verbis:*

PROCESSUAL CIVIL. EMBARGOS DE DECLARAÇÃO. RECURSO ESPECIAL. MATÉRIA DE ORDEM PÚBLICA. NULIDADE ABSOLUTA. PREQUESTIONAMENTO. EFEITO TRANSLATIVO.

1. As matérias de ordem pública, ainda que desprovidas de prequestionamento, podem ser analisadas excepcionalmente em sede de recurso especial, cujo conhecimento se deu por

RECURSOS NO NOVO C.P.C.

outros fundamentos, à luz do efeito translativo dos recursos. Precedentes do STJ: REsp 801.154/TO, DJ 21.05.2008; REsp 911.520/SP, DJ 30.04.2008; REsp 869.534/ SP, DJ 10.12.2007; REsp 660519/CE, DJ 07.11.2005.

2. Superado o juízo de admissibilidade, o recurso especial comporta efeito devolutivo amplo, já que cumprirá ao Tribunal "julgar a causa, aplicando o direito à espécie" (Art. 257 do RISTJ; Súmula 456 do STF).

3. In casu, o Tribunal a quo atribuiu efeito modificativo aos embargos de declaração, para excluir da condenação da recorrida o pagamento de juros compensatórios e inverter os efeitos da sucumbência, deixando de intimar a recorrente para apresentar impugnação ao recurso.

4. Embargos de declaração de fls. 3319/3329 acolhidos, para dar-lhes efeitos modificativos e prover o recurso especial, impondo-se o retorno dos autos à instância de origem, para que seja aberto prazo para impugnação aos embargos de declaração opostos pelo ora recorrido, nos termos do voto anteriormente proferido às fls. 3400/3405.

(EDcl no AgRg no REsp 1043561/RO, Rel. Ministro FRANCISCO FALCÃO, Rel. p/ Acórdão Ministro LUIZ FUX, PRIMEIRA TURMA, julgado em 15/02/2011, DJe 28/02/2011).

TRIBUTÁRIO E PROCESSUAL CIVIL. RECURSO ESPECIAL. CONHECIMENTO DE OFÍCIO DE QUESTÕES DE ORDEM PÚBLICA (CPC, ARTS. 267, § 3º, E 301, § 4º). POSSIBILIDADE.

1. É inadmissível o exame de alegada violação a dispositivo da Constituição Federal na via do recurso especial. Todavia, conhece-se do recurso em relação à matéria infraconstitucional, que está prequestionada.

2. Superado o juízo de admissibilidade, o recurso especial comporta efeito devolutivo amplo, já que cumprirá ao Tribunal "julgar a causa, aplicando o direito à espécie (Art. 257 do RISTJ; Súmula 456 do STF). Para assim proceder cabe ao órgão julgador, se necessário, enfrentar a matéria prevista no art. 267, § 3º e no art. 301, § 4º, do CPC. Em outras palavras, a devolutividade do recurso especial, em seu nível vertical, engloba o efeito translativo, consistente na possibilidade, atribuída ao órgão julgador, de conhecer de ofício as questões de ordem pública. Precedentes.

3. No caso, provocado por agravo de instrumento para decidir sobre o cabimento de exceção de pré-executividade (que fora negado pelo juízo de primeiro grau), o Tribunal reformou a decisão e, indo além, decidiu o mérito, contra o recorrente. Houve, portanto, duplo error in procedendo: o do julgamento ultra petita e o da reformatio in peius, o que acarreta sua nulidade.

4. Recurso especial conhecido para, de ofício, declarar a nulidade do acórdão recorrido.

(REsp 869.534/SP, Rel. Ministro TEORI ALBINO ZAVASCKI, PRIMEIRA TURMA, julgado em 27/11/2007, DJ 10/12/2007, p. 306)

Não obstante a norma processual reconheça o efeito translativo dos recursos, o certo é que esse efeito sobre algumas limitações.

27.11.1. Limitação por capítulos autônomos da sentença

A primeira limitação ocorre quando a decisão está constituída por capítulos autônomos. Nesse caso, se o recurso não abranger todos os capítulos, haverá a preclusão ou o trânsito em julgado do capítulo não impugnado, razão pela qual o tribunal fica impedido de analisar as questões concernentes ao capítulo não impugnado com base no efeito translativo do recurso. Os capítulos que não foram objeto de ataque pelo recurso estão cobertos pela preclusão máxima. No caso, aplica-se o princípio *tantum devolutum quantum appellatum*. É importante salientar que somente não haverá o efeito translativo do recurso em relação aos capítulos autônomos da decisão, ou seja, que não estejam diretamente vinculados ou atrelados, isto é, não sejam dependentes daqueles, objeto do recurso interposto.[433]

27.11.2. Limitação pela *reformatio in peius*

A segunda limitação, segundo opinião de Eduardo Henrique de Oliveira Yoshikawa, encontra-se na impossibilidade de o órgão 'ad quem', com base no efeito translativo do recurso, promover a *reformatio in peius*.[434]

É certo que para outra parte da doutrina, ao se aplicar o efeito translativo, não haveria espaço para se falar em *reformatio in peius*, instituto que somente teria espaço quando diante do princípio dispositivo, que não é o

---

[433] Barbosa Moreira apresenta o seguinte exemplo: *"Suponhamos, v.g., que a sentença, repelindo a alegação de faltar ao autor 'legitimatio ad causam', condene o réu ao pagamento de x. Apela o vencido unicamente para pleitear a redução do 'quantum' a y. Ainda que o órgão 'ad quem' se convença da procedência da preliminar – que em princípio, como é obvio, levaria à declaração de 'carência de ação' quanto ao pedido 'todo' –, já não lhe será lícito pronunciá-la senão no que respeita x-y, única parcela que, por força do recurso (e ressalvada eventual incidência de regra como a do art. 475, I, que torne obrigatória a revisão), se submete à cognição do juízo superior. No tocante à parcela y, que não é objeto da apelação – nem, por hipótese, se devolve necessariamente –, fica vedado ao tribunal exercer atividade cognitiva: o capítulo correspondente passou em julgado no primeiro grau de jurisdição"* (BARBOSA MOREIRA, José Carlos, Comentários ao código de processo civil, 13ª Ed., 5º Vol, Rio de Janeiro: Forense, 2006, p.357).

[434] YOSHIKAWA, Eduardo Henrique de Oliveira. Limite ao efeito translativo dos recursos. *In: Aspectos polêmicos e atuais dos recursos cíveis e assuntos afins.* Vol. 12. São Paulo, Ed. R.T., 2011. p. 109

RECURSOS NO NOVO C.P.C.

caso das questões de ordem pública transferida ao exame do tribunal destinatário por força do efeito translativo.[435]

Sobre o tema, eis as seguintes decisões do S.T.J.:

> *PROCESSUAL CIVIL. RECURSO ESPECIAL. VIOLAÇÃO AO ARTIGO 475, INCISO I DO CPC. REMESSA NECESSÁRIA. PERCENTUAL DE JUROS DE MORA. MAJORAÇÃO. REFORMATIO IN PEJUS. SÚMULA N. 45/STJ. PRECEDENTES. RECURSO ESPECIAL PROVIDO.*
>
> *1. O Sistema Processual Brasileiro veda a reformatio in pejus.*
>
> *2. In casu, o Tribunal a quo, ao examinar a remessa necessária, decidiu: [...] No que tange aos juros de mora, determinou o magistrado que fossem aplicados à base de 6% ao mês, e, quanto a isto, não houve recurso voluntário. Mas, neste ponto, em sede de Reexame Necessário, merece reparos a sentença. É que, não é caso de aplicação do art. 1º-F, da Lei nº 9.494/97, que limita os juros ao percentual de 6% ao ano, porque esta regula, apenas, as condenações impostas à Fazenda Pública para pagamento de verbas remuneratórias e não para os casos de repetição de indébito (ação previdenciária).*
>
> *[...] Portanto, os juros devem ser fixados no percentual de 1% ao ano.*
>
> *3. O reexame necessário previsto no art. 475 do CPC não pode ser utilizado como mecanismo prejudicial à entidade de direito público que dele se beneficia, por ser manifestação do princípio inquisitório, que tem como consequência o efeito translativo, e nada tem a ver com reformatio in pejus, que é manifestação do princípio do efeito devolutivo do recurso (princípio dispositivo).*
>
> *Precedentes: AgRg no Ag 1.051.505/SP, DJ 28/10/2008; REsp 713.609/MT, DJ 1/6/2006; AR 1.428/SP, DJ 1/2/2008.*
>
> *4. A parte vencedora, que no primeiro grau de jurisdição deixou de recorrer conformou-se in totum com o julgamento, sendo-lhe vedado valer-se da remessa oficial, cujo interesse tutelado é o público. A reformatio in pejus atrai o óbice do verbete sumular n. 45 do STJ, que dispõe: "No reexame necessário, é defeso, ao Tribunal, agravar condenação imposta à Fazenda Pública".*
>
> *5. Recurso especial provido para anular em parte o acórdão recorrido, apenas no que se refere a incidência dos juros moratórios, que devem ser aplicados no percentual de 6% (seis por cento) ao ano, conforme determinado pelo juízo de primeiro grau.*
>
> (REsp 1089261/PR, Rel. Ministro BENEDITO GONÇALVES, PRIMEIRA TURMA, julgado em 17/03/2009, DJe 30/03/2009).

---

[435] WAMBIER, Teresa Arruda Alvim. *Nulidade do processo e da sentença.* 4 ed., São Paulo: R.T., 1998. p. 188.

DA APELAÇÃO

PROCESSUAL CIVIL. APELAÇÃO. EFEITO TRANSLATIVO. REFORMA-TIO IN PEJUS. IMPOSSIBILIDADE. RITO SUMÁRIO. ADOÇÃO. NULIDADE. PREJUÍZO. NÃO OCORRÊNCIA. INSTRUMENTALIDADE DAS FORMAS.

1 – O efeito translativo do art. 515, §§ 1º e 2º, do CPC não autoriza reformatio in pejus, vale dizer, que o Tribunal, ao conhecer e negar provimento à única apelação do processo, ou seja, a do vencido até então na demanda, promova um agravamento da sua situação, conforme ocorre no caso presente, com a extinção do processo, sem julgamento de mérito, em face da impropriedade do rito processual. Precedentes do STJ.

2 – Ademais, afigura-se desarrazoado sepultar um processo iniciado há duas décadas porque adotado o rito sumaríssimo, hoje sumário, em lugar do ordinário, dando prevalência à forma em detrimento dos fins por ela colimados. Tem inteira aplicação o Princípio da Instrumentalidade das Formas se, como no caso presente, não se divisa a ocorrência de prejuízos para as partes, que puderam produzir provas em audiências fracionadas, dispensar a produção de outras e ainda apresentar razões finais escritas.

3 – Recurso especial conhecido em parte (letra "c") e, nesta extensão, provido para, reformando o acórdão recorrido, determinar a volta dos autos ao Tribunal de origem, para que julgue a apelação conforme entender de direito.

(REsp 640.860/RJ, Rel. Ministro FERNANDO GONÇALVES, QUARTA TURMA, julgado em 18/08/2005, DJ 05/09/2005, p. 420).

"REFORMATIO IN PEJUS" A regra acolhida pelo art. 515 do Código de Processo Civil não permite exceção pelo fato de as normas tidas como incidentes, em segundo grau, serem de ordem pública. A aplicação dessas haverá de fazer-se consoante determinado pelas leis de processo, não se podendo modificar situação consolidada em virtude de ausência de recurso da parte contrária.

(REsp 184.720/RS, Rel. Ministro EDUARDO RIBEIRO, TERCEIRA TURMA, julgado em 19/11/1998, DJ 08/03/1999, p. 224)

27.11.3. Limitação em relação às questões já decididas e não impugnadas

A terceira limitação diz respeito às questões já decididas e não impugnadas, pois nesse caso já houve decisão sobre a questão posta em juízo.

Questão interessante que se coloca é se o tribunal poderá apreciar matéria de ordem pública que fora expressamente decidida pelo juiz 'a quo', não tendo a parte se insurgido contra a decisão no momento oportuno.

Na realidade, como houve expressa manifestação do juízo 'a quo', ainda que se tratando de matéria de ordem pública, deveria a parte insurgir-se contra a decisão, tempestivamente, desde que a norma lhe concedesse recurso legítimo para tal fim, sob pena de preclusão.

Ocorre que o S.T.J. vem entendo de forma diversa, alegando que não há preclusão *pro iudicato*, mesmo que a questão tenha sido expressamente definida pelo juízo 'a quo'. Sobre o tema, eis os seguintes precedentes do S.T.J.:

> *(...).*
> *2. Esta Corte Superior possui entendimento consolidado de que as matérias de ordem pública decididas por ocasião do despacho saneador não precluem, podendo ser suscitadas na Apelação, ainda que a parte não tenha interposto o recurso de agravo.*
> (REsp 1483180/PE, Rel. Ministro HERMAN BENJAMIN, SEGUNDA TURMA, julgado em 23/10/2014, DJe 27/11/2014)

> *(...).*
> *2. As matérias de ordem pública decididas por ocasião do despacho saneador não precluem, podendo ser suscitadas na apelação, ainda que a parte não tenha interposto o recurso de agravo.*
> *Precedentes. Incidência da Súmula n. 83/STJ.*
> 3. Embargos de declaração recebidos como agravo regimental, ao qual se nega provimento.
> (EDcl no Ag 1.378.731/PR, Rel. Ministro JOÃO OTÁVIO DE NORONHA, TERCEIRA TURMA, DJe 24/5/2013, grifei).

> *1. As matérias de ordem pública decididas por ocasião do despacho saneador não precluem, podendo ser suscitadas na apelação – mesmo que a parte não tenha interposto o recurso próprio (agravo).*
> *2. Recurso especial provido.*
> (REsp n. 1.254.589/SC, Rel. Ministra Nancy Andrighi, TERCEIRA TURMA, DJe 30/9/2011).

27.11.4. Limitação em face dos recursos excepcionais

A quarta limitação diz respeito aos recursos excepcionais,[436] no caso, o recurso especial ao S.T.J. e o recurso extraordinário ao S.T.F. Nessas hipóte-

---

[436] *"Não obstante, convém registrar que essa classificação dos recursos em 'ordinários' e ou 'excepcionais' (como preferimos denominá-los) foi duramente criticada por parcela significativa da doutrina processual brasileira, dentre os quais destacamos José Carlos Barbosa Moreira e Ovídio Baptista da Silva, este último*

DA APELAÇÃO

ses, não haverá o efeito translativo do recurso, tendo em vista que a admissibilidade do Resp e do R.E. depende do prequestionamento da matéria impugnada. Nesse sentido são as seguintes decisões:

RECURSO ESPECIAL. MEDIDA CAUTELAR DE SEQUESTRO VINCULADA A AÇÃO DECLARATÓRIA DE EXTINÇÃO DE CONDOMÍNIO FLORESTAL. EFEITO TRANSLATIVO. INSTÂNCIA ESPECIAL. INAPLICABILIDADE.
PREQUESTIONAMENTO. AUSÊNCIA. SÚMULA Nº 282/STF. CONEXÃO RECONHECIDA. INEXISTÊNCIA DE OBRIGATORIEDADE DE JULGAMENTO CONJUNTO.
1. Cuida-se de medida cautelar de sequestro vinculada a ação de extinção de condomínio florestal, objetivando a apreensão das árvores objeto dos contratos até a efetiva extinção do condomínio.
2. O efeito translativo é próprio dos recursos ordinários (apelação, agravo, embargos infringentes, embargos de declaração e recurso ordinário constitucional), e não dos recursos excepcionais, como é o caso do recurso especial.
3. É firme a jurisprudência do Superior Tribunal de Justiça no sentido de que, mesmo as matérias de ordem pública devem observar o requisito do prequestionamento viabilizador da instância especial.
4. A ausência de prequestionamento do conteúdo normativo dos artigos 283, 333, inciso I, e 396 do Código de Processo Civil impede o conhecimento do recurso especial no ponto (Súmula nº 282/STF).
5. Segundo a jurisprudência desta Corte, a reunião dos processos por conexão configura faculdade atribuída ao julgador, sendo que o art. 105 do Código de Processo Civil

---

ao argumento de que 'esta é uma classificação frequente tanto na doutrina brasileira quanto na lição de processualistas europeus. Os critérios seguidos pelos sistemas jurídicos europeus, no entanto, não correspondem, quanto a esta questão, aos aceitos pelo direito brasileiro. Para determinados sistemas europeus – como é o caso do direito italiano e português –, são 'ordinários' todos os recursos que correspondam a meios de impugnação formulados na mesma relação processual, capazes de prolongar a pendência da causa evitando a formação da coisa julgada; enquanto consideram-se 'extraordinários' os recursos interpostos 'contra uma sentença já trânsita em julgado, como ocorre, por exemplo, no direito português, com o recurso de 'revisão' (art. 771) e a 'oposição de terceiros' (art. 778); ou com a denominada 'oposizione di terzo' do direito italiano (art. 404)" (OLIVEIRA, Pedro Miranda. Embargos de divergência no recurso extraordinário e sua importância no sistema jurídico brasileiro. *In: Aspectos polêmicos e atuais dos recursos cíveis e assuntos afins.* Coord. Nelson Nery Junior e Teresa Arruda Alvim Wambier. Vol. 12. São Paulo, R.T., 2011. p. 367.

RECURSOS NO NOVO C.P.C.

concede ao magistrado certa margem de discricionariedade para avaliar a intensidade da conexão e o grau de risco da ocorrência de decisões contraditórias.

6. Justamente por traduzir faculdade do julgador, a decisão que reconhece a conexão não impõe ao magistrado a obrigatoriedade de julgamento conjunto.

7. A avaliação da conveniência do julgamento simultâneo será feita caso a caso, à luz da matéria controvertida nas ações conexas, sempre em atenção aos objetivos almejados pela norma de regência (evitar decisões conflitantes e privilegiar a economia processual).

8. Assim, ainda que visualizada, em um primeiro momento, hipótese de conexão entre as ações com a reunião dos feitos para decisão conjunta, sua posterior apreciação em separado não induz, automaticamente, à ocorrência de nulidade da decisão.

9. O sistema das nulidades processuais é informado pela máxima "pas de nullité sans grief", segundo a qual não se decreta nulidade sem prejuízo, aplicável inclusive aos casos em que processos conexos são julgados separadamente.

10. Recurso especial conhecido em parte e, na parte conhecida, não provido.

(REsp 1366921/PR, Rel. Ministro RICARDO VILLAS BÔAS CUEVA, TERCEIRA TURMA, julgado em 24/02/2015, DJe 13/03/2015).

PROCESSUAL CIVIL. EMBARGOS DE DECLARAÇÃO NO AGRAVO REGIMENTAL NO RECURSO ESPECIAL. APONTADA OMISSÃO DO ACÓRDÃO EMBARGADO. VERIFICADA FALTA DE APRECIAÇÃO DA ALEGAÇÃO RELATIVA AO EFEITO TRANSLATIVO DO RECURSO ESPE-CIAL. COISA JULGADA. QUESTÃO DE ORDEM PÚBLICA. NECESSIDADE DE PREQUESTIONAMENTO.

1. A jurisprudência desta Corte é firme no sentido de que, na instância especial, é vedado o exame ex officio de questão não debatida na origem, ainda que se trate de matéria de ordem pública.

2. Não tendo sido discutida nas instâncias ordinárias a questão da prescrição, é inviável sua apreciação nesta instância. Incidem no caso as Súmulas 282 e 356/STF.

3. Embargos de declaração parcialmente acolhidos.

(EDcl no AgRg no REsp 948.003/PR, Rel. Ministro RAUL ARAÚJO, QUARTA TURMA, julgado em 17/10/2013, DJe 03/12/2013).

EMENTA DIREITO ADMINISTRATIVO. SERVIDORA PÚBLICA ESTADUAL. LICENÇA MATERNIDADE. PRORROGAÇÃO. MATÉRIA INFRACONSTITUCIONAL. EVENTUAL VIOLAÇÃO REFLEXA DA CONS-TITUIÇÃO DA REPÚBLICA NÃO VIABILIZA O MANEJO DE RECURSO EXTRAORDINÁRIO. AUSÊNCIA DE PREQUESTIONAMENTO. APLICA-

DA APELAÇÃO

ÇÃO DA SÚMULA STF 282. INAPTIDÃO DO PREQUESTIONAMENTO IMPLÍCITO OU FICTO PARA ENSEJAR O CONHECIMENTO DO APELO EXTREMO. INTERPRETAÇÃO DA SÚMULA STF 356. ACÓRDÃO RECORRIDO PUBLICADO EM 30.11.2010. A jurisprudência desta Corte é firme no sentido de que a discussão referente à prorrogação de licença maternidade de servidora pública estadual é de natureza infraconstitucional, o que torna oblíqua e reflexa eventual ofensa, insuscetível, portanto de viabilizar o conhecimento do recurso extraordinário. Precedentes. O requisito do prequestionamento obsta o conhecimento de questões constitucionais inéditas. Esta Corte não tem procedido à exegese a contrario sensu da Súmula STF 356 e, por consequência, somente considera prequestionada a questão constitucional quando tenha sido enfrentada, de modo expresso, pelo Tribunal a quo. A mera oposição de embargos declaratórios não basta para tanto. Logo, as modalidades ditas implícita e ficta de prequestionamento não ensejam o conhecimento do apelo extremo. Aplicação da Súmula STF 282: "É inadmissível o recurso extraordinário, quando não ventilada, na decisão recorrida, a questão federal suscitada". Agravo regimental conhecido e não provido.

(ARE 707221 AgR, Relator(a): Min. ROSA WEBER, Primeira Turma, julgado em 20/08/2013, PROCESSO ELETRÔNICO DJe-173 DIVULG 03-09-2013 PUBLIC 04-09-2013).

Ementa: AGRAVO REGIMENTAL EM RECURSO EXTRAORDINÁRIO COM AGRAVO. RAZÕES DO AGRAVO REGIMENTAL DISSOCIADAS DO QUE DELIBERADO NA DECISÃO MONOCRÁTICA. INCIDÊNCIA DA SÚMULA 284 DESTA CORTE. ALEGAÇÃO DE MATÉRIA DE ORDEM PÚBLICA. PREQUESTIONAMENTO. NECESSIDADE. AGRAVO IMPROVIDO. I – Deficiente a fundamentação do agravo regimental cujas razões estão dissociadas do que decidido na decisão monocrática. Incide, na hipótese, a Súmula 284 desta Corte. II – Matéria de ordem pública não afasta a necessidade do prequestionamento da questão. Precedentes. III – Agravo regimental improvido.

(ARE 713213 AgR, Relator(a): Min. RICARDO LEWANDOWSKI, Segunda Turma, julgado em 27/11/2012, ACÓRDÃO ELETRÔNICO DJe-241 DIVULG 07-12-2012 PUBLIC 10-12-2012)

É certo, porém, que o exame de matéria de ordem pública, segundo entendimento do S.T.J., será possível de ofício, ainda que sem prequestionamento, desde que o recurso especial tenha sido conhecido para julgamento de outras teses jurídicas. Nesse sentido é a seguinte decisão do S.T.J.:

RECURSOS NO NOVO C.P.C.

AGRAVO REGIMENTAL. AGRAVO. PREVIDÊNCIA. PRIVADA. RESGATE. RESERVA. PRESCRIÇÃO. PREQUESTIONAMENTO. AUSÊNCIA.

1. O exame no âmbito do recurso especial de questões de ordem pública susceptíveis de serem conhecidas de ofício em qualquer tempo e grau de jurisdição, como é o caso da prescrição, não prescinde seja atendido o requisito do prequestionamento, admitindo--se a análise da matéria quando o recurso especial for conhecido para o julgamento de outras teses jurídicas. Precedentes.

2. A ausência do requisito do prequestionamento do tema relativa à prescrição da cobrança de diferenças de valores resgatados quando do desligamento do plano de benefícios de entidades de previdência privada impede o conhecimento do recurso especial (Súmula 211/STJ).

3. Agravo regimental a que se nega provimento.

(AgRg no AREsp 75.065/SP, Rel. Ministra MARIA ISABEL GALLOTTI, QUARTA TURMA, julgado em 18/12/2014, DJe 06/02/2015)

27.11.5. Efeito translativo e o acolhimento de somente um fundamento

Estabelece o § 2º do art. 1.013 do atual C.P.C. que quando o pedido ou a defesa tiver mais de um fundamento e o juiz acolher apenas um deles, a apelação devolverá ao tribunal o conhecimento dos demais.

Enquanto o parágrafo anterior trata de *pontos controvertidos,* conhecidos por *questões,* os quais foram suscitados e discutidos no processo, este parágrafo não fala de *questões,* mas do conteúdo da causa de pedir, no caso, os fundamentos jurídicos ou os fatos que justificam o pedido.

Esses fundamentos também podem ter sido arguidos pela defesa, geralmente em contestação.

Se o autor invoca dois ou três fundamentos e o juiz de primeiro grau, para acolher o pedido, utiliza-se apenas de um dos fundamentos, eventual recurso de apelação do réu que busca a improcedência do pedido transfere ao tribunal o conhecimento dos demais fundamentos. Da mesma forma, se o juiz julgou improcedente o pedido, examinando apenas um dos fundamentos, sem se manifestar sobre os demais, eventual apelação do autor permite que o tribunal conheça dos demais fundamentos.

Nessa hipótese, nenhuma influência terá a revelia, pois se o autor invocar vários fundamentos e a sentença acolher apenas um deles, nada impede que o tribunal possa apreciar os outros fundamentos do pedido ou da defesa.

Sobre o tema, eis os seguintes precedentes do S.T.J.:

DA APELAÇÃO

(...)..

4. No caso dos autos, há omissão na decisão que negou seguimento ao Agravo de Instrumento e, portanto, cumpre seja ela suprida, uma vez que, nos termos do art. 515, § 2º. do CPC, quando o pedido ou a defesa tiver mais de um fundamento e o juiz acolher apenas um deles, a Apelação devolverá ao Tribunal o conhecimento dos demais, devolvendo-se ao Tribunal, também, todas as questões anteriores à sentença, ainda não decididas, tal como previsto no art. 516 da Lei Adjetiva.

5. Com efeito, embora o acórdão tenha afastado o único fundamento lançado pelo Magistrado sentenciante para acolher os embargos à execução, qual seja, a ausência de responsabilidade pela queima da palha de cana-de-açúcar, cabia ao Tribunal Bandeirante examinar as demais questões submetidas nos embargos à execução, dentre elas, a de inconstitucionalidade da exigência de depósito prévio para a interposição de recurso administrativo, o que não ocorreu, mesmo após a oposição dos Aclaratórios, o que evidencia a violação ao art. 535, II do CPC.

(...).

(EDcl no AgRg nos EDcl no Ag 1069275/SP, Rel. Ministro NAPOLEÃO NUNES MAIA FILHO, PRIMEIRA TURMA, julgado em 26/08/2014, DJe 05/09/2014).

(...).

3. "Quando o pedido ou a defesa tiver mais de um fundamento e o juiz acolher apenas um deles, a apelação devolverá ao tribunal o conhecimento dos demais" (Art. 515, § 2º, do CPC).

4. Necessidade de retorno dos autos ao Tribunal de origem para julgamento das demais questões devolvidas por meio do recurso de apelação.

5. Dimensão vertical, ou profundidade, do efeito devolutivo.

Doutrina e jurisprudência sobre o tema.

(REsp 1172707/AL, Rel. Ministro PAULO DE TARSO SANSEVERINO, TERCEIRA TURMA, julgado em 28/05/2013, DJe 05/11/2013).

1. Quando os embargos à execução fiscal tiverem mais de um fundamento e o juiz acolher apenas um deles, decretando a nulidade da Certidão de Dívida Ativa, a apelação da Fazenda Pública devolverá ao tribunal o conhecimento dos demais temas, ainda que não tenham sido deduzidas tais questões nas contrarrazões de apelação.

2. Não se pode exigir que todas as matérias sejam abordadas em contrarrazões de apelação, porque, em determinadas situações, como a dos autos, falta interesse à parte na impugnação expressa, diante da procedência dos embargos à execução fiscal em primeiro grau de jurisdição, por um dos fundamentos ventilados na petição inicial.

RECURSOS NO NOVO C.P.C.

3. Precedente: "Julgada procedente a ação, com o acolhimento de um dos fundamentos expostos pelos autores, o acórdão que dá provimento ao apelo dos réus para afastar o argumento aceito em primeiro grau deve examinar o outro, expressamente desprezado na sentença." (REsp 246.776/SP, Rel. Min. Ruy Rosado de Aguiar, Quarta Turma, julgado em 18.5.2000, DJ 26.6.2000, p. 181).

Recurso especial provido, para determinar o retorno dos autos ao Tribunal "a quo" para proceder a novo julgamento do recurso de apelação.

(REsp 1125039/RS, Rel. Ministro HUMBERTO MARTINS, SEGUNDA TURMA, julgado em 01/03/2011, DJe 15/03/2011.2).

27.12. Supressão de instância e julgamento imediato do mérito pelo Tribunal de Apelação – *Teoria da causa madura*

Estabelece o § 3º do art. 1.013 que se o processo estiver em condições de imediato julgamento, o tribunal deve decidir desde logo o mérito quando: I – reformar sentença fundada no art. 485; II – decretar a nulidade da sentença por não ser ela congruente com os limites do pedido ou da causa de pedir; III – constatar a omissão no exame de um dos pedidos, hipótese em que poderá julgá-lo; IV – decretar a nulidade de sentença por falta de fundamentação.

Já se afirmou que a impugnação da decisão definitiva pode fundamentar-se na alegação de *error in procedendo*, cujo acolhimento dessa alegação no julgamento do recurso de apelação ensejaria a declaração de nulidade da sentença e a remessa do processo ao juízo de origem para proferir nova decisão. O julgamento do tribunal, nessa hipótese, teria uma função meramente rescindente, pois com o acolhimento da impugnação pelo órgão *ad quem*, decreta-se a nulidade da sentença anteriormente proferida.

Ocorre que, o legislador, reforçando a força normativa dos princípios da *celeridade* e da *economia processual*, permite que o tribunal, mesmo diante de situações que ensejam o acolhimento do *error in procedendo*, prossiga no julgamento, analisando o mérito da causa, proferindo nova decisão substitutiva da anterior.

Por isso, se a causa estiver em condições de imediato julgamento (*teoria da causa madura*), especialmente pela conclusão da instrução do processo, o tribunal deve decidir desde logo a demanda (causa, objeto do processo, pedido). Isso poderá ocorrer quando o tribunal reformar a sentença de primeiro grau de extinção do processo sem resolução de mérito, nos ter-

DA APELAÇÃO

mos do art. 485 do atual C.P.C.[437] O mesmo ocorrerá quando o tribunal declarar a nulidade da sentença por não ser ela congruente com os limites do pedido ou da causa de pedir, ou seja, quando a sentença for *ultra, extra ou citra petitum*. Da mesma forma quando o tribunal constatar a omissão no exame de um dos pedidos, hipóteses em que poderá julgá-lo. Também isso será possível quando o tribunal declarar a nulidade da sentença por falta de fundamentação.

Evidentemente, o tribunal somente poderá prosseguir no julgamento se já foi concedido às partes a possibilidade de comprovar os fatos ou as impugnações alegadas, mediante o contraditório e a ampla defesa. Se não foi conferido essa oportunidade ou se o processo não se encontra 'maduro' suficiente para que o tribunal prossiga no julgamento, a decisão de segundo grau deverá ter apenas efeito rescindente.

Preceitua o § 4º do art. 1.013 que quando reformar sentença que reconheça a decadência ou a prescrição, o tribunal, se possível, julgará o mérito, examinando as demais questões, sem determinar o retorno do processo ao juízo de primeiro grau. O dispositivo fala em 'se possível' no sentido de que não se trata de uma obrigação imposta ao Tribunal, mas, sim, uma opção de prosseguimento do julgamento.

Tal prerrogativa já estava prevista no art. 515, §3º, do C.P.C. de 1973, que assim estabelecia:

> *Art. 515. A apelação devolverá ao tribunal o conhecimento da matéria impugnada.*
> *(...).*
> *§ 3º Nos casos de extinção do processo sem julgamento do mérito (art. 267), o tribunal pode julgar desde logo a lide, se a causa versar questão exclusivamente de direito*

---

[437] *"(...) ao autorizar que o tribunal, embora reconhecendo que a sentença é nula por falta de fundamentação, vá adiante e simplesmente reexamine o julgamento de mérito feito em primeiro grau (em termos práticos, a lei está tornando a falta de fundamentação um vício irrelevante. O Código foi meticuloso ao estabelecer os parâmetros que se devem observar para que uma sentença seja minimamente fundamentada (art. 489, §§ 1º e 2º). Mas, ao mesmo tempo, torna esse defeito desimportante. A 'mensagem' que a lei passa para o julgador de primeiro grau é a seguinte: você não precisa se preocupar em fundamentar a sentença porque, mesmo que não a fundamente e o tribunal a repute por isso nula, ainda assim o tribunal reexaminará a solução de mérito por você dada à causa, mantendo-a ou adotando outra, e providenciando a motivação que você não providenciou. Em suma, nenhuma lei jamais pode fazer: dá com uma mão e tira com a outra. Portanto, deverá ser encontrada solução interpretativa que impeça a ocorrência desse resultado 'autoanulante' da lei; esse 'boicote a si mesmo' do ordenamento* (TALAMINI, Eduardo, *Efeito devolutivo da apelação e supressão de grau de jurisdição*, Migalhas, 18.03.2016).

RECURSOS NO NOVO C.P.C.

e estiver em condições de imediato julgamento. (Incluído pela Lei nº 10.352, de 26.12. 2001)

Nesse sentido, aliás, é o seguinte precedente do S.T.J.:

(...).
4. Por fim, não existe ofensa ao art. 515, caput, e §§ 1º e 3º, do CPC, porquanto, mesmo nos casos de extinção do processo com resolução de mérito, em que o juízo primevo acolheu a alegação de prescrição, é possível ao tribunal, se entender ser o caso de afastá-la, julgar desde logo a lide, se esta já se encontra madura, nos termos do art. 515, § 3º, do CPC. Precedentes.
5. Nos termos da Súmula 7/STJ, rever se há ou não necessidade de produção de provas para o regular prosseguimento do feito, enseja o exame da documentação contida nos autos, o que se revela impossível em recurso especial.
Agravo regimental improvido.
(AgRg no AREsp 527.494/PE, Rel. Ministro HUMBERTO MARTINS, SEGUNDA TURMA, julgado em 21/08/2014, DJe 28/08/2014)

Por fim, estabelece o §5º do art. 1.013 do atual C.P.C. que o capítulo da sentença que confirma, concede ou revoga a tutela provisória é impugnável na apelação.

Muito embora a decisão interlocutória que concede ou revoga tutela provisória com base na urgência ou na evidência esteja sujeita ao recurso de agravo de instrumento (art. 1.015 do novo C.P.C.), se a concessão ou revogação da tutela provisória for apreciada na sentença final, caberá contra este capítulo da sentença o recurso de apelação.

27.13. Alegações na apelação de novas questões de fato – força maior

A função da apelação corresponde a um meio ordinário de 'ataque' contra a sentença de primeiro grau, diretamente a provocar o reexame da causa, quando a sentença seja de resolução de mérito. Por isso, a apelação devolverá ao tribunal o conhecimento da matéria impugnada. Contudo, há proibição geral de propor no apelo novas exceções, salvo que possam ser conhecidas de ofício.

O art. 345 do C.P.C. italiano apresenta disposição similar no que concerne aos novos fatos e em especial à demanda nova no âmbito do recurso de apelação, a saber:

DA APELAÇÃO

Art. 345 (Demandas e exceções novas)

No juízo de apelo não podem ser propostas demandas novas e, se propostas, devem ser declaradas inadmissíveis de ofício. Podem, todavia, demandar-se os juros, os frutos e os acessórios que se vencerem depois da sentença impugnada, igualmente o ressarcimento dos danos sofridos depois da própria sentença.

Não se pode propor novas exceções, que não foram reveladas ainda que de ofício.

Não são admitidos novos meios de prova e nem podem ser produzidos novos documentos, salvo se a parte demonstrar não poder te-los propostos ou produzidos no juízo de primeiro grau por causa a ela não imputável...

Interessante salientar a seguinte lição Francesco P. Luiso, quanto à introdução de nova demanda no recurso de apelação no processo civil italiano: *"Agora devemos passar ao exame do problema inverso: os limites em que, em sede de apelo, se podem discutir questões que não foram deduzidas em primeiro grau. É este o problema da 'novidade' em apelo. Recorde-se que uma questão deduzida em primeiro grau e não examinada pelo juiz (corretamente ou por erro: isso é irrelevante) não constitui novidade. Igualmente, por novidade em apelo devemos distinguir entre demanda, exceção e provas novas.*

No que concerne à demanda nova, o art. 345 do c.p.c. italiano estabelece em geral que em apelo não se pode propor demanda nova: não se pode, portanto, investir o juízo de apelação na decisão de uma situação substancial não inserida no objeto do processo. Isso se dá tendo em vista que uma nova demanda pressupõe necessariamente a alegação de novos fatos; porém, como nem todas as novas alegações constituem uma demanda nova, devemos distinguir entre novas alegações que constituem uma nova demanda e novas alegações que constituem uma simples modificação de uma demanda já proposta.

Para estabelecer se a nova alegação integra uma demanda nova, não proponível em apelação, ou a modificação de uma demanda já proposta (e, portanto, a nova alegação não entra em contraste com a proibição de proposição de nova demanda em apelo) devemos indagar: se a pronuncia de primeiro grau passa em julgado, ou, em outras palavras, se o que se deve apreciar no apelo seria proponível em um sucessivo processo ou estará precluso o julgado? Se o hipotético trânsito em julgado da sentença de primeiro grau impede a propositura do 'quid novi' numa sucessiva demanda (isso acontece quando o âmbito objetivo do processo compreende, e, consequentemente, preclui inclusive a novidade, que se deseja introduzir no apelo), agora estamos em presença não de uma demanda nova, mas simplesmente da modificação da demanda em primeiro grau, e como tal a novidade não está em contraste com a proibição de propor demanda nova no apelo.

Exemplo: segundo uma certa reconstrução, à qual aderimos, considera-se que a demanda de repetição do indébito compreende também o enriquecimento sem causa; se Tício propor demanda de repetição do indébito e esta vem rejeitada, não pode propor em um sucessivo processo a demanda de enriquecimento ilícito, porque se trata de um único objeto processual. Se, portanto, Tício em primeiro grau propôs demanda de repetição do indébito, pode, em apelo, alegar pela primeira vez os fatos, que integram o enriquecimento ilícito. As duas prospecções fazem referência a um único objeto processual, e, portanto, não se há falar em proposição de demanda nova, mas a simples modificação da única demanda. De fato, a passagem em julgado da sentença de primeiro grau impediria a Tício de propor, como demanda autônoma, aquele 'quid novi' (o enriquecimento sem causa) que deseja introduzir pela primeira vez no apelo. Assim, na realidade, Tício não propõe em apelo uma demanda nova, mas alega um novo fato, que se insere no único objeto do processo...

Outrossim, passado hipoteticamente em julgado a sentença de primeiro grau, o julgamento não torna preclusa a possibilidade de se propor, por meio de uma nova demanda autônoma, a novidade que em sede de apelo se deseja fazer valer, significando que o objeto do processo é diverso, justamente pelo fato de que o julgamento não gera preclusão; consequentemente, estamos na presença de uma demanda nova, e, enquanto tal, não proponível por meio de apelo.

Exemplo: Tício faz valer seu direito de propriedade sobre o bem x, e pede que Caio seja condenado à liberação do mesmo. Em sede de apelo, Tício modifica a demanda, e pede que Caio seja condenado à liberação do bem x em virtude de uma obrigação de restituição (por exemplo, como 'conduttore'). A modificação constitui, na realidade, proposição de uma demanda nova: a ação petitória e aquela de restituição pessoal determinam dois diversos objetos do processo. O rejeito de uma não impede a proposição da outra...

Exemplo: Tício pediu a declaração de uma servidão de passagem a favor de uma propriedade em relação a outra propriedade; em apelo pede a declaração de uma servidão de aqueduto que interessa aos mesmos imóveis. O juiz de apelo não examina no mérito a demanda, porque se trata de uma demanda relativa a um direito diverso e não compreendido no objeto do processo. A demanda relativa à servidão de aqueduto resta, portanto, proponível em um sucessivo processo". [438]

É certo que em face da 'teoria da substanciação ou substancialização' adotada pelo novo C.P.C, art. 319, inc. III, a lição de Francesco P. Luiso, quanto à introdução de nova demanda no recurso de apelação, não pode

---

[438] LUISO, F. P., op. cit., p. 369 a 372

DA APELAÇÃO

ser aproveitada na sua integralidade, sem o senso crítico particularizado e necessário.

Na realidade, no recurso de apelação a parte recorrente deve citar a exposição sumária dos fatos e os motivos justificadores de reformulação da sentença. Não obstante essa exigência, o ato de apelar é diverso do ato introdutivo do processo em primeiro grau, seja estruturalmente, seja como referência aos fins que se propõe. De fato, o recurso de apelação não contém uma demanda judicial, posto que a litispendência é sempre aquela determinada pela demanda judicial proposta em primeiro grau.[439]

Em relação ao ordenamento jurídico brasileiro, as matérias que poderiam ser suscitadas perante o juízo de primeiro grau, mas não o foram, gera a preclusão de sua apreciação pelo órgão 'ad quem'.

Isso porque os fatos importantes para a solução da causa devem ser debatidos e, por vezes, ser objeto de prova perante o juízo de primeiro grau, oportunizando o contraditório e a ampla defesa das partes. Além do mais, também deve prevalecer no âmbito do julgamento de segundo grau o princípio da *celeridade processual*, evitando-se os prolongamentos indevidos de nova produção probatória. Atribuir a possibilidade de novas deduções em apelo vai de encontro a essas exigências, prolongando em demasia o processo em segundo grau.

Porém, é possível que determinada matéria de fato ou questão de fato, por motivo de força maior, não possa ter sido objeto de análise pelo juízo de primeiro grau, mas que interessa sobremaneira à solução da causa. Nessa hipótese, poderá o apelante ou o apelado arguir essa nova questão de fato, demonstrando que não o fez oportunamente por motivo de força maior. Nesse sentido prescreve o art. 1.014 do novo C.P.C., que dispõe que as questões de fato não propostas no juízo inferior poderão ser suscitadas na apelação, se a parte provar que deixou de fazê-lo por motivo de força maior (as questões de fato e não demanda nova).

Em relação às novas provas trazidas no recurso de apelação, aduz Francesco P. Luiso, comentando o art. 345 do C.P.C. italiano: *"Devemos, finalmente, analisar a novidade relativa às provas: mas preliminarmente devemos precisar que coisa significa provas 'novas'. De fato, a possibilidade de se requerer atividade instrutória em apelo é excluída quando a prova não seja 'nova', isto é, quando se trate de pedido de instrução já avançada em primeiro grau.*

---

[439] LUISO, F. P., idem., p. 360.

Exemplo: Tício requereu, em primeiro grau, a possibilidade de comprovar por meio de testemunhas o fato x. Contudo, decaiu da prova em razão do disposto no art. 208 c.p.c.; ou o juiz negou a admissibilidade da prova, e Tício não há reinserido a questão em sede de 'precisazione' das conclusões. Em ambos os casos verifica-se a decadência, que impede a renovação de tal pedido instrutório em apelo.

Uma prova é nova quando o meio de prova é diverso daquele já requerido; seja quando é diverso o fato a provar.

Exemplo: Em primeiro grau foi requerida uma prova testemunhal sobre o fato x. É prova nova seja a prova testemunhal sobre fato y, seja o interrogatório formal ou o pedido de informações à P.A. sobre fato x.

As provas já requeridas em primeiro grau não ingressam na disciplina do art. 345 c.p.c. (italiano). De fato, de duas ou uma: na relativa instância o juiz pronunciou-se ou não se pronunciou. Se não se pronunciou, a instância instrutória é livremente reclamada em sede de apelo....Se o juiz se pronunciou, a parte de repropor a questão no momento da 'precisazione' das conclusões, e depois fazer objeto de censura com os atos introdutivos do processo de apelo. Se, pois, a parte lamenta que a prova foi realizada de forma irregular, pode requerer sua nova realização com base no art. 354, IV, do c.p.c. (italiano).[440]

No ordenamento jurídico brasileiro, o que se permite é que o apelante ou o apelado alegue *questão de fato* e não nova *causa de pedir*, desde que prove a impossibilidade de alegação no juízo 'a quo' em razão de eventual força maior.

Evidentemente, essa nova questão de fato não entrou no âmbito de abrangência do efeito devolutivo da apelação, pois ela não foi objeto de análise no juízo de primeiro grau. Essa nova questão de fato ingressou no âmbito cognitivo apenas do juízo de segundo grau.

O art. 1.014 do atual C.P.C. não trata de quaisquer questões de fato que possam ter sido alegadas, discutidas e avaliadas pelo juízo *a quo*, ou que foram alegadas e discutidas, mas não efetivamente examinadas pelo juízo *a quo*.

O art. 1.014 do atual C.P.C. também não abrange as questões de direito, pois estas podem ser apreciadas a qualquer momento, seja qual for o grau de jurisdição, e independentemente de provocação da parte, salvo em se tratando de recurso extraordinário e especial quando se exige o *prequestionamento*.

---

[440] Luiso, F. P., idem, p. 375 e 376.

DA APELAÇÃO

Segundo Barbosa Moreira, *"escapam também da incidência do art. 517 do C.P.C. de 1973* (art. 967 do atual C.P.C.) *as questões de fato porventura suscitadas, pela primeira vez, na apelação do 'terceiro prejudicado': não tendo, até então, participado do processo, não podia ele, obviamente, haver suscitado questão alguma perante o órgão 'a quo'".*[441]

A questão de fato que pode ser alegada com base no art. 1.014 do atual C.P.C. é aquela que por *motivo de força maior* não foi possível alegar antes da sentença de primeiro grau.

Dentre os motivos de *força maior*, reconhece-se a hipótese de o fato, quando da sentença de primeiro grau, ainda não ter *ocorrido*. Do mesmo modo quando o fato *já tenha ocorrido*, mas a parte não tinha ciência dele; ou, ainda, quando apesar de conhecê-lo, estava impossibilitada, por circunstância alheia à sua vontade, de comunicá-lo ao advogado para que este o levasse à consideração do juiz; ou, enfim, quando ao próprio advogado fora impossível a arguição em tempo oportuno.[442]

O *motivo de força* maior será alegado nas razões ou contrarrazões de apelação ou em petição avulsa se a força maior somente cessou após a apresentação das aludidas peças processuais. A alegação deverá ser acompanhada de prova do motivo de força maior.

Devidamente comprovado o motivo de força maior, em razão do qual a questão de fato não pode ser antes trazida ao conhecimento do julgador, abre-se ao recorrente ou ao recorrido a possibilidade de produzir provas do fato a que se fez menção. Se a prova for exclusivamente documental, o interessado providenciará sua juntada aos autos, ouvindo a parte contrária. Se houver necessidade de realização de prova pericial ou testemunhal, o relator poderá realizá-la ou delegar competência ao juízo de primeiro grau para sua produção ou coleta.

27.14. Questão sobre o recurso de apelação contra o indeferimento da petição inicial

O art. 331 do atual C.P.C. demonstra que o ato judicial que indefere a petição inicial tem natureza de sentença, pois o juiz extingue o processo sem resolução de mérito, podendo a parte, se assim desejar, ingressar com recurso de apelação contra esse indeferimento da petição inicial.

---

[441] BARBOSA MOREIRA, J. C., op. cit. , p. 426.
[442] BARBOSA MOREIRA, J. C., idem, p. 427.

Verificando-se que os fundamentos introduzidos no recurso de apelação são pertinentes, faculta-se ao juiz retratar-se para o efeito de reformar a sua decisão, recebendo a petição inicial e determinando o prosseguimento do processo, nos termos do art. 331 do novo C.P.C.

A retratação facultada ao juiz deverá ocorrer no prazo de cinco dias após a conclusão do processo ao magistrado competente.

Porém, se não houver retratação, o juiz determinará a remessa da apelação ao tribunal. Neste caso, o réu será citado para responder ao recurso ($1º do art. 331 do novo C.P.C.). Provida a apelação pelo tribunal, o prazo para a contestação começará a correr da intimação do retorno dos autos (pois o réu já foi citado para responder ao recurso), observado o disposto no art. 334, que assim dispõe:

> *Art. 334. Se a petição inicial preencher os requisitos essenciais e não for o caso de improcedência liminar do pedido, o juiz designará audiência de conciliação ou de mediação com antecedência mínima de 30 (trinta) dias, devendo ser citado o réu com pelo menos 20 (vinte) dias de antecedência.*
>
> *§ 1º O conciliador ou mediador, onde houver, atuará necessariamente na audiência de conciliação ou de mediação, observando o disposto neste Código, bem como as disposições da lei de organização judiciária.*
>
> *§ 2º Poderá haver mais de uma sessão destinada à conciliação e à mediação, não podendo exceder a 2 (dois) meses da data de realização da primeira sessão, desde que necessárias à composição das partes.*
>
> *§ 3º A intimação do autor para a audiência será feita na pessoa de seu advogado.*
>
> *§ 4º A audiência não será realizada:*
>
> *I – se ambas as partes manifestarem, expressamente, desinteresse na composição consensual;*
>
> *II – quando não se admitir a autocomposição.*
>
> *§ 5º O autor deverá indicar, na petição inicial, seu desinteresse na autocomposição, e o réu deverá fazê-lo, por petição, apresentada com 10 (dez) dias de antecedência, contados da data da audiência.*
>
> *§ 6º Havendo litisconsórcio, o desinteresse na realização da audiência deve ser manifestado por todos os litisconsortes.*
>
> *§ 7º A audiência de conciliação ou de mediação pode realizar-se por meio eletrônico, nos termos da lei.*
>
> *§ 8º O não comparecimento injustificado do autor ou do réu à audiência de conciliação é considerado ato atentatório à dignidade da justiça e será sancionado com multa*

DA APELAÇÃO

de até dois por cento da vantagem econômica pretendida ou do valor da causa, revertida em favor da União ou do Estado.

§ 9º As partes devem estar acompanhadas por seus advogados ou defensores públicos.

§ 10. A parte poderá constituir representante, por meio de procuração específica, com poderes para negociar e transigir.

§ 11. A autocomposição obtida será reduzida a termo e homologada por sentença.

§ 12. A pauta das audiências de conciliação ou de mediação será organizada de modo a respeitar o intervalo mínimo de 20 (vinte) minutos entre o início de uma e o início da seguinte

Se não for interposta apelação contra a decisão que indeferiu a petição inicial ou se a apelação não for provida pelo tribunal, o réu será apenas intimado do trânsito em julgado da sentença ou do acórdão (§3º do art. 331 do novo C.P.C.).

27.15. Questão sobre o recurso de apelação contra a sentença que julga a demanda sem resolução de mérito

O art. 485 do novo C.P.C. estabelece as seguintes hipóteses em que o juiz, ao prolatar a sentença, poderá definir a demanda sem resolução de mérito: I – indeferir a petição inicial; II – o processo ficar parado durante mais de 1 (um) ano por negligência das partes; III – por não promover os atos e as diligências que lhe incumbir, o autor abandonar a causa por mais de 30 (trinta) dias; IV – verificar a ausência de pressupostos de constituição e de desenvolvimento válido e regular do processo; V – reconhecer a existência de perempção, de litispendência ou de coisa julgada; VI – verificar ausência de legitimidade ou de interesse processual; VII – acolher a alegação de existência de convenção de arbitragem ou quando o juízo arbitral reconhecer sua competência; VIII – homologar a desistência da ação; IX – em caso de morte da parte, a ação for considerada intransmissível por disposição legal; e X – nos demais casos prescritos neste Código.

Diante de uma sentença sem resolução de mérito, a parte sucumbente poderá interpor o recurso de apelação.

Interposta a apelação em qualquer dos casos de que tratam os incisos do art. 485 do novo C.P.C., o juiz terá 5 (cinco) dias para retratar-se (§7º do art. 485 do novo C.P.C.).

Portanto, o art. 485, §7º, do novo C.P.C. permite que o juiz, antes de processar e remeter o recurso de apelação ao tribunal competente, possa retratar-se da decisão proferida.

Observa-se que entre as hipóteses que permitem a prolação de uma sentença sem resolução de mérito encontra-se o *indeferimento da petição inicial*.

Porém, o *indeferimento da petição inicial* é fundamento para a prolação de uma sentença sem resolução de mérito também com base no art. 331 do novo C.P.C.

Assim, haveria diferença existente entre o art. 331 e o art. 485 do novo C.P.C.?

Penso que não.

Na realidade os arts. 331 e 485 do novo C.P.C. complementam-se

Somente se pode falar em *indeferimento da petição inicial* quando a tal conclusão chegar o juiz logo no início do processo, *in status assertionis*, ou seja, quando ainda não foi citado o réu.

Uma vez citado o réu e triangularizada a relação jurídica processual, eventual defeito da petição inicial reconhecida pelo juiz de ofício ou indicado pelo réu em sua resposta, será objeto de sentença, sem resolução de mérito, com fundamento no art. 485, inc. IV, do novo C.P.C., que assim dispõe:

> *Art. 485. O juiz não resolverá o mérito quando:*
> *(...).*
> *IV – verificar a ausência de pressupostos de constituição e de desenvolvimento válido e regular do processo.*

Portanto, a hipótese do inc. I do art. 485 do novo C.P.C., ou seja, sentença proferida sem resolução de mérito na hipótese de *indeferimento da inicial*, terá por fundamento o art.330 do novo C.P.C, com observância do 331 do mesmo diploma legal.

27.16. Questão sobre a apelação contra o julgamento de improcedência liminar do pedido

Há no novo C.P.C. a hipótese *da improcedência liminar do pedido*.

A mesma hipótese era intitulada no projeto originário do Senado, n. 166/10, como *Da rejeição liminar da demanda*.

DA APELAÇÃO

Evidentemente, a nova denominação é tecnicamente mais aconselhável, pois a demanda não é nem rejeitada e nem acolhida; o que o juiz acolhe ou rejeita é o pedido formulado na demanda, ou seja, a pretensão.

Note-se que a demanda não é composta somente pelo pedido, mas também pelas partes e pela causa de pedir.

A hipótese de improcedência liminar do pedido, além de fortalecer a uniformização de jurisprudência, evita o prosseguimento de um processo cujo resultado final já se sabe de antemão, especialmente pelo fato de que os Tribunais Superiores já uniformizaram sua jurisprudência sobre a matéria posta em juízo.

Segundo estabelece o art. 332 do novo C.P.C., nas causas que dispensem a fase instrutória, o juiz, independentemente da citação do réu, julgará liminarmente improcedente o pedido nas hipóteses previstas nos incisos I a IV do referido dispositivo.

Permite-se que nas hipóteses dos incisos I a IV do artigo 332 do novo C.P.C. o juiz possa, *liminarmente, inaldita altera pars,* sem ouvir a parte contrária, julgar improcedente o pedido nas causas que dispensem a fase instrutória, resolvendo em definitivo o mérito, sem necessidade de se valer da citação do réu e da fase instrutória.

No projeto originário n. 2.046/10, a improcedência liminar do pedido dava-se nas causas meramente de direito.

A grande indagação que surgia em relação à redação originária seria como definir o que se entende por causas meramente de direito, pois todas as questões jurídicas têm por fundamento algum aspecto fático.

Não se pode esquecer, conforme já teve oportunidade de ensinar o saudoso Miguel Reale no âmbito de sua teoria tridimensional, que o direito é fato, valor e norma.

Na realidade, não se trata de questões meramente de direito, mas, talvez, de questões que, conforme ficou bem consignado no novo C.P.C., *dispensem a fase instrutória,* uma vez que tanto a matéria de fato quanto a matéria jurídica já se encontram antecipadamente definidas.

E as hipóteses que autorizam o julgamento liminar de improcedência do pedido são:

I – *contrariar enunciado de súmula do Supremo Tribunal Federal ou do Superior Tribunal de Justiça;*

Tendo em vista que o dispositivo em comento não distingue a espécie de súmula, o permissivo legal aplica-se tanto às súmulas vinculantes quanto às súmulas não vinculantes, uma vez que a intenção do legislador é não permitir o desenvolvimento e prosseguimento de um processo cuja jurisprudência do Supremo Tribunal Federal ou do Superior Tribunal de Justiça já esteja uniformizada pela edição de súmulas.

É bem verdade que o legislador poderia também ter inserido no aludido inciso a possibilidade de improcedência liminar do pedido se este contrariasse *jurisprudência dominante do S.T.F. ou do S.T.J.*, tendo em vista que muitas vezes a questão já se encontra definida nos tribunais superiores de forma uniforme, porém não foi consolidada em súmula de jurisprudência.

II – contrariar acórdão proferido pelo Supremo Tribunal Federal ou pelo Superior Tribunal de Justiça em julgamento de recursos repetitivos;

O instituto dos recursos repetitivos aplica-se tanto ao S.T.J. quanto ao S.T.F. Nesse sentido é o teor do art. 1.036 do novo C.P.C.: *Sempre que houver multiplicidade de recursos extraordinários ou especiais com fundamento em idêntica questão de direito, haverá afetação para julgamento de acordo com as disposições desta Subseção, observado o disposto no Regimento Interno do Supremo Tribunal Federal e no do Superior Tribunal de Justiça.*

Desta feita, o pedido será liminarmente julgado improcedente quando contrariar acórdão proferido pelo S.T.F. ou pelo S.T.J. em julgamento de recursos repetitivos.

III – contrariar entendimento firmado em incidente de resolução de demandas repetitivas ou de assunção de competência;

O incidente de resolução de demandas repetitivas e o de assunção de competência são institutos inseridos no ordenamento jurídico pelo atual C.P.C., os quais visam a aplicar no âmbito da atividade jurisdicional o princípio da econômica processual e o da celeridade da prestação da tutela jurisdicional.

Sobre a *assunção de competência*, prescreve o art. 947 do novo C.P.C.: *É admissível a assunção de competência quando o julgamento de recurso, de remessa necessária ou de processo de competência originária envolver relevante questão de direito, com grande repercussão social, sem repetição em múltiplos processos.*

A assunção de competência, na realidade, confere o julgamento do recurso, da remessa necessária ou de processo de competência originária a um órgão do tribunal com competência prevalecente sobre outros órgãos, quando envolver relevante questão de direito, com grande repercussão social, sem repetição em múltiplos processos.

DA APELAÇÃO

Sobre a *resolução de demandas repetitivas,* prescreve o art. 976 do atual C.P.C.:

> *É cabível a instauração do incidente de resolução de demandas repetitivas quando houver, simultaneamente:*
> *I – efetiva repetição de processos que contenham controvérsia sobre a mesma questão unicamente de direito;*
> *II – risco de ofensa à isonomia e à segurança jurídica.*
> Portanto, o pedido que contrariar o conteúdo jurídico advindo do incidente de assunção de competência ou do de resolução de demandas repetitivas será liminarmente julgado improcedente.
> *IV – contrariar enunciado de súmula de tribunal de justiça sobre direito local.*

Este inciso não havia no projeto originário do novo C.P.C.

Porém, quando o exame de questão controvertida demanda a interpretação de direito local, não será possível a interposição de recurso especial, nem tampouco recurso extraordinário. Nesse sentido são os seguintes precedentes do S.T.F. e do S.T.J.:

> *Ementa: O acórdão impugnado decidiu a causa com base na interpretação de legislação infraconstitucional, especificamente a Lei nº 1.638/1991, do Município de Uchoa, e o Decreto Municipal nº 210/2002. O tema em debate não configura violação direta à Constituição, bem como impede o reconhecimento de existência de repercussão geral, na forma do artigo 324, § 2º, RISTF. A ofensa ao direito local não viabiliza o apelo extremo (súmula 280 do STF). Ausência de repercussão geral.*
> (RE 662224 RG, Relator(a): Min. CEZAR PELUSO, Relator(a) p/ Acórdão: Min. LUIZ FUX, julgado em 13/09/2012

> *O exame da alegada ofensa ao art. 5º, II, XXXV, LIV, LV, da Constituição Federal dependeria de prévia análise da legislação infraconstitucional aplicada à espécie, o que refoge à competência jurisdicional extraordinária, prevista no art. 102 da Constituição Federal. Tendo a Corte de origem dirimido à luz da legislação local controvérsia acerca da regularidade da aplicação de multa decorrente de infração ambiental, obter decisão em sentido diverso demandaria a análise de matéria infraconstitucional, o que torna oblíqua e reflexa eventual ofensa, insuscetível de viabilizar o conhecimento do recurso extraordinário. Aplicação da Súmula 280/STF: "Por ofensa a direito local não cabe recurso extraordinário". Precedentes. Agravo regimental conhecido e não provido.*

RECURSOS NO NOVO C.P.C.

(ARE 773595 AgR, Relator(a): Min. ROSA WEBER, Primeira Turma, julgado em 10/12/2013).

1. O exame da questão controvertida demanda a interpretação de direito local, sendo que tal providência não é possível em sede de recurso especial. Aplica-se, por analogia, o disposto na Súmula 280/STF: "Por ofensa a direito local não cabe recurso extraordinário".
2. Agravo regimental não provido.
(AgRg no AREsp 436.551/PR, Rel. Ministro MAURO CAMPBELL MARQUES, SEGUNDA TURMA, julgado em 17/12/2013, DJe 05/02/2014).

1. O Superior Tribunal de Justiça já decidiu, amiúde, que não é passível de cognição, na estreita via do recurso especial, a pretensão de modificar o posicionamento da Corte estadual que, com base em análise de direito local, decide pela legitimidade ou ilegitimidade da autoridade apontada como coatora em sede de mandado de segurança, a teor da Súmula 280/STF: "Por ofensa a direito local não cabe recurso extraordinário". A respeito, confira-se: AgRg no AREsp 215.751/PE, Rel. Ministra ELIANA CALMON, SEGUNDA TURMA, julgado em 17/09/2013, DJe 24/09/2013; AgRg no AREsp 328.202/PE, Rel. Ministro HUMBERTO MARTINS, SEGUNDA TURMA, DJe 30/08/2013; AgRg no REsp 1359529/PE, Rel. Ministro MAURO CAMPBELL MARQUES, SEGUNDA TURMA, DJe 27/09/2013; AgRg no REsp 1373641/DF, Rel. Ministro HERMAN BENJAMIN, SEGUNDA TURMA, DJe 13/09/2013.
2. Agravo regimental não provido.
(AgRg no REsp 1367112/AL, Rel. Ministro MAURO CAMPBELL MARQUES, SEGUNDA TURMA, julgado em 17/12/2013, DJe 05/02/2014).

1. Por ofensa a direito local não cabe recurso especial. Aplica-se, por analogia, o disposto na Súmula 280/STF.
2. Recurso especial não conhecido.
(REsp 1219229/SP, Rel. Ministro MAURO CAMPBELL MARQUES, SEGUNDA TURMA, julgado em 07/11/2013, DJe 03/02/2014)

Assim, a decisão proferida pelos Tribunais de Justiça sobre direito local, especialmente quando consolidada em súmula, passa a ter caráter definitivo pelo fato de que contra ela não será possível a interposição de recurso especial e extraordinário.

DA APELAÇÃO

Preceitua o §1º do art. 332 do novo C.P.C que o juiz também poderá julgar liminarmente improcedente o pedido se verificar, desde logo, a ocorrência de decadência ou de prescrição.

O reconhecimento da prescrição ou decadência pode se dar por provocação da parte ou de ofício.

O juiz, verificando *de ofício* a ocorrência da prescrição ou da decadência, poderá (no sentido deverá) *julgar liminarmente improcedente o pedido*.

Com isso o novo C.P.C. insere a decadência e a prescrição no campo certo de análise, ou seja, como questão de mérito, razão pela qual o pedido é sumariamente julgado improcedente.

Contra a decisão que julgar liminarmente a improcedência do pedido em face das hipóteses enunciadas nos incisos do art. 332 do novo C.P.C. cabe recurso de apelação, pois se trata de sentença que extingue o processo com resolução de mérito.

Contudo, se não foi interposta a apelação, o réu será intimado do trânsito em julgado da sentença, nos termos do art. 241 (§2º do art. 332 do novo C.P.C.).

Este dispositivo não diz que o réu será intimado da decisão proferida, mas somente do seu trânsito em julgado, o que pode gerar mácula ao princípio Constitucional do devido processo legal (do processo público com todas as suas garantias) ou do contraditório. Na realidade, mesmo que a decisão que tenha sido proferida possa em *tese* beneficiar totalmente o réu, ele tem o direito subjetivo processual de ser intimado antes do seu trânsito em julgado, pois poderá, por qualquer motivo, ingressar com embargos de declaração ou mesmo, dependendo das circunstâncias (não há dúvida que serão raras), apelar da decisão.

Estabelece o §3º do art. 332 do novo C.P.C. que interposta a apelação, o juiz poderá retratar-se em 5 (cinco) dias.

Diante da sentença que julgou liminarmente improcedente o pedido, em face de algumas das hipóteses estabelecidas no art. 332 do novo C.P.C., poderá o autor apresentar recurso de apelação.

Interposto o recurso de apelação, o juiz, sem ouvir a parte contrária, poderá *retratar-se* no prazo de cinco dias, especialmente quando demonstrado pelo apelante que houve erro ou equívoco na decisão que julgou liminarmente improcedente o pedido.

Aduz o §4º do art. 332 do novo C.P.C. que se houver retratação, o juiz determinará o prosseguimento do processo, com a citação do réu, e, se não

RECURSOS NO NOVO C.P.C.

houver retratação, determinará a citação do réu para apresentar contrar-razões, no prazo de 15 (quinze) dias.

Se diante da apelação interposta o juiz retratar-se de sua decisão, haverá o prosseguimento regular do processo, com a citação do réu. Contra esta decisão não cabe recurso.

Se o juiz não se retratar no prazo de cinco dias, determinará a citação do réu para apresentar *contrarrazões,* no prazo de quinze dias.

Se a decisão for reformada no tribunal, o réu será novamente intimado para comparecer à audiência de conciliação ou mediação.

28.
Do Agravo de Instrumento

28.1. Considerações gerais

O recurso de *agravo* surge com o velho direito português em face da proibição estabelecida por Afonso IV à faculdade de apelar contra decisões interlocutórias. As partes, não se conformando contra essas decisões que lhes causavam por vezes alguns prejuízos iminentes, insistiam por meio de petição dirigida ao Rei na concessão de imediata correção ao *agravo sofrido*. A fim de acelerar o procedimento, D. Duarte determinou que as petições lhe fossem dirigidas já acompanhadas da resposta do juiz que proferiu a decisão impugnada. A isso se denominou de carta testemunhável ou instrumentos de agravos. No âmbito das Ordenações Manuelinas foram previstas duas modalidades de agravo. Quando o órgão *ad quem* tivesse sede no mesmo local do órgão *a quo,* o agravo subia por *petição*. Se os juízos tivessem sedes diferentes, o agravo subia por *instrumento*.[443]

O C.P.C. de 1939 prevê o denominado *agravo no auto do processo,* assim como manteve o *agravo de instrumento* e o *agravo de petição.* O agravo de petição ficou restrito às decisões de natureza terminativas (aquelas que extinguem o processo sem resolução de mérito). Já o agravo de instrumento ficou reservado para impugnação das decisões interlocutórias, sendo que a título excepcional contra as decisões definitivas (art. 842, XV do C.P.C. de 1939).

---

[443] BUZAID, A. op. cit., p. 34 e ss.

RECURSOS NO NOVO C.P.C.

O agravo previsto no C.P.C. de 1973, quando de sua entrada em vigor, apresentava apenas uma natureza, ou seja, tratava-se de um recurso processado somente por meio de instrumento, razão pela qual passou a se chamar *agravo de instrumento*. Por sua vez, convém registrar que uma só espécie, na verdade, existia no Anteprojeto Buzaid e no Projeto definitivo; mas, quando da tramitação deste no Congresso Nacional, reintroduziu-se, posto que sem o velho nome, a figura do agravo no auto do processo, por meio de emenda aditiva, resultando na aprovação dos §§1º e 2º do art. 522 do C.P.C. de 1973.[444] Assim estabelecia a redação original deste artigo:

> *Art. 522. Ressalvado o disposto nos arts. 504 e 513, de todas as decisões proferidas no processo caberá agravo de instrumento.*
>
> *§1º Na petição, o agravante poderá requerer que o agravo fique retido nos autos, a fim de que dele conheça o tribunal, preliminarmente, por ocasião do julgamento da apelação.*
>
> *§2º Requerendo o agravante a imediata subida do recurso, será este processado na conformidade dos artigos seguintes.*

Quando da entrada em vigor do C.P.C. de 1973, o agravo de instrumento era um recurso permitido contra toda e qualquer decisão de natureza interlocutória, conforme estabelecia o *caput* do art. 522.

O nosso ordenamento jurídico, conforme se pode observar pelo C.P.C. de 1939 e o de 1973, sempre optou pela aplicação de fases distintas no âmbito do processo jurisdicional, permitindo a interposição de impugnações de decisões de acordo com a fase processual respectiva, assim como em relação ao conteúdo propriamente dito da decisão.

Porém, é bem verdade que essa amplitude de possibilidade de impugnações de decisões, especialmente as de natureza interlocutórias, durante o transcurso das fases processuais, representa de certa forma um emperramento do andamento do processo, maculando o princípio da celeridade processual.

Por isso, o legislador, já no ano de 1995, pela Lei n. 9.139, houve por bem modificar a sistemática do agravo no ordenamento jurídico nacional, modificando inclusive sua nomenclatura, o qual passou a se chamar de forma genérica simplesmente *agravo*. O legislador, a partir desta data,

---

[444] BARBOSA MOREIRA, José Carlos. *Comentários ao código de processo civil*. V Vol.) (art. 476 a 565). Rio de Janeiro: Forense, 1976. p. 454.

DO AGRAVO DE INSTRUMENTO

permitiu que o agravo se dividisse em instrumento, apreciado pelo tribunal de imediato, ou agravo retido, que ficava retido nos autos principais para que o tribunal dele conhecesse se fosse solicitada sua apreciação em preliminar de apelação.

Outras modificações ocorreram, especialmente pela Lei 11.187/05, a qual deu nova redação ao art. 522 do C.P.C. de 1973, a saber: *Das decisões interlocutórias caberá agravo, no prazo de 10 (dez) dias, na forma retida, salvo quando se tratar de decisão suscetível de causar à parte lesão grave e de difícil reparação, bem como nos casos de inadmissão da apelação e nos relativos aos efeitos em que a apelação é recebida, quando será admitida a sua interposição por instrumento. (Redação dada pela Lei nº 11.187, de 2005)*

O legislador estabeleceu que o agravo, de uma maneira geral, passaria a ser retido, salvo quando se tratasse de decisão suscetível de causar à parte lesão grave e de difícil reparação, bem como nos casos de inadmissão de apelação e nos relativos aos efeitos em que a apelação seria recebida, quando então seria admitida a interposição de agravo de instrumento.

Com a entrada em vigor da Lei 11.187/05, o legislador tentou restringir um pouco a subida do recurso de *agravo* ao tribunal, a fim de que, na maioria das decisões interlocutórias, esse recurso permanecesse retido no âmbito do processo, só tomando dele conhecimento o órgão 'ad quem' quando suscitado em preliminar de apelação.

O novo C.P.C., Lei 13.105 de 2015, traz uma nova ótica sobre a questão da recorribilidade das decisões interlocutórias.

A regra geral passou a ser a da *irrecorribilidade em separado ou de forma imediata das decisões interlocutórias,* salvo em relação às decisões indicadas nos incisos do art. 1.015 do novo C.P.C.

É possível que se reduza o número de agravo de instrumento em face da proibição de recorribilidade imediata de determinadas decisões interlocutórias.

Porém, com a possibilidade de se renovar a questão tratada na decisão interlocutória por ocasião do recurso de apelação, sem dúvida este recurso tornar-se-á mais complexo e trabalhosa sua análise, especialmente quando a questão disser respeito ao indeferimento de determinada prova.

28.2. Agravo de instrumento – decisões interlocutórias

Em nosso ordenamento jurídico o juiz pode praticar três espécies de atos processuais: a) sentença; b) decisões interlocutórias; e c) despacho.

O legislador processual brasileiro sempre preconizou um critério distintivo dos atos processuais do juiz, não com base na sua forma, mas, sim, de acordo com o seu conteúdo/finalidade.

Efetivamente, não é a forma que distingue uma sentença de uma decisão interlocutória, uma vez que uma decisão interlocutória pode ser proferida utilizando-se de todos os requisitos de uma sentença, isto é, formatada através de um relatório, fundamento e decisão. Por sua vez, há sentenças que não possuem relatório, como aquelas proferidas nos juizados especiais.

Interessa-nos as *decisões interlocutórias*.

A definição normativa de *decisões interlocutórias* está contida no §2º do art. 203 do atual C.P.C., a saber: *"Decisão interlocutória é todo pronunciamento judicial de natureza decisória que não se enquadre no §1º"*.

Portanto, é decisão *interlocutória* toda aquela que não seja um simples despacho ou que não se enquadre na definição de sentença.

A decisão interlocutória não é um *despacho*, pois a definição de despacho é configurada por exclusão, ou seja, todo pronunciamento do juiz praticado no processo, de ofício ou a requerimento da parte, que não seja nem sentença nem decisão interlocutória, será considerado despacho. (§3º do art. 203 do atual C.P.C.).

Por sua vez, entende-se por *sentença*, ressalvadas as disposições expressas dos procedimentos especiais, todo pronunciamento por meio do qual o juiz, com fundamento nos arts. 485 e 487 do atual C.P.C, põe fim à fase cognitiva do procedimento comum, bem como extingue a execução. (§1º do art. 203 do atual C.P.C.).

Porém, nem todo pronunciamento judicial que tenha natureza de decisão e que se enquadre na definição de decisão interlocutória estará sujeito ao recurso de agravo de instrumento.

Preceitua o *art. 1.015* do atual C.P.C. que cabe agravo de instrumento contra as decisões interlocutórias que versarem sobre: I –tutelas provisórias; II –mérito do processo; III – rejeição da alegação de convenção de arbitragem; IV –incidente de desconsideração da personalidade jurídica; V – rejeição do pedido de gratuidade da justiça ou acolhimento do pedido de sua revogação; VI – exibição ou posse de documento ou coisa; VII – exclusão de litisconsorte; VIII – rejeição do pedido de limitação do litisconsórcio; IX – admissão ou inadmissão de intervenção de terceiros; X – concessão, modificação ou revogação do efeito suspensivo aos embar-

DO AGRAVO DE INSTRUMENTO

gos à execução; XI – redistribuição do ônus da prova nos termos do art. 373, §1º; XII – VETADO; XIII – outros casos expressamente referidos em lei. [445]

Também caberá agravo de instrumento contra decisões interlocutórias proferidas na fase de liquidação de sentença ou de cumprimento de sentença, no processo de execução e no processo de inventário.

No âmbito do sistema recursal, compete ao legislador ordinário realizar uma opção política concentrada, na qual haja restrição ao elenco dos recursos cabíveis contra as decisões de primeira instância, podendo inclusive optar pela permissão de apenas um único recurso, por meio do qual se leva ao conhecimento do órgão superior toda a matéria (de mérito ou estranha a ele) apreciada pelo juiz *a quo*, ou uma opção política aberta, na qual permite-se um leque de recursos ou impugnações contra as diversas decisões judiciais que são proferidas durante o transcurso da relação jurídica processual.

Na realidade, ambas as tentativas políticas, uma para restringir, outra para ampliar a interposição de agravo de instrumento contra decisão interlocutória apresentam vantagens e desvantagens. A primeira decerto evita as perturbações, delongas e despesas que a reiterada interposição de recurso, com o consequente processamento, fatalmente acarreta para a marcha do feito. A segunda abre margem a esse grave inconveniente, mas, em compensação, enseja a correção rápida de erros suscetíveis, em certos casos, de causar danos que já não poderiam ser reparados, ou que dificilmente o seriam, se se tivesse de aguardar o término do procedimento de primeiro grau para denunciá-los.

O C.P.C. de 1973, com a redação dada pela Lei 11.187 de 2005, estabeleceu que das decisões interlocutórias caberia agravo, no prazo de 10 (dez) dias, na forma retida, salvo quando se tratasse de decisão suscetível de causar à parte lesão grave e de difícil reparação, bem como nos casos de inadmissão da apelação e nos relativos aos efeitos em que a apelação seria recebida, quando a sua interposição deveria ocorrer por instrumento. A partir desta lei, a regra geral passou a ser o *agravo retido*, prevendo oportu-

---

[445] É importante salientar que as hipóteses legais de interposição de agravo de instrumento são taxativas, pois traz um modelo casuístico que permite vislumbrar um perfil temático de cada uma das hipóteses (THEODORO, JÚNIOR, Humberto; et al. *Novo CPC – fundamentos e sistematização*. Rio de Janeiro: Forense, 2015. p. 23).

nidade para a interposição do *agravo de instrumento* diretamente ao tribunal quando se tratasse de decisão suscetível de causar à parte lesão grave e de difícil reparação, bem como nos casos de inadmissão da apelação e nos relativos aos efeitos em que a apelação seria recebida.

O legislador de 1973 não optou por uma sistemática de discriminação das decisões que pudessem ser objeto de agravo de instrumento.

Porém, para Barbosa Moreira, a via intermediária consistiria em discriminar, dentre as numerosas decisões interlocutórias, aquelas que, por seu objeto, reclamassem pronto exame, e aquelas que comportassem mais longa espera, criando para as duas classes regimes diversos.[446] Aliás, o legislador do C.P.C. de 1939 procurou seguir justamente a via intermédia indicada por Barbosa Moreira, uma vez que distribuiu entre o agravo de instrumento e o agravo no auto do processo a função de servir a impugnação das interlocutórias.

Também o legislador do atual C.P.C. houve por bem seguir a recomendação de Barbosa Moreira, pois o art. 1.015 expressamente discrimina e enumera, assim como já o fez o C.P.C. de 1939, as decisões que são suscetíveis do *agravo de instrumento*.

Por outro lado, o atual legislador, ao enumerar as decisões interlocutórias que possam ser suscetíveis de *agravo de instrumento,* também abandonou a opção legislativa do Código revogado no sentido de que este recurso somente seria cabível em relação à decisão suscetível de causar à parte lesão grave e de difícil reparação.

Houve por parte do legislador atual uma amplitude maior para a interposição do agravo de instrumento, o que poderá ser prejudicial ao princípio da rapidez e celeridade processual.

É importante salientar que o atual C.P.C. extinguiu a figura do *agravo retido* que era regra geral do Código revogado.

É certo que no projeto originário do novo C.P.C., com emenda da Câmara dos Deputados, havia previsão de que em relação às questões resolvidas na fase de conhecimento, se a decisão a seu respeito não comportasse agravo de instrumento, haveria necessidade de a parte interessada promover prévia apresentação *de protesto* específico contra a decisão no primeiro momento que coubesse à parte falar nos autos, sob pena de preclusão (2° do art. 1.022 do projeto originário n. 2.046/10). Assim,

---

[446] BARBOSA MOREIRA, J. C., idem, p. 456.

DO AGRAVO DE INSTRUMENTO

se a parte interessada em revogar a decisão não sujeita a agravo de instrumento não efetuasse o protesto indicado no §2º do art. 1.022 do atual C.P.C., não poderia mais suscitá-la em preliminar de apelação, em face da ocorrência da preclusão.

Porém, o novo C.P.C. não repetiu a necessidade de protesto como pressuposto para reforma da decisão interlocutória em preliminar de apelação.

Outra alteração importante que se verifica no recurso do agravo de instrumento regulado pelo C.P.C. de 1973 e o atual C.P.C. é que naquele código o prazo para a interposição do agravo era de 10 (dez) dias, conforme estabelecia o seu art. 522; já pelo atual C.P.C., com a unificação dos prazos recursais, o prazo para a interposição do agravo de instrumento é de 15 (quinze) dias.

Assim, caberá *agravo de instrumento* contra as *decisões interlocutórias* enumeradas nos incisos I a XIII do art. 1.015 do atual C.P.C.

Portanto, pelo atual C.P.C., o *agravo de instrumento* estará delimitado somente às seguintes decisões interlocutórias que versarem sobre:

28.2.1. Tutela provisória

Note-se que a tutela provisória poderá ter por fundamento a urgência (antecipada/satisfativa ou cautelar) e a evidência.

Caberá agravo de instrumento contra as decisões interlocutórias que conceder, negar, modificar ou revogar a tutela provisória, seja com base na urgência ou com base na evidência.[447]

---

[447] É importante salientar que perde objeto o agravo de instrumento interposto contra decisão proferida em antecipação de tutela quando sobrevier a respectiva sentença de mérito, de acordo com o caso em concreto, conforme estabelece a seguinte decisão do S.T.J.:

A superveniência de sentença de mérito implica a perda do objeto de agravo de instrumento interposto contra decisão anteriormente proferida em tutela antecipada. A definição acerca de a superveniência de sentença de mérito ocasionar a perda do objeto do agravo de instrumento deve ser feita casuisticamente, mediante o cotejo da pretensão contida no agravo com o conteúdo da sentença, de modo a viabilizar a perquirição sobre eventual e remanescente interesse e utilidade no julgamento do recurso. Entretanto, na específica hipótese de interposição de agravo contra decisão de deferimento ou indeferimento de antecipação de tutela, vislumbra-se que a prolatação de sentença meritória implicará a perda do objeto do agravo de instrumento, em virtude da superveniente perda do interesse recursal. Isso porque a sentença de procedência do pedido – que substitui a decisão concessiva da tutela de urgência – torna-se plenamente eficaz ante o recebimento da apelação tão somente no efeito devolutivo, permitindo-se desde logo a execução provisória do julgado, nos termos do art. 520, VII, do CPC, o qual dispõe que: "Art. 520. A apelação será

RECURSOS NO NOVO C.P.C.

recebida em seu efeito devolutivo e suspensivo. Será, no entanto, recebida só no efeito devolutivo, quando interposta de sentença que: [...] VII – confirmar a antecipação dos efeitos da tutela". O mesmo se diz em relação à sentença de improcedência do pedido, a qual tem o condão de revogar a decisão concessiva de antecipação, ante a existência de evidente antinomia entre elas. Portanto, a superveniência da sentença de mérito ocasiona a perda de objeto de anterior agravo de instrumento interposto contra decisão proferida em sede de medida antecipatória.

(EAREsp 488.188-SP, Rel. Min. Luis Felipe Salomão, julgado em 7/10/2015, DJe 19/11/2015).

O S.T.J. também vem entendendo que uma vez reformada a decisão interlocutória de antecipação de tutela, volta-se ao 'status quo ante', inclusive quanto a eventual devolução de valores percebidos em razão da antecipação. Nesse sentido é o seguinte precedente:

DIREITO PREVIDENCIÁRIO E PROCESSUAL CIVIL. REVOGAÇÃO DE TUTELA ANTE-CIPADA E DEVOLUÇÃO DE BENEFÍCIO PREVIDENCIÁRIO COMPLEMENTAR.

Os valores de benefícios previdenciários complementares recebidos por força de tutela antecipada posteriormente revogada devem ser devolvidos, observando-se, no caso de desconto em folha de pagamento, o limite de 10% (dez por cento) da renda mensal do benefício previdenciário até a satisfação integral do valor a ser restituído. De fato, a Primeira Seção do STJ (REsp 1.401.560-MT, DJe 13/10/2015) firmou, recentemente, tese em recurso especial representativo da controvérsia de acordo com a qual a reforma da decisão que antecipa a tutela obriga o autor da ação a devolver os benefícios previdenciários do RGPS indevidamente recebidos. Com efeito, prevaleceu o entendimento de que a tutela antecipada é um provimento judicial provisório e, em regra, reversível (art. 273, § 2º, do CPC), devendo a irrepetibilidade da verba previdenciária recebida indevidamente ser examinada não somente sob o aspecto de sua natureza alimentar, mas também sob o prisma da boa-fé objetiva, que consiste na presunção de definitividade do pagamento. Assim, é certo que os valores recebidos precariamente são legítimos enquanto vigorar o título judicial antecipatório, o que caracteriza a boa-fé subjetiva do autor. Entretanto, como isso não enseja a presunção de que essas verbas, ainda que alimentares, integrem o seu patrimônio em definitivo, não há a configuração da boa-fé objetiva, o que acarreta, portanto, o dever de devolução em caso de revogação da medida provisória, até mesmo como forma de se evitar o enriquecimento sem causa do então beneficiado (arts. 884 e 885 do CC e 475-O, I, do CPC). Aplicou-se também a regra do art. 115, II, da Lei 8.213/1991, que prevê a possibilidade de serem descontados dos benefícios previdenciários do RGPS os pagamentos realizados pelo INSS além do devido. No que diz respeito ao caso aqui analisado – que trata de previdência complementar (e não do RGPS) –, o mesmo raciocínio quanto à reversibilidade do provimento antecipado, de caráter instrumental, deve ser aplicado, de modo comum, a ambos os sistemas. Nesse sentido, a Quarta Turma do STJ (REsp 1.117.247-SC, DJe 18/9/2014) já assentou que deve incidir na previdência complementar a mesma exegese feita na previdência oficial sobre a reversibilidade das tutelas de urgência concessivas de valores atinentes a benefício previdenciário em virtude da sua repetibilidade. Ademais, embora as verbas de natureza alimentar do Direito de Família sejam irrepetíveis – porquanto regidas pelo binômio necessidade/possibilidade –, as verbas oriundas da suplementação de aposentadoria, por possuírem índole contratual, estão sujeitas à repetição. Além do mais, como as verbas previdenciárias complementares são de natureza alimentar e periódica e para não haver o comprometimento da subsistência do devedor, tornando efetivo o princípio da dignidade da pessoa humana (art. 1º, III, da CF), deve haver parâmetros quanto à imposição obrigacional de reparação. Nesse contexto, a Primeira Seção do STJ (REsp 1.384.418-SC, DJe

DO AGRAVO DE INSTRUMENTO

A tutela de urgência pode ser requerida antes ou no curso do processo, seja ela antecipada ou cautelar.

Aplica-se o recurso de agravo igualmente às decisões sobre tutelas provisórias proferidas em incidentes ou procedimentos especiais, disciplinados no novo C.P.C. ou em lei esparsa.

É importante salientar que uma vez julgado pelo Tribunal de Apelação o recurso de agravo de instrumento contra a tutela provisória concedida de forma antecedente ou incidental, não haverá espaço para se levar a questão ao crivo do Superior Tribunal de Justiça.

É que o Superior Tribunal de Justiça não tem conhecido do Recurso Especial interposto contra acórdão proferido em agravo de instrumento interposto contra decisão que avaliou pedido de tutela provisória.

Para que o S.T.J. pudesse analisar recurso especial que tivesse por objeto a concessão ou não de tutela provisória, seria necessário o ingresso na análise dos requisitos normativos para a concessão da aludida tutela, o que demandaria a análise de prova, fato impeditivo da admissibilidade do recurso especial, nos termos Súmula 07 do S.T.J.

Sobre o tema, assim tem se manifestado o S.T.J.:

1. A iterativa jurisprudência desta Corte é no sentido de que, para análise dos critérios adotados pela instância ordinária que ensejaram a concessão ou não da liminar ou da antecipação dos efeitos da tutela, é necessário o reexame dos elementos probatórios a fim de aferir a "prova inequívoca que convença da verossimilhança da alegação", nos termos do art. 273 do CPC, o que não é possível em recurso especial, ante o óbice da Súmula 7/STJ.

*2. É sabido que as medidas liminares de natureza **cautelar** ou antecipatória são conferidas à base de cognição sumária e de juízo de mera **verossimilhança**. Por não representarem pronunciamento definitivo, mas provisório, a respeito do direito afirmado na demanda, são medidas, nesse aspecto, sujeitas à modificação a qualquer tempo, devendo*

30/8/2013) – embora reconhecendo a existência de patamares de 30% e de 35% como valores máximos de comprometimento da renda mensal do devedor para o desconto em folha de pagamento para diversas situações, como empréstimos, financiamentos, cartões de crédito, operações de arrendamento mercantil e outras consignações – adotou como referencial, por simetria, o percentual mínimo de desconto aplicável aos servidores públicos, qual seja, 10% (art. 46, § 1º, da Lei 8.112/1990).
(REsp 1.555.853-RS, Rel. Min. Ricardo Villas Bôas Cueva, julgado em 10/11/2015, DJe 16/11/2015).

RECURSOS NO NOVO C.P.C.

ser confirmadas ou revogadas pela sentença final. Em razão da natureza precária da decisão, em regra, não possuem o condão de ensejar a violação da legislação federal.

Incidência, por analogia, da Súmula 735/STF: "não cabe recurso extraordinário contra acórdão que defere medida liminar".

3. O Tribunal de origem, com amparo nos elementos de convicção dos autos, procedeu à análise dos parâmetros da razoabilidade e da proporcionalidade do valor fixado para a multa diária por descumprimento de decisão judicial.

4. Rever o conteúdo dos autos, a fim de que se chegue à conclusão diversa da instância de origem é, nesta via recursal, impossível, pois demanda apreciação de matéria fática, defeso em recurso especial, nos termos da Súmula 7/STJ.

Agravo regimental improvido.

(AgRg no AREsp 490.601/MS, Rel. Ministro HUMBERTO MARTINS, SEGUNDA TURMA, julgado em 15/05/2014, DJe 22/05/2014).

*1. O simples ajuizamento de ação revisional, com a alegação da abusividade das cláusulas contratadas, não importa o reconhecimento do direito do contratante à antecipação da tutela, **sendo necessário o preenchimento dos requisitos do art. 273 do Código de Processo Civil. Analisar os fundamentos que subsidiaram a decisão tomada em relação à medida de urgência encontra óbice na Súmula 7/STJ, pois requer a apreciação de fatos e provas.***

*2. Para que seja deferido o pedido de manutenção do devedor na posse do bem, é indispensável que ele demonstre a **verossimilhança** das alegações de abusividade das cláusulas contratuais e dos encargos financeiros capazes de elidir a mora, bem como deposite o valor incontroverso da dívida ou preste caução idônea.*

3. Se não foi reconhecida, na ação revisional em curso, a abusividade dos encargos pactuados para o período da normalidade, é de se entender que os valores depositados pelo recorrente não são suficientes a afastar a mora. Incidência, no ponto, da Súmula 83/STJ.

4. Agravo regimental não provido.

(AgRg no AREsp 452.055/MS, Rel. Ministro LUIS FELIPE SALOMÃO, QUARTA TURMA, julgado em 03/04/2014, DJe 11/04/2014).

No sistema jurídico italiano, conforme anota Ítalo Augusto Andolina, *"por constante instrução da Suprema Corte, somente as pronúncias decisórias incidentes sobre direitos subjetivos e ou seu 'status' são impugnáveis por cassação; e decisões são somente as 'ditas' judiciais idôneas ao 'julgado'. Ao contrário, os provimentos provisórios e ou cautelares antecipatórios 'não são' decisórios próprios por-*

DO AGRAVO DE INSTRUMENTO

que 'auxiliares' em relação ao 'julgado', e a eles correlatos e subordinados, e por este destinados a serem absorvidos".[448]

Segundo ainda Ítalo Augusto Andolina, o projeto assim construído apresenta uma indubitável coerência. Porém, referida coerência vacila, e arrisca de ser perigosa, no momento em que os provimentos (que de início seriam 'auxiliares') se afastam da subordinação (ao menos estruturais) ao julgado e adquirem um mais elevado critério de autonomia. Em particular, a *ultratividade* (sempre mais reconhecida aos provimentos de *quibus*) reduz sensivelmente a distância que (até ontem) separava estes provimentos (*lato sensu, provisórios*) das pronúncias decisões em sentido próprio.[449]

Porém, essa preocupação de Ítalo Augusto Andolina, legítima no sistema processual italiano, não se aplica ao sistema jurídico brasileiro, tendo em vista que a *ultratividade* da tutela provisória de urgência antecipada ou satisfativa somente ocorrerá se a parte contrária deixar justamente de interpor o recurso de agravo de instrumento.

28.2.2. Mérito do processo

Cabe agravo de instrumento contra as decisões interlocutórias que versarem sobre *o mérito do processo*.[450]

A previsão legal sobre a existência de decisões interlocutórias que versem sobre o mérito do process encontra-se nos seguintes dispositivos do novo C.P.C.:

> *Art. 354. Ocorrendo qualquer das hipóteses previstas nos arts. 485 e 487, incisos II e III, o juiz proferirá sentença.*

---

[448] ANDOLINA, Italo Augusto. Crisi del giudicato e nuovi strumenti alternativi di tutela giurisdizionale – la nuova tutela provvisoria di merito e le garanzie costituzionali del giusto processo. In: *Revista de Processo*, São Paulo, R.T., ano 32, n. 150, agost/2007, p. 75.

[449] ANDOLINA, I. A., idem, p. 76

[450] *"Até o advento da Lei 11.232/2005, era dominante o entendimento que considerava que o Código de Processo Civil brasileiro havia adotado as teorias de 'unidade da sentença' e da 'unicidade de julgamento'. A primeira considera a sentença como ato uno, incindível, ao passo que a segunda rejeita a possibilidade de julgamentos em momento distintos durante o procedimento".* (REDONDO, Bruno Garcia. Apelação: o recurso adequado à impugnação da sentença interlocutória. In: *Aspectos polêmicos e atuais dos recursos cíveis e assuntos afins.* Coord. Nelson Nery Junior e Teresa Arruda Alvim Wambier. Vol. 12. São Paulo: R.T., 2011. p. 36 e 37.

RECURSOS NO NOVO C.P.C.

Parágrafo único. A decisão a que se refere o caput pode dizer respeito a apenas parcela do processo, caso em que será impugnável por agravo de instrumento.

Art. 356. *O juiz decidirá parcialmente o mérito quando um ou mais dos pedidos formulados ou parcela deles:*

I – mostrar-se incontroverso;

II – estiver em condições de imediato julgamento, nos termos do art. 355.

§ 1º A decisão que julgar parcialmente o mérito poderá reconhecer a existência de obrigação líquida ou ilíquida.

§ 2º A parte poderá liquidar ou executar, desde logo, a obrigação reconhecida na decisão que julgar parcialmente o mérito, independentemente de caução, ainda que haja recurso contra essa interposto.

§ 3º Na hipótese do § 2º, se houver trânsito em julgado da decisão, a execução será definitiva.

§ 4º A liquidação e o cumprimento da decisão que julgar parcialmente o mérito poderão ser processados em autos suplementares, a requerimento da parte ou a critério do juiz.

§ 5º A decisão proferida com base neste artigo é impugnável por agravo de instrumento.

A decisão interlocutória parcial de mérito proferida com base no art. 356 do novo C.P.C., fará coisa julgada material, muito embora não se trate de uma sentença.[451]

Em regra, a decisão que versa sobre o mérito do processo ou da demanda tem natureza de *sentença*.[452]

---

[451] A questão que poderá surgir sobre a possibilidade de a decisão proferida com base no art. 356 do novo fazer coisa julgada material diz respeito à exigência de remessa necessária, nos termos do art. 496 do novo C.P.C., para que tal circunstância jurídica ocorra.

O art. 496 do novo C.P.C. preconiza que está sujeita ao duplo grau de jurisdição, não produzindo efeito senão depois de confirmada pelo tribunal, a *sentença* (....).

Ocorre que a decisão proferida com base no art. 356 não apresenta natureza de *sentença*, mas, sim, natureza de decisão *interlocutória*, sujeita a agravo de instrumento. Seria pouco provável a existência de remessa necessária por meio de agravo de instrumento.

Além do mais, o juiz somente poderá proferir decisão interlocutória com base no art. 356 do novo C.P.C. em situação muito peculiar, como é, entre outras hipóteses, no caso de pedido *incontroverso*.

Portanto, não teria sentido julgar o mérito pela falta de impugnação da Fazenda Pública em relação ao pedido e ao mesmo tempo exigir-se a remessa necessária.

[452] *"Não se nega que deve o magistrado, sempre que possível, concentrar o julgamento de pedidos cumulados em uma única sentença, para evitar o surgimento de diversas apelações, o que poderia acarretar maior*

É certo que a doutrina diverge sobre a definição de *mérito*. Em tese, há três posições específicas sobre o que significa o *mérito*: *"a) os que o conceituam no plano das 'questões', ou complexo de questões referentes à demanda; b) os que se valem da 'demanda' ou de situações externas ao processo, trazidas a ele através da demanda; c) especificamente, a assertiva de que o mérito é a 'lide', 'tout court' (exposição de motivos)"*.[453]

Adotam a concepção de que o mérito se confunde com *as questões de mérito*, Liebman, Carnelutti, entre outros.

Segundo Liebman: *"o conhecimento do juiz é conduzido com o objetivo de decidir se o pedido formulado no processo é procedente ou improcedente e, em consequência, se deve ser acolhido ou rejeitado. Todas as questões cuja resolução possa direta ou indiretamente influir em tal decisão formam, em seu complexo, o mérito da causa"*.[454]

Para Carnelutti, mérito significa o *mérito da lide*, isto é, o complexo das questões materiais que a lide apresenta.

Para Cândido Rangel Dinamarco, fica difícil aceitar a concepção de mérito formulada por Liebman e Carnelutti, uma vez que o próprio conceito de *questão* refuta essa vinculação, uma vez que para Liebman questão é "a dúvida quanto a uma razão". A questão, portanto, não é a *lide*, pois essa se apresenta como *conflito de interesses*. Questão, na realidade, seria o *ponto duvidoso*. Ocorre que, dúvidas podem surgir sobre fatos ou sobre questão jurídica, assim como podem surgir também com referência a situações do processo mesmo e à ação e suas condições. Daí por que a distinção entre *questões substanciais* e *questões processuais*. Assim, o fato de uma questão ter

---

*carga de trabalho. Entretanto, é evidente que, se for possível ao juiz decidir um pedido antes dos demais e, principalmente nos casos do art. 269 (CPC de 1973), entregar o bem da vida de forma imediata, com 'definitividade' e 'efetividade', existirá a possibilidade de ser proferida mais de uma sentença na fase de conhecimento do processo. Existindo pluralidade de sentenças, haverá o direito da parte de recorrer, de forma autônoma, de cada ato. Parte da doutrina que reconhece a existência de 'sentenças interlocutórias' (ou parciais) defende o cabimento do 'agravo de instrumento' (art. 522 do CPC de 1973) por entender que a interposição de apelação iria paralisar a instrução do processo, já que necessariamente os autos originais deveriam ser remetidos à instância recursal, para processamento e julgamento da apelação (Luiz Rodrigues Wambier, Teresa Arruda Wambier, José Miguel Garcia Medina). Com o devido respeito, esse não se revela o melhor entendimento. Sendo o 'decisum' atacado uma 'sentença' (conteúdo dos arts. 267 ou 269 do CPC de 1973), o recurso 'adequado' é a 'apelação (art. 513 do C.P.C. de 1973), não o 'agravo de instrumento'.(*Redondo, B. G., op. cit., p. 43).

[453] Dinamarco, Cândido Rangel. *Fundamentos do processo civil moderno*. São Paulo: Editora Revista dos Tribunais, 1986. p. 188.

[454] Liebman, E.T., *Manual.....*, op. cit., pp. 170-171.

RECURSOS NO NOVO C.P.C.

pertinência à relação material *in judicium deducta*, caracterizando-se como questão de mérito, não significa que ela própria (a questão, ou grupo de questões) *seja* o mérito. Na realidade, para decidir o mérito o juiz no transcurso do processo vai resolvendo *questões*, a fim de que elas se tornem apenas pontos incontroversos. Por isso, é vital não confundir as questões com o próprio mérito.[455]

Doutrinadores como Redenti, Fazzalari e outros entendem que o mérito do processo, ou o objeto do processo, seria uma situação externa ao próprio processo, no caso a *relação jurídica substancial controvertida pelas partes*. Contudo, como bem leciona Dinamarco, não se pode afirmar que o processo seja constituído pela relação jurídica controvertida, *"porque é o processo que deve averiguar se esta relação existe ou não: ela pode não existir; onde então o objeto do processo?"* (Liebman). Além do mais, o processo de execução se realiza sem que necessariamente haja controvérsia em torno da relação jurídica afirmada pelo demandante.[456]

Para Alfredo Buzaid, autor do Anteprojeto do Código de Processo Civil de 1973, a lide seria o objeto fundamental do processo, pois nela se exprimem as aspirações em conflito de ambos os litigantes.[457] Essa afirmação de Buzaid tem vínculo com as aspirações de Carnelutti. Para Dinamarco, salvo engano, a identificação entre lide e mérito jamais foi feita assim, em termos tão claros e radicais. Dinamarco cada vez mais se convence da inadequação da colocação da lide como pólo metodológico, na teoria do processo, principalmente pelo fato de que a aceitação dessa concepção deixaria sem explicação a questão da revelia e do reconhecimento do pedido pelo réu.

Há também aqueles doutrinadores que associam o mérito à *demanda inicial* proposta em juízo, no sentido que se trata de sentença de mérito aquela que sobre a demanda se manifesta. Dentre esses autores há Chiovenda.

O nosso ordenamento jurídico assim preconiza sobre a definição de mérito, ao estabelecer em seu art. 487, inc. I, do atual C.P.C.:

"Art. 487. Haverá resolução de mérito quando o juiz:
I – acolher ou rejeitar o pedido formulado na ação ou na reconvenção".

---

[455] DINAMARCO, C. R., op. cit., 1986. p. 189 e 190.
[456] DINAMARCO, C. R., idem, p. 196.
[457] BUZAID, A., op. cit. p. 104.

DO AGRAVO DE INSTRUMENTO

Para Cândido Rangel Dinamarco, a demanda não é o mérito da causa. Ele vê nela apenas o veículo de algo externo ao processo e anterior a ele, algo que é trazido ao juiz em busca do remédio que o demandante quer. A demanda seria fato estritamente processual, ato formal do processo. Seria ela o veículo de pretensão do demandante, que é sua aspiração a determinada situação ou a determinado bem.

Portanto, mérito=pretensão. *Meritum causa* é justamente aquilo que alguém vem a juízo pedir, postular, exigir. Assim, a pretensão que a pessoa vem expor ao juiz, sendo uma *exigência*, é o que configura o conceito de mérito.[458]

Como se sabe, o ato de demandar é o responsável pela colocação da *pretensão* diante do juiz, a fim de que sobre ela haja uma manifestação jurisdicional – julgando-a no processo de cognição propriamente dito e satisfazendo-a na execução. É sobre esse material que se desenvolverão as atividades de todos os sujeitos do processo e é sobre ele que atuarão os resultados da jurisdição. A tutela jurisdicional conferida ao demandante refere-se sempre a uma pretensão, por ele trazida. A pretensão, na verdade, não é uma situação jurídica, mas um fato que ocorre na vida das pessoas; não é um direito, mas uma exigência. Pretender é querer, desejar, aspirar. Daí dizer-se que a pretensão constitui o *objeto do processo* ou o *mérito*. O *mérito* é o objeto do processo e reside no *petitum* contido na demanda, razão pela qual quando o juiz profere uma decisão com resolução de mérito, ele está acolhendo a pretensão ao provimento, tanto que o emite, e, ao mesmo tempo, estará acolhendo ou rejeitando a pretensão processual ao bem de vida, conforme o juiz julgue a demanda procedente ou improcedente.[459]

Assim, toda decisão interlocutória que durante o transcurso do processo verse sobre o *mérito da causa*, ou seja, sobre a *pretensão, sobre aquilo que alguém vem a juízo pedir, postular, exigir*, estará sujeito ao recurso de agravo de instrumento.

Haverá possibilidade de se ingressar com agravo de instrumento todas as vezes que a decisão interlocutória versar sobre: a) o pedido na ação (demanda) ou o pedido inserido na reconvenção; b) reconhecimento de procedência do pedido; c) eventual transação das partes; d) prescrição

---

[458] DINAMARCO, C. R., op. cit., 1986, p. 202.
[459] DINAMARCO, C. R., idem, ibidem.

RECURSOS NO NOVO C.P.C.

ou decadência do pedido; e) renúncia ao direito sobre o qual se funda a demanda.

Evidentemente, a possibilidade de interposição de agravo de instrumento nessas situações dependerá sempre da natureza da decisão proferida. Se a decisão proferida pelo juízo *a quo*, ao tratar do mérito da causa, extinguir a fase cognitiva do procedimento comum ou extinguir a execução, não será caso de agravo de instrumento, mas, sim, de apelação.

Haverá situações em que a decisão interlocutória do juiz decidirá sobre algumas questões de mérito, sem, contudo, resolver de imediato, parte do objeto do processo. Isso ocorre quando o juiz, no saneamento do processo, rejeita a prescrição ou decadência.

Para alguns, o recurso de agravo, quando tem por objeto questões de mérito, assemelha-se em alguns aspectos ao recurso de apelação, razão pela qual, se a decisão do agravo não for unânime, será aplicável a técnica de julgamento coletivo, prevista no art. 942 do novo C.P.C.

28.2.3. Rejeição da alegação de convenção de arbitragem

A convenção de arbitragem deverá ser arguida em preliminar de contestação, nos termos do art. 337, inc. X, do atual C.P.C.

No projeto originário do novo C.P.C., em razão de emenda da Câmara dos Deputados, a alegação de convenção de arbitragem deveria ser feita em petição autônoma, na audiência de conciliação ou de mediação, conforme determinava o art. 345 do atual C.P.C.

A convenção de arbitragem é um meio de resolução privado de conflitos.

A convenção de arbitragem é regulada pela Lei 9.307/96.

As partes interessadas podem submeter a solução de seus conflitos ao juízo arbitral mediante convenção de arbitragem, assim entendida a cláusula compromissória e o compromisso arbitral.

Havendo cláusula compromissória para resolução de conflitos de um determinado contrato, por meio dessa modalidade é que deverá ser solucionada a questão e não através de um processo jurisdicional.

Se o juiz *a quo*, mediante decisão interlocutória, rejeitar a alegação de convenção de arbitragem, contra esta decisão caberá recurso de agravo de instrumento.

Porém, se o juiz acolher a alegação de *convenção de arbitragem*, sua decisão terá natureza de *sentença*, pois extinguirá a fase cognitiva do procedimento comum, razão pela qual o recurso cabível será o de *apelação*.

DO AGRAVO DE INSTRUMENTO

28.2.4. Incidente de desconsideração de personalidade jurídica

Em caso de abuso da personalidade jurídica, caracterizado na forma da lei, o juiz pode, em qualquer processo ou procedimento, decidir, a requerimento da parte ou do Ministério Público, quando lhe couber intervir no processo, que os efeitos de certas e determinadas obrigações sejam estendidos aos bens particulares dos administradores ou dos sócios da pessoa jurídica ou aos bens de empresa do mesmo grupo econômico (art. 133 do atual C.P.C.).

Concluída a instrução, se necessário, o incidente será resolvido por decisão interlocutória impugnável por agravo de instrumento.

28.2.5. Rejeição do pedido de gratuidade da justiça ou acolhimento do pedido de sua revogação

A pessoa natural ou jurídica, brasileira ou estrangeira, com insuficiência de recursos para pagar as custas, as despesas processuais e os honorários de advogado tem direito à gratuidade de justiça, na forma da lei (art.98 do atual C.P.C.).

A lei que trata da gratuidade da justiça é a Lei 1.060 de 5 de fevereiro de 1950.

Das decisões que indeferir ou revogar a gratuidade de justiça, caberá agravo de instrumento, salvo quando a decisão se der em capítulo próprio de sentença.

Contra a decisão que deferir a gratuidade de justiça não caberá agravo de instrumento; poderá a parte contra ela se insurgir em preliminar de apelação.

Assim, o recurso de agravo de instrumento referente à questão de gratuidade de justiça é um recurso exclusivo da parte que teve a gratuidade de justiça indeferida ou revogada.

É importante salientar que a parte não precisará realizar o preparo do recurso de agravo de instrumento quando o seu objeto for a rejeição do pedido do benefício processual. Nesse sentido é o seguinte precedente do S.T.J.:

DIREITO PROCESSUAL CIVIL. PRESCINDIBILIDADE DE PREPARO PARA A ANÁLISE DE ASSISTÊNCIA JUDICIÁRIA GRATUITA EM SEDE RECURSAL.

Não se aplica a pena de deserção a recurso interposto contra o indeferimento do pedido de justiça gratuita.Nessas circunstâncias, cabe ao magistrado, mesmo constatando a

RECURSOS NO NOVO C.P.C.

inocorrência de recolhimento do preparo, analisar, inicialmente, o mérito do recurso no tocante à possibilidade de concessão do benefício da assistência judiciária gratuita. Se entender que é caso de deferimento, prosseguirá no exame das demais questões trazidas ou determinará o retorno do processo à origem para que se prossiga no julgamento do recurso declarado deserto. Se confirmar o indeferimento da gratuidade da justiça, deve abrir prazo para o recorrente recolher o preparo recursal e dar sequência ao trâmite processual. Partindo-se de uma interpretação histórico-sistemática das normas vigentes aplicáveis ao caso (CF e Lei n. 1.060/1950) e levando-se em consideração a evolução normativo-processual trazida pelo CPC/2015, é oportuno repensar o entendimento até então adotado pelo STJ no sentido de considerar deserto o recurso interposto sem o comprovante de pagamento das custas processuais, mesmo quando o mérito diga respeito ao pedido de justiça gratuita, tendo em vista a completa falta de boa lógica a amparar a exigência de recolhimento do preparo nesses casos. Isso porque, se o jurisdicionado vem afirmando, requerendo e recorrendo no sentido de obter o benefício da assistência judiciária gratuita, porque diz não ter condição de arcar com as despesas do processo, não há sentido nem lógica em se exigir que ele primeiro pague o que afirma não poder pagar para só depois o Tribunal decidir se realmente ele precisa, ou não, do benefício. Além disso, não há sequer previsão dessa exigência na Lei n. 1.060/1950. Neste ponto, convém apontar que a CF consagra o princípio da legalidade (art. 5º, II), que dispensa o particular de quaisquer obrigações em face do silêncio da lei (campo da licitude). Assim, se a norma não faz exigência específica e expressa, parece inteiramente vedado ao intérprete impô-la, a fim de extrair dessa interpretação consequências absolutamente graves, a ponto de eliminar o direito de recorrer da parte e o próprio acesso ao Judiciário. Ademais, é princípio basilar de hermenêutica que não pode o intérprete restringir quando a lei não restringe, condicionar quando a lei não condiciona, ou exigir quando a lei não exige. Essa é a interpretação mais adequada da Lei n. 1.060/1950 e consentânea com os princípios constitucionais da inafastabilidade da tutela jurisdicional e do processo justo e com a garantia constitucional de concessão do benefício da assistência judiciária gratuita ao necessitado (art. 5º, XXXV, LIV e LXXIV, da CF).

AgRg nos EREsp 1.222.355-MG, Rel. Min. Raul Araújo, julgado em 4/11/2015, DJe 25/11/2015.

28.2.6. Exibição ou posse de documento ou coisa

Durante a fase probatória do processo de conhecimento ou mesmo da execução/cumprimento de sentença, o juiz poderá ordenar que a parte exiba documento ou coisa que se encontre em seu poder (art. 396 do atual C.P.C.).

DO AGRAVO DE INSTRUMENTO

Essa determinação de exibição de documento ou coisa também poderá ser dirigida contra terceiro.

Contra a decisão interlocutória que resolver o incidente caberá o recurso de agravo de instrumento.

Pelo art. 1.015, inc. VI, do atual C.P.C., o agravo de instrumento poderá ser interposto contra a decisão que conceda ou negue a exibição ou posse do documento ou da coisa.

A exibição de documento ou coisa também pode ser objeto de pedido em tutela provisória *satisfativa ou cautelar*. Nesse caso, o fundamento do agravo de instrumento contra a decisão que conceda ou negue a exibição ou posse do documento ou coisa encontra-se no inciso I do art. 1.015 do atual C.P.C.

28.2.7. Exclusão de litisconsorte

O juiz poderá excluir um ou alguns dos litisconsortes em razão do reconhecimento de sua ilegitimidade ou por outro motivo.

Em relação ao litisconsorte excluído, a relação jurídica processual extingue-se, pois será ele afastado do processo.

O Supremo Tribunal Federal, há muito, já teve oportunidade de afirmar que o recurso contra a decisão que excluía parte do feito, por ilegitimidade, seria o de apelação. Nesse sentido é a decisão proferida no RE n. 88.784-BA, relator Min. Cunha Peixoto, publicada na R.T.J. n. 92, pág. 1301:

A decisão que exclui a parte do feito, por ilegitimidade, é, em relação a ela, terminativa, embora não tenha julgado o mérito.

Em regra, contra essa decisão caberia o recurso de apelação.

Porém, esse entendimento não vingou no seio do Superior Tribunal de Justiça que acabou por entender que o recurso cabível contra essa espécie de decisão seria o de agravo de instrumento. Nesse sentido são as seguintes decisões:

1. Nos termos da jurisprudência desta Corte, o ato judicial que exclui litisconsorte passivo não põe termo ao processo, mas somente à ação em relação a um dos réus. Por esse motivo, o recurso cabível é o agravo de instrumento, e não apelação. Precedentes.

2. Agravo regimental não provido.

(AgRg nos EDcl no Ag 1204346/RJ, Rel. Ministro RICARDO VILLAS BÔAS CUEVA, TERCEIRA TURMA, julgado em 06/12/2012, DJe 13/12/2012)

RECURSOS NO NOVO C.P.C.

1. O julgado que exclui litisconsorte do polo passivo da lide sem extinguir o processo é decisão interlocutória, recorrível por meio de agravo de instrumento, e não de apelação, cuja interposição, nesse caso, é considerada erro grosseiro.

2. Agravo regimental desprovido.

(AgRg no Ag 1329466/MG, Rel. Ministro JOÃO OTÁVIO DE NORONHA, QUARTA TURMA, julgado em 10/05/2011, DJe 19/05/2011)

Diante do novo C.P.C., não cabe mais dúvida de que o recurso correto é o de agravo de instrumento.

Porém, se a exclusão do litisconsórcio ocorrer em capítulo próprio de sentença, o recurso não será de agravo, mas de apelação.

Outrossim, contra a decisão que não incluir litisconsorte, não cabe agravo de instrumento; poderá a parte, porém, arguir tal questão como preliminar de apelação.

28.2.8. Rejeição do pedido de limitação de litisconsórcio

Duas ou mais pessoas podem litigar, no mesmo processo, em conjunto, ativa ou passivamente.

Porém, conforme estabelece o §1º do art. 113 do atual C.P.C., o juiz poderá limitar o litisconsórcio facultativo quanto ao número de litigantes na fase de conhecimento, na liquidação de sentença ou na de execução, quando este comprometer a rápida solução do litígio ou dificultar a defesa ou o cumprimento de sentença.

Do *indeferimento* do pedido de limitação de litisconsórcio cabe agravo de instrumento, conforme estabelece inc. VIII do art. 1.015 do atual C.P.C.

Assim, somente caberá agravo de instrumento contra a decisão interlocutória que *indeferir* o pedido de limitação de litisconsórcio e não contra aquela que o *deferir*. Contra a decisão que *deferir* o pedido de *limitação de litisconsórcio* não caberá recurso algum, salvo a possibilidade de se arguir novamente essa questão em preliminar de apelação.

28.2.9. Admissão ou inadmissão de intervenção de terceiros

O atual C.P.C. delimita como hipóteses de intervenção de terceiros a assistência (arts.119 a 124), a denunciação da lide (arts. 125 a 129), o chamamento ao processo (arts. 130 a 132), o incidente de desconsideração da pessoa jurídica (art. 133 a 137) e o 'amicus curiae' (138).

DO AGRAVO DE INSTRUMENTO

Em todos esses casos de intervenção de terceiro, a decisão que admitir ou inadmitir referida *intervenção* estará sujeita ao recurso de agravo de instrumento.

28.2.10. Concessão, modificação ou revogação do efeito suspensivo aos embargos à execução

O executado, independentemente de penhora, depósito ou caução, poderá opor-se à execução por meio de embargos, demanda autônoma, mas vinculada à execução de título executivo extrajudicial.

Em regra, os embargos à execução não terão efeito suspensivo.

Porém, o juiz poderá, a requerimento do embargante, atribuir efeito suspensivo aos embargos quando verificados os requisitos para a concessão de tutela provisória e desde que a execução já esteja garantida por penhora, depósito ou caução suficiente (§1º do art. 919 do atual C.P.C.).

A decisão relativa aos efeitos dos embargos poderá, a requerimento da parte, ser modificada ou revogada a qualquer tempo, em decisão fundamentada, cessando as circunstâncias que a motivaram.

Contra a decisão que conceder, modificar ou revogar o efeito suspensivo aos embargos caberá recurso de agravo de instrumento.

É certo que essa possibilidade de concessão de efeito suspensivo também é permitida no âmbito de cumprimento de sentença, quando a parte ingressa com a respectiva impugnação. Neste caso, também poderá a parte valer-se do recurso de agravo de instrumento, com base no parágrafo único do art. 1.015 do atual C.P.C.

28.2.11. Redistribuição do ônus da prova nos termos do art. 373, §1º

Não havia essa previsão normativa no relatório final do Senador Vital do Rego, sendo que a sua inserção deu-se em plenário do Senado.

Transcreve-se abaixo a discussão realizada no Plenário do Senado sobre a questão:

> *Senhor Presidente, a orientação que a gente pede é pela aprovação de duas hipóteses de cabimento de agravo de instrumento sobre a decisão de redistribuição do ônus de prova e sobre a decisão de indeferimento de prova pericial. A nossa preocupação, Sr. Presidente, é com a possibilidade de o juiz de primeira instância decidir a esmo pela redistribuição de ônus de prova, sem que haja a possibilidade de revisão dessa decisão, o que gerará*

insegurança jurídica enorme, com prejuízo, principalmente, Sr. Presidente, para o ente público e para o setor econômico. Digo a V. Exª que, ao contrário do que pode parecer, isto não é procrastinação com uma instância adicional, porque, ao cabo, o recurso acontecerá por parte da Previdência, por exemplo, o que fará com todo o processo reinicie desde o início, Sr. Presidente.

Portanto, o mesmo raciocínio vale para a questão do indeferimento de prova pericial. A redistribuição ao inverso do ônus da prova é medida que não pode ser vulgarizada, sob o risco de grave insegurança jurídica, com dano imediato à parte obrigada a produzir prova. É importante recordar que a Câmara manteve a possibilidade bastante polêmica de o juiz determinar a inversão do ônus da prova, mas zelou pela mínima segurança jurídica e pela redução dos riscos de aplicação abusiva dessa medida, quando introduziu a possibilidade de recurso imediato, se a parte se sentisse prejudicada por inversão do ônus da prova.

Entendemos, com todo o respeito, que houve, portanto, neste caso, a necessidade da ampliação desse debate, na supressão, portanto, da possibilidade do recurso contra a inversão do ônus da prova ou do indeferimento de prova pericial, pois, na prática, a decisão somente poderá ser revisada – eu insisto nessa tese –, após a sentença, o que pode gerar situação de difícil reversão a ambos os lados, a ponto de a instância superior tender a não querer revisar verdadeiramente o abuso verificado.

Esta é a justificativa, Sr. Presidente, fazendo, portanto, um apelo a todos os Srs. Senadores e às Srªs Senadoras, porque entendemos que isso, ao contrário de estar criando uma nova instância, está assegurando que nós teremos um recurso que poderá trazer mais justiça e mais velocidade aos processos.

O SR. VITAL DO RÊGO (Bloco Maioria/PMDB – PB. Como Relator. Sem revisão do orador.) – Peço a aprovação pelo requerimento, o destaque.

O SR. PRESIDENTE (Renan Calheiros. Bloco Maioria/PMDB – AL) – O parecer do Relator, Senador Vital do Rêgo, é pela aprovação. O parecer é pela aprovação dos dois destaques. É isso? Pela aprovação...

O SR. VITAL DO RÊGO (Bloco Maioria/PMDB – PB) – Eu estou me posicionando sobre o primeiro destaque.

O SR. PRESIDENTE (Renan Calheiros. Bloco Maioria/PMDB – AL) – O agravo de instrumento para decisão sobre a redistribuição do ônus da prova. O parecer do Relator é pela aprovação.

Em votação.

As Senadoras e os Senadores que o aprovam permaneçam como se encontram. (Pausa.)

Aprovado.

O art. 373 do atual C.P.C. prescreve que o ônus da prova incumbe ao autor, quanto ao fato constitutivo de seu direito, e ao réu, quanto à existência de fato impeditivo, modificativo ou extintivo do direito do autor.

Porém, conforme preconiza o §1º do art. 373 do atual C.P.C., nos casos previstos em lei ou diante de peculiaridades da causa relacionadas à impossibilidade ou à excessiva dificuldade de cumprir o encargo nos termos do *caput* ou à maior facilidade de obtenção da prova do fato contrário, poderá o juiz atribuir o ônus da prova de modo diverso, desde que o faça por decisão fundamentada, caso em que deverá dar à parte a oportunidade de se desincumbir do ônus que lhe foi atribuído.

Contra a decisão que redistribuir de modo diverso o ônus da prova, caberá o recurso de agravo de instrumento.

28.2.12. Outros casos expressamente referidos em lei

Muito embora as hipóteses de interposição de agravo de instrumento sejam taxativas, nada impede que o legislador preveja a possibilidade da interposição desse recurso em outras legislações.

Por exemplo, o art. 100 da Lei 11.101 de 9 de fevereiro de 2005 (regula a recuperação judicial, extrajudicial e a falência do empresário e da sociedade empresária), estabelece que da decisão que decreta a falência cabe agravo, e da sentença que julga a improcedência do pedido cabe apelação.

28.2.13. Liquidação de sentença, cumprimento de sentença, processo de execução e processo de inventário

Estabelece o *parágrafo único do art. 1.015* do atual C.P.C., que *também caberá agravo de instrumento contra decisões interlocutórias proferidas na fase de liquidação de sentença ou de cumprimento de sentença, no processo de execução e no processo de inventário.*

Existem determinados procedimentos que não justificam aguardar eventual decisão final, como a sentença, para que se possa requerer a apreciação de questão surgida durante a relação jurídica processual, seja porque a finalidade do procedimento não é resolver pretensão consubstanciada em direito material propriamente dito, seja pelo fato de que uma vez concretizado o ato processual durante o transcurso da relação jurídica processual, não haverá mais oportunidade de se apreciar a questão numa eventual apelação.

RECURSOS NO NOVO C.P.C.

Alguns procedimentos, por sua vez, são desenvolvidos mediante atos processuais que são extremamente importantes e podem gerar graves consequências, como é o caso, por exemplo, do leilão de um bem no processo de execução, pois uma vez alienado, arrematado o bem, nada mais poderá ser efeito quando da apresentação de eventual apelação em razão de sentença declaratória de cumprimento da obrigação.

Por isso, o legislador, nesses tipos de procedimentos, optou em permitir a interposição generalizada de agravo de instrumento para todas as hipóteses de decisões interlocutórias.

Os procedimentos que justificam essa amplitude recursal são:

a) liquidação por arbitramento ou pelo procedimento comum. Da decisão que julgar a liquidação caberá agravo de instrumento. Isso já estabelecia o art. 475-H do C.P.C. de 1973.

Da decisão que decidir liquidação por arbitramento ou pelo procedimento comum caberá agravo de instrumento.

Aliás, a Súmula 118 do S.T.J. preconiza: *"o agravo de instrumento é o recurso cabível da decisão que homologa a atualização do cálculo da liquidação.*

Sobre o tema, eis ainda a seguinte decisão do S.T.J.:

> *1. O Tribunal a quo, ao julgar o agravo de instrumento interposto contra decisão que acolheu a impugnação da CEF aos cálculos apresentados pela parte contrária, chegou à conclusão, a partir das planilhas e demais provas dos autos, que os cálculos apresentados estavam de acordo com o título judicial. Infirmar tal conclusão demandaria o reexame de toda a documentação acostada aos autos.*
>
> *2. Desse modo, inviável o conhecimento do recurso especial em razão do óbice contido na Súmula 7/STJ: "A pretensão de simples reexame de prova não enseja recurso especial".*
>
> *Agravo regimental improvido.*
>
> (AgRg no AREsp 521.232/RS, Rel. Ministro HUMBERTO MARTINS, SEGUNDA TURMA, julgado em 19/08/2014, DJe 26/08/2014).

b) cumprimento de sentença. A execução de sentença de título executivo judicial dar-se-á pelo procedimento denominado de cumprimento de sentença. Assim, toda decisão interlocutória que for proferida durante o procedimento de cumprimento de sentença estará sujeita ao recurso de agravo de instrumento.

DO AGRAVO DE INSTRUMENTO

Por sua vez, a decisão que resolver a impugnação apresentada como matéria de defesa no cumprimento de sentença é recorrível mediante agravo de instrumento, salvo quando importar extinção da execução, caso em que caberá apelação;

c) processo de execução. Em se tratando de execução de título executivo extrajudicial, não haverá o sincretismo cognição/execução como ocorre no cumprimento de sentença, razão pela qual haverá necessidade de se instaurar um processo de execução autônomo.

Assim, toda decisão interlocutória que for proferida no processo de execução estará sujeita ao recurso de agravo de instrumento, salvo a decisão final que extinguir a execução, pois nesse caso o recurso cabível é o de apelação tendo em vista que se está diante de uma sentença;

d) processo de inventário. Da mesma forma, entendeu o legislador que no procedimento de inventário toda decisão interlocutória que nele possa ser proferida ensejará o recurso de agravo de instrumento, pois o juiz, no processo de inventário, decidirá todas as questões de direito desde que os fatos relevantes estejam provados por documento, só remetendo para os meios ordinários as questões que dependerem de outras provas (art. 612 do atual C.P.C.). Caberá agravo de instrumento inclusive no incidente de remoção de inventariante que correrá em apenso aos autos de inventário. Porém, o S.T.J., sob a égide do C.P.C. de 1973, aplicava ao caso o princípio da fungibilidade recursal. Nesse sentido eis a seguinte decisão:

1 – A teor da jurisprudência pacífica desta Corte, não configura erro grosseiro a interposição de apelação, em vez de agravo de instrumento, contra decisão que remove inventariante, devendo ser aplicado o princípio da fungibilidade recursal, desde que observado o prazo para a interposição do agravo.

2 – Recurso conhecido e provido para que o recurso de apelação seja processado como agravo.

(REsp 714.035/RS, Rel. Ministro JORGE SCARTEZZINI, QUARTA TURMA, julgado em 16/06/2005, DJ 01/07/2005, p. 558)

28.3. Prazo para interposição do agravo de instrumento

Conforme preconiza o §5º do art. 1003 do novo C.P.C., o prazo para interpor os recursos e para responder-lhes é de 15 (quinze) dias.

RECURSOS NO NOVO C.P.C.

Estabelece a Súmula 425 do S.T.F.: *"O agravo despachado no prazo legal não fica prejudicado pela demora da juntada, por culpa do cartório; nem o agravo entregue em cartório no prazo legal, embora despachado tardiamente".*

28.4. Metodologia e requisitos para interposição do Agravo de Instrumento

Quando da entrada em vigor do C.P.C. de 1973, segundo a redação originária do art. 522 e 523 do referido Código revogado, o agravo era interposto por meio de instrumento. A petição do agravo de instrumento era dirigida diretamente ao órgão judicial que proferiu a decisão agravada, sendo que o juiz poderia manter ou reformar a decisão que havia proferido. Se mantivesse, o escrivão ou chefe de secretaria remeteria o recurso ao tribunal dentro do prazo de dez dias; caso contrário, se o juiz reformasse a decisão, o escrivão ou chefe de secretaria trasladaria cópia para os autos principais do inteiro teor da decisão. Se o agravado não se conformasse com a nova decisão, poderia requerer, dentro de cinco dias, a remessa do instrumento ao tribunal.

Com a entrada em vigor da Lei 9.139, de 30.11.1995, o agravo de instrumento deixou de ser interposto perante o juiz de primeiro grau, passando a petição do agravo a ser dirigida diretamente ao tribunal competente.

A mesma opção de o agravo de instrumento ser interposto diretamente ao tribunal foi feita pelo legislador do atual C.P.C., pois, conforme estabelece o art. 1.016 do atual C.P.C. *o agravo de instrumento será dirigido diretamente ao tribunal competente, por meio de petição.*

A forma para interposição do agravo será obrigatoriamente por escrito.

A petição poderá ser protocolizada em protocolo integralizado, quando se tratar de processo físico ou em papel, ou, ainda, ser remetida pelo correio, mas mesmo assim a petição do agravo deverá ser endereçada ao tribunal competente.

O agravo de instrumento poderá, ainda, em se tratando de processo físico, ser interposto mediante *fac-símile*, mas o original deverá ser apresentado na forma do art. 2º da Lei 9.800/99.

A petição de agravo deverá apresentar os seguintes requisitos:

a) nome das partes.

Como se trata de petição dirigida a órgão jurisdicional onde não se encontra o processo principal, é necessário a qualificação do agravante e do agravado, assim como a indicação do número do processo principal em que fora proferida a decisão recorrida.

b) *exposição do fato e do direito.*

A petição será redigida no idioma nacional, na qual conterá os nomes e qualificação das partes, os fundamentos de fato e de direito do recurso e o pedido de nova decisão a ser proferida pelo Tribunal na hipótese de *error in iudicando* ou pelo juízo de primeiro grau na hipótese de *error in procedendo*, salvo as exceções prevista no próprio código.

A petição deverá indicar pormenorizadamente as razões de fato e de direito do recurso, ou seja, as razões que justificam a modificação ou a necessidade de nova decisão de primeiro grau.

c) *as razões do pedido de reforma ou de invalidação da decisão e o próprio pedido.*

Na realidade, as razões do pedido nada mais são do que a causa de pedir da pretensão recursal, ou seja, a exposição do fato e do direito que justifica a reforma da decisão de primeiro grau para que outra seja proferida pelo juízo 'a quo', no caso de invalidação, ou para que outra seja proferida pelo juízo 'ad quem', no caso de reforma.

Deverá também conter o pedido formulado no agravo, que em regra será o da reforma da decisão interlocutória proferida, que poderá ser suficiente ao agravante, ou para que outra seja proferida em seu lugar, seja pelo juízo 'a quo', seja pelo juízo 'ad quem', conforme o fundamento do recurso tenha por objeto o *error in procedendo* ou o *error in iudicando*.

Já entendeu o S.T.J. que não há necessidade de se pedir expressamente a reforma da decisão, uma vez que outra não poderia ser o objetivo perseguido pelo agravo (STJ – 3ª T. Resp. 43.244-8, rel. Min. Eduardo Ribeiro).

d) *o nome e o endereço completo dos advogados constantes do processo.*

É importante indicar o *nome e o endereço* completo dos advogados constantes do processo, justamente para que o tribunal possa intimá-los das decisões que possam ser proferidas durante o processamento do agravo de instrumento no tribunal.

Há especial necessidade de se indicar o nome e o endereço do advogado do agravado para que o tribunal possa intimá-lo para o fim de apresentação das contrarrazões de agravo.

RECURSOS NO NOVO C.P.C.

É importante salientar que o nome e o endereço do advogado serão os mesmos constantes do processo, se não houver a alteração do profissional ou do seu endereço quando da interposição do agravo, razão pela qual poderá haver divergência entre o nome constante dos autos do processo quando da distribuição e o nome constante da petição de agravo.

Tem-se entendido que se trata de mera irregularidade a falta de indicação dos nomes e endereços dos advogados, se isso não acarretou prejuízo ao agravado. Assim, seria desnecessária a indicação se os nomes e endereços dos advogados podem ser verificados na cópia das procurações (STJ – Resp 181.631-DF, rel. Min. Peçanha Martins). Também há entendimento de que se trata de mera irregularidade a falta do nome e endereços dos advogados dos litisconsortes do agravante (STJ – 2º T., Resp 132.964, rel Min. João Otávio Noronha).

28.5. Documentos que deverão acompanhar a petição de agravo de instrumento

O art. 525 do C.P.C. de 1973 era um dispositivo voltado à interposição de recurso por meio de papel, formando-se o agravo por instrumento fisicamente.

Tendo em vista que o processo deverá em curto espaço de tempo ser totalmente eletrônico, não haverá mais necessidade de juntada de documentos no recurso de agravo de instrumento, salvo eventuais documentos novos, pois em razão de todos os processos encontrarem-se em meio eletrônico, o relator poderá consultar via *on line* o processo principal.

Somente se justificava essa preocupação de juntada de documentos para instruir o agravo de instrumento, em razão de que o processo principal permaneceria no juízo de primeiro grau, pois o recurso de agravo seria interposto por instrumento diretamente ao tribunal.

Agora, com o processo eletrônico, o agravo passa a ser um apenso ao sistema eletrônico, o qual permite que o tribunal tenha acesso imediato ao recurso principal.

Somente um formalismo exagerado exigiria a repetição de peças processuais eletrônicas já existentes no processo principal.

Assim, o art. 1.017 do atual C.P.C somente deveria ter aplicação nos recursos que ainda forem interpostos por meio físico e em papel. Nesse caso, a petição de agravo dirigida ao tribunal deverá ser instruída, *obriga-*

DO AGRAVO DE INSTRUMENTO

toriamente, com os documentos referidos nos incisos do art. 1.017 do atual C.P.C.

O inc. I do art. 1.017 do atual C.P.C. determina que a petição do agravo de instrumento seja instruída *obrigatoriamente* com cópias da petição inicial, da contestação, da petição que ensejou a decisão agravada, da própria decisão agravada, da certidão da respectiva intimação ou outro documento oficial que comprove a tempestividade e das procurações outorgadas aos advogados do agravante e do agravado.[460]

Inovou o novo legislador em exigir cópia da petição inicial, da contestação e da petição que ensejou a decisão agravada.

A *cópia da decisão agravada* é necessária para que o tribunal saiba o conteúdo e a natureza da decisão proferida pelo juiz de primeiro grau, justamente pelo fato de que o processo principal permanece no âmbito do juízo do primeiro grau. Sem essa cópia, o tribunal não poderá analisar os motivos e a conclusão a que chegou o juízo de primeiro grau, nem poderá verificar se essa decisão apresenta algum equívoco que mereça sua reforma.

Quanto à *intimação da decisão agravada*, o art. 525, inc. I, do C.P.C. de 1973 somente permitia a juntada da *certidão da respectiva intimação* da decisão agravada, sendo que havia decisão no S.T.J no sentido de que a ausência dessa certidão acarretaria a inadmissibilidade do agravo de instrumento (STJ, AGA n. 418.383/RJ), rel. Min. Humberto Gomes de Barros, j. 26.03.2002). Havia também decisão que não permitia substituir a certidão por informativo judicial que contivesse recorte do Diário Oficial sem a indicação da data da publicação aposta por impressão do próprio periódico oficial (STJ, Resp n. 334.780/SP, Min. Barros Monteiro, j. 12.03.2002).

Aliás, assim estabelece a Súmula 123 do S.T.J.: *A certidão de intimação do acórdão recorrido constitui peça obrigatória do instrumento de agravo.*

Felizmente, o S.T.J. evoluiu na sua jurisprudência quanto à prova da intimação da decisão agravada, dando plena eficácia ao *princípio da instrumentalidade das formas,* conforme se pode observar na seguinte decisão que julgou o Tema 697 (recursos repetitivos):

---

[460] Súmula 223 do S.T.J.: *A certidão de intimação do acórdão recorrido constitui peça obrigatória do instrumento de agravo.*

DIREITO PROCESSUAL CIVIL. AGRAVO DE INSTRUMENTO DO ART. 525, DO CPC. AUSÊNCIA DA CERTIDÃO DE INTIMAÇÃO DA DECISÃO AGRAVADA. AFERIÇÃO DA TEMPESTIVIDADE POR OUTROS MEIOS. POSSIBILIDADE. PRINCÍPIO DA INSTRUMENTALIDADE DAS FORMAS. RECURSO ESPECIAL REPETITIVO. ART. 543-C DO CÓDIGO DE PROCESSO CIVIL. PROVIMENTO DO RECURSO ESPECIAL REPRESENTATIVO DE CONTROVÉRSIA. TESE CONSOLIDADA.

1. Para os efeitos do art. 543-C do Código de Processo Civil, foi fixada a seguinte tese: "A ausência da cópia da certidão de intimação da decisão agravada não é óbice ao conhecimento do Agravo de Instrumento quando, por outros meios inequívocos, for possível aferir a tempestividade do recurso, em atendimento ao princípio da instrumentalidade das formas."

2. No caso concreto, por meio da cópia da publicação efetivada no próprio Diário da Justiça Eletrônico n. 1468 (e-STJ fls. 22), é possível aferir-se o teor da decisão agravada e a da data de sua disponibilização – "sexta-feira, 31/8/2012". Assim, conforme dispõe o artigo 4º, § 3º, da Lei 11.419/2006, que regra o processo eletrônico, a publicação deve ser considerada no primeiro dia útil seguinte que, no caso, seria segunda-feira, dia 3/9/2012, o que demonstra a tempestividade do agravo de instrumento protocolado em 13/9/2012, como se vê do carimbo de e-STJ fls. 2.

3. Recurso Especial provido: a) consolidando-se a tese supra, no regime do art. 543-C do Código de Processo Civil e da Resolução 08/2008 do Superior Tribunal de Justiça; b) no caso concreto, dá-se provimento ao Recurso Especial para determinar o retorno dos autos à instância de origem para apreciação do Agravo de Instrumento.

(REsp 1409357/SC, Rel. Ministro SIDNEI BENETI, SEGUNDA SEÇÃO, julgado em 14/05/2014, DJe 22/05/2014)

Em relação à parte que possui prerrogativa de intimação pessoal, assim se posicionou o S.T.J. no decidir o Tema 651 (recursos repetitivos):

PROCESSUAL CIVIL. RECURSO ESPECIAL REPRESENTATIVO DA CONTROVÉRSIA. ARTIGO 543-C DO CPC. AGRAVO DE INSTRUMENTO. AUSÊNCIA DE PEÇA OBRIGATÓRIA. CERTIDÃO DE INTIMAÇÃO. AGRAVANTE COM PRERROGATIVA DE INTIMAÇÃO PESSOAL MEDIANTE VISTA DOS AUTOS. CÓPIA DO TERMO DE VISTA. ALCANCE DA FINALIDADE DA EXIGÊNCIA LEGAL. PRINCÍPIO DA INSTRUMENTALIDADE DAS FORMAS. APLICAÇÃO.

1. Caso em que se discute a possibilidade de dispensa da juntada da certidão de intimação da decisão agravada na formação do agravo de instrumento, exigência contida

DO AGRAVO DE INSTRUMENTO

no art. 525, I, do CPC, juntando-se, em seu lugar, o termo de vista pessoal à Fazenda Nacional, como meio apto à comprovação da tempestividade recursal.

2. Considerando a prerrogativa que possui a Fazenda Nacional de ser intimada das decisões, por meio da concessão de vista pessoal e, em atenção ao princípio da instrumentalidade das formas, pode a certidão de concessão de vistas dos autos ser considerada elemento suficiente à demonstração da tempestividade do agravo de instrumento, substituindo a certidão de intimação legalmente prevista.

3. Recurso especial provido. Julgamento submetido ao rito do artigo 543-C do CPC.
(REsp 1383500/SP, Rel. Ministro BENEDITO GONÇALVES, CORTE ESPECIAL, julgado em 17/02/2016, DJe 26/02/2016)

Sobre o tema, há ainda os seguintes precedentes do S.T.J.:

AGRAVO REGIMENTAL NA MEDIDA CAUTELAR. EFEITO SUSPENSIVO. RECURSO ESPECIAL. DENEGAÇÃO. AGRAVO. ORIGEM. NÃO CONHECIMENTO. PEÇA OBRIGATÓRIA. CERTIDÃO DE INTIMAÇÃO. AUSÊNCIA. TEMPESTIVIDADE. AFERIÇÃO. IMPOSSIBILIDADE.

1. Esta Corte sedimentou o entendimento no sentido de que a ausência da cópia da certidão de intimação da decisão agravada não é barreira ao conhecimento do agravo de instrumento se, por outros meios inequívocos, for possível aferir a tempestividade do recurso.

2. Na hipótese, o Tribunal de origem registrou que a parte recorrente não só deixou de trazer a cópia da certidão de intimação da decisão agravada, como também não juntou outros elementos documentais aptos para aferição da tempestividade do recurso.

3. A cópia do acompanhamento processual extraído do site oficial do Tribunal de origem não pode ser reconhecida como meio eficaz de comprovação da tempestividade do recurso. Precedentes.

4. Agravo regimental não provido.
(AgRg na MC 24.575/MG, Rel. Ministro RICARDO VILLAS BÔAS CUEVA, TERCEIRA TURMA, julgado em 10/05/2016, DJe 16/05/2016)

PROCESSO CIVIL. AGRAVO REGIMENTAL EM RECURSO ESPECIAL. AGRAVO DE INSTRUMENTO. DECISÃO AGRAVADA. FALTA DE ASSINATURA NA CERTIDÃO DE INTIMAÇÃO. TEMPESTIVIDADE. AFERIÇÃO POR OUTROS MEIOS IDÔNEOS. CUMPRIMENTO DE SENTENÇA. PARCELAMENTO DO DÉBITO. MULTA DO ART. 475-J DO CPC. AFASTAMENTO. AGRAVO DESPROVIDO.

1. "A ausência da cópia da certidão de intimação da decisão agravada não é óbice ao conhecimento do Agravo de Instrumento quando, por outros meios inequívocos, for possível aferir a tempestividade do recurso, em atendimento ao princípio da instrumentalidade das formas" (Recurso Especial repetitivo n.

1.409.357/SC).

2. Se não há óbice à aferição da tempestividade do agravo de instrumento por outros meios idôneos quando não instruído com a certidão de intimação da decisão agravada, para atingir aquele propósito, inexiste impedimento a que se releve a falta de assinatura na referida peça processual. Afinal, o que é válido para o mais deve prevalecer para o menos (a maiori, ad minus).

3. O parcelamento do débito, por equivaler ao pagamento espontâneo da dívida, afasta a aplicação da multa do art. 475-J, § 4º, do CPC.

4. Agravo regimental desprovido.

(AgRg no REsp 1327953/RS, Rel. Ministro JOÃO OTÁVIO DE NORO-NHA, TERCEIRA TURMA, julgado em 15/03/2016, DJe 28/03/2016)

AGRAVO INTERNO NOS EMBARGOS DE DECLARAÇÃO NO AGRAVO EM RECURSO ESPECIAL. AUSÊNCIA DE CERTIDÃO DE INTIMAÇÃO DA DECISÃO AGRAVADA EM AUTOS DE AGRAVO DE INSTRUMENTO – IMPOSSIBILIDADE DE AFERIR A TEMPESTIVIDADE DO AGRAVO DE INSTRUMENTO. AGRAVO IMPROVIDO.

1. É inviável o agravo de instrumento previsto no art. 522 e seguintes do CPC quando ausentes as peças indicadas no art. 525, I, que obrigatoriamente devem constar no instrumento, sob pena de não conhecimento do apelo em razão de instrução deficiente.

2. A certidão em que consta a data da carga feita por advogado não foi considerada suficiente, por não ser capaz de provar, na hipótese, a tempestividade do agravo de instrumento.

3. Agravo interno improvido.

(AgRg nos EDcl no AREsp 509.691/PR, Rel. Ministro RAUL ARAÚJO, QUARTA TURMA, julgado em 15/03/2016, DJe 06/04/2016)

AGRAVO REGIMENTAL NO AGRAVO EM RECURSO ESPECIAL. AGRAVO DE INSTRUMENTO. DECISÃO AGRAVADA. CERTIDÃO DE INTIMAÇÃO. AUSÊNCIA.

TEMPESTIVIDADE. COMPROVAÇÃO. NECESSIDADE. AFERIÇÃO POR OUTROS MEIOS. IMPOSSIBILIDADE. REEXAME. SÚMULA 7/STJ.

1. O Superior Tribunal de Justiça já pacificou o entendimento de que deve ser abrandado o rigor na instrução do agravo de instrumento, admitindo que a aferição da tempestividade do recurso possa ser feita por outros meios, possibilitando o conhecimento do recurso instruído sem a certidão de intimação da decisão agravada.

DO AGRAVO DE INSTRUMENTO

2. A Corte de origem concluiu que, na falta da certidão de intimação da decisão agravada, não há nos autos outro documento que possa comprovar a tempestividade do recurso. A revisão desta premissa fática, na via especial, encontra óbice na Súmula nº 7/STJ.

3. Agravo regimental não provido.

(AgRg no AREsp 671.730/MS, Rel. Ministro RICARDO VILLAS BÔAS CUEVA, TERCEIRA TURMA, julgado em 10/03/2016, DJe 28/03/2016)

PROCESSUAL CIVIL. AGRAVO REGIMENTAL NO AGRAVO EM RECURSO ESPECIAL. AGRAVO DE INSTRUMENTO INTERPOSTO NA ORIGEM. AUSÊNCIA DE DOCUMENTO APTO A COMPROVAR A TEMPESTIVIDADE DO RECURSO. PEÇA OBRIGATÓRIA. ART. 525, INCISO I, DO CPC. NÃO CONHECIMENTO DO AGRAVO DE INSTRUMENTO. AGRAVO REGIMENTAL IMPROVIDO.

I. O acórdão recorrido foi proferido em consonância com a jurisprudência desta Corte, segundo a qual o agravo de instrumento, previsto no art. 525 do CPC, pressupõe a juntada das peças obrigatórias previstas no inciso I do mencionado dispositivo legal, de modo que a ausência de tais peças obsta o conhecimento do agravo.

Nesse sentido: STJ, AgRg no AREsp 790.801/SP, Rel. Ministro MAURO CAMP-BELL MARQUES, SEGUNDA TURMA, DJe de 27/11/2015; STJ, AgRg no AREsp 676.124/MA, Rel. Ministro HUMBERTO MARTINS, SEGUNDA TURMA, DJe de 11/09/2015; STJ, AgRg no AREsp 572.877/RJ, Rel. Ministro HERMAN BEN-JAMIN, SEGUNDA TURMA, DJe de 01/07/2015.

II. Inaplicável, na hipótese dos autos, o precedente citado nas razões do Agravo Regimental (STJ, REsp 1.376.656/SP, Rel. Ministro BENEDITO GONÇALVES, CORTE ESPECIAL, DJe de 02/02/2015), segundo o qual restou decidido que, "nos agravos de instrumento opostos pelo ente público, o termo de abertura de vista e remessa dos autos é suficiente para a demonstração da tempestividade do recurso, podendo, assim, substituir a certidão de intimação da decisão agravada".

III. No caso, segundo o acórdão recorrido, a parte recorrente "juntou mandado de citação e intimação de decisão liminar recebido pela 1ª ré, qual seja, Casa Espírita Tes-loo", razão pela qual entendeu ser "impossível certificar a tempestividade do recurso".

Nesse contexto, tendo a Corte de origem concluído que não há documento nos autos apto a comprovar a tempestividade recursal, não é de se aplicar, ao caso, o entendimento adotado no REsp 1.376.656/SP, porquanto tal exceção somente se admite quando houver a possibilidade de aferição da tempestividade por outros meios constantes dos autos, o que, na hipótese, não ocorreu.

RECURSOS NO NOVO C.P.C.

IV. Ressalte-se que esta Corte já decidiu que não deve ser considerado o argumento de que a tempestividade pode ser constatada pelo andamento do processo, no sítio eletrônico do Tribunal de origem, se inexistir, nos autos, documentação que comprove tal fato. Nesse sentido: STJ, EDcl no AgRg no Ag 1.417.146/RJ, Rel. Ministro HERMAN BENJAMIN, SEGUNDA TURMA, DJe de 01/08/2012.

V. Agravo Regimental improvido.

(AgRg no AREsp 619.745/RJ, Rel. Ministra ASSUSETE MAGALHÃES, SEGUNDA TURMA, julgado em 16/02/2016, DJe 23/02/2016)

Atualmente, pelo novo C.P.C., o recorrente poderá juntar cópia da intimação realizada por meio de recorte do Diário Oficial, desde que nesse recorte conste a data da publicação aposta por impressão do próprio periódico oficial.

Se a decisão agravada foi proferida em audiência, na qual estavam presentes todas as partes, a comprovação da intimação da decisão poderá ser feita com a juntada de cópia da audiência realizada, pois se trata de documento oficial.

Por fim, também será obrigatória a juntada das *procurações outorgadas aos advogados do agravante e do agravado,* especialmente pelo fato de que toda intimação dos atos processuais realizada durante o trâmite do recurso de agravo será feita na pessoa dos respectivos advogados das partes. Além do mais, somente através das procurações é que se poderá verificar se o agravante ou o agravado apresentam capacidade postulatória e se estão devidamente representados por advogados.

O S.T.J., em relação à procuração, editou a Súmula n. 115: N*a instância especial é inexistente recurso interposto por advogado sem procuração nos autos.*

A lei somente exige cópia das procurações, não determinando que também se junte cópia do respectivo contrato social para que reste comprovado se a pessoa que agiu em nome da pessoa jurídica que outorgou a procuração efetivamente dispõe de poderes. Nesse sentido é a decisão proferida pelo S.T.J. no Resp n. 213.567/RJ, Rel. Min. Vicente Leal, j. 22.05.2001.).

Haverá hipótese em que o agravante não poderá juntar cópia de procuração do advogado do agravado, uma vez que não há advogado constituído nos autos. É o exemplo quando o agravante ingressa com o recurso de agravo de instrumento contra a decisão que indeferiu logo no início do processo pedido de tutela provisória de urgência cautelar ou satisfativa, pois neste caso o agravado ainda não teria integrado a relação jurídica pro-

DO AGRAVO DE INSTRUMENTO

cessual. Assim, deverá o agravante munir-se de uma certidão ou declaração que ateste a ausência de advogado da parte agravada. Nesse sentido é a seguinte decisão do S.T.J.:

> 1. *Na formação do agravo de instrumento, a mera alegação de traslado de cópia integral dos autos não é suficiente para justificar a falta de documento obrigatório previsto no artigo 525, inciso I, do Código de Processo Civil, mostrando-se indispensável a juntada de certidão cartorária atestando a ausência do referido documento.*
> 2. *Agravo regimental não provido.*
> (AgRg no AREsp 463.706/PE, Rel. Ministro RICARDO VILLAS BÔAS CUEVA, TERCEIRA TURMA, julgado em 05/08/2014, DJe 18/08/2014)

Também não haverá necessidade de se juntar procuração do Membro do Ministério Público ou do Advogado Público ou da Defensoria Pública, pois esses órgãos prescindem de procuração, uma vez que sua legitimação processual decorre de previsão legal e constitucional de sua posse no cargo público.

Segundo anota Fredie Didier Jr., em caso de *urgência*, é corriqueiro que a parte não reúna condições nem disponha de tempo para confeccionar a procuração dos seus patronos. Nessa hipótese, o advogado que subscreveu o pedido inicial poderá requerer prazo para juntada da procuração, sendo permitida a distribuição e a análise imediata do feito. Em caso assim, uma vez denegada a pretensão de tutela provisória de urgência cautelar ou satisfativa, e ainda não tendo transcorrido o prazo para a juntada da procuração, deve-se permitir a interposição do agravo de instrumento, *sem a cópia da procuração*, cabendo ao tribunal determinar a suspensão do recurso e consequente intimação do agravante para que traga aos autos o documento obrigatório.[461]

Sobre o tema, eis as seguintes do S.T.J.:

> (...).
> 3. *Conforme a jurisprudência desta Corte, compete à parte zelar para que a procuração conste dos autos do recurso no momento da sua interposição.*

---

[461] DIDIER JR., Fredie; CUNHA, Leonardo José Carneiro da. *Curso de direito processual civil – meios de impugnação às decisões judiciais e processo nos tribunais.* Vol. 3. Salvador: Edições PODIVM, 2007. p. 135.

4. EMBARGOS DE DECLARAÇÃO REJEITADOS.
(EDcl no AgRg no REsp 1231549/SC, Rel. Ministro PAULO DE TARSO SANSEVERINO, TERCEIRA TURMA, julgado em 08/04/2014, DJe 22/04/2014).

(...).
1. A ausência de procuração que outorga poderes a advogado da parte agravante impede o conhecimento do apelo em razão dos óbices inscritos no art. 525, I, do CPC.
2. Agravo regimental desprovido.
(AgRg no AREsp 452.642/SP, Rel. Ministro JOÃO OTÁVIO DE NORONHA, TERCEIRA TURMA, julgado em 18/03/2014, DJe 25/03/2014).

1. É dever do agravante instruir – e conferir – a petição de agravo de instrumento com as peças obrigatórias e essenciais ao deslinde da controvérsia. A falta ou a incompletude de qualquer dessas peças acarreta o não conhecimento do recurso.
2. In casu, ausentes as cópias das procurações dos demais sucumbentes na origem, documentos essenciais à solução da controvérsia, porquanto somente com a análise delas é possível conferir se a prerrogativa prevista no art. 191 do Código de Processo Civil é aplicável à espécie, bem como se o apelo especial é tempestivo.
3. "Não se pode desconhecer os pressupostos de admissibilidade do recurso. O aspecto formal é importante em matéria processual não por obséquio ao formalismo, mas para segurança das partes e resguardo do due process of law" (AgRg no Ag 427.696/RJ, Relator o eminente Ministro SÁLVIO DE FIGUEIREDO, DJU de 12/8/2002).
4. Agravo regimental a que se nega provimento.
(AgRg no Ag 1395121/GO, Rel. Ministro RAUL ARAÚJO, QUARTA TURMA, julgado em 25/02/2014, DJe 31/03/2014)

Além das peças obrigatórias, o agravante também poderá juntar com a petição do agravo, *facultativamente*, outras peças que constem do processo e que entender úteis para o julgamento do recurso, conforme estabelece o inc. III do art. 1.017 do atual C.P.C.

Assim, deve o agravante instruir seu recurso com as peças essenciais para a compreensão e análise da controvérsia. Se a juntada das peças obrigatórias não for suficiente para compreender a questão posta no recurso, há necessidade de se juntar outras peças ou documentos para melhor análise do recurso de agravo de instrumento. Por vezes é necessário a juntada de contrato, título de crédito, extratos bancários etc. Aliás, nesse sentido já

DO AGRAVO DE INSTRUMENTO

entendia o S.T.F., conforme conteúdo da Súmula 288: *Nega-se provimento a agravo para subida de recurso extraordinário, quando faltar no traslado o despacho agravado, a decisão recorrida, a petição de recurso extraordinário ou qualquer peça essencial à compreensão da controvérsia".*

É importante salientar que a cópia das peças obrigatórias não precisa ser autenticada. Aliás, a Medida Provisória n. 1.770/99 e sucessivas reedições já havia dispensado a autenticação para as pessoas jurídicas de direito público. A jurisprudência passou a entender que não haveria necessidade de se autenticar as peças obrigatórias juntadas com a petição do recurso de agravo de instrumento. Nesse sentido são os seguintes precedentes:

(...).

3. A ordem das peças que instruem o agravo não é determinante para o seu conhecimento. A sequência de juntada dos documentos é realizada a partir de um juízo absolutamente subjetivo, que irá variar não apenas conforme o trâmite de cada processo e da maneira como as razões recursais forem redigidas, mas principalmente conforme a percepção individual de cada advogado, que poderá ou não coincidir com a percepção do Relator e demais julgadores que venham a analisar o processo.

4. É desnecessária a autenticação das cópias que formam os autos do agravo de instrumento porquanto se presumem como verdadeiras, cabendo à parte contrária arguir e demonstrar a falsidade.

Precedentes.

5. Recurso especial provido.

(REsp 1184975/ES, Rel. Ministra NANCY ANDRIGHI, TERCEIRA TURMA, julgado em 02/12/2010, DJe 13/12/2010)

(...)..

2. Entendimento firmado pela Corte Especial no sentido de reconhecer a presunção de veracidade dos documentos apresentados por cópia, se na oportunidade de resposta a parte contrária não questiona sua autenticidade (EREsp 179.147/SP, julgado em agosto/2000).

3. Posição ratificada em junho/2003 no EREsp 450.974/RS, pelo mesmo órgão.

4. Inaugurando nova divergência, a Primeira Seção e a Sexta Turma, em decisões isoladas, vêm considerando obrigatórias a autenticação ou a declaração de autenticidade firmada pelo advogado no agravo de instrumento do art. 544 do CPC, em virtude da alteração legislativa promovida no seu parágrafo primeiro pela Lei 10.352/2001.

RECURSOS NO NOVO C.P.C.

5. Interpretação sistemática que chancela os precedentes anteriores da Corte Especial, não alterada pela nova reforma do CPC, que veio apenas positivar e consolidar a interpretação dada pelos Tribunais, no sentido de que é desnecessária a autenticação dos documentos juntados com a inicial ou nos agravos de instrumento dos arts. 525 e 544 do CPC, prevalecendo a presunção juris tantum de veracidade.

6. Pacificação de entendimento no AgRg no AG 563.189/SP, julgado em 15/09/2004.

7. Recurso especial conhecido em parte e, nessa parte, provido.

(REsp 892.174/SP, Rel. Ministra ELIANA CALMON, SEGUNDA TURMA, julgado em 17/04/2007, DJ 30/04/2007, p. 306).

28.6. Falta ou inexistência de documentação

O inc. II do art. 1.017 do novo C.P.C. estabelece que a petição do agravo de instrumento será instruída com declaração de inexistência de qualquer dos documentos referidos no inciso I, feita pelo advogado do agravante, sob pena de sua responsabilidade pessoal.

Se o advogado declarar falsamente tais informações, poderá estar sujeito às sanções previstas no Código de Ética de sua atividade profissional bem como às sanções penais cabíveis.

Essa declaração é considerada documento obrigatório, devendo o agravante apresentá-la com a petição do agravo.

28.7. Comprovação do recolhimento das custas e do porte de retorno

Estabelece o §1º do art. 1.017 do atual C.P.C. que acompanhará a petição o comprovante do pagamento das respectivas custas e do porte de retorno, quando devidos, conforme tabela publicada pelos tribunais.

Para que o Tribunal possa conhecer do agravo de instrumento, é necessário que o agravante comprove documentalmente e juntamente com a petição de agravo que recolheu as custas processuais do recurso, o que se denomina de *preparo*.

Se não comprovar o recolhimento das custas, o recurso de agravo não será conhecido, pois será considerado *deserto*. Essa exigência não ocorrerá em relação aos beneficiários de gratuidade de justiça, assim como ao Ministério Público, União, Distrito Federal, Estados, Municípios e respectivas autarquias e aqueles que gozam de isenção como é o caso da Defensoria Pública.

DO AGRAVO DE INSTRUMENTO

Em se tratando de processo físico ou em papel, o agravante também deverá comprovar o recolhimento do porte de retorno dos autos, que tem por finalidade reembolsar o pagamento do transporte do processo do tribunal para o juízo de origem. Em se tratando de processo eletrônico, não haverá razão para o pagamento dessa despesa, pois não há transporte físico de processo (art. 1007, §3º, do novo C.P.C.).

A jurisprudência vinha entendendo que a regularidade do preparo deveria ser demonstrada impreterivelmente no ato de interposição do recurso, sob pena de deserção. Nesse sentido são os seguintes precedentes:

PROCESSUAL CIVIL. AGRAVO REGIMENTAL NO AGRAVO EM RECURSO ESPECIAL. PREPARO. RECURSO ESPECIAL INTERPOSTO NA VIGÊNCIA DO CPC/73. NECESSIDADE DE COMPROVAÇÃO DO RECOLHIMENTO DE CUSTAS JUDICIAIS, NO ATO DA INTERPOSIÇÃO DO RECURSO. NÃO COMPROVAÇÃO. DESERÇÃO. ART. 511 DO CPC/73. PRECEDENTES DO STJ. AGRAVO REGIMENTAL IMPROVIDO.

I. Agravo Regimental interposto em 03/02/2016, contra decisão publicada em 17/12/2015, na vigência do CPC/73.

II. A jurisprudência do Superior Tribunal de Justiça, firmada à luz do CPC/73, orienta-se no sentido de que "a comprovação do preparo deve ser feita no ato de interposição do recurso, conforme determina o art. 511 do Código de Processo Civil – CPC, sob pena de preclusão, não se afigurando possível a comprovação posterior, ainda que o pagamento das custas tenha ocorrido dentro do prazo recursal" (STJ, REsp 655.418/PR, Rel. Ministro CASTRO MEIRA, SEGUNDA TURMA, DJU de 30/05/2005).

III. É firme a jurisprudência desta Corte, à luz do CPC/73, no sentido de que a intimação para complementação do preparo, na forma do art. 511, § 2º, do CPC/73, só é admitida quando recolhido o valor de forma insuficiente, mas não quando ausente o pagamento do preparo, tal como ocorreu, in casu. Nesse sentido: STJ, AgRg no AREsp 605.269/RS, Rel. Ministro MAURO CAMPBELL MARQUES, SEGUNDA TURMA, DJe de 14/04/2015, AgRg nos EDcl no AREsp 563.720/PR, Rel. Ministro LUIS FELIPE SALOMÃO, QUARTA TURMA, DJe de 12/03/2015.

IV. Improcede a alegação de que o novo Código de Processo Civil – que ainda estava em vacatio legis, ao tempo da publicação da decisão agravada e da interposição do Agravo Regimental – deveria ter sido aplicado e, em consequência, afastada a deserção do Recurso Especial, pois devem ser observadas as regras processuais vigentes à data da publicação da decisão recorrida, em consonância ao princípio tempus regit actum, conforme entendimento firmado pelo plano do STJ, em face da vigência do novo CPC.

RECURSOS NO NOVO C.P.C.

V. Agravo Regimental improvido.
(AgRg no AREsp 809.710/RS, Rel. Ministra ASSUSETE MAGALHÃES, SEGUNDA TURMA, julgado em 10/05/2016, DJe 19/05/2016)

AGRAVO REGIMENTAL NO AGRAVO (ART. 544 DO CPC/73) – MEDIDA CAUTELAR DE ARRESTO – DECISÃO MONOCRÁTICA CONHE-CENDO DO RECLAMO PARA, DE PLANO, NEGAR SEGUIMENTO AO RECURSO ESPECIAL.
INSURGÊNCIA DA AUTORA.
1. Enunciado 1 das Diretrizes de Aplicação do Novo Código de Processo Civil aos processos em trâmite no STJ: "Aos recursos interpostos com fundamento no CPC/1973 (relativos a decisões publicadas até 17 de março de 2016) devem ser exigidos os requisitos de admissibilidade na forma nele prevista, com as interpretações dadas até então pela jurisprudência do Superior Tribunal de Justiça".
2. A jurisprudência desta Corte Superior é iterativa no sentido de que a regularidade do preparo deve ser demonstrada no ato de interposição do recurso, sob pena de deserção. Precedentes.
3. Agravo regimental desprovido.
(AgRg no AREsp 285.008/SP, Rel. Ministro MARCO BUZZI, QUARTA TURMA, julgado em 19/05/2016, DJe 25/05/2016).

PROCESSUAL CIVIL. AGRAVO REGIMENTAL NO AGRAVO EM RECURSO ESPECIAL. RECURSO MANEJADO SOB A ÉGIDE DO CPC/73. AGRAVO DE INSTRUMENTO. PREPARO DA APELAÇÃO APRESENTADO UMA SEMANA APÓS A INTERPOSIÇÃO DO RECURSO. NÃO COMPRO-VAÇÃO DO PREPARO CONFORME ART. 511 DO CPC/73. DESERÇÃO CONFIGURADA. DECISÃO RECORRIDA EM CONSONÂNCIA COM O ENTENDIMENTO DESTA CORTE. SÚMULAS Nº S 83 E 484 DO STJ. PRIN-CÍPIO DA INSTRUMENTALIDADE. NÃO APLICÁVEL CONTRA LEGEM. PREVISÃO DE COMPROVAÇÃO DO PAGAMENTO DAS CUSTAS E DO PREPARO NO ATO DA INTERPOSIÇÃO DO RECURSO. IMPOSSIBILI-DADE DE AFASTAMENTO DA DESERÇÃO SE A COMPROVAÇÃO SE DEU APENAS UMA SEMANA APÓS A INTERPOSIÇÃO DO RECURSO. AGRAVO REGIMENTAL NÃO PROVIDO.
1. Inaplicabilidade do NCPC a este julgamento ante os termos do Enunciado nº 1 aprovado pelo Plenário do STJ na sessão de 9/3/2016: Aos recursos interpostos com fundamento no CPC/1973 (relativos a decisões publicadas até 17 de março de 2016) devem

DO AGRAVO DE INSTRUMENTO

ser exigidos os requisitos de admissibilidade na forma nele prevista, com as interpretações dadas até então pela jurisprudência do Superior Tribunal de Justiça.

2. A decisão recorrida manteve a deserção declarada pelo Tribunal de origem em razão de a comprovação do preparo não se ter dado no momento da interposição do recurso de apelação, sendo apenas anexada aos autos uma semana, em evidente violação do art. 511 do CPC/73.

3. A decisão está em consonância com o entendimento desta Corte de que não se pode conhecer do recurso interposto sem a comprovação do preparo, nos moldes do art. 511, caput, do CPC/73.

4. O princípio da instrumentalidade estava previsto no art. 154 do CPC/73 nos seguintes termos: Os atos e termos processuais não dependem de forma determinada senão quando a lei expressamente a exigir, reputando-se válidos os que, realizados de outro modo, lhe preencham a finalidade essencial.

5. A primeira regra para a aplicação do referido princípio é a inexistência de determinação legal para o cumprimento do ato.

6. No caso dos autos, o pleito se refere ao afastamento da determinação legal de comprovação das custas e do preparo no momento da interposição do recurso, o que não pode ser acolhido, pois, nos termos do art. 511 do CPC/73, há expressa determinação legal no sentido de que referida comprovação deve ser realizada no momento da interposição do recurso.

7. Não se aplica o princípio da instrumentalidade das formas se a interpretação configurar violação à legislação federal.

8. Agravo regimental não provido.

(AgRg no AREsp 800.132/DF, Rel. Ministro MOURA RIBEIRO, TERCEIRA TURMA, julgado em 10/05/2016, DJe 13/05/2016)

O novo C.P.C. igualmente determina que o recorrente comprovará, no ato de interposição do recurso, o respectivo preparo, inclusive porte de remessa e de retorno, sob pena de deserção (art. 1007).

Porém, o aludido estatuto processual normativo também permite que o recorrente, que não comprovar o recolhimento do preparo, inclusive porte de remessa e de retorno, no ato de interposição do recurso, o faça após a sua intimação na pessoa de seu advogado, desde que realize o recolhimento em dobro, sob pena de deserção (§4º do art. 1007 do novo C.P.C.).

Provando o recorrente justo impedimento, o relator relevará a pena de deserção, por decisão irrecorrível, fixando-lhe prazo de 5 (cinco) dias para efetuar o preparo (§6º do art. 1007 do novo C.P.C.).

A jurisprudência também vinha entendendo que no caso de recolhimento a menor do preparo ou do porte de remessa ou de retorno não se justificava de imediato a pena de deserção, sem que antes se oportunizasse à parte a possibilidade de complementação do valor. Nesse sentido são os seguintes precedentes:

> *PROCESSUAL CIVIL. AGRAVO INTERNO NO AGRAVO EM RECURSO ESPECIAL.*
> *AGRAVO DE INSTRUMENTO. INSUFICIÊNCIA DO PREPARO. VÍCIO SANÁVEL.*
> *PARÁGRAFO 2º DO ART. 511 DO CPC/1973. DESERÇÃO PREMATURA. DECISÃO MANTIDA.*
> *1. Consoante jurisprudência desta Corte, no caso de recolhimento a menor do preparo, o recorrente deve ser intimado para complementação. A deserção apenas poderá ser decretada caso o recorrente deixe de efetuar o devido recolhimento. Inteligência do art. 511, § 2º, do CPC/1973.*
> *2. Agravo regimental a que se nega provimento.*
> (AgInt no AREsp 204.290/SP, Rel. Ministro ANTONIO CARLOS FERREIRA, QUARTA TURMA, julgado em 17/05/2016, DJe 20/05/2016)

> *(...).*
> *3. Não há falar em deserção se efetuado o recolhimento pela parte recorrente, após intimada, de valor suficiente para complementar o preparo recursal. Incidência da Súmula n. 83/STJ.*
> *4. Incide a Súmula n. 7 do STJ se a tese defendida no recurso especial reclamar a análise dos elementos probatórios produzidos ao longo da demanda.*
> *5. Agravo regimental desprovido.*
> (AgRg no AREsp 200.746/PR, Rel. Ministro JOÃO OTÁVIO DE NORONHA, TERCEIRA TURMA, julgado em 19/05/2016, DJe 27/05/2016)

O novo C.P.C. incorporou o entendimento jurisprudencial em seu art. 1007, §2º: *A insuficiência no valor do preparo, inclusive porte de remessa e de retorno, implicará deserção se o recorrente, intimado na pessoa de seu advogado, não vier a supri-lo no prazo de 5 (cinco) dias.*

A jurisprudência exigia o correto preenchimento da guia de preparo de recurso por parte do recorrente, sob pena de deserção, sob o argumento de que a exigência desse correto preenchimento, longe de ser mero for-

DO AGRAVO DE INSTRUMENTO

malismo, prestava-se a evitar fraudes contra o Judiciário. Nesse sentido é a seguinte decisão:

> *AGRAVO REGIMENTAL. AGRAVO EM RECURSO ESPECIAL. NÃO RECOLHIMENTO DAS CUSTAS JUDICIAIS (ART. 7º DA RESOLUÇÃO STJ Nº 4/2013). INDICAÇÃO ERRÔNEA DOS DADOS NA GUIA DE RECOLHIMENTO. AUSÊNCIA DE PREPARO.*
>
> *PRECEDENTES. DECISÃO PROFERIDA PELO MINISTRO PRESIDENTE DO STJ MANTIDA. AGRAVO REGIMENTAL NÃO PROVIDO.*
>
> *1. É dever da recorrente apontar o correto preenchimento das guias de recolhimento que compõem as custas do preparo, sob pena de deserção do recurso. A exigência do correto preenchimento da guia, longe de ser mero formalismo, presta-se a evitar fraudes contra o Judiciário, impedindo que se use a mesma guia para interposição de diversos recursos (AgRg no AREsp 736.400/SP, Rel. Ministro RAUL ARAÚJO, Quarta Turma, julgado em 15/3/2016, DJe 6/4/2016) 2. Inaplicabilidade das disposições do NCPC, no que se refere aos requisitos de admissibilidade dos recursos, ao caso concreto, ante os termos do Enunciado nº 1 aprovado pelo Plenário do STJ na sessão de 9/3/2016: Aos recursos interpostos com fundamento do CPC/1973 (relativos a admissibilidade na forma nele prevista com as interpretações dadas até então pela jurisprudência do Superior Tribunal de Justiça.*
>
> *3. Agravo regimental não provido.*
>
> (AgRg no AREsp 766.211/SP, Rel. Ministro MOURA RIBEIRO, TERCEIRA TURMA, julgado em 17/05/2016, DJe 23/05/2016)

Porém, esse entendimento jurisprudencial perde sua razão de ser em face do disposto no art. 1007, §7º, do novo C.P.C.: *O equívoco no preenchimento da guia de custas não implicará a aplicação da pena de deserção, cabendo ao relator, na hipótese de dúvida quanto ao recolhimento, intimar o recorrente para sanar o vício no prazo de 5 (cinco) dias.*

Havia, porém, algumas decisões que aplicavam o princípio da instrumentalidade das formas no que concerne ao preparo, conforme o seguinte precedente:

> *AGRAVO INTERNO NO AGRAVO EM RECURSO ESPECIAL. PROCESSUAL CIVIL.*
>
> *PREPARO. GRU SIMPLES ENQUANTO A RESOLUÇÃO EM VIGOR DO TRIBUNAL EXIGE A GRU COBRANÇA. POSSIBILIDADE. FINALIDADE*

RECURSOS NO NOVO C.P.C.

*ALCANÇADA. RECURSO CONTRA DECISÃO QUE DETERMINA A REAU-
TUAÇÃO DO AGRAVO COMO RECURSO ESPECIAL. NÃO CABIMENTO.
ART. 258, § 2º, DO RISTJ. AGRAVO NÃO CONHECIDO.*

*1. Afasta-se a pena de deserção quando a parte comprova o recolhimento do preparo
do recurso especial mediante GRU SIMPLES, ainda que a resolução em vigor exija que
seu pagamento seja feito através de GRU COBRANÇA. Precedente da Corte Especial.*

*2. A jurisprudência desta eg. Corte firmou-se no sentido de considerar irrecorrível a
decisão que determina a reautuação, como recurso especial, do agravo interposto contra
a decisão que não admitiu o apelo especial, nos termos do art. 258, § 2º, do RISTJ, in
verbis: "Não cabe agravo regimental da decisão do relator que der provimento a agravo
de instrumento, para determinar a subida de recurso não admitido." 3. Agravo regimental não conhecido.*

(RCD no AgRg no AREsp 554.567/MS, Rel. Ministro RAUL ARAÚJO,
QUARTA TURMA, julgado em 10/05/2016, DJe 27/05/2016)

28.8. Complementação dos requisitos e documentos do agravo de instrumento

Havia uma discussão no âmbito dos tribunais se a falta de juntada de qualquer das peças obrigatórias previstas no inc. I do art. 525 do C.P.C. de 1973
acarretaria ou não o conhecimento do agravo.

A tendência dos tribunais era de não conhecer do agravo de instrumento que não viesse de plano instruído com as peças obrigatórias. Nesse
sentido eis as seguintes decisões:

*PROCESSUAL CIVIL. AGRAVO REGIMENTAL NO RECURSO ESPE-
CIAL. AGRAVO DE INSTRUMENTO. AUSÊNCIA DE PEÇA OBRIGATÓ-
RIA. DECISÃO MANTIDA.*

*1. "A jurisprudência do STJ é no sentido de que a falta de uma das peças obrigatórias
enumeradas no inciso I do artigo 525 do CPC (cópias da decisão agravada, da certidão
da respectiva intimação e das procurações outorgadas aos advogados do agravante e do
agravado) impede o conhecimento do agravo de instrumento, não se revelando cabida
a conversão do julgamento em diligência para complementação do traslado ou juntada
posterior" (AgRg no AgRg no AREsp n. 557.340/PR, Relator Ministro LUIS FELIPE
SALOMÃO, QUARTA TURMA, julgado em 20/11/2014, DJe 2/12/2014).*

2. Agravo regimental desprovido.

(AgRg no REsp 1379248/PE, Rel. Ministro ANTONIO CARLOS FER-
REIRA, QUARTA TURMA, julgado em 02/02/2016, DJe 10/02/2016)

DO AGRAVO DE INSTRUMENTO

PROCESSUAL CIVIL. AGRAVO REGIMENTAL NO AGRAVO EM RECURSO ESPECIAL. AGRAVO DE INSTRUMENTO INTERPOSTO NA ORIGEM. AUSÊNCIA DE DOCUMENTOS OBRIGATÓRIOS. ART. 525, INCISO I, DO CPC. AUSÊNCIA DA CERTIDÃO DE INTIMAÇÃO DA DECI-SÃO AGRAVADA. NÃO CONHECIMENTO DO AGRAVO DE INSTRU-MENTO. AGRAVO REGIMENTAL IMPROVIDO.

I. O acórdão recorrido foi proferido em consonância com a jurisprudência desta Corte, segundo a qual o agravo de instrumento, previsto no art. 525 do CPC, pressupõe a juntada das peças obrigatórias, previstas no inciso I do mencionado dispositivo legal, de modo que a ausência de tais peças obsta o conhecimento do agravo.

Nesse sentido: STJ, AgRg no AREsp 790.801/SP, Rel. Ministro MAURO CAMP-BELL MARQUES, SEGUNDA TURMA, DJe de 27/11/2015; STJ, AgRg no AREsp 676.124/MA, Rel. Ministro HUMBERTO MARTINS, SEGUNDA TURMA, DJe de 11/09/2015; STJ, AgRg no AREsp 572.877/RJ, Rel. Ministro HERMAN BEN-JAMIN, SEGUNDA TURMA, DJe de 01/07/2015.

(...).

(AgRg no AREsp 776.676/RJ, Rel. Ministra ASSUSETE MAGALHÃES, SEGUNDA TURMA, julgado em 17/03/2016, DJe 29/03/2016)

– Nos termos do art. 544, § 1º, do CPC (com a redação anterior à Lei n. 12.322/2010), compete ao agravante zelar pela correta formação do agravo instrumento, sendo indispensável a efetiva apresentação de todas as peças obrigatórias e essenciais à compreensão da controvérsia, sob pena de não conhecimento do recurso.

– Na espécie, o agravo de instrumento não foi instruído com a cópia da procuração ou do substabelecimento em cadeia outorgando poderes à subscritora do agravo, nem com a cópia do inteiro teor do acórdão proferido nos embargos de declaração e respec-tiva certidão de intimação.

– Cabe ao recorrente comprovar, quando da formação do agravo, o pagamento das custas do recurso especial e do porte de remessa e retorno dos autos, o que não ocorreu na espécie e também impede o conhecimento do agravo de instrumento.

– Agravo regimental desprovido.

(AgRg no Ag 1374243/RJ, Rel. Ministra MARILZA MAYNARD (DESEM-BARGADORA CONVOCADA DO TJ/SE), QUINTA TURMA, julgado em 05/02/2013, DJe 15/02/2013)

1. Nos termos do art. 544, § 1º, do CPC, necessária a juntada das peças obrigatórias ali elencadas para o conhecimento do agravo de instrumento. Precedentes.

RECURSOS NO NOVO C.P.C.

2. Agravo regimental a que se nega provimento.
(AgRg no Ag 1403023/RS, Rel. Ministro SÉRGIO KUKINA, PRIMEIRA TURMA, julgado em 07/03/2013, DJe 12/03/2013).

É certo que o S.T.J. passou a entender que no caso de faltar peça não obrigatória, mas essencial para a análise do recurso, haveria de se dar oportunidade ao agravante para juntar a peça considerada como indispensável. Nesse sentido é a seguinte decisão:

1. A Corte Especial do STJ, no julgamento do REsp 1.102.467/RJ, submetido ao rito do art. 543-C do CPC, reviu sua jurisprudência, até então pacífica, e firmou o entendimento de que a ausência de peças facultativas no ato de interposição do Agravo de Instrumento – aquelas consideradas necessárias à compreensão da controvérsia – não enseja a inadmissão liminar do recurso, devendo-se dar oportunidade à agravante de complementação do instrumento.
(AgRg no AREsp 32.259/SP, Rel. Ministro HERMAN BENJAMIN, SEGUNDA TURMA, julgado em 18/12/2012, DJe 08/03/2013)

Agora, em face do que dispõe o §3º do art. 1.017 do atual C.P.C., haverá possibilidade de o agravante complementar as peças necessárias para o conhecimento do agravo de instrumento.

Assim, na falta da cópia de qualquer peça ou no caso de algum outro vício que comprometa a admissibilidade do agravo de instrumento, deve o relator aplicar o disposto no art. 932, parágrafo único, que assim dispõe: *Antes de considerar inadmissível o recurso, o relator concederá o prazo de 5 (cinco) dias ao recorrente para que seja sanado vício ou complementada a documentação exigível.*

Este dispositivo vem resolver de uma vez por todas o conflito existente no âmbito dos tribunais sobre a possibilidade de se ofertar nova oportunidade a fim de que o agravante pudesse suprir a irregularidade constante na petição do agravo, ou seja, suprir a falta de peça obrigatória indicada no *caput* do art. 1.017 do atual C.P.C., e que deveria acompanhar a petição do recurso.

Havia entendimento de que se faltasse qualquer das peças obrigatórias, quando do protocolo da petição inicial do agravo, o Tribunal de imediato deixaria de conhecer do agravo por falta de peça obrigatória.

Pela normatização do atual C.P.C., isso não é mais possível, pois se o relator constatar a falta de qualquer das peças obrigatórias deverá inti-

DO AGRAVO DE INSTRUMENTO

mar o agravante para que, no prazo de cinco dias, faça a juntada da peça faltante. Somente após transcorrido o prazo de cinco dias sem a apresentação da peça obrigatória é que o relator poderá declarar a inadmissibilidade do recurso de agravo.

Com isso, o legislador do novo C.P.C. deu prevalência aos princípios da instrumentalidade das formas e da efetiva entrega da tutela jurisdicional.

Somente não será o caso de aplicação do p.u. do art. 932 do novo C.P.C. quando não for possível sanar o defeito existente no âmbito recursal.

O S.T.J., sobre o tema, expediu os seguintes enunciados administrativos:

> Enunciado administrativo número 5: *Nos recursos tempestivos interpostos com fundamento no CPC/1973 (relativos a decisões publicadas até 17 de março de 2016), não caberá a abertura de prazo prevista no art. 932, parágrafo único, c/c o art. 1.029, § 3º, do novo CPC.*

> Enunciado administrativo número 6: *Nos recursos tempestivos interpostos com fundamento no CPC/2015 (relativos a decisões publicadas a partir de 18 de março de 2016), somente será concedido o prazo previsto no art. 932, parágrafo único, c/c o art. 1.029, § 3º, do novo CPC para que a parte sane vício estritamente formal.*

A 1ª Turma do S.T.F. definiu os limites para a concessão do prazo previsto no art. 932, p.u., do novo C.P.C. conforme notícia inserida no sito http://www.stf.jus.br/portal/cms/verNoticiaDetalhe.asp?idConteudo= 318235, *in verbis:*

> *1ª Turma define limites para concessão do prazo previsto no artigo 932 do novo CPC*
> *A Primeira Turma do Supremo Tribunal Federal decidiu, na sessão desta terça-feira, que o prazo de cinco dias previsto no parágrafo único do artigo 932 do novo Código de Processo Civil (CPC) só se aplica aos casos em que seja necessário sanar vícios formais, como ausência de procuração ou de assinatura, e não à complementação da fundamentação. A discussão foi suscitada pelo ministro Marco Aurélio no julgamento de agravos regimentais da lista de processos do ministro Luiz Fux, que não conheceu de recursos extraordinários com agravo (AREs 953221 e 956666) interpostos já na vigência da nova lei.*
> *O artigo 932 do novo CPC, que trata das atribuições do relator, estabelece, no parágrafo único, que, antes de considerar inadmissível o recurso, este concederá o prazo de cinco dias ao recorrente para que seja sanado vício ou complementada a documentação exigível. Segundo o ministro Luiz Fux, o dispositivo foi inserido no novo código como uma garantia ao cidadão. "Em alguns tribunais, os relatores, de forma monossilábica e*

RECURSOS NO NOVO C.P.C.

sem fundamentação, consideravam os recursos inadmissíveis, e o cidadão tem o direito de saber por que seu recurso foi acolhido ou rejeitado", afirmou. "Por isso, antes de considerar inadmissível, o relator tem de dar oportunidade para que eventual defeito seja suprido".

Ao levantar a discussão, o ministro Marco Aurélio manifestou seu entendimento de que o parágrafo único "foge à razoabilidade", porque admitiria a possibilidade de glosa quando não há, na minuta apresentada, a impugnação de todos os fundamentos da decisão atacada – um dos requisitos para a admissibilidade do recurso. "Teríamos de abrir vista no agravo para que a parte suplemente a minuta, praticamente assessorando o advogado", argumentou, sugerindo que a matéria fosse levada ao Plenário para que se declarasse a inconstitucionalidade do dispositivo.

No entanto, prevaleceu o entendimento de que os defeitos a serem sanados são aqueles relativos a vícios formais, e não de fundamentação. "Não se imaginaria que o juiz devesse mandar a parte suplementar a fundamentação", afirmou o ministro Luís Roberto Barroso. Ele lembrou que o Superior Tribunal de Justiça (STJ) disciplinou a matéria no Enunciado Administrativo nº 6, no sentido de que o prazo do parágrafo único do artigo 932 somente será concedido "para que a parte sane vício estritamente formal".

28.9. Forma de interposição do recurso de agravo de instrumento

Preceitua o §2º do art. 1.017 do atual C.P.C. que no prazo do recurso (quinze dias), o agravo será interposto por: I – protocolo realizado diretamente no tribunal competente para julgá-lo; II) protocolo realizado na própria comarca, seção ou subseção judiciárias; III) postagem, sob registro, com aviso de recebimento; IV) transmissão de dados tipo 'fac-símile' nos termos da lei; V – por outra forma prevista em lei.

Este dispositivo indica a forma e os diversos locais em que a petição do agravo de instrumento poderá ser protocolizada ou expedida.

Quiçá a lei permita a interposição do agravo de instrumento por meio de e-mail e sistema de assinatura digital.

28.9.1. Protocolo diretamente no tribunal competente

Em primeiro lugar, a petição poderá ser protocolizada diretamente no protocolo do tribunal competente para conhecer do agravo de instrumento.

Há entendimento de nossos tribunais de que o protocolo do recurso de agravo de instrumento no Tribunal incompetente para conhecer do recurso, caracteriza sua intempestividade. Nesse sentido, eis as seguintes decisões:

DO AGRAVO DE INSTRUMENTO

AGRAVO REGIMENTAL. TEMPESTIVIDADE RECURSAL. AFERIÇÃO PELA DATA DO PROTOCOLO REALIZADO NESTA CORTE. INTERPO-SIÇÃO TEMPESTIVA JUNTO A TRIBUNAL INCOMPETENTE. IRRELE-VÂNCIA.

1. Entendimento assente neste Superior Tribunal no sentido de que a tempestividade do recurso deve ser aferida tendo como base a data constante do protocolo realizado pelo Tribunal competente.

2. Impossibilidade de se conhecer de agravo regimental interposto tempestivamente junto ao Tribunal Superior do Trabalho e encaminhado a este Superior Tribunal de Justiça apenas após o decurso do prazo recursal.

2. AGRAVO REGIMENTAL NÃO CONHECIDO.

(AgRg no Ag 1409523/RS, Rel. Ministro PAULO DE TARSO SAN-SEVERINO, TERCEIRA TURMA, julgado em 28/02/2012, DJe 06/03/2012)

PROCESSUAL CIVIL. EXECUÇÃO FISCAL. AGRAVO DE INSTRU-MENTO. PROTOCOLO EM TRIBUNAL INCOMPETENTE. INTEMPES-TIVIDADE.

1. Não se presta a interferir no exame da tempestividade a data do proto-colo do recurso perante Tribunal incompetente. Precedentes do STJ.

2. *A intempestividade do recurso na origem prejudica a análise da matéria de fundo, ante a ocorrência de preclusão.*

3. *Agravo Regimental não provido.*

(AgRg no REsp 1393874/SC, Rel. Ministro HERMAN BENJAMIN, SEGUNDA TURMA, julgado em 12/11/2013, DJe 05/12/2013)

(...).

Uma vez que o feito principal tramita em vara da Justiça estadual por delegação federal, o tribunal competente para processar e julgar a irresignação é, in casu, este Tri-bunal Regional Federal, para onde o recorrente deveria ter dirigido seu inconformismo. – O protocolo equivocado no TJSP não pode ser considerado para efeito de verificação da tempestividade, ante a inexistência do serviço de protocolo integrado entre esta corte e os fóruns da Justiça estadual. – A ausência de qualquer informação que justifique a interposição em outro tribunal resulta na falta intransponível de um dos pressupostos de admissibilidade recursal, qual seja, a tempestividade. – Inalterada a situação fática, a irresignação não merece provimento, o que justifica a manutenção da decisão recorrida por seus próprios fundamentos. – Recurso desprovido.

RECURSOS NO NOVO C.P.C.

(AI 00125159120134030000, DESEMBARGADOR FEDERAL ANDRE NABARRETE, TRF3 – QUARTA TURMA, e-DJF3 Judicial 1 DATA:13/09/2013).

(...).
2. O presente recurso é intempestivo, pois o agravante foi intimado da decisão agravada em 20 de junho de 2006 e o recurso foi protocolado no Tribunal de Justiça do Estado de São Paulo no dia 30 de junho de 2006. E, não obstante tenha sido determinado o encaminhamento do agravo de instrumento a este E. Tribunal Regional Federal da 3ª Região em razão do erro cometido pelo advogado no endereçamento do recurso, o instrumento somente veio a ser protocolado nesta Corte no dia 01/08/2006, quando já esgotado o prazo recursal. 3. Não há como sustentar que o equívoco na protocolização do recurso foi justificado, diante da norma constante do artigo 109, §§ 3º e 4º da CF/88, e artigo 15, inciso I da Lei nº 5.010/66. 4. Não é possível conhecer-se de recurso protocolado em órgão equivocado, pois tal entendimento implicaria em absoluta insegurança quanto ao trânsito em julgado das decisões. Jurisprudência do Supremo Tribunal Federal. 5. Não há como sustentar a correção da protocolização do recurso na Justiça Estadual, uma vez que este Tribunal Regional Federal da 3ª Região não tem protocolo integrado com os Fóruns da Justiça Estadual. Assim, deveria o agravante promover o protocolo do recurso na Justiça Federal – aí sim, valendo-se do protocolo integrado – ou remetê-lo via postal, como permite o §2º do artigo 525 do Código de Processo Civil. 6. Agravo legal desprovido.

(AI 00782407120064030000, JUIZ CONVOCADO MÁRCIO MESQUITA, TRF3 – PRIMEIRA TURMA, e-DJF3 Judicial 1 DATA:21/10/2009 PÁGINA: 74).

Portanto, a parte deverá ter muito cuidado no protocolo do agravo de instrumento para não realizá-lo perante tribunal que não tenha competência para conhecer do aludido recurso.

28.9.2. Protocolo integrado
Em segundo lugar, a petição do agravo poderá ser protocolizada nos denominados protocolos integrados ou integralizados existentes nas Comarcas e nas Seções e Subseções Judiciárias, prevalecendo a tempestividade do recurso pela data do referido protocolo.

O sistema de Protocolo Integralizado possibilita o ingresso de petições em qualquer Setor de Protocolo de 1ª Instância da Justiça Estadual ou das Seções e Subseções Judiciárias da Justiça Federal.

DO AGRAVO DE INSTRUMENTO

Evidentemente, em se tratando de processo eletrônico não há falar em protocolo integralizado, uma vez que toda e qualquer petição poderá ser inserida diretamente no sistema 'web'.

Sobre o protocolo integrado, eis as seguintes decisões:

EXECUÇÃO DE PRESTAÇÃO ALIMENTÍCIA – Recurso protocolizado perante o Sistema de Protocolo Integrado – Admissibilidade – Ausência de afronta à regra contida no art. 524, caput, do CPC – Descumprimento do artigo 526 do mesmo Estatuto – Inocorrência – Petição dirigida ao Juízo de origem protocolizada dentro do prazo legal (e também através do protocolo integrado)- Finalidade da exigência legal, que ademais, outra não é senão levar ao conhecimento do Juízo de primeiro grau sobre a interposição do recurso, possibilitando eventual retratação (e que restou atendida na hipótese) – Decisão que determinou a intimação do executado para pagamento da importância discriminada, sob pena de prisão – Cabimento – Acordo que reduziu o pensionamento firmado em outra ação e que não foi homologado judicialmente – Recibo (objeto de argüição de falsidade) refere-se a outra execução envolvendo as mesmas partes e que não diz respeito a obrigação alimentar (mas sim a entrega de um imóvel e de um veículo) – Incabível a suspensão da presente execução – Decisão mantida – Recurso improvido.

(TJ-SP – AG: 5834364700 SP, Relator: Salles Rossi, Data de Julgamento: 03/09/2008, 8ª Câmara de Direito Privado, Data de Publicação: 18/09/2008)

SISTEMA DE PROTOCOLO INTEGRADO. RECURSO PROTOCOLI-ZADO ATRAVÉS DE E-DOC NO ÚLTIMO DIA DO PRAZO APÓS O HORÁ-RIO DE EXPEDIENTE FORENSE. TEMPESTIVIDADE. Diversamente do disposto nas respectivas Instruções Normativas de no. 28/2005 do c. TST e da de no. 03/2006 deste Tribunal Regional, a Lei 11.419 de 19/12/2006 fixou no parágrafo 1o. do art. 10, como tempestivos os recursos aviados por E-DOC até às 24 horas do último dia do prazo recursal. Logo, em observância ao princípio hierárquico das normas, prevalece o entendimento esposado na lei sobre as instruções normativas.

(TRT-3 – AP: 529507 02683-2006-138-03-00-8, Relator: Convocada Maria Cecilia Alves Pinto, Oitava Turma, Data de Publicação: 20/10/2007 DJMG . Página 32. Boletim: Não.)

PROCESSUAL CIVIL – EMBARGOS DE DECLARAÇÃO – RECURSO ESPECIAL – PROTOCOLO INTEGRADO 1ª INSTÂNCIA – IMPOSSIBILI-DADE – SÚMULA 256/STJ – INTEMPESTIVIDADE – EMBARGOS ACOLHI-DOS COM MODIFICAÇÃO DO JULGADO. – É intempestivo o recurso especial protocolizado no Tribunal de origem após esgotado o prazo legal para sua interposição. – "O sistema de 'protocolo integrado' não se aplica aos recursos dirigidos ao Superior Tribunal de Justiça" (Súmula 256). – Embargos de declaração acolhidos, com modificação do julgado, para não conhecer do recurso especial.

(STJ – EDcl no REsp: 299563 SP 2001/0003469-1, Relator: Ministro FRANCISCO PEÇANHA MARTINS, Data de Julgamento: 06/04/2004, T2 – SEGUNDA TURMA, Data de Publicação: DJ 21.06.2004 p. 185)

PROCESSUAL CIVIL. EMBARGOS DE DECLARAÇÃO NOS EMBARGOS DE DECLARAÇÃO NO AGRAVO REGIMENTAL NO AGRAVO EM RECURSO ESPECIAL. AGRAVO DO ART. 544 DO CÓDIGO DE PROCESSO CIVIL. PROTOCOLADO MEDIANTE O SISTEMA DE PROTOCOLO INTEGRADO. INTEMPESTIVIDADE. APLICAÇÃO DA SÚMULA N. 216/STJ POR ANALOGIA. PRECEDENTES DESTA CORTE E DO SUPREMO TRIBUNAL FEDERAL.

I – O sistema de PROTOCOLO POSTAL INTEGRADO, adotado por diversos Tribunais (e.g. Tribunal de Justiça do Estado do Rio Grande do Sul, Tribunal de Justiça do Estado da Paraíba e Tribunal de Justiça do Estado do Paraná), resulta de convênio firmado com a Empresa Brasileira de Correios e Telégrafos – ECT para protocolo de petições diversas, no qual se considera, para efeito de tempestividade recursal, a data do protocolo na agência dos Correios.

II – A Súmula n. 256/STJ excepcionou a utilização desse sistema aos recursos dirigidos ao Superior Tribunal de Justiça, partindo da interpretação do art. 525, § 2º, do Código de Processo Civil, que trata de agravo de instrumento do art. 522 do mesmo diploma legal, segundo o qual, "no prazo do recurso, a petição será protocolada no tribunal, ou postado no correio sob registro com aviso de recebimento, ou, ainda, interposta por outra forma prevista na lei local".

III – Com o advento da Lei n. 10.232/2001, que alterou o art. 547 do Código de Processo Civil, e tendo em vista decisão do Supremo Tribunal Federal no AgRg no RE 476.260/SP, a Corte Especial deliberou pelo cancelamento da Súmula n. 256/STJ (AgRg no AG 792.846/SP).

IV – Nesse julgamento, a Corte Especial reconheceu a legalidade da utilização do PROTOCOLO DESCENTRALIZADO, mediante delegação a ofícios de justiça de primeiro grau (como é o caso do Tribunal Regional Federal da 1ª Região, por exemplo), o que não se confunde com o sistema do PROTOCOLO POSTAL INTEGRADO, que considera válido o protocolo da petição na agência dos Correios. Precedentes desta Corte e do Supremo Tribunal Federal.

DO AGRAVO DE INSTRUMENTO

V – Nas hipóteses de utilização do PROTOCOLO POSTAL INTEGRADO, para interposição de recursos de competência do Superior Tribunal de Justiça, considera-se a data do protocolo na Secretaria do Tribunal de origem para aferição da tempestividade, aplicando-se, por analogia, o enunciado da Súmula n. 216/STJ, segundo a qual "a tempestividade de recurso interposto no Superior Tribunal de Justiça é aferida pelo registro no protocolo da secretaria e não pela data da entrega na agência do correio".

VI – Rejeição do pedido de aplicação da multa de que trata o art. 538, parágrafo único, do Código de Processo Civil.

VII – Embargos de declaração acolhidos, sem efeitos modificativos, apenas para esclarecimento do julgado.

(EDcl nos EDcl no AgRg no AREsp 131.652/RS, Rel. Ministra REGINA HELENA COSTA, PRIMEIRA TURMA, julgado em 03/03/2015, DJe 11/03/2015)

28.9.3. Postagem pelo correio

Em terceiro lugar, poderá também a petição do agravo de instrumento ser postada nos Correios mediante registro com aviso de recebimento, devendo ser considerada a data da postagem para efeito de se analisar a tempestividade do recurso.

A postagem pelo correio deverá ser mediante registro com aviso de recebimento.

Assim, ficaram superadas as seguintes decisões do S.T.J.:

AGRAVO REGIMENTAL CONTRA DECISÃO QUE NÃO CONHECEU DE EMBARGOS DE DECLARAÇÃO. PROTOCOLO DE PETIÇÃO FÍSICA DENTRO DO PRAZO LEGAL E DA PETIÇÃO ELETRÔNICA FORA DO PRAZO. INTEMPESTIVIDADE. RECURSO QUE EXIGE PROTOCOLO EXCLUSIVAMENTE ELETRÔNICO.

1. A Resolução STJ/GP 10/2015, que regulamenta o processo judicial eletrônico no âmbito do Superior Tribunal de Justiça, determina, em seu art. 10, inciso XVIII, que as petições iniciais e incidentais referentes a recurso especial devem ser protocolizadas de forma exclusivamente eletrônica.

2. Mesmo que tenha sido protocolizada, dentro do prazo legal, a petição em formato físico, é necessária a interposição eletrônica tempestiva do recurso.

3. A tempestividade de agravo regimental interposto no Superior Tribunal de Justiça é aferida pelo protocolo da petição eletrônica, e não pela data da entrega na agência do correio de petição física.

RECURSOS NO NOVO C.P.C.

Agravo interno não conhecido.
(AgInt nos EDcl no REsp 1435023/RS, Rel. Ministro HUMBERTO MARTINS, SEGUNDA TURMA, julgado em 10/05/2016, DJe 16/05/2016)

1. A tempestividade do recurso especial é aferida pela data do protocolo da petição na Secretaria do Tribunal de origem, e não pela data da postagem na agência dos Correios, nos termos da Súmula 216/STJ.

2. "A Resolução nº 380/01 do Tribunal de Justiça do Estado do Rio Grande do Sul, que instituiu o protocolo postal, não se aplica aos recursos dirigidos aos Tribunais Superiores, devendo ser aplicada a Súmula 216/STJ" (AgRg no AREsp 54.412/RS, Segunda Turma, Rel. Min. Castro Meira, DJe de 17.2.2012).

3. Agravo regimental a que se nega provimento.
(AgRg no Ag 1412993/RS, Rel. Ministro RAUL ARAÚJO, QUARTA TURMA, julgado em 02/08/2012, DJe 28/08/2012).

Também encontra-se superada a Súmula 216 do S.T.J. que assim estabelece: *A tempestividade de recurso interposto no Superior Tribunal de Justiça é aferida pelo registro no protocolo da secretaria e não pela data da entrega na agência do correio.*

É certo que o próprio S.T.J. já vinha relativizando essa interpretação, especialmente quando no tribunal de origem houvesse resolução autorizando o protocolo postal de peça recursal que deveria ser encaminhada aos tribunais superiores. Sobre o tema, eis a seguinte decisão do S.T.J.:

(...).

IV. A tempestividade do Agravo em Recurso Especial é aferida pela data de entrega da petição no protocolo do Tribunal a quo, não sendo considerada – em regra – a data da postagem nos Correios. Tal vedação, inclusive, vem expressa na Súmula 216 desta Corte ("A tempestividade de recurso interposto no Superior Tribunal de Justiça é aferida pelo registro no protocolo da Secretaria e não pela data da entrega na agência do correio"), de modo que o entendimento é remansoso, no âmbito deste Tribunal.

V. Todavia, consoante entendimento firmado pela Corte Especial do Superior Tribunal de Justiça (STJ, AgRg no Ag 1.417.361/RS, Relatora p/ acórdão Ministra MARIA THEREZA DE ASSIS MOURA, DJe de 14/05/2015), para se aferir a tempestividade do recurso dirigido ao STJ e interposto mediante protocolo postal, deve ser observado o teor da resolução do Tribunal de origem que o instituiu.

DO AGRAVO DE INSTRUMENTO

VI. No caso, em que pese a parte ter indicado o Provimento Conjunto CGJ/CCI – 011/2013, do TJ/BA, não observou que há vedação expressa ao protocolo descentralizado, nele contida, para recebimento de petições destinadas aos Tribunais Superiores. Logo, outra alternativa não há senão a de entender que, no presente caso, o que se tem é uma mera postagem do recurso, na agência dos Correios, esbarrando o conhecimento do Agravo, portanto, no óbice da Súmula 216/STJ.

VII. Quanto à pretensão da parte agravante de expresso prequestionamento de dispositivos constitucionais, esta Corte é firme no sentido de que "não cabe ao Superior Tribunal de Justiça, ainda que para fins de prequestionamento, examinar na via especial suposta violação a dispositivos constitucionais, sob pena de usurpação da competência do Supremo Tribunal Federal" (STJ, AgRg nos EAREsp 651.943/PR, Rel. Ministro SÉRGIO KUKINA, PRIMEIRA SEÇÃO, DJe de 04/03/2016).

VIII. Agravo Regimental improvido.

(AgRg no AREsp 803.429/BA, Rel. Ministra ASSUSETE MAGALHÃES, SEGUNDA TURMA, julgado em 07/04/2016, DJe 18/04/2016)

Outro aspecto importante a ser ressaltado é que os tribunais estavam fazendo convênios com os Correios para o protocolo de petição mediante o Sistema de Protocolo Postal (SPP), não admitindo a remessa de peças por meio de carta registrada ou mesmo SEDEX simples.

Ocorre que o novo C.P.C., no art. 1.017, inc. III, apenas condiciona a interposição do recurso à *postagem, sob registro,com aviso de recebimento.*

Assim, se o próprio C.P.C. não exige uma forma especial da postagem, a não ser que seja sob registro e aviso de recebimento, não podem os tribunais estabelecer convênios restringindo a utilização dos Correios apenas ao Sistema de Protocolo Postal (SPP). Além do mais, o inc. III do art. 1.017 do novo C.P.C. não considera a interposição do agravo de instrumento pelos correios como sistema de protocolo, nem mesmo integrado.

28.9.4. Remessa via *fac-símile*

Em quarto lugar, a *petição* do agravo de instrumento poderá ser encaminhada por transmissão de dados tipo *fac-símile,* nos termos da lei.

O agravo de instrumento poderá, ainda, em se tratando de processo físico, ser interposto mediante *fac-símile*, mas o original deverá ser apresentado na forma do art. 2º da Lei 9.800/99.

RECURSOS NO NOVO C.P.C.

Prescreve o §4º do art. 1.017 do atual C.P.C.: se o recurso for interposto por sistema de transmissão de dados tipo fac-símile ou similar, as peças devem ser juntadas no momento de protocolo da petição original.

E, no caso, a petição original deverá ser apresentada no protocolo até cinco dias da data do término do prazo, nos termos do art. 2º da Lei 9.800/99.

Sobre o tema, eis os seguintes precedentes do S.T.J.:

1. O art. 4.º da Lei 9.800/1999 estabelece expressamente que quem fizer uso de sistema de transmissão fac-similar torna-se responsável pela qualidade e pela fidelidade do material transmitido, e por sua entrega ao órgão judiciário, devendo haver plena identidade entre a peça original e a entregue via fac-símile.

2. O descumprimento desse regramento impede o conhecimento do recurso. Precedentes.

3. Agravo regimental não conhecido. Multa de um por cento sobre o valor corrigido da causa.

(AgRg no RMS 43.077/DF, Rel. Ministro MAURO CAMPBELL MARQUES, SEGUNDA TURMA, julgado em 02/09/2014, DJe 08/09/2014).

1. A petição do agravo regimental foi protocolizada via fac-símile em 16/06/2014; contudo, os originais foram apresentados de forma física em 20/06/2014, sendo recusados pela Secretaria Judiciária desta Corte Superior, de acordo com o art. 23 da Resolução/STJ n.º 14/2013.

2. Registre-se que a referida resolução estabeleceu cronograma específico para a adaptação dos usuários (arts. 10, 21 e 22), sendo certo que, para a classe processual "Agravo em recurso especial (AREsp)", o prazo era de 280 (duzentos e oitenta) dias após a publicação da resolução, que se deu em 03 de julho de 2013.

3. Dessa forma, não apresentados os originais da petição interposta via fax na forma da Resolução n.º 14/2013 desta Corte Superior, inviável o conhecimento do recurso.

4. Agravo regimental não conhecido.

(AgRg no AREsp 514.744/ES, Rel. Ministra LAURITA VAZ, QUINTA TURMA, julgado em 26/08/2014, DJe 02/09/2014).

28.9.5. Outra forma prevista em lei

Além da petição do agravo poder ser protocolizada diretamente no tribunal competente ou em protocolo integralizado, ou, ainda, ser encaminha via correio ou por meio de *fac-símile*, a lei poderá estabelecer outra forma

DO AGRAVO DE INSTRUMENTO

de interposição do recurso de agravo de instrumento, que não aquelas já delineadas no novo C.P.C.

Em relação à possibilidade de encaminhar a petição do agravo via *e-mail*, eis os seguintes precedentes do S.T.J.:

> *– Conforme os precedentes desta Corte, para o envio de petição ao Tribunal, o sistema de comunicação dito e-mail não configura meio eletrônico equiparado ao fax, para fins da aplicação do disposto no art. 1º da Lei 9.800/1999.*
> *– Intempestivo o recurso protocolizado no Tribunal de origem após o lapso recursal. A tempestividade dos recursos é aferida pela data do protocolo, e não pela data aposta na petição recursal.*
> *Agravo regimental improvido.*
> (AgRg no Ag 1405880/PB, Rel. Ministro CESAR ASFOR ROCHA, SEGUNDA TURMA, julgado em 24/04/2012, DJe 07/05/2012)

> *1. A petição de recurso especial apresentada via e-mail é tida como inexistente, consoante firme entendimento jurisprudencial desta Corte Superior de Justiça, uma vez que, carente de previsão legal, não pode ser equiparada ao fac-símile (fax) para efeito da Lei 9.800/99.*
> *2. Importante gizar que o envio eletrônico não guarda a mesma segurança na transmissão dos dados que o sistema fac-símile.*
> *3. Agravo regimental não provido.*
> (AgRg no AREsp 398.826/MG, Rel. Ministro JORGE MUSSI, QUINTA TURMA, julgado em 21/08/2014, DJe 27/08/2014)

28.10. Processo eletrônico

Aduz o § 5º do art. 1.017 do atual C.P.C. que sendo eletrônicos os autos do processo, dispensam-se as peças referidas nos incisos I e II do caput do mesmo dispositivo, facultando-se ao agravante anexar outros documentos que entender úteis para a compreensão da controvérsia.

Essa possibilidade técnica somente será legítima se houver interligação entre os sistemas processuais dos diversos tribunais brasileiros.

Não havendo interligação e compartilhamento de informações entre o Tribunal de Justiça e o Tribunal Regional Federal e os Tribunais Superiores, haverá necessidade de o agravante suprir o recurso com as peças eletrônicas, sob pena de os tribunais superiores não conhecerem de eventual recurso especial ou extraordinário interposto.

RECURSOS NO NOVO C.P.C.

28.11. Juntada de cópia da petição do agravo e dos documentos que o instruem nos autos do processo principal

O art. 526 do C.P.C. de 1973 determinava que o agravante, no prazo de 3 (três) dias, devia requerer a juntada aos autos do processo principal de cópia da petição do agravo de instrumento e do comprovante de sua interposição, assim como da relação dos documentos que instruíram o recurso, com o exclusivo objetivo de provocar a retratação do juízo *a quo*. Se o agravante não cumprisse essa determinação legal, e desde que arguido e provado pelo agravado, o recurso de agravo de instrumento não seria conhecido.

Assim, a juntada das peças do agravo no processo originário caracterizava um dever jurídico do agravante, sob pena de não conhecimento do recurso do agravo de instrumento.

O novo C.P.C., segundo o que dispõe o seu art. 1.018, não torna mais obrigatória a juntada das peças do agravo de instrumento no processo originário, em se tratando de processo eletrônico, uma vez que o juízo do processo principal terá efetivo acesso ao agravo pelo sistema eletrônico.

Portanto, o agravante *poderá* (e não deverá) requerer a juntada aos autos do processo de cópia da petição do agravo de instrumento e do comprovante de sua interposição, assim como a relação dos documentos que instruíram o recurso, com exclusivo objetivo de provocar a retratação do juízo 'a quo', desde que se trate de processo eletrônico.

A retratação ou não da decisão proferida pelo juízo *a quo*, quando se tratar de processo eletrônico, tornou-se uma faculdade do agravante, que irá optar ou não por essa possibilidade jurídica processual, tendo em vista que o juízo 'a quo' tem ciência do agravo em decorrência de seu acesso pelo próprio sistema processual.

Porém, em se tratando de processo físico, prescreve o §2º do art. 1.018 do atual C.P.C.: Não sendo eletrônicos os autos, o agravante tomará a providência prevista no caput, no prazo de 3 (três) dias a contar da interposição do agravo de instrumento.

O prazo de 3 (três) dias *úteis* conta-se a partir do dia em que foi interposto o agravo, excluindo-se o dia do começo e contando-se o dia final.

Em se tratando de processo físico, será obrigatório ao agravante, no prazo de três dias a contar da interposição do agravo de instrumento, requerer a juntada, aos autos do processo originário, de cópia da petição

DO AGRAVO DE INSTRUMENTO

do agravo de instrumento, do comprovante de sua interposição e da relação dos documentos que instruíram o recurso.

Estabelece o §3º do art. 1.018 do atual C.P.C. que o descumprimento da exigência de que trata o §2º, desde que arguido e provado pelo agravado, importa inadmissibilidade do agravo de instrumento.

Portanto, na hipótese de autos físicos, o agravante deverá, obrigatoriamente, tomar a providência prevista no *caput* do art. 1.018 do novo C.P.C. Se assim não proceder, e desde que arguida e provada essa falta pelo agravado, o agravo de instrumento será declarado inadmitido. Nesse sentido é o seguinte precedente do S.T.J.:

> *PROCESSUAL CIVIL. AGRAVO REGIMENTAL NO AGRAVO EM RECURSO ESPECIAL. AGRAVO DE INSTRUMENTO. ART. 526 DO CPC, SOB A ÉGIDE DA LEI 10.352/2001. MATÉRIA ARGUÍDA PELA PARTE AGRAVADA. NÃO APRESENTAÇÃO EM JUÍZO DE PRIMEIRO GRAU DOS DOCUMENTOS QUE INSTRUÍRAM O RECURSO.*
>
> *CAUSA DE INADMISSÃO CONFIGURADA. INCIDÊNCIA DA SÚMULA 83/STJ. AGRAVO REGIMENTAL DESPROVIDO.*
>
> *1. A jurisprudência deste Tribunal está pacificada em que, após a edição da Lei 10.352/2001, as providências enumeradas no caput do art. 526 do CPC passaram a ser obrigatórias, e não mais mera faculdade do agravante. Dessa forma, deve o recorrente, no prazo de 3 (três) dias, requerer a juntada de cópia da petição do Agravo de Instrumento e do comprovante de sua interposição, assim como a relação dos documentos que instruíram o recurso. Precedentes.*
>
> *2. Agravo Regimental desprovido.*
>
> (AgRg no AREsp 279.841/SE, Rel. Ministro NAPOLEÃO NUNES MAIA FILHO, PRIMEIRA TURMA, julgado em 16/04/2013, DJe 25/04/2013)

O tribunal não poderá conhecer de ofício da falta processual do agravante, uma vez que a não juntada das peças deve ser arguida pelo agravado, em petição avulsa ou quando da resposta do agravo de instrumento.

A prova da não juntada do documento dar-se-á normalmente por certidão do cartório.

Conforme preconiza o §1º do art. 1018 do atual C.P.C., se o juiz comunicar que reformou inteiramente a decisão, o relator considerará prejudicado o agravo de instrumento.

RECURSOS NO NOVO C.P.C.

Assim, seja no processo eletrônico ou no processo físico, havendo retratação integral do juízo de primeiro grau em relação à decisão agravada, e sendo essa retratação devidamente comunicada ao tribunal superior, o relator considerará prejudicado o agravo de instrumento.

Se o juiz de primeiro grau reformar parcialmente a decisão, o julgamento do agravo continuará em relação à parte da decisão que não foi objeto de reforma.

Uma vez reformada a decisão de primeiro grau, abre-se nova oportunidade para que desta vez o agravado possa interpor recurso de agravo de instrumento, cujo prazo terá início após a sua intimação da reforma da decisão.

Sobre o tema, eis a seguinte decisão proferida pelo S.T.J. no julgamento do Tema 284 (recursos repetitivos):

PROCESSUAL CIVIL. RECURSO ESPECIAL REPRESENTATIVO DA CONTROVÉRSIA. ART. 543-C, DO CPC. AGRAVO DE INSTRUMENTO. ART. 526 E § ÚNICO DO CPC. NECESSIDADE DE MANIFESTAÇÃO DO AGRAVADO. IMPOSSIBILIDADE DE CONHECIMENTO EX OFFICIO, AINDA QUE NÃO CITADO O AGRAVADO.

1. "O agravante, no prazo de 3 (três) dias, requererá juntada, aos autos do processo de cópia da petição do agravo de instrumento e do comprovante de sua interposição, assim como a relação dos documentos que instruíram o recurso." (CPC, art. 526, caput) Parágrafo único. O não cumprimento do disposto neste artigo, desde que arguido e provado pelo agravado, importa inadmissibilidade do agravo. (Incluído pela Lei nº 10.352, de 26.12.2001) 2. Destarte, o descumprimento das providências enumeradas no caput do art. 526 do CPC, adotáveis no prazo de três dias, somente enseja as consequências dispostas em seu parágrafo único se o agravado suscitar a questão formal no momento processual oportuno, sob pena de preclusão.

3. Doutrina clássica sobre o tema leciona que: "No parágrafo, introduzido pela Lei nº 10.352, optou-se por solução de compromisso. A omissão do agravante nem é de todo irrelevante quanto ao não conhecimento do recurso, nem acarreta, por si só, esse desenlace. Criou-se para o agravado o ônus de arguir e provar o descumprimento do disposto no art. 526. Conquanto não o diga o texto expressis verbis, deve entender-se que a arguição há de vir na resposta do agravado, pois essa é a única oportunidade que a lei lhe abre para manifestar-se A prova será feita, ao menos no comum dos casos, por certidão do cartório ou da secretaria, que ateste haver o prazo decorrido in albis. Na falta de arguição e prova por parte do agravado, o tribunal não poderá negar-se a conhecer do agravo – salvo, é claro, com fundamento diverso –, ainda que lhe chegue por outro meio a informação de

DO AGRAVO DE INSTRUMENTO

que o agravante se omitiu. A disposição expressa do parágrafo afasta a incidência do princípio geral segundo o qual o órgão ad quem controla ex officio a admissibilidade do recurso." (José Carlos Barbosa Moreira, "Comentários ao Código de Processo Civil", vol. 5, Ed. Forense, Rio de Janeiro, 2005, págs. 511/512) 4. Consectariamente, para que o Relator adote as providências do parágrafo único do art. 526 do CPC, qual seja, não conhecer do recurso, resta imprescindível que o agravado manifeste-se acerca do descumprimento do comando disposto em seu caput, porquanto a matéria não é cognoscível de ofício. (Precedentes: REsp 1091167/RJ, Rel. Ministro LUIZ FUX, PRIMEIRA TURMA, julgado em 19/03/2009, DJe 20/04/2009; REsp 834.089/RJ, Rel. Ministro HERMAN BENJAMIN, SEGUNDA TURMA, julgado em 04/09/2008, DJe 11/03/2009; AgRg no REsp 884.304/DF, Rel. Ministro PAULO GALLOTTI, SEXTA TURMA, julgado em 28/08/2008, DJe 29/09/2008; REsp 1005645/ES, Rel. Ministra ELIANA CALMON, SEGUNDA TURMA, julgado em 24/06/2008, DJe 18/08/2008; REsp 805.553/MG, Rel. Ministro ARNALDO ESTEVES LIMA, QUINTA TURMA, julgado em 18/10/2007, DJ 05/11/2007; REsp 328018/RJ Relator Ministro FRANCIULLI NETTO DJ 29.11.2004) 5. "(...) faz-se indispensável que o descumprimento da norma seja arguido e provado pelo agravado, não se admitindo o conhecimento da matéria de ofício, mesmo não tendo os agravados procurador constituído nos autos." (REsp 577655/RJ Relator Ministro CASTRO FILHO DJ 22.11.2004) 6. In casu, revela-se a necessidade de reforma do acórdão recorrido, porquanto, na ausência de citação do agravado, de molde a arguir e comprovar o descumprimento das providências exigidas no caput do art. 526 do CPC, em consonância com o seu § único, é vedado ao Juízo, ex officio, negar-se a conhecer do agravo.

7. Recurso especial provido, determinando-se o retorno dos autos à instância de origem para apreciação do agravo de instrumento interposto com espeque no artigo 522, do CPC. Acórdão submetido ao regime do art. 543-C do CPC e da Resolução STJ 08/2008.

(REsp 1008667/PR, Rel. Ministro LUIZ FUX, CORTE ESPECIAL, julgado em 18/11/2009, DJe 17/12/2009)

28.12 – Prerrogativas do relator no agravo de instrumento

O art. 1.019 do novo C.P.C. estabelece que recebido o agravo de instrumento no tribunal, este deverá ser imediatamente distribuído a um relator.

28.12.1. Aplicação do art. 932, incs. III e IV, do atual C.P.C.

O relator, num primeiro momento, deverá verificar se não será o caso de aplicar o disposto no art. 932, incs. III e IV, do atual C.P.C., a saber:

Art. 932. Incumbe ao relator:

(...).

III – não conhecer de recurso inadmissível, prejudicado ou que não tenha impugnado especificamente os fundamentos da decisão recorrida;

IV – negar provimento a recurso que for contrário a:

a) súmula do Supremo Tribunal Federal, do Superior Tribunal de Justiça ou do próprio tribunal;

b) acórdão proferido pelo Supremo Tribunal Federal ou pelo Superior Tribunal de Justiça em julgamento de recursos repetitivos;

c) entendimento firmado em incidente de resolução de demandas repetitivas ou de assunção de competência;

Para *negar seguimento ou não conhecer de recurso inadmissível,* o relator poderá fazê-lo independentemente do contraditório.[462]

Porém, em se tratando de fundamento a respeito do qual não se tenha dado às partes oportunidade de se manifestar, o relator não poderá decidir sem outorgar o devido contraditório, nos termos do art. 10 do novo C.P.C.

Antes de considerar inadmissível o recurso, o relator concederá o prazo de 5 (cinco) dias ao recorrente para que seja sanado vício ou complementada a documentação exigível.

A 1ª Turma do S.T.F. definiu os limites para a concessão do prazo previsto no art. 932, p.u., do novo C.P.C. conforme notícia inserida no sito http://www.stf.jus.br/portal/cms/verNoticiaDetalhe.asp?idConteudo=318235, *in verbis:*

1ª Turma define limites para concessão do prazo previsto no artigo 932 do novo CPC

A Primeira Turma do Supremo Tribunal Federal decidiu, na sessão desta terça-feira, que o prazo de cinco dias previsto no parágrafo único do artigo 932 do novo Código de Processo Civil (CPC) só se aplica aos casos em que seja necessário sanar vícios formais, como ausência de procuração ou de assinatura, e não à complementação da fundamentação. A discussão foi suscitada pelo ministro Marco Aurélio no julgamento de agravos regimentais da lista de processos do ministro Luiz Fux, que não conheceu de recursos extraordinários com agravo (AREs 953221 e 956666) interpostos já na vigência da nova lei.

---

[462] WAMBIER, Luiz Rodrigues; WAMBIER, Teresa Arruda Alvim. *Breves comentários à 2ª fase da reforma do Código de Processo Civil.* 2ª ed. São Paulo: Editora Revista dos Tribunais, 2002. p. 166 DIDIER JR., F; CUNHA, L. J. C., op. cit., p. 143.

DO AGRAVO DE INSTRUMENTO

O artigo 932 do novo CPC, que trata das atribuições do relator, estabelece, no parágrafo único, que, antes de considerar inadmissível o recurso, este concederá o prazo de cinco dias ao recorrente para que seja sanado vício ou complementada a documentação exigível. Segundo o ministro Luiz Fux, o dispositivo foi inserido no novo código como uma garantia ao cidadão. "Em alguns tribunais, os relatores, de forma monossilábica e sem fundamentação, consideravam os recursos inadmissíveis, e o cidadão tem o direito de saber por que seu recurso foi acolhido ou rejeitado", afirmou. "Por isso, antes de considerar inadmissível, o relator tem de dar oportunidade para que eventual defeito seja suprido".

Ao levantar a discussão, o ministro Marco Aurélio manifestou seu entendimento de que o parágrafo único "foge à razoabilidade", porque admitiria a possibilidade de glosa quando não há, na minuta apresentada, a impugnação de todos os fundamentos da decisão atacada – um dos requisitos para a admissibilidade do recurso. "Teríamos de abrir vista no agravo para que a parte suplemente a minuta, praticamente assessorando o advogado", argumentou, sugerindo que a matéria fosse levada ao Plenário para que se declarasse a inconstitucionalidade do dispositivo.

No entanto, prevaleceu o entendimento de que os defeitos a serem sanados são aqueles relativos a vícios formais, e não de fundamentação. "Não se imaginaria que o juiz devesse mandar a parte suplementar a fundamentação", afirmou o ministro Luís Roberto Barroso. Ele lembrou que o Superior Tribunal de Justiça (STJ) disciplinou a matéria no Enunciado Administrativo nº 6, no sentido de que o prazo do parágrafo único do artigo 932 somente será concedido "para que a parte sane vício estritamente formal".

Contra a decisão do relator, o agravante poderá, no prazo de 15 (quinze) dias, interpor o recurso de agravo interno, nos termos do art. 1.021 do novo C.P.C.

28.12.2. Perda de objeto do agravo em face da prolação da sentença

Há entendimento de que o relator poderá declarar a perda do objeto do agravo de instrumento caso, antes de seu julgamento, o juiz de primeiro grau venha a proferir a respectiva sentença. Sobre o tema eis as seguintes decisões do S.T.J.:

1. Esta Corte vem firmando o entendimento de que fica prejudicado o recurso especial interposto contra acórdão que examinou agravo de instrumento interposto contra decisão que defere/indefere liminar ou antecipação de tutela, quando há a superveniên-

cia de sentença de mérito, tanto de procedência, porquanto absorve os efeitos da medida antecipatória, por se tratar de decisão proferida em cognição exauriente; como de improcedência, pois há a revogação, expressa ou implícita, da decisão antecipatória.

2. Agravo regimental não provido.

(AgRg no AREsp 4.591/RS, Rel. Ministra DIVA MALERBI (DESEMBARGADORA CONVOCADA TRF 3ª REGIÃO), SEGUNDA TURMA, julgado em 12/03/2013, DJe 19/03/2013).

1. A prolação de sentença de mérito na ação originária conduz à superveniente perda de objeto do recurso interposto contra o deferimento do pedido de liminar.

2. O interesse em recorrer, tal como ocorre com o interesse de agir, deve ser mensurado à luz do benefício prático proporcionado à parte recorrente, sendo certo, ademais, que a sentença proferida com base em cognição exauriente confere tratamento definitivo à controvérsia, fazendo cessar a eficácia da liminar e da antecipação dos efeitos da tutela deferidas initio litis ou incidentalmente.

3. Agravo regimental a que se nega provimento.

(AgRg no AREsp 140.206/SP, Rel. Ministro ANTONIO CARLOS FERREIRA, QUARTA TURMA, julgado em 05/03/2013, DJe 12/03/2013)

Processual civil. Agravo regimental no agravo em recurso especial. Embargos do devedor. Excesso de execução. Agravo de instrumento interposto na origem. Alegação de cerceamento de defesa. Necessidade de realização de perícia contábil para fixar o correto valor da execução. Superveniência de sentença julgando procedente o pedido, como pretendido pela agravante. Perda de objeto. Recurso especial prejudicado. Agravo regimental a que se nega provimento.

(AgRg no AREsp 194.846/RJ, Rel. Ministro PAULO DE TARSO SANSEVERINO, TERCEIRA TURMA, julgado em 05/03/2013, DJe 02/04/2013)

Há, porém, entendimento de que uma vez admitido o agravo de instrumento, a decisão do tribunal irá substituir a decisão interlocutória, de modo que a sentença que tenha sido prolatada pelo juízo 'a quo' não poderia ser incompatível com a decisão do agravo de instrumento. Para essa corrente, em face da hierarquia existente entre o tribunal e o juízo de primeiro grau, não há perda de objeto do agravo de instrumento.[463]

---

[463] Didier, Jr., F; Cunha, L. J..C., idem. p. 150.

DO AGRAVO DE INSTRUMENTO

Para Didier Jr., com razão, e seguindo posicionamento de alguns Ministros do S.T.J., a premissa que deve estabelecer o efetivo enfrentamento da questão da perda ou não do objeto do agravo não poderá ser avaliada numa perspectiva abstrata. A sorte do agravo de instrumento pendente de julgamento dependerá sempre da análise do caso concreto, não se podendo dizer abstratamente que a só superveniência da sentença vai gerar, *ipso facto*, a perda de objeto do aludido recurso.[464]

28.12.3. Conversão em agravo retido
Não sendo o caso de julgamento monocrático do recurso, o relator, sob a égide do C.P.C. de 1973, poderia ainda converter o recurso de agravo de instrumento em agravo *retido*. Porém, essa hipótese foi extinta pelo atual C.P.C., pois não há mais em nosso ordenamento jurídico a figura do agravo retido.

É certo que as decisões que converteram o agravo em retido quando da vigência do C.P.C. de 1973 apresentam efeito ultrativo em relação ao novo C.P.C.

Assim, esses agravos retidos deverão ser analisados pelo tribunal quando do recurso de apelação, se for o caso.

28.12.4. Extinção do processo originário via agravo de instrumento
Entende a doutrina, em especial Teresa Arruda Alvim Wambier, que o tribunal, desde que diante de matéria que possa ser conhecida de ofício, pode extinguir o processo originário com base no art. 485 do atual C.P.C. (antigo art. 267 do C.P.C. de 1973), em julgamento do agravo de instrumento, ainda que a matéria não tenha sido ventilada.[465]

É preciso, porém, segundo Didier Jr., que o agravo seja admitido, pois a admissão do agravo abre a jurisdição do órgão 'ad quem', que, em função da profundidade do efeito devolutivo do recurso, poderá apreciar toda a matéria que lhe foi posta para a apreciação. Neste caso, ainda segundo Didier Jr., há uma curiosidade: *"o processo será extinto, mas não terá havido sentença, somente uma decisão interlocutória e um acórdão ou decisão monocrática do relator. Daí se poder dizer que, nesse caso, 'a sentença' é o acórdão ou o acórdão*

---

[464] DIDIER, JR., F.; CUNHA, L. J. C., idem, p. 151.
[465] WAMBIER, Teresa Arruda. *Os agravos no CPC brasileiro*. 4ª Ed., São Paulo: Editora Revista dos Tribunais, 2006. p. 340.

RECURSOS NO NOVO C.P.C.

tem conteúdo de sentença, produzindo seus efeitos e ostentando sua consequência de por termo ao processo (ou à fase de acertamento)".[466]

Em qualquer caso, deve-se observar o disposto do art. 10 do novo C.P.C.

28.12.5. Atribuição de efeito suspensivo ao agravo ou concessão de antecipação de tutela recursal

Não sendo o caso de julgamento monocrático nos termos do art. 932, incs. III e IV do novo C.P.C., o relator, no prazo de 5 (cinco) dias, poderá atribuir efeito suspensivo ao recurso ou deferir, em antecipação de tutela, total ou parcial, a pretensão recursal, comunicando ao juízo de primeiro grau sua decisão.

Convencido dos argumentos de urgência e de relevância dos fundamentos, da probabilidade da pretensão de reforma da decisão recorrida ou do perigo de dano ou do risco ao resultado útil do processo, o relator, por meio de decisão monocrática, poderá dar efeito suspensivo ao recurso, efeito esse que suspenderá a decisão interlocutória impugnada através do recurso de agravo de instrumento.

O relator poderá, também, em caso de urgência e de relevância dos fundamentos, da probabilidade da pretensão de reforma da decisão recorrida ou do perigo de dano ou do risco ao resultado útil do processo conceder, por meio de decisão monocrática, antecipação de tutela, total ou parcial, da pretensão recursal. Essa hipótese ocorre normalmente quando um determinado pedido feito pelo agravante no juízo de primeiro grau foi indeferido por uma decisão interlocutória. No caso, o relator poderá deferir a antecipação de tutela, total ou parcial, da pretensão recursal. Trata-se de antecipação de tutela e não de medida cautelar, pois a concessão pelo relator dessa pretensão apresenta natureza satisfativa e não meramente cautelar.

É certo que sob a égide do C.P.C. de 1973, havia decisões que não admitiam agravo regimental contra decisão liminar que concedia ou negava a tutela antecipada recursal no âmbito do recurso de agravo de instrumento. Nesse sentido são as seguintes decisões:

AGRAVO REGIMENTAL (ART. 195, DO REGIMENTO INTERNO) EM AGRAVO DE INSTRUMENTO – INTERPOSIÇÃO CONTRA DECISÃO MONOCRÁTICA QUE DEFERIU ANTECIPAÇÃO DA TUTELA RECURSAL

---

[466] DIDIER JR., F.; CUNHA, L. J. C., op. cit., p. 149 e 150.

DO AGRAVO DE INSTRUMENTO

– INADEQUAÇÃO DA VIA ELEITA – IMPOSSIBILIDADE DE INTERPOSI-ÇÃO DE QUALQUER RECURSO, INCLUSIVE DE AGRAVO REGIMENTAL – EXEGESE DOS ARTS. 527, INCISO III E PARÁGRAFO ÚNICO, 557, § 1º, AMBOS DO CPC E 195, § 1º, DO RITJSC – NÃO CONHECIMENTO "O despacho do relator que concede ou nega efeito suspensivo ou a antecipação da tutela recursal ao agravo de instrumento não é atacável por qualquer espécie de recurso, segundo a nova redação dada ao artigo 527 do Código de Processo Civil pela Lei 11.187/05".
(Agravo Regimental n. 2006.028780-6/0001.00, da Capital, Rel. Des. Victor Ferreira).

(TJ-SC – AG: 20140666344 SC 2014.066634-4 (Acórdão), Relator: Cláudia Lambert de Faria, Data de Julgamento: 19/11/2014, Câmara Civil Especial Julgado,)

AGRAVO REGIMENTAL CONTRA DECISÃO LIMINAR DO RELA-TOR QUE DEFERIU EM PARTE A ANTECIPAÇÃO DA TUTELA RECUR-SAL REQUERIDA NO AGRAVO DE INSTRUMENTO – NÃO CABIMENTO – INTELIGÊNCIA DO ARTIGO 332 DO REGIMENTO INTERNO DESTA CORTE – RECURSO NÃO CONHECIDO. Nos termos do artigo 332 do Regimento Interno deste Egrégio Tribunal de Justiça, "Caberá agravo regimental, no prazo de cinco dias, contra decisão do Presidente, dos Vice- Presidentes ou do Relator, nas causas pertinentes à competência originária e recursal, salvo quando se tratar de decisão concessiva, ou não, de efeito suspensivo a qualquer recurso, de antecipação da tutela recursal ou de conversão de agravo de instrumento em agravo retido".

(TJ-PR – PET: 942853902 PR 942853-9/02 (Acórdão), Relator: Renato Lopes de Paiva, Data de Julgamento: 05/06/2013, 18ª Câmara Cível, Data de Publicação: DJ: 1160 null)

Porém, pelo novo C.P.C. seja qual for a decisão monocrática proferida pelo relator no agravo de instrumento, caberá o recurso de agravo interno, nos termos do art. 1021 do novo C.P.C.

Assim, não poderá o regimento interno dos tribunais limitar a interposição do agravo interno, sob pena de mácula ao art 1.021 do novo C.P.C.

O S.T.J. não tem admitido recurso especial contra decisão em agravo de instrumento que concede ou nega a antecipação de tutela requerida, conforme se constata pelos seguintes precedentes:

RECURSOS NO NOVO C.P.C.

PROCESSUAL CIVIL. EMBARGOS DE DECLARAÇÃO. OFENSA AO ART. 535 DO CPC NÃO CONFIGURADA. OMISSÃO. INEXISTÊNCIA. FALTA DE PREQUESTIONAMENTO. SÚMULA 211/STJ. IMPOSSIBILIDADE DE O RECURSO ESPECIAL EXAMINAR ANTECIPAÇÃO DOS EFEITOS DA TUTELA OU MEDIDA LIMINAR.

1. É inadmissível Recurso Especial quanto à questão (arts. 142 a 149, I, 151, V, 174 do CTN), que não foi apreciada pelo Tribunal de origem, a despeito da oposição de Embargos Declaratórios. Incidência da Súmula 211/STJ.

2. A orientação jurisprudencial do STJ é pacífica no sentido de que não é cabível Recurso Especial para reexaminar questões relativas à verificação dos requisitos para a antecipação dos efeitos da tutela ou apreciação de medida liminar, em decorrência da sua natureza precária, sujeita à modificação a qualquer tempo, devendo ser confirmada ou revogada pela sentença de mérito. Incidência da Súmula 735/STF.

3. Agravo Regimental não provido

(AgRg no AREsp 817.682/SP, Rel. Ministro HERMAN BENJAMIN, SEGUNDA TURMA, julgado em 16/02/2016, DJe 23/05/2016)

AGRAVO REGIMENTAL EM AGRAVO (ART. 544 DO CPC) – AGRAVO DE INSTRUMENTO TIRADO CONTRA DECISÃO PROFERIDA EM AÇÃO DE COBRANÇA QUE INDEFERIU O PEDIDO DE TUTELA ANTECIPADA PARA QUE FOSSE DETERMINADO À SEGURADORA, NO PRAZO DE 48 HORAS, O DEPÓSITO JUDICIAL DA VERBA INCONTROVERSA RECONHECIDA COMO DEVIDA A TITULO DE INDENIZAÇÃO PELA OCORRÊNCIA DO SINISTRO DIQUE SECO – DECISÃO MONOCRÁTICA NEGANDO PROVIMENTO AO RECLAMO.

IRRESIGNAÇÃO DA autora.

1. É uníssona a jurisprudência deste Superior Tribunal de Justiça no sentido de ser incabível, em regra, o recurso especial que postula o reexame do deferimento ou indeferimento de medida acautelatória ou antecipatória, ante a natureza precária e provisória do juízo de mérito desenvolvido em liminar ou tutela antecipada, cuja reversão, a qualquer tempo, é possível no âmbito da jurisdição ordinária, o que configura ausência do pressuposto constitucional relativo ao esgotamento de instância, imprescindível ao trânsito da insurgência extraordinária. Aplicação analógica da Súmula 735/STF ("Não cabe recurso extraordinário contra acórdão que defere medida liminar.").

Por outro lado, a análise do preenchimento dos requisitos autorizadores da antecipação dos efeitos da tutela jurisdicional (artigo 273 do CPC) reclama a reapreciação do contexto fático-probatório dos autos, providência inviável em sede de recurso espe-

DO AGRAVO DE INSTRUMENTO

cial, ante o óbice da Súmula 7/STJ, não havendo que se falar em revaloração jurídica da prova. Precedentes.

3. Quanto à alegação de contrariedade aos princípios da celeridade processual, da razoabilidade e do acesso à justiça, oportuno esclarecer que o recurso especial é um meio impugnativo processual de fundamentação vinculada, no qual o efeito devolutivo se opera nos termos do que foi impugnado. A ausência de indicação expressa de dispositivos legais tidos por vulnerados não permite verificar se a legislação federal infraconstitucional restou, ou não, malferida, sendo de rigor a incidência da Súmula 284 do STF.

Precedentes.

4. Agravo regimental desprovido.

(AgRg no AREsp 531.507/SP, Rel. Ministro MARCO BUZZI, QUARTA TURMA, julgado em 23/02/2016, DJe 26/02/2016)

28.12.6. Determinação de intimação do agravado – resposta 15 (quinze) dias

Após analisada a questão da concessão ou não de efeito suspensivo ao recurso ou à concessão ou não da antecipação dos efeitos da tutela recursal, o relator ordenará a intimação do agravado pessoalmente, por carta com aviso de recebimento, quando não tiver procurador constituído, ou pelo Diário da Justiça ou por carta com aviso de recebimento dirigida ao seu advogado, para que responda o agravo no prazo de 15 (quinze) dias, facultando-lhe juntar a documentação que entender necessária ao julgamento do recurso.

É importante salientar que nos termos do art. 219 do novo C.P.C., na contagem de prazo em dias, estabelecido por lei, computar-se-ão somente os dias úteis.

Uma vez intimado, o agravado poderá valer-se da faculdade que lhe confere o art. 1.018, §3º, do novo C.P.C. podendo ensejar a não admissibilidade do agravo de instrumento.

28.12.7. Determinação de intimação do Ministério Público

Após a apresentação das contrarrazões do agravo ou após transcorrido *in albis* o prazo de quinze dias, o relator determinará a intimação do Ministério Público, preferencialmente por meio eletrônico, quando for caso de sua intervenção, para que se manifeste também no prazo de quinze dias.

RECURSOS NO NOVO C.P.C.

O Ministério Público somente irá atuar nas hipóteses em que ele deve atuar no processo originário, ou seja, nas hipóteses previstas no art. 178 do atual C.P.C.

É importante salientar que nos termos do art. 219 do novo C.P.C., na contagem de prazo em dias, estabelecido por lei, computar-se-ão somente os dias úteis.

Além do mais, o Ministério Público gozará de prazo em dobro para se manifestar nos autos, que terá início a partir de sua intimação pessoal, nos termos do art. 183, §1º.

28.13. Solicitação de dia para julgamento do agravo

Nos termos do art. 1.020 do novo C.P.C., o relator solicitará dia para julgamento do agravo de instrumento em prazo não superior a 1 (um) mês da intimação do agravado.

Para solicitar dia para julgamento, o relator deverá aguardar a manifestação do Ministério Público, nas hipóteses em que ele deva intervir.

O art. 1.020 do novo C.P.C. tem por finalidade aplicar no julgamento do agravo o princípio da *celeridade processual*, assim como o princípio da *efetividade da tutela jurisdicional*, estabelecendo um prazo curto para o julgamento do agravo.

Contudo, em face do elevado número de processos existentes no âmbito dos tribunais brasileiros, duvida-se que esse prazo será efetivamente cumprido.

29.
Agravo Interno

A prerrogativa para julgamento de recursos ou mesmo de demanda originária perante os tribunais, segundo a tradição nacional e constitucional, não é de um órgão monocrático, mas, sim, de um órgão colegiado cuja competência é estabelecida em lei ou no regimento interno do tribunal.

Porém, observa-se que há muito promove-se a ampliação dos poderes conferidos ao relator para monocraticamente decidir sobre determina questão de competência do tribunal, dando-se eficácia aos princípios da econômica processual e da efetiva prestação da tutela jurisdicional.

Essa prerrogativa outorgada ao relator estende-se inclusive à remessa necessária, conforme estabelece a Súmula 557 do S.T.J.: *"O art. 557 do Código de Processo Civil, que autoriza o relator a decidir o recurso, alcança o reexame necessário"*.

Essa tendência foi inserida em nosso ordenamento jurídico com maior evidência com a vigência das Leis 8.038/90, 9.139/95, 9. 756/98 e 10.352/2001.

Ao relator permite-se uma espécie de antecipação do pronunciamento do órgão colegiado, mediante decisão monocrática.

Porém, a decisão do relator sempre poderá ser revista ou modificada pelo órgão colegiado do tribunal, o qual, na verdade, é o órgão legalmente constituído para análise do recurso, em face do princípio da colegialidade.

A competência do órgão colegiado foi momentaneamente transferida ao relator, com vista a racionalizar a atividade interna do tribunal, mas jamais foi ela excluída do órgão colegiado, o qual sempre irá preservar sua competência originária. Assim, a colegialidade das decisões do tribunal, longe de constituir uma garantia fundamental processual ou uma garantia individual do jurisdicionado, sobreleva como fator de legitimação dos julgamentos ali proferidos, ostentando a feição de penhora da estrutura hierarquizada do Poder Judiciário.[467]

A nova ordem legal processual permite que o relator possa decidir monocraticamente em determinadas circunstâncias, especialmente naquelas previstas no art. 932 do novo C.P.C., como, ao invés de assim fazê-lo, submeta de ofício questão ao órgão colegiado.

Contudo, não obstante possa o relator decidir monocraticamente determinadas questões, tal permissão não retira a competência colegiada do tribunal para manter ou rever a decisão proferida pelo juízo singular.

A forma natural de se levar a decisão monocrática proferida pelo relator ao conhecimento do órgão colegiado se dá pelo recurso denominado de agravo interno, agravo legal ou agravo regimental.

Para Eduardo Talamini, *"(...) ainda quando o regimento interno (ou a lei) pretender expressamente vedar o agravo contra tais decisões singularmente tomadas, tal disposição será írrita em face da Constituição. Bem por isso, o Supremo Tribunal Federal, esposando a tese ora apresentada, declarou 'inconstitucional' preceito do regimento interno do Tribunal de Justiça de Goiás que estabelecia como irrecorríveis determinadas decisões proferidas isoladamente por seus integrantes (Rep. 1.299, RTJ 119/980. Tal posicionamento está expresso ainda em outros julgados do Supremo: RTJ 83/240 e 121/373).*

Poder-se-ia indagar se o Supremo ainda mantém essa orientação. Afinal, no DJU de 24.03.2000, encontra-se acórdão afirmando que 'não cabe agravo regimental contra despacho de relator, no STF, que defere ou indefere liminar em mandado de segurança' (MS – AgRg 23.445-8, rel Min. Néri da Silveira). Mas decisões como essa talvez derivem antes da postura restritiva que o Supremo Tribunal assume quanto à aplicação de mecanismos gerais ao processo especial do mandado de segurança do que, propriamente, de uma revisão de seu entendimento anterior (aliás, essa distinção chega a ser esboçada em alguns de seus julgados – v.g., AGRPET 409 – AC, Pleno, rel. Min. Celso de Mello, j. 18.04.1990, DJU 29.06.1990). Tanto que também há julgado recente – há pouco citado – em que se reafirma ser o agravo regi-

---

[467] Didier Jr., F., *et al*, op. cit., p. 146.

mental 'um meio de se promover a integração da vontade do colegiado que o relator representa (AG – Ag. Rg. 247. 591-RS, Informativo STF 181 ".[468]

O C.P.C. de 1973 previa duas hipóteses legais que permitiam a interposição de recurso ou agravo interno contra a decisão monocrática do relator.

A Lei 12.322, de 2012, que deu nova redação ao art. 545 do C.P.C. de 1973, permitiu a interposição de agravo interno ou legal contra a decisão do relator que não conhecesse do agravo de instrumento interposto contra o não recebimento de recurso especial ou extraordinário.

A Lei 9.756, de 1998, ao incluir o §1º do art. 557 do C.P.C. de 1973, permitiu a interposição de agravo interno ou legal contra a decisão do relator que negasse seguimento a recurso manifestamente inadmissível, improcedente, prejudicado ou em confronto com súmula ou com jurisprudência dominante do respectivo tribunal, do Supremo Tribunal Federal, ou de Tribunal Superior, ou , ainda, contra a decisão do relator que desse provimento ao recurso na hipótese de a decisão recorrida estar em manifesto confronto com súmula ou com jurisprudência do Supremo Tribunal Federal, ou de Tribunal Superior.

O C.P.C. 1973 foi muito comedido às hipóteses de interposição de agravo legal ou interno contra decisão do relator.

O novo C.P.C., por sua vez, introduziu um capítulo próprio para o recurso contra decisão proferida monocraticamente pelo relator, o qual foi denominado de *agravo interno*, pois se trata de um recurso interposto para o próprio órgão colegiado do tribunal que é competente para conhecer do recurso ou da questão apreciada pelo relator monocraticamente.

Assim, ressalvadas as hipóteses expressamente previstas no C.P.C. atual ou em lei especial, das decisões proferidas pelo relator caberá agravo interno para o respectivo órgão colegiado, observadas, quanto ao processamento, as regras do regimento interno do tribunal.

29.1. Hipóteses de interposição de agravo interno

O novo Código de Processo Civil ampliou as hipóteses para a interposição do recurso de agravo interno, permitindo que toda e qualquer decisão

---

[468] TALAMINI, Eduardo. Decisões individualmente proferidas por integrantes dos tribunais: legitimidade e controle (agravo interno), *in: Aspectos Polêmicos e Atuais dos Recursos Cíveis*. Coord.: Nelson Nery Jr. e Teresa Arruda Alvim Wambier. V. 5, São Paulo: Editora R.T., 2002. p. 182 e 183.

RECURSOS NO NOVO C.P.C.

monocrática proferida pelo relator seja suscetível de *agravo interno*, salvo as exceções estabelecidas no atual C.P.C. ou em lei especial.

As exceções previstas no atual C.P.C. estão inseridas nos arts. 1.007, §6º, 1.031, §2º, a saber:

> *Art. 1.007 (...).*
> *(...).*
> *§ 6o Provando o recorrente justo impedimento, o relator relevará a pena de deserção, **por decisão irrecorrível**, fixando-lhe prazo de 5 (cinco) dias para efetuar o preparo.*
> *Art. 1.031 (...).*
> *(...).*
> *§ 2o Se o relator do recurso especial considerar prejudicial o recurso extraordiná-rio, **em decisão irrecorrível**, sobrestará o julgamento e remeterá os autos ao Supremo Tribunal Federal.*
>
> Anota Didier Jr.: *"O art. 39 da Lei Federal n. 8.038/90 prevê o cabimento de agravo contra decisão monocrática proferida por membro do tribunal (Presidente do Tribunal, da Seção ou da Turma, ou o relator) que causar gravame à parte, em cinco dias. Esse dispositivo está previsto em lei que regulamenta os processos perante o STJ e o STF. Inexplicavelmente, o STF não aceita o agravo interno contra decisão do relator em liminar de mandado de segurança (súmula do STF, n. 622). O STJ possui decisões que, corretamente, aplicam o art. 39 mencionado, por analogia, às decisões proferidas monocraticamente em qualquer tribunal (1ª T., Resp n. 575.938, rel. Min. Luiz Fux, j. 15.06.2004, publicado em 16.08.2004, p. 143; 2ª T., Resp n. 770.620, rel. Min. Castro Meira, j. 01.09.2005, publicado no DJ de 03.10.2005, p. 236)".*[469]

Também no sentido da doutrina de Didier Jr., é a seguinte decisão do S.T.J.:

> *"É entendimento pacífico da Primeira Seção desta Corte que cabe agravo regimental contra decisão que concede ou indefere liminar em mandado de segurança"*
> (STJ – 2ª T. Al 556.879-AgRg, rel. Min. João Otávio, j. 16.03.04).

---

[469] DIDIER JR, F.; CUNHA, L. J. da. Op. Cit., p. 147.
Ver também CARNEIRO, Athos Gusmão. Poderes do relator e agravo interno – arts. 557, 544 e 545 do CPC. *Revista de Processo*. São Paulo, Revista dos Tribunais, 2000, n. 100.

Porém, a matéria não é uniforme no seio do S.T.J., pois há entendimento que endossa a Súmula 622 do S.T.F., conforme se pode verificar na seguinte decisão:

> *"Esta Corte, recentemente, secundando orientação do Eg. Supremo Tribunal Federal, se manifestou no sentido de que não é cabível agravo regimental contra decisão do relator que, em mandado de segurança, defere ou indefere liminar"*
> (STJ – Corte Especial – MS 9.232-Ag.Rg, rel. Min. Gilson Dipp, j. 17.11.04).

Eis o teor da Súmula 622 do S.T.F.: *Não cabe agravo regimental contra decisão do relator que concede ou indefere liminar em mandado de segurança"*.

O S.T.J. também já decidiu que a revogação de liminar concedida em mandado de segurança, pelo próprio relator, ao examinar agravo regimental, compõe-se nos limites do juízo de retratação, não constituindo violação ao princípio contido no art. 25 da Lei n. 8.038, de 1990 (STJ – Corte Especial, Rcl 177-5/RS, Rel. Min. William Patterson, j. 27.5.93.

É certo, também, que sob a égide do C.P.C. de 1973, havia decisões que não admitiam agravo regimental ou interno contra decisão liminar que concedia ou negava a tutela antecipada recursal no âmbito do recurso de agravo de instrumento. Nesse sentido são as seguintes decisões:

> *AGRAVO REGIMENTAL (ART. 195, DO REGIMENTO INTERNO) EM AGRAVO DE INSTRUMENTO – INTERPOSIÇÃO CONTRA DECISÃO MONOCRÁTICA QUE DEFERIU ANTECIPAÇÃO DA TUTELA RECURSAL – INADEQUAÇÃO DA VIA ELEITA – IMPOSSIBILIDADE DE INTERPOSIÇÃO DE QUALQUER RECURSO, INCLUSIVE DE AGRAVO REGIMENTAL – EXEGESE DOS ARTS. 527, INCISO III E PARÁGRAFO ÚNICO, 557, § 1º, AMBOS DO CPC E 195, § 1º, DO RITJSC – NÃO CONHECIMENTO "O despacho do relator que concede ou nega efeito suspensivo ou a antecipação da tutela recursal ao agravo de instrumento não é atacável por qualquer espécie de recurso, segundo a nova redação dada ao artigo 527 do Código de Processo Civil pela Lei 11.187/05".*
> *(Agravo Regimental n. 2006.028780-6/0001.00, da Capital, Rel. Des. Victor Ferreira).*
> (TJ-SC – AG: 20140666344 SC 2014.066634-4 (Acórdão), Relator: Cláudia Lambert de Faria, Data de Julgamento: 19/11/2014, Câmara Civil Especial Julgado)

AGRAVO REGIMENTAL CONTRA DECISÃO LIMINAR DO RELA-TOR QUE DEFERIU EM PARTE A ANTECIPAÇÃO DA TUTELA RECUR-SAL REQUERIDA NO AGRAVO DE INSTRUMENTO – NÃO CABIMENTO – INTELIGÊNCIA DO ARTIGO 332 DO REGIMENTO INTERNO DESTA CORTE – RECURSO NÃO CONHECIDO. Nos termos do artigo 332 do Regimento Interno deste Egrégio Tribunal de Justiça, "Caberá agravo regimental, no prazo de cinco dias, contra decisão do Presidente, dos Vice- Presidentes ou do Relator, nas causas pertinentes à competência originária e recursal, salvo quando se tratar de decisão concessiva, ou não, de efeito suspensivo a qualquer recurso, de antecipação da tutela recursal ou de conversão de agravo de instrumento em agravo retido".

(TJ-PR – PET: 942853902 PR 942853-9/02 (Acórdão), Relator: Renato Lopes de Paiva, Data de Julgamento: 05/06/2013, 18ª Câmara Cível, Data de Publicação: DJ: 1160 null)

Porém, pelo novo C.P.C., seja qual for a decisão monocrática proferida pelo relator, caberá o recurso de agravo interno, nos termos do art. 1021 do novo C.P.C.

Assim, não poderá o regimento interno dos tribunais limitar a interposição do agravo interno, sob pena de mácula ao art 1.021 do novo C.P.C., devendo ser revista a Súmula n. 622 do S.T.F.

O tema que pode ser conhecido no agravo interno somente pode ser aquele que foi indicado no recurso ou na demanda interposta, pois temas trazidos em agravo regimental ou interno que não haviam antes sido apresentados para exame não poderão ser analisados (STJ – 3ª T. Ag. 37.832-MG, Ag. Rg. – EDCL, rel. Min. Eduardo Ribeiro, j. 9.11.93).

A Comissão de Regimento Interno do Tribunal Regional Federal da 4ª Região apresentou proposta interessante de interposição de agravo interno no âmbito do IRDR – Incidente de Resolução de Demandas Repetitivas, a saber:

Art. 345-B. Distribuído o incidente ao órgão competente, o relator levará os autos em mesa para juízo de admissibilidade na primeira sessão do respectivo órgão colegiado.

§ 1º O relator poderá rejeitar o incidente monocraticamente quando a questão de direito a ser apreciada no incidente já tiver sido afetada em recurso repetitivo ou em repercussão geral por um dos tribunais superiores.

§ 2º Da decisão que rejeitar o incidente caberá agravo interno.

AGRAVO INTERNO

Portanto, segundo a proposta, o IRDR poderá ser rejeitado monocraticamente pelo relator quando a questão de direito a ser apreciada no incidente de resolução de demandas repetitivas já tiver sido afetada em recurso repetitivo ou em repercussão geral por um dos tribunais superiores. Contra essa decisão caberá *agravo interno*.

Nos termos do que estabelece o § 1º do art. 1.021 do atual C.P.C., na petição de agravo interno, o recorrente impugnará especificadamente os fundamentos da decisão agravada.

Assim, não poderá o agravante impugnar de forma genérica a decisão do relator, devendo pontuar especificamente os fundamentos da decisão agravada e os motivos ensejadores de sua reforma.

Na interposição do recurso de agravo interno, o agravante deverá impugnar todos os fundamentos que deseja serem revistos. Nesse sentido, aliás, são os seguintes precedentes do S.T.F.:

> *AG. REG. NA Rcl N. 21.649-SP*
> *RELATOR: MIN. DIAS TOFFOLI*
> *EMENTA: Agravo regimental na reclamação. Ausência de impugnação dos fundamentos da decisão agravada, o que acarreta o não conhecimento do recurso, na linha de precedentes. Não conhecimento do agravo regimental. Pretendida concessão de habeas corpus de ofício. Ilegalidade flagrante demonstrada nos autos. Tráfico de drogas (art. 33 da Lei nº 11343/06). Condenação com pena inferior a oito (8) anos de reclusão. Regime inicial fechado. Imposição com fundamento no art. 2º, § 1º, da Lei nº 8.072/90 – cuja inconstitucionalidade foi reconhecida pelo Plenário do Supremo Tribunal Federal – e na gravidade em abstrato do delito. Inadmissibilidade a teor das Súmulas 718 e 719 da Corte. Ordem concedida de ofício.*
> **1. A jurisprudência do Supremo Tribunal é firme no sentido de que, na petição de agravo regimental, a parte, sob pena de não conhecimento do recurso, deve impugnar todos os fundamentos da decisão que pretende infirmar.**
> *2. Agravo regimental do qual não se conhece.*
> *(...).*

> *G. REG. NO RE N. 926.660-DF*
> *RELATOR: MIN. DIAS TOFFOLI*
> *EMENTA: Agravo regimental no recurso extraordinário. Fundamentos da decisão agravada não impugnados nas razões do agravo regimental. Administrativo. Concurso público. Decreto Distrital 21.688/2000. Legislação local. Ofensa reflexa. Reexame de fatos e provas e de cláusulas editalícias. Impossibilidade. Precedentes.*

RECURSOS NO NOVO C.P.C.

1. A jurisprudência do Supremo Tribunal é firme no sentido de que a parte deve impugnar, na petição de agravo regimental, todos os fundamentos da decisão agravada.

2. Inadmissível, em recurso extraordinário, a análise da legislação infraconstitucional, o reexame dos fatos e das provas dos autos e a interpretação das cláusulas editalícias. Incidência das Súmulas nºs 280, 279 e 454/STF.

3. Agravo regimental do qual não se conhece.

No mesmo sentido é o seguinte precedente do S.T.J.:

PROCESSUAL CIVIL. AGRAVO REGIMENTAL RECEBIDO COMO AGRAVO INTERNO. SÚMULA 7/STJ. FUNDAMENTO DA DECISÃO AGRAVADA NÃO INFIRMADO.

1. Nos termos do art. 932, inciso III, do Novo Código de Processo Civil, incumbe ao relator não conhecer de recurso inadmissível, prejudicado ou que não tenha impugnado especificamente os fundamentos da decisão recorrida.

2. A agravante não enfrentou toda a fundamentação da decisão recorrida, limitando-se a combater a ausência de cotejo analítico e a reiterar as razões do recurso, sem tecer qualquer comentário ao fundamento da decisão ora agravada, segundo o qual se aplica o óbice da Súmula 7/STJ.

Agravo interno não conhecido.

(AgInt no AREsp 862.582/MG, Rel. Ministro HUMBERTO MARTINS, SEGUNDA TURMA, julgado em 03/05/2016, DJe 09/05/2016)

29.2. Prazo para interposição de agravo interno

O prazo para a interposição do agravo interno será de quinze (15) dias, nos termos do art. 1.003, §5º, do atual C.P.C.

Porém, observa-se que o art. 258 do Regimento Interno do S.T.J. estabelece o prazo de 5 (cinco) dias para o referido agravo. O S.T.J. já manifestou entendimento que se deve observar o prazo estabelecido em seu regimento interno. Nesse sentido é a seguinte decisão:

Agravo Regimental. Intempestividade. Artigo 258 do Regimento Interno do STJ. O prazo para a interposição do agravo regimental é de cinco dias. Recurso não conhecido.

(AgRg no Ag 245.516/MG, Rel. Ministro EDUARDO RIBEIRO, TERCEIRA TURMA, julgado em 25/10/1999, DJ 28/02/2000, p. 80)

Porém, há entendimento no sentido de que se deve observar o prazo do Código de Processo Civil. Nesse sentido é a seguinte decisão:

> 1. *Da decisão do relator que não conhecer do agravo, negar-lhe provimento ou decidir, desde logo, o recurso não admitido na origem, caberá agravo, no prazo de 5 (cinco) dias, ao órgão competente, nos termos dos arts. 557, § 1º, do CPC e 258 do RISTJ.*
>
> 2. *No caso, a decisão agravada foi disponibilizada no DJe de 12/3/13, e o agravo regimental interposto somente em 19/3/13, quando já esgotado o prazo recursal.*
>
> 3. *Agravo regimental não conhecido.*
>
> (AgRg no AREsp 205.119/SC, Rel. Ministro SÉRGIO KUKINA, PRIMEIRA TURMA, julgado em 21/03/2013, DJe 02/04/2013).

No caso, como o novo Código de Processo Civil regulou inteiramente a matéria referente ao prazo do agravo interno, deve o regimento interno do S.T.J. e do S.T.F. também se adequar para que haja um prazo único, no caso, o prazo de quinze dias.

Aliás, preceitua o art. 1.070 do atual C.P.C. que é de quinze (15) dias o prazo para a interposição de qualquer agravo, previsto em lei ou no regimento interno do tribunal, contra decisão de relator ou outra decisão unipessoal proferida em tribunal.

É certo, porém, que recentemente a 3ª Seção do S.T.J., na Reclamação 30.714, em questão de matéria penal, preconizou que o novo C.P.C. não revogou os prazos dos recursos perante o Supremo Tribunal Federal e o Superior Tribunal de Justiça, previstos na Lei 8.038/90, conforme notícia publica no sitio do Consultor Jurídico, http://www.conjur.com.br/2016--abr-28/cpc-nao-revogou-prazos-recursos-junto-stf-stj, a saber:

> *O Novo Código de Processo Civil não revogou os prazos dos recursos perante o Supremo Tribunal Federal e o Superior Tribunal de Justiça, previstos na Lei 8.038/1990. Com esse entendimento, a 3ª Seção do STJ não conheceu de um agravo regimental interposto contra decisão monocrática do ministro Reynaldo Soares da Fonseca, em controvérsia de um processo de natureza penal.*
>
> *No caso em debate, o agravo regimental foi protocolado no dia 11 de abril deste ano, referente a uma decisão monocrática publicada em 30 de março de 2016. Fonseca esclareceu que neste caso, o agravo teria de ser interposto até o dia 4 de abril, ou seja, cinco dias após a decisão, como prevê a Lei 8.038/1990 e também o Regimento Interno do STJ.*

Além da intempestividade do recurso, o ministro destacou que originalmente o processo é uma reclamação, espécie processual não destinada ao fim que a parte pretendia.

"A reclamação não pode ser manejada como substituto processual do recurso cabível e tampouco se presta a reexaminar provas existentes no feito originário que nem mesmo chegaram a ser juntadas, em sua totalidade, com a petição inicial do presente incidente", resume o magistrado.

Os ministros destacaram que o processo serve de exemplo para todos os outros semelhantes, já que trata de uma especificidade do novo CPC. Com informações da Assessoria de Imprensa do STJ.

Evidentemente, essa decisão somente poderá ter algum sentido lógico, jurídico e sistemático, se disser respeito única e exclusivamente ao agravo regimental interposto em matéria penal, pois em se tratando de agravo interno contra decisão monocrática do relator, o novo C.P.C. é de uma clareza inquestionável, no sentido de que o prazo para sua interposição será de 15 (quinze dias), especialmente pelo fato de que o art. 1.070 do novo C.P.C. estabelece que *é de 15 (quinze) dias o prazo para a interposição de qualquer agravo, previsto em lei ou em regimento interno de tribunal, contra decisão de relator ou outra decisão unipessoal proferida em tribunal.*

Restringindo a questão ao processo penal, eis a seguinte decisão do S.T.J.:

AGRAVO REGIMENTAL NO AGRAVO EM RECURSO ESPECIAL. PENAL E PROCESSO PENAL. AGRAVO INTERPOSTO APÓS O PRAZO DE 5 (CINCO) DIAS PREVISTO NA LEI 8.038/1990. RECURSO INTEMPESTIVO. NOVO CÓDIGO DE PROCESSO CIVIL. INAPLICABILIDADE. PRECEDENTES. AGRAVO REGIMENTAL NÃO CONHECIDO.

1. O agravo contra decisão monocrática de Relator, em controvérsias que versam sobre matéria penal ou processual penal, nos tribunais superiores, não obedece às regras no novo CPC, referentes à contagem dos prazos em dias úteis (art. 219, Lei 13.105/2015) e ao estabelecimento de prazo de 15 (quinze) dias para todos os recursos, com exceção dos embargos de declaração (art. 1.003, § 5º, Lei 13.105/2015).

2. Isso porque, no ponto, não foi revogada, expressamente, como ocorreu com outros de seus artigos, a norma especial da Lei 8.038/1990 que estabelece o prazo de cinco dias para o agravo interno.

3. Precedente recente desta Corte: AgInt no CC 145.748/PR, Rel. Ministra MARIA THEREZA DE ASSIS MOURA, Terceira Seção, julgado em 13/04/2016, DJe 18/04/2016.

4. Agravo regimental não conhecido.

(AgRg no AREsp 732.837/ES, Rel. Ministro REYNALDO SOARES DA FONSECA, QUINTA TURMA, julgado em 02/06/2016, DJe 10/06/2016)

Portanto, no que concerne à matéria cível, houve expressa revogação dos dispositivos da Lei n. 8.038/90 e do Regimento Interno do S.T.J. e do S.T.F. quanto ao prazo para a interposição do agravo interno.

O Conselho de Justiça (CJF), em sessão realizada, aprovou resolução que altera e revoga dispositivos do Regimento Interno da Turma Nacional de Uniformização dos Juizados Especiais Federais (TNU), instituído pela Resolução n. 22/08.

Em relação ao agravo regimental ou interno, as modificações foram assim configuradas na Resolução n. CJF-RES-2016/00392 de 19 de abril de 2016:

> *(...).*
>
> *Art. 1º alterar os arts. 6º, 8º, 9º, 14, 15, 16, 31, 32, 34 e 46 do Regimento Interno da Turma Nacional de Uniformização dos Juizados Especiais Federais, anexo da Resolução n. CJF-RES-2015/00345, de 2 de junho de 2015, publicada no Diário Oficial da União, Seção 1, p. 70, do dia 10 subsequente, nos termos:*
>
> *(...).*
>
> *'Art. 15. O pedido de uniformização não será admitido quando desatendidos os requisitos de admissibilidade recursal, notadamente se:*
>
> *(...).*
>
> *§2º. Contra decisão de inadmissão de pedido de uniformização fundada em representativo de controvérsia ou súmula da Turma Nacional de Uniformização, caberá agravo interno, no prazo de quinze dias a contar da respectiva publicação, o qual, após o decurso de igual prazo para contrarrazões, será julgado pela Turma Recursal ou Regional, conforme o caso, mediante decisão irrecorrível".*
>
> *(...).*
>
> *'Art. 32. Cabe agravo regimental da decisão do relator, no prazo de quinze dias. Se não houver retratação, o relator apresentará o processo em mesa, proferindo seu voto".*

Por sua vez, a Resolução n. CJF-RES-2016/00393, de 19 de abril de 2016 alterou dispositivos da Resolução n. CJF-RES-2015/00347, de 2 de julho de 2015, que trata da compatibilização dos regimentos internos das turmas recursais e das turmas regionais de uniformização dos juizados especiais federais e a atuação dos magistrados integrantes dessas turmas com exclusividade de funções. Em relação ao agravo regimental ou interno, essa resolução apresentou as seguintes modificações:

> "*Art. 2º (...).*
>
> *(...).*
>
> *§4º Da decisão do relator e do presidente da turma recursal caberá agravo regimental no prazo de quinze dias. Se não houver retratação, o prolator da decisão apresentará o processo em mesa, proferindo voto.*
>
> *Art. 3º (...).*
>
> *(...).*
>
> *§7º. Contra decisão de inadmissão de pedido de uniformização regional fundada em julgamento do Supremo Tribunal Federal, proferido na sistemática de repercussão geral, ou em súmula da Turma Regional de Uniformização, caberá agravo interno, no prazo de quinze dias, o qual, após o decurso de igual prazo para contrarrazões, será julgado pela Turma Recursal, mediante decisão irrecorrível.*
>
> *§8º Contra decisão de inadmissão de pedido de uniformização nacional fundada em julgamento do Supremo Tribunal Federal, proferido na sistemática de repercussão geral, ou em súmula ou representativo de controvérsia da Turma Nacional de Uniformização, caberá agravo interno, no prazo de quinze dias, o qual, após o decurso de igual prazo para contrarrazões, será julgado pela Turma Recursal, mediante decisão irrecorrível".*
>
> *(...).*
>
> *Art. 5º (...).*
>
> *(...).*
>
> *§2º Contra decisão de inadmissão fundada em julgamento do Supremo Tribunal Federal, proferido na sistemática de repercussão geral, ou em súmula ou representativo de controvérsia da Turma Nacional de Uniformização, caberá agravo interno, no prazo de quinze dias, o qual será julgado pela Turma Regional, mediante decisão irrecorrível".*

É importante ressaltar que a alteração regimental promovida pelo C.J.F. no Regimento Interno da Turma Nacional de Uniformização, também determinou a contagem do prazo em dias úteis, a saber:

> '*Art. 31 (...).*
>
> *§1º Os prazos na Turma Nacional de Uniformização correrão da publicação dos atos na imprensa oficial, da intimação pessoa ou da ciência por outro meio eficaz previsto em lei.*

§2º Na contagem de prazo em dias, computar-se-ão somente os dias úteis".

O mesmo se verifica na Resolução n. CJF-RES-2016/00393, de 19 de abril de 2016:

"(...).

Art. 6º-A Na contagem de prazo em dias, computar-se-ão somente os dias úteis".

29.3. Processamento do agravo interno

O processamento do agravo interno dar-se-á de acordo com o regimento interno do respectivo tribunal.

O Regimento Interno do Superior Tribunal de Justiça prevê, em seus arts. 258 e 259, o agravo interno com o nome de agravo regimental:

"Art. 258. A parte que se considerar agravada por decisão do Presidente da Corte Especial, de Seção, de Turma ou de relator, poderá requerer, dentro de cinco dias, a apresentação do feito em mesa, para que a Corte Especial, a Seção ou a Turma sobre ela se pronuncie, confirmando-a ou reformando-a.

§1º O órgão do Tribunal competente para conhecer do agravo é o que seria competente para o julgamento do pedido ou recurso.

§2ºNão cabe agravo regimental da decisão do relator que der provimento a agravo de instrumento, para determinar a subida de recurso não admitido.

Art. 259. O agravo regimental será submetido ao prolator da decisão, que poderá reconsiderá-la ou submeter o agravo ao julgamento da Corte Especial, da Seção ou da turma, conforme o caso, computando-se também o seu voto.

Parágrafo único. Se a decisão agravada for do Presidente da Corte Especial ou da Seção, o julgamento será presidido por seu substituto, que votará no caso de empate".

O Regimento Interno do Supremo Tribunal Federal prevê, em seu art. 317, o agravo interno com o nome de agravo regimental:

Art. 317. Ressalvadas as exceções previstas neste Regimento, caberá agravo regimental, no prazo de cinco dias de decisão do Presidente do Tribunal, de Presidente de Turma ou do Relator, que causar prejuízo ao direito da parte.

§ 1º A petição conterá, sob pena de rejeição liminar, as razões do pedido de reforma da decisão agravada.

§ 2º O agravo regimental será protocolado e, sem qualquer outra formalidade, submetido ao prolator do despacho, que poderá reconsiderar o seu ato ou submeter o agravo

ao julgamento do Plenário ou da Turma, a quem caiba a competência, computando-se também o seu voto.

§ 3º Provido o agravo, o Plenário ou a Turma determinará o que for de direito.(Ver Emenda Regimental n. 51).

§ 4º O agravo regimental não terá efeito suspensivo.

O Supremo Tribunal Federal, em sessão administrativa realizada no 22 de junho de 2016, aprovou a Emenda Regimental n. 51, que permite o julgamento do agravo interno por meio de Plenário Virtual da Corte. Nesse sentido é a seguinte notícia publicada *in: http://www.stf.jus.br/portal/cms/ verNoticiaDetalhe.asp?idConteudo=319534&tip=UN*:

> *"Emenda regimental permite julgamento de agravo interno e embargos no Plenário Virtual.*
>
> *Em sessão administrativa ocorrida nesta quarta-feira (22), os ministros do Supremo Tribunal Federal (STF) aprovaram a Emenda Regimental 51, que permite o julgamento de agravo interno e embargos de declaração por meio do Plenário Virtual da Corte.*
>
> *A alteração inserida no Regimento Interno do Supremo acrescenta o parágrafo 3º ao artigo 317 e o parágrafo 3º ao artigo 337, que estabelecem que o agravo interno e os embargos de declaração poderão, a critério do relator, ser submetidos a julgamento por meio eletrônico, observada a respectiva competência da Turma ou do Plenário.*
>
> *Posteriormente, será editada resolução, com a contribuição dos gabinetes, a fim de regulamentar os procedimentos do julgamento desses recursos.*
>
> *Plenário Virtual*
>
> *Criado em 2007, o Plenário Virtual permite que os ministros deliberem, em meio eletrônico, sobre a existência de repercussão geral em matéria discutida em recurso extraordinário, e possibilita o julgamento de mérito dos recursos com repercussão geral nas hipóteses de reafirmação da jurisprudência consolidada do Tribunal. O Plenário Virtual funciona 24 horas por dia, e os ministros podem acessá-lo de forma remota. A emenda regimental aprovada hoje prevê nova possibilidade de julgamento por meio do sistema".*

Em que pese o art. 12 do atual C.P.C. determine que os juízes e os tribunais devam preferencialmente obedecer a ordem cronológica de conclusão para proferir sentença ou acórdão, o §2º, inc. VI, do mesmo preceito normativo, excepciona o julgamento do agravo interno.

Outrossim, nos termos do art. 937, §3º, do atual C.P.C., caberá sustentação oral nos agravos internos interpostos nos processos de competência

AGRAVO INTERNO

originária (rescisória, mandado de segurança e reclamação), contra decisão de relator que o extinga.

29.4. Forma de interposição do agravo e resposta do agravo

Aduz o § 2º do art. 1.021 do atual C.P.C. que o agravo será dirigido ao relator, que intimará o agravado para manifestar-se sobre o recurso no prazo de 15 (quinze) dias, ao final do qual, não havendo retratação, o relator levá-lo-á a julgamento pelo órgão colegiado, com inclusão em pauta.

O agravo interno não será dirigido diretamente ao órgão colegiado competente para sua apreciação, mas, sim, ao relator que proferiu monocraticamente a decisão agravada.

Recebido o recurso, o relator intimará o agravado para manifestar-se sobre o recurso, no prazo de quinze dias.

Assim como ocorre com o agravo de instrumento, o relator, com ou sem as contrarrazões, poderá retratar-se de sua decisão.

Se o relator não se retratar de sua decisão, deverá levar o agravo interno para julgamento perante o órgão colegiado, com inclusão em pauta de julgamento.

29.5. Reprodução dos fundamentos da decisão agravada

Preconiza o § 3º do art. 1.021 do atual C.P.C. que é vedado ao relator limitar-se à reprodução dos fundamentos da decisão agravada para julgar improcedente o agravo interno.

Assim, não basta o relator, conforme se tem observado até o momento, simplesmente transcrever a decisão agravada como fundamento de seu voto para apresentar perante o órgão colegiado competente. Essa sistemática tem por objetivo simplesmente manter a reprodução dos fundamentos da decisão agravada.

Entendo que o art. 1.021 do novo C.P.C. impede a fundamentação *per relationem*, pois não pode o relator, a título de motivação do seu julgamento, apenas transcrever a decisão agravada, sem efetivamente introduzir no julgamento de improcedência do agravo interno motivos próprios de fundamentação. Isso não significa dizer que o relator não possa se valer de alguns tópicos existentes na decisão agravada a título de reforço de fundamentação, mas o que não se justifica, apenas para efeitos de estatísticas numéricas de decisões proferidas, simplesmente repetir a motivação da decisão agravada como tem ocorrido com certa frequência nos tribunais brasileiros.

Sobre a motivação *per relacionem*, assim tem se manifestado o S.T.J.:

(...).

3. "Esta Corte Superior de Justiça, bem como o Supremo Tribunal Federal, há muito já sedimentaram o entendimento de que não há cogitar nulidade do acórdão por ausência de fundamentação ou ofensa ao artigo 93, inciso IX, da Constituição Federal, se o Colegiado estadual, ao fundamentar o decisum, reporta-se à sentença condenatória, ou mesmo ao parecer do Ministério Público, valendo-se da denominada fundamentação per relationem"

(HC 242.995/SP, 6ª Turma, Rel. Min. MARIA THEREZA DE ASSIS MOURA, DJe de 24/03/2014).

4. O Tribunal de origem, ao valorar o conjunto fático-probatório dos autos, manteve a condenação do Paciente, ocasião em que citou termos do parecer da Procuradoria-Geral de Justiça, mediante a técnica da fundamentação per relationem ou aliunde.

Não há falar, pois, em nulidade por inobservância da exigência constitucional de motivação das decisões judiciais (art. 93, inciso IX, da Constituição Federal).

5. Ordem de habeas corpus não conhecida.

(HC 274.894/SP, Rel. Ministra LAURITA VAZ, QUINTA TURMA, julgado em 22/04/2014, DJe 30/04/2014).

Muito embora o S.T.J. venha admitindo a fundamentação *per relationem*, isso não será mais possível em relação ao agravo interno, por força do art. 1.021, §3º, do novo C.P.C.

Além do mais, o S.T.J. vem reconhecendo a nulidade de acórdão que se limita a ratificar a sentença e a adotar o parecer ministerial, sem sequer transcrevê-los, deixando de afastar as teses defensivas ou de apresentar fundamento próprio. Nesse sentido é a seguinte decisão:

DIREITO PROCESSUAL PENAL. LIMITES À FUNDAMENTAÇÃO PER RELATIONEM.

É nulo o acórdão que se limita a ratificar a sentença e a adotar o parecer ministerial, sem sequer transcrevê-los, deixando de afastar as teses defensivas ou de apresentar fundamento próprio. Isso porque, nessa hipótese, está caracterizada a nulidade absoluta do acórdão por falta de fundamentação. De fato, a jurisprudência tem admitido a chamada fundamentação per relationem, mas desde que o julgado faça referência concreta às peças que pretende encampar, transcrevendo delas partes que julgar interessantes para legitimar o raciocínio lógico que embasa a conclusão a que se quer chegar. Precedentes citados: HC 220.562-SP, Sexta Turma, DJe 25/2/2013; e HC 189.229-SP, Quinta Turma, DJe 17/12/2012.

(HC 214.049-SP, Rel. originário Min. Nefi Cordeiro, Rel. para acórdão Min. Maria Thereza de Assis Moura, julgado em 5/2/2015, DJe 10/3/2015).

29.6. Agravo manifestamente inadmissível ou improcedente – multa

Preceitua o § 4º do art. 1.021 do novo C.P.C. que quando o agravo interno for declarado manifestamente inadmissível ou improcedente em votação unânime, o órgão colegiado, em decisão fundamentada, condenará o agravante a pagar ao agravado multa fixada entre um e cinco por cento do valor da causa atualizado.

A multa somente tem aplicação em caso de votação unânime e não em votação por maioria, e apenas na hipótese em que o recurso tiver sido de forma expressa considerado manifestamente inadmissível ou improcedente.

O §4º do art. 1.021 do novo C.P.C. está de acordo com a concepção política ideológica do novo Código, que prestigia o princípio da celeridade processual e da efetividade da tutela jurisdicional.

Portanto, quando o agravo interno for manifestamente inadmissível ou totalmente improcedente (R.T. 804.187), ou quando tiver meramente intuito protelatório (STF – 2º Turma, Ag Rg. Em RE 250.716-4-RS, rel. Min. Celso de Mello, j. 26.10.99), assim reconhecido em decisão unânime do órgão colegiado, o tribunal condenará o agravante a pagar ao agravado multa fixada entre um e cinco por cento do valor corrigido da causa.

Na verdade, o abuso do direito de recorrer qualifica-se como prática incompatível com o postulado ético-jurídico da lealdade processual, constituindo ato de litigância de má-fé.

É importante salientar que a litigância de má-fé ocorre independentemente de comprovação de prejuízo, conforme a seguinte decisão do S.T.J.:

> *É desnecessária a comprovação de prejuízo para que haja condenação ao pagamento de indenização por litigância de má-fé (art. 18, caput e § 2º, do CPC). Ressalta-se, inicialmente, que o art. 18, caput e § 2º, do CPC é voltado à valoração dos princípios da boa-fé e lealdade processual. Nesse contexto, o litigante que proceder de má-fé deverá indenizar a parte contrária pelos prejuízos advindos de sua conduta processual, bem como ser punido por multa de até 1% (um por cento) sobre o valor da causa, mais os honorários advocatícios e outras despesas processuais. O § 2º do art. 18 do CPC, por sua*

vez, estipula que o juiz poderá, de ofício, fixar o valor da indenização em até 20% (vinte por cento) sobre o valor da causa ou determinar sua liquidação por arbitramento. Em momento algum, o dispositivo legal em questão exige que haja prova do prejuízo para que a indenização em discussão possa ser fixada. Com efeito, o art. 18, caput e § 2º, do CPC apenas dispõe que: "o juiz ou tribunal, de ofício ou a requerimento, condenará o litigante de má-fé a [...] indenizar a parte contrária dos prejuízos que esta sofreu [...]". Assim, para a fixação da indenização, a lei só exige que haja um prejuízo, potencial ou presumido. A par disso, observa-se que a exigência de comprovação do prejuízo praticamente impossibilitaria a aplicação do comando normativo em análise, comprometendo a sua eficácia, por se tratar de prova extremamente difícil de ser produzida pela parte que se sentir atingida pelo dano processual. Portanto, tem-se que o preenchimento das condutas descritas no art. 17 do CPC, que define os contornos fáticos da litigância de má-fé, é causa suficiente para a configuração do prejuízo à parte contrária e ao andamento processual do feito, até porque, caso prevalecesse a tese quanto à exigibilidade de comprovação do prejuízo causado pelo dano processual, isso impossibilitaria, muitas vezes, que o próprio juiz pudesse – como de fato pode – decretar a litigância de má-fé ex officio, na medida em que o prejuízo não estaria efetivamente comprovado nos autos. Precedentes citados: EDcl no REsp 816.512-PI, Primeira Seção, DJe 16/11/2011; REsp 861.471-SP, Quarta Turma, DJe 22/3/2010; REsp 872.978-PR, Segunda Turma, DJe 25/10/2010.

(EREsp 1.133.262-ES, Rel. Min. Luis Felipe Salomão, julgado em 3/6/2015, DJe 4/8/2015).

Sob a égide do novo C.P.C., eis a seguinte decisão do S.T.J. impondo multa no âmbito do agravo interno:

AGRAVO INTERNO NO RECURSO ESPECIAL. RECURSO INTERPOSTO SOB A VIGÊNCIA DO NOVO CÓDIGO DE PROCESSO CIVIL. CUMPRIMENTO DE SENTENÇA. MULTA DO ARTIGO 475-J DO CPC/73.

1 – Recurso interposto na vigência do novo CPC contra decisão prolatada na vigência do antigo código.

2 – Inexistência de dissídio entre a decisão recorrida e o paradigma da Corte Especial indicado, pois, no caso dos autos, houve liquidação do "quantum" devido por perícia (contador judicial).

3 – Depósito em conta-corrente em nome próprio não constitui depósito judicial, pois não saiu da esfera patrimonial do devedor, não estando à disposição do juízo.

4 – Multa e encargos mantidos.

AGRAVO INTERNO

5 – *Questão acerca da aplicabilidade da multa do artigo 475-j do CPC/73 preclusa para o devedor.*

5. *Recurso especial tirado de agravo de instrumento interposto pelo credor, pretendendo tão somente a mudança do montante sobre o qual a multa litigiosa deve incidir (base de cálculo).*

6 – AGRAVO INTERNO MANIFESTAMENTE IMPROCEDENTE, COM APLICAÇÃO DE MULTA DO § 4º DO ARTIGO 1.021 DO NOVO CPC.

(AgInt nos EDcl no REsp 1560071/SC, Rel. Ministro PAULO DE TARSO SANSEVERINO, TERCEIRA TURMA, julgado em 17/05/2016, DJe 31/05/2016)

29.7. Condicionamento do depósito da multa aplicada

Condenado o agravante ao pagamento de multa (entre um e cinco por cento do valor atualizado da causa), tendo em vista que o agravo interno fora declarado manifestamente inadmissível ou improcedente em votação unânime, a interposição de qualquer outro recurso estará condicionada ao depósito prévio da multa aplicada, à exceção da Fazenda Pública e do beneficiário de gratuidade da justiça, que farão o pagamento ao final (§5º do art. 1.021 do novo C.P.C.).

Portanto, salvo em relação à Fazenda Pública e ao beneficiário de gratuidade de justiça, que farão o pagamento ao final, a interposição de qualquer outro recurso ficará condicionada ao pagamento da multa.[470]

---

[470] Sob a égide do C.P.C. de 1973, o S.T.J. e o S.T.F. entendiam que também a Fazenda Pública deveria realizar o depósito 'previamente' para poder recorrer. Nesse sentido é a seguinte decisão:

DIREITO PROCESSUAL CIVIL. SUBMISSÃO DA FAZENDA PÚBLICA À NECESSIDADE DE DEPÓSITO PRÉVIO PRESCRITA PELO § 2º DO ART. 557 DO CPC.

Havendo condenação da Fazenda Pública ao pagamento da multa prevista no art. 557, § 2º, do CPC, a interposição de qualquer outro recurso fica condicionada ao depósito prévio do respectivo valor. O art. 557, § 2º, do CPC é taxativo ao dispor que "Quando manifestamente inadmissível ou infundado o agravo, o tribunal condenará o agravante a pagar ao agravado multa entre 1% (um por cento) e 10% (dez por cento) do valor corrigido da causa, ficando a interposição de qualquer outro recurso condicionada ao depósito do respectivo valor". De fato, a multa pelo uso abusivo do direito de recorrer caracteriza-se como requisito de admissibilidade do recurso, sendo o seu depósito prévio medida adequada para conferir maior efetividade ao postulado da lealdade processual, impedindo a prática de atos atentatórios à dignidade da justiça, bem como a litigância de má-fé. Nesse contexto, tanto o STJ quanto o STF têm consignado que o prévio depósito da multa referente a agravo regimental manifestamente inadmissível ou infundado (§ 2º do art. 557),

RECURSOS NO NOVO C.P.C.

Uma questão que deve ser bem avaliada, diz respeito ao fato de que o agravante ficará impedido de interpor qualquer outro recurso, enquanto não realizar prévio depósito do respectivo valor da multa, ressalvados os beneficiários da gratuidade de justiça e da Fazenda Pública, que farão o pagamento ao final.

O S.T.F assim se manifestou sobre determinação similar prevista no art. 557, §2º do C.P.C. de 1973:

> *"A comprovação do depósito da multa em questão é requisito de admissibilidade de novos recursos. Requisito aplicável, inclusive, à Fazenda Pública"*
> (RE 380.944, Ag. Rg – Edcl, rel. Min. Carlos Britto, j. 23.5.06.

No mesmo sentido:

> *I – O prévio depósito da multa aplicada, com base no art. 538, parágrafo único, do Código de Processo Civil, configura pressuposto objetivo de recorribilidade, sendo certo que a ausência de recolhimento inviabiliza o recurso, ainda que tenha sido interposto com o propósito de afastar a multa imposta. II – Agravo regimental improvido, determinando-se a baixa imediata do processo, independentemente da publicação do acórdão.*
> (MS 25643 ED-ED-ED-AgR, Relator(a): Min. RICARDO LEWANDO-WSKI, Primeira Turma, julgado em 25/06/2014, ACÓRDÃO ELETRÔNICO DJe-158 DIVULG 15-08-2014 PUBLIC 18-08-2014)

---

aplicada pelo abuso do direito de recorrer, também é devido pela Fazenda Pública. Além disso, a alegação de que o art. 1º-A da Lei 9.494/1997 dispensa os entes públicos da realização de prévio depósito para a interposição de recurso não deve prevalecer, em face da cominação diversa, explicitada no art. 557, § 2º, do CPC. Este dispositivo legal foi inserido pela Lei 9.756/1998, que trouxe uma série de mecanismos para acelerar a tramitação processual, como, por exemplo, a possibilidade de o relator, nas hipóteses cabíveis, dar provimento ou negar seguimento, monocraticamente, ao agravo. Assim, esse dispositivo deve ser interpretado em consonância com os fins buscados com a alteração legislativa. Nesse sentido, "não se pode confundir o privilégio concedido à Fazenda Pública, consistente na dispensa de depósito prévio para fins de interposição de recurso, com a multa instituída pelo artigo 557, § 2º, do CPC, por se tratar de institutos de natureza diversa" (AgRg no AREsp 513.377-RN, Segunda Turma, DJe de 15/8/2014). Precedentes citados do STJ: AgRg nos EAREsp 22.230-PA, Corte Especial, DJe de 1º/7/2014; EAg 493.058-SP, Primeira Seção, DJU de 1º/8/2006; AgRg no Ag 1.425.712-MG, Primeira Turma, DJe 15/5/2012; AgRg no AREsp 383.036-MS, Segunda Turma, DJe 16/9/2014; e AgRg no AREsp 131.134-RS, Quarta Turma, DJe 19/3/2014. Precedentes citados do STF: RE 521.424-RN AgR-EDv-AgR, Tribunal Pleno, DJe 27/08/2010; e AI 775.934-AL AgR-ED-ED, Tribunal Pleno, DJe 13/12/2011.
(AgRg no AREsp 553.788-DF, Rel. Min. Assusete Magalhães, julgado em 16/10/2014).

AGRAVO INTERNO

Sem o depósito prévio, não se conhece de qualquer outro recurso interposto pela parte.

Ocorre que, esse condicionamento ao exercício da ampla defesa e do contraditório ao recolhimento de multa processual é de duvidosa constitucionalidade, pois a lei ordinária, sem previsão constitucional, está impedindo o acesso à jurisdição, assim como está maculando o devido processo legal com os recursos a ele inerentes.

Sem dúvida que é salutar a sanção monetária à parte que se vale de recurso com o fim meramente protelatório. Porém, essa sanção não pode ir além da imposição de multa.

Aliás, nesse sentido já se manifestou o S.T.F. em relação ao depósito de multa para fins de interposição de recurso administrativo:

Recurso administrativo – depósito – § 2º do artigo 33 do decreto nº 70.235/72 – inconstitucionalidade. A garantia constitucional da ampla defesa afasta a exigência do depósito como pressuposto de admissibilidade de recurso administrativo.

(RE 388359, Relator(a): Min. MARCO AURÉLIO, Tribunal Pleno, julgado em 28/03/2007, DJe-042 DIVULG 21-06-2007 PUBLIC 22-06-2007 DJ 22-06-2007 PP-00017 EMENT VOL-02281-05 PP-00814 RDDT n. 143, 2007, p. 238 RDDT n. 144, 2007, p. 154-169 LEXSTF v. 29, n. 344, 2007, p. 184-218).

Recurso administrativo – depósito – §§ 1º e 2º do artigo 126 da lei nº 8.213/1991 – inconstitucionalidade. A garantia constitucional da ampla defesa afasta a exigência do depósito como pressuposto de admissibilidade de recurso administrativo.

(RE 389383, Relator(a): Min. MARCO AURÉLIO, Tribunal Pleno, julgado em 28/03/2007, DJe-047 DIVULG 28-06-2007 PUBLIC 29-06-2007 DJ 29-06-2007 PP-00031 EMENT VOL-02282-08 PP-01625 RDDT n. 144, 2007, p. 235-236)

Porém, o S.T.F. não reconheceu a repercussão geral sobre a matéria, conforme se observa pelo seguinte precedente:

Ementa: agravo regimental. Exigência do prévio recolhimento da multa imposta em embargos declaração. Pressupostos de admissibilidade de recurso de competência de outros tribunais. Ausência de repercussão geral. 1. É legítimo condicionar a interposição de qualquer outro recurso ao depósito da multa imposta no julgamento dos embargos de declaração tidos como protelatórios. 2. Não cabe recurso extraordinário para reexame dos pressupostos de admissibilidade de recurso de competência de outros tribunais, por ausência de repercussão geral. 3. Agravo regimental a que se nega provimento.

(AI 809635 AgR, Relator(a): Min. JOAQUIM BARBOSA, Segunda Turma, julgado em 26/06/2012, ACÓRDÃO ELETRÔNICO DJe-159 DIVULG 13-08-2012 PUBLIC 14-08-2012).

30.
Embargos de Declaração

No direito romano, havia a seguinte afirmação: *judex cum sententiam dicit, judicem esse desinit* – o juiz, ao prolatar sua sentença, deixa de ser juiz, razão pela qual o juiz, ao decidir, não atuava mais no processo.

Na realidade, os embargos de declaração, como meio de obstar ou impedir os efeitos de um ato ou decisão judicial, são criação genuína daquele direito, sem qualquer antecedente conhecido, razão pela qual não se encontra qualquer traço desse recurso no direito romano.[471]

No direito contemporâneo e num Estado Democrático de Direito, os embargos de declaração têm sua legitimação na Constituição Federal, especialmente no preceito normativo que estabelece que toda decisão de órgão jurisdicional deve ser motivada. E motivada não será a decisão que seja omissa, contraditória e obscura, assim como quando contenha erro material.

Entende-se por embargos de declaração o recurso que a lei coloca à disposição das partes, do Ministério Público e de um terceiro, com a finalidade de viabilizar na mesma relação jurídica processual, a impugnação de qualquer decisão judicial que contenha vício de obscuridade, contradição ou omissão, ou, ainda, para corrigir erro material, objetivando novo

---

[471] ORIONE NETO, Luiz. Embargos de declaração. *In: Aspectos Polêmicos e atuais dos Recursos Cíveis.* Coord. Nelson Nery Jr. e Teresa Arruda Alvim Wambier. Vol. 5. São Paulo: R.T., 2002. p. 340.

pronunciamento perante o mesmo juízo prolator da decisão embargada, a fim de complementá-la ou esclarecê-la.[472]

No atual direito brasileiro, os embargos de declaração são regulados nos arts. 1.022 a 1.026 do novo C.P.C.[473]

Os recursos discriminados no art. 994, incisos I a III e V a IX do atual C.P.C., exigem a existência de um juízo 'a quo' e um juízo 'ad quem', isto é, estabelecem que a competência para apreciá-los não é do mesmo juízo que proferiu a decisão. Ao juízo 'ad quem' é que competirá proferir o julgamento dos recursos ali indicados.

Já os embargos de declaração previstos no inc. IV do art. 994 do atual C.P.C. são uma espécie de recurso (previsto no rol taxativo da norma) em que o juízo 'a quo' e o juízo 'ad quem' estão aglutinados no mesmo órgão jurisdicional. Trata-se do mesmo juízo e não do mesmo juiz, pois

---

[472] ORIONE NETO, L., idem, p. 340.

[473] É certo, porém, que se o acórdão foi publicado em período anterior à vigência do novo C.P.C., os embargos de declaração deverão seguir a disciplina jurídica prevista no C.P.C. de 1973, a saber:

Ementa: EMBARGOS DE DECLARAÇÃO NO AGRAVO REGIMENTAL EM MANDADO DE SEGURANÇA. ADMINISTRATIVO. SERVIDOR PÚBLICO. POSSIBILIDADE DE A ADMINISTRAÇÃO ANULAR OU REVOGAR SEUS ATOS. SÚMULAS 346 E 473 DO STF. INOCORRÊNCIA DE OFENSA AO DEVIDO PROCESSO LEGAL. PREJUÍZO NÃO DEMONSTRADO. OMISSÃO. INEXISTÊNCIA. EFEITOS INFRINGENTES. IMPOSSIBILIDADE. EMBARGOS DE DECLARAÇÃO DESPROVIDOS.

1. O acórdão recorrido foi publicado em período anterior à vigência do Novo Código de Processo Civil, razão pela qual os presentes embargos seguirão a disciplina jurídica da Lei nº 5.869/1973, por força do princípio tempus regit actum.

2. A omissão, contradição ou obscuridade, quando inocorrentes, tornam inviável a revisão da decisão em sede de embargos de declaração, em face dos estreitos limites do artigo 535 do CPC/1973.

3. A revisão do julgado, com manifesto caráter infringente, revela-se inadmissível, em sede de embargos, (Precedentes: AI 799.509-AgR-ED, Rel. Min. Marco Aurélio, 1ª Turma, DJe 8/9/2011, e RE 591.260-AgR-ED, Rel. Min. Celso de Mello, 2ª Turma, DJe 9/9/2011).

4. In casu, o acórdão embargado restou assim ementado: "AGRAVO REGIMENTAL EM MANDADO DE SEGURANÇA. ADMINISTRATIVO. SERVIDOR PÚBLICO. INOCORRÊNCIA DE OFENSA AO DEVIDO PROCESSO LEGAL. POSSIBILIDADE DE A ADMINISTRAÇÃO ANULAR OU REVOGAR SEUS ATOS. SÚMULAS 346 E 473 DO STF. PREJUÍZO NÃO DEMONSTRADO. AGRAVO REGIMENTAL A QUE SE NEGA PROVIMENTO".

5. Embargos de declaração DESPROVIDOS.

(MS 32160 AgR-ED, Relator(a): Min. LUIZ FUX, Primeira Turma, julgado em 17/05/2016, PROCESSO ELETRÔNICO DJe-112 DIVULG 01-06-2016 PUBLIC 02-06-2016)

não se aplica aos embargos de declaração o princípio da identidade física do juiz.[474]

A decisão proferida nos embargos de declaração terá a mesma natureza da decisão embargada. Assim, se os embargos de declaração forem interpostos de uma decisão interlocutória, a decisão dos embargos será também interlocutória, pois se trata de uma decisão complementar à original. Por outro lado, se a decisão embargada for uma sentença, a decisão proferida nos embargos também terá natureza de sentença, ou seja, uma sentença que se soma à outra que fora objeto dos embargos.

Em razão dessa unidade de órgão jurisdicional, os embargos de declaração não têm por finalidade a análise de *error in iudicando* ou *error in procedendo* do julgado. Limitam-se à correção de equívocos, contradições e omissões existentes na decisão proferida.

30.1. Objeto dos embargos de declaração

O art. 1.022 do novo C.P.C. supriu uma importante omissão contida no art. 535 do C.P.C. de 1973.

O art. 535 do C.P.C de 1973 somente falava em sentença ou acórdão.

O novo C.P.C. preconiza que os embargos de declaração cabem contra *qualquer decisão* judicial, inclusive a decisão monocrática de relator, abrangendo tanto a sentença quanto as decisões interlocutórias, bem como o acórdão. Sem dúvida, também em relação à decisão interlocutória caberão os embargos de declaração.

Cabem embargos de declaração contra decisões de presidente de tribunal, como, por exemplo, a que não admite recurso especial. (RSTJ 46/548).

---

[474] *"Autores há que sustentam não se tratar de recurso. Perfilham tal entendimento, dentre outros, Affonso Fraga, Odilon de Andrade, João Monteiro, Machado Guimarães, Cândido de Oliveira Filho, Ada Pellegrini Grinover, Wellington Moreira Pimentel, Manoel de Almeida e Souza de Lobão e Sérgio Bermudês. Os argumentos mais importantes dessa corrente resumem-se nos seguintes aspectos: o seu objetivo não é a modificação ou alteração do que foi decidido; os embargos são um simples pedido de esclarecimento, um complemento da decisão judicial, quando esta é lacunosa, contraditória ou obscura; por eles não se procura a reparação do erro ou injustiça da decisão; são apenas um meio de logicamente desbravar a execução de dificuldades futuramente prováveis. Não se estabelece contraditório, uma vez que não é ouvida a parte contrária, processando-se tal procedimento sem a participação da parte que não embargou. Finalmente, tal incidente não depende de preparo, que é um dos pressupostos recursais".* (Orione Neto, L., op. cit., p. 342).

Porém, o S.T.F., em reiteradas decisões, apresenta entendimento de que *não cabem* embargos de declaração contra decisão que realiza juízo de admissibilidade de recurso extraordinário. Nesse sentido são as seguintes decisões do Plenário:

AGRAVO REGIMENTAL. RECURSO EXTRAORDINÁRIO COM AGRAVO. PROCESSUAL CIVIL. DECISÃO DE ADMISSIBILIDADE DO RECURSO EXTRAORDINÁRIO. EMBARGOS DE DECLARAÇÃO INCABÍVEIS. IMPOSSIBILIDADE DE SUSPENSÃO OU INTERRUPÇÃO DO PRAZO PARA INTERPOSIÇÃO DO AGRAVO. INTEMPESTIVIDADE. APLICAÇÃO DA SISTEMÁTICA DA REPERCUSSÃO GERAL PELO TRIBUNAL DE ORIGEM. INTERPOSIÇÃO DO AGRAVO PREVISTO NO ART. 544 DO CPC. NÃO CABIMENTO. PRINCÍPIO DA FUNGIBILIDADE RECURSAL. DEVOLUÇÃO DOS AUTOS AO TRIBUNAL DE ORIGEM. CABIMENTO SOMENTE PARA OS RECURSOS INTERPOSTOS ANTES DE 19/11/2009. AGRAVO IMPROVIDO.

I – A jurisprudência desta Corte é pacífica no sentido de que a oposição de embargos de declaração contra a decisão do Presidente do Tribunal de origem que não admitiu o recurso extraordinário, por serem incabíveis, não suspende ou interrompe o prazo para a interposição do agravo de instrumento. Precedentes.

II – Não é cabível agravo para a correção de suposto equívoco na aplicação da repercussão geral, consoante firmado no julgamento do AI 760.358-QO/SE, Rel. Min. Gilmar Mendes.

III – A aplicação do princípio da fungibilidade recursal, com a devolução dos autos para julgamento pelo Tribunal de origem como agravo regimental, só é cabível nos processos interpostos antes de 19/11/2009. IV – Agravo regimental improvido.”

(ARE 903.247-AgR, Rel. Min. Ricardo Lewandowski, Plenário, Dje 6.11.2015.).

AGRAVO REGIMENTAL. RECURSO EXTRAORDINÁRIO COM AGRAVO. PROCESSUAL CIVIL. DECISÃO DE ADMISSIBILIDADE DO RECURSO EXTRAORDINÁRIO. EMBARGOS DE DECLARAÇÃO INCABÍVEIS. IMPOSSIBILIDADE DE SUSPENSÃO OU INTERRUPÇÃO DO PRAZO PARA INTERPOSIÇÃO DO AGRAVO DE INSTRUMENTO. INTEMPESTIVIDADE. PRECEDENTES. AGRAVO IMPROVIDO.

I – A jurisprudência desta Corte é pacífica no sentido de que a oposição de embargos de declaração contra a decisão do Presidente do Tribunal de origem que não admitiu o

EMBARGOS DE DECLARAÇÃO

recurso extraordinário, por serem incabíveis, não suspende ou interrompe o prazo para a interposição do agravo de instrumento. Precedentes.

II – Agravo regimental improvido.

(ARE 703.964-AgR, Rel. Min. Ricardo Lewandowski, Plenário, Dje 24.2.2015; grifei).

É certo que o Ministro Marco Aurélio, nos Emb. Div. nos Emb. Decl. nos Emb. Decl. no Ag. Reg. no Agravo de Instrumento n. 720.821 PARANÁ, apresentou o seguinte voto vencido:

*O SENHOR MINISTRO MARCO AURÉLIO – Senhora Presidente, peço vênia, porque entendo que o fenômeno da interrupção, considerados os embargos declaratórios, é bilateral – esta é a primeira premissa. Segunda: **todo e qualquer pronunciamento judicial, que tenha força decisória, pode ser omisso, obscuro e contraditório e, portanto, desafia esse recurso.** Por isso, desprovejo os embargos de divergência.*

Podem ser interpostos os embargos de declaração quando houver falta de declaração do voto vencido, especialmente pelo fato de que pelo novo C.P.C. o voto vencido passa a fazer parte integrante do acórdão, inclusive para efeito de prequestionamento.

É bem verdade que o S.T.F. vinha entendendo que não caberiam embargos de declaração contra decisão monocrática, devendo esse recurso ser recebido como agravo regimental. Nesse sentido são os seguintes precedentes:

A jurisprudência desta Corte firmou-se no sentido de que incabíveis embargos de declaração opostos em face de decisão monocrática. Recebimento como agravo regimental com fundamento no princípio da fungibilidade. A resolução da controvérsia acerca da ocorrência de dissolução irregular da sociedade e do redirecionamento da execução fiscal com fundamento no art. 10 do Decreto 3.708/1909 não prescinde do reexame do contexto fático-probatório e da exegese da legislação infraconstitucional. Aplicação da Súmula 279/STF. Embargos de declaração recebidos como agravo regimental, ao qual se nega provimento.

(RE 685861 ED, Relator(a): Min. ROSA WEBER, Primeira Turma, julgado em 26/02/2013, ACÓRDÃO ELETRÔNICO DJe-047 DIVULG 11-03-2013 PUBLIC 12-03-2013)

RECURSOS NO NOVO C.P.C.

1. Os embargos de declaração opostos objetivando a reforma da decisão do relator, com caráter infringente, devem ser convertidos em agravo regimental, que é o recurso cabível, por força do princípio da fungibilidade. (Precedentes: Pet 4.837-ED, rel. Min. CÁR-MEN LÚCIA, Tribunal Pleno, DJ 14.3.2011; Rcl 11.022-ED, rel. Min. CÁRMEN LÚCIA, Tribunal Pleno, DJ 7.4.2011; AI 547.827-ED, rel. Min. DIAS TOFFOLI, 1ª Turma, DJ 9.3.2011; RE 546.525-ED, rel. Min. ELLEN GRACIE, 2ª Turma, DJ 5.4.2011).

(...).

(RE 677156 ED, Relator(a): Min. LUIZ FUX, Primeira Turma, julgado em 18/12/2012, ACÓRDÃO ELETRÔNICO DJe-033 DIVULG 19-02-2013 PUBLIC 20-02-2013)

Penso que pela amplitude dada pelo novo C.P.C. não há mais motivo para se sustentar que não cabem embargos de declaração contra decisão monocrática.

É certo, porém, que o §3º do art. 1.024 do novo C.P.C. preconiza que o órgão julgador conhecerá dos embargos de declaração como agravo interno se entender ser este o recurso cabível, desde que determine previamente a intimação do recorrente para, no prazo de 5 (cinco) dias, complementar as razões recursais, de modo a ajustá-las às exigências do art. 1.021, § 1º.

Portanto, os embargos de declaração são cabíveis independentemente da espécie de decisão que for proferida pelo órgão jurisdicional, inclusive o mero despacho.

É possível também a interposição de embargos de declaração contra decisão ou acórdão que julgou embargos de declaração anteriormente interpostos. [475] Aliás, a decisão dos embargos de declaração não está imune a erro, omissão, contradição e obscuridade. O que não pode ocorrer é a simples repetição dos anteriores embargos de declaração. Na realidade, em razão da preclusão consumativa não se pode trazer em outros embargos a matéria que já foi objeto dos primeiros embargos de declaração. Sobre o tema, eis as seguintes decisões do S.T.F.:

EMENTA EMBARGOS DE DECLARAÇÃO NOS EMBARGOS DE DECLA-RAÇÃO. DIREITO PROCESSUAL CIVIL. ACÓRDÃO EMBARGADO QUE CONCLUIU PELA AUSÊNCIA DE IMPUGNAÇÃO ESPECÍFICA AOS FUN-

---

[475] R.T.J. 125, pág. 1.344.

EMBARGOS DE DECLARAÇÃO

DAMENTOS DA DECISÃO AGRAVADA. REITERAÇÃO DO VÍCIO DE OMISSÃO RELATIVO À MATÉRIA JÁ APONTADA NOS ANTERIORES DECLARATÓRIOS. CONTRADIÇÃO E OBSCURIDADE INOCORREN-TES. MANIFESTO CARÁTER PROCRASTINATÓRIO. APLICAÇÃO DA MULTA PREVISTA NO ART. 1.026, § 2º, DO CÓDIGO DE PROCESSO CIVIL DE 2015.

1. Observada a dicção do art. 1.022 do Código de Processo Civil de 2015, não são hábeis os aclaratórios à veiculação de vícios já apontados em anteriores embargos de declaração e apreciados pelo órgão julgador.

2. Os vícios – omissão, contradição, obscuridade ou mesmo erro material – suscetíveis de ataque em novos embargos de declaração são apenas os acaso surgidos na última decisão que se ataca.

3. Embargos declaratórios não conhecidos, com imposição de multa de 1% sobre o valor atualizado da causa, nos termos do disciplinado no art. 1.026, § 2º, do Código de Processo Civil de 2015, manifesto o caráter protelatório.

(AC 3923 AgR-ED-ED, Relator(a): Min. ROSA WEBER, Primeira Turma, julgado em 03/05/2016, PROCESSO ELETRÔNICO DJe-100 DIVULG 16-05-2016 PUBLIC 17-05-2016)

Embargos de declaração em embargos de declaração. Impossibilidade de reiteração de novos embargos declaratórios objetivando atacar aspectos já solucionados na decisão dos primitivos embargos, e, muito menos, questões decididas nos embargos declaratórios rejeitados.

(RE 100.933, relator Ministro Djaci Falcão).

30.2. Motivos que ensejam a interposição dos embargos de declaração

O C.P.C. de 1939, em seu art. 862, estabelecia três defeitos da decisão judicial que justificavam os embargos de declaração, ou seja, a obscuridade, a omissão ou a contradição.

Também o art. 535, incisos I e II, do C.P.C. de 1973, previa apenas as hipóteses de obscuridade, contradição ou omissão, não fazendo referência expressa ao *erro material*, não obstante tal equívoco pudesse ser arguido inclusive em petição avulsa.

O novo C.P.C., em seu art. 1.022, incs. I, II e III, estabelece que os embargos de declaração são cabíveis quando a decisão monocrática ou colegiada contiver *obscuridade, contradição, omissão de ponto ou questão sobre o qual devia se pronunciar o juiz de ofício ou a requerimento, ou erro material.*

Apenas nessas *específicas* hipóteses legais é que serão cabíveis os embargos de declaração.

Porém, o interesse em recorrer por meio de embargos de declaração independe de eventual sucumbência do embargante.

30.2.1. Dúvida

Não há espaço para os embargos de declaração no caso de *dúvida*, pois a dúvida é um estado de espírito que se traduz na hesitação entre afirmar e negar algo. Trata-se de um fenômeno psicológico que não tem qualquer relevância jurídica. A dúvida que poderá ocorrer estará em quem, ouvindo ou lendo o teor da decisão, não logre aprender-lhe bem o sentido. A dúvida poderá ser apenas uma consequência da obscuridade ou da contradição que se observe no julgado.[476]

Porém, o S.T.J. ora admite ora não admite os embargos para a solução de dúvida. Nesse sentido são os seguintes julgados:

> *– No julgamento dos embargos infringentes chegou-se à conclusão de que os embargos à execução da União deveriam ser corretamente julgados pela Turma, ao argumento de que o valor apontado pela União como devido R$ 765.076,92 (setecentos e sessenta e cinco mil e setenta e seis reais e noventa e dois centavos) seria questionável, considerada a sua origem e o possível recebimento de valores a maior por parte dos servidores.*
>
> *– A questão de ordem pública não restou superada, porque a totalidade dos julgadores entendeu existir dúvida quanto aos valores devidos, determinando correto julgamento dos embargos à execução pela Turma. Frise-se, a divergência restou salientada apenas para que o valor apontado pela União fosse corretamente verificado pela Turma Julgadora.*
>
> *– A jurisprudência deste Tribunal tem se posicionado no sentido de que as matérias de ordem pública podem ser conhecidas mesmo no julgamento dos embargos infringentes, por força do efeito translativo desse recurso.*
>
> *Embargos declaratórios parcialmente acolhidos sem efeitos infringentes.*
>
> (EDcl no AgRg no AgRg nos EDcl nos EDcl no REsp 1258627/PE, Rel. Ministra MARILZA MAYNARD (DESEMBARGADORA CONVOCADA DO TJ/SE), SEXTA TURMA, julgado em 19/08/2014, DJe 02/09/2014)

---

[476] BARBOSA MOREIRA, José Carlos. *Comentários ao código de processo civil*. Vol. V., (arts. 476 a 565). Rio de Janeiro: Forense, 1976. p. 516 e 517.

EMBARGOS DE DECLARAÇÃO

1. – Suficientemente resolvida a questão jurídica, cumprido está o ofício jurisdicional, sendo desnecessário esclarecer cada nova dúvida das partes.

2. – A ação declaratória incidental não se presta ao reconhecimento de situação de fato, como o é a revelia, mas somente à declaração de existência ou inexistência de relação jurídica.

3. – Embargos de Declaração rejeitados.

(EDcl no AgRg no AREsp 491.288/DF, Rel. Ministro SIDNEI BENETI, TERCEIRA TURMA, julgado em 05/08/2014, DJe 01/09/2014)

Lamentavelmente, a indicação de *dúvida do julgado* ainda permanece como referência para cabimento dos embargos de declaração nos juizados especiais (art. 48 da Lei n. 9.099/05) e na Lei de Arbitragem (art. 30, inc. II, da Lei 9.307/96).

30.2.2. Obscuridade

O órgão julgador deverá eliminar eventual *obscuridade* existente na decisão.

A falta de clareza da decisão gera insegurança e pode acarretar a sua inexequibilidade.

A decisão deve ser clara nas suas concatenações, na utilização de suas expressões.

Deve o magistrado pronunciar uma decisão que não seja prolixa e obscura, de tal sorte que se possa verificar com precisão a certeza jurídica em relação à causa posta em juízo. A decisão, portanto, deverá ser clara, precisa e objetiva.

A obscuridade significa que a decisão não é inteligível e pode ocorrer no fundamento quanto no dispositivo da decisão.

Segundo Barbosa Moreira, há graus de obscuridade que vai desde a simples ambiguidade, que pode resultar no emprego de palavras de acepção dupla ou múltipla, até a completa ininteligibilidade da decisão.[477]

30.2.3. Contradição

Deve o órgão julgador igualmente eliminar eventual *contradição* existente na decisão.

---

[477] Barbosa Moreira, J. C., idem, p. 518.

A decisão é considerada contraditória quando traz proposições entre si inconciliáveis. Normalmente a contradição ocorre entre a fundamentação e o *decisum*.

Poderá haver ainda contradição entre *capítulos da decisão*.

Sobre o assunto eis a seguinte decisão do S.T.J.:

> *1. Os aclaratórios são cabíveis somente para sanar omissão, obscuridade ou contradição contida no julgado. Sem se configurar ao menos uma dessas hipóteses, devem ser rejeitados, sob pena de rediscutir-se matéria de mérito já decidida, exatamente o que se afigura no caso.*
>
> *2. Ressalte-se que a contradição que enseja o acolhimento dos aclaratórios é interna, ou seja, aquela existente entre as proposições e a conclusão do próprio julgado, e não quando há divergência entre Turmas, nem entre Turma e Seção deste Superior Tribunal de Justiça, caso em que caberia a oposição dos embargos de divergência, a teor do que dispõe o art. 266 do RISTJ. Precedentes.*
>
> *3. Embargos de declaração rejeitados.*
>
> (EDcl no REsp 1206136/MG, Rel. Ministro CASTRO MEIRA, SEGUNDA TURMA, julgado em 04/08/2011, DJe 16/08/2011)

Já se entendeu no S.T.J. que não se pode ingressar com embargos de declaração quando há contradição no corpo de voto-vista. Nesse sentido é a seguinte decisão:

> *1. "Eventuais equívocos, omissões ou contradições cometidas no corpo do votos--vistas não autorizam a interposição de embargos de declaração; cabia à embargante requerer aos autores dos referidos votos, o saneamento dos vícios apontados" (EDcl nos EREsp 404.777/DF, Rel. Min. Francisco Peçanha Martins, Corte Especial, DJ 24/10/ 2005).*
>
> *2. Embargos de declaração rejeitados.*
>
> (EDcl nos EDcl no AgRg no Ag 1339927/ES, Rel. Ministro RICARDO VILLAS BÔAS CUEVA, TERCEIRA TURMA, julgado em 02/08/2012, DJe 09/08/2012).

Porém, como atualmente o voto vista, especialmente o divergente, passa a fazer parte do acórdão, há interesse em se ingressar com embargos de declaração quando no voto vista houver contradição, obscuridade ou erro material.

EMBARGOS DE DECLARAÇÃO

São cabíveis os embargos declaração quando houver contradição entre a ementa e o corpo do acórdão, nada impedindo que o próprio magistrado determine a correção da ementa de ofício. Nesse sentido é a seguinte decisão do S.T.J.:

> 1. *Inviáveis os declaratórios articulados com nítido caráter infringente e sob infundada alegação de omissão no julgado.*
>
> 2. *Cabível a retificação, de ofício, de contradição existente entre o voto e a ementa do julgado.*
>
> 3. *Republicação do acórdão embargado, com a ementa descrita no corpo deste voto.*
>
> 4. *Embargos de declaração rejeitados.*
>
> (EDcl na AR 3.898/SP, Rel. Ministra ELIANA CALMON, PRIMEIRA SEÇÃO, julgado em 25/03/2009, DJe 04/05/2009)

Não caracteriza obscuridade eventual contradição entre os votos vencedores de um determinado julgamento colegiado.(R.T.J. 157, pág. 1.036)

30.2.4. Omissão

Também o órgão julgador deverá suprir eventual *omissão* contida na decisão.

Assim, deverá ser suprida eventual omissão de ponto sobre o qual devia pronunciar-se o juiz ou tribunal. O juiz deixa de se manifestar sobre algo que deveria ter tratado.

Considera-se omissão a decisão que não se manifeste sobre determinada pretensão ou sobre algum argumento relevante indicado pelas partes.

Evidentemente, o órgão julgador não terá que se manifestar sobre todos os argumentos formulados pelas partes, mas somente em relação àqueles que possam de forma substancial confirmar ou negar a pretensão das partes. Nesse sentido são as seguintes decisões:

> 1. *"O juiz não está obrigado a manifestar-se sobre todas as alegações das partes, nem a ater-se aos fundamentos indicados por elas, ou a responder, um a um, a todos os seus argumentos quando já encontrou motivo suficiente para fundamentar a decisão" (EDcl nos EDcl no AgRg no REsp n. 1.298.728/RJ, Relator Ministro HUMBERTO MARTINS, SEGUNDA TURMA, julgado em 28/8/2012, DJe 3/9/2012).*

RECURSOS NO NOVO C.P.C.

2. *Se o Tribunal local, com base no conjunto fático-probatório dos autos, concluiu pela presença dos requisitos autorizadores da desconsideração da personalidade jurídica, não pode esta Corte reexaminar fatos e provas para chegar a conclusão distinta, por aplicação do enunciado n. 7 da Súmula do STJ.*
3. *Agravo regimental desprovido.*
(AgRg no AREsp 13.296/RS, Rel. Ministro ANTONIO CARLOS FERREIRA, QUARTA TURMA, julgado em 25/09/2012, DJe 01/10/2012)

1. *Está sedimentado nesta Corte o posicionamento de que o juiz não fica obrigado a manifestar-se sobre todas as alegações das partes, nem a ater-se aos fundamentos indicados por elas, ou a responder, um a um, a todos os seus argumentos quando já encontrou motivo suficiente para fundamentar a decisão; porquanto cabe ao magistrado decidir a questão de acordo com o seu livre convencimento, utilizando-se dos fatos, provas, jurisprudência, aspectos pertinentes ao tema e da legislação que entender aplicável ao caso concreto, ao teor do art. 131 do Código de Processo Civil.*
(...).
(AgRg no REsp 1299521/RJ, Rel. Ministro HUMBERTO MARTINS, SEGUNDA TURMA, julgado em 13/03/2012, DJe 19/03/2012).

Outrossim, somente será objeto de embargos de declaração a omissão relevante para a solução da causa. Nesse sentido são as seguintes decisões do S.T.F.:

Ementa: RECURSO. Embargos de declaração. Omissão, contradição ou obscuridade. Inexistência. Questão indiferente à solução da causa. Inovação recursal. Inadmissibilidade. Embargos rejeitados. Rejeitam-se embargos de declaração, por ausência de omissão, quando a questão suscitada é irrelevante para desfecho da ação.
(STA 73 AgR-ED, Relator(a): Min. CEZAR PELUSO (Presidente), Tribunal Pleno, julgado em 29/03/2012, ACÓRDÃO ELETRÔNICO DJe-090 DIVULG 08-05-2012 PUBLIC 09-05-2012).

Ementa: EMBARGOS DE DECLARAÇÃO NO AGRAVO REGIMENTAL NO RECURSO EXTRAORDINÁRIO. OMISSÃO. AUSÊNCIA. EMBARGOS REJEITADOS. 1. O acórdão embargado analisou todos os argumentos e pedidos formulados pelo recorrente, não incorrendo na omissão alegada. 2. A não apreciação de fato irrelevante sob o prisma constitucional não caracteriza omissão. 3. A alegação de ausência de dolo e o pedido de alteração da tipificação da conduta não podem ser apreciados

EMBARGOS DE DECLARAÇÃO

na via extraordinária, nos termos do acórdão embargado. 4. Embargos de declaração rejeitados.

(RE 585901 AgR-ED, Relator(a): Min. JOAQUIM BARBOSA, Segunda Turma, julgado em 12/04/2011, DJe-079 DIVULG 28-04-2011 PUBLIC 29-04-2011 EMENT VOL-02511-01 PP-00104)

Tanto a decisão que não examina o pedido, que é, nesse caso, uma não decisão, assim como uma decisão que deixe de examinar um ponto ou uma questão indispensável à solução da demanda que tenha sido suscitada ou que seja questão a ser conhecida de ofício, são suscetíveis de embargos de declaração.

A dúvida levantada por Didier Jr. diz respeito ao seguinte: *"e se não forem opostos os embargos de declaração, qual deve ser a postura do tribunal ao constatar a omissão da decisão judicial?* O mesmo autor responde: *"No primeiro caso, não deve o tribunal invalidar a decisão. Como visto, não há o que ser invalidado; deve o tribunal determinar que o juízo 'a quo' complete o julgamento, decidindo o pedido não examinado. O tribunal pode fazer isso independentemente de pedido na apelação, pois, como visto, a decisão recorrida não está sendo reformada ou anulada. Trata-se de um juízo de fato do tribunal, que constata a ausência de solução de um pedido, determinando que o juízo 'a quo' termine o seu ofício. Para que isso não impeça o prosseguimento do processo em relação aos pedidos que já foram examinados, deve o tribunal determinar a extração de cópia dos autos, para que os originais, ou a cópia, desçam ao juízo 'a quo', e o processo prossiga nos autos suplementares, ou nos originais, tanto faz...O segundo problema é de mais fácil solução. A apelação, e de resto os demais recursos, devolvem ao juízo 'ad quem' o exame das questões suscitadas e discutidas no processo, que possam interferir na solução do objeto litigioso recursal...Assim, o tribunal, a constatar que não houve exame de um dos fundamentos ou de alguma questão relevante que tenha sido suscitada, ou mesmo uma questão cognoscível 'ex offício' (que não precisa ter sido suscitada), deve ele próprio examinar essas questões, não sendo o caso de devolução dos autos ao juízo 'a quo'".*[478]

Sobre o tema, eis a seguinte decisão do S.T.J.:

1. A eg. Terceira Seção desta Corte, pelas Turmas que a compõem, firmou entendimento no sentido de que a decretação de nulidade da sentença citra petita pode ser

---

[478] DIDIER, JR., F., *et au*, op. cit., p. 172.

realizada de ofício pelo Tribunal ad quem. Nesse caso, o recurso de apelação não está condicionado à prévia oposição de embargos de declaração.

3. Recurso especial improvido.

(REsp 243988/SC, Rel. Ministro HÉLIO QUAGLIA BARBOSA, SEXTA TURMA, julgado em 27/10/2004, DJ 22/11/2004, p. 393)

Segundo Orione Neto, se o juízo de primeiro grau não aprecia questão que poderia apreciar independentemente de pedido, como é o caso dos honorários de advogado, a questão não poderá ser suprida pelo juízo de segundo grau em embargos de declaração.[479]

Verifica-se, portanto, que a não oposição dos embargos de declaração contra uma decisão omissa gera preclusão apenas para os próprios embargos, exatamente pelo fato de que a preclusão, além de ser endoprocessual, restringe-se ao ato não praticado.[480]

Preceitua o parágrafo único do art. 1.022 do atual C.P.C. que se considera omissa a decisão que: I – deixe de se manifestar sobre tese firmada em julgamento de casos repetitivos ou em incidente de assunção de competência aplicável ao caso sob julgamento; II – incorra em qualquer das condutas descritas no art. 489, §1º.

O órgão jurisdicional deverá se manifestar expressamente sobre tese firmada em julgamento de casos repetitivos ou em incidente de assunção de competência.

Também será considerada omissa a decisão que apresente qualquer das condutas descritas no art. 489, §1º do atual C.P.C., a saber:

Art. 489.

(...).

§ 1º Não se considera fundamentada qualquer decisão judicial, seja ela interlocutória, sentença ou acórdão, que:

I – se limitar à indicação, à reprodução ou à paráfrase de ato normativo, sem explicar sua relação com a causa ou a questão decidida;

II – empregar conceitos jurídicos indeterminados, sem explicar o motivo concreto de sua incidência no caso;

III – invocar motivos que se prestariam a justificar qualquer outra decisão;

---

[479] ORIONE NETO, L., op. cit, p. 361.
[480] DIDIER, JR., F., op. cit. loc. cit.

EMBARGOS DE DECLARAÇÃO

IV – não enfrentar todos os argumentos deduzidos no processo capazes de, em tese, infirmar a conclusão adotada pelo julgador;

V – se limitar a invocar precedente ou enunciado de súmula, sem identificar seus fundamentos determinantes nem demonstrar que o caso sob julgamento se ajusta àqueles fundamentos;

VI – deixar de seguir enunciado de súmula, jurisprudência ou precedente invocado pela parte, sem demonstrar a existência de distinção no caso em julgamento ou a superação do entendimento.

Há decisão do S.T.J. no sentido de que ainda que suscitada a omissão somente em sede de embargos de declaração, deve o tribunal estadual pronunciar-se sobre as questões de ordem pública apreciável de ofício. Nesse sentido é a seguinte decisão:

PROCESSUAL CIVIL. QUESTÃO DE ORDEM PUBLICA (COISA JULGADA) SUSCITADA EM SEDE DE EMBARGOS DECLARATORIOS. APRECIAÇÃO PELO TRIBUNAL ESTADUAL: IMPRESCINDIBILIDADE, SOB PENA DE VIOLAÇÃO DO ART. 535 DO CPC. RECURSO PROVIDO.

I – AINDA QUE SUSCITADA TÃO-SOMENTE EM SEDE DE EMBARGOS DE DECLARAÇÃO, DEVE O TRIBUNAL ESTADUAL PRONUNCIAR-SE SOBRE AS QUESTÕES DE ORDEM PUBLICA APRECIAVEIS DE OFICIO.

II – OS EMBARGOS DE DECLARAÇÃO, ESPECIALMENTE AQUELES NOS QUAIS SÃO SUSCITADAS QUESTÕES DE ORDEM PUBLICA APRECIAVEIS DE OFICIO, E OS VIABILIZADORES DA INSTANCIA EXCEPCIONAL, NÃO DEVEM SER TIDOS PELOS MAGISTRADOS COMO CRITICA AO SEU TRABALHO, MAS, SIM, COMO OPORTUNIDADE PARA MELHORAR A PRESTAÇÃO JURISDICIONAL. TAL RECURSO TEM COMO ESCOPO O SUPRIMENTO DE OMISSÕES, A ELIMINAÇÃO DE CONTRADIÇÕES, O ACLARAMENTO DE OBSCURIDADES APONTADAS NA DECISÃO EMBARGADA, BEM COMO O PREQUESTIONAMENTO DE QUESTÕES FEDERAIS E A APRECIAÇÃO DE QUESTÕES DE ORDEM PUBLICA. NADA IMPEDE, ENTRETANTO – NA VERDADE, TUDO ACONSELHA, EM BUSCA DO APERFEIÇOAMENTO DA PRESTAÇÃO JURISDICIONAL E DA RESIGNAÇÃO DO VENCIDO –, QUE O MAGISTRADO, CONSTATADA A OMISSÃO, A CONTRADIÇÃO, A OBSCURIDADE, A AUSENCIA DO PREQUESTIONAMENTO OU A NÃO-APRECIAÇÃO DE QUESTÃO DE ORDEM PUBLICA,

ALEM DE SANA-LA, FORTALEÇA OS FUNDAMENTOS QUE SUSTENTAM O "DECISUM" GUERREADO.
III – RECURSO ESPECIAL CONHECIDO E PROVIDO PARA CASSAR O ACORDÃO RECORRIDO.

(REsp 120.240/SP, Rel. Ministro ADHEMAR MACIEL, SEGUNDA TURMA, julgado em 01/09/1997, DJ 29/09/1997, p. 48169).

Por fim, *"é curial que não configura vício algum – muito ao contrário! – o silêncio do órgão judicial sobre matéria cuja apreciação seria incompatível com a decisão tomada. Assim, por exemplo, não têm como vingar embargos de declaração em que se alega a 'omissão' do acórdão no tocante a questões de mérito, se o tribunal não conheceu do recurso, por falta de requisitos de admissibilidade.*

Daí já se ter decidido que 'não há omissão na decisão judicial se o fundamento nela acolhido prejudica a questão da qual não tratou'".[481]

30.2.5. Erro material

O atual C.P.C. traz expressamente a possibilidade de se interporem os embargos de declaração também para *corrigir erro material*, em que pese o disposto no art. 494, inc. I, do atual C.P.C., possa dar a impressão de que a correção de ofício ou a requerimento da parte de inexatidões materiais ou retificação de erro de cálculo esteja fora do âmbito dos embargos de declaração. Diz o aludido art. 494:

> *Art. 494. Publicada a sentença, o juiz só poderá alterá-la:*
> *I – para corrigir-lhe, de ofício ou a requerimento da parte, inexatidões materiais ou erros de cálculo;*
> *II – por meio de embargos de declaração.*

O erro material, além de poder ser corrigido de ofício pelo juiz ou a requerimento das partes, por meio de petição avulsa, também poderá ser arguido em embargos de declaração.

O S.T.J. também já entendeu que os embargos de declaração servem para corrigir decisão que julgou *ultra petita*. Nesse sentido é a seguinte decisão:

---

[481] ORIONE NETO, L., op.cit., p. 362.

EMBARGOS DE DECLARAÇÃO

1. Verificada que a decisão se fez "ultra petita", servem os Embargos de Declaração para adequar o provimento judicial aos termos do pedido.
2. Embargos acolhidos para adequar o dispositivo do acórdão, mantendo-se sua fundamentação.
(EDcl no REsp 110901/SP, Rel. Ministro EDSON VIDIGAL, QUINTA TURMA, julgado em 25/03/1999, DJ 03/05/1999, p. 159).

Alias, o S.T.J. vem entendendo que a correção de erros materiais pode ser feita, inclusive de ofício, mesmo após o trânsito em julgado da decisão. Nesse sentido são os seguintes precedentes:

DIREITO PROCESSUAL CIVIL. CORREÇÃO DE ERRO MATERIAL APÓS O TRÂNSITO EM JULGADO.
O magistrado pode corrigir de ofício, mesmo após o trânsito em julgado, erro material consistente no desacordo entre o dispositivo da sentença que julga procedente o pedido e a fundamentação no sentido da improcedência da ação. Isso porque o art. 463, I, do CPC permite ao magistrado a correção de erros materiais existentes na sentença, ainda que a decisão já tenha transitado em julgado, sem que se caracterize ofensa à coisa julgada. Precedentes citados: AgRg no Aresp 89.520-DF, Primeira Turma, Dje 15/8/2014; e Resp 1.294.294-RS, Terceira Turma, Dje 16/5/2014.
(RMS 43.956-MG, Rel. Min. Og Fernandes, julgado em 9/9/2014).

TRIBUTÁRIO E PROCESSUAL CIVIL. RECONHECIMENTO DE ERRO MATERIAL APÓS O TRÂNSITO EM JULGADO. POSSIBILIDADE. MÉRITO RECURSAL TRANSITADO EM JULGADO PARA A FAZENDA PÚBLICA QUE NÃO APELOU DA SENTENÇA PROFERIDA NOS EMBARGOS DO DEVEDOR. INEXISTÊNCIA DE REEXAME NECESSÁRIO. ART. 475, II, DO CPC.
1. A jurisprudência desta Corte é firme no sentido da "possibilidade de correção de ofício de erro material, mesmo após o trânsito em julgado." (REsp 1.294.294/RS, Rel. Ministro Ricardo Villas Bôas Cueva, Terceira Turma, DJe 16/05/2014). No mesmo sentido: AgRg no REsp 1.223.157/RS, Rel. Ministro Cesar Asfor Rocha, Segunda Turma, DJe 10/08/2012.
(...)
4. Agravo regimental a que se nega provimento.
(AgRg no Aresp nº 89520/DF, Relator o Ministro Sergio Kukina, 1ª Turma, Dje de 15/8/2014)

30.2.6. Prazo para interposição dos embargos de declaração

Já houve momento na história do processo civil brasileiro em que o prazo de interposição dos embargos de declaração variava conforme se tratasse de decisão de primeiro grau ou de segundo grau. Na primeira hipótese, o prazo seria de 48 horas (art. 465 do C.P.C. de 1973 na sua redação original); na segunda hipótese, o prazo seria de 5 (cinco) dias (art. 536 do C.P.C. de 1973).

Com a revogação do art. 465 do C.P.C. de 1973, pela Lei n. 8.950/94, o prazo dos embargos de declaração, seja em face de decisão de primeiro ou de segundo grau, passou a ser de 5 (cinco) cinco dias.

Atualmente, o prazo para interpor e para responder os recursos é de quinze dias, executados os embargos de declaração, cujo prazo, segundo estabelece o art. 1.023 do atual C.P.C., será de 5 (cinco) dias.

Estabelece o § 1º do art. 1.023 do atual C.P.C. que se aplica aos embargos de declaração o art. 229 do atual C.P.C., que assim dispõe:

> *Art. 229. Os litisconsortes que tiverem diferentes procuradores, de escritórios de advocacia distintos, terão prazos contados em dobro para todas as suas manifestações, em qualquer juízo ou tribunal, independentemente de requerimento.*
>
> *§ 1º Cessa a contagem do prazo em dobro se, havendo apenas 2 (dois) réus, é oferecida defesa por apenas um deles.*
>
> *§ 2º Não se aplica o disposto no caput aos processos em autos eletrônicos.*

Não se aplica o prazo em dobro em se tratando de litisconsorte ou diante do processo eletrônico, especialmente pelo fato de que todos os litisconsortes podem ter acesso ao processo eletrônico ao mesmo tempo.[482]

---

[482] É bem verdade que sob a égide do art. 191 do C.P.C. de 1973, assim entendia o S.T.J.: *Aplica-se o art. 191 do CPC/1973 à contagem de prazo nos processos judiciais eletrônicos. De fato, a aplicação do prazo em dobro para contestar, recorrer e, de modo geral, falar nos autos quando os litisconsortes tiverem procuradores diferentes (art. 191 do CPC/1973), visa possibilitar acesso e manuseio dos autos aos advogados, haja vista ser o prazo comum. Todavia, como a utilização do processo judicial eletrônico afastou a impossibilidade de diferentes advogados obterem vista simultânea dos autos, não mais subsiste a situação que justificava a previsão do prazo em dobro. Nesse contexto, o Novo CPC (de 2015), atento à necessidade de alteração legislativa, exclui a aplicação do prazo em dobro no processo eletrônico (art. 229, § 2º). A lei disciplinadora do processo eletrônico (Lei 11.419/2006), no entanto, não alterou nem criou nenhuma exceção ao determinado no art. 191 do CPC/1973, de forma que, ausente alteração legislativa acerca do tema, não há como deixar de se aplicar o dispositivo legal vigente, sob pena de se instaurar*

EMBARGOS DE DECLARAÇÃO

Em se tratando de embargos de declaração interpostos pela Defensoria Pública, pelo Ministério Público, pela União, Estados, Distrito Federal, Municípios e suas respectivas autarquias, o prazo para interposição dos embargos será em dobro, ou seja, dez dias.

Da mesma forma será em dobro o prazo para embargos de declaração na hipótese de litisconsortes com procuradores pertencentes a escritórios de advocacias diferentes.

É importante, porém, observar o disposto na Súmula 641 do S.T.F.: *"não se conta em dobro o prazo para recorrer, quando só um dos litisconsortes haja sucumbido".* Segundo Didier Jr., tal enunciado não se aplica aos embargos de declaração, pois não se exige sucumbência para a interposição dos embargos.[483]

Interessante é a seguinte decisão do S.T.J. que no âmbito do processo penal determina a aplicação do prazo de 5 (cinco) dias previsto no processo civil para a interposição de embargos de declaração:

> *DIREITO PROCESSUAL CIVIL E PROCESSUAL PENAL. PRAZO PARA OPOSIÇÃO DE EMBARGOS DE DECLARAÇÃO CONTRA ACÓRDÃO QUE ANALISA ASTREINTES IMPOSTAS POR JUÍZO CRIMINAL.*
>
> *É de 5 dias (art. 536 do CPC/1973) – e não de 2 dias (art. 619 do CPP) – o prazo para a oposição, por quem não seja parte na relação processual penal, de embargos de declaração contra acórdão que julgou agravo de instrumento manejado em face de decisão, proferida por juízo criminal, que determinara, com base no art. 3º do CPP, o pagamento de multa diária prevista no CPC/1973 em razão de atraso no cumprimento de ordem judicial de fornecimento de informações decorrentes de quebra de sigilo no âmbito de inquérito policial. Diferentemente dos casos em que a matéria discutida tenha natureza induvidosamente penal – casos em que o prazo para a oposição de embargos declaratórios será de 2 dias (art. 619 do CPP), e não de 5 dias (art. 536 do CPC/1973) –, no caso em análise, várias circunstâncias indicam que o juízo criminal, ao aplicar multa cominatória ao terceiro responsável pelo fornecimento de dados decorrentes da quebra*

---

grave insegurança jurídica e se ofender o princípio da legalidade. Desse modo, apesar de se reconhecer que o disposto no art. 191 está em descompasso com o sistema do processo eletrônico, em respeito ao princípio da legalidade e à legítima expectativa gerada pelo texto normativo vigente, enquanto não houver alteração legal, aplica-se aos processos eletrônicos o disposto no art. 191, preservando-se a segurança jurídica do sistema como um todo, bem como a proteção da confiança. REsp 1.488.590-PR, Rel. Min. Ricardo Villas Bôas Cueva, julgado em 14/4/2015, DJe 23/4/2015.

[483] DIDIER, Jr., F., op. Cit., p. 176.

RECURSOS NO NOVO C.P.C.

de sigilo determinada em inquérito policial, estabelece com este uma relação jurídica de natureza cível. Primeiro, porque o responsável pelo cumprimento da ordem judicial não é parte na relação processual penal, mas apenas terceiro interessado. Segundo, pois a decisão judicial foi tomada com apoio no CPC/1973, tanto assim que foi objeto de agravo de instrumento; usou, por analogia, o art. 3º do CPP, mas o fundamento da medida foi a questão dasastreintes – ou seja, a cominação de multa diária por atraso no cumprimento de ordem judicial –, tema tipicamente cível. Terceiro, porquanto houve interposição de agravo de instrumento, meio de impugnação também previsto apenas na legislação processual civil. Ademais, essas circunstâncias suscitam, no mínimo, uma dúvida razoável quanto à natureza – cível ou criminal – da matéria objeto dos embargos. O que há, portanto, de solucionar a questão em discussão é a boa-fé processual da parte interessada, princípio que, aliás, está sendo ainda mais reforçado pelo Novo CPC, que o situa como norte na atuação de todos os sujeitos processuais em feitos cíveis, o que haverá de também incidir, conforme disposto no art. 3º do CPP, nos feitos criminais, mutatis mutandis. Ora, se o próprio CPP, como também o CPC/1973, permite a aceitação de um recurso por outro, como expressão do princípio da fungibilidade recursal – quando, por uma questão de interpretação, a parte interpõe um recurso por outro, ausente a má-fé –, deve- -se considerar um ônus muito grande não permitir que a questão principal venha a ser analisada, por uma interpretação de que o prazo dos embargos de declaração opostos à decisão colegiada seria de dois dias e não de cinco, apenas porque a matéria teria surgido no bojo de um inquérito policial.

(REsp 1.455.000-PR, Rel. originária Min. Maria Thereza de Assis Moura, Rel. para acórdão Min. Rogerio Schietti Cruz, julgado em 19/3/2015, DJe 9/4/2015).

30.2.7. Competência e forma de interposição dos embargos de declaração

Competente para o julgamento dos embargos de declaração será o mesmo órgão jurisdicional que proferiu a decisão de primeiro grau ou o acórdão (decisão) embargado.

Pelo art. 132 do C.P.C. de 1973 *o juiz titular ou substituto, que concluir a audiência julgará a lide, salvo se estiver convocado, licenciado, afastado por qualquer motivo, promovido ou aposentado, casos em que passará os autos ao seu sucessor.*

Muito embora o art. 132 do C.P.C. de 1973 não tenha sido repetido pelo novo C.P.C., é de se indagar se haverá a identidade física do juiz para conhecer dos embargos de declaração.

EMBARGOS DE DECLARAÇÃO

Sob a égide do C.P.C. de 1973 não havia a identidade física do juiz para conhecer dos embargos de declaração quando o magistrado estivesse convocado, licenciado, afastado por qualquer motivo, promovido ou aposentado.

Da mesma forma, sob a égide do novo C.P.C., outro magistrado, que não aquele que proferiu a decisão, poderá decidir os embargos de declaração interpostos.

Nesse sentido eis o seguinte precedente do S.T.J.:

AGRAVO REGIMENTAL NO RECURSO ESPECIAL. EMBARGOS DE DECLARAÇÃO. PRINCÍPIO DA IDENTIDADE FÍSICA DO JUIZ. EFEITO MODIFICATIVO. IMPOSSIBILIDADE. IMPROVIMENTO.

1. Não fere ao princípio da identidade física do juiz quando o prolator da sentença for diverso daquele que decidiu os Embargos de Declaração, na hipótese de afastamento do magistrado titular, pois caracterizada exceção à regra de vinculação estabelecida pelo art. 132 do CPC.

2. Os Embargos Declaratórios são apelos de integração e não de substituição da decisão agravada.

3. Agravo Regimental improvido.

(AgRg no REsp 1211628/PE, Rel. Ministro SIDNEI BENETI, TERCEIRA TURMA, julgado em 25/06/2013, DJe 01/08/2013)

Os embargos de declaração serão dirigidos ao juiz ou relator, com a indicação do ponto obscuro, contraditório ou omisso, ou o erro material.

Os embargos de declaração deverão ser interpostos por petição escrita, salvo nos juizados especiais em que poderão ser interpostos por escrito ou oralmente (art. 49 da Lei 9.099/95).

O julgamento dos embargos de declaração deve observar as mesmas técnicas de julgamento de qualquer recurso. Assim o órgão julgador, ao realizar a admissibilidade dos embargos, poderá conhecer ou não do recurso, ou, ultrapassada a fase de admissibilidade, dar ou negar provimento.

O Supremo Tribunal Federal, em sessão administrativa realizada no 22 de junho de 2016, aprovou a Emenda Regimental n. 51, que permite o julgamento dos embargos de declaração por meio de Plenário Virtual da Corte. Nesse sentido é a seguinte notícia publicada *in: http://www.stf.jus. br/portal/cms/verNoticiaDetalhe.asp?idConteudo=319534&tip=UN:*

RECURSOS NO NOVO C.P.C.

"Emenda regimental permite julgamento de agravo interno e embargos no Plenário Virtual.

Em sessão administrativa ocorrida nesta quarta-feira (22), os ministros do Supremo Tribunal Federal (STF) aprovaram a Emenda Regimental 51, que permite o julgamento de agravo interno e embargos de declaração por meio do Plenário Virtual da Corte.

A alteração inserida no Regimento Interno do Supremo acrescenta o parágrafo 3º ao artigo 317 e o parágrafo 3º ao artigo 337, que estabelecem que o agravo interno e os embargos de declaração poderão, a critério do relator, ser submetidos a julgamento por meio eletrônico, observada a respectiva competência da Turma ou do Plenário.

Posteriormente, será editada resolução, com a contribuição dos gabinetes, a fim de regulamentar os procedimentos do julgamento desses recursos.

Plenário Virtual

Criado em 2007, o Plenário Virtual permite que os ministros deliberem, em meio eletrônico, sobre a existência de repercussão geral em matéria discutida em recurso extraordinário, e possibilita o julgamento de mérito dos recursos com repercussão geral nas hipóteses de reafirmação da jurisprudência consolidada do Tribunal. O Plenário Virtual funciona 24 horas por dia, e os ministros podem acessá-lo de forma remota. A emenda regimental aprovada hoje prevê nova possibilidade de julgamento por meio do sistema".

Segundo afirma Barbosa Moreira, não há justificativa o mal vezo de juízes e tribunais que, na matéria, empregam atecnicamente terminologia diversa da utilização para os outros recursos, dizendo somente 'rejeitar' ou 'acolher' os embargos.[484]

É certo que o novo C.P.C., no art. 1.024, §§4º e 5º, fala em acolhimento ou rejeição dos embargos de declaração.

30.2.8. Embargos de declaração com efeitos infringentes

Os embargos de declaração não se comportam como recurso para fins de reforma ou reavaliação da decisão, ou seja, para rediscutir aquilo que já foi decidido.

Portanto, os embargos de declaração não apresentam efeitos puramente infringentes.

Por isso, não haverá oportunidade para a parte contrária se manifestar sobre os embargos de declaração, salvo se com o acolhimento do recurso

---

[484] BARBOSA MOREIRA, José Carlos. *Comentários ao código de processo civil.* 5º Vol. 8ª Ed. Rio de Janeiro: 1999. p. 545.

EMBARGOS DE DECLARAÇÃO

houver a necessidade de lhe conferir efeitos infringentes. Nessa hipótese, segundo estabelece o § 2º do art. 1.023 do atual C.P.C. o juiz intimará o embargado para, querendo, manifestar-se, no prazo e 5 (cinco) dias, sobre os embargos opostos, caso seu eventual acolhimento implique a modificação da decisão embargada.

Normalmente o acolhimento dos embargos de declaração para esclarecer obscuridade, eliminar contradição, suprir omissão de ponto ou questão sobre o qual devia pronunciar-se o juiz ou tribunal, mesmo que de ofício, ou corrigir erro material, não afeta a conclusão do julgado ou da decisão.

Corrige-se a decisão sem alterá-la. Além do mais, não poderá o embargante trazer nova causa de pedir ou pedido não inserida anteriormente. Nesse sentido é o seguinte precedente do S.T.J.:

> *1. As matérias pertinentes aos arts. 103, parágrafo único, da Lei n. 8.213/1991 e 8º, § 1º, da Lei n. 8.230/1993 não foram objeto do recurso especial e nem do agravo regimental interpostos pelo ora embargante, caracterizando inovação da lide em sede de embargos, vedada pela jurisprudência desta Corte. Precedentes.*
> (...).
> (EDcl no AgRg no Resp 1241540/PR, Rel. Ministra MARILZA MAYNARD (DESEMBARGADORA CONVOCADA DO TJ/SE), QUINTA TURMA, julgado em 21/03/2013, DJe 03/04/2013)

Porém, há hipóteses em que o acolhimento dos embargos para efeito de suprir a omissão ou mesmo a contradição existente na decisão embargada poderá ensejar a modificação da decisão de forma integral ou parcial. Nesse sentido é a Súmula 278 do Tribunal Superior do Trabalho: *"A natureza da omissão suprida pelo julgamento de embargos declaratórios pode ocasionar efeito modificativo no julgado".*

A permissão para que os embargos de declaração possam ter efeitos infringentes decorre do Princípio Constitucional da *ubiquidade* ou do *acesso à justiça*. Nesse sentido é a lição de Dinamarco: *"A evolução por que o instituto vem passando na jurisprudência brasileira, que em casos extraordinários admite os embargos declaratórios como instrumento destinado a corrigir erros de decisão (de mérito ou processual), colhe legitimidade na garantia constitucional do acesso à justiça porque as concessões feitas são sempre destinadas a proporcionar o desfazimento rápido e menos formal de certas injustiças flagrantes (não conhecimento do recurso em virtude de erro na contagem do prazo, advogado não intimado para a sessão de julgamento, julgamento de um recurso por outro etc).".*[485] .

Na realidade, o Estado somente permitirá o efetivo acesso à jurisdição quando velar para que esse acesso se dê à ordem jurídica *justa*, mediante uma decisão *justa* e um processo *justo*.

Diante dessa possibilidade, diz-se que os embargos de declaração apresentam *efeitos infringentes*. Sobre o tema, eis a seguinte decisão do S.T.J.:

> *1. A teor do art. 535 do CPC, os Embargos de Declaração constituem modalidade recursal destinada a suprir eventual omissão, obscuridade e/ou contradição que se faça presente na decisão contra a qual se insurge, de maneira que seu cabimento revela finalidade estritamente voltada para o aperfeiçoamento da prestação jurisdicional, que se quer seja cumprida com a efetiva cooperação das partes.*
>
> *2. Por outro lado, sem olvidar a circunstância de estarem jungidos a fundamentação vinculada, é possível a concessão de efeitos infringentes aos Aclaratórios no caso em que, conforme seja a deficiência a ser corrigida, seu suprimento acarrete, inevitavelmente, a modificação do julgado recorrido, conforme admitem a doutrina e a jurisprudência atuais.*
>
> *3. Diga-se, ainda, que, excepcionalmente, os Embargos de Declaração podem servir para amoldar o julgado à superveniente orientação jurisprudencial do Pretório Excelso, quando dotada de efeito vinculante, em atenção à instrumentalidade das formas, de modo a garantir a celeridade e a eficácia da prestação jurisdicional e a reverência ao pronunciamento superior.*
>
> *(...).*
>
> *6. Embargos de Declaração acolhidos, com efeito infringente, para, conhecendo do Agravo de Instrumento, prover-se o Recurso Especial, por violação ao art. 535, II do CPC, determinando-se, assim, o retorno dos autos ao Tribunal de origem, a fim de que sejam reexaminados os Embargos de Declaração opostos ao acórdão que apreciou a Apelação, conforme for de direito.*
>
> (EDcl no AgRg nos EDcl no Ag 1069275/SP, Rel. Ministro NAPOLEÃO NUNES MAIA FILHO, PRIMEIRA TURMA, julgado em 26/08/2014, DJe 05/09/2014).

Os efeitos infringentes dos embargos de declaração poderão ocorrer inclusive na hipótese de erro material evidenciado ou manifesto (R.T.J. 57/145).

---

[485] DINAMARCO, Cândido Rangel. *Nova era do processo civil*. São Paulo: Malheiros, 2003. p. 189.

EMBARGOS DE DECLARAÇÃO

Para que os embargos de declaração tenham efeitos infringentes é necessário que em razão de seu acolhimento ou procedência haja alteração do resultado do julgamento com a modificação da conclusão da decisão.

A doutrina tem entendido que, em se tratando de obscuridade, jamais será caso de haver efeito modificativo reflexo, pois, removida a obscuridade, estará alcançado o objetivo do recorrente pelo esclarecimento dos fundamentos ou da conclusão do julgado, não havendo inevitável modificação do julgado. Neste caso haveria decisão nova.[486]

Discordo desse pensamento, pois não importa o fundamento da modificação do conteúdo decisório para efeitos de se considerar os embargos de declaração com efeitos infringentes. Ainda que a fundamentação tenha sido a omissão da análise de determinada questão, se suprida essa omissão ocorrer a modificação do julgado, os embargos de declaração terão efetivamente efeitos infringentes. Só não haverá efeitos infringentes se a análise for de um determinado pedido, o qual não foi analisado anteriormente.

A jurisprudência, quando diante de embargos de declaração que puderem ter *efeitos infringentes,* passou a exigir o devido contraditório. Por isso, antes de o juiz proferir sua decisão nos embargos, há necessidade de se intimar a outra parte para se manifestar sobre o conteúdo dos embargos de declaração. Nesse sentido são os seguintes precedentes:

1. O Superior Tribunal de Justiça tem entendimento firmado quanto à necessidade de prévia intimação da parte adversa no caso de acolhimento dos embargos de declaração com efeitos infringentes. O não cumprimento dessa formalidade viola os princípios do contraditório e da ampla defesa, tornando nulo o respectivo julgamento.

2. Agravo regimental a que se nega provimento.

(AgRg no REsp 938.575/RS, Rel. Ministro ANTONIO CARLOS FERREIRA, QUARTA TURMA, julgado em 07/02/2013, DJe 25/02/2013)

1. Cuida-se de embargos de declaração opostos pela União postulando a nulidade do julgamento anterior, ante a inexistência de sua intimação para ofertar impugnação ao recurso.

2. O STF possui entendimento pacífico no "sentido da exigência de intimação do Embargado quando os declaratórios veiculem pedido de efeito modificativo" (RE

---

[486] Nesse sentido Nelson Nery Jr. e Arlete Inês Aurelli, *in: Aspectos polêmicos e atuais dos recursos cíveis.* Vol. 12. São Paulo, R.T., 2011, págs. 21 e 22.

RECURSOS NO NOVO C.P.C.

250.396/RJ, Rel. Min. Marco Aurélio, Segunda Turma, DJ 12.5.2000, p. 29, Ement Vol 1990-03, p. 597).

3. No STJ, consignou-se que "a atribuição de efeitos infringentes aos embargos de declaração supõe a prévia intimação da contraparte; sem o contraditório, o respectivo julgamento é nulo" (EDcl nos EDcl na AR 1228/RJ, Rel. Min. Ari Pargendler, Corte Especial, DJe 2.10.2008).

4. Se não houve a devida prévia intimação, é de ser anulado o pretérito julgamento para possibilitar o exercício do contraditório.

Embargos de declaração acolhidos para, anulando-se o acórdão embargado, determinar a intimação da União a manifestar-se sobre o teor dos embargos de declaração.

(EDcl nos EDcl no MS 12.929/DF, Rel. Ministro HUMBERTO MARTINS, PRIMEIRA SEÇÃO, julgado em 28/11/2012, DJe 05/12/2012)

O novo C.P.C. acolheu a determinação estabelecida pela jurisprudência da necessidade de se preservar o princípio do contraditório, quando os embargos de declaração puderem ter efeitos infringentes.

Havendo possibilidade de o juiz dar efeito modificativo à decisão, em face da interposição dos embargos de declaração, com o fundamento em correção de vícios, assim somente poderá proceder após oitiva da parte contrária, no *prazo de cinco dias.*

É importante salientar que a norma positivada somente autoriza o efeito modificado em razão da correção dos vícios apontados na petição dos embargos. E esses vícios somente poderão ter por fundamento o esclarecimento de obscuridade, a eliminação de contradição, a supressão de omissão de ponto ou questão sobre o qual devia pronunciar-se o juiz ou tribunal, ou correção de erro material.

Qualquer outro vício que possa ter ocorrido na decisão, além daqueles apontados no art. 1.023 do atual C.P.C., não será fundamento para que o juiz altere a sua própria decisão, pois uma vez publicada a decisão, o juiz cumpre o seu ofício jurisdicional.

Por fim, eis a seguinte notícia constante no INFOCAJU, n. 198: *http://www.stj.jus.br/sites/STJ/default/pt_BR/noticias/noticias/Destaques/Embargos-de-declara%C3%A7%C3%A3o-n%C3%A3o-podem-ser-recebidos-como-mero-pedido-de-reconsidera%C3%A7%C3%A3o*

(...) é importante salientar que decisão do órgão julgador máximo do STJ resolve divergência sobre o tema encontrada em diversos precedentes de diferentes colegiados

EMBARGOS DE DECLARAÇÃO

do tribunal. O relator do caso, ministro Raul Araújo, apontou que decisões recentes da corte superior ora reconhecem os embargos de declaração com pedido de efeitos infringentes como mero pedido de reconsideração – com perda de prazo para novos recursos –, ora em sentido inverso.

Araújo ressaltou que os embargos de declaração são um recurso expressamente previsto no Código de Processo Civil (CPC) e, ainda que tenham o indevido pedido de efeitos modificativos, não podem ser confundidos com mero pedido de reconsideração, que nem recurso é. Por essa razão, não se pode nem mesmo aplicar o princípio da fungibilidade recursal.

"A possibilidade de o julgador receber os embargos de declaração, com pedido de efeito modificativo, como pedido de reconsideração traz enorme insegurança jurídica ao jurisdicionado, pois, apesar de interposto tempestivamente, o recurso cabível ficará à mercê da subjetividade do magistrado", alertou o ministro.

Para ele, deve ser aplicada a regra do artigo 538 do CPC, a qual estabelece que os embargos de declaração interrompem o prazo para interposição de outros recursos e que, quando o magistrado considerar que são meramente protelatórios, pode-se aplicar multa.

"A inesperada perda do prazo recursal é uma penalidade por demais severa, contra a qual nada se poderá fazer, porque encerra o processo", ponderou o relator.

30.2.9. Procedimento para julgamento dos embargos de declaração

Uma vez interpostos os embargos de declaração, o juiz de primeiro grau julgará os embargos em cinco dias a partir da conclusão dos autos, salvo se for o caso de conceder efeitos infringentes ao recurso.

Em que pese o art. 12 do atual C.P.C. determine que os juízes e os tribunais atendam, preferencialmente, a ordem cronológica de conclusão para proferir sentença ou acórdão, o §2º, inc. V, do mesmo preceito normativo, excepciona o julgamento dos embargos de declaração.

A decisão proferida nos embargos de declaração no juízo de primeiro grau dar-se-á por sentença.

Sendo interpostos os embargos de declaração perante o tribunal, o relator, salvo se se tratar de decisão monocrática, apresentará os embargos em mesa na sessão subsequente, proferindo voto. Sendo o processo apresentado em mesa, não haverá necessidade de publicação do ato no diário oficial, bem como não haverá sustentação oral pelo embargante.[487] Rela-

---

[487] *E M E N T A: EMBARGOS DE DECLARAÇÃO – PRETENDIDA SUSTENTAÇÃO ORAL EM SEU JULGAMENTO – INADMISSIBILIDADE – CONSTITUCIONALIDADE DA VEDAÇÃO REGIMENTAL (RISTF, ART. 131, § 2º) – PRERROGATIVA JURÍDICA QUE NÃO SE*

RECURSOS NO NOVO C.P.C.

tados os embargos, segue à votação pelos demais membros do órgão julgador, podendo ser conhecido ou não os embargos de declaração. Sendo conhecido, o tribunal poderá dar-lhe ou negar-lhe provimento ou, como diz o novo C.P.C., acolher ou rejeitar a pretensão formulada nos embargos de declaração.

Porém, se os embargos não forem apresentados pelo relator na sessão subsequente, deverão ser, automaticamente, incluídos em pauta para julgamento, razão pela qual haverá necessidade de ser publicada a data de julgamento no órgão oficial.

Estabelece o §2º do art. 1.024 do atual C.P.C. que quando os embargos de declaração forem opostos contra decisão de relator ou outra decisão unipessoal proferida em tribunal, o órgão prolator da decisão embargada decidi-los-á monocraticamente.

Os embargos de declaração apresentados contra decisão dos tribunais serão julgados pelo próprio órgão colegiado que proferiu a decisão embargada. Trata-se, portanto, de um julgamento colegiado e não monocrático. Assim, não poderá o relator decidir monocraticamente os embargos de

ACHA INCLUÍDA NO ROL TAXATIVO INSCRITO NO ART. 937 DO NOVO CÓDIGO DE PROCESSO CIVIL – INOCORRÊNCIA DE CONTRADIÇÃO, OBSCURIDADE, OMISSÃO OU ERRO MATERIAL (CPC/15, ART. 1.022) – PRETENDIDO REEXAME DA CAUSA – CARÁTER INFRINGENTE – INADMISSIBILIDADE NO CASO – CARÁTER PROCRASTINATÓRIO – ABUSO DO DIREITO DE RECORRER – IMPOSIÇÃO DE MULTA (1% SOBRE O VALOR CORRIGIDO DA CAUSA) – EMBARGOS DE DECLARAÇÃO REJEITADOS. OS EMBARGOS DE DECLARAÇÃO NÃO SE REVESTEM, ORDINARIAMENTE, DE CARÁTER INFRINGENTE – Não se revelam cabíveis os embargos de declaração quando a parte recorrente – a pretexto de esclarecer uma inexistente situação de obscuridade, omissão, contradição ou erro material (CPC/15, art. 1.022) – vem a utilizá-los com o objetivo de infringir o julgado e de, assim, viabilizar um indevido reexame da causa. Precedentes. MULTA E EXERCÍCIO ABUSIVO DO DIREITO DE RECORRER – O abuso do direito de recorrer – por qualificar-se como prática incompatível com o postulado ético-jurídico da lealdade processual – constitui ato de litigância maliciosa repelido pelo ordenamento positivo, especialmente nos casos em que a parte interpõe recurso com intuito evidentemente protelatório, hipótese em que se legitima a imposição de multa. A multa a que se refere o art. 1.026, § 2º, do CPC/15 possui função inibitória, pois visa a impedir o exercício abusivo do direito de recorrer e a obstar a indevida utilização do processo como instrumento de retardamento da solução jurisdicional do conflito de interesses.
(MS 33851 MC-AgR-ED, Relator(a): Min. CELSO DE MELLO, Segunda Turma, julgado em 17/05/2016, PROCESSO ELETRÔNICO DJe-112 DIVULG 01-06-2016 PUBLIC 02-06--2016)

EMBARGOS DE DECLARAÇÃO

declaração interpostos contra uma decisão do colegiado. Nesse sentido já se manifestou o S.T.J.:

> O artigo 557 do Código de Processo Civil não se aplica às hipóteses em que há prévia decisão colegiada do Tribunal, caso em que caberá ao órgão que proferiu o julgado examinar os embargos declaratórios opostos contra ele.
>
> Recurso Especial conhecido e provido para que a Corte de origem, por seu órgão colegiado, pronuncie-se acerca da matéria ventilada pela recorrente nos embargos de declaração.
>
> (REsp 326.041/PR, Rel. Ministro FRANCIULLI NETTO, SEGUNDA TURMA, julgado em 13/08/2002, DJ 31/03/2003, p. 193)

> 1. No caso de embargos opostos de acórdão da Turma do Tribunal a quo, não pode o Relator decidi-los monocraticamente, devendo, nos termos do art. 537 do CPC, apresentá-los em mesa para que o colegiado se manifestasse a respeito de eventual omissão, contradição ou obscuridade no acórdão recorrido.
>
> 2. Inaplicabilidade do art. 557 do CPC à hipótese de já haver decisão do órgão colegiado.
>
> 3. Recurso provido.
>
> (REsp 300397/PE, Rel. Ministra ELIANA CALMON, SEGUNDA TURMA, julgado em 12/06/2001, DJ 20/08/2001, p. 438)

Porém, o §2º do art. 1.024 do novo C.P.C. abre exceção ao julgamento colegiado, permitindo que os embargos de declaração sejam julgados monocraticamente pelo relator que proferiu a decisão ou em relação a outra decisão unipessoal proferida pelo tribunal.

30.2.10. Conversão dos embargos de declaração em agravo interno

Segundo estabelece o §3º do art. 1.024 do C.P.C., o órgão julgador conhecerá dos embargos de declaração como agravo interno se entender ser este o recurso cabível, desde que determine previamente a intimação do recorrente para, no prazo de 5 (cinco) dias, complementar as razões recursais, de modo a ajustá-las às exigências do art. 1.021, § 1º, do novo C.P.C.

É possível que a parte ingresse com embargos de declaração contra determinada decisão monocrática do relator. Porém, se o órgão julgador entender que não seria caso de interposição de embargos de declaração, pois não há obscuridade, contradição, omissão ou erro material para ser suprido, mas, sim, hipótese de pedido de reforma da decisão monocrática, o que ensejaria a interposição de agravo interno, deverá conhecer dos embargos como agravo interno, desde que determine previamente a intimação do recorrente para, no prazo de cinco dias, complementar as razões recursais, de modo a ajustá-las às exigências do art. 1.021, §1º, que assim estabelece: *na petição de agravo interno, o recorrente impugnará especificadamente os fundamentos da decisão agravada.*

A possibilidade de conversão dos embargos de declaração em agravo (regimental) interno, com base no princípio da fungibilidade, já era reconhecida pela jurisprudência, conforme os seguintes precedentes:

> *EMBARGOS DE DECLARAÇÃO RECEBIDOS COMO AGRAVO REGIMENTAL. OMISSÃO. OBSCURIDADE. CONTRADIÇÃO. INEXISTÊNCIA. INTUITO INFRINGENTE. RAZÕES QUE NÃO ENFRENTAM O FUNDAMENTO DA DECISÃO RECORRIDA.*
>
> *1. Em homenagem aos princípios da fungibilidade e da economia processual, é devida a conversão dos embargos de declaração, quando possuem manifesto intuito infringente, em agravo regimental, conforme jurisprudência pacífica desta Corte.*
>
> *2. As razões do agravo regimental não enfrentam adequadamente o fundamento da decisão agravada.*
>
> *3. Agravo regimental a que se nega provimento.*
>
> (EDcl no AREsp 675.521/SP, Rel. Ministra MARIA ISABEL GALLOTTI, QUARTA TURMA, julgado em 10/03/2016, DJe 16/03/2016).

> *PROCESSO PENAL. EMBARGOS DE DECLARAÇÃO RECEBIDOS COMO AGRAVO REGIMENTAL. POSSIBILIDADE. PRINCÍPIOS DA FUNGIBILIDADE E DA INSTRUMENTALIDADE DAS FORMAS. ALEGAÇÃO DE OMISSÃO. AUSÊNCIA. EMBARGOS DECLARATÓRIOS RECEBIDO COMO AGRAVO REGIMENTAL A QUE SE NEGA PROVIMENTO.*
>
> *1. A jurisprudência deste Superior Tribunal de Justiça, em atenção aos princípios da fungibilidade recursal e da instrumentalidade das formas, admite a conversão de embargos de declaração em agravo regimental.*
>
> *2. Prestam-se os embargos de declaração para sanar omissão, contradição ou obscuridade em provimento jurisdicional. Não é de se acolher embargos de declaração acerca de tema estranho ao universo da impetração.*
>
> *3. Embargos declaratórios recebidos como agravo regimental, ao qual se nega provimento.*

(EDcl no HC 342.107/RS, Rel. Ministra MARIA THEREZA DE ASSIS MOURA, SEXTA TURMA, julgado em 03/03/2016, DJe 10/03/2016)

30.2.11. Complementação de recurso anteriormente interposto

Aduz o § 4º do art. 1.024 do atual C.P.C. que caso o acolhimento dos embargos de declaração implique modificação da decisão embargada, o embargado que já tiver interposto outro recurso contra a decisão originária tem o direito de complementar ou alterar suas razões, nos exatos limites da modificação, no prazo de 15 (quinze) dias, contado da intimação da decisão dos embargos de declaração.

É importante salientar que muito embora os embargos de declaração não tenham efeito suspensivo em relação à eficácia da decisão recorrida, eles interrompem o prazo para a interposição de outros recursos (art. 1.026 do atual C.P.C.).

Porém, não obstante os embargos de declaração interrompam o prazo para interposição de outros recursos, é possível que uma das partes ingresse com embargos de declaração contra a decisão e a outra ingresse com outro recurso pertinente.

Caso sejam acolhidos os embargos de declaração com efeitos infringentes, o embargado que já tiver ingressado com outro recurso contra a decisão originária terá o direito de complementar ou alterar as razões do recurso já interposto, nos exatos limites da modificação introduzida nos embargos de declaração, no prazo de quinze dias, contado da intimação da decisão dos embargos.

Se o legislador oportuniza a possibilidade de a parte complementar as razões do recurso, tal oportunidade legal também deve ser ofertada ao embargante ou recorrido, para que possa complementar eventuais contrarrazões já apresentadas.

30.2.12. Embargos de declaração para efeito de prequestionamento – prequestionamento ficto

O prequestionamento caracteriza-se por ser um requisito de admissibilidade de recurso especial ou extraordinário, no sentido de que haverá necessidade de provocação da questão federal ou constitucional no acórdão recorrido.

Segundo anota Teresa Arruda Alvim Wambier: *"A exigência do prequestionamento decorre da circunstância de que os recursos especial e extroardinário são recursos de revisão. Revisa-se o que já se decidiu. Trata-se na verdade, de recursos que reformam as decisões impugnadas, em princípio, com base no que consta das próprias decisões impugnadas*".[488]

O art. 1.025 do novo C.P.C. considera incluídos no acórdão os elementos que o embargante suscitou, para fins de prequestionamento, ainda que os embargos de declaração sejam inadmitidos ou rejeitados, caso o tribunal superior considere existentes erro, omissão, contradição ou obscuridade.

Referido preceito normativo vem resolver um dos grandes dilemas atuais na interpretação da questão do *prequestionamento* para efeito de recursos a serem interpostos aos tribunais superiores, no caso, recurso especial ao S.T.J. ou recurso extraordinário ao S.T.F.

Sabe-se que para se interpor recurso especial ou extraordinário há necessidade de que o tribunal *'a quo'* tenha se manifestado sobre a questão que fundamenta os aludidos recursos (em especial os dispositivos legais ou constitucionais violados). Se não houver manifestação expressa sobre essa questão, caberá à parte interpor recurso de embargos de declaração para que o tribunal de apelação manifeste-se sobre a matéria.

Nesse sentido já se manifestou o S.T.J.:

> *PROCESSO CIVIL. AGRAVO REGIMENTAL. CUMPRIMENTO DE SENTENÇA. EMPRESA PÚBLICA MUNICIPAL. BENS SUJEITOS À PENHORA. ACÓRDÃO RECORRIDO.*
>
> *VIOLAÇÃO DO ART. 730 DO CPC. AUSÊNCIA DE PREQUESTIONAMENTO.*
>
> *INCIDÊNCIA DAS SÚMULAS 211/STJ E 356/STF. ALEGADO PREQUESTIONAMENTO IMPLÍCITO. NÃO DEMONSTRADO.*
>
> *1. A falta de prequestionamento das matérias suscitada no recurso especial – ofensa ao art. 730 do CPC – impede o conhecimento do recurso especial por incidência do teor das Súmulas 282 e 356/STF.*
>
> *2. Nos termos da reiterada jurisprudência desta Corte, para que se tenha por prequestionada determinada matéria é necessário que a questão tenha sido objeto de debate, à luz da legislação federal indicada, com a imprescindível manifestação pelo Tribunal de*

---

[488] WAMBIER, Teresa Arruda Alvim. *Recurso especial, recurso extraordinário e ação rescisória.* 2ª Ed. São Paulo: Revista dos Tribunais, 2008.

EMBARGOS DE DECLARAÇÃO

origem, o qual deverá emitir juízo de valor acerca dos dispositivos legais, ao decidir pela sua aplicação ou seu afastamento em relação a cada caso concreto.

3. Somente ocorre o prequestionamento implícito quando o seu conteúdo tenha sido discutido pelo Tribunal de origem e pode-se inferir qual o dispositivo legal vulnerado pelo acórdão recorrido.

4. Agravo regimental não provido.

(AgRg no Ag 1211572/SE, Rel. Ministro CASTRO MEIRA, SEGUNDA TURMA, julgado em 24/11/2009, DJe 02/12/2009).

Portanto, no tocante à alegação de que existiu prequestionamento implícito, é importante observar que este somente ocorre, não obstante a falta de menção expressa do dispositivo que embasa a decisão, quando o seu conteúdo tenha sido discutido e pode-se inferir qual o preceito vulnerado pelo acórdão recorrido.

Porém, por vezes a parte interpõe os embargos de declaração para fins de prequestionamento, mas o tribunal de apelação não os conhece e muito menos aprecia a alegação da omissão. Nessa hipótese, qual o procedimento a ser adotado pela parte que não teve seus embargos de declaração conhecidos pelo tribunal de apelação?

O S.T.J., sob a égide do C.P.C. de 1973, assim vinha entendendo:

PROCESSUAL CIVIL. EMBARGOS DE DECLARAÇÃO. OFENSA AO ART. 535 DO CPC NÃO CONFIGURADA. OMISSÃO. INEXISTÊNCIA. FALTA DE PREQUESTIONAMENTO. SÚMULA 211/STJ. IMPOSSIBILIDADE DE O RECURSO ESPECIAL EXAMINAR ANTECIPAÇÃO DOS EFEITOS DA TUTELA OU MEDIDA LIMINAR.

1. É inadmissível Recurso Especial quanto à questão (arts. 142 a 149, I, 151, V, 174 do CTN), que não foi apreciada pelo Tribunal de origem, a despeito da oposição de Embargos Declaratórios. Incidência da Súmula 211/STJ.

2. A orientação jurisprudencial do STJ é pacífica no sentido de que não é cabível Recurso Especial para reexaminar questões relativas à verificação dos requisitos para a antecipação dos efeitos da tutela ou apreciação de medida liminar, em decorrência da sua natureza precária, sujeita à modificação a qualquer tempo, devendo ser confirmada ou revogada pela sentença de mérito. Incidência da Súmula 735/STF.

3. Agravo Regimental não provido

(AgRg no AREsp 817.682/SP, Rel. Ministro HERMAN BENJAMIN, SEGUNDA TURMA, julgado em 16/02/2016, DJe 23/05/2016)

PROCESSUAL CIVIL. AGRAVO INTERNO NO RECURSO ESPECIAL. CÓDIGO DE PROCESSO CIVIL DE 2015. APLICABILIDADE. ARGUMENTOS INSUFICIENTES PARA DESCONSTITUIR A DECISÃO ATACADA. VIOLAÇÃO AOS ARTS. 165, 458 e 535 DO CPC. INOCORRÊNCIA. AUSÊNCIA DE PREQUESTIONAMENTO DO ART. 150 DA LEI N. 8.112/90. INCIDÊNCIA DA SÚMULA N. 211/STJ. ATO ILÍCITO.

RESPONSABILIDADE DA RECORRIDA. NÃO OCORRÊNCIA. .REVISÃO. IMPOSSIBILIDADE. SÚMULA N. 07/STJ. INCIDÊNCIA. DISSÍDIO JURISPRUDENCIAL. AUSÊNCIA DE COTEJO ANALÍTICO.

(...).

IV – A ausência de enfrentamento da questão objeto da controvérsia pelo Tribunal a quo, não obstante oposição de Embargos de Declaração, impede o acesso à instância especial, porquanto não preenchido o requisito constitucional do prequestionamento, nos termos da Súmula n. 211/STJ.

V – In casu, rever o entendimento do Tribunal de origem, que consignou, após minucioso exame dos elementos fáticos contidos nos autos, a não ocorrência de ato ilícito a ensejar a responsabilidade da Recorrida, demandaria necessário revolvimento de matéria fática, o que é inviável em sede de recurso especial, à luz do óbice contido na Súmula n. 07/STJ.

VI – É entendimento pacífico dessa Corte que a parte deve proceder ao cotejo analítico entre os arestos confrontados e transcrever os trechos dos acórdãos que configurem o dissídio jurisprudencial, sendo insuficiente, para tanto, a mera transcrição de ementas.

VII – A Agravante não apresenta, no regimental, argumentos suficientes para desconstituir a decisão agravada.

VIII – Agravo Interno improvido.

(AgInt no REsp 1384671/PR, Rel. Ministra REGINA HELENA COSTA, PRIMEIRA TURMA, julgado em 17/05/2016, DJe 27/05/2016)

Por sua vez, o S.T.F., em relação ao prequestionamento, já havia manifestado entendimento de que bastaria a interposição dos embargos de declaração, independentemente de sua efetiva apreciação, para que a matéria já pudesse ser considerada devidamente pré-questionada, permitindo-se de imediato a interposição de recurso extraordinário. Porém, nos precedentes abaixo, o S.T.F. passou a adotar, sobre a matéria, o posicionamento do S.T.J.:

EMBARGOS DE DECLARAÇÃO

I – Como tem consignado o Tribunal, por meio da Súmula 282, é inadmissível o recurso extraordinário se a questão constitucional suscitada não tiver sido apreciada no acórdão recorrido. O fato de o agravante ter suscitado o tema nos embargos opostos contra o acórdão que julgou a apelação, por si só, não conduz ao prequestionamento das matérias constitucionais, se o Colegiado a quo não se manifestou expressamente sobre ela.

II – Para se chegar à conclusão contrária à adotada pelo acórdão recorrido, seria necessário o reexame dos fatos e provas da causa, o que atrai, inevitavelmente, a incidência da Súmula 279 desta Corte.

III – Agravo regimental improvido.

(ARE 716379 ED, Relator(a): Min. RICARDO LEWANDOWSKI, Segunda Turma, julgado em 19/03/2013, ACÓRDÃO ELETRÔNICO DJe-064 DIVULG 08-04-2013 PUBLIC 09-04-2013)

(...).

4. A simples oposição dos embargos de declaração, sem o efetivo debate acerca da matéria versada pelo dispositivo constitucional apontado como malferido, não supre a falta do requisito do prequestionamento, viabilizador da abertura da instância extraordinária. Incidência da Súmula n. 282 do Supremo Tribunal Federal, verbis: É inadmissível o recurso extraordinário, quando não ventilada na decisão recorrida, a questão federal suscitada.

(...).

(ARE 684498 AgR, Relator(a): Min. LUIZ FUX, Primeira Turma, julgado em 19/03/2013, PROCESSO ELETRÔNICO DJe-066 DIVULG 10-04-2013 PUBLIC 11-04-2013)

Agora, pelo teor do art. 1.025 do novo C.P.C., o entendimento firmado pelo S.T.J. e pelo S.T.F. nas decisões acima transcritas deve ser revisto, pois se consideram incluídos no acórdão os elementos que o embargante suscitou nos embargos de declaração, para fins de prequestionamento, ainda que os embargos sejam inadmitidos ou rejeitados, caso o tribunal superior considere existentes erro, omissão, contradição ou obscuridade.

Portanto, atualmente, basta a interposição dos embargos de declaração para fins de prequestionamento, em face de omissão, contradição ou obscuridade do julgamento para suprir o requisito legal a fim de que o recurso especial ou extraordinário suba para os respectivos tribunais superiores.

Se o tribunal 'a quo' não conhecer dos embargos de declaração ou entender que não houve omissão, considerar-se-ão incluídos no acórdão os elementos que o embargante suscitou, suprindo-se desta forma a questão do prequestionamento.

Mas é importante salientar que o art. 1.025 do novo C.P.C. somente terá aplicação em relação à matéria constante expressamente nos embargos de declaração, ainda que não analisada pelo tribunal de apelação; caso contrário, o S.T.F ou o S.T.J. não irá conhecer do recurso extraordinário ou do recurso especial por falta de prequestionamento. Nesse sentido eis a seguinte decisão do S.T.J.:

> *ADMINISTRATIVO E PROCESSUAL CIVIL. AÇÃO DE IMISSÃO NA POSSE POR DESAPROPRIAÇÃO. IMPLEMENTAÇÃO DE RODOVIA ESTADUAL. INDENIZAÇÃO. LAUDO PERICIAL. OFENSA AO ART. 535 NÃO CARACTERIZADA. AUSÊNCIA DE PREQUESTIONAMENTO. SÚMULA 282/STF. ACÓRDÃO FUNDAMENTADO COM BASE NO ACERVO FÁTICO-PROBATÓRIO DOS AUTOS. SÚMULA 7/STJ.*
>
> *1. No que se refere à alegada afronta ao disposto no art. 535, inciso II, do CPC, o julgado recorrido não padece de omissão, porquanto decidiu fundamentadamente a quaestio trazida à sua análise, não podendo ser considerado nulo tão somente porque contrário aos interesses da parte.*
>
> *2. Quanto ao art. 515 do CPC, o Tribunal de origem não emitiu juízo de valor sobre o dispositivo legal cuja ofensa se aduz. Ausente, portanto, o indispensável requisito do prequestionamento, o que atrai, por analogia, o óbice da Súmula 282 do STF: "É inadmissível o recurso extraordinário, quando não ventilada, na decisão recorrida, a questão federal suscitada." **Acrescenta-se que o agravante não tratou da matéria nos Embargos de Declaração opostos, a fim de sanar possível omissão no julgado.***
>
> *3. Ademais, ainda que superado tal óbice, é inviável analisar a tese defendida no Recurso Especial, a qual busca afastar as premissas fáticas estabelecidas pelo acórdão recorrido, pois inarredável a revisão do conjunto probatório dos autos. Aplica-se o óbice da Súmula 7/STJ.*
>
> *4. Agravo Regimental não provido.*
>
> (AgRg nos EDcl no AREsp 739.832/SC, Rel. Ministro HERMAN BENJAMIN, SEGUNDA TURMA, julgado em 16/02/2016, DJe 23/05/2016)

O S.T.J. também já se manifestou pelo acolhimento do prequestionamento implícito. (STJ Rel. Sálvio Figueiredo, Resp 155.621).

É importante salientar que não é suficiente que o prequestionamento tenha sido arguido apenas nos embargos de declaração, e não haja a matéria sido discutida anteriormente, conforme decisão abaixo:

EMBARGOS DE DECLARAÇÃO

I – Ausência de prequestionamento da questão constitucional suscitada. Incidência da Súmula 282 do STF. Ademais, a tardia alegação de ofensa ao texto constitucional, apenas deduzida em embargos de declaração, não supre o prequestionamento. Precedentes. II – Matéria de ordem pública não afasta a necessidade do prequestionamento da questão. Precedentes. III – Agravo regimental improvido.
(ARE 707758 AgR, Relator(a): Min. RICARDO LEWANDOWSKI, Segunda Turma, julgado em 02/04/2013, ACÓRDÃO ELETRÔNICO DJe-069 DIVULG 15-04-2013 PUBLIC 16-04-2013).

O S.T.J. também tem entendimento de que não atendem ao prequestionamento os fundamentos do voto vencido. Nesse sentido é o seguinte precedente:

1. No caso concreto, o voto condutor, a despeito da remessa oficial, não se manifestou sobre questão de ordem pública consistente na eventual impossibilidade jurídica do pedido, e tal ponto é de grande relevância para a solução da controvérsia, sobretudo diante do entendimento manifestado por esta Corte no sentido de que "não atendem ao requisito do prequestionamento os fundamentos do voto vencido" (Enunciado Sumular n. 320 do STJ).
2. Recurso especial provido.
(Resp 1357460/DF, Rel. Ministro MAURO CAMPBELL MARQUES, SEGUNDA TURMA, julgado em 02/04/2013, DJe 09/04/2013).

No mesmo teor é, ainda, a Súmula 370 do S.T.J.: "*A questão federal somente ventilada no voto vencido não atende ao requisito do prequestionamento*".

Ocorre que esse entendimento não pode mais prevalecer, justamente pelo fato de que o voto vencido, de acordo com o novo C.P.C., passou a ser declarado e fazer parte integrante do acórdão para todos os efeitos legais, inclusive de prequestionamento (art. 941, §3º, do atual C.P.C.).

30.2.13. Efeito dos embargos de declaração sobre a eficácia da decisão recorrida

Como os embargos de declaração apresentam natureza recursal, isso significa que o seu recebimento poderá ensejar alguns efeitos.

Um dos principais efeitos dos embargos de declaração seria o de impedir preclusão ou o trânsito em julgado da decisão embargada, pois, em regra, os embargos de declaração interrompem o prazo para a interposição de outros recursos.

Existe entendimento de que os embargos de declaração não apresentam *efeito devolutivo*, uma vez que são dirigidos ao próprio juiz que proferiu a decisão (Barbosa Moreira). Já para Didier Jr. e Eduardo Talamini, os embargos de declaração, justamente por serem recursos, são recebidos no efeito devolutivo. Caso não houvesse esse efeito, a sua interposição não obstaria a preclusão da decisão embargada.[489]

Já em relação ao *efeito suspensivo*, o novo C.P.C. trouxe uma inovação importante quanto à eficácia da decisão na pendência dos embargos de declaração.

A interposição dos embargos de declaração, apesar de interromper o prazo para outros recursos, não impedirá a *eficácia da decisão*, tendo em vista que o art. 1.026 do novo C.P.C. preconiza que a interposição dos embargos de declaração não suspende, em regra, a eficácia da decisão, salvo na hipótese do §1º do art. 1.026 do novo C.P.C.[490]

30.2.14. Suspensão da eficácia da decisão monocrática ou colegiada

Segundo estabelece o § 1º do art. 1.026 do atual C.P.C., a eficácia da decisão monocrática ou colegiada poderá ser suspensa pelo respectivo juiz ou relator se demonstrada a probabilidade de provimento do recurso ou, sendo relevante a fundamentação, se houver risco de dano grave ou de difícil reparação.

Muito embora a nova tendência do atual C.P.C. seja a celeridade processual e a garantia da efetividade da tutela jurisdicional, o certo é que poderão surgir situações em que se justificará a suspensão da *eficácia* da decisão até que se julguem os embargos de declaração.

Assim, mediante requerimento da parte recorrente, poderá o juiz de primeiro grau ou o relator dar efeito suspensivo à eficácia da decisão recorrida, desde que a parte recorrente demonstre com argumentos sólidos, consistentes e objetivos que há uma grande probabilidade de acolhimento

---

[489] DIDIER JR., F., *et au*, op. Cit., p. 164.

[490] Na égide do C.P.C. de 1973, parte da doutrina afirmava que a interposição dos embargos de declaração, por interromper o prazo para a interposição de outros recursos, também suspendia a eficácia da decisão embargada.

EMBARGOS DE DECLARAÇÃO

dos embargos de declaração, seja para suprir eventuais obscuridade, contradição, omissão ou erro material.

Poderá ainda o juiz ou o relator conceder efeito suspensivo à eficácia da decisão quando o recorrente demonstrar por meio de fundamentação relevante a possibilidade de risco de dano grave ou de difícil reparação pelo cumprimento provisório da decisão recorrida. Em regra, caberá ao requerente demonstrar ao juiz de primeiro grau ou ao relator a existência de *fumus boni iuris* e *periculum in mora*.

Observa-se que o presente dispositivo oferece duas hipóteses em que o juiz ou o relator poderá conceder efeito suspensivo à decisão recorrida.

Na primeira hipótese, basta que o recorrente demonstre a *probabilidade de provimento do recurso*, não necessitando demonstrar eventual *periculum in mora*.

Por sua vez, na segunda hipótese, não há necessidade de o recorrente demonstrar, de plano, a probabilidade de provimento do recurso, mas, sim, a relevância dos fundamentos para efeito de reforma ou modificação da decisão. Mas somente a relevância dos fundamentos não é suficiência para a concessão do efeito suspensivo. Há necessidade de demonstrar também o *periculum in mora*, ou seja, que o cumprimento provisório da decisão poderá causar ao recorrente risco de dano grave ou de difícil reparação.

30.2.15. Efeito interruptivo dos embargos de declaração

Diante da interposição dos embargos de declaração, permanece a eficácia interruptiva do prazo para a interposição de outros recursos por qualquer das partes.

Assim, os embargos de declaração *interrompem* e não *suspendem* o prazo para a interposição de outros recursos, sejam quais forem, contando-se integralmente o prazo desses recursos após a publicação ou ciência da decisão dos embargos pelas partes.

Portanto, o efeito interruptivo do prazo para o recurso estende-se a qualquer das partes e abrange toda a decisão e não somente a parte impugnada.

A aptidão dos embargos de declaração para interromper o prazo para a interposição de outros recursos não significa o mesmo que dizer que os embargos possam conter a eficácia da decisão embargada, pois, conforme estabelece o art. 1.026 do novo C.P.C., os embargos de declaração não apresentam efeito suspensivo.

771

No âmbito dos Juizados Especiais Cíveis, os embargos de declaração interpostos contra a sentença *suspendiam* e não *interrompiam* o prazo para a interposição de outro recurso, conforme estabelecia a redação originária do art. 50 da Lei n. 9.099/95.

Sobre o tema, eis a seguinte decisão do S.T.F.:

1. Lei 9.099/95, artigos 48 e 50. Cabimento de embargos de declaração contra sentença. Suspensão do prazo recursal. Norma restritiva aplicável a sentenças, que não pode ser estendida à hipótese de embargos declaratórios opostos contra acórdão de turma recursal, apesar de os juizados especiais estarem alicerçados sobre o princípio da celeridade processual, cuja observância não deve implicar redução do prazo recursal.

2. Embargos declaratórios opostos contra acórdão de turma recursal. Efeito. Interrupção do prazo estabelecido para eventual recurso. Aplicação da regra prevista no Código de Processo Civil. Norma restritiva. Interpretação. As normas restritivas interpretam-se restritivamente.

3. Agravo regimental provido, para afastar a intempestividade prematuramente declarada pelo juízo "a quo", determinando-se a subida do recurso extraordinário, que somente deverá ocorrer após o transcurso do prazo concedido ao recorrido para apresentar contrarrazões.

(AI 451078 AgR, Relator(a): Min. EROS GRAU, Primeira Turma, julgado em 31/08/2004, DJ 24-09-2004 PP-00004 EMENT VOL-02163-02 PP-00423 RF v. 101, n. 378, 2005, p. 263-265 RTJ VOL 00192-01 PP-00385).

Porém, o art. 1.065 do atual C.P.C. deu nova redação ao art. 50 da Lei 9.099/95, a saber:

Art. 1.065.
O art. 50 da Lei nº 9.099, de 26 de setembro de 1995, passa a vigorar com a seguinte redação:
"Art. 50. Os embargos de declaração interrompem o prazo para a interposição de recurso." (NR)

Assim, no âmbito dos juizados especiais os embargos de declaração interrompem o prazo para a interposição de outros recursos.

Porém, o S.T.J. e o S.T.F., nas decisões abaixo, apresentam hipóteses em que os embargos de *declaração não interrompem o prazo para interposição de outros recursos:*

EMBARGOS DE DECLARAÇÃO

AGRAVO REGIMENTAL NOS EMBARGOS DE DECLARAÇÃO NOS EMBARGOS DE DECLARAÇÃO NO AGRAVO EM RECURSO ESPECIAL. AUSÊNCIA DE PROCURAÇÃO DO SUBSCRITOR DO RECURSO. EMBARGOS DE DECLARAÇÃO INEXISTENTES. AUSÊNCIA DE INTERRUPÇÃO DO PRAZO. INTEMPESTIVIDADE. AGRAVO NÃO CONHECIDO.

1. "Os embargos de declaração assinados eletronicamente por advogado sem poderes nos autos são inexistentes, não interrompendo o prazo para a interposição de outros recursos" (AgRg nos EDcl no Ag 1427051/SC, Rel. Ministro ARI PARGENDLER, PRIMEIRA TURMA, julgado em 20/8/2013, DJe 27/8/2013).

2. É intempestivo o agravo regimental interposto fora do prazo de cinco dias previsto nos artigos 545 do CPC e 258 do RISTJ.

3. Agravo regimental não conhecido.

(AgRg nos EDcl nos EDcl no AREsp 688.953/SP, Rel. Ministra MARIA ISABEL GALLOTTI, QUARTA TURMA, julgado em 17/03/2016, DJe 22/03/2016)

PROCESSUAL CIVIL. AGRAVO REGIMENTAL NO AGRAVO EM RECURSO ESPECIAL. INADMISSÃO DO RECURSO ESPECIAL NA ORIGEM. ART. 544 DO CPC. EMBARGOS DECLARATÓRIOS INCABÍVEIS. NÃO INTERRUPÇÃO DO PRAZO PARA INTERPOSIÇÃO DO AGRAVO. INTEMPESTIVIDADE.

1. O agravo de que trata o art. 544 do CPC é o único recurso cabível contra decisão que, na origem, inadmite recurso especial.

Precedentes desta Corte e do Supremo Tribunal Federal.

2. A oposição de embargos de declaração incabíveis não tem o condão de interromper o prazo para a interposição do aludido agravo em recurso especial, razão pela qual ele se apresenta intempestivo na espécie.

3. Agravo regimental a que se nega provimento.

(AgRg no AREsp 825.304/PR, Rel. Ministra DIVA MALERBI (DESEMBARGADORA CONVOCADA TRF 3ª REGIÃO), SEGUNDA TURMA, julgado em 10/03/2016, DJe 16/03/2016)

AGRAVO REGIMENTAL. DECISÃO DE INADMISSIBILIDADE DE RECURSO EXTRAORDINÁRIO. INTERPOSIÇÃO DE EMBARGOS DECLARATÓRIOS INCABÍVEIS. NÃO INTERRUPÇÃO DO PRAZO PARA INTERPOSIÇÃO DE AGRAVO. INTEMPESTIVIDADE.

O agravo interposto da decisão que inadmitiu o recurso extraordinário é intempestivo, porquanto prevalece nesta Corte o entendimento de que os embargos de declaração opostos da decisão que, na origem, nega seguimento a recurso extraordinário, por serem manifestamente incabíveis, não suspendem ou interrompem o prazo para a interposição de recurso. Agravo regimental a que se nega provimento.

(STF, ARE 767.991 AgR, Rel. Ministro JOAQUIM BARBOSA, TRIBUNAL PLENO, DJe 24/3/2014

AGRAVO REGIMENTAL. AGRAVO EM RECURSO ESPECIAL. INTEMPESTIVIDADE. EMBARGOS DE DECLARAÇÃO INTERPOSTOS CONTRA DECISÃO DENEGATÓRIA DE SEGUIMENTO A RECURSO ESPECIAL. NÃO CABIMENTO. DECISÃO AGRAVADA MANTIDA. IMPROVIMENTO.

1. Na linha dos precedentes desta Corte, o único recurso cabível contra decisão que, na origem, não admite o Recurso Especial é o Agravo. Por outro lado, a interposição de recurso incabível não interrompe nem suspende o prazo para interposição do recurso adequado. Logo, os Embargos de Declaração interpostos contra decisão de inadmissibilidade do Recurso Especial não terão o condão de interromper o prazo para a interposição do Agravo.

2. O agravo não trouxe nenhum argumento novo capaz de modificar o decidido, que se mantém por seus próprios fundamentos. 3. Agravo Regimental improvido.

(AgRg nos EDcl no AREsp 31.848/RJ, Rel. Ministro SIDNEI BENETI, TERCEIRA TURMA, DJe 4/2/2014)

DIREITO PROCESSUAL CIVIL. RECURSO ESPECIAL. DENEGAÇÃO PELO TRIBUNAL A QUO. OPOSIÇÃO. EMBARGOS DE DECLARAÇÃO. MANIFESTA INADMISSIBILIDADE. NÃO INTERRUPÇÃO. PRAZO. RECURSOS POSTERIORES. AGRAVO DE INSTRUMENTO. INTEMPESTIVIDADE. JURISPRUDÊNCIA.

1. A decisão que denega seguimento a recurso especial comporta a interposição do agravo do art. 544 do CPC, sendo manifestamente incabível e inadmissível, por erro grosseiro, a oposição de embargos de declaração, que, portanto, não operam efeitos interruptivos dos prazos para os eventuais recursos posteriores.

2. Nessa quadra, é intempestivo o agravo consequentemente interposto. Jurisprudência dominante do Superior Tribunal de Justiça e, no mesmo sentido, do Supremo Tribunal Federal.

EMBARGOS DE DECLARAÇÃO

3. Agravo regimental não provido.

(AgRg no AgRg nos EDcl no Ag 1.320.409/BA, Rel. Ministro MAURO CAMPBELL MARQUES, SEGUNDA TURMA, DJe 4/12/2013).

PROCESSUAL CIVIL. AGRAVO REGIMENTAL. DECISÃO DE INADMISSÃO DE RECURSO ESPECIAL. EMBARGOS DE DECLARAÇÃO. RECURSO INCABÍVEL. NÃO INTERRUPÇÃO DO PRAZO RECURSAL. AGRAVO INTEMPESTIVO.

1. A oposição de embargos de declaração contra decisão que não admitiu o recurso especial não tem o condão de interromper o prazo para o único recurso cabível, que é o agravo previsto no art. 544 do CPC. Precedentes.

2. Agravo regimental não provido.

(AgRg nos EDcl no AREsp 711.019/GO, Rel. Ministro LUIS FELIPE SALOMÃO, QUARTA TURMA, julgado em 27/10/2015, DJe 05/11/2015)

EMBARGOS DE DECLARAÇÃO RECEBIDOS COMO AGRAVO REGIMENTAL. AGRAVO EM RECURSO ESPECIAL. PRAZO PARA INTERPOSIÇÃO DE RECURSO. OPOSIÇÃO DE EMBARGOS INTEMPESTIVOS.

1. Os embargos de declaração intempestivos não interrompem ou suspendem o prazo para interposição de outros recursos. Precedentes.

2. Não se conhece de recurso especial quando a orientação do Tribunal se firmou no mesmo sentido da decisão recorrida. Aplicação da Súmula 83 do STJ.

3. Agravo regimental a que se nega provimento.

(EDcl no AREsp 559.799/SP, Rel. Ministra MARIA ISABEL GALLOTTI, QUARTA TURMA, julgado em 23/02/2016, DJe 02/03/2016)

PROCESSUAL CIVIL. AGRAVO REGIMENTAL NO AGRAVO EM RECURSO ESPECIAL. EMBARGOS DE DECLARAÇÃO NÃO CONHECIDOS POR INTEMPESTIVIDADE. NÃO INTERRUPÇÃO DE PRAZO RECURSAL. RECURSO ESPECIAL INTEMPESTIVO. MATÉRIA DE ORDEM PÚBLICA. IMPOSSIBILIDADE DE ANÁLISE. DECISÃO MANTIDA.

1. Os embargos de declaração, quando não conhecidos por intempestividade, não interrompem o prazo para a interposição de qualquer medida recursal. Recurso especial intempestivo.

2. Consoante entendimento consolidado desta Corte, ainda que se trate de matéria de ordem pública, seu exame em sede de recurso especial somente é possível caso se conheça do recurso.

3. Agravo regimental a que se nega provimento.
(AgRg no AREsp 731.747/MG, Rel. Ministro ANTONIO CARLOS FER-
REIRA, QUARTA TURMA, julgado em 22/09/2015, DJe 29/09/2015)

30.2.16. Embargos de declaração manifestamente protelatórios

Prescreve o §2º do art. 1.026 do atual C.P.C. que quando manifestamente
protelatórios os embargos de declaração, o juiz ou o tribunal, em decisão
fundamentada, condenará o embargante a pagar ao embargado multa não
excedente a dois por cento sobre o valor atualizado da causa.

O processo não poderá servir de *chicana* para protelar o cumprimento ou
a efetividade da decisão, agindo a parte de má-fé com o nítido propósito de
protelar o cumprimento daquilo que foi determinado na decisão recorrida.

Por vezes, a utilização dos embargos de declaração serve como mecanismo da parte para tumultuar o processo; outras vezes para ganhar mais
prazo para interposição do recurso principal; há ainda as hipóteses em que os
embargos declaratórios não apresentam qualquer pertinência ou fundamentação. Todos esses casos caracterizam embargos de declaração meramente
protelatórios, ou seja, a sua interposição é meramente procrastinatória.

Verificando o juiz ou o tribunal que os embargos são *manifestamente
protelatórios*, poderá o embargante ser condenado a pagar ao embargado
multa não excedente de dois por cento sobre o valor atualizado da causa.

Evidentemente, não basta que o juiz ou tribunal rotule os embargos
de declaração como meramente protelatórios. É necessário que o magistrado fundamente a sua decisão, demonstrando a razão pela qual seria
esse recurso procrastinatório. (S.T.J. Resp n. 92.285/PR, rel. Min. Nilson
Naves, j. 16.12.1996).

Interpostos os embargos de declaração, e sendo declarados meramente
protelatórios, será aplicada ao embargante a respectiva multa. Nesse sentido são os seguintes precedentes do S.T.J.:

*AGRAVO REGIMENTAL NO RECURSO ESPECIAL. AÇÃO INDENI-
ZATÓRIA. VIOLAÇÃO DO ART. 535 DO CPC. INEXISTÊNCIA. EMBAR-
GOS DECLARATÓRIOS PROTELATÓRIOS. MULTA. APLICABILIDADE.
PEDIDO ADMINISTRATIVO DE PAGAMENTO. INTERRUPÇÃO DO
PRAZO PRESCRICIONAL. CIÊNCIA DA RECUSA.*

*NÃO OCORRÊNCIA. DEVER DE INDENIZAR. PRETENSÃO DE
REEXAME DE PROVAS. INVIABILIDADE. INCIDÊNCIA DA SÚMULA*

EMBARGOS DE DECLARAÇÃO

N.º 7/STJ. QUANTUM INDENIZATÓRIO. REVISÃO. NÃO CABIMENTO. CORREÇÃO MONETÁRIA. TERMO INICIAL. RESPEITO AO PRINCÍPIO DO NON REFORMATIO IN PEJUS. DATA DO ADIMPLEMENTO DO PRÊMIO.

1. Inexistência de maltrato ao art. 535 do CPC quando o acórdão recorrido, ainda que de forma sucinta, aprecia com clareza as questões essenciais ao julgamento da lide.

2. Manifesto o caráter protelatório dos embargos de declaração, é de rigor a aplicação, com fulcro no art. 538, parágrafo único, do CPC, de multa de 1% sobre o valor atualizado da causa.

(...).

9. AGRAVO REGIMENTAL DESPROVIDO.

(AgRg no REsp 1424995/SC, Rel. Ministro PAULO DE TARSO SAN-SEVERINO, TERCEIRA TURMA, julgado em 27/10/2015, DJe 09/11/2015)

EMBARGOS DE DECLARAÇÃO OPOSTOS EM FACE DE ACÓRDÃO DESTE COLEGIADO. REITERAÇÃO DE ACLARATÓRIOS. AUSÊNCIA DA AFIRMADA OMISSÃO ACERCA DE PONTO RELEVANTE. PROPÓSITO MANIFESTAMENTE INFRINGENTE. INADEQUAÇÃO DA VIA RECURSAL ELEITA. CARÁTER PROTELATÓRIO. APLICAÇÃO DE MULTA.

(...).

3. É nítido o caráter manifestamente infringente e procrastinatório.

Na verdade, a embargante pretende também o reexame de provas e interpretação contratual, em sede de recurso especial.

4. Verifica-se o nítido propósito de rediscutir a decisão e para tanto não se presta a via eleita. Evidente o caráter manifestamente protelatório dos embargos de declaração, o que enseja a aplicação de multa.

5. Embargos de declaração rejeitados, com aplicação de multa.

(EDcl nos EDcl no REsp 1183908/DF, Rel. Ministro LUIS FELIPE SALOMÃO, QUARTA TURMA, julgado em 05/05/2016, DJe 11/05/2016).

No mesmo sentido são os seguintes precedentes do S.T.F., já na vigência do novo C.P.C.:

EMENTA Embargos de declaração nos embargos de declaração nos embargos de declaração no agravo regimental no recurso ordinário em mandado de segurança. Terceiros embargos mediante os quais se busca rediscutir a causa. Reexame. Impossibilidade. Não conhecimento. Precedentes. 1. Inexistência dos vícios do art. 1.022 do novo Código de Processo Civil (Lei nº 13.105/15). As questões trazidas nos declaratórios já foram

777

apreciadas pela Turma no julgamento dos dois embargos de declaração anteriormente opostos. 2. Não se conhece de terceiros embargos de declaração cujo objetivo seja promover a rediscussão da causa. 3. Não conhecimento dos embargos de declaração, com aplicação da multa prevista no art. 1.026, § 2º, do atual Código de Processo Civil, e determinação de certificação do trânsito em julgado e de pronta baixa dos autos à origem.

(MS 31833 AgR-ED-ED-ED, Relator(a): Min. DIAS TOFFOLI, Segunda Turma, julgado em 24/05/2016, PROCESSO ELETRÔNICO DJe-118 DIVULG 08-06-2016 PUBLIC 09-06-2016).

E M E N T A: EMBARGOS DE DECLARAÇÃO – PRETENDIDA SUSTEN-TAÇÃO ORAL EM SEU JULGAMENTO – INADMISSIBILIDADE – CONS-TITUCIONALIDADE DA VEDAÇÃO REGIMENTAL (RISTF, ART. 131, § 2º) – PRERROGATIVA JURÍDICA QUE NÃO SE ACHA INCLUÍDA NO ROL TAXATIVO INSCRITO NO ART. 937 DO NOVO CÓDIGO DE PROCESSO CIVIL – INOCORRÊNCIA DE CONTRADIÇÃO, OBSCURIDADE, OMISSÃO OU ERRO MATERIAL (CPC/15, ART. 1.022) – PRETENDIDO REEXAME DA CAUSA – CARÁTER INFRINGENTE – INADMISSIBILIDADE NO CASO – CARÁTER PROCRASTINATÓRIO – ABUSO DO DIREITO DE RECOR-RER – IMPOSIÇÃO DE MULTA (1% SOBRE O VALOR CORRIGIDO DA CAUSA) – EMBARGOS DE DECLARAÇÃO REJEITADOS. OS EMBARGOS DE DECLARAÇÃO NÃO SE REVESTEM, ORDINARIAMENTE, DE CARÁ-TER INFRINGENTE – Não se revelam cabíveis os embargos de declaração quando a parte recorrente – a pretexto de esclarecer uma inexistente situação de obscuridade, omissão, contradição ou erro material (CPC/15, art. 1.022) – vem a utilizá-los com o objetivo de infringir o julgado e de, assim, viabilizar um indevido reexame da causa. Pre-cedentes. MULTA E EXERCÍCIO ABUSIVO DO DIREITO DE RECORRER – O abuso do direito de recorrer – por qualificar-se como prática incompatível com o postu-lado ético-jurídico da lealdade processual – constitui ato de litigância maliciosa repelido pelo ordenamento positivo, especialmente nos casos em que a parte interpõe recurso com intuito evidentemente protelatório, hipótese em que se legitima a imposição de multa. A multa a que se refere o art. 1.026, § 2º, do CPC/15 possui função inibitória, pois visa a impedir o exercício abusivo do direito de recorrer e a obstar a indevida utilização do processo como instrumento de retardamento da solução jurisdicional do conflito de interesses.

(MS 33851 MC-AgR-ED, Relator(a): Min. CELSO DE MELLO, Segunda Turma, julgado em 17/05/2016, PROCESSO ELETRÔNICO DJe-112 DIVULG 01-06-2016 PUBLIC 02-06-2016)

EMBARGOS DE DECLARAÇÃO

Aduz o § 3º do art. 1.026 do atual C.P.C. que na reiteração de embargos de declaração manifestamente protelatórios, a multa será elevada a até dez por cento sobre o valor atualizado da causa, e a interposição de qualquer recurso ficará condicionada ao depósito prévio do valor da multa, à exceção da Fazenda Pública e do beneficiário de gratuidade da justiça, que a recolherão ao final.

O parágrafo único do art. 538 do C.P.C. de 1973 estabelecia uma multa não excedente a 1% (um por cento) sobre o valor da causa. Estabelecia, ainda, que *na reiteração de embargos protelatórios, a multa seria elevada a até 10% (dez por cento), ficando condicionada a interposição de qualquer outro recurso ao depósito do valor respectivo.(Redação dada pela Lei nº 8.950, de 13.12.1994)*

Essa sanção, além de caráter pedagógico, também busca desestimular a parte a ingressar com embargos de declaração com o único propósito de prorrogar o prazo do recurso principal ou tumultuar o processo.

O caráter pedagógico torna-se ainda muito mais evidente com a possibilidade de se elevar a multa, que era de dois por cento, para o máximo de 10% (dez por cento) sobre o valor atualizado da causa, quando houver reiteração de embargos de declaração manifestamente protelatórios.

A interposição de qualquer recurso ficará condicionada ao depósito prévio do valor da multa, à exceção do beneficiário de gratuidade de justiça e da Fazenda Pública, que a recolherão ao final.

Esse dispositivo ainda estabelece que o agravante ficará impedido de interpor qualquer outro recurso, enquanto não realizar prévio depósito do respectivo valor da multa, ressalvados os beneficiários da gratuidade de justiça e da Fazenda Pública, que farão o pagamento ao final.

O S.T.F assim se manifestou sobre determinação similar prevista no art. 557, §2º do C.P.C. de 1973:

"A comprovação do depósito da multa em questão é requisito de admissibilidade de novos recursos. Requisito aplicável, inclusive, à Fazenda Pública"
(RE 380.944, Ag. Rg – Edcl, rel. Min. Carlos Britto, j. 23.5.06.

I – O prévio depósito da multa aplicada, com base no art. 538, parágrafo único, do Código de Processo Civil, configura pressuposto objetivo de recorribilidade, sendo certo que a ausência de recolhimento inviabiliza o recurso, ainda que tenha sido interposto com o propósito de afastar a multa imposta.

II – Agravo regimental improvido, determinando-se a baixa imediata do processo, independentemente da publicação do acórdão.
(MS 25643 ED-ED-ED-AgR, Relator(a): Min. RICARDO LEWANDO-WSKI, Primeira Turma, julgado em 25/06/2014, ACÓRDÃO ELETRÔNICO DJe-158 DIVULG 15-08-2014 PUBLIC 18-08-2014)

Sem o depósito prévio, não se conhece de qualquer outro recurso interposto pela parte.

Ocorre que esse condicionamento ao exercício da ampla defesa e do contraditório ao recolhimento de multa processual é de duvidosa constitucionalidade, pois a lei ordinária, sem previsão constitucional, está impedindo o acesso à justiça, assim como, está maculando o devido processo legal com os recursos a ele inerentes.

Sem dúvida que é salutar a sanção monetária imposta à parte que se vale de recurso com o fim meramente protelatório. Porém, essa sanção não poderia ir além da imposição de multa.

Aliás, nesse sentido já se manifestou o S.T.F. em relação a recurso administrativo:

> *Recurso administrativo – depósito – § 2º do artigo 33 do decreto nº 70.235/72 – inconstitucionalidade. A garantia constitucional da ampla defesa afasta a exigência do depósito como pressuposto de admissibilidade de recurso administrativo.*
> (RE 388359, Relator(a): Min. MARCO AURÉLIO, Tribunal Pleno, julgado em 28/03/2007, DJe-042 DIVULG 21-06-2007 PUBLIC 22-06-2007 DJ 22-06-2007 PP-00017 EMENT VOL-02281-05 PP-00814 RDDT n. 143, 2007, p. 238 RDDT n. 144, 2007, p. 154-169 LEXSTF v. 29, n. 344, 2007, p. 184-218).
> *A garantia constitucional da ampla defesa afasta a exigência do depósito como pressuposto de admissibilidade de recurso administrativo.*
> (RE 389383, Relator(a): Min. MARCO AURÉLIO, Tribunal Pleno, julgado em 28/03/2007, DJe-047 DIVULG 28-06-2007 PUBLIC 29-06-2007 DJ 29-06-2007 PP-00031 EMENT VOL-02282-08 PP-01625 RDDT n. 144, 2007, p. 235-236)

Porém, o S.T.F. não reconheceu a repercussão geral sobre a matéria, conforme se observa pelo seguinte precedente:

> *1. É legítimo condicionar a interposição de qualquer outro recurso ao depósito da multa imposta no julgamento dos embargos de declaração tidos como protelatórios.*

EMBARGOS DE DECLARAÇÃO

2. Não cabe recurso extraordinário para reexame dos pressupostos de admissibilidade de recurso de competência de outros tribunais, por ausência de repercussão geral.

3. Agravo regimental a que se nega provimento.

(AI 809635 AgR, Relator(a): Min. JOAQUIM BARBOSA, Segunda Turma, julgado em 26/06/2012, ACÓRDÃO ELETRÔNICO DJe-159 DIVULG 13-08-2012 PUBLIC 14-08-2012)

Aduz o § 4º do art. 1.026 do atual C.P.C. que não serão admitidos novos embargos de declaração se os 2 (dois) anteriores houverem sido considerados protelatórios.

É importante salientar que a decisão proferida nos embargos de declaração poderá ser objeto de novos embargos de declaração, se a decisão proferida nos embargos de declaração anterior contiver outros vícios que não aqueles apontados na primitiva decisão. Nesse sentido é o seguinte precedente do S.T.F.:

> *"Processual Civil. Embargos de declaração. Cabíveis são embargos declaratórios de acórdão prolatado em idêntico recurso, se nele se aponta omissão, dúvida ou contradição. A rejeição pura e simples, por considerá-lo inadmissível, nega prestação jurisdicional"*
> (Recurso Extraordinário n. 115.911-SP, Rel. Min. Carlos Madeira, RTJ n. 125, pág. 1.344.

Observem-se os seguintes exemplos formulados por Didier Jr: *"opostos embargos declaratórios em que se alegou omissão no julgado, o juiz ou tribunal os rejeitou, alegando, genericamente, a ausência de qualquer vício. Nesse caso, persiste a omissão alegada, sendo possível o manejo de novos aclaratórios. A outra hipótese: opostos embargos em que se alega omissão e o juiz ou tribunal, ao supri-la, incorre em contradição. A nova decisão, como se vê, padece de 'outro' vício diverso do apontado no primitivo 'decisum'"*.[491]

Muito embora sejam admitidos embargos declaratórios de decisão proferida em outros embargos de declaração, isso não será possível se os primeiros embargos de declaração forem declarados *protelatórios*. Ora, seria ilógico reconhecer que os embargos de declaração são meramente protelatórios e ao mesmo tempo processar novos embargos de declaração.

Assim, se os dois anteriores embargos forem considerados protelatórios, não serão admitidos novos embargos de declaração.

---

[491] DIDIER JR., F., *et au*, op. Cit.. p. 180.

RECURSOS NO NOVO C.P.C.

30.2.17. Ratificação do recurso interposto conjuntamente com os embargos de declaração – desnecessidade

Estabelece o § 5º do art. 1.024 do atual C.P.C. que se os embargos de declaração forem rejeitados ou não alterarem a conclusão do julgamento anterior, o recurso interposto pela outra parte antes da publicação do julgamento dos embargos de declaração será processado e julgado independentemente de ratificação.

Este dispositivo vem demonstrar a autonomia existente entre a interposição dos embargos de declaração e outros recursos que possam ser apresentados.

Assim, se os embargos de declaração forem rejeitados ou não alterarem a conclusão do julgamento anterior, o recurso interposto pela outra parte não precisará ser ratificado.

Note-se que o S.T.J., sob a égide do C.P.C. de 1973, exigia a ratificação do recurso interposto, nos termos da Súmula 418 do S.T.J.: *"É inadmissível o recurso especial interposto antes da publicação do acórdão dos embargos de declaração, sem posterior ratificação".*

Sobre o tema, eis a seguinte decisão:

1. A interposição de embargos de divergência antes da publicação do acórdão que julga os embargos de declaração, sem ulterior ratificação das razões recursais, implica na incidência por analogia da Súmula n. 418 do STJ: "É inadmissível o recurso especial interposto antes da publicação do acórdão dos embargos de declaração, sem posterior ratificação".

2. Agravo regimental desprovido.

(AgRg nos EREsp 1306390/SP, Rel. Ministro ANTONIO CARLOS FERREIRA, SEGUNDA SEÇÃO, julgado em 27/08/2014, DJe 08/09/2014).

O mesmo posicionamento era adotado pelo S.T.F., conforme os seguintes precedentes:

Ementa: agravo regimental no agravo regimental na ação rescisória. Acolhimento dos embargos de declaração. Ausência de ratificação do recurso: intempestividade. Precedentes. Agravo regimental ao qual se nega provimento.

(AR 1332 AgR-AgR, Relator(a): Min. CÁRMEN LÚCIA, Tribunal Pleno, julgado em 01/08/2014, ACÓRDÃO ELETRÔNICO DJe-159 DIVULG 18-08-2014 PUBLIC 19-08-2014).

EMBARGOS DE DECLARAÇÃO

1. Embargos de declaração em recurso extraordinário.
2. Decisão monocrática. Embargos de declaração recebidos como agravo regimental.
3. Recurso intempestivo. Ausência de ratificação.
4. É irrelevante que os embargos infringentes não tenham sido interpostos pelo recorrente.
5. Agravo regimental a que se nega provimento.
(RE 793949 ED, Relator(a): Min. GILMAR MENDES, Turma, julgado em 08/04/2014, ACÓRDÃO ELETRÔNICO DJe-080 DIVULG 28-04-2014 PUBLIC 29-04-2014).

É certo, porém, que tanto o S.T.F. quanto o S.T.J já vinham relativizando o teor da Súmula 418 do S.T.J., conforme se pode observar dos seguintes precedentes:

RECURSO EXTRAORDINÁRIO – EMBARGOS DECLARATÓRIOS – PENDÊNCIA – OPORTUNIDADE. O recurso extraordinário surge oportuno ainda que pendentes embargos declaratórios interpostos pela parte contrária, ficando a problemática no campo da prejudicialidade se esses últimos forem providos com modificação de objeto.
(RE 680.371 AgR, Relator Min. DIAS TOFFOLI, Relator p/ Acórdão Min. MARCO AURÉLIO, Primeira Turma, julgado em 11/06/2013, ACÓRDÃO ELETRÔNICO, DJe-181, divulgado em 13.9.2013, publicado em 16.9.2013.)

ADMINISTRATIVO. PROCESSUAL CIVIL. AGRAVO REGIMENTAL NO AGRAVO EM RECURSO ESPECIAL. RECONSIDERAÇÃO. NOVA INTERPRETAÇÃO DA SÚMULA 418/STJ. (QO NO RESP 1.129.215/DF). RECURSO INTERPOSTO ANTES DA PUBLICAÇÃO DO ACÓRDÃO EMBARGADO. AUSÊNCIA DE MODIFICAÇÃO NO JULGADO. DESNECESSIDADE DE RATIFICAÇÃO. ANÁLISE DO RECURSO ESPECIAL: ALEGAÇÃO DE VIOLAÇÃO DE DISPOSITIVOS CONSTITUCIONAIS. IMPOSSIBILIDADE. COMPETÊNCIA DO STF. AUSÊNCIA DE PREQUESTIONAMENTO DOS DISPOSITIVOS LEGAIS TIDOS POR VIOLADOS. SÚMULA 211/STJ. NÃO ALEGAÇÃO DE VIOLAÇÃO DO ART. 535 DO CPC. FUNDAMENTOS DO ACÓRDÃO NÃO INFIRMADOS. SÚMULA 283/STF.
1. A Corte Especial do STJ, ao analisar a Questão de Ordem no REsp 1.129.215/DF, de relatoria do Ministro Luis Felipe Salomão, pendente de publicação, firmou entendimento segundo o qual o enunciado da Súmula 418/STJ deverá ser interpretado de

RECURSOS NO NOVO C.P.C.

forma que a necessidade de ratificação do recurso interposto na pendência de embargos declaratórios apenas seja exigida quando houver alteração na conclusão do julgamento anterior. O acolhimento dos presentes embargos de declaração é medida que se impõe, afastando-se o óbice da Súmula 418/STJ.

(...).

(EDcl no AgRg no REsp 1503251/BA, Rel. Ministro HUMBERTO MARTINS, SEGUNDA TURMA, julgado em 27/10/2015, DJe 13/11/2015).

RECURSO ESPECIAL. PROCESSO CIVIL. RECURSO INTERPOSTO ANTES DO JULGAMENTO DOS EMBARGOS DE DECLARAÇÃO. NÃO ALTERAÇÃO DA DECISÃO EMBARGADA. DESNECESSIDADE DE RATIFICAÇÃO. INSTRUMENTALISMO PROCESSUAL. CONHECIMENTO DO RECURSO. NOVA INTERPRETAÇÃO DA SÚMULA 418 DO STJ QUE PRIVILEGIA O MÉRITO DO RECURSO E O AMPLO ACESSO À JUSTIÇA. AGRAVO RETIDO. INTEMPESTIVIDADE. AUSÊNCIA DE JUSTA CAUSA OU DÚVIDA PARA RELATIVIZAÇÃO DO PRAZO RECURSAL.

1. O agravo retido tem o seu conhecimento condicionado à prolação de juízo positivo de admissibilidade da apelação, isto é, só haverá juízo de admissibilidade do agravo retido se antes houver o conhecimento da apelação pelo próprio tribunal, sendo pressuposto para o seu julgamento. Precedentes.

2. A Corte Especial, no julgamento da Questão de Ordem afetada pela Quarta Turma, conferiu nova exegese à Súmula 418 do STJ, entendendo que a única interpretação cabível para referido enunciado é "aquela que prevê o ônus da ratificação do recurso interposto na pendência de embargos declaratórios apenas quando houver alteração na conclusão do julgamento anterior" (REsp 1129215/DF, Rel. Ministro Luis Felipe Salomão, Corte Especial, julgado em 16/09/2015, DJe 03/11/2015).

3. Um dos requisitos de admissibilidade dos recursos é a tempestividade, implicando dizer que deve ser interposto dentro do prazo peremptório estabelecido em lei, sob pena de preclusão ou, em se decidindo o mérito da causa, de formação da coisa julgada.

4. Em razão disso, por ser o prazo recursal legal, próprio e peremptório, é que ao juiz não é permitido ampliá-lo, salvo em havendo justa causa (CPC, art. 183, § 1º). É de se ter, ademais, que os prazos recursais podem ser suspensos e interrompidos nas hipóteses especificadas em lei, sendo irrelevante eventos estranhos à previsão normativa.

5. Na hipótese, o agravo de instrumento foi interposto a destempo.

Deveras, não há tipificação de hipótese de suspensão ou interrupção do prazo recursal, assim como não há justa causa que pudesse dar azo à perda do prazo pela imobiliária recorrida nem dúvida alguma advinda do conteúdo da decisão agravada.

EMBARGOS DE DECLARAÇÃO

6. Recurso especial parcialmente provido.
(REsp 1129215/DF, Rel. Ministro LUIS FELIPE SALOMÃO, QUARTA
TURMA, julgado em 08/03/2016, DJe 06/04/2016)

Portanto, o teor normativo previsto no §5º do art. 1.024 do novo C.P.C.
provém dessa nova interpretação dada pelo S.T.J. e pelo S.T.F. em relação
à desnecessidade de ratificação dos embargos de declaração.

31.
Recurso Ordinário

A competência para julgamento de recursos perante o S.T.F. ou o S.T.J. encontra-se estabelecida na Constituição Federal.

A Constituição Federal estabelece a competência *originária* para as demandas iniciais, assim como a competência para *recurso ordinário, recurso extraordinário* (no caso do S.T.F.) ou *recurso especial* (no caso do S.T.J.).

Em relação ao *recurso ordinário* dirigido ao S.T.F., a Constituição Federal assim estabelece em seu art. 102, inc. II, letra 'a':

> *"Art. 102. Compete ao Supremo Tribunal Federal, precipuamente, a guarda da Constituição, cabendo-lhe:*
>
> *II – julgar, em recurso ordinário:*
>
> *a) o "habeas-corpus", o mandado de segurança, o "habeas-data" e o mandado de injunção decididos em única instância pelos Tribunais Superiores, se denegatória a decisão;".*

O recurso *ordinário* constitucional de competência do S.T.F. diz respeito ao mandado de segurança, 'habeas-data' e ao mandado de injunção, quando denegatória a decisão.

Segundo estabelece o art. 5º, inc. LXIX, da C.F.: *conceder-se-á mandado de segurança para proteger direito líquido e certo, não amparado por 'habeas corpus' ou 'habeas data', quando o responsável pela ilegalidade ou abuso de poder for autoridade pública ou agente de pessoa jurídica no exercício de atribuições do Poder Público".*

RECURSOS NO NOVO C.P.C.

Conforme anotam Hely Lopes Meirelles, Arnoldo Wald e Gilmar Ferreira Mendes: *"Mandado de segurança é o meio constitucional posto à disposição de toda pessoa física ou jurídica, órgão com capacidade processual ou universalidade reconhecida por lei para a proteção de direito individual ou coletivo, líquido e certo, lesado ou ameaçado de lesão por ato de autoridade, não amparado por 'habeas corpus' ou 'habeas data', seja de que categoria for e sejam quais forem as funções que exerça".*[492]

Estabelecem as Súmulas 272 e 299 do S.T.F.:

> *Súmula 272: não se admite como ordinário recurso extraordinário de decisão denegatória de mandado de segurança.*
>
> *Súmula 299: O recurso ordinário e o extraordinário interpostos no mesmo processo de mandado de segurança, ou de habeas corpus, serão julgados conjuntamente pelo Tribunal Pleno.*

Preceitua o art. 5º, inc. LXXII, da C.F.: *conceder-se-á "habeas-data": a) para assegurar o conhecimento de informações relativas à pessoa do impetrante, constantes de registros ou bancos de dados de entidades governamentais ou de caráter público; b) para a retificação de dados, quando não se prefira fazê-lo por processo sigiloso, judicial ou administrativo.*

Conforme anotam Hely Lopes Meirelles, Arnoldo Wald e Gilmar Ferreira Mendes: *"habeas data é o meio constitucional posto à disposição de pessoa física ou jurídica para lhe assegurar o conhecimento de registro concernente ao postulante e constante de repartições públicas ou particulares acessíveis ao público, para retificação de seus dados pessoais (CF, art. 5º, LXXII, 'a' e 'b').*[493]

Preconiza o art. 5º, inc. LXXI, da C.F.: *conceder-se-á mandado de injunção sempre que a falta de norma regulamentadora torne inviável o exercício dos direitos e liberdades constitucionais e das prerrogativas inerentes à nacionalidade, à soberania e à cidadania.*

Conforme anotam Hely Lopes Meirelles, Arnoldo Wald e Gilmar Ferreira Mendes:

> *"Mandado de injunção é o meio constitucional posto à disposição de quem se considerar prejudicado pela falta de norma regulamentadora que torne inviável o exercício*

---

[492] MEIRELLES, Hely Lopes; WALD, Arnoldo; MENDES, Gilmar Ferreira. *Mandado de segurança e ações constitucionais.* 34ª ed. São Paulo: Editora Malheiros, 2012. p. 29.

[493] MEIRELLES, H. L.; *et au*. Idem, p. 346.

dos direitos e liberdades constitucionais e das prerrogativas inerentes à nacionalidade, à soberania e à cidadania (CF, art. 5º, inc. LXXI)".[494]

O S.T.F. não tem conhecido de recurso extraordinário, quando couber ainda na Justiça de origem recurso ordinário da decisão impugnada. Nesse sentido é o teor da Súmula 281 do S.T.F.: *é inadmissível o recurso extraordinário, quando couber na Justiça de origem, recurso ordinário da decisão impugnada.*

No mesmo sentido são as seguintes decisões do S.T.J., considerando a interposição de recurso de apelação ou recurso especial ao invés de recurso ordinário como erro grosseiro:

AGRAVO EM RECURSO ESPECIAL. MANDADO DE SEGURANÇA. NÃO CONHECIMENTO. INTERPOSIÇÃO DE RECURSO ESPECIAL. ERRO GROSSEIRO. PRINCÍPIO DA FUNGIBILIDADE. INAPLICABILIDADE.

1. Trata-se de hipótese de interposição de Recurso Especial contra acórdão proferido pelo Tribunal de origem que não conheceu do Mandado de Segurança de sua competência. Ocorre que, diante de tal situação, caberia à parte insurgir-se pela via do recurso ordinário, e não por recurso especial, à luz do que dispõe o art. 105, inciso II, alínea "b", da Constituição Federal.

2. A jurisprudência do Superior Tribunal de Justiça é no sentido de que a interposição de recurso especial, em vez do recurso ordinário, é erro grosseiro que impede a aplicação do princípio da fungibilidade recursal.

3. Agravo regimental não provido.

(AgRg no REsp 1511786/RS, Rel. Ministro REYNALDO SOARES DA FONSECA, QUINTA TURMA, julgado em 01/12/2015, DJe 09/12/2015)

PROCESSUAL CIVIL. PEDIDO DE RECONSIDERAÇÃO NO RECURSO ORDINÁRIO. RECEBIMENTO COMO AGRAVO REGIMENTAL, EM ATENÇÃO AOS PRINCÍPIOS DA FUNGIBILIDADE E DA ECONOMIA PROCESSUAL. RECURSO ORDINÁRIO INTERPOSTO CONTRA ACÓRDÃO PROFERIDO EM APELAÇÃO CÍVEL. ERRO GROSSEIRO. IMPOSSIBILIDADE, NESTA HIPÓTESE, DE APLICAÇÃO DO PRINCÍPIO DA FUNGIBILIDADE RECURSAL. PRECEDENTES. AGRAVO REGIMENTAL IMPROVIDO.

---

[494] MEIRELEES, H. L.; *et au.* Idem, p. 328.

I. A jurisprudência desta Corte, em homenagem aos princípios da fungibilidade e economia processual, admite o recebimento do pedido de reconsideração como Agravo Regimental, desde que apresentado tempestivamente, como no caso concreto.

II. No caso em análise, a recorrente interpôs Recurso Ordinário, com fundamento no art. 105, II, a, da Constituição Federal, visando a reforma de acórdão do Tribunal de origem, que negara provimento à Apelação Cível.

III. O acórdão recorrido não se enquadra em qualquer das hipóteses elencadas no art. 105, II, da Constituição Federal, configurando erro grosseiro a interposição do Recurso Ordinário, o que acarreta, em consequência, o afastamento da aplicação do princípio da fungibilidade recursal. Precedentes do STJ (EDcl na MC 24.067/RN, Rel. Ministro HUMBERTO MARTINS, SEGUNDA TURMA, DJe de 11/05/2015;

AgRg no RHC 37.923/SP, Rel. Ministra MARIA THEREZA DE ASSIS MOURA, SEXTA TURMA, DJe de 12/12/2014; AgRg no Ag 1432564/MA, Rel. Ministro BENEDITO GONÇALVES, PRIMEIRA TURMA, DJe de 17/11/2014; RMS 46.493/SC, Rel. Ministro HERMAN BENJAMIN, SEGUNDA TURMA, DJe de 31/10/2014).

IV. Pedido de reconsideração recebido como Agravo Regimental, ao qual se nega provimento.

(RCD no RO 161/CE, Rel. Ministra ASSUSETE MAGALHÃES, SEGUNDA TURMA, julgado em 18/08/2015, DJe 08/09/2015)

AGRAVO REGIMENTAL EM RECURSO ESPECIAL. APELAÇÃO CÍVEL. ESTADO ESTRANGEIRO. ERRO GROSSEIRO. RECURSO CABÍVEL. RECURSO ORDINÁRIO. FUNGIBILIDADE RECURSAL. INAPLICABILIDADE.

1. A interposição de apelação cível no lugar do cabível recurso ordinário objeto de expressa previsão constitucional configura erro grosseiro, afastando qualquer pretensão de aplicação ao caso do princípio da fungibilidade recursal.

2. Agravo regimental não provido.

(AgRg no REsp 1325692/RJ, Rel. Ministro RICARDO VILLAS BÔAS CUEVA, TERCEIRA TURMA, julgado em 04/02/2014, DJe 17/02/2014)

Porém, o S.T.J. assim já decidiu:

"PROCESSUAL CIVIL – CONSTRIÇÃO – TERCEIRO PREJUDICADO – NÃO-INTERPOSIÇÃO DE RECURSO – SÚMULA 202/STJ – MANDADO DE SEGURANÇA – POSSIBILIDADE. 1. O recurso de apelação interposto contra acórdão denegatório da segurança em Segunda Instância pode ser recebido como recurso

ordinário diante do princípio da fungibilidade recursal, uma vez que sua denominação errônea em nada prejudica a análise da matéria controvertida."
RMS 20615/GO; Rel. Min. Felix Fischer, DJ 20.3.2006.

31.1. Previsão Constitucional para interposição de recurso ordinário

O recurso ordinário Constitucional de competência do S.T.J. está previsto no e art. 105, inc. II, letras 'b' e 'c', que assim dispõe:

"Art. 105. Compete ao Superior de Justiça:
II – julgar, em recurso ordinário:
a) (...);
b) os mandados de segurança decididos em única instância pelos Tribunais Regionais Federais ou pelos tribunais dos Estados, do Distrito Federal e Territórios, quando denegatória a decisão;
c) as causas em que forem partes Estado estrangeiro ou organismo internacional, de um lado, e, do outro, Município ou pessoa residente ou domiciliada no País.*

Esse recurso diz respeito aos mandados de segurança decididos em única instância pelos Tribunais Regionais Federais ou pelos tribunais dos Estados, do Distrito Federal e Territórios, quando denegatória a decisão. Também será competente para as causas em que forem partes Estado estrangeiro ou organismo internacional, de um lado e, do outro, Município ou pessoa residente ou domiciliada no País.

Enquanto o recurso ordinário constitucional de competência do S.T.F. cabe em relação a decisões denegatórias de mandado de segurança proferidas por Tribunais Superiores em única instância, o recurso ordinário ao S.T.J. será interposto contra decisão proferida em única instância pelos Tribunais Regionais Federais ou pelos tribunais dos Estados, do Distrito Federal e Territórios.

Não será cabível o recurso ordinário ao S.T.J. contra decisão de Turma Recursal, pois as Turmas Recursais não são consideradas Tribunais Regionais ou Tribunais de Justiça, nem contra acórdão de Tribunal Regional do Trabalho (TRT) ou Tribunal Regional Eleitoral (TRE).[495]

---

[495] DIDIER JR. Fredie; CUNHA, Leonardo José Carneiro da. *Curso de direito processual civil – meios de impugnação às decisões judiciais e processo nos tribunais.* Salvador: Edições PODIVM, 2007, p. 212.

Caberá também recurso ordinário constitucional para o S.T.J. nas causas em que forem partes Estado estrangeiro ou organismo internacional, de um lado, e, do outro, Município ou pessoa residente ou domiciliada no País.

Sabe-se que o *recurso ordinário constitucional* interposto ao S.T.J. normalmente decorre de decisão proferida por tribunais de segundo graus.

Porém, o recurso ordinário constitucional para o S.T.J., quando se tratar de causas em que forem partes Estados estrangeiros ou organismo internacional, de um lado, e, do outro, Município ou pessoa residente ou domiciliada no País, não decorre de uma decisão proveniente de um tribunal, mas, sim, de juízes federais de primeiro grau, conforme estabelece o art. 109, inc. II da C.F., a saber:

> *Art. 109. Aos juízes federais compete processar e julgar:*
> *(...)*.
> *II – as causas entre Estado estrangeiro ou organismo internacional e Município ou pessoa domiciliada ou residente no País.*

Assim, o recurso ordinário constitucional não será interposto contra acórdão de tribunal de segundo grau, mas, sim, contra sentença proferida por órgão jurisdicional de primeiro grau.

Nesta hipótese, o recurso ordinário constitucional não depende do *eventum litis*, pois poderá ser conhecido contra qualquer tipo de decisão que for proferida pelo juízo federal de primeiro grau.

31.2. Prazo para interposição de recurso ordinário

Segundo estabelecia a Súmula 319 do S.T.F., o prazo do recurso ordinário para o Supremo Tribunal Federal, em 'habeas corpus' ou mandado de segurança, seria de cinco dias.

Porém, o Plenário do S.T.F., no julgamento do RMS 21.106/DF, relator Ministro Sepúlveda Pertence, estabeleceu que o prazo seria de 15 (quinze) dias, *in verbis*:

> *1. Mandado de segurança: recurso ordinário constitucional: o prazo. Já antes da L. 8.038/90, era de quinze dias o prazo para a interposição do recurso ordinário constitucional em mandado de segurança, contado em dobro quando recorrente a Fazenda Pública: os arts. 508 e 188 C.Pr.Civil prejudicam a Súm. 319 do Supremo Tribunal.*

2. Mandado de segurança: recurso ordinário constitucional: cabimento. Para o efeito de cabimento do recurso ordinário constitucional, é denegatória de mandado de segurança a decisão que não o concede, seja por julgar improcedente o pedido, seja por reputar descabido o remédio processual, à falta de condições da ação.

3. Mandado de segurança: perda do interesse processual pela superveniência de ato da autoridade superior. Prejudica o pedido de mandado de segurança contra ato de Ministro de Estado a superveniência de ato equivalente do Presidente da República, que faz desaparecer para o impetrante a utilidade do deferimento da ordem contra a decisão ministerial, dado que seria inoponível ao despacho presidencial subseqüente.

4. Condições da ação (mandado de segurança): declaração de ofício em qualquer grau de jurisdição ordinária. A inexistência originária ou o desaparecimento das condições da ação por fato superveniente podem ser declaradas de ofício em qualquer grau de jurisdição ordinária, incluída do recurso ordinário constitucional em mandado de segurança."
(RMS 21.106/DF, Relator Ministro Sepúlveda Pertence, RTJ 165/508)

A Lei 8.038, de 28 de maio de 1990, estabeleceu, em seus arts. 30 e 33, prazos diversos para interposição de recurso ordinário em habeas corpus e mandado de segurança no âmbito do Superior Tribunal de Justiça, a saber:

Art. 30 – O recurso ordinário para o Superior Tribunal de Justiça, das decisões denegatórias de Habeas Corpus, proferidas pelos Tribunais Regionais Federais ou pelos Tribunais dos Estados e do Distrito Federal, será interposto no prazo de cinco dias, com as razões do pedido de reforma. (Vide Lei n º 13.105, de 2015) (Vigência)

Art. 33 – O recurso ordinário para o Superior Tribunal de Justiça, das decisões denegatórias de mandado de segurança, proferidas em única instância pelos Tribunais Regionais Federais ou pelos Tribunais de Estados e do Distrito Federal, será interposto no prazo de quinze dias, com as razões do pedido de reforma.

O novo C.P.C., em seu art. 1.003, §5º, preceitua: *Excetuados os embargos de declaração, o prazo para interpor os recursos e para responder-lhes é de 15 (quinze) dias.*

Assim, tanto no S.T.F. quanto no S.T.J. o prazo para a interposição e resposta ao recurso ordinário será de 15 (quinze) dias.

31.3. Hipóteses de cabimento de recurso ordinário

O recurso ordinário de competência do S.T.F. refere-se à decisão denegatória proferida em mandado de segurança, habeas-data e mandado de injunção por *Tribunais Superiores.*

Como o S.T.J. tem competência originária para processar e julgar o mandado de injunção, quando a elaboração da norma regulamentadora for de atribuição de órgão, entidade ou autoridade federal, da administração direta ou indireta, excetuados os casos de competência do Supremo Tribunal Federal e dos órgãos da Justiça Militar, da Justiça Eleitoral, da Justiça do Trabalho e da Justiça Federal, eventual recurso ordinário será interposto perante o S.T.F.

Compete originariamente ao S.T.J. julgar os mandados de segurança e os *habeas data* contra ato do Ministro de Estado, dos Comandantes da Marinha, do Exército e da Aeronáutica ou do próprio Tribunal. Neste caso, o recurso ordinário também será de competência do S.T.F.

Em relação à competência para se conhecer de *habeas data*, estabelece o art. 20 da Lei 9.507 de 1997:

> *Art. 20. O julgamento do habeas data compete:*
>
> *I – originariamente:*
>
> *a) ao Supremo Tribunal Federal, contra atos do Presidente da República, das Mesas da Câmara dos Deputados e do Senado Federal, do Tribunal de Contas da União, do Procurador-Geral da República e do próprio Supremo Tribunal Federal;*
>
> *b) ao Superior Tribunal de Justiça, contra atos de Ministro de Estado ou do próprio Tribunal;*
>
> *c) aos Tribunais Regionais Federais contra atos do próprio Tribunal ou de juiz federal;*
>
> *d) a juiz federal, contra ato de autoridade federal, excetuados os casos de competência dos tribunais federais;*
>
> *e) a tribunais estaduais, segundo o disposto na Constituição do Estado;*
>
> *f) a juiz estadual, nos demais casos;*
>
> *II – em grau de recurso:*
>
> *a) ao Supremo Tribunal Federal, quando a decisão denegatória for proferida em única instância pelos Tribunais Superiores;*
>
> *b) ao Superior Tribunal de Justiça, quando a decisão for proferida em única instância pelos Tribunais Regionais Federais;*
>
> *c) aos Tribunais Regionais Federais, quando a decisão for proferida por juiz federal;*
>
> *d) aos Tribunais Estaduais e ao do Distrito Federal e Territórios, conforme dispuserem a respectiva Constituição e a lei que organizar a Justiça do Distrito Federal;*
>
> *III – mediante recurso extraordinário ao Supremo Tribunal Federal, nos casos previstos na Constituição.*

O *recurso ordinário* somente terá seguimento quando o mandado de segurança, o 'habeas data' e o mandado de injunção tiverem sido decididos em única instância pelos Tribunais Superiores, e somente quando diante de decisão *denegatória* da pretensão formulada. Portanto, somente será cabível o recurso ordinário *secundum eventum litis*, ou seja, diante de decisão denegatória.

Não caberá o recurso *ordinário* se a decisão for concessiva da pretensão formulada.

Na hipótese de concessão de mandado de segurança, do 'habeas data' ou do mandado de injunção, o sujeito passivo somente poderá interpor recurso extraordinário para o S.T.F., se houver prequestionamento da matéria.

Quando a Constituição Federal fala em decisão denegatória, o faz de forma abrangente, ou seja, tanto para as decisões que julgarem improcedente o pedido quanto para as decisões que extinguirem o processo sem resolução do mérito. Nesse sentido é a lição de Nelson Nery Júnior e Rosa Maria Andrade Nery: *"Decisão de carência do MS. A locução 'denegação' do MS, constante da Constituição Federal 102, II a, e 105, II, b, deve ser entendida em sentido lato, abrangendo toda a forma de não atendimento à pretensão mandamental. Assim, cabe Recurso Ordinário, das decisões que extinguem o processo de Mandado de Segurança sem julgamento de mérito...".*[496]

Por outro lado, o recurso *ordinário* somente tem cabimento contra decisão final, denegatória das hipóteses elencadas no art. 102, II, 'a' da C.F. e não em relação às decisões monocráticas proferidas pelo relator ao conceder ou negar eventual tutela de urgência.

A decisão deverá ter sido proferida em *única instância*, por tribunais superiores, aí abrangendo o S.T.J., o S.T.M., o T.S.T.

As hipóteses estabelecidas para a interposição de recurso *ordinário* são somente aquelas indicadas na Constituição, não podendo a lei ordinária ampliar ou restringir essa competência.

Segundo o S.T.J., não é possível a interposição de Recurso Ordinário Constitucional em relação a decisões denegatórias de mandado de segurança proferidas por Turmas Recursais. Nesse sentido são os seguintes precedentes:

---

[496] NERY JÚNIOR, Nelson; NERY, Rosa Maria Andrade. *Código de processo civil comentado.* 2ª ed. São Paulo: Editora Revistas dos Tribunais, 1996. p. 2.319.

AGRAVO REGIMENTAL NO AGRAVO DE INSTRUMENTO. JUIZADOS ESPECIAIS. MANDADO DE SEGURANÇA. RECURSO ORDINÁRIO. SUPERIOR TRIBUNAL DE JUSTIÇA. NÃO CABIMENTO. AGRAVO REGIMENTAL NÃO PROVIDO.

1. Consolidado o entendimento nesta Corte, no sentido de não haver previsão constitucional para que o STJ julgue recurso ordinário em mandado de segurança interposto perante Turma ou Colégio Recursal de Juizado Especial. Assim, não cabe a interposição do agravo previsto no art. 544 do CPC objetivando dar trânsito ao referido recurso.

(AgRg no Agravo de Instrumento 1.432.422/SP, Rel. Ministro LUIZ FELIPE SALOMÃO, Quarta Turma, julgado em 11/3/2014, DJe 2/4/2014).

2. Agravo regimental não provido.

(AgRg no Ag 1433037/PR, Rel. Ministro MOURA RIBEIRO, TERCEIRA TURMA, julgado em 02/10/2014, DJe 20/10/2014).

AGRAVO REGIMENTAL. JUIZADOS ESPECIAIS. MANDADO DE SEGURANÇA. RECURSO ORDINÁRIO. SUPERIOR TRIBUNAL DE JUSTIÇA. NÃO CABIMENTO.

1.- "Os colégios recursais dos juizados especiais não são considerados Tribunais dos Estados, daí não ser cabível, na presente hipótese, o recurso ordinário previsto no art. 105, inciso II, alínea b), da Constituição Federal" (AgRg no RMS 9.947/SP, Rel. Ministro CARLOS ALBERTO MENEZES DIREITO, DJ 12/4/1999, p. 142).

2.- Agravo Regimental improvido.

(AgRg no Ag 1.432.193/SP, Rel. Ministro SIDNEI BENETI, Terceira Turma, julgado em 20/8/2013, DJe 05/09/2013)

EMBARGOS DE DECLARAÇÃO NO AGRAVO DE INSTRUMENTO. PROPÓSITO INFRINGENTE. RECEBIMENTO COMO AGRAVO REGIMENTAL. RECURSO ORDINÁRIO. TURMA RECURSAL. IMPOSSIBILIDADE.

1. O recurso ordinário só será cabível em mandados de segurança decididos em única instância pelos Tribunais Regionais Federais ou pelos Tribunais dos Estados,

Distrito Federal e Territórios, estando excluídas, portanto, as decisões das Turmas ou Conselhos Recursais dos Juizados Especiais.

2. Embargos de declaração recebidos como agravo regimental, a que se nega provimento. (EDcl no Ag 959.393/RJ, QUARTA TURMA, Rel. Ministra MARIA ISABEL GALLOTTI, Quarta Turma, julgado em 17/11/2011, DJe de 29/11/2011)

Agravo na Reclamação. Processual civil. Recurso Ordinário em Mandado de Segurança. Denegação por Colégio Recursal de Juizado Especial. Incompetência do STJ.

Reclamação incabível. – Não há previsão constitucional para que o STJ julgue recurso ordinário em mandado de segurança interposto perante Turma ou Colégio Recursal de Juizado Especial.

[...] Negado provimento ao agravo na reclamação.

(AgRg na Rcl 2286/SP, Rel. Ministra NANCY ANDRIGHI, Segunda Seção, julgado em 13/5/2009, DJe 19/5/2009).

No mesmo sentido é seguinte decisão do S.T.F.:

E M E N T A: MANDADO DE SEGURANÇA – DECISÃO DENEGATÓRIA – TURMA RECURSAL VINCULADA AO SISTEMA DOS JUIZADOS ESPECIAIS – RECURSO ORDINÁRIO INTERPOSTO PARA O SUPREMO TRIBUNAL FEDERAL – "AGRAVO REGIMENTAL" DEDUZIDO APÓS O TRÂNSITO EM JULGADO DA DECISÃO – INTEMPESTIVIDADE – PETIÇÃO RECURSAL TRANSMITIDA MEDIANTE FAX – LEI Nº 9.800/99 – ORIGINAIS APRESEN-TADOS FORA DO PRAZO LEGAL – EXTEMPORANEIDADE – RECURSO NÃO CONHECIDO. – O Supremo Tribunal Federal, tendo em vista a norma cons-titucional inscrita no art. 102, II, "a", da Constituição da República, não dispõe de competência para processar e julgar recursos ordinários contra decisões denegatórias de mandado de segurança proferidas por Turmas Recursais vinculadas ao sistema dos Juizados Especiais, pois tais órgãos judiciários não se qualificam nem se subsumem ao conceito de "Tribunais Superiores". Precedentes. – A interposição do recurso de agravo em data posterior àquela em que se consumou o trânsito em julgado do acórdão recor-rido revela a intempestividade do mencionado recurso, o que o torna processualmente insuscetível de conhecimento. – A utilização de fac-símile, para a veiculação de petições recursais, não exonera a parte recorrente do dever de apresentar, dentro do prazo adi-cional a que alude a Lei nº 9.800/99 (art. 2º, "caput"), os originais que se referem às peças transmitidas por meio desse sistema, sob pena de não-conhecimento, por intem-pestividade, do recurso interposto mediante fax. Precedentes. – Os prazos recursais são peremptórios e preclusivos (RT 473/200 – RT 504/217 – RT 611/155 – RT 698/209 – RF 251/244). Com o decurso, "in albis", do prazo legal, extingue-se, de pleno direito, quanto à parte sucumbente, a faculdade processual de interpor, em tempo legalmente oportuno, o recurso pertinente.

(RMS 26259 AgR, Relator(a): Min. CELSO DE MELLO, Segunda Turma, julgado em 16/10/2007, DJe-047 DIVULG 13-03-2008 PUBLIC 14-03-2008 EMENT VOL-02311-02 PP-00207)

Estabelece a Súmula 322 do S.T.F.: *não terá seguimento pedido ou recurso dirigido ao Supremo Tribunal Federal, quando manifestamente incabível, ou apresentado fora do prazo, ou quando for evidente a incompetência do Tribunal.*

O Supremo Tribunal Federal não tem admitido como recurso ordinário eventual recurso extraordinário da decisão denegatória de mandado de segurança, conforme a Súmula 272 do S.T.F. Porém, na decisão proferida no RMS n. 21.458/DF, assim estabeleceu o S.T.F, aplicando o princípio da fungibilidade:

– constitucional. Processual civil. Recurso. Fungibilidade. Militar. Promoção. Princípio da isonomia: impossibilidade. i. conversão de recurso extraordinário em ordinário constitucional. c.f., art. 102, ii, "a". ii. promoção a graduação de suboficial, na inatividade, com base no princípio da isonomia, sobre o fundamento de que colegas seus obtiveram decisão judicial favorável e que estão eles em situação igual: pedido improcedente: a uma, porque não demonstrada a igualdade de situação; a duas, porque a extensão pura e simples da coisa julgada não seria possível, porque esta não prejudica e nem beneficia a terceiros. iii. recurso não provido.

(RMS 21458, Relator(a): Min. CARLOS VELLOSO, Segunda Turma, julgado em 05/10/1993, DJ 15-04-1994 PP-08047 EMENT VOL-01740-01 PP-00187)

31.4. Cabimento de agravo de instrumento

É possível que nos processos que comportem a interposição de 'recurso ordinário' possam ser proferidas decisões monocráticas de caráter interlocutório.

Assim, na hipótese em que as decisões monocráticas interlocutórias sejam proferidas em demandas de competência originária de tribunais em mandado de segurança, avais data ou mandado de injunção, o recurso cabível será o *agravo interno*, nos termos do art. 1.021 do novo C.P.C.

Porém, existe uma hipótese legal em que o processo não será de competência originária de tribunal. Trata-se da hipótese prevista no art. 1.027, inc. II, letra 'b' do novo C.P.C., ou seja, nos processos em que forem partes, de um lado, Estado estrangeiro ou organismo internacional e, de outro, Município ou pessoa residente ou domiciliada no País. Este dispositivo trata das decisões interlocutórias que poderão vir a ser proferidas pelos juízos federais de primeiro grau, nas causas em que forem partes, de um lado, Estado estrangeiro ou organismo internacional e, de outro, Município ou pessoa residente ou domiciliada no País, sabendo-se, de antemão, que o recurso ordinário das sentenças proferidas nessas causas é de competência do S.T.J.

Dúvida poderia surgir em relação à competência para apreciar eventual recurso contra decisão interlocutória a ser proferida pelo juízo federal de primeiro grau. Essa dúvida foi suprida pelo disposto no §1º do art. 1.027 do atual C.P.C., o qual expressamente preceitua que a competência para conhecer de *agravo de instrumento* contra a decisão do juízo federal, inserida nas hipóteses do art. 1.015 do atual C.P.C., não será do Tribunal Regional Federal, mas, sim, do S.T.J.

Aliás, essa previsão normativa já existia nos art. 36, inc.II, e 37 da Lei 8.038/90, *in verbis*:

> Art. 36 – Nas causas em que forem partes, de um lado, Estado estrangeiro ou organismo internacional e, de outro, município ou pessoa domiciliada ou residente no País, caberá:
>
> I – apelação da sentença;
>
> II – agravo de instrumento, das decisões interlocutórias.
>
> Art. 37 – Os recursos mencionados no artigo anterior serão interpostos para o Superior Tribunal de Justiça, aplicando-se-lhes, quanto aos requisitos de admissibilidade e ao procedimento, o disposto no Código de Processo Civil.

Nesse sentido, aliás, são os seguintes precedentes do S.T.J.:

> *AGRAVO DE INSTRUMENTO EM EXCEÇÃO DE INCOMPETÊNCIA. DECISÃO INTERLOCUTÓRIA PROFERIDA POR JUÍZO FEDERAL. CAUSA EM QUE SÃO PARTES ESTADO ESTRANGEIRO E PESSOA JURÍDICA DOMICILIADA NO BRASIL. COMPETÊNCIA RECURSAL DO SUPERIOR TRIBUNAL DE JUSTIÇA. AÇÃO DE REPARAÇÃO DE DANO. INADIMPLEMENTO CONTRATUAL. FORO COMPETENTE. LUGAR ONDE A OBRIGAÇÃO DEVERIA TER SIDO SATISFEITA (CPC, ART. 100, IV, D). AGRAVO DESPROVIDO.*
>
> *1. Compete ao Superior Tribunal de Justiça, nos termos do art. 105, II, c, da Constituição Federal, do art. 539, II, b, e parágrafo único, do CPC, dos arts. 36, II, e 37 da Lei 8.038/90 e dos arts. 13, III, e 254, II, do RISTJ, processar e julgar agravo de instrumento interposto contra decisão interlocutória, em exceção de incompetência, profe-*

RECURSOS NO NOVO C.P.C.

rida por Juiz Federal, no âmbito de ação de indenização movida por Estado Estrangeiro contra pessoa jurídica de direito privado domiciliada no Brasil.

2. Em se tratando de ação de reparação de danos que tenha por causa de pedir inadimplemento contratual, o foro competente para processamento e julgamento da demanda é o do lugar onde deveria ter-se dado o cumprimento da obrigação, porquanto o pedido de indenização é sucedâneo da obrigação descumprida. A responsabilidade civil, como dever jurídico secundário, surge do descumprimento do dever jurídico primário ou originário. Aplica-se, na espécie, a regra de competência estabelecida no art. 100, IV, d, do Código de Processo Civil, que é especial em relação à regra da alínea a desse mesmo dispositivo legal.

3. Agravo de instrumento a que se nega provimento.

(Ag 1431051/DF, Rel. Ministro RAUL ARAÚJO, QUARTA TURMA, julgado em 12/06/2012, DJe 21/08/2012)

PROCESSUAL CIVIL. MANDADO DE SEGURANÇA ORIGINÁRIO. DECISÃO QUE CONCEDE OU DENEGA LIMINAR. AGRAVO DE INSTRUMENTO PREVISTO NO ARTIGO 522 DO CÓDIGO DE PROCESSO CIVIL PARA O SUPERIOR TRIBUNAL DE JUSTIÇA. NÃO CABIMENTO.

1. O Superior Tribunal de Justiça possui competência para apreciar agravo de instrumento em duas únicas hipóteses, quais sejam, quando formulado contra provimento que não admite processamento de recurso especial (artigo 544 do CPC), e nas decisões interlocutórias proferidas nas causas em que são partes, de um lado, Estado estrangeiro ou organismo internacional e, do outro, Município ou pessoa residente ou domiciliada no País (artigo 539, II, "b" e parágrafo único, do CPC).

2. Agravo regimental a que se nega provimento.

(AgRg no Ag 1.068.872/MG, 6ª T., Rel. Min. Paulo Gallotti, DJe de 24/11/2008)

31.5. Efeito devolutivo ou suspensivo do recurso ordinário – teoria da *causa madura*

Preceitua o §2º do art. 1.027 do atual C.P.C. que se aplica ao recurso ordinário o disposto no art. 1.013, § 3º, do novo C.P.C., a saber:

"Art. 1.013. A apelação devolverá ao tribunal o conhecimento da matéria impugnada.

(...).

§3º Se o processo estiver em condições de imediato julgamento, o tribunal deve decidir desde logo o mérito quando:

I – *reformar sentença fundada no art. 485;*

II – *decretar a nulidade da sentença por não ser ela congruente com os limites do pedido ou da causa de pedir;*

III – *constatar a omissão no exame de um dos pedidos, hipótese em que poderá julgá-lo;*

IV – *decretar a nulidade de sentença por falta de fundamentação".*

Poderá ocorrer que o Superior Tribunal de Justiça ou o Supremo Tribunal Federal, ao apreciar o recurso ordinário, depare-se com um acórdão ou com uma sentença proveniente de juiz federal de primeiro grau sem resolução de mérito, nos termos do art. 485 do novo C.P.C., ou que tenha sido proferida de forma incongruente aos limites do pedido ou da causa de pedir, ou que tenha se omitido no exame de um dos pedidos ou, ainda, que tenha sido proferida sem fundamentação.

Diante dessa situação, o natural seria o S.T.J. ou o S.T.F. anular o acórdão ou a sentença de primeiro grau para que outro ou outra fosse proferido. Nesse sentido são os seguintes precedentes:

ADMINISTRATIVO. AGRAVO REGIMENTAL EM RECURSO ORDINÁRIO EM MANDADO DE SEGURANÇA. CONCURSO PÚBLICO PARA SOLDADO DA PM/GO. IMPUGNAÇÃO DO RESULTADO DA FASE DE AVALIAÇÃO FÍSICA. HOMOLOGAÇÃO DO CERTAME NÃO CONFIGURA PERDA DO OBJETO. TEORIA DA CAUSA MADURA NÃO SE APLICA AOS RECURSOS ORDINÁRIOS. RECURSO ORDINÁRIO PARCIALMENTE PROVIDO, EM CONSONÂNCIA COM O PARECER MINISTERIAL, PARA DETERMINAR O RETORNO DOS AUTOS A ORIGEM A FIM DE PROSSEGUIR NO JULGAMENTO DA CAUSA. AGRAVO REGIMENTAL DO ESTADO DE GOIÁS DESPROVIDO.

1. É firme a orientação desta Corte segundo a qual a homologação final do concurso não induz à perda do objeto da ação proposta com a finalidade de questionar uma das etapas do certame.

2. A teoria da causa madura (art. 515, § 3o. do CPC) não se aplica aos recursos ordinários, razão pela qual, afastada a perda de objeto, a medida que se impõe é o retorno dos autos a Origem para prosseguir no julgamento da causa.

3. Agravo Regimental do ESTADO DE GOIÁS desprovido.

(AgRg no RMS 35.235/GO, Rel. Ministro NAPOLEÃO NUNES MAIA FILHO, PRIMEIRA TURMA, julgado em 15/03/2016, DJe 30/03/2016)

ADMINISTRATIVO. PROCESSUAL CIVIL. AGRAVO REGIMENTAL NO RECURSO ORDINÁRIO EM MANDADO DE SEGURANÇA. CONCURSO PÚBLICO. NOMEAÇÃO. PEDIDO DO DIREITO À POSSE. IMPETRAÇÕES ANTERIORES QUE TRATARAM DO DIREITO À REINTEGRAÇÃO NO CARGO. DESSEMELHANÇA DOS ELEMENTOS IDENTIFICADORES DA DEMANDA. COISA JULGADA. INOCORRÊNCIA. TESE NÃO APRECIADA PELA CORTE DE ORIGEM. IMPOSSIBILIDADE DE EXAME. TEORIA DA "CAUSA MADURA". INAPLICABILIDADE.

1. Não havendo identidade entre os elementos identificadores da demanda, não há que se falar em coisa julgada.

2. Por ser inaplicável, in casu, a teoria da causa madura (artigo 515, § 3º, do CPC), mister se faz o retorno dos autos à instância de origem para apreciação das demais questões ventiladas na feito, sob pena de o STJ incorrer em indevida supressão de instância.

3. Agravo regimental não provido.

(AgRg no RMS 49.329/MS, Rel. Ministro MAURO CAMPBELL MARQUES, SEGUNDA TURMA, julgado em 17/12/2015, DJe 18/12/2015)

AGRAVO REGIMENTAL NO RECURSO EM MANDADO DE SEGURANÇA. PROVIMENTO DO RECURSO ORDINÁRIO. DETERMINAÇÃO DE RETORNO DOS AUTOS. TEORIA DA CAUSA MADURA. INAPLICABILIDADE. SUPRESSÃO DE INSTÂNCIA.

1. Hipótese em que o recurso ordinário foi provido para reconhecer a legitimidade ativa da impetrante, com a determinação de remessa dos autos à origem. O agravante não infirma o fundamento da decisão; busca, isso sim, que esta Turma se manifeste a respeito da alegada inadequação da via eleita por se cuidar de writ contra lei em tese.

2. Embora insubsistente o óbice processual levantado pela Corte de origem ao conhecimento do mandado de segurança, não é possível ao STJ prosseguir no julgamento do recurso ordinário, porque inaplicável, nesta sede recursal, a teoria da causa madura, prevista no art. 515, § 3º, do CPC, sob pena de indevido alargamento da competência constitucionalmente atribuída a este Superior Tribunal.

Precedentes.

3. Agravo regimental a que se nega provimento.

(AgRg no RMS 49.120/PI, Rel. Ministra DIVA MALERBI (DESEMBARGADORA CONVOCADA TRF 3ª REGIÃO), SEGUNDA TURMA, julgado em 01/12/2015, DJe 09/12/2015)

RECURSO ORDINÁRIO

Recurso em mandado de segurança. Anistia política. Pensão militar. Imposto retido na fonte. Lei nº 10.559/02. Autoridade coatora. Legitimidade.

1. A folha de pagamento dos militares corre à conta do Ministério do Exército. O Ministro de Estado da Defesa e o Comandante do Exército, portanto, detêm o poder de determinar a interrupção dos descontos relativos ao imposto de renda feitos nos proventos da recorrente, exatamente o objeto da impetração. Legitimidade, assim, das citadas autoridades para figurar no pólo passivo do mandado de segurança.

2. Recurso ordinário provido para reconhecer a legitimidade passiva das autoridades apontadas como coatoras e determinar a devolução dos autos ao Superior Tribunal de Justiça para a apreciação do mérito do mandado de segurança, inaplicável o art. 515, § 3º, do Código de Processo Civil.

(RMS 26959, Relator(a): Min. EROS GRAU, Relator(a) p/ Acórdão: Min. MENEZES DIREITO, Tribunal Pleno, DJe 15-05-09).

E M E N T A: EMBARGOS DE DECLARAÇÃO – INOCORRÊNCIA DE CONTRADIÇÃO, OBSCURIDADE OU OMISSÃO – PRETENDIDO REEXAME DA CAUSA – CARÁTER INFRINGENTE – INADMISSIBILIDADE – LIQUIDAÇÃO EXTRAJUDICIAL DE INSTITUIÇÃO FINANCEIRA (LEI Nº 6.024/74)

– PRETENDIDA RETIFICAÇÃO DO QUADRO GERAL DE CREDORES

– ILEGITIMIDADE PASSIVA "AD CAUSAM" DO PRESIDENTE DO BANCO CENTRAL DO BRASIL PARA FIGURAR COMO AUTORIDADE COATORA – CONSEQUENTE INCOGNOSCIBILIDADE DO MANDADO DE SEGURANÇA IMPETRADO PERANTE O E. SUPERIOR TRIBUNAL DE JUSTIÇA – LITÍGIO MANDAMENTAL CUJO MÉRITO SEQUER FOI APRECIADO PELO STJ

– INADMISSIBILIDADE DA INVOCAÇÃO DA TEORIA DA ENCAMPAÇÃO QUANDO DELA RESULTAR A INDEVIDA MODIFICAÇÃO DA COMPETÊNCIA, ORIGINÁRIA OU RECURSAL, DISCIPLINADA NA PRÓPRIA CONSTITUIÇÃO FEDERAL – REQUISITOS QUE CONDICIONAM A APLICAÇÃO DA TEORIA DA ENCAMPAÇÃO – PRECEDENTES

– INAPLICABILIDADE, DE OUTRO LADO, AO RECURSO ORDINÁRIO EM MANDADO DE SEGURANÇA, DO ART. 515, § 3º, DO CPC, QUE CONSAGRA A TEORIA DA CAUSA MADURA – PRECEDENTES (STF)

– INOVAÇÃO DOS LIMITES MATERIAIS DO PEDIDO

– IMPUGNAÇÃO RECURSAL QUE NÃO GUARDA PERTINÊNCIA COM OS FUNDAMENTOS EM QUE SE ASSENTOU O ATO DECISÓRIO QUES-

*TIONADO – OCORRÊNCIA DE DIVÓRCIO IDEOLÓGICO – PRECEDEN-
TES – EMBARGOS DE DECLARAÇÃO REJEITADOS.*
(RMS 28194 AgR-ED, Relator(a): Min. CELSO DE MELLO, Segunda
Turma, julgado em 08/04/2014, ACÓRDÃO ELETRÔNICO DJe-077
DIVULG 23-04-2014 PUBLIC 24-04-2014)

Observa-se que em todos os precedentes acima indicados o S.T.J. e o
S.T.F. não admitiam a aplicação da *teoria da causa madura* no âmbito do
recurso ordinário.

Porém, a aplicação da *teoria da causa madura* no recurso ordinário foi
expressamente consignada no art. 1.027 §2º, do novo C.P.C.

Também estabelece o §2º do art. 1.027 do atual C.P.C. que se aplica
ao recurso ordinário o disposto no art. 1.029, §5º, do novo C.P.C., a saber:

> *Art. 1.029. O recurso extraordinário e o recurso especial, nos casos previstos na Cons-
> tituição Federal, serão interpostos perante o presidente ou o vice-presidente do tribunal
> recorrido, em petições distintas que conterão:*
>
> *(...).*
>
> *§ 5º O pedido de concessão de efeito suspensivo a recurso extraordinário ou a recurso
> especial poderá ser formulado por requerimento dirigido:*
>
> *I – ao tribunal superior respectivo, no período compreendido entre a publica-
> ção da decisão de admissão do recurso e sua distribuição, ficando o relator designado
> para seu exame prevento para julgá-lo; (Redação dada pela Lei nº 13.256, de 2016)
> (Vigência)*
>
> *II – ao relator, se já distribuído o recurso;*
>
> *III – ao presidente ou ao vice-presidente do tribunal recorrido, no período compre-
> endido entre a interposição do recurso e a publicação da decisão de admissão do recurso,
> assim como no caso de o recurso ter sido sobrestado, nos termos do art. 1.037. (Redação
> dada pela Lei nº 13.256, de 2016) (Vigência)*

O recurso ordinário constitucional (CF 102 II e 105 II), segundo Nelson Nery Junior, Barbosa Moreira e Araken de Assis, segue a regra geral
dos recursos.[497] Sob a égide do C.P.C. de 1973, seria recebido com efeito
suspensivo. O mesmo deveria ocorrer em face do novo C.P.C., tendo em
vista o que dispõe o art. 34 da Lei 8.038/90, *in verbis: "serão aplicadas, quanto*

---

[497] NERY JUNIOR, N., op. cit., p. 430.

RECURSO ORDINÁRIO

aos requisitos de admissibilidade e ao procedimento no Tribunal recorrido, as regras do Código de Processo Civil relativas à apelação".[498]

Porém, dúvida surgirá sobre o efeito suspensivo do recurso ordinário, em face do que dispõe o art. 1.027, §2º, do novo C.P.C., *in verbis: Aplica-se ao recurso ordinário o disposto nos arts. 1.013, §3º, e 1.029 §5º.*

Por sua vez, estabelece o §5º do art. 1.029 do novo C.P.C.

> Art. 1.029. *O recurso extraordinário e o recurso especial, nos casos previstos na Constituição Federal, serão interpostos perante o presidente ou o vice-presidente do tribunal recorrido, em petições distintas que conterão:*
>
> *§ 5º O pedido de concessão de efeito suspensivo a recurso extraordinário ou a recurso especial poderá ser formulado por requerimento dirigido:*
>
> *I – ao tribunal superior respectivo, no período compreendido entre a publicação da decisão de admissão do recurso e sua distribuição, ficando o relator designado para seu exame prevento para julgá-lo; (Redação dada pela Lei nº 13.256, de 2016) (Vigência)*
>
> *II – ao relator, se já distribuído o recurso;*
>
> *III – ao presidente ou ao vice-presidente do tribunal recorrido, no período compreendido entre a interposição do recurso e a publicação da decisão de admissão do recurso, assim como no caso de o recurso ter sido sobrestado, nos termos do art. 1.037. (Redação dada pela Lei nº 13.256, de 2016) (Vigência)*

Ora, se o art. 1.027, §2º, do novo C.P.C. determina expressamente a aplicação no recurso ordinário do art. 1.029, §5º, do mesmo diploma legal, isso significa dizer que o recurso ordinário, se for o caso, será recebido sem efeito suspensivo.

Por sua vez, *"o recurso ordinário constitucional, quando cabível do acórdão que 'denega' a impetração (CPC 269 de 1973) ou que julga o mandado de segurança ou 'habeas corpus' sem resolução do mérito (CPC 267 de 1973), não necessita de efeito suspensivo, já que a decisão impugnada tem caráter 'declaratória negativa', insuscetível de ter esses efeitos negativos suspensos. Denegado o 'writ', não subsiste a liminar, de sorte que nem poderia ser dado efeito suspensivo ao recurso ordinário*

---

[498] É importante salientar que o art. 1.072 , inc. IV, do novo C.P.C. revogou expressamente os arts. 13 a 18, 26 a 29 e 38 da Lei nº 8.038, de 28 de maio de 1990, não fazendo qualquer referência ao art. 34 do mesmo preceito normativo.

para se manter eficaz a liminar, já que incide na espécie a Súmula 405 do STF, que diz ficar sem efeito a liminar, quando denegatória a ordem".[499]

Sob a égide do C.P.C. de 1973, eis as seguintes decisões sobre o efeito suspensivo em recurso ordinário, especialmente em relação ao mandado de segurança:

> *PROCESSUAL CIVIL – MEDIDA CAUTELAR – RECURSO ORDINÁRIO EM MANDADO DE SEGURANÇA – EFEITO SUSPENSIVO – AUSÊNCIA DE PRESSUPOSTOS – SÚMULAS 634 E 635/STF.*
>
> ***1. A concessão de efeito suspensivo a recurso ordinário em mandado de segurança reclama a demonstração do periculum in mora, que se consubstancia na urgência da prestação jurisdicional no sentido de evitar ineficácia do provimento final do pleito deduzido em juízo, bem como a caracterização do fumus boni iuris, ou seja, que haja plausibilidade do direito invocado.***
>
> *2. A eficácia suspensiva a recurso ordinário ainda pendente de análise pelo órgão de segundo grau não é de ser admitida genericamente, ressalvando-se situações excepcionais, de rígido controle pelo STJ. Assim, compete ao Tribunal de origem a apreciação do pedido de efeito suspensivo a recurso pendente de admissibilidade. Súmulas 634 e 635/ STF. Agravo regimental improvido.*
>
> (AgRg na MC 16.512/SC, Rel. Ministro HUMBERTO MARTINS, SEGUNDA TURMA, julgado em 27/04/2010, DJe 07/05/2010).

> *MEDIDA CAUTELAR INOMINADA – EFEITO SUSPENSIVO A RECURSO ORDINÁRIO INTERPOSTO PERANTE O TRIBUNAL DE ORIGEM – DECISÃO IMPUGNADA NÃO JUNTADA AOS AUTOS – RECURSO PENDENTE DE ADMISSIBILIDADE – SITUAÇÃO EXCEPCIONAL NÃO DEMONSTRADA – SÚMULAS 634 E 635/STF – NÃO CONHECIMENTO.*
>
> ***Inviável conferir efeito suspensivo a recurso ordinário em mandado de segurança se nem mesmo cópia da decisão impugnada foi juntada aos autos. Falece a este Superior Tribunal a competência para conferir efeito suspensivo a recurso ainda pendente de admissibilidade perante o Tribunal de origem, notadamente quando não demonstrada situação excepcional. Inteligência das Súmulas 634 e 635/STF. Precedentes.***
>
> *Medida cautelar não conhecida.*

---

[499] NERY JUNIOR, N., op. cit., p. 430 e 431.

RECURSO ORDINÁRIO

(MC 11.823/SP, Rel. Ministra JANE SILVA – DESEMBARGADORA CONVOCADA DO TJ/MG, QUINTA TURMA, julgado em 25/10/2007, DJ 19/11/2007, p. 244).

PROCESSUAL CIVIL. MEDIDA CAUTELAR. EFEITO SUSPENSIVO A RECURSO ORDINÁRIO.

1. Somente em situações excepcionais é possível a concessão de efeito suspensivo a recurso ordinário não admitido pelo Tribunal de origem e, mesmo assim, apenas quando demonstrada a probabilidade de êxito do recurso ordinário, a teratologia do acórdão impugnado, o risco de perecimento de direito e a relevância da fundamentação.

2. Hipótese em que não se vislumbra o perigo da demora. Se eventualmente o recorrente vier a ser atendido no seu pleito, terá de volta a delegação da serventia, situação que não evoluirá ao estado de irreversibilidade material.

3. A relevância da fundamentação não está cristalina. É compreensão do STJ que "o prazo para postular, por mandado de segurança, a tutela de direito líquido e certo é de 120 dias a partir da ciência do ato impugnado" (RMS 31.749/GO, Rel. Ministro TEORI ALBINO ZAVASCKI, PRIMEIRA TURMA, DJe 13/09/2011).

4. A ausência dos requisitos que autorizam a medida excepcional antes de inaugurada a competência desta Corte, impor-se-ia (como se impôs) o indeferimento da petição inicial.

5. Agravo regimental desprovido.

(AgRg na MC 24.612/RS, Rel. Ministro OLINDO MENEZES (DESEMBARGADOR CONVOCADO DO TRF 1ª REGIÃO), PRIMEIRA TURMA, julgado em 17/09/2015, DJe 01/10/2015)

É importante salientar que o novo C.P.C., em seu art.1.028, estabelece que ao recurso mencionado no art. 1.027, inciso II, alínea "b", aplicam-se, quanto aos requisitos de admissibilidade e ao procedimento, as disposições *relativas à apelação* e o Regimento Interno do Superior Tribunal de Justiça.

Portanto, somente em relação ao recurso ordinário previsto no art. 1.027, inc. II, alínea 'b', é que o legislador do novo C.P.C. determinou a observância, quanto aos requisitos de admissibilidade e ao procedimento, das disposições relativas à apelação.

Assim, tenho para mim que se o recurso ordinário disser respeito à hipótese do art. 1.027, inc. II, alínea 'b', deverá ser recebido no efeito suspensivo, justamente pelo fato de que o procedimento de recebimento do recurso de apelação se dá com efeito suspensivo.

31.6. Processamento do recurso ordinário

Como o *recurso ordinário* regulado no art. 1.027, inc. II, alínea 'b' (*as causas em que forem partes, de um lado, estado estrangeiro ou organismo internacional e, do outro, município ou pessoa residente ou domiciliada no País*) do atual C.P.C. é similar ao recurso de apelação de competência dos tribunais de segundo grau, entendeu o legislador em determinar que sejam observados os mesmos requisitos de admissibilidade e o mesmo procedimento no juízo de origem em relação ao recurso de apelação, além daqueles previstos no regimento interno do S.T.J.

Aplica-se ao recurso ordinário o disposto no art. 1.013 do atual C.P.C.:

> *Art. 1.013. A apelação devolverá ao tribunal o conhecimento da matéria impugnada.*
>
> *§ 1º Serão, porém, objeto de apreciação e julgamento pelo tribunal todas as questões suscitadas e discutidas no processo, ainda que não tenham sido solucionadas, desde que relativas ao capítulo impugnado.*
>
> *§ 2º Quando o pedido ou a defesa tiver mais de um fundamento e o juiz acolher apenas um deles, a apelação devolverá ao tribunal o conhecimento dos demais.*
>
> *§ 3º Se o processo estiver em condições de imediato julgamento, o tribunal deve decidir desde logo o mérito quando:*
>
> *I – reformar sentença fundada no art. 485;*
>
> *II – decretar a nulidade da sentença por não ser ela congruente com os limites do pedido ou da causa de pedir;*
>
> *III – constatar a omissão no exame de um dos pedidos, hipótese em que poderá julgá--lo;*
>
> *IV – decretar a nulidade de sentença por falta de fundamentação.*
>
> *§ 4º Quando reformar sentença que reconheça a decadência ou a prescrição, o tribunal, se possível, julgará o mérito, examinando as demais questões, sem determinar o retorno do processo ao juízo de primeiro grau.*
>
> *§ 5º O capítulo da sentença que confirma, concede ou revoga a tutela provisória é impugnável na apelação.*

Preceitua o §1º do art. 1.028 do atual C.P.C. que na hipótese do art. 1.027, §1º, aplicam-se as disposições relativas ao agravo de instrumento e o Regimento Interno do Superior Tribunal de Justiça.

Em se tratando de agravo de instrumento interposto contra decisão interlocutória proferida em processo que tenha por objeto *as causas em que forem partes, de um lado, estado estrangeiro ou organismo internacional e, do outro, município ou pessoa residente ou domiciliada no País,* o seu processamento deverá observar as disposições relativas ao agravo de instrumento, além do regimento interno do Superior Tribunal de Justiça.

As questões resolvidas na fase cognitiva, se a decisão a seu respeito não comportar agravo de instrumento, não ficam cobertas pela preclusão, e devem ser suscitadas como preliminar do recurso ordinário.

Não há revisor, nos termos do art. 23 do RISTF e 35 e 245, p.u., do RISTJ e do art. 40 da Lei Federal n. 8.038/1990.

Preceitua o §2º do art. 1.028 do atual C.P.C. que o recurso previsto no art. 1.027, incisos I e II, alínea "a", deve ser interposto perante o tribunal de origem, cabendo ao seu presidente ou vice-presidente determinar a intimação do recorrido para, em 15 (quinze) dias, apresentar as contrarrazões.

Assim, com exceção do recurso ordinário interposto no processo que tenha por objeto as *causas em que forem partes, de um lado, estado estrangeiro ou organismo internacional e, do outro, município ou pessoa residente ou domiciliada no País,* as demais hipóteses de recurso ordinário deverão ser interpostas perante o tribunal de origem, cabendo ao presidente ou vice-presidente determinar a intimação do recorrido para, em quinze dias, apresentar contrarrazões.

Por fim, estabelece o §3º do art. 1.028 do atual C.P.C. que findo o prazo referido no §2º, os autos serão remetidos ao respectivo tribunal superior, independentemente de juízo de admissibilidade.

Assim, findo o prazo, os autos serão remetidos ao respectivo tribunal superior, independentemente de juízo de admissibilidade.

O recurso, portanto, deverá ser interposto perante o presidente ou vice-presidente do tribunal recorrido, o qual não poderá realizar a análise de admissibilidade do recurso, cuja competência será exclusiva ou do S.T.F. ou do S.T.J.

O recurso, salvo disposição diversa, não gerará efeito suspensivo em relação à eficácia da decisão, mas apenas devolutivo.

Poderá ser interposto recurso adesivo pela parte que saiu parcialmente vencedora.

O recurso ordinário devolverá ao tribunal o conhecimento da matéria impugnada, seja de direito ou de fato.

As questões de fato não propostas no juízo inferior poderão ser suscitadas no recurso ordinário se a parte provar que deixou de fazê-lo por motivo de força maior.

Se o S.T.J. ou o S.T.F. atribuir efeito suspensivo ao recurso ordinário, obsta a eficácia da sentença ou do acórdão.

Aplica-se ao recurso ordinário o disposto no art. 933 do atual C.P.C. Aliás, o S.T.J. já vinha decidindo pela aplicação do art. 515, §3º, do C.P.C. de 1973, conforme a seguinte decisão:

> (...).
>
> *4. Afastado o óbice da impropriedade da via eleita e que extinguiu o processo sem exame do mérito, pode o STJ, com respaldo no art. 515, § 3º, do CPC, examinar o mérito do mandamus.*
>
> (...).
>
> (RMS 19.521/RJ, Rel. Ministra ELIANA CALMON, SEGUNDA TURMA, julgado em 08/11/2005, DJ 21/11/2005, p. 173)

Discute-se sobre qual recurso será cabível na hipótese de o juízo de origem não admitir a subida do recurso ordinário ao S.T.F. ou ao S.T.J.

Bernardo Pimentel identificou três correntes: a) que cabe agravo interno contra a decisão do Presidente do Tribunal que não o remeter; b) agravo de instrumento regulado pelo C.P.C.; c) por analogia, o agravo em recurso especial ou em recurso extraordinário. Entende Didier Jr. que é caso e aplicação analógica do agravo em recurso especial ou em recurso extraordinário.[500]

Penso que em face da dificuldade de se estabelecer qual é o recurso ideal, deve-se aplicar o princípio da *fungibilidade recursal*.

---

[500] DIDIER, F., et au, idem, p. 212.

32.
Embargos de Divergência

32.1. Considerações gerais

O recurso previsto no art. 1.043 do novo C.P.C. não se identifica com os extintos embargos infringentes regulados no art. 496, inc. III, do C.P.C. de 1973, muito menos com os embargos de declaração.

A finalidade dos embargos de divergência é estabelecer a *uniformização* da jurisprudência interna dos Tribunais Superiores quando houver conflito de entendimento sobre determinada questão jurídica.

Conforme ensina Manoel Caetano Ferreira Filho, *"trata-se de mecanismo que tem por objetivo a superação de divergências que possam surgir entre a turma julgadora do recurso extraordinário ou especial e dos demais órgãos fracionários dos tribunais superiores"*.[501]

No novo C.P.C., os embargos de divergência também podem ser interpostos nos processos de competência originária, e não somente nos recursos excepcionais.

A origem dos embargos de divergência, segundo ensina Barbosa Moreira, decorre da relutância do Supremo Tribunal Federal, sob a égide do C.P.C. de 1939, admitir o recurso de revista contra decisão de suas Turmas. Na época, para o S.T.F., o art. 853 do C.P.C. de 1939, que fazia referência a 'Câmaras Cíveis Reunidas', tinha incidência restrita apenas aos

---

[501] FERREIRA FILHO, Manoel Caetano. *Comentários ao código de processo civil – do processo de conhecimento.* São Paulo: Ed. R.T.. Vo. 7. p. 359.

RECURSOS NO NOVO C.P.C.

tribunais estaduais, os únicos em que existia tal órgão. O legislador, para solucionar tal questão, editou a Lei 623, de 19.1.1949, acrescentando um parágrafo único ao art. 833, com a seguinte normatização: *"Além de outros casos admitidos em lei, serão embargáveis, no Supremo Tribunal Federal, as decisões das Turmas, quando divirjam entre si, ou da decisão tomada pelo Tribunal Pleno'*. Surge, assim, nova espécie de recurso, denominado de embargos de divergência. Esses embargos foram disciplinados no Capítulo XII – A do Regimento Interno do S.T.F. em vigor à época, por meio de emenda aprovada em 28.8.1963.[502]

Os embargos de divergência são regulados no atual Regimento Interno do S.T.F., em seus artigos 330 a 336.

Tem-se admitido também os embargos de divergência no âmbito do S.T.J.

Na lição de José Carlos Barbosa Moreira, *"os embargos de divergência visam afastar interpretação divergente do sentido das normas positivas, em tese, nos órgãos do STF e do STJ. Essa é a razão maior da sua existência em nosso sistema processual".*[503]

Aliás, era o que estabelecia o art. 496, inc. VIII, do C.P.C. de 1973, *in verbis:*

Art. 496. São cabíveis os seguintes recursos: (Redação dada pela Lei nº 8.038, de 25.5.1990)

(...).

VIII – embargos de divergência em recurso especial e em recurso extraordinário. (Incluído pela Lei nº 8.038, de 25.5.1990).

A previsão de interposição de embargos de divergência no âmbito do S.T.J. encontra-se nos arts. 266 e 267 do Regimento Interno do S.T.J.

Segundo preceituava o art. 546 do C.P.C. de 1973:

"Art. 546. É embargável a decisão da turma que: (Revigorado e alterado pela Lei nº 8.950, de 13.12.1994)

I – em recurso especial, divergir do julgamento de outra turma, da seção ou do órgão especial; (Incluído pela Lei nº 8.950, de 1994)

---

[502] BARBOSA MOREIRA, José Carlos. *Comentários ao código de processo civil.* Vol. V. (Arts. 476 a 565) Rio de Janeiro: Forense, 1976. p. 573.

[503] BARBOSA MOREIRA, José Carlos.*Comentários ao Código de Processo Civil.* Vol. 5. 15ª ed., Rio de Janeiro, Forense, 2009, pág. 641.

Il – em recurso extraordinário, divergir do julgamento da outra turma ou do plenário.(Incluído pela Lei nº 8.950, de 1994)

Parágrafo único. Observar-se-á, no recurso de embargos, o procedimento estabelecido no regimento interno. (Revigorado e alterado pela Lei nº 8.950, de 13.12.1994)".

Os embargos de divergência foram mantidos no âmbito do novo C.P.C. brasileiro, cuja regulamentação encontra-se nos arts. 1.043 a 1.044, *in verbis:*

Art. 1.043. É embargável o acórdão de órgão fracionário que:

I – em recurso extraordinário ou em recurso especial, divergir do julgamento de qualquer outro órgão do mesmo tribunal, sendo os acórdãos, embargado e paradigma, de mérito;

(Revogado pela Lei nº 13.256, de 2016)

III – em recurso extraordinário ou em recurso especial, divergir do julgamento de qualquer outro órgão do mesmo tribunal, sendo um acórdão de mérito e outro que não tenha conhecido do recurso, embora tenha apreciado a controvérsia;

(Revogado pela Lei nº 13.256, de 2016)

§ 1º Poderão ser confrontadas teses jurídicas contidas em julgamentos de recursos e de ações de competência originária.

§ 2º A divergência que autoriza a interposição de embargos de divergência pode verificar-se na aplicação do direito material ou do direito processual.

§ 3º Cabem embargos de divergência quando o acórdão paradigma for da mesma turma que proferiu a decisão embargada, desde que sua composição tenha sofrido alteração em mais da metade de seus membros.

§ 4º O recorrente provará a divergência com certidão, cópia ou citação de repositório oficial ou credenciado de jurisprudência, inclusive em mídia eletrônica, onde foi publicado o acórdão divergente, ou com a reprodução de julgado disponível na rede mundial de computadores, indicando a respectiva fonte, e mencionará as circunstâncias que identificam ou assemelham os casos confrontados.

(Revogado pela Lei nº 13.256, de 2016)

Art. 1.044. No recurso de embargos de divergência, será observado o procedimento estabelecido no regimento interno do respectivo tribunal superior.

§ 1º A interposição de embargos de divergência no Superior Tribunal de Justiça interrompe o prazo para interposição de recurso extraordinário por qualquer das partes.

§ 2º Se os embargos de divergência forem desprovidos ou não alterarem a conclusão do julgamento anterior, o recurso extraordinário interposto pela outra parte antes da publicação do julgamento dos embargos de divergência será processado e julgado independentemente de ratificação.

RECURSOS NO NOVO C.P.C.

Assim como já ocorria na égide do C.P.C. de 1973, pelo novo C.P.C. os embargos de divergência estão restritos ao S.T.J. e ao S.T.F., especificamente no âmbito de recurso especial e recurso extraordinário, e não mais nas causas de competência originária, tendo em vista a revogação do inc. IV do art. 1.043 do novo C.P.C. pela Lei n. 13.256/16.

32.2. Objeto dos embargos de divergência

Para que sejam cabíveis os embargos de divergência, a decisão embargada deve ter sido proferida órgão fracionário (acórdão) em recurso especial ou extraordinário.

Portanto, a decisão embargada deve decorrer de órgão fracionário, turma, do S.T.J ou do S.T.F.

Não se admite a interposição de embargos de divergência contra decisão monocrática do relator. Nesse sentido são as seguintes decisões do S.T.F.:

AGRAVO REGIMENTAL NOS EMBARGOS DE DIVERGÊNCIA NO AGRAVO REGIMENTAL NO RECURSO EXTRAORDINÁRIO COM AGRAVO. NÃO CABIMENTO. AUSÊNCIA DE PRESSUPOSTO DE ADMISSIBILIDADE. AGRAVO REGIMENTAL DESPROVIDO.

1. Incabíveis os embargos de divergência contra decisão monocrática que não conhece do agravo regimental, porquanto interposto contra ato de relator, que aplica a sistemática da repercussão geral.

2. Agravo regimental desprovido.

(ARE 896802 AgR-EDv-AgR, Relator(a): Min. EDSON FACHIN, Tribunal Pleno, julgado em 22/10/2015, PROCESSO ELETRÔNICO DJe-224 DIVULG 10-11-2015 PUBLIC 11-11-2015)

E M E N T A: EMBARGOS DE DIVERGÊNCIA – INADMISSIBILIDADE DA INVOCAÇÃO, COMO PADRÃO DE DIVERGÊNCIA, DE DECISÕES MONOCRÁTICAS PROFERIDAS POR MINISTROS DO SUPREMO TRIBUNAL FEDERAL – DESCUMPRIMENTO, ADEMAIS, PELA PARTE EMBARGANTE, DO DEVER PROCESSUAL DE PROCEDER AO CONFRONTO ANALÍTICO DETERMINADO NO ART. 331 DO RISTF – SUPREMO TRIBUNAL FEDERAL – COMPETÊNCIA NORMATIVA PRIMÁRIA (CF/69, ART. 119, § 3º, "c") – POSSIBILIDADE CONSTITUCIONAL, SOB A ÉGIDE DA CARTA FEDERAL DE 1969, DE O SUPREMO TRIBUNAL FEDERAL DISPOR, EM SEDE REGIMENTAL, SOBRE NORMAS DE DIREITO PRO-

EMBARGOS DE DIVERGÊNCIA

CESSUAL – RECEPÇÃO, PELA CONSTITUIÇÃO DE 1988, DE TAIS PRE-
CEITOS REGIMENTAIS COM FORÇA E EFICÁCIA DE LEI (RTJ 147/1010
– RTJ 151/278) – PLENA LEGITIMIDADE CONSTITUCIONAL DO ART. 331
DO RISTF – ACÓRDÃO EMBARGADO QUE NÃO APRECIA O MÉRITO DA
QUESTÃO SUSCITADA NO APELO EXTREMO – RECURSO DE AGRAVO
IMPROVIDO. – Não se revela admissível, em sede de embargos de divergência, para
demonstração do conflito jurisprudencial, a invocação de decisão monocrática proferida
por Ministro do Supremo Tribunal Federal, eis que a utilização dessa modalidade recursal pressupõe a comprovação de dissenso instaurado entre as próprias Turmas ou entre
qualquer destas e o Plenário da Suprema Corte. Decisão monocrática, por isso mesmo,
não se reveste de parametricidade, não podendo, em consequência, ser indicada como
padrão de confronto para efeito de demonstração da divergência jurisprudencial. Precedentes. – A parte embargante, sob pena de recusa liminar de processamento dos embargos
de divergência – ou de não conhecimento destes, quando já admitidos – deve demonstrar,
de maneira objetiva, mediante análise comparativa entre o acórdão paradigma e a decisão embargada, a existência do alegado dissídio jurisprudencial, impondo-se-lhe, para
efeito de caracterização do conflito interpretativo, mencionar as circunstâncias que identificariam ou que tornariam assemelhados os casos em confronto. Precedentes. – Não se
mostram suscetíveis de conhecimento os embargos de divergência nos casos em que aquele
que deles se utiliza descumpre a determinação contida no art. 331 do RISTF, que, mais
do que o confronto analítico, exige que haja, entre os acórdãos confrontados, o necessário vínculo de pertinência temática, em ordem a permitir a constatação de efetiva existência de dissídio interpretativo no âmbito do Supremo Tribunal Federal. Precedentes.
– O Supremo Tribunal Federal, sob a égide da Carta Política de 1969 (art. 119, § 3º,
"c"), dispunha de competência normativa primária para, em sede meramente regimental, formular normas de direito processual concernentes ao processo e ao julgamento dos
feitos de sua competência originária ou recursal. Com a superveniência da Constituição
de 1988, operou-se a recepção de tais preceitos regimentais, que passaram a ostentar força
e eficácia de norma legal (RTJ 147/1010 – RTJ 151/278), revestindo-se, por isso mesmo,
de plena legitimidade constitucional a exigência de pertinente confronto analítico entre
os acórdãos postos em cotejo (RISTF, art. 331). – A inadmissibilidade dos embargos de
divergência evidencia-se quando o acórdão impugnado sequer aprecia o mérito da questão suscitada no recurso extraordinário.

(ARE 853641 AgR-ED-EDv-AgR, Relator(a): Min. CELSO DE MELLO,
Tribunal Pleno, julgado em 28/05/2015, PROCESSO ELETRÔNICO DJe-125
DIVULG 26-06-2015 PUBLIC 29-06-2015)

Os embargos de divergência podem confrontar tanto questão referente à matéria de mérito, assim como no caso em que houver divergência da turma em relação ao julgamento de qualquer outro órgão do mesmo tribunal, sendo um acórdão de mérito e outro que não tenha conhecido do recurso, embora tenha apreciado a controvérsia.[504]

Não é mais possível a interposição dos embargos de divergência quando os acórdãos, embargado e paradigma, digam respeito somente ao juízo de admissibilidade, tendo em vista a revogação do inc. II do art. 1.043 do novo C.P.C. pela Lei n. 13.256, de 2016. Sobre o tema, eis a seguinte decisão do S.T.F.:

> *Ementa: PROCESSUAL CIVIL. SEGUNDO AGRAVO REGIMENTAL NOS EMBARGOS DE DIVERGÊNCIA NOS EMBARGOS DE DECLARAÇÃO NO AGRAVO REGIMENTAL NO AGRAVO DE INSTRUMENTO. APLICAÇÃO DA SÚMULA 283/STF PELO ACÓRDÃO EMBARGADO. DISSENSO JURISPRUDENCIAL. NÃO CONFIGURAÇÃO. AUSÊNCIA DE SIMILITUDE ENTRE OS JULGADOS CONFRONTADOS.*
>
> *1. Os embargos de divergência têm como finalidade uniformizar entendimentos do Tribunal porventura dissonantes, não visando à mera revisão de acórdãos. Seu cabimento, assim, restringe-se "à decisão de Turma que, em recurso extraordinário ou em agravo de instrumento, divergir de julgado de outra Turma ou do Plenário", nos termos do art. 330 do RISTF.*
>
> **2. Ainda que se admita o cabimento de embargos de divergência para a discussão acerca da aplicação de óbices processuais atinentes ao conhecimento de recurso extraordinário, é evidente que debate dessa natureza só pode ocorrer nesta via quando houver estrita similitude fática e jurídica entre os arestos confrontados, sob pena de descaracterização da finalidade uniformizadora dessa espécie recursal.**
>
> *3. Agravo regimental a que se nega provimento.*
>
> (AI 720117 AgR-ED-EDv-AgR-segundo, Relator(a): Min. TEORI ZAVASCKI, Tribunal Pleno, julgado em 17/03/2016, ACÓRDÃO ELETRÔNICO DJe-061 DIVULG 04-04-2016 PUBLIC 05-04-2016)

---

[504] Súmula 420 do S.T.J.: *Incabível, em embargos de divergência, discutir o valor de indenização por danos morais.*

EMBARGOS DE DIVERGÊNCIA

Aduz o § 2º do art. 1.043 do atual C.P.C. que a divergência que autoriza a interposição de embargos de divergência pode verificar-se na aplicação do direito material ou do direito processual.

Portanto, o conteúdo da divergência não se restringe apenas ao direito material, podendo também ter por fundamento questão de natureza de direito processual.

A interposição dos embargos é contra acórdão de *órgão fracionário* do S.T.J. ou do S.T.F., seja em recurso especial, seja em recurso extraordinário.

A divergência da decisão da turma deve ser em relação à decisão proferida por outro órgão do mesmo tribunal, salvo a hipótese do §3º do art. 1.043 do novo C.P.C. O acórdão paradigma pode ser proveniente de ações (demandas) originárias, conforme estabelece o seguinte precedente do S.T.J.:

PROCESSO CIVIL E ADMINISTRATIVO. REJULGAMENTO DO RECURSO ESPECIAL. IMPOSSIBILIDADE. ACÓRDÃO EMBARGADO QUE ANALISA QUE O MÉRITO E OS PARADIGMAS NÃO ULTRAPASSAM A BARREIRA DE CONHECIMENTO. AUSÊNCIA DE SIMILITUDE FÁTICO--JURÍDICA ENTRE OS ACÓRDÃOS CONFRONTADOS.

(...).

2. O novo Código de Processo Civil passou a permitir a apresentação de embargos de divergência, tendo como paradigmas ações originárias.

No entanto, no presente caso, não existe similitude fática, pois a jurisprudência pacífica desta Corte é no sentido de que são incabíveis embargos de divergência quando o acórdão embargado julga o mérito da demanda, e os paradigmas não ultrapassam a barreira de admissibilidade recursal.

(...).

Agravo interno improvido.

(AgInt nos EAREsp 455.203/DF, Rel. Ministro HUMBERTO MARTINS, CORTE ESPECIAL, julgado em 20/04/2016, DJe 03/05/2016)

O objetivo dos embargos de divergência é justamente conseguir a uniformização de jurisprudência *interna* do S.T.J. ou do S.T.F., seja mediante a reforma ou a modificação do acórdão embargado.

É possível admitir que caibam embargos de divergência da decisão proferida em agravo em recurso especial ou extraordinário (art. 1.042 do novo C.P.C.), desde que se tenha conhecido e julgado simultaneamente o recurso especial ou o recurso extraordinário correspondente.

A Súmula 315 do S.T.J., ao tratar do agravo de instrumento para que fosse conhecido o recurso especial, assim estabelece: *"não cabem embargos de divergência no âmbito do agravo de instrumento que não admite recurso especial"*. Sobre o tema, eis as seguintes decisões do S.T.J.:

EMBARGOS DE DIVERGÊNCIA EM AGRAVO DE INSTRUMENTO. ENUNCIADO N. 315 DA SÚMULA/STJ. EMBARGOS NÃO CONHECIDOS.

– Nos termos do art. 546, incisos I e II, do Código de Processo Civil e do art. 266 do RISTJ, cabem embargos de divergência, apenas, contra acórdão proferido em recurso especial e em recurso extraordinário.

– São cabíveis embargos de divergência, ainda, diante da exceção criada pela jurisprudência da Corte, nas hipóteses em que se conhece do agravo de instrumento previsto no art. 544, caput, do Código de Processo Civil para dar provimento ao recurso especial na forma do § 3º do mesmo dispositivo. É que, nesse caso, embora dispensada a reautuação do feito, o próprio recurso especial terá sido julgado.

– Inadmitido o recurso especial na origem e desprovidos o agravo de instrumento (atual agravo em REsp) e o respectivo agravo regimental nesta Corte, mesmo que adotada fundamentação que passe pelo exame do mérito do apelo extremo, descabe a interposição de embargos de divergência, incidindo a vedação contida no enunciado n. 315 da Súmula/STJ.

Embargos de divergência não conhecidos.

(EAg 1186352/DF, Rel. Ministro TEORI ALBINO ZAVASCKI, Rel. p/ Acórdão Ministro CESAR ASFOR ROCHA, CORTE ESPECIAL, julgado em 21/03/2012, DJe 10/05/2012)

PROCESSUAL CIVIL. AGRAVO REGIMENTAL NOS EMBARGOS DE DIVERGÊNCIA. AUSÊNCIA DE SIMILITUDE ENTRE OS CASOS CONFRONTADOS. AUSÊNCIA DE ENFRENTAMENTO DO MÉRITO DO RECURSO ESPECIAL. ÓBICE DA SÚMULA 315/STJ.

1. Não há falar em divergência se o acórdão embargado não conheceu do recurso, em virtude do óbice contido na Súmula 7/STJ, enquanto o aresto paradigma enfrentou o mérito da questão.

2. Além disso, "a teor da Súmula nº 315 do Superior Tribunal de Justiça, 'não cabem embargos de divergência no âmbito do agravo de instrumento que não admite recurso especial'. Esse entendimento, na linha do que decidiu a Corte Especial no EAg nº 1.186.352, DF, só pode ser mitigado na hipótese em que se conhece do agravo para dar provimento ao próprio recurso especial, o que não ocorreu na espécie" (AgRg nos EAREsp 275.432/PE, Corte Especial, Rel. Min. Ari Pargendler, DJe de 14.8.2013).

3. Agravo regimental não provido.

(AgRg nos EAREsp 90.490/PE, Rel. Ministro MAURO CAMPBELL MARQUES, PRIMEIRA SEÇÃO, julgado em 09/12/2015, DJe 17/12/2015)

PROCESSO CIVIL. EMBARGOS DE DIVERGÊNCIA EM AGRAVO EM RECURSO ESPECIAL. INADMISSIBILIDADE. SÚMULA Nº 315/STJ.

A teor da Súmula nº 315 do Superior Tribunal de Justiça, "não cabem embargos de divergência no âmbito do agravo de instrumento que não admite recurso especial".

Entendimento que, na linha do que decidiu a Corte Especial no EAg nº 1.186.352, DF, só pode ser mitigado na hipótese em que se conhece do agravo para dar provimento ao próprio recurso especial, o que não ocorreu na espécie.

Com efeito, o acórdão embargado manteve a decisão que conheceu do agravo "para conhecer em parte do recurso especial e negar-lhe provimento" (e-stj, fl. 590); não houve provimento do recurso especial quanto à matéria tratada nos embargos de divergência.

Agravo regimental desprovido.

(AgRg nos EAREsp 276.892/MG, Rel. Ministra MARGA TESSLER (JUÍZA FEDERAL CONVOCADA DO TRF 4ª REGIÃO), PRIMEIRA SEÇÃO, julgado em 10/12/2014, DJe 16/12/2014)

A decisão agravada tem dois fundamentos, ambos suficientes por si só para inibir o conhecimento dos embargos de divergência: um, o de que, a teor da Súmula nº 315 do Tribunal, "não cabem embargos de divergência no âmbito do agravo de instrumento que não admite recurso especial" (STJ, Súmula nº 315); outro, o de que os embargos de divergência supõem acórdãos discrepantes acerca de questão de direito, e tendo o acórdão embargado reconhecido no recurso especial uma questão de fato, não há como comparar os julgados.

Agravo regimental não provido.

(AgRg nos EAREsp 30.132/SC, Rel. Ministro ARI PARGENDLER, PRIMEIRA SEÇÃO, julgado em 24/04/2013, DJe 02/05/2013)

(...).

3. De fato, o recurso é manifestamente incabível, na medida em que não se admite a oposição de embargos de divergência contra decisão proferida em sede de agravo, de ins-

trumento ou nos próprios autos, quando não é examinado o mérito do recurso especial, como ocorreu no caso. Inteligência da Súmula n.º 315 do STJ. Precedentes.

4. Agravo regimental desprovido.

(AgRg nos EAREsp 165.234/SP, Rel. Ministra LAURITA VAZ, CORTE ESPECIAL, julgado em 25/04/2013, DJe 02/05/2013)

É possível, ainda, que o relator, no agravo em recurso especial ou extraordinário, se o acórdão recorrido estiver em conflito com súmula do tribunal superior, conheça de plano do agravo para dar provimento ao próprio recurso especial ou extraordinário interposto. Nessa hipótese, a parte recorrente poderá ingressar com *agravo interno*, obtendo assim uma decisão colegiada do órgão fracionário, no caso a turma. Se a turma mantiver a decisão monocrática do relator, proferida no agravo em recurso especial ou extraordinário, serão cabíveis os embargos de divergência.

Muito embora a decisão proferida pela turma não tenha sido no recurso especial ou extraordinário, mas em agravo interno de decisão monocrática de agravo em recurso especial ou extraordinário, é possível a interposição dos embargos de divergência se houver conflito entre precedentes do S.T.J. ou do S.T.F. Esse entendimento encontra-se consolidado na Súmula 316 do S.T.J.: *"Cabem embargos de divergência contra acórdão que, em agravo regimental, decide recurso especial".*

Sobre o tema, eis os seguintes precedentes do S.T.J.:

I – Consoante o entendimento desta Corte, não são cabíveis embargos de divergência interpostos contra decisão proferida em agravo regimental no agravo de instrumento, quando não há exame meritório do apelo trancado na origem. Ademais, esclareça-se que após a edição da Lei 9.756/98, esta Corte vem admitindo embargos de divergência contra acórdão proferido em agravo interno, somente se, quando da apreciação do recurso, houver sido analisado o próprio mérito.

Precedentes.

II – A Eg. Corte Especial já decidiu ser inviável, em sede de embargos de divergência, a alteração do valor de honorários advocatícios, tendo em vista que o exame da matéria demanda a apreciação das especificidades de cada caso.

III – Agravo interno desprovido.

(AgRg na Pet 5.392/SP, Rel. Ministro GILSON DIPP, CORTE ESPECIAL, julgado em 16/05/2007, DJ 29/06/2007, p. 463)

EMBARGOS DE DIVERGÊNCIA

1. A jurisprudência deste Tribunal é pacífica quanto à inadmissibilidade de embargos de divergência contra decisão proferida em agravo regimental em sede de agravo de instrumento, que não adentrou no mérito do recurso.
2. Art. 546, I e parágrafo único, do CPC.
3. Art. 266 do RISTJ.
4. Embargos de divergência não conhecidos.
(EAg 541.924/RJ, Rel. Ministro JOÃO OTÁVIO DE NORONHA, PRIMEIRA SEÇÃO, julgado em 18/10/2004, DJ 13/12/2004, p. 206)

1. Cabem embargos de divergência de acórdão proferido em agravo regimental, se no mesmo foi a tese jurídica de mérito examinada (Precedentes STJ, ERESp's 133.451/SP; 258.616/PR e Ag.Reg./286.332/MG.
2. Acórdãos que não se confrontam, porquanto o paradigma, diferentemente do acórdão impugnado, deixou de examinar a situação fática (Súmula 7).
3. Embargos de divergência não-conhecidos.
(EREsp 271295/DF, Rel. Ministra ELIANA CALMON, PRIMEIRA SEÇÃO, julgado em 18/02/2002, DJ 08/04/2002, p. 124)

A Súmula 599 do S.T.F., por sua vez, afirma que *"são incabíveis embargos de divergência de decisão de Turma em agravo regimental"*. Esta Súmula continuou válida em face da Constituição Federal de 1988 (RTJ 165/319) e mesmo após a redação dada ao art. 546, inc. II, do CPC de 1973 pela Lei 8.950/94 (STF – Pleno; RT 810/145). É certo, porém, que a Súmula 599 do S.T.F. foi 'cancelada' em face do entendimento exposto nos RE 356069; RE 285093 e RE 283240. Sobre o tema, eis o seguinte precedente do S.T.F.:

EMBARGOS DE DIVERGÊNCIA – ACÓRDÃO EM AGRAVO REGIMENTAL – RECURSO EXTRAORDINÁRIO – APRECIAÇÃO INDIRETA – ADEQUAÇÃO. Conforme o disposto no artigo 546 do Código de Processo Civil, interpretado presente o objetivo da norma, mostram-se cabíveis os embargos de divergência quando o acórdão atacado por meio deles implica pronunciamento quanto a recurso extraordinário. EMBARGOS DE DIVERGÊNCIA – ACÓRDÃO PROFERIDO EM AGRAVO REGIMENTAL – VERBETE Nº 599 DA SÚMULA DO SUPREMO. Ante o novo entendimento sobre o alcance do artigo 546 do Código de Processo Civil, não subsiste, sendo cancelado, o Verbete nº 599 da Súmula do Supremo – "São incabíveis embargos de divergência de decisão de Turma, em agravo regimental". DIREITO – ALCANCE – JURISPRUDÊNCIA – EVOLUÇÃO. Incumbe ao

*órgão julgador evoluir no entendimento inicialmente adotado tão logo conven-
cidos os integrantes de assistir maior razão, ante o ordenamento jurídico, à tese
inicialmente rechaçada.*

(RE 285093 AgR-ED-EDv-AgR, Relator(a): Min. ELLEN GRACIE,
Relator(a) p/ Acórdão: Min. MARCO AURÉLIO, Tribunal Pleno, julgado em
26/04/2007, DJe-055 DIVULG 27-03-2008 PUBLIC 28-03-2008 EMENT
VOL-02312-06 PP-00950)

O S.T.J também vinha entendendo que os acórdãos proferidos em Mandado de Segurança, Ação Rescisória e Conflito de Competência não se
prestavam à demonstração do dissídio jurisprudencial. Nesse sentido são
os seguintes precedentes:

*AGRAVO REGIMENTAL. EMBARGOS DE DIVERGÊNCIA EM AGRAVO
EM RECURSO ESPECIAL. RECURSO NÃO ADMITIDO. DEFICIÊNCIA DE
FUNDAMENTAÇÃO. SÚMULA 284/STF. NÃO CABIMENTO DOS EMBAR-
GOS DE DIVERGÊNCIA. SÚMULAS 315 E 316, DO STJ. ACÓRDÃO PARA-
DIGMA PROFERIDO EM MANDADO DE SEGURANÇA. INVIABILIDADE.*

(...).

*4. Ademais, a pretensão do embargante esbarra na orientação pacífica deste Soda-
lício, segundo a qual os julgados proferidos em Mandado de Segurança não se prestam
à demonstração do dissídio jurisprudencial.*

*Confiram-se os seguintes precedentes: AgRg/Eresp 247.353/MG, Rel. Min. Felix
Fischer, Corte Especial, DJU de 10/4/2006; Eresp 33.7640/SP, Rel. Min. Fernando
Gonçalves, Corte Especial, DJU de 21/8/2006.*

5. Agravo regimental a que se nega provimento.

(AgRg nos EAg 1421413/MG, Rel. Ministro OG FERNANDES, CORTE
ESPECIAL, julgado em 02/12/2015, DJe 18/12/2015)

*PENAL E PROCESSUAL PENAL. AGRAVO REGIMENTAL NOS EMBAR-
GOS DE DIVERGÊNCIA. ACÓRDÃO PROFERIDO EM RECURSO EM
HABEAS CORPUS.*

DIVERGÊNCIA NÃO CONFIGURADA. REGIMENTAL IMPROVIDO.

*1. É assente o entendimento desta Corte no sentido de que não se admite como para-
digma para comprovar a divergência acórdão proferido em habeas corpus, mandado de
segurança, recurso ordinário em habeas corpus, recurso ordinário em mandado de segurança e conflito de competência.*

EMBARGOS DE DIVERGÊNCIA

2. Os agravantes não trouxeram nenhum argumento a infirmar os fundamentos da decisão agravada, que, aplicando o art. 266, § 3º, do RISTJ, negou seguimento aos embargos de divergência.

3. Agravo regimental improvido.

(AgRg nos EREsp 1127211/PR, Rel. Ministro RIBEIRO DANTAS, TERCEIRA SEÇÃO, julgado em 25/11/2015, DJe 02/12/2015)

PROCESSUAL CIVIL. AGRAVO REGIMENTAL NA PETIÇÃO QUE SUSCITA EMBARGOS DE DIVERGÊNCIA NOS AUTOS DE RECURSO ORDINÁRIO EM MANDADO DE SEGURANÇA. INVIABILIDADE. PRECEDENTE DA CORTE ESPECIAL. AGRAVO REGIMENTAL A QUE SE NEGA PROVIMENTO.

1. Esta Corte adota o entendimento de que somente se admitem como acórdãos paradigmas os proferidos no âmbito de Recurso Especial e de Agravo que examine o mérito do apelo, não sendo aptos a tal finalidade os arestos no âmbito de Recurso Ordinário em Mandado de Segurança, Ação Rescisória, Habeas Corpus, tampouco em sede de Conflito de Competência, como na espécie (AgRg nos EREsp. 1.347.484/AM, Rel. Min. MARIA THEREZA DE ASSIS MOURA, Corte Especial, DJe 24.9.2014).

2. Agravo Regimental a que se nega provimento.

(AgRg na Pet 9.823/TO, Rel. Ministro NAPOLEÃO NUNES MAIA FILHO, CORTE ESPECIAL, julgado em 18/11/2015, DJe 25/11/2015).

No mesmo sentido é a seguinte decisão do S.T.F.:

EMBARGOS DE DIVERGÊNCIA – PRETENDIDA DEMONSTRAÇÃO DE DISSÍDIO JURISPRUDENCIAL MEDIANTE INVOCAÇÃO DE ACÓRDÃOS-PARADIGMAS PROFERIDOS NO JULGAMENTO DE AÇÃO DIRETA DE INCONSTITUCIONALIDADE E DE MANDADO DE SEGURANÇA – INADMISSIBILIDADE – RECURSO DE AGRAVO IMPROVIDO.

Para efeito de interposição de embargos de divergência, somente os acórdãos proferidos em sede de recurso extraordinário, de agravo de instrumento ou de agravo em recurso extraordinário (Lei nº 12.322/2010), poderão revestir-se de caráter paradigmático, viabilizando-se, processualmente, como padrões de confronto aptos a demonstrar a existência de dissídio jurisprudencial no âmbito do Supremo Tribunal Federal. Precedentes.

(RE n. 577.184-AgR-segundo-EDv-AgR, Relator o Ministro Celso de Mello, Plenário, DJ 15.4.2013).

Essa interpretação tinha por fundamento o disposto no inc. I e II do art. 546 do C.P.C. de 1973 que restringia a interposição dos embargos de divergência ao recurso especial e ao recurso extraordinário.

O novo C.P.C., em seu art. 1.043, inc. IV, permitia a interposição de embargos de divergência nos processo de competência originária, incluindo aí o mandado de segurança, a ação direita de inconstitucionalidade ou constitucionalidade e a ação rescisória.

Porém, inc. IV do art. 1.043 do novo C.P.C. foi expressamente revogado pela Lei n. 13.256/2016.

A divergência há de ocorrer na interpretação de alguma norma de direito federal ou da Constituição, devendo essa divergência ser *atual* e não *passada*.

Se a divergência já restou superada por decisão uniforme do S.T.J. ou do S.T.F., não mais serão admissíveis embargos de divergência, pois no presente já houve uniformização interna da jurisprudência do tribunal superior. Nesse sentido é o teor da Súmula 168 do S.T.J.: *"Não cabem embargos de divergência, quando a jurisprudência do tribunal se firmou no mesmo sentido do acórdão embargado".* No mesmo sentido é a Súmula 247 do S.T.F.: *"O relator não admitira os embargos da Lei 623, de 19.02.1949, nem deles conhecerá o Supremo Tribunal Federal, quando houver jurisprudência firme do Plenário no mesmo sentido da decisão embargada".* Sobre o tema, eis o seguinte precedente do S.T.F.:

Ementa: EMBARGOS DE DIVERGÊNCIA. NÃO CABIMENTO. JURISPRU-DÊNCIA DO PLENÁRIO DO SUPREMO TRIBUNAL FEDERAL FIRMADA NO SENTIDO DO ACÓRDÃO EMBARGADO. APLICAÇÃO DO ART. 332 DO RISTF. BENEFÍCIO PREVIDENCIÁRIO. AUXÍLIO-DOENÇA CONVERTIDO EM APOSENTADORIA POR INVALIDEZ ANTES DA CONSTITUIÇÃO DE 1988. CRITÉRIO DE REVISÃO DO ART. 58 DO ADCT. APLICAÇÃO AOS BENEFÍCIOS MANTIDOS PELA PREVIDÊNCIA SOCIAL NA DATA DA PROMULGAÇÃO DA CONSTITUIÇÃO. EMBARGOS DE DIVERGÊNCIA NÃO CONHECIDOS.

I – São incabíveis os embargos de divergência, conforme dispõe o art. 332 do Regimento Interno do Supremo Tribunal Federal, visto que a jurisprudência do Plenário firmou-se no sentido da decisão embargada.

(RE 240729 EDv, Relator(a): Min. RICARDO LEWANDOWSKI, Tribunal Pleno, julgado em 25/11/2015, ACÓRDÃO ELETRÔNICO DJe-245 DIVULG 03-12-2015 PUBLIC 04-12-2015)

Por sua vez, eis o teor da Súmula 598 do S.T.F.: *"Nos embargos de divergência não servem como padrão de discordância os mesmos paradigmas invocados para demonstrá-la, mas repelidos como não dissidentes no julgamento do recurso extraordinário".*

Não basta, contudo, que o acórdão paradigma seja atual e não ultrapassado. Necessita-se, ainda, que o acórdão paradigma tenha sido proferido por órgão que ainda mantenha competência para a matéria ali versada. Nesse sentido é Súmula n. 158 do STJ: *"Não se presta a justificar embargos de divergência o dissídio com acórdão de turma ou seção que não mais tenha competência para a matéria nela versada".*

32.3. Requisitos para interposição dos embargos de divergência

Dois são os requisitos para a interposição dos embargos de divergência: a) decisão recorrida proferida por órgão fracionário do S.T.J. ou do S.T.F.: b) decisão recorrida decorrente de julgamento de recurso especial ou recurso extraordinário.

Portanto, a mera ocorrência de sucumbência não é motivo suficiente para embasar a interposição dos embargos de divergência. Muito menos a tentativa de revisar o acórdão recorrido. Nesse sentido é o seguinte precedente do S.T.F.:

> *Ementa: PROCESSUAL CIVIL. SEGUNDO AGRAVO REGIMENTAL NOS EMBARGOS DE DIVERGÊNCIA NOS EMBARGOS DE DECLARAÇÃO NO AGRAVO REGIMENTAL NO AGRAVO DE INSTRUMENTO. APLICAÇÃO DA SÚMULA 283/STF PELO ACÓRDÃO EMBARGADO. DISSENSO JURISPRUDENCIAL. NÃO CONFIGURAÇÃO. AUSÊNCIA DE SIMILITUDE ENTRE OS JULGADOS CONFRONTADOS.*
>
> *1. Os embargos de divergência têm como finalidade uniformizar entendimentos do Tribunal porventura dissonantes, não visando à mera revisão de acórdãos. Seu cabimento, assim, restringe-se "à decisão de Turma que, em recurso extraordinário ou em agravo de instrumento, divergir de julgado de outra Turma ou do Plenário", nos termos do art. 330 do RISTF.*
>
> *2. Ainda que se admita o cabimento de embargos de divergência para a discussão acerca da aplicação de óbices processuais atinentes ao conhecimento de recurso extraordinário, é evidente que debate dessa natureza só pode ocorrer nesta via quando houver estrita similitude fática e jurídica entre os arestos confrontados, sob pena de descaracterização da finalidade uniformizadora dessa espécie recursal.*

3. *Agravo regimental a que se nega provimento.*
(AI 720117 AgR-ED-EDv-AgR-segundo, Relator(a): Min. TEORI ZAVAS-CKI, Tribunal Pleno, julgado em 17/03/2016, ACÓRDÃO ELETRÔNICO DJe-061 DIVULG 04-04-2016 PUBLIC 05-04-2016)

A decisão embargada e o paradigma devem consagrar teses jurídicas inconciliáveis, pouco importando se a adoção dessas teses em cada uma dessas decisões tenha sido por maioria de voto ou por unanimidade.[505]

A decisão paradigma não precisa ser proveniente exclusivamente de recurso especial ou extraordinário, podendo advir de outro recurso, no caso, recurso de agravo em recurso extraordinário ou especial.

O S.T.F., porém, não tem admitido como paradigma a decisão monocrática, pois tal decisão não serve para demonstrar o dissenso entre turmas ou entre essas e o plenário do tribunal. Nesse sentido são os seguintes precedentes do S.T.F.:

E M E N T A: EMBARGOS DE DIVERGÊNCIA – INADMISSIBILIDADE DA INVOCAÇÃO, COMO PADRÃO DE DIVERGÊNCIA, DE DECISÕES MONOCRÁTICAS PROFERIDAS POR MINISTROS DO SUPREMO TRIBUNAL FEDERAL – DESCUMPRIMENTO, ADEMAIS, PELA PARTE EMBARGANTE, DO DEVER PROCESSUAL DE PROCEDER AO CONFRONTO ANALÍTICO DETERMINADO NO ART. 331 DO RISTF – SUPREMO TRIBUNAL FEDERAL – COMPETÊNCIA NORMATIVA PRIMÁRIA (CF/69, ART. 119, § 3º, "c") – POSSIBILIDADE CONSTITUCIONAL, SOB A ÉGIDE DA CARTA FEDERAL DE 1969, DE O SUPREMO TRIBUNAL FEDERAL DISPOR, EM SEDE REGIMENTAL, SOBRE NORMAS DE DIREITO PROCESSUAL – RECEPÇÃO, PELA CONSTITUIÇÃO DE 1988, DE TAIS PRECEITOS REGIMENTAIS COM FORÇA E EFICÁCIA DE LEI (RTJ 147/1010 – RTJ 151/278) – PLENA LEGITIMIDADE CONSTITUCIONAL DO ART. 331 DO RISTF – ACÓRDÃO EMBARGADO QUE NÃO APRECIA O MÉRITO DA QUESTÃO SUSCITADA NO APELO EXTREMO – RECURSO DE AGRAVO IMPROVIDO. – Não se revela admissível, em sede de embargos de divergência, para

---

[505] Sob a égide do p.u. do art. 833 do C.P.C. de 1939, com a redação dada pela Lei 623/49, foi editada a Súmula 273 do S.T.F., *in verbis: Nos embargos da L. 623, de 19.2.49, a divergência sôbre questão prejudicial ou preliminar, suscitada após a interposição do recurso extraordinário, ou do agravo, somente será acolhida se o acórdão-padrão fôr anterior à decisão embargada.*

EMBARGOS DE DIVERGÊNCIA

demonstração do conflito jurisprudencial, a invocação de decisão monocrática proferida por Ministro do Supremo Tribunal Federal, eis que a utilização dessa modalidade recursal pressupõe a comprovação de dissenso instaurado entre as próprias Turmas ou entre qualquer destas e o Plenário da Suprema Corte. Decisão monocrática, por isso mesmo, não se reveste de parametricidade, não podendo, em consequência, ser indicada como padrão de confronto para efeito de demonstração da divergência jurisprudencial. Precedentes. – A parte embargante, sob pena de recusa liminar de processamento dos embargos de divergência – ou de não conhecimento destes, quando já admitidos – deve demonstrar, de maneira objetiva, mediante análise comparativa entre o acórdão paradigma e a decisão embargada, a existência do alegado dissídio jurisprudencial, impondo-se-lhe, para efeito de caracterização do conflito interpretativo, mencionar as circunstâncias que identificariam ou que tornariam assemelhados os casos em confronto. Precedentes. – Não se mostram suscetíveis de conhecimento os embargos de divergência nos casos em que aquele que deles se utiliza descumpre a determinação contida no art. 331 do RISTF, que, mais do que o confronto analítico, exige que haja, entre os acórdãos confrontados, o necessário vínculo de pertinência temática, em ordem a permitir a constatação de efetiva existência de dissídio interpretativo no âmbito do Supremo Tribunal Federal. Precedentes. – O Supremo Tribunal Federal, sob a égide da Carta Política de 1969 (art. 119, § 3º, "c"), dispunha de competência normativa primária para, em sede meramente regimental, formular normas de direito processual concernentes ao processo e ao julgamento dos feitos de sua competência originária ou recursal. Com a superveniência da Constituição de 1988, operou-se a recepção de tais preceitos regimentais, que passaram a ostentar força e eficácia de norma legal (RTJ 147/1010 – RTJ 151/278), revestindo-se, por isso mesmo, de plena legitimidade constitucional a exigência de pertinente confronto analítico entre os acórdãos postos em cotejo (RISTF, art. 331). – A inadmissibilidade dos embargos de divergência evidencia-se quando o acórdão impugnado sequer aprecia o mérito da questão suscitada no recurso extraordinário.

(ARE 853641 AgR-ED-EDv-AgR, Relator(a): Min. CELSO DE MELLO, Tribunal Pleno, julgado em 28/05/2015, PROCESSO ELETRÔNICO DJe-125 DIVULG 26-06-2015 PUBLIC 29-06-2015)

PROCESSUAL CIVIL. EMBARGOS DE DIVERGÊNCIA . INDICAÇÃO DE DECISÃO MONOCRÁTICA COMO PARADIGMA DE CONFRONTO. IMPOSSIBILIDADE . JURISPRUDÊNCIA PREDOMINANTE DO SUPREMO TRIBUNAL FEDERAL FIRMADA NO SENTIDO DO ACÓRDÃO EMBARGADO. APLICAÇÃO DO ART. 332 DO RISTF. AGRAVO REGIMENTAL IMPROVIDO .

I – O cabimento dos embargos de divergência, nos termos do art. 330 do Regimento Interno do Supremo Tribunal Federal, pressupõe a existência de dissídio entre decisão de Turma com julgado de outra Turma ou do Plenário na interpretação do direito federal. Assim, decisão monocrática não serve como paradigma para demonstrar a divergência jurisprudencial.

III – Agravo regimental improvido.

(AI 547.631-AgR-EDv-ED-AgR/RJ, Rel. Min. RICARDO LEWANDOWSKI – grifei)

Em suma: não se revela admissível, em sede de embargos de divergência, para demonstração do conflito jurisprudencial, a invocação de decisão monocrática proferida por Ministro do Supremo Tribunal Federal, eis que a utilização dessa modalidade recursal pressupõe a comprovação de dissenso instaurado entre as próprias Turmas ou entre qualquer destas e o Plenário da Suprema Corte. Decisão monocrática, por isso mesmo, não se reveste de parametricidade, não podendo, em consequência, ser indicada como padrão de confronto para efeito de demonstração da divergência jurisprudencial.

Muito embora o saudoso Ministro do S.T.J., Milton Luiz Pereira, admitisse[506], não servirá como paradigma aquela proveniente de *decisão monocrática*. Nesse sentido também é o seguinte precedente do S.T.J.:

1. Não são cabíveis embargos de divergência para impugnar decisão monocrática, porquanto o art. 546, I, do Código de Processo Civil estabelece ser embargável a decisão da Turma que, em recurso especial, divergir do julgamento de outra Turma, da seção ou do órgão especial.

2. Precedentes: AgRg nos EDcl nos EAREsp 116.349/PR, Rel. Min. Humberto Martins, Corte Especial, julgado em 21.11.2012, DJe 14.12.2012; AgRg nos EAREsp 44.362/MG, Rel. Min. Luis Felipe Salomão, Segunda Seção, julgado em 14.3.2012, DJe 19.3.2012; AgRg nos EAREsp 10.115/SP, Rel. Ministra Laurita Vaz, Terceira Seção, julgado em 28.3.2012, DJe 10.4.2012.

3. É inviável o agravo regimental que deixa de atacar especificamente os fundamentos da decisão agravada. Incidência, por analogia, da Súmula 182 do STJ.

Agravo regimental improvido.

---

[506] PEREIRA, Milton Luiz. Embargos de divergência contra decisão lavrada por relator. *In.* *Revista de Processo,* São Paulo, RT, 2001, n. 101, p. 81-87.

(AgRg nos EAREsp 47.111/RJ, Rel. Ministro HUMBERTO MARTINS, CORTE ESPECIAL, julgado em 17/04/2013, DJe 02/05/2013)

32.4. Cotejo entre decisões

Como se sabe, há divergência jurisprudencial quando os acórdãos em confronto, partindo de quadro fático semelhante ou assemelhado, adotam posicionamento dissonante quanto ao direito federal aplicável: AgRg nos EREsp 128.136/RJ, Rel. Min. CESAR ASFOR ROCHA, Segunda Seção, DJ de 8/3/04.

O novo C.P.C., assim como já estabelecia o C.P.C. de 1973, exige do recorrente a demonstração da divergência. Nesse sentido é a seguinte decisão do S.T.J.:

> *PROCESSUAL CIVIL E ADMINISTRATIVO. SERVIDOR PÚBLICO. EXECUÇÃO DE SENTENÇA. JUROS MORATÓRIOS. INCIDÊNCIA SOBRE PAGAMENTOS EFETUADOS NA VIA ADMINISTRATIVA. CRITÉRIO DE CÁLCULO. REEXAME DE PROVAS. SÚMULA 7/STJ. ART. 354 DO CÓDIGO CIVIL. DIVERGÊNCIA JURISPRUDENCIAL. AUSÊNCIA DE COTEJO ANALÍTICO.*
>
> *1. Não se revela ilegal a utilização dos chamados "juros negativos" para atualizar o valor das parcelas pagas administrativamente, para fins de posterior compensação, haja vista ter se tratado de mero artifício contábil que, segundo consignado nas instâncias ordinárias, não importou em nenhuma espécie de prejuízo para a recorrente, entendimento este, outrossim, inviável de ser revisto em virtude do óbice da Súmula 7/STJ. Precedentes.*
>
> *2. O entendimento adotado pela Corte de origem de que a regra inserta no art. 354 do Código Civil não tem aplicabilidade à Fazenda Pública encontra amparo na jurisprudência do STJ.*
>
> *3. Não pode ser conhecido o presente recurso pela alínea "c" do permissivo constitucional, quando a recorrente não realiza o necessário cotejo analítico, bem como não apresenta, adequadamente, o dissídio jurisprudencial. Apesar da transcrição de ementa, não foram demonstradas as circunstâncias identificadoras da divergência entre o caso confrontado e o aresto paradigma.*
>
> ***4. O novo Código de Processo civil também não exime o recorrente da necessidade da demonstração da divergência.***
>
> *Agravo regimental improvido.*

(AgRg no AREsp 833.805/RS, Rel. Ministro HUMBERTO MARTINS, SEGUNDA TURMA, julgado em 05/05/2016, DJe 12/05/2016)

O conhecimento dos embargos de divergência, portanto, está sujeito a duas regras, a saber: (a) a de que o acórdão impugnado e aquele indicado como paradigma discrepem a respeito do desate da mesma questão de direito, sendo indispensável para esse efeito a identificação do que neles foi a razão de decidir; (b) a de que esse exame se dê a partir da comparação de um e de outro acórdão, nada importando os erros ou acertos dos julgamentos anteriores, porque os embargos de divergência não constituem uma instância de releitura do processo.

A finalidade imediata dos embargos de divergência é a uniformização dos entendimentos divergentes entre os órgãos julgadores do STJ ou S.T.F. quando estes divergirem entre si no julgamento de recurso especial ou extraordinário. Exerce, portanto, função política, na medida em que unificará teses divergentes acerca de uma mesma matéria. Apenas, mediatamente, visa modificar a decisão desfavorável à parte sucumbente, distribuindo justiça

É importante salientar que para que sejam conhecidos os embargos de divergência deverá haver um confronto analítico entre os acórdãos, não sendo suficiente apenas a inserção ou a descrição de *ementas*, salvo se for possível retirar da *ementa* toda a matéria de divergência.

Deve-se, portanto, realizar um cotejo entre o acórdão recorrido e o acórdão paradigma, expondo as respectivas particularidades dos dois precedentes. Nesse sentido são os seguintes precedentes do S.T.F.:

> *Para efeito de interposição de embargos de divergência, somente o acórdão proferido no julgamento de recurso extraordinário (ou de agravo de instrumento) poderá revestir-se de caráter paradigmático, viabilizando-se, processualmente, como padrão de confronto, apto a demonstrar a existência de dissídio jurisprudencial no âmbito do Supremo Tribunal Federal. Precedentes. – A parte embargante, sob pena de recusa liminar de processamento dos embargos de divergência – ou de não conhecimento destes, quando já admitidos – deve demonstrar, de maneira objetiva, mediante análise comparativa entre o acórdão paradigma e a decisão embargada, a existência do alegado dissídio jurisprudencial, impondo-se-lhe reproduzir, na petição recursal, para efeito de caracterização do conflito interpretativo, os trechos que configurariam a divergência indicada, mencionando, ainda, as circunstâncias que identificariam ou que tornariam assemelhados os casos em confronto, não bastando, para os fins a que se refere o art. 331 do RISTF, a mera transcrição das ementas dos acórdãos invocados como referências paradigmáticas, nem simples alegações genéricas pertinentes à suposta ocorrência de dissenso pretoriano.*

EMBARGOS DE DIVERGÊNCIA

(...).

(RE 140829 EDv-ED, Relator(a): Min. CELSO DE MELLO, Tribunal Pleno, julgado em 15/12/2011, ACÓRDÃO ELETRÔNICO DJe-241 DIVULG 07-12-2012 PUBLIC 10-12-2012)

I – A utilização adequada dos embargos de divergência impõe ao recorrente o dever de demonstrar, de maneira objetiva e analítica, o dissídio interpretativo alegado, sob pena de inadmissão do recurso. II – Súmulas do STF, decisões singulares e arestos da mesma Turma que proferiu o acórdão embargado não servem à demonstração do dissenso jurisprudencial. III – Cabem embargos de divergência contra acórdão de Turma que, em recurso extraordinário ou agravo de instrumento, divergir de julgado de outra Turma ou do Plenário do STF, desde que os acórdãos confrontados tratem do mesmo thema decidendum. IV – Os embargos de divergência destinam-se a promover a uniformização da jurisprudência desta Corte. Não se prestam, pois, à mera revisão do acerto ou desacerto do acórdão embargado. V – O acórdão impugnado está em harmonia com a jurisprudência predominante deste Tribunal, o que afasta o cabimento dos embargos de divergência, nos termos do art. 332 do Regimento Interno do Supremo Tribunal Federal. VI – Agravo regimental improvido.

(RE 355796 AgR-ED-EDv-AgR, Relator(a): Min. RICARDO LEWANDO-WSKI, Tribunal Pleno, julgado em 23/02/2011, DJe-051 DIVULG 17-03-2011 PUBLIC 18-03-2011 EMENT VOL-02484-01 PP-00139)

Portanto, para conhecimento dos embargos de divergência, o recorrente deve demonstrar objetivamente e analiticamente o dissídio dos precedentes citados, não bastando simplesmente a referência à ementa de cada decisão, salvo se a ementa contiver todos os detalhes do caso e por si só for bastante para demonstrar com objetividade e clareza o dissídio jurisprudencial.

Sobre o tema, eis o seguinte precedente do S.T.F.:

A parte embargante, sob pena de recusa liminar de processamento dos embargos de divergência – ou de não-conhecimento destes, quando já admitidos – deve demonstrar, de maneira objetiva, mediante análise comparativa entre o acórdão paradigma e a decisão embargada, a existência do alegado dissídio jurisprudencial, impondo-se-lhe reproduzir, na petição recursal, para efeito de caracterização do conflito interpretativo, os trechos que configuram a divergência indicada, mencionando, ainda, as circunstâncias que identificam ou que tornam assemelhados os casos em confronto, não bastando, para os fins a que se refere o art. 331 do RISTF, a mera transcrição das ementas dos acórdãos invocados como referências paradigmáticas, nem simples alegações genéricas pertinentes à suposta ocorrência de dissenso pretoriano. Precedentes.

(RE 202097 ED-EDv-AgR, Relator(a): Min. CELSO DE MELLO, Tribunal Pleno, julgado em 12/03/2003, DJ 02-05-2003 PP-00027 EMENT VOL-02108-03 PP-00584)

O S.T.J, por sua vez, não tem admitido os embargos de divergência que tenham por objetivo discutir o acerto ou desacerto na aplicação da regra técnica de conhecimento do recurso especial. Nesse sentido eis os seguintes precedentes:

AGRAVO REGIMENTAL. EMBARGOS DE DIVERGÊNCIA EM AGRAVO EM RECURSO ESPECIAL. RECURSO NÃO ADMITIDO POR INCIDÊNCIA DAS SÚMULAS 315 E 316 DO SUPERIOR TRIBUNAL DE JUSTIÇA. NÃO CABIMENTO DOS EMBARGOS DE DIVERGÊNCIA.

1. Os embargos de divergência são incabíveis se interpostos contra decisão colegiada proferida em sede de agravo que não adentrou no mérito do recurso especial, consoante as Súmulas 315 e 316/STJ.

2. Na espécie, negou-se seguimento ao agravo em recurso especial, sob o fundamento de que "desconstituir o quadro delineado pelo aresto recorrido demandaria o revolvimento do conjunto fático-probatório dos autos, providência esta vedada nesta sede especial, a teor da Súmula 7/STJ"; e que "o recurso especial não pode ser conhecido quanto à interposição pela alínea "c" do permissivo constitucional, pois o dissídio jurisprudencial não foi comprovado conforme estabelecido nos arts. 541, parágrafo único, do CPC, e 255, §§ 1º e 2º, do RISTJ [...]. A simples transcrição de ementas não é suficiente para a comprovação do dissídio".

3. É entendimento já consagrado no âmbito desta Corte Superior a não admissibilidade de embargos de divergência com o objetivo de discutir o acerto ou desacerto na aplicação da regra técnica de conhecimento de recurso especial, como no caso de discussão acerca da possibilidade ou não da incidência dos Enunciados nºs 7 e 83 da Súmula desta Corte.

4. Agravo regimental a que se nega provimento.

(AgRg nos EAREsp 167.850/SP, Rel. Ministro OG FERNANDES, CORTE ESPECIAL, julgado em 06/05/2015, DJe 25/05/2015)

PENAL E PROCESSO PENAL. AGRAVO REGIMENTAL NOS EMBARGOS DE DIVERGÊNCIA EM RECURSO ESPECIAL. 1. RECURSO QUE

VISA A UNIFORMIZAÇÃO DE JURISPRUDÊNCIA DA CORTE. ACÓRDÃO EMBARGADO QUE NEM SEQUER ADMITE O RECURSO ESPECIAL. INCIDÊNCIA DO ÓBICE PREVISTO NOS VERBETES 7/STJ E 83/STJ. IMPOSSIBILIDADE DE DISCUSSÃO ACERCA DO JUÍZO DE ADMISSIBILIDADE. REGRA TÉCNICA DE CONHECIMENTO. 2. ACÓRDÃO PARADIGMA QUE REAFIRMA A INCIDÊNCIA DO VERBETE N. 83/STJ. AUSÊNCIA DE SIMILITUDE FÁTICA. 3. FORMULAÇÃO DE PEDIDO NOVO. TEMA NÃO ANALISADO NO RESP. VIA MANIFESTAMENTE INAPROPRIADA. EMBARGOS INDEFERIDOS LIMINARMENTE. 4. AGRAVO REGIMENTAL IMPROVIDO.

1. A finalidade dos embargos de divergência é a uniformização da jurisprudência do STJ, razão pela qual não podem ser utilizados como nova via recursal, visando corrigir eventual equívoco ou controvérsia advinda do julgamento do próprio recurso especial. Esta é a principal razão pela qual não se admite a interposição do referido instrumento processual com o objetivo de discutir o acerto ou desacerto na aplicação da regra técnica de conhecimento de recurso especial. Dessa forma, cuidando-se de efetiva discussão acerca da possibilidade ou não da incidência dos enunciados nºs 7 e 83 da Súmula desta Corte, não há se falar em cabimento de embargos de divergência.

2. O acórdão trazido pelo embargante para confrontar a incidência do enunciado n. 83 da Súmula do Superior Tribunal de Justiça não contesta, mas antes reafirma a decisão embargada. De fato, "o quantum da pena, a primariedade do acusado e a ausência de circunstâncias judiciais desfavoráveis" autorizam a aplicação de regime aberto. Contudo, o recorrente possui "favoráveis a grande maioria das circunstâncias", o que revela a existência de circunstâncias negativas, não se aferindo, portanto, a similitude fática.

3. Não se tratando o presente instrumento de uniformização de nova via recursal, mostra-se incabível a análise de quaisquer outras matérias não examinadas no recurso especial. Dessa forma, manifestamente inapropriado o pleito de substituição da pena formulado pelo agravante.

4. Agravo regimental a que se nega provimento.

(AgRg nos EREsp 1.424.847/RS, Rel. Ministro MARCO AURÉLIO BELLIZZE, TERCEIRA SEÇÃO, julgado em 13/08/2014, DJe 20/08/2014)

No que concerne ao cotejo do acórdão embargado e do paradigma, eis ainda as seguintes decisões do S.T.F.

EMENTA Agravo regimental nos embargos de divergência no agravo regimental no agravo de instrumento. Processual. Embargos de divergência. Hipóteses de cabimento não configuradas. Não atendimento aos requisitos processuais de admissibilidade. Ausência de impugnação específica dos fundamentos da decisão agravada.

1. Nos termos do art. 546, inciso II, do Código de Processo Civil, combinado com o art. 330 do RISTF, somente são cabíveis embargos de divergência contra decisão de turma que, em recurso extraordinário ou agravo de instrumento, divergir de julgado de outra turma ou do Plenário quanto à interpretação da lei federal.

2. São incabíveis embargos divergentes contra decisão que não adentra o mérito da causa. Precedentes.

3. A ausência de similitude fática e jurídica entre o acórdão embargado e os paradigmas de divergência invocados, bem como a deficiência do cotejo analítico obstam o seguimento do recurso de embargos de divergência.

4. A jurisprudência do Supremo Tribunal Federal é firme no sentido de que a parte deve impugnar, na petição de agravo regimental, os fundamentos da decisão agravada, o que não ocorreu na espécie. Incidência da Súmula nº 284/STF.

5. agravo regimental ao qual se nega provimento.

(AI 840355 AgR-EDv-AgR, Relator(a): Min. DIAS TOFFOLI, Tribunal Pleno, julgado em 17/03/2016, PROCESSO ELETRÔNICO DJe-101 DIVULG 17-05-2016 PUBLIC 18-05-2016)

AGRAVO REGIMENTAL EM EMBARGOS DE DIVERGÊNCIA EM EMBARGOS DE DECLARAÇÃO EM AGRAVO REGIMENTAL EM RECURSO EXTRAORDINÁRIO. PARADIGMA REFERENTE AO CONTROLE CONCENTRADO. AUSÊNCIA DE COTEJO ANALÍTICO.

1. Incabíveis os embargos de divergência, quando baseados em paradigma de classe processual distinta.

2. Cabe ao embargante, nos termos do art. 331 do RISTF, demonstrar o cotejo analítico entre o acórdão embargado e o paradigma invocado, para fins de uniformização da jurisprudência. Precedentes.

3. Agravo regimental a que se nega provimento.

(RE 378666 AgR-ED-EDv-AgR, Relator(a): Min. EDSON FACHIN, Tribunal Pleno, julgado em 07/10/2015, ACÓRDÃO ELETRÔNICO DJe-214 DIVULG 26-10-2015 PUBLIC 27-10-2015)

EMENTA: AGRAVO REGIMENTAL NOS EMBARGOS DE DIVERGÊNCIA NOS EMBARGOS DE DECLARAÇÃO NO AGRAVO REGIMENTAL NO RECURSO EXTRAORDINÁRIO COM AGRAVO. ADMINISTRATIVO. RECURSO EXTRAORDINÁRIO NÃO ADMITIDO. AUSÊNCIA DE COTEJO ANALÍTICO. REDISCUSSÃO DO MÉRITO DO ACÓRDÃO OBJETO DO EXTRAORDINÁRIO. IMPOSSIBILIDADE. NÃO CABIMENTO DOS EMBAR-

EMBARGOS DE DIVERGÊNCIA

GOS DE DIVERGÊNCIA. RECURSO PROTELATÓRIO. APLICAÇÃO DE MULTA. NÃO CONHECIMENTO.

1. O agravo regimental interposto em face da negativa de seguimento dos embargos de divergência tem o ônus de impugnar especificamente os fundamentos da decisão. Precedentes.

2. Não são cabíveis embargos de divergência em face de acórdão de agravo regimental que não julga o mérito do recurso extraordinário. Precedentes.

3. Cabe ao embargante, nos termos do art. 331 do RISTF, demonstrar o cotejo analítico entre o acórdão embargado e o paradigma invocado para fins de uniformização da jurisprudência, em sede de embargos de divergência. Precedentes.

4. Agravo regimental não conhecido com imposição de multa.

(ARE 732116 AgR-ED-EDv-AgR, Relator(a): Min. EDSON FACHIN, Tribunal Pleno, julgado em 19/08/2015, PROCESSO ELETRÔNICO DJe-205 DIVULG 13-10-2015 PUBLIC 14-10-2015)

E M E N T A: EMBARGOS DE DECLARAÇÃO – INOCORRÊNCIA DE CONTRADIÇÃO, OBSCURIDADE OU OMISSÃO – PRETENDIDO REEXAME DA CAUSA – CARÁTER INFRINGENTE – INADMISSIBILIDADE – EMBARGOS DE DIVERGÊNCIA – PRESSUPOSTOS FORMAIS DE SUA UTILIZAÇÃO – CRITÉRIO DA DIVERSIDADE ORGÂNICA – DESCUMPRIMENTO, PELA PARTE EMBARGANTE, DO DEVER PROCESSUAL DE PROCEDER AO CONFRONTO ANALÍTICO DETERMINADO NO ART. 331 DO RISTF – SUPREMO TRIBUNAL FEDERAL – COMPETÊNCIA NORMATIVA PRIMÁRIA (CF/69, ART. 119, § 3º, "c") – POSSIBILIDADE CONSTITUCIONAL, SOB A ÉGIDE DA CARTA FEDERAL DE 1969, DE O SUPREMO TRIBUNAL FEDERAL DISPOR, EM SEDE REGIMENTAL, SOBRE NORMAS DE DIREITO PROCESSUAL – RECEPÇÃO, PELA CONSTITUIÇÃO DE 1988, DE TAIS PRECEITOS REGIMENTAIS COM FORÇA E EFICÁCIA DE LEI (RTJ 147/1010 – RTJ 151/278) – PLENA LEGITIMIDADE CONSTITUCIONAL DO ART. 331 DO RISTF – EMBARGOS DE DECLARAÇÃO REJEITADOS. – A inobservância do critério da diversidade orgânica consagrado na Súmula 353 do STF inviabiliza, em regra, o recurso de embargos de divergência. – Não se revelam admissíveis os embargos de declaração, quando a parte recorrente – a pretexto de esclarecer uma inexistente situação de obscuridade, omissão ou contradição – vem a utilizá-los com o objetivo de infringir o julgado e de, assim, viabilizar um indevido reexame da causa. Precedentes. – A parte embargante, sob pena de recusa liminar de processamento dos embargos de divergência – ou de não conhecimento destes, quando já admitidos – deve demonstrar, de

RECURSOS NO NOVO C.P.C.

maneira objetiva, mediante análise comparativa entre o acórdão paradigma e a decisão embargada, a existência do alegado dissídio jurisprudencial, impondo-se-lhe reproduzir, na petição recursal, para efeito de caracterização do conflito interpretativo, os trechos que configurariam a divergência indicada, mencionando, ainda, as circunstâncias que identificariam ou que tornariam assemelhados os casos em confronto. Precedentes. – O Supremo Tribunal Federal, sob a égide da Carta Política de 1969 (art. 119, § 3º, "c"), dispunha de competência normativa primária para, em sede meramente regimental, formular normas de direito processual concernentes ao processo e ao julgamento dos feitos de sua competência originária ou recursal. Com a superveniência da Constituição de 1988, operou-se a recepção de tais preceitos regimentais, que passaram a ostentar força e eficácia de norma legal (RTJ 147/1010 – RTJ 151/278), revestindo-se, por isso mesmo, de plena legitimidade constitucional a exigência de pertinente confronto analítico entre os acórdãos postos em cotejo (RISTF, art. 331).

(RE 433856 AgR-ED-ED-EDv-AgR-ED, Relator(a): Min. CELSO DE MELLO, Tribunal Pleno, julgado em 16/04/2015, ACÓRDÃO ELETRÔNICO DJe-088 DIVULG 12-05-2015 PUBLIC 13-05-2015)

Ementa: PROCESSUAL CIVIL. EMBARGOS DE DECLARAÇÃO RECEBIDOS COMO AGRAVO REGIMENTAL. EMBARGOS DE DIVERGÊNCIA. DISSENSÃO JURISPRUDENCIAL NÃO COMPROVADA. AUSÊNCIA DE SIMILITUDE FÁTICA ENTRE OS CASOS CONFRONTADOS. COTEJO ANALÍTICO. NÃO REALIZAÇÃO. ART. 331 DO RISTF. AGRAVO REGIMENTAL A QUE SE NEGA PROVIMENTO.

(AI 860037 AgR-ED-EDv-ED, Relator(a): Min. TEORI ZAVASCKI, Tribunal Pleno, julgado em 16/10/2014, ACÓRDÃO ELETRÔNICO DJe-217 DIVULG 04-11-2014 PUBLIC 05-11-2014)

32.5. Acórdão paradigma e decisão embargada provenientes da mesma turma

Aduz o § 3º do art. 1.043 do atual C.P.C. que cabem embargos de divergência quando o acórdão paradigma for da mesma turma que proferiu a decisão embargada, desde que sua composição tenha sofrido alteração em mais da metade de seus membros.

Não haverá espaço para a interposição de embargos de divergência quando a decisão embargada e o paradigma forem proferidos pela *mesma turma*. Nesse sentido é o seguinte precedente do S.T.J.:

EMBARGOS DE DIVERGÊNCIA

AGRAVO REGIMENTAL NOS EMBARGOS DE DIVERGÊNCIA EM AGRAVO EM RECURSO ESPECIAL. PROCESSUAL CIVIL. INDICAÇÃO DE ARESTO ORIUNDO DA MESMA TURMA JULGADORA. INVIABILIDADE. DISCUSSÃO ACERCA DA APLICAÇÃO DE REGRA TÉCNICA RELATIVA AO CONHECIMENTO DO RECURSO ESPECIAL. IMPOSSIBILIDADE. DISSÍDIO NÃO DEMONSTRADO.

1. Acórdão oriundo da mesma turma julgadora do aresto embargado não é apto a demonstrar o dissídio jurisprudencial.

2. Os presentes embargos não reúnem as mínimas condições de serem processados, pois o acórdão embargado não adentrou no exame do mérito da controvérsia.

3. Na realidade, para apreciar as alegações desenvolvidas pelos embargantes, seria necessária a prévia discussão sobre o acerto ou desacerto da regra técnica de conhecimento utilizada pelo relator do julgado objeto do presente recurso, o que é vedado pela jurisprudência pacífica desta Corte de Justiça.

4. Agravo regimental não provido.

(AgRg nos EAREsp 361.986/PR, Rel. Ministro LUIS FELIPE SALOMÃO, SEGUNDA SEÇÃO, julgado em 09/12/2015, DJe 15/12/2015)

AGRAVO REGIMENTAL NOS EMBARGOS DE DIVERGÊNCIA – INDICAÇÃO DE ARESTO ORIUNDO DA MESMA TURMA JULGADORA – INVIABILIDADE – DISCUSSÃO ACERCA DA APLICAÇÃO DE REGRA TÉCNICA RELATIVA AO CONHECIMENTO DO RECURSO ESPECIAL – ACÓRDÃO EMBARGADO QUE NÃO ADENTROU O MÉRITO RECURSAL POR INCIDÊNCIA DA SÚMULA 07 DO STJ – INVIABILIDADE. INSURGÊNCIA DOS RÉUS.

1. Acórdão oriundo da mesma turma julgadora do aresto embargado não é apto a demonstrar o dissídio jurisprudencial.

2. É inviável, em sede de embargos de divergência, discussão sobre o acerto ou desacerto da regra técnica de conhecimento utilizada pelo relator do julgado embargado. Precedentes da Corte Especial.

3. Agravo regimental desprovido."

(AgRg nos EREsp n. 1.471.665/MS, relator Ministro Marco Buzzi, Segunda Seção, DJe de 15/5/2015.)

Menciono ainda os seguintes julgados: Corte Especial, AgRg nos EAREsp n. 128.465/SP, relator Ministro Castro Meira, DJe de 4/3/2013; Primeira Seção, AgRg nos EREsp n. 1.175.459/RJ, relator Ministro Herman Benjamin, DJe de 15/3/2013; e Segunda Seção, AgRg nos EREsp n. 1.184.189/MS, relator Ministro Ricardo Villas Bôas Cueva, DJe de 28/9/2012.

RECURSOS NO NOVO C.P.C.

Aliás, nesse sentido é a Súmula 353 do S.T.F.: *"São incabíveis os embargos da Lei 623, de 19/2/1949, com fundamento em divergência entre decisões da mesma turma do Supremo Tribunal Federal".*

Porém, como bem disse o Ministro Celso de Mello, nos Embargos de Divergência nos Embargos de Declaração no Agravo Regimental no Recurso Extraordinário n. 433.952 – Piauí: *"Impende considerar, desde logo, dentre os diversos pressupostos de embargabilidade que condicionam a adequada interposição dos embargos de divergência, **o requisito da diversidade orgânica**. Isso significa, tratando-se do recurso em questão, que o padrão de divergência – para ser validamente invocado como expressão do dissídio interpretativo – há de consubstanciar-se em acórdão emanado **do Plenário ou de outra Turma** do Supremo Tribunal Federal, pois não se reveste de idoneidade processual, para efeito de demonstração do conflito pretoriano, a indicação de acórdão proferido **pela própria Turma** de que proveio a decisão contra a qual foram opostos os embargos de divergência, ressalvada, neste caso, a **hipótese excepcional** (inocorrente na espécie) de a Turma haver sofrido **substancial** modificação em sua composição (RTJ 88/166 – RTJ 116/211).*

Portanto, o Supremo Tribunal Federal passou a aceitar os embargos de divergência em relação a acórdãos da mesma Turma, desde que houvesse substancial modificação em sua composição.

E o §3º do art. 1.043 do atual C.P.C. estabelece que essa alteração substancial deve ocorrer quando a *composição da turma tenha sofrido alteração em mais da metade de seus membros.*

32.6. Forma de comprovação da divergência

Preceitua o § 4º do art. 1.043 do atual C.P.C. que o recorrente provará a divergência com certidão, cópia ou citação de repositório oficial ou credenciado de jurisprudência, inclusive em mídia eletrônica, onde foi publicado o acórdão divergente, ou com a reprodução de julgado disponível na rede mundial de computadores, indicando a respectiva fonte, e mencionará as circunstâncias que identificam ou assemelham os casos confrontados.

Este dispositivo estabelece a forma de o recorrente comprovar a divergência entre o acórdão e o paradigma.

Sobre o tema, eis os seguintes precedentes do S.T.F. e do S.T.J.:

– recurso extraordinário: pressupostos de admissibilidade não satisfeitos. Se os dispositivos legais aos quais teria sido negada vigência não foram objeto de exame no aresto impugnado, e nem houve a interposição de embargos de declaração para vê-los debati-

dos, cabe a incidência das sumulas 282 e 356. de outra parte, também, não e suscetível de apreciação o recurso, se, embora tenha sido ele igualmente interposto sob o enfoque da divergência pretoriana (letra 'd' do art. 119, iii, da c.f.), os arestos trazidos a confronto não podem ser sequer considerados, quer por não indicarem o repositório oficial ou autorizado que os publicou, quer por serem do mesmo tribunal (sumulas 369). Outrossim, não serve para confronto simples despacho do relator, pois a demonstração do dissídio há de fazer-se frente a acórdão. Ademais, o reexame de matéria probatória não se torna possível na via do recurso extraordinário.

(RE 99490, Relator(a): Min. ALDIR PASSARINHO, Segunda Turma, julgado em 12/02/1988, DJ 20-05-1988 PP-12096 EMENT VOL-01502-02 PP-00395)

1. Para a análise da admissibilidade do recurso especial pela alínea "c" do permissivo constitucional, torna-se imprescindível a indicação dos acórdãos divergentes, bem como que o apelo nobre seja instruído com a prova da dissonância, que se dá mediante a "certidão, cópia autenticada ou pela citação do repositório de jurisprudência, oficial ou credenciado, inclusive em mídia eletrônica, em que tiver sido publicada a decisão divergente, ou ainda pela reprodução de julgado disponível na Internet, com indicação da respectiva fonte, mencionando, em qualquer caso, as circunstâncias que identifiquem ou assemelhem os casos confrontados", nos termos do parágrafo único do artigo 541 do Código de Processo Civil.

2. O recurso revela-se manifestamente infundado e procrastinatório, devendo ser aplicada a multa prevista no art. 557, § 2º, do CPC.

3. Embargos de declaração recebidos como agravo regimental a que se nega provimento, com aplicação de multa.

(EDcl no AREsp 122.602/SP, Rel. Ministro LUIS FELIPE SALOMÃO, QUARTA TURMA, julgado em 02/05/2013, DJe 14/05/2013).

1. O parágrafo único do art. 541 do CPC é claro ao consignar, in verbis: "[q]uando o recurso fundar-se em dissídio jurisprudencial, o recorrente fará a prova da divergência mediante certidão, cópia autenticada ou pela citação do repositório de jurisprudência, oficial ou credenciado, inclusive em mídia eletrônica, em que tiver sido publicada a decisão divergente, ou ainda pela reprodução de julgado disponível na Internet, com indicação da respectiva fonte, mencionando, em qualquer caso, as circunstâncias que identifiquem ou assemelhem os casos confrontados.

2. Sucede que, no caso sub examine, o ora agravante, além de não ter juntado as cópias integrais autenticadas dos arestos apontados como paradigmas, nem indicado o repositório oficial em que tais decisões tenham sido publicadas, furtou-se a realizar o cotejo analítico entre os acórdãos em comparação, com a demonstração dos trechos que eventualmente os identificassem, limitando-se a mera transcrição de ementas, o que é insuficiente à comprovação do dissídio jurisprudencial invocado.

3. A título de argumento obter dictum, é inviável a caracterização de dissenso jurisprudencial no concernente à alegação de afronta ao art. 535 do CPC, porque esse dispositivo versa tema processual assentado em premissa fática. Deveras, esta Corte, ao sindicar sobre a existência de omissão, contradição ou obscuridade, empreende análise do acórdão proferido no bojo do recurso de apelação, o que interdita a eventual uniformização de teses jurídicas.

4. Agravo regimental não provido.

(AgRg nos EREsp 1172805/SP, Rel. Ministro BENEDITO GONÇALVES, PRIMEIRA SEÇÃO, julgado em 09/02/2011, DJe 16/02/2011)

32.7. Fundamento genérico

Preconizava o § 5º do art. 1.043 do atual C.P.C. que seria vedado ao tribunal inadmitir o recurso com base em fundamento genérico de que as circunstâncias fáticas são diferentes, sem demonstrar a existência da distinção.

Este dispositivo vinha concretizar o princípio Constitucional de que todas as decisões proferidas pelos órgãos do Poder Judiciário devem ser motivadas e fundamentas.

Em se tratando de embargos de divergência, a forma de se motivar e fundamentar a decisão de inadmissibilidade é demonstrando pontualmente a existência da distinção entre o acórdão recorrido e o acórdão divergente, não se admitindo fundamento genérico para o seu não conhecimento.

Porém, o § 5º do art. 1.043 do atual C.P.C. foi revogado pela Lei n. 13.256 de 2016.

32.8. Prazo para interposição dos embargos de divergência

Excetuados os embargos de declaração, o prazo para interpor os recursos e para responder-lhes é de 15 dias (art. 1.003, §5º, do novo C.P.C.).

O prazo de 15 (quinze) dias para a interposição dos embargos de divergência também está previsto, respectivamente, no art. 266 do Regimento Interno do S.T.J. e no art. 334 do Regimento Interno do S.T.F., *in verbis*:

Art. 266. Das decisões da Turma, em recurso especial, poderão, em quinze dias, ser interpostos embargos de divergência, que serão julgados pela Seção competente, quando as Turmas divergirem entre si ou de decisão da mesma Seção. Se a divergência for entre Turmas de Seções diversas, ou entre Turma e outra Seção ou com a Corte Especial, competirá a esta o julgamento dos embargos.

Art. 334. Os embargos de divergência e os embargos infringentes serão opostos no prazo de quinze dias, perante a Secretaria, e juntos aos autos, independentemente de despacho.

32.9. Procedimento dos embargos de divergência

Atualmente, o procedimento a ser observado nos embargos de divergência no S.T.J. está regulamentado nos artigos 266 a 267 do RISTJ, a saber:

"Art. 266. Das decisões da Turma, em recurso especial, poderão, em quinze dias, ser interpostos embargos de divergência, que serão julgados pela Seção competente, quando as Turmas divergirem entre si ou de decisão da mesma Seção. Se a divergência for entre Turmas de Seções diversas, ou entre Turma e outra Seção ou com a Corte Especial, competirá a esta o julgamento dos embargos.

§1º A divergência indicada deverá ser comprovada na forma do disposto no art. 255, §§1º e 2º, deste Regimento.

§2º Os embargos serão juntados aos autos independentemente de despacho e não terão efeito suspensivo.

§3º Sorteado o relator, este poderá indeferi-los, liminarmente, quando intempestivos, ou quando contrariarem Súmula do Tribunal, ou não se comprovar ou não se configurar a divergência jurisprudencial.

§4º Se for caso de ouvir o Ministério Público, este terá vista dos autos por vinte dias.

Art. 267. Admitidos os embargos em despacho fundamentado, promover-se-á a publicação, no 'Diário da Justiça', do termo de 'vista' ao embargado para apresentar impugnação nos quinze dias subsequentes.

Parágrafo único. Impugnados ou não os embargos, serão os autos conclusos ao relator, que pedirá a inclusão do feito na pauta de julgamento.

Diante da regulamentação estabelecida pelo RISTJ, podem-se observar os seguintes aspectos procedimentais:

a) interposição e resposta aos embargos de divergência no prazo de quinze dias;

b) competência da Seção quando a divergência for de turmas a ela vinculada;

RECURSOS NO NOVO C.P.C.

c) competência da Corte Especial quando a divergência for entre Turmas de Seção diversa ou entre Turma e Seção diversa;

d) A divergência deverá ser comprovada nos termos do art. 255, §§1º e 2º, do RISTJ, a saber: a) por certidões ou cópias autenticadas dos acórdãos apontados divergentes, permitida a declaração de autenticidade do próprio advogado, sob sua responsabilidade pessoal; b) pela citação de repositório oficial, autorizado ou credenciado, em que os mesmos se achem publicados; c) em qualquer caso, o recorrente deverá transcrever os trechos dos acórdãos que configurem o dissídio, mencionando as circunstâncias que identifiquem a divergência dos casos confrontados;

e) Serão juntados aos autos independentemente de despacho do relator;

f) Não terão efeito suspensivo do julgado recorrido;

g) Poderão ser indeferidos liminarmente pelo relator quando intempestivos, ou quando contrariarem Súmula do Tribunal, ou não se comprovar ou não se configurar a divergência jurisprudencial;

h) Se for o caso, será ouvido o Ministério Público pelo prazo de vinte dias;

i) Impugnados ou não os embargos, serão conclusos ao relator que pedirá inclusão em pauta.

Por sua vez, o procedimento dos embargos de divergência no S.T.F. encontra-se regulado nos artigos 330 a 336 do RISTF, a saber:

> *Art. 330. Cabem embargos de divergência à decisão de Turma que, em recurso extraordinário ou em agravo de instrumento, divergir de julgado de outra Turma ou do Plenário na interpretação do direito federal.*[507]
>
> *Art. 331. A divergência será comprovada mediante certidão, cópia autenticada ou pela citação do repositório de jurisprudência, oficial ou credenciado, inclusive em mídia eletrônica, em que tiver sido publicada a decisão divergente, ou ainda pela reprodução de julgado disponível na internet, com indicação da respectiva fonte, mencionando,*

---

[507] Atual competência do STJ: art. 105, III e c, da CF/1988. CF/1988: art. 102, III, a, b e c. RISTF: art. 6º, IV (julgamento pelo Pleno) – art. 57 e art. 59, II (sujeitos a preparo: Tabela B de custas) e § 3º, c/c art. 107 (prazo: 10 dias) – art. 76 (distribuição) – art. 93 (acórdão) – art. 96 e art. 97 (compõem o acórdão). CPC: art. 508 – art. 546, II e parágrafo único.

EMBARGOS DE DIVERGÊNCIA

em qualquer caso, as circunstâncias que identifiquem ou assemelhem os casos confrontados.

Parágrafo único. (Revogado.)[508]

Art. 332. *Não cabem embargos, se a jurisprudência do Plenário ou de ambas as Turmas estiver firmada no sentido da decisão embargada, salvo o disposto no art. 103.*[509]

Art. 333. *Cabem embargos infringentes à decisão não unânime do Plenário ou da Turma:*[510]

I – que julgar procedente a ação penal;[511]

II – que julgar improcedente a revisão criminal;[512]

III – que julgar a ação rescisória;[513]

IV – que julgar a representação de inconstitucionalidade;[514]

V – que, em recurso criminal ordinário, for desfavorável ao acusado.[515]

Parágrafo único. O cabimento dos embargos, em decisão do Plenário, depende da existência, no mínimo, de quatro votos divergentes, salvo nos casos de julgamento criminal em sessão secreta.[516]

Art. 334. *Os embargos de divergência e os embargos infringentes serão opostos no prazo de quinze dias, perante a Secretaria, e juntos aos autos, independentemente de despacho.*[517]

---

[508] Atualizado com a introdução da Emenda Regimental 26/2008.

[509] RISTF: art. 103 (revisão de jurisprudência).

[510] RISTF: art. 57 e art. 59, II (sujeitos a preparo: Tabela B de custas do STF) e § 3º, c/c art. 107 (prazo: 10 dias) – art. 76 (distribuição) – art. 93 (acórdão) – art. 96 e art. 97 (compõem o acórdão). CPC: art. 530 e art. 531, com a redação da Lei 10.352/2001, art. 532, art. 533 e art. 534, com a redação da Lei 10.352/2001 (dos EIs).

[511] Norma aplicada: art. 1º a art. 12 (processo e julgamento) da Lei 8.038/1990. RISTF: art. 230 a art. 246 (processo e julgamento).

[512] RISTF: art. 263 a art. 271 (processo e julgamento).

[513] Norma aplicada: art. 530 e art. 531, com a redação da Lei 10.352/2001; art. 532; art. 533; e art. 534, com a redação da Lei 10.352/2001, do CPC. RISTF: art. 259 a art. 262 (processo e julgamento).

[514] Atual dispositivo da CF/1988: art. 102, I, a (ADI). Lei 9.868/1999: art. 26 (decisões em ADI e ADC são irrecorríveis).

[515] Atual dispositivo da CF/1988: art. 102, II, b (crime político).

[516] Atualizado com a introdução da Emenda Regimental 2/1985.
Norma aplicada: art. 5º, LX (publicidade) – art. 93, IX (limitações à publicidade), da CF/1988. RISTF: art. 5º, I e II (AP) – art. 6º, I, b (RvC) e c – art. 6º, III (crime político: CF, art. 102, II, b).

[517] RISTF: § 1º do art. 115 (juntada de documentos). CPC: art. 508 (prazo: 15 dias) – art. 546, II e parágrafo único (processo conforme RISTF).

Art. 335. Interpostos os embargos, o Relator abrirá vista ao recorrido, por quinze dias, para contrarrazões.[518]

§ 1º Transcorrido o prazo do caput, o Relator do acórdão embargado apreciará a admissibilidade do recurso.

§ 2º Da decisão que não admitir os embargos, caberá agravo, em cinco dias, para o órgão competente para o julgamento do recurso.

§ 3º Admitidos os embargos, proceder-se-á à distribuição nos termos do art. 76.

Art. 336. Na sessão de julgamento, aplicar-se-ão, supletivamente, as normas do processo originário, observado o disposto no art. 146.[519]

Parágrafo único. Recebidos os embargos de divergência, o Plenário julgará a matéria restante, salvo nos casos do art. 313, I 3 e II, quando determinará a subida do recurso principal.[520]

32.10. Interrupção de prazo de recurso

Aduz o *§ 1º do art. 1.044* do atual C.P.C. que *a interposição de embargos de divergência no Superior Tribunal de Justiça interrompe o prazo para interposição de recurso extraordinário por qualquer das partes.*

Poderá ocorrer que a decisão proferida em recurso especial insira nova questão de natureza constitucional, que poderá ser objeto de recurso extraordinário perante o S.T.F.

Contudo, como também poderão ser cabíveis embargos de divergência da decisão proferida no recurso especial, na pendência desses embargos não correrá prazo para a interposição de eventual recurso extraordinário, pois ainda não se esgotou a jurisdição do S.T.J.

O prazo para o recurso extraordinário começará a correr após a publicação da decisão proferida nos embargos de divergência.

Por fim, aduz § 2º do art. 1.044 do atual C.P.C. que se os embargos de divergência forem desprovidos ou não alterarem a conclusão do julgamento anterior, o recurso extraordinário interposto pela outra parte antes da publicação do julgamento dos embargos de divergência será processado e julgado independentemente de ratificação.

---

[518] Atualizado com a introdução da Emenda Regimental 47/2012.

[519] RISTF: art. 6º, IV (julgamento pelo Pleno) – art. 146 (empate: decisão mais favorável ao réu).

[520] Atual competência do STJ: art. 105, II, c, da CF/1988. RISTF: art. 313 (AI da inadmissão de recurso da competência do STF).

Aliás, o S.T.F., com base no princípio da unirrecorribilidade, não admite a interposição de recurso extraordinário quando contra a mesma decisão foi interposto o recurso de embargos de divergência. Nesse sentido é o seguinte precedente:

> *Ementa: PROCESSUAL CIVIL. EMBARGOS DE DECLARAÇÃO RECEBIDOS COMO AGRAVO REGIMENTAL. RECURSO EXTRAORDINÁRIO INTERPOSTO CUMULATIVAMENTE COM EMBARGOS DE DIVERGÊNCIA. OFENSA AO PRINCÍPIO DA UNIRRECORRIBILIDADE. PRECEDENTES DO SUPREMO TRIBUNAL FEDERAL. AGRAVO REGIMENTAL A QUE SE NEGA PROVIMENTO.*
>
> (RE 904026 ED, Relator(a): Min. TEORI ZAVASCKI, Segunda Turma, julgado em 13/10/2015, PROCESSO ELETRÔNICO DJe-217 DIVULG 28-10-2015 PUBLIC 29-10-2015)

No voto do Ministro Teori Zavascki encontra-se a seguinte afirmação: *O recurso extraordinário não pode ser conhecido. A parte recorrente impugnou o mesmo capítulo do acórdão do Superior Tribunal de Justiça mediante a interposição cumulativa de embargos de divergência e de recurso extraordinário, em ofensa ao princípio da unirrecorribilidade.*

33.
Recurso Extraordinário, Recurso Especial e Agravo em Recurso Especial e em Recurso Extraordinário

No conteúdo de uma obra intitulada *Teoria Geral do Recurso no novo C.P.C.* haveria de constar também uma análise do recurso extraordinário, do recurso especial e do agravo em recurso especial ou em recurso extraordinário.

Porém, em face da complexidade da particularidade do recurso especial e do recurso extraordinário, especialmente pela sua íntima vinculação com a Constituição Federal, optamos por tratar dessas espécies recursais numa obra específica desta *Coleção do Novo C.P.C.* que será lançada na sequência.

Em relação ao recurso especial e recurso extraordinário repetitivos, recomendamos ao leitor a nossa obra *Resolução de Demandas Repetitivas – comunicação de demanda individual, incidente de resolução de demandas repetitivas – recursos repetitivos*, 2015, publicada nesta *Coleção* pela Editora Almedina.

ANEXO

EMENDA REGIMENTAL N. 22, DE 16 DE MARÇO DE 2016

Altera, inclui e revoga dispositivos do Regimento Interno para adequá-lo à Lei n. 13.105, de 16 de março de 2015, novo Código de Processo Civil.

Art. 1º Os dispositivos a seguir indicados do Regimento Interno do Superior Tribunal de Justiça passam a vigorar com esta redação:

"Art. 3º O Presidente e o Vice-Presidente são eleitos pelo Plenário, dentre os seus membros; o Corregedor-Geral da Justiça Federal é o Ministro mais antigo entre os membros efetivos do Conselho da Justiça Federal.

§ 1º O Presidente, o Vice-Presidente e o Corregedor-Geral da Justiça Federal integram apenas o Plenário e a Corte Especial.

§ 2º O Presidente, o Vice-Presidente e o Corregedor-Geral da Justiça Federal, ao concluírem seus mandatos, retornarão às Turmas, observado o seguinte:

I – O Presidente e o Corregedor-Geral integrarão, respectivamente, a Turma de que saírem o novo Presidente do Tribunal e o novo Corregedor-Geral; se o novo Presidente for o Vice-Presidente ou o Corregedor-Geral, o Presidente que deixar o cargo comporá a Turma da qual provier o novo Vice-Presidente ou o novo Corregedor-Geral;

. . . .

Art. 11. . . . .
. . . .
Parágrafo único. . . . .
. . . .
IX – Apreciar e encaminhar ao Poder Legislativo projeto de lei sobre o regimento de custas da Justiça Federal e do Superior Tribunal de Justiça.

. . . .

Art. 15. . . . .
I – Julgar os agravos, os embargos de declaração e as demais arguições;
III – Julgar a restauração de autos físicos ou eletrônicos desaparecidos;
. . . .

Art. 21. . . . .
VII – Relatar o agravo interposto de sua decisão;
X – Determinar as providências necessárias ao cumprimento das ordens e das decisões do Tribunal, ressalvadas as atribuições dos Presidentes das Seções, das Turmas e dos relatores;
. . . .

CAPÍTULO IV – DAS ATRIBUIÇÕES DO CORREGEDOR-GERAL DA JUSTIÇA FEDERAL

Art. 23. O Corregedor-Geral exercerá, no Conselho da Justiça Federal, as atribuições que lhe couberem, na conformidade da lei e do seu Regimento Interno e integrará o Plenário e a Corte Especial também nas funções de relator e revisor.

. . . .

Art. 34. . . . .
VII – Decidir o agravo interposto de decisão que inadmitir recurso especial;
XVIII – Distribuídos os autos:
. . . .

Art. 51. . . . .

ANEXO – EMENDA REGIMENTAL N. 22, DE 16 DE MARÇO DE 2016

VI – O Corregedor-Geral da Justiça Federal, pelo Ministro mais antigo integrante do Conselho da Justiça Federal.

. . . .

Art. 66. . . . .
Parágrafo único. O Presidente do Tribunal, mediante instrução normativa, disciplinará o uso de meio eletrônico na tramitação de processos judiciais, comunicação de atos e transmissão de peças processuais, com observância da lei processual.

. . . .

Art. 67. . . . .
Parágrafo único. . . . .
IX – . . . .
a) Pela oposição de Embargos de Declaração (EDcl) e pela interposição de Agravo Interno (AgInt);

. . . .

Art. 69. Far-se-á a distribuição dos feitos da competência do Tribunal mediante sorteio automático, por sistema informatizado, observados os princípios da publicidade e da alternatividade, bem como a instrução normativa prevista no art. 21, XX, deste Regimento.

. . . .

Art. 72. . . . .
I – Se o afastamento for por prazo entre quatro e trinta dias, os processos considerados de natureza urgente, consoante fundada alegação do interessado, serão redistribuídos aos demais integrantes da respectiva Seção ou, se for o caso, da Corte Especial, com oportuna compensação;
II – Se o afastamento for por prazo superior a trinta dias e não for convocado substituto, será suspensa a distribuição ao Ministro afastado, e os processos a seu cargo, considerados de natureza urgente, consoante fundada alegação do interessado, serão redistribuídos aos demais integrantes da respectiva Seção ou, se for o caso, da Corte Especial, com oportuna compensação;

. . . .

Art. 74. No caso de embargos de divergência, apenas se fará o sorteio de novo relator.

. . . .

Art. 77. O Ministro eleito Presidente, Vice-Presidente ou Corregedor--Geral da Justiça Federal continuará como relator ou revisor do processo em que tiver lançado o relatório ou aposto o seu visto.

Art. 82. . . . .
II – O Corregedor-Geral da Justiça Federal.

. . . .

Art. 84. Os atos e termos do processo serão autenticados, conforme o caso, mediante a assinatura ou rubrica dos Ministros ou a dos servidores para tal fim qualificados, podendo ser produzidos, transmitidos, armazenados e assinados por meio eletrônico, na forma da lei.

. . . .

Art. 87. A critério do Presidente do Tribunal, dos Presidentes das Seções, das Turmas ou do relator, a comunicação oficial dos atos será feita:
I – Por servidor credenciado da Secretaria, na forma da lei processual;
II – Por meio eletrônico, via postal ou qualquer outro modo eficaz de telecomunicação, com as cautelas necessárias à autenticação da mensagem e do seu recebimento.

Art. 88. Da autuação e da publicação do expediente de cada processo constará, além do nome das partes e o de seu advogado, o da respectiva sociedade a que pertença, desde que esta esteja devidamente registrada na Ordem dos Advogados do Brasil.
§ 1º Constando dos autos pedido expresso para que as comunicações dos atos processuais sejam feitas especificamente em nome dos advogados ou das sociedades indicadas, a Secretaria adotará as medidas necessárias ao seu atendimento, conforme a lei processual.
§ 2º O Presidente do Tribunal, mediante ato próprio, disciplinará o cadastramento das sociedades de advogados perante o Superior Tribunal de Justiça, para atender aos fins previstos na legislação processual.

. . . .

Art. 91. ....

I – O julgamento de habeas corpus, recursos de habeas corpus, conflitos de competência e de atribuições e exceções de suspeição e impedimento;

Parágrafo único. A regra deste artigo não se aplica ao processo cuja matéria tenha sido objeto de audiência pública nos termos do inciso I do art. 185 deste Regimento.

Art. 92. ....

§ 1º A parte que requerer a publicação nos termos deste artigo fornecerá o respectivo resumo, respondendo pelas suas deficiências, nos termos da lei processual.

§ 2º O prazo do edital será determinado entre vinte e sessenta dias, a critério do relator, e correrá da data de sua publicação no Diário da Justiça eletrônico, com observância da lei processual.

§ 3º A publicação do edital deverá ser feita no prazo de vinte dias, contados de sua expedição, e certificada nos autos, sob pena de extinguir-se o processo sem resolução do mérito, se a parte, intimada pelo Diário da Justiça eletrônico, não suprir a falta em dez dias.

....

Art. 102. A publicação do acórdão por suas conclusões e ementa far-se-á, para intimar as partes, no Diário da Justiça eletrônico.

....

Art. 105. A contagem dos prazos observará o disposto na lei processual.

Art. 106. ....

§ 2º Também não corre prazo nas hipóteses previstas em lei, quando houver obstáculo criado em detrimento da parte ou for comprovado motivo de força maior, reconhecido pelo Tribunal.

....

Art. 110. Os prazos para os Ministros, salvo acúmulo de serviço, se de outra forma não dispuser a lei processual ou este Regimento, são os seguintes:

I – Dez dias para atos administrativos e para decisões interlocutórias;

Art. 111. . . . .
Salvo disposição em contrário, os servidores do Tribunal terão o prazo de cinco dias para executar os atos do processo, inclusive para certificar a data do trânsito em julgado da decisão e, na sequência, independentemente de despacho e conforme o caso, arquivar os autos, remeter ao Supremo Tribunal Federal ou baixar ao juízo de origem.

. . . .

Art. 113. . . . .
O preparo de recurso da competência do Supremo Tribunal Federal será feito no prazo e na forma do disposto na lei processual, bem como no Regimento Interno e na Tabela de Custas do Supremo Tribunal Federal.

. . . .

Art. 128. . . . .
I – Diário da Justiça eletrônico;

Art. 129. . . . .
Serão publicadas no Diário da Justiça eletrônico as ementas de todos os acórdãos do Tribunal e as decisões dos relatores, sem prejuízo de sua divulgação em meio eletrônico diverso.

. . . .

Art. 143. . . . .
A parte será intimada por publicação no Diário da Justiça eletrônico ou, se o relator o determinar, pela forma indicada no art. 87 deste Regimento, para pronunciar-se sobre documento juntado pela parte contrária, após a última intervenção dela no processo.

. . . .

Art. 147. Os depoimentos poderão ser taquigrafados ou estenotipados, com ou sem apoio de registro audiovisual, sendo as tiras, ou notas respectivas, rubricadas no ato pelo relator, pelo depoente, pelo membro do Ministério Público e pelos advogados e, depois de traduzidas, serão os respectivos termos devidamente assinados.

. . . .

ANEXO – EMENDA REGIMENTAL N. 22, DE 16 DE MARÇO DE 2016

Art. 155. . . . .
Os julgamentos a que este Regimento ou a lei não derem prioridade serão realizados, preferencialmente, segundo a ordem de conclusão dos feitos, nos termos da legislação processual.

Art. 156. . . . .
A Secretaria atenderá, preferencialmente, à ordem cronológica de recebimento dos pronunciamentos judiciais para sua publicação e efetivação, nos termos da legislação processual.

. . . .

Art. 158. . . . .
Desejando proferir sustentação oral, poderão os advogados requerer, até o início da sessão, que seja o feito julgado prioritariamente, sem prejuízo das preferências legais.

Parágrafo único. O Presidente do Tribunal, por ato próprio, disciplinará o uso de videoconferência ou de outro recurso tecnológico de transmissão de sons e imagens em tempo real, para realização das sustentações orais requeridas até o dia anterior ao da sessão.

Art. 159. Não haverá sustentação oral no julgamento de:
. . . .

Art. 185. . . . .
I – Do Presidente ou do relator para ouvir pessoas ou entidades com experiência e conhecimento em matéria de interesse para a fixação ou alteração de tese repetitiva ou de enunciado de súmula;
. . . .

Art. 190. . . . .
O Ministério Público, nas reclamações que não houver formulado, terá vista do processo por cinco dias, após o decurso do prazo para informações e para oferecimento da contestação pelo beneficiário do ato impugnado.
. . . .

Art. 216-N. . . . .

A sentença estrangeira homologada será executada no Juízo Federal competente, mediante pedido instruído com cópia autenticada da decisão homologatória ou do exequatur, conforme o caso.

. . . .

Art. 234. . . . .
Distribuída a inicial, preenchendo esta os requisitos legais (Código de Processo Civil, arts. 319, 320, 330, 332 e 968), o relator mandará citar o réu, assinando-lhe prazo nunca inferior a quinze dias nem superior a trinta, para responder aos termos da ação.

. . . .

Art. 247. . . . .
Aplicam-se ao recurso ordinário em mandado de segurança, quanto aos requisitos de admissibilidade e ao procedimento no Tribunal recorrido, as regras do art. 1.028 do Código de Processo Civil.

. . . .

SEÇÃO III – DO RECURSO ORDINÁRIO EM PROCESSOS EM QUE FOR PARTE ESTADO ESTRANGEIRO

Art. 249. . . . .
Aplicam-se ao recurso ordinário, quanto aos requisitos de admissibilidade e ao procedimento no Juízo de origem, as normas do Código de Processo Civil relativas à apelação, no que couber.

Art. 250. . . . .
Distribuído o recurso ordinário, será aberta vista ao Ministério Público pelo prazo de vinte dias.

Art. 251. . . . .
O recurso ordinário não será incluído em pauta antes do agravo de instrumento interposto do mesmo processo.

. . . .

Art. 253. . . . .

I – Não conhecer do agravo inadmissível, prejudicado ou daquele que não tenha impugnado especificamente todos os fundamentos da decisão recorrida;

II – Conhecer do agravo para:

a) Não conhecer do recurso especial inadmissível, prejudicado ou daquele que não tenha impugnado especificamente todos os fundamentos da decisão recorrida;

b) Negar provimento ao recurso especial que for contrário a tese fixada em julgamento de recurso repetitivo ou de repercussão geral, a entendimento firmado em incidente de assunção de competência, a súmula do Supremo Tribunal Federal ou do Superior Tribunal de Justiça ou, ainda, a jurisprudência dominante acerca do tema;

c) Dar provimento ao recurso especial se o acórdão recorrido for contrário a tese fixada em julgamento de recurso repetitivo ou de repercussão geral, a entendimento firmado em incidente de assunção de competência, a súmula do Supremo Tribunal Federal ou do Superior Tribunal de Justiça ou, ainda, a jurisprudência dominante acerca do tema.

. . . .

Art. 255. O recurso especial será interposto na forma e no prazo estabelecido na legislação processual vigente e recebido no efeito devolutivo, salvo quando interposto do julgamento de mérito do incidente de resolução de demandas repetitivas, hipótese em que terá efeito suspensivo.

§ 1º Quando o recurso fundar-se em dissídio jurisprudencial, o recorrente fará a prova da divergência com a certidão, cópia ou citação do repositório de jurisprudência, oficial ou credenciado, inclusive em mídia eletrônica, em que houver sido publicado o acórdão divergente, ou ainda com a reprodução de julgado disponível na internet, com indicação da respectiva fonte, devendo-se, em qualquer caso, mencionar as circunstâncias que identifiquem ou assemelhem os casos confrontados.

§ 3º São repositórios oficiais de jurisprudência, para o fim do § 1º deste artigo, a Revista Trimestral de Jurisprudência do Supremo Tribunal Federal, a Revista do Superior Tribunal de Justiça e a Revista do Tribunal Federal de Recursos e, autorizados ou credenciados, os habilitados na forma do art. 134 e seu parágrafo único deste Regimento.

. . . .

RECURSOS NO NOVO C.P.C.

Art. 263. Cabem embargos de declaração contra qualquer decisão judicial, a serem opostos no prazo legal, para:

§ 1º O embargado será intimado para, querendo, manifestar-se, no prazo legal, sobre os embargos opostos, caso seu eventual acolhimento possa implicar a modificação da decisão embargada.

Art. 264. . . . .
Os embargos de declaração serão incluídos em pauta.

Art. 265. . . . .
Os embargos de declaração interrompem o prazo para a interposição de recursos por qualquer das partes, salvo quando manifestamente protelatórios, na forma do § 4º do art. 1.026 do Código de Processo Civil.

Art. 266. . . . .
Cabem embargos de divergência contra acórdão de Órgão Fracionário que, em recurso especial, divergir do julgamento atual de qualquer outro Órgão Jurisdicional deste Tribunal, sendo:

§ 1º Poderão ser confrontadas teses jurídicas contidas em julgamentos de recursos e de ações de competência originária.

§ 2º A divergência que autoriza a interposição de embargos de divergência pode verificar-se na aplicação do direito material ou do direito processual.

§ 3º Cabem embargos de divergência quando o acórdão paradigma for do mesmo Órgão Fracionário que proferiu a decisão embargada, desde que sua composição tenha sofrido alteração em mais da metade de seus membros.

§ 4º O recorrente provará a divergência com certidão, cópia ou citação de repositório oficial ou credenciado de jurisprudência, inclusive em mídia eletrônica, em que foi publicado o acórdão divergente, ou com a reprodução de julgado disponível na internet, indicando a respectiva fonte, e mencionará as circunstâncias que identificam ou assemelham os casos confrontados.

Art. 267. Admitidos os embargos de divergência em decisão fundamentada, promover-se-á a publicação, no Diário da Justiça eletrônico, do termo de vista ao embargado, para apresentar impugnação nos quinze dias subsequentes.

. . . .

ANEXO – EMENDA REGIMENTAL N. 22, DE 16 DE MARÇO DE 2016

Art. 276 . . . .

§ 2º Em matéria penal, nos processos de competência originária da Corte Especial, será relator o Presidente do Tribunal ou o Vice-Presidente se aquele for o recusado.

. . . .

CAPÍTULO IV – DA TUTELA PROVISÓRIA

Art. 288. Admitir-se-ão tutela de urgência ou tutela da evidência requeridas em caráter antecedente ou incidental na forma da lei processual.

§ 1º A petição inicial da ação que visa à prestação de tutela de urgência em caráter antecedente será apensada oportunamente ao processo a que se refere.

§ 2º O relator poderá apreciar a liminar e a própria tutela de urgência, ou submetê-las ao Órgão Julgador competente.

. . . .

TÍTULO XII – DO CUMPRIMENTO DAS DECISÕES DO TRIBUNAL

Art. 301. . . . .

As determinações necessárias ao cumprimento das decisões competem:

I – Ao Presidente, quanto às decisões que houver proferido e quanto às decisões tomadas pelo Plenário, pela Corte Especial e pelo Conselho de Administração.

II – Ao Presidente da Seção, quanto aos acórdãos e às decisões desta e às suas decisões individuais.

. . . .

Art. 303. . . . .

Os atos executivos de cumprimento das decisões do Tribunal serão requisitados ou delegados a quem os deva praticar.

Art. 304. As impugnações ao cumprimento das decisões e os eventuais incidentes poderão ser levados à apreciação:

Art. 305. ....
O cumprimento das decisões do Tribunal atenderá, no que couber, à legislação processual.

....

CAPÍTULO III – DO CUMPRIMENTO DE DECISÃO DO TRIBUNAL QUE RECONHEÇA A EXIGIBILIDADE DE OBRIGAÇÃO DE PAGAR QUANTIA CERTA PELA FAZENDA PÚBLICA

Art. 309. A execução por quantia certa fundada em decisão proferida contra a Fazenda Pública em ação da competência originária do Tribunal observará o disposto na lei processual.

Art. 310. ....
As requisições de pagamento das somas ao qual a Fazenda Pública for condenada serão dirigidas ao Presidente do Tribunal, que determinará as providências ao devedor para depósito ou alocação orçamentária.

Art. 311. O Presidente do Tribunal determinará o pagamento integral das requisições e autorizará, a requerimento do credor e exclusivamente para os casos de preterimento de seu direito de precedência ou de não alocação orçamentária do valor necessário à satisfação do seu débito, o sequestro da quantia respectiva.

....

Art. 334. As emendas considerar-se-ão aprovadas se obtiverem o voto favorável de dois terços dos membros do Tribunal, não entrando em vigor antes de sua publicação no Diário da Justiça eletrônico." Art. 2º O Regimento Interno do Superior Tribunal de Justiça passa a vigorar acrescido dos seguintes dispositivos:

"**Art. 34.**
XVIII – ....
a) Não conhecer do recurso ou pedido inadmissível, prejudicado ou daquele que não tiver impugnado especificamente todos os fundamentos da decisão recorrida;

b) Negar provimento ao recurso ou pedido que for contrário a tese fixada em julgamento de recurso repetitivo ou de repercussão geral, a entendimento firmado em incidente de assunção de competência, a súmula do Supremo Tribunal Federal ou do Superior Tribunal de Justiça ou, ainda, a jurisprudência dominante acerca do tema;

c) Dar provimento ao recurso se o acórdão recorrido for contrário a tese fixada em julgamento de recurso repetitivo ou de repercussão geral, a entendimento firmado em incidente de assunção de competência, a súmula do Supremo Tribunal Federal ou do Superior Tribunal de Justiça ou, ainda, a jurisprudência dominante acerca do tema;

XXI – Decidir o agravo de instrumento interposto com base no art. 1.027, §1º, do CPC;

....

Art. 67 ....

XXXIII – Agravo em Recurso Especial (AREsp);

XXXIV – Embargos de Divergência em Recurso Especial (EREsp);

XXXV – Embargos de Divergência em Agravo em Recurso Especial (EAREsp);

XXXVI – Suspensão em Incidente de Resolução de Demandas Repetitivas (SIRDR);

XXXVII – Medidas Protetivas de Urgência – Lei Maria da Penha (MPUMP);

XXXVIII – Medidas Protetivas – Estatuto do Idoso (MPEI);

XXXIX – Pedido de Busca e Apreensão Criminal (PBAC);

XL – Pedido de Prisão Preventiva (PePrPr);

XLI – Pedido de Prisão Temporária (PePrTe);

XLII – Pedido de Quebra de Sigilo de Dados e/ou Telefônico (QuebSig);

XLIII – Medidas Investigativas sobre Organizações Criminosas (MISOC);

XLIV – Cautelar Inominada Criminal (CauInomCrim);

XLV – Alienação de Bens do Acusado (AlienBac);

XLVI – Embargos de Terceiro (ET);

XLVII – Embargos do Acusado (EmbAc);

XLVIII – Insanidade Mental do Acusado (InsanAc);

XLIX – Restituição de Coisas Apreendidas (ReCoAp);

L – Pedido de Uniformização de Interpretação de Lei (PUIL).

Parágrafo único. ....

IV-A – A classe Suspensão em Incidente de Resolução de Demandas Repetitivas (SIRDR) compreende o pedido de suspensão de todos os processos individuais 10 ou coletivos em curso no território nacional que versem sobre a questão objeto do incidente já instaurado;

....

VIII-A – A classe Pedido de Uniformização de Interpretação de Lei (PUIL) compreende a medida interposta contra decisão da Turma Nacional de Uniformização que, em questões de direito material, contrarie súmula ou jurisprudência dominante no Superior Tribunal de Justiça;

....

Art. 69. ....

Parágrafo único. O registro ao Presidente do Tribunal equipara-se em seus efeitos à distribuição regular.

Art. 70 ....

§ 6º Suspende-se a distribuição de processos, sem posterior compensação, aos Ministros que compõem o Tribunal Superior Eleitoral na condição de membros efetivos, nos seguintes termos:

I – Para o Corregedor da Justiça Eleitoral, entre os noventa dias anteriores e os trinta posteriores à data fixada para a realização das eleições;

II – Para o outro membro efetivo, entre os sessenta dias anteriores e os trinta posteriores à data fixada para a realização das eleições.

....

Art. 72. ....

Parágrafo único. Quando o Ministro afastado já houver proferido decisão em processo de competência de Turma, a redistribuição mencionada nas hipóteses dos incisos I e II far-se-á somente entre os membros daquele Órgão Julgador.

....

Art. 112. ....

§ 4º É dispensado o recolhimento do porte de remessa e de retorno no processo em autos eletrônicos.

§ 5º O Presidente do Tribunal, mediante instrução normativa, disciplinará o regime de cobrança do porte de remessa e retorno dos autos dos processos que tiverem de ser digitalizados.

....

ANEXO – EMENDA REGIMENTAL N. 22, DE 16 DE MARÇO DE 2016

Art. 117. ....

Parágrafo único. Os dados estatísticos solicitados pelo Conselho Nacional de Justiça serão transmitidos eletronicamente.

....

Art. 126. ....

§ 4º Proferido o julgamento, em decisão tomada pela maioria absoluta dos membros que integram o Órgão Julgador, o relator deverá redigir o projeto de súmula, a ser aprovado pelo Tribunal na mesma sessão ou na primeira sessão ordinária seguinte.

....

Art. 147. ....

§ 1º Admite-se a prática de atos processuais por meio de videoconferência ou de outro recurso tecnológico de transmissão de sons e imagens em tempo real. 11

§ 2º Aplica-se o disposto neste artigo ao interrogatório.

....

Art. 159. ....

I – Embargos declaratórios;

II – Arguição de suspeição;

III – Tutela de urgência requerida no Superior Tribunal de Justiça, em caráter antecedente;

IV – Agravo, salvo expressa disposição legal em contrário;

V – Exceção de suspeição;

VI – Exceção de impedimento;

VII – Medidas protetivas de urgência – Lei Maria da Penha;

VIII – Medidas protetivas – Estatuto do Idoso;

IX – Pedido de busca e apreensão criminal;

X – Pedido de quebra de sigilo de dados e/ou telefônico;

XI – Cautelar inominada criminal;

XII – Alienação de bens do acusado;

XIII – Embargos de terceiro;

XIV – Embargos do acusado;

XV – Insanidade mental do acusado;

XVI – Restituição de coisas apreendidas;

XVII – Pedido de uniformização de interpretação de lei;
XVIII – Prisão preventiva;
XIX – Prisão temporária.

....

Art. 173. ....
VI – Recurso especial repetitivo.

....

Art. 177. ....
V – Recurso especial repetitivo.

....

Art. 186. ....
§ 3º A audiência pública prevista no inciso I do art. 185 será presidida pelo Ministro que a convocou, facultada a delegação a outro Ministro.

§ 4º O Ministro que convocou a audiência prevista no inciso I do art. 185 divulgará, com antecedência mínima de trinta dias, as orientações gerais sobre o procedimento a ser adotado, observado o seguinte:

I – O despacho convocatório da audiência pública será amplamente divulgado e delimitará a(s) questão(ões) objeto de debate, fixará prazo para a indicação das pessoas a serem ouvidas e determinará a notificação dos Ministros do respectivo Órgão Julgador e o encaminhamento de convites a pessoas ou a entidades que possuam estreita relação com a questão a ser apresentada; 12

II – Será garantida a participação de pessoas ou de entidades que defendam diferentes opiniões relativas à matéria objeto da audiência pública;

III – Caberá ao Ministro que presidir a audiência pública selecionar as pessoas que serão ouvidas, divulgar a lista dos habilitados, determinar a ordem dos trabalhos, fixar o tempo de que cada um disporá para se manifestar e zelar, na medida do possível, pela garantia de pluralidade de expositores;

IV – Os depoentes deverão limitar-se à questão em debate;

V – Os trabalhos da audiência pública serão registrados e juntados aos autos do processo e ao projeto de súmula e disponibilizados no sítio eletrônico do Tribunal;

VI – Os casos omissos serão resolvidos pelo Ministro que convocou a audiência.

....

ANEXO – EMENDA REGIMENTAL N. 22, DE 16 DE MARÇO DE 2016

Art. 188. ....
III – Determinará a citação do beneficiário da decisão impugnada, que terá quinze dias para apresentar contestação.

....

Art. 255. ....
§ 4º Distribuído o recurso, o relator, após vista ao Ministério Público, se necessário, pelo prazo de vinte dias, poderá:
I – Não conhecer do recurso especial inadmissível, prejudicado ou daquele que não tiver impugnado especificamente todos os fundamentos da decisão recorrida;
II – Negar provimento ao recurso especial que for contrário a tese fixada em julgamento de recurso repetitivo ou de repercussão geral, a entendimento firmado em incidente de assunção de competência, a súmula do Supremo Tribunal Federal ou do Superior Tribunal de Justiça ou, ainda, a jurisprudência dominante sobre o tema;
III – Dar provimento ao recurso especial se o acórdão recorrido for contrário a tese fixada em julgamento de recurso repetitivo ou de repercussão geral, a entendimento firmado em incidente de assunção de competência, a súmula do Supremo Tribunal Federal ou do Superior Tribunal de Justiça ou, ainda, a jurisprudência dominante sobre o tema;

....

Art. 263. ....
I – Esclarecer obscuridade ou eliminar contradição;
II – Suprir omissão de ponto ou questão sobre a qual devia pronunciar-se o Órgão Julgador de ofício ou a requerimento; ou
III – Corrigir erro material.

Art. 264 ....
§ 1º Se os embargos de declaração forem opostos contra decisão de relator ou outra decisão unipessoal, o Órgão Julgador da decisão embargada decidi-los-á monocraticamente.
§ 2º Quando manifestamente protelatórios os embargos de declaração, na forma do § 4º do art. 1.026 do Código de Processo Civil, condenar-se-á o embargante, 13 em decisão fundamentada, a pagar ao embargado multa não excedente a 2% sobre o valor atualizado da causa.

. . . .

Art. 266. . . . .
I – Os acórdãos, embargado e paradigma, de mérito;
II – Um acórdão de mérito e outro que não tenha conhecido do recurso, embora tenha apreciado a controvérsia.

Art. 266-A. . . . .
Os embargos de divergência serão juntados aos autos independentemente de despacho, e sua oposição interrompe o prazo para interposição de recurso extraordinário por qualquer das partes.

Art. 266-B. Se os embargos de divergência não forem providos ou não alterarem a conclusão do julgamento anterior, o recurso extraordinário interposto pela outra parte antes da publicação do julgamento dos embargos de divergência será processado e julgado independentemente de ratificação.

Art. 266-C. Sorteado o relator, ele poderá indeferir os embargos de divergência liminarmente se intempestivos ou se não comprovada ou não configurada a divergência jurisprudencial atual, ou negar-lhes provimento caso a tese deduzida no recurso seja contrária a fixada em julgamento de recurso repetitivo ou de repercussão geral, a entendimento firmado em incidente de assunção de competência, a súmula do Supremo Tribunal Federal ou do Superior Tribunal de Justiça ou, ainda, a jurisprudência dominante acerca do tema.

Art. 266-D. O Ministério Público, quando necessário seu pronunciamento sobre os embargos de divergência, terá vista dos autos por vinte dias.
. . . .

TÍTULO X – DOS PROCESSOS INCIDENTES

CAPÍTULO I – A DA SUSPENSÃO DE PROCESSOS EM INCIDENTE DE RESOLUÇÃO DE DEMANDAS REPETITIVAS

Art. 271-A. Poderá o Presidente do Tribunal, a requerimento do Ministério Público, da Defensoria Pública ou das partes de incidente de resolução de

ANEXO – EMENDA REGIMENTAL N. 22, DE 16 DE MARÇO DE 2016

demandas repetitivas em tramitação, considerando razões de segurança jurídica ou de excepcional interesse social, suspender, em decisão fundamentada, todos os processos individuais ou coletivos em curso no território nacional que versem sobre a questão objeto do incidente.

§ 1º A parte de processo em curso em localidade de competência territorial diversa daquela em que tramita o incidente de resolução de demandas repetitivas deverá comprovar a inadmissão do incidente no Tribunal com jurisdição sobre o estado ou região em que tramite a sua demanda.

§ 2º O Presidente poderá ouvir, no prazo de cinco dias, o relator do incidente no Tribunal de origem e o Ministério Público Federal.

§ 3º A suspensão vigorará até o trânsito em julgado da decisão proferida no incidente de resolução de demanda repetitiva.

....

Art. 301. ....

III – Ao Presidente de Turma, quanto aos acórdãos e às decisões desta e às suas decisões individuais;

IV – Ao relator, quanto às suas decisões acautelatórias ou de instrução e direção do processo.

....

Art. 309. ....

§ 1º A Fazenda Pública será intimada na pessoa de seu representante judicial por carga ou meio eletrônico, para, querendo, no prazo de trinta dias e nos próprios autos, impugnar o cumprimento de decisão.

§ 2º Se não houver impugnação no prazo regimental ou se forem rejeitadas as arguições da executada, observar-se-á o disposto na lei processual."
Art. 3º Ficam revogados o inciso XIV do art. 11, o inciso III do art. 16, o art. 54, do § 1º ao § 3º do art. 84, os §§ 1º e 2º do art. 105, a Seção I do Capítulo IV do Título I da Parte II, do art. 118 ao 121, o art. 141, o parágrafo único do art. 147, o parágrafo único do art. 155, o art. 252, o § 2º do art. 255, o art. 256, a Seção II do Capítulo III do Título IX da Parte II, do art. 260 ao 262, o § 2º do art. 263, o parágrafo único do art. 264, o parágrafo único do art. 265, os arts. 302 e os incisos I e II do art. 309 do Regimento Interno do Superior Tribunal de Justiça. Art. 4º Fica revogada a Resolução STJ n. 12 de 14 de dezembro de 2009. Art. 5º Esta emenda regimental entrará em vigor no dia 18 de março de 2016, data de início de vigência da Lei n. 13.105, de 16 de março de 2015.

Ministro FRANCISCO FALCÃO
Presidente JUSTIFICATIVA

A Lei n. 13.105, de 16 de março de 2015, trará ao plano jurídico novas ferramentas processuais, além de aperfeiçoar outras já de uso tradicional pelos operadores do Direito.

Dessarte, a Comissão de Regimento Interno pediu à Presidência desta Corte a nomeação de um grupo de estudos (Portaria STJ/GP n. 472, de 20 de novembro de 2015) para auxiliá-la na atualização do Regimento Interno, consoante as inovações do Código de Processual Civil a viger.

Assim, o que está posto nesta extensa emenda regimental é parte desse trabalho – apenas as providências mais urgentes para o bom funcionamento desta Corte.

O restante dos temas ainda será submetido à aprovação do Tribunal Pleno.

Ministro MARCO AURÉLIO BELLIZZE
Comissão de Regimento Interno do STJ

REFERÊNCIAS

ALARD, Julie; GARAPON, Antonine. *Os juízes na mundialização – a nova revolução do direito*. Lisboa: Instituto Piaget.

ANDOLINA, Italo Augusto. Crisi del giudicato e nuovi strumenti alternativi di tutela giurisdizionale – la nuova tutela provvisoria di merito e le garanzie costituzionali del giusto processo. *In: Revista de Processo*, São Paulo, R.T., ano 32, n. 150, agost/2007.

ARIOLA, Luca; CAIRO, Antonio; CIAFARDINI, Luciano; CRESCENZO, Matteo de; GIORDANO, Luigi; PELLECCHIA, Roberto; PELUSO, Roberto; SCOGNAMIGLIO, Paolo; TARASCHI, Cesare. *Codice di procedura civile operativo – annotato con dottrina e giurisprudenza*. Napoli: Edizioni Giuridiche Simone, 2015.

BALENA, Giampiero. *Istituzioni di diritto processuale civile – i princìpi*. Primo Volume. Seconda Edizione. Bari: Cacucci Editore, 2012.

BARBOSA MOREIRA, José Carlos, *Comentários ao código de processo civil*, 13ª Ed., 5º Vol, Rio de Janeiro: Forense, 2006.

BARBOSA MOREIRA, José Carlos. *Comentários ao código de processo civil*. V. Vol. (arts. 476 a 565). Rio de Janeiro: Forense, 1976.

BARBOSA MOREIRA, José Carlos. *Comentários ao Código de Processo Civil*, 14ª ed. rev. atual., Editora Forense, Rio de Janeiro, 2008.

BARBOSA MOREIRA, José Carlos. *Comentários ao código de processo civil*. 5º Vol. 8ª Ed. Rio de Janeiro: 1999.

BARBOSA MOREIRA, José Carlos. *Reformatio in peius*. Direito processual civil: ensaios e pareceres, Rio de Janeiro: Borsoi, 1971.

BARBOSA MOREIRA, José Carlos. Sentença objetivamente complexa trânsito em julgado e rescindibilidade. *In*: Nelson Nery Junior e Teresa Arruda Alvim Wambier (Coord.). *Aspectos polêmicos e atuais dos recursos cíveis*. 11º vol. São Paulo: Editora Revista dos Tribunais, 2007.

BARBOSA MOREIRA, José Carlos. *Comentários ao Código de Processo Civil*. Vol. 5. 15ª ed., Rio de Janeiro, Forense, 2009.

BERMUDES, Sérgio. *Introdução ao processo civil*. 3.ed. rev. e atual. Rio de Janeiro: Forense, 2002.

BUZAID, Alfredo. *Do agravo de petição no sistema do código de processo civil*. Segunda Edição. São Paulo: Saraiva, 1956.

CALMON DE PASSOS. *Direito, poder, justiça e processo*. Rio de Janeiro: Forense, 2000.

CAMPOS, Eduardo Luiz Cavalcanti. Ato--fato processual: reconhecimento e consequências. *In: Revista de Processo*, São Paulo, R.T., Ano 41, Vol. 254, Abr/2016.

CANOTILHO, José Gomes. *Direito constitucional*. Coimbra: Almedina, 1996.

CARNEIRO, Athos Gusmão. Poderes do relator e agravo interno – arts. 557, 544 e 545 do CPC. *Revista de Processo*. São Paulo, Revista dos Tribunais, 2000,

CARNELUTTI, Francesco. *Sistema de direito processual civil*. Trad. Hiltomar Martins de Oliveira. Vol. III. São Paulo: Classic Book, 2000.

CHEIM, Flávio Jorge; DIDIER JR, Fredie; RODRIGUES, Marcelo Abelha. *A nova reforma processual*. 2.ed. São Paulo: Saraiva, 2003.

CHIARLONI, Sergio. La cassazione e le norme. *In: Rivista di Diritto Processuale*. Vol. XLV, II Serie, Anno 1990, Padova, CEDAm – Casa Editrice Dott. Antonio Milani.

CINTRA, Antonio Carlos de; GRINOVER, Ada Pellegrini; DINAMARCO, Cândido Rangel. *Teoria geral do processo*. 15ª Ed. São Paulo: Malheiros, 1999.

COMOGLIO, Luigi Paolo. *La garanzia costituzionale dell'azione ed il processo civile*. Padova: CEDAM,1970.

COMOGLIO, Luigi Paolo; FERRI, Corrado; TARUFFO, Michele. *Lezioni sul processo civile*. Il processo ordinario di cognizione. Bologna: Il Mulino, 2006.

COUTURE, Eduardo J. *Fundamentos del derecho procesal civil*. 4ª edición. Buenos Aires: Editorial IBdeF, 2009.

DE ANDRADE, Odilon. *Comentários ao Código de Processo Civil*. Vol. 9. Rio de Janeiro: Forense, 1946.

DIDIER JR. Fredie. Analise da legitimidade recursal de terceiro. *In: Aspectos Polêmicos e Atuais dos Recursos Cíveis*. Coord.: Nelson Nery Jr. e Teresa Arruda Alvim. Vol. 5. São Paulo: Ed. R.T., 2002.

DIDIER JR. Fredie; CUNHA, Leonardo José Carneiro. *Curso de direito processual civil* – meios de impugnação às decisões judiciais e processo nos tribunais. Vol. 3. Salvador: Edições PODIVM, 2007.

DIDIER JR., Fredie; CUNHA, Leonardo José Carneiro da. *Curso de direito processual civil – meios de impugnação às decisões judiciais e processo nos tribunais*. Vol. 3. Salvador: Edições PODIVM, 2007.

DIDIER Jr., Fredie; CUNHA, Leonardo José Carneiro da. *Curso de Direito Processual Civil*. 6. ed. Bahia: *Jus*Podivm, v. II. 2008.

DINAMARCO, Cândido Rangel. Os efeitos dos recursos. *In: Aspectos polêmicos e atuais dos recursos*. Coord.: Nelson Nery Jr. e Teresa Arruda Alvim Wambier.

São Paulo: Editora Revistas dos Tribunais, 2002. DINAMARCO, Cândido Rangel. *Capítulos de sentença.* 4ª ed. São Paulo: Malheiros, 2009.

DINAMARCO, Cândido Rangel. *Fundamentos do processo civil moderno.* São Paulo: Editora Revista dos Tribunais, 1986.

DINAMARCO, Cândido Rangel. *Intervenção de terceiros.* São Paulo: Malheiros, 1997.

DINAMARCO, Cândido Rangel. *Nova era do processo civil.* São Paulo: Malheiros, 2003.

FARIA, Márcio Carvalho. O efeito regressivo, as modificações do sistema recursal e a nova redação do art. 463 do CPC: uma sugestão lege ferenda. *In: Aspectos polêmicos e atuais dos recursos cíveis e assuntos afins.* Vol. 12. São Paulo: R.T., 2011.

FARIA, Paulo Ramos; LOUREIRO, Ana Luísa. *Primeiras notas ao novo código de processo civil – os artigos da reforma.* Coimbra: Editora Almedina, 2014.

FAZZALARI, Elio. *Instituições de direito processual.* Trad. Elaine Nassif. Campinas: Bookseller, 2006.

FERREIRA FILHO, Manoel Caetano. *Comentários ao código de processo civil – do processo de conhecimento.* São Paulo: Ed. R.T.. Vol. 7.

FREDERICO MARQUES, José. *Manual de direito processual civil.* Campinas: Millennium, v. 3. 2000.

GIANNICO, Maricí; GIANNICO, Maurício. Efeito suspensivo dos recursos e capítulos das decisões. *In: Aspectos polêmicos e atuais dos recursos cíveis.* Coord. Nelson Nery e Teresa Arruda

Alvim Wambier. Vol. 5., São Paulo, Ed. R.T., 2002.

GRINOVER, Ada Pellegrini; DINAMARCO, Cândido Rangel; CINTRA, Antônio Carlos de Araújo. *Teoria geral do processo.* São Paulo: Malheiros, 2009.

GRINOVER, Ada Pellegrini; GOMES FILHO, Antônio Magalhães; FERNANDES, Antonio Scarance. *Recursos no processo penal.* 5ª ed. São Paulo: Editora Revista dos Tribunais, 2005.

GUASP, Jaime; ARAGONESES, Pedro. *Derecho procesal civil.* Tomo II, Parte Especial. Séptima edición. Navarra: Thomson Civitas, 2006.

JORGE, Flávio Cheim; RODRIGUES, Marcelo Abelha. Juízo de admissibilidade e juízo de mérito dos recursos. *In: Aspectos Polêmicos e Atuais dos Recursos Cíveis.* Coord.: Nelson Nery Jr. e Teresa Arruda Alvim Wambier. Vol. 5. São Paulo: Ed. R.T. 2002.

LIEBMAN, Enrico Tullio. *Manuale di diritto processuale civile.* 4º Ed. Milano: Giuffrè, vol. I, 1980.

LIEBMAN. Enrico Tullio. *Manual de direito processual civil.* Trad. Cândido Rangel Dinamarco. 2º ed. Vol. I. Rio de Janeiro: Forense, 1985.

LUISO, Francesco P. *Diritto processual civile.* Vol. II. Il processo di cognizione. 3ª Edizione. Milano: Giuffrè Editore, 2000.

LUISO, Francesco P.; Sassani, Bruno. *La riforma del processo civile – commentaro breve agli articoli riformati del codice di procedura civile.* Milano: Dott. A. Giuffrè Editore, 2006.

MANDRIOLI, Crisanto. *Corso di diritto processuale civile – il di cognizione.* Quinta edizione. Torino: G. Giappichelli Editore, 2006.

MARINONI, Luiz Guilherme; ARENHART, Sergio Cruz. *Manual do processo de conhecimento: A tutela jurisdicional através do processo de conhecimento.* São Paulo: Revista dos Tribunais, 2003.

MARINONI. Luiz Guilherme. *Tutela antecipatória, julgamento antecipado e execução imediata da sentença.* 2ª ed. São Paulo: Editora Revista dos Tribunais, 1998.

MARQUES, José Frederico. *Instituições de direito processual.* Vol. IV. Rio de Janeiro: Forense, 1963.

MEIRELLES, Hely Lopes. *Direito administrativo brasileiro.* 29ª ed. São Paulo: Malheiros, 2004.

MEIRELLES, Hely Lopes; WALD, Arnoldo; MENDES, Gilmar Ferreira. *Mandado de segurança e ações constitucionais.* 34ª ed. São Paulo: Editora Malheiros, 2012.

MELLADO, José Mª Asencio. *Derecho procesal civil.* Valencia: Tirant lo Blanch, 2008.

MENDES, Gilmar Ferreira. *Direitos fundamentais e controle de constitucionalidade.* 4ª ed. São Paulo: Saraiva, 2012.

MORTARA, Lodovico. *Commentario del codice e delle leggi di procedura civile.* Vol. IV (Il procedimento di dichiarazione in prima istanza (fine) – I mezzi per impugnare le sentenza. Quarta edizone riveduta. Bologna: Casa Editrice Dottor Francesco Vallardi Milano, 1923.

NEGRÃO, Theotônio; GOVÊA, José Roberto F.; BONDIOLI, Luis Guilherme A.; FONSECA, Francisco N. *Processo civil e legislação processual em vigor.* 44ª ed. São Paulo: Editora Saraiva, 2012.

NERY JÚNIOR, Nelson; NERY, Rosa Maria Andrade. *Código de processo civil comentado.* 2ª ed. São Paulo: Editora Revistas dos Tribunais, 1996.

NERY JUNIOR, Nelson; NERY, Rosa Maria de Andrade. *Código de processo civil comentado e legislação processual civil extravagante em vigor.* 3ª Ed. São Paulo: R.T., 1997.

NERY Junior. Nelson. *Princípio do processo civil na constituição federal.* 5ª ed. São Paulo: Editora Revista dos Tribunais, 1999.

NERY JUNIOR. Nelson. *Teoria geral dos recurso.* 7ª ed. rev. e atual. São Paulo: Editora Revista dos Tribunais, 2014.

OLIVEIRA, Pedro Miranda. Embargos de divergência no recurso extraordinário e sua importância no sistema jurídico brasileiro. *In: Aspectos polêmicos e atuais dos recursos cíveis e assuntos afins.* Coord. Nelson Nery Junior e Teresa Arruda Alvim Wambier. Vol. 12. São Paulo, R.T., 2011.

ORIONE NETO, Luiz. Embargos de declaração. *In: Aspectos Polêmicos e atuais dos Recursos Cíveis.* Coord. Nelson Nery Jr. e Teresa Arruda Alvim Wambier. Vol. 5. São Paulo: R.T., 2002.

PACE, Alessandro. *Problemática delle libertà constitucionale,* Padova, 1984.

PEREIRA, Milton Luiz. Embargos de divergência contra decisão lavrada por relator. *In. Revista de Processo,* São Paulo, RT, n. 101, 2001.

PICÓ I JUNOY, Joan. *Las garantías costitucionales del proceso*. Barcelona: Bosch Editor, 1997. p. 85.

PINTO, Rui. *Notas ao código de processo civil*. Coimbra: Coimbra Editora, 2014.

PISANI, Andrea Proto. *Lezioni di diritto processuale civile*. Napoli: Casa Editrice Dott. Eugênio Jovene, 1999.

PONTES DE MIRANDA. *Comentário ao C.P.C. de 1973*. Tomo VII. Rio de Janeiro: Forense, s/d.

PONTES DE MIRANDA. *Comentário ao C.P.C. de 1973*. Tomo VIII. Rio de Janeiro: Forense, s/d., p. 277.

PONTES DE MIRANDA. Francisco Cavalcanti. *Comentários ao código de processo civil*. T. VII. 3ªed. Rio de Janeiro: Forense, 1999.

REDONDO, Bruno Garcia. Apelação: o recurso adequado à impugnação da sentença interlocutória. *In: Aspectos polêmicos e atuais dos recursos cíveis e assuntos afins*. Coord. Nelson Nery Junior e Teresa Arruda Alvim Wambier. Vol. 12. São Paulo: R.T., 2011.

RODRIGUES, Fernando Pereira. *O novo processo civil – os princípios estruturantes*. Coimbra: Almedina, 2013.

ROSEMBERG, Leo. *Tratado de derecho procesal civil*. Traducción de Angela Romera Vera. Tomo II. Buenos Aires: Ediciones Juridicas Europa-America, 1955.

SATTA, Salvatore. *Direito processual civil*. 7ªed. 2º vol. Rio-Guanabara: Editor Borsoi, 1973.

SATTA, Salvatore. *Diritto processuale civile*. Sesta edizione riveduta e correta. Padova: CEDAM, 1959.

SCARPINELLA BUENO, Cássio. *Execução provisória e antecipação da tutela*. São Paulo: Saraiva, 1999.

SCHÖNKE, Adolf. *Direito processual civil*. Campinas: Editora Romana, 2003.

SCHWABE, Jürgen. *Cincuenta anõs de jurisprudencia del tribunal constitucional federal alemán*. Trad. Marcela Anzola Gil. Medelin: Ediciones Juridicas Gustavo Ibáñez, 2003.

SOUZA, Artur César. *A Parcialidade Positiva do Juiz*, Editora Revista dos Tribunais, 2008.

SOUZA, Artur César. *Contraditório e revelia – perspectiva crítica dos efeitos da revelia em face da natureza dialética do processo*. São Paulo: Editora R.T., 2003.

TALAMINI, Eduardo, *Efeito devolutivo da apelação e supressão de grau de jurisdição*, Migalhas, 18.03.2016.

TALAMINI, Eduardo. Decisões individualmente proferidas por integrantes dos tribunais: legitimidade e controle (agravo interno), *in: Aspectos Polêmicos e Atuais dos Recursos Cíveis*. Coord.: Nelson Nery Jr. e Teresa Arruda Alvim Wambier. V. 5, São Paulo: Editora R.T., 2002.

TAVARES, João Paulo Lordelo Guimarães. Da admissibilidade dos negócios jurídicos processuais no novo código de processo civil: aspectos teóricos e práticos. *In: Revista de Processo*, Ano 41, Vol. 254, abr/2016, São Paulo, R.T.

THEODORO, JÚNIOR, Humberto; ET AL. *Novo CPC – fundamentos e sistematização*. Rio de Janeiro: Forense, 2015.

TONIOLO, Ernesto José. A evolução do conceito de reformatio in peius e a sua proibição no sistema recursal do processo civil. *In: Revista de Processo*. Ano 41, vol. 254, abr/2016, São Paulo, R.T.

WAMBIER, Luiz Rodrigues; WAMBIER, Teresa Arruda Alvim. *Breves comentários à 2ª fase da reforma do código de processo civil*. 2ª ed. São Paulo: Editora Revistas dos Tribunais, 2002.

WAMBIER, Teresa Arruda Alvim. *Nulidade do processo e da sentença*. 4 ed., São Paulo: R.T., 1998.

WAMBIER, Teresa Arruda Alvim. *Os agravos no CPC brasileiro*. 3ª Ed. São Paulo: R.T., 2000.

WAMBIER, Teresa Arruda. *Os agravos no CPC brasileiro*. 4ª Ed., São Paulo: Editora Revista dos Tribunais, 2006.

WAMBIER, Teresa Arruda Alvim. *Recurso especial, recurso extraordinário e ação rescisória*. 2ª Ed. São Paulo: Revista dos Tribunais, 2008.

WAMBIER. Luiz Rodrigues. *Curso avançado de processo civil*. V. 1. Teoria Geral do Processo e Processo de Conhecimento, 10ª edição, revista, atualizada e ampliada. São Paulo: Ed. R.T., 2008.

WELSCH, Gisele Mazzoni. *O reexame necessário como meio de (in) efetividade da tutela jurisdicional*. Porto Alegre, 2010 (Dissertação de Mestrado), *in:* http://www.giselewelsch.com.br/static/arquivos-publicacoes/Site%20--%20Dissertacao%20de%20Mestrado%20-%20Reexame%20Necessario%20e%20a%20Efetividade%20da%20Tutela%20Jurisdicional%20(livro).pdf.

YOSHIKAWA, Eduardo Henrique de Oliveira. Limite ao efeito translativo dos recursos. *In: Aspectos polêmicos e atuais dos recursos cíveis e assuntos afins*. Vol. 12. São Paulo, Ed. R.T., 2011.

YOSHINO, André Motoharu, *in:* http://www.migalhas.com.br/dePeso/16,MI148722,81042-Plenario+virtual+confronto+com+a+efetividade+do+processo+analise

ÍNDICE

APRESENTAÇÃO	9
ABREVIATURAS	13
SUMÁRIO	21

INTRODUÇÃO	29
1. MEIOS DE IMPUGNAÇÃO DE DECISÕES – IMPUGNAÇÕES EM GERAL	35
2. O PEDIDO DE RECONSIDERAÇÃO COMO MEIO DE IMPUGNAÇÃO	43
3. VÍCIOS DA DECISÃO JUDICIAL	51
4. DEFINIÇÃO DE 'RECURSO'	55
5. NATUREZA JURÍDICA DO RECURSO	61
6. A ESSÊNCIA DO RECURSO	65
7. JUSTIFICATIVAS E FINALIDADES PARA A EVOLUÇÃO DO SISTEMA IMPUGNATIVO JURÍDICO PROCESSUAL	67
8. DIREITO COMPARADO	73

RECURSOS NO NOVO C.P.C.

9. DUPLO GRAU DE JURISDIÇÃO – NATUREZA JURÍDICA 121

10. PRINCÍPIOS GERAIS DOS RECURSOS 165

11. CRITÉRIOS SOBRE OS MEIOS DE IMPUGNAÇÃO 231

12. ADMISSIBILIDADE DOS RECURSOS 235

13. COMPETÊNCIA PARA ANÁLISE DOS REQUISITOS
DE ADMISSIBILIDADE DOS RECURSOS 393

14. FORMAS DE INTERPOSIÇÃO DE RECURSO 397

15. CRITÉRIOS JURÍDICOS PARA DESESTIMULAR

16. DIREITO INTERTEMPORAL 427

17. EFEITOS DO RECURSO 455

18. EFEITO SUBSTITUTIVO DOS RECURSOS 475

19. RECURSO INDEPENDENTE E RECURSO ADESIVO 479

20. DO DESPACHO NÃO CABE RECURSO 489

21. IMPUGNAÇÃO TOTAL OU PARCIAL DA DECISÃO 493

22. EFEITOS DO RECURSO INTERPOSTO PELO LITISCONSORTE 409

23. PROCESSAMENTO E JULGAMENTO DO RECURSO NO TRIBUNAL 505

24. JULGAMENTO ELETRÔNICO DOS RECURSOS 533

25. CERTIFICAÇÃO DO TRÂNSITO EM JULGADO 543

26. RECURSOS EM ESPÉCIES NO NOVO C.P.C. 545

27. DA APELAÇÃO 551

ÍNDICE

28. DO AGRAVO DE INSTRUMENTO   641

29. AGRAVO INTERNO   711

30. EMBARGOS DE DECLARAÇÃO   733

31. RECURSO ORDINÁRIO   787

32. EMBARGOS DE DIVERGÊNCIA   811

33. RECURSO EXTRAORDINÁRIO, RECURSO ESPECIAL
E AGRAVO EM RECURSO ESPECIAL E EM RECURSO
EXTRAORDINÁRIO   847

ANEXO – EMENDA REGIMENTAL N. 22, DE 16 DE MARÇO DE 2016   849

REFERÊNCIAS   869

TÍTULOS DA COLEÇÃO

DAS NORMAS FUNDAMENTAIS DO PROCESSO CIVIL: Uma análise luso-brasileira contemporânea

RESOLUÇÃO DE DEMANDAS REPETITIVAS: Notificação da ação individual, incidente de resolução de demandas repetitivas, recurso especial e extraordinário repetitivo

TUTELA PROVISÓRIA: Tutela de urgência e tutela de evidência

RECURSO EXTRAORDINÁRIO E RECURSO ESPECIAL: Pressupostos e requisitos de admissibilidade

RECURSOS: Teoria Geral

DISPOSIÇÕES FINAIS e DIREITO TRANSITÓRIO

DO CUMPRIMENTO DE SENTENÇA E DA EXECUÇÃO

DA PROVA

SENTENÇA – COISA JULGADA

DA COMPETÊNCIA JURISDICIONAL

DOS PROCEDIMENTOS ESPECIAIS

DO PROCESSO DE INVENTÁRIO

DA INTERVENÇÃO DE TERCEIRO

AÇÃO RESCISÓRIA

Impressão e acabamento

psi7 | βοοκ7